录中国快递业的时光机

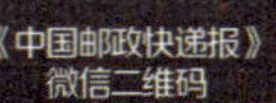
《中国邮政快递报》微信二维码

《中国邮政快递报》微博二维码

《快递》杂志微信二维码

《快递》杂志微博二维码

地址：北京市朝阳区朝阳门外大街19号华普国际大厦
电话：010-65801105
传真：010-65801102

中国快递年鉴
（2021 年卷）

《中国快递年鉴》编辑部　编

人民交通出版社股份有限公司
北　京

内 容 提 要

本年鉴客观记载、全面反映了2021年我国快递业的发展情况以及各地区的进展和主要成就。全书共11部分,分别为:特载、发展概览、发展环境、发展数据、人才建设、市场主体、各地纵览、协会工作、人物志、行业展望和附录。

本书为我国快递领域综合性、资料性、史册性工具书,是读者全面了解我国2021年快递领域发展情况的翔实史料,可供快递行业相关人员及其他社会各界人士阅读参考。

图书在版编目(CIP)数据

中国快递年鉴. 2021年卷 /《中国快递年鉴》编辑部编. — 北京 : 人民交通出版社股份有限公司, 2022.10

ISBN 978-7-114-18248-8

Ⅰ.①中… Ⅱ.①中… Ⅲ.①快递—中国—2021—年鉴 Ⅳ.①F618.1-54

中国版本图书馆CIP数据核字(2022)第181875号

Zhongguo Kuaidi Nianjian

书　　名:中国快递年鉴(2021年卷)
著 作 者:《中国快递年鉴》编辑部
责任编辑:黎小东
责任校对:赵媛媛　龙　雪　宋佳时
责任印制:刘高彤
出版发行:人民交通出版社股份有限公司
地　　址:(100011)北京市朝阳区安定门外外馆斜街3号
网　　址:http://www.ccpcl.com.cn
销售电话:(010)59757973
总 经 销:人民交通出版社股份有限公司发行部
经　　销:各地新华书店
印　　刷:北京市密东印刷有限公司
开　　本:880×1230　1/16
印　　张:47.5
插　　页:6
字　　数:1175千
版　　次:2022年10月　第1版
印　　次:2022年10月　第1次印刷
书　　号:ISBN 978-7-114-18248-8
定　　价:396.00元
(有印刷、装订质量问题的图书由本公司负责调换)

《中国快递年鉴》编委会

特邀委员：马小群　中国邮政集团有限公司寄递事业部党委书记、总经理

王　卫　顺丰控股股份有限公司董事长兼总经理

陈德军　申通快递股份有限公司董事长

喻渭蛟　圆通速递有限公司董事长

聂腾云　韵达控股股份有限公司董事长兼总裁

赖梅松　中通快递集团董事长

《中国快递年鉴》编辑部

编 辑 说 明

《中国快递年鉴》是我国快递领域最具权威的综合性、资料性、史册性工具书，旨在客观记载、全面反映我国快递领域发展情况以及各地区每年度取得的最新进展和主要成就，可为读者全面了解我国快递领域的发展提供翔实的史料。

《中国快递年鉴(2021年卷)》着重反映2021年期间我国快递领域的发展情况。全书共11部分，具体内容如下。

1. 特载：包括交通运输部和国家邮政局有关领导的重要讲话及专文专访；

2. 发展概览：包括2021年快递服务发展综述，快递领域十大事件，中国快递发展大事记，各省(区、市)快递发展大事记；

3. 发展环境：包括2021年市(地)邮政管理工作综述，2021年施行的快递法律规章及规范性文件，快递发展相关规划及重要解读，快递标准，快递政策，同时还辑录了部分省(区、市)、市(地)关于快递服务的政策法规；

4. 发展数据：包括2021年邮政行业运行情况及发展统计公报，2021年快递服务公众满意度调查结果及邮政业消费者申诉情况通告，2021年中国快递发展指数报告；

5. 人才建设：包括2021年快递人才队伍建设概述以及各骨干企业人才培养特色举措；

6. 市场主体：介绍了2021年快递市场主体发展情况以及我国快递市场7家重点企业发展情况；

7. 各地纵览：介绍了全国各省(区、市)快递市场发展及管理情况；

8. 协会工作：介绍了中国快递协会2021年工作情况；

9. 人物志：辑录了5位行业内优秀的一线脱贫攻坚人物和6位业内外具有代表性的人物故事，以及他们眼中行业的创新、变革和发展；

10. 行业展望：介绍了我国快递领域未来的发展趋势；

附录：包括与快递领域有关的重要文件。

《中国快递年鉴(2021年卷)》的出版,得到了国家邮政局各有关部门,各省(区、市)邮政管理部门、中国快递协会及各省(区、市)快递协会、有关快递企业的大力支持。在此,我们向所有为本年鉴编辑出版作出贡献的单位和个人表示衷心感谢!

本年鉴资料内容未包括香港特别行政区、澳门特别行政区和台湾省资料。

《中国快递年鉴》编辑部

2022年6月

中国邮政快递报

China Post and Express News　第935期　今日4版

国家邮政局主管
国内统一连续出版物号：CN 11-0041

北京国邮创展文化传播有限公司主办
邮发代号：1-46

《中国邮政快递报》社有限公司出版
2021年3月8日　星期一

本报官方微博　本报官方微信

党史上的今天

● **1924年3月8日 中国妇女第一次举行“三八”节纪念活动**

1924年3月8日，在中国共产党的领导下，广州劳动妇女举行纪念会和游行。这是中国妇女第一次举行“三八”节纪念活动，会议由我国妇女运动的先驱何香凝主持，会上提出了“打倒帝国主义”“保护妇女儿童”的口号，显示了中国劳动妇女的觉醒和力量。

● **1966年3月8日、22日 河北邢台地区相继发生强烈地震**

1966年3月8日、22日，河北邢台地区相继发生里氏6.8级和7.2级强烈地震，受灾面积10余万平方公里，死亡8064人。在中共中央、国务院和中央军委领导下，灾区人民积极开展抗震救灾工作。当时，解放军2万多名指战员在震后一个多小时就赶赴灾区，投入抢救工作。周恩来总理三次亲临邢台灾区视察、慰问。全国各地区、各部门100多个单位、3.7万人奔赴邢台地震灾区参加抗震救灾。

十三届全国人大四次会议在京开幕

习近平汪洋王沪宁赵乐际韩正王岐山等在主席台就座

李克强作政府工作报告　栗战书主持大会

审查“十四五”规划和2035年远景目标纲要草案　听取关于全国人民代表大会组织法修正草案和议事规则修正草案、关于完善香港特别行政区选举制度的决定草案的说明

3月5日，第十三届全国人民代表大会第四次会议在北京人民大会堂开幕。党和国家领导人习近平、李克强、汪洋、王沪宁、赵乐际、韩正、王岐山等出席，栗战书主持大会。　新华社记者 李学仁 摄

3月5日，第十三届全国人民代表大会第四次会议在北京人民大会堂开幕。国务院总理李克强代表国务院向大会作政府工作报告。　新华社记者 丁林 摄

3月5日，第十三届全国人民代表大会第四次会议在北京人民大会堂开幕。大会主席团常务主席、执行主席栗战书主持大会。　新华社记者 鞠鹏 摄

新华社北京3月5日电 初春的北京，处处生机盎然。第十三届全国人民代表大会第四次会议5日上午在人民大会堂开幕。近3000名全国人大代表肩负人民重托出席大会，认真履行宪法和法律赋予的神圣职责。

人民大会堂万人大礼堂气氛庄重热烈，主席台帷幕正中的国徽在鲜艳的红旗映衬下熠熠生辉。

大会主席团常务主席、执行主席栗战书主持大会。大会主席团常务主席、执行主席王晨、曹建明、张春贤、沈跃跃、吉炳轩、艾力更·依明巴海、万鄂湘、陈竺、王东明、白玛赤林、丁仲礼、郝明金、蔡达峰、武维华、杨振武在主席台执行主席席就座。

习近平、李克强、汪洋、王沪宁、赵乐际、韩正、王岐山和大会主席团成员在主席台就座。

十三届全国人大四次会议应出席代表2953人。5日上午的会议，出席2900人，缺席53人，出席人数符合法定人数。

上午9时，栗战书宣布：中华人民共和国第十三届全国人民代表大会第四次会议开幕。会场全体起立，高唱国歌。

根据会议议程，国务院总理李克强代表国务院向大会作政府工作报告。报告共分三个部分：一、2020年工作回顾；二、“十三五”时期发展成就和“十四五”时期主要目标任务；三、2021年重点工作。

李克强在报告中指出，过去一年，在新中国历史上极不平凡。在以习近平同志为核心的党中央坚强领导下，全国各族人民顽强拼搏，疫情防控取得重大战略成果，在全球主要经济体中唯一实现经济正增长，脱贫攻坚战取得全面胜利，决胜全面建成小康社会取得决定性成就，交出一份人民满意、世界瞩目、可以载入史册的答卷。

李克强在报告中从七个方面总结一年来贯彻党中央决策部署，统筹推进疫情防控和经济社会发展情况：围绕市场主体的急需制定和实施宏观政策，稳住了经济基本盘；优先稳就业保民生，人民生活得到切实保障；坚决打好三大攻坚战，主要目标任务如期完成；坚定不移推进改革开放，发展活力和内生动力进一步增强；大力促进科技创新，产业转型升级步伐加快；推进新型城镇化和乡村振兴，城乡区域发展格局不断优化；加强依法行政和社会建设，社会保持和谐稳定。

过去五年，我国经济社会发展取得新的历史性成就。在回顾“十三五”时期发展成就后，李克强在报告中指出，“十四五”时期是开启全面建设社会主义现代化国家新征程的第一个五年。根据《中共中央关于制定国民经济和社会发展第十四个五年规划和二〇三五年远景目标的建议》，国务院编制了《国民经济和社会发展第十四个五年规划和2035年远景目标纲要（草案）》。纲要草案坚持以习近平新时代中国特色社会主义思想为指导，实化量化“十四五”时期经济社会发展主要目标和重大任务，全文提交大会审查。

李克强在报告中指出，纲要草案着力提升发展质量效益，保持经济持续健康发展。经济运行保持在合理区间，各年度视情提出经济增长预期目标，全员劳动生产率增长高于国内生产总值增长，城镇调查失业率控制在5.5%以内，物价水平保持总体平稳。坚持创新驱动发展，加快发展现代产业体系。形成强大国内市场，构建新发展格局。全面推进乡村振兴，完善新型城镇化战略。优化区域经济布局，促进区域协调发展。全面深化改革开放，持续增强发展动力和活力。推动绿色发展，促进人与自然和谐共生。持续增进民生福祉，扎实推动共同富裕。统筹发展和安全，建设更高水平的平安中国。（下转2版）

2021年3月5日，第十三届全国人民代表大会第四次会议在北京人民大会堂开幕。国务院总理李克强代表国务院向大会作政府工作报告。《政府工作报告》提出“健全城乡流通体系，加快电商、快递进农村，扩大县乡消费”和“推动快递包装绿色转型”。这既是自2014年以来“快递”连续8年被纳入《政府工作报告》，也是第二次强调“快递进农村”。（刊发于《中国邮政快递报》2021年第935期一版）

2021年4月8日，原邮电部、信息产业部部长吴基传在京调研邮政快递业改革发展情况，他充分肯定邮政体制改革以来取得的成绩和国家邮政局的工作思路，对全系统全行业付出的劳动、作出的贡献表示祝贺感谢，希望邮政快递业抓住数字经济的浪潮，巩固服务消费领域的成果，积极向服务产业互联网进军，不断提升行业发展质效和治理水平。国家邮政局党组书记、局长马军胜陪同调研并介绍有关情况。

2021年12月15日至17日，国家邮政局党组书记、局长马军胜赴江苏宣贯党的十九届六中全会精神并调研快递进村工作。他强调，要以党的十九大和十九届历次全会精神为指导，深入贯彻落实习近平总书记关于邮政快递业重要指示精神，坚决贯彻党中央、国务院的决策部署，落实好国务院办公厅《关于加强农村寄递物流体系建设的意见》，巩固快递进村成果，因地制宜持续提升农村寄递网络的通达性、时效性和末端服务的多样化、个性化，不断增强人民群众的幸福感获得感。调研第一站，马军胜选择了有着“中国近代第一城”之称的江苏省南通市。正是在这里，“快递下乡”萌发，并成为国家级工程。图为马军胜搭乘镇村公交班车来到南京溧水区陈下村服务“三农”综合便民驿站，和班车司机一起把当天的下乡邮件送到驿站经营者手中。

2021年10月15日，在第二届联合国全球可持续交通大会“可持续交通与消除贫困　服务民生和经济复苏”主题会议上，中方联合主席、国家邮政局局长马军胜发表开场致辞。马军胜指出，在首届联合国全球可持续交通大会上，各方特别强调了交通在民生发展中的重要意义，呼吁各国更加注重发展可持续交通，力求“不让任何人掉队”。中国对全球减贫贡献率超过70%，交通在其中发挥着关键性作用。中国政府将交通扶贫作为服务全面建成小康社会、人民共享改革发展成果的重要支撑。通过所有具备条件的乡镇和建制村通客车、通硬化路、直接通邮，通过加强农村邮政设施建设和普遍服务，助力脱贫攻坚和乡村振兴；通过持续推进交通运输高质量发展，实现小康路上不让任何一地因交通而掉队。主题会议之前，马军胜在“可持续的交通　可持续的发展”展区进行了巡馆。

2021年7月6日至9日，国家邮政局副局长戴应军深入安徽、江西、福建三省，随机走访了7市、12县的18个乡镇和6个村屯，共41个乡镇邮政、快递网点和村级邮政快递服务站开展专题调研。戴应军强调，民心是最大的政治，解决“快递进村”难题是民心所向，必须不折不扣推动“快递进村”工作，实实在在把邮件快件送到村里去。各级邮政管理部门要提高思想认识，统筹推动工作，力争尽早实现村村通快递的目标；要把握好争取政策和打通堵点的平衡，既要依靠地方政策、资金保障，又要系统谋划、降低成本、再造流程，推动“邮快合作”“快递进村”良性可持续运转，真正形成服务乡村振兴、服务农民美好生活需求的行业合力。

2021年7月14日，第三届全国邮政行业职业技能竞赛启动电视电话会议召开。国家邮政局副局长刘君出席会议。会议指出，党中央、国务院高度重视技能人才工作，把产业工人队伍建设作为实施科教兴国战略、人才强国战略、创新驱动发展战略的重要支撑和基础保障。国家邮政局认真贯彻落实党中央、国务院决策部署，紧扣行业高质量发展和邮政强国建设需要，牢牢把握行业人才队伍建设的正确方向，坚持党管人才原则，突出政治标准，遵循科学方法，全面加强体制机制创新，加快打造高素质人才队伍。邮政快递业高质量发展离不开高层次高技能人才。举办职业技能竞赛，既是邮政快递业聚才、育才、选才、用才的主要抓手，又是更好地在全行业弘扬劳模精神、劳动精神、工匠精神和“小蜜蜂”精神，助力行业高质量发展的重要举措。

2021年8月26日，国家邮政局联合国家机关事务管理局，以“使用绿色快递　创建节约型机关”为主题，在北京邮电会议中心共同举办“绿色快递进机关”活动启动仪式。国家邮政局副局长赵民、国家机关事务管理局公共机构节能管理司司长朱呈义出席活动并致辞。赵民呼吁，要以“绿色快递进机关”活动为契机，深入贯彻落实习近平生态文明思想，结合机关实际推进绿色快递建设。启动仪式上，国家机关干部代表发出了“使用绿色快递　绿色使用快递”倡议，号召全体机关干部从自身做起，从现在做起，从小事做起，使用绿色快递，绿色使用快递，引领“绿色化”、推动“减量化”、践行“循环化”，共同创建节约型机关。

2021年7月6日至9日，国家邮政局党组成员、副局长廖进荣结合宣传贯彻习近平总书记“七一”重要讲话精神，在江苏南京、无锡、苏州等地调研，了解行业安全生产、“扫黄打非”、“快递进村”、快递员权益保护等情况。廖进荣专题听取了江苏省邮政管理局工作汇报，并视察了江苏省邮政业安全监管平台和苏宁物流总部。他对江苏局围绕推动邮政快递业高质量发展、提升行业现代化治理水平，系统推进党的建设、“两进一出”、监管支撑体系建设以及建党100周年寄递安保等工作给予充分肯定，强调江苏邮政管理系统要认真学习贯彻习近平总书记“七一”重要讲话精神，积极践行习近平总书记关于邮政快递业的重要指示精神，按照国家邮政局党组的决策部署，全面推进行业改革发展稳定各项工作，为新时代邮政强国建设作出应有的贡献。

2021年6月11日，由国家邮政局、浙江省人民政府、中国快递协会主办，杭州市人民政府承办的第四届中国（杭州）国际快递业大会在桐庐召开。来自国家发展改革委、生态环境部、交通运输部、商务部等相关部委领导，以及国内外知名快递企业、快递业生态圈企业代表齐聚一堂，聚焦“立足新阶段 贯彻新理念 构建新格局——快递让循环更畅通”，探讨新形势下快递行业的机遇与挑战。会上，国家邮政局副局长陈凯和浙江省人民政府副秘书长董贵波共同为浙江省国邮快递物流科学研究院揭牌。该研究院由国家邮政局和浙江省人民政府共建，将依托国家邮政局平台优势，拓展浙江省行业先发优势，整合龙头企业资源优势，着力成为全球领先的国家级、开放式、国际化的快递物流行业科技研究机构。

2021年8月20日，国务院办公厅印发《关于加快农村寄递物流体系建设的意见》。党中央、国务院高度重视农村寄递物流体系建设。农村寄递物流是农产品出村进城、消费品下乡进村的重要渠道之一，对满足农民群众生产生活需要、释放农村消费潜力、促进乡村振兴具有重要意义。上述意见围绕强化农村邮政体系作用、健全末端共同配送体系、优化协同发展体系、构建冷链寄递体系等4个体系建设，从分类推进“快递进村”工程、完善农产品上行发展机制、加快农村寄递物流基础设施补短板、继续深化寄递领域“放管服”改革等4个方面提出一系列重点任务。

2021年6月23日，交通运输部、国家邮政局、国家发展改革委、人力资源社会保障部、商务部、市场监管总局、全国总工会7部门联合印发《关于做好快递员群体合法权益保障工作的意见》。意见提出了利益分配、劳动报酬、社会保险、作业环境、企业主责、规范管理、网络稳定、职业发展等八项任务措施，初步明确了做好快递员权益保障工作的路径。意见坚持以人民为中心的发展思想，将维护快递员的合法权益放在核心位置，不断提升快递员在行业发展中的获得感、幸福感、安全感。在党中央、国务院的亲切关怀和各级邮政管理部门、各地方政府以及相关部门的共同努力下，2021年“暖蜂行动”推陈出新，快递员群体合法权益保障工作取得阶段性成果。

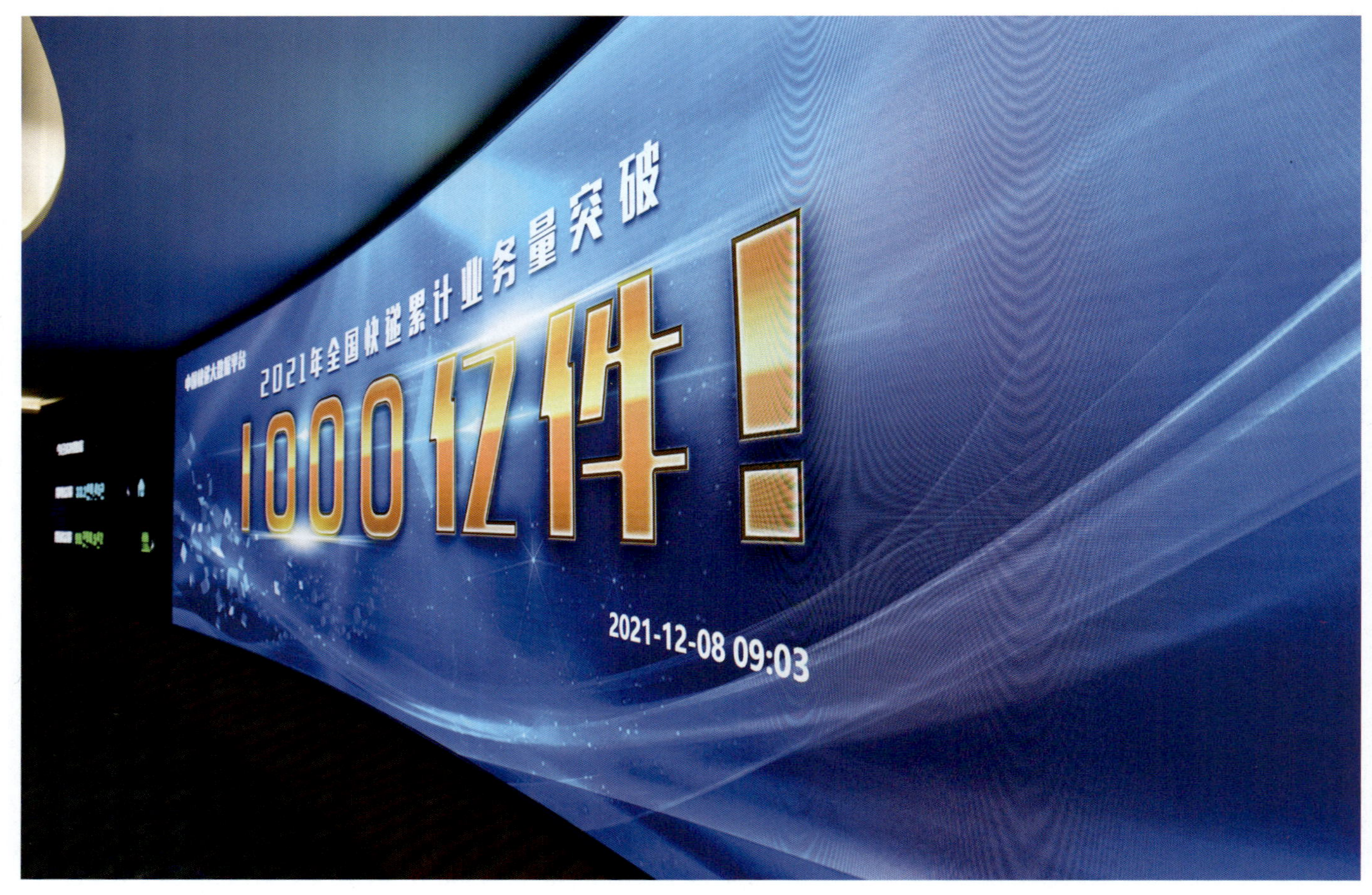

2021年12月8日，国家邮政局快递大数据平台实时监测数据显示，2021年我国快递业务量已达1000亿件——2021年第1000亿件快件是一箱从四川省眉山市多悦镇正山口村寄出的爱媛橙，由中通快递承运，12月8日发出，于9日上午送达位于陕西西安的收件人手中。2021年全行业积极应对新冠肺炎疫情，奋力完成行业改革发展任务，快递业务量突破1000亿件，业务收入突破1万亿元，“千亿万亿”目标胜利完成。

目录

第一篇　特载

第二篇　发展概览

第三篇　发展环境

第四篇　发展数据

第五篇　人才建设

第六篇 市场主体

第七篇 各地纵览

第八篇　协会工作

第九篇　人物志

第十篇　行业展望

附录

第一篇　特　载

以习近平新时代中国特色社会主义思想为指导
奋力谱写好加快建设交通强国的邮政篇章

——交通运输部党组书记杨传堂在2021年全国邮政管理工作会议上的讲话

2021年1月4日

同志们：

2021年全国邮政管理工作电视电话会议安排紧凑、务实高效，为今年工作开好了头、起好了步。军胜同志、应军同志的讲话，我都同意。下面，我再讲三点意见。

一、2020年全国邮政管理工作取得积极成效

2020年是新中国历史上极不平凡的一年。面对严峻复杂的国内外形势特别是新冠肺炎疫情的严重冲击，邮政行业与交通运输其他战线一道，全力以赴统筹疫情防控和经济社会发展各项工作，取得了突出成效。一是支撑服务疫情防控有力有效。第一时间组织邮政集团、顺丰、京东等企业全力保障防疫物资和居民基本生活物资运递，数百万快递小哥冒疫奔忙、默默奉献，搭建物资供应“生命线”，得到党中央高度评价、社会广泛认可。二是保障国际物流供应链稳定运行。用好国际航空、中欧班列、海运快船等运力，维系了国际寄递渠道通畅。三是科技创新效果显现。智能安检、北斗导航等新技术新产品加快研发应用，快递绿色包装治理“9792”工程取得实效。四是服务民生效果显著，建制村直接通邮成果进一步巩固，快递基本实现“乡乡有网点”。五是党的建设全面加强，不断向纵深推进，“不忘初心、牢记使命”主题教育成果得到巩固拓展，干部职工队伍建设进一步加强。

2020年也是“十三五”规划收官之年。五年来，邮政行业抢抓机遇、担当作为，“十三五”规划目标任务圆满完成，规模全球领先，高质量发展进程稳步推进，深化改革实现突破，在探索中走出了一条邮政快递高质量发展、不断满足人民对美好生活需求的成功之路，为决胜全面建成小康社会提供了坚实支撑。

总的看，“十三五”时期，邮政业发展取得丰硕成果，成绩令人振奋。在此，我代表交通运输部，向全国邮政系统广大干部职工和离退休老同志，表示热烈的祝贺和亲切的慰问！

二、准确把握做好2021年工作的总体要求

2021年是我国现代化建设进程中具有特殊重要性的一年，“十四五”开局，全面建设社会主义现代化国家新征程开启，做好今年工作意义重大。党中央先后召开党的十九届五中全会、中央经济工作会议等重要会议，作出一系列重大部署，为未来发展举旗定向，我们必须深刻学习领会，抓好贯彻落实。

一是要切实把思想和行动统一到“三新”上来。党的十九届五中全会描绘了我国未来发展的宏伟蓝图，其中新发展阶段、新发展理念、新发展格局，是贯穿全会的主线。要全面把握新发展阶段的新特征，坚定不移推动新发展理念在行业落地落细落实，加快实践构建新发展格局。要聚焦全会通过的“十四五”规划《建议》中提出的完善综合运输大通道、综合交通枢纽和物流网络、构建现代物流体系等重点任务抓好落实，在现代化建设实践中当好先行、做好支撑。

二是要深刻把握“五个根本”规律性认识。中央经济工作会议高度概括了在严峻挑战下做好经济工作的规律性认识，即：党中央权威是危难时刻全党全国各族人民迎难而上的根本依靠，人民至上是作出正确抉择的根本前提，制度优势是形成共克时艰磅礴力量的根本保障，科学决策和创造性应对是化危为机的根本方法，科技自立自强是促进发展大局的根本支撑。这“五个根本”，是做好各项工作的重要认识论和方法论。我们要深化学思践悟，切实转化为指导实践的根本思想、转化为推进工作的强大动力。

三是要坚持以加快建设交通强国为统领。今年是开启加快建设交通强国新征程的第一年。我们要以《交通强国建设纲要》为指引，围绕落实“三个转变”“四个一流”，构建邮政快递网、国际干线邮路网及现代物流供应链体系。要以此为契机，聚焦二〇三五年远景目标，编制好“十四五”规划，统筹谋划好未来15年、5年及今年邮政快递发展，谱写好加快建设交通强国的邮政篇章。

三、以新阶段新作为开创邮政管理工作局面

今年是经济持续恢复的重要窗口期，邮政行业去年逆势增长，预计今年仍将保持高位运行、快速增长，必须借机大幅提升服务质量和水平，重点抓好以下工作：

一是扎实推动行业高质量发展。要强化创新驱动引领，推进5G、人工智能、物联网等技术应用和业态创新，形成新的增长动能。要加快建设寄递物流服务体系，优化基础设施网络布局，推动邮政寄递枢纽处理场地建设和装备改造升级。要推进绿色低碳发展，建立健全相关法律、标准、政策、监管体系。

二是持续建设人民满意邮政。要继续推动邮政普遍服务业务与竞争性业务分业经营，健全邮政普遍服务保障机制。要完善城乡快递物流末端设施布局，鼓励服务网络下沉和要素流动，畅通农产品和消费品双向流通渠道。要加快发展冷链、医药和智能分拣、无人配送、共同配送等新模式，推动邮政快递服务供给向高品质和多样化升级。

三是构建更高水平的平安寄递。要抓好发展与安全两件大事，增强寄递渠道安全监管能力，完善寄递安全政策、标准、规范，保障人民群众生命财产安全。要毫不放松抓好常态化疫情防控，做好“外防输入、内防反弹”工作，坚决遏制疫情在寄递渠道传播，加快建设反应迅速、抗冲击能力强的邮政快递应急体系。

四是全面深化改革、扩大开放。要构建高标准的邮政快递业现代市场体系，引导有序竞争，促进规范发展。要持续深化“放管服”改革，提升新业态监管能力，营造市场化、法治化、国际化营商环境。要深度参与全球邮政治理，强化政策沟通、设施联通，打造高效能的国际寄递体系，做好国际物流保障相关工作。

五是坚持和加强党的全面领导。要持续抓好理论武装，深入学习贯彻习近平新时代中国特色社会主义思想，进一步增强“四个意识”、坚定“四个自信”、做到“两个维护”，不断提高政治判断力、政治领悟力、政治执行力。要落实全面从严治党要求，锲而不舍落实中央八项规定精神及实施细则，持续正风肃纪。要突出打造过硬本领，在推进人的现代化上久久为功，打造一支适应新发展格局要求的邮政铁军。

最后，我再强调一下春运工作。今年春运尤为特殊，强化疫情防控、保障客流出行和物资运输等各项任务交织繁重。希望邮政快递系统未雨绸缪、精心安排，在去年春运保障的基础上总结经

验、查找不足，制定好工作方案和预案，落实好常态化疫情防控措施，全力保障重要物资和居民基本生活物资运递，确保行业安全平稳运行。同时，要开展好"快递小哥"权益保障、关爱帮扶等工作。

春节在即，借此机会，向在座各位同志，并通过你们向邮政快递业广大干部职工、离退休老同志和职工家属致以新春的问候！祝大家新春愉快，工作顺利，阖家幸福！

谢谢大家！

同心同德　顽强奋斗　携手共进
为加快建设现代化邮政强国而努力奋斗

——国家邮政局局长马军胜在2021年全国邮政管理工作会议上的讲话

2021年1月4日

同志们：

这次会议的主要任务是：以习近平新时代中国特色社会主义思想为指导，全面贯彻党的十九大和十九届二中、三中、四中、五中全会以及中央经济工作会议精神，认真贯彻落实习近平总书记关于邮政快递业重要指示批示精神，总结2020年工作，回顾“十三五”时期行业改革发展成效，分析形势，部署2021年重点工作。下面，我讲三个方面意见。

一、2020年工作及“十三五”时期行业改革发展成效

2020年是极不平凡且极具挑战的一年，面对国内外严峻复杂的形势和新冠肺炎疫情严重冲击，全系统全行业全面贯彻落实习近平总书记重要指示批示精神，认真贯彻落实党中央、国务院决策部署，紧扣全面建成与小康社会相适应的现代邮政业目标任务，坚持稳中求进工作总基调，坚持新发展理念，坚持以供给侧结构性改革为主线，坚持以改革创新为动力，持续推动高质量发展，启动“两进一出”工程，坚决打好三大攻坚战，统筹疫情防控和行业改革发展，进一步提升行业治理体系和治理能力现代化水平，各项工作均取得显著成效。

预计全年邮政业业务总量和业务收入分别完成2.1万亿元和1.1万亿元，同比分别增长29.4%和14.1%，业务收入与GDP比值超过1%；快递业务量和业务收入分别完成830亿件和8750亿元，同比分别增长30.8%和16.7%。新增社会就业20万人以上，支撑网络零售额10万亿元以上。服务满意度稳中有升，行业运行平稳有序，绿色发展水平持续提升，在经济社会发展中作用凸显，为扎实做好“六稳”工作、全面落实“六保”任务作出了积极贡献。

（一）全力推进疫情防控和复工复产，服务经济社会发展有力有效

全行业坚决贯彻党中央、国务院决策部署，闻令而动、尽锐出战，迅速打响疫情防控阻击战，率先实现复工达产，率先实现转负为正，率先实现高位运行，党旗始终在抗疫一线阵地高高飘扬。一是全力保障防疫物资和政务民生寄递服务。组织中国邮政、顺丰和京东等13家企业第一时间开通全国驰援武汉救援物资和海外捐赠国内防疫物资两条运递“绿色通道”，全力保障机要通信安全和党报党刊投递服务，“数百万快递小哥冒疫奔忙”，打造了疫情期间永不中断的供给线、生命线，累计发运车辆8.75万台次、货运航班779架次，寄递防疫物资48.98万吨。开办“邮寄办”“医药通”等政务民生寄递业务，组织援外医疗物资和留学生“健康包”运递，在特殊时期发挥了特殊作用。二是科学有序抓好复工复产。按照“四保障、三优先和一推进”部署安排，出台延长许可有效期等援企稳企措施，协调推动解决复工审核、劳动用工、防疫物资配备、车辆通行、末端投递等实际困难，为维护经济社会正常运转提供有力支撑。三是努力维系国际寄递渠道畅通。海陆空铁多向发力疏运邮件快件，千方百计增加国际航空运能，协调解决国际货运航空机组人员核酸检测、签证和隔离等

问题,推动开行中欧班列专列,拓展海运快船运邮渠道。协调推动日本、蒙古、哈萨克斯坦等国邮政恢复与我正常国际邮件交换业务。与万国邮联及各国邮政分享抗疫经验,为全球40多个欠发达国家提供防疫物资援助,展示负责任大国形象。四是慎终如始做好自身防控。制修订6版邮政快递业生产操作规范建议,积极为企业争取口罩等防疫物资,创新无接触投递模式,做好进出境邮件快件处理场所、冷链运输等重点部位、重点环节消杀作业,全行业400多万从业人员未发生聚集性感染和死亡事件。五是圆满完成《众志成城 抗击疫情》邮票发行和发行收入捐赠工作。行业为国家统筹推进疫情防控和服务经济社会发展作出了积极贡献,习近平总书记两次点赞快递小哥,李克强总理深入一线听取抗疫工作汇报,行业3人荣获全国抗击新冠肺炎疫情先进个人称号,63个集体和138名个人荣获省部级抗疫表彰。

(二)着力优化营商环境,市场活力加快释放

一是持续深化"放管服"改革。取消经营境内邮政通信业务审批。向浙江自贸试验区委托下放国际快递业务经营许可审批事项。包容审慎推进新业态监管,智能快件箱、服务站许可工作全面推开,仓递一体化许可工作取得实质性进展。为7000余家企业集中办理许可延续。推动完善收费公路制度改革政策,整体实现邮政快递公路运输"提速不提价"。6项邮政政务服务纳入"跨省通办"清单,推行全程网办。二是扎实推进规划政策工作。落实交通强国战略,印发邮政强国建设行动纲要,参与编制国家综合立体交通网规划纲要,统筹邮政快递枢纽布局。坚持开门问策,"十四五"规划编制和衔接有力推进。出台贯彻落实新时代加快完善社会主义市场经济体制意见实施方案等政策,参与城镇老旧小区改造、以新业态新模式引领新型消费加快发展等一批重要政策制定。推动36项涉邮惠企政策落到实处,为企业减免税费和争取补助等超百亿元。深入落实快递与电子商务协同发展有关政策,联合举办"双品网购节",带动新型消费超3800亿元。三是积极服务区域发展。联合印发促进粤港澳大湾区邮政业发展的实施意见。推动出台雄安新区邮政业发展规划。参与编制长江三角洲地区交通运输更高质量一体化发展规划。加快落实长江经济带、黄河流域生态保护和高质量发展、成渝地区双城经济圈等重大战略任务。组织25个"中国快递示范城市"高质量开展创建工作。与上海市、安徽省政府签订战略合作协议,参与自贸区方案和自贸港政策设计并落实相关任务,有效服务地方经济发展。

(三)紧紧围绕主题主线,发展质效不断提升

一是支持邮政服务创新发展。与商务部、中国邮政签订三方协议,推进邮政与电子商务协同发展。积极推进邮快合作,黑龙江、四川、西藏、甘肃和青海5个试点省份进村覆盖率提升36个百分点,全国6.2万个行政村借助合作实现快递进村。圆满完成915万件高校录取通知书寄递任务。大力推进邮政综合服务平台建设,实现与省级政务系统全对接、市级政务大厅全覆盖,新增警邮、税邮合作网点2355处,江苏等地创新法邮合作并取得明显成效。邮政业交通战备和军民融合工作有序推进。二是启动"两进一出"工程。在浙江、广东、江西、重庆开展综合试点。出台"快递进村"三年行动方案,推广交快、邮快、快快、商快等合作模式,直投到村比例超过50%。累计打造保定山药、菏泽牡丹、开封大蒜、襄阳鹅蛋和延安苹果等快递服务现代农业金牌项目60个、超百万件项目260个,农村地区收投快件超过300亿件。联合印发推进快递业与制造业深度融合发展意见,以汽车、消费品、电子信息、生物医药等为重点加快项目培育,累计打造长春一汽等服务制造业典型项目1087个。优化国际邮件互换局和快件监管中心布局,加大国际航空运力投入,大力拓展中欧班列(重庆、义乌)运输邮件、快件业务,班列产品寄达36个国家。全年完成跨境寄递业务量21.2亿件,支撑跨境网购零售额超4400亿元。三是加强基础设施建设。实施西部和农村地区邮政

基础设施建设项目,改造乡镇局所和危旧县局房1025处、购置车辆590辆。新增村级邮政电商服务站1.3万个,累计覆盖24.5万个行政村。印发推进智能快件箱(信包箱)建设指导意见,推动纳入新型城镇化政策范畴,累计建成快递末端公共服务站11.4万个,布放智能快件箱(信包箱)40万组,316个城市已出台车辆通行政策。四是提升科技标准水平。修订邮政业应用技术研发指南。认定第二批行业技术研发中心。开展第二届行业科技奖评选。智能安检、智能视频监控、智能语音申投诉系统和通用寄递地址编码“三智一码”重大科技项目攻关取得积极进展。推广应用北斗导航系统。制定新型邮政业标准体系,规范标准审查管理,制修订《快件航空运输信息交换规范》《快递服务制造业仓配信息交换规范》等11项国家和行业标准。五是基本完成“绿盾”工程一期建设。建成北京和合肥“一主一备”两个机房,6大类22个应用系统上线运行,“互联网+监管”数据底盘全面强化,基本实现“五可”目标,行业安全监管能力有效提升,在重大活动安全保障、日常寄递监管和政务服务等方面发挥了重要作用。六是强化行业人才队伍建设。组织开展全国邮政行业先进集体、劳动模范和先进工作者评选表彰。实施职业技能培训“246”工程,培训29.3万余人次。全年8423人通过快递工程技术人员职称评审,其中高级职称96人。扎实开展快递运营职业技能等级证书制度试点工作。推进邮政学科建设,四所现代邮政学院在校学生近4000人,全国邮政行业人才培养基地达30所。组织高校毕业生网络招聘,提供就业岗位1.3万余个。举办第五届全国“互联网+”快递大学生双创大赛。七是切实维护快递员合法权益。重点推动快递员权益保障长效机制建设。试点开展快递末端结算指引工作。深入开展“暖蜂行动”和“快递从业青年服务月”等活动,各地出台关心关爱快递员文件600余份,组织慰问2500余次,新增爱心驿站等服务阵地9500余家,为快递员免费体检和义诊8万余人次。上海、安徽、广东、宁夏等地累计为快递员争取公租房廉租房4000余套。

(四)聚焦目标精准发力,三大攻坚战扎实推进

一是防范化解重大风险。深入推进平安寄递建设,强化“三个必须”责任担当,健全落实安全生产责任制。建立完善快递企业总部重大经营管理事项风险评估和报告制度、企业安全警示制度,先后4批次约谈企业总部,妥善处置经营异常、智能箱收费政策调整纠纷、末端网点不稳等突发事件。开展安全生产专项整治三年行动,实施违规收寄危化品、危险活体动物、实名收寄信息异常等专项治理,突出做好寄递渠道涉枪涉爆隐患集中整治。联合国家禁毒办出台寄递渠道禁毒专门文件,严格芬太尼类物质和野生动物及制品寄递管控。圆满完成重大活动寄递安保任务,有效保障业务旺季平稳运行。加强网络安全防护。积极应对台风、洪涝等自然灾害影响。做好行业“扫黄打非”、打击侵权假冒和应急管理等工作。二是坚决打赢脱贫攻坚战。大力推广产业扶贫模式,邮政快递企业在贫困县培育出年件量超10万件项目259个。积极扩大就业扶贫效果,全年为农村地区新增就业岗位15万个。切实担负起定点扶贫政治责任,提前超额完成6项任务指标,为河北省平泉市直接投入和引进资金8000余万元,帮助销售农特产品2300余万元。国家局党组成员深入6个深度贫困村开展挂牌督战。全系统先后选派扶贫挂职干部339人,帮助建档立卡贫困户实现劳务就业4022人,助力脱贫6.8万余人,为打赢脱贫攻坚战交出了满意答卷。三是抓好快递包装治理。加强绿色发展法规标准政策体系建设,推动在固废法、邮政业寄递安全监督管理办法中增加包装治理条款。印发施行加快推进快递包装绿色转型的意见。联合印发加强快递绿色标准化工作指导意见,制定实施快递包装绿色产品评价技术要求和邮件快件绿色包装规范。建立健全治理工作台账,完善部门治理协作机制,推进重金属和特

定物质超标包装袋专项治理。开展绿色网点、绿色分拨中心建设试点，配合做好“无废城市”建设试点。“9792”工程完成预期目标，新能源和清洁能源车辆保有量达4.69万辆。

（五）全面推进依法行政，治理效能持续增强

一是推进立法与执法监督。制修订邮政业寄递安全监督管理办法、邮政行政执法监督办法等部门规章和邮政行政处罚程序规定等5个规范性文件。内蒙古、辽宁、广东和厦门等地出台地方法规规章。印发国家局法律顾问和公职律师管理规定，办好行政复议。严格落实重大执法决定法制审查、执法人员持证上岗和资格管理制度。开展民法典宣贯和“七五”普法工作。二是强化普遍服务和特殊服务监督。开展乡镇局所专项检查，督促邮政企业加大投入、增配人员，普遍服务能力水平不断提升。全力保障中央巡视专用邮箱邮件寄递服务。持续提升机要通信安全保密能力，与保密部门建立长效工作机制，实现联合监督检查的常态化、规范化，确保机要邮件万无一失。认真做好《中国人民志愿军抗美援朝出国作战70周年》等重大题材邮票发行，有序开展邮票销售专项检查。持续抓好党报党刊投递工作，全国84.6%的县级城市实现《人民日报》当日见报。不断提升普遍服务监督管理信息化水平，52.7万个建制村纳入信息化监管范围。加强和改进社会监督工作。三是加强邮政市场监管。全面落实“双随机、一公开”监管，印发随机抽查工作规程，上线运行新版行政执法信息系统，开展跨区域交互执法检查，依法立案调查重大违法行为。规范集邮市场经营秩序，依法开展邮政用品用具抽检。加快推进“一企一档”信用监管机制建设，开展快递市场法人主体信用评定。修订邮政业用户申诉处理办法，完善用户申诉处理工作体系，全年处理有效申诉1.9万件，为用户挽回损失6939万元。四是加强国际和港澳台合作交流。积极参与万国邮联治理体系改革，持续推进万国邮联“三项”竞选和中欧班列邮快件运输工作。举办第十一届高级别中日邮政政策对话。参与区域全面经济伙伴关系协定（RCEP）等双多边谈判，推动将加强邮政快递领域合作纳入与有关国家共建“一带一路”合作规划。成功召开第三届内地与港澳邮政高峰会，达成四项共识。做好邮政领域对台工作。五是夯实邮政管理系统基础能力。调整部分省局和市（地）局机构编制及副职领导职数。新成立广西、云南2个省级和45个市级安全中心，新增县级机构46个。加强局属事业单位绩效工资考核管理。全面开展统计督察整改，加强行业经济运行分析研判和数据质量管理。推进中央地方财政事权改革落地，江西、甘肃等24个省印发了改革方案。落实“过紧日子”要求，持续强化预算管理，保障重点工作和急需项目支出，加强节约型机关建设。有序开展全系统主要领导干部经济责任审计和整改落实工作。中国快递协会脱钩改革顺利完成，中华全国集邮联合会完成换届。扎实做好督查、信访、保密、信息化、政务公开、建议提案办理和老干部等工作。

（六）坚持以政治建设为统领，全面从严治党向纵深推进

一是毫不动摇坚持党的全面领导。树牢政治机关意识，印发强化政治机关意识教育工作方案、落实全面从严治党主体责任清单，把“两个维护”作为最高政治原则和根本政治规矩，始终同以习近平同志为核心的党中央保持高度一致。持续深化创新理论武装，深入学习贯彻《习近平谈治国理政》第三卷和习近平总书记最新指示精神，举办十九届五中全会精神培训班，切实把学习成效转化为提高应对风险挑战、推动行业发展的能力。坚持不懈抓基层打基础，顺利完成国家局机关党委、纪委换届，全面推进党支部标准化规范化建设。持续推动快递业党建“两个覆盖”，开展行业党建调研，民营快递企业党组织达到749个、覆盖党员3.5万人。二是干部队伍建设实现新提升。印发在疫情防控一线考察识别干部的意见，完善选拔任用机制，选优配强领导班子。大力推进干部交

流，选派干部援藏援疆援青、赴地方挂职锻炼，做好年轻干部培养。落实职务职级并行制度，优化考核评价机制，开展领导班子年度考核，推进公务员平时考核，加强关心爱护，激励干部担当作为。组织系统首次选人用人专项检查，开展领导干部个人有关事项报告专项整治，加强日常管理和监督。开展干部教育培训制度评估，遴选 8 个干部教育培训基地。三是持之以恒正风肃纪。严格落实中央八项规定及其实施细则精神，坚决纠治形式主义官僚主义，紧盯重要时间节点进行廉政教育提醒，严防“四风”反弹。加强日常教育管理监督，实事求是运用“四种形态”。保持反腐败高压态势，严肃查处违规违纪问题。开展警示教育，保持警钟长鸣。以问题导向推动问题整改，对违规享受政策性住房等四个方面问题开展专项整治。坚守政治巡视定位，分两轮 6 组对 12 个省（区、市）局党组开展巡视。四是宣传思想和精神文明建设取得新成效。强化行业意识形态管理，切实把牢方向、守住阵地、管好队伍。加强新闻宣传工作，主要中央媒体持续关注邮政快递业改革发展工作，高度肯定服务国家经济社会发展成效，行业关注度和影响力显著提升。积极选树先进典型，成功举办第四届寻找最美快递员活动，24 人获全国劳动模范、25 家单位获全国文明单位、2 人 1 集体获中国青年五四奖章、10 人获全国青年岗位能手（标兵）等称号。

同志们！2020 年是“十三五”规划的收官之年。五年来，我们深入贯彻落实习近平总书记关于邮政快递业重要指示批示精神，着力优环境、激活力、建网络、搭平台、通渠道、促协同、提能力、拓海外、强监管，邮政快递业供给结构持续优化，要素资源流动活跃，产业融合日趋紧密，市场活力全面迸发，绿色安全水平不断提升，行业治理体系和治理能力现代化加快推进，全面建成与小康社会相适应的现代邮政业胜利在望，为建设邮政强国奠定了坚实基础。

——**地位作用日益凸显**。邮政业业务总量和业务收入分别增长 3.1 倍和 1.7 倍，邮政业业务收入增速超过同期国内生产总值增速的 3 倍。快递业务量和业务收入分别增长 3 倍和 2.1 倍，包裹快递市场规模连年稳居世界第一。五年新增就业 100 万人以上，年支撑制造业产值超过 1.2 万亿元，带动工业品下乡和农产品进城销售超过 1.5 万亿元，对一二三产业支撑更加有力，在打赢脱贫攻坚战、实施国家重大战略等方面取得一批重要成果，为打通大动脉、畅通微循环作出积极贡献。

——**公共服务不断优化**。建制村全部实现直接通邮，邮政普遍服务投递频次深度、全程时限持续改善。实现 100% 县城党报当日见报的省份由 6 个提高到 23 个。快递网点基本实现乡镇全覆盖，快递服务产品体系更加完善，延误、损毁和丢失等问题显著改善。行业服务满意度持续提升，有效申诉率不断下降。寄递渠道平稳畅通，五年来未发生重特大安全事故，重大活动保障有力。

——**发展质效显著增强**。湖北鄂州等国际枢纽加快建设，快递专业类物流园区数量大幅增加。高铁快递取得重大突破，航空快递运能不断增强，全行业专用货机从 71 架增加到 122 架。人工智能、大数据、物联网、区块链和北斗导航等新技术新产品加快应用，配备全自动分拣系统的分拨枢纽超过 370 个。快递电子运单、循环中转袋基本实现全覆盖，绿色发展初见成效。

——**治理能力持续提升**。健全完善邮政管理体系。推动《快递暂行条例》出台，加快构建与高质量发展相适应的邮政快递业法规、规划、政策、标准体系。深化“放管服”改革，不断优化市场化法治化国际化营商环境，对新业态实行包容审慎监管，充分激发各类市场主体活力。人才队伍能力素质明显提高，基层员工权益保障持续推进，行业文化和软实力全面加强。

——**行业影响力大幅提高**。中国邮政在世界 500 强排名进入前一百名，位列世界邮政企业第二名。快递企业加快改制上市，形成 3 家年业务量超 100 亿、收入规模超 1000 亿元的品牌快递集团。在万国邮联终端费调整、会费改革、国际铁路运邮规则制定等方面取得一批重要成果，邮政业发展的“中国智慧”和“中国方案”得到世界同行广泛关注和赞誉。

同志们！“十三五”以来的五年，是人民用邮获得感最强、创新驱动成效最好、企业实力增长最快、贯通一二三产业最实、国际影响力最大的五年。五年来，我们坚持党的全面领导，增强“四个意识”，坚定“四个自信”，做到“两个维护”，坚决走好第一方阵；我们坚持人民邮政为人民的初心使命，不断满足人民群众日益增长的美好生活用邮需要；我们坚持发展第一要务，贯彻新发展理念，推动产业联动融合，实现质量变革、效率变革、动力变革；我们坚持全面深化改革，有效破解制约行业发展的体制性机制性障碍，不断解放和发展生产力；我们坚持依法治邮，建设有为政府，持续提升行业治理体系和治理能力现代化水平。

同志们！“十三五”时期邮政快递业改革发展迈上了新台阶，经受住了错综复杂形势的考验和新冠肺炎疫情的冲击。这些成绩的取得，是党中央、国务院坚强领导和亲切关怀的结果，是交通运输部正确领导的结果，是中央各部门、地方各级党委政府和社会各界大力支持的结果，全行业干部职工团结一心、拼搏奋进，不断汇聚成推动邮政快递业改革发展的强大动力，共同绘就了邮政快递业繁荣昌盛的宏伟画卷。在此，我谨代表国家邮政局，向长期以来关心支持行业发展的各级领导和同志们，向全体干部职工和离退休老同志致以崇高的敬意和衷心的感谢！

二、贯彻新理念，构建新格局，为全面建设现代化邮政强国开好局、起好步

“十四五”时期是我国在全面建成小康社会、实现第一个百年奋斗目标之后，乘势而上开启全面建设社会主义现代化国家新征程、向第二个百年奋斗目标进军的第一个五年。党的十九届五中全会深入分析国际国内形势，明确二〇三五年远景目标和“十四五”时期经济社会发展的指导方针、目标任务、战略举措，为今后5年乃至更长时期邮政快递业发展指明了前进方向、提供了根本遵循。全系统全行业要认真学习领会、坚决贯彻落实，把思想和行动统一到中央对当前形势判断和决策部署上来，以习近平总书记关于邮政快递业重要指示批示精神为引领，自觉融入党和国家工作大局，准确识变、科学应变、主动求变，精心谋划“十四五”时期行业发展，更好对接发展所需、基层所盼、民心所向，在全面建设社会主义现代化国家新征程中贡献行业力量。

进入新阶段，我国邮政快递业发展仍然处于重要战略机遇期，但机遇和挑战都有新的发展变化。一是加快构建新格局对行业高质量发展提出更高要求。畅通国内大循环要求行业更好贯通生产、流通、分配、消费各个环节，支撑强大国内市场建设。促进国内国际双循环，要求加快建设自主可控的国际寄递物流服务体系，助力增强产业链供应链自主可控能力，我们要主动作为。二是全面建设社会主义现代化国家为行业高质量发展提供更好机遇。我国经济长期向好，“数字化”“包裹化”“快递化”趋势明显，行业需求侧领域扩展、场景丰富、频次增加，空间广阔、潜力无限。新一轮科技革命和产业变革为深化行业供给侧结构性改革持续赋能，我们要坚定信心。三是内外形势日趋复杂给行业高质量发展带来更大挑战。行业发展不平衡不充分矛盾仍然突出，快递小哥合法权益保障和末端稳定性存在明显短板，安全绿色发展任务艰巨，国际网络、供应链、应急及冷链能力不强。统筹疫情防控和行业发展成为常态，世界百年未有之大变局中行业不确定性骤然加大，行业治理小马拉大车，我们要攻坚克难。

对标对表中央要求，国家局党组研究提出了未来一段时期行业发展目标。到二〇三五年，建成人民满意、保障有力、世界前列的邮政强国。实现网络通达全球化、设施设备智能化、发展方式集约化、服务供给多元化，基本实现行业治理体系和

治理能力现代化。到二〇二五年，行业规模实力、基础网络、创新能力、服务水平、治理效能实现新跃升，在经济社会发展中作用更加突出，在全球邮政业发展中地位更加凸显。寄递网络枢纽智能高效、干线衔接顺畅、末端稳固便捷。技术创新、业态创新、模式创新实现新突破，重点领域科技研发应用水平居世界前列，寄递服务质量不断提升。邮政管理体系更加适应发展需要，安全绿色发展水平显著提升，从业人员合法权益得到更好保障。

新阶段开启新征程，邮政快递体系是国家竞争力的重要组成部分，我们要在构建新发展格局中找准定位、谋划战略。当前和今后一个时期，要按照“服务全领域、激活全要素，打造双高地、畅通双循环”的工作思路，围绕提升行业在畅通中的价值，聚焦高质量发展、高效能治理，深化供给侧结构性改革，加强需求侧管理，提升行业供给体系对需求的适配性、要素资源对行业供给体系的保障力，形成需求牵引供给、供给创造需求的更高水平动态平衡，更好满足人民美好生活需要，全方位提升行业贡献度和影响力。“服务全领域、激活全要素”就是要发挥行业连接千城百业、联系千家万户、连通线上线下的优势，加快从重点发展向全域发展转变，从被动适应向主动创造转变，提升与更多领域的关联性和协同性。吸引各类要素资源协同集聚，加快从依靠传统要素向激活全要素转变，从劳动密集型向资本技术数据密集型叠加拓展，为服务全领域提供能力保障。“打造双高地、畅通双循环”就是要充分利用双重管理和邮联体系的制度优势，推动有效市场和有为政府更好结合，以高效能治理引领高质量发展。充分发挥一体网络优势，加快从促进流通方式转型向畅通国内国际循环转变，在构建新发展格局中全方位释放邮政快递业在助力生产、促进消费、畅通循环中的重要作用。

（一）坚持创新核心地位，提升服务全领域能力

坚持创新在邮政强国建设全局中的核心地位，深入实施科技强邮战略，将创新作为行业高质量发展和高效能治理的第一动力。一是强化企业创新主体地位。发挥大企业引领支撑作用，组建体系化、任务型联合体，激发中小企业创新创造活力，支持基层企业“微创新”。鼓励高科技企业、科研院所、创投企业融入行业创新链，推动上中下游、大中小企业融通创新，加快向“智能＋”升级。二是强化政府统筹作用。健全行业科技研发、标准、认证体系。加强部门协同、经费筹措，建设多层次行业科技平台，统筹推进重大科技项目攻关。组织创新试点示范工程，促进资金、技术、人才、市场等要素对接，推动产业化规模化应用。三是强化创新整体效能。坚持目标导向和问题导向，面向发展痛点、治理难点和民众用邮过程中的急难愁盼，聚焦收投两端、全网优化、安全应急、绿色环保、国际及现代供应链等短板弱项，以科技创新带动管理创新、模式创新、服务创新、业态创新，提升行业创新的系统性整体性协同性。四是强化供给体系创新。在服务电商寄递、服务国内消费基础上，创新服务品种、提升服务品质、打造服务品牌，更好满足多领域、多场景、多样化寄递物流需求；提升行业供给体系的创新力，提高与政务便民、商务金融、文体旅游、教育科研、健康养老等领域的关联性，以创新驱动、高质量供给引领和创造行业新需求。

（二）全面激活要素资源，建设现代邮政快递体系

以数据驱动为牵引，全面激活劳动、资本、土地、知识、技术、管理等要素资源，推进邮政快递产业数字化、数字产业化，提升邮政快递业质量效益和核心竞争力。一是加强传统要素保障。改善价值分配，引导资本、土地等要素资源向末端倾斜，切实维护基层网络稳定。强化全程全网特点和公共服务设施属性，推动从完善城市功能、保障民生需求角度提高用地、通行、设施等要素资源配套保障力度，夯实行业可持续发展基础。二是加快数字化转型。将数字技术作为推动行业变革的关键

驱动力，加快提升邮政产业全链条数字化水平。提高行业数据治理能力，建立邮政快递业数据湖，完善数据开放共享机制，健全数据安全制度和技术基础。释放数据要素潜能，用邮政快递数据赋能经济社会发展和政府治理。三是向价值链高端升级。培育知识技术管理等要素，推动从单一寄递功能向综合寄递物流升级，拓展端到端复合服务功能，增强产业链供应链自主可控能力，推进专业化、标准化、品牌化建设，更深嵌入实体经济，获得更多价值分配。四是带动关联服务专业化。深入挖掘“快递经济”内涵与外延，培育壮大关联产业及配套服务，促进空铁货运、车辆装备、环保包装、物流地产、货代通关、金融保险、检测认证、教育培训等联动发展，升级重塑产业生态圈。

（三）统筹网络业务布局，助力形成强大国内市场

紧紧围绕扩大内需这个战略基点，实施一批强基础、增功能、利长远的重大项目，构建日处理超10亿件、服务超10亿人的寄递网络，助力培育完整内需体系。一是建强主枢纽。深度对接国家综合立体交通网和物流枢纽等规划，在华北、华南、华东、华中、西南－西北布局建设5大全球性国际枢纽集群，统筹布局一批区域性国际枢纽和全国性枢纽。打造一批“枢纽＋关联产业”快递经济区，助力提升城市能级。二是打通大动脉。推广多式联运，构建不同运输方式合理利用、顺畅衔接的干线运输网络。升级公路运输能力，发展高运能智慧化干线车队，探索试用无人驾驶。提升航空快递规模，壮大机队规模，优化航线时刻，提升腹仓利用率。破解高铁快递难题，推动场地设施配套、流程对接、信息共享。三是畅通微循环。推动压实邮政快递末端基础设施地方财政事权和支出责任，衔接纳入国土空间规划。推动城市居住区和社区生活服务圈配建邮政快递服务场所和设施，支持智能末端设施建设，发展无接触收投。推广共同分拣、共同运输、共同投递。四是全面促消费。深化与电商协同，推动落实电商快递价格分离，改进电商寄递服务体验。支持发展同城快递，带动线上线下消费融合发展。顺应消费升级趋势，发展精准、安全、多样化专业寄递服务。推广仓配一体，支撑消费新模式新业态发展。推动网络下沉农村，助力开拓乡村消费市场。

（四）以“两进一出”为重点，畅通国内国际双循环

着力解决行业在服务农村、服务生产、服务国际方面的短板，助力打通双循环堵点，促进提升产业链供应链稳定性和竞争力。一是因地制宜推进快递“进村”。夯实县乡村三级寄递物流体系，建立差异化、渐进式进村标准，三年内实现行政村直接收投。加强资源共享，支持邮快、交快合作，鼓励发展驻村设点、快快、商快合作。对接特色农产品优势区和产业强镇建设，打造更多服务现代农业项目，助力乡村振兴。二是分类分步推进快递“进厂”。聚焦3C、医药、汽配、服装和快消品等领域，以及长三角、珠三角等区域，搭建对接平台，分类出台指南，培育一批典型示范项目，打造一批应用场景先行区。引导企业由易入难、由表及里、由产后产前至产中、由环节到系统，发展供应链综合解决方案，打造制造业移动仓。三是积极稳妥推进快递“出海”。伴随出海、联合出海、造船出海相结合，整合境内外、上下游资源，增强国际寄递网络连通性和稳定性。面向东北亚、东南亚，深度融入RCEP价值链，加快形成区域性国际寄递网络。面向欧洲、美洲和非洲等，补齐海外中转、洲际干线、清关资质、标准衔接等短板，不断丰富洲际国际寄递物流专线。

（五）激发市场主体活力，构筑高质量发展力量支撑

全面深化改革，坚持平等准入、公正监管、开放有序、诚信守法，形成高效规范、公平竞争的统一邮政快递市场。一是深化邮政企业改革。落实“实现邮政普遍服务业务与竞争性业务分业经营”重大改革部署。调整邮政普遍服务内涵，完善邮政普遍服务监督和保障机制，持续提升邮政普遍

服务和特殊服务水平。推动邮政企业健全市场化经营机制，深化混合所有制改革，增强在寄递领域的竞争力、创新力、控制力、影响力和抗风险能力。二是培育壮大具有国际竞争力的现代寄递物流企业。鼓励行业领军企业通过创新发展、产业集成、开放合作、卓越管理等，加快转型升级，提升连接服务能力，形成数家在全球邮政快递领域具有重要话语权和影响力的世界一流企业，成为伴随中国企业走出去和支撑国家战略的可靠力量。协调完善跨部门政策保障，务实解决企业在兼并重组、资质获取、跨境通道和重大项目申请上的瓶颈问题。三是支持大中小企业融通发展。深化“放管服”改革，为各类市场主体增便利、减负担、降门槛。鼓励创新创业，支持寄递产业链细化分工，包容更多环节型、功能型、平台型企业发展，鼓励以寄递服务为内核和依托的新业态新模式发展，丰富市场主体形态。

推动高质量发展，必须实现高效能治理，全系统全行业要坚持人民邮政为人民，坚持系统观念，不断提升贯彻新发展理念、构建新发展格局的能力水平，实现质量、结构、规模、速度、效益、安全的统一。要优化政策目标取向，从关注量的增长转向更多关注质的提升。统筹发展与安全，努力防范和化解各种风险，确保行业始终行稳致远。把绿色邮政放在更加突出位置，推动行业实现全面绿色转型。把提高质量效益放在首位，维护消费者和快递员合法权益。要强化顶层设计，围绕快递员权益保障、末端稳定、安全绿色、质量效益、反垄断和反不正当竞争等关键问题，加强可操作、易见效的法规标准政策建设，拿出切实解决方案，为行业提质量、防风险、调结构、增效益提供制度保障。要强化制度执行刚性，强化企业主体责任、部门监管责任和属地管理责任，鼓励规范寄递平台企业发展，用严格执法带动更好普法，推动各项制度落地生根见效，对严重扰乱市场秩序、不正当竞争、违法违规行为零容忍，坚决依法从严惩治。要丰富评价手段，在用好传统评价指标基础上，加快完善与高质量发展和高效能治理相适应的评价体系，完善约束性指标管理，强化第三方评估和信息披露力度，充分发挥评价的激励约束作用。

三、2021 年工作安排

2021 年是“十四五”规划开局之年，是我国现代化建设进程中具有特殊重要性的一年，做好邮政快递业改革发展各项工作任务艰巨、意义重大。今年工作的总体要求是：以习近平新时代中国特色社会主义思想为指导，全面贯彻党的十九大和十九届二中、三中、四中、五中全会以及中央经济工作会议精神，坚决贯彻习近平总书记关于邮政快递业指示批示精神，坚决落实党中央、国务院重大决策部署，增强“四个意识”、坚定“四个自信”、做到“两个维护”，统筹推进“五位一体”总体布局，协调推进“四个全面”战略布局，坚定不移贯彻新发展理念，坚持稳中求进工作总基调，以推动高质量发展为主题，以深化供给侧结构性改革为主线，以改革创新为根本动力，以“两进一出”工程为抓手，以满足人民群众日益增长的美好生活用邮需要为根本目的，着力稳态势、促改革、强基础、畅循环，统筹发展和安全两件大事，统筹事业与产业双轮驱动，毫不放松抓好常态化疫情防控，加快邮政强国建设步伐，为构建新发展格局作出积极贡献，以优异成绩迎接建党 100 周年。

预计全年邮(快)件业务量完成 1219 亿件，同比增长 12% 左右；全行业业务收入完成 1.2 万亿元，同比增长 11% 左右。其中，快递业务量完成 955 亿件，同比增长 15% 左右；业务收入完成 9800 亿元，同比增长 12% 左右。邮政、快递服务满意度和服务质量持续提高，快递包装绿色转型取得积极成效，寄递渠道安全保障能力不断增强，基层员工权益保障取得实质性进展，业务、城乡、区域结构持续优化，发展质效进一步提升。要重点抓好以下八个方面工作。

(一)坚持党的全面集中统一领导

一是全面加强系统党的建设。切实扛起管党治党责任,把党的全面领导落实到各方面各环节,为推进邮政快递业在“十四五”开好头、起好步提供更加坚强的政治保证。深学笃用习近平新时代中国特色社会主义思想,重点抓好党的十九届五中全会精神学习贯彻,推动理论学习不断走深走心走实。坚守政治机关职责定位,把政治建设摆在首位,深入贯彻国家局党组《关于加强党的政治建设的实施意见》,不折不扣抓好习近平总书记重要指示精神贯彻落实。认真开展庆祝建党100周年活动,营建良好政治氛围。着力夯实基层基础,抓实党支部标准化规范化建设,持续推进模范机关建设,推动快递业党建工作由“有形覆盖”向“有效覆盖”转变,增强党组织政治功能和组织力。坚持和完善党建带群建工作机制,深入推进党的群团工作,凝聚起行业奋斗“十四五”、奋进新征程的强大力量。

二是打造高素质专业化干部队伍。贯彻新时代党的组织路线,坚持好干部标准,压实各级党组选人用人主体责任,更好激励干部担当作为,注重基层和业绩导向,把想干事、能干事、干成事的干部及时选出来。制定加强系统领导班子建设实施意见,持续抓好领导班子建设和干部储备。大力发现培养选拔优秀年轻干部,稳妥推进干部交流。严格职级晋升条件,完善干部管理使用制度,改进政绩考核,更好发挥考核评价指挥棒作用,抓好选人用人问题督促整改。出台落实关心关爱干部实施办法,加强对援派和扶贫干部的关心服务,办好“干事创业好班子”“担当作为好干部”和优秀市(地)局长推荐活动。实施干部队伍能力素质提升行动,统筹开展各类基层调研工作,推动中央机关接地气、年轻干部走基层。

三是扎实推进从严管党治党。严格落实各级党组织全面从严治党责任清单,加强党建、纪检队伍建设,巩固落实中央八项规定及其实施细则精神成果,坚决纠治形式主义、官僚主义。持之以恒正风肃纪反腐,坚持执纪必严、违纪必究,对顶风违纪行为从严查处、通报曝光。强化对权力运行的制约和监督,特别加强对重点部门和关键岗位的监督。运用违纪违法典型案件持续开展警示教育。组织对12~16个省(区、市)局党组开展常规巡视和选人用人专项检查。

四是加强行业精神文明建设。落实意识形态工作责任制,强化舆情监测引导。加强行业自律、职业道德和诚信体系建设。加强新闻宣传,讲好新时代行业故事,为加快建设邮政强国营造良好氛围。做好《中国邮政快递报》增版扩容,推动媒体融合。

(二)巩固行业稳中有进发展态势

一是抓好常态化疫情防控。按照“外防输入、内防反弹”要求,根据疫情变化果断调整应急响应级别和防控策略。严格落实行业疫情防控规范,抓好冷链、进出境邮件快件等重点部位精准防控,分区分级做好生产作业场所和全流程通风消杀,严防聚集性感染。深入研究疫情防控和行业发展统筹协调机制,科学精准做好疫情防控和寄递服务保障工作。

二是强化战略规划引领。出台“十四五”邮政业、邮政事业、快递业、邮政业国际发展以及邮政业监管体系建设规划。衔接好国家和地方经济社会发展规划纲要及综合交通运输、现代流通体系等重点专项规划。开展国家规划纲要、国务院重点专项规划和行业总体规划的宣贯,制定分工方案并推进实施。配合宣贯《国家综合立体交通网规划纲要》。持续推进国家重大区域战略落实。全力抓好重点业务、重点区域、重点市场、重点主体和新产业新业态新模式发展工作。

三是优化行业营商环境。编制国家局权责清单。落实政务服务“跨省通办”。持续做好许可有效期延续审核,大力推动许可便利化标准化建设。推动在北京等自贸区委托下放国际快递业务经营许可审批权限。推进自贸试验区和自由贸易港邮政快递业发展。统筹事前和事中事后监管,稳步推动新业态监管服务工作。推动出台邮政普遍服务业务与竞争性业务分业经营实施方案。推动出台农村寄递物流体系创新融合发展意见。制定进一步做好西藏、新疆邮政业发展工作方案。探索开展行业政策评估。印发《快递示范城市评定和管理办法》，组织开展示范城市创建工作中期评估。

四是补齐网络设施短板。落实邮政与商务合作框架协议，协同建设县乡村三级电商寄递服务网络。落实国家投资计划，推动邮政寄递枢纽建设和设备改造升级。试点施行《末端公共服务站服务规范》，制定《智能快件箱投递服务指引》，加强末端服务行业自律。支持末端服务设施多元发展，以老旧小区改造为契机，加快推进智能快件箱（信包箱）、快递公共服务站等末端设施建设，力争箱递率和服务站数量进一步提升。提高村级综合服务站点覆盖率。深入打造邮政综合服务平台，高质量开展政务便民服务。

五是完善标准和统计体系。研究修订邮政业标准化管理办法。出台快递电子运单、限制过度包装等绿色包装标准。制定“三智一码”重大科技攻关配套标准。积极推进国际标准立项。强化标准化工作全流程管理和质量管控。研究完善高质量发展统计指标体系。落实2020年新不变单价使用衔接。强化数据质量常态化管控。提升统计信息化支撑能力。开展运行分析研判和数据解读。

（三）加快推进“两进一出”工程

一是深入推进“快递进村”。落实三年行动方案，编制进村指引，明确进村标准，实施分层次、精准化服务进村。因地制宜推动邮快、交快、快快合作多模式并进，多品牌快递服务有效下沉，提高覆盖率、增加代投量、提升信息对接率。打造“快递进村”典型示范项目。力争年底东部地区基本实现快递服务直投到村，中、西部地区行政村快递服务通达率达80%和60%。持续推动快递服务现代农业，畅通“快递进村农品出村”微循环，继续培育全国金牌项目和省级银牌项目，发挥示范作用，实现基层网点、一线员工和广大农民受益。各地要主动对接服务乡村振兴战略，综合利用地方财政事权、政府购买服务、基层自治组织经费等多种渠道加快推进。

二是加快推动“快递进厂”。制定“快递进厂”行动方案。引导企业加强快运物流网络建设，提升供应链服务水平。巩固汽车、3C、服装、医药、食品等行业服务成效，编制“快递进厂”指引，在全国遴选一批方向领先、成效显著的融合发展典型项目。鼓励制造业大省先行突破，在制造业集聚区建设一批快递业与制造业深度融合发展先行区。搭建寄递企业与制造企业的供需对接平台。

三是积极促进“快递出海”。推进国际邮件处理场地改造升级，创新邮件、快件、跨境电商通关模式。完善进出境快件基础设施建设布局。支持企业加强国际干线自主航空能力建设，加快推进中欧班列运输邮件快件，利用海运快船补充运力短板。鼓励企业继续深耕东南亚和东北亚业务，有效服务重点国家市场。支持加强海外分拨中心、海外仓以及地面配送网络建设，努力拓展全球服务网络。

（四）加强科技赋能与人才支撑

一是加快科技创新与应用。推动构建邮政快递企业、高科技企业、高等院校、科研院所“四位一体”的行业科技研发体系。支持行业技术研发中心建设，积极申报国家工程研究中心、国家技术创新中心。推进智能安检和智能视频监控系统算法优化，推动智能语音申投诉系统试点应用，稳妥推进通用寄递地址编码项目试点。推广应用大数据、云计算、区块链等关键共性技术以及北斗导航系统等先进技术装备。在海南自贸港等地开展数字邮政快递创新试点示范工程。

二是加强“绿盾”工程项目应用。强化“绿盾”工程应用培训考核。依托“绿盾”工程加强“互联网+监管”建设，努力实现全面感知、系统融合、数据共享、业务协同，实现数据在邮政管理部门落地应用，有效激发数据要素价值，助力科学决策。启动“绿盾”工程二期项目前期工作。

三是完善行业人才支撑体系。继续开展高校毕业生网络招聘活动。深入实施职业技能培训“246”工程，确保年度培训25万人次。用好职称评审破格政策、“绿色通道”或“直通车”，着力壮大中高级工程师队伍。积极推进行业职业技能等级认定工作，鼓励院校学生和企业员工参加快递运营等级证书考核。支持共建院校邮政学科建设，加快培养邮政快递类硕士、博士研究生，加强国际化、高层次人才支撑。新遴选一批邮政行业科技英才和技术能手，推进邮件快件安检员职业标准开发。办好第三届全国邮政行业职业技能竞赛、第六届全国“互联网+”快递大学生创新创业大赛。

（五）扎实做好平安寄递建设

一是抓好行业安全生产。完善寄递安全考核制度，强化结果运用。编制行业安全生产标准化建设操作指引。强化落实企业安全生产主体责任，督促总部加强全网统一管理。强化落实“三项制度”，提升实名数据质量、收寄验视执行实效、过机安检智能化水平。深入开展安全生产专项整治三年行动和涉枪涉爆隐患集中整治。进一步做好寄递渠道禁毒和“扫黄打非”工作。

二是做好行业应急管理。稳步推进行业应急管理体系建设，不断健全优化工作机制。持续做好行业监测预警、突发事件应急处置和信息报告、维护行业稳定等工作，做好重大活动寄递安保。深入总结疫情防控应急物资运递经验，推动国家应急物资保障体系建设相关方案在行业落实，服务国家应急管理工作大局。

三是稳定末端网络和一线员工队伍。强化末端监测，实施常态管控，对区域服务异常企业的服务能力进行复核并向社会公示。规范企业内部层层罚款问题，依法纠治对寄自特定区域的快件实施非正常派费结算等侵害下游合法权益行为。制定快递员劳动定额标准和末端派费核算指引，督促快递企业及时足额发放工资，积极推广人身意外险等适合快递业的险种。联合相关部门出台优化基层员工权益保障政策，持续深入开展“暖蜂行动”，各地要加大公租房（廉租房）政策争取力度。进一步加大先进典型选树工作，引导形成尊重劳动、关爱发展的良好社会氛围。

（六）持续推进绿色邮政发展

全面贯彻加快推进快递包装绿色转型意见，指导各地结合财政事权和支出责任划分改革要求，落实属地责任，强化政策保障。出台邮件快件包装管理办法和邮政快递业绿色发展行动计划。推动实施快递包装产品绿色认证，加快生态环保相关标准研究制定，继续开展行业生态环保评价。大力实施“2582”工程，开展重金属和特定物质超标包装袋与过度包装专项治理，力争年底可循环快递箱（盒）使用量达500万个、电商快件不再二次包装率达80%，新增2万个设置标准包装废弃物回收装置的邮政快递网点。稳步推进节能减排，加大新能源或者清洁能源车辆在行业的推广应用力度，继续做好绿色网点、绿色分拨中心建设试点。

（七）进一步深化国际和港澳台交流合作

一是积极推动共建“一带一路”高质量发展。持续推进中欧班列邮快件常态化运输工作，加强与“一带一路”沿线国家、RCEP成员国家邮政领域高级别对话和务实合作，推进行业涉外政策沟通协调，组织境外寄递枢纽体系调研，保持与国外邮政领域学术研讨交流。深化内地与港澳邮政峰会机制，协同推进粤港澳大湾区邮政业高质量发展。落实两岸邮政交流机制，服务两岸经济社会融合发展。

二是深入参与国际邮政治理。积极做好第27届万国邮联大会和万国邮联“三项”竞选工作，稳妥应对万国邮联会费体制改革等重大多边谈判。加强与万国邮联、亚太邮联、欧洲标准化委员会等国际组织的协调联系，深化人员培训、国际铁路运邮规则标准和中欧邮件快件电子预报关标准互认等合作。加大国际组织层面的行业宣传和人才输送工作力度。

（八）不断提升治理体系和治理能力现代化水平

一是强化行业法治建设。研究修正邮政法。全面修订快递市场管理办法和仿印邮票图案管理办法。研究提出邮件快件验视安检管理规范。依法办理行政复议和行政应诉案件，纠正违法不当行政行为。组织实施执法评议。对重大执法决定实施法制审查。修改邮政行政执法证件管理制度。建强公职律师队伍。编制行业"八五"普法规划，加强法治宣传教育。

二是加强邮政服务监管。持续提升农村邮政服务能力，继续加大对乡镇局所的监督检查力度，巩固提升边境、边远地区行政村投递频次，确保通邮稳定可持续。深化普遍服务监督管理系统应用，推进邮政局所视频联网，探索开展非现场监督检查。从严做好中央巡视专用邮箱、高校录取通知书等重大专项任务寄递服务监督检查工作。加强经营境内邮政通信业务事中事后监督管理工作。指导邮政快递企业深入开展军民融合工作，更广泛地参与军队各领域装备物资递送，做好边防站点通邮工作。强化机要通信监督检查，出台《机要通信场所建设及设施配置规范》《机要通信服务规范》，推进机要通信作业信息化工程建设。做好《中国共产党成立一百周年》等重大题材纪念邮票发行和专项监督检查工作，严肃查处违规销售和违规仿印邮票行为，提高邮票线上销售服务质量。继续巩固提升县级城市党报当日见报水平。强化社会监督工作，实现区县监督力量全覆盖。

三是强化邮政市场监管。细化行政执法检查工作指引，完善行政处罚案件办理标准。强化"双随机、一公开"监管，做好"两库一清单"动态管理，加快推进集邮、用品用具市场主体实现入库管理。建立市场排除或限制竞争风险评估机制。健全行业市场数据使用管理规则，加强对快递数据收集、管理、使用的监管，严肃查处泄露用户信息等违法行为。加快推广应用信用承诺制度，健全严重失信行为认定标准，完善失信行为信息披露机制。继续对刷单、贩卖快递盲盒等进行清理整顿。适应新业态发展趋势，坚持包容审慎原则，健全行政指导机制，与行政执法手段有机衔接、有效协同，守住安全与质量底线。积极推行信息化监管，加强行业网络安全指导，推动执法、许可、信用等系统互联互通，强化线上线下配合，切实维护市场秩序。

四是推进服务型政府建设。持续推进中央与地方财政事权和支出责任划分改革落地，力争实现省级方案出台收尾、区域政策引领示范、市地全面落地铺开的中期改革目标。严格落实过紧日子要求，大力压减非刚性支出。强化预算管理，努力开源节流，精打细算使用资金，严格落实工作考核，做到"精准布置、精准分配、精准执行、精准管控"，持续提升财政资金绩效水平。持续加大审计监督力度，加强经济责任审计成果运用。扎实做好督查、信访、保密、档案管理、政府信息公开工作，推进电子政务内网、一体化在线政务服务平台和"互联网 + 监管"建设。坚持优化协调高效，积极推动省级邮政管理部门"三定"修订以及职能职责和机构设置优化，开展省级以下单位机构编制实名制管理。推进支撑体系建设，力争实现省级安全中心全覆盖、市级安全中心数量有较大增长，充分发挥县级机构作用。支持事业单位更好发挥作用，出台事业单位干部人事管理暂行办法，开展事业单位岗位设置，推动实施事业单位绩效工资制度。加强与有关部门沟通，积极推动省市局养老保险缴费补助和住房政策保障。做好市（地）局纳入定员定额管理后续工作。进一步加强对脱钩后各级协会组织的工作指导。

同志们，2021 年工作任务艰巨、责任重大。让我们紧密团结在以习近平同志为核心的党中央周围，以习近平新时代中国特色社会主义思想为指导，坚决贯彻党中央、国务院决策部署，同心同德、顽强奋斗、狠抓落实，以邮政快递业改革发展新的优异成绩庆祝中国共产党建党一百周年，为加快建设现代化邮政强国而努力奋斗！

坚定不移全面从严治党
为全面建设现代化邮政强国提供坚强保证

——国家邮政局局长马军胜在2021年全国邮政管理系统党风廉政建设工作会议上的工作报告

2021年2月7日

同志们:

这次会议的主要任务是:以习近平新时代中国特色社会主义思想为指导,深入贯彻党的十九大和十九届二中、三中、四中、五中全会精神,按照十九届中央纪委五次全会部署要求,以及国家局党组和驻部纪检监察组工作安排,总结回顾2020年党风廉政建设和反腐败工作,研究部署2021年工作任务。今天,我就三个方面向会议作报告。

一、一以贯之深化全面从严治党,2020年全系统党风廉政建设和反腐败工作取得新成效

2020年是全面建成小康社会决胜之年、脱贫攻坚决战之年、实施"十三五"规划收官之年。面对错综复杂的国际国内形势、艰巨繁重的改革发展稳定任务,特别是新冠肺炎疫情的严重冲击,全系统各级党组织在党中央坚强领导下,以习近平新时代中国特色社会主义思想为指导,深入贯彻落实党的十九大和十九届二中、三中、四中、五中全会以及中央纪委四次全会精神,围绕中心、服务大局,知重负重、砥砺前行,深入推进全面从严治党、党风廉政建设和反腐败工作,为打赢疫情防控阻击战、决胜全面建成与小康社会相适应的现代邮政业提供了坚强政治保证。

(一)旗帜鲜明加强党的政治建设,坚决走好"第一方阵"

牢牢把准政治方向。坚持把学习贯彻习近平新时代中国特色社会主义思想作为首要政治任务,以党组理论学习中心组为龙头,辐射和示范带动广大党员干部学思践悟、凝心铸魂。国家局党组坚持党组会议第一议题学习制度,及时跟进学习习近平总书记最新重要讲话精神91篇(次),党组理论学习中心组集中学习13次、研讨交流8次;各级组织党员干部深入学习贯彻党的十九大和十九届二中、三中、四中、五中全会精神,专题举办学习贯彻五中全会精神培训班,确保在思想上政治上行动上同以习近平同志为核心的党中央保持高度一致。全系统严格执行民主集中制,严格贯彻局党组关于维护党中央集中统一领导的规定,严格落实重大事项请示报告制度,践行"两个维护"的自觉性坚定性不断增强。

坚决贯彻落实习近平总书记关于邮政快递业重要指示批示精神。始终把习近平总书记关于邮政快递业重要指示批示作为统领各项工作的"纲",着力推动农村邮政快递和网点建设,持续强化寄递安全监管,大力推进快递包装和智能终端治理,扎实做好快递员群体关爱服务和合法权益保障工作,全力打赢脱贫攻坚收官战,以坚强的决心、严明的纪律推动习近平总书记重要指示批示和党中央重大决策部署落地见效。国家局党组建立健全长效督查督办机制,定期听取汇报,全程跟踪督导,压实政治责任,确保事事有回音、件件能落实。各级采取有效措施抓落实,云南局细分73项重点工作全面落实习近平总书记重要指示批示精神;内蒙古局制定重点工作督办管理暂行办法,确保习近平总书记重要指示批示落到实处。

坚决贯彻党中央防控新冠肺炎疫情决策部署

和决战脱贫攻坚工作部署。新冠肺炎疫情发生后，全系统各级党组织紧跟党中央决策部署，举全行业之力、尽最大努力，落实落细各项措施，扎实做好“六稳”工作，全面落实“六保”任务，为统筹推进疫情防控和经济社会发展贡献了行业力量，邮政快递业的战略性基础性先导性作用进一步凸显，行业的社会认可度不断提升。习近平总书记3次点赞快递行业，行业3人荣获全国抗击新冠肺炎疫情先进个人称号，63个集体和138名个人获省部级抗疫表彰。在这场抗疫斗争中，全系统强化党的全面领导和集中统一指挥，国家局党组先后召开15次党组会、5次局长办公会、51次疫情防控领导小组会议，坚决打赢行业疫情防控阻击战。认真落实定点扶贫和行业扶贫任务，与国务院扶贫办签订的扶贫目标超额完成，邮政在乡、快递下乡工程成效明显。各级党组织充分发挥党的组织优势，让党旗在抗疫斗争和脱贫攻坚第一线高高飘扬。湖北局积极协调地方党委、政府将寄递服务纳入抗疫民生保障范畴，为快递企业疫情防护装备、车辆运输通行、快递小哥进社区提供支持；四川局在保障防疫物资运输、寄递和服务民生方面积极作为，受到省委书记彭清华两次点赞；甘肃局扎实开展驻村帮扶、寄递扶贫等工作，10个定点帮扶贫困村贫困人口实现稳定脱贫。

深化落实全面从严治党政治责任。各级党组织和党员领导干部把全面从严治党当作分内之事、应尽职责，“两个责任”得到有效落实。国家局党组24次讨论研究全面从严治党和党风廉政工作议题，分级分类制定实施落实全面从严治党主体责任清单，将履行全面从严治党责任情况纳入年度领导班子考核指标，以压力传导推动责任落地。各级严格执行新形势下党内政治生活若干准则，各级党组织书记为党员干部讲专题党课，班子成员认真落实“一岗双责”，党员领导干部自觉落实参加双重组织生活制度，把业务工作中有政治的要求贯穿各项工作全过程。各省局采取多种措施，细化实化管党治党政治责任。上海局、吉林局进一步规范落实“三会一课”等制度，海南局开展对各市（地）局党支部标准化建设调研检查，辽宁局细化各处室协助党组落实主体责任分工，推动管党治党政治责任层层压紧压实。

（二）持之以恒落实中央八项规定精神，作风建设成效不断巩固

巩固拓展落实中央八项规定精神成果。严格执行国家局党组贯彻落实中央八项规定精神实施细则，将贯彻情况纳入日常监督、巡视巡察、检查考核，管出习惯、抓出成效。深入贯彻落实习近平总书记关于厉行节约、反对浪费重要批示精神，建立反对餐饮浪费工作目标管理责任制，加强现场检查监督，常态化推行“光盘行动”。各级党员领导干部带头严格规范住房、医疗等各项生活待遇，严格执行公务接待和精简新闻报道等相关规定。国家局党组成员全年围绕重点工作深入基层调研57次107天，形成一批理论成果、实践成果、制度成果。各省局准确把握作风建设任务要求，重庆局组织开展“绿色节约机关”建设专题主题党日活动，北京局开展廉洁执法情况调查，湖南局开展差旅费交流干部租房费用、地方奖励和值班补贴等四项费用专项检查，推动作风建设各项要求落细落实。

坚决整治形式主义、官僚主义。各级认真贯彻中央“基层减负年”和有关通知要求，坚决纠治不担当、不作为、乱作为、假作为等问题。国家局党组制定印发实施意见和分工方案，出台7大类15项具体措施。坚持狠抓精文简会，防止文山会海反弹回潮，全年国家局机关办会发文同比下降24.1%和14%。注重强化源头管控，科学统筹工作安排，有效整合各项督导检查，由150项压缩至17项，确保了基层有更多的时间和精力抓落实。河南局、广西局进一步精简文件会议，改进文风会风，发文开会数量大幅下降。

聚焦突出问题开展专项整治。坚持以问题导向推动问题整改，在全系统扎实开展违规享受政策性住房等四个方面问题专项整治和以往整治工

作成效巩固。其中，持续推进违规实施快递业务经营许可专项治理后续整改，全面完成对排查出的5019个历史遗留问题的集中整改任务，问题清单实现了清零，得到上级部门的肯定。在四个方面问题专项整治中，各级结合实际细化整治范围、重点内容，严格自查自纠、整改落实；国家局党组注重强化全程督导，将专项整治开展情况纳入系统内部巡视、开展检查调研的重要内容，派出4个综合督导组分赴7个省局进行督查；全系统共自查问题3类34个，目前已整改纠正30个，正在推进整改4个。各省局坚持从实际实效出发，着力巩固深化专项整治成效。山西局同步开展违规使用财政预算资金专项整治，江苏局开展邮政业消费者申诉处理工作、日常执法检查差旅补助发放、政商关系等三个专项整治工作，安徽局开展全省系统领导干部个人有关事项报告专项整治工作，一些突出问题得到有效遏制。

（三）上下联动推进巡视巡察，党内监督利剑和密切联系群众纽带作用发挥明显

不断完善领导机制。建立健全机构设置，在中巡办指导下，与中编办沟通协调，获批在机关党委加挂巡视办牌子合署办公；及时调整领导小组，组建巡视工作处，解决巡视工作无机构、无职数、无编制、无固定人员“四无”问题。对标对表中央要求，科学设计巡视任务书路线图，印发《巡视工作要点》，制定《巡视工作流程》《关于规范巡视报告的意见》等制度，不断提升巡视科学化制度化规范化水平。

认真开展内部巡视。紧紧围绕“四个落实”和重大任务执行完成情况，分两轮6组以“一托二”方式完成对12个省（区、市）局党组的巡视工作，同步开展选人用人专项检查。坚持群众路线，每轮巡视都及时向社会公开信访举报电话、邮政信箱。巡视期间，个别谈话478人次、收回民主测评和问卷调查表830份、接受群众来信来电来访31人次（件）、下沉地市局、邮政快递企业31次。形成巡视报告12份，发现问题711个，梳理汇总共性问题5个方面115个。狠抓整改落实，扎实做好“后半篇文章”，推动巡视发现的重点问题和共性问题全面解决。探索完善党组统一领导、党组和领导小组成员组织推进、巡视办统筹协调、各职能部门分工负责、纪检监察和组织人事部门加强整改日常监督责任机制，提高了整改实效。

一体推进巡视巡察。逐步健全国家局党组统一领导、省局党组分级负责、巡视巡察领导小组和机构具体组织实施的联动机制。以上带下抓培训，统筹培养巡视巡察骨干力量。指导督促省局完善巡察制度、开展巡察工作，目前31个省局均完成首轮巡察全覆盖，其中有的已率先完成两轮全覆盖，有的已启动第二轮巡察，有的通过开展“回头看”深化巡察效果。黑龙江局坚持问题导向率先完成两轮巡察全覆盖，广东局发扬钉钉子精神统筹推进巡视巡察两方面问题一起改，内蒙古局注重梳理分析巡察发现的共性问题和突出问题，扩大巡察效应。

（四）坚定不移正风肃纪反腐，政治生态进一步净化优化

深入抓好教育管理监督。各级党组织和内设纪检机构坚持严管厚爱、激励约束，认真落实教育管理监督职责，不断促进党员干部忠诚干净担当。国家局党组坚持一个节点一个节点坚守，明确防范重点，提出纪律要求，督促职能部门加强检查监督，着力筑牢拒腐防变思想防线；注重抓好经常性廉政教育提醒，分两批次对70名党员干部进行集体廉政谈话，督促各级党组织书记对所属党员干部进行廉政谈话，着力引导党员干部廉洁从政；组织召开全系统警示教育电视电话会议，通报曝光25起违规违纪违法案例，以案释德、以案释纪、以案释法，持续纯正政治生态。各级党组织运用多种形式，不断强化纪律建设。北京局召开警示教育大会，天津局组织主题警示教育月活动，西藏局健全完善党员干部廉政档案，宁夏局认真落实任前廉政谈话制度，促使党员干部守牢廉洁底线。

精准运用“四种形态”。各级注重把握政策策

略,坚持关口前移、防微杜渐,实事求是运用"四种形态"。国家局党组认真做好党组管理干部的批评教育帮助和处理,按照驻部纪检监察组意见及时对有关人员进行诫勉谈话、批评教育。国家局机关纪委坚持在第一种形态上下功夫,针对问题苗头及时督促相关党组织书记对有关人员谈话提醒、批评教育帮助,同时对违规违纪行为依纪依规作出处理。2020 年,全系统运用"四种形态"谈话函询 57 人次,批评教育 77 人次,诫勉谈话 20 人次。实践中,广东局坚持抓早抓小,对发现的苗头性、倾向性问题早打招呼、早做提醒;湖南局制定印发领导干部履行经济责任重要风险点提示手册,及时提要求、打招呼、明规矩;浙江局注重发挥机关纪委监督职能作用,不断提高运用"四种形态"能力。

持续保持正风反腐高压态势。各级坚持有腐必反、有贪必肃,依纪依规开展执纪审查,严肃查处违规违纪问题。各级进一步健全完善检举控告平台,2020 年,全系统内设纪检机构分类处置问题线索 109 件次,立案审查 21 件,同时积极配合驻部纪检监察组对有关问题线索开展核查。严格贯彻党组讨论和决定党员处分事项工作程序规定,国家局党组对 5 名党员干部作出党纪处分并督促处分决定执行到位,全系统给予 20 名党员干部党纪政务处分。各级认真落实函询采信书面回复制度,及时澄清不实举报,注重做好受处分人员教育回访工作,引导他们消除顾虑、提振精神、干事创业。陕西局严格规范执纪审查程序,进一步强化纪检监察基础工作;新疆局加强地州市局党组处分党员工作的指导,促进依纪依规履职。

(五)刀刃向内加强纪检干部队伍建设,履行主责主业能力得到增强

着力锤炼政治品格。各级内设纪检机构突出抓好党的政治建设,带头做到"两个维护"。坚持把理论武装作为集体学习第一议题、集中培训第一课,不断强化自身思想政治素养。认真贯彻落实民主集中制,集体研究决定执纪审查等重大事项,充分发挥纪检机构职能作用。注重把忠诚于党体现到履职尽责全过程,坚持原则、攻坚克难,坚决扛起政治监督重大政治责任。山东局组织开展道德讲堂,弘扬传统文化,提升纪检干部政德修养;青海局制定印发党风廉政建设监督责任检查考核办法,压实内设纪检机构责任;江西局组织纪检干部赴革命旧址开展现场教育,用红色文化涵养政治底色。

持续强化纪检干部能力建设。各级内设纪检机构认真贯彻既要政治过硬又要本领高强的要求,把执纪审查能力作为看家本领,不断提升纪检干部专业化水平。国家局廉政办注重发挥组织协调党风廉政建设职能作用,统筹协调专兼职纪检干部参加各类纪检业务培训班,利用联动机制抽调业务骨干实战练兵,结合督导问题线索进行业务指导,各级内设纪检机构和纪检干部履行主责主业意识和业务能力有了新的提升。各级采取多种方式加强纪检业务骨干能力建设,甘肃局推动纪检组长领学制度常态化,贵州局组织纪检干部针对"六大纪律"进行典型案例分析,纪检干部业务水平得到新提高。

不断加强纪检工作规范化建设。坚持不懈抓基层打基础,省(区、市)局在完善内设纪检机构和纪检干部选拔配备上有了新成效。国家局机关纪委顺利完成换届选举,纪检工作组织基础进一步巩固;结合实际研究制定局机关处级以下党员干部党风廉政意见回复办法、廉政档案活页夹管理办法等制度,进一步探索联合执纪审查模式,纪检工作质效不断得到增强。各级围绕构建一体推进"三不"机制,积极加强制度化规范化建设。福建局选优配强机关纪委书记和纪委委员,强化机关纪委监督作用;海南局推进党务干部与业务干部交流轮岗,选拔政治强、业务精、作风好的干部从事党务纪检工作;河北局修订完善廉政风险防控手册和党员干部廉政档案管理办法,纪检工作规范化水平持续提升。

同志们,回顾一年来的工作,我们深切感到,必须学懂弄通做实习近平新时代中国特色社会主义思想，切实做到深信笃行、知行合一，这是始终保持正确政治方向的行动指南；必须坚持把践行"两个维护"作为首要政治任务，一以贯之坚决贯彻落实习近平总书记重要指示批示精神和党中央决策部署，这是推进邮政快递业健康持续发展的根本保证；必须紧紧扭住各级党组织和党组织书记这个关键主体，不折不扣落实管党治党主体责任，这是确保全面从严治党落地生根的重要保障；必须把正风肃纪反腐同推进行业治理结合起来，充分履行监督保障执行、促进完善发展职能，这是发挥政治保证作用的客观要求；必须大力提高党务纪检干部政治能力和专业化水平，既要知重负重又能攻坚克难，这是推进党风廉政建设高质量发展的力量支撑。

同志们，一年来，全系统党风廉政建设和反腐败工作取得新的成效，全面从严治党不断向纵深推进，党风政风持续向上向好。这些成绩的取得，离不开党中央的坚强领导，离不开驻部纪检监察组的监督指导，离不开全系统各级党组织和内设纪检机构的担当尽责，离不开广大党员干部的拼搏进取。在此，我代表国家局党组，向各位领导和同志，向为邮政管理系统全面从严治党作出贡献的广大党员干部表示诚挚的问候和衷心的感谢！

二、深入学习贯彻中央纪委五次全会精神，着力推进全系统党风廉政建设高质量发展

党的十九届五中全会对"十四五"时期我国发展作出战略部署，对全面从严治党、党风廉政建设和反腐败斗争提出新的要求。在中央纪委五次全会上，习近平总书记发表重要讲话，对过去一年全面从严治党取得的成就和面临的新形势新任务新要求作出重要论述。赵乐际同志代表中央纪委作了工作报告，对2021年纪检监察工作作出全面部署。全系统要深入学习贯彻习近平总书记重要讲话和全会精神，坚定不移把党风廉政建设和反腐败工作引向深入。

（一）在深刻领悟党中央决心意志中坚定政治自觉

习近平总书记在中央纪委五次全会上的重要讲话，对充分发挥全面从严治党引领保障作用，确保"十四五"时期目标任务落到实处提出明确要求。在战略部署上，强调要永葆先进性和纯洁性、永葆生机活力，必须一刻不停推进党风廉政建设和反腐败斗争；反腐败没有选择，必须知难而进。在战略任务上，强调要深入贯彻全面从严治党方针，充分发挥全面从严治党引领保障作用，坚定政治方向，保持政治定力，做到态度不能变、决心不能减、尺度不能松，确保"十四五"时期我国发展的目标任务落到实处。在实现途径上，强调全面从严治党首先要从政治上看，不断提高政治判断力、政治领悟力、政治执行力；要以强有力的政治监督，确保党中央重大决策部署贯彻落实到位；要不断实现不敢腐、不能腐、不想腐一体推进战略目标；要毫不松懈纠治"四风"，坚决防止形式主义、官僚主义滋生蔓延；要持续整治群众身边腐败和作风问题，让群众在反腐"拍蝇"中增强获得感。在责任落实上，强调各级领导干部特别是主要负责同志必须切实担负起管党治党政治责任，始终保持"赶考"的清醒，保持对"腐蚀""围猎"的警觉；纪检监察机关要带头加强党的政治建设，坚定维护党中央权威和党的团结统一，围绕现代化建设大局发挥监督保障执行、促进完善发展作用。这一系列重要论述，是加强全系统党风廉政建设和反腐败工作的根本遵循。

深入学习贯彻习近平总书记重要讲话精神，是当前和今后一个时期的首要政治任务。各级要深刻领会以习近平同志为核心的党中央与腐败这个党执政的最大风险作坚决斗争的政治决心、政治定力，着力强化贯彻落实党中央重大决策部署的思想自觉、政治自觉、行动自觉，不断强化以自我革命引领社会革命的使命和担当，坚定不移推进全系统党风廉政建设和反腐败工作。

（二）在清醒认识严峻形势中增强忧患意识

党的十八大以来，以习近平同志为核心的党中央坚持无禁区、全覆盖、零容忍，坚定不移推进全面从严治党。从“苍蝇”“老虎”一起打，到重点查处不收敛不收手的违纪违法问题；从党风廉政建设和反腐败斗争永远在路上，到把“严”的主基调长期坚持下去；从反腐败压倒性态势正在形成，到不断巩固发展反腐败斗争压倒性胜利，体现出深沉的忧患意识和强烈的历史使命感。在中央纪委五次全会上，习近平总书记再次强调指出，尽管党风廉政建设和反腐败斗争取得了历史性成就，但形势依然严峻复杂；腐败这个党执政的最大风险仍然存在，存量还未清底，增量仍有发生；腐蚀与反腐蚀斗争长期存在，稍有松懈就可能前功尽弃。我们要准确把握这一系列科学论断，认清形势、保持警醒，强化问题导向，坚持刀刃向内，纵深推进党风廉政建设和反腐败工作。

近年来，全系统坚持以党的政治建设为统领，严明政治纪律和政治规矩，巩固拓展落实中央八项规定精神成果，坚决破除形式主义官僚主义，持之以恒正风肃纪，持续开展专项整治，一些违规违纪问题和行为得到纠治，一些惯性思维和错误做法得到纠正，政治生态不断向上向好。同时也要看到，廉政风险隐患依然存在，违纪违规问题时有发生，“宽松软”的现象仍有表现。比如：在履行政治责任方面，个别党组织主要负责人对全面从严治党主体责任认识模糊，落实党建工作走过场，奉行好人主义，甚至把应由本级处理的问题推给上级来做决定；个别纪检组长不愿监督、不敢担当，专业化水平与岗位要求还有较大差距；个别党员领导干部虚化党风廉政建设责任，对党员干部教育管理监督宽松软，发挥不了应有的表率作用。在重点领域治理方面，违规接受管理服务对象宴请，私设“小金库”，虚列、套取会议费用于其他开支，公车私用、私车公养等问题禁而不绝，有的边纠边犯，甚至在党的十九大之后仍然发生相关问题；一把手违纪问题频发，去年通报的系统内25起典型案例中，各级一把手违纪的就有22起，占88%。在政治生态建设方面，个别单位纪律建设抓得不紧，党员干部法纪意识淡漠，违规违纪问题重复发生；有的单位不正之风盛行，失实举报现象比较严重，并且常常是捕风捉影、捏造事实，甚至涉嫌诬告陷害。以上这些问题和现象，必须采取有力措施，坚决予以纠治。各级党组织和党员干部要深刻认清本单位本部门党风廉政建设形势，进一步提高政治站位，强化问题导向，增强忧患意识，知责于心、担责于身、履责于行，聚力推动全面从严治党向纵深发展。

（三）在准确把握使命任务中强化责任担当

中央纪委五次全会对今年全面从严治党、党风廉政建设和反腐败工作已经作出部署，关键是要紧密结合系统实际，扎扎实实抓好贯彻落实。我们一定要站在政治和全局高度审视全系统党风廉政建设，积极适应新发展阶段、贯彻新发展理念、服务构建新发展格局，以高质量党风廉政建设保障邮政快递业高质量发展。

围绕深入贯彻落实中央纪委五次全会精神，做好新年度工作，要注重把握好“五个坚持”：一是坚持政治引领。要坚持不懈加强政治建设，切实把准政治方向，增强政治能力，扛好政治责任，守牢政治底线，化解政治风险，永葆政治本色，坚决把讲政治的要求贯穿落实到全领域、各方面，确保邮政快递业在党的全面领导下乘风破浪、奋勇向前。二是坚持围绕中心。推进新年度党风廉政建设和反腐败工作，必须紧紧围绕推动“十四五”规划和建设现代化邮政强国开好局、起好步来展开，坚持党中央重大决策部署到哪里、监督检查就跟进到哪里，邮政快递业重大任务推进到哪里、全面从严治党就延伸到哪里，切实把正风肃纪反腐与邮政快递业改革发展贯通融合，以风清气正保障事业发展。三是坚持突出重点。要始终坚持目标导向和问题导向，深入分析本单位本部门政治生态现状，认真检视所属人员思想行为偏差，深刻汲取易发多发问题教训，辩证把握共性与个性、特殊与一般,聚焦难点痛点堵点,精准发力、靶向治疗,以一个个问题的彻底纠治促进政治生态整体净化优化。四是坚持狠抓关键。抓实抓细新年度党风廉政建设和反腐败工作,必须加强对各级"一把手"、重要岗位人员的针对性教育、经常性管理和有力有效监督,通过牢牢抓住"一把手"这个关键主体,带动形成激浊扬清、干事创业的良好氛围。五是坚持系统推进。实现党风廉政建设高质量发展,不仅要靠各级纪检机构坚决履行监督专责,还要靠各级党组织切实压实主体责任,党组织书记主动当好第一责任人,党员领导干部认真履行"一岗双责",广大党员干部自觉做到廉洁自律、发挥民主监督作用。通过凝神聚力、系统抓建,持续强化不敢腐的震慑、扎牢不能腐的笼子、增强不想腐的自觉,推动全系统全面从严治党、党风廉政建设和反腐败工作不断取得更大成效。

三、振奋精神、担当尽责,为加快建设现代化邮政强国提供坚定支持和坚强保障

2021 年是我们党成立 100 周年,是实施"十四五"规划开局之年,也是加快建设现代化邮政强国的关键之年,实现邮政快递业高质量发展任务艰巨、意义重大,对全面从严治党、党风廉政建设和反腐败工作提出新的要求。2021 年邮政管理系统党风廉政建设和反腐败工作总要求是:以习近平新时代中国特色社会主义思想为指导,深入贯彻党的十九大和十九届二中、三中、四中、五中全会以及中央纪委五次全会精神,增强"四个意识"、坚定"四个自信"、做到"两个维护",坚持稳中求进工作总基调,立足新发展阶段,贯彻新发展理念,构建新发展格局,以推动高质量发展为主题,以确保习近平总书记重要指示批示精神和党中央重大决策部署有效落实为首要任务,以服务"十四五"规划开好局、起好步为重点,坚定不移全面从严治党,充分发挥监督保障执行、促进完善发展作用,一体推进不敢腐、不能腐、不想腐,为加快建设现代化邮政强国提供坚强保证,以优异成绩庆祝建党 100 周年。重点抓好 6 个方面工作:

(一)自觉践行"两个维护",引领保障"十四五"规划开好局、起好步

坚持不懈学懂弄通做实习近平新时代中国特色社会主义思想。要持续把学思践悟习近平新时代中国特色社会主义思想作为首要政治任务,不断提高政治判断力、政治领悟力、政治执行力。要以庆祝建党 100 周年为契机,深入开展中共党史学习教育,把学习习近平新时代中国特色社会主义思想同学习党史、新中国史、改革开放史、社会主义发展史贯通起来,同新时代进行伟大斗争、建设伟大工程、推进伟大事业、实现伟大梦想的丰富实践联系起来,进一步增强"两个维护"的自觉性坚定性。要认真落实国家局党组巩固深化"不忘初心、牢记使命"主题教育成果实施方案,加强理论武装,强化理想信念,确保始终坚持坚定正确的政治方向。

推动习近平总书记重要指示批示精神和党中央重大决策部署落地见效。要把坚决贯彻习近平总书记关于邮政快递业的重要指示批示精神作为践行"两个维护"的政治要求和实践标准,着力维护快递员群体合法权益,推进深化农村电商配送站点建设,持续强化寄递渠道安全监管,不断加强快递包装治理,不折不扣把习近平总书记重要指示批示精神落到实处。要坚决落实常态化疫情防控要求,毫不放松抓好"外防输入、内防反弹"各项工作,科学有序做好行业疫情防控工作,全力维护行业安全稳定运行。要深入贯彻党的十九届五中全会精神,推动"十四五"规划顺利开局,确保党中央重大决策部署落地生根。

引领保障邮政快递业高质量发展。要自觉适应新发展阶段,贯彻新发展理念,构建新发展格局,督促全系统落细落实"两全两双"工作思路,全方位释放邮政快递业助力生产、促进消费、畅通循环重要作用。要围绕推进邮政快递业"两进一出"工程、行业安全生产、质量效益、更贴近民生七件实事、快递员群体合法权益维护、反垄断和反不正

当竞争等重点任务加强监督检查,督促落到实处、见到实效。要牢固树立"过紧日子"思想,持续推进中央与地方财政事权和支出责任划分改革落地,着重保障重大战略、重要改革、重大政策和重点项目,为邮政快递业高质量发展提供有力支撑。

坚决维护政治纪律和政治规矩。要严格执行新形势下党内政治生活的若干准则,严格落实国家局党组关于维护党中央集中统一领导的规定、加强党的政治建设的实施意见、贯彻落实中央重大事项请示报告条例实施办法,确保政令畅通。要严防"七个有之",严肃查处贯彻落实党中央防控新冠肺炎疫情决策部署不力、对党不忠诚不老实、阳奉阴违等违反政治纪律和政治规矩行为。要认真开展政治机关意识教育、模范机关建设等专项整治督查,坚决纠治理想信念淡化、政治机关意识淡漠、政治敏感性不强、纪律松弛等问题,确保做到"三个表率"。

(二)锲而不舍落实中央八项规定精神,巩固发展作风建设成果

坚决防止形式主义、官僚主义滋生蔓延。要严肃纠治贯彻党中央决策部署做选择、搞变通、打折扣等问题,特别是搞"包装式"落实、"洒水式"落实、"一刀切式"落实等形式主义、官僚主义突出表现,坚决防止不良习气、不严不实做法滋生蔓延、成风成势。要加强对"痕迹管理"和"指尖上的形式主义"的整治,持续精文简会,统筹规范督查检查考核,让广大干部有更多时间和精力心无旁骛抓落实。要发挥督查抓落实、促发展的"利器"作用,找准焦距、对准靶心,确保既定的政策措施落地兑现。

严查享乐主义、奢靡之风。要坚持不懈落实中央八项规定及其实施细则精神,持之以恒紧盯"四风"问题,加大查处问责和通报曝光力度,坚决防反弹回潮、防隐形变异、防疲劳厌战。要强化对节约粮食、坚决制止餐饮浪费行为的监督检查,督促各级严格执行公务接待制度,严格落实各项节约措施,杜绝公款浪费现象。要突出防范和查处收送电子红包、私车公养、"不吃公款吃老板"等问题,严格纠治享乐主义、奢靡之风,久久为功、化风成俗。要教育引导党员干部坚决反对特权思想和特权现象,严格管好家属子女,严格家风家教。

持续抓好专项整治。要切实用好专项整治这个重要抓手和管用经验,按照驻部纪检监察组要求,深入开展"三重一大"决策不规范、局属单位控股企业经营管理混乱、技术和服务项目外包不规范、行政执法不规范等4个方面突出问题专项整治。同时,相关部门要对2018年以来专项整治整改不到位、不彻底的开展"回头看",切实防止老问题重演,甚至边纠边犯。各级党组要认真履行主体责任,对专项整治中政治站位不高、态度不端正,不研究不部署,隐瞒问题、弄虚作假,敷衍应付、屡整屡犯等现象,一经发现从严从重处理并对主要负责人予以问责。要督促落实规范领导干部配偶、子女及其配偶经商办企业行为规定,推动以上率下、严格执行。要高度重视对巡视、审计、专项督查等发现问题的整改工作,强化责任追究,确保取得实效。

(三)压实全面从严治党政治责任,切实做到知责守责负责尽责

坚决扛起管党治党主体责任。各级党组(党委)每半年至少召开1次党组(党委)会议专题研究全面从严治党工作,定期分析研判形势,及时研究解决存在的突出问题。党组织书记要切实履行第一责任人职责,始终保持"赶考"的清醒,抓好班子,带好队伍,平时多提醒、多过问、多扯袖、多谈心。班子成员要严格落实"一岗双责",抓好分管领域党员干部思想教育。要严肃组织生活,从严管理关键岗位、重要环节,把全面从严治党政治责任落实到具体工作中。各级领导干部要严于律己、以身作则。要结合巡视、巡察、督查、调研等,监督检查落实全面从严治党主体责任清单情况,对履行全面从严治党政治责任不力的党组织及党员领导干部严肃处理,倒逼责任落实。

严格落实监督责任。各级党组织要以更大力

度督促并支持内设纪检机构主动作为，认真履行协助职责和监督责任。各级内设纪检机构要持续深化"三转"，坚守"监督的再监督"职能定位，不能代替业务部门开展工作，聚焦主责主业，充分发挥监督保障执行、促进完善发展作用。各级党组纪检组组长要准确把握自身定位，在其位谋其政，着力提高业务能力，坚持党性原则，敢于担当作为，切实把监督执纪问责职责扛起来。国家局将研究制定内设纪检机构履行监督责任相关办法，进一步传导压力、压实责任。

推动党建和业务深度融合。各级党组织定政策、抓工作、促落实要自觉对标对表习近平总书记重要指示批示精神和党中央重大决策部署，把创建模范机关、走好第一方阵的要求融入业务工作，既要防止重业务轻政治现象，又要防止游离于业务工作之外搞空头政治等问题，以实际行动践行"两个维护"。要充分发挥党支部、党小组在业务工作中的政治引领、督促落实、监督保障作用，推动党员立足本职、担当尽责。要坚持党建和业务联动式评价，在年度考核、任期考核以及其他相关考核中，对党建和业务工作同总结、同述职、同考核、同评价，切实树立党建引领和服务保障中心工作的鲜明导向。

（四）扎实推进系统内巡视巡察，持续发挥利剑作用

进一步深化政治巡视巡察。要深入学习贯彻习近平总书记关于巡视工作的重要论述，全面贯彻巡视工作方针，认真落实中办《关于加强巡视巡察上下联动的意见》，深化邮政管理系统巡视巡察工作。2021 年对 8 个省（区、市）邮政管理局党组进行巡视，开展选人用人专项检查。各省（区、市）邮政管理局党组要全面启动对市（地）邮政管理局的第二轮巡察。

进一步聚焦监督重点开展巡视巡察。要聚焦"两个维护"根本任务，着力加强对党的十九届五中全会精神、"十四五"重大部署落实情况的监督检查，确保"十四五"规划、邮政强国建设开好局、起好步。要聚焦党组领导班子和"关键少数"，从党组责任落实入手分析研判问题，扭住责任不放。要着眼新发展阶段，聚焦新发展理念，围绕新发展格局，进一步发现问题、形成震慑，推动改革、促进发展。

进一步提高巡视巡察工作质量。要综合运用常规和专项巡视巡察，在营造良好政治生态上发力。要强化巡视巡察上下联动格局和联系群众纽带功能，深化巡视巡察整改和成果运用，探索建立整改促进机制、评估机制。要统筹推进监督贯通融合，建立完善巡视巡察机构与纪检机构、组织人事、财务审计等职能部门和被巡单位党组织协作机制，推动巡视巡察高质量发展。

（五）保持反腐败高压态势，一体推进不敢腐、不能腐、不想腐

实施精准有效监督。要深化政治监督，紧紧围绕习近平总书记关于邮政快递业的重要指示批示精神和党中央重大决策部署落实情况跟进监督、精准监督、做实监督，为加快建设现代化邮政强国提供有力保证。要强化日常监督，突出"一把手"和领导班子、关键岗位这个重点，改进监督方式，发现苗头性问题及时批评教育帮助，督促党员干部习惯在受监督和约束的环境中工作。要增强监督合力，压紧压实各级党组全面监督、内设纪检机构专责监督、党的工作部门职能监督、党的基层组织日常监督、党员民主监督职责，强化巡视、人事、纪检、审计、督查等部门信息共享和协调配合，推动各类监督同向发力。

持续强化纪律建设。要加强经常性、常态化纪律教育，结合"三会一课"、党日活动和日常教育管理监督，深入开展党性宗旨教育、党规党纪教育、政德家风教育，引导党员干部筑牢思想防线，严守为政之本。要坚持廉政谈话制度，及时对本单位本部晋升职务职级干部进行廉政谈话，促使其担当作为、清正廉洁。要净化部门、单位政治生态，引导党员干部正确处理公与私、亲与清、情与法，正确对待组织、对待自己、对待别人，坚决抵制

蓄意抹黑、造谣生事、诬告陷害等行为，及时为受到不实举报的干部澄清正名，切实保护履职尽责、敢于担当的干部，着力营造风清气正的干事创业环境。发生违规违纪违法案件的单位党组织要做好查摆剖析、警示教育、整改纠治，力求查处一案、教育一片、净化一方。国家局党组适时召开全系统警示教育大会，通报违规违纪违法案例，做实以案促改、以案促建、以案促治。

扎实推进标本兼治。要坚定不移深化反腐败斗争，紧盯党的十八大以来特别是十九大以来仍不收敛不收手，问题线索反映集中、群众反映强烈，政治问题和经济问题交织的腐败案件，坚决从严查处。各级内设纪检机构要严格规范线索处置，依纪依规处理违纪问题，防止问题线索一谈了之、一函了之。要综合运用“四种形态”，坚持“三个区分开来”，注重用好第一种形态教育帮助党员干部，做好被问责和受处分干部教育回访工作。要完善协调机制，国家局党组将研究制定与驻部纪检监察组沟通会商机制，进一步凝聚工作合力，增强工作质效。

（六）从严从实加强自身建设，推动全系统党风廉政建设高质量发展

着力提升能力素质。各级内设纪检机构和广大纪检干部要坚持把政治能力建设作为根本，深入学习贯彻习近平新时代中国特色社会主义思想，锤炼忠诚干净担当政治品格，提高把握新发展阶段、贯彻新发展理念、构建新发展格局、推动高质量发展的能力。要紧紧围绕习近平总书记强调的“七种能力”，主动加强思想淬炼、政治历练、实践锻炼、专业训练，切实担负起党和人民赋予的时代重任。要强化岗位练兵，采取抽调纪检干部参加执纪审查工作、分层组织纪检培训等形式，全方位提高纪检干部能力素质。

着力加强规范化建设。各级内设纪检机构要加强自身建设，健全完善工作规则，认真执行民主集中制，坚持集体领导，强化对自身权力运行制约。要加强检举控告平台建设，进一步规范信访举报、问题线索管理和执纪工作流程，确保依纪依规监督执纪问责。要严格执行监督执纪工作规则，按照党章赋予的权限、规则、程序开展工作，确保执纪受监督、有约束。要持续推进各省局纪检组组长、纪检机构和纪检干部专职化建设，进一步规范专职纪检组组长工作范畴，积极探索纪检干部统筹使用机制。要强化内部管理，公正规范履职，不断提高全系统纪检工作规范化水平。

着力强化责任担当。各级内设纪检机构和广大纪检干部要适应新时代新形势新要求，增强担当精神和斗争勇气，坚持原则、无私无畏，坚决同违反党章、破坏党的纪律、危害党中央权威和集中统一领导的言行作斗争。要强化监督者必须接受监督的意识，对履行监督责任不力、违规违纪受到党纪政务处分的纪检干部，及时予以通报曝光，以铁一般的纪律作风锻造纪检队伍。各级机构要加大纪检干部培养、交流、使用力度，旗帜鲜明为敢于担当者担当，为勇于负责者负责，充分调动广大纪检干部履行职责积极性。

同志们，全面从严治党永远在路上，征途漫漫，惟有奋斗。让我们更加紧密地团结在以习近平同志为核心的党中央周围，勠力同心、锐意进取，勇于担当、积极作为，推动全面从严治党、党风廉政建设和反腐败斗争不断取得新成效，以优异成绩为向建党100周年献礼，为加快建设现代化邮政强国作出新的更大贡献！

贯彻新发展理念构建新发展格局 奋力谱写现代化邮政强国建设新篇章

——国家邮政局局长马军胜第52届世界邮政日致辞

2021年10月9日

在举国欢庆中华人民共和国72华诞的日子里，我们迎来了第52届世界邮政日。借此机会，我谨代表国家邮政局，向关心、支持我国邮政业发展的各地区、各部门和社会各界表示崇高的敬意和衷心的感谢！向全世界邮政业的同行们，特别是我国邮政业的广大干部职工致以节日的问候和良好的祝愿！

邮政业是国家重要的社会公用事业，是服务生产生活、促进消费升级、畅通经济循环的现代化先导性产业，发挥着连接千城百业、联系千家万户、连通线上线下的重要作用。创新是引领发展的第一动力，今年万国邮政联盟确定世界邮政日的主题是"创新驱动复苏"，在全球新冠肺炎疫情大流行背景下，这一主题凸显了创新无可替代的特殊作用。在党中央国务院的坚强领导下，我国邮政业坚持以改革创新为根本动力，统筹疫情防控和复工复产，取得了显著成效。当前，行业发展持续高位运行、规模全球领先，呈现稳中加固、稳中有进的良好态势，供给结构持续优化，产业融合更加紧密，市场活力全面迸发，与小康社会相适应的现代邮政业已全面建成，仍处于大有可为的重要战略机遇期。2020年，我国邮政业业务收入(不包括邮政储蓄银行直接营业收入)达到11037.8亿元，同比增长14.5%，行业首次迈过了万亿级产业门槛，业务收入与GDP比值首次超过1%。快递业务量达到833.6亿件，已连续7年稳居世界第一。年支撑网上零售额超过10万亿元，新增社会就业20万人以上，为扎实做好"六稳"工作、全面落实"六保"任务作出了积极贡献。近年来我国包裹快递量超过美、日、欧等发达经济体总和，对世界增长贡献率超过50%，在全球邮政业发展中"压舱石""动力源""稳定器"的地位和作用日益凸显。

看到发展成绩的同时，我们更要清醒认识到，邮政业大而不强、快而不优的基本业情没有改变，不平衡不充分的问题和矛盾仍较突出，还不能满足人民日益增长的更好用邮需要。特别是"最后一公里"基础薄弱、国际寄递物流体系建设滞后、全面绿色转型任重道远、安全监管任务日益繁重，这些都需要引起我们的高度重视并千方百计去一一破解。全系统全行业必须深入贯彻落实习近平总书记关于邮政业重要指示批示精神，心怀"国之大者"，准确把握新发展阶段，完整、准确、全面贯彻新发展理念，加快构建新发展格局，按照"服务全领域、激活全要素，打造双高地、畅通双循环"的工作思路，强化前瞻性谋划、战略性布局、系统性推进和针对性落实，更好推进行业高质量发展，更好满足人民美好生活需要，更好服务经济社会发展大局。

第一，坚持创新核心地位不动摇，不断提升全领域服务能力。要强化企业创新主体地位，激发创新创造活力，推动上中下游、大中小企业融通创新，加快向"智能+"升级转型。要强化政府统筹作用，健全行业科技研发、标准、认证体系，促进技术、人才、市场等有效对接，推动产业化规模化应用。要强化创新整体效能，面向发展堵点、用邮痛点和治理难点，聚焦收投两端、绿色环保等短板弱项，以科技创新带动管理创新、模式创新、服务创新、业态创新，提升行业创新的系统性、整体性和协同性。要强化供给体系创新，在服务电商寄递和国内消费基础上，创新服务品种、提升服务品质、打造服务品牌，提高行业与现代制造业、现代农业和国际商贸等领域的关联性，更好满足多领域多场景多样化寄递需求，以创新驱动、高质量供给引领和创造行业新需求。

第二，坚持全面激活要素资源，持续扩大优化邮政快递生态圈。要加强传统要素保障，改善价值分配，引导要素资源向末端倾斜，切实抓好快递员群体合法权益保障，切实维护基层网络稳定。强化全程全网特点和公共服务设施属性，加大要素资源配套保障力度，夯实行业可持续发展基础。要加快数字化转型，将数字技术作为推动行业变革的关键驱动力，加快提升邮政产业全链条数字化水平，提高行业数据治理能力，用邮政快递数据赋能经济社会发展和政府治理。要加快向价值链高端升级，培育知识技术管理等要素，推动从单一寄递功能向综合寄递物流升级，增强产业链供应链自主可控能力，更深嵌入实体经济，获得更多价值分配。要带动关联服务专业化，培育壮大关联产业及配套服务，促进空铁货运、环保包装、货代通关等联动发展，升级重塑产业生态圈。

第三，坚持统筹网络业务布局，助力释放市场需求广阔潜力。要建强“主枢纽”，深度对接国家综合立体交通运输网络和物流枢纽等规划，统筹布局一批区域性国际枢纽和全国性枢纽，着力打造一批“枢纽＋关联产业”快递经济区。要打通“大动脉”，加快推广多式联运，升级公路运输能力、探索试用无人驾驶，提升航空快递规模、破解高铁快递瓶颈。要畅通“微循环”，推动压实末端基础设施地方财政事权和支出责任，推动城市居住区和社区生活服务圈配建邮政快递服务场所和设施，发展无接触收投，推广共同分拣、共同运递。要推进“新消费”，深化与电商协同联动，顺应消费升级趋势，带动线上线下融合发展，大力发展精准、安全、多样化专业寄递服务，推动网络下沉农村，助力开拓乡村消费新市场。

第四，坚持推进“两进一出”工程，更好畅通国内国际双循环。要因地制宜推进快递“进村”，加快推进农村寄递物流体系建设，建立差异化、渐进式进村标准，三年内实现建制村直接收投，对接特色农产品优势区和产业强镇建设，打造更多快递服务现代农业项目，助力乡村振兴；要分类分步推进快递“进厂”，聚焦3C、医药、汽配、服装和快消品等领域，以及长三角、珠三角等区域，培育一批典型示范项目，打造一批应用场景先行区，提供供应链综合解决方案，着力打造制造业移动仓；要积极稳妥推进快递“出海”，整合优化境内外、上下游资源，增强国际寄递网络连通性和稳定性，深度融入RCEP价值链，加快形成区域性国际寄递网络，补齐海外中转、洲际干线、标准衔接等短板，不断丰富洲际国际寄递物流专线。

第五，坚持激发市场主体活力，着力夯实高质量发展基础力量支撑。要持续深化邮政企业改革，完善邮政普遍服务监督和保障机制，增强其在寄递领域的竞争力、创新力、影响力和抗风险能力，支持重点快递企业加快转型升级，提升连接服务能力，形成数家在全球邮政快递领域具有重要话语权和影响力的世界一流企业。要支持大中小企业融通发展，深化“放管服”改革，为各类市场主体增便利、减负担、降门槛。要支持寄递产业链细化分工，鼓励以寄递服务为内核和依托的新业态新模式发展，丰富市场主体形态。

志之所趋，一往无前。前进道路上，让我们更加紧密地团结在以习近平同志为核心的党中央周围，以习近平新时代中国特色社会主义思想为指导，自觉增强忧患意识、坚持守正创新、发扬斗争精神，因势而谋、应势而动、顺势而为，奋力谱写现代化邮政强国建设新篇章！

加强领导　强化措施　久久为功
扎实推动邮快合作走深走实

——国家邮政局副局长戴应军在全国邮快合作工作推进会上的讲话

2021 年 11 月 4 日

同志们：

按照年度会议计划，国家局组织召开全国邮快合作工作推进会，目的是交流经验、分析问题，统一思想、坚定信心，加快推进邮快合作向纵深发展，为“快递进村”工程和农村寄递物流体系建设作出应有贡献。刚才听了四省三市的经验介绍，很有感触，很受启发。希望同志们相互借鉴，取长补短，以更扎实的作风抓好邮快合作，满足人民群众的更好用邮需求。下面，我讲三点意见。

一、成绩令人鼓舞

2019 年 10 月以来，国家局部署以邮快合作方式推进快递进村工作，首先在黑龙江、四川、西藏、甘肃、青海 5 个省（区）进行试点，政企双方克服困难，积极推进，试点效果良好，示范作用明显。2020 年以来，邮快合作在全国 31 个省份全面推开，在合作的广度、深度和规模上都取得了明显成效，截至目前已覆盖 16209 个乡镇（覆盖率 46.6%）、157643 个建制村（覆盖率 30.9%）。成绩来之不易，我代表国家局党组，对大家的辛苦努力和付出表示衷心感谢！

（一）政治站位进一步提高。

一是邮政管理部门站位提高了，决心更大了。各级邮政管理部门始终把邮快合作作为贯彻习近平总书记重要指示批示精神的具体行动，作为落实国家局提出的“两进一出”工程的重要举措，作为解决行业发展难点堵点，特别是农村地区群众用邮体验“痛点”的有效途径。5 个试点省份将统一思想作为推进“合作”的首场战斗，开展专题学习，逢会必讲，重点研究，打牢思想基础。各省局将“邮快合作”作为“快递进村”的重要渠道，作为建强农村寄递物流体系的重要抓手，提高政治站位，凝聚思想共识，提振信心决心，深入落实“登高、望远、做实、做强”的工作要求，切实推动了邮快合作从“要我做”向“我要做”的转变。

二是地方政府站位提高了，支持更多了。在各级邮政管理部门协调推动下，地方政府对“快递进村”工程、对邮快合作工作给予了更多的肯定、支持。四川省委书记彭清华对邮快合作作出专门批示，希望“更好满足人民对美好生活的新期待”。甘肃省委副书记、省长任振鹤批示，要在推进“快递进村”专题调研基础上“形成相关政策举措报省政府印发实施”。江西的邮快合作得到省委、省政府主要领导的大力支持。黑龙江省主管副省长和省人大常委会副主任先后实地调研，新修订的《黑龙江省邮政条例》和相关政策文件中也对邮快合作明确作出支持。今年内蒙古自治区党委一号文件将“快递进村”作为全面促进农村牧区消费的首要举措。山东省委副书记、副省长分别作出批示，要求有关部门给予支持。河南省副省长也对邮政打通农村“最后一公里”提出希望。

三是邮政快递企业站位提高了，合作更顺了。邮政集团多次会议上进行部署，今年 5 月又印发《关于全面推进邮快合作下乡进村的通知》，推动在全国范围内开展邮快合作，主动加压，提出 2021 年年底邮快合作建制村覆盖率不低于 45% 的目标，分解到省，纳入考核。各省邮政公司积极行动，21 个省、336 个地市签订了合作协议，县乡村合作有序推进。甘肃省邮政公司主要负责同志在全省推进会上表示"市、县、乡哪一级能突破就从哪里突破，分拣、运输、投递哪里能合作就从哪里合作，网点人员谁能突破就谁来干"。各快递企业总部明确表态支持邮快合作。从各省反馈的情况看，各快递企业省总部也积极参与推动，如顺丰、京东等快递在西藏、青海、甘肃、内蒙古等省（区）开展省级以下全网合作，力度很大。现在关键是看市、县层面的合作是否顺畅。总体来看，邮政企业和快递企业双方的思想认识都有提高，合作共识达成了，行动落实就加快了。

（二）措施进一步夯实。

一是加强调研，到一线去寻找办法。2019年以来，我和普服司同志一起调研了20个省份56个地市74个区县179个乡镇85个村，走访了316个邮政和快递网点。去年10月在哈尔滨召开的邮快合作推进会上，我强调要加强调研，各省更加重视了这方面工作。内蒙古、江西、甘肃、青海等省局联合地方多部门对邮快合作共同开展实地调研座谈。吉林、福建、安徽、江西、山东、湖北、海南、四川等省局主要领导带队调研，亲自谋划邮快合作工作。山西、黑龙江、安徽、贵州、新疆等省局组织全省政企双方召开现场推进会，进行调研观摩，加快经验推广。通过调研，各级邮政管理部门对邮快合作的实际情况更加了解，有了更多发言权，也有了更多好办法。

二是加强部署，于方案中彰显决心。国家局连续三年将推进"快递进村"、推进邮快合作纳入行业更贴近民生实事和今年党史学习教育"我为群众办实事"工作，列入年度各省局领导班子考核内容。各省局将邮快合作作为"一把手"工程，成立领导小组，建立工作机制，制定方案，下发文件，压实各级管局和邮政快递企业责任。新疆全区、安徽宿州、湖北十堰、陕西咸阳等局推动邮快合作工作纳入地方党委党史学习教育"我为民众办实事"任务中联合推进。黑龙江省局提出邮快合作"有没有""全不全""稳不稳"三步走工作方案。湖南省局联合邮政企业开展联动考核。广西区局提高今年市局领导班子"邮快合作"工作考核分值。

三是加强协调，从地方政府获得支持。各地邮政管理部门做了大量沟通协调工作，积极宣传、着力推动将"快递进村""邮快合作"工作纳入当地"十四五"发展规划，推动地方部门出台支持政策文件。山东、内蒙古、四川、黑龙江、湖北、福建、吉林、贵州、青海等多个省份省级层面和133个地市争取到地方党委政府的专项补助等资金支持。如四川全省2020年以来获得邮快、交邮合作和村邮站补贴2800余万元；浙江省绍兴市柯桥区搭载山区物流"村村通"工程开展邮快合作，获得区政府专项资金1700余万元。还有江西、福建、广西、山西、山东等省份争取到"电子商务进农村综合示范项目"政策支持推动邮快合作。

四是加强督导，用实招推动落实。第一个实招是挂图作战。国家局开发了邮快合作信息系统，各地积极应用系统开展挂图作战。四川资阳、甘肃白银、陕西延安、安徽亳州等地制作了"邮快合作快递进村作战图"，按乡列表、按村挂图、上墙督战、销号管理。第二个实招是督导检查。各地加强邮快合作下乡进村工作的监督检查，促进了邮快合作，规范了"快递进村"。甘肃、西藏、海南等省局对快递末端违规收费立案查处（甘肃立案查处30起，西藏查处32起。海南今年覆盖率提升49%），陕西省局到"邮快合作"覆盖率落后的地市开展专项督查，黑龙江省局要求推进不力的品牌派专人到落后地区蹲点跟进、解决问题，中通、圆通企业省总部已着手在偏远农村地区实行差异化派费。湖北省夷陵局制定村级站点考核标准，不定期对村级站点快递收发、服务质量等情况进行抽查。

（三）成效进一步显现。

一是快递进村范围和规模不断扩大。目前邮快合作已覆盖15.7万个建制村（覆盖率30.9%），今年新增了9.5万个建制村，覆盖率提升了18.57

个百分点，其中东部地区建制村覆盖率14.2%，中部地区44.4%，西部地区40.6%。2020年累计代投快递企业快件7000万件，今年前10个月代投1.5亿件。邮快合作工作的有效推进，为“快递进村”工程作出了积极贡献。

二是邮政服务能力和质量不断提高。两年来的成效证明，邮快合作不但不影响邮政企业履行普遍服务义务，反而促进了普遍服务能力和质量的提升。首先，频次提升了。全国建制村周投递频次3次及以上比例为99.59%，较年初提升1.1个百分点，西部地区3次及以上比例为98.94%，提升了4.15个百分点。黑龙江通过邮快合作将大部分建制村投递频次从原每周三班增加到现在的五至七班。青海农村投递段道汽车投递覆盖率提升到65%，安徽提升到50%以上。其次，网络强化了。今年以来，邮政企业投入8.1亿元，用于县级处理中心、乡镇局所改造以及车辆购置，营投合一单人局所减少了1479个，营投人员增加了1千余人，全国农村地区邮乐购站点达到34.6万个，农村邮政服务能力得到提升。第三，信息打通了。邮政集团统一开发了“中邮E通”系统，已经对接11家民营快递企业，在28个省1302个县推广使用，打通了末端信息，实现了末端邮快合作快件信息可查询。

三是基层获得感和幸福感不断增强。邮快合作得到了基层的普遍认可，带来了多方共赢的局面。首先，广大农民高兴。到目前，邮政企业累计代投了快件2.2亿件，就是服务了2.2亿次农村群众，为农民节省了巨大的生产生活成本。呼伦贝尔鄂伦春旗宜里镇有20个建制村，最远的距离乡镇88公里，以前村民只能每周集中到镇上取一次快件，现在邮快合作了，快件每周三频送到村里，还能“捎货下乡，带货进城”，极大方便了当地村民。浙江宁波通过邮快合作解决了余姚四明山革命老区中3个乡镇38个建制村4万人的用邮需求，快件业务量由原来的日均30件增长到现在的日均500件，得到革命老区村民乡亲的高度肯定。我在河南省南阳市淅川县郑家岭村、三门峡市卢氏县秋凉河村、陕西省商洛市商南县梳洗楼村调研时，乡亲们提出希望解决快递进村问题。后来三地管局通过邮快合作实现了快递进村，老乡们特意写来了感谢信。邮快合作办了实事，老乡们的认同感、幸福感就会不断增强。海南省的琼海、文昌、临高还通过邮快合作进军营的方式将快递投递到部队，获得部队官兵一致好评，某部专题致信海南省西部局表示感谢。第二，基层员工高兴。安徽省枞阳县会宫镇开展“邮快合作”以来，投递员月收入从去年的6000元上涨到7000元，投递员高兴地说：“工资高了，投得再多点、再累点也愿意。”普服司同志去吉林省长春市龙王乡邮政所调研，看到2015年开展“邮快合作”以来，局所面积由20平方米小平房发展到560平方米的两层楼，月派送邮件快件约4万件，年收入10余万元。第三，基层企业高兴。邮政企业的服务能力和质量提升了，基层网点也繁忙起来了。在甘肃河西走廊五地市调研时看到，开展邮快合作的乡镇局所，投递业务量日均少的70～80件，多的超过200件，比上年同期增长了30%～40%。快递企业也降低了成本。江苏淮安金湖县通过邮快合作为4家快递企业每年降低运行成本约72万元。

二、问题不容忽视

马军胜局长在全国邮快合作工作月报上批示“有进步，但差距不小，关键是不平衡，要下恒心加大力度”。从各省在信息系统中填报的数据看，东部地区除上海外，覆盖率最高的海南达到52.9%，代投量最高的浙江1919.9万件。东部省份也有快递未进村的地区，同样需要邮快合作。中部地区覆盖率最高的黑龙江95.5%，最低的山西9.3%。代投量最高的安徽2742.3万件，最低的吉林57.7万件。西部地区西藏100%覆盖，其次是四川达到66.3%，最低的广西5.6%。代投量最高的四川2680.8万件，最低的贵州34.9万件。有的省地市间邮快合作进度也有差距。问题仍然存在，需要我们持续推进解决。

（一）决心还不够大。有的地方邮政管理部门明白这项工作的重要性，知道应该做，但还缺少“必须做”“必须做好”的劲头，迫切性还不足。有的谈困难多，想办法少。有的发挥“有为政府”不够，交给邮政快递企业就撒手不管了。有的争取政策的力度不够，恒心不足。有的地方邮政企业重视不够，动力不足，不舍得投入；有的想合作，又放不下国企架子，不积极对接快递企业需求。有的地方快递企业态度不积极，既不进村，也不合作，对违规做法存在侥幸心理。大家的信心和决心不够，邮快合作工作就打不开新的局面，快递就进不了村，老百姓就得不到实惠。

（二）办法还不够多。有的地方邮政管理部门好办法多，有思路有创新有魄力，有的地方则是听之任之，出实招少，下功夫少。本来是有空间开展合作，但工作没有明显效果。有的地方还出现了“退出合作”“通返不通”的情况。如末端违规收费问题，国家局虽然开展了专项治理，但违规问题依然存在。国务院督查组在广西督查时就发现了这个问题。普服司同志在云南普洱市澜沧县惠民镇中通网点调研时也发现了同样的问题，一名女村民在山路上骑行2个小时到乡镇来取快件，还要交给乡镇网点2元钱。个别地区甚至出现第三方企业买断快件、向农村消费者收取费用的恶劣现象。对于这类影响邮快合作正常推进的种种问题，应对的办法和手段还不够多、不够硬。

（三）合作还不够顺畅。一是合作价格问题。有的地方价格谈不拢，成为合作的障碍。邮政企业认为结算费用收不抵支，快递企业认为负担过重无法承担。但西藏从去年开始就推动市、县、乡三级的合作价格都降了1元钱。二是信息对接问题。虽然末端信息对接已经实现，但总对总信息对接尚未完成，安全中心已经搭好了总对总数据交换平台，邮政企业也专门开发了对接系统，目前总对总数据还没有打通，已交换的数据完整性和及时性也不够。三是服务规范衔接问题。快递企业对投递服务考核标准不同，末端服务缺乏统一规范标准，邮政和快递企业间责任划分难，投诉申诉处理存在难度，是否应当修订农村快递服务标准，或出台临时文件予以规范？

（四）能力还不够强。邮政企业的分拣、运输、投递等能力建设还要加强。有的地方邮快合作扩大后，业务量上来了，邮政的场地、车辆、人员就不够用了，承接能力问题就凸显出来，成为影响邮快合作的重要制约因素。有的农村地区乡邮员还在使用二轮、三轮车投递，这肯定承接不了邮快合作的业务量。有的地区村级邮政服务站点还不健全，无法保证稳定的投递进村服务。今年3月，湖南局组织了全省邮快合作邮政服务能力调查。结果来看，73%被抽查的邮政局所存在服务能力欠缺问题。

三、提高认识，下定决心，更加有力地推进邮快合作

两年来的工作证明，我们开展邮快合作是必要的、及时的、有效的。困难是暂时的，一定要坚定信心决心做好邮快合作工作。

（一）认识要再提高。习近平总书记、李克强总理多次对“快递进村”作出重要指示批示，推进邮快合作、快递进村是落实党中央国务院决策部署的具体举措。行业高质量发展的短板在农村，行业发展的重要增长极也在农村。今年1－8月份，农村地区快递收投量已经超过280亿件，比去年同期增长30%以上。邮快合作工作顺应民心，内外部环境是支持的，人民群众是支持的，基层员工是支持的，我们工作要更有底气。推进邮快合作就是要充分发挥好“看不见的手”和“看得见的手”，统一好市场作用和政府作用。各级邮政管理部门、邮政企业和快递企业要充分认识到邮快合作工作的重要性，加大工作力度，切实回应群众呼声、社会期待，更好满足人民群众的用邮需求，完成好党和国家交给的政治任务，为促进乡村振兴、

实现共同富裕贡献力量。

（二）*办法要更管用*。这次会议的典型经验材料和各省工作总结都发给大家了，其中有很多好的办法。“它山之石可以攻玉”，希望大家好好研究，找到本地区工作的办法。我感到，以下几条是可以考虑推广的思路和办法。一是挂图作战。要抓住“先补白、再拓展”“一村一策、一企一策”“挂图作战、压茬推进”的思路，细化到村，细化到企业，区分各建制村的覆盖情况，明确进村时限，做到精准施策。二是推进村级寄递物流综合服务站建设。国办29号文《加快农村寄递物流体系建设的意见》，提出加强村级寄递物流综合服务站建设，为推进邮快合作提供了良好的政策环境，要抓住机遇，用好政策。村级寄递物流综合服务站是推进邮快合作快递下乡进村的重要基础，要统筹村邮站、邮乐购站、三农服务站等资源，打造共配平台，支撑快递进村。江西推进村级服务站建设纳入省委促进乡村振兴政策文件，全省1.6万个建制村全部建成村级寄递物流综合服务站，有效支撑邮快合作开展，村级覆盖率提升了53.4个百分点。三是推进农村投递汽车化。这是破解邮快合作能力瓶颈的关键。黑龙江边陲县饶河在邮快合作中将自行车、摩托车、三轮车投递段道全部升级为汽车段道，将原有的19条邮路合并成6条，将投递频次由每周三班调整为每周五班，邮件进村的时限由原来的2～3天提升到24小时以内，服务水平大大提升。要扭住这个关键，结合邮政企业县乡村三级物流体系建设，加快推进邮路汽车化，督促邮政企业在2022年底前实现80%的县农村地区汽车化投递。

（三）*成效要更显著*。我们的一切工作都要用成效来检验。一要群众满意。邮快合作就是为了满足农村群众用邮需求，要以人民满意不满意、高兴不高兴、答应不答应、赞成不赞成，作为工作的出发点和落脚点。这两年邮快合作的工作成效得到了群众的拥护和赞同。要继续坚持“人民邮政为人民”的初心使命，加快提高邮快合作快递进村的覆盖面，扩大代投量，提升服务质量，让农村群众享受到更加便捷的快递服务，切实增强用邮的获得感、幸福感。二要数据准确。进村是服务的目标，也是考核的根本。进村的相关数据，一定要搞清楚、搞扎实，经得起推敲。工作要进一步做精做准做实，真正达到进村的实际效果，不能有水分。很多省份反映邮政企业的统计口径和我们的不一致。邮政企业的标准是“协议通”，即一个地区具备了合作的基础条件，签订了协议，就可以算覆盖率。要尊重企业的内部考核标准，肯定企业的努力。但这仅仅是第一步，要加快推动“协议通”向“实物通”发展，让快件真正投递到村。三要机制长效。要把成熟的邮快合作机制固定下来，坚持下去，并不断发展完善。要完善工作机制。邮政管理部门要进一步加强组织领导，挂图作战，调研督导，通过政企联席会、现场推进会、工作协调会等多种方式推进邮快合作。“咬定青山不放松”，久久为功，抓出成效。要完善合作机制。邮政快递企业要共同完善运行模式，衔接服务标准，厘清安全责任和赔偿责任，保障服务顺畅和信息流畅，增强邮快合作的持续性、稳定性。要完善保障机制。要加强与各级政府部门沟通协作，以落实党中央、国务院关于建设农村寄递物体系和推进快递进村的决策部署为契机，落实中央财政事权与支出责任改革要求，争取地方政府政策资金支持。加强村级综合服务站点建设，完善农村寄递物流体系，推进邮政服务与农村电商协同发展，推动邮快合作快递进村走深走实。

中央政治局会议、国家“十四五”规划纲要、国办29号文件都对快递进村及三级物流体系建设提出明确要求，抓好邮快合作、推进快递进村，关系党中央国务院决策部署的落实，关系巩固脱贫成果和乡村振兴，关系农村地区老百姓维护权利和共同富裕。马军胜局长对邮快合作工作多次作出重要批示，强调“要扎实做好这项利国利业利企的工作”。“十四五”已经开局，使命在肩，时不我待。我们要坚决贯彻落实习近平总书记的重要指示批示精神，统一思想，提高站位，齐心协力，攻坚克难，充分践行“人民邮政为人民”的初心使命，把邮快合作一抓到底，为实现快递进村、助力乡村振兴和共同富裕贡献力量！

谢谢大家！

不忘初心　锐意进取
推动新时代邮政快递业高质量发展

——国家邮政局副局长刘君在2021年全国邮政市场监管工作电视电话会议上的讲话

2021年3月1日

同志们：

这次会议的主要任务是：以习近平新时代中国特色社会主义思想为指导，全面贯彻落实全国邮政管理工作会议精神，总结2020年工作，回顾"十三五"时期行业改革发展成效，分析研判形势，部署2021年工作。下面，我讲三个方面意见。

一、2020年邮政市场监管工作及"十三五"时期行业改革发展成效

2020年是新中国历史上极不平凡的一年，也是邮政市场监管工作具有里程碑意义的一年。习近平总书记对邮政快递业高度重视，继看望"快递小哥"和对发展农村快递业务、快递包装废弃物防治、寄递安全等作出重要指示之后，去年又充分肯定了快递业在全国抗疫斗争中作出的重要贡献，并再次就快递小哥权益保障作出重要指示，为新时代邮政市场监管工作指明了前进方向、提供了根本遵循。2021年2月7日，李克强总理考察快递分拨中心时指出，物流快递是经济流通大动脉，成本下降有利于促进消费，也会推动快递行业发展、带动就业特别是灵活就业；过去说家书抵万金，现在是快递暖人心、保生活。一年来，面对各种风险挑战特别是新冠肺炎疫情严重冲击，全国邮政市场监管队伍坚决贯彻习近平总书记重要指示批示精神，全面落实国家局党组各项决策部署，勠力同心、砥砺实干，行业疫情防控取得阶段性胜利，三大攻坚战取得明显成效，"两进一出"工程取得积极进展，深化改革取得新突破，高质量发展向前迈出了新的一大步。2020年，快递业务量完成833.6亿件，同比增长31.2%；快递业务收入完成8795.4亿元，同比增长17.3%，占全行业业务收入的79.7%。新增社会就业20万人以上，支撑网络零售额10万亿元以上，邮政快递业在经济社会发展中的作用凸显，为"六稳""六保"作出了积极贡献。

*（一）打好疫情防控阻击战，在大战大考中交出人民满意答卷。*习近平总书记给郑州圆方集团全体职工回信中充分肯定了快递小哥作出的贡献，并在全国抗击新冠肺炎疫情表彰大会上称赞"数百万快递员冒疫奔忙"。李克强总理在慰问一线快递员时也指出，快递小哥送去的不仅是百姓必需，也是人间温暖，是疫情中的逆行者，是平凡英雄。一是守护疫情防控"生命线"。第一时间组织全行业开通国际国内两条寄递"绿色通道"，全力驰援打赢武汉保卫战、湖北保卫战，有力保障医疗防疫物资、应急物资运递。在战疫关键时期，做好米面粮油蛋和口罩、消毒水等居民生活必需品递送，为打好疫情防控人民战争提供强大后勤支撑。其间，全行业累计运递防疫物资48.98万吨、包裹3.98亿件，发运车辆8.75万辆次、货运航班779架次，免费寄递医护人员物品20万件。二是为复工复产当好先行。按照"四保障、三优先、梯度推进"原则，精准有序高效推进复工复产，去年2月7日在全国率先全面启动复工复产，3月底行业生产能力已恢复到正常水平，切实发挥了先行官作用。及时出台暂缓消费者申诉考核、延长许可到期办理时限等措施，推动出台36项涉邮惠企政策，协调解决企业在复产用工、车辆通行、末端投递、复工审核等方面面临的困难，千方百计帮助企

业纾困解难。三是筑起行业疫情防控坚固防线。先后46次下发通知、3次召开全国性会议、7次参加国务院联防联控机制新闻发布会，高效动员组织400多万快递从业人员迅速打响抗疫战争。织密寄递渠道防控网，发布六版防疫操作规范，累计为企业争取口罩2419万个，实施定点收投、智能箱投递、预约投递，对进口冷链食品邮件快件、外包运输车辆及驾驶员实行“人物同防”，有效阻断病毒传播，全行业未发生群体性聚集性感染和病亡事件。北京、河北、辽宁、吉林、黑龙江、上海、山东、新疆等省（区、市）局有效应对局地复发疫情，保障寄递服务畅通。四是行业队伍得到淬炼。在这场严峻斗争中，广大市场监管干部和行业从业者不畏艰险、冲锋在前，为全国抗疫斗争作出了重要贡献，涌现出一大批以汪勇、徐龙和周培等为代表的先进典型，全行业共有3人荣获全国抗击新冠肺炎疫情先进个人称号，63个集体和138名个人荣获省部级抗疫表彰，一大批集体和个人受到各地党委政府表彰和奖励。

（二）全面实施“两进一出”工程，发展质效稳步提升。“两进一出”工程逐渐成为行业高质量发展的重要抓手、衔接地方经济社会发展的重要纽带，有效服务京津冀协同发展、长江经济带发展、粤港澳大湾区建设、长三角一体化、成渝地区双城经济圈发展，在政府、企业、社会等层面形成广泛共识。浙江、江西、广东、重庆开展“两进一出”工程试点，省（市）政府专门下发实施意见，明确支持保障政策。一是“快递进村”成效明显。“发展农村快递业务”被写入政府工作报告，制定三年行动方案，实施三步走战略，探索出6种路径模式同步发力。在6省（区）和15个城市开展全国试点，在山东济宁召开试点工作交流会。全国乡镇快递网点覆盖率达98%，基本实现“乡乡有网点”；55%建制村实现快递直投到村。内蒙古、黑龙江、江西、四川、西藏、甘肃、青海等地推进邮政快递合作取得显著成效。快递加速嵌入现代农业产业链，形成年业务量超千万件的“快递+”金牌项目共60个，山东省以12个项目位居全国首位。快递有力服务决战决胜脱贫攻坚，110个脱贫摘帽县形成122个年业务量超10万件的“一县一品”项目，河北平泉1800万元农产品销售任务顺利完成。二是“快递进厂”取得突破。会同工信部出台快递与制造业深度融合发展意见。培育中国重汽等重点项目，以汽车、消费品、电子信息、生物医药等为重点领域开展供应链服务。启动快递服务汽车行业指引编制。全国累计形成业务收入超百万元的快递服务制造业项目1087个，支撑制造业产值8340.4亿元。服务先进制造业能力不断增强，全国建成自动化大型分拨中心374个，行业自动化分拣率稳步提高。河北、山东、湖北快递服务制造业的业务量位列全国前三。三是“快递出海”稳步推进。统筹优化进出境快件处理中心建设，推动加强国际航空运力投入，拓展日、美、欧专线航班和海运渠道，支持重点企业加强欧、美、东南亚海外仓建设，行业运输结构进一步优化。黑龙江局与海关部门正式签署合作备忘录推进“快递出海”，重庆成功开展中欧班列运输快件试点，湖北国际快递物流核心枢纽加速建设。

（三）打好防范化解重大风险攻坚战，平安寄递建设扎实推进。一是压紧压实安全责任。把维护国家政治安全放在首位，抓好寄递领域重大安全风险防控。成立邮政业平安中国建设领导小组，制定平安寄递建设实施方案，寄递安全纳入平安建设考评，作为各地平安创建工作质效评价重要内容。持续提升安全基础保障能力，广西、海南、云南3省（区）和45个地市新成立安全中心，总体覆盖率分别达到87%、35%，三级安全中心服务支撑保障作用全面加强。江苏、浙江、安徽、福建、山东、湖南6省实现省、市两级安全中心全覆盖。二是扎实开展安全生产专项整治三年行动。围绕“从根本上消除事故隐患”，集中整治寄递危化品和野生动物、违章生产作业、快递末端车辆事故多发等突出问题，排查安全隐患1万余处。持续开展涉枪涉爆隐患集中整治，做好反恐禁毒、打击侵权假冒、"扫黄打非"、打击整治网售仿真枪等专项行动。严格芬太尼类物质寄递管控,联合国家禁毒办出台寄递渠道禁毒专门文件,24 个省份已出台配套落实文件。黑龙江、上海、重庆将行业整治方案以独立子方案形式纳入地方总体方案。河北多部门联合出台寄递渠道网格化管理意见。浙江、四川多部门联合出台防范打击寄递渠道毒品犯罪意见。广东汕尾局荣获全国禁毒工作先进集体表彰。三是不断提升本质安全水平。完善实名收寄、收寄验视、过机安检三位一体防控模式,推进寄递风险综合防控信息平台建设、视频联网和安检机联网,开展实名收寄信息异常和快递"刷单"问题整治,期间全国收派员自寄散件数量由 142 万下降至 15 万,降幅达 89%;身份证信息异常件数量由 476 万下降至 101 万,降幅达 79%。层层建立政企安全生产协调机制,强化安全事故问责追责,建立安全生产约谈、通报、致警示函等制度,开展第三轮企业总部督导,国家局先后 4 批次约谈 7 家总部企业。西藏局为县级邮政快递网点安检设备配备争取地方全额财政补贴。四是着力加强应急管理基础建设。推动行业应急管理工作融入国家应急管理体系,29 个省份完成应急预案优化。加强安全监测预警,各省局共报送突发事件信息 265 件,浙江、福建、广东、江苏、上海、北京、湖南、四川报送信息达 10 件以上。圆满完成全国"两会"、中国国际服务贸易交易会、第三届"进博会"、"双 11"旺季等重大活动和重要节点安全服务保障任务。积极应对台风等各类极端天气和自然灾害,妥善处置丰巢智能箱收费政策调整纠纷、基层网点涉稳问题,全行业整体运行安全稳定。

(四)全面推进快递包装治理,绿色发展取得积极进展。超额完成"9792"工程任务,全行业 45 毫米以下瘦身胶带使用率达 96.4%,电商快件不再二次包装率达 72.1%,可循环中转袋全网应用率达 93.8%,新增 5.6 万个邮政快递网点设置包装废弃物回收装置,全行业新能源车辆达 4.89 万台。一是法规标准政策体系逐步健全。在固废法以及《邮政业寄递安全监督管理办法》中增加行业生态环保条款。推动出台《关于加快推进快递包装绿色转型的意见》。印发《邮件快件绿色包装规范》《快递包装产品绿色认证技术要求》等标准规范,推动出台《绿色产品评价 快递封装用品》等标准,建立快递包装绿色产品认证制度。北京、天津、上海、江苏、江西、广东、甘肃、宁夏 8 省(区、市)局和秦皇岛、大连等 22 个地市局积极推动地方政府落实邮政业污染治理属地责任,争取地方财政资金支持。二是监督管理工作有力开展。坚持信息报告和通报制度,压实监管责任和企业主体责任。开展重金属及特定物质超标包装袋专项治理和行业塑料污染治理,持续组织生态环保评价。指导寄递企业做好绿色采购、绿色网点、绿色分拨中心、行业生态环保城市建设试点工作。海南局开展快递业绿色包装应用进展明显。组织落实邮政用品用具生产企业核查和抽检。加大执法力度,开展生态环保执法案件评议,全系统生态环保行政执法案件共计 172 起,其中河北、内蒙古、浙江、山东、湖南、广东、新疆 7 省(区)局立案处罚数量超过 10 起,贵州局联合市场监管部门开展专项检查。三是协同共治稳步推进。会同生态环境部、财政部印发《快递包装政府采购需求标准(试行)》,推进政府绿色采购。联合市场监管总局等七部门印发指导意见,推进快递绿色包装标准化工作。积极参加国家发展改革委、生态环境部等 10 部委塑料污染治理联合专项行动,对上海、浙江等 10 省(市)邮政快递业塑料污染治理情况进行督导。组织开展绿色产品、绿色技术和绿色模式公开征集,举办绿色产品供需对接展会和论坛,推动 5 家品牌企业总部成立了绿色包装实验室。充分听取社会环保组织、媒体专家代表意见建议,组织开展"邮来已久 绿动未来"主题宣传。

(五)坚定不移深化改革,营商环境持续优化。一是纵深推进"放管服"改革。简政放权持续发力,推进浙江自贸区国际快递许可审批权限下放,跨省经营许可调整为省内经营许可依申请核定。

改造许可审批系统，开发实地核查移动端，上线现场服务预约功能，明确通关城市认定、国家安全意见征求等具体规则，大幅提升许可审批便利化、标准化水平。平稳渡过延续审核高峰，完成7759件许可延续。稳妥有序推动新业态监管，全国已核发开办服务站许可72件，运营智能快件箱许可53件，仓递一体化许可取得实质性进展。二是营造良好政策环境。深度参与涉寄递企业收费公路制度改革政策制定，在全面摸底调研基础上推动出台以邮政行业为参照的车辆计费政策，邮政快递车辆通行整体实现“提速不提价”。印发智能快件箱（信包箱）建设指导意见，推动在国务院老旧小区改造工程政策文件中将智能快件箱及公共服务站作为提升类和完善类项目纳入改造范畴。全国建成快递末端公共服务站11.4万个，布放智能快件箱（信包箱）40万组。河北、山西、内蒙古、上海、福建、陕西、新疆等省（区、市）局积极推动地方政府支持末端服务体系建设。全国316个城市出台末端车辆通行政策，覆盖率超过90%。推动快递与电子商务协同发展，联合商务、工信、中消协等部门共同举办“双品网购节”，带动新型消费超3800亿元。高质量开展25个“中国快递示范城市”创建工作，召开创建工作会议，授予示范城市牌匾，压实示范创建主体责任。三是维护快递员合法权益。高规格部署、高效率推进，召开保障快递员合法权益企业主要负责人座谈会，密切协调6个部门共同研究举措。快递协会编制《快递企业末端派费核算指引》，江苏、安徽、四川积极开展派费核算试点。实施关爱快递员“暖蜂行动”，为快递员提供免费体检和义诊15万余人次，购买或赠送保险83万余人次，北京、上海、安徽、河南、广东、重庆、四川、宁夏等地累计为快递员争取公租房（廉租房）4000余套。举办第四届“寻找最美快递员”活动，14名快递员和5个团队获得表彰。实施快递从业人员职业技能培训“246工程”，开展政府补贴性培训29.3万人次。深入推进快递工程技术人员职称评审，8432人获得职称，其中高级96人。

（六）创新和完善监管方式，开启邮政市场监管新格局。一是全面实施“双随机、一公开”监管。印发安全监管委托行政处罚文件。出台随机抽查工作规程、健全“两库”、优化事项清单，明确17大类抽查事项和91项抽查内容，推进“照单履职”。全年执法9.1万人次，检查单位5.8万家，办理案件4548起，罚款3517万元。广东、浙江、山东、河北4省结案数量均超过300件。建立快递企业总部重大经营管理事项风险评估和报告制度，加强对企业重大经营管理决定的监管。落实企业总部统一管理责任，首次适用《快递暂行条例》对企业总部进行处罚。持续规范集邮市场经营秩序，加大对违法发行集邮票品行为的查处力度。二是持续推进信用监管。实行“一企一档”信用管理，覆盖1.5万家许可企业和7.2万个分支机构，分别占比达75%和91.5%。加大企业信用信息公示力度，及时公开企业经营许可及备案信息，出台用户申诉处理办法，定期发布快递发展指数、服务满意度调查和时限测试结果、用户申诉处理情况。开展快递法人主体信用评定。快递协会推动加强行业自治，助力行业信用体系建设。浙江快递业监管纳入全省信用建设工作要点。天津、江苏信用监管效果逐步显现。三是全面强化“互联网＋监管”。基本完成“绿盾”工程一期建设，建成北京、合肥“一主一备”两个现代化数据机房，建设278个安全监控中心，配备892套现代化执法装备和421套应急指挥设备，完成邮政管理系统信息基础设施底盘搭建。建成云计算平台、大数据管理平台和大数据中心，6大类22个应用系统上线试运行，基本实现“五可”目标。

2020年是“十三五”规划收官之年。五年来，行业改革发展工作走过了一段很不平凡的奋斗历程，取得了新的重大成果，各项工作任务圆满完成，有力服务经济社会发展和社会稳定大局。

——综合实力跃上新台阶。快递年业务量从2015年的206.7亿件增长至2020年的833.6亿件，年均增长率达32.2%。包裹快递量超过美国、日本和欧洲等发达经济体总和,对世界增长贡献率超过50%。全行业拥有国内快递专用货机从71架增长至122架。7家快递企业陆续改制上市,其中3家企业年业务收入规模突破1000亿元。中国快递发展创造了世界邮政业发展奇迹,探索出极具特色的"中国模式"和"中国方案"。

——服务保障能力有效增强。快递双向流通满足百姓需求,为民生改善提供有力支撑,2020年我国人均使用快递达59件,成为家家户户不可或缺的日常服务。服务质量效益明显提升,寄递服务产品体系更加丰富,国内重点城市间实现48小时送达,国际快递服务通达范围更广、速度更快,服务满意度稳步提高。综合效益更加显著,五年新增就业100万人以上,年支撑制造业产值超过1.2万亿元,带动工业品下乡和农产品进城销售超1.5万亿元,对一二三产业支撑更加有力,在三大攻坚战决战决胜、国家重大战略实施等方面取得一批重要成果,为打通大动脉、畅通微循环作出积极贡献。

——安全基础不断巩固向好。寄递安全领域改革和制度建设取得重大突破,安全管理基础更加稳固可靠,寄递渠道安全联合监管机制稳定运行,国家局市场监管司加挂安全监督管理司牌子,三级安全监管支撑体系基本建立。实施"绿盾"工程,智能化监管能力有效加强,实名收寄、收寄验视、过机安检三位一体防控模式和防控能力不断升级完善。贯彻落实总体国家安全观,开展平安寄递建设,妥善应对中美经贸摩擦影响,集中整治寄递渠道涉枪涉爆隐患,有力维护国家政治安全。全力以赴开展疫情防控,助力全国疫情防控阻击战取得重大战略成果。圆满完成党的十九大、新中国成立70周年庆祝活动、G20杭州峰会、"一带一路"国际合作高峰论坛等重大活动寄递安保任务,连续保持了较大等级以上安全事故"零"纪录,牢牢守住了不发生系统性风险的底线。

——绿色发展水平持续提升。着力推动快递包装绿色治理,接续实施"9571""9792"工程,快递包装运单小了、胶带瘦了、纸箱薄了、油墨减了、可循环箱(盒)应用多了,绿色化、减量化、可循环、标准化水平明显提升。行业生态环保治理体系初步建立,企业主体责任逐步明确,监督执法机制不断健全,部门协同治理初见成效,试点突破带动作用显现。全系统全行业秉持绿色发展观,把绿色发展作为行业高质量发展的一项重要内容,认识高度、实践深度、推进力度前所未有,保护环境、节约资源、循环低碳的绿色发展理念正全面融入行业运营全流程和各环节。

——现代化治理能力显著提高。"三项制度"纳入反恐怖主义法规范管理,邮政法修正实施,快递包装治理纳入固废法调整范围,《快递暂行条例》颁布施行,行业法规制度体系不断健全。深化邮政领域"放管服"改革,持续优化营商环境,快递许可实现一网通办,探索下放国际许可权限,取消快递业务场地使用证明、用品用具境外生产企业资信证明,不断激发发展活力。实施"双随机、一公开"监管、信用监管、"互联网+监管"、跨部门协同监管,监管执法规范性、透明度、威慑力不断提高,新业态监管迈出实质性步伐,有力维护快递市场正常秩序。发扬"忠诚、专业、扎实"作风,邮政市场监管队伍硬实力不断增强,队伍专业化水平、整体素质大幅提升。

同志们,"十三五"以来行业改革发展取得的成就是全方位、开创性的,发生的变革是深层次、实质性的。这些成绩来之不易,值得倍加珍惜,这是习近平新时代中国特色社会主义思想科学指导的结果,是国家局党组坚强领导的结果,是全国邮政市场监管干部知难不畏难、吃苦不言苦、奋勇拼搏、辛勤付出的结果,更是全行业广大从业人员特别是快递小哥们奋力拼搏的结果。在此,我谨代表国家局党组,向广大快递从业者和邮政市场监管干部表示衷心感谢!

二、发挥有效市场和有为政府双重作用,加快推动行业高质量发展

党的十九届五中全会聚焦高质量发展主题,

提出要构建高水平社会主义市场经济体制，充分发挥市场在资源配置中的决定性作用，更好发挥政府作用，推动有效市场和有为政府更好结合。2021年全国邮政管理工作会议提出“服务全领域、激活全要素，打造双高地、畅通双循环”的工作思路，聚焦高质量发展、高效能治理，围绕提升行业在畅通中的价值，提升行业供给体系对需求的适配性、要素资源对行业供给体系的保障力，努力形成需求牵引供给、供给创造需求的更高水平动态平衡，全方位提升行业贡献度，更好满足人民美好生活需要。邮政市场监管工作要全面贯彻全国邮政管理工作会议精神，按照国家局“二十字”工作思路，主动适应新发展阶段、贯彻新发展理念、构建新发展格局的要求，牢牢把握系统治理、依法治理、综合治理、源头治理“四个治理”原则，着力建设更加“有为政府”、构建更加“有效市场”，以更加奋发有为的精神状态推动行业高质量发展，为全面建设现代化邮政强国贡献应有力量。

当前和今后一个时期，邮政快递业仍然处于重要战略机遇期，长期向好的基本面没有改变，但机遇和挑战都有新的发展变化。从面临的机遇看，一是中华民族伟大复兴战略全局和世界百年未有之大变局历史性交汇，全球产业链供应链加速重构，邮政快递业发展要从“两个大局”中把握机遇，推动行业高质量发展迈上新台阶。二是构建新发展格局，加快区域协调发展，将推动建立更加顺畅的物流与供应链体系，行业也将迎来新的发展机遇和广阔的市场空间。三是网络零售带来的寄递服务需求仍在持续增加，电子商务作为行业发展的重要规模底盘，发展动力依然强劲。四是“互联网＋服务”等新型消费迅速发展，立足扩大内需这个战略基点，将产生大规模高品质消费需求，快递新发展动能将得到进一步培育和增强。五是“两进一出”工程思路更加清晰，推进举措扎实有效，行业高质量发展路径更加笃定坚韧。六是科技创新促进行业转型升级，加速向数字化、智能化方向发展，成为推动行业高质量发展的重要引擎。七是共建“一带一路”稳步推进，区域全面经济伙伴关系协定（RCEP）成功签署，中欧投资协定完成谈判，中欧班列战略通道作用日益凸显，将为行业改革开放带来新机遇。从面临的挑战看，一是全球疫情仍在扩散蔓延，经济全球化遭遇逆流，保护主义加剧，地缘政治风险较高，保障国际寄递供应链安全畅通面临严峻挑战。二是行业发展不平衡不充分问题仍然突出，在服务先进制造业、现代农业和冷链快递等高品质寄递服务方面供给不足，造成较大需求外溢。三是快递小哥合法权益保障存在明显短板，行业队伍稳定性有待提高，基础性、源头性、制度性问题亟待破解，行业高质量发展的根基需进一步夯实。四是行业绿色发展体系尚不健全，快递包装绿色转型任务艰巨，碳排放管控机制尚未有效建立，绿色发展的基础还不牢固。五是行业不稳定不确定因素增多，安全形势复杂性、严峻性上升，本质安全水平仍不高，行业保障国家安全、公共安全、社会稳定压力加大。

同志们，机遇稍纵即逝，挑战前所未有。当前，我们正处在“两个一百年”的历史交汇点，必须按照“二十字”工作思路，锚定二〇三五年基本建成邮政强国远景目标，谋篇布局“十四五”发展，准确识变、科学应变、主动求变，加强“四个治理”，提升治理效能，有效发挥有效市场和有为政府双重作用，加快推动行业高质量发展。

*（一）坚持以人民为中心，奋力建设人民满意邮政。*全心全意为人民服务是我们党的根本宗旨，发展的根本目的也是增进民生福祉。人民邮政为人民是邮政事业的初心和使命，在建设现代化邮政强国征程中，必须多谋民生之利、多解民生之忧，准确把握行业公益性、基础性、商业性等多重属性，在推进行业改革发展进程中不断增强人民群众的幸福感获得感安全感。要科学把握共享发展总体要求。增强政治意识，提高政治站位，重视从讲政治的高度做邮政市场监管工作，善于用政治眼光观察和分析工作中面临的问题，将思想认识统一到习近平总书记重要指示精神上来，统

一到十九届五中全会关于“全体人民共同富裕取得更为明显的实质性进展”政策取向上来，统一到促进行业转型升级、迈向高质量发展的重点工作上来，真抓实干把共享发展贯彻到邮政市场监管工作各方面。要扩大改革发展成果惠及面。加快解决人民群众急难愁盼问题，围绕快递包装污染、末端服务违规收费、用户个人信息保护、农村网点覆盖率偏低等重点难点问题，以更大的决心、更精准的举措、超常规的力度逐个突破，让行业改革发展成果更多更公平惠及全体人民。保障快递员合法权益，推动建立更加合理的利益分配机制，努力向基层、向一线员工倾斜。要提升寄递服务供给质量。提高快递供给体系对国内需求的承载能力，主动适应社会主要矛盾变化产生的新需求，在打基础、利长远上下功夫。推动企业转型升级、提质增效，优化完善快递加盟模式，消除以罚代管、压价扩量、恶性竞争等顽症痼疾，营造健康产业生态。推动发展路径和发展方式转变，由依靠电商带动的单一发展模式向服务全领域、激活全要素的综合发展模式转变，由偏重规模速度的粗放发展向兼顾质量、结构、规模、速度、效益、绿色、安全的高质量发展转变。

（二）以“两进一出”工程为抓手，主动服务和融入新发展格局。构建新发展格局，关键在于实现经济循环流转和产业关联畅通。流通是畅通经济循环的重要基础，邮政快递业在“打通大动脉、畅通微循环”方面具有先行作用，其主要抓手是“两进一出”工程。要把“快递进村”作为一项重要的政治任务。去年中央关于实现巩固拓展脱贫攻坚成果同乡村振兴有效衔接的有关文件明确提出要统筹推进脱贫地区县乡村三级物流体系建设，积极实施“快递进村”工程；今年中央一号文件又强调要“加快完善县乡村三级物流体系，改造提升农村寄递物流基础设施”。民族要复兴，乡村必振兴。解决好发展不平衡不充分问题，重点难点在“三农”，迫切需要补齐农业农村短板弱项，推动城乡协调发展；构建新发展格局，潜力后劲在“三农”，迫切需要扩大农村消费，畅通城乡经济循环；应对国内外各种风险挑战，基础支撑在“三农”，迫切需要稳住农业基本盘，守好“三农”基础。要充分认识“快递进村”工程的重要意义，举全系统全行业之力实施“快递进村”工程，将其融入乡村振兴战略，充分调动市场主体的积极性，充分发挥政府的引导支持作用，着力健全农村寄递物流网络，巩固行业脱贫攻坚成果，提升农产品进城及工业品下乡的能力和效率。要把“快递进厂”作为行业转型升级扩容的重要抓手。着力发挥快递业在国家产业链供应链现代化中的作用，拓展快递业高端发展空间。重点鼓励企业在3C、医药、汽配、服装和快消品五个领域取得突破：支持企业在医药领域加速构建覆盖全国的全流程、可追溯、高时效的冷链医药物流网络；在汽配领域探索上下游延伸服务；在3C、服装和快消品领域提供高效的仓配一体化服务。引导企业在产前、产中、产后三个环节打造各有侧重、特点鲜明的服务模式，有效承接制造企业采购、生产、分销和售后等业务。实施“5312”工程，争取利用5年时间围绕五大领域三个环节树创100个深度融合典型项目，培育20个深度融合发展先行区；快递服务制造业规模项目累计新增1500个。要把“快递出海”作为行业畅通国内国际双循环的切入点。坚持自主可控、安全高效的发展方向，发挥中国制造业大国在产品出口和供应链方面的特有优势，鼓励快递企业和制造企业协同“走出去”，加快建设国际寄递物流服务体系，培育具有国际竞争力的寄递企业集团，有效保障中国制造产品国际流通。充分把握RCEP签订的战略机遇期，加快打造形成与RCEP价值链相适应的区域性寄递物流网络，以区域小循环带动国际寄递物流大循环。提升对欧洲、美洲等海外市场的服务能力，培育市场主体，构建干线网络，有效融入“一带一路”建设。

（三）激活行业发展全要素，打造更有效市场。提高要素质量和配置效率，构建更加有效快递市场，促进形成生产要素从低质低效领域向优质高效领域流动的机制，是建设高标准市场体系、推动高质量发展的内在要求。要不断丰富快递产品供给。鼓励企业整合共享上下游资源，促进商流、物流、信息流、资金流等无缝衔接和高效流动，提高快递与电子商务供应链协同效率，稳定发展基本盘。鼓励快递服务领域拓展到基于互联网的各类新型消费，加强与健康医疗、金融保险、文化旅游、教育培训等服务业联动协同，创新无接触式投递、智慧递、共同递、门店递等服务模式。鼓励快递企业积极参与现代化农业产业体系建设，厚植农村寄递物流体系发展基础。审慎包容新业态新模式发展，强化事前与事中事后衔接，推进行业新业态监管与服务工作。要健全快递市场运行机制。完善行业定价机制，充分尊重企业对实行市场调节价业务的自主定价权，配合依法制止查处不正当价格行为和违规收费。坚决反对垄断和不正当竞争行为，加快补齐平台企业规制短板，完善企业兼并重组、竞争关系合作协议等重大经营管理事项风险评估报告制度。建立信用承诺制度，动态跟踪服务范围、价格、内容、方式等承诺事项履行情况，加大失信行为信息披露力度。建立对相关生产要素的紧急调拨、征用等制度，提高在应急管理、疫情防控、防灾救灾等特殊状态下要素高效协同配置能力。要推动要素配置效益最大化。多层次利用资本市场，支持企业上市融资，推动健全直接融资支持制度，增加面向中小快递企业的金融服务供给。落实《建设高标准市场体系行动方案》，加强快递发展土地要素供给政策支持，推动将快递相关仓储、分拨、配送等设施用地纳入城乡规划，将智能快件箱、快递末端综合服务场所纳入公共服务设施相关规划。落实中央就业优先政策，鼓励企业面向贫困地区、高校毕业生、退役军人扩大用工招聘力度，支持从业人员返乡创业，加强行业高层次人才培养。加快培育行业数据要素市场，推动上下游数据联通共享，推进“数字快递”建设，基于“绿盾”工程打造行业大数据公共服务平台，助推企业高质量发展、快递服务能力提升。推动企业加强科技研发，加快转化应用大数据、云计算、人工智能、5G、区块链等先进技术，推进组织管理、运行机制、工作流程的智能化再造。

（四）推进高效能治理，打造更有为政府。实现高效能治理，邮政市场监管必须坚持“四个治理”的原则和方法，在继续推动发展的基础上，着力解决好发展不平衡不充分问题，以治理现代化推动高质量发展。要统筹发展和安全。坚持总体国家安全观，不断健全完善系统治理和综合治理的工作机制，构建政治安全、产业安全、公共安全、寄递安全、生产安全相统筹的大安全格局，助力建设更高水平的平安中国。坚持发展和安全并重，加强安全生产源头治理体系建设，绷紧安全发展这根弦，实现高质量发展和高水平安全的良性互动，善于用发展的办法解决安全问题，发展中更多考虑安全因素，提升本质安全水平，实现更为安全的发展。始终把政治安全放在首要位置，维护政权安全和制度安全，紧紧盯住影响国家政治安全的风险点严防严控。不断升级实名收寄、收寄验视、过机安检三位一体防控模式，打造安全防控“升级版”。抓紧化解各种存量风险、防范增量风险，采取综合治理、源头治理的方式协同化解行业新业态发展面临的安全风险隐患，坚决防范重特大事故发生。要推进绿色转型发展。深入贯彻习近平生态文明思想，坚定不移走绿色发展道路，落实“政府引导、企业主体、创新驱动、产业协同”十六字要求，继续打好行业生态环保攻坚战，全面推进快递包装绿色治理和行业节能减排。建立健全与绿色理念相适应的法律、标准、政策体系，抓紧实施快递包装产品绿色认证，加快试点示范推广使用，完善绿色评价指标体系和监测评估制度，推动地方政府落实属地责任，开展行业碳排放测算和管理研究，持续提升绿色治理能力。督促企业健全内部生态环保管控制度，逐级落地落细环保责任，实施绿色采购，加大绿色投入，加强绿色考评。强化创新驱动，引导行业及社会有关方面聚焦行业绿色发展需求，推进绿色产品、绿色技术和绿色模式创新,注重产业协调和上下游协作,鼓励产学研用协同,持续推进产业生态化和生态产业化。要加强政府自身能力建设。坚定推进依法治邮,善于用法律手段解决加盟制企业总部与末端网点享受的利益与承担的责任不对称不均衡问题,用法律手段解决快递小哥权益保障的制度供给不足问题,用法律手段解决用户依法用邮及行业安全管理面临的深层次问题。深化“放管服”改革,优化快递业务经营许可审批,加强事中事后监管。基于“绿盾”工程信息化基础设施和数据底盘,立足“能力提升 + 功能拓展”两个方面,实施“互联网 + 监管”升级行动,推动形成“全要素、全业态、全链条”和“智能化、精细化、协同化”监管新格局。提高监管执法规范性和透明度,完善“双随机、一公开”监管、信用监管、跨部门协同监管等有效做法,减少人为干预,全面实施监管事项清单管理制度。充分发挥行业协会桥梁纽带作用。科学定位、系统管理,发挥好三级安全中心服务支撑保障作用。提高队伍专业化能力,切实提升执法水平和驾驭市场能力,增强补课充电的紧迫感,干什么学什么、缺什么补什么,努力成为推动行业高质量发展的行家里手。

三、2021 年工作安排

2021 年是邮政强国建设进程中具有特殊重要性的一年,中国共产党成立 100 周年,“十四五”开局,全面建设社会主义现代化国家新征程开启,做好邮政市场监管工作意义重大。我们要认真贯彻落实全国邮政管理工作会议明确的总体要求,以习近平新时代中国特色社会主义思想为指导,坚决贯彻习近平总书记关于邮政快递业重要指示批示精神,坚决落实党中央、国务院重大决策部署,增强“四个意识”、坚定“四个自信”、做到“两个维护”,按照国家局党组要求,以推动高质量发展为主题,以深化供给侧结构性改革为主线,以改革创新为根本动力,以“两进一出”工程为抓手,着力稳态势、促改革、强基础、畅循环、保安全,统筹发展和安全两件大事,毫不放松抓好常态化疫情防控,为加快邮政强国建设作出积极贡献,以优异成绩庆祝建党 100 周年。

(一)健全完善疫情防控常态工作机制。一是完善工作预案和对接机制。落实国务院“保疫情防控、保交通秩序和生活供应”工作任务,在国务院联防联控机制统一部署下,制定《邮政快递业疫情防控与寄递服务保障工作指南》,推动企业制定局部地区“中转站”工作预案。各省局要强化与地方政府和疫情防控部门的工作对接,建立重点企业服务和个案协调机制。二是做好常态化精准防控。国家局将及时修订《疫情防控期间邮政快递业生产操作规范建议》,细化分区分级防控措施,督促企业将消杀工作嵌入日常生产作业流程。建立行业疫情防控标准体系,探索建立第三方专业机构消杀、消查专用标识管理等制度。各省局要督促企业落实各项疫情防控制度规范,做好从业人员个人健康防护,加强进口冷链食品邮件快件防控,严防境外疫情输入。三是组织做好疫苗接种工作。主动对接属地疫情防控相关部门,推动落实从业人员疫苗接种,按照国务院联防联控机制要求,早日做到“应接尽接”。开展寄递企业疫苗接种情况统计,做好接种人员异常反应的监测和跟踪观察。

(二)全力保障快递员合法权益和末端稳定。一是保障快递员合法权益。按照中央要求,国家局将联合相关部委出台保障快递员合法权益政策文件。推动修订《快递市场管理办法》,指导快递协会制定快递员劳动定额标准,发布末端派费核算指引,明确企业总部统一管理责任界定标准,会同相关部门依法纠治对寄自特定区域的快件实施非正常派费结算等行为。各省局要配合推动相关标准指引落地实施,因地制宜推动行业协会、工会组织开展集体工资协商,推广人身意外险等适合行业的险种。加大快递业党的建设力度。深入开展“暖蜂行动”,加大公租房(廉租房)政策争取力度。持续实施快递从业人员职业技能培训“246”

工程，推进快递工程技术人员职称评审，切实保障快递员职业发展。二是提升末端服务能力。各省局要坚持末端服务体系多元化发展方向，继续推广智能快件箱、快递公共服务站等末端服务模式，推动在老旧小区改造中实现较大突破。积极为专业化、公共化、平台化、集约化的快递末端服务网络布局建设争取用地保障。已经核发开办服务站许可的省份，要因地制宜开展服务站收投服务规范试点。2021 年底，智能快件箱箱递率要达到 10% 以上，公共服务站保有量要达到 11.5 万个。三是加强末端稳定治理。针对快件积压、网络阻断、员工离职等严重异常情况，对该区域直接责任的市场主体依法实施停业整顿，就该品牌的区域服务能力进行复核并作出消费提示。强化末端运营监测，将末端网点和快递员队伍稳定情况作为行业应急监测预警的重点。督促企业落实"一套预案、一支队伍、一笔资金、一张清单"的"四个一"机制，加强末端稳定应急事件处置，严格落实企业主体责任和属地管理责任。

（三）深入实施"两进一出"工程。一是深入推进"快递进村"。按照中央实施"快递进村"工程的总体要求，推动出台《关于促进农村寄递物流创新协调发展的意见》，加快建设通达城乡的县乡村寄递物流体系。指导快递协会制定《快递进村指引》，推动企业总部对"快递进村"的范围和深度进行承诺。启动《快递服务》标准修订，完善农村地区服务规范。各省局要因地制宜、分区分类施策，东中部地区要有效发挥市场机制作用，西部地区要充分发挥邮政在乡兜底作用，精准打出"快递进村"组合拳。充分利用各方资源，协调利用地方财政事权支出责任、政府购买服务、基层党建阵地等多种渠道，强化服务属性，实现央地协同，推动多种模式并进，有效调动多快递品牌进村。2021 年底，全国快递服务直投到建制村比例达 80%。国家局将继续推进快递业服务现代农业金牌项目评定。各省局要开展银牌项目评定，探索金银牌项目与地理标志及原产地标志认证及特色农产品优势区建设等工作衔接结合。二是积极推动"快递进厂"。国家局将出台"快递进厂"工作方案。启动实施"5312"工程，在汽配、3C、服装、医药、快消品五个领域和"产前、产中、产后"三个环节，努力新增 300 个规模项目，培育一批国家级快递服务先进制造业深度融合典型项目。各省局要积极探索园区产业融合，引导企业进驻工业园区、经济开发区、高新技术产业园等制造业产业聚集区域，依托生产要素集聚优势，创新服务模式和产品体系。京津冀、长三角、珠三角等区域相关省份，以及东三省、山东、江西、湖北等制造业大省要先行突破，在制造业集聚区建设一批促进快递业与制造业深度融合发展先行区。推动开展快递服务制造业统计工作，完善统计口径，形成工作机制，较为科学地反映快递服务制造业的成果和经济价值。三是持续推进"快递出海"。推动国际化程度较高的骨干企业积极拓展境外尤其是 RCEP 区域地面网络，支持通达系企业扩大东南亚电商快递市场，鼓励专业化跨境寄递服务企业发展国际专线业务，利用 2～3 年时间推动实现"快递出海"RCEP 区域全覆盖。优化区域布局，京津冀、粤港澳大湾区、长三角及海南自由贸易港相关省份要因地制宜发展跨境寄递，积极融入各区域大外贸发展格局和国际互联网数据专用通道建设，提高进出境便利化水平。中西部地区要借助中欧班列资源优势，加快国际通道建设步伐，推动企业深化与中欧班列运营主体的合作，打造"班列快递"品牌产品。

（四）扎实开展平安寄递建设。全年各项工作均要服从服务于建党 100 周年政治主题。围绕全国亡人事故数、事故亡人数"双下降"和杜绝重特大事故、影响恶劣案事件总目标，行业安全工作要提速提质，以最高规格、最严措施坚决部署好完成好建党 100 周年、北京冬奥会等重大活动寄递安保任务。一是加强安全生产基础建设。开展习近平总书记关于安全生产重要论述党组中心组集体学习。打好安全生产专项整治三年行动集中攻坚战，深化基层基础基本功“三基”建设。国家局将编制寄递企业安全管理体系建设指南，建立安全事故警示曝光制度，制作安全事故警示教育专题片。建立企业安全风险分级管控机制，科学确定安全风险类别和等级，对安全事故易发多发、末端稳定基础薄弱的“冒头”企业实行挂牌整治。加强和改进安全信息报告工作，细化明确事故认定标准。各省局要持续动态更新问题隐患和制度措施“两个清单”，强化清单化任务管理。要紧盯作业操作亡人事故隐患，开展作业场地安全管理规范化提升行动，集中整治着装不规范、现场管理不到位、设备设施不达标、作业操作不合规“四不”问题，抓好安全生产规范化建设，对生产作业场地进行规范评审，省级分拨中心基本实现规范化。要督促企业严格落实安全培训制度，大力提升从业人员安全素质。二是深化寄递安全综合治理。强化落实“三项制度”，国家局将升级完善实名监管信息系统，研究制定《邮件快件收寄验视和安全检查规定》，各省局要巩固深化实名收寄专项整治成果，推广应用安易递实名二维码，规范协议用户管理，加快推进安检机联网应用和重点部位、关键环节智能安检设备应用。联合公安、国家安全等部门开展寄递数据质量提升行动，推动寄递风险综合防控信息平台建设，强化对高风险人群、高风险物品和重点运递方向分析预警，纠治上游电商平台隐瞒收件人名址信息等行为，实现数据质量的动态跟踪监测。持续开展涉枪涉爆隐患整治、反恐禁毒、“扫黄打非”、打击侵权假冒、野生动物保护等专项工作，严格芬太尼类物质寄递管控，实现省、市两级禁毒联合发文全覆盖。开展寄递渠道平安建设考核，完善部门间案件移交和联合侦办机制，强化各部门寄递安全管理职责。三是强化应急管理。各省局要抓住后疫情时代国家应急体系建设机遇，推动行业应急管理融入地方各级应急管理体系。发挥安全预警和应急指挥系统作用，加强预警预测和指挥调度，提升风险研判和应急处置能力。稳步推进行业应急管理体系建设，强化落实“一企一案”工作要求。

（五）积极推进绿色发展。一是健全法规标准政策体系。出台《邮件快件包装管理办法》配套规定，修订《快递电子运单》等标准，制定《邮政快递业绿色发展行动计划（2021－2025）》，改进和优化邮政用品用具事中事后监管，提升检验检测服务能力。各省局要重点做好固废法及《邮件快件包装管理办法》等法律法规和部门规章的宣贯。推动地方政府属地责任落实，争取在可循环快递包装基础设施、行业生态环保监管信息化、监管能力建设等方面的政策保障和资金支持。二是不断强化快递包装治理。引导企业强化《关于加快推进快递包装绿色转型的意见》各项工作的落实，细化实化任务措施。大力实施“2582”工程，按期完成重金属和特定物质超标包装袋、邮件快件过度包装随意包装治理，实现全行业可循快递箱（盒）使用量达 500 万个，电商快件不再二次包装率达 80%，新增 2 万个邮政快递网点设置标准化包装废弃物回收装置。各省局要围绕“2582”工程，明确年度工作要点，分解量化目标任务。深入推进行业塑料污染治理，今年要取得明显成效，北京、上海等 6 省（市）要加大力度，其他省局要研究制定塑料污染治理实施方案。确保在 2022 年底、2025 年底两个时间节点，实现重点地区和全国范围内的邮政快递网点禁止使用不可降解的塑料包装袋、塑料胶带、一次性塑料编织袋。会同国家发展改革委开展可循环快递包装规模化应用试点，相关省局要做好配合工作。三是稳步推进节能减排。推进行业生产方式绿色转型，推广应用高效、节能、环保的运输装备，加大新能源或者清洁能源车辆在行业的投放比例。组织开展绿色设计大赛和绿色产品、绿色技术和绿色模式公开征集活动。编制“绿色办公”指引。北京等 10 省（市）要做好绿色网点、绿色分拨中心建设试点。各省局要指导企业结合实际推进节能减排。探索开展行业碳排放测算和管理研究。四是切实加强监督管理。继续实施台账管理，明确各方职责，加强绩效考核。国家局将制定邮政业生态环境保护信息报告工作规定，实施信息报告和通报。组织开展行业塑料污染治理督导检查。持续开展行业生态环保评价。各省局要加强监督检查和行政执法，依法查处行业生态环保领域违法行为。畅通监督和举报渠道，充分发挥社会监督作用。持续开展“邮来已久　绿动未来”主题宣传活动。

（六）切实加强市场规范治理。一是持续深化“放管服”改革。坚持包容审慎、稳中求进的原则，统筹事前准入与事中事后监管，稳步推进新业态监管与服务工作。进一步优化营商环境，推广许可现场服务预约办理，探索许可证发放领取“政务+寄递”服务。适应新业态发展需要，对同一主体多种服务类型的快递业务经营许可探索进行优化管理，推进“一证多型”试点。承接国际快递业务经营许可审批权限下放的省局，要依法开展许可审查，有效服务属地自贸区建设。各省局要继续做好许可有效期集中延续工作。二是强化落实市场监管规则。夯实“双随机、一公开”监管基础，健全完善“两库一清单”动态管理机制，加快推进集邮和用品用具市场主体入库管理。加强信用监管，制定企业及法定代表人信用情况准入前承诺制度，建立快递服务品牌质量安全评价机制，出台快递市场严重失信对象名单管理办法及惩戒措施，形成事前承诺、事中评价、事后失信惩戒的信用监管规则。各省局要严格落实随机抽查工作规程，全面实行随机抽查计划管理，加强计划执行绩效考核。强化信用监管措施运用，认真做好快递市场法人主体信用评定，健全执法检查与信用监管衔接机制，针对严重违法失信主体依法实施公开披露违法事项信息、禁止进入邮政市场、禁止新增经营地域范围、提高抽查比例频次等惩戒措施。三是维护公平竞争秩序。着力防范不正当竞争风险，研究建立市场排除或者限制竞争风险评估机制，重点防范不正当低价竞争、未按规定报告重大经营活动事项、联合协议抵制市场竞争、滥用信息数据等风险隐患。清理整顿市场经营秩序，组织开展“净网”专项行动。加强用户权益保护，持续开展服务满意度调查和服务时限测试，健全完善用户申诉处理工作机制，按照国务院有关要求做好12305申诉热线优化工作，指导企业完善用户投诉受理机制，提升用户投诉处理满意度水平。各省局要深入开展市场秩序清理整顿，突出整治末端服务违规收费、危及用户个人信息安全、超业务超地域范围经营、制售贩卖虚假邮资凭证等违法违规问题，全面净化市场经营环境。加强举报、信访、申诉等渠道反映问题线索调查处置，切实保障用户合法权益。强化信息化执法措施，抓好新版执法系统和便携执法设备应用。依托网络市场监管、消费者权益保护等联合监管机制，推动将服务质量、秩序管理等抽查事项纳入跨部门联合监管事项清单，加强执法联动响应与协作，形成维护市场公平竞争秩序的工作合力。四是加强基础能力建设。强化“绿盾”工程应用，推进涉及市场监管的11个信息系统功能完善，健全制度规范，全面提升“五可”能力。国家局将对各省局“绿盾”工程应用情况进行考核评估，启动开展二期工程立项研究。加强邮政市场监管队伍能力建设，开展快递业务经营许可延续工作、行业生态环保等培训。开展执法规范化专项整治，细化执法工作指引，完善案件办理标准，试点线上执法及案卷评议应用，提高依法履职能力。坚决纠治形式主义、官僚主义，防止在许可审批、行政执法、工程建设等领域出现廉洁问题。充分发挥三级安全中心支撑服务保障作用，加强信息技术、应急管理、基础理论等领域专业人才培养。严格落实过紧日子要求，大力压减非刚性支出。进一步加强对脱钩后各级协会组织的工作指导。

同志们，新征程已开启！让我们紧密团结在以习近平同志为核心的党中央周围，坚决贯彻国家局党组决策部署，不忘初心、牢记使命，锐意进取、扎实工作，推动新时代邮政快递业高质量发展，以优异成绩庆祝建党100周年，为加快建设现代化邮政强国不懈奋斗！

强化思想认识 狠抓工作落实
为行业绿色高质量发展作出应有贡献

——国家邮政局副局长赵民在《邮件快件包装管理办法》宣贯暨行业生态环保工作电视电话会议上的讲话

2021 年 4 月 2 日

今天,我们召开《邮件快件包装管理办法》(以下简称《办法》)宣贯暨行业生态环保工作电视电话会议,主要目的是以习近平新时代中国特色社会主义思想为指导,深入贯彻习近平总书记关于快递包装绿色治理工作的重要指示批示精神,全面贯彻落实党中央国务院战略部署,加快推进快递包装绿色转型,宣贯培训《办法》,扎实推进“2582”工程,稳步推进行业节能减排,推动行业绿色发展再上新台阶。刚才市场监管司解读了《办法》和今年行业生态环保重点工作,通报了快递包装质量抽样检测情况,发展研究中心通报了 2020 年行业生态环保工作评价结果,提出的工作意见建议,我都同意。下面,我再强调三个方面。

一、进一步增强做好行业生态环保工作的责任感和紧迫感

生态环境是关系党的使命宗旨的重大政治问题,也是关系民生的重大社会问题。邮政快递业是生态文明建设的重要领域,党中央、国务院高度重视邮政快递业生态环保工作,习近平总书记多次对快递包装绿色治理作出重要指示批示,为行业生态环保工作指明方向,提供根本遵循。国务院办公厅转发了国家发展改革委、国家邮政局等 8 部门联合印发的《关于加快推进快递包装绿色转型的意见》(以下简称《意见》),提出要推进快递包装“绿色革命”。在国家“十四五”规划中,明确提出“推进快递包装减量化、标准化、循环化”,“推动快递包装绿色转型”又被列入今年《政府工作报告》。加快推进快递包装绿色转型,已经上升为国家意志,是党中央国务院赋予全行业的重要政治任务和神圣使命。党中央经过深思熟虑作出了我国力争 2030 年前碳达峰、2060 年前碳中和的重大战略决策。如何建立邮政快递业碳排放的标准测算体系,如期实现碳达峰和碳中和的目标,是行业绿色低碳发展道路上亟待破解的重大课题。

同志们,快递包装绿色转型正进入深水区,法规标准落地、上下游协同、产学研衔接等方面面临艰巨繁重的任务。邮政快递业的碳管理即将起航,无论是制度、标准,还是管理机制、工作方式方法,都是零起步,从无到有,有大量的基础性和研究性工作要在今年铺开。行业生态环保任重道远,全系统全行业要深入学习贯彻落实习近平生态文明思想,自觉增强“四个意识”,坚定“四个自信”,做到“两个维护”,切实将行业生态环保工作摆在更加突出的位置,切实增强工作的责任感和紧迫感,切实肩负起邮政快递业绿色高质量发展的历史担当,以功成不必在我、功成必定有我的坚定信念,加强谋划部署,细化工作措施,扎实推动落实。

二、全面客观认识取得的成效和存在的问题

(一)取得的成效

2020 年,全系统全行业深入贯彻习近平总书记重要指示批示精神,积极克服新冠疫情带来的不利影响,扎实推进行业生态环保工作,取得积极

进展，超额完成“9792”工程目标任务。汪洋主席对快递包装治理工作予以高度肯定，在国家局上报的快递包装绿色治理年度工作报告上，批示“卓有成效”。在实际生活中，社会公众也感受到一些积极的变化，快递运单小了、胶带瘦了、纸箱薄了、油墨减了、可循环箱(盒)应用多了，绿化、减量化、可循环、标准化水平有了明显提升。

各地邮政管理部门积极主动作为，积累了一些好的做法。一是有效开展法规政策宣贯。广东、上海、陕西局邀请有关专家解读《中华人民共和国固体废物污染环境防治法》(以下简称《固废法》)，开展包装规范培训。福建泉州局制作了包装培训视频资料下发企业学习使用。新疆阿勒泰局举办企业生态环保培训班，并组织考试。全系统以多种形式开展“邮来已久　绿动未来”主题宣传活动，上海局官网开设“绿色快递　你我同行”专栏，内蒙古局利用微信公众号发布“世界环境日”环保主题宣传。二是积极推动地方属地责任落实。根据交通运输领域中央与地方财政事权和支出责任划分改革方案，绝大部分省局都积极行动起来，加快推动邮政快递业污染治理地方属地责任的落实。北京、天津、上海、江苏、江西、广东、甘肃、宁夏8个省局和秦皇岛、大连等22个地市局积极推动地方政府落实邮政快递业污染治理属地责任，争取到地方财政资金支持。河北、山西、内蒙古、辽宁、黑龙江、福建、河南、广西、青海9个省局主动向地方政府主要领导当面汇报快递包装绿色治理工作。天津、吉林、山东、湖北、海南、西藏6个省局向地方政府书面报告快递包装绿色治理工作开展情况。江苏、广东、新疆3个省局邀请地方人大负责同志调研行业生态环保工作。江苏50%以上的地市局已争取到地方政府的专项政策支持。三是持续加大执法监督力度。去年，全系统生态环保行政执法案件共计172起，其中河北、内蒙古、浙江、山东、湖南、广东、新疆7个省局立案处罚数量超过10起。北京局组织开展胶带使用专项治理。内蒙古局开展行业生态环保检查百余次，对生态环保工作开展不力的15家寄递企业实施约谈告诫。贵州局联合市场监管部门开展快递包装检查。辽宁等26个省局将行业生态环保工作纳入信用评价体系。四是稳步有序开展试点示范。北京等10个省局积极稳妥开展邮政快递业绿色网点、绿色分拨中心建设试点。山东局组织淄博等4个地市开展绿色网点、绿色分拨中心创建工作。海南局加快推进海南快递包装绿色应用，全面启动可循环快递包装规模化应用试点。吉林、河南、广西、贵州、云南、甘肃、西藏等省局采取有效措施推进绿色办公创建。

回顾过去的两年，我们接续实施“9571”“9792”工程，持续推进快递包装绿色化、减量化和可循环，取得的成效是有目共睹的，这是毫不动摇坚持以习近平生态文明思想为指导的结果，是国家局党组正确领导的结果，是全系统全行业共同努力的结果，是广大一线邮政监管干部奋斗拼搏的结果。在此，我代表国家局党组对同志们表示感谢。

(二)存在的问题

通过对企业的日常检查、环保评价和专项治理工作来看，企业方面存在的问题包括：一是企业主体责任落实还有差距。部分企业对绿色治理的认识不到位，缺乏谋划和推进工作的主动性；未建立相应的规章制度，生态环保工作规范化水平有待提升；统计体系不完善，数据质量亟待提高；未建立统一采购体系，源头把关形同虚设；对分支机构和加盟企业缺乏有效管控，内部监督管理机制不健全。二是包装操作规范化建设亟待加强。部分企业对出台的《邮件快件绿色包装规范》《邮件快件包装基本要求》等政策标准学习贯彻不到位，未能及时传达到一线；企业的包装操作规范质量有待提高，未全面体现绿色环保要求；培训工作有待加强，包装操作培训体系尚未有效建立。三是塑料污染专项治理工作开展不力。部分企业未认真学习有关规定，对行业塑料污染治理任务缺乏客观认识；塑料污染专项治理未做系统谋划和整体推进,缺乏工作计划性,对本品牌企业使用塑料包装的数量、来源底数不清,流量流向不明;尚未开展替代方案的研究和探索工作,缺乏主动性和积极性。四是可循环快递包装应用亟待加快推进。通过“9571”“9792”工程的实施,可循环中转袋应用已经得到普及。针对收寄两端的可循环快递包装,部分企业对推广应用工作存在畏难情绪。循环模式构建难度大、可循环包装应用场景有限等问题亟需解决。

从系统内巡视、业务培训和随机检查中发现,省、市邮政管理部门存在的问题包括:一是依法执法意识不强。个别省、市局对《固废法》《邮政快递业寄递安全监督管理办法》和国家塑料污染治理政策宣贯培训不到位,少数监管干部对法规内容不熟悉,设置缺乏必要的行业生态环保基本常识,影响了现场监督检查等工作的有效开展。工作开展上,上热中温下冷的现象在系统内仍然存在,有的邮政管理部门回避自身工作不足和短板,一味强调生态环保是企业总部的责任,缺乏正确认识和责任担当。二是行动落实缺乏统筹谋划。在落实国家局工作部署上思路不清晰,措施不细致,有的省局擅长当“二传手”,照搬国家局快递包装绿色治理工作台账内容,对具体内容不做领会、分析和区分。有的没有因地制宜出台有针对性的落实举措,工作部署大而空,“上下一样粗”问题比较突出。部分地市局在推动辖区寄递企业责任落实上,重部署、轻落实,对重点工作缺乏有效跟进和督促。三是绿色治理能力有待提升。生态环保工作的队伍不稳定,人员更换过于频繁,工作衔接不畅。超半数的省、地市局主动作为不够,推动落实属地责任力度有待加大,共建共治亟待深入推进。此外,信息化、智能化治理水平有待提升,行业生态环保信息系统建设相对滞后。

上述问题之所以存在,有的是客观原因,如可循环快递包装应用,属于行业生态环保工作的新问题,行业缺乏经验和必要的储备,只能摸着石头过河。但更多是主观原因,究其根本,部分邮政管理部门政治意识还有待进一步提高,对行业生态环保工作重视程度不够,缺乏迎难而上的干劲、攻坚克难的闯劲、久久为功的韧劲。各级邮政管理部门都要对照上面的问题,主动开展自查,积极落实整改,提升能力水平。

三、全面扎实做好今年的行业生态环保工作

同志们,今年是“十四五”开局之年,是中国共产党建党100周年,做好行业生态环保工作意义重大。全系统全行业要坚持以习近平生态文明思想为指导,深入贯彻习近平总书记关于快递包装绿色治理重要指示批示精神,坚决落实党中央、国务院重大决策部署,按照国家局党组工作要求,全面落实《固废法》和《办法》,全力推进快递包装绿色转型,大力实施“2582”工程,稳步推进行业节能减排,以实实在在的工作业绩和绿色发展成效向建党100周年献礼。

(一)切实抓好《固废法》《办法》的宣贯

国家局要结合实际,全面梳理《固废法》《办法》执法过程中遇到的问题和难点,做好制度衔接、督导抽查落实情况。省局要采取专题培训、知识竞赛、开设专栏、案例剖析等形式面向全系统、全行业进行法制宣贯,结合本地实际推动出台相关落实文件。地市局要认真研究,制定工作方案,细化工作措施,明确工作责任,强化工作保障,大力开展监督检查和行政执法,确保相关规定在行业内落地生根。

全国人大常委会决定,分4个检查小组,4－7月份对黑龙江、上海、河南、湖北、湖南、陕西、青海、宁夏、内蒙古、海南10省(区、市)中的8个省开展《固废法》执法实地检查,同时委托其他省级人大常委会开展检查,实现31个省(区、市)“全覆盖”。检查的重点:一是法律确立的重大原则及相关规定落实情况;二是新增重要制度措施落实情况;三是法定职责和法律责任落实情况;四是配套法规和标准、名录的制定情况。目的就是通过完

善法律制度、强化法律实施监督，持续用力推进污染防治和生态环境保护。各省局要高度重视此次执法检查，加强沟通，做好相关工作，全面客观反映行业生态环保工作举措、成效和现实问题。

(二)大力实施"2582"工程

今年，国家局党组提出大力实施"2582"工程，即：按期完成重金属和特定物质超标包装袋、邮件快件过度包装和随意包装两个专项治理，实现全行业可循快递箱(盒)使用量达500万个，电商快件不再二次包装率达80%，新增2万个邮政快递网点设置标准化包装废弃物回收装置。可循环快递包装应用是重中之重。国家局与国家发展改革委正在研究制定可循环包装规模化应用试点方案，借以推动可循环快递包装应用向更高水平迈进。同时，将会把500万个的目标任务分解到各省。各省局要大力推动循环包装应用工作，引导和督促辖区品牌寄递企业选择一些业务种类、特定路线、特定区域、特定人群作为应用场景来推广使用循环包装，多措并举构建"小循环"体系。海南局可借助生态文明(试验区)的政策支持，加大可循环箱(盒)在岛内的推广应用力度。

(三)深入推进行业塑料污染治理

按照全国塑料污染治理电视电话会议精神，在工作推动的责任分工上，省级人民政府负总责，城市负主体责任。31个省(区、市)局要主动加强与地方政府沟通协调，按照中央要求的时间节点和工作安排，做好邮政快递业的塑料污染治理工作。北京等六省(市)局要认真落实三年实施方案，倒排工期，细化措施，强化保障，落实责任，确保在2022年年底前完成任务。其他省局要积极行动起来，将塑料污染治理作为生态环保专项工作来总体推进，深入开展摸底调查，全面掌握辖区在用不可降解的一次性塑料包装袋的数量、来源等基本情况，客观评估有效替代的基础和条件，积极对接当地发展改革委和生态环境等部门，明确和细化塑料污染治理路线图、工作措施和配套政策，确保在2025年年底前完成任务。

(四)全面推进快递包装绿色转型

去年，国办转发了八部门印发的《意见》，对快递包装绿色转型作出了全面部署，今年的《政府工作报告》已明确"推动快递包装绿色转型"，国家局已将相关任务目标全部融入《2021年行业生态环境保护工作要点》。近期，国家局还将更新印发快递包装绿色治理工作台账。各省局要提高认识，主动谋划，对标国家局工作台账的管理方式，围绕落实《意见》制定有序推进的具体工作措施，实化细化近期和中长期工作目标。要推动寄递企业采用科技手段推进包装减量化，引导企业增加研发投入，扩大绿色产品使用范围，全面提升行业绿色发展整体水平。要强化快递包装质量检测，不断加大抽样检测力度，引导寄递企业在采购环节要求供应商出具产品质量检验合格报告，认真把好源头关，确保采购使用的包装产品质量达标并符合环保要求。

(五)稳步推进节能减排

全系统全行业积极推广使用新能源和清洁能源车辆、光伏发电等技术装备，开展绿色办公创建，有利于企业降本增效，减少碳排放。运输环节是行业碳排放的重点。各省局要按国家局分配的任务指标，继续加大推广新能源和清洁能源车辆应用力度，引导寄递企业充分利用网点、分拨中心等建设完善充电桩等配套设施。国家局将加强与发改、电力等部门的沟通，积极争取太阳能光伏发电优惠政策，各省局要引导辖区寄递企业主动学习京东等企业利用园区太阳能光伏发电的经验做法，争取做出一定规模来。国家局将积极研究绿色办公方面的政策，推动办公生产区域的绿色建设。北京等10省(市)局要持续推进邮政快递业绿色网点、绿色分拨中心建设试点工作，其他省局要结合本地实际引导企业坚持绿色理念，加快行业绿色建设步伐。开展碳排放测算和管理研究，支持寄递企业围绕碳达峰和碳中和深化产学研协作，积极探索行业碳管理的路径和方法，逐步建立一套符合行业实际特点的碳管控制度和机制。要加快推动中央与地方财政事权和支出责任的落实,建立起以中央财政事权为基础、地方性支出事权为补充,其他多种来源渠道为配套的多重保障机制。

同志们,做好今年的行业生态环保工作责任重大、任务艰巨、使命光荣。全系统全行业要始终坚持以习近平新时代中国特色社会主义思想为指导,深入学习贯彻习近平生态文明思想和习近平总书记重要指示批示精神,按照国家局党组的统一部署,以只争朝夕的心态,抓铁有痕的劲头,强化思想认识,狠抓工作落实,坚定不移走绿色发展道路,为行业绿色高质量发展作出应有的贡献!

鼓舞干劲　奋力攻坚
为庆祝建党100周年营造安全稳定的寄递服务环境

——国家邮政局副局长廖进荣在中国共产党成立100周年庆祝活动寄递渠道安全服务保障工作动员部署电视电话会议上的讲话

2021年5月28日

同志们：

今天的电视电话会议是经马军胜局长和国家局党组批准召开的一次重要会议，主要任务是：深入学习贯彻习近平总书记等中央领导同志有关重要指示批示精神，就做好中国共产党成立100周年庆祝活动寄递渠道安全服务保障各项工作进行动员部署，明确目标，鼓舞干劲，强化责任，奋力攻坚，为庆祝建党100周年营造安全稳定的寄递服务环境。

国家局党组对庆祝建党100周年寄递渠道安全服务保障工作高度重视，年初就将其列入重点工作进行谋划。马军胜同志多次作出指示批示要求“确保邮政快递业始终安全平稳运行，为庆祝建党100周年营造良好行业环境”。5月25日，马军胜同志主持召开局长办公会议，研究审议《中国共产党成立100周年庆祝活动寄递渠道安全服务保障工作实施方案》（以下简称“《安保方案》”）汇报，进一步强调“在寄递渠道安全保障上决不能掉以轻心，决不能出任何纰漏”。刚才，市场司就《安保方案》进行了解读。下面，我再强调三点意见：

一、切实提高政治站位，增强做好庆祝建党100周年寄递渠道安全服务保障工作的责任感和紧迫感

隆重庆祝中国共产党成立100周年，是党和国家政治生活中的一件大事，党中央届时将在北京隆重举行系列庆祝活动。做好庆祝建党100周年寄递安保工作，是党和人民交给我们的一项重大政治任务，也是对邮政管理队伍政治品格、纪律作风、能力素质的一次重大考验。全系统、全行业要坚持以习近平新时代中国特色社会主义思想为指导，深入贯彻落实党中央、国务院决策部署，切实增强“四个意识”、坚定“四个自信”、做到“两个维护”，坚持以人民为中心的发展思想和总体国家安全观，坚持最高标准、最严要求、最周密措施，突出寄递安全和行业稳定两个重点，统筹做好安全和服务两项保障，有效动员和组织全行业严格落实各项安全和服务保障工作要求，严防不法分子利用寄递渠道实施违法犯罪行为，严防禁寄物品流入寄递渠道导致重大寄递安全事件，严防发生重大安全生产责任事故，严防行业内部发生重大群体性事件，确保机要通信万无一失，确保寄递渠道安全畅通，确保邮政行业平稳运行。

近年来，我们在抗战胜利70周年纪念活动、G20杭州峰会、党的十九大、国庆70周年庆祝活动等一系列重大活动中，扎实做好工作，圆满完成了中央交给我们行业的政治任务，全系统、全行业也积累了成熟的经验和好的做法，初步形成了相对成熟的工作路径和方法。但是，我们也要充分认识到寄递渠道安保工作面临的新形势、新挑战。内部风险和外部风险相互传导，非传统风险和传统风险界限模糊，显性风险和隐性风险相互交织，偶然性风险和结构性风险加速转换，不稳定不确定因素增多，寄递渠道面临的风险和挑战依然复杂严峻。一是寄递渠道具有点多面广、便利快捷、人货分离等特点，极易被不法人员利用从事涉枪

涉爆、涉黄涉非、贩卖濒危野生动物、反宣渗透等违法犯罪活动。二是全行业日均处理业务量巨大,“三项制度”落实面临考验增多。拿5月26日数据举例来说,全国共揽收邮件快件3.22亿件,投递3.17亿件;其中北京共揽收673万件,投递965万件。企业及从业人员在执行安全查验措施时,极易疏忽懈怠。三是行业维稳压力越来越大,用工不规范,快递小哥权益保障不到位,由此引发的员工离职和集体维权容易引发社会问题。尤其是,当前苏宁对天天快递进行业务调整、速尔快递破产重组等风险一直未完全消除,需要我们加以高度关注,妥善处置。四是企业信息化服务能力水平大幅提升,尤其是实名收寄制度的广泛推行实施,在为寄递用户提供安全便利服务的同时,也因海量个人信息数据的积累,对做好行业信息安全保护工作提出了严峻考验,一旦不法分子发动网络攻击或数据窃取,将造成较大危害影响。

因此,我们必须始终保持清醒头脑,始终把维护寄递渠道安全摆在重要位置,强化底线思维,下好先手棋、打好主动仗,有效防范化解行业内外各类风险,妥善应对处置影响行业稳定的各类挑战。要认真借鉴以往重大活动寄递渠道安全服务保障工作所积累的宝贵经验和有效做法,以最佳状态、最实举措、最优业绩,确保寄递渠道安全畅通,确保邮政快递业平稳运行,向党中央、国务院和全国人民交出一份合格的答卷。

二、明确重点任务和要求,从严从实从细抓好各项措施落实

(一)突出重点地区。北京作为首都,是寄递安保工作的核心、前沿、重中之重。北京局要扛起“主力军”的责任,筑牢“主阵地”,投身“主战场”,确保寄递活动绝对安全。要组织企业对进京邮件快件全面实行投递前“二次安检”;对寄往安保核心区域和重要部位的邮件快件,配合公安、国家安全等部门实行投递前再次安检,无安检标识邮件快件一律退返。要督促北京市邮政企业落实专投作业要求,对涉及安保核心区域邮件实行专人、专车、专线、专区服务、专项检查的“五专”措施。对于因处理中心外迁至天津、河北,确实需要在京外实行“二次安检”的,要与天津局、河北局加强协调联动,共同督促企业落实“二次安检”,还要与当地公安、国家安全部门做好沟通协调,对京外“二次安检”结果予以承认。

另外,河北西柏坡、上海、浙江嘉兴、江西井冈山、贵州遵义、陕西延安等六个省重点地区在北京以外同步举办中国共产党成立100周年相关庆祝活动的地方邮政管理部门,要根据地方党委、政府部署,参照北京地区相关做法,组织做好本地方寄递渠道安全服务保障工作。要认真制定寄递渠道安全服务保障方案,在举办庆祝活动的市(地)范围内组织实施邮件快件投递前“二次安检”,全面强化寄递渠道安全、生产安全、维护稳定、疫情防控等工作,同时做好邮政快递服务保障工作。

(二)突出重点环节。全系统、全行业要牢固树立“一盘棋”思想,确保进京及六个省重点地区邮件快件绝对安全。在寄递安保活动实战阶段,各地对寄往北京及六个省重点地区的邮件快件一律强化安全检查,并按照“谁收寄,谁负责”“谁安检,谁负责”要求,逐一加盖或者粘贴收寄验视戳记和过机安检标识。要督促企业严格落实寄递安全“三项制度”,着力查堵涉枪涉爆、涉黄涉非、涉毒涉危(危险化学品)等禁寄物品;严格执行寄递物品临时管控措施,不得收寄和投递寄往北京的“低慢小”航空器、穿越机等物品。要组织做好邮政快递服务保障工作,及时掌握企业运行动态,指导企业加强人力、物力、运力储备保障,全力满足人民群众寄递服务需求。企业总部所在地省(区、市)局要督促指导企业总部做好全网运营监测和调度疏导,防止进京邮件快件积压。

(三)突出重点工作。要狠抓安全生产工作,进一步强化寄递企业安全主体责任,建立健全隐患排查和责任倒查机制,坚决守住安全生产底线,坚决堵住安全漏洞,严密防范亡人事故发生。要

全力打好邮政快递业安全生产专项整治三年行动集中攻坚战，认真开展邮件快件处理场所安全管理规范化提升行动，以分拨中心、营业场所、员工宿舍等人员密集场所为重点，督促企业全面加强人员、车辆、消防、用电、机械操作等安全管理。同时督促企业加强业务管理信息系统安全管理和用户信息保护工作，严防恶意攻击、瘫痪网络，确保生产作业系统稳定运行，严防发生用户信息泄露事件。庆祝活动期间，企业业务管理信息系统原则上不进行可能影响系统稳定的升级、改造等操作。

（四）突出重点防范。要落实国家局提出的行业维稳应急处置“四个一”机制（一张清单、一套预案、一支队伍、一笔资金）要求，突出加强对加盟纠纷、拖欠工资等矛盾纠纷排查化解，切实维护基层网络稳定和快递员群体合法权益。要继续做好天天快递业务调整期间维护行业稳定工作，认真应对贩卖快递动物“盲盒”等行为可能带来的风险，把问题发现在未萌，解决在当地，看好自己的门，管好自己的人，坚决防止群体性事件和进京上访事件发生。要慎终如始、毫不松懈抓好行业疫情防控工作，全力协调疫情防控部门落实邮政快递从业人员优先接种疫苗政策，确保按时完成“应接尽接”接种任务。要做好行业运行监测预警和应急管理工作，及时妥善应对处置事故案件、自然灾害、经营异常、负面舆情等各类突发事件。

三、强化组织领导和责任落实，确保庆祝建党100周年行业安全稳定和疫情防控万无一失

庆祝建党100周年寄递安保是一项全局性工作，不仅北京不能出问题，其他地区也不能发生干扰大局的各类安全问题。全系统、全行业要坚持最高标准、最严要求、最周密的措施，全力以赴确保庆祝活动期间行业安全稳定和疫情防控安全。

（一）加强组织领导。各级邮政管理部门、各企业要强化组织领导，坚持“一把手”负总责、亲自抓，确保工作到位、力量到位、责任到位。做到筹划部署在一线、指挥调度在一线、检查督导在一线、工作落实在一线、解决问题在一线。要参照分层分级建立庆祝建党100周年寄递安保工作领导机构，建立健全国家、省（区、市）、市（地）三级联动和政府、协会、企业三维互动的保障机制。要结合实际，参照国家局《安保方案》制定本地区、本企业工作方案，并于实战阶段前报国家局。要杜绝侥幸心理，坚决克服松懈麻痹、消极厌战等思想情绪，绝不能因为重大活动寄递安保工作做得多了，自以为经验丰富，就对工作掉以轻心，只把上级要求简单地传达下去了事。要把形势研判精准，把困难估计充分，把问题考虑复杂，把措施制定严密，把责任落实具体。

（二）从严落实监管。各级邮政管理部门要强化督导、狠抓落实，集中组织力量开展监督检查，重点检查企业工作部署、落实主体责任、执行“三项制度”、报告安全信息等情况。要按照“较真、务实、从严”要求，全面压实行业监管责任、企业主体责任。采取明察暗访、联合执法、突击检查等方式，加大执法检查力度，坚持出重拳、用重典，对发现的各类违法违规行为，依法从严从快处理。为取得工作实效，国家局将综合运用实地调研检查、安全中心监测等多种方式开展督导检查。各地也要建立督查工作机制，尤其是领导干部要深入一线检查督促，及时发现、解决存在的突出矛盾和问题，做到问题隐患不清零不放过、任务措施不具体不放过、责任分工不明确不放过。凡因工作不力导致发生重大安全问题，影响恶劣，造成严重后果的，要严肃追究直接责任人和相关领导责任，绝不姑息迁就。

（三）凝聚监管合力。庆祝建党100周年寄递安保工作是一场硬仗，必须充分调动各方积极因素，实行齐抓共管、群防群治、联防联控。要充分发挥寄递渠道安全管理联合监管机制作用，主动加强与政法、公安、国安、民航、海关等部门协作，坚持常态联动、坚持信息互通、坚持优势互补、坚持问题共处，加大联合执法力度，切实形成工作合

力。要强化各级邮政管理部门之间、邮政管理部门与企业之间、企业总部与所属企业之间的安保协调联动,统一号令、统一步调、统一行动,统筹行业各方资源力量,集中解决重点难点问题。要充分调动各级各类人员参与庆祝建党100周年寄递安保工作的积极性,层层宣传发动,强化社会用户依法安全用邮观念和从业人员禁寄物品安全防控意识,形成寄递安全群防群治的良好局面。要注重借助社会力量推动落实寄递安保工作,加强正面宣传,鼓舞行业干劲,传递行业正能量。要加强舆情监测和宣传引导,及时发现异常线索,妥善处置突发事件,积极回应社会关切,有效控制事态发展,消除各类潜在隐患。

同志们,做好庆祝建党100周年寄递渠道安全服务保障工作,任务光荣,责任重大。我们要在以习近平同志为核心的党中央坚强领导下,认真贯彻落实党中央、国务院系列决策部署,忠诚履职、勇于担当,以更加饱满的精神状态、更加严谨的工作作风、更加务实的工作举措、全面做好寄递渠道安全服务保障各项工作,为庆祝建党100周年贡献行业力量,以保安全、护稳定的切实成果接受党和人民的检阅。

加快行业全媒体传播体系建设步伐
为全面建设现代化邮政强国提供强有力的舆论支撑保障

——国家邮政局副局长陈凯在2021年度邮政快递业新闻宣传工作会议暨中国邮政快递报社通联工作电视电话会议上的讲话

2021年9月8日

同志们：

今天我们召开2021年度全国邮政管理系统新闻宣传工作会议暨中国邮政快递报社通联工作电视电话会议，主要任务是深入贯彻学习习近平新时代中国特色社会主义思想，认真学习习近平总书记关于新闻舆论工作和媒体融合发展的重要论述，认真落实党中央、国务院的决策部署和国家邮政局党组对新闻宣传工作的各项指示要求，总结今年行业新闻宣传工作，部署今后一个时期重点任务，进一步适应邮政快递业改革发展的新形势新要求，加快行业全媒体传播体系建设步伐，为巩固全面建成与小康社会相适应的现代邮政业的成果和全面建设现代化邮政强国提供强有力的舆论支撑保障。受局党组委托，我讲几点意见。

一、一年来行业新闻宣传工作总体情况

今年以来，在国家局党组的坚强领导下，行业新闻宣传工作队伍牢牢把握正确政治方向和舆论导向，不断整合新闻宣传资源，升级新闻宣传平台，推进媒体融合发展，做好重大主题宣传，开创了新时代行业新闻宣传事业的新局面。

（一）抓住主题主线，全力做好庆祝建党百年等重大主题宣传

今年是中国共产党成立100周年，是“十四五”开局之年，也是加快建设邮政强国的关键之年。行业新闻宣传工作抓住主题主线，在重大选题报道上取得一定成效。

一是党史学习教育和庆祝建党百年报道一以贯之。围绕庆祝建党百年重大主题，组织行业先进党员代表参加中宣部中外记者见面会。在行业媒体平台策划推出“党史上的今天”“奋斗百年路　启航新征程”“新思想引领新征程·红色足迹”“邮票里的党史印迹”等专题专栏报道，陆续刊发350多篇稿件，从不同视角介绍了党史重要事件及当地邮政快递业的发展情况，以及报道各地邮政快递业学习党史活动等，营造了学史明理、学史增信、学史崇德、学史力行的浓厚学习氛围。

二是与小康社会相适应的现代邮政业宣传浓墨重彩。2012年，国家局提出了到2020年建成与小康社会相适应的现代邮政业的战略目标。经过8年努力，与小康社会相适应的现代邮政业已经全面建成。8月24日，马军胜局长在国务院新闻发布会上介绍了全面建成与小康社会相适应的现代邮政业的主要成就。我们还通过在行业媒体开设专栏专题等多种形式，大力宣传行业发展、服务社会、培育主体、文化建设和科技创新等方面的工作和成效，宣传行业为推动经济社会持续健康发展作出的积极贡献，行业干部职工自豪感得到激发，奋进新征程、创造新奇迹、展现新气象的浓厚氛围进一步形成。

三是行业重点工作宣传报道有力有效。全系统新闻宣传战线的同志们通过个案记录、问卷调查、专家解惑等方式，对快递员基层保障话题展开深度报道。发挥融媒体平台优势，做好全国“两会”报道工作。深入基层挖掘了一批行业先锋典范人物事迹和网点改革创新的鲜活案例，如全国

五一劳动奖章获得者刘树东、谷聪、罗明、关立平等，以身边的先进激励人，以榜样的力量鼓舞人，号召全行业从业者积极奋斗，为建设现代化邮政强国奉献更大力量。

（二）深耕主责主业，深入挖掘各平台潜力不断提升宣传工作水平

一年来，各级邮政管理部门、行业媒体各平台坚持正确舆论导向，紧紧围绕国家局中心工作和行业改革发展重点任务，团结协作，上下齐心、纵横联合，共同讲述行业好故事、传递行业好声音。

一是《中国邮政快递报》实现从周三刊增至周五刊，每周工作日出版。今年，国家局党组决定报纸增版扩容。在各省（区、市）局、机关各司室大力支持下，报社通过健全工作机制、流程再造、版面调整、队伍优化等方法，有效克服了加版不加人、薪酬降低等困难，顺利完成扩版工作。报纸始终坚持围绕中心、服务大局，坚持紧跟时事、聚焦热点，坚持贴近基层、深入挖掘，确保了办报质量，将中央和国家局的声音传播到全行业各角落。1－8月，报纸顺利出刊159期报纸，涉及636个版面，超过350余万字采编量。

二是《快递》杂志聚焦难点热点深入报道。杂志围绕2021年发展趋势、快递小哥基层保障、快递人才发展大计、庆祝建党100周年等主题，重点关注了双循环新格局下快递服务如何助力留住外贸“转单”、“快递进村”试点、二线快递企业的“终局之战”、“快递50城俱乐部”的“新会员”、京东物流上市、仓储物流等热点话题，对快递小哥权益保障的获得感层面展开深入调查，新开“宏观经济”栏目解读破解行业万亿赛道中的发展难题，报道敢于直面问题与短板，洞察趋势，研析本质，积极传播了行业优势与信心。

三是全系统网站从讲政治的高度切实做好新闻宣传和前台维护。国家局网站共编发新闻信息5100余篇，编发《邮政政务信息》1600多篇，制作发布新闻图片850余张，设计制作3个重点专题。中央政府网转发局网站信息约120篇，新华网、人民网、新浪、搜狐、腾讯、网易等网络门户和媒体网站转载国家局网站信息3900余次。持续做好全系统网站群前台维护和网站群、政务新媒体普查抽查，未发生被国办通报情况。

四是短视频矩阵实现常态化播出。一方面，加强话题活动和视频选题策划，在抖音开通新话题“奔跑的快递”，累计播放量过亿；“把幸福快递回家”话题活动累计播放量达5.9亿；策划制作了小哥过年留守、向上的小哥、驿站等系列短视频；与央视新闻合作发起高考录取通知书投递直播活动，全网播放量超千万。另一方面，做好国家局视频宣传项目服务工作和国家局重要会议活动摄影摄像保障工作，制作了《春节守护人》、《暖蜂行动》、《快递一分钟》中英文版、《行业抗疫回顾》、外事竞选等宣传片以及绿色快递包装宣教片。截至8月底，抖音号制播短视频超600部，总播放量过亿次，粉丝增长到23.1万。

五是国邮新媒持续提升传播力影响力。1－8月份，报、刊、国家局的双微粉丝量持续攀升，粉丝量合计超过115万，破万报道合计达106篇；“快递头条”移动新闻客户端注册会员数达16万，下载量2.2万次；在行业重大新闻事件上第一时间主动出击，正面引导了社会舆论。

（三）把握主流主动，通过资源整合有效放大行业传播声量

一是把握新闻发布主渠道。国家局参加5场国新办新闻发布会、政策吹风会、见面会，2场国务院联防联控机制新闻发布会，通过国家新闻发布平台，重点宣传了行业助力小康社会建设成效、加快农村寄递物流体系建设有关情况以及春节期间服务保障等工作和成效。开展3次国家局例行新闻发布会和1次专题新闻发布会，发布解读七部门《关于做好快递员群体合法权益保障工作的意见》《邮件快件包装管理办法》等政策法规。经局领导同意，国家局入驻央视号，拓展了政务信息发布渠道。

二是用好中央媒体主阵地。向中宣部报送新

闻通稿和素材，联合相关企业推出致敬快递员的宣传片《追时间的人》和系列短视频，广泛宣传邮政快递业服务保障就地过年和做好春节快递服务的工作和成效，树立行业良好形象。积极向《人民日报》等中央媒体推送行业先进典型和新闻素材。协调中央媒体做好全国邮政管理工作会议、绿色包装等重要会议活动、重点工作的宣传报道。

三是推进行业融媒体平台建设。鼓励采编人员在行业媒体各平台多元发展，着力培养复合型人才，完善新闻素材共享互通机制，加强沟通合作，优化采编流程，为融媒体建设夯实基础保障。支持报社积极探索实践与发展相适宜的媒体融合方式，启动了邮政管理融媒中枢系统项目。

二、奋发有为、务实肯干，认真学习贯彻习近平总书记重要讲话精神，推动行业新闻宣传工作迈上新台阶

党的十八大以来，以习近平同志为核心的党中央把宣传思想工作摆在全局工作的重要位置，作出一系列重大决策，实施一系列重大举措，主流思想舆论不断巩固壮大，全党全社会思想上的团结统一更加巩固。2020 年 11 月，习近平同志《论党的宣传思想工作》出版发行，对于广大干部群众深入学习贯彻习近平新时代中国特色社会主义思想，推动宣传思想工作更好承担起举旗帜、聚民心、育新人、兴文化、展形象的使命任务，建设社会主义文化强国，实现“两个一百年”奋斗目标和中华民族伟大复兴的中国梦，具有十分重要的意义。

全系统尤其是从事行业新闻宣传工作的同志，要深入学习领会习近平总书记关于宣传思想工作、党的新闻舆论工作、网络安全和信息化工作以及媒体融合发展的重要讲话精神，吃透精神实质，把握核心要义，在工作中努力践行、取得实效，牢记党的新闻舆论工作者的职责使命，把握媒体融合发展的趋势方向，推动行业新闻宣传工作再上新台阶。

（一）要在增强政治家办报意识上下功夫

习近平总书记指出，意识形态工作是党的一项极端重要的工作。党的新闻舆论工作是党的一项重要工作，是治国理政、定国安邦的大事。大家都知道，意识形态工作和党的新闻舆论工作都是政治性、政策性很强的工作，没有清醒的政治头脑，就无法做好工作。我们要坚决落实意识形态工作责任制，全面加强宣传思想战线党的领导和党的建设，强化全系统意识形态阵地和队伍建设。全系统新闻宣传战线的同志们，要以强化政治素质为根本，始终与习近平同志为核心的党中央保持高度一致，增强“四个意识”、坚定“四个自信”、做到“两个维护”，心怀“国之大者”。要坚持不懈用习近平新时代中国特色社会主义思想凝心铸魂，深入学习贯彻习近平总书记关于邮政业重要指示批示精神以及关于宣传思想工作、党的新闻舆论工作、网络安全和信息化工作的重要讲话精神，理解其核心要义和实践要求，自觉对表对标、及时校准偏差。

要践行“人民邮政为人民”的初心使命，聚焦行业发展的热点难点问题，聚焦人民群众的呼声和需要，提高政治站位，增强宗旨意识，谋划和开展行业新闻宣传各项工作；要牢牢把握党的新闻舆论工作者的初心使命，旗帜鲜明讲政治，增强政治判断力、政治领悟力、政治执行力，充分发挥选人用人良性机制作用，着力锻造一支担当使命责任、勇于创新创造的高素质新闻工作者队伍；要不断增强“四力”，把笔触镜头对准基层一线，多写沾泥土、带露珠的新闻作品，不断提升新闻舆论的传播力、引导力、影响力、公信力，多倾听群众的心声，多反映百姓的呼声，多关注民情民意民愿，多发现问题研究问题，为局党组决策当好参谋助手。

（二）要在推进行业媒体深度融合发展上下功夫

党的十八大以来，以习近平同志为核心的党中央深刻把握时代发展大势和信息化趋势，作出了推动传统媒体和新兴媒体融合发展的重大决策

部署。2020年9月,中共中央办公厅、国务院办公厅印发了《关于加快推进媒体深度融合发展的意见》,从重要意义、目标任务、工作原则三个方面明确了媒体深度融合发展的总体要求。我们要深入贯彻落实党中央决策部署,坚持守正创新,加快推进行业媒体深度融合发展,用全媒体扩大主流价值影响。

今年以来,开展邮政管理融媒中枢系统项目建设,是国家局在推动行业媒体融合发展方面重要的一步,对于全行业适应新的舆论生态、媒体格局、传播方式具有重要意义,对于讲好邮政快递业好故事、传播行业正能量具有重要价值。落实习近平总书记在党的新闻舆论工作座谈会上的要求,落实中央加快推进媒体深度融合发展的部署,是全行业全系统的共同责任,需要同志们在局党组的坚强领导下,结合行业发展实际,以咬定青山不放松的韧劲,齐心协力、集智献策。局新闻办要发挥统筹协调作用,报社作为行业宣传主阵地,要以推动融媒体系统建设为契机,与各级邮政管理部门一道,尽快从相“加”阶段迈向相“融”阶段。要积极探索全媒体时代的新闻传播规律,积极推动各板块创新创优,努力构建全媒体平台舆论引导新格局,推动行业的传统媒体和新兴媒体媒介资源、生产要素有效整合,推动信息内容、技术应用、平台终端、人才队伍共享融通,着力打造成为新型主流媒体,巩固行业舆论阵地,以更加多元的平台、更加丰富的形式、更好地展现行业新面貌,宣传行业发展新成效。

(三)要在用好行业宣传主阵地上下功夫

行业的快速发展对行业新闻宣传工作从速度到内容形式提出了新的需求。报社要进一步完善“3+X”体系建设,加快融媒体建设步伐。要进一步提升新闻报道质效,扭住“内容为王”这个重点,坚持提供优质的内容产品,把行业主流媒体办得更好,充分发挥在舆论上的导向作用、旗帜作用、引领作用。要继续努力开拓市场,创新方式,寻找更多业务增长点,为做好行业新闻宣传工作提供有力的保障。各省(区、市)局、机关各司室要继续加大对报刊采编、发行工作的支持力度,(要充分利用各级邮政业安全中心和县级邮政管理机构陆续成立的有利时机,扩大行业一报一刊的影响力),要利用好报社“3+X”体系,不断巩固行业新闻宣传工作的“主阵地”和“主根系”,进一步把行业媒体办出彩,让国家局党组的声音更好地传达到行业基层,让一线干部职工的心声更好地得到反馈。

三、围绕中心,服务大局,为全面建设现代化邮政强国营造良好舆论氛围

今年下半年和2022年,全系统新闻宣传战线要坚持以习近平新时代中国特色社会主义思想为指导,全面贯彻党的十九大和十九届历次全会精神,增强“四个意识”、坚定“四个自信”、做到“两个维护”,心怀“国之大者”,严格落实意识形态工作责任制,贯彻落实全国宣传部长会议精神和国家局党组工作要求,围绕开局“十四五”、开启新征程,突出庆祝中国共产党成立100周年,守正创新、主动作为、勇开新局,扎实做好宣传思想和新闻舆论各项工作,凝聚人心、汇聚力量、营造氛围、展示形象,为加快建设邮政强国提供坚强思想保证和强大精神力量。

(一)强化理论武装,深入推进习近平新时代中国特色社会主义思想的学习宣传贯彻

把学习宣传贯彻习近平新时代中国特色社会主义思想作为重大政治任务,重点抓好党的十九届六中全会精神学习贯彻,在学懂弄通做实上下功夫,推动理论学习不断走深走心走实,增强干部群众拥戴核心、维护核心的政治自觉和思想自觉,筑牢全系统全行业团结奋斗的共同思想基础。大力宣传全系统深学笃用习近平新时代中国特色社会主义思想的生动实践。重点做好全系统强化思想政治引领、坚守政治机关职责定位、抓牢政治理论学习、扎实推进从严管党治党的宣传报道。做好全系统贯彻落实习近平总书记关于邮政快递业重要指示精神、推动邮政快递业高质量发展的生

动实践的宣传报道，重点展示破解行业发展难题，加快建设邮政强国，更好服务国民经济社会发展和人民福祉的工作成效。

（二）服务中心大局，做好党史学习教育、开局“十四五”等重大主题宣传

要着力讲好行业在党的领导下助力全面小康建设、服务经济社会发展的生动故事，讲好通过党史学习教育“为民办实事”的举措，用民生实事和点滴变化体现民生温度，让党的光辉直抵人心，刻在心底。做好行业党建工作宣传报道，深入发掘报道邮政快递业优秀党员、优秀党务工作者和先进基层党组织的先进事迹，树榜样立标杆，激励和引导广大党员干部不忘初心、牢记使命，见贤思齐、矢志奉献。

要把握开启新征程、开创新局面的主基调，聚焦邮政强国建设目标和“十四五”规划，大力营造奋进新征程、创造新奇迹、展现新气象的浓厚氛围。加大对2035年、2025年行业发展目标及“服务全领域、激活全要素，打造双高地、畅通双循环”工作思路的宣传阐释，坚定发展信心，汇聚实现行业发展愿景的强大合力。调动宣传资源，做好邮政业“十四五”发展规划及邮政事业、快递业、邮政业国际发展以及邮政业监管体系建设等规划的宣传贯彻，大力宣传报道全行业抓好重点业务、重点区域、重点市场、重点主体和新产业新业态新模式发展工作的生动实践。

（三）把牢重点工作，做好农村寄递物流体系建设、快递员合法权益保障等的宣传报道

大力宣传行业贯彻落实国务院办公厅《关于加快农村寄递物流体系建设的意见》，推进落实“快递进村”三年行动方案的工作和成效。围绕畅通“快递进村农品出村”微循环，加大对全国金牌项目、省级银牌项目和“一市一品”农特产品项目的报道力度，发掘典型案例，宣传生动事例，推广典型经验，讲好“快递进村”故事。围绕制定落实“快递进厂”行动方案和指引，做好加强快运物流网络建设等重要工作的宣传报道。大力宣传“快递出海”，重点做好创新邮件、快件、跨境电商通关模式，完善进出境快件基础设施建设布局，支持企业加强国际航空能力建设，加快推进中欧班列运输邮件快件等工作的宣传报道。

大力宣传全系统学习贯彻习近平总书记重要指示精神，落实七部门《关于做好快递员群体合法权益保障工作的意见》，扎实推进快递小哥合法权益保障和关心关爱工作的举措和成效，引导形成尊重劳动、关爱发展的良好社会氛围。聚焦培育践行社会主义核心价值观及行业核心价值理念，大力弘扬“小蜜蜂”精神，广泛选树先进典型，在全行业营造学习先进争当先进的良好氛围。做好行业精神文明建设的宣传报道，启动和办好第五届“寻找最美快递员”活动，组织好暑期和旺季随手拍专题活动，充分展现行业一线干部职工良好精神风貌。

（四）落实党组部署，做好巩固行业稳中有进发展态势宣传报道

大力宣传全系统抓好常态化疫情防控、优化行业营商环境、补齐网络设施短板等重点工作，为巩固行业稳中有进发展态势提供坚实的舆论基础。要做好全行业科学精准做好常态化疫情防控和寄递服务保障工作的宣传报道，重点做好全行业落实疫情防控规范，抓好冷链、进出境邮件快件等重点部位精准防控、分区分级做好生产作业场所和全流程通风消杀等的报道，深入挖掘报道先进人物和先进典型，展示行业统筹推进疫情防控和服务经济社会发展的工作和成效。大力宣传全系统优化行业营商环境，围绕推动许可便利化标准化建设、推进自贸试验区和自由贸易港邮政快递业发展、推动出台农村寄递物流体系创新融合发展意见、进一步做好西藏新疆邮政业发展工作、快递示范城市创建工作中期评估等做好宣传报道。聚焦补齐网络设施短板，大力宣传全系统协同建设县乡村三级寄递服务网络、推动邮政寄递枢纽建设和设备改造升级、加快建设公共性分拣处理中心、规范末端公共服务站服务和智能快件

箱投递服务、支持末端服务设施多元发展、提高村级综合服务站点覆盖率、深入打造邮政综合服务平台等重点工作。

(五)围绕目标任务,做好行业绿色发展创新发展的宣传报道

大力宣传全行业加强生态环境保护、推进快递包装绿色治理的工作和成效,广泛宣传绿色邮政发展理念,为全行业加快实现全面绿色转型营造良好舆论氛围。重点做好“2582”工程宣传报道,展示行业在重金属和特定物质超标包装袋与过度包装专项治理、推广使用可循环快递箱(盒)、降低电商快件二次包装率、设置包装废弃物回收装置等方面的工作和成效。持续开展“邮来已久、绿动未来”主题宣传活动,做好绿色“双11”宣传报道,营造良好氛围。

大力宣传全系统全行业加快科技创新与应用、加强“绿盾”工程项目应用、完善行业人才支撑体系等重点工作。加强对行业科技研发体系和行业技术研发中心建设成果、关键共性技术和先进技术装备推广应用成效、数字邮政快递创新试点示范工程等的宣传报道,跟踪报道“三智一码”重大科技攻关配套标准制定及试点应用。做好全系统加强“绿盾”工程项目应用,加强“互联网+监管”建设的工作和成效的宣传报道。

(六)抓住关键内容,做好不断提升治理体系和治理能力现代化水平的宣传报道

做好强化行业法治建设、加强邮政服务监管、强化邮政市场监管、推进服务型政府建设等重点工作的宣传报道。大力宣传行业法治建设的工作和成效,及时做好信息发布和宣传报道。做好农村邮政服务能力提升、加大乡镇局所监督检查力度、专项监督检查工作等重点工作的宣传报道。宣传邮政管理部门健全行业市场数据使用管理规则,严肃查处泄露用户信息等违法行为,加快推广应用信用承诺制度等工作和成效的宣传。聚焦省市两级安全中心建设和县级机构作用发挥,展示支撑体系建设的成效。做好行业安全生产重点工作宣传报道,宣传好行业落实寄递安全“三项制度”,积极参与反恐禁毒等专项行动。做好行业突发事件应急处置、重大活动及业务旺季寄递安全服务保障等行业应急管理工作的宣传报道和舆情监测引导工作。

征途漫漫,惟有奋斗。同志们,在庆祝建党百年、“十四五”规划开局之年的关键节点,全系统新闻宣传战线要不忘初心,牢记使命,以习近平新时代中国特色社会主义思想为指导,聚焦举旗帜、聚民心、育新人、兴文化、展形象的使命任务和立心、立传、立德、立制、立言的时代担当,努力推动行业新闻宣传工作迈上新台阶,为巩固全面建成与小康社会相适应的现代邮政业的成果和全面建设现代化邮政强国提供强有力的舆论支撑保障!

第二篇　发展概览

第一章　2021年快递服务发展综述

2021年是中国共产党成立100周年，是党和国家历史上具有里程碑意义的一年，也是邮政快递业发展历程中极不平凡的一年。全行业扎实开展党史学习教育，深入学习贯彻习近平总书记"七一"重要讲话和党的十九届六中全会精神，为奋进新征程、创造新成绩凝聚智慧和力量；积极应对新冠肺炎疫情，奋力完成行业改革发展任务，寄递服务渠道拓展畅通安全，行业与经济社会发展融合度持续提升，服务构建新发展格局的作用进一步发挥；坚持"服务全领域、激活全要素，打造双高地、畅通双循环"工作思路，稳步推进"两进一出"工程，建成与小康社会相适应的现代邮政业，实现"十四五"良好开局，高质量发展步伐更加坚实有力。

一、政策环境持续优化，行业影响力显著增强，在疫情防控中发挥重要作用

快递业是现代服务业的重要组成部分，是推动流通方式转型、促进消费升级的现代化先导性产业。近年来，快递业在降低社会流通成本、支撑电子商务、服务生产生活、扩大就业渠道等方面发挥了不可替代的积极作用。

2021年，我国快递业在国民经济中的基础性作用更加凸显，快递服务为统筹疫情防控和经济社会发展提供了坚强支撑。全年快递业务量完成1083亿件，首次突破千亿件，同比增长29.9%；快递业务收入完成10332.3亿元，首次突破万亿元，同比增长17.5%。新增社会就业20万人以上，支撑网络零售额接近11万亿元。服务满意度总体稳定，行业运行平稳有序，在经济社会发展中作用凸显，为扎实做好"六稳"工作、全面落实"六保"任务作出了积极贡献。

全行业坚决贯彻党中央、国务院决策部署，闻令而动、尽锐出战，持续打好疫情防控攻坚战，有力有序做好常态化疫情防控工作。发布《疫情防控期间邮政快递业生产操作规范建议（第七版）》，制定行业疫情防控与寄递服务保障工作指南，抓实抓细防疫措施。坚决抓好进境关口疫情防控，认真落实国际邮件快件处理场所"人""物""环境"同防、闭环管理措施，实现监督检查全覆盖。全国联动应对突发疫情，河北、内蒙古、云南、甘肃等地果断处置涉疫邮件快件，有效阻断疫情通过寄递渠道传播。按照"应接尽接"原则做好疫苗接种，从业人员接种率达98.61%。

2021年，快递业发展继续获得党中央、国务院的关注和重视，政策环境持续优化，行业影响力显著增强，社会关注度明显提升。"快递"连续8年被纳入政府工作报告。李克强总理在政府工作报告中提出："健全城乡流通体系，加快电商、快递进农村，扩大县乡消费""推动快递包装绿色转型"。邮政快递业连续10年被纳入中央一号文件。中央一号文件《中共中央　国务院关于全面推进乡

村振兴加快农业农村现代化的意见》明确提出："加快完善县乡村三级农村物流体系，改造提升农村寄递物流基础设施，深入推进电子商务进农村和农产品出村进城，推动城乡生产与消费有效对接。"

与此同时，中共中央、国务院印发的《国家综合立体交通网规划纲要》《国务院关于新时代支持革命老区振兴发展的意见》《国务院关于加快建立健全绿色低碳循环发展经济体系的指导意见》，中共中央办公厅、国务院办公厅《关于做好人民群众就地过年服务保障工作的通知》，中共中央办公厅、国务院办公厅印发的《建设高标准市场体系行动方案》，中共中央办公厅、国务院办公厅《关于加快推进乡村人才振兴的意见》《关于进一步优化地方政务服务便民热线的指导意见》，国家发展改革委、交通运输部、公安部、国家卫生健康委等 11 部门《关于做好 2021 年春运工作和加强春运疫情防控的意见》，人社部等 6 部门与国铁集团《关于做好农民工返岗复工"点对点"服务保障工作的通知》，生态环境部、中央宣传部、中央文明办、教育部、共青团中央、全国妇联 6 部门共同制定并发布的《"美丽中国，我是行动者"提升公民生态文明意识行动计划（2021 - 2025 年）》等文件，为统筹疫情防控与行业发展、快递基础设施建设、产业协同发展、寄递渠道安全保障、绿色发展、人才队伍建设等提供了一系列重要的政策支持。

2021 年，《人民日报》、新华社、中央广播电视总台等中央主流媒体对快递业持续关注，全年中央媒体和行业媒体共刊（播）发国家邮政局新闻信息 1553 条（篇），其中《人民日报》137 篇，新华社 118 篇，中央电视台 224 条（其中新闻联播 70 条）。2021 年，围绕国家邮政局党组工作中心，服务行业发展大局，努力做好行业新闻宣传工作，为邮政管理工作和行业发展营造良好的舆论氛围。通过参加国务院联防联控机制和国新办新闻发布会、组织媒体集体采访、在国家邮政局网站和行业媒体开设专题专栏等多种形式，做好行业庆祝建党百年、助力全面小康、加快农村寄递物流体系建设、保障快递员群体合法权益、常态化疫情防控等重大主题宣传。积极向中央宣传部门报送行业先进典型和新闻素材，协调中央媒体资源，结合疫情防控需要创新央媒集体采访形式，在"双 11"和我国年快递量突破 1000 亿件等重要节点策划组织"云采访"，创造了 20 亿级的传播现象。启动第五届"寻找最美快递员"活动，持续做好关爱快递员"暖蜂行动"宣传报道，对快递员基层保障话题展开深度调查和报道，做好行业精神文明建设宣传。顺利举办第七届快递"最后一公里"峰会，开展"绿色快递进机关"活动，助力行业末端发展和绿色邮政建设。积极推动邮政管理融媒体平台建设项目，夯实行业媒体融合发展的基础；不断提升报刊网等行业新闻宣传平台能力水平，从 2021 年 1 月起将《中国邮政快递报》刊期由周三刊调整为周五刊。行业媒体"双微"粉丝量超 120 万，快递头条 App 注册会员数已达 26 万人；国邮视频矩阵建设加快推进，报社抖音号全年制播短视频超 1000 部，总播放量过 3 亿次，单条最高播放量超 6600 万次，粉丝增长到 28 万。

二、行业保持稳健快速发展，市场规模实现更大跨越

（一）年业务量突破 1000 亿件，业务规模连续 8 年稳居世界第一

业务规模全球领先。2021 年，全国快递服务企业业务量累计完成 1083 亿件，同比增长 29.9%，快递业务增量为 249.4 亿件，快递业务量及增量均创历史新高，增量规模接近 250 亿件。我国日均快件处理量约 3 亿件，比 2019 年增加约 0.7 亿件。我国快递业务量超过美、日、欧发达经济体之和，占全球快递包裹市场份额的一半以上。我国快递业务量规模连续 8 年稳居世界第一，成为新冠疫情大流行背景下全球快递包裹市场发展的稳定器和动力源。

快递业务收入占比持续提升。2021 年，全国

快递服务企业业务收入累计完成10332.3亿元，同比增长17.5%。快递业务收入占邮政行业业务收入比重为81.7%，同比提高2.0个百分点。快递业务收入首次突破万亿元，增速远超同期国民生产总值增速。快递业成为拉动经济增长的重要动力，对扎实做好“六稳”工作、全面落实“六保”任务发挥重要作用。

（二）稳中求进，快递业务旺季服务保障能力继续稳步提升

国家邮政局监测数据显示，2021年“双11”期间（11月1日—16日），全国邮政、快递企业共揽收快递包裹68亿件，同比增长18.2%；共投递快递包裹63亿件，同比增长16.2%。11月1日—11日，全国邮政、快递企业共处理快件47.76亿件，同比增长超过两成。其中，11月11日当天共处理快件6.96亿件，稳中有升，再创历史新高。

由于电商平台促销模式和节奏发生变化，促销高峰从往年的“单峰”（11月11日）变成了“双峰”（11月1日和11月11日），导致整个促销期快递业务量产生了一定程度的分流，“双11”当日业务量增速并不明显，但1日—11日的业务量增长仍超过两成。

为应对旺季高峰，邮政快递业在场地、车辆、分拣设备、信息系统等方面进行了扩容和升级，行业的承载能力和运行效率实现大幅提升，并对人员进行了储备和培训，以满足人民日益增长的更好用邮需要，做好旺季保障工作。

国家邮政局要求全系统全行业统筹疫情防控与行业发展，统筹国内市场与国际市场，统筹前端与后端平衡，以实现“两不”（全网不瘫痪、重要节点不爆仓）、“三保”（保畅通、保安全、保平稳）为目标，继续发挥“错峰发货、均衡推进”的核心机制作用，坚持以疫情防控和生产运营并重、保障质量与安全运行并重、末端稳定与维护权益并重，全力确保旺季平稳运行，努力打造安全旺季、畅通旺季、暖心旺季。

2021年快递业务旺季传统特点依然存在，在常态化疫情防控形势下，外防输入、内防反弹不容松懈。国家邮政局要求全行业坚决执行《疫情防控期间邮政快递业生产操作规范建议（第七版）》，坚持做好预防工作、加强单位防疫管理、实行分区分级防控、加强人员健康防护、做好疫苗接种工作、严防境外疫情输入、妥善应对疫情反弹等工作。多地邮政快递业从业者到社区志愿服务，“冒疫奔忙”、共同抗疫。

旺季期间，末端收派任务艰巨，特别是投递压力突出。邮政快递业不断加强与电商平台信息对接，共同落实“错峰发货、均衡推进”核心机制。国家邮政局引导寄递企业与末端服务站企业、智能快件箱企业做好衔接，缓解人员不足造成的压力。要求企业学习借鉴成熟的共同配送经验，通过整合资源，降低旺季成本，提高生产效率，在旺季期间要支持末端开展共同配送业务。

回顾整个“双11”，行业的服务保障呈现出三大特点：

一是发展规模持续跃升。11月，全国快递服务企业业务量完成113.3亿件，同比增长16.5%；业务收入完成1074.9亿元，同比增长12.0%。1—11月，快递业务量已超900亿件。“双11”电商平台大促期间，行业再次迎来“双峰”旺季。11月1日，全国共揽收快递包裹5.69亿件，同比增长28.5%。11日，提升至6.96亿件，是日常处理量的2.3倍，再创历史新高。

二是发展质量持续改善。11月，快递有效申诉率为百万分之0.36，消费者快递服务公众满意度为79.6分，同比提高1分。重点地区72小时准时率为70.6%，同比提高0.5个百分点。“双11”期间，多地出现雪情，局地发生疫情，作业难度和运行风险明显加大。邮政管理部门科学统筹，快递企业高效调度，从业者奋力奔忙。在各方共同努力下，寄递渠道总体安全畅通，服务质量稳步提高。为应对激增的末端服务压力，快递企业与电商平台紧密协作，有效执行“错峰发货、均衡推进”工作机制，保障全网运行平稳有序。

三是发展能力持续提升。在基础能力方面，“双11”期间，寄递企业扎实做好能力储备，在场地、分拣设备、信息系统等方面扩容升级，新增处理场地超500万平方米，多地的智慧产业园、5G全连接智能仓开工建设、竣工验收或投入运营。行业新增自动化分拣设备1000余套、半自动化分拣设备6500余套，六面扫描仪、射频识别接收器等智能设备广泛应用，助力提升分拣智能化水平。快递生态操作系统、智能调度系统、智能地图、人工智能风险管控、场地可视化监控等系统、装备逐步应用，快件全流程精细管控能力不断增强。在综合运输方面，“双11”期间，在有关方面大力支持下，行业新增汽车8万余辆，127架全货机投入运行，高铁运快件线路超1000条，用于运输快件的高铁载客动车组达日均1135列，“乌鲁木齐—阿拉木图”邮政班列首发开行，干线运输效能稳步提升。在末端服务方面，快递网点持续下沉、深入城乡，快递服务站加速铺设，无人车增量投放，快递企业以多样化的末端配送方式满足更多用户多元化服务需求，为寄递“最后一公里”提供有力保障。

（三）快递市场结构呈现三大突出特点

一是在主体结构方面，市场集中度维持高位。2021年，快递市场集中度仍然维持在较高水平。2021年，快递与包裹服务品牌集中度指数CR8为80.5。

二是在产品结构方面，首先，异地快递保持强劲发展态势。异地业务量累计完成920.8亿件，同比增长32.8%，比行业增速高2.9个百分点。业务量占比达85%，连续3年超过80%，成为推动快递市场规模扩大的主要驱动力量，促进产品技术要素跨区流动、畅通国内市场循环的能力稳步提升。

其次，同城快递加速发展。2021年，同城业务量完成141.1亿件，同比增长15.9%。四季度，同城业务增速超过异地业务增速，呈加速发展态势，快递业在助力本地消费方面发挥了更加积极的作用。

三是在区域结构方面，发展更趋优化。首先，城市群业务发展稳定，适当外移促进均衡。2021年，长三角、粤港澳、京津冀和成渝等四大城市群业务量占比仍超七成，增速为22.9%，在全国占比下降近4个百分点，业务量有所外移。从城市看，业务量排名前10的城市，整体增速低于全国平均水平。省会城市业务量整体增速为27.1%，在全国占比下降0.8个百分点，其他城市与省会城市差距缩小。

其次，中部发展持续加快，整体规模继续扩大。2021年，中部地区快递业务量在百亿件基础上仍保持高速增长，达158.1亿件，同比增长42.2%，高于全国增速12个百分点，在全国的占比达14.6%，同比提升1.3个百分点。中部地区快递业务收入达1332.9亿元，同比增长27.6%，在全国的占比达12.9%，同比上升1个百分点。中部各省业务量增速均超30%，整体发力趋势明显。

（四）行业基础设施水平保持稳步提升

一是航空货运能力明显提升。2021年，行业自主航空运输能力明显提升，快递专用货机保有量超过130架，鄂州航空货运枢纽建成校飞，顺丰转运中心和航空基地等加快建设，京东货运航空公司获批筹建。航空网络布局加快。中国邮政航空新增“西宁—南京”“北京大兴—杭州”“北京大兴—广州”“南京—日本大阪”“南宁—南京”“广州—日本东京”“大连—日本大阪”“海口—南京”“兰州—南京”等航线；顺丰航空新增“西安—日本东京”“成都—孟加拉达卡”“武汉—越南河内”“深圳—菲律宾马尼拉”“新加坡—海口—深圳”“西安—俄罗斯新西伯利亚”“呼和浩特—巴彦淖尔”“深圳—美国洛杉矶”等航线；圆通航空新增“杭州—韩国首尔”“昆明—印度金奈”等航线。

二是网络枢纽和海外网络建设有序推进。在网络枢纽建设方面，邢台、潮州、银川、眉山、南宁等地智能仓建设运营，兰州、昆明等地智慧枢纽、智能产业园开工建设，广州、胶州、湖州、保定、上饶等多地分拨中心开工建设、投入运营，快递枢纽网络不断健全，干线转运与分拨能力有所提高。在海外网络建设方面，快递企业不断完善国际快递网络体系，累计建成海外仓240个、面积近200万平方米。

三是末端服务能力不断提升。在末端投递方面，快递企业为便利用户，进一步加密服务站网络，进社区、进学校不断推进，通过服务站送货上门、免费保管等方式，不断提供多元化选择。在大件寄送方面，快递企业通过冷运送货上楼、大票速派等业务，着力解决大件送货慢、上楼难等问题。在家电家装方面，快递企业积极打造“超级云仓”，与区域城市仓群、门店仓群、前置仓群形成深度协同的网络布局，为用户提供极速送装、送装一体、预约送装等寄递服务。在个性化服务方面，快递企业在满足普通用户服务需求基础上，更加关注不同群体和寄递品类对服务提出的个性化需求。比如，积极推出适合老年人寄件服务的移动应用程序版本，以更加简洁清晰、引导性强、包容性高的寄件流程，全面提升年长用户寄递体验；试点探索“定时派送”增值服务，针对收配时间地域差异，实现按需投递。

韵达在长三角50个车站和昆明火车站设置“蜜罐”智能快件箱，方便旅客寄件。丰巢增设服务站项目，结合智能快件箱和驿站打造智能社区服务中心，除快递寄取外，还提供社区电商和农产品直供服务。顺丰医药与赛生药业控股有限公司合作，携手打造医药企业至个人患者用户的供应链服务方案，提供端到端服务。

四是科技创新能力持续提升。快递企业持续深耕科技研发，助推行业效率与产业效率双升级。快递企业自主研发三维移动机器人，将立库存储和柔性搬运功能有机融合，具有高灵活性、高柔性和高可靠性等特征。快递企业参与研发的5G全连接智能仓，可实现商品入库存储、拣选、搬运、分拣等作业全流程无人化管理和操作，在世界5G大会-5G应用设计揭榜赛中荣获一等奖。

顺丰在青岛启用首台海鲜产品全自动分拣机，相较于人工分拣，该设备机器可增效500%以上，减少人员参与率近100%。京东重庆渝北大件自动化仓全面应用射频识别智能仓储解决方案，盘点效率达传统作业方式的10倍以上。京东物流联合京东科技、京东生鲜，为进口冷链食品打造的“智臻链”防伪溯源平台正式上线。三条无人机航线在桐庐开展试点，助力当地“快递进村”全覆盖。快递企业研发的仓储机器人、室内配送机器人、智能快递车、物流无人机等智能搬运和智能配送设备亮相第五届世界智能大会。

（五）资本市场预期稳定

从资本市场预期看，快递企业多领域战略合作持续推进，市场格局整体维持稳定态势。多家快递企业入选亚洲品牌、中国企业和中国民营企业500强，品牌价值进一步提升。韵达入股德邦、顺丰收购嘉里物流股权、京东物流登陆香港联交所，均在领域拓展、网络优化等方面释放利好信号。

三、行业发展环境持续优化，发展态势稳中向好

（一）不断优化发展环境，有力服务国家战略

一是法规标准政策体系逐步健全，政策供给显著增强。《国务院办公厅关于加快农村寄递物流体系建设的意见》《七部门关于做好快递员群体合法权益保障工作的意见》印发实施，天津、河北、吉林、江西、贵州、新疆等地出台落实政策。推动多项涉邮任务纳入中央1号文件及加强县域商业体系建设等重要文件。加强推进邮政领域财政事权和支出责任划分改革，多地积极争取地方资金政策支持，多元化资金保障渠道初步形成。推动涉邮财税金融支持政策落地见效。广东等地出台促进行业高质量发展政策文件。

完成《邮政行政执法监督办法》等6件部门规章和规范性文件的制修订工作，黑龙江、浙江和南京、成都等地出台规范促进行业发展的法规规章。

出台邮政管理系统法治政府建设五年行动方案和行业“八五”普法规划。修订公平竞争审查制度，依法处理好行政应诉、行政复议，强化行业法治监督。

二是加强政策扶持力度，规划编制衔接取得重大进展。国家邮政局与发改、交通部门联合印发“十四五”邮政业发展规划，四个专项规划顺利出台。实施快递“两进一出”工程等重点任务和30余项关联工作纳入国家规划纲要，建设邮政国际寄递中心纳入规划重大工程。联合印发现代综合交通枢纽体系等专项规划，紧密衔接现代综合交通运输体系发展、现代流通体系建设等重点专项规划。省市规划更好融入当地经济社会发展大局，规划统筹引领作用进一步发挥。

三是深入推进“放管服”改革。国家邮政局推进制订权责清单，优化邮政许可事项，发布行业“证照分离”改革方案，优化经营进出境邮政通信业务审批和农村快递末端备案。推进快递业务经营许可证照电子化，推动部门间数据协同共享，实现政务服务事项全程全网“跨省通办”。包容审慎推进新业态监管，全国累计发放智能快件箱、公共服务站许可共243件。扎实做好许可延续审核工作。

四是“快递进村”服务乡村振兴成效明显。国家邮政局加强分类指导，明确分省分阶段推进目标。各地各企业提高站位、负重前进、攻坚克难、梯度推进，取得了显著成效。“快递进村”比例超过80%，江浙沪等地基本实现“村村通快递”，山西、黑龙江、山东等地取得重大政策突破。交快、邮快、快快等合作进一步深化，共同配送、客货邮融合等新模式不断涌现，新增15.5万个建制村实现邮快合作。持续深挖农村市场潜力，年内培育山西吕梁杂粮、山东日照海鲜、河南信阳毛尖、湖南怀化冰糖橙、重庆粉条、陕西咸阳猕猴桃、宁夏银川枸杞等业务量超千万件的快递服务现代农业金牌项目40个，累计达到100个。全年农村地区收投快递包裹总量370亿件，带动农产品出村进城和工业品下乡进村超1.85万亿元。邮政企业不断完善农村邮政服务体系，全国累计建成农村邮乐购站点34.8万个，培育邮政服务农特产品进城项目958个。落实“四个不摘”要求，定点帮扶指标提前完成。

五是“快递进厂”加快推进，产业协同持续深化。加快推进“快递进厂”，打造1908个快递服务制造业业务收入超百万元项目。巩固与电商协同发展基本盘，联合开展“网上年货节”和“双品网购节”活动，认真做好“双11”“双12”快递业务旺季服务保障工作，日最高业务量达6.96亿件。

六是“快递出海”稳步推进。积极拓展国际航空、铁路、海运等常态化跨境寄递渠道，持续推动中欧班列常态化运输邮件和跨境电商商品。聚焦RCEP区域拓展地面网络，部分企业加速进入中东、拉美市场，品牌企业加快海外仓建设布局，累计建成海外仓240个、面积近200万平方米。顺丰收购嘉里物流部分股权，京东物流在港上市。全年国际、港澳台寄递业务量突破22亿件，支撑跨境商品流动额超过4400亿元。

(二)供给侧结构性改革持续推进，推动行业发展质效取得新提升

一是基础能力建设不断强化。深化与综合交通运输衔接，快递专用货机保有量超过130架，鄂州航空货运枢纽建成校飞，顺丰转运中心和航空基地等加快建设，京东货运航空公司获批筹建，高铁运输快递线路超过1500条，高运能大型干线车辆达2.85万辆。大型分拨中心智能化改造加快推进，枢纽转运中心基本实现自动化分拣全覆盖。末端服务体系不断完善，县乡村共配网络加快构建，智能快件箱规模稳中有升，公共服务站达到16.1万个。邮政企业加大对县乡处理中心、村级站点及冷链设施、车辆设备等建设投入力度。福州邮政快递末端基础设施实现常态化无偿配建。

二是科技标准赋能创新发展。邮政快递企业加大科技研发应用，自动分拣在县域小型分拨中心和揽收端加快推广，无人仓技术进一步普及，无

人车、无人机在多场景实现常态化运营，大数据、云计算等助力行业实现数字化可视化高效运营。24家行业技术研发中心获第二批认定，快递物流科技装备国产化率明显提升，涌现出中科微至等一批快递物流科技创新上市企业。“三智一码”重点项目攻关积极推进，智能安检系统应用有序铺开，智能语音申诉系统在安徽率先运行，通用寄递地址编码实现收寄环节应用。实施标准“揭榜挂帅”管理创新，制修订《智能信包箱》《信封》等14项标准，首次对现行标准实施情况开展全面评估和复审。

三是人才队伍建设持续加强。持续实施职业技能培训“246”工程，年度培训50万余人次，遴选年度行业科技英才和技术能手推进计划人选，持续开展快递工程技术人员职称评审，扎实开展快递运营职业技能等级认定试点。举办全国邮政行业职业技能竞赛，推动职业分类大典修订，增设邮件快件安检员新工种。联合开展行业网络招聘活动，为高校毕业生提供就业岗位3.2万个。持续深化政产学研合作，加强共建院校建设，四所现代邮政学院全部实现实体化运作。

四是快递员合法权益保障不断加强。对重点品牌快递企业开展“一对一”行政指导，中通、韵达等大力推广派费直达快递员模式。中国快递协会出台《快递企业末端派费核算指引(试行)》，研究制定快递员劳动定额，扩大试点适用范围。联合印发推进基层快递网点优先参加工伤保险政策文件，武汉、深圳、西安等地落地实施取得积极成效，安徽省市两级率先实现政策全覆盖。江苏出台首个快递行业省级集体协商指导意见。持续开展“暖蜂行动”和“快递从业青年服务月”，组织慰问活动6560场，协调解决公租房廉租房5068套，新增爱心驿站等服务阵地3万余家，为快递员免费体检义诊39.3万人次。

五是绿色转型持续推进。深入实施“2582”工程，开展重金属和特定物质超标包装袋、过度包装和随意包装、塑料污染专项治理，重金属与特定物质超标包装袋实现存量大幅消减，过度包装和随意包装得到初步遏制，可循环快递箱(盒)投放量达630万个，电商快件不再二次包装率达80.5%，新增3.6万个设置包装废弃物回收装置的网点。制定《邮件快件包装管理办法》及配套制度，大力推动用品用具监管方式改革，开展快递包装绿色产品认证，加强行业生态环保监管执法，积极推动多方协同共治。大力推广新能源和清洁能源车辆，保有量突破6万台。

(三)统筹发展和安全，提升行业综合治理水平

一是市场监管不断加强。清理整顿快递市场秩序，规范市场主体恶性竞争行为，大力整治农村快递服务违规收费问题，严肃查处曝光一批违规收寄“动物盲盒”案件，依法对相关总部型企业未按规定实行统一管理立案调查。推进12305与地方政务服务便民热线归并，加强快递市场信用监管，认真做好集邮市场监管工作。加强省级以下邮政监管支撑体系建设，新增辽宁和青海2个省级安全中心、44个市级安全中心、79个县级机构，江西和新疆等9个省份实现市级安全中心全覆盖，江苏、浙江实现县(市)监管机构全覆盖。

二是安全监管和应急处置水平持续提升。强化“三项制度”落实，狠抓“实名不实”问题纠治，大力推进视频联网和安检机联网，接入监控点位1.35万处、摄像头3.98万余个，加快推进“绿盾”工程一期应用。开展作业场地安全管理规范化提升行动，排查治理风险隐患，突出整治“四不”问题，完成1559个处理场所的传送带堵缝、人车分流两项重点整治任务。国家邮政局会同最高法院等发布司法意见，依法惩治寄递易燃易爆危险物品行为。联合开展寄递渠道禁毒百日攻坚行动，集中整治危化品寄递问题，扎实做好寄递渠道反恐、“扫黄打非”、打击侵权假冒、野生动物保护、用户信息安全保护以及行业关键信息基础设施安全保护等工作。健全行业安全事故事件信息报告制度。联合印发《救灾捐赠包裹寄递服务和安全管

理规定》。妥善处置企业经营异常事件，有效应对暴雨、台风、地震等自然灾害。高质量做好中国共产党成立100周年庆祝活动期间及全国“两会”、全运会、第四届进博会等重大活动寄递安保工作。

三是快递物流业和快递员群体党建试点工作取得阶段性成果。按照统一部署，在北京、浙江和深圳开展新业态、新就业群体党建工作试点。经过努力，试点单位党的领导全面加强，基层党组织全面完善，工作效能得到全面发挥，纳入管理党员数量增加了21.4%，一线组织数量增加了141.1%，通过党建引领推动行业健康发展、完善行业治理体系和保障从业人员合法权益等工作取得突破性进展。

四、快递服务评价体系继续完善

2021年，为加强快递服务质量监测，客观反映企业服务水平，促进快递业发展质效提升，国家邮政局组织第三方机构对2021年快递服务满意度进行了调查，对全国重点地区时限准时率进行了测试。

（一）快递服务总体满意度保持稳定

2021年调查对象为2020年国内快递业务量排名居前且体现主要市场份额的10家全网型快递服务品牌。包括：邮政EMS、顺丰速运、中通快递、圆通速递、韵达速递、申通快递、百世快递、京东快递、德邦快递和极兔速递。

调查范围与2020年相同，覆盖50个城市，包括全部省会城市、直辖市和19个快递业务量较大的重点城市。

满意度调查采用在线调查方式，由2021年使用过快递服务的用户对受理、揽收、投递、售后和信息5个方面进行满意度评价，共获得有效样本4.8万个。时限测试采用系统抽样测试方式，测试的业务范围为异地快件，共获得有效样本约800万个。

调查显示，2021年，快递服务总体满意度得分为76.8分。其中，公众满意度得分为83.7分，时限测试满意度得分为69.9分。

公众满意度方面，涉及评价的5项二级指标中，在创新驱动下，受理服务、售后服务得分有所上升。受新冠肺炎疫情、极端天气等因素影响，揽收服务、投递服务、信息服务得分有所下降。

在涉及评价的24项三级指标中，得分较高的指标是：网络下单、快递员下单、发票服务、物流信息及时准确性、揽收员服务。得分上升幅度较大的指标是：投诉处理、网络下单、问题件处理、送达范围感知、损失赔偿、费用公开透明、全程信息推送。

受理环节满意度得分为89.0分。其中，统一客服下单、快递员下单、网络下单、快递服务站下单满意度得分分别为85.3分、90.8分、91.1分、87.4分。网络下单潜力进一步释放。

揽收环节满意度得分为87.8分。其中，上门时限、封装质量、揽收员服务满意度、费用公开透明满意度得分分别为87.7分、87.5分、88.6分、87.1分。用户对费用公开透明的满意度提升。

投递环节满意度得分为85.1分。其中，时限感知、送达质量、送达范围感知、派件员服务满意度得分分别为84.7分、86.0分、87.0分、84.3分，末端投递服务的短板有待补齐。

售后环节满意度得分为72.5分。其中，问题件处理服务、投诉处理服务、损失赔偿服务、发票服务满意度得分分别为72.3分、62.3分、68.4分、90.2分。企业智能客服和线上服务逐渐获得用户认可。

信息服务环节满意度得分为86.8分。其中，全程信息推送、物流信息及时性和准确性、个人信息安全保护满意度得分分别为85.9分、88.7分、85.4分。快件信息全程推送更加完善。

从服务区域看，农村地区快递服务站下单服务、投递服务满意度得分均持续上升，“快递进村”成效继续显现。

2021年快递服务公众满意度得分居前15位的城市是：太原、芜湖、宝鸡、长春、银川、武汉、漯河、无锡、临沂、合肥、南宁、哈尔滨、大连、台州、郑州。总体满意度和公众满意度得分居前5位的品牌是：顺丰速运、京东快递、邮政EMS、中通快递、韵达速递。

（二）快递服务时限水平有所提升

测试发现，2021年，全国重点地区快递服务全程时限为57.08小时，同比缩短1.15小时。72小时准时率为77.94%，同比提高0.83个百分点。从月度情况看，除8月、10月和11月时限有一定延长外，其他月份同比均有改善。整体来看，在经历2020年新冠疫情严重冲击之后，2021年时限水平得到有效恢复。

在全程时限方面，时限在48小时以内的品牌为顺丰速运；时限在48～60小时之间（含48小时）的品牌为京东快递、中通快递、邮政EMS、韵达速递、圆通速递。

在72小时准时率方面，准时率在90%以上的品牌为顺丰速运；准时率在80%～90%之间（含80%）的品牌为京东快递、中通快递。

从分环节来看，除寄达地处理时限有所延长外，其他三个环节时限均有改善。其中，寄出地处理环节平均时限为7.56小时，同比缩短1.22小时；运输环节平均时限为35.54小时，同比缩短0.34小时；寄达地处理环节平均时限为10.77小时，同比延长1.75小时；投递环节平均时限为3.21小时，同比缩短1.34小时。

从不同区域来看，全国寄往东部地区的快件平均时限为53.45小时，同比缩短0.06小时；全国寄往中部地区的快件平均时限为53.79小时，同比缩短4.63小时；全国寄往西部地区的快件平均时限为70.51小时，同比延长1.91小时。中部与东部差距缩小。

五、加强国际和港澳台合作交流

我国在第27届万国邮联大会上成功当选新一届行政理事会和邮政经营理事会理事国，候选人当选邮政经营理事会副主席，顺利推动会费和开放等重大改革提案通过，有力维护了万国邮联多边体制和我国利益。成功举办第四届中国（杭州）国际快递业大会，推动与塞尔维亚、阿尔及利亚等“一带一路”沿线国家签署合作协议。强化粤港澳大湾区邮政业交流合作，成功举办第四届内地与港澳邮政高峰会议，妥善做好对台工作。

六、市场主体积极投身公益事业 传递行业正能量

2021年，邮政企业和各快递企业积极履行社会责任，参与各种公益活动，传递行业正能量。

（一）中国邮政

中国邮政推进组织开展各类公益活动。中国邮政集团公司寄递事业部积极响应党中央、国务院关于打好脱贫攻坚战的号召，根据集团公司总体部署，自2018年起连续开展助力脱贫攻坚工作，积极承担央企政治责任和社会责任。寄递事业部组织各省寄递事业部积极与国家级贫困县对接，深入挖掘当地特色农产品扶贫项目，借助以邮政自主航空和冷链等干线网络为核心的“极速鲜”寄递平台、邮政体系和外部平台组成的“线上＋线下”销售渠道，形成以“寄递服务＋产品销售”为主线的帮扶模式，推动贫困地区脱贫致富。

（二）顺丰

顺丰积极配合国家乡村振兴战略，持续巩固及扩大扶贫攻坚成果，同乡村振兴有效衔接。同时，致力于携手员工及价值链上的合作伙伴，共同探索特色经济发展模式，赋能新产业，激发产业活力，共创美好生活。在社会公益慈善方面，打造“2＋N”业务体系，以教育发展和儿童医疗救治为主赛道，同时不断开拓譬如“顺丰森林”等符合社会发展需求的新方向。面对突发重大社会灾害，顺丰不遗余力，倾力奉献，用实际行动向社会传递善意与爱心。

2021年，顺丰助力农产品上行服务网络已覆盖全国超过2万个县镇区域，共计服务4000余个生鲜品种，全年累计配送超7.2亿个农产品包裹，

累计为 2.4 亿人运送。此外，顺丰针对全部 832 个已脱贫国家级贫困县及 240 多个已脱贫省级贫困县继续推进乡村振兴专项帮扶补贴计划，并在 2020 年物流补助的基础上，延伸区域品牌包材定制补贴和溯源补贴，补贴 424 家商户，累计发件 1249 万票，为当地农户创收约 6.1 亿元。

2021 年 7 月，河南省遭遇极端强降雨天气，水害严重。顺丰第一时间对外宣布由顺丰公益基金会投入 2000 万元用于支援河南防汛救灾和困难群众救助工作，同时紧急联络当地政府主管部门以及公益组织，调动顺丰全网应急资源支援抗灾。本次救灾分为应急救援阶段和长期支持阶段。应急救援阶段主要通过物资捐赠和公益运输两种方式，发挥顺丰采购供应链、仓储、物流等优势，实现对灾情的快速响应。长期支持阶段通过发挥顺丰公益基金会儿童医疗项目的专业优势，向河南省开展医疗支持。此外，顺丰还开通河南救灾物资运输绿色通道，集中力量为各地政府、慈善组织提供抢险救灾和民生保障等紧急用品的公益运输。

（三）中通

中通致力爱心助学，援助救灾一线。2021 年 3 月－9 月，中通组织举办 2021 年度公益运动会暨“圆梦 1 + 1”爱心助学活动，在公司内募集超 10 万元爱心物资，捐赠至云南偏远地区；同时向上海市华新镇残疾儿童康育院捐款 5 万元，帮助采购专业康复医疗设备和康复物资。

2021 年 5 月，中通组织参与“一个鸡蛋的暴走”大型公益徒步筹款活动，提供爱心赞助并组队参加，为中西部地区困境儿童的教育发展等筹集善款 10 余万元。

2021 年 7 月，中通参与上海市精神文明建设委员会办公室等单位联合组织的“爱心校服漂流”活动，全流程开通“绿色通道”，免费承运 374 箱爱心校服及书籍等物资至西藏日喀则亚东和新疆喀什巴楚、莎车的受捐目的地。

2021 年 7 月，河南洪灾发生后，中通出资 1000 万元用于河南受灾网点、快递员帮扶和公益捐赠运输，同时向郑州市红十字会捐款 2000 万元，助力灾区百姓共渡难关。

2021 年 7 月－8 月，继 2020 年后再次参与上海市青浦区爱心助学促进会的“一对一”爱心助学项目，共发动超过 100 名员工资助云南、贵州、青海等地贫困家庭的孩子在义务教育期间的学习与生活基本费用。

2021 年 9 月，由国家邮政局协调、中通捐建的河北省平泉市国邮中通希望小学（原杨树岭镇宋杖子小学）综合性教学楼正式投入使用。

（四）韵达

韵达在吸纳创业就业、促进经济发展等方面加大投入，不断助力“大众创业、万众创新”，促进形成乡村经济转型升级与本地高质量就业的正向循环。为了更加有效整合资源，提升服务效率，韵达旗下上海欢猫科技有限责任公司成立快递末端服务品牌——韵达快递超市，聚焦社区、校园、楼宇等社群化的网点场景，搭建以代收代寄包裹业务为基础，叠加代购代付、社群便利服务等功能价值的快递末端服务体系。快递超市以现代快递构筑的高科技物联网为后盾，以模式创新和软件服务迭代，持续推动末端服务生态持续升级，缔造快递高质量发展的服务新品质。截至 2021 年 12 月，韵达共拓展快递超市超 4 万家，每家快递超市可创造 1 ~ 2 个就业岗位。

（五）圆通

圆通积极参与公益事业，践行社会责任。圆通通过基金会、慈善会等形式为浙江省桐庐县凤联村 650 余名 60 岁以上老人缴纳社保约 33 万元，为困难群众爱心捐款合计 2 万元。云南大理州漾濞县、青海果洛州玛多县发生地震后，圆通在确保员工人身安全、保证快件寄递畅通的前提下，全力参与配合当地抗震救灾工作，通过捐款、捐物等形式向两地捐助金额合计超 35 万元。

圆通成立上海市圆通公益基金会和上海长三角商创科技基金会，用于帮助困难群体改善生活和支持科创事业发展，在全国各地实施的助残、助学、助老、助困等各类公益慈善项目达20多个。

为贯彻落实总书记关于残疾人事业的重要指示精神，在中国残疾人联合会（以下简称“中国残联”）的统筹指导下，圆通与中国残联全面探索推进可持续发展的“快递＋残疾人事业”助残模式，探索新时代“产业助残”合作模式，助力拓宽残疾人就业渠道，推出残疾人共同富裕先行先试项目——“圆梦行动”。2021年4月13日，圆通助残基地暨北京共享客服中心正式启用，基地面积约3700平方米，共有52间宿舍、7间工作室，并设有员工休闲室、解压室、医疗室等设施，全方位为残疾人员工的工作和生活提供便利。2021年5月16日，由中国残联、人力资源和社会保障部、教育部主办的首届残疾人就业服务展暨人才交流会在北京举行，圆通全资子公司圆通速递有限公司与中国残联就业服务指导中心签署就业服务协议，共同探索就业助残新模式。2021年12月2日，浙江省残疾人事业发展大会在杭州举行，圆通与浙江省残联在主会场签署了助残爱心项目“圆梦行动”合作协议，通过“圆梦家园”和“云客服”两个平台，共同推进残疾人事业高质量发展，促进残疾人共同富裕。2021年12月3日，圆通助残项目“圆梦行动”的第一家“圆梦家园”门店在浙江省杭州市拱墅区朝晖街道正式开始运营。“圆梦家园”快递驿站依托圆通快递、终端、商贸等方面的资源和网络优势，打造为残疾人提供就业的助残新模式，帮助残疾人就业创业。2021年12月31日，“圆梦行动”第一位居家办公的“云客服”专员入职。

（六）申通

申通在企业发展壮大的同时，利用自身资源和优势积极参与各项公益活动。为支持公安部打击拐卖妇女儿童犯罪专项行动，申通浙江永康网点与中华少年儿童慈善救助基金会积极合作，购买使用印有“失踪儿童”信息的胶带来打包快件，通过这些发往全国各地的快件，让失踪儿童的信息广为人知，为失踪儿童回家增添一份希望。

2021年1月20日，申通河北涿州分公司党支部组织开展了“献血抗疫情，真情暖寒冬”无偿献血公益活动，党员、团员、入党积极分子积极参与活动，踊跃奉献爱心。此次献血活动，共有48人报名参加，45人成功献血，合计献血18000毫升。

（七）百世

百世以实际行动承担并履行社会责任。2018年，百世推出“农品优行”计划，助力农特产品上行。截至2021年12月，“农品优行”已为全国30多个地区的100多款农产品提供运输便利，累计销售农产品1000余万公斤，助农增收约8000万元。

2021年5月，云南大理州漾濞县6.4级地震发生后，百世集团云南、青海分公司全力调动省内资源、分别迅速召集人员，第一时间赶往救灾一线，为受灾地区人员救助及灾后重建工作尽一份力。5月22日上午，5名转运中心志愿者组成的百世救援队抵达云南漾濞，帮助搬运物资并全力参与当地救灾行动。在了解到灾情的物资紧缺情况后，百世集团通过百世公益出资近5万元，采买物资，发往受灾区域。

2021年7月，河南多地突发暴雨致灾。百世集团河南分公司积极响应，协同网管、链路、客满、监察等部门及时组成应急小组，开展安全排查和应对工作，驻点帮扶网点复工复产，并针对网内受灾站点和快递员提供救灾物资支持与补给。同时，百世集团发动全国运力，为政府机构、公益组织等向河南灾区运送救灾、生活物资，提供免费运力对接。通过自身物流资源优势，百世集团还积极参与灾后重建的物流运输保障工作。

（八）德邦

德邦积极履行企业社会责任，紧急调拨大批大型救援车辆，安排员工积极参与突发自然灾害后的应急救援物资转运工作。2021年5月，云南大理州漾濞县6.4级地震发生后，德邦第一时间排查和确认灾区网点员工安全情况，并积极开展救灾工作，全力支援云南抗震救灾。5月23日，由云南公共事务组牵头，云南大区、云南大理运营区、云南合伙人大区配合成立了应急保障团队，向灾区紧急调拨一批物资，包括矿泉水、方便面、面包等，驰援漾濞灾区，当晚第一批捐赠的物资已送达漾濞救灾现场。

2021年7月，暴雨中的河南成了全国上下关注的焦点。面对郑州生活物资短缺的情况，中国红十字会总会、三门峡红十字会紧急调拨物资予以支援，德邦接到运输任务后疾速出动，12小时连夜驱车，不辱使命。汛情转至登封后，德邦在接到郑州红十字会承运需求后，第一时间予以响应，将2000个生活用品纸箱加急运往登封。此外，德邦承接山东烟台莱山红十字会运输需求，将1000提矿泉水和约800箱方便面运往河南新乡。

2021 年全国部分地区邮政立法情况

地　区	日　期	事　件
河北	2021 年 7 月 29 日	河北省第十三届人民代表大会常务委员会第二十四次会议表决通过新修订的《河北省邮政条例》
黑龙江	2021 年 8 月 23 日	黑龙江省第十三届人民代表大会常务委员会第二十七次会议表决通过新修订的《黑龙江省邮政条例》,自 2022 年 1 月 1 日起正式施行
浙江	2021 年 9 月 29 日	《浙江省快递业促进条例》经浙江省十三届人大常委会第三十一次会议审议通过,自 2022 年 3 月 1 日起施行
湖北	2021 年 7 月 30 日	湖北省第十三届人民代表大会常务委员会第二十五次会议于 2021 年 7 月 30 日通过《湖北省邮政条例》的修改
江西	2021 年 7 月 28 日	江西省第十三届人民代表大会常务委员会第三十一次会议通过对《江西省邮政条例》进行修改。具体修改如下:第三十七条中的“《中华人民共和国合同法》”修改为“《中华人民共和国民法典》”
西藏	2021 年 9 月 29 日	《西藏自治区邮政条例》经自治区人大财经委再次征求意见进行修改
南京	2021 年 8 月 11 日	2021 年 7 月 29 日江苏省第十三届人民代表大会常务委员会第二十四次会议批准《南京市邮政管理条例》修正
新乡	2021 年 8 月 30 日	《新乡市邮政快递管理办法》于 2021 年 8 月 25 日市政府第 72 次常务会议研究同意,自印发之日起施行
成都	2021 年 6 月 7 日	《成都市邮政管理条例》于 2021 年 4 月 29 日由成都市第十七届人民代表大会常务委员会第二十六次会议修订,2021 年 5 月 28 日经四川省第十三届人民代表大会常务委员会第二十七次会议批准,自 2021 年 8 月 1 日起施行

2021 年国家相关部门支持快递发展的部分政策文件

发 布 机 构	政策文件名称
中共中央　国务院	《国家综合立体交通网规划纲要》
国务院办公厅	《关于加快农村寄递物流体系建设的意见》(国办发〔2021〕29 号)
交通运输部　国家邮政局　国家发展改革委　人力资源社会保障部　商务部　市场监管总局　全国总工会	《关于做好快递员群体合法权益保障工作的意见》(交邮政发〔2021〕59 号)
人力资源社会保障部办公厅　国家邮政局办公室	《关于推进基层快递网点优先参加工伤保险工作的通知》(人社厅发〔2021〕101 号)
国家邮政局　国家发展和改革委员会　交通运输部	《“十四五”邮政业发展规划》

2021 年全国部分省(区、市)支持快递发展政策

省(区、市)	支持政策文件名称
北京	关于印发《北京市开展互联网平台企业党建工作试点实施方案》《北京市开展快递行业党建工作试点实施方案》《北京市推动新就业群体融入城市基层党建格局工作试点实施方案》的通知(京党建办发〔2021〕2 号)
	关于印发《关于构建北京市快递行业党建工作协调机制的工作方案》的通知(京党建办发〔2021〕3 号)
	关于印发《北京市关于做好快递员群体合法权益保障工作的实施方案》的通知(京邮管〔2021〕97 号)
	关于印发《北京市关于加快推进快递包装绿色转型的若干措施》的通知(京邮管〔2021〕100 号)

续上表

省(区、市)	支持政策文件名称
天津	关于印发《天津市交通运输领域财政事权和支出责任划分改革方案》的通知(津政办发〔2021〕11 号)
	关于印发《天津市关于加快推进快递包装绿色转型若干措施》的通知(津发改环资规〔2021〕6 号)
	关于印发《天津市做好快递员群体合法权益保障工作实施方案》的通知(津交发〔2021〕188 号)
	关于印发《加快推进中国国际航空物流中心建设实施方案》的通知(津政办发〔2021〕5 号)
	关于印发《天津市加快发展新型消费实施方案》的通知(津政办规〔2021〕12 号)
	天津市道路交通安全责任制规定(市政府令第 24 号)
河北	关于加快农村寄递物流体系建设的若干措施(冀政办字〔2021〕129 号)
	关于做好快递员群体合法权益 保障工作的实施意见(冀交运〔2021〕385 号)
山西	山西省人民政府办公厅关于印发山西省城镇老旧小区改造攻坚行动方案(2021 — 2025 年)的通知(晋政办发〔2021〕41 号)
	关于印发山西省国民经济和社会发展第十四个五年规划和 2035 年远景目标纲要的通知(晋政发〔2021〕7 号)
	关于印发山西省"十四五"14 个战略性新兴产业规划的通知(晋政发〔2021〕17 号)
	关于印发山西省"十四五"现代综合交通运输体系发展规划的通知(晋政发〔2021〕33 号)
	关于印发山西省"十四五"现代物流发展规划的通知(晋政发〔2021〕38 号)
	关于印发山西省"十四五""一带一路"开放型经济发展及对外开放新高地建设规划的通知(晋政发〔2021〕37 号)
内蒙古	《关于全面推进乡村振兴加快农牧业农村牧区现代化的实施意见》(内党发〔2021〕1 号)
	内蒙古自治区贯彻《交通强国建设纲要》实施方案(内党发〔2021〕3 号)
	内蒙古自治区国民经济和社会发展第十四个五年规划和 2035 年远景目标纲要(内政发〔2021〕1 号)
	关于下发《2021 年自治区国民经济和社会发展计划》的通知(内政发〔2021〕3 号)
	关于印发《交通运输领域、生态环境领域自治区与盟市财政事权和支出责任划分改革实施方案》的通知(内政办发〔2021〕10 号)
	内蒙古自治区人民政府办公厅关于印发自治区加快农村牧区寄递物流体系建设工作方案的通知(内政办发〔2021〕94 号)
	内蒙古推进特色冷链物流发展工作方案(内交发〔2021〕845 号)
	内蒙古自治区财政衔接推进乡村振兴补助资金管理办法(内财农规〔2021〕8 号)
	关于印发《内蒙古自治区贯彻落实〈关于支持国家乡村振兴重点帮扶县的实施意见〉任务分工方案》的通知(内乡振发〔2021〕25 号)
辽宁	关于印发辽宁省关于加快推进快递包装绿色转型的实施方案的通知(辽发改环资〔2021〕97 号)
	关于印发《辽宁省快递员群体合法权益保障工作实施方案》的通知(辽交运发〔2021〕60 号)
吉林	关于支持邮政业高质量发展若干措施的通知(吉政办发〔2021〕25 号)
	关于印发《吉林省加快农村寄递物流体系建设实施方案》的通知(吉邮管〔2021〕89 号)
	关于印发《吉林省快递员群体合法权益保障工作实施方案》的通知(吉邮管〔2021〕90 号)
黑龙江	关于全面推进城镇老旧小区改造工作的实施意见(黑政办规〔2021〕15 号)
	关于推动物流降本提质增效的实施意见(黑政办规〔2021〕20 号)
	关于印发加快农村寄递物流体系建设若干措施的通知(黑政办规〔2021〕38 号)
	关于印发黑龙江省"十四五"综合交通运输体系发展规划的通知(黑政办规〔2021〕47 号)
	关于做好快递员群体合法权益保障工作的实施意见(黑交发〔2021〕296 号)
	关于推进新就业形态劳动者入会工作的指导意见(黑工联字〔2021〕13 号)
	关于开展城市居住社区建设补短板行动的通知(黑建设〔2021〕11 号)
	关于推动脱贫地区特色产业可持续发展的实施意见(黑农厅联发〔2021〕232 号)

续上表

省(区、市)	支持政策文件名称
黑龙江	关于印发《黑龙江省推进县域商业体系建设促进农村消费实施方案》的函(黑商联发〔2021〕35号)
	关于印发《黑龙江省商贸物流高质量发展专项行动工作方案(2021－2025年)》的通知(黑商联发〔2021〕63号)
	关于印发《“十四五”黑龙江省邮政业发展规划》的通知(黑邮管联〔2021〕3号)
上海	关于印发《上海市交通行业数字化转型实施意见(2021－2023年)》的通知(沪交科〔2021〕292号)
	关于印发《上海推进新就业形态劳动者入会和服务服务保障工作的指导意见》的通知(沪工总基〔2021〕141号)
	上海市邮政快递业贯彻落实新时代加快完善社会主义市场经济体制意见工作方案(沪邮管〔2021〕20号)
	关于加强快递从业人员职业技能提升工作的通知(沪邮管〔2021〕105号)
	关于促进本市快递业与制造业深度融合发展的实施意见(沪邮管〔2021〕136号)
	关于印发《“十四五”上海市邮政业发展规划》的通知(沪邮管〔2021〕137号)
	上海市非机动车安全管理条例
江苏	推动农村客运高质量发展的指导意见(苏交运〔2021〕40号)
	关于印发江苏省商贸物流高质量发展专项行动工作法案的通知(苏商流通函〔2021〕805号)
	11部门转发城市一刻钟便民生活圈建设指南的通知(苏商建函〔2021〕671号)
	江苏省“十四五”邮政业发展规划(苏邮管〔2021〕48号)
	关于做好快递员群体合法权益保障工作的实施意见(苏邮管〔2021〕77号)
浙江	关于印发《关于推进浙江省乡村物流补短板强弱项工作的意见》的通知(浙发改服务〔2021〕100号)
	关于印发《浙江省消费升级“十四五”规划》的通知(浙发改规划〔2021〕89号)
	关于印发《浙江省推进海外仓高质量发展行动计划》的通知(浙外贸组办〔2021〕2号)
	关于印发《浙江省推进贸易高质量发展三年行动计划(2021－2023年)》的通知(浙外贸组办〔2021〕3号)
	关于进一步推进浙江省邮政快递公共服务均等化的通知(浙邮管〔2021〕103号)
	省快递业“两进一出”工程协调机制办公室关于成立省快递业“两进一出”工程专班的通知(浙快递办〔2021〕2号)
安徽	关于推进长三角一体化发展战略实施进一步加强调查研究对标学习沪苏浙工作的通知(皖办明电〔2021〕11号)
	关于印发中国(安徽)自由贸易试验区专项推进行动计划方案的通知(皖政〔2021〕9号)
	关于印发促进特色小镇规范健康发展若干措施的通知(皖政办秘〔2021〕23号)
	关于推动茶产业振兴的意见(皖政办秘〔2021〕28号)
	关于新时代支持大别山革命老区振兴发展的实施意见(皖政办秘〔2021〕78号)
	关于进一步推进生活垃圾分类工作实施方案的通知(皖政办秘〔2021〕85号)
	关于加快农村寄递物流体系建设实施方案的通知(皖政办秘〔2021〕118号)
福建	关于促进旅游业高质量发展的意见(闽政〔2021〕8号)
	关于印发福州都市圈发展规划的通知(闽政〔2021〕11号)
	关于印发福建省加快建立健全绿色低碳循环发展经济体系实施方案的通知(闽政〔2021〕21号)
	关于印发2021年数字福建工作要点的通知(闽政办〔2021〕26号)
	关于印发福建省“十四五”商务发展专项规划的通知(闽政办〔2021〕34号)
	关于印发福建省“十四五”城乡基础设施建设专项规划的通知(闽政办〔2021〕52号)
	关于印发《推进全省现代物流体系建设的若干措施》的通知(闽发改服务〔2021〕46号)
	关于印发《福建省关于加快推进快递包装绿色转型实施方案》的通知(闽发改生态〔2021〕383号)

续上表

省(区、市)	支持政策文件名称
福建	关于加快推进快递行业建会入会工作的通知(闽工〔2021〕94 号)
	关于印发《关于支持民营企业加快改革发展与转型升级的实施方案》的通知(闽工信法规〔2021〕26 号)
	关于印发《"十四五"福建省邮政业发展规划》的通知
	关于推动脱贫地区特色产业可持续发展的实施意见(闽农综〔2021〕76 号)
	关于印发《福建省关于做好快递员群体合法权益保障工作实施方案》的通知(闽邮管联〔2021〕10 号)
	关于做好基层快递网点参加工伤保险工作的通知(闽邮管联〔2021〕11 号)
江西	关于全面推进乡村振兴加快农业农村现代化的实施意见(赣发〔2021〕1 号)
	关于以新业态新模式引领新型消费加快发展的实施意见(赣府厅发〔2021〕3 号)
	关于加快农村寄递物流体系建设的实施意见(赣府厅发〔2021〕40 号)
	关于深化交通运输与邮政快递融合推进农村物流高质量发展的实施意见(赣交运输字〔2021〕20 号)
	关于做好快递员群体合法权益保障工作的实施意见(赣交运输字〔2021〕35 号)
	关于印发《赣州革命老区交通运输高质量发展试点实施方案》等 6 个交通强国建设试点实施方案的通知(赣交强办字〔2021〕4 号)
山东	关于印发山东省"十四五"推进农业农村现代化规划的通知(鲁政发〔2021〕21 号)
	关于加快建设现代流通体系服务构建新发展格局的实施意见(鲁政字〔2021〕188 号)
	关于印发山东省对外贸易创新发展实施方案(2021 —2022 年)的通知(鲁政办发〔2021〕16 号)
	关于印发山东省深入推进新型城镇化三年行动方案(2021 —2023 年)的通知(鲁政办字〔2021〕125 号)
	关于加快农村寄递物流体系建设的实施方案的通知(鲁政办字〔2021〕132 号)
	关于转发人社厅发〔2021〕101 号文件做好基层快递网点优先参加工伤保险工作的通知(鲁人社函〔2022〕19 号)
	山东省关于做好快递员群体合法权益保障工作的实施意见(鲁邮管〔2021〕136 号)
河南	河南省交通运输厅 河南省邮政管理局 中国邮政集团有限公司河南省分公司关于深化交通运输与邮政快递融合发展的实施意见(豫交文〔2021〕65 号)
	关于印发河南省认真落实习近平总书记重要指示推动邮政快递业高质量发展工作实施方案的通知(豫交文〔2021〕83 号)
	关于印发《关于推进河南省邮政强省建设的行动计划(2021 —2025 年)》的通知(豫邮管〔2021〕61 号)
湖北	关于全面推进乡村振兴和农业产业强省建设加快农业农村现代化的实施意见(鄂发〔2021〕1 号)
	湖北省人民政府办公厅关于印发加快农村寄递物流体系建设的实施意见的通知(鄂政办发〔2021〕59 号)
	关于加快推进全省快递包装绿色转型的实施意见(鄂发改环资〔2021〕375 号)
	关于印发湖北省推进城市一刻钟便民生活圈建设实施方案(2021 —2025 年)的通知(鄂商务发〔2021〕20 号)
	关于做好全省快递员群体合法权益保障工作的实施意见(鄂交发〔2021〕214 号)
	关于在全省推广建设智能信包箱的通知(鄂邮管函〔2021〕36 号)
	关于印发全面推进湖北省邮快合作加快实施快递服务进建制村行动方案的通知(鄂邮管函〔2021〕39 号)
湖南	关于印发《湖南省建设高标准市场体系实施方案》的通知(湘办发〔2021〕20 号)
	关于加快培育新型消费的实施意见(湘政办发〔2021〕38 号)
	关于印发《全省农村客货邮融合发展试点实施方案》的通知(湘交运输规〔2021〕9 号)
	关于印发《湖南省继续大力实施消费帮扶巩固拓展脱贫攻坚成果的实施意见》的通知(湘发改西开〔2021〕726 号)
	关于印发《湖南省"十四五"扩内需促消费畅通国内大循环规划》的通知(湘发改就业〔2021〕570 号)
广东	关于全面推进乡村振兴加快农业农村现代化的实施意见(粤发〔2021〕9 号)
	关于印发《法治广东建设规划(2021 —2025 年)》的通知(粤发〔2021〕16 号)
	关于印发《广东省综合立体交通网规划纲要》的通知(粤发〔2021〕17 号)

续上表

省(区、市)	支持政策文件名称
广东	关于印发广东省进一步稳定和扩大就业若干政策措施的通知(粤府〔2021〕13 号)
	关于印发《广东省国民经济和社会发展第十四个五年规划和 2035 年远景目标纲要》(粤府〔2021〕28 号)
	关于推进广东省邮政快递业高质量发展实施方案的通知(粤府〔2021〕30 号)
	关于印发广东省推进农业农村现代化“十四五”规划的通知(粤府〔2021〕56 号)
	关于印发广东省生态文明建设“十四五”规划的通知(粤府〔2021〕61 号)
	广东省人民政府关于印发广东省新型城镇化规划(2021－2035 年)的通知(粤府〔2021〕74 号)
	广东省人民政府关于加快建立健全绿色低碳循环发展经济体系的实施意见(粤府〔2021〕81 号)
	关于全面推进城镇老旧小区改造工作的实施意见(粤府办〔2021〕3 号)
	关于印发《广东省综合交通运输体系“十四五”发展规划》的通知(粤府办〔2021〕27 号)
	关于以新业态新模式引领新型消费加快发展的实施意见(粤府办〔2021〕34 号)
	关于促进城市消费的若干政策措施的通知(粤府办〔2021〕36 号)
	关于印发广东省公共服务“十四五”规划的通知(粤府办〔2021〕37 号)
	关于印发广东省推进“无废城市”建设试点工作方案的通知(粤办函〔2021〕24 号)
	关于推进跨境电商高质量发展若干政策措施的通知(粤办函〔2021〕328 号)
	关于印发广东省加快建设农村物流服务体系工作方案的通知(粤商务建字〔2021〕2 号)
	关于印发《广东省“互联网＋”农产品出村进城工程实施方案》的通知(粤农农〔2021〕47 号)
	关于印发 2021 年全省乡村产业振兴工作要点的通知(粤农农〔2021〕176 号)
	关于提前下达 2022 年邮政快递业发展专项资金的通知(粤财工〔2021〕132 号)
	关于印发《广东省农村物流网络节点建设标准(试行)》《广东省农村物流企业运营服务规范(试行)》的通知(粤交运〔2021〕86 号)
	广东省综合运输服务“十四五”发展规划的通知(粤交运〔2021〕589 号)
	关于印发广东省铁路货运“十四五”发展规划的通知(粤交铁〔2021〕658 号)
	关于印发《广东省灵活就业人员参加失业保险办法(试行)》的通知(粤人社规〔2021〕31 号)
	关于推进广东供销公共快递物流综合服务网建设的通知(粤供联〔2021〕20 号)
	关于印发《广东省数字乡村发展工作要点》的通知(粤委网办通〔2021〕14 号)
	关于开展快递业“两进一出”工程试点实施方案的通知(粤邮管联〔2021〕3 号)
	关于印发《广东省邮政业发展“十四五”规划》的通知(粤邮管联〔2021〕6 号)
	关于进一步加强全省电商快递包装协同治理工作的通知(粤邮管联〔2021〕7 号)
	关于进一步推动我省快递从业人员参加工伤保险工作的通知(粤邮管联〔2021〕10 号)
	关于印发《广东省邮政业“十四五”基础设施专项规划》的通知(粤邮管〔2021〕90 号)
广西	印发广西加快农村寄递物流体系建设实施方案的通知(桂政办发〔2021〕116 号)
	关于印发广西现代服务业提升发展三年行动方案(2021－2023 年)的通知(桂政办发〔2021〕47 号)
	关于印发广西推动物流业制造业深度融合创新发展行动方案的通知(桂发改经贸〔2021〕589 号)
	关于印发做好快递员群体合法权益保障工作实施方案的通知(桂交运输发〔2021〕92 号)
	关于进一步做好全区邮政快递从业人员职业技能提升工作的通知(桂邮管〔2021〕42 号)
	推动广西农村客运高质量发展实施方案
海南	关于全面推进乡村振兴加快农业农村现代化的实施意见(琼发〔2021〕1 号)
	关于坚持以党建引领海南自由贸易港建设的意见(琼发〔2021〕16 号)
	关于全域推进海南自由贸易港城市基层党建工作的实施意见(琼组通〔2021〕67 号)
	关于印发《海南省“十四五”综合交通运输规划》的通知(琼府办〔2021〕16 号)
	关于印发海南省城镇老旧小区改造工作实施方案(2021－2025 年)的通知(琼府办〔2021〕35 号)
	关于印发《海南省“十四五”建设国际旅游消费中心规划》的通知(琼府办〔2021〕59 号)
	关于印发海南省促进经济高质量发展若干财政措施的通知(琼府办〔2021〕65 号)

续上表

省(区、市)	支持政策文件名称
海南	关于加快建立健全绿色低碳循环发展经济体系的实施意见(琼府办〔2021〕69 号)
	关于推进海南自由贸易港乡村人才振兴的十条措施(琼办发〔2021〕35 号)
	关于做好海南省现代物流业创业创新人才落户工作的通知(琼发改规〔2021〕5 号)
	海南省快递包装绿色转型行动计划(2021－2025)(琼发改环资〔2021〕486 号)
	关于印发《海南自由贸易港口岸建设“十四五”规划(2021－2025)》的通知(琼发改投资〔2021〕1008 号)
	关于印发《海南省建设高标准市场体系实施方案》的通知(琼发改体改〔2021〕1063 号)
	关于印发海南省航空货运发展财政补贴办法的通知(琼交规字〔2021〕409 号)
	关于印发海南省 2021 年推进农村客货邮融合发展工作方案的通知(琼交运输〔2021〕140 号)
	关于外省户籍人员以灵活就业人员身份参加本省基本养老保险有关问题的通知(琼人社规〔2021〕7 号)
	关于印发《海南省巩固拓展消费帮扶成果同乡村振兴有效衔接实施方案》的通知(琼供〔2021〕72 号)
	关于规范全省快递末端服务车辆通行管理的指导意见(琼邮管〔2021〕36 号)
	关于推进全省电商快件包装标准化的意见(琼邮管〔2021〕39 号)
重庆	重庆市推动交通强国建设试点实施方案(2021－2025 年)(渝府发〔2021〕4 号)
	支持制造业高质量发展若干政策措施(渝府发〔2021〕11 号)
	重庆市服务业扩大开放综合试点工作方案(渝府发〔2021〕19 号)
	重庆市推进农业农村现代化“十四五”规划(2021－2025 年)(渝府发〔2021〕22 号)
	重庆市数字经济“十四五”发展规划(2021－2025 年)(渝府发〔2021〕41 号)
	加快发展新型消费释放消费潜力若干措施(渝府办发〔2021〕41 号)
	重庆市推进邮政快递业“两进一出”工程全国试点工作实施方案(渝府办发〔2021〕52 号)
	关于实施农村商贸流通“六大行动”全面助力乡村振兴的意见(渝商务发〔2021〕14 号)
	贯彻落实〈建设高标准市场体系行动方案〉任务分工(渝发改体改〔2021〕671 号)
	重庆市关于加快推进快递包装绿色转型的实施意见(渝发改资环〔2021〕1379 号)
	关于做好快递员群体合法权益保障工作的实施方案(渝交发〔2021〕30 号)
	重庆市应对原材料价格上涨帮助中小微企业解难纾困工作措施(渝经信发〔2021〕53 号)
	重庆市邮政业发展“十四五”规划(渝邮管〔2021〕20 号)
四川	2022 年全省经济工作要点(川委办〔2022〕1 号)
	全省县域内片区划分的指导意见　关于以片区为单位编制乡村国土空间规划的指导意见(川委厅〔2021〕53 号)
	关于进一步推进县乡村三级物流配送体系建设的通知(川交运便〔2021〕390 号)
	全面实施乡村振兴战略开启农业农村现代化建设新征程的意见
	“省级百强中心镇”考核办法
	四川省“十四五”现代物流发展规划
	四川省“十四五”综合交通运输发展规划
	四川省“十四五”推进农业现代化规划(川府发〔2021〕11 号)
	四川省“十四五”服务业发展规划(川府发〔2021〕38 号)
	成渝现代高效特色农业带建设规划
	四川省“十四五”商务发展规划(川商发〔2021〕26 号)
	“美丽乡村. 宜居乡村”建设五年行动方案(2021－2025 年)(川农领办〔2021〕75 号)
	四川省数字乡村发展统筹协调机制方案
贵州	关于推动快递业高质量发展的意见(黔府办函〔2021〕106 号)
	关于推进“交邮融合＋”发展助力乡村振兴的指导意见(黔交〔2021〕4 号)

续上表

省(区、市)	支持政策文件名称
云南	关于加快推进快递包装绿色转型20条措施的通知(云政办函〔2021〕55号)
	2021年推进农村客货邮融合发展实施方案(云交运输〔2021〕24号)
	云南省农村客货邮融合发展创建指南(云交运输〔2021〕38号)
	关于印发云南省县域商业体系建设行动方案的通知(云商市建〔2021〕8号)
西藏	关于印发《西藏自治区2021年推进农村客货邮融合发展工作实施方案》的通知(藏交发〔2021〕145号)
	关于做好快递员群体合法权益保障工作的实施意见(藏交发〔2021〕496号)
陕西	关于印发加快推进农村寄递物流体系建设实施方案的通知(陕政办发〔2021〕36号)
	关于加快农村电商和快递服务体系建设的意见(陕商发〔2021〕24号)
	关于开展城市一刻钟便民生活圈省级试点工作的通知(陕商发〔2021〕29号)
	关于加强县域商业体系建设促进农村消费的实施意见(陕商发〔2021〕32号)
	关于印发促进商贸物流高质量发展若干措施的通知(陕商发〔2021〕38号)
	陕西省加快推进快递包装绿色转型实施方案(陕发改环资〔2021〕624号)
	关于继续大力实施消费帮扶巩固拓展脱贫攻坚成果的实施方案的通知(陕发改县域〔2021〕1037号)
	关于印发2021年农村客货邮融合发展样板县创建工作实施方案的通知(陕交发〔2021〕50号)
	关于做好快递员群体合法权益保障工作实施方案的通知(陕交发〔2021〕99号)
	关于转发《关于做好标准化物流周转箱推广应用有关工作的通知》的通知(陕交函〔2021〕745号)
	关于巩固拓展交通攻坚脱贫成果服务乡村振兴战略实施助推县域经济高质量发展的实施意见(陕交函〔2021〕10686号)
	关于全面推动城镇老旧小区改造暨“美好环境与幸福生活共同缔造”活动的实施方案(陕建发〔2021〕1号)
	关于支持国家和省级乡村振兴重点帮扶县的实施意见(陕乡振发〔2021〕23号)
	关于印发《陕西省快递包装绿色产品认证实施方案》的通知(陕市监〔2021〕190号)
	陕西省“十四五”邮政业发展规划(陕邮管〔2021〕30号)
甘肃	关于加快县域经济高质量发展的意见(甘发〔2021〕9号)
	关于建立健全绿色低碳循环发展经济系统实施方案(甘政发〔2021〕62号)
	甘肃省“十四五”综合交通运输体系发展规划(甘政办发〔2021〕85号)
	关于印发实施《甘肃省发展改革委等部门关于加快推进快递包装绿色转型实施方案》的通知(甘发改环资〔2021〕719号)
	关于印发《甘肃省“十四五”现代物流业发展规划的通知》(甘发改经贸〔2021〕736号)
	关于维护新就业形态劳动者劳动保障权益的实施意见(甘人社厅发〔2021〕23号)
	关于推进“四好农村路”高质量发展全面支撑和服务乡村振兴战略的指导意见(甘交办〔2021〕50号)
	甘肃省2021年推进农村客货邮融合发展实施方案(甘交运〔2021〕9号)
	关于印发《2021年全省邮政快递业生态环境保护工作实施方案》的通知(甘邮管发〔2021〕17号)
	关于印发《甘肃省邮政快递业塑料污染治理工作方案》的通知(甘邮管发〔2021〕20号)
	关于加快推进“快递进村”工程的通知(甘邮管发〔2021〕56号)
青海	关于印发青海省全面推进城镇老旧小区改造工作实施方案的通知(青政办〔2021〕13号)
	关于印发青海省“十四五”循环经济发展行动方案的通知(青政办〔2021〕96号)
	关于印发青海省“十四五”商务发展规划的通知(青政办〔2021〕105号)
	关于印发青海省加快农村寄递物流体系建设若干措施的通知(青政办〔2021〕109号)
	关于印发青海省加快发展保障性租赁住房实施方案的通知(青政办〔2021〕113号)

续上表

省(区、市)	支持政策文件名称
青海	关于印发青海省 2021 年服务业发展工作要点的通知(青发改产业〔2021〕197 号)
	青海省“十四五”塑料污染治理行动方案(青发改循环〔2021〕842 号)
	关于支持乡村振兴重点帮扶县的实施方案的通知(青乡振组〔2021〕6 号)
	关于做好青海省快递员群体合法权益保障工作的实施方案(青交〔2021〕320 号)
	关于印发《青海省加强寄递物流和零担货物道路运输行业安全管理协作机制》的通知(青公通〔2021〕14 号)
	关于印发《青海省贯彻落实加强快递绿色包装标准化工作指导意见的若干措施》的通知(青市监标〔2020〕229 号)
	《关于建立邮政管理行政执法与公益诉讼检察协作配合机制的意见》的通知(青检会〔2021〕2 号)
	关于印发《青海省邮政业发展“十四五”规划》的通知(青邮管〔2021〕51 号)
宁夏	关于印发宁夏回族自治区综合交通运输体系“十四五”发展规划的通知(宁政办发〔2021〕52 号)
	关于印发宁夏回族自治区现代服务业发展“十四五”规划的通知(宁政办发〔2021〕53 号)
	关于印发宁夏回族自治区现代物流发展“十四五”规划的通知(宁政办发〔2021〕65 号)
	关于印发宁夏回族自治区巩固拓展脱贫攻坚成果同乡村振兴有效衔接“十四五”规划的通知(宁政办发〔2021〕93 号)
	关于印发《宁夏邮政业发展“十四五”规划》的通知(宁邮管发〔2021〕51 号)
新疆	关于加快推进自治区快递业高质量发展的指导意见(新政办发〔2021〕19 号)
	自治区加快农村寄递物流体系建设的实施方案(新政办发〔2021〕111 号)
	关于加快推进快递包装绿色转型的实施方案(新政办函〔2021〕112 号)
	关于进一步深化交通运输与邮政快递融合推进农村物流高质量发展的实施意见(新交发〔2021〕55 号)
	关于促进我区跨境寄递服务发展的实施意见(新邮管〔2021〕97 号)
	关于做好自治区快递员群体合法权益保障工作的实施意见(新邮管〔2021〕109 号)
	“十四五”新疆维吾尔自治区邮政业发展规划(新邮管〔2021〕110 号)

第二章　2021 年快递领域十大事件

1. 习近平总书记关心关爱快递小哥

2021 年 4 月 27 日，习近平总书记在听取广西壮族自治区党委和政府工作汇报后发表的重要讲话中强调要保障快递小哥的合法权益："要完善多渠道灵活就业的社会保障制度，维护好卡车司机、快递小哥、外卖配送员等的合法权益。"

习近平总书记对关心关爱快递小哥的重要指示，充分体现了总书记真挚的为民情怀，使广大邮政快递从业者备受鼓舞。国家邮政局党组书记、局长马军胜向全行业发出动员，要求增强快递小哥群体的获得感、幸福感、安全感，确保快递小哥愿意来、留得住、发展好。

2. 李克强总理多次在重要场合提及快递

2021 年 2 月 7 日，李克强总理在考察山西运城中通快递分拨中心时说，快递业了不得，是经济活动的大动脉。古诗讲"家书抵万金"，现在是"快递暖人心"。

2021 年的《政府工作报告》提出"健全城乡流通体系，加快电商、快递进农村，扩大县乡消费"和"推动快递包装绿色转型"。这既是自 2014 年以来"快递"连续 8 年被纳入《政府工作报告》，也是第二次强调"快递进农村"。

在 7 月 14 日召开的国务院常务会议上，李克强总理要求完善农村寄递物流体系，更好满足农民生产生活需求。1 个月后，国办印发《关于加快农村寄递物流体系建设的意见》，明确到 2025 年，基本形成开放惠民、集约共享、安全高效、双向畅通的农村寄递物流体系。

3. 中央一号文件再次提及邮政业

2021 年 2 月 21 日，21 世纪以来第 18 个指导"三农"工作的中央一号文件发布。《中共中央国务院关于全面推进乡村振兴加快农业农村现代化的意见》对邮政快递业的发展带来了利好消息。

《意见》提出，加快完善县乡村三级农村物流体系，改造提升农村寄递物流基础设施，深入推进电子商务进农村和农产品出村进城，推动城乡生产与消费有效对接。促进农村居民耐用消费品更新换代。加快实施农产品仓储保鲜冷链物流设施建设工程，推进田头小型仓储保鲜冷链设施、产地低温直销配送中心、国家骨干冷链物流基地建设。

4. 与小康社会相适应的现代邮政业建成

2021 年 8 月 24 日，国家邮政局局长马军胜在国新办发布会上介绍，党的十八大以来，国家邮政局提出了到 2020 年建成与小康社会相适应的现代邮政业的战略目标。通过抓重点、补短板、强弱项，与小康社会相适应的现代邮政业全面建成。之后，在国家邮政局召开的例行新闻发布会上，相关负责人就建成与小康社会相适应的现代邮政业有关情况也进行了详细介绍。

蓝图已经绘就，奋斗正当其时。2021 年 12 月 22 日，国家邮政局、国家发展和改革委员会、交通运输部联合印发《"十四五"邮政业发展规划》，提出了规模实力、基础网络、创新能力、服务水平、治理效能等方面目标。《规划》是"十四五"时期加快建设邮政强国、推动邮政业高质量发展的行业蓝图，对把握重大机遇、明确目标任务、汇聚各方力量、统筹引领发展具有重要意义。

5.“千亿万亿”目标胜利完成

2021年12月8日,国家邮政局快递大数据平台实时监测数据显示,2021年我国快递业务量已达1000亿件——2021年第1000亿件快件是一箱从四川省眉山市多悦镇正山口村寄出的爱媛橙,由中通快递承运,12月8日发出,于9日上午送达位于陕西西安的收件人手中。2021年全行业积极应对新冠肺炎疫情,奋力完成行业改革发展任务,快递业务量突破1000亿件,业务收入突破1万亿元,“千亿万亿”目标胜利完成。

6.7部门联合印发《关于做好快递员群体合法权益保障工作的意见》

2021年6月23日,交通运输部、国家邮政局、国家发展和改革委员会、人力资源和社会保障部、商务部、国家市场监管总局、中华全国总工会7部门联合印发《关于做好快递员群体合法权益保障工作的意见》。《意见》提出了利益分配、劳动报酬、社会保险、作业环境、企业主责、规范管理、网络稳定、职业发展等八项任务措施,初步明确了做好快递员权益保障工作的路径。《意见》坚持以人民为中心的发展思想,将维护快递员的合法权益放在核心位置,不断提升快递员在行业发展中的获得感、幸福感、安全感。

7.《关于加快农村寄递物流体系建设的意见》印发

2021年8月20日,国务院办公厅印发《关于加快农村寄递物流体系建设的意见》。党中央、国务院高度重视农村寄递物流体系建设。农村寄递物流是农产品出村进城、消费品下乡进村的重要渠道之一,对满足农民群众生产生活需要、释放农村消费潜力、促进乡村振兴具有重要意义。上述意见围绕强化农村邮政体系作用、健全末端共同配送体系、优化协同发展体系、构建冷链寄递体系等4个体系建设,从分类推进“快递进村”工程、完善农产品上行发展机制、加快农村寄递物流基础设施补短板、继续深化寄递领域“放管服”改革等4个方面提出一系列重点任务。

8.6家快递企业宣布派费上涨0.1元

七部门《关于做好快递员群体合法权益保障的意见》出台后,国家邮政局推动企业落实有关工作部署,通过开展行政指导等方式督促形成合理利益分配机制等要求落地见效。2021年8月27日,中通在内网发出通知,宣布自9月1日起,全网末端派费每票上涨0.1元。8月28日,圆通、申通、百世、韵达、极兔也宣布从9月1日起将全网派费上调0.1元/票。派费是快递员的主要收入来源,派费上涨将对提升快递员的获得感、幸福感和安全感产生直接积极影响。

9.极兔收购百世国内快递业务

2021年10月29日,百世集团和J&T极兔速递共同宣布达成战略合作意向,百世集团同意其在国内的快递业务以约68亿元人民币的价格转让给极兔。未来,百世将进一步聚焦快运、供应链、国际核心物流业务,深耕综合智慧供应链服务。极兔收购百世国内快递业务,是近年来规模较大的一次国内快递企业重组。除此之外,2021年快递业的并购与合作现象也在渐渐向头部企业延伸,韵达以6.14亿元认购德邦6.5%股份,成为德邦第二大股东。事实上,在激烈的市场竞争中二线快递企业也在夹缝中艰难求生,天天艰难转型,速尔破产重组,行业洗牌加速。

10.顺丰1年内收获3家上市公司

2021年5月17日,顺丰房地产投资信托基金正式登陆港交所。9月28日,顺丰控股全资子公司完成对嘉里物流9.31亿股股份的收购。12月14日,顺丰速运旗下顺丰同城成为港股即时配送第一股,发行价为每股16.42港元,约募资20.31

亿港元。1 年内,顺丰收获 3 家上市公司,加上顺丰控股,顺丰已拥有 4 家上市公司。2021 年 5 月 28 日,京东物流在香港联交所主板上市。自此,邮政快递业上市企业集齐“八大金刚”,快递业航母群进一步加固,为服务百姓民生和千城百业奠定了更为坚实的基础。

第三章 2021 年中国快递发展大事记

2021 年全国邮政管理工作会议在京召开

1 月 4 日，2021 年全国邮政管理工作会议在北京召开。会议采用电视电话形式，传达学习中共中央政治局委员、国务院副总理刘鹤重要批示精神，总结回顾 2020 年工作和“十三五”时期邮政快递业改革发展成效，分析形势，谋划“十四五”及未来一段时期行业发展思路，明确提出 2021 年行业改革发展工作的总体要求和主要任务。交通运输部党组书记杨传堂出席会议并作重要讲话，国家邮政局党组书记、局长马军胜作工作报告，局党组成员、副局长戴应军、刘君、杨春光、赵民出席会议。中央有关部门的相关负责同志应邀出席会议。

开展“快递从业青年服务月”活动

为贯彻落实习近平总书记关于关心关爱“快递小哥”重要指示精神，推动关爱快递员“暖蜂行动”持续深入开展，近日国家邮政局党建工作领导小组办公室、共青团中央维护青少年权益部印发《关于开展 2021 年“快递从业青年服务月”活动的通知》，提高快递从业青年获得感。活动时间为 1 月上旬至 2 月中旬。《通知》指出，要结合元旦、春节走访慰问契机，深入快递企业和从业青年群体开展宣讲活动，帮助从业青年真切感悟在党的领导下我国全面建成小康社会的历史性成就，自觉把个人成长融入全面建设社会主义现代化国家的新征程。

马军胜局长出席中国邮政集团有限公司 2021 年工作会议

1 月 8 日，中国邮政集团有限公司 2021 年工作会议在北京召开。会议传达中共中央政治局委员、国务院副总理刘鹤重要批示精神，总结 2020 年工作，分析当前形势，部署 2021 年任务。交通运输部党组成员、国家邮政局局长马军胜出席会议并讲话，强调要更加紧密地团结在以习近平同志为核心的党中央周围，苦干实干，砥砺奋进，在危机中育先机，于变局中开新局，为推动中国邮政实现“二次崛起”，全面建设现代化邮政强国而努力奋斗，以优异成绩庆祝建党 100 周年。中国邮政集团有限公司党组书记、董事长刘爱力作了题为《立足新发展阶段　坚持新发展理念　融入新发展格局　以改革创新全力构建高质量发展的新邮政》讲话，党组副书记、总经理张金良作工作报告。

马军胜局长主持召开国家邮政局局务会议

1 月 12 日，国家邮政局局长马军胜主持召开局务会议，审议并原则通过 2021 年工作任务目标分解安排和 2021 年邮政业更贴近民生七件实事，进一步部署常态化疫情防控和春节及全国两会前后寄递渠道服务保障与安全生产工作，强调全系统全行业要以习近平新时代中国特色社会主义思想为指导，全面贯彻落实党的十九届五中全会和中央经济工作会议精神，践行创新、协调、开放、绿色、共享的新发展理念，按照全国邮政管理工作会议部署安排，坚决落实“服务全领域、激活全要素，打造双高地、畅通双循环”工作思路，坚持定向施策、精准发力、精益求精，一步一个脚印扎扎实实做好 2021 年各项工作。副局长刘君、杨春光、赵民出席会议。

国家邮政局紧急通知

1 月 13 日，国家邮政局下发紧急通知，要求全系统全行业紧密结合疫情防控新形势，切实强化防控措施，严密防范疫情通过寄递渠道传播扩散，坚决守住行业安全底线。通知指出，要切实增强做好疫情防控工作的政治责任感，深刻认识疫情防控的特殊性、严峻性、复杂性，切实增强“四个意识”、坚定“四个自信”、做到“两个维护”，坚决把疫情防控工作作为当前最重要的工作来抓。要加强组织领导，各单位主要负责同志要对疫情防控工作亲自抓；企业要严格落实疫情防控主体责任，做好新冠肺炎疫情突发情况防范和应对处置工作准备。

国家邮政局发布2021年邮政快递业更贴近民生七件实事

1月14日，国家邮政局召开一季度例行新闻发布会，发布了2021年邮政快递业更贴近民生七件实事。今年是国家邮政局连续第5年推进邮政快递业更贴近民生七件实事，国家邮政局新闻发言人、办公室副主任侯延波表示，七件实事是国家邮政局党组深入贯彻落实习近平总书记关于邮政快递业重要指示精神的具体实践，是推进邮政快递业供给侧结构性改革、加快高质量发展步伐的重要举措，全行业将从七个方面入手，健全完善行业公共服务体系，提高行业服务质量水平，更好满足人民群众日益增长的美好生活用邮需要，让人民群众在寄递领域的获得感、幸福感、安全感更加充实、更有保障、更可持续。

国家邮政局发布2020年快递服务满意度调查和时限测试结果

在1月14日举行的一季度例行新闻发布会上，国家邮政局市场监管司副司长边作栋发布了2020年快递服务满意度调查和时限测试结果。边作栋表示，“十三五”期间，快递服务总体满意度和公众满意度分别实现四连升、五连升，用户对投递服务的满意度比“十二五”末期提升了6.8分，平台化、集约化的投递方式受到越来越多的用户欢迎。从快递服务满意度调查结果来看，2020年，快递服务总体满意度得分为76.7分，较2019年下降0.6分；其中，公众满意度得分为84.2分，较2019年上升0.2分；时测满意度得分为69.2分，较2019年下降1.3分。

国家邮政局召开河北邮政快递业服务保障工作电话会议

1月15日下午，国家邮政局党组书记、局长马军胜主持召开河北邮政快递业服务保障工作电话会议，强调要提高站位、科学组织、精准发力，有序统筹好疫情防控和生产服务，全力保障人民群众生活的寄递需求。会议听取了河北省邮政管理局关于石家庄、廊坊、邢台三地疫情防控和行业运行情况的汇报，了解企业为河北疫情防控所做的工作，分析当前形势，并对下一步工作进行再动员、再安排、再部署。国家邮政局市场监管司，河北省和石家庄市、廊坊市、邢台市邮政管理局，顺丰、京东、中通、圆通、韵达、申通、百世、极兔等8家企业主要负责人参加会议。

《新闻联播》关注快递企业开通国际全货运航线

1月16日，陕西西安至日本东京全货运航线正式开通。航线每周一班，预计全年运输货邮达2000多吨。航线的开通将进一步满足陕西高附加值和高端产品进出口的运输需求，有助于陕西乃至西北地区企业进一步拓展东亚市场，促进陕西和东亚地区的经贸往来。据了解，该航线由顺丰开通，由顺丰航空B767-300型全货机执飞，是顺丰国际在陕西地区开通的第一条国际货运航线，主要服务于生产制造企业电子产品的进出口物流需求，向陕西地区输送生产原材料和精密仪器设备等。

国家邮政局、教育部联合举办2021年邮政快递业网络招聘活动

近日，国家邮政局、教育部联合印发通知，共

同举办2021年邮政快递业面向高校毕业生网络招聘活动,时间为2021年1月16日至7月15日。本次招聘活动由国家邮政局、教育部主办,教育部大学生就业网承办。国家邮政局组织动员全国邮政快递企业提供适合大学毕业生就业的岗位,教育部组织相关专业的应届高校毕业生网上求职。近年来,邮政快递业迅猛发展,"十三五"期间新增就业100万人以上,年均新增就业岗位20余万个,为国家"稳就业"政策的实施作出了积极贡献。此次招聘活动是连续第二年举办,在去年举办的为期两个半月招聘活动中,邮政快递业共提供就业岗位1.3万余个。

刘小明副部长专题协调调度河北邮政快递业疫情防控和生产服务保障工作

交通运输部副部长刘小明高度重视河北邮政快递业疫情防控和生产服务工作,疫情期间深入石家庄中通分拨中心调研指导,1月19日上午又主持召开专题会议,协调调度河北邮政快递业疫情防控和生产服务保障工作,要求认真落实习近平总书记有关疫情防控工作总要求,坚持防控第一,人物同防,精准施策,闭环管理,确保安全,有序统筹好疫情防控和生产服务,全力保障人民群众生活需求。会议听取了省邮政管理局关于邮政快递业疫情防控工作指南制定情况汇报和防疫专家的意见,详细了解企业为河北疫情防控所做的工作及存在的困难。

"居家嗨购　网上过年——2021全国网上年货节"活动媒体吹风会

为深入贯彻党的十九届五中全会和中央经济工作会议精神,落实党中央、国务院关于春节期间疫情防控工作要求,保障人民群众度过一个安全健康、欢乐祥和的新春佳节,商务部会同中央网信办、工业和信息化部、市场监管总局、国家邮政局和中国消费者协会,将共同指导电子商务及相关企业于1月20日至2月18日开展"居家嗨购　网上过年——2021全国网上年货节"。1月15日,"2021全国网上年货节"活动媒体吹风会在商务部举行,上述部门和单位相关负责同志介绍了活动背景、意义和内容,并回答记者提问。

中共国家邮政局党组召开2020年度民主生活会

1月20日,中共国家邮政局党组召开2020年度民主生活会。党组领导班子和成员以中央政治局民主生活会为标杆,增强"四个意识"、坚定"四个自信"、做到"两个维护",深入学习贯彻习近平新时代中国特色社会主义思想,开门见山、刀刃向内,真点问题、点真问题,结合思想、学习和工作实际,深刻进行对照检查,严肃开展批评和自我批评。中央第27督导组全体同志,中央纪委国家监委驻交通运输部纪检监察组有关负责同志到会指导。局党组书记、局长马军胜主持会议,党组成员、副局长戴应军、刘君、杨春光、赵民出席会议。

《关于做好人民群众就地过年服务保障工作的通知》印发

近日,中共中央办公厅、国务院办公厅印发了《关于做好人民群众就地过年服务保障工作的通知》,要求针对因疫情防控需要就地过年群众增加的新情况,抓紧做好各项服务保障工作,让人民群众度过欢乐祥和、健康安全的新春佳节。《通知》也对邮政快递业提出了明确要求:各地区和邮政管理部门以及快递物流企业要在严格落实疫情防控要求前提下,积极为寄递快递创造便利条件。实际上,随着春节的日益临近,邮政管理部门和寄递企业也在积极行动,一方面严格做好疫情的常态化防控,一方面积极部署"春节不打烊",以保障人民群众的用邮需求。

马军胜局长主持召开国家邮政局党组会议

1月27日,国家邮政局党组书记、局长马军胜主持召开党组会议,深入学习贯彻习近平总书记近期重要讲话精神，传达全国安全生产电视电话会议精神，听取2020年邮政业安全生产工作情况及下步重点安排的汇报，强调要增强定力底气，坚定决心信心，找准定位、发挥优势，在构建新发展格局中重塑行业优势。局党组成员、副局长戴应军、刘君、杨春光、赵民出席会议。马军胜指出，全系统各级党组织和党员领导干部要认真学习领会，始终从政治和全局高度看待问题，推动党的十九届五中全会精神落到实处。

统筹做好春节期间行业疫情防控和寄递服务保障工作

1月27日，国家邮政局发出通知，要求全系统全行业统一思想认识，立足"保疫情防控""保基本民生"，认真科学研判本地区、本网络春节期间安全形势和寄递服务需求，精准组织春节期间寄递服务保障工作，为人民群众度过欢乐祥和、健康安全的新春佳节，做好"六稳"工作、落实"六保"任务，全面促进消费和畅通经济循环贡献行业力量。

2021年寄递渠道安全管理领导小组第一次会议召开

1月28日，2021年寄递渠道安全管理领导小组第一次会议在京召开，回顾总结了2020年寄递渠道安全管理所取得的成效，全面分析了当前面临的形势，并就做好2021年寄递渠道安全管理工作进行研究部署。领导小组组长、国家邮政局局长马军胜出席会议并讲话，强调要进一步增强做好寄递渠道安全管理工作的责任感、紧迫感，为"十四五"开好局起好步创造安全稳定的寄递环境，以优异成绩庆祝建党100周年。领导小组副组长、国家邮政局副局长刘君主持会议。

"最美快递员"汪勇获评2020年"诚信之星"

为深入贯彻习近平总书记关于诚信建设的重要指示精神，贯彻落实《新时代公民道德建设实施纲要》，弘扬诚信文化，推进诚信建设，发挥诚信典型的示范引领作用，在全社会形成履约践诺、诚实守信的良好风尚，中央宣传部、国家发展改革委近日向社会发布了2020年"诚信之星"，包括3个集体和9名个人，湖北顺丰速运有限公司分公司经理汪勇名列其中。在疫情防控工作中，邮政快递业涌现了一大批坚守岗位、奉献社会的先进典型，"最美快递员"汪勇就是其中一个生动典型。汪勇和他组织起来的志愿者团队，急前线医护人员之所急，不畏艰险、挺身而出，自发行动、深入一线，帮助医护人员解难题、化烦忧。

中办、国办：支持公共性快递分拣处理中心等建设

1月31日，中共中央办公厅、国务院办公厅公布《建设高标准市场体系行动方案》，这是指导今后5年我国推进高标准市场体系建设的行动指南。对于作为国民经济发展的基础性、战略性、先导性产业的邮政快递业，《行动方案》明确对行业科技、分拣中心和末端建设、跨境寄递提出要求：推动市场基础设施互联互通。持续完善综合立体交通网络。加强新一代信息技术在铁路、公路、水运、民航、邮政等领域的应用，提升综合运行效能。支持公共性快递分拣处理中心、智能投递设施等建设。打造一批物联网产业基地和物联网技术应用示范城市。持续支持中西部地区城乡接合部、县域和农村商贸基础设施建设和协同共享，畅通区域间、城乡间流通网络。

国家职业教育快递运营管理专业教学资源库通过教育部验收

近日，教育部下发《关于公布职业教育专业教学资源库2020年验收结果的通知》（教职成司函〔2020〕44号），由国家邮政局职业技能鉴定指导中心作为联合主持单位组织建设的国家职业教育快递运营管理专业教学资源库通过验收。快递运营管理专业教学资源库是邮政快递专业领域第一个国家级教学资源库，该教学资源库于2018年7

月由教育部批准立项，由淄博职业学院、国家邮政局职业技能鉴定指导中心、中国快递协会三家单位联合主持，石家庄邮电职业技术学院、浙江邮电职业技术学院等全国13家高职院校和高等教育出版社、圆通速递有限公司等共计26家单位共同建设。

《新闻联播》：齐心协力 各地织牢疫情防控安全网

2月3日，临近春节，疫情防控形势更加严峻。各地齐心协力，多措并举，织牢疫情防控安全网。在河北石家庄、邢台，当地把疫情防控的关口前移，通过向隔离人员免费提供清肺排毒汤，利用中医药的早期介入提高诊疗效果。目前，河北石家庄1000家规模以上工业企业已复工，复工率达55%，183家大中型商超已经开展线下营业154家，复工率达85%。临近春节，返乡人员增加，安徽歙县采取对返乡人员上门入户、电话核查等方式，全面掌握辖区内省外返乡人员基本情况。临近春节，快递年货日渐增多，江西南昌加强源头管控，对快递物品分批、分类型有针对性地多次消杀，严把防控关口。

国家邮政局召开网络安全和信息化领导小组会议

2月4日，国家邮政局网络安全和信息化领导小组召开会议，听取网络安全和信息化相关工作汇报，审议《中共国家邮政局党组关于落实党委（党组）网络安全工作责任制的办法》等文件，研究部署下一阶段网信重点工作。国家邮政局党组书记、局网络安全和信息化领导小组组长马军胜主持会议并讲话，强调要深入学习贯彻落实习近平总书记关于网络强国的重要论述，切实增强做好新形势下网信工作的责任感紧迫感，聚焦中心任务，突出重点难点，全面提升行业网信工作科学化水平。局党组成员戴应军、刘君、杨春光、赵民出席会议。中央纪委国家监委驻交通运输部纪检监察组副组长胡志彬列席会议。

马军胜局长拜会十二届全国政协副主席王家瑞

2月5日上午，国家邮政局局长马军胜拜会十二届全国政协副主席、中国宋庆龄基金会主席王家瑞。马军胜汇报了2020年主要工作和“十三五”时期邮政快递业改革发展成效，以及今后一个时期“服务全领域、激活全要素，打造双高地、畅通双循环”的工作思路。王家瑞十分关心邮政快递业的发展，一边听取汇报一边询问有关情况。他指出，在今后工作中，希望深入学习贯彻习近平新时代中国特色社会主义思想，认真贯彻落实党的十九届五中全会精神和中央经济工作会议精神，立足新发展阶段、贯彻新发展理念、构建新发展格局、推动高质量发展，充分发挥邮政快递业在畅通循环中的先导作用，为经济社会发展作出新贡献。

国际邮政组织职员（中国）2021年新春视频见面会举行

2月5日，国际邮政组织职员（中国）2021年新春视频见面会举行。国家邮政局局长马军胜、中国邮政集团有限公司副总经理温少祺与亚太邮联秘书长林洪亮，以及在万国邮联、亚太邮联工作的国际职员一起，通过视频连线方式，共同回顾难忘的2020年，展望已经开启的2021年，共叙友情、共迎新春。国家邮政局副局长赵民主持见面会。马军胜向国际邮政组织职员致以新春慰问。他表示，“疫情无情，人有情”，国际职员们在海外的健康平安也时刻牵动着国内同事们的心，希望国际职员们切实做好防护，注意劳逸结合，在海外过一个健康、平安、快乐、祥和的新年。

全国邮政管理系统党风廉政建设工作电视电话会议召开

2月7日，国家邮政局召开全国邮政管理系统党风廉政建设工作电视电话会议。会议以习近平新时代中国特色社会主义思想为指导，深入贯彻党的十九大和十九届二中、三中、四中、五中全会以及十九届中央纪委五次全会精神，总结回顾2020年党风廉政建设和反腐败工作，研究部署2021年工作任务。国家邮政局党组书记、局长马军胜作党风廉政建设工作报告。中央纪委国家监委驻交通运输部纪检监察组组长、交通运输部党组成员宋福龙讲话。局党组成员、副局长戴应军、赵民出席会议，局党组成员、副局长杨春光主持会议。

李克强总理考察山西运城中通快递分拨中心

2月7日，李克强总理考察山西运城中通快递分拨中心。企业负责人告诉总理，今年春节快递需求旺盛，包裹量比平时增长30%。他们响应国家号召，不打烊、不休网、不积压，把群众生活的必需品及时送到客户手中。李克强说，快递业了不得，是经济活动的大动脉。古诗讲"家书抵万金"，现在是"快递暖人心"。运城是好运之城，但好运并不是从天上掉下来的，要靠你们的打拼才能抓住。祝你们运得好，运气好，并把好运送到千家万户。

2021年快递业务量已超100亿件

国家邮政局邮政业安全监管信息系统实时监测数据显示，截至2月7日，2021年我国第100亿件快件诞生。这一成绩的达成仅用38天，而达到这一数量，2019年用了79天，2020年因受疫情影响用了80天。快递百亿业务量所用时间的再次刷新纪录，不仅彰显了快递行业蓬勃活力，也凸显了行业在促进消费和畅通经济循环中的重要作用。

马军胜局长在京调研春节寄递服务保障工作

2月8日下午，国家邮政局党组书记、局长马军胜在京调研春节寄递服务保障工作，代表局党组慰问邮政、快递企业一线员工，强调要关心关爱一线邮政、快递员工，保持饱满工作状态，把温馨送到千家万户；要立足"保疫情防控""保基本民生"，做好寄递服务保障工作，为人民群众度过欢乐祥和、健康安全的新春佳节，做好"六稳"工作、落实"六保"任务，全面促进消费和畅通经济循环贡献行业力量。每到一处，马军胜都仔细了解企业春节前夕业务量变化、一线员工就地过年生活保障等情况，与坚守岗位的干部职工拉家常，向他们道一声"辛苦了"，送上祝福、鼓舞士气。

中华全国总工会联合中国快递协会关爱就地过节快递人

新春佳节将至，为引导快递员就地度过一个健康祥和平安的春节，关爱春节期间依然奋战在快递服务一线的职工，中华全国总工会联合中国快递协会，共同向基层一线快递员配送了500套新春文化大礼包，在送上了新春祝福的同时，也为年节增添了书香。文化大礼包已寄往全国近500个快递企业营业网点，发放到一线快递员的手中。新春文化大礼包中专门为快递员工选配了经济、法律、社会、文化等重点图书25000余册，还配有全国工会电子职工书屋阅读卡和春联、台历等文化套餐，为留在工作地过年的职工传递温暖关怀，也丰富了广大职工的精神文化生活。

国家邮政局党组同志慰问老同志

春节前夕，国家邮政局党组书记、局长马军胜和局党组成员分别以电话等方式慰问了盛名环、谭小为、武士雄、盛汇萍、徐建洲、解畅、王梅、邢小江、赵晓光等老同志，向老同志们致以诚挚的节日问候，衷心祝愿老同志们新春愉快、健康长寿。老同志们对此表示感谢，高度评价在过去的一年里，邮政快递业在党中央国务院坚强领导下勠力同心、迎难而上、顽强奋斗，实现发展规模突破万亿，有力服务支撑疫情防控和社会经济发展。老同志们希望，新的一年邮政快递业更加紧密地团结在以习近平同志为核心的党中央周围，坚定信心，接续奋斗，发挥好经济流通大动脉作用，为全面建设现代化邮政强国起好步开好局，以优异成绩庆祝建党100周年。

快递小哥再次登上国务院新闻发布会

“以往春节大家回家过年，买的都是衣服、鞋、化妆品、礼品一类的，今年大家响应政府号召就地过年，我们投递的包裹大多是农产品、生活用品、防疫用品、水果蔬菜什么的。”在2月10日国务院联防联控机制新闻发布会上，中国邮政中关村营业部揽投员史春华讲述着近期揽派快递包裹的变化，这是快递小哥第二次登上“国字头”新闻发布会，与上一次时隔近1年。据国家邮政局市场监管司副司长边作栋介绍，春节假期预计全行业在岗人数在百万人以上。仍将坚守工作岗位的史春华说：“我想只要我们每个人都能够贡献自己的一份力量，疫情终将过去，我们的生活也将恢复到往常的样子。”

除夕和初一全国快递处理超1.3亿件

“家书抵万金，快递暖人心。”2月12日晚，来自国家邮政局邮政业安全中心的数据显示，除夕和初一两日，全国快递处理超1.3亿件，同比增长223%。快递的春节不打烊服务确保了广大用户能够顺利收到年货，愉快地度过春节。春节期间，邮政EMS、顺丰、京东物流、中通、圆通、申通、韵达、百世、德邦和极兔等品牌快递企业仍在坚持运营，预计全行业在岗人数超百万人。需要指出的是，春节期间，快递小哥坚守岗位不易，特别是受疫情管制和自然天气等因素的影响，在一些局部地区、特殊时段，快递在服务深度和服务时限方面可能不尽如人意，希望大家能够给予快递小哥更多的宽容和理解。

春节期间全国快递处理量6.6亿件

今年春节期间，就地过年人群的寄递需求明显增加，邮政快递业由往年的“全年无休”切换到“春节不打烊”的新模式。国家邮政局快递大数据平台监测显示，春节期间(2月11日至17日)，全国邮政快递业累计揽收和投递快递包裹6.6亿件，同比增长260%，为确保广大用户能够顺利收到年货年礼，愉快度过新春佳节作出了应有贡献。供给侧储备能力增加，需求侧宅经济购物需求旺盛，双重作用带动了春节快递业务量的增长。邮政快递业在春节期间处于高位运行状态，全网揽收量是去年同期的3倍左右，投递量更是达到3~4倍。

国家邮政局党组新春慰问干部职工

2月18日，春节假期后的第一个工作日。国家邮政局党组书记、局长马军胜，局党组成员、副局长戴应军、刘君、杨春光、赵民亲切慰问局机关各司室和直属各单位干部职工，送上新春祝福，勉励大家进一步提振精神状态、鼓足干劲闯劲，担当进取、奋勇拼搏，牛年使牛劲用牛力，努力“犇”起来、跑起来，为推动邮政快递业高质量发展贡献更多智慧和力量。

邮政快递业结束“春节模式”

2月20日(正月初九)，据国家邮政局监测数据显示，全国邮政快递企业快递包裹揽收量已恢复到节前正常水平，标志着邮政快递业已结束“春节模式”，恢复正常运营。据国家邮政局相关负责人介绍，2月18日(正月初七)，所有快递企业全面恢复正常营业和生产运营，八成以上快递员工已返回工作岗位。此后，仅用3天时间，到20日(正月初九)快递包裹揽收量就恢复到节前正常水平，全网复工复产速度远高于去年。这也为全年持续快速发展和“十四五”规划开好局起好步奠定了坚实基础。

国家邮政局2021年第2次局长办公会召开

2月20日，国家邮政局局长马军胜主持召开2021年第2次局长办公会，审议并原则通过《2021年全国邮政普遍服务工作电视电话会议方案》

《2021 年全国邮政市场监管工作电视电话会议方案》，听取“绿盾”工程 2021 年工作安排和 2020 年全国两会建议提案办理有关情况的汇报，强调要以习近平新时代中国特色社会主义思想为指导，全面贯彻党的十九大和十九届二中、三中、四中、五中全会以及中央经济工作会议精神，坚决贯彻习近平总书记关于邮政快递业重要指示精神，增强“四个意识”、坚定“四个自信”、做到“两个维护”，按照全国邮政管理工作会议部署要求，安排部署和落实好今年各项工作任务。副局长戴应军、刘君、杨春光、赵民出席会议。

中央一号文件：改造提升农村寄递物流基础设施

2 月 21 日，21 世纪以来第 18 个指导“三农”工作的中央一号文件《中共中央　国务院关于全面推进乡村振兴加快农业农村现代化的意见》正式发布。中央一号文件对邮政快递业的发展也带来了利好消息。文件提出，全面促进农村消费。加快完善县乡村三级农村物流体系，改造提升农村寄递物流基础设施，深入推进电子商务进农村和农产品出村进城，推动城乡生产与消费有效对接。促进农村居民耐用消费品更新换代。加快实施农产品仓储保鲜冷链物流设施建设工程，推进田头小型仓储保鲜冷链设施、产地低温直销配送中心、国家骨干冷链物流基地建设。

国家邮政局发出通知

第十三届全国人大四次会议和全国政协第十三届四次会议将分别于 3 月 5 日和 3 月 4 日在北京召开。近日，国家邮政局发出通知，要求切实做好全国两会期间寄递渠道安全服务保障工作，明确 2 月 25 日至会议闭幕次日期间，对进京邮件快件全面实行投递前“二次安检”。通知指出，各级邮政管理部门、各寄递企业要以习近平新时代中国特色社会主义思想为指导，增强“四个意识”、坚定“四个自信”、做到“两个维护”，认真贯彻总体国家安全观和以人民为中心的发展理念，切实增强做好全国两会期间寄递渠道安全服务保障工作的使命感、责任感、紧迫感。

刘君副局长视频会见美国联合包裹公司国际业务总裁斯科特·普莱斯

2 月 23 日上午，国家邮政局副局长刘君在北京视频会见了美国联合包裹公司国际业务总裁斯科特·普莱斯。双方就中国快递业发展和美国联合包裹公司在华经营情况等问题交换了意见。刘君指出，2021 年是“十四五”开局之年，中国快递业发展进入新阶段。在抓好常态化疫情防控的同时，国家邮政局将持续推动快递业提高服务质量，促进绿色发展和增强寄递安全保障，通过实施“快递进村”“快递进厂”和“快递出海”工程，全方位提升行业服务国家经济社会发展能力。国家邮政局支持包括美国联合包裹公司在内的国际快递企业在华依法开展经营，希望各市场主体能够认真落实各项安全制度，积极履行绿色发展责任，为客户提供安全、高效、便捷的高品质服务。

《国家综合立体交通网规划纲要》发布

近日，中共中央、国务院印发了《国家综合立体交通网规划纲要》，并发出通知，要求各地区各部门结合实际认真贯彻落实。《纲要》多处提及邮政快递业，为行业发展再添新动力。《纲要》预计 2021 至 2035 年全社会货运量年均增速为 2% 左右，邮政快递业务量年均增速为 6.3% 左右。在构建完善的国家综合立体交通网方面，《纲要》提出国家综合立体交通网连接全国所有县级及以上行政区、边境口岸、国防设施、主要景区等。完善铁路、公路、水运、民航、邮政快递等基础设施网络，构建以铁路为主干，以公路为基础，水运、民航比较优势充分发挥的国家综合立体交通网。

马军胜局长视频会见泛非邮联秘书长尤努斯

2 月 24 日下午，国家邮政局局长马军胜在北京视频会见了泛非邮联秘书长尤努斯·吉布里纳。双方就邮政业应对新冠肺炎疫情和加强中非邮政领域合作等问题交换了意见。国家邮政局副局长赵民主持视频会。马军胜局长指出,中国与非洲在国际舞台上守望相助,友谊历久弥坚。面对新冠肺炎疫情的挑战,国家邮政局愿与泛非邮联及其成员同舟共济,进一步加强在疫情防控、人员培训和国际邮政事务方面的交流协作,推动中非邮政领域合作实现新的发展。

邮政快递业五人获全国脱贫攻坚先进个人表彰

2月25日上午,全国脱贫攻坚总结表彰大会在北京人民大会堂隆重举行。中共中央总书记、国家主席、中央军委主席习近平向全国脱贫攻坚楷模荣誉称号获得者颁奖并发表重要讲话。大会对全国脱贫攻坚先进个人、先进集体进行表彰。在邮政快递业,国家邮政局机关党委(扶贫办)办公室三级调研员邓治国,中国邮政集团有限公司陕西省分公司扶贫办主任梁军,青海省玛沁县下大武乡年扎村第一书记、中国邮政储蓄银行果洛藏族自治州班玛县支行行长扎西闹吾(藏族),中国邮政储蓄银行云南省普洱市分行会计员杨正海(哈尼族),贵州省天柱县高酿镇上花村第一书记、中国邮政储蓄银行台江县支行营业主管罗明元(侗族)获得全国脱贫攻坚先进个人表彰。

习近平总书记肯定建制村全部通邮路

2月25日上午,全国脱贫攻坚总结表彰大会在北京人民大会堂隆重举行。中共中央总书记、国家主席、中央军委主席习近平向全国脱贫攻坚楷模荣誉称号获得者颁奖并发表重要讲话。习近平总书记在重要讲话中,谈到"8年来,党中央把脱贫攻坚摆在治国理政的突出位置,把脱贫攻坚作为全面建成小康社会的底线任务,组织开展了声势浩大的脱贫攻坚人民战争。党和人民披荆斩棘、栉风沐雨,发扬钉钉子精神,敢于啃硬骨头,攻克了一个又一个贫中之贫、坚中之坚,脱贫攻坚取得了重大历史性成就"时说,脱贫地区经济社会发展大踏步赶上来,整体面貌发生历史性巨变。具备条件的乡镇和建制村全部通硬化路、通客车、通邮路。

国家邮政局召开全国两会寄递安保工作视频调度会

2月26日,国家邮政局组织召开北京等重点省(区、市)邮政管理局全国两会寄递安保工作视频调度会,检查了解全国两会寄递安保工作部署落实情况,分析查找问题,进行再动员再部署,进一步压实工作责任。国家邮政局党组成员、副局长刘君出席会议并讲话。会上,市场监管司通报了全国两会寄递安保工作督导检查实施方案,北京、天津、河北、山西、内蒙古、辽宁、山东、新疆8省(区、市)邮政管理局分别汇报了贯彻落实全国两会寄递安保工作情况。刘君对前期全国两会寄递安保工作给予了肯定,深入分析了今年全国两会寄递安保形势任务特点,就进一步做好全国两会寄递安保工作进行了再动员再部署。

刘君副局长赴北京局调研指导全国两会寄递安保工作

近日,国家邮政局党组成员、副局长刘君带队赴北京市邮政管理局,调研指导2021年全国两会寄递渠道安全服务保障工作。刘君听取了北京局工作汇报,分析了当前形势,研究了工作中遇到的困难问题,提出了加强和改进工作的具体要求。北京市邮政管理局汇报了组织开展全国两会寄递安保工作情况。刘君对北京局扎实开展全国两会寄递渠道安保工作给予充分肯定,强调指出,一是要切实提高政治站位,全力以赴完成全国两会寄递安保重大政治任务;二是要顾全大局,引导行业在服务民生保障方面践行初心使命;三是要善始善终做好疫情防控工作。

落实《国家综合立体交通网规划纲要》

3月1日下午,国务院新闻办公室举行新闻

发布会，交通运输部部长李小鹏、国家邮政局局长马军胜、国家铁路局局长刘振芳和中国民用航空局副局长董志毅介绍了落实《国家综合立体交通网规划纲要》精神，加快建设交通强国有关情况，并答记者问。发布会上，国家邮政局局长马军胜回答了《纲要》与邮政快递业发展相关问题。他表示，在今后一个时期，随着《纲要》的实施，全国邮政和快递行业要按照“服务全领域、激活全要素，打造双高地、畅通双循环”的思路来服务构建新发展格局，努力建强主枢纽、打通大动脉、畅通微循环，为大家带来更加便捷、更加绿色、更加智慧和更加可靠的消费体验。

2021年全国邮政市场监管工作电视电话会议召开

3月1日，国家邮政局召开2021年全国邮政市场监管工作电视电话会议。会议以习近平新时代中国特色社会主义思想为指导，全面贯彻落实全国邮政管理工作会议精神，总结2020年工作，回顾“十三五”时期行业改革发展成效，分析研判形势，部署2021年工作。国家邮政局党组成员、副局长刘君出席会议并讲话。刘君强调，当前和今后一个时期，邮政快递业仍然处于重要战略机遇期，邮政市场监管工作必须按照“服务全领域、激活全要素，打造双高地、畅通双循环”工作思路，主动适应新发展阶段、贯彻新发展理念、构建新发展格局的要求，以更加奋发有为的精神状态推动行业高质量发展，为全面建设现代化邮政强国贡献行业力量。

国家邮政局积极落实2020年全国两会议案建议提案

加快推进绿色配送体系建设、加强快递员权益保障、构建城乡双向流通快递物流体系、升级传统信报箱为智能信包箱、进一步提高邮政业安全寄递能力……这是2020年全国两会期间，部分全国人大代表和政协委员提交的议案建议提案主题。2020年国家邮政局收到全国两会议案建议提案共61件，其中主分办件27件，协办会办件31件，参阅件3件。国家邮政局积极落实回应代表和委员关切，不断提高办理实效，均全部按时办复。

中共国家邮政局党组印发党史学习教育实施方案

根据《中共中央关于在全党开展党史学习教育的通知》和习近平总书记在党史学习教育动员大会上的重要讲话精神，近日，中共国家邮政局党组印发了《开展党史学习教育实施方案》，对全国邮政管理系统开展党史学习教育的总体要求、学习内容、工作安排和有关要求作出规定，从全面动员部署、开展专题学习、讲好专题党课、组织专题培训、加强政治引领、开展实践活动、开好组织生活会、做好成果总结八个方面作出安排，强调邮政管理系统必须牢固树立政治机关意识，从讲政治的高度把思想和行动统一到党中央决策部署上来，扎实开展好党史学习教育。

国家邮政局召开党史学习教育动员部署电视电话会议

3月3日，国家邮政局召开党史学习教育动员部署电视电话会议，深入学习贯彻习近平总书记在党史学习教育动员大会上的重要讲话精神和《中共中央关于在全党开展党史学习教育的通知》精神，对邮政管理系统开展党史学习教育进行全面动员部署。局党组书记、局长马军胜作动员部署讲话，强调要从党的百年伟大奋斗历程中汲取智慧和力量，以更加昂扬的姿态加快建设人民满意、保障有力、世界前列的现代化邮政强国，以优异成绩庆祝建党100周年。局党组成员、副局长戴应军、刘君、赵民出席会议，局党组成员、副局长杨春光主持会议。

政府工作报告:加快快递进农村,推动快递绿色包装转型

3月5日上午,第十三届全国人民代表大会第四次会议在人民大会堂开幕。政府工作报告提出要"健全城乡流通体系,加快电商、快递进农村,扩大县乡消费"和"推动快递包装绿色转型"。这既是自2014年以来,"快递"连续8年被纳入政府工作报告,也是自去年政府工作报告提出"支持快递进农村"以来,第二次强调"快递进农村"。"非常振奋,很受鼓舞!"国家邮政局党组书记、局长马军胜表示,"全行业将继续按照习近平总书记关于邮政快递业的重要指示精神,坚决落实党中央、国务院重大决策部署,着力加快快递进农村步伐,着力推动快递包装绿色转型,以满足人民群众日益增长的美好生活用邮需要为根本目的,加快邮政强国建设步伐,为构建新发展格局作出积极贡献。"

国家邮政局视频旁听全国两会人大代表审议

3月6日,出席十三届全国人大四次会议的甘肃代表团在驻地分别举行全体会议和小组会议。当日下午3时,甘肃代表团第一组小组会议正式开始。同一时间,按照国务院办公厅有关工作安排,国家邮政局通过政务网络视频方式旁听甘肃代表团第一组小组人大代表审议政府工作报告、审查"十四五"规划和2035年远景目标纲要。在国家邮政局多功能厅大屏幕前,局党组成员、副局长赵民,以及局机关各司室、相关直属单位负责同志认真倾听,并仔细记录人大代表提出的乡村振兴、新能源产业发展、基础设施建设、区域经济发展、政府工作报告落地、"十四五"规划落实等方面的内容。

李克强总理:网购、快递等逆势快速增长,带动了就业和传统产业的发展

3月11日,十三届全国人大四次会议闭幕后,国务院总理李克强在人民大会堂出席记者会并回答中外记者提问时指出:"网购、快递等逆势快速增长,带动了就业和传统产业的发展。"在谈到"今年新增城镇就业的目标是1100万人以上"时,李克强指出,就业还是要让市场来唱主角,也就是继续通过保市场主体来保就业。一方面推动稳岗、增岗,另一方面拓展就业渠道。去年疫情中就业方式也有新变化,像我们这几年发展的新动能,包括网购、快递等逆势快速增长,也带动了就业和传统产业发展。一方面要继续鼓励增加相对稳定的就业岗位,另一方面也要广开灵活就业的渠道。

杨春光副局长赴职鉴指导中心调研指导工作

3月11日,国家邮政局党组成员、副局长杨春光到职鉴指导中心调研指导工作,听取中心工作情况汇报,与党员干部座谈交流思想,了解工作上存在的困难,听取人才工作的意见建议。杨春光强调,2021年是"十四五"规划开局之年,助力邮政行业高质量发展,人才工作任务艰巨、使命光荣,职鉴中心作为行业人才工作机构,要立足新起点,转型升级再出发,推动行业人才队伍建设再上新台阶。一是要把政治建设摆在首位。二是开拓创新,抢抓机遇。三是加强自身建设。

国家邮政局举行传达学习全国两会精神会议暨党组中心组(扩大)学习会

3月12日,国家邮政局党组书记、局长马军胜主持召开传达学习全国两会精神会议暨党组中心组(扩大)学习会,传达学习十三届全国人大四次会议、全国政协十三届四次会议精神和习近平总书记在两会期间的重要讲话精神,对邮政快递业深入学习贯彻落实全国两会精神进行部署。局党组成员、副局长戴应军、刘君、杨春光、赵民出席会议。全国政协委员、普遍服务司司长马旭林传达全国两会精神。马军胜强调,要增强"四个意识"、坚定"四个自信"、做到"两个维护",抓紧抓实、持续推进年初确定的各项重点任务,以邮政快递业改革发展新的优异成绩庆祝中国共产党成立100周年,为加快建设现代化邮政强国而努力奋斗。

国家邮政局召开局长办公会

3 月 17 日，国家邮政局局长马军胜主持召开 2021 年第三次局长办公会，审议并原则通过《邮政业服务“一带一路”建设 2020 年工作总结和 2021 年重点工作安排》、国家“十四五”规划纲要涉邮任务和关联工作分工、《国家邮政局 2021 年行业生态环境保护工作要点》《2021 年全国邮政管理系统新闻宣传工作要点》《邮政快递业庆祝中国共产党成立 100 周年宣传报道方案》和《邮政代办所监督管理规定（试行）》，强调要更好地把思想认识和行动统一到中央决策部署上来，为全面建设社会主义现代化国家开好局起好步贡献行业力量。副局长刘君、杨春光、赵民出席会议。

马军胜局长主持召开国家邮政局党组会议

3 月 19 日，国家邮政局党组书记、局长马军胜主持召开局党组会议，深入学习贯彻习近平总书记在中共中央政治局第二十八次集体学习时重要讲话、在中央党校（国家行政学院）中青年干部培训班开班式上重要讲话和主持召开中央财经委员会第九次会议重要讲话精神，审议《中共国家邮政局党组意识形态工作责任制实施细则（送审稿）》。局党组成员、副局长戴应军、刘君、杨春光、赵民出席会议。中央纪委国家监委驻交通运输部纪检监察组副组长胡志彬列席会议。

“邮件快件安检员”被增设为新工种

近日，人力资源社会保障部办公厅、市场监管总局办公厅、统计局办公室印发《关于发布集成电路工程技术人员等职业信息的通知》，明确在“安检员（4-07-05-02）”职业下增设“邮件快件安检员”工种。这标志邮件快件安检员被正式增设为新工种。为充分适应和反映人力资源开发管理需求，促进劳动者就业创业，人力资源社会保障部建立了新职业发布制度，实施职业分类动态调整，本次发布的新职业是《中华人民共和国职业分类大典》（2015 年版）颁布以来发布的第四批新职业。此次在发布新职业信息的同时，还调整变更了“社区事务员”“安检员”等有关职业工种信息。

《职业教育专业目录（2021 年）》印发

日前，教育部组织对职业教育专业目录进行了全面修（制）订，正式印发《职业教育专业目录（2021 年）》。《目录》对接现代产业体系，服务产业基础高级化、产业链现代化，一体化设计中等职业教育、高等职业教育专科、高等职业教育本科不同层次专业。《目录》对接邮政快递业高质量发展需要，新设了邮政类高职本科专业，对邮政类中职和高职专科专业进行了优化调整，共设置邮政类 7 个，比之前增加 3 个。其中中职专业 3 个，高职专科专业 3 个，高职本科专业 1 个，基本构建了定位清晰、纵向贯通、系统配套的职业教育邮政类专业目录体系，标志着职业教育邮政类专业体系趋于完善。

国家邮政局召开机关党委全委（扩大）会议

3 月 19 日，国家邮政局召开机关党委全委（扩大）会议，传达学习近期习近平总书记重要讲话精神和党中央重要会议精神，安排部署今年重点工作任务，推进机关党的建设高质量发展。局党组成员、机关党委书记杨春光主持会议并讲话。杨春光指出，局机关和直属单位各级党组织要在党史学习教育中发挥带头作用，把学习党史同学习贯彻习近平新时代中国特色社会主义思想联系起来，同学习新中国史、改革开放史、社会主义发展史结合起来，同回顾总结邮政光荣历史、优良传统贯通起来，深刻理解中国共产党为什么“能”、马克思主义为什么“行”、中国特色社会主义为什么“好”。要开展“我为群众办实事”活动，组织广大党员干部立足岗位作贡献。

马军胜局长与国邮智库专家、企业家座谈交流

3 月 22 日，第六届国邮智库专家沙龙在北京召开，国家邮政局局长马军胜、副局长刘君与 6 位

行业相关研究领域的专家学者，就新时代邮政快递业高质量发展路径进行面对面研讨，专家们纷纷为行业"把脉"、献策。国家邮政局相关司室、单位负责人，8位知名品牌企业家代表参与互动研讨。据了解，这是中国邮政快递报社连续第6年举办的国邮智库专家沙龙活动。6年来，从快递"黑马"如何又快又稳，到如何拓展网络、服务下沉，再到如何通过嫁接资本市场培育壮大骨干邮政快递企业，国邮智库专家都贡献了不少"金点子"，充分发挥了国邮智库专家在邮政快递业发展中的作用，为推动行业科学健康有序发展贡献了智慧。

国家邮政局党组召开党史学习教育领导小组第二次会议

3月22日，国家邮政局党组书记、局长、局党史学习教育领导小组组长马军胜主持召开局党史学习教育领导小组第二次会议，审议《中共国家邮政局党组党史学习教育读书班方案(送审稿)》，对组织实施好党史学习教育读书班提出明确要求。局党组成员、副局长、局党史学习教育领导小组副组长戴应军、杨春光出席会议。马军胜指出，要提高政治站位，深刻认识到开展党史学习教育是一项重大政治任务。参加人员要深化思想认识，党组成员要发挥示范带头作用，自觉上好党史教育这一门"必修课"，不断提高政治判断力、政治领悟力、政治执行力，真正做到学党史、悟思想、办实事、开新局。

马军胜局长出席中国快递协会三届三次理事会

3月23日，中国快递协会在京召开三届三次理事会，认真贯彻落实中央关于邮政快递业的重大决策部署，听取2020年度协会工作报告和财务报告，审议申请入会企业资格名单并举行颁奖仪式。国家邮政局党组书记、局长马军胜，中国快递协会会长高宏峰出席会议并讲话，局党组成员、副局长戴应军、刘君出席会议。马军胜、高宏峰、戴应军、刘君共同为2020年度邮政行业科学技术奖、2020年服贸会快递行业突出贡献奖、2020年快递业专项捐资扶贫贡献奖、快递业抗击新冠疫情先进集体和先进个人，以及抗击疫情助力快递业复工复产优秀会员企业等奖项获得者颁奖。

仅用83天，今年快递业务量已突破200亿件

国家邮政局实时监测数据显示，截至3月24日，今年我国快递业务量已突破200亿件，接近2015年全年水平，日均业务量超过2.4亿件，日均服务用户接近5亿人次，行业服务民生作用更加凸显。今年年初以来，邮政快递业继续保持高速增长态势，预计全年快递业务量将超过950亿件。值得注意的是，今年快递业务量突破200亿件用时仅83天，比2015年12月25日我国快递业务量首次超过200亿件提前了9个月，比2020年提前了45天，又一次刷新了我国快递业发展纪录，也进一步凸显了我国快递市场巨大的发展韧性、蓬勃活力和增长潜力。

李克强总理在江苏常州考察快递代收点等服务场所

3月25日上午，李克强来到江苏常州富强新村社区，先后考察快递代收点、养老服务站、便民食堂等服务场所。总理说，社区服务业发展潜力巨大。这件事做好了，既可为居民生活带来极大便利，又能创造相当可观的灵活就业岗位，还能带动有效投资，可以说一举多得。闻知总理来了，居家的老人、孩子等社区居民都出来了。李克强对大家说，社区提供养老、托幼服务，既能方便老人孩子得到就近照护，又能让在外打拼的上班族感到安心。老年人有幸福的晚年，年轻人才有可预期的未来。社区里既有你们的"小"家，社区又是你们的"大"家。各方要一起努力，让社区的服务更加优质丰富，让这里有归属感，有"家"的感觉。

国家邮政局召开2021年第四次局长办公会

3月25日,国家邮政局局长马军胜主持召开2021年第四次局长办公会,审议并原则通过《邮件快件过度包装和随意包装专项治理方案》、档案管理系列制度、国家邮政局落实《政府工作报告》重点工作实施方案,强调全系统全行业要坚持以习近平新时代中国特色社会主义思想为指导,立足新发展阶段,贯彻新发展理念,构建新发展格局,推动高质量发展,巩固拓展疫情防控和行业改革发展成果,切实推动邮政快递业高质量发展、高效能治理。副局长戴应军、刘君、杨春光、赵民出席会议。

国家邮政局组织召开《邮件快件包装管理办法》宣贯暨行业生态环保座谈会

3月26日,国家邮政局在京召开主要品牌寄递企业生态环保工作座谈会,深入贯彻落实习近平总书记关于快递包装治理的重要指示批示精神,宣贯《邮件快件包装管理办法》,督促寄递企业落实生态环保主体责任。国家邮政局党组成员、副局长赵民同志出席会议并讲话,强调要以习近平生态文明思想为指导,把思想认识行动统一到党中央、国务院重要决策部署上来,坚持系统治理、依法治理、综合治理和源头治理,全面贯彻落实《办法》,扎实推进快递包装绿色转型和行业节能减排,为美丽中国建设作出应有的贡献。

国家邮政局举办RCEP背景下邮政快递业国际合作发展论坛

3月31日,国家邮政局举办RCEP(区域全面经济伙伴关系协定)背景下邮政快递业国际合作发展论坛。国家邮政局副局长赵民出席论坛并致开幕、闭幕辞。亚太邮联秘书长林洪亮、联合国亚太经社会交通司司长任为民、原世界海关组织亚太能力建设办公室专家童话、中国国际发展知识中心副主任魏际刚,以及外交部亚洲司、商务部国际司和国家邮政局发展研究中心的相关问题专家作主题发言。论坛以现场和视频连线方式进行。来自国际组织、国家有关部委、研究机构、邮电院校和邮政快递企业的代表,围绕"如何认识RCEP给行业带来的新机遇新要求""如何适应RCEP相关规则""如何增进RCEP区域邮政快递国际合作"等问题,深入探讨交流,提出意见建议。

国家邮政局组织召开《邮件快件包装管理办法》宣贯暨行业生态环保工作电视电话会

4月2日,国家邮政局召开邮政快递业生态环保工作电视电话会,深入贯彻落实习近平总书记关于快递包装治理的重要指示批示精神,宣贯《邮件快件包装管理办法》,对行业生态环保工作进行再动员再部署。国家邮政局党组成员、副局长赵民出席会议并讲话,强调要以习近平新时代中国特色社会主义思想为指导,全面贯彻落实党中央国务院战略部署,加快推进快递包装绿色转型,扎实推进"2582"工程,稳步推进行业节能减排,推动行业绿色发展再上新台阶,以实实在在的工作业绩和绿色发展成效向建党100周年献礼。

2021年清明节期间,全国邮政快递业高位运行平稳有序

国家邮政局监测数据显示,今年清明节期间(4月3日至5日),全国邮政快递业高位运行、平稳有序,常态化疫情防控工作有序有效推进,未发生大规模邮(快)件积压延误,未发生群死群伤性重大火灾事故,未发生重特大生产安全事故。全国邮政快递业揽收快递包裹7.61亿件,与2020年清明节同期相比增长44.4%;投递快递包裹7.65亿件,与2020年清明节同期相比增长48.3%。国家邮政局认真贯彻落实习近平总书记关于防范化解重大安全风险的重要指示批示精神,紧密结合节日特点坚决遏制重特大事故,确保清明节放假期间寄递渠道安全畅通和行业平稳运行。

国家邮政局召开二季度例行新闻发布会

4月6日，国家邮政局召开二季度例行新闻发布会，对《邮件快件包装管理办法》进行解读。国家邮政局市场监管司副司长管爱光表示，该《办法》是国内首部关于快递包装治理的专项部门规章，围绕邮件快件用什么包、怎么包、怎么管三个关键问题，明确了制度设计和条款内容，必将对加快推进快递包装绿色转型和邮政快递业绿色高质量发展起到有力的推动作用。下一步，邮政管理部门将重点抓好《办法》宣贯实施，广泛开展宣传培训，完善配套制度，加强执法检查，强化支撑保障，营造有法必依、执法必严、违法必究的良好氛围，确保《办法》得到有效贯彻落实。

吴基传调研邮政快递业改革发展情况

4月8日，原邮电部、信息产业部部长吴基传在京调研邮政快递业改革发展情况，他充分肯定邮政体制改革以来取得的成绩和国家邮政局的工作思路，对全系统全行业付出的劳动、作出的贡献表示祝贺感谢，希望邮政快递业抓住数字经济的浪潮，巩固服务消费领域的成果，积极向服务产业互联网进军，不断提升行业发展质效和治理水平。国家邮政局党组书记、局长马军胜陪同调研并介绍有关情况。马军胜表示，22年的改革发展实践，我们体会到要树立"大邮政"的理念，要坚持"大发展"的导向，要把握"大融合"的关键，要践行"大民生"的宗旨，要坚定"大信念"不动摇。

马军胜局长会见浙江省政府副省长刘小涛

4月8日，国家邮政局局长马军胜在京会见浙江省政府副省长刘小涛一行，就推动浙江省邮政快递业加快转型升级、更好服务经济社会发展和筹办第四届中国(杭州)国际快递业大会交换了意见。国家邮政局副局长刘君一同会见。马军胜对浙江省委、省政府长期以来对邮政快递业改革发展各项工作的支持表示感谢。他希望浙江省委、省政府一如既往支持邮政快递业发展，进一步释放行业在助力生产、促进消费、畅通循环中的重要作用，同时希望双方深化合作，推动邮政快递业更好服务地方经济社会发展。

国家邮政局要求全行业按期实现新冠疫苗"应接尽接"

4月9日，国家邮政局召开邮政快递从业人员疫苗接种推进工作电视电话会议，传达国务院应对新冠肺炎疫情联防联控机制相关会议精神，落实国家邮政局党组工作部署，进一步推动邮政快递从业人员新冠病毒疫苗接种工作。对下一步工作，会议提出以下几点要求：一是切实加强组织领导，细化工作措施，进一步加强与地方政府疫情防控相关部门的工作对接，协调争取安排从业人员优先接种疫苗。二是全力推进从业人员疫苗接种工作。三是加强疫苗接种后续管理。四是加强疫苗相关寄递安全管理。五是毫不松懈抓好常态化疫情防控。

马军胜局长参加2021年共和国部长义务植树活动

4月10日上午，国家邮政局局长马军胜赴北京市大兴区礼贤镇临空区休闲公园，参加2021年主题为"履行植树义务，共建美丽中国"的共和国部长义务植树活动。马军胜佩戴口罩统一乘车到达植树现场，测量体温后直奔植树地点，搬运树苗、挖坑、栽苗、填土、浇水，经过一上午的劳动，栽下了白皮松、油松、银杏、国槐等树苗，为美丽中国再添一抹绿色。来自中共中央直属机关、中央国家机关各部门和北京市的122名部级领导干部参加。活动自2002年起连年开展，至今已经是第20次。20年来累计有部级干部3351人次参加，共栽下树木39430株。

国家邮政局部署安排2021年全国两会建议提案办理工作

4月15日，国家邮政局局长马军胜主持召开会议,听取2021年全国两会建议提案办理工作安排情况汇报,并部署相关工作,强调要坚持以习近平新时代中国特色社会主义思想为指导,深入学习贯彻习近平总书记关于办好建议提案的重要论述,加强组织领导、压实部门责任、强化沟通协调、做好结合文章,不断提高建议提案办理工作质量和水平,推动行业改革发展和行业管理工作迈上新台阶。局领导戴应军、刘君、赵民、廖进荣出席会议。

国家邮政局党组2021年度第一轮巡视完成进驻

截至4月15日,国家邮政局党组4个巡视组完成进驻工作,2021年度邮政管理系统第一轮巡视全面展开。经国家邮政局党组批准,2021年度邮政管理系统第一轮巡视对上海市邮政管理局、江苏省邮政管理局、海南省邮政管理局、广东省邮政管理局等4个省(市)局党组开展常规巡视,同步开展选人用人专项检查。近日,被巡视单位分别召开巡视工作动员会。会前,各党组巡视组向被巡视单位党组织主要负责人传达了中央有关精神,通报了工作安排。会上,各党组巡视组组长作了动员讲话,对做好巡视工作提出要求。

第三届“强邮论坛”在京举办

4月17日,第三届“强邮论坛”暨现代流通体系创新发展及邮政快递业高层次人才培养峰会在京举办。国家邮政局副局长杨春光出席论坛开幕式并致辞。杨春光指出,国家邮政局认真学习贯彻习近平总书记的重要指示精神,牢牢把握行业人才队伍建设的正确方向,大力实施行业人才素质提升工程,深入推进快递工程技术人员职称评审和职业技能培训工程,加快推进校企合作产教融合,着力推进现代邮政教育事业发展,有力促进了行业人才队伍建设,为行业改革发展提供了有力支撑。杨春光强调,当前,我国邮政业仍处于大有可为、大有作为的重要战略机遇期和由高速增长向高质量发展转变的关键阶段。全行业迫切需要培养造就一支知识型、技能型、创新型劳动者大军。

全国邮政管理系统党史学习教育宣讲报告会举行

4月19日,国家邮政局党组举行全国邮政管理系统党史学习教育宣讲报告会和局党组党史学习教育读书班第一课,中央宣讲团成员、中央党史和文献研究院院长曲青山作宣讲报告。局党组书记、局长马军胜主持,局领导戴应军、赵民、廖进荣出席。马军胜强调,全系统各级党组织要切实加强党史学习教育的组织领导,抓紧落实党史学习教育各项工作安排,认真抓好“我为群众办实事”实践活动,高标准高质量完成好党史学习教育各项任务,做到学史明理、学史增信、学史崇德、学史力行,以优异成绩庆祝建党100周年。

“五一”、端午将至,国家邮政局党组发出通知

“五一”、端午将至,4月20日,国家邮政局党组发出通知,要求各级党组织要深入学习贯彻习近平总书记关于作风建设重要论述,坚守重要节点,毫不松懈纠治“四风”,确保节日期间风清气正。通知指出,要强化政治定力,落实政治责任。“节点”就是“考点”,作风就是宣言。各级党组织和广大党员干部要坚决贯彻落实中央纪委五次全会精神,从讲政治的高度深刻认清不正之风的本质和危害,保持定力,久久为功,把严的主基调长期坚持下去,认真答好“五一”、端午反“四风”的政治答卷。

马军胜局长主持召开国家邮政局党组中心组(扩大)学习研讨交流会

4月21日,国家邮政局党组书记、局长马军胜主持召开党组中心组(扩大)学习研讨交流会,围绕“系统掌握我们党推进马克思主义中国化形成

的理论成果”专题(党组党史学习教育读书班专题一),重点结合党的十八大以来党和国家事业取得历史性成就、发生历史性变革的进程,深入理解把握习近平新时代中国特色社会主义思想的科学性真理性,强调要增强“四个意识”、坚定“四个自信”、做到“两个维护”,更加自觉坚定学习贯彻党的创新理论,争做习近平新时代中国特色社会主义思想的坚定信仰者和忠实践行者,持之以恒推进邮政快递业高质量发展。局领导戴应军、赵民作重点研讨交流,局领导刘君、廖进荣出席会议。

国家邮政局召开全系统电视电话会议

4月21日,国家邮政局召开电视电话会议,通报一季度邮政管理系统贯彻落实中央过紧日子要求和推进财政事权划分改革工作情况,听取有关省市邮政管理局经验发言,并就下一步提高工作质效作部署要求,国家邮政局党组成员、副局长赵民出席会议并讲话。赵民强调,2021年是全系统过紧日子要求的集中呈现期,也是落实邮政领域财政事权划分改革的重要机遇期,全系统各单位要切实提高思想认识,把握机遇、迎难而上,推进过紧日子和财政事权划分改革工作向纵深发展。针对下一步工作,赵民要求,一是提高政治站位,牢固树立过紧日子思想;二是不断深化改革,积极构建经费保障新格局;三是创新方式方法,努力提高工作质效。

国家邮政局下发通知

近日,国家邮政局下发《关于开展全国邮政快递业庆祝中国共产党成立100周年青年演讲比赛的通知》,要求在全国邮政快递业组织举办以“学党史、感党恩、跟党走,我在岗位建新功”为主题的青年演讲比赛。《通知》明确,比赛参赛范围包括邮政管理系统45岁以下青年干部职工、邮政快递企业入职满1年的45岁以下青年职工以及相关邮政院校青年学生,活动时间为2021年5月—7月。比赛拟设一等奖2名,二等奖4名,三等奖6名,纪念奖8名。对获奖选手较多、组织参赛作品质量较高的单位,还将评选优秀组织奖。获奖作品将在国家邮政局官网、官微、机关大屏轮播展示。

马军胜局长主持会议研究加强国家邮政局党组自身建设事宜

4月23日,国家邮政局党组书记、局长马军胜主持召开党组会议,研究加强党组自身建设事宜,强调要始终以习近平新时代中国特色社会主义思想为指导,增强“四个意识”、坚定“四个自信”、做到“两个维护”,牢记使命职责,加倍努力工作,以高质量党建推进高质量发展。局领导戴应军、刘君、赵民、廖进荣、陈凯出席会议。中央纪委国家监委驻交通运输部纪检监察组副组长胡志彬列席会议。马军胜强调,要注重学习强本领,在带头更好履职上作表率。要坚持原则重团结,在带头合作共进上作表率。要知责尽责敢担当,在带头真抓实干上作表率。要守住底线葆本色,在带头廉洁自律上作表率。

快递大数据东南研究院揭牌

4月25日,第四届数字中国建设峰会在福建省福州市开幕。本届峰会由国家网信办、国家发展改革委、工信部、国资委和福建省政府共同主办,主题为“激发数据要素新动能,开启数字中国新征程”。国家邮政局副局长刘君出席峰会,并在数字政府分论坛发表主旨演讲。刘君指出,自2009年起,国家邮政局即着手探索推进数字政府建设,逐步建成了中国快递大数据平台。他表示,全系统将继续强化、做实和发挥好邮政快递领域“数据”的创新引领作用,继续加强系统的扩展、完善与提升,突出强化快递大数据开发与应用,在快递大数据支撑行业高质量发展、服务地方经济发展、助力社会治理方面继续深耕细作,进一步激发数据要素价值。

习近平在广西考察，察看商业、邮政等服务设施，要求维护好卡车司机、快递小哥等的合法权益

“要完善多渠道灵活就业的社会保障制度，维护好卡车司机、快递小哥、外卖配送员等的合法权益。”4月27日，习近平总书记在听取广西壮族自治区党委和政府工作汇报后发表的重要讲话强调要保障快递小哥的合法权益，令广大邮政快递从业者备受鼓舞，并在行业引发热烈反响。“全系统全行业将坚决贯彻落实习近平总书记重要指示精神，加快出台优化基层员工权益保障政策，攻坚克难着力解决长期困扰快递小哥的急难愁盼问题。”国家邮政局党组书记、局长马军胜向全行业发出动员令，要求增强快递小哥群体的获得感、幸福感、安全感，确保快递小哥愿意来、留得住、发展好。

国家邮政局通知要求做好新冠肺炎疫情防控

劳动节假期临近，国家邮政局再次发出通知，要求全系统全行业按照《国家邮政局关于做好2021年清明节及劳动节期间寄递安全和服务保障工作的通知》相关工作要求，进一步做好2021年劳动节假期期间邮政行业疫情防控和维护安全稳定工作。通知指出，“外防输入、内防反弹”任务仍然复杂艰巨，全系统全行业要切实提高政治站位，坚持人民至上、生命至上，坚持守土有责、守土尽责，深刻认识做好劳动节期间邮政行业疫情防控工作、巩固好疫情防控成果对人民群众生命健康和经济社会发展的重要意义，科学精准做好行业疫情防控各项工作。

马军胜局长赴上海调研

4月27日至29日，国家邮政局党组书记、局长马军胜赴上海调研，了解快递员公租房保障进展情况，慰问获得全国五一劳动奖章等表彰的基层邮政快递员工，召集7家快递企业主要负责人就快递小哥群体合法权益保障问题进行专题座谈。马军胜强调，全系统全行业要认真学习贯彻习近平总书记在广西考察时的重要讲话精神，提高政治站位，坚持问题导向，统筹各方力量，落实重点工作，切实保障快递小哥合法权益，推进邮政快递业高质量发展，为服务经济社会发展作出更大贡献。

五一假期全国揽投快递包裹近26亿件

国家邮政局监测数据显示，今年五一假期（5月1日至5日），全国邮政快递业保持总体安全平稳、高位有序运行的良好态势，揽投快递包裹量接近26亿件。其中，揽收快递包裹13.4亿件，同比增长22.95%，与2019年同期相比增长97.13%；投递快递包裹12.5亿件，同比增长22.28%，与2019年同期相比增长91.77%。

马军胜局长主持召开国家邮政局机关青年干部座谈会

5月7日，国家邮政局党组书记、局长马军胜主持召开机关青年干部座谈会，学习贯彻习近平总书记在中央党校（国家行政学院）中青年干部培训班开班式上的重要讲话、关于青年工作重要论述精神，强调青年干部要牢记习近平总书记嘱托，增强“四个意识”、坚定“四个自信”、做到“两个维护”，肩负历史使命，坚定前进信心，切实做到立大志、明大德、成大才、担大任，为邮政快递业改革发展贡献青春力量。局党组成员、副局长赵民出席座谈会并领学相关重要精神。

国家邮政局召开2021年第七次局长办公会

5月10日，国家邮政局局长马军胜主持召开2021年第七次局长办公会，审议并原则通过《2020年邮政普遍服务监管报告》，听取关于进一步推进“快递进村”有关工作的汇报，审议并原则通过《关于2021年持续解决形式主义问题深化拓展基层减负工作主要措施及分工方案》和2021年督查调研统筹计划，强调要全面贯彻新发展理

念,坚持问题导向、坚持需求导向、坚持底线思维,进一步提升政治站位,进一步提升服务能力,确保“十四五”期间邮政快递业开好局、起好步。副局长戴应军、刘君、赵民、廖进荣、陈凯出席会议。

国务院安全生产考核组进驻国家邮政局开展实地考核

按照国务院安委会统一部署,国务院安全生产考核组第十五组5月10日至12日进驻国家邮政局,开展2020年度邮政快递业安全生产工作实地考核。5月11日上午,国家邮政局召开2020年邮政快递业安全生产工作考核汇报会。国务院安全生产考核组第十五组组长、国家文物局党组成员、副局长宋新潮讲话,国家邮政局党组书记、局长马军胜主持汇报会,局党组成员、副局长廖进荣汇报2020年度邮政快递业安全生产工作情况。马军胜表示,要从政治全局的高度,充分认识安全生产考核的重要意义,认真贯彻落实,做好相关工作,确保行业安全发展。

2021年全国邮政行业人才工作领导小组会议召开

5月12日,国家邮政局召开2021年全国邮政行业人才工作领导小组会议,深入学习贯彻习近平总书记关于人才工作的重要指示精神,总结2020年的行业人才工作,谋划2021年的重点工作。强调要增强“四个意识”、坚定“四个自信”、做到“两个维护”,深刻领会习近平总书记关于人才工作重要论述的科学内涵、战略考量和实践要求,牢牢把握邮政行业人才队伍建设的正确方向,坚持党管人才原则,突出政治标准,遵循科学方法,全面加强体制机制创新,着力补齐短板弱项,重点破解人才领域迫切难题,打造高素质专业化干部和人才队伍。国家邮政局党组书记、局长马军胜出席会议并讲话,局党组成员、副局长刘君主持会议。

马军胜局长在京会见东风汽车集团总经理杨青一行

5月13日,国家邮政局局长马军胜在京会见东风汽车集团有限公司总经理杨青一行。双方就邮政快递业转型升级、快递进厂等方面内容交换了意见。马军胜介绍,陆运是邮政快递业最主要的运输方式,以东风汽车为代表的车企,服务保障了行业的发展,对此表示感谢。马军胜指出,为推动邮政快递业转型升级,国家邮政局2020年开展“两进一出”工程,在快递进厂方面,双方合作天地广阔。随着行业的快速发展,行业对运输产品的需求将进一步释放,期待车企为行业量身定制出更加符合行业需要的产品和服务。未来,双方实现更紧密的融合与合作,共同为服务经济社会发展贡献力量。

第三届“双品网购节”活动圆满结束

4月28日至5月12日,商务部、国家邮政局等5部门组织开展了第三届“双品网购节”活动。据监测,活动带动全国网络零售额达6928亿元,同比增长26.7%,其中,实物商品网络零售额5620亿元,同比增长25.9%。活动期间,全国邮政快递业保持安全平稳、有序运行的良好态势,揽收包裹量达44.2亿件,同比增长24.6%,投递包裹达42.1亿件,同比增长23.1%。为保障活动顺利进行,各级邮政管理部门与有关部门密切联系,加强统筹指导,组织邮政、快递企业积极做好寄递服务保障工作。在做好能力投入的同时,重点开展了以下工作,一是补短板提品质,二是强管理守承诺,三是保权益递关爱,四是重末端促稳定,五是防疫情保安全。

廖进荣副局长在京调研寄递渠道安全保障工作

5月13日,国家邮政局党组成员、副局长廖进荣带队在京调研寄递渠道安全保障工作,召开座谈会听取北京市邮政管理局重大活动安保工作情况汇报,赴快递企业一线网点调研寄递安全三项制度落实情况，强调要提高政治站位，狠抓工作落实，确保寄递渠道绝对安全，努力为建党100周年营造和谐稳定社会环境。座谈会上，北京市邮政管理局汇报了行业基本情况和寄递渠道安全监管工作情况。廖进荣对北京市邮政管理局工作给予充分肯定，强调指出，一要增强政治意识和政治责任感；二要全力以赴做好建党100周年寄递渠道安保工作；三要落实各项责任，压实企业安全主体责任特别是总部统一管理责任，切实履行监管职责，全力抓好各项工作落实。

国家邮政局党组党史学习教育领导小组印发方案

近日，国家邮政局党组党史学习教育领导小组制定印发了《中共国家邮政局党组党史学习教育"我为群众办实事"实践活动方案》，进一步安排全系统全行业"我为群众办实事"实践活动。《方案》提出，深入开展党史学习教育活动，做到学史明理、学史增信、学史崇德、学史力行。《方案》从推进"快递进村"和加强快递员群体权益保护两个方面提出了具体目标，明确了责任单位。《方案》要求，要提高思想认识，相关责任单位要认真学习贯彻习近平总书记关于邮政快递业的重要指示精神，切实提高政治站位，把开展"我为群众办实事"实践活动与推进邮政管理部门政治机关建设结合起来，以高度的政治责任感、使命感抓好工作落实。

国家邮政局党组举办党史学习教育读书班

5月18日，根据《中共国家邮政局党组党史学习教育读书班方案》安排，国家邮政局党组利用一天时间举办党史学习教育读书班活动，强调要以学史明理、学史增信、学史崇德、学史力行为重点任务，坚持理论联系实际，坚持读原著、学原文、悟原理，坚持真学、细学、深学，学以致用推进邮政快递业高质量发展。国家邮政局党组书记、局长马军胜主持并领学，局党组成员、副局长戴应军、刘君、赵民分别领学，局党组成员、副局长廖进荣、陈凯出席。马军胜强调，学习《共产党宣言》，要"不忘初心、牢记使命"，坚定信仰，增强信念，提振信心，集中力量做好眼前的事情，通过办好我们的事情来实现党的远大理想。

国家邮政局召开推进部分地区邮政快递业从业人员疫苗接种工作电视电话会议

5月20日，国家邮政局召开推进部分地区邮政快递业从业人员疫苗接种工作电视电话会议，贯彻落实国务院应对新冠肺炎疫情联防联控机制关于新冠病毒疫苗接种的工作要求，深入分析当前邮政快递业疫苗接种工作情况，要求进一步统一思想、改进措施、加大力度，扎实推进从业人员疫苗接种工作，有效构筑邮政快递业疫情防控屏障，以扎实的工作成果为庆祝建党100周年营造良好环境。国家邮政局党组成员、副局长廖进荣出席会议并讲话。廖进荣指出，要切实增强政治责任感和工作紧迫感，毫不放松加快推进疫苗接种工作。保障从业人员的人身健康和防疫安全，维护行业安全稳定运行，持续支撑经济社会发展、服务人民群众生活。

汪永清副主席调研加强快递员外卖配送员权益保障、促进行业健康发展情况

5月17日至20日，全国政协副主席汪永清率调研组赴福建省，调研加强快递员外卖配送员权益保障、促进行业健康发展情况。调研组到福州、龙岩的快递外卖企业、电商平台、仓储分拣中心、配送站点、社区快递驿站了解情况，同90多名企业管理者、快递员外卖配送员面对面交流，并召开座谈会听取有关部门、行业协会、企业和快递员外卖配送员意见建议。汪永清说，快递员外卖配送员用他们的辛劳和汗水，一头支撑着行业的生存与发展，一头连着千家万户的生产和生活，是广大劳动群众中的重要群体。保障好他们的正当权

益,不仅关系这个劳动群体的切身利益,而且关系广大人民群众的切身利益,关系行业健康发展,关系社会政治大局稳定。

邮政快递企业驰援云南、青海震区

5月21日21时48分,云南大理州漾濞县发生6.4级地震。5月22日02时04分,青海果洛州玛多县发生7.4级地震。地震发生后,国家邮政局第一时间启动应急响应,组织邮政管理系统妥善应对地震。国家邮政局党组书记、局长马军胜和党组成员、副局长廖进荣高度重视,第一时间对云南省和青海省邮政管理局进行调度和慰问,要求邮政管理部门及时妥善组织做好应对地震影响相关工作,切实保障邮政快递从业人员人身安全、保证邮件快件正常投递,并做好维护行业安全稳定等工作。此外,各寄递企业也纷纷加入抗震救灾活动。韵达公司携手上海韵达公益基金会向云南震区捐赠物资,前期先捐赠20顶帐篷,后期根据需求将捐赠方便面、矿泉水等物资,支援灾区。

国家邮政局部署开展“安全生产月”活动

今年6月是第二十个全国“安全生产月”,主题是“落实安全责任,推动安全发展”。为深入贯彻落实习近平总书记关于安全生产重要论述,扎实推进安全生产专项整治三年行动集中攻坚,《国家邮政局办公室关于开展“安全生产月”活动的通知》于近日印发,要求结合邮政快递业实际,推动行业安全生产。《通知》指出,要进一步树牢安全发展理念。各级邮政管理部门、各企业要强化“人民至上、生命至上”“安全第一、预防为主”的理念,坚守“发展决不能以牺牲人的生命为代价”这条不可逾越的红线,始终把保障人民生命安全作为行业发展的基础和前提。要正确处理安全与发展、安全与效益的关系,始终把安全生产放在首要位置,实现更为安全的发展。

国家邮政局召开中国共产党成立一百周年庆祝活动寄递渠道安全服务保障工作动员部署电视电话会议

5月28日,国家邮政局召开中国共产党成立100周年庆祝活动寄递渠道安全服务保障工作动员部署电视电话会议,对做好庆祝活动寄递渠道安全服务保障工作进行动员部署,强调要认真贯彻落实党中央、国务院决策部署,以更加饱满的精神状态、更加严谨的工作作风、更加务实的工作举措,全面做好寄递渠道安全服务保障工作,为庆祝建党100周年大力营造安全稳定寄递服务环境。局党组成员、副局长廖进荣出席会议并讲话。廖进荣强调,要切实提高政治站位,增强做好庆祝建党100周年寄递渠道安全服务保障工作的责任感和紧迫感。要明确重点任务和要求,从严从实从细抓好各项措施落实。要强化组织领导和责任落实,确保庆祝建党100周年行业安全稳定和疫情防控工作万无一失。

国家邮政局举办党史学习教育巡回指导工作电视电话培训班

5月28日,国家邮政局举办邮政管理系统党史学习教育巡回指导工作电视电话培训班,学习领会党史学习教育中央指导组培训会议精神和国家邮政局党组有关工作要求,介绍国家邮政局党组党史学习教育开展情况,对邮政管理系统党史学习教育巡回指导工作进行安排部署,强调要深入学习领会习近平总书记关于党史学习教育的重要论述,增强做好指导工作的责任感使命感,认真履行职责,展现过硬作风,高质量高标准完成指导工作任务。按照中央统一部署,为高质量高标准完成邮政管理系统学习教育各项工作任务,国家邮政局党组决定成立4个巡回指导组,对31个省(区、市)邮政管理局开展党史学习教育情况实现督导全覆盖。

国家邮政局发出唁电，深切哀悼王顺友同志

5月31日，国家邮政局向中国邮政集团有限公司发出唁电，深切哀悼王顺友同志。王顺友，男，苗族，1965年11月生于四川省木里藏族自治县，2004年10月加入中国共产党。1985年10月参加工作，从事木里县城—白雕、三角垭、倮波乡的马班邮路投递工作，坚守马班邮路32年。2021年5月30日，王顺友在四川省凉山彝族自治州木里藏族自治县逝世，享年56岁。国家邮政局指出，王顺友同志是全国四百万邮政快递人践行“人民邮政为人民”初心使命的优秀代表。他还是第一位走上万国邮联大会讲台的乡邮员，他的事迹赢得了各国代表们的敬意与赞美，他让“马班邮路”精神传向世界、感动世界。

今年快递业务量已突破400亿件

国家邮政局实时监测数据显示，截至6月1日，今年我国快递业务量已突破400亿件，接近2017年全年水平，日均业务量超过2.66亿件，日均服务用户超过5亿人次，行业服务民生作用更加凸显。国家邮政局预计，2021年全年快递业务量将超过950亿件。值得注意的是，今年快递业务量突破400亿件用时仅5个月，比2017年我国快递业务量首次达到400亿件提前了7个月，比2020年提前约2个月，再次刷新纪录，显现了我国快递市场巨大的发展韧性、蓬勃活力和增长潜力，也彰显了邮政快递业在促进消费和畅通经济循环中的重要作用。

12部门联合推进城市一刻钟便民生活圈建设

近日，商务部、国家邮政局等12部门发布《关于推进城市一刻钟便民生活圈建设的意见》，将便民生活圈打造成为促进形成强大国内市场、服务保障民生、推动便利消费及扩大就业的重要平台和载体。《意见》明确，结合城乡社区服务体系建设、城镇老旧小区改造等，开展广泛调研和排查，摸清底数，制定方案，明确新建和改造提升项目，推动便民商业设施进社区，打通“最后一公里”。支持智能信包箱（快件箱）、箱式移动早餐售卖车、蔬菜直通车等便利设施进社区。鼓励有条件的物业服务企业向养老、托育、家政、邮政快递、前置仓等领域延伸，推动“物业服务＋生活服务”，提升消费便利化、品质化水平。

廖进荣副局长调研督导建党100周年寄递渠道安全服务保障工作

5月31日至6月4日，国家邮政局党组成员、副局长廖进荣带队在重庆、海南督导检查建党100周年安保反恐工作期间，分别到重庆市邮政管理局和海南省邮政管理局进行调研，看望慰问干部职工并主持召开座谈会，强调要履职尽责，真抓实干，以强烈的政治责任感抓好寄递渠道安全服务保障工作，持续推动邮政快递业高质量发展，为建党100周年营造和谐稳定的寄递服务环境。调研中，廖进荣强调，各级邮政管理部门、各寄递企业要切实增强政治意识，要积极做好行业安全生产工作，要慎终如始做好常态化疫情防控工作，要统筹行业发展和安全两件大事。

刘君副局长赴职鉴指导中心调研指导工作

6月4日，国家邮政局党组成员、副局长刘君到职鉴指导中心调研指导工作，听取中心党建和业务开展情况汇报，与党员干部座谈交流思想，了解工作上存在的困难，听取人才工作等意见建议。人事司相关处室同志陪同调研。刘君强调，今年是中国共产党成立100周年，我国开启了全面建设社会主义现代化国家新征程，职鉴中心要扎实开展好党史学习教育，从党史学习中汲取精神养料、振奋革命精神，以昂扬姿态奋力开启新征程、担当新使命。一是要提高认识，深刻领会行业人才队伍建设重要性。二是要坚定信心，切实做好行业人才队伍建设工作。三是要解放思想，持续加强自身建设。

国家邮政局调研组赴河北省平泉市调研定点帮扶工作

为推动巩固拓展脱贫攻坚成果同乡村振兴有效衔接,6月3日至4日,国家邮政局党组成员、副局长赵民带领调研组,到河北省平泉市调研定点帮扶工作。其间,调研组走进平泉镇哈叭气村,实地察看扶贫车间、食用菌产业园区,走进农户家中了解脱贫之后生活情况。在定点帮扶和乡村振兴调研座谈会上,调研组与平泉市政府有关领导,就巩固拓展脱贫攻坚成果及乡村振兴工作进行交流。赵民指出,脱贫摘帽不是终点,而是新生活新奋斗的起点。要按照“四个不摘”要求,以更有力的举措、汇聚更强大的力量,确保党中央决策部署落到实处。

“菜鸟网络杯”第六届全国“互联网+”快递业创新创业大赛通知正式印发

日前,“菜鸟网络杯”第六届全国“互联网+”快递业创新创业大赛通知由国家邮政局办公室正式印发。本届大赛由国家邮政局主办,国家邮政局职业技能鉴定指导中心、安徽财贸职业学院共同承办,中国快递协会、中国邮政快递报社、安徽省邮政管理局协办,菜鸟网络科技有限公司、全国邮政职业教育教学指导委员会、中国高校孵化器联盟、邮政业科技创新战略联盟、中关村网络教育产业联盟特别支持。本届大赛以“递传梦想,创赢未来”为主题,重点围绕“互联网+快递”产业升级、服务提升、乡村振兴、绿色发展、平台建设,与快递业高质量发展急需解决的热点难点问题以及与邮政强国建设相关的课题等征集创新创业作品。

党史学习教育中央第二十一指导组进驻国家邮政局

据党中央统一部署,党史学习教育中央第二十一指导组进驻国家邮政局开展工作。6月8日下午,国家邮政局党组召开指导组进驻会,党史学习教育中央第二十一指导组组长王一鸣讲话,局党组书记、局长、局党组党史学习教育领导小组组长马军胜主持会议并讲话。局党组成员、副局长、局党组党史学习教育领导小组副组长赵民汇报国家邮政局党史学习教育进展情况。党史学习教育中央第二十一指导组副组长丁龙广,局党组成员、副局长、局党组党史学习教育领导小组副组长戴应军、刘君、廖进荣、陈凯出席会议。

海峡两岸邮政交流协会第二届理事会第二次会议在京召开

6月8日,海峡两岸邮政交流协会第二届理事会第二次会议在北京召开,会议传达学习了2021年中央对台工作会议精神,审议并通过了海峡两岸邮政交流协会2020年工作总结和2021年工作要点、海峡两岸邮政交流协会2020年财务报告。海峡两岸邮政交流协会会长、中国邮政集团有限公司董事长刘爱力出席会议并讲话。国务院台湾事务办公室经济局局长张世宏出席会议。海峡两岸邮政交流协会副会长兼秘书长、国家邮政局副局长赵民,海峡两岸邮政交流协会副会长、中国邮政集团有限公司副总经理温少祺分别主持会议。

国家邮政局党组党史学习教育读书班举行行业基层优秀党员先进事迹座谈会

根据国家邮政局党组党史学习教育读书班安排,6月9日,国家邮政局党组举行行业基层优秀党员先进事迹座谈会。国家邮政局党组书记、局长、局党组党史学习教育领导小组组长马军胜主持并讲话,强调全系统各级党组织和广大党员要学习行业典型,传承邮政精神,凝聚奋进力量,开创新的局面,以邮政快递业改革发展优异成绩献礼党的百年华诞。局党组成员、副局长、局党组党史学习教育领导小组副组长戴应军、刘君、赵民、廖进荣、陈凯出席。马军胜指出,行业基层优秀党员分别来自邮政企业、快递企业和邮政管理部门,是行业“不忘初心、牢记使命”的典型,是践行“人民邮政为人民”初心使命的代表，都在平凡的岗位创造出了不平凡的业绩。

邮政快递业党员代表与中外记者见面交流

6月10日下午，中共中央宣传部举行中外记者见面会，中通快递贵州省毕节市七星关区网点负责人张连波，中国邮政集团有限公司江苏省淮安市洪泽区分公司老子山支局支局长兼邮递员唐真亚，中国邮政集团有限公司四川省甘孜县分公司长途邮运驾驶员、驾押组组长其美多吉，新疆维吾尔自治区阿克苏地区邮政管理局党组成员、市场监管科科长杜俊霞，湖北顺丰速运有限公司硚口分公司经理汪勇五名邮政快递业党员代表围绕“践行‘人民邮政为人民’初心使命，服务新发展格局”与中外记者见面交流。

国家邮政局绿盾办举办“绿盾”工程西北、华东片区信息系统使用培训班

6月8日至10日，国家邮政局绿盾办分别在陕西西安、福建福州举办“绿盾”工程西北、华东片区信息系统使用培训班，对“绿盾”工程建设的14个重要信息系统进行专题讲解和现场答疑。绿盾办主任王丰出席福州培训班开班仪式并做动员讲话。王丰表示，在国家局的坚强领导下，在各省市局的积极配合下，经过近三年的建设，“绿盾”工程一期项目的主要建设任务已基本完成，总体上已进入收尾冲刺和应用推广攻坚阶段。“绿盾”工程建设完善的5大涉省项目和22个信息系统已于去年底全部上线运行，并在“双11”等重要行业监管工作中逐步应用，取得明显成效。

国家邮政局召开全国邮政快递业“扫黄打非”工作电视电话会议

6月11日，国家邮政局召开“扫黄打非”工作电视电话会议，对做好当前和今后一个时期行业“扫黄打非”工作进行再动员再部署，强调要认真贯彻落实党中央决策部署，勇于担当、创新举措、狠抓落实，以更加昂扬的斗志做好行业“扫黄打非”工作，为庆祝建党100周年营造安全稳定寄递服务环境。局党组成员、副局长廖进荣出席会议并讲话。廖进荣要求，各级邮政管理部门要强化督导部署，严格落实监管责任，各邮政、快递企业要切实担负起寄递渠道“扫黄打非”主体责任，坚决查堵各类非法出版物通过寄递渠道流通传播，以实际行动维护国家的安全、荣誉和利益。

第四届中国（杭州）国际快递业大会举行

6月11日，由国家邮政局、浙江省人民政府、中国快递协会主办，杭州市人民政府承办的第四届中国（杭州）国际快递业大会在桐庐召开。来自国家发展改革委、生态环境部、交通运输部、商务部等相关部委领导，以及国内外知名快递企业、快递业生态圈企业代表齐聚一堂，聚焦“立足新阶段　贯彻新理念　构建新格局——快递让循环更畅通”，探讨新形势下快递行业的机遇与挑战。国家邮政局局长马军胜、浙江省人民政府副省长高兴夫、中国快递协会会长高宏峰出席大会并致辞，国家邮政局副局长陈凯出席会议并为浙江省国邮快递物流科学研究院揭牌。万国邮联总局长比沙尔・侯赛因、亚太邮联秘书长林洪亮分别通过视频连线致辞、演讲。

马军胜局长赴浙江调研邮政快递业改革发展情况

6月10日至12日，国家邮政局党组书记、局长马军胜赴浙江调研，视察邮政快递企业分拨中心，了解快递员权益保障和末端网点发展，关注快递进村和出海进展等情况，召集部分品牌快递企业负责人专题座谈。马军胜强调，全系统全行业要认真学习贯彻习近平总书记关于邮政快递业的重要指示精神，立足新发展阶段、贯彻新发展理念、构建新发展格局、推动高质量发展，深入开展党史学习教育，聚焦重点办实事解难事，切实保障快递小哥合法权益，扎实推进“两进一出”工程，夯实末端稳定各项工作，为畅通循环、助力生产、促

进消费、便利生活作出更大贡献。在杭州期间,国家邮政局党组成员、副局长陈凯一同调研。

端午假期全国邮政快递业揽投快递包裹量超过17.4亿件

2021年端午节期间,全国邮政快递业保持总体安全平稳、高位有序运行的良好态势,邮政快递服务业务量增幅较大。6月12日至14日,全国邮政快递业揽收快递包裹8.74亿件,同比2020年端午节期间增长44.29%,与2019年端午节相比增长109.52%;投递快递包裹8.7亿件,同比2020年端午节期间增长33.9%,与2019年端午节相比增长97.32%。假期行业运行呈现以下四个特点:一是行业继续保持高位增长态势,二是生鲜水果等农产品寄递需求持续增长,三是坚持"外防输入、内防反弹"寄递渠道疫情防控有力有效,四是节日期间寄递渠道运行安全平稳畅通。

马军胜局长会见广西壮族自治区党委副书记刘小明

6月15日,国家邮政局局长马军胜在京会见广西壮族自治区党委副书记刘小明一行,就推动广西壮族自治区邮政快递业加快转型升级、更好服务经济社会发展交换了意见。中国快递协会会长高宏峰一同会见。马军胜对广西壮族自治区党委、政府长期以来对邮政快递业改革发展各项工作的支持表示感谢。他希望广西壮族自治区党委、政府一如既往地支持邮政快递业发展,进一步释放行业在助力生产、促进消费、畅通循环中的重要作用,继续打造"快递+现代农业"金牌项目,建设更为紧密的中国—东盟命运共同体。同时希望双方深化合作,推动邮政快递业更好服务地方经济社会发展。

第三届全国邮政行业职业技能竞赛通知正式印发

日前,全国行业职业技能竞赛——"拼多多杯"第三届全国邮政行业职业技能竞赛通知正式印发。本届大赛由国家邮政局人事司、中国就业培训技术指导中心、中国国防邮电工会全国委员会主办,国家邮政局职业技能鉴定指导中心和无锡城市职业技术学院联合承办,江苏省邮政管理局、中国邮政快递报社、中国快递协会协办,上海寻梦信息技术有限公司冠名支持,深圳市中诺思科技股份有限公司、深圳市丰巢科技有限公司提供技术支持。本届大赛以"新时代、新技能、新梦想"为主题,分为省级预赛和全国总决赛两个阶段。各省(区、市)邮政管理局负责牵头组织开展预赛,于2021年8月底前完成。全国总决赛由主办单位组织实施,计划于2021年10月底前完成。

全力保障建党百年庆祝活动期间寄递安全

6月16日,为保障庆祝活动顺利举办,国家邮政局、公安部、国家安全部共同发布《关于加强中国共产党成立100周年庆祝活动期间寄递物品安全管理的通告》,指出寄递企业应当加强庆祝活动期间寄递物品安全检查,社会公众应当遵守庆祝活动期间寄递物品安全管理规定,有关部门应当加强庆祝活动期间寄递渠道安全监管。《通告》要求,寄递企业应当依法落实安全管理主体责任,严格遵守禁止寄递物品管理规定,严格执行寄递安全"三项制度"。各级邮政管理、公安和国家安全等部门要密切协作,依法严厉查处违反寄递渠道安全管理规定和《通告》要求的行为,严防不法分子利用寄递渠道实施危害国家安全、公共安全的违法犯罪活动。

联合督导组到河北督导检查建党100周年寄递渠道安全保障工作

6月16日,国家邮政局党组成员、副局长廖进荣带领由国家邮政局、公安部、国家安全部相关人员组成的联合督导组,到河北督导检查建党100周年寄递渠道安全保障工作,强调要切实提高政治站位,树牢底线思维,以最高标准、最严要求、最周密措施，全力以赴做好寄递渠道安全保障工作，为庆祝建党100周年营造安全稳定寄递环境。廖进荣在督导工作中强调，确保建党一百周年邮路绝对安全稳定，是目前邮政快递行业压倒一切的头等大事，要以“万无一失、一失万无”的要求将各项措施落实落地。要充分发挥寄递渠道安全管理联合监管机制作用，加强与公安、国安等部门间的协作，夯实邮路安全基础工作，切实形成工作合力。

马军胜局长主持召开邮政业安全和应急工作领导小组会议

6月17日，国家邮政局党组书记、局长、邮政业安全和应急工作领导小组组长马军胜主持召开邮政业安全和应急工作领导小组会议，传达学习贯彻全国安全生产电视电话会议精神，进一步分析行业安全生产形势，部署行业安全生产重点任务，强调全系统全行业要切实提高政治站位，深入学习贯彻习近平总书记关于安全生产重要论述精神，坚决贯彻落实党中央、国务院重大决策部署，将安全生产摆在更加突出位置，突出重点领域，扛牢安全责任，确保邮政快递业安全平稳运行，为庆祝中国共产党成立100周年营造安全稳定的寄递环境。局党组成员、副局长、邮政业安全和应急工作领导小组副组长廖进荣出席会议。

国家邮政局党组召开党史学习教育领导小组会议暨党史学习教育第一次工作交流会

6月18日下午，国家邮政局党组召开党史学习教育领导小组会议暨党史学习教育第一次工作交流会，听取局机关和直属单位党组织的工作情况汇报，对党史学习教育进行再动员、再部署、再推进、再落实，激发各级党组织和全体党员以更加昂扬的状态庆祝建党100周年。国家邮政局党组书记、局长、局党组党史学习教育领导小组组长马军胜主持会议并讲话。局党组成员、副局长、局党组党史学习教育领导小组副组长刘君、赵民、廖进荣、陈凯出席会议。马军胜指出，党史学习教育开展3个月来取得了阶段性成效。要持续对标对表，把牢党史学习教育政治方向。要聚焦目标要求，确保党史学习教育走深走实。要强化政治担当，确保党史学习教育扎实推进。

马军胜局长主持召开国家邮政局乡村振兴工作领导小组会议

6月18日，国家邮政局党组书记、局长、乡村振兴工作领导小组组长马军胜主持召开乡村振兴工作领导小组会议，听取快递进村及定点帮扶有关工作情况汇报，强调全系统全行业要进一步提高政治站位，明确目标任务，压实相关责任，全力推进快递进村，持续开展定点帮扶，做好新时期行业服务乡村振兴大文章。局党组成员、副局长、乡村振兴工作领导小组副组长戴应军、刘君、赵民、廖进荣、陈凯出席会议。马军胜强调，全系统全行业要提高站位、因势利导、积极务实推进快递进村工程。要充分认识快递进村的重大意义，将其作为一项重要的政治任务狠抓落实。

“618”期间，全国快递业务量完成65.9亿件，最高日处理量超4亿件

一年一度的“618”购物狂欢节已落下帷幕。国家邮政局监测数据显示，今年“618”活动期间(6月1日至20日)，全行业揽收快件超65.9亿件，同比增长24.24%，与2019年同期相比增长84.16%。最高日处理量超过4亿件，同比增长11.66%，与2019年同期相比增长67%，比日常处理量高出25.86%。今年“618”活动期间，京东、天猫、淘宝、拼多多、抖音和快手等平台的交易纷纷创下新高，折射出中国消费市场的巨大潜力，也进一步释放了快递业的发展动能。进入6月以来，我国快递业保持高速增长，日均业务量接近3亿件，快递企业在总结历年经验做法基础上，全力做好年中旺季的服务保障工作。

国家邮政局召开寄递企业建党100周年庆祝活动安保调度会

6月21日，国家邮政局召开寄递企业建党100周年庆祝活动安保视频调度会，就做好庆祝活动寄递安保工作进行再部署，要求以最高标准、最严要求、最周密措施，全力确保寄递渠道安全畅通，为庆祝建党100周年营造安全稳定寄递环境。国家邮政局党组成员、副局长廖进荣主持会议并讲话。针对目前工作，廖进荣要求，各寄递企业总部要进一步加强组织领导和责任落实，按照“管业务必须管安全”的要求，安保工作专班要切实履行职责，严格落实主体责任。特别要落实好重点地区“二次安检”工作，及时进行“回头看”，消除各类潜在隐患，筑牢最后一道防线，做到万无一失。要坚决落实寄递安全“三项制度”，严防禁寄物品流入寄递渠道。

马军胜局长主持召开国家邮政局党组中心组学习研讨交流会

6月22日，国家邮政局党组书记、局长、局党组党史学习教育领导小组组长马军胜主持召开党组中心组学习研讨交流会，进行重点研讨交流并作总结讲话，强调要从百年党史中不断汲取奋进力量，持续推动邮政快递业高质量发展。党史学习教育中央第二十一指导组副组长丁龙广出席会议。局党组成员、副局长、局党组党史学习教育领导小组副组长戴应军、赵民、廖进荣、陈凯出席会议并作重点研讨交流，局党组成员、副局长、局党组党史学习教育领导小组副组长刘君作书面研讨交流。马军胜强调，要认真学好百年党史，赓续革命精神，永葆共产党员本色。赓续共产党人精神血脉，在迈进新征程、奋进新时代中激昂精神、迸发力量、勇毅前行。

全国邮政快递业庆祝中国共产党成立100周年青年演讲比赛圆满落幕

为庆祝中国共产党成立100周年，扎实有效推进党史学习教育，6月22日，全国邮政快递业庆祝中国共产党成立100周年青年演讲比赛决赛顺利举行。国家邮政局党组成员、副局长赵民出席并致辞。经过层层筛选，共有来自邮政管理系统、邮政和快递企业、相关邮政院校的22名选手参加决赛。经过激烈角逐，比赛最终评选出一等奖2名，二等奖4名，三等奖6名，优秀奖10名，来自中国邮政集团有限公司长治市分公司的张欣和天津市邮政管理局第二分局的袁世超获得一等奖。结合深入开展党史学习教育，赵民对行业广大青年提出希望：一要坚定理想信念，二要锤炼高尚品德，三要保持实干作风。

国家邮政局市场监管司对德邦快递进行监管约谈

近年来，各级邮政管理部门高度重视寄递渠道安全管理，把落实“三项制度”作为日常执法监管的重点，持续强化对违法收寄禁寄物品行为打击整治。6月22日，国家邮政局市场监管司就违法收寄危险违禁物品对德邦物流股份有限公司进行监管约谈。约谈指出，近日德邦快递发生违法收寄危险违禁物品、危及社会公共安全问题，充分暴露出企业安全发展理念不牢固，重经济利益轻安全责任，没有把人民群众生命健康安全摆上位置，主体责任落实“挂空挡”，“三项制度”落实不到位，安全风险意识淡薄等突出问题，影响恶劣，教训深刻。约谈要求，德邦快递要举一反三，深刻吸取教训，严格责任，坚守底线，全力保障人民群众生命和财产安全。

联合督导组在京督导检查建党100周年首都寄递渠道安全保障工作

6月23日，国家邮政局党组成员、副局长廖进荣带领由国家邮政局、公安部、国家安全部相关人员组成的联合督导组，在京督导检查建党100周年首都寄递渠道安全保障工作。公安部治安管理局一级巡视员、副局长张佐良参加督导。督导组一行前往北京圆通、顺丰两家快递企业分拨中心，认真听取了企业关于建党100周年寄递渠道安全保障各项措施落实情况，对检查中发现的问题，当场予以指出，要求立即整改落实。廖进荣强调，北京是庆祝活动的主要举办地，做好建党百年寄递渠道安全服务保障工作是重要政治任务，目前处于决胜决战关键时期，要进一步增强工作责任感和紧迫感，对安全工作再发力再部署，确保万无一失。

刘君副局长赴江苏督导建党100周年庆祝活动寄递渠道安全服务保障工作

6月21日至24日，在建党100周年之际，国家邮政局党组成员、副局长刘君赴江苏省督导建党100周年庆祝活动寄递渠道安全服务保障工作，并受邀出席南京邮电大学本科生毕业典礼。在苏期间，刘君对快递业"两进一出"工程、邮政监管支撑体系建设、经费预算保障等情况进行了深入调研。结合江苏实际，刘君提出三点要求：一是以最高标准、最严要求、最强措施，突出做好建党100周年寄递渠道安全服务保障工作。二是深入开展党史学习教育，重点抓好"学史力行"，切实为群众办实事解难题。三是以保运转、履职责为核心，落实"过紧日子"要求，构建多元财政保障工作体系，保障各项工作落实到位。22日上午，刘君出席了南京邮电大学现代邮政学院首届本科生毕业典礼暨学位授予仪式。

马军胜局长为邮政管理系统党员干部讲授专题党课

6月25日，国家邮政局党组书记、局长、局党组党史学习教育领导小组组长马军胜为邮政管理系统党员干部讲授《学百年党史汲取前进力量，传红色基因赓续精神血脉，奋力谱写建设现代化邮政强国新篇章》专题党课，强调全系统各级党组织和党员干部要更加紧密地团结在以习近平同志为核心的党中央周围，在鉴往知来中开拓前行，用党史学习教育成效推动行业大发展，不断开创现代化邮政强国建设新局面。党史学习教育中央第二十一指导组副组长丁龙广，国家邮政局党组成员、副局长、局党组党史学习教育领导小组副组长戴应军、刘君、廖进荣、陈凯出席，局党组成员、副局长、局党组党史学习教育领导小组副组长赵民主持。

马军胜局长督导检查建党100周年首都寄递渠道安全保障工作

6月27日，国家邮政局党组书记、局长马军胜在京督导检查建党100周年首都寄递渠道安全保障工作，强调要坚决贯彻落实党中央、国务院重大决策部署，始终绷紧安全这根弦，严防死守、压实责任、扭住关键，确保行业安全平稳运行，为庆祝中国共产党成立100周年营造安全稳定的寄递环境。局党组成员、副局长廖进荣一同督导。马军胜强调，要严防死守，始终绷紧安全这根弦，牢牢守住安全生产底线，坚决遏制重特大事故发生，确保寄递渠道安全平稳运行。要压实责任，层层落实安全防控责任，狠抓安全生产工作落实；要扭住关键，分清工作重点，区别矛盾主次，集中精力力量紧盯要害部位、关键环节，采取有力措施确保行业安全平稳运行。

邮政快递业7人获授全国优秀共产党员称号，1人所在党支部获得全国先进基层党组织表彰

6月28日下午，全国"两优一先"表彰大会在北京人民大会堂举行，为受表彰的个人和集体代表颁奖。其中，邮政快递业7人获授全国优秀共产党员称号，1人所在党支部获得全国先进基层党组织表彰。他们分别是，北京京东世纪贸易有限公司快递员、京东物流北京海淀鼎好配送站站长宋学文，中国邮政集团有限公司河北省宽城满族自治县分公司桲罗台支局邮递员刘保朝（满族），中国邮政集团有限公司江苏省泰兴市分公司城区分局党支部书记、江平路支局支局长何健忠，中国

邮政集团有限公司四川省甘孜县邮政分公司邮运驾驶组组长其美多吉(藏族),中国邮政集团有限公司贵州省锦屏县启蒙支局乡邮投递员张林昌(苗族),中国邮政集团有限公司云南省怒江州分公司泸水市称杆乡邮政所所长桑南才(傈僳族)以及中国邮政集团有限公司陕西省石泉县分公司乡邮投递员赵明翠(女)。中国邮政集团有限公司安徽省萧县分公司投递员、萧县蓝天救援队党支部书记吴海洲所在党支部获得全国先进基层党组织表彰。

国家邮政局举行庆祝建党100周年“两优一先”表彰大会暨“唱支颂歌给党听”歌曲展播

6月29日,为热烈庆祝建党100周年,表彰先进、树立典型和唱响爱党、爱国、爱社会主义主旋律,国家邮政局举行庆祝建党100周年“两优一先”表彰大会暨“唱支颂歌给党听”歌曲展播。局党组书记、局长马军胜出席会议并讲话,强调要围绕学史明理、学史增信、学史崇德、学史力行这一目标,突出学党史、悟思想、办实事、开新局,引领党史学习教育往深里走、往心里走、往实里走。局党组成员、副局长戴应军主持会议,局党组成员、副局长赵民宣读表彰通报。局党组成员、副局长刘君、廖进荣、陈凯出席会议。局领导向盛名环、盛汇萍等“光荣在党50年”的老党员代表颁发纪念章,并分别向获得局机关“两优一先”表彰的个人和单位颁发奖章、证书。

邮政快递业圆满完成庆祝中国共产党成立100周年活动寄递安保工作

7月1日,庆祝中国共产党成立100周年大会在北京隆重举行。邮政快递业坚决贯彻落实党中央、国务院重大决策部署,始终绷紧安全生产弦,严防死守、压实责任、扭住关键,圆满完成庆祝活动寄递安保工作。各级邮政管理部门按照国家邮政局部署,切实加强寄递安全、生产安全、维护稳定、疫情防控等工作,形成安全监管高压态势,有效保障了北京等重点地区行业安全稳定运行和寄递渠道安全畅通。北京、河北、上海、浙江、江西、贵州、陕西等地邮政管理部门在实战阶段实行“二次安检”,坚守安全底线,保障了庆祝活动顺利举行。

马军胜局长主持召开国家邮政局党组会议

7月1日下午,国家邮政局党组书记、局长、局党组党史学习教育领导小组组长马军胜主持召开党组会议,传达学习贯彻习近平总书记在庆祝中国共产党成立100周年大会上的重要讲话精神,强调全系统要把学习贯彻习近平总书记重要讲话精神作为一项重大政治任务,迅速兴起学习宣传贯彻习近平总书记重要讲话精神热潮,切实把思想和行动统一到习近平总书记重要讲话精神上来,努力把学习成效转化为推动邮政强国建设强大力量。局党组成员、副局长、局党组党史学习教育领导小组副组长戴应军、刘君、赵民、廖进荣、陈凯出席会议。

今年快递业务量已突破500亿件

国家邮政局中国快递大数据平台实时监测数据显示,截至7月4日,2021年全国快递业务量突破500亿件,接近2018年全年水平。其中,发往农村地区的业务量增长迅速,占了三成。2021年以来,中国快递业持续保持强劲增长态势。快递业务量突破500亿件用时仅6个月,比2018年首次达到500亿件提前近半年,比2020年提前约2个月。特别是第二季度以来,每月业务量近百亿件,显示了我国快递市场的发展韧性、蓬勃活力和增长潜力,也彰显了邮政快递业在促进消费和畅通经济循环中的重要作用。

国家邮政局发出通知确保邮政行业安全度汛

目前,全国已进入主汛期,黑龙江发生大洪水、南方多地出现强降雨。据预报,7月将有2~3个台风在我国东部和南部沿海登陆。为深入贯彻落实习近平总书记关于防灾减灾救灾工作重要指示精神，国家邮政局近日印发《关于抓好薄弱环节排查整改　确保邮政行业安全度汛的通知》，要求全行业切实做好防汛防台风薄弱环节排查整改，全力保障行业安全度汛。《通知》指出，各级邮政管理部门、各企业要深刻认识做好今年防汛防台风工作的极端重要性，进一步提高政治站位，强化风险意识和底线思维，以更高的标准、更严的要求做好邮政行业防汛防台风各项工作。

李克强总理主持召开国务院常务会议，确定加强新就业形态劳动者权益保障的若干政策措施

7月7日，国务院总理李克强主持召开国务院常务会议，确定加强新就业形态劳动者权益保障的若干政策措施。会议确定，一是适应新就业形态，推动建立多种形式、有利于保障劳动者权益的劳动关系。对采取劳务派遣、外包等用工方式的，相关企业应合理保障劳动者权益。二是企业应当按时足额支付劳动报酬，不得制定损害劳动者安全健康的考核指标。督促平台企业制定和完善订单分配、抽成比例等制度规则和算法，听取劳动者代表等意见，并将结果公示。不得违法限制劳动者在多平台就业。三是以出行、外卖、即时配送等行业为重点，开展灵活就业人员职业伤害保障试点。四是建立适合新就业形态的职业技能培训模式，符合条件的按规定给予补贴。五是放开灵活就业人员在就业地参加基本养老、基本医疗保险的户籍限制。

陈凯副局长赴辽宁调研“两进一出”工程和快递员权益保障工作

7月5日至7日，国家邮政局党组成员、副局长陈凯赴辽宁省鞍山市、营口市、大连市开展调研。其间，陈凯向寄递企业及其分支机构、快递进厂服务的制造业企业认真传达了习近平总书记“七一”重要讲话精神，详细听取了快递一线从业人员的心声诉求，充分了解了“两进一出”工程、快递员权益保障工作的开展情况。陈凯充分肯定快递驿站的服务模式，并鼓励他们继续提升服务水平、拓宽服务领域，为服务百姓民生、服务乡村振兴发挥更大作用。陈凯一行实地考察了营口东盛实业公司，并对快递公司进厂服务，发挥“高效、便捷”的核心优势，为制造业转型升级提供支撑给予了肯定。每到一个营业网点，陈凯都十分关心快递小哥的劳动强度、收入水平和保障程度。

7部门联合印发关于做好快递员群体合法权益保障工作的意见

为贯彻落实习近平总书记关心关爱快递小哥重要指示批示精神，切实保障快递员群体合法权益，促进快递业持续健康发展，经国务院同意，交通运输部、国家邮政局、国家发展改革委、人力资源社会保障部、商务部、市场监管总局、全国总工会联合印发了《关于做好快递员群体合法权益保障工作的意见》。7月8日，国家邮政局召开2021年第三季度例行新闻发布会，联合人力资源社会保障部和全国总工会，对《意见》进行发布解读。国家邮政局党组成员、副局长陈凯介绍，《意见》明确了到“十四五”末期要实现的主要目标，提出了利益分配、劳动报酬、社会保险、作业环境、企业主责、规范管理、网络稳定、职业发展等八项任务措施，初步明确了做好快递员权益保障工作的路径。

陈凯副局长会见美国联合包裹公司中国区总裁何嘉美一行

7月8日下午，国家邮政局副局长陈凯在京会见了美国联合包裹公司中国区总裁何嘉美一行。双方就美国联合包裹公司在华业务发展、推动行业绿色发展、加强快递网络建设和新技术在行业的应用等情况进行了交流。国家邮政局办公室（外事司）和市场监管司有关负责同志陪同参加了会见。

马军胜局长参加国家邮政局人事司党支部党史学习教育专题组织生活会

7月8日下午,国家邮政局党组书记、局长、局党组党史学习教育领导小组组长马军胜以普通党员身份,参加所在人事司党支部党史学习教育专题组织生活会,勉励大家进一步提高政治站位,认真学习贯彻习近平总书记"七一"重要讲话精神,增强"四个意识"、坚定"四个自信"、做到"两个维护",牢记"国之大者",切实把党史学习教育成效转化为干事创业能力,为加快推进现代化邮政强国建设贡献智慧力量。党史学习教育中央第二十一指导组副组长丁龙广到会指导并作点评讲话。

戴应军副局长调研皖赣闽农村地区"快递进村"等工作

7月6日至9日,国家邮政局党组成员、副局长戴应军深入安徽、江西、福建三省,随机走访了7市、12县的18个乡镇和6个村屯,共41个乡镇邮政、快递网点和村级邮政快递服务站,专题调研农村地区邮政普遍服务、"快递进村"及邮政业服务军营等工作。戴应军强调,民心是最大的政治,解决"快递进村"难题是民心所向,必须不折不扣推动"快递进村"工作,实实在在把邮件快件送到村里去。他强调,邮政企业要少算"经济账",多算"政治账""民生账"。快递企业要严格依法经营,完善渠道网络,采取多种方式推动"快递进村"工作。各级邮政管理部门要提高思想认识,统筹推动工作,力争尽早实现村村通快递的目标。

国家邮政局部署高校录取通知书寄递服务工作

近日,国家邮政局发出《关于做好2021年高校录取通知书寄递服务工作的通知》,要求各省、自治区、直辖市邮政管理局切实维护考生合法权益,保障高校录取通知书寄递服务安全、可靠,做好2021年高校录取通知书寄递服务工作。《通知》要求,各级邮政管理部门要指导、督促邮政企业加强组织领导,做好专题部署,规范收寄服务、内部处理、投递服务和档案管理等各个环节工作,确保高校录取通知书寄递安全、及时、准确。要结合本地实际,会同当地教育行政部门加强对高校、邮政企业寄递录取通知书工作的监督检查,发现寄递服务质量问题依法依规严肃处理。

廖进荣副局长赴江苏调研邮政业安全发展情况

7月6日至9日,国家邮政局党组成员、副局长廖进荣结合宣传贯彻习近平总书记"七一"重要讲话精神,赴江苏南京、无锡、苏州等地调研,了解行业安全生产、"扫黄打非""快递进村"、快递员权益保护等情况。在南京,廖进荣专题听取了江苏省邮政管理局工作汇报,并视察了江苏省邮政业安全监管平台和苏宁物流总部。在无锡,廖进荣实地察看了阳山镇水蜜桃寄递项目、苏南快递产业园区、无锡菜鸟未来园区、小蜜蜂驿站建设情况,并与邮政管理部门及部分寄递企业负责人进行了座谈。在苏州,廖进荣先后视察了苏州顺丰昆山分公司、滨江裕花园昆之城驿站和昆山京东千灯亚洲一号园区。在苏期间,廖进荣一行还参观了南京梅园新村纪念馆,开展党史学习教育。

刘君副局长赴新疆调研

7月6日至10日,国家邮政局党组成员、副局长刘君率调研组赴新疆乌鲁木齐、喀什、和田等地,督导学习贯彻习近平总书记"七一"重要讲话精神,并就快递员权益保护、"快递进村"、县级机构和安全中心建设及运行、干部队伍建设等情况进行调研,看望慰问援疆和驻村干部。调研组分别与新疆局、喀什局、和田局干部进行座谈,听取工作情况汇报,了解当地快递业发展情况、邮政管理工作开展情况和存在困难等。刘君对新疆邮政快递业发展和行业管理工作取得的成绩,特别是在推进"快递进村""邮快"合作等方面作出的积极探索表示充分肯定,并对新疆邮政管理工作提出三点建议,一是讲政治,二是顾大局,三是讲奉献。

马军胜局长赴陕西宣讲习近平总书记“七一”重要讲话精神并调研

7月9日至11日，在全党上下兴起学习贯彻习近平总书记“七一”重要讲话热潮之际，国家邮政局党组书记、局长马军胜赴陕西宣讲“七一”重要讲话精神，开展党史学习教育现场教学，调研快递进村和维护快递小哥合法权益等工作。马军胜强调，要把学习贯彻“七一”重要讲话作为党史学习教育的核心内容，贯穿党史学习教育各方面，不忘初心、牢记使命，办好“我为群众办实事”实践活动，扎实推进快递进村和快递员权益保障等重点工作。在陕调研期间，马军胜与陕西省委副书记、省长赵一德，副省长魏建锋就推动邮政快递业更好地服务陕西经济社会发展交换了意见。调研期间，马军胜还前往陕西省邮政管理局和延安市邮政管理局看望慰问干部职工。

国务院常务会议：完善农村物流体系，满足农民生产生活需要

7月14日，国务院总理李克强主持召开国务院常务会议，部署中央预算执行和其他财政收支审计查出问题整改工作；确定完善农村寄递物流体系的措施，更好满足农民生产生活需要。会议指出，加快发展农村寄递物流，进一步便利农产品出村进城、消费品下乡进村，是推进乡村振兴、增加农民收入、释放农村内需潜力的重要举措。一要促进农村电商与农村寄递物流融合发展。依托“互联网＋”，加强城市市场、物流企业与农户农场、农民合作社等衔接，发展专业化农产品寄递服务和冷链仓储加工设施，助力农产品销售，特别是促进脱贫地区乡村特色产业发展。二要分类推进“快递进村”。加快农村寄递物流基础设施补短板。三要深化寄递领域“放管服”改革。

国家邮政局、国家发展改革委深入陕西调研可循环快递包装应用工作

近日，国家邮政局、国家发展改革委、国家邮政局邮政业发展研究中心、清华大学循环经济研究院、中国循环经济协会联合调研组，深入陕西调研可循环快递包装应用情况。调研组深入西安、咸阳市的顺丰、京东、德邦、极兔等多家寄递企业分拨中心和营业网点开展实地调研，并召开由陕西省邮政管理局、西安市邮政管理局以及各主要寄递企业在陕总部参加的座谈会，与邮政管理部门、寄递企业的一线人员进行了深入交流，充分听取意见建议，共同探讨加强快递包装绿色治理和推进可循环快递包装应用的对策。调研组提出工作建议，一要提高思想认识，二要压实企业主体责任，三要加强考核督导，四要注重协同共治。

马军胜局长与国邮智库七名专家座谈交流

7月14日，国家邮政局局长马军胜主持召开第七届国邮智库沙龙。本次智库沙龙的主题是“新时代邮政快递业高质量发展路径”。国家邮政局副局长廖进荣、陈凯出席会议。来自高校、研究机构、咨询机构、媒体等方面的专家学者与行业管理者面对面研讨交流，为行业发展把脉问诊、出谋划策。结合专家们对形势的研判和提出的意见建议，马军胜指出，邮政管理部门要加强规制建设，在法规、标准、政策的制定中坚持问题导向，不断提高立法立规立矩水平，不断提高企业合法依规循矩自觉，不断强化管理部门执法能力，形成与行业同频共振的局面。要落实好中央各项决策部署，补短板、强弱项，坚持稳中求进、实事求是、协同共进，确保行业行稳致远。

第三届全国邮政行业职业技能竞赛启动

7月14日，第三届全国邮政行业职业技能竞赛启动电视电话会议召开。国家邮政局副局长刘君出席会议。会议强调，各部门各单位要提高政治站位，把办好职业技能竞赛作为贯彻落实习近平总书记关心关爱快递小哥、维护快递小哥合法权益的有效抓手，切实增强使命感责任感紧迫感；要科学组织赛事，加强协作配合，搞好工作

统筹,有序推进职业技能竞赛相关工作,并做好疫情防控工作,周密制定相关工作方案和应急处置预案;要加强宣传引领,以开展职业技能竞赛为契机,积极营造劳动光荣、技能宝贵、创造伟大的社会风尚,激励广大从业青年走技能成才、技能报国之路。

赵民副局长赴天津调研快递行业党建、快递员权益保障及快递进村等工作

7月12日至14日,国家邮政局党组成员、副局长赵民赴天津调研快递行业党建、快递员权益保障及"快递进村"等工作进展情况,并宣讲习近平总书记"七一"重要讲话精神。快递员权益保障和"快递进村"工程是国家局党组党史学习教育"我为群众办实事"实践活动的两项主要内容,也是此次调研的重点。赵民希望各有关部门和单位认真落实国家七部委《关于做好快递员群体合法权益保障工作的意见》,凝聚起社会多方力量,共同做好关爱快递员工作,稳定基层快递员队伍,夯实行业高质量发展基础。快递行业党建工作是邮政管理系统党的工作重要组成部分。他强调,全系统全行业要认真学习贯彻习近平总书记"七一"重要讲话精神,全面把握讲话丰富内涵和精神实质。

李克强总理主持召开国常会部署"快递进村"

"流通业尤其是快递业向农村发展是大势所趋。这不仅有利于进一步便利农产品出村进城、消费品下乡进村,也能更好满足农民生产生活需要。"李克强总理在7月14日的国务院常务会议上说。当天会议确定完善农村寄递物流体系的措施。李克强指出,加快发展农村寄递物流,是推进乡村振兴、增加农民收入、释放农村内需潜力的重要举措。他要求,要促进农村电商与农村寄递物流融合发展。依托"互联网+",加强城市市场、物流企业与农户农场、农民合作社等衔接,发展专业化农产品寄递服务和冷链仓储加工设施,助力农产品销售,特别是促进脱贫地区乡村特色产业发展。"同时要分类推进'快递进村'。加快农村寄递物流基础设施补短板。"总理说。

全国政协第二十六次重点关切问题情况通报会在京举行

7月15日,全国政协第二十六次重点关切问题情况通报会在京举行。围绕"加强快递员、外卖配送员权益保障,促进行业健康发展"主题,相关部委有关负责同志到会通报情况,并与委员互动交流。全国政协副主席汪永清出席会议。近年来,随着我国平台经济的快速发展,快递员、等新就业形态劳动者群体不断扩大,其全新的就业方式使得劳动者权益保障成为劳动关系中的难题,受到包括政协委员在内社会各界的关心关注。国家邮政局党组成员、副局长陈凯表示,邮政局将积极吸纳委员们的意见建议,不断保障快递小哥合理劳动报酬,完善社会保障增强社会认同、压实快递企业主体责任、强化政府监管与服务,将做好快递员群体权益保障工作的各项任务落到实处。

国家邮政局召开宣传贯彻7部门《意见》工作电视电话会

7月16日,为深入学习贯彻习近平总书记关于快递员权益保障工作的重要指示精神,国家邮政局召开《关于做好快递员群体合法权益保障工作的意见》宣贯工作电视电话会议,要求全系统、全行业凝聚力量,切实加强快递员群体合法权益保障工作,以更好的成效回应中央的期待、社会的期望和快递小哥的期盼。国家邮政局党组成员、副局长陈凯出席会议并讲话。陈凯要求,要真抓实干、脚踏实地,推动《意见》各项任务措施全面落地。一是保障合理的劳动报酬;二是完善社会保障,增强社会认同;三是压实快递企业主体责任;四是强化政府监管与服务。

国家邮政局党组进行新任职、晋升职级党员干部集体廉政谈话

7月19日，国家邮政局党组书记、局长马军胜代表局党组对部分新任职、晋升职级的党员干部进行集体廉政谈话，促使大家进一步提升政治站位、牢记初心使命、强化责任担当、振奋精神状态、保持清正廉洁，在新的起点上汇聚起奋进新征程、建功新时代的强大力量。局党组成员、副局长赵民主持廉政谈话。马军胜指出，要铸就“忠”的灵魂，永葆政治本色。要增强“专”的本领，担当时代重任，切实增强使命感、责任感，努力成为“政治家＋专门家”。要筑牢“廉”的底线，促进风清气正，坚决贯彻落实习近平总书记的重要指示和党中央部署要求，努力锤炼忠诚干净担当的政治品格，切实树立起好干部和合格党员的良好形象。

国家邮政局党组组织全国邮政管理局长集体参观中国共产党历史展览

7月20日上午，在中国共产党历史展览馆里，国家邮政局党组书记、局长马军胜，局党组成员、副局长戴应军、刘君、赵民、廖进荣、陈凯，率领全国邮政管理局长，国家邮政局机关各司室、直属各单位负责同志参观“不忘初心、牢记使命”中国共产党历史展览。百年风雨，多少悲壮，多少豪迈，多少光荣，凝结在这2600余幅图片、3500多件套文物实物之上，全过程、全方位、全景式、史诗般展现中国共产党的不懈奋斗史、不怕牺牲史、理论探索史、为民造福史、自身建设史。恢宏史诗的力量之源，穿越百年风雨，融入激昂岁月，直抵人心。

邮政快递业全力应对河南强降雨应急工作

7月20日，河南多地突发暴雨致灾牵动全国人民的心。据新华社消息，20日16时至17时郑州降雨量达201.9毫米，超过我国陆地小时降雨量极值。当日下午，郑州市将防汛Ⅱ级应急响应升至Ⅰ级，达到应急响应最高级别。目前，洪灾已造成郑州市区12人死亡，当地已转移避险约10万人。强降雨给邮政快递业安全特别是一线从业人员人身安全带来极大隐患。国家邮政局第一时间启动应急响应，组织邮政管理系统妥善应对。国家邮政局对河南省邮政快递业进行调度和慰问，要求及时妥善组织做好应对强降雨相关工作，切实保障邮政快递从业人员人身安全、做好维护行业安全稳定等工作。

国家邮政局召开党史学习教育专题培训班暨2021年全国邮政管理局长座谈会

7月19日至21日，国家邮政局召开学习贯彻习近平总书记“七一”重要讲话精神党史学习教育专题培训班暨2021年全国邮政管理局长座谈会，认真学习贯彻习近平总书记“七一”重要讲话精神，贯彻落实党中央国务院决策部署，总结上半年工作，部署下半年重点任务，推动党史学习教育走深走实。国家邮政局党组书记、局长马军胜出席会议并讲话，强调要学习好贯彻好习近平总书记“七一”重要讲话精神，落实好完成好下半年各项工作任务，加快推进邮政快递业高质量发展和邮政强国建设。党史学习教育中央宣讲团成员、中共中央党史和文献研究院原院务委员冯俊作题为“以史为鉴，开创未来的行动指南——深入学习领会习近平‘七一’重要讲话”的专题辅导报告。局党组成员、副局长戴应军主持会议，刘君、赵民、廖进荣、陈凯出席会议，并部署有关工作。

邮政快递企业继续驰援河南

7月21日，河北省气象台继续发布暴雨黄色预警，预计21日下午至22日上午，河北西南部地区有大到暴雨，局地大暴雨。天灾面前，邮政快递业主动担当，顺丰和极兔捐赠2000万元用于救灾，中通、圆通、申通出资1000万元帮扶网点和快递小哥，申通、韵达、圆通、德邦、跨越等企业也纷纷开通绿色救援通道，公益运输救援物资。面对严峻形势，中国邮政迅速行动、主动作为、团结一心，对抗暴雨，提供社会救助。7月21日，为支援

河南防汛救灾，顺丰宣布捐赠2000万元，用于当地受灾群众人身安全、紧急救灾物资采购与运输，以及灾后困难群众生活救助。

国新办举行国务院政策例行吹风会，介绍加快农村寄递物流体系建设有关情况

7月26日，国务院新闻办公室举行国务院政策例行吹风会，介绍加快农村寄递物流体系建设的情况。国家邮政局副局长陈凯和农业农村部、商务部有关负责人介绍加快农村寄递物流体系建设有关情况。陈凯表示，到2025年，将基本形成开放惠民、集约共享、安全高效、双向畅通的农村寄递物流体系，实现乡乡有网点、村村有服务，农产品运得出、消费品进得去，农村寄递物流供给能力和服务质量显著提高，便民惠民寄递服务基本实现全覆盖。陈凯指出，建设农村寄递物流要坚持四个工作原则，工作路径要聚焦关键环节和重点领域，兼顾行业现状与发展方向，统筹各方资源，打造四个支撑体系，推动完成四项重点任务。

国家邮政局党组中心组集体学习习近平总书记关于安全生产重要论述

7月26日，国家邮政局党组书记、局长马军胜主持党组中心组集体学习，观看《生命重于泰山——学习习近平总书记关于安全生产重要论述》电视专题片，强调要深入学习贯彻习近平总书记关于安全生产重要论述精神，进一步深化对行业安全生产的重要性、规律性认识，以高度的责任感和使命感，扎实推进行业安全生产各项工作，推动行业安全形势持续稳定向好。局党组成员、副局长戴应军、刘君、赵民、廖进荣、陈凯出席。马军胜强调，要坚决贯彻落实习近平总书记关于安全生产重要论述，始终把人民群众生命安全放在第一位。要严格落实安全生产责任制，确保党中央国务院关于安全生产决策部署落地生效。要围绕实现更为安全的发展，扎实推进行业安全生产各项工作。

国家邮政局发出紧急通知

近日，习近平总书记对防汛救灾工作作出重要指示。李克强总理主持召开国务院常务会议，部署抓紧抓实防汛救灾工作，要求确保人民生命财产安全。为深入贯彻落实习近平总书记重要指示精神和党中央、国务院重要决策部署，切实做好邮政快递业防汛救灾工作，国家邮政局于日前下发紧急通知，对邮政快递业防汛救灾工作作出安排部署，要求进一步提高做好行业防汛救灾工作的责任感紧迫感，全力以赴确保人员及邮件快件安全。通知强调，各级邮政管理部门、邮政快递企业要认真学习、深刻领会、坚决贯彻、迅速有效落实，要牢固树立以人民为中心的发展思想，提高做好行业防汛救灾工作的责任感紧迫感，全力履职尽责。

2021年邮政快递业面向高校毕业生网络招聘活动顺利收官

7月27日，国家邮政局通报了2021年邮政快递业面向高校毕业生网络招聘工作情况。活动期间(1月16日至7月15日)，全国31个省(区、市)就业供给岗位数量大幅增加，累计878个单位提供了2127个职位，共31665个招聘岗位(人数)，较2020年首次网络招聘提供岗位(人数)增长142.2%。今年年初，为贯彻落实党中央、国务院"稳就业""保就业"决策部署，促进2021届高校毕业生就业，优化邮政快递业人才结构，国家邮政局联合教育部共同举办了此次网络招聘活动。针对下一步工作，国家邮政局表示，将持续健全政校企联动开展网络招聘工作机制、加强推动落实网络招聘工作力度、提高引导行业企业广泛参与网络招聘的宣传动员能力。

国家邮政局召开政务公开工作会

7月28日上午，国家邮政局召开政务公开工作会议，深入学习贯彻全国政务公开领导小组会议精神，研究部署国家邮政局政务公开重点工作。

局党组成员、副局长、政务公开领导小组组长刘君出席会议并讲话。刘君指出，政务公开是政府部门的法定职责，也是接受社会监督的重要形式、建设服务型政府的有力手段、衡量政府工作成效的重要标尺。刘君要求，各单位各部门要履职尽责、主动作为，扎实做好政务公开工作。一要加强和改进政策发布解读和舆情回应工作。二要加强和改进政府信息公开工作。三要加强和改进政务公开平台管理工作。四要加强和改进内部管理工作。

国家邮政局绿盾办在广州举办“绿盾”工程中南片区信息系统使用培训班

按照“绿盾”工程2021年整体工作安排，为进一步加强各信息系统的推广应用，更好发挥“绿盾”工程在行业治理中的重要作用，7月27日至28日，国家邮政局绿盾办在广东省广州市举办“绿盾”工程中南片区信息系统使用培训班，现场通报“绿盾”工程各项目建设进展，并对“绿盾”工程建设的14个重要信息系统进行专题讲解和答疑。培训班开班仪式由绿盾办副主任蒲中良主持，广东省邮政管理局局长周国繁致欢迎辞，绿盾办常务副主任林虎做动员讲话。国家局有关司室、直属单位，江西、湖北、广东、广西和海南等5个省局及所辖市（地）局、安全中心共130多名代表参加现场培训，培训同步通过网络向相关单位远程开放。

马军胜局长电话慰问江苏局和河南局并部署相关工作

近期，疫情突袭、汛情持续，给人民群众生命财产安全和邮政快递业安全生产带来严峻考验。7月29日一早，国家邮政局党组书记、局长马军胜分别电话连线江苏省邮政管理局党组书记、局长张水芳和河南省邮政管理局党组书记、局长訾小春，询问邮政快递业疫情防控和防汛救灾进展情况，要求切实做好邮政快递业疫情防控、防汛救灾工作，为保障人民群众生命财产安全和社会稳定贡献行业力量。马军胜最牵挂的还是“冒疫奔忙”的一线邮政快递从业人员。他要求，要进一步压实责任，严格落实从业人员个人防护措施，确保从业人员身心安全。同时，要做好特殊时期快递从业人员关心关爱工作，最大限度保障从业人员合法权益。

中共中央政治局会议：加快贯通县乡村电子商务体系和快递物流配送体系

中共中央政治局7月30日召开会议，分析研究当前经济形势，部署下半年经济工作。中共中央总书记习近平主持会议。会议指出，做好下半年经济工作，要坚持稳中求进工作总基调，完整、准确、全面贯彻新发展理念，深化供给侧结构性改革，加快构建新发展格局，推动高质量发展。会议要求，要挖掘国内市场潜力，支持新能源汽车加快发展，加快贯通县乡村电子商务体系和快递物流配送体系，加快推进“十四五”规划重大工程项目建设，引导企业加大技术改造投资。会议强调，要做好民生保障和安全生产，坚持巩固拓展脱贫攻坚成果与乡村振兴有效衔接，强化高校毕业生就业服务，畅通农民工外出就业渠道，改进对灵活就业人员的劳动者权益保障。

国家邮政局召开第27届万国邮联大会中国代表团会议

第27届万国邮联大会定于8月9日至27日在科特迪瓦阿比让召开。为确保参会工作有序进行，7月29日至30日，国家邮政局在北京以线下线上方式召开中国代表团会议，听取大会筹备工作情况汇报，研究部署参会工作。国家邮政局局长马军胜出席会议并讲话，副局长赵民主持会议。香港邮政署署长区惠贤、澳门邮电局局长刘惠明和中国邮政集团有限公司副总经理温少祺出席了会议。马军胜说，中国在世界邮政事务发展中体现了大国担当，贡献了中国智慧，提供了中国方案。同时在支持提升邮政服务质量、拓展国际铁路运邮、开展国际抗疫合作中都发挥了重要作用。做好第27届万国邮联大会参会工作责任重大,意义深远。国家邮政局将继续发挥统筹协调作用,与内地邮政和港澳邮政一道做好此次大会的各项工作。

国家邮政局通知要求切实做好行业新冠肺炎疫情防控工作

近期,新冠肺炎疫情病例涉及多个省份,防控形势十分严峻。为深入贯彻落实党中央、国务院决策部署,国家邮政局发出通知,要求全系统全行业要切实做好当前邮政行业新冠肺炎疫情防控工作。通知指出,各级邮政管理部门、各邮政快递企业要提高政治站位,主动担当作为,严禁失职失责缺位。要始终保持疫情防控应急机制的高效运转,将责任和任务分解到基层,分解到每一个岗位和人员,确保安排部署到位、督促检查到位、责任落实到位。各级邮政管理部门要与地方党委、政府及疫情防控指挥部对接,主动报告行业疫情防控措施,进一步明晰地方要求,织细织密行业疫情防线。

国家邮政局部署邮政快递业防汛救灾工作

近日,国务院就抗洪抢险救灾和防汛工作再次召开视频会议,强调全力做好防汛救灾工作,切实保障人民群众生命财产安全。当前,正值"七下八上"防汛防台风最关键阶段,河南等地遭遇极端强降雨,第6号台风"烟花"、第7号台风"查帕卡"接连登陆上海、浙江等地,极端天气易发、多发、重发,防汛防台风形势十分严峻。为深入贯彻落实国务院抗洪抢险救灾和防汛工作视频会议精神,进一步做好邮政业抗洪抢险救灾和防汛防台风工作,国家邮政局近日下发通知,对邮政快递业抗洪抢险救灾和防汛防台风工作作出安排部署,要求始终把保障人民群众生命财产安全放在首位,紧绷安全这根弦,抓实防汛救灾措施,全力确保邮政快递从业人员和邮件快件安全。

国务院联防联控机制新闻发布会介绍邮政快递业进一步加强疫情防控有关情况

8月4日下午,国务院联防联控机制在国家卫生健康委西直门办公区新闻发布厅召开新闻发布会,交通运输部、移民局、民航局、邮政局、国铁集团相关负责同志出席发布会,介绍进一步加强疫情防控有关情况。国家邮政局市场监管司副司长边作栋在发布会上表示,直到目前还没有快递小哥和用户因为接触快递包裹而感染疫情,全行业也在疫情期间保持了稳定运行和高速增长。疫情通过快递包裹传播的风险并没有进一步加大。边作栋还建议广大用户加强自我保护,在接收快递包裹的时候,最好能戴上口罩和手套,将包裹内件取出后,及时进行洗手。

国家邮政局召开邮政快递业疫情防控工作视频调度会

8月5日下午,国家邮政局召开邮政快递业疫情防控工作视频调度会,认真学习贯彻习近平总书记关于疫情防控工作的重要指示精神,按照国务院联防联控机制部署要求,研究调度行业疫情防控工作。国家邮政局党组书记、局长马军胜出席会议并讲话,强调要切实担负起疫情防控的重大政治责任,高度重视、高度警惕、高度负责,全力抓好行业疫情防控工作。局党组成员、副局长廖进荣主持会议。中国邮政集团有限公司副总经理温少祺出席会议。马军胜强调,疫情防控是一项长期性、系统性工作。全系统全行业要紧急行动起来,切实担负起疫情防控的重大政治责任。要高度重视、高度警惕、高度负责,全力抓好行业疫情防控工作。

国家邮政局党组巡视组向被巡视单位反馈情况

根据国家邮政局党组2021年巡视工作安排,7月23日至8月5日,国家邮政局党组第一、第

二、第三、第四巡视组向被巡视的8个省(区、市)局党组反馈了巡视情况,本次巡视反馈采取现场反馈和视频会议相结合的方式进行,对抓好巡视整改和日常监督进行集中部署、提出了明确要求。反馈会议上,各巡视组要求被巡视单位党组织要深化思想认识,落实整改政治要求,清醒地认识到反馈问题的严肃性,以强烈的使命感责任感抓好整改落实。要强化系统观念,提高整改工作质效,扎实落实整改的各项要求、各个环节,确保巡视整改全过程的高质量。要注重形成合力,推动整改深化转化,主动担当尽责、强化整改监督、注重成果运用,切实发挥监督保障执行、促进完善发展作用。

国家邮政局印发《疫情防控期间邮政快递业生产操作规范建议(第七版)》

8月5日,为加强和改进邮政快递业新冠肺炎疫情常态化防控工作,国家邮政局印发《疫情防控期间邮政快递业生产操作规范建议(第七版)》。《规范建议(第七版)》要求,全行业要充分认识境外、境内疫情复杂形势,坚持人民至上、生命至上,保持如履薄冰的警惕性,提高见微知著的敏锐性,坚持底线思维,充分做好应对零星散发病例和局部聚集性疫情的思想准备和工作准备。要全面落实"外防输入、内防反弹"总体防控策略,以邮政快递企业对外营业场所、邮件快件处理场所、内部办公场所等生产作业场所为重点,进一步强化防控措施,有效控制风险,保障从业人员生命安全和身体健康,保障行业高质量发展和安全稳定运行。

第27届万国邮联代表大会在阿比让开幕

当地时间8月9日上午,第27届万国邮联代表大会在科特迪瓦阿比让开幕。大会采取线上线下相结合的方式举行。科特迪瓦总理帕特里克·阿希,数字化和数字经济创新部部长罗歇·阿多姆,电信监管机构主席、第27届万国邮联大会主席苏雷马内·迪亚基特·科悌,万国邮联国际局总局长比沙尔·侯赛因出席开幕式并致辞。国家邮政局局长马军胜率中国代表团出席线上开幕式。中国代表团由外交部、国家邮政局、中国邮政集团有限公司、香港邮政署、澳门邮电局等代表组成。我国驻科特迪瓦大使万黎在现场出席了开幕式。

马军胜局长线上出席第27届万国邮联代表大会部长级会议

当地时间8月10日,第27届万国邮联代表大会部长级会议以线上线下相结合的方式在科特迪瓦阿比让召开,探讨新冠肺炎疫情暴发以来世界邮政行业发生的变化、带来的影响和应对的策略。科特迪瓦总理帕特里克·阿希、马里总理莫克塔·瓦内、万国邮联国际局总局长比沙尔·侯赛因出席会议并致辞。国家邮政局局长马军胜应邀线上出席部长级会议并作主旨发言。马军胜建议,全球邮政行业宜加快构建更敏捷更实用更可靠的供应链,包括应当加强邮政快递服务网络韧性、应当健全应急寄递物流工作体系、应当提升服务经济社会民生的相关性、应当加快数字化转型进程。他呼吁全球邮政加强国际抗疫合作,为稳定全球供应链和重振经济发展信心作出积极贡献。

赵民副局长主持召开四个方面突出问题专项整治工作专题推进会

8月19日上午,国家邮政局党组成员、副局长赵民主持召开"三重一大"决策不规范等四个方面突出问题专项整治工作专题推进会,全面深入了解各项整治工作进展情况,对专项整治进行再动员、再部署、再推进。会上,各牵头负责司室汇报了前一阶段工作开展情况、存在问题和下一步打算,赵民对深入推进专项整治工作提出明确要求。赵民指出,开展四个方面问题专项整治,是国家局党组贯彻落实党中央决策部署和十九届中央纪委五次全会精神的重要举措,各牵头负责司室要进一步提高政治站位,指导推动全系统各级党组织扎实开展工作。赵民强调,一要强化政治责任,二要加强指导监督，三要注重统筹协调，四要确保整治效果。

马军胜局长调研中国邮政快递报社

8月19日，国家邮政局党组书记、局长马军胜到中国邮政快递报社调研，考察新址办公环境，召开干部职工座谈会，听取报社建设发展情况汇报和意见建议，强调报社建设发展要始终坚持正确政治方向、舆论导向、价值取向，为推动行业高质量发展提供强大舆论支撑。局党组成员、副局长陈凯一同调研。马军胜对中国邮政快递报社各项工作给予充分肯定。他指出，中国邮政快递报社自成立以来，紧贴邮政快递业改革发展步伐，成长为局党组的重要喉舌、行业新闻的重要传播者，形成了能战斗、能抗压、能创新、能共享的特有精神。希望大家以此次搬迁为契机，弘扬优良传统，深化改革创新，为打造行业新闻宣传的第一媒体、第一声音、第一平台而不懈奋斗。

国务院办公厅关于加快农村寄递物流体系建设的意见

国务院办公厅日前印发《关于加快农村寄递物流体系建设的意见》。党中央、国务院高度重视农村寄递物流体系建设。农村寄递物流是农产品出村进城、消费品下乡进村的重要渠道之一，对满足农民群众生产生活需要、释放农村消费潜力、促进乡村振兴具有重要意义。《意见》围绕强化农村邮政体系作用、健全末端共同配送体系、优化协同发展体系、构建冷链寄递体系等4个体系建设，从分类推进“快递进村”工程、完善农产品上行发展机制、加快农村寄递物流基础设施补短板、继续深化寄递领域“放管服”改革等4个方面提出一系列重点任务。

国新办举行为全面建成小康社会提供交通保障新闻发布会

8月24日上午，国务院新闻办公室举行新闻发布会，交通运输部部长李小鹏、国家邮政局局长马军胜、国家铁路局局长刘振芳、中国民用航空局副局长董志毅介绍为全面建成小康社会提供交通保障有关情况，并答记者问。国家邮政局局长马军胜指出，2012年党的十八大召开以后，邮政局坚决贯彻落实党的十八大精神，提出了到2020年建成与小康社会相适应的现代邮政业的战略目标。围绕这个战略目标，着力在行业发展、服务社会、培育主体、文化建设和科技创新等五个方面进行重点建设。经过八年的努力，通过抓重点、补短板、强弱项，坚定不移打好三大攻坚战，坚定不移深化供给侧结构性改革，坚定不移畅通国内国际双循环，为推动经济社会持续健康发展作出了积极的贡献。目前，与小康社会相适应的现代邮政业已经全面建成。

《邮政快递业精神谱系和先进典型人物汇编》印发

近日，国家邮政局党组党史学习教育领导小组印发《邮政快递业精神谱系和先进典型人物汇编》，组织全系统广大干部职工认真学习，进一步传承邮政快递业精神谱系，赓续红色血脉，推动党史学习教育走深走实。按照交通运输部的统一部署，国家邮政局精神文明建设指导委员会办公室组织编写了《汇编》，系统总结梳理了“传邮万里，国脉所系”“战邮精神”“‘小蜜蜂’精神”等邮政快递业精神谱系的精神内涵和时代价值，并收录了罗淑珍、艾克帕尔·伊敏、其美多吉、唐真亚、王顺友、尼玛拉木、葛军、汪勇等行业先进典型人物的事迹。

“绿色快递进机关”活动在京启动

为贯彻落实党中央、国务院关于碳达峰、碳中和决策部署，推动公共机构积极参与绿色快递建设、促进绿色低碳发展，8月26日，国家邮政局联合国家机关事务管理局，以“使用绿色快递　创建节约型机关”为主题，在北京邮电会议中心共同举办“绿色快递进机关”活动启动仪式。国家邮政局副局长赵民、国家机关事务管理局公共机构节能管理司司长朱呈义出席活动并致辞。国家邮政局市场监管司司长金京华、中国快递协会秘书长韩瑞林、中国邮政集团有限公司市场部总经理姜春华出席启动仪式。赵民呼吁，要以“绿色快递进机关”活动为契机，深入贯彻落实习近平生态文明思想，结合机关实际推进绿色快递建设。

中国成功连任万国邮联行政理事会及邮政经营理事会理事国

当地时间8月25日至26日，在科特迪瓦阿比让召开的第27届万国邮联代表大会上，中国成功连任新一届行政理事会理事国、邮政经营理事会理事国。日本候选人目时正彦（Masahiko Metoki）、斯洛文尼亚候选人马里安·奥斯瓦尔德（Marjan Osvald）当选下一任万国邮联国际局总局长和副总局长。竞选结果公布后，比沙尔·侯赛因、帕斯卡尔·克里瓦茨对下一任总局长、副总局长表示祝贺，对两个任期以来成员国的支持表示感谢。目时正彦在致辞中表示，未来将致力于服务万国邮联所有成员国，倾听诉求，考虑差异。马里安·奥斯瓦尔德表示，将迎接挑战，全面提升万国邮联的效率。此次中国成功连任万国邮联行政理事会理事国和邮政经营理事会理事国，是万国邮联和各成员国对中国的支持与认可。

第27届万国邮联代表大会在阿比让闭幕

当地时间8月27日，为期三周的第27届万国邮联代表大会在科特迪瓦阿比让闭幕。科特迪瓦总理帕特里克·阿希，数字化和数字经济创新部部长罗歇·阿多姆，电信监管机构主席、第27届万国邮联大会主席苏雷马内·迪亚基特·科悌，万国邮联国际局总局长比沙尔·侯赛因出席闭幕式并致辞。国家邮政局局长马军胜率中国代表团采取线上线下相结合的方式出席闭幕式。中国代表团由外交部、国家邮政局、中国邮政集团有限公司、香港邮政署、澳门邮电局等代表组成。我国驻科特迪瓦大使万黎代表中国政府签署了修订后的万国邮联法规。

公安部、国家邮政局、国家禁毒办联合部署“寄递渠道禁毒百日攻坚行动”

8月27日，为深入贯彻落实习近平总书记关于禁毒工作重要指示精神，公安部、国家邮政局、国家禁毒委员会办公室召开“寄递渠道禁毒百日攻坚行动”部署会，深化“清源断流”战略，推进“净边2021”专项行动，探索寄递渠道禁毒常态化机制模式。国家禁毒委员会副主任、公安部副部长杜航伟，国家禁毒委员会委员、国家邮政局副局长廖进荣出席会议并讲话。国家禁毒办常务副主任、公安部禁毒局局长梁云主持会议。会议要求，各地区、各有关部门要把打击整治寄递渠道涉毒活动作为主攻方向，统筹各方资源，汇聚各方力量，发挥各方优势，形成整体合力，抓住“四个环节”、集中打好“四仗”，推动“清源断流”战略全面、整体、深入实施。

国家邮政局要求扎实做好快递小哥派费调整工作

近日，部分快递企业陆续调整末端派费。国家邮政局市场监管司负责同志就相关问题接受采访。部分快递企业宣布上调末端派费，正是贯彻落实七部门《关于做好快递员群体合法权益保障工作的意见》有关要求的具体行动，是切实保障快递小哥合理收入水平的务实举措，体现了企业做好快递员群体合法权益保障工作的积极态度。邮政管理部门既观其言、更观其行，希望企业能够将派费调整工作落到实处，真正落到快递小哥身上，真正让在一线辛勤工作的快递小哥得到实惠。同时，企业要采取更多、更好的办法，建立起更加合理的利益分配机制，切实维护和巩固行业健康发展的态势。

寄递渠道安全监管"绿盾"工程建设项目(一期)顺利通过预验收

近日,寄递渠道安全监管"绿盾"工程建设项目(一期)顺利通过预验收,标志着"绿盾"工程(一期)基本建成。"绿盾"工程(一期)建成"一主一备"两个现代化数据中心、298个安全监控中心,配备892套便携执法装备和421套应急指挥装备。建成以云计算平台、大数据管理平台和数据资源为基础支撑的大数据中心,完成主要邮政快递企业12万路生产作业监控视频和2000多台安检机运行数据接入,邮政管理系统"互联网+监管"数据底盘全面强化。建设完善运行监测、安全预警、行政执法、应急指挥、决策支持和公共服务等六大类应用系统,基本实现"五可"目标,进一步筑牢寄递安全防线。

马军胜局长视察服贸会中国快递展区

9月3日,在2021中国国际服务贸易交易会供应链及商务服务板块,"中国快递"展区映入眼帘,主要快递企业组团参展,精心设置的展台,模型、展板、宣传片、沙盘立体展示、交相辉映。国家邮政局局长马军胜在各家企业展台前驻足,了解企业最新发展情况,强调要深入贯彻落实习近平主席在服贸会全球服务贸易峰会上的致辞精神,积极稳妥推进快递"出海",全力助推国内国际双循环。9月2日晚,国家邮政局副局长刘君出席了服贸会全球服务贸易峰会。2021年服贸会9月2日至7日在北京举行,聚焦"数字开启未来,服务促进发展"主题,搭建广阔合作平台,共谋服务贸易发展,为世界经济复苏注入更多信心和动力。

高宏峰会长视察服贸会中国快递展区

9月5日,中国快递协会会长高宏峰视察2021中国国际服务贸易交易会供应链及商务服务板块中国快递展区,了解邮政快递企业参展情况和未来发展方向,为企业发展出谋划策。在中国快递展区,主要快递企业精心布置展台,展示了在科技、服务、出海等方面的举措与成效。高宏峰逐一查看展品、展板和大屏幕,聆听企业负责人汇报,对企业积极参与服贸会展览和在拓展服务品类、增强供应链能力、着力推进快递出海等方面取得的成效给予肯定。高宏峰指出,我国快递物流市场潜力巨大。快递企业要充分利用科技的力量和现代技术,探索物流行业新的发展模式,通过智慧物流升级改造现代物流体系,更好地服务国家经济发展和广大人民群众的需求。

陈凯副局长视察服贸会中国快递展区

9月6日,国家邮政局副局长陈凯视察2021中国国际服务贸易交易会供应链及商务服务板块中国快递展区,详细了解各邮政快递企业展示的"明星产品",并勉励企业继续开拓进取,积极转型升级,加快推进"两进一出"工程,维护好快递员群体合法权益,推动行业实现高质量发展。在中国快递展区,主要邮政快递企业集中展示了在供应链、科技与服务、绿色发展、出海等方面的举措与成效。陈凯仔细了解了企业近期保障快递员合法权益方面的成效并指出,要建立更加合理的利益分配机制,努力向基层、向一线员工倾斜,把关爱快递小哥真正落到实处。各企业总部还要建立监督机制和沟通渠道,确保上调派费真正落入快递小哥口袋,在每月薪酬中有切实体现。

国家邮政局召开《意见》宣贯电视电话会议

9月9日,国家邮政局召开《国务院办公厅关于加快农村寄递物流体系建设的意见》宣贯电视电话会议,进一步统一思想、明确任务、突出重点,全力推进《意见》落地实施,切实加快农村寄递物流体系建设。局党组书记、局长马军胜出席会议并讲话,强调加快建设农村寄递物流体系是党中央、国务院赋予全系统全行业的光荣任务,必须增强"四个意识"、坚定"四个自信"、做到"两个维护",不断提高政治判断力、政治领悟力和政治执行力,心怀"国之大者",始终坚持以人民为中心的发展思想，把农村寄递物流体系建设各项工作抓实抓细抓到位，在全面推进乡村振兴、畅通国内大循环中发挥应有作用，为建设邮政强国、全面建设社会主义现代化国家贡献行业力量。局党组成员、副局长陈凯主持会议。

国家邮政局党组发出通知

中秋、国庆两节临近，国家邮政局党组于日前下发通知，要求各级党组织和广大党员干部要锲而不舍落实中央八项规定及实施细则精神，严守纪律要求、杜绝“节日腐败”，着力纯正政治生态，在“两节”期间持续强化严的氛围，防止“四风”问题变异反弹。通知指出，各级党组织和党员领导干部要提高站位、保持警醒，始终把贯彻落实中央八项规定及实施细则精神作为一项长期重要的政治任务，联动落实主体责任、监督责任、第一责任、“一岗双责”，坚决防止“四风”滋生蔓延。

国家邮政局督导组深入陕西检查十四运会寄递安保工作

近日，国家邮政局派出由市场监管司带队的督导组，深入陕西邮政、快递企业督查指导十四运会寄递安保工作。督导组与十四运会安保联勤保障指挥部深入交换了十四运会寄递渠道管控意见。督导组先后实地检查了西安邮区中心局、顺丰西北转运中心、圆通西北转运中心、西安韵达白桦林居快递超市、顺丰速运凤城八路营业部、DHL西安分公司、咸阳市韵达民生火车站网点等4个分拨中心、2个国际快递企业、6个快递网点十四运会寄递安保措施落实情况，重点检查了“二次安检”安排、寄递安全“三项制度”落实、疫情防控情况及快递员合法权益保护工作情况。

第五届中国邮政“919电商节”在京启动

9月16日，第五届中国邮政“919电商节”在京启动。中国邮政集团有限公司党组书记、董事长刘爱力出席并讲话。国家邮政局党组成员、副局长戴应军出席启动仪式。本届中国邮政“919电商节”聚焦“原汁原味原产地　优质优价邮乐购”价值主张，突出“购物上邮乐　全家都欢乐”主题，强化平台合作、完善服务功能、策划特色活动、优化商品结构、加大优惠力度，同时优化“网点＋站点”双向引流、邮金豆、数字货币、代收自提等服务场景，切实解决农民合作社、家庭农场等新型农业经营主体“销售难、融资难、物流难”问题，加快打造农村电商生态圈，助力农民创利增收、农村消费提质。

《“十四五”塑料污染治理行动方案》出炉

日前，国家发展改革委、生态环境部印发《“十四五”塑料污染治理行动方案》，进一步加强塑料污染全链条治理，提出到2025年，商品零售、电子商务、外卖、快递、住宿等重点领域不合理使用一次性塑料制品的现象大幅减少，电商快件基本实现不再二次包装，可循环快递包装应用规模达到1000万个。《方案》提出，要持续推进一次性塑料制品使用减量。落实国家有关禁止、限制销售和使用部分塑料制品的规定。《方案》还提出，要加强塑料废弃物规范回收和清运。鼓励电子商务平台（含外卖平台）、快递企业与环卫单位、回收企业等开展多方合作，加大快递包装、外卖餐盒等塑料废弃物规范回收力度。

赵民副局长主持召开四个方面突出问题专项整治工作专题调度会

9月16日，国家邮政局党组成员、副局长赵民主持召开“三重一大”决策不规范等四个方面突出问题专项整治工作专题调度会，进一步了解掌握工作推进情况，统一思想、凝聚力量，推动专项整治取得实实在在成效。会上，各牵头负责司室汇报了关于专项整治工作开展情况、存在问题和下步工作打算，赵民对深入推进专项整治工作提出明确要求。赵民指出，四个方面问题专项整治总体进入了集中纠治、整改提高的阶段，这是取得决定性成效的关键环节，必须提高站位、强化担当，高标准推进、高质量落实，确保实现预期目标。赵民强调，一要强化责任传导，二要坚持纠建并举，三要抓好跟进督导，四要注重协同联动。

国家邮政局部署“两节”期间行业疫情防控和维护安全稳定工作

近日，国家邮政局发出通知，要求做好2021年中秋、国庆节日期间邮政行业疫情防控和维护安全稳定工作。通知指出，全行业要严格抓好常态化疫情防控措施，始终保持疫情防控应急机制的高效运转，有针对性地做好节日期间疫情防控各项准备，严防忽视、弱化常态化疫情防控工作。通知要求，全行业要始终把维护行业安全稳定摆在各项工作首位，进一步落实部门监管责任、企业主体责任，切实加大节日期间行业安全工作力度。要严格执行《禁止寄递物品管理规定》及其指导目录，把寄递安全“三项制度”落细落实落到位，严防涉枪涉爆、涉黄涉非、涉毒涉危等禁寄物品进入寄递渠道。

邮政快递业39家集体获评第20届全国青年文明号集体

近日，第20届全国青年文明号集体评选结果揭晓，北京市房山区人民法院、河北人民法庭等1881个创建集体被认定为全国青年文明号。中国邮政集团有限公司黑龙江省绥芬河市分公司寄递事业部、江西省圆通速递客服部、顺丰速运有限公司天安营业部等邮政快递业39家集体榜上有名。此次命名表彰由共青团中央等23家全国创建“青年文明号”活动组委会成员单位联合开展，经综合考察、逐级推报、集中审核、社会公示等程序评选产生。这些集体政治素质好、职业道德好、职业技能好、工作作风好、岗位业绩好，在政务服务、商业服务、社会服务等领域的窗口岗位、一线单位、服务平台上展示了新时代青年的文明风采，作出了“青年文明号 · 青春心向党”的响亮回答。

刘君副局长在京调研邮政业安全运行监测中心筹建等工作

9月17日下午，国家邮政局党组成员、副局长刘君在北京调研北京市邮政业安全运行监测中心筹建、干部队伍建设、职业技能培训和行业技术职称评定等工作情况。刘君表示，北京局立足国家局部署和首都实际，在职业技能培训、争取地方保障等方面做了大量努力，各项专项工作取得较好成效，工作局面不断打开，值得肯定。就做好下一步工作，刘君强调，一是要进一步加快安全中心建设进度，加强与国家局安全中心沟通交流，找准定位、理顺机制，实现正常运行；二是认真总结前期职业技能培训的好经验和好做法，建立长效机制，扩大企业参与面；三是大胆创新，先行先试，积极组织企业参与邮政快递行业职业技术职称评定，早日取得突破。

国家邮政局要求进一步加强中秋国庆节日期间安全生产工作

9月20日，国家邮政局发布紧急通知，要求各省（区、市）邮政管理局和各邮政快递企业进一步加强中秋国庆节日期间安全生产工作。当前正值中秋假期，国庆假期也即将来临，人流、车流、物流集中，企业生产经营繁忙，安全风险加大。通知强调，要始终把行业安全稳定工作摆在重要位置，细化措施，加强管控，尤其是突出关注分拨中心、车辆通行和人员安全等环节，确保中秋国庆节日期间行业安全稳定。要牢固树立安全发展理念，坚持人民至上、生命至上，统筹发展和安全两件大事。要深化安全隐患排查治理，深入开展“四不”问题整治，强化分拨中心现场作业秩序整治，坚决防止机械伤害事故发生。

中秋假期全国共揽投快递包裹近18亿件

国家邮政局监测数据显示，今年中秋假期（9月19日至21日）全国邮政快递业运行总体安全、平稳有序，共揽收投递快递包裹近18亿件。其中，揽收快递包裹8.5亿件，与2019年中秋假期相比增长96.6%，日均揽收量与2020年中秋国庆假期相比增长47.33%；投递快递包裹9.3亿件，与2019年中秋假期相比增长92.31%，日均投递量与2020年中秋国庆假期相比增长48.63%。今年中秋假期，我国消费市场升温势头明显，线上线下消费活跃。国家邮政局认真贯彻落实党中央国务院决策部署，紧密结合节日特点，组织寄递企业全力保障寄递渠道安全畅通和行业平稳运行，为人民群众度过安乐祥和的节日营造良好寄递服务环境。

陈凯副局长出席全国塑料污染治理工作电视电话会议并讲话

9月24日，全国塑料污染治理工作电视电话会议在国家发展改革委召开，会议由国家发展改革委党组副书记、副主任唐登杰主持，国家发展改革委、生态环境部等22个部门参加。国家邮政局党组成员、副局长陈凯出席会议并讲话。陈凯指出，今年以来全系统全行业认真落实2020年塑料污染治理电视电话会议精神，采取有效措施推进治理工作，取得积极进展。各级邮政管理部门要全面贯彻国务院工作部署和相关部门工作要求，落实好行业生态环保治理"四梁八柱"体系要求，全面推进快递包装绿色治理工作。陈凯要求，下一步，全系统全行业要认真贯彻落实此次会议精神，结合行业实际抓好工作落实，不断提升行业塑料污染治理成效，促进行业绿色高质量发展。

2021年快递"最后一公里"峰会在京举行

9月27日，以"心向山河　全力以赴"为主题的2021年快递"最后一公里"峰会在京举行。来自国家发展和改革委员会、商务部、国务院发展研究中心、国家邮政局等有关部门和邮政、快递、电商、关联产业等企业以及研究机构的专家和代表齐聚一堂，聚焦如何畅通农村快递"最后一公里"，破难题、解思路、提对策。峰会还发布了《中国快递末端生态报告》。国家邮政局副局长陈凯出席会议并致辞。围绕如何畅通农村快递"最后一公里"，陈凯建议：一是提高政治站位，增强畅通农村快递"最后一公里"的思想和行动自觉。二是加强系统思维，完善体系建设。三是坚持分类推进，夯实基础。四是落实主体责任，形成合力。五是强化科技创新，提升服务水平。

国庆假期全国共揽投快递包裹超39亿件

国家邮政局监测数据显示，10月1日至7日，全国邮政快递业高位运行安全平稳，共揽收快递包裹19.91亿件，与2019年同期相比增长100.38%，与2020年同比增长28.31%；投递快递包裹19.17亿件，与2019年同期相比增长104.44%，与2020年同比增长25.71%。今年国庆假期，我国消费市场供销两旺，线上线下加快融合。国家邮政局认真贯彻落实党中央国务院决策部署，紧密结合节日特点坚决遏制重特大事故，确保寄递渠道安全畅通和行业平稳运行，为人民群众度过安乐祥和的节日营造良好寄递服务环境。

国家邮政局定点帮扶平泉市工作座谈会召开

10月8日下午，国家邮政局定点帮扶平泉市工作座谈会在京召开。国家邮政局党组书记、局长马军胜，党组成员、副局长赵民与河北省平泉市委书记王贺民一行，就深入贯彻落实习近平总书记重要讲话精神和党中央决策部署，围绕实现巩固拓展脱贫攻坚成果同乡村振兴有效衔接这一历史使命，共叙帮扶之谊、共谋发展之策、共襄富民之举。平泉是国家邮政局定点帮扶的国家级贫困县。经过各方艰苦卓绝的努力，平泉市于2018年9月提前3年率先实现脱贫摘帽。马军胜强调，要突出重点，切实抓好新形势下定点帮扶各项工作。围绕党中央关于定点帮扶工作健全帮扶机制、完善帮扶举措，严格落实过渡期"四个不摘"要求，确保思想不乱、工作不断、队伍不散、干劲不减。

马军胜局长发表第52届世界邮政日致辞

10月9日是世界邮政日,在第52届世界邮政日来临之际,国家邮政局局长马军胜发表致辞。他指出,当前,行业发展持续高位运行、规模全球领先,呈现稳中加固、稳中有进的良好态势。但邮政业大而不强、快而不优的基本业情没有改变。他强调,一要强化企业创新主体地位,激发创新创造活力,推动上中下游、大中小企业融通创新,加快向"智能"升级转型。二要加强传统要素保障,改善价值分配,引导要素资源向末端倾斜,切实抓好快递员群体合法权益保障,切实维护基层网络稳定。三要坚持统筹网络业务布局,助力释放市场需求广阔潜力。四要坚持推进"两进一出"工程,更好畅通国内国际双循环。五要坚持激发市场主体活力,着力夯实高质量发展基础力量支撑。

万国邮联总局长致辞:"创新驱动复苏"

2021年10月9日是第52届世界邮政日,今年世界邮政日的主题是"创新驱动复苏"。万国邮联国际局总局长比沙尔·侯赛因在致辞中表示,新冠肺炎疫情不仅导致国际邮政业的很多业务在很长一段时间内出现停摆,而且还严重削弱了企业战略和计划。在这种背景下,新的社会和经济邮政服务如雨后春笋般涌现,创造性的邮件寄递方式方兴未艾,电子商务在世界许多地方蓬勃发展。在许多国家和地区,邮政还利用复杂的冷藏方法参与了疫苗的"最后一公里"寄递,提供预订疫苗的平台,甚至为疫苗接种中心提供场地。这些活动毫无疑问地证明了邮政与它所服务的社会和客户是多么密不可分。这种敏捷的服务和商业方式也为邮政行业的未来带来了希望。

第三届全国邮政行业职业技能竞赛赛前调度会召开

为做好2021年第三届全国邮政行业职业技能竞赛总决赛相关工作,10月9日,国家邮政局在京召开赛前调度会,竞赛组委会名誉主任、国家邮政局党组成员、副局长刘君出席会议并讲话。竞赛主办、承办、协办单位的相关领导和负责人以线上线下相结合的方式参加了会议。在决赛安排部署、赛务保障以及相关准备情况的汇报后,刘君对筹备工作给予了充分肯定。他指出,国家邮政局党组高度重视举办行业国家级竞赛,竞赛组委会各相关单位要努力办好行业职业技能竞赛,在行业大力弘扬劳模精神、劳动精神、工匠精神,不断提升快递从业人员的获得感、成就感。对下一步工作,刘君强调,加强协调配合,细化任务分工,保证公平公正,加大宣传力度,突出做好疫情防控。

党史学习教育中央第二十一指导组与国家邮政局邮政业安全中心党支部开展联学联建

10月11日,党史学习教育中央第二十一指导组与国家邮政局邮政业安全中心党支部开展联学联建活动。指导组组长王一鸣在讲话中强调,邮政管理系统要提高政治站位,将党史学习教育不断引向深入,进一步提升为群众办实事的质量水平,把好事办实,把实事办好,让人民群众的获得感成色更足。国家邮政局党组书记、局长、党组党史学习教育领导小组组长马军胜讲话。指导组副组长丁龙广作交流发言,局党组成员、副局长、党组党史学习教育领导小组副组长赵民出席。联学联建采取实地参观和座谈交流相结合的形式进行。马军胜强调,要对标中央要求,推动党史学习教育走深走实。要坚持学以致用,推动行业高质量发展。

马军胜局长视频会见泛非邮联秘书长西丰多

10月12日下午,国家邮政局局长马军胜在北京以视频方式会见新任泛非邮联秘书长西丰多·契夫·莫尤。双方就加强中非邮政领域合作、积极参与全球邮政治理等事宜交换了意见。国家邮政局副局长赵民和泛非邮联副秘书长杰西卡参加会见。马军胜祝贺西丰多接任泛非邮联秘书长。他指出,中非是休戚与共的命运共同体,中国是非洲国家的好朋友、好伙伴。国家邮政局与泛非邮联近年来开展了务实合作，双方在国际事务中合作沟通，共同应对挑战，维护了万国邮联多边体制。国家邮政局愿与泛非邮联进一步加强沟通、深化合作、携手前行，共同开创美好未来。

国家邮政局召开四季度例行新闻发布会

10月14日，国家邮政局召开2021年第四季度例行新闻发布会，介绍建成与小康社会相适应的现代邮政业有关情况。国家邮政局新闻发言人、办公室副主任(主持工作)侯延波指出，截至目前，邮政业规模发展快速发展持续发展特征进一步凸显，邮政普遍服务均等化基本实现，行业实力、支撑经济社会力度、供给能力等明显提升；海外布局规划实施，国际快递业务量继续增长；行业文化不断发展，人才结构逐渐优化，行业队伍向专业化迈进，标志着与小康社会相适应的现代邮政业建成。下一步，邮政业将进一步增强“四个意识”、坚定“四个自信”、做到“两个维护”，提升行业供给体系对需求的适配性、要素资源对行业供给体系的保障力，奋力谱写现代化邮政强国建设新篇章。

第三届全国邮政行业职业技能竞赛总决赛在江苏无锡开幕

10月14日，2021年全国行业职业技能竞赛——第三届全国邮政行业职业技能竞赛全国总决赛在江苏无锡城市职业技术学院开幕。今年竞赛的主题为：新时代、新技能、新梦想。竞赛由国家邮政局人事司、中国就业培训技术指导中心、中国国防邮电工会全国委员会联合主办，国家邮政局职业技能鉴定指导中心、无锡城市职业技术学院承办，江苏省邮政管理局、中国邮政快递报社、中国快递协会协办。本次竞赛分为预赛和决赛两个阶段，参赛人员为快递企业在职员工。竞赛自今年7月启动以来，先后在全国30个省(区、市)顺利完成了省级预赛，最终有90名来自快递企业的优秀代表脱颖而出参加全国总决赛。

邮政快递业代表参加第二届联合国全球可持续交通大会

10月14日，第二届联合国全球可持续交通大会在北京开幕，国家主席习近平以视频方式出席大会开幕式并发表主旨讲话。国家邮政局局长马军胜参加会议，邮政、顺丰、“三通一达”等十余家邮政快递企业代表和北京邮电大学等邮电高校的代表参加会议，现场聆听了习近平主席的主旨讲话。马军胜表示，习近平主席的重要讲话为邮政快递业可持续发展指明了方向、提供了根本遵循。邮政快递业将心怀“国之大者”，准确把握新发展阶段，全面贯彻新发展理念，加快构建新发展格局，更好发挥服务生产生活、促进消费升级、畅通经济循环的重要作用，更好推进行业高质量发展，更好畅通国内国际双循环。

马军胜局长主持召开第27届万国邮联大会参会代表座谈会

10月17日下午，国家邮政局局长马军胜在京主持召开第27届万国邮联大会参会代表座谈会。国家邮政局副局长赵民、中国邮政集团有限公司副总经理温少祺出席会议。马军胜指出，8月9日至27日，第27届万国邮联大会在非洲科特迪瓦首次以线上线下相结合的方式成功举办。马军胜强调，随着邮政快递供应链在经济社会中发挥的作用日益明显，邮政发展变革不断深化，全球邮政治理体系面临新机遇新挑战。要进一步加强国际政策储备，强化国际运递能力建设，完善跨部门协调工作机制，加强外事人才队伍建设，为深入参与全球邮政治理，促进“双循环”新发展格局作出新的贡献。

国家邮政局召开2021年快递业务旺季服务保障动员部署电视电话会议

10月21日，国家邮政局召开2021年快递业务旺季服务保障动员部署电视电话会议，解读《2021年快递业务旺季服务保障工作方案》，要求全系统全行业要统筹疫情防控与行业发展，统筹国内市场与国际市场，统筹前端与后端平衡，以实现“两不”（全网不瘫痪、重要节点不爆仓）、“三保”（保畅通、保安全、保平稳）为目标，继续发挥“错峰发货、均衡推进”的核心机制作用，坚持以疫情防控和生产运营并重、保障质量与安全运行并重、末端稳定与维护权益并重，全力确保旺季平稳运行，努力打造安全旺季、畅通旺季、暖心旺季。国家邮政局党组成员、副局长陈凯出席会议并讲话。陈凯指出，要充分认识做好旺季服务保障工作的重要性和特殊性，采取有效措施做好今年旺季服务保障工作。

电影《信者》首映式在京举行

10月21日，以世界上第一位登上万国邮联讲台的女邮递员、“溜索姑娘”云南省迪庆藏族自治州德钦县云岭乡邮政所员工尼玛拉木真实故事改编的电影《信者》在北京举办首映式。国家邮政局党组成员、副局长赵民，中国邮政集团有限公司董事、党组副书记李丕征观看影片，并在首映式上致辞。赵民表示，尼玛拉木作为优秀共产党员和忠实履行邮政普遍服务的先进典型代表，不畏艰险努力将邮政普遍服务延伸到偏僻乡村，把党的声音传递到大山里的千家万户，充分体现了一名共产党员的责任与担当。下一步，国家邮政局将引导广大干部职工和行业从业者深入学习领悟以尼玛拉木为代表的邮政快递业精神谱系，永葆“人民邮政为人民”的政治本色。

国家邮政局机关举行学习习近平总书记重要讲话暨党史知识竞赛决赛

10月22日，国家邮政局机关举行“奋进新征程，永远跟党走”学习习近平总书记在庆祝中国共产党成立100周年大会上重要讲话暨党史知识竞赛决赛。局党组书记、局长、党组党史学习教育领导小组组长马军胜出席，局党组成员、副局长、党组党史学习教育领导小组副组长赵民致辞。马军胜、赵民为获奖代表队和获奖选手颁奖。党史学习教育中央第二十一指导组有关同志到场指导。赵民强调，全体党员干部要以此次党史知识竞赛为契机，不断增强学习党史的积极性、主动性，注重用党的奋斗历程和伟大成就鼓舞斗志、明确方向，用党的光荣传统和优良作风坚定信念、凝聚力量，用党的实践创造和历史经验启迪智慧、砥砺品格，奋进新征程、永远跟党走。

十三届全国人大常委会第三十一次会议举行联组会议

10月22日，十三届全国人大常委会第三十一次会议举行联组会议，结合听取和审议全国人大常委会执法检查组关于检查《中华人民共和国固体废物污染环境防治法》实施情况的报告开展专题询问。国家邮政局局长马军胜到会回答询问，他表示，国家邮政局将认真贯彻习近平总书记关于快递包装治理的重要指示精神，认真落实固废法、电子商务法等法律规定，坚持以人民为中心，贯彻新发展理念，进一步加强快递包装绿色治理。一是注重总结有效做法，在“巩固”上加大力度。二是注重优化快递包装，在“减量”上加大力度。三是注重创新应用模式，在“循环”上加大力度。四是注重履行法定职责，在“监管”上加大力度。五是注重构建共治体系，在“协同”上加大力度。

戴应军副局长赴鲁调研快递进村工作情况

10月18日至22日，国家邮政局副局长戴应军一行深入山东省泰安、临沂、日照、青岛4地市12县（市）区，采取“四不两直”方式随机选取9个乡镇邮政局所、8个快递网点、16个村庄社区，就农村地区邮政普遍服务、快递下乡进村、邮快合作情况以及邮政服务军营、行业科技等开展调研。戴应军指出，山东邮政基础网络扎实、服务水平较高，在服务地方经济民生、保障群众用邮权益等方面发挥了重要作用。要充分发挥好邮政网络的兜底作用，挂图作战，倒排工期，以时不我待的紧迫感抓好快递进村工作。在泰安，戴应军一行跟随投递员、全国劳模宋现生体验泰山步班邮路，感受“泰山鸿雁”邮路艰辛，对他25年如一日坚守邮路、无私奉献的精神给予高度肯定和赞扬。

国家邮政局与广西壮族自治区人民政府签署战略合作协议

10月27日，国家邮政局与广西壮族自治区人民政府在南宁签署《加快广西邮政快递业高质量发展战略合作协议》，推进广西邮政快递业高质量发展，进一步提升邮政快递业在服务“建设新时代中国特色社会主义壮美广西”总目标的支撑作用。广西壮族自治区党委副书记、自治区人民政府主席蓝天立，自治区党委副书记刘小明，中国快递协会会长高宏峰见证签约。国家邮政局党组书记、局长马军胜与自治区副主席费志荣共同签署协议。自治区人民政府秘书长蒋家柏主持仪式。《合作协议》提出，双方将在做好广西邮政快递业规划衔接实施，支持南宁枢纽及跨境寄递通道建设事项，加强广西邮政快递设施建设支撑保障等8个方面进行深度合作。

国家邮政局部署加强邮政快递业消防安全工作

当前，全国消防安全形势严峻。国家邮政局近日下发通知，要求各级邮政管理部门和各寄递企业，切实加强邮政快递业消防安全工作，深入开展火灾隐患排查整治，坚决防范遏制火灾事故。通知要求，各企业要严格落实消防安全主体责任，企业总部要强化安全保障统一管理，结合作业场所“四不”问题整治，立即组织全网各分支机构、加盟企业、末端网点，对邮件快件处理场所、营业场所、办公场所、员工宿舍等人员密集场所和各类车辆火灾隐患进行深入排查整治。严查严控“多合一”场所火患，严格落实建筑设施消防安全标准，切实加强车辆消防安全管理，集中排查整治末端投递电动车辆充电隐患，严禁收寄易燃易爆等禁寄物品，强化员工消防意识和消防应急演练。

马军胜局长出席广西壮族自治区快递企业座谈会

10月28日，广西壮族自治区人民政府在南宁召开快递企业座谈会，介绍广西壮族自治区邮政快递业发展情况，听取主要快递企业对广西邮政快递业发展的意见建议，共同探讨如何推动邮政快递业在广西的健康发展。正在广西考察调研的国家邮政局局长马军胜、广西壮族自治区副主席费志荣、中国快递协会会长高宏峰出席。马军胜强调，要落实好此次座谈会的精神，把相关措施落到实处，共同推进广西快递业的健康发展。一是要提高站位，提升合作层面。二是要务实进取，确保国家邮政局和自治区政府签订的加快广西邮政快递业高质量发展战略合作协议的相关内容落地实施。三是要强化协作，做好工作衔接。政企双方建立工作机制，定期对接，推动工作落地。

马军胜局长赴广西调研邮政快递业发展情况

10月27日至29日，国家邮政局党组书记、局长马军胜在广西壮族自治区调研，先后来到南宁、柳州、桂林等地，了解电子商务与快递协同发展、快递提供供应链物流服务、快递共仓共配、快递服务农产品配送等情况，强调要深入贯彻落实习近平总书记在广西考察时的重要讲话精神，持续推进快递进厂进村，不断提升行业服务制造业和农业农村的能力和水平，为促进经济发展、建设壮美广西作出积极贡献。调研期间，马军胜会见了广西壮族自治区政府主席蓝天立等自治区领导，出席了国家邮政局和广西壮族自治区人民政府加快广西邮政快递业高质量发展战略合作协议签字仪式并签字，出席了快递企业入桂工作座谈会。

2021年快递旺季拉开帷幕，首日揽收量超5.69亿件

11月1日，2021年快递业务旺季正式拉开帷

幕。国家邮政局监测数据显示,11 月 1 日全国共揽收快递包裹 5.69 亿件,同比增长 28.54%。广东省和浙江省快递揽收量双双破 1 亿件。11 月 1 日 0 时 9 分,来自江苏昆山的申女士收到了申通送来的快递。快递小哥张齐飞表示,申女士的快递在 31 日就已到达网点,1 日凌晨在收到订单已付尾款提示后,立即向客户发送了短信确认,收到确认回复就立即送出。不仅是城市,农村的快递也越来越快。11 月 1 日 0:20 分左右,四川省成都市龙泉驿区大面镇蒲草村的张秀云收到了一箱"双 11"网购的纸巾。旺季快递不仅更快了,也更绿色了。按照国家邮政局此前部署,2021 年快递业务旺季自 11 月初至 2022 年春节(2 月 1 日)前夕,共计 92 天。

国家邮政局人事司开展首次邮政行业人才发展研究课题征集

近日,国家邮政局人事司公布北京邮电大学"大规模'货到人'拣选系统研发及人才培训平台"等 30 项课题入选邮政行业人才发展研究课题。这是国家邮政局人事司面向相关院校开展的首次邮政行业人才发展研究课题征集活动。2021 年,为进一步加强邮政行业人才发展研究,推广优秀教育科研成果,推动行业人才队伍建设,国家邮政局人事司制定印发《邮政行业人才发展研究课题征集管理办法(试行)》,组织开展首次课题征集。此次入选的 30 项课题涵盖邮政快递学科专业建设、校企合作产教融合、国际化高层次人才培养、邮政行业职业教育改革发展和行业技术技能人才队伍建设等方面。下一步,国家邮政局人事司将大力推进课题实施,视情开展研讨交流,积极推动研究成果的转化和应用。

全国邮政管理系统党史学习教育推进电视电话会议召开

11 月 2 日,国家邮政局党组党史学习教育领导小组召开全国邮政管理系统党史学习教育推进电视电话会议,传达贯彻党史学习教育中央第二十一指导组有关指示精神,推进邮政管理系统党史学习教育不断走深走实。国家邮政局党组书记、局长、局党组党史学习教育领导小组组长马军胜出席会议并讲话,强调要坚持以习近平新时代中国特色社会主义思想为指引,坚决贯彻落实党中央决策部署,不断把党史学习教育引向深入,确保党史学习教育工作善始善终、善作善成,奋力推进新时代邮政快递业高质量发展。局党组成员、副局长、局党组党史学习教育领导小组副组长赵民主持会议。

赵民副局长在北京、广东、浙江进行调研

近期,国家邮政局党组成员、副局长赵民率调研组先后在北京、广东(深圳)、浙江调研,深入快递企业,了解快递业党建、关心关爱快递员工及旺季服务保障等工作,看望慰问干部职工。赵民强调要持续推进快递行业党建工作,切实维护好快递小哥合法权益,实现党建和业务双促进,推动邮政管理系统党史学习教育取得实实在在的成效。对于马上到来的"双 11"旺季服务保障,赵民在调研期间向三地邮政管理部门强调,提前做好场地、车辆、人员调度,合理安排作业时间,切实保障"双 11"旺季快递服务质量。要进一步加强收寄验视制度,全力保障好旺季寄递物流服务安全畅通、平稳运行。要加强对基层一线员工的关心关爱,持续深入推进"暖蜂行动"。

全国邮快合作工作推进电视电话会议召开

11 月 4 日,国家邮政局召开全国邮快合作工作推进电视电话会议,通报全国邮政快递企业合作实现快递进村工作的开展情况,交流经验、分析问题,统一思想、坚定信心,加快推进邮快合作向纵深发展,为"快递进村"工程和农村寄递物流体系建设作出应有贡献。局党组成员、副局长戴应军出席会议并讲话。戴应军强调,中央政治局会议、国家"十四五"规划纲要、国务院办公厅文件等

都对三级寄递物流体系建设、“快递进村”工程提出明确要求。全系统全行业要坚决贯彻落实习近平总书记重要指示批示精神，提高站位，统一思想，充分践行“人民邮政为人民”的初心使命，把邮快合作一抓到底，为实现快递进村、助力乡村振兴和共同富裕贡献力量。

马军胜局长主持召开国家邮政局党组中心组（扩大）学习会

11 月 5 日，国家邮政局党组书记、局长马军胜主持召开党组中心组（扩大）学习会，深入学习贯彻习近平总书记在中央党校（国家行政学院）中青年干部培训班开班式上和在陕西榆林考察时的重要讲话精神，以及中共中央办公厅《关于加强中央和国家机关部门机关纪委建设的意见》，强调要深刻领悟习近平总书记重要讲话的精神实质和时代内涵，深刻掌握习近平新时代中国特色社会主义思想所贯穿的马克思主义思想方法和工作方法，笃信笃行，学出坚定信仰，学出使命担当，奋力谱写现代化邮政强国建设新篇章。局党组成员、副局长戴应军、刘君、赵民领学相关内容，局党组成员、副局长陈凯作重点研讨交流。

致全体快递从业者的倡议书

11 月 9 日，为号召行业全体党员、团员青年团结带领广大快递从业者做好旺季服务保障工作，国家邮政局党建工作领导小组办公室和全国邮政行业共青团工作指导委员会共同向全体快递从业人员发出倡议书，鼓励大家团结一致、攻坚克难，为人民群众提供高效、便捷、优质、安全的旺季寄递服务。其中提到，全体从业人员要大力弘扬劳模精神、劳动精神、工匠精神，不断提升寄递服务质量，让“有温度”的快递及时“飞入千家万户”，以自己的辛勤劳动、热情服务回报社会各界的支持和帮助。在辛勤工作的同时，注意劳逸结合，做好安全防护，在自身岗位上为全面建设社会主义现代化国家、实现中华民族伟大复兴中国梦贡献力量。

国家邮政局通知要求旺季期间持续深入推进关爱快递员“暖蜂行动”

11 月 9 日，国家邮政局发出通知，要求全系统全行业深入贯彻落实习近平总书记“七一”重要讲话精神和关心关爱快递小哥重要指示精神，按照国家邮政局党组党史学习教育“我为群众办实事”实践活动关于“加强快递员群体合法权益保障”重点民生项目部署，在快递业务旺季期间持续深入推进关爱快递员“暖蜂行动”，打造“暖心旺季”。通知要求各级邮政管理部门要协调推动相关部门单位共同落实好 7 部门《关于做好快递员群体合法权益保障工作的意见》，把党和政府的关怀关爱传递到广大一线快递从业者。各级邮政管理部门、快递行业协会要督导邮政、快递企业均衡寄递承载能力、员工工作负荷率，确保快递员合理的休息和用餐时间，保障快递员群体合法权益。

11 月 1 日至 11 日全国处理 47.76 亿件快件

国家邮政局监测数据显示，11 月 1 日至 11 日，全国邮政、快递企业共处理快件 47.76 亿件，同比增长超过两成。其中，11 月 11 日当天共处理快件 6.96 亿件，稳中有升，再创历史新高。由于今年电商平台促销模式和节奏发生变化，促销高峰从往年的“单峰”（11 月 11 日）变成了今年的“双峰”（11 月 1 日和 11 月 11 日），导致今年整个促销期快递业务量产生了一定程度的分流，“双 11”当日业务量增速并不明显，但 1 日至 11 日的业务量增长仍超过两成。为应对旺季高峰，邮政快递业在场地、车辆、分拣设备、信息系统等方面进行了扩容和升级，行业的承载能力和运行效率实现大幅提升，并对人员进行了储备和培训，以满足人民日益增长的更好用邮需要，做好今年旺季保障工作。

马军胜局长深夜督战旺季服务保障工作

11 月 11 日深夜，在中国快递大数据平台的大屏幕上，流量轨迹正在大屏幕上升起“烟花”。流量背后数亿包裹的迁徙,考验着邮政快递业怎样“排兵布阵”。电商平台“双峰运行”规则之下,邮政快递业将在11月1日的5.65亿揽收件量之后,创造出全新的纪录。这里是快递业务服务保障战的指挥中心,被称为全国邮政快递业的“大脑和心脏”。大屏幕前的国家邮政局局长马军胜、副局长陈凯,盯着跃动的数据,专注而神往。“11月1日至11日,47.76亿件,同比增长超两成。今天稳中有升,新的纪录,也是新的责任。”马军胜向在场人员挥手致意:“接下来依然是硬仗,派送连接着更多用户,更细致也更具体,要继续做好‘答卷人’,打出漂亮仗,竭尽全力服务好人民群众。”

国家邮政局传达党的十九届六中全会精神

11月12日上午,国家邮政局党组书记、局长马军胜主持召开党组扩大会议,传达学习党的十九届六中全会精神。强调全系统要迅速兴起学习贯彻党的十九届六中全会精神热潮,切实用全会精神统一思想、凝聚共识、激发动力,埋头苦干、勇毅前行,奋力开创现代化邮政强国建设新局面,以优异成绩迎接党的二十大胜利召开。局党组成员、副局长戴应军、刘君、赵民、陈凯出席会议。马军胜指出,全面总结党的百年奋斗重大成就和历史经验,对推动全党进一步统一思想、统一意志、统一行动,具有重大现实意义和深远历史意义。他要求,全系统要迅速兴起学习贯彻党的十九届六中全会精神热潮,聚精会神促改革、一心一意谋发展,坚定不移推动邮政快递业高质量发展。

马军胜局长视频会见万国邮联候任总局长目时正彦

11月12日下午,国家邮政局局长马军胜在北京以视频方式会见万国邮联候任总局长目时正彦。双方介绍了中日两国邮政业发展最新情况,交流了对全球邮政业发展的看法,并就未来在万国邮联框架下加强合作深入交换意见、达成广泛共识。国家邮政局副局长赵民参加会见。马军胜祝贺目时正彦在第27届万国邮联大会上高票当选新一届万国邮联总局长,相信在他的领导下,万国邮联和全球邮政业必将得到更好发展。马军胜指出,中国政府一贯重视与万国邮联的关系,积极参与万国邮联各项重大改革,支持万国邮联可持续发展。在阿比让周期,中国将一如既往支持万国邮联各项工作。中日两国是近邻,希望双方继续保持密切联系,在万国邮联重大议题上进一步加强协调合作。

“双11”期间全国快递业务量达68亿件

国家邮政局监测数据显示,今年“双11”期间(11月1日至16日),全国邮政、快递企业共揽收快递包裹68亿件,同比增长18.2%;共投递快递包裹63亿件,同比增长16.2%。由于今年电商平台促销模式和节奏发生变化,从往年在11月11日单轮促销变成了在11月1日和11月11日两轮促销,导致今年整个促销期内快递业务量从“单高峰”变为“双高峰”。今年快递业务旺季,在常态化疫情防控形势下,外防输入、内防反弹不容松懈。国家邮政局要求全行业坚决执行《疫情防控期间邮政快递业生产操作规范建议(第七版)》,坚持做好预防工作、加强单位防疫管理、实行分区分级防控、加强人员健康防护、做好疫苗接种工作、严防境外疫情输入、妥善应对疫情反弹等工作。

国家邮政局发出紧急通知,做好冬春季邮政快递业新冠肺炎疫情防控工作

11月18日,国家邮政局发出关于做好冬春季邮政快递业新冠肺炎疫情防控工作的紧急通知,要求做好今冬明春行业疫情防控工作,全面精准落实“外防输入、内防反弹”防控措施,严密防范疫情通过寄递渠道传播扩散,切实维护邮政快递业安全稳定运行态势。通知指出,近期个别地区发生新冠病毒核酸检测阳性电商员工寄递商品、进口货品入境后寄递过程中发现内件新冠病毒核酸检测阳性等涉疫事件。当前,冬季来临、气温降

低,新冠肺炎疫情与流感等呼吸道传染病叠加流行的风险增加,同时行业正处于业务旺季,行业疫情防控形势依然严峻复杂。通知强调,要落实常态化防控措施,筑牢外防输入屏障,加强源头风险防控,强化防控组织领导。

2022 年度党报党刊发行工作视频会议召开

11 月 18 日,中宣部在京召开 2022 年度党报党刊发行工作视频会议。会议强调,在全党全国掀起学习贯彻党的十九届六中全会精神的热潮之际,做好党报党刊发行工作,对于全力以赴宣传好六中全会精神,引导广大干部群众将思想和行动统一到全会精神上来,具有十分重要的意义。国家邮政局党组成员、副局长戴应军出席会议,并对邮政管理部门和邮政企业做好党报党刊发行工作提出要求。戴应军强调,各级邮政管理部门和邮政企业要切实增强“四个意识”、坚定“四个自信”、做到“两个维护”,心怀“国之大者”,从讲政治的高度,增强做好党报党刊发行工作的责任感和使命感,为传递党的声音、巩固扩大党的舆论阵地、厚植党的执政基础而不懈努力。

国家邮政局学习贯彻党的十九届六中全会精神暨 2022 年工作务虚会议召开

11 月 18 日至 19 日,国家邮政局学习贯彻党的十九届六中全会精神暨 2022 年工作务虚会议以视频会议的形式在京召开,认真学习贯彻落实党的十九届六中全会精神,通过历史观照现在谋划未来,认真总结 2021 年工作,研判形势,研究谋划 2022 年及今后一个时期行业改革发展的工作思路,着力推动邮政快递业迈向高质量发展。局党组书记、局长马军胜主持会议并作总结讲话,局党组成员、副局长戴应军、刘君、赵民、陈凯作专题发言。马军胜强调,2022 年喜迎党的二十大胜利召开,做好明年工作意义重大、使命光荣。要坚持稳态势、强弱项、重监管、提质效,着力推进畅通循环,着力推进高质量发展和高效能治理,加快推进邮政强国建设,促进国民经济持续健康发展贡献行业力量。

全国邮政快递业深入开展向榜样模范学习活动

11 月 19 日,国家邮政局精神文明建设指导委员会办公室发出通知,决定在全国邮政快递业深入开展向榜样模范学习活动。通知强调,要从“党领导邮政事业红色光辉历史”中赓续红色血脉强化使命担当。各单位、各部门、各企业要组织邮政管理系统和邮政快递业广大干部职工认真学习《邮政快递业精神谱系和先进典型人物汇编》和《党领导邮政事业的历史经验与启示》,从中激发从事邮政快递业的光荣感和自豪感,以更加昂扬的精神状态和奋斗姿态担当起全面建设现代化邮政强国的崇高使命。

最高检制发“七号检察建议”推动强化寄递安全监管

11 月 25 日从最高人民检察院网上发布厅获悉,最高检对办理的寄递违禁品犯罪情况进行深入调研分析后,于今年 10 月 20 日向国家邮政局发出“七号检察建议”,同时抄送交通运输部、商务部等 12 个有关部门,以推动强化部门协同,加强安全监管,堵塞治理漏洞,促进邮政快递业持续健康发展。国家邮政局市场监管司司长金京华指出,收到“七号检察建议”后,国家邮政局高度重视,及时召开党组会议进行研究,下发工作方案全面部署抓好建议书落实工作。下一步,国家邮政局将重点抓好压实企业主体责任、提升寄递安全防控能力、深入开展专项整治、强化部门协同治理、加强基础保障能力建设等五项重点工作,着力补短板、建机制、增能力、强监管,全力维护国家安全、社会稳定、公共利益。

马军胜局长与国家林业和草原局党组书记、局长关志鸥举行工作会谈

11 月 26 日上午,国家邮政局党组书记、局长

马军胜在中国邮政邮票博物馆与国家林业和草原局(国家公园管理局)党组书记、局长关志鸥举行工作会谈,双方就深入贯彻落实习近平生态文明思想,加强自然生态系统原真性、完整性保护,共促邮政快递业和林草业高质量发展等工作交换意见。国家林业和草原局(国家公园管理局)党组成员、副局长李春良,总工程师闫振,中国邮政集团有限公司党组成员、副总经理康宁出席。马军胜表示,国家邮政局愿与国家林业和草原局(国家公园管理局)进一步加强沟通协调合作,坚决贯彻落实党中央、国务院重大决策部署,坚决扛起生态文明建设和生态环境保护政治责任,坚定不移走好生态优先、绿色发展之路。

马军胜局长宣贯党的十九届六中全会精神并调研快递物流业党建工作

11月26日,国家邮政局党组书记、局长马军胜在北京宣贯党的十九届六中全会精神并调研快递物流业党建工作,强调要认真学习深刻领会党的十九届六中全会精神实质和丰富内涵,坚持党建引领推动行业高质量发展。国家邮政局党组成员、副局长赵民主持宣贯座谈会并一同调研。马军胜指出,党的十九届六中全会是在重要历史关头召开的一次重要会议。邮政快递业这些年来发展取得的成绩和变化根本在于坚持了党的全面领导,关键在于坚持了"人民邮政为人民"的初心使命。他强调,要坚持党建引领推动行业高质量发展,结合实际抓好六中全会精神的学习贯彻落实,将思想认识统一到党中央的决策部署上来,不断增强"四个意识"、坚定"四个自信"、做到"两个维护"。

"丝路电商"邮政班列"天山号"首发

11月26日12点,满载着国际邮件、跨境电商包裹的"丝路电商"邮政班列"天山号"从乌西货场首发开行。这标志着新疆邮政在提升跨境电商寄递服务能力,拓展国际运邮渠道上迈上了新台阶。乌鲁木齐市委常委木合亚提·努尔木哈买提、自治区商务厅党组成员、副厅长何国庆,出席并致辞。"丝路电商"邮政班列"天山号"开行,是新疆邮政助力加快丝绸之路经济带核心区建设的生动实践,是推进新疆融入以国内大循环为主体、国内国际双循环相互促进的新发展格局体现的国有企业的担当与作为。

刘君副局长调研北邮现代邮政学院共建情况

12月2日,为深入贯彻落实中央人才工作会议精神,加快推进"人才强邮"战略向纵深实施,国家邮政局党组成员、副局长刘君带队到北京邮电大学沙河校区调研。2015年10月,国家邮政局和教育部共建北邮现代邮政学院,目前,北邮现代邮政学院在校生1400余人。刘君指出,国家邮政局与教育部共建北邮现代邮政学院以来,我们认真贯彻落实共建协议,切实发挥各自优势,做了大量开创性工作,在传承和赓续邮政传统文化、助推行业创新发展等方面成效明显。结合中央人才工作会议有关要求和行业实际,刘君提出,希望北邮建设成为邮政快递行业人才培养的重要基地,行业科技创新方面建设成为行业科研高地,发挥好政产学研的示范引领作用。

国家邮政局召开快递企业座谈会

12月3日,国家邮政局局长马军胜主持召开快递企业电话座谈会,强调要深入贯彻落实习近平总书记关于邮政快递业重要指示精神,深入贯彻落实党的十九届六中全会精神,坚持稳中求进总基调,更加注重发展质效、更加注重结构优化、更加注重补短板强弱项,不断推动邮政快递业高质量发展。国家邮政局副局长陈凯出席会议。马军胜指出,当前邮政快递业发展不平衡不充分的问题日益突出,行业规模大但质量不高,发展速度快但优势不足。马军胜强调,邮政管理部门要进一步优化管理和服务,在服务市场主体、促进行业有序发展上下功夫，推动快递企业更好服务千城百业和百姓民生，更好促进流通方式转型，更好服务经济畅通循环。

马军胜局长视频会见万国邮政联盟总局长比沙尔·侯赛因

12月6日下午，国家邮政局局长马军胜在北京以视频方式会见万国邮政联盟总局长比沙尔·侯赛因、副总局长帕斯卡尔·克里瓦茨。双方在热情友好的氛围中，一起回顾了多哈周期以来中国与万国邮联的合作成效，共叙友谊，共话发展，并就全球邮政治理等问题交换了意见。国家邮政局副局长赵民出席会见。马军胜表示，万国邮联是世界邮政的大家庭，各成员国应相互尊重、共同发展。在新一周期里，万国邮联和全球邮政业既面临重要机遇，也将面临严峻挑战。中国将一如既往支持万国邮联各项工作，坚定支持多边体系。希望总局长、副总局长继续关心支持中国邮政业发展，推动中非、中欧邮政领域合作走深走实，向前发展。

第四届内地与港澳邮政高峰会议成功举行

12月7日，第四届内地与港澳邮政高峰会议以视频方式在北京、广州、香港和澳门四地联合举行，就推动落实《关于促进粤港澳大湾区邮政业发展的实施意见》工作情况进行总结与交流，探讨共同应对跨境电商背景下邮政业面临的机遇与挑战，分享了邮政业绿色发展相关政策与最佳实践案例等内容。国家邮政局局长马军胜、中国邮政集团有限公司董事长刘爱力、香港邮政署署长戴淑娆、澳门邮电局局长刘惠明出席会议并致辞。国家邮政局副局长赵民与中国邮政集团有限公司副总经理温少祺共同主持会议。马军胜指出，内地与港澳邮政积极落实去年高峰会议共识，推动三地合作迈上新台阶。放眼未来合作方向，他希望，三地邮政应不断丰富交流内涵，发挥工作机制更大效能。

“一带一路”框架下5G技术与邮政物流现代化专题培训班线上开班

12月7日，由国家邮政局主办、南京邮电大学承办的亚洲合作资金援外项目——“一带一路”框架下5G技术与邮政物流现代化专题培训班正式线上开班，来自柬埔寨、巴基斯坦、朝鲜、马尔代夫等11个亚洲国家的140多名邮政官员、邮政快递企业相关负责人及科研技术人员参加了本次培训。开班仪式上，国家邮政局副局长赵民视频致辞，南京邮电大学副校长汪联辉在线致辞。赵民指出，当前新冠肺炎疫情仍在全球蔓延，世界经济复苏艰难曲折。中国积极践行人类命运共同体理念，期望与亚洲各国携起手来，加强邮政快递领域合作，加快邮政快递业向数字化、网络化、智能化转型，促进行业效率整体提升，满足消费者多元需求，为世界经济增长和地区人民福祉作出积极贡献。

中国快递年业务量首次突破千亿件大关

12月8日，国家邮政局快递大数据平台实时监测数据显示，2021年我国快递业务量已达1000亿件，标志着我国邮政快递业发展又迈上了一个新的台阶。国家邮政局副局长陈凯在新闻发布会上指出，站在新的历史起点上，邮政快递业将不断丰富发展的内涵和核心要义，坚持稳中求进、进中求优，全力践行行业的担当使命，努力实现更高质量发展。陈凯强调，高质量发展是我国邮政快递业由大到强的必由之路。下一步，国家邮政局将深刻把握新使命新担当，以供给侧结构性改革为主线，完整全面准确贯彻新发展理念，推动行业发展质量变革、效率变革、动力变革。一是健全供给体系，二是提升供给质量，三是实现产业融合，四是突出社会贡献。

国家发展改革委、商务部和国家邮政局联合下发通知

近日，国家发展改革委、商务部和国家邮政局

联合下发通知,决定于2022年1月至2023年12月组织开展可循环快递包装规模化应用试点,落实《关于加快推进快递包装绿色转型的意见》《"十四五"循环经济发展规划》有关部署要求,探索符合我国国情和电子商务、快递业发展特点的可循环快递包装规模化应用模式,推进可循环快递包装规模化应用。上述3部门通过开展试点,旨在探索形成一批可复制、可推广、可持续的可循环快递包装规模化应用模式。推广一批使用方便、成本较低、绿色低碳的可循环快递包装产品。促进可循环快递包装使用规模和比例明显提升,使用范围逐步扩大,投放和回收基础设施不断完善,回收方式更加丰富有效,调拨运营网络基本健全。

行业政策法规工作座谈会召开

12月9日,国家邮政局政策法规司组织召开行业政策法规工作座谈会。浙江、海南、云南、深圳、厦门、芜湖、鄂州、西宁等8个省市邮政管理局结合各自的联系点工作侧重做交流发言。会议指出,各参会局的工作特点突出,成效明显,在地方立法、专项规划上有突破,在对接和服务当地经济发展上有成效,在强化执法依法行政方面规范有力。在政策法规工作方面有主线、有重点、有攻坚、有创新、有成效,要进一步加强工作协同,密切工作联系。政策法规司将与省市局共同协力,围绕行业"两全两双"工作思路、"十四五"规划和明年工作重点,落好棋子,盯好场子,开好方子,为行业高质量发展和高效能治理贡献力量。政策法规司第一批联系点于2020年12月确定,包括系统内8家单位。

"救火英雄"张裕

12月10日上午11时左右,湖北武汉顺丰快递小哥张裕在派件区域某小区作业,路过一栋住宅楼时发现火情,现场火势凶猛、情况危急。在紧急关头,张裕毫不犹豫冲上去,徒手攀爬上二楼阳台,在危急关头,托举双手,先将被困的小女孩救下,而后继续帮助孩子的父母成功脱险。张裕救人后想悄悄离开,却被现场围观人群拦下。热心的群众摘下了张裕的口罩,要看清楚他的脸,拍下照片和视频,记住他的模样,还大声称他为"英雄"。救人事件发生后,湖北武汉顺丰唐家墩网点快递员张裕火爆全网。据不完全统计,事件发生后12小时内,抖音热榜第一,热度超千万,同城榜占据6条,微博话题过500万热度,超百家官方媒体、机构账号参与传播,全网热度过亿,被《人民日报》等党媒点赞。

国家邮政局党组传达学习中央经济工作会议精神

12月10日下午,国家邮政局党组书记、局长马军胜主持召开党组扩大会议,传达学习中央经济工作会议精神,研究部署贯彻落实措施。强调全系统全行业要深入贯彻习近平总书记在中央经济工作会议上的重要讲话精神,认真落实党的十九届六中全会精神,坚持稳中求进工作总基调,巩固发展邮政普遍服务,做强做大快递物流业务,持续提高市场主体核心能力,着力推动邮政快递业高质量发展高效能治理,以优异成绩迎接党的二十大胜利召开。局党组成员、副局长戴应军、刘君、赵民、陈凯出席会议。为做好下一步贯彻工作,马军胜提出,要提高站位、振奋精神、埋头苦干、务实进取。要稳字当头、稳中求进、突出重点、全面推动。要注重系统思维、注重统筹结合、注重联动发展。

"入世"20年,见证中国邮政快递业风云变幻

12月11日,中国迎来加入世界贸易组织的第20个年头。20年来,中国坚持深化改革、把握机遇,国民生产总值翻了三番,占全世界比重从2001年的4%增至2020年的17.4%,现已成为全球第二大经济体、第一大货物贸易国,利用外资稳居发展中国家首位。作为服务贸易的重要领域,交通

运输相关行业对世界和中国贸易额的拉动作用功不可没,中国的邮政快递业经历了从起步到缓慢发展,再到爆发式增长的阶段。入世 20 年来,以敦豪为代表的国际快递企业进入中国市场,克服了水土不服的困难,不断加大投资,积极拓展业务,激发了国内快递市场的潜力。与此同时,近年来中国邮政快递企业也纷纷走出国门。中国开放的脚步不断加快,市场见证着日渐强大的中国市场,展现在世界面前的是中国邮政快递业高速发展的宏伟蓝图。

"双 12"业务量再创新高,国家邮政局呼吁请多包容和理解快递小哥

国家邮政局快递大数据平台实时监测数据显示,12 月 12 日全天,邮政、快递企业共揽收邮(快)件达 4.6 亿件,同比增长超 20%,再创历史同期新高。"双 12"是每年快递旺季的小高峰之一。此前,"双 11"期间(11 月 1 日至 16 日),全国邮政、快递企业共揽收快递包裹 68 亿件。为应对"双 12"高峰,各主要寄递企业延续了"双 11"旺季期间"错峰发货,均衡推进"的核心机制,全力做好服务与安全各环节工作,继续打造安全旺季、畅通旺季、暖心旺季,以满足人民日益增长的更好用邮需要。旺季期间,广大快递员工作负荷重、投递压力大,加之天气寒冷,快递员室外作业辛苦,国家邮政局也呼吁广大用户对辛劳的快递小哥给予更多包容和理解。

国务院办公厅印发"十四五"冷链物流发展规划

近日,国务院办公厅印发《"十四五"冷链物流发展规划》,提出到 2025 年,初步形成衔接产地销地、覆盖城市乡村、联通国内国际的冷链物流网络,基本建成符合我国国情和产业结构特点、适应经济社会发展需要的冷链物流体系,调节农产品跨季节供需、支撑冷链产品跨区域流通的能力和效率显著提高,对国民经济和社会发展的支撑保障作用显著增强。《规划》明确"十四五"时期,我国将建设"四横四纵"8 条国家冷链物流骨干通道,串接起农产品主产区和 19 个城市群,形成内外联通的国家冷链物流骨干通道网络。《规划》还展望 2035 年,要全面建成现代冷链物流体系,设施网络、技术装备、服务质量达到世界先进水平,有效满足人民日益增长的美好生活需要。

比沙尔・侯赛因致信马军胜局长,祝贺中国快递年业务量突破千亿件

近日,万国邮联总局长比沙尔・侯赛因致信中国国家邮政局局长马军胜,祝贺中国今年快递业务量突破 1000 亿件。侯赛因表示,对中国快递业创下的这一新纪录表示衷心祝贺,也对作为行业主管部门的中国国家邮政局表示衷心祝贺。中国邮政快递业取得的这一成绩,既有力支撑了本国经济发展,同时也为世界邮政行业的可持续发展贡献了自己的力量。贺信说,中国国家邮政局"一手抓疫情防控,一手抓复工复产"的做法有效保障了行业快速恢复和稳步增长,为成员国树立了良好的榜样。侯赛因对中国一直以来对万国邮联事务的积极参与和支持表示感谢。祝愿中国邮政快递业在新的一年里取得更大进步,为全球邮政经济发展作出更大贡献。

中国快递年业务量突破千亿件,林洪亮秘书长致信祝贺

中国快递业务量于 2021 年 12 月 8 日创造了新的纪录,达到 1000 亿件。亚太邮联秘书长林洪亮特意致信中国国家邮政局局长马军胜祝贺。他在贺信中写道:衷心祝贺中国快递业务量创造了新的纪录,中国国家邮政局在这一特殊时期,在推动快递市场发展方面迈出了新的步伐。这不仅是中国快递市场发展的里程碑,也是世界邮政业取得的重要进展。林洪亮说,新冠肺炎的影响对邮政行业而言是一次不可思议的学习经历。中国邮政快递业关于保持正常运营并促进增长的方法非常出色。中国国家邮政局为其他成员国树立了良

好榜样，向他们展示了如何在危机期间成功地调整并重组业务。

戴应军副局长调研冬奥会邮政服务设施建设及服务准备情况

12月14日，国家邮政局副局长戴应军一行前往北京2022年冬奥会和冬残奥会赛区，对张家口冬奥村、延庆冬奥村、主媒体中心、山地新闻中心、阪泉服务区邮政服务场所和崇礼区主题邮局，调研邮政服务设施建设及服务准备情况。戴应军指出，冬奥会邮政服务是展现国家发展、行业发展的良好窗口，必须高标准建好设施，高质量开展服务，高水平抓好管理，为各国运动员和来宾提供温馨、便捷、安全、绿色、高效的邮政服务。一要加快完成邮政服务设施建设任务。在抓紧抓早入场施工的基础上，邮政企业要加快建设工期，保证建设质量。二要为赛事提供高质量邮政服务。三要保障寄递渠道安全平稳运行。要按照“零差错、零事故”的要求，确保国际寄递渠道畅通。

2021年邮政管理系统公务员初任培训（线上）班成功举办

近日，在国家邮政局的指导和支持下，受相关省、地市邮政管理局委托，国家邮政局职业技能鉴定指导中心主办的2021年邮政管理系统公务员初任培训（线上）班圆满结束。本期培训历时一个月，来自18个省区市邮政管理系统的76名学员参加了培训。本期培训以强化系统新入职干部履职所需的基础知识、基本技能为目标，以加强思想政治建设、职业道德建设和业务能力建设为重点，围绕习近平新时代中国特色社会主义思想、邮政快递业发展现状等专题设计课程方案。在吸纳去年培训反馈意见的基础上，本期培训扩大了受训对象范围，优化了课程内容，强化了学员管理服务，取得了良好的效果。学员普遍反映整体培训针对性强，紧贴行业，内容丰富，实施规范，收获很大。

国家邮政局召开局机关制止餐饮浪费工作青年座谈会

近日，在国家邮政局召开的局机关制止餐饮浪费工作青年座谈会上，国家邮政局副局长赵民指出，厉行节约、反对浪费，功在当代、利在千秋。作为青年干部群体，一定要保持年轻人的朝气、锐气，坚决贯彻落实习近平总书记关于制止餐饮浪费行为的重要指示精神，自觉争当勤俭节约的模范。局机关青年干部要深刻领会习近平总书记重要讲话精神，积极响应“厉行节约、反对浪费”的号召，做好节约型机关创建工作。会议传达了中央和国家机关工委有关工作要求，局机关相关单位汇报了节约型机关创建和制止餐饮浪费行为的工作推进落实情况。与会青年代表就如何持续做好节约型机关创建和制止餐饮浪费行为工作进行了座谈交流。

陈凯副局长率队赴四川督导检查考核禁毒工作

12月13日至16日，在寄递渠道禁毒百日攻坚行动即将收官之际，中央和国家机关第8检查督导组组长、国家邮政局副局长陈凯带队，由国家禁毒办、国家邮政局相关人员组成的督导组，赴四川督导检查考核资阳市、德阳市等地禁毒工作，传达学习习近平总书记关于禁毒工作重要指示精神和党中央决策部署，听取四川省和资阳、德阳禁毒工作汇报。四川省委常委、政法委书记、省禁毒委主任邓勇出席省公安厅禁毒工作汇报会并汇报该省禁毒工作情况，副省长、省禁毒委第一副主任、公安厅厅长叶寒冰主持会议并作表态。陈凯充分肯定四川禁毒工作取得显著成效，同时要求四川要着力推进毒品综合治理，防范毒品风险隐患，解决毒品突出问题，努力实现四川省禁毒斗争形势根本好转。

马军胜局长、储永宏副省长出席江苏省农村寄递物流体系建设推进会

12月17日下午，江苏省召开农村寄递物流体系建设推进会,学习贯彻党的十九届六中全会和中央经济工作会议精神,落实国务院办公厅《关于加快农村寄递物流体系建设的意见》,总结“快递进村”工程的阶段性成果,部署江苏省加快推进农村寄递物流体系建设工作。国家邮政局局长马军胜、江苏省人民政府副省长储永宏出席会议并讲话。会议由江苏省政府副秘书长诸纪录主持。马军胜指出,江苏“快递进村”在全国率先基本实现省域全覆盖,成绩斐然、值得肯定。他表示,国家邮政局将继续支持江苏邮政快递业发展、农村寄递物流体系建设和快递进村工作,和江苏干部群众共同扛起“争当表率,争做示范,走在前列”的重大使命,共同谱写“强富美高”新江苏现代化建设新篇章。

国家邮政局召开中欧班列运邮(跨境电商商品)工作视频座谈会

12月17日,国家邮政局副局长赵民在京主持召开中欧班列运邮(跨境电商商品)工作视频座谈会,深入学习贯彻落实习近平总书记关于中欧班列发展的重要讲话和指示批示精神,总结中欧班列运邮(跨境电商商品)工作取得的显著成效,交流相关省(区、市)邮政管理局的工作经验,提出持续有效推进中欧班列运邮(跨境电商商品)高质量发展的工作要求。会议强调要坚持系统观念,贯彻新发展理念,注重规模、速度、质量、结构、效益、安全相统一。要对标对表党中央国务院决策部署,自觉把邮政部门的工作放到班列总体工作中去谋划,协调推动破解制约中欧班列运邮(跨境电商商品)发展中的瓶颈问题,鼓励和指导寄递企业开展中欧班列运输实践。

元旦、春节将至,中共国家邮政局党组发出通知

元旦、春节将至,中共国家邮政局党组近日发出通知,要求全系统各级党组织要锲而不舍纠“四风”树新风,对“节日腐败”扭住不放、露头就打,持续释放越往后执纪越严、查处力度越大的强烈信号,着力营造风清气正政治生态。元旦、春节期间是“四风”问题易发多发期。通知强调,各级党组织要严明纪律、严守规矩,认真贯彻落实中央和国家机关警示教育会以及全系统警示教育电视电话会议精神,加强政治生态分析研判,摸清本单位本部门底数实情,准确掌握“四风”新情况新动向,有针对性加以纠治。通知特别指出,当前,疫情防控形势依旧严峻复杂,各级党组织和广大党员干部要持之以恒抓好常态化疫情防控,以优异成绩迎接党的二十大胜利召开。

国家邮政局召开党组理论学习中心组(扩大)专题研讨交流会

12月22日,国家邮政局党组书记、局长马军胜主持召开党组理论学习中心组(扩大)专题研讨交流会,深入学习贯彻党的十九届六中全会精神和《中共中央关于党的百年奋斗重大成就和历史经验的决议》,强调要坚定理想信念,牢记初心使命,把握历史规律,力求学深悟透,不断推进邮政快递业高质量发展。党史学习教育中央第二十一指导组副组长丁龙广出席会议并讲话。局党组成员、副局长刘君、赵民出席会议并结合学习主题和工作情况作交流发言。马军胜强调,要深刻领悟《决议》重大意义,认真抓好深入学习贯彻落实。要准确把握《决议》核心要义,始终与党中央保持高度一致。要模范践行《决议》伟大号召,奋力走好新时代的赶考之路。

《“十四五”邮政业发展规划》出台

近日,国家邮政局、国家发展和改革委员会、交通运输部联合印发《“十四五”邮政业发展规划》。12月28日,国家邮政局举行专题新闻发布会,对《规划》进行发布解读。国家邮政局新闻发言人、政策法规司司长曾军山表示,《规划》是“十四五”时期加快建设邮政强国、推动邮政业高质量发展的行业蓝图,对于把握重大机遇、明确目标任

务、汇聚各方力量、统筹引领发展具有重要意义。《规划》立足"十四五"，提出了规模实力、基础网络、创新能力、服务水平、治理效能五大方面目标，设定了邮政业业务收入、建制村快递服务通达率、重点地区快递服务72小时准时率、八家头部企业(CR8)研发经费投入增长等12项指标。《规划》还描述了2035年远景目标。

国家邮政局召开快递市场秩序整顿工作总结电视电话会

12月28日，国家邮政局召开2021年快递市场秩序整顿工作总结电视电话会，深入学习贯彻习近平总书记关于邮政快递业重要指示精神，认真贯彻落实党的十九届六中全会和中央经济工作会议精神，总结今年以来快递市场秩序整顿工作情况，分析形势任务，部署进一步加强快递市场监督管理，持续抓好突出问题治理，维护公平竞争市场秩序。国家邮政局党组成员、副局长陈凯出席会议并讲话。3月，国家邮政局在全国范围内组织开展快递市场秩序整顿专项行动。陈凯强调，要在巩固前期工作成效的基础上，坚持问题导向，持续深化快递市场秩序规范治理。一要着力抓好快递服务质量问题的规范治理。二要着力抓好无序竞争问题的规范治理。三要着力抓好快递虚构交易等行为的规范治理。

马军胜局长调研北京冬奥会和冬残奥会寄递渠道安全服务保障工作

12月29日，国家邮政局局长马军胜在北京调研冬奥会和冬残奥会寄递服务保障工作时强调，要认真贯彻落实习近平总书记关于北京2022年冬奥会和冬残奥会的重要指示精神，做好邮政服务、寄递物流和邮票发行等各项工作，为奥运盛会贡献行业力量。马军胜要求北京邮政管理部门和北京邮政、京东物流，要认真贯彻落实习近平总书记关于北京2022年冬奥会和冬残奥会的重要指示精神，认真做好邮政服务、寄递物流和邮票发行等各项工作，进一步完善工作预案，加强协调配合，抓紧进行人员培训，共同完成好筹办任务，为确保北京冬奥会、冬残奥会成为一届"简约、安全、精彩"的奥运盛会贡献行业力量。

国家邮政局发出通知，要求统筹做好"两节"期间各项工作

元旦春节将至，国家邮政局近日发出通知，要求全系统认真落实《中共中央办公厅　国务院办公厅关于做好2022年元旦春节期间有关工作的通知》要求，统筹做好节日期间各项工作，切实保障节日期间人民群众用邮需求和寄递渠道安全稳定运行。通知强调，要慎终如始做好疫情防控工作，坚持常态化精准防控和局部应急处置相结合，全面落实"外防输入、内防反弹"措施，减少"两节"期间人员流动和聚集，做到放假不放松、防控防到位、措施有温度。通知要求，要有效保障行业安全畅通，要用心用情关爱干部群众。通知特别指出，要持续推进正风肃纪。严格执行中央八项规定及其实施细则精神，把严的主基调长期坚持下去。

国家邮政局发布通知，要求做好"两节"期间邮政快递业新冠肺炎疫情防控工作

近日，国家邮政局发出通知，要求各级邮政管理部门切实做好2022年元旦春节期间邮政快递业新冠肺炎疫情防控工作。当前，新冠肺炎疫情全球大流行仍处于高位运行，我国持续面临较大的疫情输入压力，2022年年初还将举办北京冬奥会、冬残奥会等重大活动，疫情输入和传播风险加大，防控形势严峻复杂。通知指出，各级邮政管理部门、各邮政快递企业要提高政治站位，坚决担负起疫情防控的政治责任。通知强调，相关部门及企业要严格落实常态化疫情防控各项措施，认真执行基本制度，强化消毒通风措施，全力保障寄递服务。

国家邮政局发出通知号召全行业向“新时代快递员楷模”张裕学习

近期，武汉快递小哥张裕在火场舍己救人、见义勇为的事迹传遍了大江南北，引发社会强烈反响和舆论共鸣。为大力弘扬张裕同志先进事迹，营造向榜样学习的良好社会氛围，近日，国家邮政局精神文明建设指导委员会办公室发出通知，号召全国邮政快递业开展向“新时代快递员楷模”张裕同志学习活动。作为一名共产党员，张裕同志在人民群众生命财产安全面临危险的紧急关头，毫不犹豫，挺身而出，不计得失，义无反顾，救人于危难之中，体现了一名共产党员始终将人民群众安危放在心中、自觉守护人民群众生命财产安全的宗旨意识，展现了坚守人民至上、生命至上的崇高信念。通知指出，要深入学习张裕同志坚守初心、人民至上的崇高信念。

戴应军副局长赴河北山东调研农村邮政快递服务和行业绿色低碳转型发展

12 月 29 日至 30 日，受国家邮政局党组委托，局党组成员、副局长戴应军带队赴河北复查乡镇邮政局所专项整治行动情况，赴山东调研“快递进村”推进情况、快递物流绿色能源使用情况。在河北、山东 2 省，调研组采取“四不两直”方式，沿途随机选择了 6 个县市 18 个农村邮政快递服务网点。戴应军指出，寄递主业是邮政事业高质量发展的主阵地，必须进一步发挥国有企业体制机制和网络资源优势，强化改革创新，搞活基层市场，跟进经济社会发展需要，服务好人民群众的用邮需求。邮政管理部门要指导邮政企业加大寄递主业投入力度，投入精力开拓市场，投入技术升级服务，投入资源提升效能。

马军胜局长主持召开国家邮政局局务会

12 月 31 日，国家邮政局局长马军胜主持召开局务会，审议 2022 年全国邮政管理工作会议工作报告，部署新一年度重点工作。副局长戴应军、刘君、陈凯出席会议。马军胜指出，即将召开的全国邮政管理工作会议将认真贯彻党的十九大、十九届历次全会精神和中央经济工作会议精神，回顾总结 2021 年工作，分析研判形势，对 2022 年的重点工作进行部署安排。马军胜要求，要认真统筹好岁末年初各项工作。要切实总结好今年工作的成绩不足，科学谋划好明年工作重点。要重做好疫情防控、安全生产、双节保供等工作，确保行业安全平稳运行。要务实做好北京 2022 年冬奥会和冬残奥会期间寄递渠道安全和服务保障工作。要广泛开展“两节”期间关心关爱和送温暖活动。

第四章 2021年各省(区、市)快递发展大事记

北京市快递发展大事记

快递包装绿色治理工作获卢映川副市长充分肯定

1月5日,北京市生活垃圾分类推进指挥部召开会议专题,研究商业街区、电商、快递垃圾分类、减量工作,北京市副市长卢映川听取了北京市邮政管理局关于快递包装绿色治理工作的汇报,充分肯定了北京局取得的工作成效。他表示,北京局认真落实《北京市生活垃圾管理条例》和垃圾分类指挥部工作要求,细化实化工作措施,从细微之处入手,积少成多集腋成裘,推动快递包装源头减量取得了显著成效,特别是电子运单基本实现全覆盖成为全市垃圾源头减量的工作亮点,值得其他部门学习借鉴。

杨斌副市长充分肯定北京邮政管理工作

1月5日,北京市副市长杨斌在北京市邮政管理局上报的2020年行业管理工作报告上作出批示:"北京市邮政管理局带领行业广大员工,在疫情防控中,为广大市民服务中发挥了极为重要作用,作出了巨大贡献。取得业务和防控双胜利!感谢同志们的突出贡献!"对全市邮政管理工作和疫情防控工作给予高度评价和充分肯定。

北京快递员刘阔获评全国优秀农民工荣誉称号

1月6日,全国优秀农民工和农民工工作先进集体表彰大会在京召开,共评选表彰全国优秀农民工994人,全国农民工工作先进集体100个,国务院副总理、国务院农民工工作领导小组组长胡春华出席大会并讲话。此次评选表彰中,由北京市邮政管理局推荐的来自北京顺丰速运有限公司的快递员刘阔获评"全国优秀农民工"荣誉称号。

北京局促进就业工作获市就业办肯定

1月,北京市就业工作领导小组办公室向北京局致感谢信,肯定北京市邮政管理局2020年以来在促进就业方面所做的工作。新冠肺炎疫情发生以来,北京局深入贯彻习近平总书记关于统筹推进疫情防控和经济社会发展以及视察北京重要讲话、批示精神,积极落实各项就业政策,主动扛起"管行业必须管就业"责任,组织开展职业技能培训、提升从业人员职业技能,促进行业高质量发展、拓宽行业吸纳就业渠道,督促企业健全内部管理机制、稳住就业岗位,全行业就业形势稳定,为"六稳""六保"贡献了行业力量。

两部门推动快递包装废弃物回收工作

1月,北京市邮政管理局联合北京市城市管理委员会印发《关于加强全市快递包装废弃物回收工作的通知》,落实国家邮政局、住房和城乡建设部、市委市政府的工作部署,推动快递企业与再生资源回收企业深度合作,提高快递包装废弃物回收应用比例,加强首都城市环境治理。

快递基础设施建设纳入2021年北京市政府工作报告重点任务清单

2月,北京市人民政府印发《2021年市政府工作报告重点任务清单》,将快递基础设施建设纳入其中,要求各相关部门切实提高政治站位,加强协

调调度，确保件件能落实。重点任务清单第 80 项明确提出："合理布局、规范提升物流基地，推进智能快递箱等智能终端设施建设。"北京市政府将快递基础设施建设纳入 2021 年重点任务清单，充分肯定了快递服务民生的基础性作用，为首都邮政快递业发展带来了新机遇。

沈跃跃一行调研北京市快递包装绿色治理工作

2 月 22 日，全国人大常委会沈跃跃副委员长一行来到北京苏宁马驹桥分拣中心调研快递包装绿色治理情况，视察了生产现场，详细询问了快递包装回收等环节，听取了北京市邮政管理局负责人的汇报。沈跃跃表示，近几年快递发展迅速，方便了群众生活，在疫情防控中发挥了重要作用。行业管理部门在推进快递包装源头减量、可循环、绿色化方面取得了积极成效。

四部门沟通协调提升"快递进村"服务水平

为贯彻落实习近平总书记对发展农村快递的指示批示精神，稳步推进国家邮政局"快递进村"工作目标的实现，切实提升北京农村地区快递服务水平，近日，北京市邮政管理局组织市发展改革委、市农业农村局、市商务局及市交通委等四部门召开座谈会，沟通协调"快递进村"工作。

卢映川副市长调研快递包装绿色治理情况

3 月 18 日，北京市政府副市长卢映川在市垃圾分类工作推进指挥部有关负责同志陪同下，深入顺丰华北智能分拨中心等点位调研快递包装绿色治理工作进展情况及成效。北京市邮政管理局局长王跃陪同调研并汇报有关情况。

市委"两新"工委调研非公快递企业党建工作

3 月 25 日，市委"两新"工委书记张革一行到快递企业调研非公党建工作并召开座谈会，北京市邮政管理局副局长韩敬华陪同调研。

北京局 2020 年生态环保工作评价得分位居全系统第一名

4 月 2 日，国家邮政局召开行业生态环保工作电视电话会议，会议通报了 2020 年邮政业生态环境保护评价情况，北京市邮政管理局以 98 分位居全系统第一名。

北京邮政快递从业人员基本完成新冠疫苗第一剂接种

按照国家邮政局和北京市委市政府统一部署，北京市邮政管理局于春节后迅速启动第二批从业人员疫苗接种工作。截至 4 月 6 日，北京邮政快递从业人员一针总体接种率达 98.14%，一线人员一针接种率达 99.4%，基本完成第一剂接种任务。

北京市电子商务与快递协同发展工作经验获国家部委通报推广

4 月，商务部办公厅与国家邮政局办公室印发《电子商务与快递物流协同发展典型经验做法的通知》，北京市邮政管理局前期多项工作获通报推广，示范引领效果明显。在完善基础设施建设方面，积极推动将快递服务设施及用地纳入本市物流专项规划、物流业提升行动计划，统筹规划全市"物流基地 + 物流中心（园区）+ 末端配送网点"三级物流体系，并通过优化存量土地资源，新建与改造相结合，推动三级物流体系及配套基础设施建设。在优化配送通行管理方面，与有关部门联合开展末端配送创新试点，进一步加强快递末端用车、外卖用车管理，提出了 16 条控量提质、有序推进的针对性措施。在对全市电动三轮车实行统一标识、统一编码、统一车辆保险要求的基础上，增加统一车辆技术要求和从业人员集中培训，实现"五统一"管理。在提升末端服务能力方面，大力推动将智能快件箱纳入生活性服务业发展项目补贴范畴，对符合标准的智能快件箱给予资金补助，支持企业稳定经营。在推动绿色发展方面，北京局和商务部门联合印发通知，明确电商企业在包装物选用、封装操作等方面参照快递企业执行的要求，协同推进快递包装绿色治理。

北京市地方标准《快递绿色包装使用与评价规范》获批发布

5月，北京市市场监管局公布《北京市地方标准公告2021年标字第4号(总第279号)》，北京市邮政管理局组织起草的《快递绿色包装使用与评价规范》(DB11/T 1859—2021)获批发布，于2021年10月1日起实施。该标准的发布，意味着邮政快递业包装治理标准体系进一步完善，快递包装绿色治理进一步纳入首都综合治理格局。

北京局出台规范行业一次性塑料制品信息报告工作操作指南

6月，北京市邮政管理局出台《北京市邮政快递业一次性塑料制品信息报告操作指南(试行)》，进一步明确规范邮政快递业塑料制品信息报告内容流程，为有效落实信息报告制度打下了坚实基础。

北京局推动优化12305与地方政务服务便民热线整合工作

7月15日，北京市邮政管理局副局长黄立群到北京市市民热线服务中心，与市民热线服务中心主任张波、副主任冯颖义等同志座谈交流，推动优化北京市邮政业消费者申诉热线12305与北京市市民热线12345归并整合工作。

杨斌副市长检查指导邮政快递业疫情防控工作

8月3日，北京市副市长杨斌带队赴北京市邮政管理局检查指导邮政快递业疫情防控工作。市交通委党组书记、主任谢正光，二级巡视员王春强及相关人员陪同检查。

北京乡村物流配送设施建设纳入规划

8月，北京市人民政府印发《北京市“十四五”时期乡村振兴战略实施规划》，对加强物流配送等设施建设，为农村居民提供更加方便高效的服务提出明确要求，快递进村工作获得政策支持。规划指出，统筹规划建设农村物流基础设施，加快完善农村物流基础设施末端网络，建立区物流中心、乡镇物流站和村级物流点三级物流体系，实现“村村通快递”。推动供销、邮政、快递、运输企业在农村地区扩展合作范围、合作领域和服务内容，逐步建立互利共赢、服务规范的合作机制，探索开展农村渠道共建、设施共享、业务代理合作。

北京局向全市“快递小哥”发出“文明礼让　小哥先行”倡议

9月1日，北京市邮政管理局联合北京市快递行业党委、北京市快递协会以及全市十家主要品牌寄递企业，向全市“快递小哥”发出“文明礼让　小哥先行”倡议。倡议指出，每一名“快递小哥”立即行动起来，进一步弘扬“小蜜蜂”精神，积极响应市委市政府号召，从自身做起，从现在做起，践行邮政快递服务理念，率先垂范“文明礼让”，维护城市交通秩序，营造全行业文明驾车、礼让行人、遵规守序的新风尚，为迎接2022年冬奥会和建设国际一流的和谐宜居之都营造良好交通环境。始终做到遵守交通法规，不闯红灯，不逆行，不占道停车；文明礼让行人，驾车经过交通路口和斑马线，没有行人减速慢行，有行人停车礼让行人先通过；服从交通管理，主动配合交警、文明劝导员的现场指挥和疏导，安全有序通过；积极参加交通志愿服务，倡导文明礼让理念，争做守法、文明、模范快递员和文明礼让行动的志愿者、宣传员。

北京局举办第二届邮政行业职业技能竞赛

9月28日，北京市邮政管理局联合北京市人力资源和社会保障局、北京市总工会、共青团北京市委员会主办北京市第二届邮政行业职业技能竞赛。市邮政管理局、市人社局、市总工会和团市委相关领导莅临并指导观摩。经过一天的激烈角逐，来自邮政的张东方荣获一等奖，来自邮政的董海明和DHL的马再新荣获二等奖，来自顺丰的李瑞、圆通的徐民强和百世的刘国伟荣获三等奖，邮政、顺丰、DHL、圆通、百世、联邦6支代表队荣获团体优胜奖。

邮政快递业两名从业人员获“北京市生活垃圾分类达人”荣誉称号

在北京市城市管理委员会联合首都精神文明办开展了2021年“北京市生活垃圾分类达人”评选工作中，共评选出“北京市生活垃圾分类达人”91人，经北京市邮政管理局提名推荐，北京苏宁物流有限公司富有博、北京京讯递科技有限公司林峰因示范引领作用突出，被授予“北京市生活垃圾分类达人”荣誉称号。

北京局新闻发言人出席北京市疫情防控工作新闻发布会

11月4日，北京市人民政府新闻办公室召开北京市新型冠状病毒肺炎疫情防控工作第256场新闻发布会，北京市邮政管理局新闻发言人出席发布会，介绍“双11”业务旺季期间北京邮政快递业疫情防控工作情况，并回答记者提问。

市委“两新”工委专题调研市邮政管理局“两新”党建工作情况

11月18日，北京市委组织部副部长、市委“两新”工委书记迟行刚带队调研市邮政管理局“两新”党建工作情况。调研组听取了市邮政管理局落实习近平总书记重要指示精神、加强非公快递企业党建工作的情况，与参会的快递行业党委委员代表就快递企业党建工作开展情况进行了座谈交流，并就进一步发挥党组织引领作用、整合各方资源、关心关爱快递小哥、加强快递员职业技能培训、推进“快递进村”等问题进行了探讨。

北京基本实现4个以上品牌快递服务在建制村全覆盖

为进一步提升北京农村快递服务能力，更好地满足农村群众生产生活需要，增强群众对快递业发展的获得感，按照国家邮政局的专题部署，北京市邮政管理局于2020年正式启动推动“三通一达”等加盟制快递企业服务在建制村全覆盖工作。一年多时间里，政企勠力同心、创新实干、攻坚克难，基本如期实现了邮政EMS、京东、顺丰3家直营品牌和1家以上加盟品牌快递服务在建制村全覆盖，北京农村快递服务水平迈上新台阶，在庆祝中国共产党成立100周年之际，全行业向党和人民交出了一份满意答卷。

第一届北京“最美快递员”评选表彰会隆重召开

12月23日，北京市邮政管理局联合首都精神文明建设委员会办公室召开第一届北京“最美快递员”评选表彰会，揭晓第一届北京“最美快递员”获奖名单，授予圆通速递（北京）有限公司曹中希等20位快递员第一届北京“最美快递员”荣誉称号。

北京市快递员群体合法权益保障工作实施方案出台

12月，北京市邮政管理局、市发展改革委、市人力资源社会保障局、市商务局、市市场监管局、市总工会等6部门联合印发了《北京市关于做好快递员群体合法权益保障工作的实施方案》。

北京加快农村寄递物流体系建设实施方案发布

为贯彻落实《国务院办公厅关于加快农村寄递物流体系建设的意见》，12月，北京市邮政管理局与市发展改革委、市交通委、市商务局、市农业农村局、市人力社保局、市供销合作总社等7部门联合印发《北京市加快农村寄递物流体系建设实施方案》。

北京印发加快推进快递包装绿色转型若干措施

为深入贯彻习近平生态文明思想和习近平总书记视察北京重要讲话精神，打好污染防治攻坚战，强化快递包装绿色治理，12 月，北京市邮政管理局、市发展改革委、市经济和信息化局、市生态环境局、市城市管理委、市商务局、市市场监管局等 7 部门联合印发《北京市关于推进快递包装绿色转型的若干措施》。

天津市快递发展大事记

天津市邮政业 7 集体 13 人获省部级表彰

2020 年，天津市邮政管理局着力加强行业精神文明建设，积极参评各级各类评选表彰，认真选树行业典型，精神文明建设成果丰硕。全行业共有 7 个集体、13 名个人获得省部级表彰。

孙文魁副市长批示肯定 2020 年天津市邮政管理工作

1 月 14 日，天津市副市长孙文魁在市邮政管理局呈报的《关于 2020 年主要工作及 2021 年工作计划的报告》上作出批示，充分肯定 2020 年全市邮政管理系统所做工作以及为天津经济社会发展作出的贡献，同意 2021 年工作安排。批示指出，在过去的一年，天津市邮政管理系统干部职工深入贯彻落实习近平总书记重要批示指示精神，按照市委、市政府和国家邮政局的安排部署，克难攻坚、担当作为，成绩可喜可贺，工作可圈可点，为天津经济社会发展作出重要贡献，向大家表示衷心感谢。2021 年工作安排符合十九届四中、五中全会精神，落实市委九次、十次全会要求，符合天津实际，坚持不懈抓好落实，必将取得新的更大成就。

天津市加快推进快递包装绿色转型

1 月，天津市邮政管理局会同市发展改革委等部门，起草了《天津市关于加快推进快递包装绿色转型的若干措施（征求意见稿）》，并向社会公开征求意见。征求意见稿中明确指出，天津将推行简约包装，减少电商快件二次包装，严格执行快递封装用品系列国家标准，全面禁用不可降解的塑料包装袋、塑料胶带、一次性编织袋。推进快递包装可循环应用，鼓励在生鲜同城寄递、连锁超市散货物流中，优先推行可循环可折叠快递包装、可循环配送箱、可复用冷藏式快递箱。规划设置快递包装回收设施，推进在快递营业网点设置包装回收区，在社区、高校、商务中心等场所，规划建设一批回收设施。同时试点开展可循环快递包装规模化应用，在南开区、西青区、中新（天津）生态城等区域先期试点。

天津春节邮件快件处理量超 1000 万件

2021 年春节期间（2 月 11 日至 17 日）天津市邮件快件处理量达 1017.9 万件，创历史新高。其中，邮件快件揽收量达 611.4 万件，同比增长 201.6%；邮件快件投递量达 406.5 万件，同比增长 137.2%。2021 年春节，受电商节日促销和群众留津过年等因素影响，“居家经济”“线上产业”等新型消费迸发新活力，促进寄递需求不断提高。百姓有需求、政府有组织、企业有准备。全市主要寄递企业落实“不打烊、不休网、不积压”要求，加强与上游商家的对接，动态调节运力和人力，近 1200 个邮政快递网点照常营业，1.5 万余名邮政快递员工坚守一线、服务百姓，保障节日期间群众寄递服务需求、保障寄递网络有效稳定运行、保障寄递渠道安全畅通。

邮政业发展多项重点工作被纳入天津市“十四五”规划纲要

3 月，天津市政府印发《天津市国民经济和社会发展第十四个五年规划和二〇三五年远景目标纲要》，高标准建设航空物流园、建成大通关基地、推动快递等生活性服务业在线化、打造京津冀1小时鲜活农产品冷链物流圈等多项邮政业发展重点工作纳入纲要。

天津制造业与邮政快递业产业对接工作会召开

3月18日，天津市邮政管理局联合市工业和信息化局举办全市邮政快递企业与制造企业产业对接工作会。天津局党组书记、局长王东，市工业和信息化局党组成员、副局长谷云彪出席会议并讲话。全市47家制造企业、13家邮政快递企业负责人共150人参会。本次对接会旨在贯彻落实《国家邮政局工业和信息化部关于促进快递业与制造业深入融合发展的意见》和《天津市促进快递业与制造业深入融合发展实施方案》，搭建产业对接平台，引导我市邮政快递企业与制造企业深度融合发展，进一步深化供应链产业链，推进制造企业降本增效和邮政快递企业转型升级。与会各企业负责人就两业深度融合发展达成了共识，进行了初步接洽，并建立了工作微信群，表示将深化在订单末端配送、仓配一体化、嵌入式电子商务、入厂物流等方面的合作，共同推进“快递进厂”工程。

天津局与南开大学签署战略合作协议

4月12日，天津市邮政管理局与南开大学举行战略合作协议签约仪式。天津局局长王东、南开大学常务副校长许京军出席并致辞，天津局副局长周军、南开大学经济与社会发展研究院院长刘秉镰代表双方签约。根据合作协议，天津局把南开大学作为重要的科研教育基地给予全方位支持，支持南开大学优先承担邮政快递业相关研究项目，参与邮政业战略规划、行业标准、政策法规的制定，为邮政管理宏观决策提供智力支撑；支持南开大学加强邮政快递领域新课题的研究建设，支持南开大学相关研究领域的专家入选天津市快递工程技术人员职称评审专家，优先推荐上述专家成为相关政府机构专家库成员，并在行业科技奖项申报、政策争取、评选表彰等方面予以大力支持；积极推动南开大学与邮政、快递企业开展深度合作，共同探索产教融合、校企联合等新模式，推动共建联合科研和教学实验室、学生实习实训基地等，参与相关课程体系建设，实现开放共享，共建共赢。双方还共同参观了南开大学百年校史主题展览，详细了解南开大学历史沿革、学科建设、人才队伍、科研创新等情况。

邮政快递业生态环保多项任务纳入天津市2021年塑料污染治理工作

5月，天津市生态环境局、市发展改革委联合印发《天津市塑料污染治理2021年工作要点》，多项邮政快递业生态环保工作纳入其中。一是落实对部分一次性塑料制品禁限政策，进一步推进快递塑料包装治理工作。二是大力开展《邮件快件包装管理办法》宣贯工作，同时，做到严格规范执法，切实提高依法履职能力。三是加强对快递包装绿色产品认证活动及结果监督管理和行业采信情况检查督促，依法查处违法违规行为。推动快递企业加快建立绿色采购制度，重点引导末端网点优先采购使用经快递包装绿色产品认证的包装产品。四是搭建上下游企业的沟通渠道，组织召开快递包装绿色产品研发推介会、供需对接会，加快建立天津市快递包装绿色产业联盟，推动快递绿色包装产品规模化应用。五是持续开展“邮来已久、绿动未来”主题宣传等活动，宣传快递包装规范操作要求和快递包装产品绿色认证标志，充分发挥消费者、新闻媒体、行业协会等的监督作用，凝聚社会共识，构建人人有责、人人尽责的快递包装社会治理体系。

天津进一步推进“快递进村”工程

6月24日，天津市邮政管理局党组书记、局长王东带队赴市供销合作总社调研，并与该社党委书记朱振宇就推动“快供合作”、进一步推进“快递进村”工程深入交换意见。双方通过深入座谈交流，对进一步推动“快供合作”达成三点共识：一是要进一步梳理各涉农区供销合作网络服务能力，为下一步加快推动“快供合作”、打通农村快递服务“最后一公里”做好基础性保障工作。二是找准切入点，借助供销合作社这块“金字招牌”，努力打造本地品牌化农产品，深入推动“快递进村”，助力服务乡村振兴。三是积极搭建交流平台，适时组织召开两业沟通会，深挖市场潜力、深化合作对接，努力推动形成“1 + 1 > 2”的合作效应。

天津局成功举办 2021 年“海河工匠杯”技能大赛

6 月 27 日，2021 年“海河工匠杯”技能大赛——快递职业技能竞赛暨第三届全国邮政行业职业技能竞赛天津选拔赛在天津交通职业学院成功举办。本次竞赛由天津市邮政管理局、天津市总工会、共青团天津市委员会主办，天津市快递协会、天津交通职业学院承办，深圳市中诺思科技股份有限公司协办。市邮政管理局党组成员、纪检组长、副局长庞冠新出席开幕式并讲话，团市委青少年发展和权益保护部副部长刘丹、市快递协会秘书长李慧良、天津交通职业学院党委书记苏敬、副院长杨连江出席开幕式。经过激烈比拼，本次邮政行业职业技能竞赛结果出炉。来自德邦的李术林荣获职工组一等奖，来自邮政公司的尹贵昌、圆通的仇瑞兵荣获二等奖，来自圆通的崔伟、京东的韩志朋、申通的郭艳凯荣获三等奖。来自天津交通职业学院的沈寒天等 6 名选手荣获学生组一等奖，来自天津渤海职业技术学院的赵雄等 10 名选手荣获二等奖，来自天津轻工职业技术学院的夏仲岩等 17 名选手荣获三等奖。

天津市加快推进快递包装绿色转型

6 月，天津市发展改革委、市邮政管理局、市工业和信息化局、市司法局、市生态环境局、市住房和城乡建设委、市商务局、市市场监管委等 8 部门联合制定的《天津市关于加快推进快递包装绿色转型的若干措施》正式印发实施，共分 7 部分。若干措施提出到 2022 年底，电商快件不再二次包装比例达到 95%，可循环中转袋使用率达到 95%，可循环快递包装应用规模达到 10 万个。到 2025 年底，电商快件基本实现不再进行二次包装，不可降解塑料包装袋、塑料胶带、一次性编织袋全面禁用，可循环快递包装应用规模达到 30 万个。

天津市实施可循环快递包装绿色发展创新行动

6 月，天津市发展改革委印发《天津市循环经济发展“十四五”规划分工方案》，将实施可循环快递包装绿色发展创新行动列入我市十大重点专项行动，推动邮政快递业循环发展。方案提出，“十四五”期间将进一步引导邮政快递企业加快节能减排、新能源、资源回收再利用等技术的开发利用。加快研发适合快递配送的新能源汽车产品，建设充电桩等配套基础设施；加强快递领域塑料污染治理，推进快递包装材料源头减量；统一快递包装物的规格尺寸、物理和安全环保性能；加强上下游协同，减少电商快件二次包装；大力推动培育可循环快递包装新模式，发展“互联网 + 回收”新业态，规范快递包装废弃物分类投放和清运处置。到 2025 年，全市电商快件基本实现不再进行二次包装，可循环快递包装应用规模达到 30 万个，可循环中转袋使用率达到 95% 以上。

天津市启动“关爱小蜜蜂，全市在行动”行业互助活动

6 月 29 日，天津市邮政管理局联合该市快递协会举办 2021 年“关爱小蜜蜂，全市在行动”行业互助活动启动仪式，并为“快递员之家”授牌，向快递员代表发放慰问品。邮政、顺丰、圆通、申通、中通、百世、韵达、京东、菜鸟、极兔、德邦主要负责人和 200 余名快递员参加启动仪式。

天津局组织召开市邮政快递行业校企合作座谈会

6月27日，天津市邮政管理局联合天津交通职业学院召开天津邮政快递行业校企合作座谈会。邮政、顺丰、百世、圆通、中通、申通、韵达、京东、德邦、极兔10家快递企业和天津职业大学、天津工业职业学院等11所院校参加座谈。双方就学生就业前景，职业技能培训、岗位就业实习等方面展开深入交流。此次座谈会为校企合作、互补双赢凝聚了共识，搭建了平台。院校与企业均表示，将通力合作，加强交流，共同推动行业教育教学和人才培养，更好的服务天津邮政快递业高质量发展。

天津市邮政快递业两人荣获市级“两优一先”表彰

7月，在中国共产党百年华诞之际，天津市委、市委市级机关工委对全市“两优一先”进行表彰。其中，河北区邮政分公司的张松同志获评“天津市优秀党务工作者”；市邮政管理局的张宇同志获评“市级机关优秀共产党员”。

孙文魁副市长批示肯定2021年上半年市邮政管理工作

7月21日，天津市副市长孙文魁在市邮政管理局呈报的《关于2021年上半年主要工作和下半年安排的报告》上作出批示，充分肯定天津市邮政管理工作取得的成效，并对下一步工作提出希望。批示指出，上半年，天津市邮政管理局积极开拓进取，主动担当作为，邮政行业实现了又好又快发展，有力有效服务保障了全市经济高质量发展和人民群众正常生产生活。希望再接再厉，再创佳绩，作出新的更大贡献。

天津加快发展新型消费实施方案利好邮政快递业

8月，天津市政府办公厅印发《天津市加快发展新型消费实施方案》，邮政快递业获多项政策利好。实施方案明确提出，要出台天津市快递专用电动三轮车具体管理措施；要发挥天津国际邮件互换局功能，推动建设天津国际邮件海运交换站；要提升电商、快递进农村综合水平，鼓励商贸、互联网等各类企业与快递物流企业开展合作，持续推进“互联网＋”农产品出村进城工程，大力培育区域农产品电商优质品牌，推行电商品牌化发展；要落实智能快件箱、末端驿站等快递末端基础设施建设维护的属地责任，并纳入公共服务设施相关规划。

市邮政管理局加快推动全市农村寄递物流体系建设

8月，天津市邮政管理局会同市交通运输委、市发展改革委等有关部门，共同研究推动全市农村寄递物流体系建设工作。一是组织市各有关部门及涉农区政府召开专题工作会，结合天津市实际情况，研究商讨农村寄递物流体系建设具体落实措施。二是会同市农业农村委深入静海区罗阁庄、后邓村开展调研，实地查看搭载农村地区党群服务中心、益农信息社等平台开展快递业务的末端服务网点运行情况，并与当地寄递企业开展座谈，就农村地区末端寄递服务体系建设、农产品出村进城等重点工作深入交换意见。三是主动对接市交通运输委，共同起草《天津市加快农村寄递物流体系建设的实施方案(征求意见稿)》，并征求各相关部门和单位意见。

天津推进全市邮政快递业人才建设两项重点工作

9月，天津市邮政管理局联合市人社局召开全市邮政快递业人才建设重点工作推动会，对全市快递工程专业职称评审和快递从业人员职业技能培训两项重点工作进行再动员再部署。会议要求，全市邮政快递企业要认真贯彻落实习近平总书记关心关爱快递小哥的重要指示批示精神，按照国家邮政局、市委市政府和市邮政管理局的工作部署，全力推动快递工程专业职称评审和快递从业人员职业技能培训两项重点工作。

天津市进一步推进快递绿色包装标准化工作

9月，天津市市场监管委印发《推进快递绿色包装标准化工作的有关措施》，进一步加强快递绿色包装标准化工作，支撑快递包装绿色转型，推动快递业绿色发展。措施提出，落实国家《快递绿色包装标准体系建设方案》，引导、鼓励本市企事业单位主导或参与制修订快递包装材料环保性、安全性等技术要求的强制性国家标准，鼓励推动加强快递包装绿色化标准研制，到2022年底前，基本建立本市覆盖较全面、重点突出、结构合理的快递绿色包装标准体系，提升相关标准供给及质量水平。

天津市快递专用电动三轮车规范通行工作取得积极进展

9月，天津市邮政管理局联合市公安局正式印发《天津市快递专用电动三轮车通行管理实施方案》，标志着天津市快递专用电动三轮车规范通行工作取得积极进展。方案明确了指导思想、工作目标、组织领导、工作要求等内容，从调查摸底、出台标准、建立平台、制定细则、统一购置、规范管理等六方面对具体工作开展作出详细部署。

天津市实现快递业职业（工种）培训补贴全覆盖

10月，天津市人社局、市财政局联合印发《天津市2021—2022年度市场紧缺职业需求程度及培训补贴标准目录》，将快递员、快件处理员、安检员3个职业（工种）列入其中，实现了快递业职业（工种）培训补贴全覆盖。按照相关规定，列入目录的职业（工种）可根据紧缺程度、技能等级、培训学时不同获得相应培训补贴，技能等级鉴定成绩合格的，还可给予100%的职业技能鉴定费补贴。

《天津市邮政业发展“十四五”规划》正式印发

10月，天津市邮政管理局、市发展改革委、市交通运输委联合印发《天津市邮政业发展“十四五”规划》。规划全面总结了“十三五”时期天津市邮政业改革发展的成就，分析了未来一段时期行业面临的新形势。提出按照统筹推进“五位一体”总体布局和协调推进“四个全面”战略布局要求，坚持以人民为中心的发展思想，全面落实京津冀协同发展重大国家战略，聚焦天津市“一基地三区”功能定位，以建设邮政强国为统领，以推动邮政业高质量发展为主题，以建设人民满意邮政为目标，以深化邮政业供给侧结构性改革为主线，以畅通经济循环为重点，以创新发展为第一动力，以“两进一出”工程为抓手，加快构建顺畅高效、普惠便捷、绿色集约、开放共享、安全可靠的现代化高质量邮政快递体系。结合本市邮政业发展实际，规划提出了巩固发展邮政事业、加快壮大邮政产业、完善寄递基础设施、推动实施科技强邮、保障行业安全发展、促进行业绿色发展和提升现代治理能力等7项主要任务，制定了快递进厂、快递进村、冷链快递、寄递枢纽能力提升、国际邮件互换局整合提升、智慧邮政、寄递渠道安全监管、绿色寄递体系等8大工程，明确了坚持党的全面领导、构建多元政策保障、完善规划实施机制、提升引才聚才能力和强化规划实施管理等5项保障措施。

助力雪花梨销售帮蓟州农民渡难关

10月，天津市邮政管理局联合市商务局，积极组织京东、德邦、极兔等企业及嘿嘛等实体销售平台，线上线下齐发力，助力蓟州区罗庄子镇杨家峪村销售雪花梨，帮助解决当地村民的燃眉之急。

“双11”期间天津市快递业务处理量达2.8亿件

天津市邮政管理局监测数据显示，2021年“双11”期间（11月1日至16日），天津市邮政、快递企业共处理快递包裹2.8亿件，同比增长18.4%，支撑网络零售额达141.7亿元。其中，共揽收快递包裹1.05亿件，同比增长14%；共投递快递包裹1.2亿件，同比增长51.2%。由于2021年电商平台促销模式和节奏发生变化，导致今年整个促销期内快递业务量从“单高峰”变为“双高峰”。其中，第一个高峰出现在11月1日，当日全市快递业务处理量达2029.1万件，同比增长36%，是今年前10个月日均处理量的2.1倍；第二个高峰是11月11日，当日全市快递业务处理量达2311.5万件，同比增长20.2%，是2021年前10个月日均处理量的2.4倍，再创历史新高。

孙文魁副市长批示肯定“双11”寄递业务旺季服务保障工作

11月24日，天津市副市长孙文魁在市邮政管理局呈报的《关于报送2021年“双十一”寄递业务旺季服务保障情况的报告》上作出批示，充分肯定邮政管理部门和寄递企业工作成效，对下一步工作提出要求。批示指出，工作富有成效，能力和水平不断提升，群众满意度不断提高。要再接再厉，不断健全和完善工作机制、制度，进一步提升保障水平。

《天津市做好快递员群体合法权益保障工作实施方案》发布

12月，天津市邮政管理局联合市交通运输委、市发展改革委、市人社局、市商务局、市市场监管委、市总工会印发《天津市做好快递员群体合法权益保障工作实施方案》。方案结合国家七部委意见和天津实际，聚焦重点环节和关键问题，提出形成合理收益分配机制、保障快递员合理劳动报酬、提升快递员社会保障水平、优化快递员生产作业环境、落实快递企业主体责任、规范企业加盟和用工管理、加强网络稳定运行监管、完善职业发展保障体系等八项任务措施。

孙文魁副市长批示肯定邮政快递业生态环保工作

12月，天津市副市长孙文魁在市邮政管理局呈报的《天津市邮政管理局关于2021年全市邮政快递业生态环保工作情况的报告》上作出批示，对全市邮政快递业生态环保工作给予充分肯定。批示指出，市邮政管理局积极作为，做了大量富有成效工作，市生态环境局要继续给予支持和指导。

天津出台多项政策利好邮政快递业

12月，天津市邮政管理局联合市商务局等17部门印发《加强县域商业体系建设促进农村消费的实施方案》，联合市商务局等12部门印发《推进城市一刻钟便民生活圈建设落实措施分工方案》等文件，邮政快递业获多项政策利好。《加强县域商业体系建设促进农村消费的实施方案》明确提出，市各有关部门和各涉农区政府要加快实施“快递进村”工程，建设县乡村三级寄递服务体系。鼓励邮政快递企业，打造“一点多能、一网多用”的县乡村三级物流配送网络。《推进城市一刻钟便民生活圈建设落实措施分工方案》明确要求，市各有关部门和各区政府共同加快社区邮政快递建设。支持智能信包箱（快件箱）等便利设施进社区，保障建设格口数量为社区日均投递量的1～1.3倍场地，并对场地租金等费用给予减免。鼓励邮政快递末端综合服务点（驿站）进社区，新建居住社区应建设使用面积不小于15平方米的邮政快递末端综合服务点。城镇老旧小区等受场地条件约束的居住社区，因地制宜建设邮政快递末端综合服务点。

天津局联合市检察院贯彻落实最高检“七号检查建议”

12月，天津市邮政管理局与市人民检察院第一分院举行座谈，共同研究加强天津市寄递渠道安全管理工作。通过座谈，双方就寄递安全“三项制度”落实、行业新业态监管、从业人员法制教育培训等问题深入交换了意见。同时，双方同意进一步完善信息共享机制，切实加强形势研判，形成合力推动全市寄递渠道安全管理工作，推进更高水平平安天津建设。

天津举行快递专用电动三轮车规范通行启动仪式

12 月 29 日,天津市邮政管理局会同市快递协会举办快递专用电动三轮车规范通行启动仪式。仪式上,市快递协会宣读了《天津市快递专用电动三轮车规范通行倡议书》,顺丰、中通两家企业代表作了表态发言。市公安交管局对快递专用电动三轮车通行工作提出了希望和要求。

河北省快递发展大事记

省领导全力支持邮政快递业疫情期间的服务运行

为更好服务疫情防控工作,保障群众生活,常务副省长袁桐利、副省长徐建培和主管副省长丁绣峰高度重视邮政快递业的运行发展,1 月 7 日,批示要求相关部门提供倾斜支持。一是准予邮政快递员工优先进行核酸检测;二是实行邮政快递运输车辆便利通行;三是为末端投递提供必要条件。

河北省出台交通运输疫情防控工作邮政快递专项方案

1 月 8 日,河北省应对新冠肺炎疫情工作领导小组交通检疫组印发了《进一步强化石家庄市和邢台市交通运输疫情防控工作邮政快递方案》,确保邮政快递业疫情期间正常服务运行。方案从三个方面为行业正常服务运行提供了便利。一是为从业人员出行提供便利。优先安排邮政快递从业人员进行核酸检测,在检测点开通"绿色通道"。设置现场引导标识,安排专门人员提供检测,优先送检样本并优先出结果。二是保障运输车辆通行便捷。相关部门要根据邮政管理部门提供的邮政快递企业车辆信息,快速核发通行证,允许运输邮件快件车辆在高速口进出。三是为末端收投提供条件。允许邮政企业员工凭工作证、健康码"绿码",在体温检测正常情况下进入政府机关和企业事业单位,采取"点对点、一站式"等方式,到指定机要通信和党报党刊收发点进行无接触投递服务,在高风险区提供服务的,需提供核酸检测报告。

许勤省长视察指导石家庄市快递业服务运行情况

1 月 9 日,河北省省长许勤在石家庄市调研检查疫情防控工作,视察了京东快递石家庄雅清营业部。许勤询问了解了网点情况,要求有关部门尽快为邮政快递工作人员开展二次核酸检测,在绝对安全的前提下优先保障出行,并协调解决车辆通行难等问题。他强调,快递小哥要做好自身防护,还要做好物品消毒、无接触配送等工作,努力为千家万户提供安全快捷的服务。

王东峰书记肯定快递小哥在疫情防控中的重要作用

1 月 10 日下午,河北省委书记、省人大常委会主任王东峰针对疫情防控保障群众居家生活正常需要,深入石家庄市暗访检查冬季供暖、电力保障、生活必需品供应等情况。在桥西区北国超市前,王东峰看到不少快递员已经开始在街头穿梭忙碌。他随机同一名快递员交流,询问工作情况,向快递哥表示慰问和敬意。王东峰指出,在疫情防控中,快递哥不惧危险,逆行出征,为保障群众生活发挥了重要作用。希望大家注意保暖,严格自身核酸检测,加强防护,对快递物品及时消毒,人物同防,为疫情防控工作作出更大贡献。

刘小明副部长专题协调调度河北邮政快递业相关工作

交通运输部副部长刘小明高度重视河北邮政快递业疫情防控和生产服务工作，疫情期间深入石家庄中通分拨中心调研指导，1月19日上午又主持召开专题会议，协调调度河北邮政快递业疫情防控和生产服务保障工作，要求认真落实习近平总书记有关疫情防控工作总要求，坚持防控第一，人物同防，精准施策，闭环管理，确保安全，有序统筹好疫情防控和生产服务，全力保障人民群众生活需求。会议听取了河北省邮政管理局关于邮政快递业疫情防控工作指南制定情况汇报和防疫专家的意见，详细了解企业为河北疫情防控所做的工作及存在的困难。

河北局联合团省委深入开展关爱快递员"暖蜂行动"

1月26日，河北省邮政管理局联合团省委开展了关爱快递员"暖蜂行动"，组织爱心企业为邮政快递业青年捐赠了消毒液、口罩、手套、方便面、牛奶、暖贴等价值110万元的防疫物资和生活用品，在严寒中为快递小哥送去一份关怀与呵护。

河北邮政快递业成立530支青年突击队

1月，河北省邮政管理局、团省委联合举办了全省邮政行业团指委成立暨邮政快递业青年突击队命名仪式，宣布成立邮政行业团指委和530支青年突击队，对石家庄市的快递包裹突击队、申锋突击队等30支突击队代表进行集中授旗。河北局和团省委在全省行业范围内命名成立的530支青年突击队，旨在激励广大邮政快递业从业青年众志成城、共克时艰、立足岗位、奋发有为，冲锋在前，切实发挥生力军和突击队作用，踊跃投身疫情防控歼灭战，保障疫情防控物资寄送，努力满足群众基本生活寄递需求。

丁绣峰副省长调研指导石家庄市快递物流业复工复产工作

1月30日下午，河北省副省长丁绣峰带领省交通运输厅、省邮政局、石家庄市政府有关负责同志深入到快递营业网点、分拨中心等地现场调研快递物流业复工复产情况，召开座谈会了解邮政、顺丰、韵达、中通、圆通等快递物流企业面临的困难，协调解决存在问题。丁绣峰对快递企业克服重重困难、主动担当作为，在疫情防控和保障民生方面作出的突出贡献表示肯定，对一线工作人员的辛勤付出表示感谢。丁绣峰强调，要坚持精准施策，落实各项防护措施，通堵点解难题，做好工作统筹，加快快递物流业复工复产工作，全力保障人民群众生活需求。要制定方案、完善措施，在严格防护、做好消杀、满足防疫条件、确保绝对安全的前提下闭环启动地处高中风险地区的分拨中心和邮政快递营业网点。要做好交通运输保障，科学规划路线，确保邮政快递转运网络畅通。要系统宣传河北产品、邮件快件、运输车辆、从业人员的安全保障措施，加强对电商平台的正面引导，消除电商和民众对寄递环节的安全顾虑。要关心关爱从业人员，强化人物同防，做好跟踪监测，保障合法权益。

河北省打造物流枢纽城市支持邮政快递物流项目建设

3月，河北省建设全国现代商贸物流重要基地工作领导小组印发了《河北省建设全国现代商贸物流重要基地2021年工作方案》，提出在打造物流枢纽城市、培育商贸物流园区、完善城乡便民服务网络等6个方面给予政策支持，并将15个邮政快递物流项目纳入河北省重点项目，邮政快递业发展获利好。

河北省大力加快推进快递包装绿色转型

4月，河北省发展改革委、省邮政管理局等8部门印发了《加快推进快递包装绿色转型若干措施》，提出到2025年底，快递包装基本实现绿色转型，快递包装生产、使用、回收、处置全链条治理长效机制形成，电商快件基本实现不再进行二次包装，不可降解塑料包装袋、塑料胶带以及塑料一次性编织袋不再使用，可循环快递包装应用规模达50万个，包装减量和绿色循环的新模式、新业态发展取得重大进展，快递网点包装物可回收装置基本实现全覆盖。

河北省提升快递对现代农业和制造业支撑能力

4月，河北省现代服务业发展领导小组办公室印发通知明确，进一步扩大服务业领域改革开放深度，增强物流快递对现代农业和制造业支撑能力，深入实施"两进一出"工程。通知提出，要加快建设智能化仓储设施，推动平层仓储设施向立体化网络结构升级，推广应用智能运载装卸设备，建设自动化集箱集装箱码头操作系统，鼓励和引导有条件的乡村建设智慧物流配送中心，鼓励发展"生鲜电商+冷链宅配""中央厨房+食材冷链配送"等经营模式。通知要求，完善城乡高效配送体系，培育城乡高效配送示范企业和重点物流配送中心，积极发展农产品冷链物流，深入推进流通领域现代供应链体系建设试点。深入实施"快递进村""快递进厂""快递入区"工程，积极推进"快递出海"，持续推广智能快件箱、快递公共服务站等末端服务模式，抓好省级快递园区评选工作。推动服务业与一产深度融合，着力增强物流快递对现代农业和制造业支撑能力，打造一批快递服务现代农业示范项目和快递服务生活用品制造业示范项目。

丁绣峰副省长充分肯定省邮政管理工作成效

5月，河北省副省长丁绣峰对河北省邮政管理局呈报的《2021年一季度邮政快递业经济运行情况的报告》作出批示："今年一季度全省邮政快递业实现持续快速增长，在战疫情、保畅通、促发展、保安全等方面付出艰辛努力，作出较大贡献，应予充分肯定！望省邮政管理局再接再厉，展现更大作为！"

河北印发通知强力推进高技能人才队伍建设

5月，河北省邮政管理局联合省总工会等8部门印发了《关于举办2021年河北省职工职业技能大赛的通知》，要求全面深入开展职业技能竞赛，不断完善产业工人技能体系，强力推进高技能人才队伍建设，为行业高质量发展提供人才支撑。通知对决赛工种设置、内容和方式、参赛人员、大赛安排、奖励办法等方面进行了明确。

河北局全力推进"快递进村"工作

5月，河北省邮政管理局印发了《关于加快推进"快递进村"工作的指导意见》，提出到2021年8月建制村快递服务基本实现全覆盖，有效解决农村快递不按址投递问题，彻底解决农村末端服务违规收费问题，更好服务农村百姓，更好服务乡村振兴战略。

多项邮政业重点工作被纳入河北省"十四五"规划纲要

5月，《河北省国民经济和社会发展第十四个五年规划和2035年远景目标纲要》正式发布，实施快递进村进厂出海工程、做大做强国家快递枢纽、促进快递物流与相关产业协同发展等多个方面的重点内容被纳入纲要，为推进"十四五"时期全省邮政业高质量发展提供了规划保障。

河北省各市全面开展快递员职业技能竞赛

6月，河北11个市及定州市全部开展了快递员职业技能竞赛，实现了全覆盖。各市竞赛各具特色，衡水市率先举办了市赛，授予得分第一到第六名的选手"技术能手"称号，其中第一名的选手由市总工会授予"金牌工人"称号，第二、三名的选手由市总工会授予"能工巧匠"称号；张家口市在赛前对参赛选手进行了精心筛选，并推荐有国赛经验的选手担任裁判；承德市在赛前进行了精心准备和周密安排，对裁判员和参赛选手进行了专业培训；邢台市竞赛选手加入了学生组，由河北科技工程职业技术大学学生组成；沧州局重点突出了智能快递柜操作、邮件快递绿色包装、禁寄物品收寄等能力的考核；秦皇岛市工会给予了参加省赛选手培训的资金支持；邯郸市竞赛前10名选手被团市委授予“邯郸市青年岗位能手”称号，参赛人数近90人，领先其他市；廊坊市竞赛联合当地市总工会举办，第一名获得市总工会授予的“技术能手”；唐山市第一名选手获得唐山市“技术状元”，第二名到第十名选手获得唐山市“技术能手”；石家庄市、保定局市竞赛内容结合当下实际，集中在行业绿色发展、法律法规、疫情防护等方面；定州市2021年首次举办快递员职业技能竞赛。

河北省出台新业态新模式引领新型消费加快发展的工作方案

6月，河北省完善促进消费体制机制联席会议办公室印发《以新业态新模式引领新型消费加快发展的工作方案》，邮政业发展获政策利好。工作方案提出，一是加快商品供应链服务创新。培育新型供应链服务企业和综合服务平台，打通商流、物流、信息流、资金流，加快构建网络化共享、智能化协作的消费品流通供应链体系。推广完善全省物流公共信息服务平台，鼓励发展多式联运信息服务平台，推进不同运输方式（公路、铁路、海港）、重点货物枢纽之间信息共享共用和智能调度，逐步打造覆盖运输、仓储、配送等供应链环节的物流服务体系。持续推进“快递出海”，支持寄递企业依法开展跨境包裹、商业快件等寄递服务，提升跨境寄递通关转运效率。二是畅通农产品流通渠道。围绕河北特色农产品，积极培育邮政快递企业服务现代农业项目。加快推进“快递进村”以“邮快合作”“快快合作”为主，建设村级邮政快递综合服务站，2021年基本实现行政村快递服务全覆盖。持续推进电子商务进农村，统筹建立县乡村三级弄产品网络销售服务体系，提高村级电商站点服务覆盖率。三是加快以新技术促进新设备应用。继续推广智能快件箱（信包箱）、快递公共服务站等末端服务模式，把智能快件箱（信包箱）、快递末端综合服务场所纳入公共服务设施建设，与城镇老旧小区改造计划有效对接、同步实施。推动智能快件箱（信包箱）运营企业联合快递企业与小区、商厦、机关和校园等物业管理合作，提供智能末端收投服务。

2021年河北省职工职业技能大赛快递员决赛圆满落幕

7月8日至9日，河北省邮政管理局联合省总工会、省人社厅在河北科技工程职业技术大学举办了2021年河北省职工职业技能大赛快递员决赛，来自全省11设区市及定州市的12支代表队共60名参赛选手，经过激烈角逐，中国邮政集团有限公司沧州市分公司张永基、献县中通速递服务有限公司李桐桐、河北顺丰速运有限公司唐山分公司李建超分获个人前三名；沧州市、唐山市、张家口市、邢台市、衡水市、秦皇岛市代表队分获团体前六名。

河北省邮政快递业固体废物污染环境防治工作取得成效

7月28日，河北省十三届人大常委会第二十四次会议召开联组会议，对固体废物污染环境防治“一法两条例”执法检查发现的有关问题开展专题询问。河北省人大常委会常务副主任范照兵出席并讲话，省政府副省长丁绣峰代表省政府到会听取意见。省生态环境、住房和城乡建设、农业农村、工信、商务、卫健委、邮政管理以及省高级人民法院、省人民检察院到会应询。河北省人大常委会委员就快递包装治理工作向邮政管理部门询问了解情况。河北省邮政管理局主要负责人介绍了近年来全省快递包装污染治理工作采取的措施和取得的成果，提出了下一步工作措施，并呼吁相关部门协同推进快递包装绿色转型、相关行业和部门加强绿色包装产品供给、社会公众积极使用绿色包装产品。

《河北省邮政条例》修订施行

8月，经河北省第十三届人民代表大会常务委员会第二十四次会议审议通过，《河北省邮政条例》部分条款进行了修订，于2021年7月29日公布施行。此次修订较原《条例》修改五条，删除一条。一是鼓励火车站、机场、港口、长途汽车站、大专院校、城市社区、旅游景区、大型商场等公众服务场所设置智能末端服务设施；二是取消邮政普遍服务营业场所自办转代办行政审批；三是规范快递企业"一照多址"登记；四是进一步明确邮政、快递企业安全主体责任，要求严格执行收寄验视、实名收寄、安全检查和寄递物品信息登记制度。此外，还衔接国家层面立法删除、修改了个别条款。

河北省综合立体交通网规划纲要利好邮政快递业

8月，河北省委省政府联合印发了《河北省综合立体交通网规划纲要》，规划期为2021年至2035年，远景展望到本世纪中叶。邮政快递业发展获诸多利好。纲要明确提出，建设石家庄、廊坊全国性邮政快递枢纽；发挥保定邮政快递枢纽服务支撑作用，协同京津打造北京—天津—雄安新区全球性国际邮政快递枢纽集群，构建运转高效的邮政快递网。纲要还以专栏形式，明确了全省"一圈两带两支点"的邮政快递基础网络布局。一圈：发挥廊坊、保定、承德、张家口、唐山区位优势，构建环京快递服务圈。两带：建设北京—雄安—保定—石家庄—邢台—邯郸京南快递产业带和北京—廊坊—唐山—秦皇岛—沧州—衡水京东南（环渤海）快递产业带。两支点：石家庄、廊坊航空邮件快件集散中心。

《"十四五"河北省邮政业发展规划》通过专家评审

8月26日，河北省邮政管理局召开《"十四五"河北省邮政业发展规划》专家座谈评审会，广泛征求专家意见。来自河北经贸大学、石家庄邮电职业技术学院、省发展改革委、省交通运输厅等单位的专家出席评审会并发表了修改和评审意见。党组书记、局长就进一步做好"十四五"规划编制工作提出具体要求。与会专家针对规划文稿进行了深入研究评审，认为规划思路清晰、目标明确、措施得当，具有较强的可行性与指导性，原则通过评审，并提出了修改完善的意见建议。

胡启生副省长专题研究全省邮政快递业发展工作

9月2日，河北省副省长胡启生听取全省邮政快递业发展情况汇报，对全省邮政快递业发展、农村寄递物流体系建设及近期重点工作进行专题研究。胡启生充分肯定了全省邮政快递业在服务生产生活、促进消费升级、畅通经济循环、助力创新创业、筑固首都政治护城河等方面的工作成效。他要求，要深入学习贯彻习近平总书记关于邮政快递业的重要指示批示精神，落实省委、省政府决策部署，围绕京津冀协同发展、雄安新区建设发展等重大战略，创新思路实化举措，推动河北由快递大省向快递强省转变。要守住风险底线，强化安全管理，科学监管服务，维护行业稳定，坚决当好首都政治"护城河"。要进一步做好规划衔接实施，加快园区和产业项目建设，确保"十四五"开好局起好步。要根据全省农村地域特点，创新服务模式，解决好农村寄递"最初一公里"和"最后一公里"问题。要加强宣传引导、强化技能培训、健全支撑体系，以新业态新模式为依托，为创业就业拓展新空间。

河北局开展省级邮政行业人才培养基地评审工作

9月10日，河北省邮政管理局召开省级邮政行业人才培养基地评审工作会议，进一步加强省级邮政行业人才培养基地建设工作。会上，专家评审组严格按照省级邮政行业人才培养基地评审办法，结合评审材料对候选院校进行量化评分，对评分结果进行投票，经过综合评议，最终河北科技工程职业技术大学、石家庄职业技术学院、邯郸职业技术学院、衡水学院等4家院校入围省级邮政行业人才培养基地。

河北省率先出台加快建设农村寄递物流体系配套措施

9月，河北省政府办公厅印发了《关于加快农村寄递物流体系建设的若干措施》，提出围绕全国现代商贸物流重要基地定位，将河北打造成京津冀快递集散功能支撑区、农村寄递物流体系建设先行区、农村快递电商协同发展示范区，建设邮政快递强省；到2025年行政村邮政快递服务网点全覆盖，平原、沿海等经济发达县域快递物流园区全覆盖，其他县域寄递公共配送中心全覆盖。

全国邮政行业职业技能竞赛河北邮政业再创佳绩

10月14日至15日，2021年全国行业职业技能竞赛——第三届全国邮政行业职业技能竞赛总决赛在江苏无锡城市职业技术学院举行。经过激烈的角逐，河北唐山顺丰李建超获得一等奖，中国邮政沧州市分公司张永基、献县中通李桐桐获得二等奖，河北省代表队获得“团体优胜奖”和“优秀组织单位”，河北局高珊被评为“优秀裁判员”，沧州局郭巍获得“优秀技术指导奖”，河北邮政业再创佳绩。

河北省印发意见保障快递员群体合法权益

10月15日，经河北省政府同意，省交通运输厅、省邮政管理局、省发展和改革委员会、省公安厅、省人力资源和社会保障厅、省商务厅、省市场监督管理局、省总工会、团省委等9家部门和单位联合印发了《关于做好快递员群体合法权益保障工作的实施意见》。实施意见提出了坚持依法保障、注重公平、企业主责、强化治理、齐抓共管、综合施策、目标导向、循序渐进的基本原则，并在制度机制建设、队伍稳定、从业环境、薪资待遇、社保权益、人才培养、职业认同等方面提出了“十四五”阶段的工作目标，同时明确了9项工作任务。

河北局开展快递员劳动报酬权益保障工作专项监督

11月，河北省邮政管理局组织开展了快递员劳动报酬权益保障工作落实情况专项监督。一是直接面向一线收派人员开展问卷调查，围绕派费调整落实、月收入变化等了解快递员切身感受。二是组织省局机关党委书记、各支部书记和市局党组书记开展基层书记访谈，对企业劳资管理人员、网点负责人、收派员开展不同层面的访谈活动，了解面单价格、派费、罚款等直接影响快递员劳动报酬权益的情况。三是组织各市局纪检组开展专题调研监督，调研了解企业一线和从业人员的真实反馈，围绕快递从业人员群体合法权益相关政策文件传达和宣传、工作任务安排部署以及调研摸底、快递企业监督管理等情况，监督本局在督促末端派费调整、快递员群体工伤保险覆盖、从业环境优化和职业技能提升等相关工作推进中作风实不实、措施细不细、成效好不好。

河北省印发建设全国现代商贸物流重要基地“十四五”规划

12月，河北省政府办公厅印发《河北省建设全国现代商贸物流重要基地“十四五”规划》，邮政业基础设施建设、“两进一出”工程、末端服务、安全发展、快递员群体合法权益保障等重点工作均纳入其中，行业发展获利好。规划明确提出，到2025年，邮政行业业务收入达到1006亿元，快递业务量100亿件，行政村快递服务通达率100%，初步形成国内1天送达、周边国家2天送达、全球主要城市3天送达的“123快货物流圈”。

河北局完成 2021 年全省快递工程技术人才职称评审工作

12 月,为深入贯彻“人才强邮”战略,进一步推进全省邮政快递业专业技术人才队伍建设,河北省邮政管理局组织开展了 2021 年快递工程技术人才职称评审工作,共有 463 名快递工程技术人才获得任职资格。河北局印发了《关于开展 2021 年职称评审工作的通知》,明确了 2021 年职称评审工作的时间安排、工作程序和有关要求等内容,对需要提交材料的填写规范作出了具体要求;将职称评审工作列纳入市局领导班子和领导干部年度考核内容;组织召开了 2021 年全省快递工程技术人才职称评审工作电视电话会议,会上分析 2020 年职称评审工作中存在的问题,对 2021 年的评审工作进行了安排部署,并对职称评审相关业务工作进行了培训,省局人事处强化指导督察,每月通报进展情况,各市局认真落实省局部署要求,明确专人负责,确保工作成效。

河北局实施邮政快递业服务乡村振兴“百千万”工程

12 月,河北省邮政管理局印发了《河北省邮政快递业服务乡村振兴实施“百千万”工程的指导意见》。指导意见提出,2021 年全省行政村 100% 实现“快递进村”,培育年业务量超 10 万件邮政快递服务地方产业(农业、制造业)项目 100 个,专项扶持 1000 个农村中小微企业,重点扶持 10000 个农村新经济体。到 2025 年,全省行政村实现“村村有快递服务网点”,服务乡村振兴“百千万”项目取得重大成效,农村快递服务设施趋于完善,服务农业、制造业能力显著增强,业务规模大幅提升,服务体验有力改善,农民寄递需求有效满足,邮政快递业与农业、制造业和农村电商融合发展水平进一步提高,产品外销渠道进一步畅通,让农民种得好、卖得好、买得好,真正将邮路打造成农村的产业路、致富路、幸福路。

《河北省邮政业发展“十四五”规划》印发

12 月,河北省邮政管理局、省发展改革委、省交通运输厅联合印发《河北省邮政业发展“十四五”规划》。规划全面总结“十三五”时期河北省邮政业改革发展成就,明确了“十四五”时期行业发展目标,提出到 2025 年,邮政业年业务收入超过 1000 亿元,快递业务量超过 117 亿件,年服务用户超过 200 亿人次,五年累计新增就业岗位 6 万个以上,培育年业务收入超 20 亿元的快递企业 10 个。将河北打造成京津冀快递集散功能支撑区、农村寄递物流体系建设先行区、农村快递电商协同发展示范区,实现“建成护城河、服务京津冀、领先邮政业”目标,为谱写好邮政强国河北篇章奠定坚实基础。

王晓东副书记调研慰问快递从业人员

12 月 29 日下午,河北省人大常委会党组副书记、副主任,省总工会主席王晓东带领省总工会调研组一行,在石家庄走访慰问了快递小哥等新就业形态劳动者和劳模代表,调研了快递企业工会组建和作用发挥情况。省局主要负责人陪同调研慰问。

山西省快递发展大事记

运城苹果连续三年获评全国快递服务现代农业金牌项目

国家邮政局发布“2020 年度全国快递服务现代农业金牌项目”名单,运城苹果再获殊荣,连续三年成为全省唯一一个入选榜单的金牌项目。

山西局联合省总工会、团省委共同开展关爱快递员“暖蜂行动”

1 月，山西省邮政管理局会同山西省总工会、共青团山西省委联合印发《关于在全省邮政快递行业深入开展关爱快递员“暖蜂行动”切实做好保障快递员合法权益相关工作的通知》，深入贯彻落实习近平总书记关爱“快递小哥”重要指示精神，细化工作要求、充实关爱内容。

山西局联合团省委共同开展 2021 年“快递从业青年服务月”活动

1 月，山西省邮政管理局会同共青团山西省委联合印发《关于开展 2021 年“快递从业青年服务月”活动的通知》，深入贯彻落实习近平总书记关心关爱“快递小哥”的重要批示精神，推动关爱快递员“暖蜂行动”深入开展，切实保障快递从业青年合法权益。关爱活动以快递从业青年为主要服务对象，在全省范围内加大宣传力度，引导社会力量理解关注、了解关心快递从业青年，将从思想引导、慰问帮扶、专业咨询等方面为快递从业青年群体成长发展创造良好环境。通知要求，各市邮政管理局要进一步提高政治站位，切实履行行业主管职责，加强动员部署，结合正在开展的关爱快递员“暖蜂行动”，丰富活动内容，延展活动内涵。各级团委要发挥社会动员优势，推动快递企业党组织、群团组织和青年职工积极参与，山西太原 12355 区域中心要联合法律援助、心理咨询等专业力量，提供专业规范的服务。

山西局连续 4 年出台一号文件部署行业安全生产工作

2 月，山西省邮政管理局印发《关于做好 2021 年全省邮政快递业安全生产工作的通知》，按照省政府对全年安全生产工作的总体部署，结合全省邮政快递业实际，对行业安全生产工作作出详细部署和提出具体要求。这是山西局连续 4 年以一号文件形式部署行业安全生产工作。

山西局印发《2021 年山西省邮政快递业更贴近民生七件实事》

2 月，山西省邮政管理局印发《2021 年山西省邮政快递业更贴近民生七件实事》，着力解决社会和消费者关注的突出问题，更好满足人民群众日益增长的用邮需求。

山西省邮政业安全中心推进全省“绿盾”工程建设应用

2 月，为进一步加快全省“绿盾”工程建设应用工作，山西省邮政业安全中心紧密结合工作实际，聚焦重点难点问题，有针对性地建立健全四项工作机制，全面提升全省“绿盾”工程项目建设和信息系统应用的系统性、整体性、协同性和实效性。一是建立专题研究机制，着力增强工作系统性。二是建立上下联动机制，着力增强工作整体性。三是建立定期通报机制，着力增强工作协同性。四是建立常态巡检机制，着力增强工作实效性。

山西局强化快递末端服务站规范管理

3 月，山西省邮政管理局出台强化全省快递末端服务站规范管理意见，积极回应社会关切，通过提高末端服务能力和水平助力行业高质量发展，树立行业良好形象。此次规范管理聚焦快递末端服务站经营合法化和服务规范化两大热点，明确了包括快递末端服务站、经营快递业务的企业及其分支机构、各品牌快递企业省级公司、第三方运营企业等主体对象的责任和义务，并采取四项举措强化管理。

“快递进村”被纳入山西省推进服务业提质增效 2021 年行动计划

3 月，山西省人民政府办公厅印发《山西省推进服务业提质增效 2021 年行动计划的通知》将快递进村纳入 2021 年行动计划。通知指出，全面落实“快递进村”三年行动方案，提高民营快递设点和直投比例，提升“邮快合作”进村比重，2021年年底前，“快递进村”覆盖率不低于80%。此外，通知还明确“鼓励各市通过财政补助、金融支持等手段推动非国有房屋出租人加大租金减免力度，允许连锁企业单个门店享受小微企业租金减免政策。推动流通企业工商用电同价政策尽快全面落实，支持具备条件的转供电用户改为直供电”等一系列惠企政策。

山西邮政业安全中心实现省市两级全覆盖

截至3月底，山西省11个市邮政业安全中心全部获批，山西“1+11”的省、市邮政业安全监管支撑体系搭建完成。从2019年6月太原市邮政业安全中心获批，到2021年3月临汾、长治、朔州市安全中心相继获批，山西局仅用不到两年时间，实现省、市邮政业安全中心全覆盖既定目标。

山西省投资4亿元建设县乡村三级快递物流体系

4月，山西省政府第7次省长办公会议审议通过《山西省推广农村物流创新模式工作方案》，投入4亿元建设县乡村三级快递物流体系。方案指出，将通过较为成熟的“邮快结合”“交快结合”“快快合作”模式，建设县级物流仓配中心和村级服务点，实现县域内农村快件揽收、分拣、派送一站式服务，解决农村快件投递“最后一公里”问题，不断补齐偏远乡镇及农村地区物流服务短板，完善县乡村三级物流节点。方案明确，全省总投资4亿元，从2021年4月开始，确定20个县作为试点，在全省推广农村物流创新模式，到2022年底实现全覆盖，并明确该项工作由省发展改革委和省邮政管理局共同组织实施。

山西局获评“促进山西经济社会发展突出贡献单位”

4月，山西省年度目标责任考核领导小组办公室印发《关于山西省2020年度目标责任考核等次评定结果的通知》，对12家中央驻晋单位服务地方发展履职情况进行了考核结果通报，其中有6家单位获评“突出贡献单位”，6家获评“重要贡献单位”。山西省邮政管理局获评“促进山西经济社会发展突出贡献单位”。

山西省发布“十四五”新业态规划

5月，山西省人民政府印发《山西省“十四五”新业态规划》，多项举措惠及全省邮政快递业发展。规划明确，聚焦“转型出雏型”战略目标，加快推动智能制造、智慧物流等17项主导产业和战略性新兴产业的数字化、网络化、智能化发展进程。其中智慧物流方面提出：“建设智慧物流综合平台和‘虚拟物流’产业园，支持具有产业链、供应链带动能力的核心物流企业打造产业‘数据中台’和‘虚拟物流’产业园，有效整合各类货运、货源、库存等资源，以信息流促进上下游、产供销协同联动”“推广无接触智能化应用，推动自动化无人作业发展，支持建设自动驾驶、自动装卸堆存、无人配送等技术应用基础设施，加快推广AGV（自动导引运输车）、无人驾驶电动集卡、无人叉车、货架穿梭车、分拣机器人等新设备，鼓励发展机器人送货。鼓励快递企业或第三方服务机构在政府机关、高等院校、居民小区等人员密集区域集中设置智能快件箱。引导线上企业与街道、社区等合作，推广前置仓、移动‘菜篮子’等新模式，支持培育一批门店宅配、‘前置仓+提货站’、无接触配送等示范项目”等。规划还将京东云仓晋南智慧物流港项目列为智慧物流重大项目。

山西省印发“十四五”现代服务业发展规划

7月，山西省人民政府印发《山西省“十四五”现代服务业发展规划》，提出了全省现代服务业发展“十四五”及2035远景规划，邮政快递业多项内容纳入其中，惠及行业高质量转型发展。规划要求，要进一步提升物流枢纽功能，统筹布局建设制造业、农产品、快递、医药、大宗商品等专业物流基地;完善农村配送服务网络,推广邮快结合、交快结合、快快合作等农村物流模式,加强城乡互动的双向物流体系建设;推动物流创新融合,加速物流业迭代更新,创新物流组织方式,满足网络购物等新型消费需求,发展网约物流、网络货运、个性化定制物流、即时配送、社区配送等新模式。规划提出,要建设国际邮件互换局扩容升级等物流枢纽工程;围绕制造业、农产品、快递等布局,推进快递总部基地等项目建设。加快推进山西省智慧物流公共管理服务平台建设,实现全省智慧物流快捷交易无缝衔接。

山西省政协围绕推动现代物流高质量发展开展协商议政

7月,山西省政协十二届十八次常委会议围绕"推动现代物流高质量发展"开展协商议政,大力推动现代物流业高质量发展,邮政快递业迎来利好。山西省委书记林武到会并讲话。林武指出,这次省政协常委会议,专题围绕现代物流这一支撑高质量发展的基础性、战略性、先导性产业资政建言,体现了省政协围绕中心、服务大局的高度政治自觉。大家在发言中围绕现代物流业提出了许多很有见地的意见建议,我们将认真研究、积极采纳,充分运用好这次协商成果。会上,山西省政府通报省现代物流发展情况;省政协副主席作政协专题调研情况报告;部分快递企业政协委员围绕推动现代物流业高质量发展作会议发言。

山西省邮政管理系统2集体4个人荣获省交通运输系统先进荣誉

7月,山西省人力资源和社会保障厅、省交通运输厅印发《关于表彰山西省交通运输系统先进集体和先进个人的决定》,山西省邮政管理局市场监管处、忻州市邮政管理局被授予"山西省交通运输系统先进集体"称号,太原市邮政管理局董刚、大同市邮政管理局孙俊、朔州市邮政管理局薛城、长治市邮政管理局李林4位同志被授予"山西省交通运输系统先进个人"称号。

蓝佛安省长到太原国际邮件互换局(交换站)督导

8月5日,山西省委副书记、省长、省疫情防控工作领导小组组长蓝佛安到太原国际邮件互换局(交换站)督导检查疫情防控工作,看望奋战在一线的抗疫工作者。蓝佛安实地了解国际货运航班开行、国际邮件处理等情况,对全省邮政快递业全面落实国家邮政局和省委省政府疫情防控部署要求给予肯定。要求邮政快递企业时刻绷紧疫情防控这根弦,持续做好国际邮件快件全面消杀和全流程管控,切实筑牢境外疫情输入防线。

山西省出台措施加快推进快递包装绿色转型

8月,山西省邮政管理局联合省发展改革委、工信厅、司法厅、生态环境厅、住房和城乡建设厅、商务厅、市场监督管理局出台《加快推进快递包装绿色转型若干措施》,进一步加强快递包装治理,推进快递包装绿色转型。措施明确,要紧紧围绕快递包装法规和标准、强化快递包装绿色治理、加强电商和快递规范管理、推进可循环快递包装应用、规范快递包装废弃物回收和处置、完善支撑保障体系、强化组织实施等7项重点任务及19项具体举措,强化快递包装绿色治理,推进快递包装"绿色革命"。

韦韬副省长冀望山西局取得更好成绩

8月7日,山西省副省长韦韬在山西省邮政管理局《关于2021年上半年全省邮政管理工作情况的报告》上批示:上半年工作成绩显著,望省邮政管理局在下半年再接再厉,继续努力,尤其在发展农村物流业,推动乡村振兴上创新思路,多出实招,取得更好成绩。

多部门开展全省快递物流行业党建工作调研

8月,山西省邮政管理局联合省委组织部(省委非公和社会组织工委)、省交通运输厅、市场监管局印发《关于开展快递物流行业党建工作调研的通知》。通知明确了调研的时间、对象及内容,调研从8月上旬开始到8月中旬基本结束,主要针对全省各地快递物流企业、协会,旨在全面摸清全省快递物流行业基本情况、党建工作底数、主要做法和存在问题,充分发掘以党建引领行业发展、主动融入基层治理方面的先进经验和有效做法,提升行业党建工作水平。通知对各地加强组织领导、实地走访调研、强化结果运用、改进工作作风方面提出具体要求。

蓝佛安省长调研邮政快递业数字经济发展

8月13日,山西省委副书记、省长蓝佛安来到太原邮区中心局调研邮政快递业数字经济发展。他强调,要深入贯彻习近平总书记关于数字经济发展的重要论述和视察山西重要讲话重要指示,充分发挥数字经济带动作用,加快培育转型发展新动能。在太原邮区中心局,蓝佛安详细了解场地分布、邮路邮车运行、业务量等情况,察看车辆运行管控平台,询问数字化改造后运输效率提升效果。调研中,蓝佛安十分关心农村寄递物流体系建设,对邮政管理部门强化行业统筹组织,邮政和快递企业"快递进村"覆盖率达到83%,提前半年完成工作目标给予肯定。他希望,中国邮政山西分公司借助新一代信息技术,加快完善农村寄递物流体系,实现快递业务行政村全覆盖,促进农村电商与快递协同发展,打通山西特优产品流通渠道,全力服务乡村振兴。

山西省人民政府常务会将"快递进村"纳入年度重点工作

8月16日,山西省省长蓝佛安主持召开省政府第115次常务会议,会议指出,要坚决贯彻习近平总书记重要讲话精神,认真落实中央决策部署及省委工作要求,完整准确全面贯彻新发展理念,全方位推进高质量发展,突出抓好9项重点工作落实,确保完成全年目标任务。其中"推进农村电子商务发展和快递物流体系建设,加快行政村快递网点全覆盖,促进农民增收和农村消费双提升"列为年内9项重点工作之一。

山西省实现全省地市智能分析功能应用全覆盖

9月,为深化全省"绿盾"工程视频联网项目巡查监管系统建设应用工作,进一步提升邮政快递业智能化监管水平,山西省邮政业安全中心加大视频巡查监管系统应用工作力度,实现全省地市智能分析功能应用全覆盖。

健全农村快递物流体系写入山西省党代会报告

10月25日,中国共产党山西省第十二次代表大会召开,省委书记林武作了题为《牢记领袖嘱托 扛起时代使命全方位推动高质量发展 奋力谱写全面建设社会主义现代化国家山西篇章》的报告。报告就健全农村快递物流体系提出新要求,指出"推动现代物流降本增效,打造一批电商小镇,健全农村快递物流体系"。

蓝佛安省长强调要进一步完善快递物流体系

11月16日至18日,山西省委副书记、省长蓝佛安在忻州市偏关、河曲、保德三县宣讲党的十九届六中全会精神并就深入推动黄河流域生态保护和高质量发展工作进行调研。宣讲调研期间,他来到保德县故城村电商服务中心,了解产品销售情况,强调:要进一步完善快递物流体系,使电商在全省每个县都发展起来,让农民群众搭乘互联网快车走上致富路。

山西省政府"十四五"现代物流发展规划发布

11月,山西省政府印发《山西省"十四五"现代物流发展规划》,邮政快递业作为重要内容纳入"十四五"现代物流发展规划。规划紧紧围绕转型蹚新路对现代物流的要求,充分发挥现代物流对融入新发展格局的重要作用,对未来五年全省现代物流发展进行全面部署，从空间结构、六新赋能、降本增效、标准绿色安全、重大项目等方面，提出五大任务、十六个方面、四十七条具体举措、七大提升工程。

山西省印发做好快递员群体合法权益保障工作的实施方案

11 月，山西省交通运输厅、省邮政管理局、省发展和改革委员会、省人力资源和社会保障厅、省住房和城乡建设厅、省商务厅、省市场监督管理局、省总工会、团省委等 9 部门联合印发《关于做好快递员群体合法权益保障工作的实施方案》。方案明确“形成合理收益分配机制、保障快递员合理劳动报酬、提升快递员社会保障水平、优化快递员生产作业环境、落实快递企业主体责任、规范企业加盟和用工管理、加强网络稳定运行监管、完善职业发展保障体系”等八项任务。

山西省“绿盾”工程信息系统成功上线

11 月 30 日上午，山西省邮政管理局举行山西省邮政业安全监控中心暨“绿盾”工程信息系统上线启动仪式。山西省邮政业安全监控中心暨“绿盾”工程信息系统上线运行，标志山西省邮政快递业监管向信息化、数字化、智能化转型迈出关键步伐，对加强行业监管、促进行业健康发展具有重要里程碑意义，未来这里将成为开展行业大数据监测、安全监管和服务地方经济社会发展的“智慧中枢”。

山西省政府办公厅专题调研农村寄递物流体系建设

12 月，山西省政府办公厅深入阳泉实地调研农村寄递物流体系建设。在调研的过程中，省调研组要求，一是打造农村寄递物流体系要有超前意识，提前预见问题，要有统一的建设标准和管理模式，农村寄递物流体系要建得起、稳得住、用得好。二是目前阳泉“快递进村”率已经达 100%，下一步要在提升进村快递的服务质量和配送效率上下功夫，切实提升服务网络通达水平。三是及时总结、创新方法，不断探索，积累经验，为加快建设农村寄递物流体系提供更多更优路径支撑。

山西省委经济工作会议明确支持农村寄递物流体系建设

12 月，山西省委经济工作会议提出“加快农产品冷链物流建设，在全省各县同步开展农村三级寄递物流体系建设，明年底实现农村寄递物流服务全覆盖”。这是继山西省第十二次党代会之后，省委省政府再次将农村寄递物流体系列为重点建设项目。

山西省推进交通强省建设动员大会明确支持行业发展

12 月 27 日，全省推进交通强省建设动员大会在太原召开。会议指出，要打造绿色高效的现代物流体系，加强城乡互动的双向物流体系建设；要推动运旅一体化发展，壮大供应链服务、冷链快递等新业态；要大力推进碳达峰交通运输行动，构建绿色高效交通运输体系。方案明确推动绿色货运配送发展，2021 －2022 年，在太原、大同两市先行推动邮政车辆、建成区新增物流配送轻型车辆使用新能源或清洁能源。2023 －2025 年，全省设区市新增和更新邮政、轻型物流配送车辆原则上采用新能源或清洁能源汽车。方案还明确推进农村客运、货运、邮政快递融合发展，统筹解决农民群众幸福出行、物流配送、邮政寄递“最后一公里”问题。

山西局“246”工程建设取得实效

2021 年以来，山西省邮政管理局认真贯彻国家邮政局“246”工程安排部署，“人人持证、技能社会”建设工作取得实效。截至 2021 年 12 月底，山西省累计完成培训（在岗培训 + 评价取证）13717 人次，累计申请补贴资金 447.84 万元，较 2020 年分别增长210%和237%。

山西两项目入选国家邮政局快递服务现代农业金牌项目

国家邮政局公布"2021年快递服务现代农业金牌项目"名单,"运城苹果"和"吕梁杂粮"两个"快递+"项目上榜,分别位列第20位和46位,这也是"运城苹果"连续四年摘得金牌,"吕梁杂粮"首次上榜。其中,"运城苹果"年度寄递量达到2400.49万件,拉动消费10.38亿元。"吕梁杂粮"寄递量达1346.2万件,拉动消费4.03亿元。"快递+特色农业"取得了经济效益和社会效益双丰收,实现了多方共赢,有效服务了地方经济发展。

山西邮政综合服务平台建设实现县级城市全覆盖

为深入开展"我为群众办实事"实践活动,山西省邮政管理局积极推进邮政综合服务平台建设。截至2021年12月底,全省县级城市实现警邮、税邮、政邮合作全覆盖。

内蒙古自治区快递发展大事记

自治区发展改革委出台政策多项举措利好邮政快递业发展

1月,内蒙古自治区发展和改革委员会印发《内蒙古自治区推进西部陆海新通道建设实施方案(2020—2025年)》,其中多项政策利好行业发展。方案明确三项举措利好邮政快递业发展。一是优化物流枢纽布局。要依托呼和浩特全国综合交通枢纽定位,加快快递物流基础设施建设,着力打造西部陆海新通道呼和浩特节点枢纽,提升国际快递物流集散、分拨转运、仓储配送等功能。二是提升多式联运效率。引导快递物流企业集群发展,有序推动干线运输,多式联运、仓储物流等资源集聚,培育壮大快递物流企业。三是积极发展特色物流。开展冷链共同配送、"生鲜电商+冷链宅配"等新模式,支持快递物流企业、互联网企业一条通道建立完善电子商务物流服务平台,构建完善的区域分拨网络。

自治区艾丽华副主席批示肯定全区邮政管理工作

1月10日,内蒙古自治区副主席艾丽华就全区邮政管理工作作出批示,充分肯定2020年全区邮政管理和邮政快递业发展成效,并对2021年工作提出要求。批示指出,2020年,全区邮政管理系统认真贯彻落实习近平总书记关于邮政快递业指示批示精神,统筹疫情防控和行业发展,在全国率先实现乡镇以上网点复工复产,超额完成国家"快递进村"试点年度任务;在推进平安寄递、产业扶贫、消费扶贫等方面做了大量卓有成效的工作。在新的一年里,希望你们继续以习近平新时代中国特色社会主义思想为指导,牢记"人民邮政为人民"的服务宗旨,加强基础设施建设,提升服务质量,推动高质量发展,不断满足新时代人民群众用邮的新期待新需求,为构建新发展格局作出新的贡献。

内蒙古局持续加强邮政快递业疫情防控制度体系建设

1月,内蒙古自治区邮政管理局制定印发了《内蒙古自治区邮政快递业新型冠状病毒肺炎疫情防控突发事件应急预案》,并对《内蒙古自治区邮政快递业常态化新冠肺炎疫情防控工作方案》进行了修订。应急预案按照《中华人民共和国传染病防治法》《突发公共卫生事件应急条例》和《国家邮政业突发事件应急预案》等法律、行政法规有关要求,结合前期处置行业疫情防控突发事件的经验，重点对突发事件分级、信息报告、应急响应启动、应急处置等方面进行了系统规定，明确了突发事件处置程序和处置方式，为科学有效应对邮政快递业疫情防控突发事件提供了重要遵循。

自治区党委一号文件将“快递进村”作为全面促进农村牧区消费第一项举措

1月，内蒙古自治区党委、自治区人民政府印发了《关于全面推进乡村振兴加快农牧业农村牧区现代化的实施意见》，将“快递进村”作为全面促进农村牧区消费的第一项举措。实施意见在实施乡村建设行动中、促进农村牧区消费中提出，要全面完善县乡村三级农村牧区物流体系，改造提升农村牧区寄递物流基础设施，推动商流物流统仓共配，2021年建制村快递服务通达率达到75%以上。推进电子商务进农村综合示范和农畜产品出村进城，培育优质农畜产品网销品牌，推动城乡生产与消费有效对接。加快实施农畜产品仓储保鲜冷链物流设施建设工程，推进田头小型仓储保鲜冷链设施、产地低温直销配送中心、国家骨干冷链物流基地建设。

邮政快递业发展内容被纳入自治区“十四五”规划和2035年远景目标纲要

2月，内蒙古自治区人民政府关于印发《自治区国民经济和社会发展第十四个五年规划和2035年远景目标纲要》，邮政快递业多项内容被纳入其中。纲要在加快发展生产性服务业中提出，建设全面通达、普惠城乡的邮政快递网络，推动盟市邮政快递区域枢纽建设，实施邮政快递基础设施提升改造工程，重点在老旧小区完善智能信包箱、邮政综合服务站等基础设施，在新建小区布放智能快递箱格口，建设标准综合服务站，提升快件处理能力和末端收寄服务水平，升级农村牧区服务网络，重点建设80个旗县集散中心，到2025年，全区基本实现“村村通快递”。在培育壮大生活性服务业中提出，加快城市商业消费综合体布局建设，提升商业网点快递收发、便民充值、休闲餐饮等功能。实施城乡市场体系建设工程，积极发展商贸综合服务中心、农畜产品批发市场、集贸市场及重要商品储备设施、大型物流（仓储）配送中心、快件集散中心、农畜产品冷链物流。在推动更高水平对外开放中明确，推进基础设施互联互通，优化呼和浩特、满洲里、二连浩特互换局（交换站）功能，支持国际快件监管中心建设，建立邮件快件进出境一体化设施，提升跨境寄递能力。

自治区邮政系统7单位获自治区级青年文明号荣誉称号

2月，内蒙古自治区创建青年文明号活动组织委员会办公室印发《关于命名2019－2020年度自治区级青年文明号的决定》，授予乌海市邮政管理局、内蒙古顺丰速运有限公司区公司营运部、申通快递有限公司呼和浩特市运转中心操作部、内蒙古顺丰速运有限公司阿拉善分公司、乌兰察布市集宁区地矿家园申通营业厅、乌兰察布市鑫韵速递有限公司运营部、中国邮政集团有限公司赤峰市昭乌达路邮政支局、中国邮政集团有限公司呼伦贝尔市中央街邮政支局共7个青年集体2019－2020年度自治区级“青年文明号”荣誉称号。

《内蒙古自治区物流枢纽布局和建设规划》发布

3月，内蒙古自治区发展和改革委员会、交通运输厅联合发布了《内蒙古自治区物流枢纽布局和建设规划》。规划深入贯彻落实党中央、国务院和自治区党委、政府关于加强物流等基础设施网络建设的决策部署，统筹推进自治区现代流通体系建设，为内蒙古自治区立足北向开放，服务以国内大循环为主体、国内国际双循环相互促进的新发展格局提供有力支撑。

《全区贯彻实施〈邮件快件包装管理办法〉工作方案》印发

3月，为做好《邮件快件包装管理办法》在内蒙古全区行业的贯彻落实，内蒙古自治区邮政管理局按照国家邮政局安排部署，结合行业实际，制定了《内蒙古自治区邮政管理系统贯彻实施〈邮件快件包装管理办法〉工作方案》，提出具体举措强化《邮件快件包装管理办法》的宣贯落实。

自治区邮政系统3名个人获全区抗疫先进表彰

5月，内蒙古自治区党委印发《内蒙古自治区党委　自治区人民政府关于表彰全区抗击新冠肺炎疫情先进个人和先进集体的决定》，授予内蒙古自治区邮政管理局市场监管处处长李埃、中国邮政速递物流股份有限公司内蒙古自治区运输分公司调度管理员吕东、内蒙古顺丰速运有限公司呼和浩特市第十二营业部网点负责人孟华“全区抗击新冠肺炎疫情先进个人”荣誉称号。

自治区艾丽华副主席调研邮政快递业疫情防控工作

8月9日上午，内蒙古自治区副主席艾丽华带队赴呼和浩特市邮政分公司国际邮件处理中心、呼和浩特市长途汽车站、呼和浩特火车东站调研疫情防控工作部署落实情况。艾丽华听取了全区邮政快递行业疫情防控工作汇报，实地检查了国际邮件处理中心的作业现场消杀处置流程，了解了从业人员常态化疫情防控措施落实情况，并对我区跨境寄递服务对拉动地方经济社会发展的重要作用给予充分肯定。艾丽华强调，当前疫情防控工作依然形势严峻，要充分认识全区疫情防控的长期性、复杂性和艰巨性，坚持科学、精准、有效常态化防控，持续巩固来之不易的防控成果，尤其是要充分认清跨境寄递这一疫情防控关键环节，切实筑牢“外防输入”坚固防线。

自治区石泰峰书记就“快递进村”试点作出批示

8月23日，内蒙古自治区党委书记石泰峰就“快递进村”工作作出批示，指出：“解决乡村牧区‘快递进村’的短板问题，需要多部门协同，有效整合资源，创新体制机制，建议抓住内蒙古被列为国家六个试点地区之一的契机，加大力度，攻坚突破，切实解决这一瓶颈问题。”

自治区3部门联合组织部署“寄递渠道禁毒百日攻坚行动”

8月30日，内蒙古自治区禁毒委、自治区公安厅、自治区邮政管理局联合组织召开“寄递渠道禁毒百日攻坚行动”动员部署电视电话会。会议指出，近年来，自治区寄递业发展迅速，在服务生产生活、促进消费、助力地方经济发展、畅通循环方面作用凸显。自治区禁毒委、自治区公安厅、自治区邮政管理局针对这一态势，联合成立领导小组，组建工作专班，自2021年9月1日至12月10日，组织开展全区“寄递渠道禁毒百日攻坚行动”，集中力量打击整治寄递渠道涉毒活动。

顺丰助力内蒙古牛羊肉行销全国

9月5日，“牛羊肉寻鲜　顺丰而来”2021年内蒙古顺丰牛羊肉全国产销推介会在巴彦淖尔市隆重举行。会上，巴彦淖尔市邮政管理局为内蒙古顺丰速运有限公司巴彦淖尔市分公司授予“现代综合快递物流优秀服务商”荣誉称号；内蒙古小肥羊食品有限公司、杭州夜洋聚品网络传媒有限公司分别与内蒙古顺丰速运有限公司签署了合作协议。

扎兰屯“智惠乡村+电商快递”入选全国第二批农村物流服务品牌

9月，交通运输部公布了全国35个第二批农村物流服务品牌项目，内蒙古扎兰屯“智惠乡村+电商快递”品牌榜上有名。近年来，为有效破解扎兰屯地区农村物流体系建设的障碍，内蒙古呼伦贝尔市和扎兰屯两级邮政管理部门，联合商务等部门，积极主动争取政策资金，优化整合资源，提出并推动建设了“智惠乡村＋电商快递”农村物流新模式，有效降低了物流成本，取得了较好成效。“智惠乡村＋电商快递”服务面积已达到扎兰屯市的12个乡镇全覆盖，服务范围涉及126个建制村，805个自然屯，配备物流车辆10辆，合理规划6条物流线路，建成农村电商物流仓储配送中心1045.4平方米，实现了城乡网络设施、物流配送、服务平台全覆盖。全年实现网上交易额达到5.7亿元，直接和间接带动就业7600人，直接带动农牧民增收和在外青年实现回乡创业。

内蒙古局争取流通领域项目支持资金1246.04万元

9月，在内蒙古自治区、呼和浩特市两级邮政管理部门的大力争取和积极协调下，内蒙古四家快递企业入围呼和浩特市流通领域现代供应链体系建设及促进商贸流通行业发展项目名单，获得项目支持资金1246.04万元。其中内蒙古顺丰速运有限公司500万元、内蒙古德邦物流有限公司245.97万元、内蒙古圆通速递有限公司357.89万元、内蒙古近邻宝科技有限公司142.18万元，补贴项目涉及的建设内容涵盖了分拨中心基础设施标准化升级改造、建设智能化城乡分拨中心、建设末端配送场站、升级改造城乡配套设施设备、布设智能快件箱等多个方面。

自治区“十四五”服务业发展规划印发

9月，内蒙古自治区人民政府办公厅印发《内蒙古自治区“十四五”服务业发展规划》，规划结合自治区实际，为邮政快递业在重点领域构建服务业发展新体系明确了发展方向，提出了发展要求。规划明确了邮政快递业推动生产性服务业融合化发展方向。一是要优化现代物流业物流枢纽布局。二是要提高物流组织效率。三是要提升邮政快递服务水平。规划强调指出“十四五”自治区邮政业发展重点工程。一是快递物流园区智能化升级改造工程。二是邮政快递城镇基础设施提升改造工程。三是快递“进村”工程。四是快递“进厂”工程。五是快递服务农牧业工程。六是快递“出海”工程。

邮政快递业发展重点任务被纳入自治区“十四五”综合交通发展规划

10月，内蒙古自治区人民政府办公厅印发《内蒙古自治区“十四五”综合交通运输发展规划》，规划结合自治区实际，对“十四五”期间全区综合交通运输发展作出了合理布局和科学谋划，全区邮政快递业“十四五”期间的发展目标、重点任务、重点工程项目等内容均被纳入规划。

内蒙古局建立局领导与基层快递员工、网点直接联系制度

10月21日，内蒙古自治区邮政管理局下发《关于开展快递员合法权益保障督导检查工作的通知》，要求各盟市局领导带头开展督导检查工作。10月27日至31日，区局领导分别到中通、申通、圆通、极兔、百世、韵达六家快递企业基层快递网点走访调研，检查一线从业人员派费调整落实情况、内部考核、变相截留快递员派费和投诉甄别机制等情况。局领导通过添加微信的方式与一线快递员工建立直接联系，便于实时追踪一线快递员工的权益保护情况。区局市场处将汇总各盟市局领导调研信息，建立“固定联系快递员档案”。

自治区进一步深化全区寄递渠道禁毒工作联合监管机制

11月，内蒙古自治区邮政管理局、自治区禁毒委员会办公室共同协商，深化两部门联合监管机制，联合印发《关于进一步深化全区寄递渠道禁毒工作联合监管机制的通知》。通知要求，两部门一是要健全完善工作机制。建立健全联席会议、日常联络、情况通报、联合行动、信息报送、案件移送等制度,进一步明确两部门召开联席会议的频次、对口部门的联系沟通、信息报送和定期通报的内容形式,专项整治行动和线索案件移交要求,有利于提升双方工作质效。二是要创新联合监管方式。在各盟市快递物流园区挂牌设立禁毒工作站,确保实现“四有”目标,对邮政快递企业分拨作业现场实时开展常态化监管;抽调精干力量开展联合执法,保障重要节点寄递安全;充分发挥安检系统功能作用,严厉打击寄递渠道贩毒活动;建立数据情报融合机制,实现对寄递物品的全流程管控,提升数据分析和监管效率,达到“事前预防、事中预警、事后追溯”的目标。三是要深化协作工作要求。加大重点地区快件管控力度,加大对呼和浩特、满洲里、二连浩特国际邮件交换局(交换站)和国际快件监管中心等重点地区快件管控力度;层级开展禁毒业务培训,促进群众和社会各方积极参与监督;争取各方支持,加大经费保障力度。

自治区开展“双11”送温暖慰问活动

11月11日至12日,为积极贯彻落实党中央关心关爱“快递小哥”批示指示精神,内蒙古自治区总工会、内蒙古自治区邮政管理局、内蒙古快递协会联合组织开展“双11”送温暖慰问活动。联合慰问组深入呼和浩特市和乌兰察布市邮政快递企业,在各邮政快递企业分拨转运中心慰问一线职工,慰问组与邮政快递企业负责人、一线工作人员亲切交谈,关心询问面对行业疫情防控、大风降温、下雪等重重困难,各寄递企业如何做好“双11”期间的疫情防控、安全生产、快递员权益保障等工作,保障寄递渠道安全稳定运行,并就关心关爱快递小哥、快递员权益保障等问题作了深入探讨交流。

自治区贯彻落实关于支持国家乡村振兴重点帮扶县的实施意见

11月,为贯彻落实农业农村部、国家乡村振兴局等12部门单位《关于印发关于支持国家乡村振兴重点帮扶县的实施意见的通知》精神,内蒙古自治区12部门单位联合印发《内蒙古自治区贯彻落实〈关于支持国家乡村振兴重点帮扶县的实施意见〉任务分工方案》,内蒙古自治区邮政管理局参与研究制定。方案中明确内蒙古局作为责任部门,“加强公共服务保障,要优先推进‘快递进村’工程,加强村级寄递物流综合服务站建设,健全农村寄递物流体系。”

打通自治区快递工程专业技术人才发展通道中的“堵点”

12月,内蒙古自治区人力资源和社会保障厅和内蒙古自治区邮政管理局联合制定印发《内蒙古自治区工程系列快递专业技术人员职称评审条件》,为自治区通过成人高考、自学考试、开放教育、远程网络教育等取得学历的快递工程专业技术人员参加中、高级职称评审打通了通道,使更多的优秀专业技术人才能脱颖而出。条件的出台为规范实施开展全区快递工程职称评审提供有力的政策支持,解决了快递工程技术人员职业发展受限等问题。初步形成了利于我区快递工程专业技术人才队伍发展需求的职称制度体系。

自治区邮政快递业冷链发展再添利好政策

12月,内蒙古自治区邮政管理局联合自治区交通运输厅共同印发《内蒙古推进特色冷链物流发展工作方案》,全区邮政快递业冷链发展再添利好政策。方案工作目标:到2025年形成完善的内蒙古特色冷链物流运行体系,全面打通对国内主要节点城市的冷链物流通道,形成较为完善的冷链物流基础设施网络,培育20家以上具有较强资源整合能力和国际竞争力的冷链物流企业,冷链物流服务综合效率显著提升,冷链运输率达到70%,流通环节腐损率降为8%。

辽宁省快递发展大事记

“快递进村”工程被纳入辽宁省政府年度十项重点工作

2月，辽宁省十三届人大五次会议闭幕，大会通过了《关于辽宁省人民政府工作报告的决议》，“快递进村”工程受到省政府重视，被纳入2021年十项重点工作内容。决议指出，2021年重点做好十个方面工作，其中第一方面包括“挖掘县乡消费潜力，支持电商、快递进村，推进消费提质扩容，保持经济平稳健康发展”。

辽宁局制定方案加强农村邮政服务体系建设

2月，辽宁省邮政管理局对标国家服务乡村振兴、助力精准脱贫战略，深入推动农村邮政服务升级换代，加强农村寄递物流体系建设，制定了加强农村邮政服务体系建设工作方案，并将其纳入辽宁省邮政管理系统2021年九项重点工作之一。方案明确，要加快推广“农产品＋大同城寄递”的区域服务模式，鼓励支持邮政企业深度参与电子商务进农村项目等多项目标任务；提出要大力发展“一市一品”精品项目，加强服务保障等五项措施，并明确了五点工作要求。

辽宁省邮政业安全服务中心获批成立

4月，辽宁省委机构编制委员会办公室批复同意设立辽宁省邮政业安全服务中心。该中心为辽宁省交通运输事业发展中心分支机构，规格相当于县处级，主要职责是接受省邮政管理局业务指导，为全省邮政业安全监管和应急管理等工作提供技术和服务保障。

辽宁省印发加快推进快递包装绿色转型实施方案

5月，辽宁省发展改革委、省邮政管理局等8部门联合印发《关于加快推进快递包装绿色转型的实施方案》。方案提出，到2022年，快递包装领域法律法规体系进一步健全，基本形成快递包装治理的激励约束机制；电商和快递规范管理普遍推行，电商快件不再二次包装比例达到85%，可循环快递包装应用规模进一步提升，快递包装标准化、绿色化、循环化水平明显提升。到2025年，形成贯穿快递包装生产、使用、回收、处置全链条的治理长效机制；电商快件基本实现不再二次包装，可循环快递包装应用规模大幅提升，包装减量和绿色循环的新模式、新业态发展取得重大进展，快递包装基本实现绿色转型。

辽宁省“十四五”规划和2035年远景目标纲要发布

5月，《辽宁省国民经济和社会发展第十四个五年规划和2035年远景目标纲要》正式发布，纲要在推动邮政快递基础设施建设方面，促进邮政快递业“两进一出”方面，提升邮政快递业智能化水平方面，排除邮政快递业发展体制机制障碍方面提出多项利好政策。

辽宁局联合交通运输部门调研推进交邮融合发展

6月，在辽宁省交通运输厅的协调下，由省交通运输事业发展中心和省邮政管理局共同牵头，邀请省邮政企业组成联合调研组，到铁岭市调研交邮融合发展工作。调研组深入铁岭市邮件处理中心场地、铁岭邮政三级物流体系指挥调度中心，实地了解场地使用情况，高峰期业务量等情况。现场调研结束后，调研组会同铁岭市交通运输局、市邮政管理局、市邮政分公司相关负责人进行座谈交流。铁岭市邮政分公司汇报了铁岭邮政近年来交邮合作取得的成效,并就深化交邮合作提出建议。铁岭市邮政管理局建议交邮合作除客运场站外还可以在利用客车余载代运邮件方面进行探索。铁岭市交通运输局从"支持、促进、双赢"出发,表示对交邮合作鼎力支持。

辽宁出台高速公路差异化收费政策惠及邮政快递业

9月,《辽宁省高速公路差异化收费政策实施方案》经省政府常务会议审议通过。方案的出台将对促进邮政、快递企业进一步降本增效、提升运行效率发挥积极作用。交通运输部、国家发展改革委、财政部联合印发《全面推广高速公路差异化收费实施方案》后,辽宁省邮政管理局主动对接省交通运输厅联合开展寄递行业差异化政策调研、流量调查和数据精算分析,结合邮政、快递企业运输特点提出了相应建议,配合制定了适合全省实际情况的落实方案。对6类(轴)货车实施8.7折通行费优惠。对6轴以上货车(大件车)以6轴货车计费转换标准为基数,每增加1轴线,在转换标准增加1.35元/车公里基础上实施3.3折通行费优惠,以增加20轴线封顶。本次差异化收费政策在维持原有收费标准基础上,进一步降低收费,全省邮政、快递企业将普遍受益。

辽宁局加快推进农村寄递物流体系建设

9月,国家邮政局召开了《国务院办公厅关于加快农村寄递物流体系建设的意见》宣贯电视电话会议。辽宁省邮政管理局高度重视,充分认识到加快推进农村寄递物流体系建设是推动乡村振兴、加速农民增收的有效途径,是实实在在的民生工程,必须下大力气推动好、完成好。一是出台了《辽宁省邮政管理局关于印发加快农村寄递物流体系建设工作分工表的通知》,明确了各单位、各部门的职责和完成时限,确保高质量推进。二是第一时间与省交通运输厅召开座谈会,就全省如何因地制宜、结合实际落实好意见进行探讨,并商定就落实意见尽快出台具体措施。三是对全省目前农村寄递物流体系建设情况总结经验、查找不足,部署下一步工作重点。

辽宁省第二届快递行业职工技能大赛举办

9月,由辽宁省总工会、辽宁省人力资源和社会保障厅、辽宁省邮政管理局联合主办,营口市总工会、营口市人力资源和社会保障局、营口市邮政管理局承办,营口市快递行业协会、营口市天地快件有限公司协办的2021辽宁省职工技能大赛暨第二届全省快递行业职工技能大赛在营口市成功举办。本次大赛有来自全省14个市参赛代表队共计59名选手参加比赛。大赛对各工种赛项荣获第1名的选手,符合条件的,原则上推荐授予"辽宁五一劳动奖章"和"辽宁省技术能手"荣誉称号并给予现金奖励。

《辽宁省"十四五"邮政业发展规划》正式印发

10月,辽宁省邮政管理局与省发展和改革委员会联合印发《辽宁省"十四五"邮政业发展规划》。规划全面总结了"十三五"时期辽宁邮政业取得的发展成就,客观分析了当前行业发展面临的问题与"十四五"时期行业发展的机遇。规划提出,到2025年,辽宁邮政业发展规模层次上新台阶,行业收入与地区生产总值的比值显著提高,有效增强人民群众用邮的获得感、幸福感、安全感。研究设定"推进基础设施建设"等6大类任务,以及"加强邮政设施建设"等18项具体任务。明确提出加强党的全面领导、强化规划组织协调、优化行业政策环境、强化人才科技支撑等四个方面的保障措施。

辽宁出台快递员群体合法权益保障工作实施方案

11月,辽宁省交通运输厅、省邮政管理局、省发展和改革委员会等7部门联合印发《辽宁省快递员群体合法权益保障工作实施方案》。方案结合全省实际，提出了多项强化快递员群体合法权益保障的具体政策措施，明确了推动形成合理收益分配机制、保障快递员合理劳动报酬、提升快递员社会保险水平等八方面内容。通过强化快递企业落实主体责任、规范企业加盟和用工管理，加强网络稳定运行监管并完善职业发展保障体系等具体举措，保护快递员群体合法权益，最终实现推进行业高质量发展和共同富裕，为辽宁经济社会发展作出积极贡献。

辽宁局完成全省绿色网点、分拨中心试点建设工作

自2020年辽宁省邮政快递业绿色网点和绿色分拨中心试点建设工作启动以来，辽宁省邮政管理局严格督导沈阳市邮政管理局、大连市邮政管理局、盘锦市邮政管理局贯彻落实全省邮政管理工作会议精神和行业快递包装绿色治理相关工作落实，按照《辽宁省邮政业绿色网点、绿色分拨中心建设试点工作实施方案》要求，积极推进绿色网点和绿色分拨中心建设。截至2021年12月，辽宁省选定的25个绿色网点，5个绿色分拨中心已经全部完成了试点建设工作。

辽宁出台省寄递渠道安全监督管理工作规范

12月，辽宁省邮政管理局联合省公安厅制定出台了《辽宁省寄递渠道安全监督管理工作规范（暂行）》。规范共16条50款。明确了寄递渠道的准确定义、监管原则、法律依据、联合会商信息共享机制的确立、寄递企业的安全主体责任、邮政管理部门的安全监管责任、公安机关的安全监管责任、案件移交转办机制、考核奖惩制度等内容。规范还对法律法规规章在寄递渠道安全监管管理方面的具体内容进行了归纳和概括，更加具体化，具有很强的可操作性和执行性，为两部门加强寄递渠道安全监管提供了制度依据。

辽宁印发推动商贸物流高质量发展专项行动工作方案

12月，辽宁省商务厅、省邮政管理局等10部门联合印发《辽宁省推动商贸物流高质量发展专项行动工作方案》。方案以深入贯彻党的十九大和十九届历次全会精神为指导，明确到2025年商贸物流基础设施更加完善，基本建成城乡协调、区域协同、国内外有效衔接的多层次商贸物流网络的目标。方案提出，推广商贸物流新模式新业态、提高商贸物流智能化水平、引导商贸物流标准化发展、发展绿色商贸物流、建设城乡高效配送体系、推动末端配送站点建设、推动供应链物流发展、鼓励大型商贸企业建设物流中心、培育商贸物流骨干企业、支持农产品冷链物流发展、提高冷鲜食品冷链配送水平、优化商贸物流网络布局等15项工作任务，并明确了各部门的工作职责。方案同时提出，构建良好营商环境、加大政策支持力度、建立工作联系机制、鼓励行业组织发展等5项保障措施。

吉林省快递发展大事记

吉林省出台《关于推动物流业制造业深度融合创新发展的落实措施》

1月，吉林省发展改革委、工信厅、邮政管理局等15部门联合印发《关于推动物流业制造业深度融合创新发展的落实措施》。邮政快递业在冷链配送、绿色包装、用地安排等方面获政策支持。

蔡东副省长批示肯定全省邮政管理工作成绩

1月8日，吉林省副省长蔡东就全省邮政管理工作作出批示，充分肯定全省邮政管理工作，同时

希望省邮政管理局为开创新时代吉林全面振兴全方位振兴新局面贡献力量。批示指出：2020 年，全省邮政管理系统深入学习贯彻习近平总书记对邮政快递行业重要指示精神，坚决落实省委省政府工作部署，统筹推进疫情防控和行业改革发展，邮政快递行业保持了良好发展态势，为全省经济社会发展作出了积极贡献，成绩值得充分肯定。2021 年，省政府将一如既往支持省邮政管理局工作，希望省邮政管理局以习近平总书记视察吉林重要讲话重要指示精神为统领，勇担使命、锐意进取，为开创新时代吉林全面振兴全方位振兴新局面贡献力量。

吉林省出台以新业态新模式引领新型消费加快发展的实施意见

1 月，吉林省人民政府办公厅印发《关于以新业态新模式引领新型消费加快发展的实施意见》，提出加快新型消费扩容提质，补齐基础设施和服务能力短板，促进线上线下消费深度融合，持续激发消费活力。邮政快递业在优化城乡网络布局、增强末端服务水平、提升国际运营能力等方面获政策支持。

吉林省委书记景俊海批示肯定省邮政快递业发展和管理工作

1 月，吉林省委书记景俊海听取了吉林省邮政管理局工作汇报，并就吉林局呈报的《关于 2021 年全国邮政管理工作会议精神和全省邮政管理工作情况的报告》作出批示。批示指出：过去一年，全省邮政管理系统工作扎实，积极主动，邮政快递业保持良好发展态势，给予充分肯定，要再接再厉、再创佳绩、再立新功。

吉林省代省长韩俊批示肯定全省邮政管理工作成绩

1 月 19 日，吉林省代省长韩俊就全省邮政管理工作作出批示，充分肯定行业发展和管理工作成绩，同时希望省邮政管理局推动邮政快递业高质量发展，为开好局、起好步作出应有贡献。批示指出：2020 年，全省邮政管理系统深入学习贯彻习近平总书记对邮政快递业重要指示精神，落实省委省政府工作部署，统筹推进疫情防控和行业改革发展，邮政快递业保持了良好发展态势，为全省经济社会发展作出了积极贡献。2021 年，希望省邮政管理局围绕省委省政府中心工作，切实锐意进取、真抓实干，推动邮政快递业高质量发展，为开好局、起好步作出应有贡献。

吉林省邮政业安全中心为行业疫情防控提供技术支撑和保障

1 月，吉林省长春市、通化市、松原市等地出现无症状感染者以及确诊病例，疫情加速传播风险进一步加大，防控形势复杂严峻。吉林省邮政业安全中心按照省局疫情防控要求，依托“绿盾工程”，建立全省邮政快递业视频巡检机制，巡视检查邮政快递分拨中心、营业网点疫情防控措施落实情况，为全省邮政业疫情防控工作提供强有力的支撑和保障。

吉林省出台进一步促消费扩内需若干措施

1 月 21 日，吉林省人民政府办公厅印发了《关于进一步促消费扩内需若干措施的通知》，统筹做好常态化疫情防控和经济社会发展工作，发挥消费对经济增长的基础性作用，强化精准施策、提振消费。若干措施强调，要深度挖掘农村消费。打通农产品流通“最先一公里”，加强农产品产地产后预冷、贮藏保鲜、分级包装等冷链物流基础设施建设。完善农村流通体系，推动邮政快递物流网络设施与农村有效衔接，加强县域乡镇商贸设施和到村物流站点建设。提升农村网络消费品质，充分发挥邮政、供销和电商企业作用，进一步完善工业品下乡、农产品进城的线上线下流通渠道。开展“吉字号”品牌农产品产销对接活动，完善城乡物流配送体系，推进“快递进村”工程，2021 年年底快递服务通达建制村数量增加3000个。

吉林省政府工作报告提出加快推进快递进村

1月25日，吉林省第十三届人民代表大会第四次会议在长春召开。代省长韩俊代表吉林省人民政府向大会作政府工作报告，报告在安排2021年工作时提及邮政业发展内容，明确提出启动实施乡村建设行动，加快推进“快递进村”。2020年，吉林省邮政管理系统聚焦高质量发展、高效能治理，以满足人民群众日益增长的美好生活用邮需要为根本目的，全力推进“快递进村”工程。通过推行交邮合作、快交合作、邮快合作、快快合作等模式，全省建设村级服务点数量达到5823个，快递服务建制村通达率达到63.24%，提前完成通达率50%以上的目标。确定吉林市为“快递进村”工程全国试点，磐石市“客运+货运”两网合一农村物流服务品牌，列入交通运输部和国家邮政局联合评审的25个农村物流服务品牌第一批公示名单。

吉林省为邮政行业支持农业农村发展指明方向

3月，吉林省委省政府出台了《关于全面推进乡村振兴加快农业农村现代化的实施意见》，意见深入贯彻了习近平总书记关于“三农”工作重要论述特别是在中央农村工作会议上的重要讲话精神，全面落实了《中共中央、国务院关于全面推进乡村振兴加快农业农村现代化的意见》部署，为吉林省邮政行业支持农业农村建设发展指明了方向。

吉林省印发“十四五”规划和2035年远景目标纲要

3月，吉林省政府印发《吉林省国民经济和社会发展第十四个五年规划和2035年远景目标纲要》，全省邮政业相关内容被纳入其中。纲要共有六处内容部署全省邮政业发展重点，涉及完善城乡物流体系、“快递进村”“快递出海”、跨境电商和末端基础设施建设等方面。一是优化发展商贸流通业方面，提出“完善县乡村三级邮政快递物流体系，促进工业品下乡和农产品进城”。二是商贸流通重点项目方面，提出“公主岭申通智慧物流产业园：建设结算、分拨、电子商务贸易中心等。”三是推进电子商务与实体经济融合方面，提出“实施电子商务进农村综合示范工程和‘快递进村’工程，建设农村邮政快递电商服务站、农村电商产业园、青年农村电商人才训练营，推进实现农村电商公共服务体系县乡村三级全覆盖。”四是推动跨境电商扩量提质方面，提出“加快快递出海，推动全省跨境电商向‘买全球、卖全球’目标迈进。”五是电子商务发展重点平台方面，在电子商务产业聚集区提出“建设集聚电商及互联网办公、展示、孵化、物流、快递、金融服务等于一体的线上线下电子商务产业聚集区。”六是提升城市功能品质方面，提出“加强城市绿道、健身步道、自行车道、全民健身中心、体育健身公园、社区健身广场和邮政快递末端综合服站、智能信包箱等便民服务设施建设。”

快递包装绿色发展被纳入省塑料污染治理2021年工作要点

4月，《吉林省塑料污染治理2021年工作要点》正式印发，明确32项重点工作，其中“推进电商快递领域塑料包装治理”“推进快递包装绿色转型”“落实快递包装绿色产品认证制度”“开展主题宣传活动”4项工作被列入其中。工作要点明确，按照《吉林省进一步加强塑料污染治理重点工作台账》规定的禁限要求，落实各项重点任务。研究出台吉林省推进快递包装绿色转型工作方案，贯彻落实《邮件快件包装管理办法》，开展重金属和特定物质超标包装袋与过度包装两个专项治理。鼓励快递包装生产企业获得绿色产品认证，引导和支持电商企业、快递企业使用通过绿色认证的快递包装产品。继续开展“邮来已久，律动未来”主题宣传活动，营造“便捷快递人人享有、绿色包装人人有为”的良好氛围。

吉林省局印发方案加快推进“邮快合作”下乡进村

4月，吉林省邮政管理局为加快推动全省“快递进村”工程，有效发挥“邮快合作”在“快递进村”工程中的主渠道作用，制定了《吉林省邮政管理局2021－2022年“邮快合作”工作方案》，全力推进“邮快合作”工作有效落实。方案明确，到2022年底全省“邮快合作”兜底保障农村快递服务深度的作用显著增强，县、乡、村三级“邮快合作”运行实现高质量发展，邮政服务在农村综合物流体系的供给力度明显加大。通过“邮快合作”助推邮政乡镇一级的网络能力逐步增强，建制村通邮得到有效保障，“邮政在乡”优势进一步强化，实现普遍服务内涵的发展、需求的增长。

吉林省印发关于加快推进快递包装绿色转型的实施意见

6月，吉林省邮政管理局、省发展改革委、省工业和信息化厅、省住房和城乡建设厅、省生态环境厅、省商务厅、省市场监管厅等7部门联合印发《吉林省关于加快推进快递包装绿色转型的实施意见》，进一步加强全省快递包装治理，有力推进吉林省快递包装绿色转型。实施意见从推进包装材料绿色化、包装产品可循环化、包装用量减量化、加强快递包装和电商管理规范化、强化绿色包装的供给、规范快递包装的回收和处置以及完善综合性支持政策等方面对快递包装绿色转型进行了部署安排。

蔡东副省长召开专题协调会议支持邮政业高质量发展

6月，吉林省副省长蔡东召开《关于支持邮政业高质量发展的若干措施》专题协调会议，就若干措施上常务会之前进行调度，征询相关部门意见。会上，首先由吉林省邮政管理局就若干措施起草背景、起草过程、基本框架和主要内容进行汇报；然后由张凯明秘书长主持，分别征求参会单位意见，相关部门均表示，经过前期两轮的意见对接和沟通，无反对意见，同意若干措施内容；最后，蔡东表示，邮政快递业是现代服务业的重要组成部分，是推动流通方式转型、促进消费升级的现代化先导性产业。为更好地落实《交通运输部等十八部门关于认真落实习近平总书记重要指示推动邮政业高质量发展的实施意见》等文件要求，进一步推动吉林省邮政业高质量发展，更好发挥邮政快递业对稳增长、促改革、调结构、惠民生的作用，由省邮政管理局牵头起草了《支持邮政业高质量发展的若干措施》，包括邮政业管理服务改革、基础设施建设、市场主体培育和行业人才队伍建设等重点领域，以及安全机构设立、用地规划保障、城乡末端设施、总部经济、关联产业协同、从业人员关怀等关键问题，希望各部门密切配合，做好若干措施出台的保障实施工作。

吉林省发布关于支持邮政业高质量发展若干措施的通知

7月，吉林省人民政府办公厅出台了《吉林省人民政府办公厅关于支持邮政业高质量发展若干措施的通知》，为进一步推动吉林省邮政业高质量发展，更好发挥邮政业在搞活城乡流通、促进居民消费、降低物流成本、稳定扩大就业等方面起到了重要作用。通知要求，要推进行业安全支撑体系建设，按照属地原则完善寄递安全管理工作机制，积极支持市(州)构建邮政业安全支撑体系。要加强用地规划保障，县级以上人民政府要将邮政和快递业发展纳入本级国民经济和社会发展规划，并与综合交通运输体系规划相衔接，将邮政和快递园区、邮件和快件处理中心等基础设施建设用地纳入各级国土空间规划，统筹考虑用地需求，优化产业空间布局。加强城乡末端基础设施建设，将邮政普遍服务、特殊服务基础设施建设和维护纳入城乡建设规划中，持续推进农村和贫困地区邮政普遍服务营业局所改造。要培育重点企业总部经济，鼓励国际、国内大型快递企业的区域总部、功能总部和分拨中心等落户吉林，优先保障用地指标。

吉林省邮政业安全中心正式揭牌成立

7月18日，吉林省邮政业安全中心正式揭牌成立，迈出了行业治理能力现代化的重要一步，为筑牢行业高质量发展的安全基石提供了坚实保障。揭牌仪式上，吉林省邮政管理局党组成员、副局长宋慧书同志宣读了《关于设立省邮政业安全中心的批复》。吉林省邮政管理局党组书记、局长巨登照同志作重要讲话，强调了安全中心成立重要性，并对安全中心下步工作提出希望和要求。

《吉林省"十四五"邮政业发展规划》出台

7月，《吉林省人民政府办公厅关于印发吉林省"十四五"邮政业发展规划的通知》，作为2021年度首部发布的省政府重点专项规划，《吉林省"十四五"邮政业发展规划》的发布，对开启全省现代化邮政业建设新征程，全面推进邮政强国建设和邮政业高质量发展具有重要意义。规划结合全省邮政业改革发展实际，分四个部分系统分析行业发展基础和面临形势，明确"十四五"时期行业发展的指导思想、基本原则和发展目标，提出主要任务、重点工程和保障措施。

吉林省第一届职业技能大赛成功举办

9月24日，吉林省邮政管理局联合省人社厅、省总工会、团省委等部门共同举办2021年吉林省第一届职业技能大赛暨第三届吉林省邮政行业职业技能竞赛，来自全省9个市（州）快递行业的优秀选手齐聚长春参加此次比赛。比赛现场共设置6个快递分拣操作区和3个快递柜操作区，每个操作区上都预先摆放好相应的比赛用品。按照比赛规定，参赛选手每个竞赛模块都要在10分钟内完成，裁判员根据评分标准为选手在每个环节中的表现打分。比赛共设置个人奖、团体奖、精神文明奖和优秀指导技术奖4大类，成绩排名前三的选手将推荐参加全国赛。

吉林省印发《关于加强县域商业体系建设促进农村消费的实施意见》

11月，吉林省邮政管理局联合省商务厅、农村工作领导小组、发展改革委、工信厅、公安厅等17部门联合印发《关于加强县域商业体系建设促进农村消费的实施意见》，以推动农民收入和农村消费"双提升"为落脚点，以畅通工业品下乡和农产品进城"双渠道"为出发点，以健全县域流通网络、完善农产品流通体系、培育壮大市场主体为着力点，全面推进县域商业体系建设，不断满足人们对美好生活需要。实施意见明确发展目标，建立完善县域统筹，以县城为中心、乡镇为重点、村为基础的县域商业体系。到2025年，43个县（市）有连锁商超（商业综合体）、192个乡和373个镇有商贸中心（或综合商超）、具备条件的行政村有新型便利店。加快补齐农村物流短板，基本实现县城有物流配送中心、乡镇有物流配送站、行政村有物流配送网点，村村通快递，县到村物流配送当日或次日达。

蔡东副省长充分肯定快递旺季服务保障工作

11月，吉林省分管副省长蔡东对吉林省邮政管理局报送的《吉林省邮政管理局关于2021年全省快递业务旺季服务保障工作情况的报告》作出批示："省邮政管理局认真履职尽责，快递业务旺季服务保障工作安全稳定畅通，成绩值得肯定。下一步，要按照'两确保、一率先'要求，聚焦核心、精准发力，为全省经济社会高质量发展作出新的更大贡献。"

黑龙江省快递发展大事记

徐建国副省长调研慰问邮政快递企业

1月6日，黑龙江省副省长徐建国深入位于哈尔滨市邮政快递企业总部开展调研慰问。徐建国要求，邮政快递企业要进一步健全服务网络，加快推进快递进村，让农民群众共享邮政业改革发展成果，更好地助力乡村振兴。要进一步发挥渠道优势，深度服务电商微商直播带货，推介龙江产品，推动龙江特色产品走出去卖得好。要进一步突出“人民邮政为人民”的宗旨意识，担当服务社会民生的使命责任，助力龙江经济社会发展。

“快递进村”写入黑龙江省政府工作报告

2月19日，黑龙江省第十三届人民代表大会第五次会议召开。在代省长胡昌升代表省政府所作的政府工作报告中，首次将“推进‘快递进村’，实现有条件的建制村快递服务通达到村”作为省政府2021年度一项重要工作任务明确提出。

黑龙江省“十四五”规划和2035年远景目标纲要发布

3月，黑龙江省人民政府发布《黑龙江省国民经济和社会发展第十四个五年规划和2035年远景目标纲要》，将多项邮政快递业重要工作纳入其中，实现了“十四五”期间邮政业重点任务与全省规划的紧密衔接。一是推动农业全产业链融合发展；二是加快发展现代服务业；三是畅通经济循环方面；四是强化对俄开放合作第一大省地位方面。

黑龙江局制定贯彻实施《邮件快件包装管理办法》工作方案

3月，黑龙江省邮政管理局制定印发贯彻实施《邮件快件包装管理办法》工作方案。方案指出，要以宣传教育为主要抓手，以贯彻落实为目标导向，督促寄递企业依照《邮件快件包装管理办法》全面落实法定义务和企业主体责任，加强全省邮件快件包装日常管理，提升包装使用和操作的规范化水平。要动员和推动全行业多渠道宣传、全方位落实《邮件快件包装管理办法》，坚决做到有法必依、执法必严、违法必究，推动行业绿色发展再上新台阶。

黑龙江省推进电商与快递绿色包装协同治理

4月，黑龙江省邮政管理局联合黑龙江省商务厅、黑龙江省发展改革委联合印发《关于加强全省电子商务与快递绿色包装协同治理的实施意见》。实施意见立足全省行业实际，针对当前较大比例快件来自电商平台这一现状，将快递包装治理工作进一步向上游延展，从建立协同治理工作机制、强化电商快递企业主体责任、推动绿色生态体系创新三个维度，共同推动形成政府主导、企业主体、全民参与的多元共治格局，将黑龙江省邮政行业绿色包装协同治理工作推向新阶段。

3个集体和5名个人获全省五一劳动表彰

5月，在黑龙江省总工会庆祝中国共产党成立100周年暨五一劳动奖章颁奖晚会上，省总工会对荣获2021年黑龙江省五一劳动奖和工人先锋号代表进行了隆重表彰。其中，大庆市东亿快递服务有限公司客服经理胡珊、黑龙江省顺丰速运有限公司收派员范保福、中国邮政集团有限公司牡丹江市西安区分公司班长董春红、中国邮政集团有限公司黑龙江省杜尔伯特县分公司投递员闫井泉、中国邮政集团有限公司黑龙江省漠河市分公司古莲支局邮政投递员马强等5人荣获2021年黑龙江省五一劳动奖章。中国邮政集团有限公司黑龙江省鸡东县分公司揽投班、中国邮政集团有限公司双鸭山市分公司宝山支局、中国邮政集团有限公司哈尔滨市寄递事业部同城配送中心等3个集体荣获2021年黑龙江省工人先锋号。

黑龙江局出台“我为群众办实事”实践活动方案

5月，黑龙江省邮政管理局党组党史学习教育领导小组制定印发了《党组党史学习教育“我为群众办实事”实践活动方案》，进一步部署全省系统及行业“我为群众办实事”实践活动。方案从推进“快递进村”和加强快递员群体权益保护两个方面提出了具体目标，明确了责任单位。在推进“快递进村”方面，方案明确，提高建制村快递服务通达率，更好服务乡村振兴战略，推动解决地区差距，促进平衡发展和共同富裕。推动出台支持农村寄递物流发展相关政策文件，印发进一步推进“快递进村”的相关通知，深化快递末端服务违规收费治理等。在加强快递员群体权益保护方面，方案提出，落实习近平总书记关爱“快递小哥”重要指示精神，切实加强快递员群体权益保障工作。引导形成关心关爱快递员，尊重劳动、共享发展的良好社会氛围，纠治不正当低价竞争行为等。

黑龙江局推进边防通邮支持国防建设

6月，黑龙江省大兴安岭地区邮政企业开通了漠河市至内蒙古古恩和哈达镇的邮路。至此，黑龙江省邮政管理局全面完成了为边防部队点位提供通邮保障的目标任务。黑龙江局高度重视边防通邮工作，组织开展专题研究，要求邮政企业一要提高政治占位，强化责任当担，全面贯彻落实国家局关于全国边海防通邮工作的安排部署，把加强驻军邮政服务，支持国防建设作为检验党性的政治工程、体现担当的实绩工程抓紧抓好。二要加强协调沟通，共同推进落实，充分调动市（地）、县各级邮政企业的主动性和创造性，力争早日解决当地边防部队官兵看报难、收件难、邮寄难等用邮“最后一公里”的实际问题。三要强化政策支持，鼓励创新举措，采取延伸原自办邮路的方式解决邮件投递问题。

黑龙江省首用《邮件快件包装管理办法》

6月，黑龙江省齐齐哈尔市邮政管理局针对辖区依安通达速递有限公司未落实对从业人员进行包装操作培训的违法违规行为，对该企业作出行政处罚，这是黑龙江省首次应用《邮件快件包装管理办法》查处寄递企业生态环保方面违法违规问题。

胡昌升省长肯定全省邮政管理工作和行业发展成效

7月7日，黑龙江省省长胡昌升专门听取了省邮政管理局局长孙文华关于全省邮政管理工作情况和行业发展情况的汇报。胡昌升指出，邮政业是国家重要的社会公共事业，也是构建现代流通体系的重要一环。近年来，全省邮政管理部门工作成效明显，邮政业为促进全省经济发展作出了积极贡献，也为打通农产品进城和工业品下乡通道和服务民生发挥了重要作用。希望全省邮政管理部门再接再厉，全力保障行业安全稳定，推动邮政业绿色发展，维护快递员权益，在全省物流降本提质增效中发挥好行业作用，省政府也将对“快递进村”给予支持。

黑龙江省总工会赴鸡西市开展快递员权益保障专题调研

7月，黑龙江省总工会赴鸡西市调研快递从业人员保障等工作开展情况，鸡西市总工会、市邮政管理局陪同调研。调研组强调，各部门要最大限度调动和发挥广大快递员工的积极性，关心关爱困难快递员工，并为其提供基本生活保障，切实加强与广大快递员工联系，体察他们的疾苦、倾听他们的心声。

全国总工会赴大庆市开展快递员权益保障专题调研

7月，全国总工会蹲点工作组（黑龙江省）组长郝仲明，中国教科文卫体工会全国委员会科技文化工作部副部长、二级调研员井立滨，全国总工会权益保障部保险处四级调研员陈佳赴大庆市开展快递员权益保障专题调研。

12部门联合推进邮政快递与商业设施协调发展

7月，黑龙江省商务厅、省邮政管理局等12部门联合印发《黑龙江省推进城市一刻钟便民生活圈建设实施方案》。实施方案指出，要顺应消费升级趋势，加强统筹设计，补齐设施短板，支持邮政快递综合服务点、智能信报箱（快件箱）等便民设施进社区，在安全、合法的前提下采取"一点多用"、服务叠加等方式发展微利业态，保障生活必需，同时，鼓励物业服务企业向邮政快递企业开放，提升消费便利化、品质化水平。实施方案提出，鼓励实行市长（区长）负责制，加强顶层设计，制定城市便民生活圈建设专项规划，各部门发挥职能作用，共同推进便民生活圈健康发展。

李显刚副主任带队赴哈尔滨市开展邮政立法调研

7月27日至28日，黑龙江省人大常委会副主任李显刚率领调研组赴哈尔滨市阿城区、方正县就省邮政条例修改开展立法调研。调研组在方正县召开座谈会，与邮政、司法、公安交警、财政、交通运输、城管、规划、发展改革等单位，以及邮政公司和部分快递企业进行座谈，实地走访了方正县会发邮政支局、会发镇快递驿站、宝兴乡永建村邮政服务站，在阿城区走访了邮政分拨中心、中通分拨中心，以及菜鸟驿站和新生活驿站的基层网点。深入基层一线面对面了解邮政业，特别是快递行业发展现状，向一线从业人员具体了解运营中存在的问题和困难，征求对修改黑龙江省邮政条例的意见建议。

黑龙江省邮政快递业高质量发展获政策支持

8月，黑龙江省人民政府出台《关于推动物流降本提质增效的实施意见》，政策涵盖车辆通行、场地建设、业务发展、快递进村、绿色快递、智慧物流、应急保障等多个方面，并明确了支持方式和补贴标准，是黑龙江省近5年来内容最广、措施最实、补贴最多的快递业发展支持政策。

黑龙江省全面落实"快递村村通"支持政策

8月，黑龙江省委十二届九次全会召开，会上讨论通过了《中共黑龙江省委关于深入贯彻新发展理念加快融入新发展格局推进农业农村现代化实现新突破的决定》。决定指出"要加快完善县乡村三级农村商贸物流体系，3年内实现快递村村通，落实财政补贴、路桥费折扣等措施，降低物流成本。"此次出台决定，既体现了省委对快递进村工作对推进农业现农村代化，服务乡村振兴战略的充分肯定，也彰显了因地制宜，持续推进，狠抓快递进村政策落地的坚定决心，为全省推进"快递进村"工作注入了强大动力。

新修订的《黑龙江省邮政条例》获表决通过

8月20日，黑龙江省十三届人大常委会第二十七次会议表决通过《黑龙江省邮政条例》。修订后的条例将于2022年1月1日起正式施行。此次修订涉及条款较多、修改幅度较大，深入贯彻落实了习近平总书记对邮政业重要指示批示精神和党中央决策部署，为优化全省邮政业发展环境提供了制度保障，有力规范了行业改革发展面临的难点、痛点问题，着力解决了群众使用邮政快递服务"急难愁盼"问题。此次条例修订的亮点主要体现在六个方面。一是持续加强农村寄递服务网络建设。二是全力支持邮政业绿色发展。三是切实维护快递员合法权益。四是坚决筑牢寄递渠道安全防线。五是规范提升末端投递服务水平。六是着力保障快递车辆合法通行。

第三届黑龙江省邮政行业职业技能竞赛圆满落幕

9月17日，由黑龙江省邮政管理局、黑龙江省总工会主办，黑龙江省邮政业安全中心、黑龙江省快递行业协会协办、哈尔滨职业技术学院承办的第三届黑龙江省邮政行业职业技能竞赛圆满落幕，来自全省13个市(地)参赛代表队，共计53名选手参加比赛。经过激烈角逐，本次大赛共产生了9名个人单项奖、6个团体奖。牡丹江市邮政管理局代表队获团体一等奖。根据比赛个人排名，来自牡丹江申通的黄子安和牡丹江邮政企业的庄明明、赵梓安，作为前三名的获奖选手，将代表黑龙江省参加全国邮政行业职业技能大赛。本次省级大赛中获比赛第1名的选手，次年度由选手所在地按程序优先推荐“黑龙江省五一劳动奖章”“龙江工匠”的评选。

黑龙江省印发意见保障快递员群体合法权益

10月，黑龙江省邮政管理局联合省交通运输厅、省发展改革委、省人社厅、省商务厅、省市场监督管理局、省总工会等六部门印发《关于做好快递员群体合法权益保障工作的实施意见》，保障快递员合理劳动报酬，提升快递员社会保险水平，实现好、维护好、发展好黑龙江省快递员群体的合法权益。意见提出，到“十四五”末期，全省快递员群体合法权益保障的相关制度机制基本健全，快递员群体薪资待遇更趋合理，社保权益得以维护，专业技能有效提高，企业用工更加规范，从业环境更加优化，就业队伍更加稳定，职业的自我认同和社会认同持续增强，快递员群体的获得感、幸福感、安全感持续提升。

《黑龙江省工程系列物流快递工程专业技术职务任职资格评价标准》出台

10月，黑龙江省人力资源与社会保障厅与黑龙江省邮政管理局联合起草的《黑龙江省工程系列物流快递工程专业技术职务任职资格评价标准》正式印发，标准共四章24条，自2022年度起施行。标准的制定，坚持围绕服务全省邮政行业发展大局，结合工程技术人才队伍建设需求，遵循人才成长规律和行业职业特点，科学制定评价标准，破除唯学历、唯资历、唯论文、唯奖项倾向，突出技术性、实践性和创新性，鼓励多出原创性高水平成果，促进优秀人才脱颖而出。

杨博副省长专题调研邮政快递业发展

10月12日下午，黑龙江省副省长杨博率队在哈尔滨市调研邮政快递业发展。杨博对黑龙江省邮政管理局在推动物流降本增效，促进农村寄递物流体系建设，推进“快递进村”工程方面取得的成绩给予充分肯定。杨博强调，邮政业是服务生产生活、促进消费升级、畅通经济循环的现代化先导性产业，在促进经济发展和改善民生中发挥重要作用。要深入分析找准影响邮政快递业发展症结，坚持问题导向，努力克服黑龙江省地缘性运输成本高、产业结构单一等不利因素，切实用创新引领开拓事业发展新局面。要深入挖掘产业内部潜力，强化供给体系创新，丰富服务品种，打造服务品牌，不断创造行业新需求。要优化产业布局，依靠产业、产品结构升级，延伸业务网络，结合农村道路客运公交化，加快建设农村物流寄递体系，努力拓展服务半径，提升业务增量。要加强统计数据分析，严把数据填报质量关，确保应统尽统。

两部门率先启动快递企业集中加入工会工作

10月，黑龙江省邮政管理局联合省总工会召开全省推动快递企业建会入会工作座谈会暨全省快递企业建会入会工作启动会，标志着快递行业作为新就业形态群体在黑龙江省率先启动集中入会。申通、百世、韵达、极兔、德邦、跨越、菜鸟、敦豪等主要品牌快递企业参加会议。

《黑龙江省加快推进快递包装绿色转型的意见》出台

10月，黑龙江省邮政管理局与省发展改革委、工业和信息化厅、司法厅、生态环境厅、住房和城乡建设厅、商务厅、市场监督管理局等联合印发了《黑龙江省加快推进快递包装绿色转型的意见》,进一步强化全省快递包装治理,全力推进黑龙江省快递包装绿色转型。意见分为八部分共21项具体意见,重点从快递包装绿色化、减量化、标准化、可循环几个层面提出具体要求。

黑龙江省启动全省“工会进万家·新就业形态劳动者温暖行动”服务月

11月4日,黑龙江省“工会进万家·新就业形态劳动者温暖行动”服务月在哈尔滨启动。黑龙江省总工会党组书记、副主席韩嘉彬出席启动仪式并讲话。活动指出,将通过开展“六送一保障”系列活动,关心好、服务好新就业形态劳动者,切实当好娘家人、贴心人、知心人。扎实做好新就业形态劳动者思想政治引领工作,引领新就业形态劳动者坚定不移听党话、矢志不渝跟党走。将深入开展快递员建会入会集中行动。及时提供精准优质服务,加强“会、站、家”建设,加大普惠服务工作力度,促进新就业形态劳动者体面劳动、舒心工作、全面发展。

《“十四五”黑龙江省邮政业发展规划》正式发布

11月,黑龙江省邮政管理局、省发展改革委、省交通运输厅共同发布《“十四五”黑龙江省邮政业发展规划》。规划全面总结了“十三五”时期黑龙江省邮政业发展成就,客观分析了黑龙江省邮政业发展面临的形势、机遇和挑战,科学描绘了未来黑龙江省邮政业发展蓝图。规划创新性提出“一核两带三区多点”的发展空间布局,提出依托航空、铁路、高速公路,完善邮快件流通渠道,带动沿线地区发展,形成以点带面,联动发展的新格局。充分发挥对俄交流合作先行区的优势,依托哈尔滨、绥芬河、黑河的国际邮件处理设施及口岸优势,优化口岸邮快件通关功能,畅通国际寄递通道。

《黑龙江省快递员群体集中入会工作方案》出台

12月,黑龙江省邮政管理局会同省总工会制定出台《黑龙江省快递员群体集中入会工作方案》,开展快递员群体建会入会专项行动。方案明确,各级邮政管理部门与同级总工会建立新就业群体共享数据库,协助工会明确劳动关系、企业注册地等,支持工会通过单独建会、联合建会、行业建会、区域建会等多种方式,健全工会组织体系和组织架构,扩大工会组织覆盖面,做到“能建尽建、应入尽入”。到2021年底,直营快递企业建会基本全覆盖,加盟快递企业建会率达到80%以上,快递员入会动态率保持在90%以上。工会将按照有依法选举的工会主席、有独立健全的组织机构、有服务职工的活动载体、有健全完善的制度机制、有自主管理的工会经费、有会员满意的工作绩效的“六有”标准建立,切实做到建起来、转起来、活起来。

黑龙江省快递员同步启动集中入会

12月26日,黑龙江省邮政管理局联合省总工会举行黑龙江省快递行业职工集中入会仪式暨工会心理和法律服务赠送仪式。当日,全省快递企业3万名职工采取网上集中入会等形式,加入工会组织,新入会会员代表进行了集体宣誓,与会领导为快递员代表颁发工会会员证,赠送健康体检卡和入会温暖大礼包。省总工会为全省快递员打造了“维权服务包”,包括送身体健康、送平安保障、送心理咨询、送法律服务、送温暖关爱、送维权服务等六项内容。

黑龙江省出台《加快农村寄递物流体系建设若干措施》

12月30日,黑龙江省政府办公厅印发《加快农村寄递物流体系建设若干措施》,黑龙江省将健全县、乡、村寄递物流体系,补齐农村寄递物流基础设施短板,推动农村地区流通体系建设,扩大就业渠道,促进农民增收,助力乡村振兴。措施明确,黑龙江省将健全畅通稳固的农村寄递物流网络体系，加快建设农村寄递物流综合服务站；构建高效便捷的农村寄递物流运输体系；完善灵活稳定的农村寄递物流运营体系；推进农村寄递物流与特色产业融合发展；提升农村寄递物流信息化水平。

黑龙江省“十四五”综合交通运输体系发展规划发布

12月，黑龙江省政府办公厅印发《黑龙江省“十四五”综合交通运输体系发展规划》，邮政快递业发展再获支持。规划提出，一是提升跨境运输便利化水平。实施“快递出海”工程。鼓励在自贸实验区和跨境电商综试区建立国际配送平台，打造邮件、快件、跨境电商“三关合一”公共监管处理场所。二是提升国际航空货运能力。发挥哈尔滨国际航空枢纽功能，制定优惠政策吸引、支持快递企业在哈尔滨机场设立分拨中心和运营基地，打造空中“丝绸之路”，建设北方快运寄递和航空货运基地。三是提升农村综合物流服务能力。创新农村物流服务模式，建立“种植基地＋生产加工＋商贸流通＋物流运输＋邮政金融服务”一体化农村物流服务体系。

上海市快递发展大事记

6家单位5名个人获荣誉称号

在首次全国邮政行业先进集体、劳动模范和先进工作者表彰大会上，上海市邮政行业6家单位获“全国邮政行业先进集体”称号，5名个人获“全国邮政行业劳动模范”称号。

上海市启动“快递从业青年服务月”关爱活动

1月28日，上海市邮政管理局、团市委、市青少年服务和权益保护办公室联合印发《关于开展2021年“快递从业青年服务月”活动的通知》，在全市邮政快递行业开展“快递从业青年服务月”关爱活动。活动依托上海12355青春在线青少年公共服务中心为快递从业青年提供专属咨询服务；围绕“青春守护者”计划开展线上线下活动；向春节期间留沪快递从业青年发放爱心物资、配发防疫用品等；加大春节期间对企业的安全生产检查力度，保障从业青年作业安全。

上海市快递行业党建联盟成立

4月30日，在上海市城乡建设和交通工作党委、上海市交通委员会党组、上海市邮政管理局党组的指导下，13家快递企业成立上海市快递行业党建联盟，并举行成立大会。上海市城乡建设和交通工作党委书记王醇晨出席成立大会并讲话。邮政、中通、圆通、申通、韵达、顺丰、德邦、优速、百世、京东、苏宁、极兔、跨越等13家快递企业负责人共同为上海市快递行业党建联盟揭幕。

上海快递行业党建联盟驰援河南

7月，河南多地持续遭遇强降雨，郑州等城市发生严重内涝，防汛形势十分严峻。为深入贯彻落实习近平总书记关于防灾减灾救灾工作重要指示精神，上海市邮政管理局指导快递行业党建联盟成员单位驰援河南抗灾救灾。党建联盟各成员单位尤其是总部在上海的快递企业积极响应，全力应对，展开了驰援捐赠。

中通快递助力“2021爱心校服漂流”

7月15日，“2021爱心校服漂流”志愿行动发车仪式在上海广播艺术中心举办。“2021爱心校服漂流”志愿行动由上海市精神文明建设委员会办公室、上海市邮政管理局、上海人民广播电台联合主办，上海新闻广播《直通990》节目承办，上海市人民政府合作交流办公室、上海市志愿服务公益基金会、中通快递友情支持。374 箱“爱心校服＋推荐书籍”的“爱心包”从上海正式出发，由上海快递企业送往西藏日喀则亚东县和新疆喀什巴楚县、莎车县，为那里的贫困师生送去来自上海的温暖。

上海局推进新终端末端工程建设

8 月，智能快件箱和快递公共配送站建设相关内容被纳入《上海市城市管理精细化“十四五”规划》。2021 年，实施智能快件箱服务用房设置行政协助，共完成项目审核 531 个，其中 164 个项目为住宅和商务楼宇建设项目，设置配套智能快件箱服务用房面积 1.8 万平方米。黄浦邮政管理局联合黄浦区政法委在小东门街道试办全市首家快递公共服务站，整合末端投递资源。推动菜鸟驿站与社区超市、便利店、物业等开展合作，探索家门口的社区快递服务平台建设。截至 2021 年底，全市共有智能快件箱 3.8 万组，其中新建智能快件箱 6000 余组；格口数 357 万，同比增长 18.6%。

上海市举办第四届快递行业职业技能竞赛

9 月 4 日，上海市邮政管理局与市快递行业协会共同主办 2021 年全国行业职业技能竞赛——上海市第四届快递行业职业技能竞赛，来自全市 12 家主要快递企业的 36 名选手参加竞赛。竞赛评选出个人奖一等奖 1 名、二等奖 2 名、三等奖 3 名，团体奖项 6 名，优秀技术指导奖项 6 名和优秀组织奖项 6 名。

《关于上海推进新就业形态劳动者入会和服务保障工作的指导意见》出台

9 月 24 日，上海市总工会联合上海市邮政管理局、市网信办、市经信委、市商务委、市人社局、市交通委、市文旅局、市场监管局、市检察院等 10 部门印发《关于上海推进新就业形态劳动者入会和服务保障工作的指导意见》，制定了坚持党建带工建、大力推进工会组建、拓展创新入会渠道、突出思想政治引领等十项主要措施。

《“十四五”上海市邮政业发展规划》发布

10 月，2021 年上海市邮政管理局与上海市发展改革委、上海市交通委联合印发《“十四五”上海市邮政业发展规划》。上海局在规划编制过程中把规划衔接工作放在重中之重，先后与市发展改革委、经信委、商务委、交通委和房管局等相关政府部门开展规划工作衔接，经过多次研究和反复沟通，基本建成上海邮政快递国际枢纽中心、绿色邮政、智慧邮政、设施布局等邮政快递业多项内容被纳入《上海市国民经济和社会发展第十四个五年规划和二〇三五年远景目标纲要》，加快推进青浦区全国快递行业转型发展示范区建设、快递“两进一出”工程、智能配送设施网络布局和邮件快件包装减量化、绿色化、可循环等邮政快递业重要内容均已纳入 16 个市级相关规划 42 项内容中，确保规划顶层设计层面衔接的专业性、系统性和综合性。

上海市印发《关于促进本市快递业与制造业深度融合发展的实施意见》

10 月，上海市邮政管理局和市经信委联合制订了《关于促进本市快递业与制造业深度融合发展的实施意见》。实施意见提出，一是紧密结合上海经济社会发展的实际，聚焦上海六大重点产业，又联系上海五大新城建设要求，提出围绕重点领域，实现突破发展的任务要求。二是密切联系上海快递业发展特点，充分发挥上海快递总部集聚优势，提出“依托青浦商贸服务型国家物流枢纽建设，打造区域互联共享、辐射长三角的快递物流枢纽”；“以浦东国际机场四期建设工程为契机，加快推动上海邮政快递国际枢纽中心建设”。三是突出重点，提出“培育 10 个深度融合典型项目和 1～2 个深度融合发展示范区”“提升工业园区、生产性服务业功能区、特色产业园区等的快递服务智能化、集约化水平，快递服务网点在产业园区的覆盖率超过

80%”等具体目标，并明确提出八大重点任务。

上海首家邮政综合便民服务站挂牌成立

10月，上海首个邮快合作示范点——崇明区竖新镇育才村邮政综合便民服务站正式启用。宝山邮政管理局将崇明作为“快递进村”“农产品进城”和“邮快合作”的主阵地，在普服处的大力支持下、崇明邮政公司和部门快递企业的积极配合下，在崇明推出“崇明大米”项目基础上，推动上海首家邮政综合便民服务站在崇明的竖新镇育才村正式落户，有效推进“两进一出”工程，完善了上海农村快递末端网络建设，深化农村快递邮快、快快、快农合作，实现快递进村投递到户的目标，将“邮快合作”作出上海特色。

上海代表队在全国行业职业技能竞赛中取得好成绩

10月15日，上海市邮政管理局组建并带领上海代表队赴江苏无锡参加2021年全国行业职业技能竞赛——“拼多多杯”第三届全国邮政行业职业技能竞赛全国总决赛并取得优异成绩，其中1名选手获得个人奖三等奖，上海代表队获得团体优胜奖、优秀技术指导奖和优秀组织单位奖。

上海市首家快递公共服务站揭牌运营

11月8日，上海小东门街道快递公共服务站举行揭牌仪式并试点运营。仪式上，黄浦邮政管理局介绍了小东门快递公共服务站筹备及备案审核通过情况，上海市邮政管理局局长冯力虎、黄浦区委政法委副书记倪健共同为快递公共服务站揭牌，快递公共服务站负责人及相关快递企业代表进行了表态发言。倪健要求各企业在守好寄递渠道安全防线的同时，充分发挥平安志愿者的作用，发现隐患，见义勇为，共建共享平安黄浦。冯力虎要求企业严格落实行业监管各项要求，做好疫情防控，努力提升末端投递服务水平，切实发挥公共服务站的便民功能，积极参与城区的平安建设和公益服务，为实现美丽黄浦、幸福黄浦作出更大的贡献。

上海局实施上海邮政快递业“25941”绿色升级工程

2021年，上海市邮政管理局实施上海邮政快递业“25941”绿色升级工程，实现全市可循环快递箱（盒）应用33万个、循环使用次数超500万次、电商快件不再二次包装比例达到92%、不可降解塑料胶带使用量下降40%的推进目标。

江苏省快递发展大事记

江苏省智能信报箱建设纳入省《住宅设计标准》

1月，江苏省住房和城乡建设厅颁布新版《住宅设计标准》，这是新冠肺炎疫情发生后，全国首部完成修订的住宅设计标准。标准规定，新建住区应配套建设智能信报箱（群）、快递柜，并与住区同步规划、同步建设、同步施工、同步交付。智能信报箱（群）应根据住区规划布局，在主要出入口、单元门厅或邻近小区主要通道等位置附近，分组或集中设置。格口的配置数量不应少于住区总户数的20%并符合江苏省、市邮政管理部门的规定。新建住区应设置智能信报箱用房和智能信报箱间，其规模应符合江苏省及各地相关部门的规定。智能信报箱、快递柜应设置在单元门禁系统外。独立设置的室外智能信报箱应有防雨、遮阳措施等。

费高云副省长肯定全省邮政管理工作

1月14日，江苏省副省长费高云专门听取了江苏省邮政管理局关于全国邮政管理工作会议和全省邮政管理工作情况汇报，充分肯定全省邮政管理系统2020年工作成绩，并对2021年工作作出指示。费高云表示,2020 年,全省邮政管理系统认真贯彻落实党中央、国务院和省委、省政府关于邮政快递业工作的决策部署,在疫情防控、行业监管、服务发展、保障民生等方面取得了新的成绩。新的一年,要坚持以习近平新时代中国特色社会主义思想为指导,深入贯彻习近平总书记视察江苏重要讲话指示精神,增强"四个意识",坚定"四个自信",做到"两个维护",认真贯彻新发展理念,积极构建"双循环"发展格局,不断推动行业治理能力和治理体系现代化,以"争当表率、争做示范、走在前列"的使命担当,为江苏奋力开启全面建设社会主义现代化国家新征程贡献邮政力量。

江苏省邮政业落实减税降费金额 5.6 亿元

2020 年,江苏邮政管理部门切实把思想和行动统一到党中央、国务院的决策部署上来,按照扎实做好"六稳"工作、全面落实"六保"任务的总体要求,进一步推动减税降费和各项惠企政策落到实处。全省邮政快递企业累计落实减税降费金额 5.6 亿元,获得就业补贴 2000 余万元,获得其他资金支持近 9 千万元。

22 个县级邮政管理部门完成信息化系统接入工作

截至 1 月,江苏省 22 个县级邮政管理部门完成信息化系统接入工作,实现县级邮政管理部门与国家、省、市三级邮政管理部门的信息系统互联互通。相关信息系统已投入正常使用。

江苏省建成 44 个快递标杆网点

1 月,江苏省邮政管理局联合省快递协会公布第二批江苏省快递标杆网点名单。截至 1 月,共建成快递标杆网点 44 个,覆盖了全省 13 个地市和邮政、顺丰、中通等 14 个快递品牌。

樊金龙副省长带队检查指导邮政快递业疫情防控工作

2 月 4 日,江苏省委常委、常务副省长樊金龙带队前往中外运敦豪国际航空快件有限公司江苏分公司南京南服务中心,检查指导邮政快递业疫情防控工作,看望慰问坚守防控一线的工作人员。樊金龙强调,要落实物防要求,做好国际快递处理场所、运输工具消毒和通风工作,完善消杀、检测的标准和流程,加强效果评估,阻断寄递渠道疫情传播风险。

江苏省出台促进跨境电商高质量发展工作意见

2 月,江苏省政府办公厅转发了《关于促进全省跨境电子商务高质量发展的工作意见》,要求优化寄递服务,推进国际物流枢纽建设。同时,设立由商务、交通运输、市场监管、税务、人民银行、海关、邮政管理等部门组成的跨境电商发展工作专班,共同推动跨境电商高质量发展,"快递出海"获政策支持。

江苏省政府工作报告提出加快建设现代流通体系

2 月,《江苏省人民政府工作报告》全文对外发布,要求 2021 年重点做好十个方面工作。其中,要求加快建设现代流通体系,促进经济循环高效顺畅。邮政业高质量发展获重点支持。工作报告提出,要统筹推进现代流通体系硬件和软件建设,推动生产和消费紧密结合,促进各类生产要素高效流通、合理配置。扎实推进国家物流枢纽布局和建设,加快形成内外联通、安全高效的物流网络,提高综合运输效率,降低物流运输成本。加快商贸流通设施改造升级,积极推进电商、冷链、大件运输等专业化物流发展,大力发展农村物流,进一步完善提升现代商贸流通体系。完善社会信用体系,加快发展普惠金融,有效降低流通环节中的交易成本。加强煤、电、油、气和防疫减灾物资等储备供给,确保应急物流安全、高效、畅通。

江苏省出台城乡物流服务一体化发展三年行动计划

2 月,江苏省邮政管理局联合省交通运输厅、省农业农村厅和省商务厅印发了《江苏省城乡物流服务一体化发展三年行动计划（2021－2023年）》，对未来三年全省城乡物流服务一体化发展工作进行了部署，提出到2022年，全省主要品牌快递服务建制村通达率达到95%以上。

江苏省政府出台政策进一步强化当前经济运行保障

2月，江苏省政府办公厅印发了《关于进一步强化当前经济运行保障若干政策措施的通知》，江苏省邮政管理局被列为责任单位，邮政快递业再获政策支持。通知提出完善城乡物流配送服务，加强应急物资、生产生活物资运输保障，提高运输效率、降低运输成本。继续执行省内现有高速公路车辆通行费优惠政策，将原“运政苏通卡”货车车辆在江苏省内通行费8.5折优惠政策延期至2021年12月31日。鼓励物流企业开通农超对接、产销对接物流线路，推进城际配送、城市配送、城乡配送、农村配送的有效衔接，畅通农村货物运输渠道，优先保障疫情防控急需物资和群众生产生活必需品的运输。鼓励邮政快递等物流企业依托供销、商贸等部门服务网点，延伸末端配送网络。

江苏省邮政业发展纳入省“十四五”规划纲要

2月，江苏省人民政府发布《江苏省国民经济和社会发展第十四个五年规划和二〇三五年远景目标纲要》，全省邮政业相关内容被纳入其中。纲要共有5处内容部署全省邮政业发展重点，涉及基础设施建设、寄递网络布局、服务乡村振兴和经济循环等方面。

江苏省表彰2020年度全省快递行业放心消费创建活动示范、先进单位

3月，江苏省邮政管理局联合省放心消费创建活动办公室对2020年度全省快递行业放心消费创建活动进行了表彰。经实地验收、评选推荐和联合审定，如东信孚速递有限公司获评示范单位，中国邮政速递物流股份有限公司江苏省常熟市分公司、镇江新春货运服务有限公司、句容市运通物流有限公司获评先进单位。江苏省快递行业放心消费创建工作已连续开展12年，先后认定省级快递行业放心消费创建活动先进单位62家、示范单位70家。

邮政快递业3个职业（工种）被列入省高技能人才培训补贴紧缺型目录

3月15日，江苏省人力资源和社会保障厅发布2021年高技能人才培训补贴紧缺型职业（工种）目录，邮件分拣员、快递员、快件处理员等3个邮政快递业职业（工种）被列入其中。按照规定，列入目录的一线劳动者参加培训，并获得职业资格证书或者职业技能等级证书的，可获得比原来多30%的培训补贴。

江苏省委一号文要求深化交邮融合助推乡村振兴

3月，2021年江苏省委一号文件《中共江苏省委　江苏省人民政府关于全面推进乡村振兴加快农业农村现代化建设的实施意见》全文对外发布。其中，要求大力促进农村消费，深化交通运输与邮政快递融合。文件要求，要提升农村物流服务网络节点覆盖率。实施“互联网＋”农产品出村进城工程，支持试点县特色产业数字化转型，推动城乡生产与消费有效对接。实施农产品仓储保鲜冷链物流设施建设工程。发展线上线下相结合的服务网点，吸引城市居民下乡消费。2021年，支持100个农业经营主体建设农产品仓储保鲜冷链物流设施，县级农村物流中心覆盖率100%，创建12个农村物流示范县，镇级、村级农村物流站点建设全面开展。

江苏省开展富民强村帮促行动要求实施“快递进村”工程

4月，江苏省委办公厅、省政府办公厅印发关于开展富民强村帮促行动接续推进乡村全面振兴

的实施意见,明确“十四五”时期在重点地区开展富民强村帮促行动,巩固拓展脱贫致富奔小康成果,接续推进乡村全面振兴,进一步推动城乡区域协调发展,促进实现共同富裕。其中,要求统筹推进重点地区县乡村三级物流体系建设,实施“快递进村”工程。

“快递出海”纳入省促进服务业高质量发展重点工作

4月,江苏省出台意见促进服务业高质量发展,“快递出海”相关内容被纳入重点工作,要求加快现代物流创新发展。文件指出,要在交通运输领域完善邮(快)件处理设施和绿色通道,提高国际邮(快)件处理能力,完善机场货运服务设施,提升中欧班列运输的质效,服务带动跨境电商等相关产业聚集。

江苏局两项工作列入省文明委年度重点工作项目

4月,江苏省精神文明建设指导委员会印发2021年工作要点,对做好全省精神文明建设工作作出部署。其中,江苏省邮政管理局推进全省邮政行业精神文明创建工作和深入开展快递员关心关爱“暖蜂行动”两项工作被列入全年100项重点工作项目。

江苏省4名快递员获省文明职工表彰

5月,由江苏省委宣传部、省文明办、省总工会联合开展的第十八届“江苏省十佳文明职工”评选活动结果揭晓。经基层推荐、媒体公示、群众投票和专家评审等程序,苏州顺丰快递员贾都庆获评“江苏省十佳文明职工”和“江苏省五一劳动奖章”,徐州顺丰郑尚坤、扬州邮畅物流仇俊和淮安市邮政分公司孙家波3名快递员获评“江苏省文明职工”。

快递员技能竞赛连续两年被列为省职工职业技能一级竞赛项目

5月,江苏省劳动竞赛委员会印发了《关于组织开展2021年全省“建功‘十四五’、奋进新征程”引领性劳动和技能竞赛的通知》。其中,快递员职业技能大赛连续两年被列为一级竞赛项目。根据通知规定,将对技能竞赛中取得优异成绩的个人按照《江苏省职工职业技能竞赛管理办法》进行奖励,获得第1名的选手将按程序申报“江苏省五一劳动奖章”,获得前6名的选手,省总工会将授予“江苏省五一创新能手”称号。省总工会还将对获得第1~6名的职工分别奖励人民币3万元、1.5万元、1.2万元、9千元、6千元和3千元。此外,获得前6名的女职工还将按程序授予“江苏省五一巾帼标兵”称号。

江苏省主要品牌寄递企业建制村快递服务通达率超九成

截至4月底,江苏省EMS、顺丰、中通、圆通、韵达、申通等业务规模前6的寄递企业建制村快递服务通达率超九成。据统计,江苏省14671个建制村中,业务规模前6的寄递企业快递服务全部通达的建制村达到13230个,占比为90.18%。南京、苏州、无锡、南通、扬州、盐城、泰州、宿迁等8个市业务规模前六寄递企业建制村快递服务整体通达率超过95%。全省共建设村级快递服务点13252个,其中邮快合作设立的服务点909个(占比为6.86%),快快合作设立的服务点1212个(占比为9.12%),企业驻村设立的服务点4214个(占比为31.80%),交快合作设立的服务点130个(占比为1.00%),快商合作设立的服务点3594个(占比为27.12%),其他方式合作设立的服务点2833个(占比为21.38%)。

江苏省邮政快递业8名个人获评省劳动模范

5月,江苏省委、省政府印发《关于表彰劳动模范和先进工作者的决定》,其中,无锡邮政李永进、南通邮政张进梅、连云港邮政陈兴华、扬州邮政赵启明、常州邮政朱新财、淮安邮政张金明、沭阳邮政董志敏和南通顺丰张鑫共8名个人获评省劳动模范。

江苏省人大常委会副主任专题调研快递包装治理工作

5月27日，江苏省人大常委会副主任马秋林一行在南京调研快递包装治理工作，并前往省邮政管理局听取专题汇报。马秋林表示，邮政行业是贯彻落实固废法的重点行业，开展快递包装治理是贯彻落实固废法的重要内容。他充分肯定邮政管理部门宣贯固废法、做好快递包装治理等工作成绩，表示将吸收相关内容向省政府提出建议。同时，要求邮政管理部门更加积极主动融入全省、全国生态文明建设和高质量发展大局，加强法律宣传普及，积极履行法定职责，构建协同共治体系。

江苏局挂牌销号管理推进“快递进村”

5月，江苏省邮政管理局下发了《关于加快推进快递服务未全面通达建制村快递进村工作的通知》，从6月1日起对全省快递服务未全面通达的建制村实施挂牌销号管理。截至5月，江苏全省主要品牌寄递企业快递服务建制村通达率93.92%。

江苏省邮政快递业助力乡村振兴暨邮快合作签约仪式举行

6月28日，江苏省邮政管理局举行全省邮政快递业助力乡村振兴暨邮快合作签约仪式。江苏省政府副秘书长吴永宏出席签约仪式，江苏局党组书记、局长张水芳主持签约仪式。吴永宏代表江苏省人民政府，对邮快合作签约表示热烈的祝贺，并提出三点要求：一要推动邮政快递业高质量发展，坚持科学谋划、主动作为，切实满足全领域、广覆盖、多样化的寄递物流需求，提升服务品质、创造服务品牌，打造出切实可行的“邮快合作”“快递进村”的江苏样板。二要创新邮政快递合作模式，探索邮政快递基础设施共投共建共用模式，提高农村地区基础设施利用效率，加快推进农村邮政快递服务点建设，发挥邮政快递行业网络优势，不断满足邮政快递末端收投需要。三要提升农村电商快递平台服务能级，大力推广“快递+电商+农特产品+农户”产业模式，拓展便民服务功能，畅通农产品进城、工业与生活用品下乡的双向流通渠道，有效助力乡村振兴。

江苏省“十四五”邮政业发展规划发布

7月，江苏省邮政管理局、省发展改革委、省交通运输厅共同发布《江苏省“十四五”邮政业发展规划》。规划全面总结了“十三五”时期全省邮政业发展成就，客观分析了行业发展面临的形势、机遇和挑战，围绕服务网络更加优化、服务水平更有质效、创新能力更为突出、产业生态更富活力、安全稳定更有保障、绿色环保更加实化、行业治理更加现代等7个方面提出17项主要指标。明确到2025年，江苏主要品牌快递企业网络延伸入村，实现同城小时达、长三角当日达、国内重点城市次日达。

江苏局与交通运输厅会商加快农村寄递物流体系建设

8月26日，江苏省邮政管理局与省交通运输厅举行工作对接会，共同会商推进加快农村寄递物流体系建设相关事项。会上，江苏局全面介绍了全省邮政快递业通过邮快、快快合作以及交邮、交快合作等方式、途径，深入开展快递进村工作、积极推进农村寄递物流体系建设的工作情况。省交通运输厅重点介绍了交通现有场站资源、布局、建设以及相关扶持措施和资金奖补情况。双方对开展相关工作的途径方式和遇到的困难进行了充分交流，围绕加快农村寄递物流体系建设工作中如何实施政策扶持引导、完善服务体系、制定共配标准以及科学调配运行资源等问题进行了深入沟通，对提高贯彻落实措施的针对性、有效性以及工作思路进行了深入讨论。同时，就全面贯彻落实国办意见达成了初步共识。

江苏局制定邮政业高质量发展评价体系

9月，江苏省邮政管理局印发了《江苏省邮政业高质量发展评价指标体系和评价办法》。办法以邮政强国建设为统领，以邮政业高质量发展为导向，坚持对标建设“强富美高”新江苏的总目标总定位和“争当表率、争做示范、走在前列”的新使命新要求，从综合发展、网络完善、服务优质、安全可控、科技先进、方式绿色、业态丰富、价值充分七个维度设置27项指标，重点体现邮政业高质量发展的内涵要求，同时确保各项指标相互衔接、互相印证，具有较强的公认性、针对性和可操作性。办法同时明确了相关指标的计算方法和监测方式，并通过编制和发布江苏省邮政业高质量指数量化反映年度行业高质量发展水平。

江苏省第四届邮政行业职业技能竞赛成功举办

9月25日至26日，由江苏省人社厅指导，省总工会和省邮政管理局共同主办的第三届全国邮政行业职业技能竞赛江苏选拔赛暨“中科微至杯”江苏省第四届邮政行业职业技能竞赛在省交通技师学院顺利举行。本届大赛列入全省职工职业技能一级竞赛，以“匠心筑梦、技能强邮”为主题。来自省邮政公司、苏宁、顺丰等14个品牌企业代表队共42名选手参加了比赛。经过近两天紧张而激烈的角逐，省邮政公司、苏宁、极兔代表队分别获得团体前3名。省总工会、省人力资源和社会保障厅根据规定授予相关获奖选手“江苏省五一创新能手”“江苏省技术能手”荣誉称号，来自苏宁代表队的郑慧慧被授予“江苏省五一巾帼标兵”荣誉称号。对获得前6名的选手，由省总工会分别给予3000至3万元不等的奖励。对获得本次竞赛第一名的选手按照程序申报“江苏省五一劳动奖章”。

江苏省出台加快推进快递包装绿色转型实施意见

9月27日，经江苏省政府同意，江苏省邮政管理局与省发展改革委、工业和信息化厅、省司法厅、生态环境厅、住房和城乡建设厅、商务厅、市场监督管理局联合印发了《江苏省加快推进快递包装绿色转型的实施意见》，进一步加强全省快递包装治理，全面推进江苏快递包装绿色转型。实施意见由省邮政管理局与省发展改革委共同牵头起草，共分为总体要求、建立健全快递包装法规和标准体系、强化快递包装绿色治理、加强电商和快递规范管理、推进可循环快递包装应用、规范快递包装废弃物回收和处置、完善支撑保障体系、强化组织领导等八部分共22项具体实施意见，紧密结合江苏省情以及邮政业情以及塑料污染治理、固废法贯彻执行等工作，对国家相关工作部署和要求进行了细化，确立了坚持绿色发展导向、坚持创新引领支撑、坚持协同共治保障的基本原则和主要任务目标，明确了省科技、教育、财政、地方金融监管、人民银行南京分行、税务、银保监及证监等部门和单位以及各设区市人民政府的责任分工。

江苏省要求加快发展农村寄递物流体系

10月，江苏省委办公厅、省政府办公厅印发了《江苏省“十四五”全面推进乡村振兴加快农业农村现代化规划》，阐明未来五年江苏农业农村发展的总体思路、主要目标和重点任务，指导全省农业农村发展。其中，农村寄递物流体系发展多项内容被写入其中。规划提出，要加快农业农村现代化基础设施建设，鼓励“生产基地＋电商＋冷链快递＋智能菜柜”物流配送模式，打造“一点多能、一网多用”的县、乡、村三级物流服务网络，促进农产品冷链物流标准的有效供给。要大力发展乡村数字经济，打造一批电商与特色产业融合发展集聚区，建成一批省级快递示范物流园区、县域邮政物流运营中心，促进邮政等涉农公共服务资源下沉到村。同时，重点布局一批涵盖加工、物流和贸易等大型区域性农产品综合中心，引导市场建立包括物流配送等内容的信息化数据应用平台。

江苏省出台全国首份快递行业省级集体协商指导意见

10月25日，江苏省总工会、省人力资源和社会保障厅、省邮政管理局、省快递协会联合印发了《关于开展快递行业集体协商工作的指导意见》，聚焦加强快递行业劳动者群体合法权益保障，持续提升其获得感、幸福感和安全感。这是全国首份快递行业省级集体协商指导意见。指导意见明确要求各地充分发挥集体协商制度协调劳动关系的基础性作用，整合系统资源，强化协同配合，至“十四五”末，推动普遍开展快递行业集体协商，不断增强集体协商质效，逐步提升劳动者权益保障水平。

主要品牌快递建制村直投率纳入省城乡物流服务一体化评价指标

10月，江苏省交通运输厅印发了《江苏省城乡物流服务一体化评价指标》，为正在推进的城乡物流服务一体化示范县、达标县建设提供评价依据。评价指标设置有“物流网络建设”“运作模式创新”“物流设施设备配备与信息化建设”等6个评价项目，包含“村级农村物流服务点”“融合发展模式创新”“品牌影响力”等17项评价要点和25项具体评价内容与标准。该评价指标满分为100分。指标明确，江苏省农村物流示范县创建单位得分超过90分、达标县建设单位超过80分，且乡镇农村物流服务站覆盖率高于95%、村级农村物流服务点覆盖率高于90%、主要品牌快递建制村直投率超过80%的，方可通过验收。

全国政协经济委员会调研江苏智慧邮政建设情况

10月，全国政协经济委员会副主任、商务部原副部长房爱卿率调研组在江苏开展“加快智慧物流发展、推进现代物流体系建设”专题调研。调研组前往菜鸟网络南京空港智能骨干网项目，现场调研人工智能算法、物联网技术在邮政快递业的应用情况。该项目依托南京空港枢纽经济区航空、公路等综合交通区位优势和南京地区产业资源，打造华东区特色物流开放平台、南京区域电商物流综合产业平台、可实现覆盖苏南区域的电商综合平台。作为新型仓配一体物流园区，自动化立体库、第三代无人仓已投入使用，具备超千万件的存储能力，日均产能约15万件包裹。

江苏省发文推动快递员等灵活就业人员参加职工医保

10月，江苏省医保局联合省财政厅、省人社厅、省税务局出台了《关于推动灵活就业人员参加职工基本医疗保险的通知》，要求打破参保壁垒，推动快递员等灵活就业人员在就业地参加职工医保。这是江苏将打破参保壁垒，率先推动灵活就业人员在就业地参加职工医保。

江苏省实现市级快递行业工会联合会全覆盖

11月，随着宿迁市总工会印发了《关于同意成立宿迁市快递行业工会联合会的批复》，江苏全省13个地市实现了市级快递行业工会联合会的全覆盖。截至11月，江苏省已成立了13个市级快递行业工会联合会，18个县级快递行业工会联合会，指导148家非公快递企业成立工会组织，发展快递员会员超过4万名。

江苏省邮政快递业1人获评第三届全省交通运输行业诚信个人

11月17日，第三届江苏省交通运输行业诚信单位(集体)和个人评选结果公布。经江苏省邮政管理局审核推荐，南通顺丰速递有限公司徐翔同志当选诚信个人(全省共10人)。此次评选经企业自评、市局推荐、省局审核推荐，江苏邮政快递业共有1家单位、1名个人入围评审名单，经综合评审，徐翔同志当选诚信个人，这是继 2019 年南通顺丰速递有限公司荣获第二届全省交通运输行业“十佳诚信单位”以来，江苏快递业诚信优秀代表连续第二次在全省交通行业诚信表彰中取得佳绩。

江苏省寄递渠道毒品查缉无锡站正式揭牌成立

11 月 25 日，江苏省寄递渠道毒品查缉无锡站正式揭牌成立。江苏省禁毒委副主任兼禁毒办主任、公安厅党委委员、副厅长陈辉，省禁毒委委员、邮政管理局副局长蒋波，无锡市副市长、禁毒委主任、公安局局长刘必权，无锡市邮政管理局局长徐向阳共同为江苏省寄递渠道毒品查缉无锡站揭牌。无锡市各邮政、快递企业代表约 70 人参加了揭牌仪式，顺丰企业负责人作表态发言。

江苏省印发快递员群体合法权益保障工作实施意见

11 月 29 日，江苏省交通运输厅、省邮政管理局、省发展改革委、省人力资源社会保障厅、省商务厅、省市场监管局、省总工会等 7 部门联合印发了《关于做好快递员群体合法权益保障工作的实施意见》。实施意见根据交通运输部、国家邮政局等七部门《关于做好快递员群体合法权益保障工作的意见》，结合江苏实际，从形成合理收益分配机制、保障快递员合理劳动报酬、规范企业用工管理、加强快递员职业安全保障、创新快递员社会保险服务、优化快递员生产作业环境、落实快递企业主体责任、加强网络稳定运行监管、完善职业发展保障体系、开展关心关爱快递员工作以及强化工作保障推动机制等 11 个方面，进一步细化工作举措，明确各部门责任。

江苏省推进全省快递业与制造业深度融合发展

12 月，江苏省邮政管理局、省工业和信息化厅联合印发了《关于遴选 2021 年度全省快递业与制造业深度融合发展典型项目的通知》，全面开展 2021 年度全省快递业与制造业深度融合发展典型项目遴选工作。此次遴选分为项目申报、审核公示、总结推广 3 个阶段，参加遴选项目的产品生产制造地需在江苏且稳定运营 2 年以上、2021 年度形成的快递业务量达 1000 万件以上或服务制造业产值达 10 亿元以上。

江苏局建立快递市场监管提示制度

12 月，江苏省邮政管理局印发了《江苏省快递市场监管提示办法》，对快递企业总部、区域总部开展监管提示工作。办法规定了监管提示函的适用范围和操作流程，明确当快递企业存在贯彻国家或省重大决策部署、邮政管理部门重要工作要求力度不够；在服务质量、安全保障、业务流程、行业生态环保、快递员权益保障等方面出现较大问题，且整改不力的；多次发生同类违法行为，影响较为恶劣的；生产经营存在较大风险隐患等五类情形时，江苏局可对其总部或区域总部发出监管提示函。办法要求企业总部或区域总部收到监管提示函后，应采取有效手段做好风险防控或整改工作。对于整改不及时、不彻底的，江苏局将对其进行约谈；涉嫌未落实总部管理责任等违法行为的，将依法追究行政责任。

江苏省委经济工作会议明确提及快递业发展内容

12 月 22 日，江苏省委经济工作会议在南京举行，会议认真贯彻中央经济工作会议精神，落实省第十四次党代会部署，总结 2021 年全省经济工作，分析当前经济形势，安排部署明年经济工作。会议明确提及快递业发展内容。会议提出，要促进居民消费持续恢复，引导线上赋能线下、线上线下融合发展，把江苏的产品销到全国、卖到全球。要完善城市和县城商业体系，贯通县乡村电子商务体系和快递物流配送体系，激发县乡消费。同时，要求深入实施乡村建设行动，完善农村冷链物流等基础设施。

江苏省推动基层快递网点参加工伤保险

12 月，江苏省邮政管理局联合省人社厅印发了《关于做好基层快递网点参加工伤保险工作的通知》，全面推动全省基层快递网点参加工伤保险工作落地实施。通知明确了基层快递网点工伤保险的参保范围，要求快递企业以及具有用工主体资格的快递末端备案网点与快递员依法签订劳动合同，依法为快递员参加社会保险。对快递企业将快递末端备案网点经营权发包给不具备用工主体资格的自然人或者组织，应当为该网点快递员缴纳工伤保险并承担工伤保险责任。

江苏局积极推动快递职业技能等级认定

2021 年以来，江苏省邮政管理局积极推动快递职业技能等级认定工作。截至 2021 年年底，江苏省快递职业技能等级认定机构达到 13 家，全年共有 3155 名快递从业人员通过职业技能等级认定，其中 491 名从业人员获得中高级等级资格。

江苏省邮政行业 2 人获得"江苏工匠"荣誉称号

12 月，江苏省政府印发了《关于表彰第三届江苏技能大奖获得者的决定》，邮政行业共有 2 人获"江苏工匠"荣誉称号。这是江苏邮政行业从业人员首次获得该荣誉称号。"江苏大工匠、江苏工匠"是"江苏技能大奖"奖项的一种，是省政府对作出突出贡献的优秀高技能人才设立的最高奖项之一，每 2 年开展 1 次评选表彰活动，评选面向全省各行各业技能劳动者，重点聚焦先进制造业、现代服务业、战略性新兴产业、历史经典产业等领域。

江苏率先实现县(市)邮政管理机构全覆盖

截至 12 月 31 日，江苏 40 个县(市)已全部成立县级邮政管理机构，在全国率先实现了县(市)邮政管理机构全覆盖。

浙江省快递发展大事记

浙江局获全国交通运输行业文明单位表彰

1 月，交通运输部公布《关于命名 2018 －2019 年度全国交通运输行业精神文明建设先进集体的决定》，浙江省邮政管理局荣获全国交通运输行业文明单位表彰。

邮政快递业发展成果位列浙江自贸试验区新一批十大成果之首

1 月 20 日，浙江省人民政府新闻办公室组织召开中国(浙江)自由贸易试验区建设新闻发布会，发布了中国(浙江)自由贸易试验区新一批十大成果。其中邮政快递业发展成果位列榜首。

浙江局颁发首张省内国际快递经营许可证

根据《快递业务经营许可管理办法》《中国(浙江)自由贸易试验区国际快递业务经营许可审批核定规程》，1 月 21 日，浙江省邮政管理局向宁波路易通电子有限公司颁发了省内第一张国际快递业务经营许可证。

浙江省在全国率先将快递经济纳入全省经济运行情况

1 月 27 日，浙江省政府新闻办公室发布《2020 年浙江经济运行情况》，在全国首次将快递经济运行情况纳入其中。运行情况指出，在邮政快递业领域，浙江省邮政管理局带领全省行业于 2020 年 3 月底快速摆脱疫情影响，实现全面复工达产，有效带动了上下游产业链的联动发展，促进了电商经济的全面复苏，为全省经济社会实现半年正、三季红、全年进作出了积极贡献。这些成绩也以数据形式在运行情况中得到充分彰显："交通运输仓储和邮政业增加值增长 0.6%。""据省邮政管理局统计，2020 年快递业务收入 1071 亿元，增长 17.3%，增速比上年提高 0.2 个百分点；业务量为179.5亿件，增长 35.3%，增速提高 4.1 个百分点。”

浙江局颁发首张医药冷链快递许可证

长期以来，浙江省邮政管理局积极寻求快递行业新业态的多样化发展，按照合理合规、先试先行的原则，探索行业新业态纳管工作。1 月 21 日，浙江局向华东医药供应链管理(杭州)有限公司颁发了第一张医药冷链企业的快递业务经营许可证。

浙江省委书记袁家军批示肯定全省邮政管理工作成效

1 月 21 日，浙江省委书记袁家军在国家邮政局党组书记、局长马军胜来信上作出批示：“浙江邮政管理局服务地方经济社会发展敢于担当、勇于创新，取得突出成绩，值得充分肯定！”

刘小涛副省长赴杭州快递网点调研

2 月 5 日，浙江省副省长刘小涛率队到杭州顺丰速运凤起路营业网点调研快递服务情况，对坚守一线的快递小哥进行了春节慰问。刘小涛指出，邮政快递业在服务新冠肺炎疫情防控和经济社会发展工作中发挥了重要作用，对促进消费升级、拉动经济增长具有积极意义。他强调，为贯彻党中央、国务院和省委、省政府有关决策部署，巩固来之不易的防控成果，确保企业员工的健康安全，确保企业生产的稳定有序，鼓励引导外地员工“就地过年”“留杭过年”。

快递经济区纳入浙江省国家数字经济创新发展试验区建设

2 月，浙江省政府印发《浙江省国家数字经济创新发展试验区建设工作方案》，以“打造快递经济区”和“实施快递进村工程”为抓手，推进邮政快递业数字化转型。方案指出，浙江要“建设具有全球影响力的新型贸易中心。组织实施新型贸易中心建设行动，推动跨境电子商务、新零售等创新发展，打造快递经济区，推进跨境电子商务综合试验区建设。”“推进农业数字化转型。优化提升农村电子商务，实施快递进村工程，建设农产品加工物流、冷链仓储等基础设施。”方案同时鼓励新业态新模式创新突破和先行先试，拓展“互联网 + 监管”平台应用。

浙江省将快递末端配送纳入智慧商圈培育试点

2 月，浙江省商务厅制定《浙江省智慧商圈创建规范评价细则(征求意见稿)》，将“‘无接触’配送等商务场景”和“整合商圈内物流资源”要求纳入其中。细则明确，智慧商圈建设内容涵盖智慧商务，要求建立健全“‘无接触’配送等商务场景。根据商圈与电商、快递、商务楼宇、小区物业等合作设立新零售自提点，开展定点收寄、订单投递等‘无接触’配送情况”。同时指出，要“整合商圈内物流资源。对接物流服务商，建设商图物流配送体系。实现商圈内商户协同配送”。

浙江省加强快递绿色包装标准化工作

2 月，浙江省邮政管理局联合省市场监管局、省发展改革委、省科技厅、省经信厅、省生态环境厅、省商务厅等 7 部门联合发文制定《关于加强快递绿色包装标准化工作的实施意见》。意见明确，通过政府引导、企业主体、创新驱动、产业协同等基本原则，构建并完善快递绿色包装标准体系，强化生产源头治理，以科技创新带动标准创新，推动快递包装体系化、系列化、成套化。到 2021 年底，基本建立以国家、行业标准为主，地方、团体标准相互配套、科学合理、适应高质量发展、具有浙江特色的快递绿色包装标准体系。到 2022 年底，快递包装减量、绿色回收、绿色物流等绿色新模式得到普遍推行，全省电子运单使用基本实现全覆盖，平均每件快递包装耗材减少 10% 以上，标准化包装回收装置配备率达到90%以上。

浙江省发布《智能信包箱通用技术规范》

3月，浙江省邮政管理部门牵头制定的浙江省地方标准《智能信包箱通用技术规范》正式发布实施，填补了浙江省传统信报箱智能化升级工作的空缺，健全了浙江省邮政业服务标准化体系，为传统信报箱智能化升级的设计、制造、选型、安装、验收和使用提供了标准规范依据。标准的发布实施将全面推动传统信报箱的升级换代，助力智慧快递建设。智能信包箱作为一项城乡基本公共服务设施也将纳入国土空间规划。

郑栅洁省长专题听取浙江局工作汇报

3月17日，浙江省省长郑栅洁专题听取了浙江省邮政管理局局长陈凯的工作汇报，对下一步全省邮政管理工作和邮政快递业高质量发展作出重要指示。郑栅洁首先对国家邮政局党组尤其是马军胜局长近年来对浙江省政府工作的支持表示感谢。他指出，快递经济作为新的经济形式，在浙江发展迅速，规模呈现海量增长，同时新业态不断涌现，给行业监管工作带来很大的挑战。省邮政管理局作为中央垂管部门和行业监管单位，近年来能够主动作为、彰显担当，在鼓励扶持浙江快递业发展和规范维护省内快递市场环境两方面都作出了积极努力，为全省经济社会高质量发展作出重要贡献，取得了不错的成绩，值得肯定。郑栅洁强调，下一步全省邮政快递业要围绕“扩充规模，提升质量，对标国际，畅通循环”十六字方针，重点抓好四个方面的工作。

浙江省将邮政快递业纳入2021年数字经济发展重点工作

3月，浙江省制定了《推进数字经济发展2021年工作要点（征求意见稿）》，将浙江局作为电子商务创新发展、跨境电商综试区建设、“互联网+”农产品出村进城工程、加快发展智慧物流、现代物流数字化监管服务系统创新等多项重点工作任务责任单位，并明确指出实施“两进一出”工程，升级迭代数字经济“一号工程”2.0版，促进全省邮政快递业抢抓“万物互联”时代新机遇。

浙江局提出打造“五个维度四个体系”

3月22日，浙江省邮政管理局召开全省邮政管理系统数字化改革专题会议，对全省数字化改革大会精神进行再传达再部署。会议指出，全省邮政管理系统要深入学习贯彻全省数字化改革大会精神尤其是袁家军书记重要讲话精神，围绕忠实践行“八八战略”、奋力打造“重要窗口”主题主线，加快建设数字浙江，统筹运用数字化技术、数字化思维、数字化认知，把数字化、一体化、现代化贯穿到邮政管理工作的全过程各方面，推进全省邮政管理工作和邮政快递业发展在新起点上实现新突破。

浙江省邮政管理局安全生产委员会成立

3月26日，浙江省邮政管理局成立了浙江省邮政管理局安全生产委员会，并印发《浙江省邮政管理局安全生产委员会工作规则》。通过梳理整理全局涉及安全生产领域的各个协调领导机构，统一归总到浙江局安委会这一总体框架下，作为浙江局在安全生产领域议事协调机构，并下设国家安全、疫情防控、网络安全、扫黄打非、平安建设考核等5个专业委会，以监督检查全省邮政快递业安全生产工作，研究提出全省行业安全生产工作的重大方针政策，研究解决行业安全生产工作中的重大问题，为经济社会提供坚实的行业安全生产保障。

浙江省将快递物流体系拓展延伸融入小微企业园建设

4月，浙江省小微企业园工作联席会议办公室制定《关于进一步加强小微企业园建设和管理的指导意见（征求意见稿）》，将邮政快递业设施纳入小微企业园产业链、供应链,作为基础性、公共性服务予以明确落实,不断扩大快递经济影响力,快递经济内涵不断拓展延伸。意见指出,完善小微企业园建设标准,明确集约化仓储物流快递等基础配套设施建设要求;加大公共服务供给,引导物流仓储、电商直播等各类优质服务机构入驻线上服务平台或线下小微企业园;深化推进物流园与小微企业园对接联动,实现资源共享,破解小微企业在技术创新、人才招引、供应链等方面的难题。明确由浙江省邮政管理局等多部门参与负责研究制定小微企业园建设导则,建设产业创新服务综合体。

浙江局打造杭嘉湖三地五县邮政管理“红色速递”联盟

4月2日,浙江省嘉兴海宁、桐乡邮政管理局会同杭州余杭、萧山邮政管理局和湖州德清邮政管理局,联合成立杭嘉湖“红色速递”联盟,签订《杭嘉湖相邻区域邮政管理战略合作协议》。在“全省一盘棋、全省齐发力”的大格局下,杭嘉湖“红色速递”联盟的成立,标志着邮政行业服务和监管进一步完善,邮政业的发展将更趋健康有序。全省邮政管理系统将深化地区间邮政管理协同联动,加强信息互通和执法协作,发挥各地邮政管理部门的合力作用,在行业管理中积极有为、协同联动,探索打造红色联盟、协同实现社会共治、协同区域监管执法、协同推动产业发展,实现区域邮政业高质量发展。

浙江省制定现代物流发展“十四五”规划

4月,为加快全省现代物流业发展,浙江省发展改革委制定发布了《浙江省现代物流业发展“十四五”规划》,将邮政快递业作为现代物流发展的重要组成部分,为快递经济高质量发展指明了方向。规划要求,“十四五”期间,重点要在快递经济、物流新业态新模式等方面加快打造一批示范全国的金名片新标杆。到2025年,浙江要成为物流成本最低、效率最高省份之一,物流综合实力位居全国前列。规划建设快递专业类物流园区12个,快递集散中心11个;建成智能化、便利化的同城即时配送网络,实现城市建成区智能快递末端收投设施和行政村快递服务全覆盖,加快形成全国领先的邮政快递服务体系;全省快递业务量突破300亿件,形成日峰值超2亿件处理能力,快递、邮政业务收入超2000亿元。

浙江局出台邮政快递业安全事故事件信息报告规范

4月,浙江省邮政管理局制定印发《浙江省邮政快递业安全事故事件信息报告规范(试行)》。规范明确了邮政快递业事故事件信息报告范围,从事故报告种类、事件报告种类、紧急事故事件报告范围,并对相关概念以及不纳入报告的范围等其他注意事项进行规定。细化了规范安全事故事件信息报告程序,从报告主体、报告时限、报告内容三方面对信息报告进行规范,并强化了对紧急信息报送的要求。完善了安全事故事件信息报告有关制度,从建立通报考核机制、信息核销机制、数字管理机制不断完善安全事故事件信息报告体系建设,为工作落实、闭环管理、减轻基层负担、提高效能等方面提供制度保障。

浙江省出台政策推进乡村快递物流建设

4月,浙江省邮政管理局联合发展改革委、交通运输厅、农业农村厅制定印发《关于推进浙江省乡村物流补短板强弱项工作的意见》。意见要求,到2022年底,改造提升30个县级物流分拨中心、整合提升500个乡镇级物流服务站、4500个乡村驿站式物流快递综合服务站点,基本实现“一点多能、一网多用、多站合一”。推动50%以上县级物流分拨中心配备冷链设施,初步形成城镇1小时、农村3小时送达的冷链配送网络;提升产地仓储保鲜冷链物流能力,在特色农产品优势区的重点乡镇,新建100个产地仓储保鲜冷链物流基地。

全省实现快递进村100%全覆盖，主要快递品牌全省平均进村率达90%以上。

高兴夫副省长专题听取浙江局工作汇报

5月11日，浙江省副省长高兴夫专题听取了浙江省邮政管理局局长魏遵红关于邮政管理工作的汇报，并对下步工作作出重要指示。高兴夫指出，浙江是快递大省，业务量占全国五分之一以上，快递业为全省经济社会发展和人民生产生活提供了强有力支撑。浙江省局作为行业主管部门，在行业监管和促进发展两方面都取得了较好成绩，值得充分肯定。高兴夫对下步邮政管理工作提出六点希望和要求。

浙江省《快递专用电动三轮车》团体标准宣贯仪式举行

5月18日，浙江省《快递专用电动三轮车》团体标准宣贯暨嘉兴市快递末端服务车辆系统化规范管理启动仪式在嘉兴成功举办。此次公布的《快递专用电动三轮车》团体标准，规定了快递专用电动三轮车的术语和定义、产品型号、基本要求、技术要求、试验方法、检验规则、标志、产品合格证和使用说明书及质量承诺，采用电子身份适时云认证技术，突出安全、优化车速防篡改、强化"互联网+监管"，普及执法应用，运用大数据存储技术，构建与政务云对接的大数据平台，实现了对快递专用电动三轮车整车信息的采集，从产品制造、出厂、交付、使用以及关键件维修更换等全流程有效监督管控，更好推动行业发展，保障消费者使用安全权益。

浙江省制定"十四五"规划

5月，浙江省委省政府制定《〈浙江省国民经济和社会发展第十四个五年规划和二〇三五年远景目标纲要〉主要目标和重点任务责任分解方案》，全省邮政快递业多项工作被纳入其中。方案明确，要全力打好构建新发展格局组合拳，打造国内大循环战略支点、国内国际双循环战略枢纽。加快构建现代物流体系。优化物流分拨中心、末端配送等网点布局。完善农产品流通骨干网。推进冷链物流创新发展。方案提出，要建设现代化基础设施体系，持续优化发展硬环境。推动工业互联网、卫星互联网、物联网，区块链基础设施建设。完善综合交通网络。加快构建国际物流供应链体系。实施快递业"两进一出"工程。

全国政协社会和法制委员会调研组赴浙调研"快递小哥"权益保障

5月20日至22日，以沈德咏为组长的全国政协社会和法制委员会调研组，就"加强快递员、外卖配送员权益保障，促进行业健康发展"赴浙江省调研。省政协主席葛慧君在杭州会见调研组一行，浙江局党组书记、局长魏遵红陪同，省局领导王德奔、相关处室负责人参加调研。全国政协社会和法制委员会副主任强卫、王尔乘，全国政协常委秦卫江、徐晓，全国政协委员姜伟、凌振国、李守镇、张金英、朱新力、孙洁、李迎新一同参加调研。

浙江省推动自由贸易试验区全面提升跨境寄递服务水平

5月，浙江省邮政管理局会同浙江省自贸办联合下发了《关于支持中国（浙江）自由贸易试验区发展提升跨境寄递服务水平的指导意见》，深入推进自由贸易试验区建设，强化国际快递物流的支撑保障能力，更好地服务构建以国内大循环为主体、国内国际双循环互相促进的发展新格局。意见指出，要全力构筑全球快递智能骨干网络，建立浙江省国际快递物流出海网络联盟，推动快递物流指数成为全球航运物流风向标。到2025年底，培育50家以上本土注册国际快递许可企业，国际快递骨干企业稳步发展，形成区域国际快递网络。到2035年底，形成环杭州湾全球快递物流枢纽，国际快递智能骨干网通达全球，基本形成"全球123快货物流圈"。

绿色快递相关内容被纳入《浙江省循环经济发展“十四五”规划》

6月,浙江省发展改革委印发的《浙江省循环经济发展“十四五”规划》中明确提到了“推进快递物流绿色发展”“强化快递包装绿色治理”和“快递塑料包装污染治理”,绿色快递的内容正式被写入规划。规划指出,推进快递物流绿色发展,全省设置包装物回收装置超过5100个,全省主要快递品牌快递循环中转袋使用率达100%。以循环经济为核心的生态经济体系初步建立,在全国率先建成生态省。规划强调,在十四五期间,要强化快递包装绿色治理,推动电商与生产商合作,实现重点品类的快件原装直发。鼓励包装生产、电商、快递等上下游企业建立产业联盟,支持建立快递包装产品合格供应商制度,推动生产企业自觉开展包装减量化。

郑栅洁省长、高兴夫副省长先后对浙江省邮政管理工作作出批示

6月,浙江省生长郑栅洁、副省长高兴夫先后在浙江省邮政管理局上报的《关于国家邮政局马军胜局长到浙江调研快递业高质量发展情况的报告》上作出批示。郑栅洁批示:“感谢马军胜局长和国家局、省局支持!我省是快递业大省,高质量发展对经济社会持续健康发展十分重要,望形成合力,协同推进、提升。”高兴夫副省长批示:“按马局长要求抓好落实,多见实效。”

邮政快递服务全覆盖被纳入《浙江省公共服务“十四五”规划》

6月,浙江省人民政府办公厅印发的《浙江省公共服务“十四五”规划》正式发布,邮政快递服务全覆盖等内容被写入规划。规划明确,要缩小基本公共服务区域差距,加大向薄弱地区财政转移支付力度,促进基本公共服务财政投入和公共服务资源配置优先向山区、海岛等地倾斜。加强大都市区、一体化合作先行区、城乡融合发展试验区公共服务标准统筹,做好基本公共服务设施配置、人员配备有效衔接,进一步缩小全省县域间、市域间基本公共服务供给水平差距。开展基本公共服务跨区域合作,积极参与长三角基本公共服务便利共享。规划提出“推动乡镇邮政服务全域覆盖,到2025年邮政(快递)进村服务覆盖率达到100%”,对于推进农村邮政尤其是快递服务短板,满足农村居民寄递需求,实现城乡邮政快递服务一体化,助力乡村振兴具有重要意义。

郑栅洁省长赴杭州桐庐快递员爱心驿站调研

6月30日,浙江省委副书记、省长郑栅洁赴桐庐快递员爱心驿站调研。郑栅洁在驿站内与快递小哥、外卖骑手亲切握手,关切询问工作时长、日均件量、安全保障、收入生活等情况,倾听一线从业人员的呼声和愿望,叮嘱他们送货路上一定要把安全放到第一位,高高兴兴出门,平平安安回家,让生活变得越来越好。郑栅洁强调,各级各部门要牢记习近平总书记的谆谆教诲,始终把人民群众的冷暖放在心上,进一步提升城市精细化管理水平,为平台经济中的新就业群体创造更好的工作生活条件。

“两进一出”成为浙江高质量发展建设共同富裕示范区的重要任务推进

7月,中共浙江省委、浙江省人民政府印发《浙江高质量发展建设共同富裕示范区实施方案(2021－2025年)》,赋予了浙江省邮政管理局多项职责任务,其中“两进一出”工程被纳入实施方案,予以重点推进。方案明确,要深入推进快递业进村进厂出海“两进一出”工程,培育现代物流业,构建城乡贯通、内外融合的现代快递物流网。要打造全球高端要素引力场,构建现代流通体系,推动海港、陆港、空港、信息港“四港”高效联动,打造国家级和区级流通节点城市,培育具有全球竞争力的现代流通企业和商贸枢纽型市场,形成互联互通、智慧绿色的数字化流通体系,增强现代流通

竞争力。

高兴夫副省长批示肯定湖州吴兴快递“进村”工作

7月,《浙江政务信息(每日要情)》第100期发表了《湖州吴兴区推动“快递进村”助力城乡共同富裕》文章,浙江省副省长高兴夫批示:要及时推广各地好做法。自从2020年1月挂牌成立以来,吴兴邮政管理局认真贯彻落实国家邮政局《快递进村三年行动方案(2020－2022年)》,全面整合贯通辖区内的20家快递经营许可企业、188家分支机构和末端网点,截至2021年5月底,吴兴区已全部实现快递“进村”全覆盖,实现村村通快递,精准助力农民增收。

高兴夫副省长肯定浙江局上半年工作成效

7月13日,浙江省高兴夫副省长专题听取浙江省邮政管理局局长魏遵红关于半年度工作情况的汇报,对下半年重点工作任务进行部署。高兴夫充分肯定了浙江局上半年各项工作成效,他指出,今年以来,浙江局对标对表省政府重点工作,统筹改革发展和风险防控,其中有很多亮点工作值得肯定。高兴夫要求,下一步要按照重大突破性事项、落实省政府重点工作和存在问题加强梳理,特别是针对“两进一出”工程、快递物流基础设施建设、国际龙头企业培育、快递从业人员关心关爱、快递绿色发展等方面存在的问题要深化研究,积极谋划推进邮政快递业的改革发展,为浙江高质量发展建设共同富裕示范区和助力打造双循环新发展格局作出积极贡献。

高兴夫副省长批示肯定绍兴嵊州快递“进村”工作

7月,绍兴嵊州市向省政府上报了《嵊州市坚持“三个导向”构建城乡物流体系　助力乡村产业发展》调研汇报材料,浙江省副省长高兴夫作出批示:“嵊州市的系统理念构建城乡物流体系‘快递进村’成效明显。请省交通运输厅、省邮政管理局阅研,合力推进‘两进一出’建设,为高质量发展建设共同富裕示范区多作贡献。”

高兴夫副省长肯定浙江局护航建党百年寄递渠道安保工作

7月,浙江省副省长高兴夫在浙江省邮政管理局上报的关于建党百年庆祝活动寄递安保总结材料上作出批示:“省邮政管理局站位高、措施实、成效好。望总结经验,进一步完善长效机制。”

浙江省突出治理快递服务恶意低价竞争行为

7月,浙江省邮政管理局与省市场监管局联合印发了《关于规范快递服务治理价格违规行为的通告》。通告规定了经营快递业务的企业应在官网公示提供快递寄达服务的省内行政区域(详细至建制村),并将不能提供寄达服务的行政区域名录报邮政管理部门备案。通告要求,快递企业应对服务价格明码标价,并按照快递服务标准提供服务,且不得以低于成本的价格提供快递服务,对不按名址投递、未经同意不送货上门、加收派送费等违反快递服务标准的行为,将开展重点整治。

浙江局就保障快递员群体合法权益发出倡议

7月,浙江省邮政管理局向省邮政公司及全省主要品牌快递企业就快递员权益保护发出倡议。倡议从保证依法规范用工管理、保障快递员合理劳动报酬、优化快递员生产作业环境、加强网络稳定运行管理、完善职业发展保障体系、强化非公党建工作等六方面提出相关措施建议,积极引导企业切实履行主体责任,切实解决好快递员群体最关心、最直接、最现实的合法权益保障问题。各企业在省快递行业协会的牵头下,签署了倡议书。

浙江省快递行业协会与主要品牌快递企业签署维护市场经营秩序倡议书

7月,浙江省快递行业协会与省内主要品牌快递企业签署了维护市场经营秩序倡议书。在浙江省邮政管理局指导下,经协会秘书处研究动议,并征求各主要品牌快递企业意见,倡议书从科学制定考核增速指标、扭转以罚代管管理模式、科学设定最低派费、杜绝行业恶性低价竞争等方面提出了措施建议,积极引导各会员单位加强自律规范,按照倡议抓好落实,相互监督,共同维护快递市场经营秩序。倡议书签署后,各企业表示,将积极响应倡议书的号召,遵循公平、公正和诚实、信用的原则,绝不扰乱正常的市场经营秩序,损害其他经营者、一线员工或者消费者的合法权益,促进行业健康发展。

浙江省总工会调研快递从业人员权益保障工作

8月,浙江省总工会党组成员、副主席张兆都一行赴湖州专程调研快递从业人员劳动权益保障工作。张兆都充分肯定了湖州在邮政快递行业从业群体权益保障和关心关爱方面所做的工作,并指出,要正确看待当前工作中存在的不平衡问题,持续加强对邮政快递行业群体权益保障工作的探索实践,创新保障关爱机制、模式,扩大工作覆盖,更好维护广大从业人员的切身权益、助力地方经济社会又好又快发展。

“两进一出”为浙江省先进制造业基地建设“十四五”规划提供有力支撑

8月,浙江省人民政府印发《浙江省全球先进制造业基地建设“十四五”规划》,明确了“十四五”时期全省制造业高质量发展、加快建设全球先进制造业基地等各项重点工作任务。其中,快递业“两进一出”工程内容被纳入其中,为全省先进制造业基地建设提供有力支撑。规划明确,到2025年,全省制造业比重保持基本稳定,发展生态更具活力,数字化、高端化、绿色化发展处于全国领先地位,重点标志性产业链韧性、根植性和国际竞争力持续增强,形成一批世界级领军企业、单项冠军企业、知名品牌、核心自主知识产权和国际标准,全球先进制造业基地建设取得重大进展。规划同时明确,要推进“买全球、卖全球”网络建设,加快跨境电子商务验区、义乌国际贸易综合改革试验区建设,完善贸易投资推广机制,帮助企业拓展全球营销网络,拓展国际货运航空通道,推动快递物流“两进一出”发展。

浙江省着力打造农产品全链闭环物流体系

8月,浙江省商务厅印发《浙江省加强县域商业体系建设促进农村消费实施方案(征求意见稿)》,明确“十四五”期间,全省各县(市、区)要建设改造提升农文旅商结合的乡愁产业发展基地,实现辖区内行政村新型商业便利店、网商进村和邮政综合服务站全覆盖,围绕主干农产品冷链供应链打造全链闭环物流体系。

浙江省政协副主席郑继伟调研快递绿色包装工作

8月23日,浙江省政协副主席郑继伟率部分政协常委、委员开展快递绿色包装调研并召开专题座谈会。郑继伟充分肯定了浙江省邮政管理局提案办理工作成效。他强调,要凝聚思想共识,提高政治站位,做好顶层设计,积极引导促进消费者理念和行动转变;要推进综合治理,强化做好源头减量、产业培育、循环利用、无害化处理等;要发挥协同治理优势,建立健全协调沟通机制,细化、夯实各方责任,进一步营造社会氛围;政协委员要继续发挥自身优势,为我省经济社会发展建言献策,共同推动我省邮政快递业健康、绿色发展。

菜鸟网络全国最大集运仓在杭州启用

8月,菜鸟网络正式启用位于浙江杭州的华东集运仓。该集运仓位于杭州空港新区,离华东分拨中心距离约1.2公里,距离杭州萧山机场约3公里,兼顾包裹存储及处理能力,仓内拥有包括数字化流水线、龙门架、交叉带分拣机、Ptl、IoT等智能物流设备,是目前菜鸟全国最大集运仓。

浙江省新增三个交通运输部农村物流服务品牌项目

8月，交通运输部对第二批农村物流服务品牌公示，浙江省快递进村项目——德清县“交邮商融合发展”、淳安县“交邮融合＋电商物流＋特色产业”、杭州市余杭区“交邮快农商融合发展”三个项目成功入选，这是浙江省2020年继宁海县“交通运输＋邮政快递融合”服务品牌和绍兴柯桥“交邮融合＋供销模式”服务品牌之后再次入选交通运输部农村物流服务品牌。截至2021年8月，浙江省共有5个项目被评选为交通运输部农村物流服务品牌，居全国第一阵营。

浙江省出台邮件快件过度包装和随意包装治理工作方案

8月，浙江省发展与改革委员会出台《浙江省邮件快件过度包装和随意包装治理工作方案（2021－2022年）》。方案坚持绿色低碳循环发展理念，按照“禁、限、减、循、降”总体思路，突出精准施策、闭环管理，强化标准引领、执法监督，动员全社会共同行动，扎实推进邮件快件过度包装和随意包装治理。方案明确，到2022年底，全省禁止使用不可降解的塑料包装袋、一次性塑料编织袋，不可降解的塑料胶带使用比例下降至30%；平均每件快递包装耗材减少10%以上，电商快件不再二次包装率超过90%；全省采购使用可循环包装箱（袋）80万个以上，可循环中转袋使用率100%。同时，鼓励支持有条件的地区和品牌的快递网点在2021年底不再使用不可降解塑料包装。

快递业数字化转型成为浙江省数字经济发展“十四五”规划重要抓手

8月，浙江省数字经济发展领导小组办公室印发《浙江省数字经济发展“十四五”规划任务分工方案（征求意见稿）》，明确了“十四五”时期全省数字经济高质量发展、加快培育建设世界级数字产业集群等各项重点工作任务分工。省邮政管理局协同推进的快递业数字化转型和快递进村等工作内容被纳入其中，为全省数字经济发展“十四五”规划目标任务顺利完成提供有力支撑。

2021年浙江省邮政行业职业技能竞赛举办

9月9日，由浙江省邮政管理局、省人力资源和社会保障厅、省总工会、共青团浙江省委共同主办的2021年浙江省邮政行业职业技能竞赛暨第三届全国邮政行业职业技能竞赛省级预选赛在浙江邮电职业技术学院成功举办。来自全省9个品牌快递企业的39名从业人员同场竞技，其中3名选手是行业党委推荐的优秀党员代表。

高兴夫副省长召集省级有关部门专题研究快递员群体合法权益保障工作

9月，浙江省副省长高兴夫召集省发展改革委、省交通运输厅、省邮政管理局、省人社厅、省商务厅、省市场监管局、省总工会专题研究快递员群体合法权益保障工作。会议听取了浙江省邮政管理局关于快递员群体合法权益保障情况及《关于做好快递员群体合法权益保障工作的实施方案》起草情况的汇报。高兴夫对浙江局所做相关工作表示肯定，并对实施方案提出了进一步修改意见。高兴夫要求，快递员权益保障工作是新业态从业人员权益保障工作的重要组成部分，是一项民生工作，务必高度重视；实施方案要在国家七部委文件的基础上，结合浙江实际，提出可操作性强的具体措施。各省级相关部门也对快递员群体合法权益保护相关工作进行了交流发言。

《关于进一步推进浙江省邮政快递公共服务均等化的通知》出台

9月，浙江省邮政管理局联合发展改革委、交通运输、自然资源、住房和城乡建设、农业农村、商务、教育等部门联合印发了《进一步推进浙江省邮政快递公共服务均等化的通知》。通知提出要对标《邮政普遍服务标准》《快递服务标准》建立以邮政为服务主体、各方协调配合的邮政快递公共服务体系，有效解决邮件、快递包裹“最后 100 米”服务和邮政快递公共服务城乡发展不充分、不平衡问题，满足城乡人民群众美好用邮服务新需求。通知从邮政快递服务纳入省基本公共服务标准清单、服务网点列入城市化进城配套建设项目、建筑物邮政快递服务终端配建标准制定、智能信包箱等纳入老旧小区改造项目、协调解决邮政快递服务进单位进社区进园区进高校以及“邮政在乡”“快递进村”等 9 个方面明确了任务要求和责任。

《浙江省综合立体交通网规划》发布

9 月，浙江省委省政府印发《浙江省综合立体交通网规划》，要求统筹推进“铁轨公水管邮枢廊”九要素融合发展的现代化综合立体交通体系，到 2035 年，基本实现高水平交通运输现代化，全面形成高品质的 2 个“123 快货物流圈”（国内 1 天、周边国家 2 天、全球主要城市 3 天送达，城乡 1 小时、省内 2 小时、长三角主要城市 3 小时送达）。规划明确，建设互联互通交通基础设施，打造快捷便利的邮政快递网。依托国家级、省级快递物流中心城市，突出浙江在长三角区域快递业枢纽地位，积极构建“出海”通道，合理布局完善全省快递空间支撑体系。规划形成“一湾两带三级四区六核立体化”的邮政快递空间布局结构。

浙江省强化快递员等新就业形态劳动者劳动权益保障

9 月，浙江省人力资源和社会保障厅印发《浙江省维护新就业形态劳动者劳动保障权益实施办法（征求意见稿）》，明确对本省行政区域内依托互联网平台就业的快递员等新就业形态劳动者进行劳动保障权益维护。办法坚持改革创新、问题导向、协同治理的原则，统筹处理促进平台经济发展与维护新就业形态劳动者劳动保障权益的关系。办法对快递企业和从业人员就劳动生产和权益维护方面作了进一步地细化和明确，指出，各企业需依法合规用工，积极履行用工责任，主动关心关爱劳动者，努力改善劳动条件，拓展劳动者职业发展空间，逐步提高劳动者权益保障水平。

高兴夫副省长专题听取浙江局工作汇报

9 月 24 日，浙江省副省长高兴夫专题听取了浙江省邮政管理局局长魏遵红关于 2021 年以来重点工作进展情况的汇报，充分肯定了全省邮政管理部门前期工作情况，对下步工作提出进一步希望和要求。高兴夫在听取汇报后，对浙江局今年以来稳固行业发展态势、推动行业高质量发展和发挥行业优势促进共同富裕等表示了充分肯定。高兴夫指出，今年以来，全省快递业务量持续高速增长，助推经济社会发展，服务惠民效果不断显现。下一步，要在加快快递地方立法、深化快递业“两进一出”试点工程、规范市场经营秩序、推进农村寄递物流体系建设等方面持续发力。

《浙江省快递业促进条例》获省人大常委会审议通过

9 月，《浙江省快递业促进条例》经浙江省第十三届人民代表大会常务委员会第三十一次会议通过并予以发布，将于 2022 年 3 月 1 日起正式施行。条例是浙江省首部关于快递业的地方立法，共设七章四十九条，分为总则、发展要素保障、数字快递和绿色快递、经营和服务规范、从业人员权益保障、法律责任和附则。

快递业成为浙江海外仓布局重要引擎

10 月，浙江省外贸工作领导小组办公室印发《浙江省推进海外仓高质量发展行动计划》，明确了浙江海外仓高质量发展的各项重点任务分工，浙江省邮政管理局协同推进的共建海外物流智慧平台项目等工作内容被纳入其中，成为浙江布局海外仓建设的重要组成部分。

浙江省强化快递包装塑料污染治理工作

10 月，浙江省生态环境厅出台《关于开展

2021年度浙江省塑料污染治理部门联合专项行动的通知(征求意见稿)》,明确将邮件快件过度包装和随意包装行为纳入专项治理工作中,同时,浙江省邮政管理局作为省级塑料污染治理部门联合专项行动检查工作小组组长单位之一参加联合治理行动。通知明确将邮政快递网点禁止使用重金属和特定物质超标包装袋、45mm以上一次性塑料胶带等,逐步降低一次性塑料编织袋、不可降解的快递塑料包装袋、不可降解的快递塑料胶带使用量,减少快递包装物用量,设置快递包装废弃物回收装置等的进展情况以及替代产品和模式的研发推广使用情况作为本次专项行动重点检查内容之一,并将对快递企业使用塑料制品情况展开抽查,检查中发现的重点问题将被纳入省委生态环境保护督察范畴。

浙江省代表队在第三届全国邮政行业职业技能竞赛总决赛中喜获佳绩

10月15日,2021年全国行业职业技能竞赛——第三届全国邮政行业职业技能竞赛总决赛在江苏圆满落幕。浙江代表队斩获大赛一等奖、三等奖,以奖牌数第一的成绩和优良的组织纪律获得优秀技术指导奖、团体优胜奖和优秀组织单位奖,创造了个人和团体参赛历史最好成绩。

浙江省快递物流行业团工委在杭成立

10月21日,浙江省快递物流行业团工委在杭州正式揭牌成立,这是全国首家省级快递物流行业团工委。团省委将联合省邮政管理局、省交通运输厅直接指导管理或联系龙头企业总部、省级区域公司、大型分拣中心团组织,统筹全省快递物流行业团建工作。此次成立的省快递物流行业团工委将主要负责加强省级快递物流企业团组织与省快递物流行业党委和团省委的工作联系,协调或牵头开展各项团青活动,包括扩大团的组织覆盖、规范团员的信息管理、加强从业青年的政治举荐和政治吸纳、建立团的建设和工作重大事项报告制度、提升快递物流企业团组织活力、加强从业青年的联系服务。

浙江省发布快递业“两进一出”工程行动计划

10月,《浙江省快递业“两进一出”工程行动计划(2021－2025年)》正式印发,重点培育构建农村快递物流辐射网、工业互联快递服务网、国际快递智能骨干网“三网一体”的发展体系。行动计划期限为2021—2025年,力争山区26县、海岛4县(区)建制村“共富驿站”等快递物流综合服务站可持续运行,全省建成与浙江高质量发展建设共同富裕示范区相适应的农村快递物流服务体系;具备端到端的现代供应链能力,年支撑制造业产值达2000亿元,快递供应链水平国内领先、有国际影响力;基本形成“五网”叠加的国际区域网络,培育100家国际快递物流企业和1家具有较强国际服务能力的快递骨干企业,跨境快递业务总量突破12亿件,在畅通国际循环中发挥不可替代的作用。

浙江省强化快递物流服务助力交通服务高质量发展

10月,浙江省交通运输厅出台《浙江交通服务高质量发展建设共同富裕示范区专项行动方案(征求意见稿)》,明确将快递物流服务纳入交通服务高质量发展建设共同富裕示范区重点事项清单中。方案明确了主要行动目标,具体围绕“区域交通均衡发展、城乡交通一体发展、弱势群体服务和从业环境改善、交通服务高质量发展、平安交通建设”六大方面做好先行示范,旨在提供更加均衡协调、便捷高效、普惠共享、绿色安全的运输服务,到2025年,基本形成交通服务高质量发展建设共同富裕示范区支撑保障体系,打造一批阶段性标志性成果,成为交通服务体验感最强、群众满意度最高省份之一。

浙江省团省委副书记调研慰问义乌快递小哥

11月,浙江省团省委副书记何黎斌带队在义乌开展“千名团干结对小哥”调研实践活动。其间,何黎斌实地走访中通、圆通等品牌的快递一线网点,深入了解小哥的生存现状、思想动态、重点诉求,听取意见建议。何黎斌亲切慰问中通快递小哥,参加体验快递小哥一日工作活动,开展快件派送的跟班学习,与快递小哥互留了联系方式,建立起常态化的联系服务和结对帮扶。何黎斌指出,义乌是全国最具有影响力的快递集聚中心之一,有2万多名快递小哥奔波在大街小巷,各级团组织要持续深化快递物流行业团建的实践探索,在基层把组织建起来,把关爱送起来,不断加强对快递小哥青年群体的联系服务工作。

浙江省11名快递从业人员获评2021年度快递行业高级工程师

11月19日,按照国家邮政局党组和全国邮政行业人才工作领导小组部署安排,浙江局联合省人社厅组织召开了2021年度快递行业高级工程师职称评审会,从全省专业技术职务任职资格申报与评审管理服务平台系统专家库中,抽取了17名专家组成执行评审委员会,对17名参评人员进行了严格评审,最终评选出11名快递行业高级工程师。

高兴夫副省长批示肯定全省“两进一出”工程成效

11月,浙江省副省长高兴夫在浙江省邮政管理局上报的《关于快递业“两进一出”工程全国试点情况的报告》上作出批示:“谋划系统、推进有力、成效明显,要进一步务实推进,特别是‘一出’上要创新举措,全力培育。”

高兴夫副省长批示肯定浙江局“双11”快递业务旺季服务保障工作

12月,浙江省副省长高兴夫在浙江省邮政管理局呈报的《关于2021年浙江省快递业“双11”服务保障工作的报告》上作出批示“保障有力有效”,充分肯定全省“双11”快递业务旺季服务保障工作和行业发展成绩。

浙江局深入打造“电商+农产品”新模式助力消薄增收

12月,浙江省邮政管理局、浙江省社科联与结对的富文乡在乡政府会议室举办了“电商+农产品”项目战略合作协议签约仪式。

浙江省出台新政支持基层快递网点工伤保险全覆盖

12月,浙江省邮政管理局联合省人社厅印发《关于进一步推动基层快递网点参加工伤保险工作的通知》,全省快递员群体合法权益保障工作再获支持。

邮政快递业改革发展获评2021年中国(浙江)自贸试验区最佳制度创新案例

12月16日,高质量推进中国(浙江)自由贸易试验区建设大会在杭州召开,浙江省委书记袁家军出席会议并讲话。会上宣读了2021年中国(浙江)自由贸易试验区最佳制度创新案例文件,浙江省邮政管理局报送的国际快递业务经营许可下放被评选为2021年中国(浙江)自由贸易试验区最佳制度创新案例。会上,袁家军对自贸试验区快递业务发展取得成效,特别是对邮政管理部门将国际快递许可下放创新举措予以了充分肯定,对下一步推进自贸试验区快递业高质量改革发展,助力畅通国内国际经济双循环寄予了期望并明确了要求。

浙江省印发《关于做好快递员群体合法权益保障工作的实施方案》

12月,经浙江省政府同意,浙江省邮政管理局联合省发展改革委、省人社厅等七部门印发了《关于做好快递员群体合法权益保障工作的实施方案》。实施方案结合浙江省实际,在交通运输部、国家邮政局、国家发展改革委等七部委联合印发的《关于做好快递员群体合法权益保障工作的意见》基础上反复研究推敲，逐项予以细化，提出十七项保障举措，尤其是在快递员保险保障、快递电动三轮车路权以及建立行业工会等方面彰显了浙江特色，切实推动了快递员群体合法权益保障工作落实落细。

浙江省实现全省“快递进村”基本服务全覆盖

截至12月24日，全省各地市基本完成了品牌快递进村目标任务，实现19920个行政村4个以上品牌快递基本服务全覆盖，9个以上品牌快递服务平均进村率达95.1%。

浙江省杭州机场国际邮件交换站正式揭牌

12月30日，在浙江省邮政管理局和省交通运输厅的牵头下，杭州国际邮件交换站正式挂牌运营。杭州国际邮件交换站功能的落地，不仅解决了跨境电商发展和消费升级的需求，也是浙江邮政扎实推进落地浙江省快递业“两进一出”工程的具体成果，标志着浙江邮政服务社会经济水平跨上新台阶。揭牌仪式现场，中国邮政速递物流股份有限公司杭州市分公司与杭州萧山国际机场航空物流有限公司签订合作协议，就杭州国际邮件交换站的操作场地、功能拓展等相关事宜达成共识。

安徽省快递发展大事记

顺丰集团与合肥市政府签署合作协议

1月15日，顺丰集团与合肥市政府合作事项签约仪式在合肥市政务中心举行。本次合作协议主要内容包括深化货运航线合作，共同推进区域性航空货运枢纽建设，共同推动智慧物流园区建设等多领域合作事项。此外，签约仪式上，顺丰集团还与安徽民航机场集团签署顺丰合肥区域性航空货运枢纽建设意向合作框架协议，与安徽省合肥市经开区、安徽民航机场集团三方签署货运航线合作协议，与肥东县政府签署顺丰华中智慧供应链科技基地项目投资合作协议，与蜀山区政府签署顺丰安徽科创产业园项目投资协议，总协议投资金额近30亿元。

何树山副省长肯定省邮政管理工作

1月18日，安徽省副省长何树山专题听取了安徽省邮政管理局主要负责同志关于全省邮政管理工作情况的汇报，在充分肯定工作的同时，对行业高质量发展提出更高希望。何树山指出，要把握长三角一体化发展战略机遇，充分发挥邮政快递业网络一体化优势，推动全省加速融入长三角一体化发展。全省邮政快递业要持续推进行业高质量发展，要坚持创新驱动，加快科技应用，聚焦量质平衡、结构优化，充分汲取安徽科技创新资源，发挥南陵县全国快递科技创新试验基地作用，实现行业发展质效齐升；要持续推进行业重大项目建设。要立足安徽实际，统筹考虑园区布局，引导企业集聚发展。推动重大项目重点工程加速建设、早日达产生效；要持续推进服务网络建设。要以“快递进村”为手段，畅通农产品进城和工业品下乡双向流通渠道，服务现代农业、电子商务和制造业，实现产业融合发展提质增效。

关爱外出务工创业人员大型公益活动启动

1月，安徽省邮政管理局联合省文明办、省人社厅、省扶贫办、省总工会、省妇联、团省委、省邮政公司、安徽上铁国旅共9家单位联合举办第三届“春运邮情情暖江淮”关爱外出务工创业人员大型公益活动启动仪式。本届“春运邮情情暖江淮”活动将重点围绕外出务工创业人员返乡、就业、子女关爱等需求，组织开展“万张车票免费送”“返乡车票送补贴”“家乡邮情抖起来”“暖冬邮我家乡情”四大主题爱心公益活动。当日活动抖音直播间累计观看人数突破百万，同时在线人数高达7800人，超3万人参与在线互动并收获近20万点赞，启动仪式参与人数、覆盖区域、互动次数等皆创历届之最。

申通智慧电商物流产业园落户蚌埠

1月21日，总投资额2.5亿元的申通智慧电商物流产业园项目正式签约落户蚌埠。此次签约的申通（蚌埠）电商智慧物流产业园项目由申通快递有限公司投资建设，项目位于蚌埠市淮上区，总用地面积逾百亩。申通（蚌埠）电商智慧物流产业园定位为申通快递皖北区域中心，该项目集结算中心、智能化邮件、快件处理中心、仓配一体化配送中心、电子商务服务中心、电商零售服务中心及电商金融服务中心等为一体。该项目建成后，将进一步推动皖北地区快递电商以及运输配送的绿色化、智慧化、集约化发展。

国家局与安徽省政府战略合作协议事宜被纳入合肥市“十四五”规划

1月，《中共合肥市委关于制定国民经济和社会发展第十四个五年规划和二〇三五年远景目标的建议》印发。“深化创建‘中国快递示范城市’”和“提升合肥国际快递枢纽地位”两项重点建设任务被列入市委建议，为合肥市贯彻落实国家邮政局与安徽省政府战略合作协议、推进合肥邮政快递业新时期高质量发展提供了有力指导。

安徽省全面完成“绿盾”工程应急指挥项目建设

1月，安徽省寄递渠道安全监管“绿盾”工程应急指挥系统和融合通信设备项目全面建成并投入使用，在全国率先实现了省、市邮政管理部门高效实时指挥调度。

安徽省邮政快递行业开展关爱快递员“暖蜂行动”

2月3日，安徽省总工会副主席阮怀楼与省邮政管理局主要负责同志一同慰问一线快递员，为他们送去节日祝福和温暖。在安徽顺丰一线网点，慰问组与一线快递员工亲切交流，并送上慰问品。阮怀楼指出，习近平总书记赞扬快递小哥是“美好生活的创造者、守护者”，是勤劳的“小蜜蜂”。特别是疫情期间，“数百万快递员冒雨奔忙”，在服务人民群众生产生活、促进地方经济发展等方面作出了突出贡献。他勉励广大快递员当好新时代的奋斗者、追梦人，继续发扬“小蜜蜂”精神，在平凡的工作中传递爱心，践行使命。

何树山副省长赴合肥邮区中心局督查指导

2月，安徽省副省长何树山赴合肥邮区中心局督查指导疫情防控和春运生产工作。督查指导过程中，何树山对邮政全面使用可循环邮袋表示认可，并强调邮政快递业应进一步贯彻新发展理念，践行绿色可循环作业模式，推进可降解材料使用。他还与劳动模范郭正谷亲切交流，并指出，在疫情防控期间，全体从业人员为贯彻统筹疫情防控和经营发展的各项决策部署作了有力支撑，感谢全省邮政快递从业人员的辛苦付出，并提醒员工们要做好个人防护，在战疫情保畅通同时，过一个欢乐安全的新春佳节。对于春运期间寄递服务保障工作，何树山提出四点要求。

安徽省政府工作报告多处提及行业发展

2月，安徽省第十三届人民代表大会第四次会议在合肥胜利召开，省长代表省政府向大会作工作报告，报告多处提及促进行业发展，全省邮政快递业迎来重大利好。报告在擘画全省“十四五”发展蓝图时明确要“加强物流通道、物流枢纽、物流园区和智慧物流建设，打造多层次多元化区域市场”。报告在对2021年工作进行部署时对行业提出了明确工作目标“‘快递进村’覆盖率达85%”。同时，报告还明确要“加速芜湖（京东）全球航空货运枢纽港建设”“实施冷链物流设施提质增效、县城配送投递设施提档扩面，推进合肥国家骨干冷链物流基地、黄淮海(宿州)智慧物流产业园等建设”。

安徽局提出全省邮政快递业九大重点项目

2月,安徽省邮政管理局印发《安徽省邮政管理局2021年重点工作部门分工意见、安徽局落实2021年邮政快递业更贴近民生七件实事任务分解及安徽省邮政快递业九大重点项目任务分解的通知》。在落实国家邮政局工作要求、确保年度重点工作任务完成的同时,提出了全省邮政快递业九大重点项目。重点项目以国家邮政局“两全两高”工作总思路为指导,结合安徽特有发展优势资源和行业发展现状,涵盖机关建设、行业高质量发展、从业人员权益维护、快递服务质量提升、行业生态环保等多个方面,补短板、强弱项、打基础、利长远,助推全省邮政公共服务提质增效均衡发展,加速构建“一轴一带多点”安徽邮政业发展新格局。

安徽省委常委、合肥市委书记虞爱华调研行业发展

2月,安徽省委常委、合肥市委书记虞爱华在合肥市副市长葛斌及蜀山区相关领导陪同下赴合肥顺丰丰泰产业园调研。调研中,虞爱华视察了顺丰合肥智能分拣基地,详细听取了合肥顺丰丰泰产业园发展、投资建设情况及未来规划的汇报,对顺丰合肥产业园的发展及贡献给予了高度肯定,强调园区建设要坚持新发展理念,更加注重节约集约,更加注重创新创造,鼓励安徽顺丰坚持高质量发展,奋力冲刺百亿企业。

安徽局出台邮政快递业疫情防控应急处置工作方案

3月,安徽省邮政管理局专门制定了《安徽省邮政快递业疫情防控应急处置工作方案(试行)》。方案明确,企业获知或者根据可靠消息判断存在可疑邮件快件、有关部门提供有明确信息的可疑邮件快件、有从业人员确诊等5种情形,邮政快递企业和所在地邮政管理部门应立即启动应急处置程序,本着落实企业主体责任、有效全程管控、坚持人物同防的原则有序开展疫情处置工作,强化与各方面的协同联动,确保信息直通、响应及时、反馈无误。方案还就因疫情防控而导致的网络不稳、快件积压等问题规定了应对措施,以保障寄递渠道安全畅通。

京东快递安徽春茶推介会在黄山举行

3月,“春茶寄递京东鲜到”2021年京东快递安徽春茶推介会在黄山举行。推介会上,举行了“京东物流助力农产品上行”启动仪式,京东快递还对招商政策和物流春茶保障方案进行了解读,并与部分客户代表签约了合作意向书。

安徽省寄递环节涉烟案件情报研判指挥中心正式揭牌成立

3月24日,安徽省邮政管理局与省烟草专卖局共同举行合作事项签约仪式。根据协议,双方将在情报信息共享、执法协作、联合督导检查等多领域开展合作,充分利用信息化手段,实现寄递环节涉烟违法事前预警、舆情监测联动,提升联合监管执法效能。共建省寄递环节涉烟案件情报研判指挥中心,是两部门此次合作的重要举措。

安徽省出台加快推进快递包装绿色转型工作方案

3月,为加速推动行业生态环保进程,构建绿色可持续的行业发展环境。安徽局联合发改、经信、司法、生态环境、住建、商务、市场监管等7部门联合印发《安徽省加快推进快递包装绿色转型工作方案》。方案明确,到2022年,严格落实快递包装材料无害化强制性国家标准,电商和快递规范管理普遍推行,电商快件不再二次包装比例超过90%,逐步降低不可降解的塑料胶带使用量,快递包装标准化、绿色化、循环化水平进一步提升。

到2025年，电商快件基本实现不再二次包装，邮政快递网点禁止使用不可降解的塑料包装袋、塑料胶带、一次性塑料编织袋，可循环快递包装应用规模进一步扩大，快递包装基本实现绿色转型。

安徽诞生首批快递高级工程师

3月，安徽省人力资源和社会保障厅函复，同意安徽省局申报的首批人员取得快递工程高级专业技术资格。这标志着安徽省快递工程技术人员职称评审工作取得新突破，首批诞生4位快递行业高级工程师。

安徽邮政快递业党史学习教育基地揭牌

4月12日，安徽邮政快递业党史学习教育基地揭牌暨“走邮路　看安徽”主题宣传活动启动仪式在六安市金寨县汤家汇镇“赤色邮局”广场举行。安徽省政协原副主席、中华全国集邮联合会第五届、第六届、第七届理事李宏塔等为安徽邮政快递业党史学习教育基地揭牌，并启动“走邮路　看安徽”主题宣传活动。在全党上下开展党史学习教育之际，在革命老区金寨县汤家汇镇“赤色邮局”现场举办安徽邮政快递业党史学习教育基地揭牌暨“走邮路　看安徽”主题宣传活动启动仪式，其目的是铭记赤色邮政光辉历史，“赤色邮局”“人在信在”的革命邮政精神，进一步践行人民邮政为人民的行业宗旨。启动“走邮路　看安徽”主题宣传活动就是从红色根据地出发，通过邮路变迁体验安徽的发展变化。

邮政业消费者智能语音申诉系统在安徽省上线试运行

4月，邮政业消费者智能语音申诉系统在安徽省邮政管理局申诉中心上线试运行。智能语音申诉系统由安徽省邮政管理局与科大讯飞股份有限公司合作开发，运用智能语音识别技术将用户诉求自动生成工单，实时反馈至相应企业进行处理，再根据处理结果自动向客户反馈，实现申诉处理全流程的智能化、无人化，从而进一步提升申诉受理接通率、申诉工作效能。

安徽省委印发一号文件明确深入推进快递进村工程

4月，安徽省委、省政府联合印发《关于全面推进乡村振兴加快农业农村现代化的实施意见》，提出要举全省之力全面推进乡村振兴，加快农业农村现代化，努力实现农业强、农村美、农民富。其中对深入推进快递进村工程提出了具体要求。文件明确“深入推进快递进村、农村电商提质增效和‘互联网+’农产品出村进城工程，2021年快递进村覆盖率达85%”。这是连续第三年省委一号文件明确支持农村快递末端服务设施建设。文件还指出要深入实施城乡冷链物流建设行动，推进田头小型仓储保鲜冷链设施、产地低温直销配送中心、合肥国家骨干冷链物流基地建设，到2025年建成覆盖全省主要产地和消费地的冷链物流基础设施网络。推进公益性农产品市场和农产品流通骨干网络建设。

安徽局举行全省邮政行业人才培养基地授牌仪式

4月，安徽省邮政管理局举办全省邮政行业人才培养基地授牌仪式，确定安徽交通职业技术学院为全省邮政行业人才培养基地。安徽交通职业技术学院是以交通运输类专业为主的国家骨干高职院校、国家现代学徒制试点单位、安徽省级示范高职院校。张国栋院长在致辞中表示，将发挥学院多年来积淀的职业教育资源，为安徽邮政快递业高质量发展的人才保障和智力支持贡献力量。

安徽“工会进万家”走访慰问活动首站看望慰问合肥快递小哥

4月28日，安徽省“工会进万家”走访慰问活动首站来到合肥德邦休宁路快递分部看望慰问快递小哥。省人大常委会党组副书记、副主任，省总工会主席宋国权，省总工会党组书记、副主席徐发成，省邮政管理局党组书记、局长伍洲文及合肥市、蜀山区相关领导参加慰问。在听取合肥德邦关于业务发展、工会组织建设、快递员权益保障等情况介绍后，宋国权表示，习近平总书记多次就关爱“快递小哥”作出重要指示，快递业作为新经济的代表产业，催生了快递员这一新产业工人队伍，这支中国特色社会主义建设主力军既方便了人民群众，也为地方经济建设作出了新贡献，特别是疫情期间，快递小哥帮助群众解决了很多生产生活实际问题，作出了突出贡献。希望快递企业加强政治引领，开展职业培训，引导快递小哥提升职业素养，不断成长成才，立足本职岗位，努力建功立业。

安徽省“十四五”规划明确多项邮政快递业发展内容

4 月，安徽省政府印发《安徽省国民经济和社会发展第十四个五年规划和 2035 年远景目标纲要》，纲要从十九个方面描绘了“十四五”期间开启新阶段现代化美好安徽建设新征程的宏伟蓝图，邮政快递业多项内容被纳入其中。纲要明确提出要“健全农村现代流通网络体系，开展城乡高效邮政、快递配送专项行动”“推进快递进村工程，加快实现村村通快递，全省城乡实现邮政快递网络全覆盖”，同时明确支持交快融合发展及快件通关设施建设。纲要还从大力培育服务业新业态新模式、统筹推进现代流通体系建设等方面对邮政快递业发展进行规划。纲要还明确了全省快递物流发展目标，“构建‘安徽 123 快货物流圈’，实现货物国内 1 天送达、周边国家 2 天送达、全球主要城市 3 天送达”。并对多个行业关联项目如：芜湖（京东）航空货运枢纽港、黄淮海（宿州）智慧物流产业园等进行了安排。

安徽局与省供销社签订战略合作协议

6 月，在第十四届安徽国际茶叶博览会开幕式上，安徽省邮政管理局与安徽省供销合作社联合社签订《邮政系统与供销系统战略合作协议》。本次与省供销社签订战略合作协议，就是发挥双方资源优势，在助力乡村振兴、推动农业农村社会化服务体系建设方面的积极探索。《协议》从完善城乡物流体系、推进全链条服务、构建综合服务网络等三方面对双方提出具体工作要求，同时就推动协议落实明确了合作联系机制。

《寄递企业风险管控基本规范》安徽省地方标准正式发布

6 月，安徽省市场监管局发布公告，依法批准《寄递企业风险管控基本规范》（DB34/T 3903—2021）地方标准，并自 2021 年 7 月 8 日起实施。《寄递企业风险管控基本规范》系国内首个邮政快递业风险管控领域地方标准，旨在帮助寄递企业有效识别和管控安全风险，推动构建安全风险分级管控和隐患排查治理双重预防机制，提高行业安全生产水平。该规范涵盖了寄递企业风险管控基本要求、风险辨识、风险评估、风险控制和持续改进等内容，适用于寄递企业安全生产风险管控全程处置。该规范还提供了寄递企业安全生产风险管控清单示例，包含 33 个风险项，便于寄递企业参考，增强了标准的可执行性。

2021 年安徽省邮政行业职业技能竞赛圆满落幕

6 月 24 日至 25 日，2021 年安徽省邮政行业职业技能竞赛在合肥成功举办，来自全省各市及高校的 41 支代表队 139 名选手经过 2 天的激烈角逐，合肥市队、安庆市队分别斩获快递员、快件处理员的冠军，安徽交通职业技术学院、六安技师学院和合肥技术学院的代表队分获学生组前三。

安徽省快递协同发展试验区快递行业团工委正式成立

7 月 28 日，安徽省快递协同发展试验区快递行业团工委成立大会顺利召开，正式成立蚌埠市首个由快递公司共同组建的地方快递行业团工委。会上,淮上区团委书记宣读了《关于同意成立安徽省快递协同发展试验区快递行业工作委员会的复函》和新一届快递行业团工委书记、副书记、委员人员名单。蚌埠市邮政管理局负责同志、共青团市委书记共同为新成立的快递行业团工委揭牌并讲话,新任团工委书记作了表态发言。蚌埠市邮政管理局负责同志对安徽省快递协同发展试验区快递行业团工委的成立表达了祝贺,并对行业团工委今后工作提出三点要求。

安徽省邮政业再获政策支持

8月,安徽省交通运输厅印发《"安徽省城乡交通运输一体化示范县"创建工作方案》。邮政业多项行业内容被纳入其中。方案指出,坚持"城乡统筹、资源共享、客货兼顾、运邮结合"发展原则,以"推进供给侧结构性改革,提升基本公共服务水平,改善发展环境,补齐发展短板,加快提升全省城乡交通运输一体化发展水平,全面助力乡村振兴"为目标。加速推进城乡货运物流服务一体化建设,进一步完善县乡村三级农村物流网络节点,强化农村物流资源整合,推进客货邮深度融合发展,畅通农产品进城和生产生活资料下乡双向流通渠道。全面提升全省城乡交通运输一体化发展水平,加快推进城乡区域协调发展,让广大农村居民共享交通运输改革发展成果。方案还将涉邮"城乡货运物流服务一体化发展水平"内容作为重要验收标准,占验收总权重的36%。并明确对验收通过的县(市、区)按标准分类给予200万元、400万元、800万元的一次性奖补资金,并优先推荐参加国家级示范创建。

南陵县在全省率先实现无人机配送

为全面推进乡村振兴,加快农村物流体系建设,南陵邮政管理局主动应对快递物流发展新形势、新要求,加速推进"快递下乡"换挡升级,聚焦打通快递进村"最后一公里",在全省率先实施无人机配送常态化运行,自2020年9月试运营以来,无人机常态化运行航线5条,飞行4500架次,派件数量2万件,累计飞行1.4万多公里,累计飞行时间2.2万多分钟。

汪春明副秘书长调研农村寄递物流体系建设情况

8月25日至27日,安徽省政府副秘书长、督查室主任汪春明率队赴六安市金寨县、霍山县开展农村寄递物流体系建设情况调研。调研过程中,调研组在充分肯定工作的同时,调研组指出:要加大农村寄递物流体系建设力度,努力打造农村寄递物流体系建设安徽样板。要进一步提高政治站位,充分认识加快农村寄递物流体系建设的重要意义。要因地制宜探索多样化实施路径,引导邮政企业主动担当作为,加强分工协作,形成联动合力。优化节点服务功能,整合资源要素。要积极争取政策支持,主动加强与政府有关部门汇报和沟通。要发挥乡镇邮政网点点多面广的优势,承接各类农村公共服务,实现"一点多能"。要着力推动农村电商与快递物流融合发展。健全完善农产品上行机制,推动农村电商快递协同发展示范区建设等工作,支持脱贫地区乡村特色产业发展壮大,助力农产品销售和乡村振兴。

何树山副省长专题听取安徽局工作汇报

8月,安徽省人民政府副省长何树山专题听取了安徽省邮政管理局关于全省邮政管理系统近期工作情况的汇报,并就下一步全省邮政管理工作和推进安徽农村寄递物流体系建设作出指示。何树山充分肯定全省邮政快递业发展成效,并对贯彻落实意见提出明确要求。他指出:省邮政管理局要吃透文件精神,牵头拿出贯彻实施方案,由省政府办公厅正式行文下发。要充分征求相关部门、市场主体的意见,尤其是听取一线寄递企业的建议。要"实"字当先,多"干货"少"套话",充分激发市场主体活力。省政府督查部门将组织对文件落实情况进行督查督办。必要时，召开专题会议推动工作落实。

安徽省政府召开“快递出海”专题会

9月，安徽省政府副省长张红文在省政府会议室召开专题会，研究部署“快递出海”工作。在详细了解安徽省“快递出海”现状及存在问题后，张红文指出：省邮政管理局“快递出海”调研报告做得非常好，提出的建议非常有建设性和操作性。要大力推动“快递出海”工作，加大招商引资力度，吸引更多的跨境电商企业入驻安徽，增加源头活水。要打通国际出口通道，加大合肥国际快件监管中心，合肥国际邮件互换局，芜湖国际邮件、快件监管中心申报、建设力度。要大力推动多式联运。

张红文副省长批示积极支持快递出海

9月14日，安徽省副省长张红文在安徽省邮政管理局《关于呈送〈安徽省“快递出海”情况的调研报告〉的报告》上作出批示：此报告反映的问题和所提建议具有很强的针对性。请商务厅、合肥海关认真组织研究，结合发展外贸新业态新模式、健全口岸通关能力等工作，采取更加务实管用的举措，积极支持“快递出海”。

安徽省规范快递环保包装获政策支持

9月，安徽省人民政府办公厅印发《关于进一步推进生活垃圾分类工作实施方案》，将邮政快递业包装治理纳入全省生活垃圾分类处理任务范围。方案要求，鼓励和引导快递企业严格执行限制商品过度包装的有关规定，避免过度包装，可以采取押金、以旧换新等措施加强产品包装回收处置，减少电商邮件二次包装。方案强调，要加强生活垃圾分类工作的组织领导，压实地方政府的推进主体责任，落实成员单位的推进职责；要落实部门职责，按照分工积极参与，加强部门协作联动；要做好资金保障，加强监督考核，确保生活垃圾分类工作顺利实施。

安徽局印发邮政业生态环保工作手册

10月，安徽省邮政管理局成立专门小组，收集、整理习近平总书记关于邮政快递业生态环保讲话摘编、党内关于生态环保相关规定、生态环保法律法规、生态环保相关标准、生态环保相关文件共46篇，435页，印制成册，下发到各市局、各企业、各相关部门。

安徽省出台政策支持大别山革命老区“快递进村”项目建设

10月，安徽省政府办公厅出台《关于新时代支持大别山革命老区振兴发展的实施意见》，明确提出“支持快递进村项目建设”，支持大别山革命老区振兴发展。实施意见指出，要支持发展金融、现代物流、电子商务、信息服务等生产性服务业，推进“六安茶谷”“江淮果岭”“西山药库”等平台建设，支持建设一批农村产业融合发展示范园、蔬菜标准园、农业标准化示范区、冷链物流基地、农产品批发市场和长三角绿色农产品生产加工供应基地，继续支持农村电商、快递进村项目建设。

安徽省省市联动加速推进快递业与制造业融合发展

11月，安徽省邮政管理局赴合肥快递服务制造业示范点中科美菱与洽洽公司进行调研座谈。调研组一行首先来到洽洽味乐园电子商务有限公司和中科美菱低温科技股份有限公司的智能仓储分拣中心，实地参观了快递业与制造业对接的具体操作流程。随后就快递进厂开展仓储配送业务合作以来的经验成效、需要解决的问题和下一步合作打算等进行座谈交流。安徽省邮政管理局提出要积极推进“入厂服务”“仓储＋配送”一体化、“订单末端”配送，“区域性供应链”服务、“嵌入式电子商务”等五种快递服务制造业模式，进一步提升生产和运营效率，加强协同管理，加快与制造业深度融合发展。

安徽局举办“绿色快递进企业”启动仪式

11月11日，安徽省邮政管理局联合省发展改革委、省经济与信息化厅共同主办的“绿色快递进企业”活动启动仪式在江淮汽车集团新港基地举行。开展“绿色快递进企业”活动，是绿色快递进机关、进企业、进校园、进社区、进医院“绿色快递五进”系列活动中的重要一环，旨在推动全社会积极参与绿色快递建设，助力从源头持续减少碳排放，促进经济社会发展全面绿色转型。

《安徽省“十四五”邮政业发展规划》正式印发

11月，安徽省邮政管理局、省发展改革委联合印发《安徽省“十四五”邮政业发展规划》。规划部署了加强基础设施网络建设、深度提升寄递服务品质、加快寄递产业生态拓展、加快培育区域市场优势、推进行业实现科技创新、持续优化行业发展环境、提高行业监管治理能力、提升绿色低碳治理水平等8个方面主要任务；确定了骨干设施建设工程、城市快递公共末端设施建设工程、“快递进村”工程、“快递进厂”工程、“快递出海”工程等5个重点工程；提出了加强党建引领、加强组织领导、加强实施管理、加强政策保障、加强人才支撑等5项保障措施。

何树山副省长批示肯定邮政管理部门工作成效

11月，安徽省政府副省长何树山在省邮政管理局呈报的“双11”工作情况报告上作出批示，肯定安徽局工作成效，并对邮政管理部门干部职工表示慰问和感谢。批示指出，今年以来，省邮政管理局围绕服务构建新发展格局，主动作为、开拓创新，有力推动了全省邮政快递业安全快速增长，特别是“双11”快递业务量再创历史新高，为全省经济社会高质量发展作出了积极贡献。谨向同志们表示慰问和感谢。

安徽省委书记批示肯定全省“快递进村”工作成效

12月，安徽省委书记郑栅洁在“快递进村”工作相关调研报告上作出批示，肯定全省“快递进村”工作成效，要求加快推进有关工作。在肯定工作成绩的同时，批示要求从加大政策扶持力度、加强基础设施建设、发展农村电商产业、健全组织机构、加快农村快递人才培养等五个方面，解决“快递进村”堵点。

安徽省印发快递员群体合法权益保障工作实施方案

12月，安徽省邮政管理局与省交通运输厅、省发展改革委、省人社厅、省商务厅、省市场监管局、省总工会等部门联合印发《关于做好快递员群体合法权益保障工作的实施方案》。方案进一步明确了快递员群体权益保障工作的指导思想、总体要求、目标任务和组织保障，更加突出劳动权益保护和行业源头治理，强化了快递员群体的工资收入权、社会保障权、休息休假权和荣誉权等合法权益。

安徽省政府常务会议审议通过加快农村寄递物流体系建设实施方案

12月25日，安徽省政府召开第163次省政府常务会议，审议通过《加快农村寄递物流体系建设实施方案》。会上，省委副书记、省长王清宪点赞全省快递进村工作。

安徽省委书记再次批示要求加速推动农村寄递物流体系建设

12月，安徽省委书记郑栅洁就农村寄递物流体系建设调研文章再次批示，要求针对性解决并推动发展。郑栅洁连续两次就农村寄递物流体系建设进行批示，体现了省委高度关注农村寄递物流体系建设，既肯定了前期工作成效，又对全省农村寄递物流体系建设提出了新的更高要求。

安徽局争取各类补助资金超8000万元

2021年,安徽省邮政管理局坚决落实邮政领域财政事权和支出责任划分改革精神,多渠道争取、多方向发力,多措并举争取资金,加快形成“多元经费保障格局”,为行业发展和行业监管提供坚强资金保障。截至12月,安徽省系统共争取各类资金支持8167.69万元,其中对邮政管理部门的补助达2000.63万元,对企业的补助为6167.06万元。

安徽省快递包装绿色发展产业联盟成立

12月,安徽省快递包装绿色发展产业联盟成立大会在合肥召开。安徽省邮政管理局联合发展改革、生态环境、科技等部门共同指导筹建安徽省快递包装绿色发展产业联盟。成立大会上,江淮汽车、安徽顺丰、丰原生物企业代表发言,联盟成员单位代表共同签订了联盟章程协议。产业联盟提出,到2022年,严格落实快递包装材料无害化强制性国家标准,电商和快递规范管理普遍推行,逐步降低不可降解的塑料胶带使用量,快递包装标准化、绿色化、循环化水平进一步提升。到2025年,电商快件基本实现不再二次包装,邮政快递网点禁止使用不可降解的塑料包装袋、塑料胶带、一次性塑料编织袋,可循环快递包装应用规模进一步扩大,快递包装基本实现绿色转型。

福建省快递发展大事记

福建省出台城乡建设品质提升实施方案深化“快递进村”

1月,福建省政府办公厅印发《2021年全省城乡建设品质提升实施方案》,在“交通品质提升”中提出要“推进县乡村三级物流网络建设,整合交通运输、邮政快递、供销、商务等农村物流资源,培育农村物流服务品牌”,为提升“快递进村”品质提供明确指引。

福建省进一步优化调整高速公路货车收费标准

1月,福建省人民政府发布《关于优化调整我省高速公路货车收费标准的批复》,优化各类货车及专项作业车收费费率,其中高速公路1~6类车型收费费率分别调整为0.450元/车公里、0.869元/车公里、1.406元/车公里、1.851元/车公里、2.024元/车公里、2.505元/车公里;收费系数分别调整为1.00、1.93、3.12、4.11、4.50、5.57。收费费率和系数较2020年呈现整体下降,结合福建省邮政快递业2、3类车型为主的货车结构,上述2类车型收费费率和系数分别下降0.184元、0.214元和0.47、0.48。优化调整后的货车收费标准从2021年1月10日起实施,全省邮政快递车辆运输整体成本预计下降15%左右。

福建省新一批228人获评快递工程技术人员职称

按照国家邮政局党组和全国邮政行业人才工作领导小组部署安排,福建省邮政管理局积极组织开展快递工程技术人员职称评审工作。通过材料初审、专家评审、人社厅复核认定等阶段,2020年全省新一轮228名获评快递工程技术人员职称。

福建局创新理念探索行业大数据监管

1月,福建省邮政管理局提出2021年“1133”(即“一链”“一中心”“三平台”“三应用”)的信息化监管工作思路,以行业监管职责为切入,即依托省级政务区块链服务系统提供的基础设施,以快递数据资源中心为核心,快递数据资源管理平台、快递数据汇聚平台和GIS地理信息基础平台为基础支撑,构建快递业综合监管平台、综合服务平台、数据服务平台三大应用平台。通过对现有行业数据的汇聚、治理和开发利用,充分挖掘行业大数据价值,为行业监管和公安、国安等部门开展案件倒查、预防预警等溯源分析以及推进城市治理提供重要价值的数据资源和有力支撑,发挥快递大数据在打击涉枪涉爆、危化品、毒品等通过寄递渠道流通的监测预警、安全监管的作用。

福建省出台全省现代物流体系建设措施

1 月,福建省发展改革委印发《关于推进全省现代物流体系建设的若干措施》,分别就推动电商和快递物流协同发展、推进跨境快递发展、提升现代物流数字化智能化发展水平、加大财税金融支持等多方面提出具体措施,全省邮政快递业再获多方位支持。

王宁省长批示肯定全省邮政管理工作

1 月,福建省省长王宁在福建省邮政管理局关于全省邮政管理工作情况的报告上作出批示,充分肯定了 2020 年我省邮政管理工作和行业发展成效,并对 2021 年工作提出了希望。

《福建省邮政条例(草案)》通过省政府常务会议审议

4 月,福建省省长王宁主持召开省政府第 79 次常务会议,会议听取了省司法厅对《福建省邮政条例(草案)》的初审情况和主要修改内容的汇报,原则同意省司法厅提交研究的《福建省邮政条例(草案)》。会议强调,邮政业是现代服务业的重要组成部分,是推动流通方式转型、促进消费升级的先导性产业。要将邮政业纳入国民经济和社会发展规划,落实邮政领域地方财政事权和支出责任,加大政策扶持力度,促进邮政业高质量创新发展。邮政企业要与时俱进、主动作为,着力提升邮政服务质量和水平,更好助力经济社会发展。会议要求,各地各有关部门要加强邮政业监督管理,督促寄递企业严格落实安全生产责任,强化风险隐患排查和治理,确保寄递安全。

福建局出台文件规范省市邮政业安全监管支撑体系运行机制

4 月,福建省邮政管理局出台了《关于规范省市邮政业安全监管支撑体系运行机制的通知》,通过出台文件,进一步推动省市邮政业安全监管支撑体系建设,规范省市邮政业安全中心运行机制,促进职能作用的有效发挥。

“数字福建—邮政快递大数据应用平台”被纳入省数字经济应用场景名录

4 月,福建省发展改革委通过遴选、审核等环节,最终发布 205 项 2021 年度数字经济应用场景名单,福建局申报的“数字福建—邮政快递大数据应用平台”成功入选,有利于推动应用场景建设落地。“数字福建 – 邮政快递大数据应用平台”致力于促进福建省快递行业的安全监管及可持续发展目标,通过引入物联网、人工智能等手段,针对行业大数据的数据采集、数据处理、数据存储、数据分析挖掘等技术,有效地解决对海量业务数据的分析、价值挖掘问题,进而达到对监管对象、快递用户精准化、智能化监督管理,打造综合监管平台、综合服务平台和数据服务平台等“三大应用平台”,实现对邮政行业的监管与发展的促进效果。

福州市政府同京东集团签署战略框架协议

4 月 26 日,福州市政府召开战略框架协议签订活动,福州市副市长林中麟同京东集团公共事务部副总裁王硕签订战略框架协议。根据协议,本着立足当前、着眼长远、合作共赢的原则,福州市政府将充分发挥政策、市场等方面优势,与京东集团重点在物流枢纽、智能城市、云计算、跨境电商、新型消费、乡村振兴等领域加强合作。福州市政府积极为京东集团营造良好的企业经营环境,支持京东集团在福州市战略布局和发展。京东集团将福州市作为重点投资发展区域，围绕国家重大战略导向和福州市产业发展需求，协同深化合作，带动本地经济总量和居民就业需求。

福建局联合高校深入推进全省行业人才培养战略合作

5月，福建省邮政管理局联合闽江学院召开全省邮政行业人才战略合作对接暨教育培训工作座谈会，双方就深化政校企合作、建设邮政快递产业学院、加强行业人才教育培训、保障快递员培训教育权益等方面工作进行了深入交流研讨，并达成初步共识。会议强调，双方要充分发挥闽江学院作为全国邮政行业人才培养基地、国家邮政局邮政业安全中心安全教育培训基地、福建省邮政行业人才培养基地等三个基地优势，将闽江学院打造为全国邮政行业推进"政校企"合作、产教融合的品牌合作院校。双方一致同意，将从四个方面工作开展深度合作。一是创建邮政快递产业学院。二是推进行业人才教育培训。三是推进职称评审及行业技能竞赛。四是开展行业调查研究项目合作。

全国政协副主席汪永清率专题调研组来闽

5月17日至20日，全国政协副主席汪永清率调研组来闽，调研加强快递员外卖配送员权益保障、促进行业健康发展情况。福建省委书记尹力、省长王宁、省政协主席崔玉英与调研组一行在福州进行了座谈。在闽期间，调研组到福州、龙岩的快递外卖企业、电商平台、仓储分拣中心、配送站点、社区快递驿站了解情况，并召开座谈会听取有关部门、行业协会、企业和快递员外卖配送员意见建议。

福建省邮政行业技能鉴定中心2021年起纳入省财政预算管理

6月，福建省财政厅将省邮政行业技能鉴定中心纳入财政预算管理，2021年预算业务费130万元，已到位80万元。

福建省启动快递行业"快递进村"工作联盟

7月23日，福建省召开快递行业"快递进村"工作联盟启动仪式，中通、韵达、圆通、申通、百世等五个品牌快递企业在仪式上宣布组建"快递进村"工作联盟，充分整合农村快递网络资源，进一步解决农村配送"最后一公里"问题。启动仪式后，"快递进村"工作联盟的5大品牌代表现场将福清市24个镇(街)、438个建制村划分成5个片区，采取抽签方式抽取各自牵头负责"快递进村"工作的片区，并许诺按时完成各自分区的"快递进村"工作任务。

福建省出台推进行业绿色转型政策文件

7月，福建省发展改革委联合邮政管理局、经济和信息化厅、司法厅、生态环境厅、住房和城乡建设厅、商务厅、市场监督管理局制定印发《福建省加快推进快递包装绿色转型的实施意见》，进一步加强全省快递包装治理，推进快递包装绿色转型。

福建省邮政快递服务末端基础设施建设课题研究获经费支持

8月，福建省发展和改革委员会向福建省邮政管理局拨款50万元，作为开展"邮政快递服务末端基础设施建设课题研究"的专项经费。

福建省邮政业发展纳入《福建省交通强国先行区建设实施方案》整体布局

8月，福建省交通运输厅、省发展改革委联合印发《福建省交通强国先行区建设实施方案》。邮政快递基础设施建设、智慧邮政、完善城乡配送网络等多项内容纳入其中，邮政业发展获利好。

8家快递企业获评省级示范物流企业及示范物流园区培育对象

8月，福建省工信厅研究确定福州星光德邦物流有限公司、厦门跨航物流有限公司、泉州顺丰运输有限公司、福建德邦物流有限公司等4家快递企业为国家A级物流企业培育对象；福州顺丰速运有限公司、福建德邦物流有限公司等2家快递企业为物流业制造业深度融合创新发展示范企业培育对象；福建中通快递有限公司的中通快递集团泉州综合物流园、耀泰物流股份有限公司的耀泰电商快递产业园等2家园区为省级示范物流园区培育对象。

福建局组织38名快递员参加首批专项疗休养活动

8月，福建省总工会联合福建省邮政管理局组织一线快递员分两批在福建省文艺创作泰宁基地开展专项疗休养活动，省总工会安排近30万元资金保障此次专项疗休养活动。8月30日至9月3日，38名快递员参加了为期5天的首批快递员专项疗休养活动。9月1日，福建省人大常委会副主任、省总工会主席梁建勇一行专程前往疗休养基地看望了参加活动的快递员，并对各级工会进一步强化快递员权益保障作了强调。来自顺丰、申通、圆通、中通、汇通、韵达、优速、德邦等16家品牌快递企业，包括2名省五一劳动奖章获得者、1名省金牌工人、17名省级最美快递员、4名市级最美快递员、17名优秀快递员，以及快递行业技能大赛获奖者和公司优秀员工等参加了首批活动。

福建省启动“工会进万家　新就业形态劳动者温暖行动”

11月8日，由福建省总工会主办，福州市顺丰速运有限公司工会承办的“工会进万家　新就业形态劳动者温暖行动”服务月启动仪式在福州市工人文化宫举行。福建省总工会党组书记、副主席祝荣亮，省邮政管理局党组成员、纪检组长刘新莉，福州市委常委、组织部部长、总工会主席郭学斌出席了启动仪式。50多名快递员、外卖员、网约车司机、货车司机等新就业形态群体职工代表参加了启动仪式。

福建省快递行业党委揭牌成立

11月17日，中共福建省快递行业委员会成立大会召开。福建省快递行业党委的成立，是福建省快递行业高速发展的客观需要，也是推动党的组织和党的工作在全省快递行业全面覆盖的现实要求。行业党委将指导推动行业党建与促进科学发展、提升治理能力、维护快递员合法权益和推进快递进村等工作结合起来，切实发挥党建对行业发展的引领作用，实现抓党建促发展。

福建省领导调研快递员等新就业形态群体工会建设及权益保障工作

12月3日，福建省人大常委会党组副书记、副主任，省总工会主席梁建勇，省总工会、人社、邮政管理局等省直有关厅局领导一行，赴厦调研快递员等新就业形态群体工会工作情况，研讨推进快递员群体建会入会及权益保障工作。调研期间，梁建勇一行前往厦门市顺丰速运有限公司基层网点调研快递员建会入会及工会开展工作情况，亲切慰问快递小哥，详细了解快递小哥的工作、权益保障及收入等情况。厦门市顺丰速运有限公司工会负责人就工会基本情况、规章制度、职工劳动保护、反映诉求渠道、职工薪酬待遇、技能素质提升、关心关爱和慰问等方面进行介绍汇报。

福建省印发快递员群体权益保障实施方案

12月，福建省邮政管理局会同省交通运输厅、发展改革委、人社厅等18个部门研究制定了《福建省关于做好快递员群体合法权益保障工作实施方案》，福建省副省长康涛主持召开专题会议研究，并提交省政府审定。实施方案提出了10个方面的重点任务和3个方面的保障措施，进一步完善了做好快递员权益保障工作的工作路径，创新提出推动将不完全符合确立劳动关系情形但快递企业对其进行劳动管理的快递员纳入制度保障范围；鼓励在户籍地或持居住证在居住地或依承诺制在就业地，参加或者接续企业职工基本养老保险、基本医疗保险；按照上一年度全省全口径城镇单位从业人员月平均工资为缴费基数计算缴纳工伤保险费，优先参加工伤保险；协调劳动关系三方四部门应积极引导企业开展集体协商；在参保缴费、权益查询、待遇领取和结算等方面提供更加便捷的服务；快递企业为快递员缴纳基本社会保险费、商业保险费，可按规定在企业所得税税前扣除；对符合条件的快递员，各地可按照每人每年不高于100元的标准，对其实际购买的人身意外伤害保险给予不超过三年的补助；将符合条件的快递从业人员纳入住房保障范围；保障符合条件的快递员群体子女在常住地平等接受义务教育；指导推动各地成立快递员权益保障中心等具体措施。

福建省出台推动基层快递网点单独优先参加工伤保险政策

12月22日，福建省邮政管理局联合省人社厅印发《关于做好基层快递网点参加工伤保险工作的通知》，通知结合前期福建省七部门印发的实施方案精神，聚焦重点环节和关键问题，明确了工伤保险的参保范围、参保主体、缴费基数和费率，以及工伤认定鉴定和待遇支付等相关事项。通知强调，快递企业和基层快递网点应当为与其建立劳动关系的从业人员，依法参加社会保险；可以为灵活性、流动性大的快递从业人员，单独优先参加工伤保险。同时明确，工伤保险费由快递企业为从业人员申报缴纳，从业人员个人不缴费。基层快递网点依法参加工伤保险后，从业人员在参保缴费期内遭受事故伤害或者患职业病的，依照有关规定执行。

《“十四五”福建省邮政业发展规划》正式印发

12月，福建省邮政管理局、省发展改革委联合印发《“十四五”福建省邮政业发展规划》。规划概括总结了“十三五”时期全省邮政业发展取得的成绩，科学分析了规划期内的发展形势，客观揭示了行业未来发展面临的机遇和挑战，提出建设“一核心、双通道、多集群”的全省邮政业发展空间布局和未来五年行业发展目标。规划明确了加强基础网络布局、坚持城乡普惠协调、推动创新融合发展、促进产业协同共进、推进绿色邮政建设、保障行业安全稳定、提升政府治理能力等七个方面主要任务，并对完成规划任务、实现规划目标提出了保障措施。

江西省快递发展大事记

江西省印发推进外贸高质量发展三年行动方案

1月，江西省委办公厅、省政府办公厅印发《推进外贸高质量发展三年行动方案(2021－2023年)》，加快培育跨境电商等外贸新业态新模式，邮政快递获利好。行动方案强调，要进一步完善跨境电子商务线上综合服务平台功能，推进南昌国际快件监管中心二期建设和南昌国际邮件互换局稳定运营。推动南昌国际邮政互换系统与全省综合保税区辅助系统平台对接，打通综合保税区内跨境电子商务保税网购业务邮包方式出口堵点，加快跨境电子商务保税网购出口速度。

胡强副省长批示肯定全省邮政管理工作成效

1月，江西省人民政府副省长胡强在江西省邮政管理局关于2020年度全省邮政管理工作情况的报告上作出批示，充分肯定全省邮政管理工作和邮政快递业发展成效。批示指出，2020年，全省邮政系统攻坚克难、奋勇争先，推动全省邮政快递业实现逆势增长，为落实“六稳”“六保”任务作出了积极贡献，向你们表示衷心感谢！新的一年，望再接再厉,聚焦高质量发展主题,更好满足人民群众美好用邮需求,努力为建设富裕美丽幸福现代化江西作出新的更大贡献。

江西省2名快递员被授予"全国优秀农民工"荣誉称号

1月,国务院农民工工作领导小组召开全国优秀农民工和农民工工作先进集体表彰大会,对994名全国优秀农民工和100个农民工工作先进集体进行表彰。江西省九江市德安县磨溪乡快递代理点肖文斌、宜春市宜丰县邮政分公司双峰邮政所邮递员吴文清等2名快递员被授予"全国优秀农民工"荣誉称号。

江西省政府工作报告提出要加快建设现代流通体系

1月26日,江西省第十三届人民代表大会第五次会议召开,省长易炼红作政府工作报告,提出要加快建设现代流通体系,邮政快递业获利好。报告提出,加快建设现代流通体系,要开工中国邮政鹰潭邮件处理及物流仓储中心等项目,打造一批区域性综合物流中心和专业性物流基地;要深入实施城乡高效配送行动,支持县级电商公共服务中心和物流园区、城乡冷流物流骨干网等建设,实现乡村物流集中配送网络全覆盖。

农村邮政快递设施建设获法制保障利好

1月,《江西省乡村振兴促进条例》已由省十三届人大五次会议审议通过,自2021年3月1日起施行。《条例》从乡村振兴的体制机制、促进农村产业发展、城乡基础设施规划和基本公共服务体系建设,以及政策法律的保障等各方面,为全省邮政快递业在广大农村发展带来重大的法制保障利好。

江西局联合省商务厅、省邮政分公司签署合作框架协议

2月,江西省邮政管理局联合省商务厅、省邮政分公司签署合作框架协议,建立三方合作机制。根据框架协议,三方将在构建城乡现代流通网络、完善农村物流网络、深入推进"邮政在乡、快递进村"工作、加强邮政金融服务商务功能、推动供应链物流合作、推进跨境电商发展、多渠道拓宽脱贫地区农产品营销渠道、加强乡村振兴领域合作、支持邮政企业建立现代医药流通体系、强化信息共享、统筹开展疫情防控合作等11个方面开展重点合作。为保障合作顺利进行,三方主要负责同志共同担任合作机制领导小组组长,建立高层会商机制,协调解决重大问题。

江西局联合多部门开展关爱快递员"暖蜂行动"

2月4日,江西省邮政管理局联合团省委、省快递行业协会、省电子商务协会、省青年企业家协会深入邮政快递企业,看望慰问奋战在一线的快递小哥。慰问组一行先后前往了百世、邮政等企业一线,询问了今年春节前快递企业运营及网点营业情况,还详细了解了节前快递员防疫措施和工作安排情况,并为在一线辛勤工作的快递员送上新春祝福、新年礼包以及口罩、消毒液等防疫物品,让快递员倍感暖心。慰问组强调,邮政快递企业要关心关爱一线员工的节日生活,保证节日期间安全运营和防疫措施落实,鼓励广大快递员积极发扬践行"小蜜蜂"精神,继续当好人民美好生活的创造者和守护者。

江西局被纳入江西省推进交通强省建设领导小组成员单位

2月,江西省政府成立了江西省推进交通强省建设领导小组,省邮政管理局被列为成员单位。江西局负责落实交通强省邮政篇章有关内容,在完善现代化综合立体交通网布局、建成广覆盖的农村交通基础设施网、推动现代物流服务绿色化国际化高效化、加快新业态新模式发展、加快推进智慧交通建设、促进资源节约集约利用、深化行业改革、培育交通文明等八项重点工作中作为责任

单位承担具体任务。

胡强副省长调研邮政快递业发展情况

2月8日，江西省副省长胡强在南昌调研邮政快递业发展情况，向奋战在一线的干部职工致以亲切的慰问。胡强指出，邮政快递业务关系到群众生产生活，工作极其重要，必须在做好疫情防控前提下，保障老百姓安全购物、安心过年。胡强要求，各地、各有关部门要强化衔接，严格落实疫情防控措施，联合开展疫情防控查隐患、堵漏洞、抓整改行动，全面查找并及时补齐工作短板；各寄递企业要统筹安排网络资源，提前做好运力和人力调配，保障基层网点运营稳定，努力保证春节期间“不休网、不拒收、不积压、不转投”。春节假期结束后，要确保各网点全面正常营业，人员及时到位，处理中心正常运转。

江西省出台全面推进乡村振兴加快农业农村现代化的实施意见

2月，中共江西省委、江西省人民政府印发了《关于全面推进乡村振兴加快农业农村现代化的实施意见》，邮政快递基础设施建设获政策支持。实施意见提出，加快发展乡村产业，建设农产品流通骨干网络，健全乡村双向物流配送体系，加强农村冷链物流基础设施建设，推进电子商务进农村、信息进村入户和互联网＋农产品出村进城，改造提升农村寄递物流基础设施。

江西省出台以新业态新模式引领新型消费加快发展的实施意见

3月，江西省人民政府办公厅印发《关于以新业态新模式引领新型消费加快发展的实施意见》，邮政快递业获利好。实施意见明确，加快现代流通商贸体系发展升级，实施城乡高效配送专项行动，构建城市物流中心、县域物流中心、乡镇配送站、城市社区及村级配送服务网点等城乡高效配送网络体系。全面推进邮政快递末端服务基础设施建设，实施“快递进村”工程，推动快递服务向行政村延伸，着力打通农产品出村进城“最先一公里”和工业品下乡进村“最后一公里”问题。推进企业职工养老保险助保贷款政策落地见效，优化简化办理流程，帮助缴费困难的职工续保缴费，促进新业态新模式从业人员参加医疗保险，提高参保率。

快递末端综合服务设施建设获支持

4月，江西省《城市功能与品质提升三年行动2021年工作方案》印发，明确将快递末端综合服务实施建设作为推进城镇老旧小区和棚户区改造重要内容，省邮政管理局作为责任单位之一负责抓好落实。工作方案提出，在推进城镇老旧小区和棚户区改造中，要一体化推进老旧小区智能快件箱和快递末端综合服务设施建设。

江西省邮政供销系统签署战略合作协议

4月14日，江西省邮政管理局与省供销合作社联合社举行战略合作协议签约仪式。江西省副省长胡强出席并见证签约。江西局与省供销合作社联合社在配送网络、产业融合、便民共享等方面开展广泛深入合作，双方将以园区为枢纽，完善城乡配送网络；以产业为重点，打造“产销融通”全链条服务；以便民为契机，构建“一站式”综合服务分销网络，推动完善现代农业产业体系、生产体系、经营体系，增加农民收入，便利居民消费，促进江西省城乡双向流通和融合发展。省邮政、顺丰、京东等邮政快递企业也分别与省供销电子商务公司签订战略合作框架协议。

江西省出台促进邮政快递业与制造业融合发展的实施意见

4月，江西省邮政管理局与省工信厅联合印发《关于促进邮政快递业与制造业深度融合发展的实施意见》，进一步落实前期签订的战略合作框架协议内容，探索邮政快递业与制造业融合发展新路,促进形成以国内大循环为主体、国内国际双循环相互促进的新发展格局。实施意见提出,到2025年,邮政快递业、制造业融合范围持续拓展,深度融入电子信息、虚拟现实、绿色食品、生物医药、现代家具、汽车、纺织服装等制造领域,在相关制造业采购、生产、销售和售后等环节提升供应链服务能力,培育出仓配一体化、入厂物流、逆向物流、国际供应链等融合发展的成熟模式,培育出10个深度协同产业链、100个"互联网+寄递+制造业"项目。邮政快递业与制造业的综合竞争力显著提高。

江西局大力推进全省村级邮政快递服务站建设工作

4月,江西省邮政管理局印发了《关于推进全省村级邮政快递服务站建设工作的通知》,明确了推进村级邮政快递服务站建设的建设目标、建设模式、建站原则、建设标准、服务功能、运营管理六个方面主要内容。通知提出了2021年,每个设区市选取2~3个条件较好的县(区)实现建制村全覆盖,力争用三年时间,到2023年,在全省范围实现建制村基本全覆盖目标,达到村级邮件、快件100%接转,畅通农村"最后一公里"。村级邮政快递服务站的建设要在满足邮政、快递服务基础功能的同时,逐步加载其他邮政便民、代办政务、电子商务、物流配送、金融保险等服务功能。《通知》要求全省邮政管理部门要把村级邮政快递服务站建设作为当前开展党史学习教育"我为群众办实事"实践活动的一项重要政治任务来抓,加强统筹谋划,明确工作职责,积极与相关部门沟通联系,争取政策支持,形成工作合力,确保建设工作有序开展。

提高快递网点覆盖面被写入江西省委省政府重要文件

4月,中共江西省委、江西省人民政府印发《关于深化落实习近平总书记视察江西重要讲话精神 奋力开启全面建设社会主义现代化新征程的意见》,明确提出要提高快递网点覆盖面。意见强调,要全面实施乡村振兴战略,大力实施乡村建设行动,持续开展村庄整治和美丽宜居示范建设,进一步完善乡村基础设施,重点提高自来水、公共照明、客运、快递网点等覆盖面,打造宜居宜业宜游宜养秀美乡村。

着力构建现代流通体系被写入2021年江西省委财经委员会工作要点

5月,江西省财经委员会印发2021年工作要点,明确提出要着力构建现代流通体系,江西省邮政管理局按照职责分工负责。工作要点强调,着力构建现代流通体系要积极发展冷链物流、智慧物流、共享物流、应急物流,进一步优化流通布局、打通流通堵点、提升流通效率。

江西局联合多部门加快培育新型消费

5月,江西省邮政管理局联合多部门印发通知,贯彻落实国家发展改革委、国家邮政局等28部门制定的《加快培育新型消费实施方案》,进一步培育新型消费,鼓励消费新模式新业态发展,促进线上线下消费融合发展。通知强调,各部门一要不断提高政治站位,坚定实施扩大内需战略,以新业态新模式为引领,加快推动新型消费扩容提质,助力江西全省打造全国构建新发展格局的重要战略支点。二要不断深化合作意识,既要各司其职、各负其责,又要牢固树立"一盘棋"思想,加强沟通协作,强化工作合力,努力形成各具特色、优势互补、协同发展的区域发展格局,促进新型消费蓬勃发展,更好地满足人民群众对美好生活的新需要。三要不断强化要素保障,细化任务压实责任,真抓实干务求实效,有效促进新业态新模式引导下的新型消费持续健康发展。

江西省实现省、市邮政业安全中心全覆盖

5月,景德镇、宜春市邮政业安全中心相继获

批设立，江西省实现了省、市邮政业安全中心全覆盖，“1 +11”邮政业安全监管支撑体系初步形成。

胡强副省长充分肯定全省邮政管理工作成效

6 月 23 日，江西省政府副省长胡强专门听取省邮政管理局上半年工作情况汇报，充分肯定全省邮政管理工作和行业发展成效，并对下一步工作提出了殷切希望和要求。胡强表示：“邮政管理工作做得非常不错，邮政快递业发展成效明显。”胡强要求，省邮政管理局要聚焦“作示范、勇争先”的目标定位和“五个推进”的更高要求，担当作为、奋勇争先，努力打造在全国具有特色亮点的工作。

胡强副省长调研邮政快递行业

6 月，江西省政府副省长、省商贸物流产业链链长胡强赴邮政快递行业调研商贸物流产业链发展，江西省邮政管理局主要负责人及省、市、县相关单位负责同志参加调研。调研期间，胡强指出，推进商贸物流产业链链长制工作，大力发展现代物流业，是提升产业竞争力、增创现代产业新优势的需要，也是畅通“双循环”、激活新发展动能的要求。面对新冠肺炎疫情的严重冲击，物流业在促复产、畅循环、保民生等方面发挥了重要作用，成绩值得肯定。当前，物流业发展处于重要的时间窗口，数字化技术和供应链管理不断发展，新的数字生活形态和消费模式不断涌现，为全省物流业发展提供了蝶变跃升的重要机遇。希望相关部门和企业坚定信心、乘势而上，推进商贸物流产业链及现代物流业高质量发展。

江西省政府召开商贸物流产业链调度推进会

7 月 13 日，江西省政府在南昌召开商贸物流产业链调度推进会，总结交流成效经验，研究部署下一阶段工作。商贸物流产业链链长、省政府副省长胡强出席并讲话。胡强强调，邮政快递业是现代物流业的重要组成部分，大力发展现代物流业是提升产业竞争力、增创现代产业新优势的需要，也是畅通“双循环”、激活新发展动能的要求。推进我省商贸物流产业高质量发展，要在体系建设上争一流，推进国家物流枢纽建设、打造区域性物流中心、推进城乡集配体系建设；在动能转换上下真功，抓产业化驱动、数字化赋能、标准化提升；在壮大主体上求突破，育“链主”、补短板、抓项目；在扩大开放上走前列，注重融入对接、优化环境和协力共为。

江西省多部门联合加快推进快递包装绿色转型

7 月，江西省邮政管理局与省发展改革委、省工信厅等 8 部门联合制定《关于加快推进快递包装绿色转型的若干措施》，并以省政府办公厅名义转发各地各部门，全面开启了我省快递包装“绿色革命”工作任务。《若干措施》从强化标准落实与认证管理、实施源头减量、规范快递包装、推广可循环应用、倡导绿色消费、加强政策支持和加强组织领导等 7 个方面提出了 23 条工作措施。

邮政快递业 6 个集体荣获“2019 －2020 年度江西省青年文明号”称号

8 月，江西省政府发布“2019 －2020 年度江西省青年文明号”集体名单，中国邮政集团有限公司南昌市寄递事业部岭北路营业部、江西顺丰速运有限公司人力资源部、江西省圆通速递客服部等 6 个集体被评为“2019 －2020 年度江西省青年文明号”。

江西省委书记点赞邮政快递业在助力乡村振兴中发挥积极作用

8 月 18 日上，江西省委书记刘奇来到抚州市乐安县池头村“邮乐购”电商服务站点，实地调研江西邮政农村电商工作，称赞邮政快递业在助力乡村振兴中发挥了积极作用。刘奇强调，要坚持把“三农”工作摆在重中之重的位置，全面实施乡村振兴战略，强化产业支撑，发挥生态优势，激发内生动力。邮政要在着力推进乡村产业高质量发展，深化农业供给侧结构性改革，不断提升农业质量效益和竞争力上下功夫，既要保证农产品的环保、质量和安全，又要坚持可持续、绿色发展理念。他要求邮政坚持“人民邮政为人民”的初心使命，守质量安全环保之正，创理念平台渠道之新，让江西绿色农产品品牌越来越亮，附加值越来越高。

胡强副省长调研农村寄递物流体系建设情况

8月，江西省副省长胡强深入鹰潭市，就农村县乡村三级物流体系建设、县域商业体系建设等情况进行调研。胡强强调，要坚持以人民为中心的发展思想，以国家城乡融合发展试验区建设为契机，突出自身特色，坚持项目带动，谋划好推进好县域经济发展，进一步完善农产品现代流通体系，畅通工业品下乡和农产品进城双向流通渠道，推动县域商业高质量发展，实现农民增收与消费提质良性循环。要大力支持物流基础设施建设，推进仓配一体化建设，实现仓储与配送网络无缝链接；要强化“项目为王”意识，坚定信心、抢抓机遇、迎难而上，高水平谋划项目、大手笔引进项目、全方位储备项目，营造优良营商环境，推进项目建设再提速、再增效，为加快推进高质量跨越式发展提供有力支撑。

江西省出台深化交通运输与邮政快递融合

8月，江西省交通运输厅、省邮政管理局与省邮政公司联合印发《关于深化交通运输与邮政快递融合推进农村寄递物流高质量发展的实施意见》，进一步深化落实我省交通运输与邮政快递融合，健全完善农村地区寄递物流服务体系，推动交通强省工作。意见提出，充分发挥全省交通运输业和邮政快递业的资源优势，实现平台共建、政策共享、资源整合，逐步完善县、乡、村三级农村物流体系，破解制约农业农村发展瓶颈，加快补齐寄递物流业发展短板、降低城乡流通费用，更好地服务社会、服务民生、服务乡村振兴战略。

2021年江西省“振兴杯”职业技能大赛落幕

9月12日，江西省邮政管理局联合省人力资源和社会保障厅共同举办的2021年全省“振兴杯”职业技能大赛邮政行业职业技能竞赛圆满落下帷幕。经过激烈比拼，来自全省11个地市的24名参赛选手，圆满完成各项比赛项目。竞赛过程中，各参赛队展现出了良好的职业道德和较高的竞技水平，前三名选手将分别由省人力资源和社会保障厅授予“江西省技术能手”“江西省青年岗位能手”称号。

张鸿星副省长批示肯定邮政管理工作成绩

9月，江西省邮政管理局主要负责人主动向省政府分管领导汇报工作。江西省政府副省长张鸿星在省邮政管理局关于全省邮政管理工作情况的报告上作出批示，充分肯定全省邮政管理工作成绩，并对下一步工作提出希望和要求。张鸿星在批示中指出，近年来，省邮政管理局创新工作思路，加快行业基础设施建设，深度融入地方经济发展，各项发展指标位居全国“第一方阵”，成绩可喜可贺。望坚定信心，保持定力，再接再厉，乘胜前进，为推动江西高质量跨越式发展再立新功。

4家快递企业获评第20届全国青年文明号集体表彰

10月，第20届全国青年文明号集体评选结果揭晓，邮政快递业有39个创建集体被认定为全国青年文明号，其中，江西邮政快递业4家集体榜上有名。

张鸿星副省长要求加快农村寄递物流体系建设

10月，江西省人民政府在上饶市广丰区召开全省农村商业建设工作现场会。会上，江西省副省长张鸿星要求加快农村寄递物流体系建设，解决好农村网购快递配送问题。张鸿星充分肯定省邮政管理局推进“快递进村”工程取得的成效。他要求加快农村寄递物流体系建设，支持邮政、快递、物流、商贸流通等企业开展市场化合作，鼓励布局站点、多站合一，加大普惠性、兜底性财政支持，高质量实现“乡乡有网点、村村通快递”寄递物流体系，切实降低快递物流成本，解决好农村网购快递配送问题。

《“十四五”江西省邮政业发展规划》正式发布

10月，江西省邮政管理局联合省发展改革委、省交通运输厅印发《“十四五”江西省邮政业发展规划》。规划与《“十四五”邮政业发展规划》《江西省国民经济和社会发展第十四个五年规划和二〇三五远景目标纲要》及省内交通运输、商贸物流等重点专项规划衔接紧密。分为发展现状与形势、总体要求、主要任务、保障措施等四个章节。全面总结了“十三五”时期江西邮政业取得的发展成就，客观分析了当前行业发展面临的问题与“十四五”时期行业发展的机遇。提出到2025年，基本建成遍及城乡、联通全球、便捷高效的寄递服务网络，形成支撑产业、服务优质、安全绿色的服务体系。研究设定“加强基础设施建设”等5大类任务，以及“加快寄递枢纽建设”等17项具体任务。

江西局进一步部署加强快递员群体合法权益保障工作

10月，江西省邮政管理局印发《关于报送末端派费调整和削减罚款项目等两项工作落实情况的通知》，针对性部署加强快递员群体合法权益保障工作。一是加强指导，集中组织开展摸底调查。二是注重关怀，完善投诉甄别和心理疏导机制。三是突出重点，强化对加盟企业的督导和管控。

张鸿星副省长调研邮政快递业发展情况

11月11日，江西省政府副省长张鸿星在南昌调研邮政快递业发展情况，向旺季期间奋战一线的快递员致以亲切慰问，勉励他们立足岗位提升技能，更好满足人民群众用邮需求，为创造美好生活共同努力。

江西省多地快递智能分拣中心等基础设施建设获规划支持

11月，江西省人民政府办公厅印发《江西省“十四五”新型基础设施建设规划》。其中，快递智能分拣中心和智能末端配送设施被纳入重点任务。规划提出，要推动省级物流公共信息平台与大型物流企业数据互联互通，整合分散的社会物流资源，构建县乡村三级智慧物流网络。鼓励城乡配送、冷链物流、药品物流等大数据平台发展。加快物流设施智能化改造，加强AGV、无人机、巡检机器人、分拣机器人等智能设备在物流园区和大型仓储中心应用推广。加快快递智能分拣设施建设，支持南昌、赣州、鹰潭、吉安、上饶等地建设快递智能分拣中心。拓展智能末端配送设施覆盖范围，加快智能取件箱布局，实现城市住宅小区无接触智能快件箱覆盖率达90%。

江西省第四届“最美快递员”名单揭晓

11月，由江西省邮政管理局精神文明建设指导委员会主办、省快递行业协会承办的江西省第四届“最美快递员”评选活动自2021年4月开展以来，得到了全行业的积极响应和社会各界的广泛关注，各级邮政管理部门、各快递协会、各邮政快递企业高度重视，为培育和践行社会主义核心价值观、弘扬邮政行业核心价值理念提供了有力支撑。按照评选办法，经严格的评选程序，评出王其明、胡进财、黄思平、刘展伟等12名“最美快递员”并受到表彰。

江西省印发快递员群体合法权益保障工作实施意见

11月，江西省邮政管理局与省交通运输厅、省发展改革委、省人社厅、省商务厅、省市场监管局、省总工会等部门联合印发《关于做好快递员群体合法权益保障工作的实施意见》。实施意见明确落实快递企业主体责任、维护快递市场经营秩序、加强行业稳定运行监管、保障快递员依法取得劳动报酬、提升快递员社会保障水平、优化快递员生产作业环境、完善快递职业发展保障体系等七方面主要任务，提出强化党建引领、注重部门协调、落实地方责任、强化宣传引导等四项保障措施。

江西省印发《关于加快农村寄递物流体系建设的实施意见》

11 月，江西省人民政府办公厅印发《关于加快农村寄递物流体系建设的实施意见》，加快推进全省农村寄递物流体系建设。实施意见提出，到 2022 年底，全省基本实现快递服务覆盖建制村。到 2025 年底，全省基本形成开放惠民、集约共享、安全高效、双向畅通的农村寄递物流体系，实现乡乡有网点、村村有服务，农产品运得出、消费品进得去，农村寄递物流供给能力和服务质量显著提高，便民惠民寄递服务基本实现全覆盖。

邮政快递业内容纳入江西省“十四五”综合交通运输体系发展规划

12 月，江西省人民政府办公厅印发《江西省“十四五”综合交通运输体系发展规划》，邮政快递业多项内容被纳入其中。规划提出，一是建立广覆盖基础服务网。二是提升寄递服务品质。三是完善寄递末端服务。四是促进资源节约集约利用，加快推进快递包装绿色化、减量化、可循环。五是统筹推进《江西省邮政条例》等地方性法规、规章的修订，初步建立与交通强省建设相适应的综合交通法规体系。

江西省委经济工作会议明确提及省邮政快递业内容

12 月 27 日，江西省委经济工作会议召开，学习贯彻中央经济工作会议精神，落实省第十五次党代会部署，总结 2021 年全省经济工作，分析当前经济形势，安排部署明年经济工作。会议明确提及省邮政快递业内容。会议提出，要提质扩容稳消费，大力推进“赣品两上三进”，推动更多江西名优特产品销往全国、走向世界。要加快构建农村“一县一中心、一乡一集市、村村有网点”的物流配送网络，完善全省冷链物流骨干网和“互联网 + 第四方物流”集配体系。

江西省基本实现 3 个以上品牌快递服务建制村全覆盖

自国家邮政局启动“快递进村”工程以来，江西省邮政管理局坚决落实国家局工作部署，积极统筹各方资源，创新工作方式方法，发挥“有为政府”的作用，打通进村“堵点”，破解工作“难点”，全力争取政策支持、加强部门联动，保障“快递进村”工程顺利推进。截至 12 月 15 日，全省建成村级寄递物流综合服务站 14802 个，基本实现了 3 个以上快递品牌服务进村的目标，提前一年完成“快递进村”三年行动计划。

《全省邮政管理系统加快农村寄递物流体系建设的实施意见分工方案》出台

12 月，江西省邮政管理局印发《全省邮政管理系统加快农村寄递物流体系建设的实施意见分工方案》。分工方案按照《江西省人民政府办公厅关于加快农村寄递物流体系建设的实施意见》，结合全省邮政管理系统实际情况，着力健全县乡村寄递物流体系，补齐农村寄递物流基础设施短板，推动农村产业发展，更好满足农村生产生活和消费升级需求，持续提升人民群众的获得感。分工方案明确，一是加强寄递物流体系建设。加快推进“快递进村”工程，强化邮政体系作用，集约建设公共基础设施，推动关联产业协同发展。二是完善农产品上行发展机制。打造农村电商快递协同发展示范区，实施“一地一品”示范工程，加快发展冷链寄递物流。三是保障农村地区寄递渠道畅通稳定。优化农村寄递物流监管环境，规范农村寄递市场经营秩序，强化农村寄递物流安全管控。

山东省快递发展大事记

凌文副省长批示肯定全省邮政管理工作成绩

1月，山东省副省长凌文在听取省邮政管理局关于2021年全国邮政管理工作会议精神和省邮政管理工作、行业发展情况汇报后，作出批示，充分肯定全省管理工作和邮政业发展成效。批示指出，2020年，省邮政管理局履职尽责，攻坚克难，坚持以高质量发展为中心，抓牢抓实寄递安全和服务质量两条主线，加快推进“两进一出”工程，全省邮政快递业增长保持高位运行，为疫情防控作出了行业重要贡献，服务经济社会发展成效显著。新的一年，希望再接再厉，持续攻坚，坚定不移贯彻新发展理念，扎牢安全防线，优化服务质量，发挥好行业优势，为更好服务全省常态化疫情防控和构建新发展格局作出新的贡献。

山东省将寄递服务纳入做好人民群众就地过年重要保障内容

1月，山东省邮政管理局积极向省委、省政府报告，省委、省政府印发《关于做好人民群众就地过年服务保障工作的若干措施》，将寄递服务纳入做好人民群众就地过年重要内容予以保障。措施要求，按照“非必要不阻断”原则，低风险地区全面取消货运通行限制，保障运输车辆快速便捷通行，确保应急运输畅通高效。引导各地邮政快递物流企业保障春节期间寄递渠道畅通，在强化邮递员、快递员健康防护管理基础上，允许其进入小区、社区、物业等管理区域进行末端投递。在联防联控机制框架下，高速路出入口、城市道路、县乡道路不得禁止或限制邮政、快递车辆的正常通行。

山东省政府工作报告提出加快“快递进村”

2月，山东省十三届人大五次会议召开，发布省政府工作报告。在2021年重点工作安排中，报告提出，在聚力扩大内需方面，要求加快快递进农村，支持邮政快递业高质量发展，服务构建新发展格局。报告提出，聚力在扩大内需上求突破见实效。要完善乡镇商贸体系，扩大县乡消费。构建全链条农村流通服务体系，完善农村物流基础设施，支持建设乡镇快递中转中心，加快电商、快递进农村，积极促进全省乡村振兴。

山东省2个快递物流园区入选全省重大项目

3月，山东省政府印发《关于下达2021年省重大项目名单的通知》，公布2021年全省重大项目名单，其中，济宁市邮政鲁西南电商物流产业园、临沂市中通快递鲁南智能电商园项目入选。截至3月，山东省累计已建成运行快递物流园区77个。

山东省委一号文件要求加快推进快递进农村

3月，山东省委、省政府发布了《关于全面推进乡村振兴加快农业农村现代化的实施意见》（省委一号文件），要求加快推进快递进农村，促进乡村宜居宜业、农民富裕富足。实施意见提出，要全面促进农村消费，打造县乡村三级物流共同配送体系，打通工业品下乡和农产品进城双向配送设施，全面实施农产品仓储保鲜冷链物流设施建设工程，推进骨干冷链物流快递基地建设。要依托农村各类便民服务网点，积极推进电子商务、快递进农村，大力提升快递服务覆盖面。

快递进村纳入山东市县地方财政事权和支出责任

3月，山东省政府办公厅印发《交通运输领域省与市县财政事权和支出责任划分改革实施方案》，邮政业在末端设施建设、绿色发展、安全管理和监管等方面获政策支持，特别是将快递进村纳入了市县地方财政事权和支出责任。改革方案提出,市县负责邮政业安全管理、安全监管和其他邮政公共服务除中央和省级负责部分外具体执行事项实施,承担本行政区域内邮政普遍服务,特殊服务和快递服务末端基础设施,邮政业环境污染治理,快递进村的建设、管理、维护、运营等职责和相应支出责任,具体执行事项可委托有关邮政快递企业实施。

邮政业发展多项内容纳入山东省“十四五”规划

5 月,《山东省国民经济和社会发展第十四个五年规划和二〇三五年远景目标纲要》正式印发实施,快递进村、进厂、出海等多项邮政业发展重点任务被纳入其中,进一步加快推动邮政强省建设。纲要提出,要大力推动“快递进村”,拓展城乡消费市场,丰富适合农村消费的商品和服务供给,普及“快递进乡”,打通绿色农产品入超、优质工业品下乡最先和最后“一公里”。明确要大力推进快递服务制造业,支持物流、快递企业和应急物资制造企业深度合作,构建关键原材料、产成品等高效应急调运体系。强调要推进与沿黄省区基础设施互联互通,合力打造东联日韩、西接亚欧的国际物流大通道;要加快跨境电商综合试验区和跨境电商零售进口试点城市建设,扩大跨境电商 B2B 出口规模,并将京东、韵达、邮政等电商快递物流园区建设纳入重大现代物流项目。要求要完善冷链物流体系,科学布局冷链设施,建设济南、青岛等国家骨干冷链物流基地,打造辐射全国的冷链物流集散中心;完善仓储配送体系,建设智能云仓,鼓励生产企业、商贸流通共享共用仓储基础设施。

凌文副省长肯定省邮政管理工作

5 月 20 日,山东省副省长凌文专题听取了省邮政管理局关于全省“快递进村”工作情况的汇报,充分肯定去年以来快递进村工作成绩,要求进一步加快推进“快递进村”,见到更大成效。凌文指出,要尽快制定加快推进全省“快递进村”实施方案,拿出真招、实招,推动我省“快递进村”工作进一步走在全国前列,争取在 2021 年底前基本实现行政村全覆盖。要落实财政支撑保障,争取省级财政对“快递进村”给予资金补贴支持,推动各市县落实“快递进村”配套资金,采取快快、快邮、快交、快商、快超等多种合作模式协同推进,重点要加强同交通部门对接联系,紧密依托“村村通公交”优势,借助交通力量,推动“快递进村”全面提速;邮政公司要发挥国家队作用,成为推进“快递进村”的主力。要加强组织领导,省政府要成立“快递进村”工作专班,由省邮政管理局具体牵头,省交通、农业农村、商务等部门组成,加强对全省工作调度,确保全省加快推进取得更大成效。力争在全国率先完成全面进村任务。

山东省农村客货邮融合发展获省级财政补贴

5 月,山东省政府决定要积极开展农村客货邮融合发展样板县建设,在全省打造 10 个左右农村客货邮发展样板县,省财政对每个样板县给予 100 万元一次性奖补,促进农村客运、货运、快递邮政融合发展、打通农民出行、消费“最后一公里”。

《山东省加快推进快递包装绿色转型的实施意见》出台

6 月,山东省发展改革委联合省邮政管理局、省经济和信息化厅、省司法厅、省生态环境厅、省住房和城乡建设厅、省商务厅、省市场监督管理局 8 部门制定《山东省加快推进快递包装绿色转型的实施意见》,推动快递包装绿色转型工作落地落细。实施意见明确,到 2022 年,全省电商快件不再二次包装比例将达到 90%,可循环快递包装应用规模达到 30 万个,快递包装标准化、绿色化、循环化水平明显提升;到 2025 年,电商快件将基本实现不再二次包装,可循环快递包装应用规模达到 50 万个。

山东省"十四五"邮政业发展规划发布实施

7月，山东省发展改革委与省邮政管理局联合印发《山东省"十四五"邮政业发展规划》。规划主要阐明了"十四五"时期我省邮政业发展的指导思想、基本原则、发展目标、战略任务和保障措施，对引领全省邮政快递业更好融入山东新发展格局，推动行业高质量发展，实现由邮政大省向强省跨越具有重要意义。

山东团省委深入快递一线调研

9月2日，山东团省委书记刘天东一行赴济南调研快递从业人员劳动权益保障工作。刘天东强调，邮政快递行业与老百姓的生活密切相关，地方经济社会发展和群众生活便利离不开"快递小哥"的辛勤付出，要全力做好快递小哥的权益保障服务工作。

山东省政府大力支持推进"快递进村"

9月，山东省政府出台第四批"六保""六稳"高质量发展政策清单，大力支持推进"快递进村"工程，明确：一是对2021年9月1日后新建或升级的3家以上快递企业进驻共用的村级寄递物流综合服务站，每个站点按2000元以内进行奖补；二是对快递进村业务达不到盈亏平衡和自主可持续经营的，按2021年每单不超过0.3元、2022年每单不超过0.2元、2023年每单不超过0.1元，在2021－2023年度内连续予以3年财政扶持。

山东省第四届邮政行业职业技能竞赛落幕

9月，山东省第四届邮政行业职业技能竞赛圆满落幕，全省快递企业和地市的23支代表队，共计65名快递员选手参加比赛。本次竞赛围绕"新时代、新技能、新梦想"主题，竞赛分理论知识考试和操作技能考核两部分，操作技能竞赛设多物品收寄、派送路线设计、智能快件箱操作三个赛项，旨在搭建快递从业者切磋技艺、交流经验、展示职业技能的平台，经过严格比赛，实现了以赛促学、以赛促训、以赛促评，激励邮政快递企业员工创新发展热情和爱岗敬业精神的良好效果。

山东省加快推进"快递进村"全覆盖

10月，山东省邮政管理局、省交通运输厅联合印发《关于进一步深化农村客运与快递邮政融合发展加快推进"快递进村"的实施意见》，进一步深化农村客运与快递邮政融合发展，积极推动加快实现全省"快递进村"全覆盖目标。意见要求，建立"快递进村"和农村客货邮融合发展共同推进工作机制，通过农村快递线路运输委托合作、建立整体业务融合发展联盟、成立农村快递股份制合资公司经营进村业务等方式，加快合作步伐，尤其对于偏远地区村庄要发挥农村客运班线的兜底作用。加强站点建设，推动信息共享，充分利用现有乡镇交通设施建设集客运、快递邮政等功能于一体的乡镇综合运输服务站，或利用闲置站场合作建设乡镇快递物流共配中心，推动交通站场资源的集约利用，实现人、车、货、站、线等要素的精准匹配，提升快件邮件分拣处理效率，降低乡村末端网点运营和运输成本，确保2021年底前全面完成交快合作进村。

山东省新增787名"快递小哥"获快递工程技术人员职称

11月，山东省邮政管理局组织开展2021年快递工程技术人员职称评审工作，787名"快递小哥"获快递工程技术人员职称，其中初级职称474人，中级职称313人，全省累计获得职称人数达5581人次。

山东省大力支持农村寄递物流体系建设

11月，山东省政府印发《关于加快农村寄递物流体系建设的实施方案》，明确提出2021年底率先实现"快递进村"全覆盖、2024年提前一年建成全国领先的农村寄递物流体系。方案大力支持农村寄递物流体系建设，出台了资金、规划、设施整合等专项扶持政策，建立了省级联合推进机制，规定加大对各市通报力度，压实市、县政府组织领导和资金保障责任。

山东省深入推进新型城镇化三年行动方案利好邮政快递业

11月，山东省政府印发了《山东省深入推进新型城镇化三年行动方案(2021－2023年)》，在快递进村、冷链建设、快递物流配送体系建设等方面获政策支持。方案提出，突出城乡互促，推进双向城镇化，促进城乡要素自由流动、平等交换和公共资源合理配置，财政、金融、土地保障能力进一步增强，城乡融合发展体制机制更加健全完善，到2021年底基本实现农村快递服务全覆盖，2023年全省常住人口城镇化率达到66%以上，实现工农互促、城乡互补、协调发展、共同繁荣。

山东局印发做好快递员群体合法权益保障工作实施意见

12月，经山东省政府同意，省邮政管理局、省发展改革委、省人力资源社会保障局、省公安厅、共青团省委等9部门联合印发了《山东省关于做好快递员群体合法权益保障工作的实施意见》。实施意见从劳动报酬、社会保险、作业环境、企业主体责任、规范市场秩序、社会关爱、工会保障机制、职业发展等七个方面提出了具体支持措施，明确相关部门责任分工，形成齐抓共管合力，解决好快递员群体最关心、最现实的权益问题。

河南省快递发展大事记

河南省领导批示肯定全省邮政管理工作

1月13日，河南省邮政管理局向河南省人民政府汇报全国邮政管理工作会议精神和全省邮政管理工作情况，省政府副秘书长贺振华对全省邮政管理工作作出批示，充分肯定河南省邮政快递业2020年及“十三五”时期改革发展成果，同时对2021年工作任务提出殷切期望。

河南省连续出台行业发展利好政策

1月，河南省政府相继出台《中国(南阳)跨境电子商务综合试验区实施方案》《中国(许昌)国际发制品交易市场开展市场采购贸易方式试点工作实施方案》等政策，为全省邮政快递业发展再添利好政策。

戴柏华副省长高度肯定全省邮政快递业疫情防控工作

1月28日，河南省邮政管理局党组成员、副局长王志强参加全省疫情防控指挥部工作例会并作专题汇报，副省长戴柏华对邮政快递业疫情防控工作给予高度肯定。戴柏华强调，要始终绷紧疫情防控这根弦，加强邮政快递行业管理工作。

河南省安委会致信高度肯定邮政行业安全生产管理工作

1月，河南省安委会致信高度肯定邮政行业安全生产管理工作：“一年来，贵单位进一步树牢安全发展理念，不断深化源头治理、系统治理、综合治理，狠抓三年行动，强化督导督办，完善监管方式，严格责任落实，为全省安全生产大局稳定作出了积极贡献。”

河南省快递包装治理纳入全省2021年塑料治理工作要点

3月，河南省印发《河南省2021年塑料污染治理工作要点》，明确22项重点工作，其中“推进快递包装材料源头减量”“提升快递包装规范化水平”2项工作列入工作要点。

河南局与省商务厅、省邮政分公司举办战略合作协议签约仪式

4月13日，河南省邮政管理局与省商务厅、省邮政公司在郑州签署战略合作协议。签署框架合作协议，旨在充分发挥商务系统和邮政系统优势，推动各方资源共享、优势互补，进一步提高电子商务和邮政快递服务河南经济社会能力，为农村流通体系建设营造良好发展环境，在助推乡村振兴战略上实现更大突破。根据协议，三方将在发展农村现代流通网络、深入推进“快递进村”、提升乡村电商站点运营服务能力、推动供应链物流合作、多渠道拓宽贫困地区农产品营销渠道、推进跨境电商发展、加强脱贫地区帮扶合作等12个方面开展合作。

邮政业发展六项重点工作纳入省“十四五”规划

4月，河南省人民政府正式发布《河南省国民经济和社会发展第十四个五年规划和二〇三五年远景目标纲要》。经过河南省邮政管理局前期积极与相关部门对接协调、发送规划衔接重点内容商请函、主动征求与反馈规划文稿意见等工作，河南省邮政业发展六项重点工作被纳入其中。

河南省出台关于加快推进快递包装绿色转型的实施意见

4月19日，河南省人民政府办公厅正式印发《关于加快推进快递包装绿色转型的实施意见》，为加快河南省快递包装绿色转型，推动快递行业高质量发展提供政策保障。意见明确了两个阶段目标，到2022年，河南省快递包装领域治理体系进一步健全，基本形成快递包装治理的激励约束机制；电商快件不再二次包装比例达到90%，可循环快递包装应用规模达到30万个。到2025年，快递包装领域全面建立与绿色理念相适应的治理体系；电商快件基本实现不再二次包装，可循环快递包装应用规模达到50万个。

邮政快递业多项内容被纳入河南省委一号文件

4月23日，《中共河南省委　河南省人民政府关于全面推进乡村振兴加快农业农村现代化的实施意见》正式发布，对全面推进乡村振兴加快农业农村现代化作出重大部署，明确要促进农业高质高效、乡村宜居宜业、农民富裕富足，推动乡村振兴实现更大突破，多项涉及邮政快递业建设内容被纳入其中。

河南局联合省交通运输厅积极推进农村客货邮融合发展

5月，河南省交通运输厅印发《河南省2021年推进农村客货邮融合发展工作方案》，全面推进农村物流高质量发展。方案明确了五项工作重点，一是打造客货邮融合样板县；二是推动基础设施的共建共享；三是推动运力资源的融合共享；四是促进客货邮信息共享对接；五是加强“客货邮 + 产业"融合发展。

河南省委副秘书长表示将积极支持邮政快递业高质量发展

5月31日，河南省委副秘书长吉炳伟专题听取了河南省邮政管理局工作情况汇报，对下一步全省邮政管理工作和邮政快递业高质量发展作出指示，表示将积极支持全省邮政快递业高质量发展。针对河南局提出的发展质效不高、城乡供给不平衡和监管力量严重不足问题，吉炳伟指出，将在提高农村地区快递基础设施建设、稳定快递末端网点、支持市级邮政业安全中心和县级邮政管理机构建设、进一步落实《河南省交通运输领域省以下财政事权和支出责任划分改革方案》、推动出台《河南省邮政强省建设实施方案》等方面积极支持全省邮政快递业高质量发展。同时，吉炳伟作为省人大常委会秘书长，河南局还专题汇报了《河南省邮政条例》修订工作情况，建议将修订工作列为2021年全省立法审议项目。

周霁副省长高度肯定全省邮政管理工作和邮政快递业发展成效

5月31日，河南省邮政管理局党组书记、局长訾小春向河南省委常委、常务副省长周霁作全省邮政管理工作专题汇报，周霁充分肯定全省邮政快递业发展和改革成效，针对河南局汇报的相关工作作出明确指示，要求相关部门积极支持配合邮政管理工作，合力推动全省邮政快递业高质量发展。

河南省四级联动全力推动"快递进村"

6月4日，河南省邮政管理局召开全省2021年"快递进村"工程推进会，会议明确，要通过开展百日攻坚行动，确保完成全省行政村快递服务通达率达到80%、力争达到85%的工作目标。会议解读了《河南省邮政管理局2021年"快递进村"工程推进方案》《河南省邮政管理局2021年"快递进村"工程具体措施和任务》，对省、市邮政管理局各提出十条措施，对省快递协会和快递企业各制定了十项任务。

河南省建立省、市两级重点品牌快递企业负责人制度

为推动行业集约化、规模化、品牌化发展，发挥企业品牌负责人作用，持续提升企业发展、安全、服务、绿色及配合管理部门要求等5个方面的管理水平，河南建立省、市两级重点品牌快递企业负责人制度，截至6月，河南省邮政管理局和17个市邮政管理局全部印发《网络型快递企业品牌负责人制度》并落地实施。

河南省六个快递物流园区获得全省第二批省级物流示范园区称号

7月，河南省邮政管理局联合省商务厅、发展改革委、财政厅等部门组织全省第二批冷链、快递、电商物流"示范园区"的申报及评定工作，经过企业上报、各市(县)推荐、材料初审、专家评审、实地核查、会议研究等程序，联合下发《关于公布第二批省级冷链物流、快递物流、电商物流示范园区名单的通知》，对三个行业的20个园区进行认定，其中郑州国际物流园区、漯河圆通快递物流园、永城市快递物流园等6个快递物流园区获得省级"快递物流示范园区"称号，并以"以奖代补"的方式奖励上述园区500万元，用于加强园区建设、完善园区功能。

河南省深化交通运输与邮政快递融合发展

8月，河南省邮政管理局联合省交通运输厅、省邮政公司印发了《关于深化交通运输与邮政快递融合发展的实施意见》，邮政快递业发展获利好。实施意见要求充分发挥交通运输村村通客车和邮政、快递网点健全的比较优势，全力推动县域内交通、邮政、快递网络节点共建共享、运力资源互用互补，加快构建"一点多能、一网多用、深度融合"的农村客货邮融合发展新模式，全面提升交通运输一体化服务水平。

河南局联合7部门共同推动全省县域城乡物流体系建设

8月，为贯彻落实中央农村工作会议精神，加快推进全省县域城乡物流体系建设，河南省邮政管理局联合省商务厅、发展改革委等7部门印发《河南省县域城乡物流体系建设行动方案》，全面助力乡村振兴。行动方案从八个方面对全省县域城乡物流体系建设进行部署。

河南省政府明确支持农村寄递物流体系建设

8月，《国务院办公厅关于加快农村寄递物流体系建设的意见》正式发布后，河南省省长王凯批示要求，由河南省副省长何金平及商务厅抓好落实，推动农村寄递物流体系建设。何金平要求，由河南省商务厅牵头，尽快与省发展改革委、省交通运输厅、省邮政管理局等相关部门研究具体实施意见。

顺丰郑州航空快件转运中心启用

9月9日，顺丰郑州航空快件转运中心在郑州机场举办启用仪式。顺丰郑州航空快件转运中心项目，总面积超1万平方米，总投资约7500万元，项目设计日吞吐量可达到400吨，年吞吐量可达到14万吨，是目前顺丰在我国中部地区最大的航空快件处理中心。顺丰郑州航空快件转运中心的正式启用，将大幅提升郑州机场快件集疏效率和保障能力，意味着郑州将逐步成为顺丰全国区域性航空转运枢纽。

河南省代表队在第三届全国邮政行业职业技能竞赛获佳绩

10月14日至15日，河南省邮政管理局组织代表队赴江苏无锡参加第三届全国邮政行业职业技能竞赛总决赛。经过激烈角逐，河南省代表队荣获"团体优胜奖"，河南省代表队3名选手均荣获"个人三等奖"，河南省代表队技术指导荣获"优秀技术指导奖"。

河南省委常委批示肯定"双11"旺季服务保障工作

11月，河南省委常委、省政府党组副书记孙守刚在河南省邮政管理局报送的《关于"双11"快递业务旺季服务保障工作的报告》上作出批示，对河南局"双11"旺季服务保障工作取得的成效予以肯定。

河南省出台《关于加强县域商业体系建设促进农村消费的实施意见》

11月，为进一步加强全省县域商业体系建设，推动农村消费提质扩容，河南省邮政管理局联合省商务厅、发展改革委、公安厅、财政厅等17部门印发《关于加强县域商业体系建设促进农村消费的实施意见》。实施意见明确提出发展目标，"十四五"期间，实施"县域商业建设行动"，建立完善县域统筹、以县城为中心、乡镇为重点、村委基础的农村商业体系，到2025年，基本实现县县有物流配送中心，村村通快递；争取创建3个左右国家骨干冷链物流基地、培育10个左右省级骨干冷链物流基地。

河南省20部门联合印发实施方案推动邮政业高质量发展

12月，河南省交通运输厅、省发展改革委、省邮政管理局等20部门联合印发《河南省认真落实习近平总书记重要指示推动邮政快递业高质量发展工作实施方案》，从推进行业改革、激发创新活力、调整优化结构、提高服务质效、推动行业绿色发展、加强快递队伍建设等6个方面提出了17项主要任务，并明确了责任单位。

河南省明确支持建设国际航空快递枢纽

12月，《贯彻落实〈中国（河南）自由贸易试验区条例〉实施方案》经河南省政府常务会议审议通过并正式印发，明确支持建设国际航空快递枢纽，河南邮政快递业跨境寄递发展获得新动能。实施方案明确，要培育国际多式联运承运人，支持物流企业扩展国际货运航线，推动快递企业建设国际航空快递枢纽，引进国内外知名物流企业在区内设立总部、区域性总部、运营中心，建设多式联运国际性物流中心等，并将河南省邮政管理局等单位明确为该重点任务的责任单位，要求在2022年6月底前取得阶段性成效。

河南省跨境寄递新枢纽建设再添新动能

12月，河南省召开省长办公会，专题研究口岸建设、机场航线网络开设、自贸试验区建设等对外开放方面决议事项分工方案，邮政快递业多项内容被纳入分工清单项目，河南省邮政管理局被明确为责任单位，河南省跨境寄递新枢纽建设再添新动能。会议明确，要推动中国邮政航空第二基地落地郑州，争取获批郑州航空口岸进境国际邮件功能，建设中国邮政郑州航空邮件处理中心项目,制定吸引 DHL、FedEx、中国邮政等大型物流集成商落地的招商方案,争取 FedEx 在郑州机场布局区域性分拨中心,尽快开通郑州至巴黎货运航线,争取中国特种物流公司、中国国际速递公司总部落户郑州。会议要求,各责任单位要明确定位,对标一流,务求实效,压实责任,制定项目化、清单化实施方案,紧盯时间节点,专人专班推进,齐心协力把各项任务落实好。

《河南省邮政业发展“十四五”规划》正式印发

12 月,河南省邮政管理局、省发展改革委、省交通运输厅联合印发《河南省邮政业发展“十四五”规划》。规划全面总结“十三五”时期河南省邮政业改革发展成就,明确了“十四五”时期行业发展目标,提出到 2025 年,全省邮政业业务收入超过 700 亿元,快件业务量超过 66 亿件,快递业务收入超过 500 亿元,形成 4 家以上年业务收入超 50 亿元的邮政快递品牌,累计新增就业岗位超过 5 万个。“十四五”期间,河南着力优化全省邮政快递寄递网络体系,着力推动邮政事业提质升级、推动快递产业转型升级,着力突出郑州国际性综合交通枢纽优势、郑州洛阳主副引领优势、河南省交通强国示范省优势,着力推动全省邮政行业实现由规模扩张向高质量发展转变、由传统要素被动适应向全要素主动创造转变、由促进流通方式转型向畅通国内国际双循环转变、由规范治理向高效能治理转变。

《关于推进河南省邮政强省建设的行动计划》正式印发

12 月,河南省邮政管理局正式印发了《关于推进河南省邮政强省建设的行动计划》。行动计划围绕建设河南邮政强省的总体目标,提出要积极打造全国一流的寄递网络、一流的营商环境、一流的行业服务,着力创建中部地区邮政快递人才培育高地、安全治理高地、绿色治理高地、业态创新高地,持续提高在全国邮政业中的位次。行动计划围绕构建高质量服务供给体系、高价值产业生态体系、高效能行业治理体系的具体目标,提出了开展枢纽网络畅通提质行动、邮政事业提质创新行动、城乡寄递扩容增效行动、快递多元市场建设行动、“寄递 +”样板行动、智慧寄递引领行动、绿色邮政示范行动、政府治理效能提质行动、市场环境整治优化行动、治理协同创新行动等十项行动,明确了建设河南邮政强省的路径与抓手。

“加快农村交通物流体系建设”工作被纳入全省 2022 年重点民生实事

12 月,河南省委、省政府研究确定河南省 2022 年重点民生实事,“加快农村交通物流体系建设”工作被列入其中。河南省发展改革委制定《2022 年省重点民生实事省直责任单位指标表》,确定了各项工作目标,要求“积极发展农村电子商务和快递业务,改造提升农村寄递物流基础设施,2021 年年底前实现 60% 行政村设立村级寄递物流综合服务站”,并明确河南省邮政管理局作为该项工作主要责任单位。

邮政行业从业人员培训被纳入省“指导计划”

12 月,河南省“人人持证、技能河南”建设工作领导小组办公室印发《河南省 2022 年“人人持证、技能河南”建设目标任务指导计划》。计划明确,2022 年全省将组织开展邮政行业从业人员职业技能培训 1.5 万人次,新增技能人才 0.3 万人,新增高技能人才 0.1 万人,新增企业经营管理人才和专业技术人才等 0.02 万人。

湖北省快递发展大事记

湖北局印发指导意见规范加盟制快递企业末端网点管理

2月，湖北省邮政管理局召开各加盟制企业省公司负责人会议，专题研究加强末端网点规范管理工作，并制定下发《湖北省加盟制快递企业末端网点规范管理指导意见（试行）》。指导意见明确，切实建立快递企业末端网点规范管理责任制，各快递企业省公司主要负责人是所属品牌末端网点规范管理的第一责任人，各快递企业省公司建立工作专班，认真落实末端网点的规范管理，确保末端网点的安全平稳运行。

“快递进村”工程写入湖北省委一号文件

3月，湖北省委、省人民政府印发《关于全面推进乡村振兴和农业产业强省建设加快农业农村现代化的实施意见》，围绕巩固拓展脱贫攻坚成果、全面推进乡村振兴、建设农业产业强省、加快农业现代化、实施乡村建设行动等方面，对2021年“三农”工作进行了全面部署，其中明确提出加强县乡村三级物流配送体系建设，持续实施“快递进村”工程，支持发展共同配送，鼓励直接到户，降低物流成本，推进“互联网＋”农产品出村进城示范。省农村工作领导小组办公室对省委一号文件重点工作进行了责任分解，明确省商务厅、省农业农村厅、省供销社、省邮政管理局为持续实施“快递进村”工程等工作措施责任单位，要求结合各部门工作实际制定落实方案，确保工作责任落实落细。

湖北省推进农村客货邮融合发展

4月，湖北省交通运输厅、省邮政管理局、省邮政公司联合印发《2021年湖北省推进农村客货邮融合发展工作方案》，明确2021年全省将通过完善农村客货邮基础设施，优化客货邮服务网络，着力加强交通与邮政管理部门的合作和行业联动，实现体制机制、基础设施、运营线路、运输信息、产销流通“五个融合”；利用现有农村综合运输服务站、邮政网络和各类物流服务网点，推进城乡客运、邮政快递、农村物流等既有网络、运力资源、信息共享，深入推进“快递进村”，完善末端农村物流节点，在全省建成3～5个样板县、10～15个客货邮综合服务站和20～30条客货邮合作线路，实现客货邮融合发展，统筹解决农民群众幸福出行、物流配送、邮政寄递三个“最后一公里”难题。

湖北省发布“绿色快递　绿色发展　绿色生活”倡议书

5月，湖北省邮政管理局联合省快递行业协会发布《“绿色快递　绿色发展　绿色生活”倡议书》。倡议书向全省邮政快递企业提出六点倡议。一是坚定推动绿色发展，树立绿色快递的发展理念。二是积极应用绿色环保包装，推动包装绿色化、标准化、减量化和可循环。三是积极参与绿色科技创新，加大科技投入。四是推动制造业、电商、快递产业链绿色协同发展。五是做好包装回收利用，设立包装废弃物回收装置，提高回收利用率。六是加强宣传引导，引导广大消费者在使用快递服务树立绿色使用意识。

湖北省人大常委会党组书记专题调研快递小哥合法权益保障

6月28日，湖北省人大常委会党组书记、常务副主任王玲对省人大代表王有文提出的《关于加强快递员权益保护，提升幸福感获得感的建议》进行重点督办。王玲强调，推动快递业发展是打造国内大循环重要节点和国内国际双循环战略链接的重要环节。要采取多种方式将快递服务延伸至建制村,完善农村公共服务,打通便民“最后一公里”。探索基层快递服务创新,推动交通、邮政等资源一体化建设,鼓励运输、仓储、分拨、配送等资源和信息共享。整合电商物流园、产业园,瞄准特色产业,助力优质产品“上行”,为乡村振兴提供有力支撑。

湖北省举行第三届邮政行业职业技能大赛

6月,由湖北省邮政管理局、省人力资源和社会保障厅、省教育厅、省总工会、共青团湖北省委主办,长江职业学院承办的2021年湖北省快递职业技能大赛暨第三届全国邮政行业职业技能大赛湖北省选拔赛在长江职业学院顺利举行,来自全省9家邮政快递企业的员工队伍和14所高职院校的学生队伍参赛。本次快递员竞赛分为理论知识和操作技能两部分,其中,理论知识竞赛包括基本知识、专业知识和新知识新技术3个赛项,快递员职业操作技能竞赛设多物品收寄、派送路线设计、智能快件箱操作3个赛项。经过紧张而激烈的比拼,最终分别在“企业组”和“学生组”中决出优胜者。

湖北省快递业务收入规模跻身全国行业第一方阵

2021年上半年,湖北省完成快递业务量12.35亿件、业务收入113.6亿元,分别是2019年同期(下同)的1.65倍和1.4倍,业务收入规模居全国行业第一方阵。

湖北省出台推广建设智能信包箱惠民政策

8月,湖北省邮政管理局联合省住房和城乡建设厅出台了《关于在全省推广建设智能信包箱的通知》,以进一步完善居住社区的邮政快递服务设施,更好满足居民使用邮政和快递服务需求。通知明确,对新建住宅小区,可优先选用智能信包箱,纳入建设工程总体预算,与住宅建筑工程同步设计、同步施工、同步验收;对已建成的住宅小区,可补建智能信包箱,并鼓励第三方平台企业参与共同建设;对老旧住宅小区,要将智能信包箱建设作为完善类改造内容,纳入城镇老旧小区改造工作中。

湖北省推进城市一刻钟便民生活圈建设

8月,湖北省商务厅、省邮政管理局等12部门联合印发了《湖北省推进城市一刻钟便民生活圈建设实施方案(2021—2025年)》,邮政快递业获政策利好。方案围绕“到2025年,建设一批布局合理、业态齐全、功能完善、智慧便捷、规范有序、服务优质、商居和谐的城市便民生活圈”目标,明确提出要补齐设施短板,结合城乡社区服务体系建设、老旧小区改造等,推动便民商业设施进社区,打通“最后一公里”,支持智能信包箱(快件箱)等便利设施进社区;鼓励有条件的物业服务企业向邮政、快递领域延伸,提升消费便利化、品质化水平;丰富商业业态,优先配齐基本保障类业务,支持与居民日常生活密切相关的邮政快递综合服务点等进社区,在安全、合法的前提下采取“一点多用”、服务叠加等方式发展微利业态,保障生活必需。方案还明确将智能快件箱、信包箱纳入社区公共服务设施建设,由省住建厅、省自然资源厅、省邮政管理局及各市、州、直管市人民政府共同负责落实。

湖北省全面推进邮快合作、加快实施“快递进村”

8月,湖北省邮政管理局联合省邮政分公司制定了《全面推进湖北省邮快合作加快实施快递服务进建制村行动方案》,引导、鼓励企业利用邮政基础设施网络优势,广泛开展邮快合作,扩大“快递进村”覆盖范围,更好服务乡村振兴。方案明确,省邮政管理局、省邮政分公司、主要品牌省级快递公司等联合成立工作专班,加快推进全省邮快合作下乡进村工作。2021年底,各市(州)、县

(市、区)主要快递企业与当地邮政企业签订邮快合作框架协议,全面开展邮快合作代收、代运、代投服务;全省45%以上的建制村通过邮快合作实现快递进村。2022年底前,邮快合作覆盖全省所有快递不能投递的建制村。

全省农村地区快递服务质量百日专项整治活动启动

8月,湖北省邮政管理局部署开展全省农村地区快递服务质量百日专项整治活动,旨在督促快递企业严格落实《快递服务》国家标准,促进行业诚信经营、依法经营,助力农产品上行、工业品下乡,激发农村地区消费活力,满足农村群众日益增长的快递服务需求,助力县乡村三级寄递物流体系建设和乡村振兴。活动从9月10日起,至12月22日结束。对全省农村地区乡(镇)快递服务网点以各种借口误导收件人,不按照约定名址投递到村,将进村快件放置在乡镇网点或在投递快件(包括用户自取)时,强行向收件人收取费用(包括运输费、保管费)等违反《快递暂行条例》《快递市场管理办法》和《快递服务》国家标准的违法违规行为进行重点整治,对发现的有关违法违规行为及时依法查处。

《湖北省邮政条例》修改

9月,湖北省第十三届人民代表大会常务委员会第二十五次会议通过《关于集中修改、废止涉及优化营商环境省本级地方性法规的决定》,自公布之日起施行。《湖北省邮政条例》也在此次修改范围内。此次条例修改主要集中在四个方面。一是取消了快递业务员职业资格证书相关规定,降低了快递从业门槛,有利于释放市场主体活力,通过企业规范管理、行业自律和市场竞争等方式,提升快递服务能力和水平。二是进一步缩减了企业处理用户投诉、申诉时限,倒逼行业提高服务质量,更好地维护消费者合法权益。如要求邮政、快递企业对用户的举报和投诉由自受理之日起“10日内答复用户”修改为“7日内答复用户”,被申诉企业对邮政管理部门转办的申诉,由自收到转办申诉之日起“15日内向邮政管理部门答复处理结果”修改为“10日内向邮政管理部门答复处理结果”。三是与《民法典》保持一致。四是根据机构改革调整了相关表述。

《湖北省邮政业发展“十四五”规划》发布

10月,湖北省邮政管理局、省发展和改革委员会、省交通运输厅联合印发《湖北省邮政业发展“十四五”规划》。规划全面总结了“十三五”时期湖北省邮政业改革发展的成就,分析了未来一段时期行业面临的新形势,明确了“十四五”时期的行业发展目标:到2025年,构建“普惠民生、智慧高效、绿色安全、辐射全国、通达全球”的邮政快递服务体系,全省邮政业在行业规模、服务能力、发展质效、产业协同、治理水平等方面实现新跃升,建成中部地区邮政业高质量发展战略支点和全球性邮政快递枢纽。围绕行业发展的目标任务,规划确定了邮政快递枢纽建设、“邮政快递+交通”建设、城市寄递末端服务能力提升、“快递进村”、快递包装绿色治理、邮政业智慧监管系统等六项重点工程。同时,提出了加强党的领导、加强规划实施、优化政策环境、加强人才保障四项保障措施。

“快递进村”工作纳入湖北省市县推进乡村振兴实绩考核内容

10月,湖北省委农村工作领导小组出台《2021年度全省市县党政领导班子和领导干部推进乡村振兴战略实绩考核工作方案》,将农村快递物流建设纳入全省实施乡村建设行动内容,并将“农村快递通行政村率”作为实绩考核评估内容。根据方案安排,乡村振兴战略实绩考核由省委农办牵头,主要考核市县党政领导班子和领导干部,重点是县(市区)党委书记和县(市区)长,此次考核结果将纳入市县党政领导班子和领导干部综合考评有关内容，同时，还将与资金分配、项目安排、奖励评优、政策先行先试等挂钩，形成科学有效的激励机制。

湖北省政府常务会议研究推进农村寄递物流体系建设工作

11月15日，湖北省委副书记、省长王忠林主持召开省政府常务会议，研究了农村寄递物流体系建设等工作。会议审议并原则通过了《关于加快推进农村寄递物流体系建设的实施意见（送审稿）》。会议明确了全省农村寄递物流体系建设目标任务，即到2025年，基本形成开放惠民、集约共享、安全高效、双向畅通的县乡村三级农村寄递物流服务体系，实现县县有公共配送中心、乡乡有综合服务站、村村有综合服务网点，确保农产品运得出、消费品进得去，便民惠民寄递服务方便快捷，农村群众获得感、幸福感显著增强。

湖北省顺丰快递小哥火中救人广受好评

12月10日上午11时左右，湖北武汉顺丰快递小哥张裕在派件区域某小区作业，路过一栋住宅楼时发现火情，现场火势凶猛、情况危急。在紧急关头，张裕毫不犹豫冲上去，徒手攀爬上二楼阳台，在危急关头，托举双手，先将被困的小女孩救下，而后两个大人也成功脱险。救人之后张裕低调离开，被现场围观群众拦下，想摘下他的口罩，看清楚他的脸，知道他的姓名，拍下他的照片和视频，称呼他为“英雄”，要记住他的模样。张裕说被困的人平安无事他就放心了。张裕毫不犹豫火中救人的事迹感动了群众，也收到媒体广泛关注。据不完全统计，张裕救人的相关视频一度登上抖音热榜第一，热度超千万，微博话题热度超过500万，逾百家官方媒体、机构账号参与传播，全网热度过亿，被《人民日报》等党媒点赞。12月10日下午，武汉市消防支队授予张裕“消防勇士”称号。12月11日上午，湖北顺丰公司对张裕火线提拔，纳入分公司经理培养储备池，并奖励奖金三万元；武汉市江汉区委书记李湛到网点看望慰问张裕，充分赞许张裕的英勇行为。国家邮政局党组书记、局长马军胜高度关注，专门致电赞扬慰问，并要求做好张裕有关事迹宣传，号召广大快递小哥学习他奋不顾身、舍己救人的精神。湖北省、武汉市邮政管理局主要领导第一时间传达国家邮政局要求，在全省邮政快递业广泛宣传。

湖北省印发《关于加快推进全省快递包装绿色转型的实施意见》

12月，湖北省邮政管理局联合省发展改革、经信、司法、生态环境、住建、商务、市场监管等七部门印发了《关于加快推进全省快递包装绿色转型的实施意见》。实施意见围绕进一步加强湖北快递包装治理、推进快递包装绿色转型、助力美丽湖北建设提出了工作目标：到2025年，全省基本形成贯穿快递包装生产、使用、回收、处置全链条的治理长效机制，建成政府监管、行业自律、社会参与三位一体的快递包装协同治理体系；电商快递基本实现不再二次包装，可循环包装应用比例大幅提升，快递包装基本实现绿色转型。

湖北省出台《关于加快农村寄递物流体系建设的实施意见》

12月，湖北省人民政府办公厅印发《关于加快农村寄递物流体系建设的实施意见》。实施意见提出到2025年，基本形成开放惠民、集约共享、安全高效、双向畅通的县乡村三级农村寄递物流体系，实现县县有公共配送中心、乡乡有综合服务站、村村有综合服务点，确保农产品运得出、消费品进得去，农村群众获得感、幸福感显著增强。

湖北局联合省总工会慰问顺丰快递小哥汪勇、张裕

12月，湖北省邮政管理局联合省总工会参加湖北顺丰“传承顺丰精神，服务从心出发”主题教

育活动，慰问湖北顺丰快递小哥汪勇、张裕。疫情期间，顺丰快递小哥汪勇敢担大义，为一线医务人员提供服务保障，被誉为“生命的摆渡人”。在突发火情面前，正在派件的张裕徒手攀楼，救下被困的一家三口，被赞许为“英雄小哥”。活动现场，汪勇、张裕分享了感人的事迹，顺丰集团党委授予张裕“优秀共产党员”称号，湖北省总工会授予张裕“武汉市五一劳动奖章”。湖北省邮政管理局党组成员、纪检组长陈学元在活动上代表省局党组慰问快递小哥汪勇、张裕并讲话。充分肯定了顺丰企业文化建设取得的成绩，通过党建带群团、工会无缝覆盖，通过制度与榜样的力量点燃“快递小哥”的英雄梦，培养出汪勇、张裕等一批先进模范，受到社会各界的广泛称赞。号召希望更多的邮政快递人以先进模范为榜样，有担当，有作为，为社会贡献自己的一份力量。

湖南省快递发展大事记

湖南省出台意见推进跨境寄递服务网络建设

3月，湖南省委省政府出台《关于新时代加快完善社会主义市场经济体制的实施意见》，邮政快递业再获利好。意见明确，建设更高水平开放型经济新体制，以开放促改革促发展。积极服务“一带一路”，深化与“一带一路”沿线国家和地区合作，落实与非洲、东南亚等地重点合作项目，支持龙头企业建设面向“一带一路”沿线国家和地区的跨境寄递服务网络、国际营销和服务体系。推动湖南优势产业、龙头企业主动融入全球产业体系。支持优势产业和企业“抱团出海”“借船出海”，推动对外承包工程高质量发展。

湖南省“十四五”规划对邮政快递业发展提出明确要求

4月，《湖南省国民经济和社会发展第十四个五年规划和二〇三五年远景目标纲要》正式印发实施，全省邮政快递业多项重点工作被纳入其中，行业发展再获利好。纲要将快递（农村物流）优化工程纳入“十四五”重大物流工程，并要求补齐冷链物流和末端配送短板，促进农村客运和物流业融合发展，完善县乡村三级物流配送体系，提升快递配送网点覆盖率，实施“邮政在乡”“快递下乡”等工程。

湖南省人大常委会副主任专题调研邮政快递业

4月16日，湖南省人大常委会副主任叶红专带队在长沙调研邮政快递业发展和快递从业人员权益保障工作。叶红专强调，要落实好习近平总书记指示批示精神，进一步完善快递从业人员合法权益保障机制，抓好政策落地见效，落实企业主体责任，切实破解当前在权益保障中的痛点、难点，着力提升快递小哥的职业荣誉感，推动社会各界理解、关爱、支持快递从业人员群体。

湖南省政府发展研究中心赴郴州市专题调研“快递进村”

4月，湖南省政府发展研究中心调研组专程赴郴州市调研“快递进村”工作开展情况。在调研结束后召开的座谈会上，郴州市邮政管理局汇报了全市“快递进村”工作开展情况。各参会单位就推进“快递进村”工作中存在的问题和难点进行交流发言，并就加快实现“快递进村”提出具体意见和建议。调研组充分肯定了郴州市在推进“快递进村”工程的工作中取得的成绩，强调各级政府部门要加强对“快递进村”工作的支持和引导，企业要找准自身发展与农村地区群众用邮用快需求的结合点，利用“快递进村”发展契机，在服务农产品“走出去、卖得好”中把握机遇，为实施乡村振兴战略提供坚实的快递网络保障。

湖南省人大常委会召开快递从业人员合法权益保障专题调研座谈会

4 月，湖南省人大常委会召开快递从业人员合法权益保障专题调研座谈会，省人大常委会副主任叶红专出席会议并讲话。叶红专强调，快递业“快”的背后还存在不少隐忧，要牢固树立问题导向，深入基层、深入一线、深入“快递小哥”群体，真诚地了解他们的急难愁盼，尽最大努力帮助他们排忧解难。“快递小哥”是我们幸福美好生活的创造者，对他们共同关心忧心的劳动合同、劳动时间、工资报酬、社会保险、工伤保险等具体问题，要认真研究并加以解决。各部门单位和快递企业要严格对照劳动法、劳动合同法等法律法规规定，结合自身职能职责，带着感情和责任来做好这项工作。要尊重每一位劳动者，善待每一位劳动者，竭尽所能关心和帮助他们，让他们共享改革发展成果、拥有更加幸福美好的未来。

陈飞副省长肯定全省邮政快递业发展成效

7 月，湖南省邮政管理局以专题报告形式向省政府副省长陈飞汇报了上半年全省邮政管理工作情况和行业发展成效。陈飞充分肯定了上半年工作成绩，并对下一步工作作出批示：“要坚持问题导向，解决难点痛点，推动全省邮政业高质量发展”。

湖南省政协副主席专题调研快递用户个人信息保护工作

7 月 28 日，湖南省政协副主席胡旭晟率队专题调研邮政快递业用户个人信息保护工作情况，并就“个人信息保护”微建议开展协商座谈。胡旭晟强调，快递业服务群体大，涉及范围广，要强化责任意识，综合施策，多措并举保护用户个人信息安全。要明确保护标准，在国家未出台快递电子运单标准之前，在省内探索制定相关统一标准，明确用户个人信息保护方式和标准。要加强监督管理，相关职能部门在加大对快递企业个人信息安全保护督导检查的同时，督促寄递企业加强内控、规范运营、堵塞漏洞。要强化统筹管理，对涉及快递包裹个人信息安全的相关行业开展联动治理。要推动立法完善，确保个人信息得到全面保护。

湖南省出台措施加快培育新型消费利好邮政快递业

8 月，湖南省人民政府办公厅印发《关于加快培育新型消费的实施意见》，实施意见围绕推动服务消费线上线下深度融合培育壮大各类消费新业态新模式、深入推进新型消费基础设施和服务保障能力建设、加大新型消费政策支持力度、优化新型消费营商环境等四大方面，提出 20 条政策措施。其中，邮政快递业多项重点工作被纳入其中，行业发展再获利好。

湖南省出台“十四五”扩内需促消费畅通国内大循环规划

8 月，湖南省发展改革委印发《湖南省“十四五”扩内需促消费　畅通国内大循环规划》，围绕“提高产品供给质量、促进消费提质”“补齐城乡消费短板、释放消费潜力”“发展现代商贸流通、理顺消费链条”“畅通国内大循环、改善消费环境”“适应美好生活需要、推动消费升级”等五大任务提出 15 条政策措施。其中，邮政快递业多项重点工作被纳入其中，行业发展获利好。

湖南省委副书记专题调研“快递进村”等工作

9 月 6 日，湖南省委副书记乌兰在湘潭县就“快递进村”等工作开展调研，强调要深入学习贯彻习近平总书记关于“三农”工作重要论述，坚持以人民为中心的发展思想，加强农村物流体系建设，畅通渠道、整合资源、降低成本、优化服务，努力增加农民收入，促进共同富裕。

湖南局会同省公安厅推动寄递渠道禁毒百日攻坚行动

9月7日，湖南省邮政管理局联合省公安厅对长沙市寄递渠道禁毒工作进行调研，并召开寄递渠道“百日攻坚”座谈会。会议指出，开展“寄递渠道禁毒百日攻坚行动”，是有效遏制寄递渠道走私贩毒问题、全面深化“净边”专项行动而作出的重要部署，是应对毒情形势发展变化、解决突出毒品问题的迫切需要，是深化清源断流、补齐工作短板的必然要求，是发挥各方优势、合力攻坚克难的重要举措，也是邮政快递行业主动作为、维护寄递渠道安全的重要行动。

邮政快递基础设施纳入湖南省“十四五”城镇老旧小区改造统筹实施

9月，湖南省政府办公厅印发《关于全面推进城镇老旧小区改造工作的实施意见》，着力改善人居环境，促进城镇高质量发展。其中，邮政快递基础设施建设改造要求纳入各地“十四五”城镇老旧小区改造规划统筹谋划。意见要求，按照谁受益、谁出资原则，积极推动居民出资参与建设改造，可通过直接出资、使用(补建、续筹)住宅专项维修资金、让渡小区公共收益等方式落实。省级财政统筹安排资金支持城镇老旧小区改造。要统筹教育、民政、卫生健康、文化、商务、体育等方面涉及住宅小区的各类资金用于城镇老旧小区改造，提高资金使用效率。

湖南局科技赋能助力寄递渠道禁毒百日攻坚

9月，湖南省邮政业安全中心添置移动安检车投入寄递渠道禁毒工作攻坚实战，此次投入使用的移动安检车具有随机性强、不受区域及场地限制、适用范围广等特点，快递检测平均两秒就能完成，可以检测出管制刀具、仿真枪、爆炸物品、毒品等违禁品，如果发现可疑物品，还能进行放大、变色、换色、翻转等类型分辨。

湖南局引入北斗应用助力邮政快递业数字化建设

9月16日，湖南省邮政快递业数字化建设暨北斗应用签约仪式在长沙举行。湖南省邮政业安全中心、北斗航天卫星应用科技集团有限公司和北京天舟通信有限公司三方签订合作协议，共同建设湖南省邮政业安全中心信息化技术协同平台。根据协议约定，三方将本着真诚合作、优势互补、互利互赢的原则，发挥各自领域能力与特点，制订并出台隐私面单省内落地相关政策、建设县域共配中心、投放快递末端网点安全设备，实现可管理、可溯源、安全可靠的快递业监管模式，通过先进的技术能力、成熟的运营团队以及基础运营商的通信保障，实现安全与智能并存的省平台，促进快递用户信息安全和快递末端有序发展。三方将按照1个平台、4个落实的战略构架目标，建立面向全省的快递大数据监管系统，为湖南邮政业运行提供数字化监管手段，为省政府决策提供数据依据；建设隐私面单省级邮政业通信系统，加快推进隐私面单在湖南落地；建立快递末端的一门式认证、管理和信息服务系统，加快推进国家局《快递进村三年行动方案(2020－2022年)》部署，提升快递服务质量，更好地满足人民群众便捷化、个性化的服务需求。当日，首届北斗规模应用国际峰会在长沙开幕。此次签约也是北斗这一国家重要时空基础设施在我省邮政快递业的首次规模应用。

湖南省印发客货邮融合发展试点工作实施方案

9月，经湖南省人民政府同意，省交通运输厅、省发展改革委、省邮政管理局联合印发《全省客货邮融合发展试点工作实施方案》。方案明确选择基础条件较好的5个县市区，以县市区人民政府为试点的责任主体，坚持政府引导，发挥市场在资源配置中的决定性作用，整合多部门资源，实现多网融合，探索农村客货运、快递、物流、电商等“一网多用、一站多能、多点合一、深度融合”的新模式。

邮政快递多项内容纳入湖南省建设高标准市场体系实施方案

9月，湖南省委办公厅、省政府办公厅印发《湖南省建设高标准市场体系实施方案》，将邮政快递列入高标准市场体系建设的五年行动战略，系统推进、跟踪评估。方案要求，将公共性快递分拣处理中心、智能投递设施、快递末端综合服务场所纳入公共服务设施相关规划。实施城乡物流高效配送专项行动和“邮政在乡”“快递下乡”等工程，完善县乡村三级物流配送体系，构建城乡双向畅通的物流配送网络。完善“互联网＋”消费生态体系，实施教育、医疗、快递物流等网络基础设施改造提升工程，推动互联网医疗、即时递送等新型服务平台发展。

邮政快递多项重点任务助力湖南省脱贫攻坚

9月，湖南省出台《继续大力实施消费帮扶巩固拓展脱贫攻坚成果的实施意见》，邮政快递多项重点任务列入实施方案统筹推进。意见要求，完善县乡村物流体系，围绕全省“一核三区多基地”冷链物流布局目标，加快新(扩)建一批农产品产地冷藏保鲜设施，完善以国家物流枢纽为核心的辐射型市域物流服务网络，拓展完善综合服务功能。继续推进城乡客运一体化创建，支持县级物流中心和重要乡镇、节点乡镇运输综合服务站建设，实施城乡高效配送行动和“快递进村”等工程，推动电商、邮政、供销等村级服务站点“多站合一”集约发展，完善县乡村三级物流配送体系。支持基础条件较好的县(市、区)开展农村客货邮融合发展试点、农村供销快递融合发展试点，探索“客运＋货运”“客运＋快递”“供销＋快递”模式，打通农产品进城“最初一公里”。

湖南局组织寄递企业开展执行服务标准公开声明

10月29日，湖南省邮政管理局组织各寄递企业开展执行服务标准公开声明。声明表示，各寄递企业将坚决执行《快递服务》《智能信包》等国家标准、行业标准，开展规范服务，争做“标准企业”，提升快递品质。尊重消费者意愿，未经用户同意不将快件“投箱入站”。保障消费者权益，遏制乡镇快递服务“违规收费”。落实安全主体责任，严格执行疫情防控各项措施和安全规制，保障生产安全、寄递安全、信息安全。推进快递包装治理，降低快件包装污染。欢迎社会各界监督，共同营造安全旺季、畅通旺季、暖心旺季，让称心如意的快递服务创造守护人们美好生活。

湖南局开通快递员群体合法权益保障工作举报平台

10月，湖南省邮政管理局开通快递员群体合法权益保障工作举报平台。开通快递员群体合法权益保障工作举报平台是开展“我为群众办实事”实践活动，扎实推进快递员群体合法权益保障的创新举措。快递小哥可直接手机扫码勾选、拍照等远端反映情况。举报平台投用深受快递小哥们欢迎，纷纷表示：问题举报方便快捷，让我们苦有所诉、难有所助、忧有所解。

湖南局与省财政厅等部门共商邮政快递业财源建设事宜

10月27日，湖南省邮政管理局与省财政厅、省财源办、省税务局举行座谈，共商邮政快递业财源建设事宜。会议要求，实施“三高四新”财源建设工程是省委省政府作出的重大决策部署，也是推动经济社会发展、持续改善民生的重要保障。全省邮政快递业要加速省委省政府“三高四新”重要战略在邮政快递业贯彻落实，加快培育行业龙头，引进重要快递企业区域总部或者重要项目落户湖南，积极培育邮政快递业财源税源。

湖南局联合省公安厅加强“双11、双12”节点道路交通保障

11月5日，湖南省邮政管理局结合“我为群众

办实事”，联合省公安厅交通管理局印发了《关于加强“双十一、双十二”节点道路交通保障工作的通知》，确保旺季期间快递配送安全顺畅。通知明确11月11日至12月20日期间，对按照邮政管理部门规范要求，喷涂统一专用标识的快递配送车辆，允许城区道路24小时通行；对新能源轻型厢式货车，城区道路原则上不限行；在发放货车通行证(码)方面对快递配送车辆予以优先支持。针对商超、集贸市场、物流园区、配送中心、快递末端服务网点等重点需求部位，在周边道路设置路内临时停车泊位，方便快递配送车辆停靠装卸、派送。通知要求各级公安交管部门对快递配送车辆注重人性执法、柔性执法、说理执法，按照“绿色通道”政策管理，对快递派送期间的临时停车，原则上不予处罚。

湖南局联合省发展改革委开展快递包装绿色转型专题调研

11月4日，湖南省邮政管理局联合省发展改革委赴邮政、顺丰、申通等企业开展快递包装绿色转型现场调研。调研组强调，各企业要严格遵守相关法律法规，认真落实绿色治理各项任务，在包装选用、封装操作等各环节落实绿色化、减量化和可循环等要求，全面推进行业绿色治理。要持续推进快递包装领域创新技术研发、成果转化和系统集成，切实增加绿色包装供给。要积极推广应用可循环快递包装，推进快递包装“绿色革命”，争做行业示范企业。

湖南省启动“工会进万家·新就业形态劳动者温暖行动”活动

11月，湖南省启动“工会进万家·新就业形态劳动者温暖行动”服务月活动。服务月活动面向新就业形态劳动者，重点聚焦快递员、外卖配送员、网约车司机、货车司机等群体，以送思想文化、送入会服务、送身心健康、送平安保障、送温暖关爱、送工作岗位、送技能提升、送法律服务等“八送”活动为重点内容，聚焦新就业形态劳动者最关心最直接最现实的需求，以“双11”为时间节点，通过组织开展服务月系列活动，帮助解决他们的急难愁盼问题。

实现“快递进村”全覆盖等内容写入湖南省党代会报告

11月，中国共产党湖南省第十二次代表大会召开。实现“快递进村”全覆盖等多项内容写入党代会会议报告。报告在“深入实施乡村振兴战略”中明确要求，推动公共基础设施往村覆盖、往户延伸，促进县乡村公共服务一体化，加强数字乡村建设，实施农村客货邮融合发展行动，实现“快递进村”全覆盖。

湖南省启动农村客货邮融合发展试点县(市)创建工作

12月，湖南省交通运输厅、省发展改革委、省邮政管理局联合举办全省农村客货邮融合发展试点县(市)创建启动会，标志着湖南省农村客货邮融合发展试点示范县创建工作正式启动。省交通运输厅二级巡视员(省管)李建斌，省发展改革委二级巡视员(省管)龚新平，省邮政管理局副局长杨恢俊出席启动会。会议指出，实施农村客货邮融合发展是贯彻落实好习近平总书记关于“四好农村路”和建设人民满意交通重要指示精神的重要举措，是进一步巩固拓展脱贫攻坚成果，全面推进乡村振兴战略实施，更好服务县域经济发展的重要途径。创建主要依托城乡客运一体化示范县，2021年选择基础条件较好的5个示范创建县(市)，2个示范培育县(市)，开展农村客货邮融合发展试点，通过节点网络共享、末端线路共配、运力资源共用等方式，探索农村客货运、快递、物流、电商等“一网多用、一站多能、多点合一、深度融合”的新模式，打通农产品进城“最初一公里”和工业品下乡“最后一公里”，积极创建全国农村物流服务品牌，形成可借鉴、可复制、可推广的模式和经验。

湖南省国际邮件、快件、跨境电商一体发展入选国家级制度创新案例

12 月，国务院自由贸易试验区工作部际联席会议简报（第 25 期）刊发“湖南自贸试验区长沙片区着力推进‘三个一体化’，实现国际邮件、国际快件和跨境电商业务集约发展”案例，这是自 2020 年 9 月 21 日中国（湖南）自由贸易试验区获批以来诞生的首个国家级案例。该案例聚焦从事国际邮件、国际快件和跨境电商三类业务的企业需求和产业发展实际，创新实施口岸监管通关一体化、业务信息一体化、体制机制一体化，在全国率先将 3 个场所、3 套监管系统合而为一，实现“邮快跨”业务一站式通关，在不断降低企业运营成本、提升监管服务效能的同时，有效促进跨境电商产业集聚发展。

《“十四五”湖南省邮政业发展规划》正式印发

12 月 30 日，湖南省邮政管理局，湖南省发展和改革委员会联合印发《“十四五”湖南省邮政业发展规划》。规划全面总结“十三五”时期湖南省邮政业改革发展成就，明确了“十四五”时期行业发展目标，提出到 2025 年，全省邮政业务收入超过 375 亿元，快递业务收入超过 270 亿元，累计新增就业超过 2 万人；构筑“一核三带五辅多点”总体空间布局：“一核”即长株潭邮政快递核心增长极，“三带”是京广、沪昆和渝长厦寄递物流集聚发展带，“五辅”以长株潭都市圈为中心，2 小时高速圈为半径，扩大对岳阳市、衡阳市、常德市、益阳市、娄底市等区域的辐射带动力。“多点”即在邵阳、怀化、郴州、永州、益阳、常德、湘西、张家界等地建设市级邮政快递集聚中心。规划还提出了“十四五”时期七项重点任务。

广东省快递发展大事记

陈良贤副省长召集研究广东省邮政快递业发展政策措施

1 月 5 日，广东省人民政府副省长陈良贤召集省政府副秘书长、省邮政管理局主要负责同志和省政府办公厅相关处室负责同志召开会议，共同研究支持广东省邮政快递业高质量发展的若干政策措施。陈良贤指出，全省邮政行业抢抓机遇、担当作为，“十三五”规划目标任务圆满完成，在规模体量、产业融入、科技应用及人才建设等方面走在全国前列，成绩来之不易。邮政快递业，面对严峻复杂的国内外形势，特别是新冠肺炎疫情的严重冲击，全力以赴统筹疫情防控和经济社会发展各项工作，取得了突出成效，给省邮政管理局点赞。

陈良贤副省长出席 2021 年全省邮政管理工作会议

1 月 11 日，2021 年广东省邮政管理工作会议在广州召开。广东省人民政府副省长陈良贤出席会议并强调，要深入贯彻落实习近平总书记出席深圳经济特区建立 40 周年庆祝大会和视察广东重要讲话、重要指示精神，以及习近平总书记对邮政快递业重要指示批示精神，认真贯彻省委十二届十二次全会精神，切实增强做好邮政管理工作的责任感和紧迫感，深入贯彻新发展理念，加强统筹谋划，优化发展格局，强化工作落实，推动全省邮政管理工作再上新台阶。

广东省印发意见落实习近平总书记关爱“快递小哥”重要指示精神

1 月，广东省邮政管理局联合省总工会印发《关于落实习近平总书记关爱“快递小哥”重要指示精神加强全省快递行业工会建设的意见》，围绕推进快递行业工作组建和从业人员入会工作、发挥快递行业工会维权服务等各项职能、建立健全

快递行业工会工作格局等四个方面提出14条具体措施，旨在深入贯彻落实习近平总书记关心关爱“快递小哥”重要指示精神，大力弘扬“小蜜蜂”精神，把快递行业从业人员最大限度组织到工会中来，夯实基层基础，切实履行维权服务的基本职责，不断增强从业人员的获得感和幸福感，促进全省快递行业规范健康发展。

广东省出台政策首次将快递员群体纳入工伤保险参保范围

1月，广东省人社厅、省财政厅、省税务局出台了《关于单位从业的超过法定退休年龄劳动者等特定人员参加工伤保险的办法(试行)》，创新政策首次将快递员群体等新业态从业人员纳入工伤保险参保范围，快递从业人员由所在组织自愿选择为其单项参加工伤保险、缴纳工伤保险费，参保人员可按规定享受工伤保险基金支付的各项工伤保险待遇。这项利好政策于4月1日起实施。办法提出，从业人员在多个单位从业的，各从业单位可分别为其缴纳工伤保险费；已参加养老保险的职工同时在其他用人单位工作的，允许其他用人单位为其办理单项参加工伤保险；同一月度内从业人员在不同单位之间流动的，各单位均可为其缴纳该月度工伤保险费。

广东省印发贯彻落实交通强国建设纲要实施意见

1月，广东省委省政府印发《关于贯彻落实交通强国建设纲要的实施意见》，围绕基础设施、交通装备、运输服务、科技创新、安全保障、绿色发展、开放合作、人才队伍、治理体系等方面对推进全省综合交通运输体系建设提出具体意见，邮政快递业相关内容纳入其中。意见提出，要以国家和省发展规划为依据，统筹铁路、公路、水路、民航、管道、邮政等基础设施规划建设。要建设普惠高效的邮政服务网，提高快递公共投递服务站密度。要鼓励大型快递企业发展“互联网+”高效物流，建立通达全球的寄递服务体系。加快快递扩容增效和数字化转型，壮大供应链服务、冷链快递、即时直递等新业态新模式，推进智能收投终端和末端公共服务平台建设。探索无人机、无人车物流递送和城市地下物流配送等。要支持邮政快递企业加强海外处理设施布局，构建国际寄递物流供应链体系。同时，推进邮件快件包装绿色化、减量化，提高资源再利用和循环利用水平。

邮政快递末端服务设施建设被纳入广东省城镇老旧小区改造

1月21日，经广东省人民政府同意，广东省人民政府办公厅印发《关于全面推进城镇老旧小区改造工作的实施意见》，智能快件箱、智能信包箱等智能投递终端和邮政快递末端综合服务站建设被纳入改造内容。实施意见提出，2021年，全省开工改造不少于1300个城镇老旧小区，惠及超过25万户居民，基本形成城镇老旧小区改造制度框架、政策体系和工作机制；到“十四五”期末，基本完成全省2000年底前建成的需改造城镇老旧小区改造任务，有条件的地区力争完成2005年底前建成的需改造城镇老旧小区改造任务。

广东省政府工作报告提出要加快建设现代流通体系

1月24日至26日，广东省第十三届人民代表大会第四次会议召开，省长马兴瑞代表省政府向大会作工作报告，提出要加快建设现代流通体系，利好邮政快递业发展。报告提出，要加快建设现代流通体系。完善现代综合运输体系，统筹物流枢纽、配送中心、冷链物流骨干网等布局建设，发展高铁航空货运和多式联运。完善现代商贸流通体系，推动商贸物流设施智能化改造，引导传统零售业、批发业、物流业等线上线下融合发展，培育现代商贸流通领军企业。健全城乡市场流通体系，发展农村电商，形成农产品进城与农资、消费品下乡的双向流通格局。支持有条件的企业拓展全球仓储配送网络。要推动现代服务业同先进制造业、现代农业深度融合,加快服务业数字化。要推动农村基础设施提档升级,加快补齐水电路气、通信、物流等短板。要加快实施农村电商、乡村工匠、高素质农民培育工程,提高农民科技文化素质。要深化国际贸易"单一窗口"建设和通关模式改革,推进跨境贸易便利化,壮大市场采购、跨境电商、数字贸易、离岸贸易等新业态新模式。

马兴瑞省长批示充分肯定全省邮政快递业发展所作贡献

1月26日,广东省人民政府省长马兴瑞在国家邮政局党组书记、局长的来信上作出批示:"感谢国家邮政局的大力支持及广东省邮政管理局的积极贡献!新的一年,我们坚持以习近平新时代中国特色社会主义思想为指导,始终坚持和全力推动邮政快递业高质量发展,努力在打造新发展格局的战略支点中展现新作为、作出新贡献。"

广东局发布2020年全省快递服务现代农业、先进制造业金牌银牌项目

1月28日,广东省邮政管理局发布通报,授予梅州金柚等22个项目为"2020年全省快递服务现代农业、先进制造业金银牌项目"。其中,梅州金柚、茂名荔枝获评"2020年全省快递服务现代农业金牌项目",年快件业务量均超千万件;增城荔枝、连平鹰嘴蜜桃、大埔蜜柚、海丰虎噉金针菜、雷州海鲜水产、信宜三华李、英德红茶共7个项目获评"2020年全省快递服务现代农业银牌项目",年快件业务量均超百万件。深圳德邦服务华为电子、佛山京邦达服务美的电器、东莞顺丰服务OPPO和VIVO电子共3个项目获评"2020年全省快递服务先进制造业金牌项目",年业务收入均超亿元。广州天运国际服务美妆、深圳EMS服务闻泰科技、中山顺丰服务格兰仕等10个项目获评"2020年全省快递服务先进制造业银牌项目",年业务收入均超千万元。

广东快递年业务量、业务收入分别突破200亿件和2000亿元

1月,根据数据显示,2020年,广东省快递业务量累计完成220.8亿件,同比增长31.4%,占全国比重达26.5%,快递业务收入累计完成2182.5亿元,同比增长18.1%,占全国比重达24.8%,快递年业务量、业务收入分别首次突破200亿件和2000亿元,快递第一大省地位得到进一步巩固。

陈良贤副省长春节前夕慰问一线"快递小哥"

2月10日,广东省人民政府副省长陈良贤一行冒雨走访慰问邮政快递企业网点,贯彻落实习近平总书记关心关爱"快递小哥"重要指示精神,向奋战在一线的"快递小哥"送去新春祝福和美好祝愿。陈良贤强调,希望全省邮政快递业继续发扬闻鸡起舞、日夜兼程、风雨无阻的精神,真抓实干、拼搏进取,继续为服务全省经济社会发展和民生改善,服务粤港澳大湾区建设作出新的更大的贡献。

广东省提出要加快快递业绿色包装应用

2月10日,经广东省人民政府同意,广东省人民政府办公厅印发《广东省推进"无废城市"建设试点工作方案》,提出要加快快递业绿色包装应用。工作方案明确,在珠三角所有城市开展"无废城市"建设试点,并鼓励粤东粤西粤北各市同步开展试点工作。到2023年底,各试点城市要在推行绿色工业、绿色生活、绿色农业,培育固体废物处置产业,推行固体废物多元共治等方面取得明显成效,工业固体废物和生活垃圾减量化资源化水平全面提升、危险废物全面安全管控、主要农业废弃物有效利用。无废试验区协同机制初步建立,区域联动不断加强、合作更加广泛深入。

广东省发布"互联网"农产品出村进城工程实施方案

2月24日,经广东省人民政府同意,广东省农业农村厅等4部门联合印发《广东省"互联网"农产品出村进城工程实施方案》,农村邮政快递发展

获支持。实施方案明确，要实现农产品产销顺畅衔接、优质优价，供给能力和供应效率显著提升，农民就业增收渠道进一步拓宽，农产品出村进城更为便捷、顺畅、高效。

广东省农村物流网络节点建设标准印发实施

2月24日，广东省交通运输厅联合省邮政管理局等四部门印发《广东省农村物流网络节点建设标准（试行）》，邮政快递基础设施建设获利好支持。标准指出，农村物流网络节点由县级农村物流中心、乡镇农村物流服务站、村级农村物流服务点三个层级构成。其中，村级农村物流服务点是农村物流网络节点体系中的基层网点，处于节点体系的末端，实现农资农产品代销代购以及电商、邮政快递等收发。

广东省提出要开发一批乡村快递收发等乡村公共服务类岗位

3月1日，广东省人民政府印发《广东省进一步稳定和扩大就业若干政策措施》，提出，要对就业困难群体实施托底帮扶。开发一批农村保洁、治安、护路、管水、扶残助残、养老护理、林区管护、公共卫生、公共基础设施维护、乡村快递收发等乡村公共服务类岗位，兜底安置就业困难人员等易返贫致贫人口，按规定落实乡村公益性岗位补贴。

广东省印发加快建设农村物流服务体系工作方案

3月4日，广东省商务厅、发展改革委、交通运输厅、农业农村厅、扶贫办、市场监管局、供销合作社、邮政管理局联合制定印发了《广东省加快建设农村物流服务体系工作方案》，对促进农村快递加快发展提出一系列政策措施。

广东省电子商务与快递协同发展有关工作经验获通报推广

3月19日，商务部办公厅、国家邮政局办公室联合印发《关于电子商务与快递物流协同发展典型经验做法的通知》，广东省多项典型经验做法获通报推广。在优化配送通行管理方面，广州市对《广州市非机动车和摩托车管理规定》进行修订，允许符合标准的邮政、快递电动三轮车上路通行。按照“定额控制，动态管理”方式对快递电动三轮车进行备案管理。在提升末端服务能力方面，广州市建设“邮政智能快件箱 + 城市公交站场点”的“公交化”快递自提配送服务网络；江门市与圆通速递合作，在社区、工业园区和写字楼附近开设“妈妈驿站”，打造多功能社区服务平台，丰富快递企业服务民生内涵。在推动绿色发展方面，深圳市组织邮政EMS、顺丰、京东等8家快递企业拍摄绿色快递宣传视频并宣读绿色快递倡议书；支持顺丰建立“包装实验室”，加强可降解、可循环快递包装产品研发和应用。

广东省提出要建设快递城市末端配送体系

3月21日，广东省人民政府印发2021年省《政府工作报告》重点任务分工方案，在加快建设现代流通体系工作方面，提出要建设快递城市末端配送体系。该分工方案要求，要制定加快建设现代物流体系有关工作方案。组织符合条件的地市申报国家物流枢纽和国家骨干冷链物流基地。引进大型零售企业来粤设立采购和物流中心。编制《广东省流通领域现代供应链发展“十四五”规划》。开展便利店品牌化连锁化三年行动，推进农商互联农产品供应链建设。建设快递城市末端配送体系。

广东省“快电”战略合作协议签约仪式举行

3月29日，广东省快递行业协会联合中国电信广东分公司举行“快电”战略合作协议签约仪式。本次签约聚焦“快电”合作，本着政府引导、协会主导、企业参与、创新机制、开放共享、合作共赢的原则，通过引导快递与电信在农村地区共建网点、共享资源，形成一种高效可行、惠企惠农的“快递进村”模式，助力“快递进村”工程建设目标的顺利实现。

广东省提出要改造提升农村寄递物流基础设施

3 月 31 日，广东省委省政府印发《关于全面推进乡村振兴加快农业农村现代化的实施意见》，提出了要改造提升农村寄递物流基础设施等一系列政策措施，以全面促进农村消费。实施意见明确，要加快完善县镇村三级农村物流体系，加快推进以中心镇为单位的物流配送中心、农产品专业批发市场、冷链仓储物流等设施建设，推进田头小型仓储保鲜冷链设施、产地低温直销配送中心、国家骨干冷链物流基地、广东供销冷链物流网建设，改造提升农村寄递物流基础设施。实施电子商务下乡进村和农产品出村进城支撑工程，推动城乡生产和消费有效对接。完善农村生活性服务业支持政策，发展线上线下相结合的服务网点，满足农村居民消费升级需要，吸引城市居民下乡消费。

邮政快递业发展有关内容被纳入广东省“十四五”规划纲要

4 月 6 日，广东省政府印发《广东省国民经济和社会发展第十四个五年规划和 2035 年远景目标纲要》，邮政快递业发展有关内容被纳入其中。纲要提出，要推进跨境电商与快递物流协同发展，大力发展第三方物流和冷链物流，加强粤港澳物流标准衔接，携手建设国际物流枢纽。纲要强调，要大力推动快递物流、冷链物流体系高质量发展，完善城乡物流配送体系。发展流通新技术新业态新模式，推动构建新型物流营运平台和信息平台，积极发展无人机（车）物流，支持无接触交易服务。纲要还明确，要加强基础设施体系建设，推广集约高效的智能物流设施，推动货、车（船、飞机）、场等物流要素数字化，支持物流园区和仓储设施智慧化升级。

《关于推进广东省邮政快递业高质量发展的实施方案》获通过

4 月 21 日，广东省人民政府省长马兴瑞主持召开省政府常务会议，审议并通过了《关于推进广东省邮政快递业高质量发展的实施方案》。会议认为，实施方案深入贯彻落实习近平总书记关于邮政快递业的重要指示批示精神，立足新发展阶段、坚持新发展理念、服务构建新发展格局，符合“十四五”广东省邮政快递业发展新要求，必将为全省邮政快递业高质量发展提供强有力的政策支撑和保障。

广东省快递业“两进一出”工程试点实施方案获审议通过

4 月 21 日，广东省人民政府省长马兴瑞主持召开省政府常务会议，审议并通过了《关于开展快递业“两进一出”工程试点的实施方案》。实施方案在政策设计上坚持目标导向，明确要构建农业农村快递物流网，推进快递进村；构建制造业与快递服务深度融合网，推进快递进厂；构建国际快递智能骨干网，推进快递出海，并提出到 2022 年要在快递强省建设上取得重大进展。马兴瑞省长对省邮政管理局有关工作给予了充分肯定，并希望结合省委省政府工作部署，切实抓好快递业“两进一出”（快递进村、快递进厂、快递出海）试点工作。

广东省印发推进省邮政快递业高质量发展实施方案

4 月 24 日，广东省人民政府正式印发《关于推进广东省邮政快递业高质量发展的实施方案》，旨在以习近平新时代中国特色社会主义思想为指导，坚定不移贯彻新发展理念，以推动高质量发展为主题，以深化供给侧结构性改革为主线，以开展快递业“两进一出”工程为抓手，充分发挥全省邮政快递业既有优势，加强规划引导和政策支持，坚持政府推动、市场拉动、创新驱动、示范带动，着力完善基础设施、培育骨干企业、健全网络体系、加强科技应用、深化联动融合，大力推进广东邮政快递业高质量发展。

广东局举行邮政行业技术研发中心授牌仪式

4月29日，根据国家邮政局工作部署，广东省邮政管理局举行邮政行业技术研发中心授牌仪式。广东省邮政管理局副局长何青为顺丰科技有限公司、华为技术有限公司、广东天元实业集团股份有限公司、顺启和(深圳)科技有限公司、广东信源物流设备有限公司等5家企业进行授牌。

广东省邮政快递业2个集体、6名个人获全省五一表彰

4月29日，广东省庆祝“五一”国际劳动节暨劳模表彰大会在广州举行，大会表彰了2021年广东省五一劳动奖状和五一劳动奖章获得者。其中，全省邮政快递行业共有中国邮政集团有限公司广州市东区邮政局等3个集体、广东申通物流有限公司珠海拱北分公司快递员朱周胜等6名个人分获广东省五一劳动奖状和五一劳动奖章。

广东省快递包装绿色转型获双重政策利好开启新征程

4月24日，广东省政府印发《关于推进广东省邮政快递业高质量发展的实施方案》，同时，经省政府同意，5月7日，广东省邮政管理局还联合省交通运输厅印发了《关于开展快递业“两进一出”工程试点的实施方案》，均对快递包装绿色转型作出政策安排，为未来一段时期全省邮政快递行业绿色高质量发展指明了方向、提供了具体指导。

广东省邮政快递1个集体、2名个人分获全国、全省五四表彰

5月，共青团中央、共青团广东省委先后作出表彰决定，对有关团组织和个人进行通报表彰。广东省邮政快递业共有1个集体、1名个人获全国表彰，1名个人获全省表彰。其中，顺丰速运有限公司团委获评全国五四红旗团委(团工委)，顺丰速运有限公司重货收派员秦文冲获评全国优秀共青团员，中国邮政集团有限公司广州市客户服务中心团支部书记华希敏获评2020－2021年度“广东省优秀共青团干部”。

广东局被列入省公共卫生应急物资运输保障体系建设方案

5月，经十三届广东省政府第121次常务会议审议通过，省交通运输厅等8部门联合印发《广东省公共卫生应急物资运输保障体系建设方案》，广东省邮政管理局被列为有关重点工作任务责任单位。方案在建立公共卫生应急物资运力储备、加强应急物资运输调度组织等两个方面赋予省邮政管理局工作职责，一是组织邮政企业以及有能力、有社会责任感的快递企业做好寄递物资应急运力储备；二是调度组织邮政、快递企业运力，保障好政府指定接收机构的捐赠应急物资寄递运输服务。方案还强调，要加强应急物资运输政策保障，加强应急物资运输枢纽及节点建设，研究完善应急物资“绿色通道”管理制度，保障应急物资运输通道顺畅。

两部门就助力全面推进乡村振兴达成战略合作

5月21日，广东省供销合作联社党组书记、理事会主任叶梅芬带队到广东省邮政管理局调研座谈，局党组书记、局长周国繁主持会议，双方就整合农村网络资源，助力全面推进乡村振兴交换意见并达成战略合作。会议要求，要进一步加强邮政快递与供销网络的密切协作，继续深化两部门、两行业在支撑农业、疏通农村、服务农民方面的重要生力军作用，做优“工业品下乡、农产品进城”双向流通渠道，进一步发挥行业吸纳农村人口就业、帮助农民增收方面的独特作用，切实做好巩固拓展脱贫攻坚成果同乡村振兴有效衔接各项工作，让脱贫基础更加稳固、成效更可持续。

2021年广东省快递业务量已突破100亿件

截至5月31日，广东省快递业务量已突破100亿件，达到106亿件，同比增长48.6%，占全国比重26.7%，超过2017年全年水平（2017年累计业务量101.3亿件），日均业务量超过7000万件，预计2021年全年快递业务量将超过240亿件。值得注意的是，今年快递业务量突破100亿件用时仅5个月，比去年提前了足足2个月，再次刷新纪录，显现了广东省快递市场巨大的发展韧性、蓬勃活力和增长潜力，彰显了全省邮政快递业在促进消费和畅通经济循环中的重要作用，体现了广东省作为全国第一经济大省、第一消费大省、第一制造大省、第一电商大省和第一邮政快递大省的地位。

广东省部署开展关爱快递员“暖蜂行动”系列活动

6月7日，广东省邮政管理局、省总工会联合制定印发了《2021年开展关爱快递员“暖蜂行动”系列活动工作方案》，部署联合开展关爱快递员“暖蜂行动”系列活动。工作方案列明了八大系列活动计划，包括推进快递行业建会入会行动、“情暖农民工、留粤过大年”新春行动、邮政快递业职业技能大赛、寻找“最美快递员”活动、“快递之家”建设活动、快递行业从业人员权益保障活动、“三百六十五日，天天送温暖”慰问关爱服务活动、“双11”旺季关爱月活动等八大系列活动计划。

两部门联合打造邮政快递服务农业农村“双循环”广东样板

6月10日，广东省农业农村厅副厅长（正厅职）陈东带队到省邮政管理局调研座谈，局党组书记、局长周国繁主持座谈，双方就联合打造邮政快递服务农业农村“双循环”发展广东模式交换意见并达成广泛合作。会议要求，要进一步加强邮政快递与农业农村的密切协作，通过签订合作框架协议、评选全省农快合作示范县、统筹地方涉农资金使用等具体举措，采取抓试点、抓典型、抓模式、抓产业辐射，以点到面、循序渐进探索做优广东农特产品分销全国、走向世界成果，打造邮政快递服务农业农村“双循环”发展广东样板，为实现广东乡村振兴事业贡献行业力量。

广东邮政快递从业人员提前超额完成“两个100%”计划接种任务

在国家邮政局和广东省委省政府的坚强领导下，广东省邮政管理局党组认真贯彻落实上级有关决策部署，以高度的责任感和紧迫感全力推动全省邮政快递行业从业人员疫苗接种工作，保障从业人员尽快实现“应接尽接”。截至6月29日，全省邮政快递从业人员接种新冠疫苗第二针人数超过40万人，接种率达到了计划接种人数的104%，提前超额完成了“两个100%”（即第一针、第二针接种率100%）的目标任务。

广东省推进供销公共快递物流综合服务网建设

7月2日，广东省邮政管理局联合省供销合作联社、省交通运输厅印发通知，共同推进广东供销公共快递物流综合服务网建设。通知明确，要认真贯彻落实《关于推进广东省邮政快递业高质量发展的实施方案》等政策文件，发挥供销、交通、邮政快递各自优势，推动供销、交通运输、邮政快递在农村地区融合发展，探索建设广东供销公共快递物流综合服务网，共建共享网点服务资源，打通“工业品下乡”和“农产品进城”双向流通渠道，提高为农服务的质量和效率，助力全面推进乡村振兴。

农村寄递服务发展有关内容被纳入2021年广东省乡村产业振兴工作要点

7月5日，广东省委乡村振兴战略领导小组产业振兴专项组印发《2021年全省乡村产业振兴工作要点》，提出要畅物流，推进农产品产销一体，农村寄递服务发展有关内容纳入其中。

工作要点提出，要提升农村物流“最后一公里”。加快完善县镇村三级农村物流体系，推进以中心镇为单位的物流配送中心、农产品专业批发市场、冷链仓储物流等设施建设，改造提升农村寄递物流基础设施。探索开展广东供销公共快递物流综合服务网建设。试点建设“田头小站”。

“我为荔农办实事”广东局和邮政快递行业企业获表彰

7月27日，2021广东荔枝“12221”市场体系建设总结暨龙眼、柚子、香蕉、柑橘营销动员大会在广州举行。会议表彰了一批在“我为荔农办实事”中作出特别贡献、政务贡献，提供优秀政务服务的优秀单位和国家及省级荔枝特优区、最有价值荔枝区域公用品牌、广东荔枝品牌示范基地、荔枝营销渠道、媒体助力等优秀单位。其中，广东省邮政管理局荣获“政务贡献奖”，广东邮政分公司、广州德邦、广东京邦达和顺丰速运四家行业企业分获“畅流通贡献奖”。

马兴瑞省长调研跨境电商发展情况

7月29日，广东省人民政府省长马兴瑞率队到广州人工智能与数字经济试验区琶洲核心片区，深入广州哆啦科技有限公司、唯品会（中国）有限公司等跨境电商企业考察调研，了解广东省跨境电商发展情况。他强调，要充分利用广东制造业基础深厚、供应链体系完备和物流网络发达的特点，促进跨境电商与产业融合发展，助力实体产业转型升级。省有关部门要加快研究出台促进广东省跨境电商加快发展的创新政策措施，建立完善的企业直通车制度，助力广东电商企业做大做强。调研期间，马兴瑞听取了跨境电商企业关于人才、融资、物流以及发展空间、要素保障、政策支持等方面的意见建议，并就加强跨境电商与快递企业的协同发展提出要求。

广东省数字乡村发展工作要点印发利好邮政快递业

8月6日，广东省委网信办等4部门联合印发《广东省2021年数字乡村发展工作要点》，明确到2021年底要推动数字乡村建设取得新进展，邮政快递业发展获支持。工作要点提出，要注重新模式、新业态对农村地区消费的拉动作用，培育新的消费增长点。要深入实施信息进村入户工程，鼓励各地创新运营模式，丰富益农信息社服务内容，扩大服务范围，提升为农综合服务能力。推进广东数字供销公共型农业社会化服务管理平台建设，通过建设农资农技、冷链物流、农产品直供配送、农产品供应链金融等平台，实现五级助农服务平台数字化管理，提升为农服务综合能力。

广东省推进农业农村现代化“十四五”规划支持邮政快递业

8月20日，广东省人民政府印发《广东省推进农业农村现代化“十四五”规划》，提出要完善现代商贸物流体系，实施农村居民消费促进行动，优化农村消费环境，邮政快递业发展获政策支持。

广东省两项目入选全国第二批农村物流服务品牌

8月，经过交通运输部会同国家邮政局组织专家评审，全国共有35个项目成为第二批农村物流服务品牌，其中，广东从化区“客货邮商融合发展”和高州市“电子商务+农村物流+冷链配送”两个项目成功入选。

3三部门就推进农村寄递物流体系建设开展战略合作

8月，广东省邮政管理局与省供销合作联社、省交通运输厅签署战略合作协议，旨在深入贯彻党中央、国务院决策部署和《国务院办公厅关于加快农村寄递物流体系建设的意见》精神，认真落实国家邮政局和省委省政府工作部署和省政府《关于推进广东省邮政快递业高质量发展的实施方案》要求，推动在道路运输、邮政快递、网络建设、服务渠道等方面开展深入合作，建设广东供销公共快递物流综合服务网，努力打造“一点多能、一网多用、功能集约、便利高效”的综合服务平台，助力全面推进乡村振兴。

王志忠副省长调研寄递渠道禁毒工作

8月29日，广东省人民政府副省长、省公安厅厅长王志忠率队到江门恩平市邮政分公司基层网点调研检查寄递渠道禁毒工作，指导邮政企业进一步健全完善禁毒工作体系，强调要严格落实“收寄验视、实名收寄、过机安检”三项制度，坚持源头治理、关口前移，紧盯关键环节，确保禁毒防控措施执行到位。王志忠对全省邮政快递行业坚决打击利用寄递渠道寄递毒品等违法犯罪行为取得的工作成绩给予充分肯定，并就进一步加强邮政管理与公安禁毒、技侦等部门的沟通协作，构建联防共治体系提出要求，强调要进一步增强做好寄递渠道禁毒工作的责任感、使命感和紧迫感，贯彻落实全国“寄递渠道禁毒百日攻坚行动”部署会有关要求，强化组织领导，压实工作责任，精心安排部署，扎实推进广东省寄递渠道禁毒百日攻坚专项行动，为全省禁毒工作贡献行业力量。

第四届广东省邮政行业职工职业技能竞赛成功举办

8月29日至30日，由广东省邮政管理局、人社厅、总工会共同主办，广州市邮政管理局、深圳中诺思科技股份有限公司协办的第四届广东省邮政行业职工职业技能竞赛暨第三届全国邮政行业职业技能竞赛广东省初赛在广东邮电职业技术学院成功举办，来自全省16个品牌快递企业的64名从业人员进行了同场竞技。经过激烈比拼，评出了个人和团体一等奖各2名、二等奖各4名、三等奖各6名，优秀教练奖共10名。同时，大赛组委会推荐获得个人奖第1名的选手参加2021年度广东省五一劳动奖章评选表彰活动；获得个人奖前3名的选手参加2021年度广东省技术能手评选表彰活动；获得个人奖前5名的选手参加广东省职工经济技术创新能手评选表彰活动。

邮政快递业发展重点任务被纳入省综合交通运输体系“十四五”规划

9月4日，广东省人民政府办公厅印发《广东省综合交通运输体系“十四五”发展规划》，邮政快递业发展重点任务被纳入其中。规划明确，到2025年要总体建成贯通全省、畅通国内、连接世界的现代综合交通运输体系，交通运输高质量发展继续走在全国前列。其中，建制村快递服务通达率要达到100%，智能快件箱要设置20万组。到2035年则要率先全面建成现代综合交通运输体系，有力支撑广东基本实现社会主义现代化。

广东局完成首批次快递末端派费和企业内部罚款调查工作

9月，广东省邮政管理局联合省快递行业协会开展快递末端派费和企业内部罚款调查工作，针对中通、申通、圆通、韵达、百世、极兔等6家品牌快递企业，分别在广州、深圳、东莞、佛山、揭阳、惠州、中山、汕头等8个城市选取了492名基层一线快递员作为本次调查对象，圆满完成了首批调查任务。本次调查内容主要为各城市品牌快递企业的末端派费水平和内部罚款情况，以及是否存在对寄自特定区域的快件实施非正常派费结算等情况。

广东省部署推进寄递渠道禁毒百日攻坚行动

9月，广东省邮政管理局与省公安厅禁毒局联合召开全省寄递渠道禁毒查缉工作座谈会，共同研究部署全省寄递渠道禁毒百日攻坚行动方案，扎实推动专项行动开展。会议总结分析了近年来全省邮政管理部门与公安禁毒、技侦等部门紧密沟通，在协同整治、构建禁毒防线、打击利用寄递渠道邮寄涉毒邮件等方面取得的成效，并研究制定“广东省寄递渠道禁毒百日攻坚行动”方案。

广东局做实全省寄递渠道禁毒百日攻坚行动

9月16日，广东省邮政管理局印发《关于做好“寄递渠道禁毒百日攻坚行动”有关工作的通知》，进一步落实寄递渠道禁毒百日攻坚行动有关部署要求，推动切实做好全省寄递渠道禁毒工作。通知强调，要切实提高对寄递渠道禁毒工作的政治认识。禁毒工作事关国家安危、民族兴衰、人民福祉，全省邮政管理系统和行业企业要切实增强开展百日攻坚行动的责任感和紧迫感，为严密防范、严厉打击利用寄递渠道贩毒活动作出应有的贡献。

广东局顺利开展2021年“展翅计划”

9月，共青团广东省委员会致函感谢广东省邮政管理局高度重视和配合“展翅计划”的有关部署，推动大学生通过职场训练，提升就业创业和职业转化能力，增强实战技能，丰富职业体验，树立正确的就业观念，加快融入社会生活的实践锻炼。

《广东省邮政业发展“十四五”规划》发布

9月30日，广东省邮政管理局、省发展改革委、省交通运输厅联合印发《广东省邮政业发展“十四五”规划》。规划总结了“十三五”时期全省邮政业发展成就，提出了“十四五”时期广东省邮政业发展思路，明确到2025年，实现“545、232”的发展目标，即全省邮件快件业务量达到500亿件，业务收入达到4500亿元，培育2家超千亿元级、3家以上500亿元级快递网络企业，新创建2个中国快递示范城市。空间布局上，提出全面建设“1+4+6”广东省邮政快递枢纽体系，将广州-深圳打造为全球性国际邮政快递枢纽集群，推动构建通达全球的邮政快递网络。

广东省快递业务量突破200亿件日均业务量超7000万件

据安监系统监测数据显示，10月1日至7日，广东省邮政快递业高位运行安全平稳，共揽收快递包裹4.91亿件，与2019年同期相比增长105.74%，与2020年同比增长27.59%；投递快递包裹2.68亿件，与2019年同期相比增长118.28%，与2020年同比增长42.3%。截至7日，广东省快递业务量已达到200.59亿件，同比增长41.8%，比2019年全年水平还多30多亿件（2019年累计业务量168亿件），日均业务量约7159万件。

推进快递行业绿色发展被纳入省生态文明建设“十四五”规划

10月9日，广东省人民政府印发了《广东省生态文明建设“十四五”规划》，提出要推进快递行业绿色发展。对于邮政快递业，规划提出，一要加快推进城市绿色货运配送，优化城市货运和快递配送体系，完善城市主要商业区、校园、社区等末端配送节点设施。二要强化快递包装绿色治理，加快推进可循环快递包装应用，培育可循环快递包装新模式，规范快递包装废弃物的回收和处置。三要鼓励城市邮政快递作业等领域新增和更新车辆采用新能源和清洁能源汽车。四要推进快递行业绿色发展，鼓励企业研发生产可循环使用、可降解和易于回收的绿色包装材料，推广使用低克重高强度快递包装纸箱、免胶纸箱，减少电商快件二次包装，提升快递包装产品规范化水平，促进快递包装物的减量化和循环使用。到2025年，全省范围内邮政快递网点免胶带纸箱应用比例提高到20%以上。

广东省出台实施意见支持邮政快递业基础设施建设

10月17日，经广东省人民政府同意，广东省人民政府办公厅印发《关于以新业态新模式引领新型消费加快发展的实施意见》，邮政快递业基础设施建设获政策支持。实施意见提出，要健全数字化商品流通体系；要支持新装备新设备应用；要加大新型消费政策支持。

邮政快递业获省出台促进城市消费若干政策措施支持

10月23日，经广东省人民政府同意，广东省人民政府办公厅印发《关于促进城市消费的若干政策措施》，旨在推进粤港澳大湾区国际消费枢纽建设，加快培育完整内需体系，进一步优化消费供给，释放消费潜力，增强消费动能，提振消费信心，全面促进消费，邮政快递业发展获政策支持。

广东省总工会党组书记、常务副主席一行慰问一线快递从业人员

11月8日，正值快递业务旺季之际，广东省总工会党组书记、常务副主席陈伟东带队深入快递企业慰问一线快递从业人员。慰问期间，陈伟东指出，快递小哥穿梭于大街小巷，服务于百姓民生，是这段时间最忙碌的群体。他对快递小哥的默默付出表示感谢，叮嘱他们注意防寒保暖，做好疫情防控防护措施，并要求全省各级工会加强对快递小哥的关心关爱。

广东省公共服务"十四五"规划支持发展农村寄递物流

11月11日，经广东省人民政府同意，广东省人民政府办公厅印发《广东省公共服务"十四五"规划》，提出要发展农村寄递物流。规划强调，要完善乡村公共服务网络。改善乡村公共服务设施，打造综合服务平台，提升服务功能，构建以就业、教育、卫生、托育、养老、文化、体育、宜居环境、邮政快递、法律服务等为重点的乡村公共服务网络。发展农村寄递物流，进一步便利农产品出村进城、消费品下乡进村。

广东省推进跨境电商高质量发展若干政策措施支持"快递出海"

11月19日，经广东省人民政府同意，广东省人民政府办公厅印发《关于推进跨境电商高质量发展的若干政策措施》，"快递出海"获重要政策支持。若干政策措施提出，要提升仓储物流效率。各地将仓储用地纳入国土空间规划，为跨境电商集散分拨、分拣配送等配套建设相应基础设施。实施"快递出海"工程，支持企业建立信息共享平台，在通道网络、货物组织、航空运力等方面共建共享，降低运输成本，提升物流效率。鼓励企业布局国际分拨网，以机场、铁路、港口为中心建设智能多式联运场站，提高分拨配送效率。到2025年，争取快递网络企业主营业务500亿元以上的3家、1000亿元以上的2家。

陈良贤副省长批示充分肯定全省快递业务旺季服务保障

11月26日，广东省人民政府副省长陈良贤在省邮政管理局呈报的《关于全省"双十一"快递业务旺季服务保障和行业发展情况的报告》上作出批示，充分肯定全省"双11"快递业务旺季服务保障工作和行业发展成绩，指出省邮政管理局统筹发展与安全，维护快递员合法权益，为广东经济社会发展稳定作出贡献，并对全省邮政快递行业表示感谢。

《广东省邮政业"十四五"基础设施专项规划》出台

11月30日，广东省邮政管理局印发《广东省邮政业"十四五"基础设施专项规划》。规划提出，到2025年，要构建形成与广东经济强省建设要求相适应的现代化邮政业基础设施，邮政业对全省经济社会和重点产业发展的支撑作用明显增强，建成功能完善、布局优化、便捷高效、统筹均等的邮政服务体系，打造创新引领、服务优质、方便快捷、安全高效、绿色节能的快递服务体系，搭建

“1+4+6”广东省邮政快递枢纽体系，形成通达全国、联通世界的寄递服务网络，建成更完善的广东省邮政业基本公共服务体系。

广东省快递年业务量首次突破250亿件

12月，实时监测数据显示，2021年广东省主要快递企业累计处理快递业务量已突破250亿件，全省邮政快递业发展迈上了新的大台阶。

广东省邮政快递业基础设施建设获政策支持

12月1日，广东省人民政府印发《广东省新型城镇化规划（2021－2035年）》，邮政快递业基础设施建设获政策支持。规划明确，在构建高效便利的市政公用设施网络体系方面，要实施邮政业基础设施数字化升级改造，完善城市配送投递设施，建设统一分拨中转的公共配送中心，在交通站场建设邮政快递配套设施，改造或新建一批适应消费者需求的智能快件箱，实现与智慧城市、智慧交通、智慧社区协同融合。规划提出，要加强农村冷链物流设施建设，扩大农村邮站覆盖面，健全城乡配送网络，完善县、乡、村物流网络节点体系和寄递物流体系，到2025年建设乡村物流设施示范村1000个。

广东省推进快递包装绿色转型

12月3日，广东省人民政府印发《关于加快建立健全绿色低碳循环发展经济体系的实施意见》，提出要实施快递配送体系建设工程，加快推进可循环快递包装应用。实施意见提出，要打造绿色物流。推广江海直达、滚装运输、甩挂运输、共同配送、驮背运输，实施物流枢纽、城市货运和快递配送体系建设工程。推广绿色低碳运输工具，公共服务领域优先使用新能源或清洁能源汽车。加快国家物流枢纽和国家骨干冷链物流基地建设，推动在农村地区发展田头冷库、冷链保鲜设施。要加强再生资源回收利用。加快推进可循环快递包装应用，鼓励企业研发生产可循环使用、可降解和易于回收的绿色包装材料，促进快递包装物的减量化和循环使用。

广东省进一步加强全省电商快递包装协同治理工作

12月7日，广东省邮政管理局联合省商务厅印发《关于进一步加强全省电商快递包装协同治理工作的通知》。通知要求，快递企业与电商企业一是要落实生态环保主体责任，建立健全企业内部工作体系，成立专门管理协调机构，制定相关标准并严格执行。二是要建立实施绿色采购制度，全面禁止使用重金属含量、溶剂残留等超标的劣质包装袋和有毒有害材料制成的填充物，优先采购使用经过快递包装绿色产品认证和符合国家标准、行业标准及国家有关规定的产品。三是要规范包装物封装操作，推广电商快件原装直发，根据物品尺寸选用合适的包装种类和型号，适度使用填充物，采用合理的封装方式，减少过度包装。四是要强化消费引导，引导消费者使用绿色包装或减量包装，推动建立包装生产者、使用者和消费者等多方协同回收利用体系。

广东省6个项目获评全国2021年快递服务现代农业金牌项目

12月，国家邮政局公布“2021年快递服务现代农业金牌项目”名单，广东省“茂名荔枝”“湛江徐闻菠萝”“梅州金柚”“江门新会陈皮”“茂名三华李”“清远英德红茶”等6个项目入选，同比新增4个项目。

广东省实现“快递进村”基本服务全覆盖

据统计，截至12月底，广东省实现近2万个建制村3个以上品牌快递基本服务全覆盖，其中广州、珠海、汕头、佛山、东莞、中山、揭阳等7个地市建制村全部实现4个以上快递品牌服务进村，顺利完成2021年品牌快递进村目标任务。

加强快递员等新就业形态群体权益保障被明确

12月31日，广东省人民政府与省总工会第五次联席会议召开，省人大常委会副主任、省总工会主席吕业升主持会议并通报有关情况，省政府副省长陈良贤出席会议并讲话。吕业升在通报有关情况的同时，指出要深入贯彻落实习近平总书记关于工人阶级和工会工作重要论述精神，推进新产业、新就业、新模式领域工会组建，把货车司机、快递员、外卖送餐员、网约车司机等新就业形态群体吸引过来、组织起来、稳定下来，最大限度地吸收灵活就业群体加入工会，推进跨部门协调机制建设，切实维护职工合法权益。陈良贤强调，要推进联席会议常态化，发挥联席会议机制作用，推动化解基层矛盾，切实服务民生。同时指出，全省45万从业人员“冒疫奔忙”，无一人感染新冠疫情，值得充分肯定；总工会切实加强对快递从业人员的关心关爱，是保障民生非常具体而实在的举措。要进一步加强对快递员等新就业形态群体的权益保障，加强对他们的关心关爱，让他们切实感受到党和政府的关怀温暖。

广西壮族自治区快递发展大事记

广西邮政快递行业3人被评为“全国优秀农民工”

1月，全国优秀农民工和农民工工作先进集体表彰大会在北京召开，国务院农民工工作领导小组授予994人“全国优秀农民工”荣誉称号。其中，我区邮政快递行业共有3人获得“全国优秀农民工”荣誉称号，他们分别是：中国邮政集团有限公司百色市分公司城区寄递事业部揽投员许泽星，广西京东信成供应链科技有限公司快递员杨明富，广西顺丰速运有限公司运作司机李俊。

广西快递与包裹业务量单月突破1亿件

根据国家邮政局监测数据显示，1月，广西快递与包裹业务量突破1亿件，同比增长141%，投递量超2亿件，同比增长128%，广西邮政快递业迎来开年红。

广西2021年国民经济和社会发展明确邮政快递业发展相关任务

1月21日，广西壮族自治区第十三届人民代表大会第四次会议批准《关于广西壮族自治区2020年国民经济和社会发展计划执行情况与2021年国民经济和社会发展计划草案的报告》，批准自治区2021年国民经济和社会发展计划。2020年，广西服务业增速排名全国前列，尤其现代服务业增势较好。邮政快递业作为现代服务业的重要组成部分，作为推动流通方式转型、促进消费升级的现代化先导性产业，在2020年面对国内外严峻复杂的形势和新冠肺炎疫情严重冲击，率先实现复工达产，率先实现转负为正，率先实现高位运行。2020年全年，广西邮政行业业务总量累计完成215.30亿元，同比增长35.03%，比全国平均水平高5.3个百分点，新增社会就业5800人以上，支撑网络零售额870亿元以上，为扎实做好“六稳”工作、全面落实“六保”任务作出了积极贡献。

广西邮政快递业获自治区服务业专项资金1230万元

4月，自治区财政厅下达2021年第一批服务业发展专项资金预算，其中，全区邮政快递业获批奖励资金1230万元，用于兑现完善农村地区寄递服务网络体系建设、提升快递末端设施服务能力、鼓励邮政行业企业生产积极性的奖励。

广西“十四五”规划纲要多项内容事关邮政快递业

4月，《广西壮族自治区国民经济和社会发展第十四个五年规划和2035年远景目标纲要》发布，规划纲要多项内容利好邮政快递业发展：建设区域航空物流运营中心和航空邮件处理中心纳入南宁临空经济示范区重大工程。“加快推进现代流通体系建设”章节明确提出发展流通新技术新业态新模式，促进空港、跨境、冷链、电商、快递、大宗商品等物流发展。其中，现代物流体系建设重点专栏在空港物流发展方面提出了加快发展航空货运仓储设施，开辟面向东南亚和国内主要城市的货运航线，发展航空快递业务和国际航班腹舱货运业务。“完善城乡融合消费网络”章节明确提出加强物流网络设施建设，加快建设商贸物流配送中心、快递服务网络、邮政和供销网络设施，实施快递“进村进厂出海”工程，合理布局分拨中心、配送中心、末端配送网点等三级配送节点。“深入实施乡村建设行动”章节的强化农村基础设施建设内容提到了完善乡村物流基础设施网络。此外，加快数字广西建设和推进交通强国建设试点相关内容也为支撑广西邮政业创新发展提供了更好的基础条件和广阔空间。

广西邮政快递行业1人荣获“全国五一巾帼标兵”称号

在“五一”国际劳动节来临之际，为大力弘扬劳模精神、劳动精神、工匠精神，激励广大女职工自强不息、奋力拼搏，在全面建设社会主义现代化国家新征程中更好发挥“半边天”作用，中华全国总工会4月19日在北京人民大会堂举行全国先进女职工集体和个人表彰大会，隆重表彰全国五一巾帼奖状（奖章）、全国五一巾帼标兵岗（标兵）。广西8个集体8名个人上榜。其中，中国邮政集团有限公司南宁市分公司寄递事业部邓艳芬被授予“全国五一巾帼标兵”荣誉称号。

广西邮政快递行业2人获评脱贫攻坚先进个人

5月，自治区脱贫攻坚总结表彰暨巩固拓展脱贫攻坚成果同乡村振兴有效衔接工作部署大会在南宁举行。大会对全区脱贫攻坚先进集体和先进个人进行了表彰。其中，钟山县回龙镇龙虎村第一书记、贺州市邮政管理局办公室主任许万，钟山县燕塘镇张屋村第一书记、中国邮政广西区分公司渠道平台部管理员刘宇被授予“全区脱贫攻坚先进个人”称号。

广西开通“南宁—曼谷”跨境电商全货机专线

5月12日，中国邮政开通南宁—曼谷全货机航线，该航线由中国邮政航空执飞，执飞机型最大业载29吨，试运期每周两班，正式运营后将固定每周4班，当天往返，是南宁吴圩国际机场第二条东盟全货机航线。新渠道的开通，使南宁至曼谷邮件运输时间从原来陆运48小时压缩至空运3小时，大大提升了运输效率，丰富了广西邮政国际货物出口方式，进一步满足用户对高时效、成本优的国际跨境电商物流服务需求。

广西加快推进快递包装绿色转型实施方案出台

5月，自治区发展改革委等8部门印发《广西加快推进快递包装绿色转型实施方案》，方案提出到2022年，进一步提升全区电商和快递规范管理水平，电商快件不再二次包装比例达到85%，可循环快递包装应用规模达7万个，快递包装标准化、绿色化、循环化水平明显提升。到2025年，形成覆盖快递包装生产、使用、回收、处置全环节的长效治理机制；电商快件基本实现不再二次包装，可循环快递包装应用规模达10万个，实现快递包装大幅减量和绿色循环新模式，全区基本实现快递包装绿色转型。

广西局开展邮政快递业服务农业和制造业金银铜牌项目创建工作

6月，自治区邮政管理局下发通知，启动2021年度广西邮政快递业服务农业和制造业金银铜牌项目创建工作。创建工作结合广西实际，项目创建标准为,单一产品符合《国民经济行业分类》关于农林牧渔、制造业等类别的划分,其产品生产、种植、制造或发出地在广西,稳定运营并产生良好经济效益和社会效益。单品创建范围以设区市为单位。其中,金牌项目要求项目运营成熟,在全国具有较大影响力,年产生邮件快件量超 1000 万件;银牌项目要求项目运营规范,规模化程度较高,具有一定带动力,年产生邮件快件量超 100 万件;铜牌项目要求项目运营稳定,有较大潜力,年产生邮件快件量超 10 万件。

广西物流快递行业党委今日揭牌成立

6 月 28 日,广西物流快递行业党委成立授牌仪式在南宁举行,自治区党委组织部二级巡视员李梅出席授牌仪式并讲话。李梅指出,成立广西物流快递行业党委,是按照中组部工作安排和自治区党委的决策部署作出的创新探索,是全区探索加强两新组织党建工作取得成功的又一个创新实践,标志着全区加强物流快递行业党建工作又取得了新的进展。下一步,自治区党委组织部和两新组织党工委将与广西物流快递行业党委共同研究探讨加强物流快递行业党建工作的有效途径和办法,大力支持广西物流快递行业党委开展工作,把党中央和自治区党委有关加强物流快递党建工作的部署要求落到实处,不断提高物流快递行业党建工作水平,力争把广西物流快递行业党委打造成为全区乃至全国两新组织党建工作的示范窗口,为全区开展两新组织党建工作积累丰富的经验,为促进全区民营物流快递行业健康发展提供坚强的政治保证,为建设新时代中国特色社会主义壮美广西作出贡献。

广西发文进一步做好邮政快递从业人员职业技能提升工作

6 月,为全面贯彻落实习近平总书记视察广西时关于关心关爱快递小哥的重要指示精神,做好全区邮政快递从业人员职业技能提升工作,自治区邮政管理局和自治区人力资源社会保障厅联合印发通知,就进一步做好全区邮政快递从业人员职业技能提升工作提出明确要求。这是双方在 2020 年联合发文的基础上,再次对相关工作进行进一步的部署。

广西出台系列措施利好邮政快递业高质量发展

6 月,自治区政府办公厅印发《广西现代服务业提升发展三年行动方案(2021 －2023 年)》,提出推动包括邮政业在内的 13 个重点行业提质增效,实施现代服务业提质发展八大工程,并对各项任务明确了分工。其中,邮政业提质增效主要围绕健全邮政快递服务网络,明确了“提升分拨设施处理能力,推动邮政和快递物流设施与物流枢纽同步规划、同步建设,完善提升已有物流枢纽的邮件快件分拨处理功能,建设一批快递物流集聚区或快递物流园区。实施’快递进村’工程,实现农村快递服务全覆盖。完善进出境邮件快件基础设施建设布局,积极促进‘快递出海’。”等多项推动措施。同时,自治区政府办公厅还印发了《关于加快现代服务业提升发展若干政策措施》,明确了 2021 －2023 年自治区财政将筹措 133.5 亿元资金支持服务业提升发展,用于企业贷款贴息、重大服务业项目建设、现代服务业集聚区建设、“两业”融合建设、企业发展扶持、总部经济发展、平台经济发展、企业上台阶和市场开拓扶持、融资担保、企业贡献奖励和考核奖励等,而且要求各市、县(市、区)人民政府相应设立本级支持服务业发展资金,参照自治区做法制定配套政策措施,逐步加大各级财政对服务业的投入。其中多条奖补措施有利于激励邮政快递企业做大做强、扩大投资。

圆通在南宁首开两条国际航线

8 月 4 日,圆通速递旗下圆通航空一架 B757 全货机从广西南宁飞抵马来西亚首都吉隆坡。同日圆通航空全货机再度起飞,从南宁飞往菲律宾首都马尼拉。两趟运载的都是跨境电商货物,其中吉隆坡每周计划执飞五班，马尼拉每周计划四班。这是圆通航空首次在南宁开通国际定期货运航线，也是广西继2019年开通广西首条直飞东盟全货机航线（顺丰航南宁至胡志明往返全货机航线）后取得的新进展。

广西加快交通强区建设工作会议明确邮政快递建设任务

8月，自治区党委、政府召开全区加快交通强区建设工作会议，深入学习贯彻落实习近平总书记"七一"重要讲话精神、视察广西时的重要讲话和重要指示精神，认真贯彻落实交通强国战略部署和自治区党委十一届九次、十次全会精神，部署做好新时代交通强区建设，加快推进交通强国建设试点，推动交通运输高质量发展，为建设新时代中国特色社会主义壮美广西提供强力支撑。自治区党委书记、自治区人大常委会主任鹿心社同志和自治区主席蓝天立同志出席会议并讲话。

2021年第三届广西邮政快递行业职业技能竞赛成功举办

9月3日，第三届广西邮政快递行业职业技能竞赛在南宁圆满落幕。本届赛事是由自治区邮政管理局、自治区总工会主办，中国邮政广西分公司承办，广西快递协会协办。历届中参加人数最多，覆盖面最广，除10个品牌寄递企业广西总部单独组队参赛外，14个市首次组队参赛，共计92名选手参加了比赛。经过1天半激烈的比拼，中国邮政南宁市分公司刘淇吉、中国邮政广西分公司南宁邮区中心局韦庆纬分别获得了快递员职业、快件处理员职业个人一等奖，邮政企业代表队获得了团体一等奖，南宁市邮政管理局等6家单位获得优秀组织奖。

广西快递小哥被纳入地方"十四五"劳动和技能竞赛总体方案

9月，自治区总工会印发《"桂邮技能　产业振兴"广西职工"建功'十四五'、奋进新征程"劳动和技能竞赛总体方案》，方案提出有计划组织快递小哥参加技能竞赛，不断提高他们的技术技能水平，提升服务供给品质。《方案》明确将快递员、快件处理员纳入"十四五"期间开展的职业技能竞赛计划，获得竞赛项目第一名的个人和集体，按程序申报授予广西五一劳动奖和广西工人先锋号称号，对获得前三名的选手，按程序向人社部门申报授予广西技能手称号。"十四五"末期，将对全区"桂邮技能　产业振兴"劳动和技能竞赛进行阶段性总结，单独设立竞赛类表彰名额，表彰一批竞赛中涌现的先进集体和先进个人，授予广西五一劳动奖和广西工人先锋号称号。与此同时，《方案》提出鼓励创建各级劳模和工匠人才创新工作室并给予每个自治区级劳模和工匠人才创新工作室一次性奖励（补助）资金5万元，给予每个自治区级劳模和工匠人才创新工作室联盟牵头单位一次性奖励（补助）资金10万元。

广西启动"工会进万家·新就业形态劳动者温暖行动"活动

11月4日，广西"工会进万家·新就业形态劳动者温暖行动"服务月启动仪式在南宁举行，活动现场为快递小哥等新就业形态劳动者代表赠送慰问金和温馨包，提供体检、法律咨询、心理关爱等服务。广西局领导出席启动仪式，并参加慰问等活动。此次活动旨在聚焦全区新就业形态劳动者最关心、最直接、最现实的需求，以"双11"为时间节点，发挥工会组织送温暖示范带动作用，引导全社会关心、关爱新就业形态劳动者，帮助他们解决急难愁盼实际问题。

广西印发加快农村寄递物流体系建设实施方案

11月，自治区人民政府办公厅印发《广西加快农村寄递物流体系建设实施方案》。方案提出到2025年，全区将基本形成开放惠民、集约共享、安全高效、双向畅通的农村寄递物流体系，实现乡乡有网点、村村有服务,农产品运得出、消费品进得去,农村寄递物流供给能力和服务质量显著提高,便民惠民寄递服务基本覆盖。

广西印发综合交通运输发展"十四五"规划

11月,广西壮族自治区人民政府印发《广西综合交通运输发展"十四五"规划》,明确到2025年,广西要建成"全国前列、西部领先"的"交通大省"。着力建设"两通道、两枢纽、三网络、三体系",实现"门户枢纽国际化、市通高铁便捷化、县通高速网络化、民用机场聚集化、内河航道高等化、轨道交通网格化、进村入户普及化、综合交通一体化",人民对交通满意度显著提升,交通强国建设试点任务圆满完成。其中,邮政业要建成联通国际、普惠城乡、衔接高效的邮政快递服务网络。

自治区人民政府副主席批示肯定广西局"双11"旺季服务保障工作

11月,广西壮族自治区人民政府副主席费志荣对自治区邮政管理局《关于2021年快递业务高峰服务保障工作情况的报告》作出批示,肯定全区邮政快递业"双11"旺季服务保障工作成效。

广西印发做好快递员群体合法权益保障工作实施方案

12月,经自治区人民政府同意,自治区交通运输厅、总工会、发展和改革委员会、公安厅、人力资源和社会保障厅、住房和城乡建设厅、商务厅、市场监督管理局、邮政管理局9部门联合印发了《关于做好快递员群体合法权益保障工作的实施方案》。方案在提升快递员社会保险水平方面,明确尚未达到法定退休年龄的快递员可凭身份证在社会保险经办机构参加企业职工基本养老保险,优先参加工伤保险;在保障快递员合理劳动报酬方面,自治区协调劳动关系三方四家定期联合开展集体协商"集中要约活动",同时通过开展"双随机、一公开"抽查加强劳动保障监察执法;在优化快递员生产作业环境和生活环境方面,围绕健全快递末端服务车辆的包容性管理、解决快递员进小区投递难、改善快递员群体居住环境提出解决措施;在规范企业加盟和用工管理方面,提出建立工会、法院、司法、人社、仲裁等部门共同参与的劳动争议多元化解机制。在完善职业发展保障体系方面,将符合条件的快递员纳入职业技能培训补贴范围,定期组织全区邮政快递行业职业技能竞赛,开展快递行业工会组建专项行动。

海南省快递发展大事记

海南两部门联合发文深入开展关爱快递员"暖蜂行动"

5月,海南省邮政管理局与海南省总工会联合就深入开展关爱快递员"暖蜂行动"印发通知,进一步深入贯彻落实习近平总书记关心关爱快"快递小哥"重要指示精神,强化正向引导,广泛宣传动员,扎实推动关爱快递员"暖蜂行动"取得实效。通知提出细化完善关爱措施。一是推进行业工会组建。二是开展职业技能培训。三是开展关爱慰问活动。四是加强爱心驿站建设。

倪强副省长深入邮政快递业调研行业服务自贸港建设工作

7月,为了解邮政快递业更好服务海南自贸港建设工作情况,海南省副省长倪强一行深入海口邮件处理中心和海南省邮政管理局开展调研,并与省邮政管理局机关干部开展座谈交流。座谈会上,倪强详细了解全省邮政管理系统和邮政快递业基本情况，对邮政快递业发展和海南局工作给予肯定，并对行业发展中存在的问题和困难针对性地进行分析，研究解决问题的思路和方法。倪强强调指出，邮政快递业在海南自贸港建设中的地位和作用十分重要，省邮政管理局要提前谋划做好邮件快件出岛“二线”监管，加强“软件”和“硬件”建设，做好封关前准备工作；要进一步深入研究自贸港建设背景下如何更好发挥行业作用，做强做大寄递业务，推动行业高质量发展；要始终高度重视抓好行业安全生产工作，落实常态化疫情防控措施，确保全省邮政快业安全平稳运行。

海南省《快递绿色包装通用要求》地方标准正式发布

8月，海南省邮政管理局、省产品质量监督检验所等单位联合起草的《快递绿色包装通用要求》，由省市场监督管理局正式发布。该标准于2021年9月1日正式施行。该标准经由相关领域专家评审组实施评审，经多次修改完善，明确了快递绿色包装的术语和定义、基本要求、包装物选用、包装要求、包装物重复利用及回收再利用。按照国家邮政局及海南省禁塑相关工作部署要求，对封装用品提出了着色面积、胶带宽度、循环使用次数、操作规范等具体要求，彰显了海南特点，对推动海南省快递包装绿色转型具有重要意义。该标准适用于寄递企业在海南省内寄递过程中对快递绿色包装物的选用及操作要求，同时根据循环包装的定义，循环包装的耐用材料和结构设计，明确了循环包装的技术要点。

海南省发布《关于推进全省电商快件包装标准化的意见》

9月，海南省邮政管理局联合省商务厅制定印发了《关于推进全省电商快件包装标准化的意见》，进一步促进电商领域包装与快递包装相关标准有效衔接，提高电商快件包装标准化水平，减少过度包装现象。意见要求，电商企业与寄递企业要落实生态环保主体责任，建立实施绿色采购制度，采购符合国家标准、行业标准及海南省有关规定、标准的包装物，积极采用可降解快递包装。电商企业、寄递企业采购使用包装物时应符合相关标准规范要求，全面禁止使用重金属和苯类溶剂等有害物质超标的不合格封装用品，减少一次性寄递包装使用量。意见对电商企业设计、选择、使用包装物等和对寄递企业使用包装种类型号、空箱率、填充物、封装方式、胶带使用等作出明确要求，提出了到2022年底全省电商快件基本实现不再二次包装的目标。

海南省启动全面推进快递企业“会、站、家”一体化建设

10月28日，全面推进快递企业“会、站、家”一体化建设启动暨非公快递企业5万职工网上集中入会仪式海南省分会场在海口举办。本次入会仪式采取主会场和海南等分会场相结合、线上和线下相结合的形式，由海南省邮政管理局、海南省总工会共同组织举办，海南局局长丰圣少、省总工会副主席张丙亮等相关领导出席入会仪式。仪式上，全国总工会通过在线视频发布“会、站、家”一体化建设标识，举行网上“会、站、家”一体化建设网点揭牌仪式。随后，海南省8家快递企业100多名快递员代表在工会会员代表的带领下举行海南分会场集中入会仪式，进行了庄严的集体宣誓，正式成为工会大家庭的一员。

倪强副省长深入邮政快递业调研

10月，海南省副省长倪强一行深入中国邮政集团有限公司海口市分公司滨海大道邮政支局开展调研，并参观了海口市离岛免税品邮寄送达处理中心。调研中，倪强对离岛免税品“邮寄送达”风险防控工作给予了肯定。倪强强调，邮政快递业要进一步提高政治站位，全力做好离岛免税品寄递服务工作，通过科技手段，采取有效的防范措施，加强寄递渠道“零关税”日消品风险防控工作。

海南首条邮件快件全货机运输正班航线正式开通

11 月 1 日晚，中国邮政海口—南京正班航线首发仪式在海口美兰机场举行，一架货机上货完成，执行“海口—南京”飞行任务。中国邮政“海口—南京”正班航线是目前在海南省开通的首条邮件快件全货机运输正班航线，每周运行 5 班，周二至六运行，运输覆盖北京、天津、河北、山西等 25 个省（市），将为海南邮件快件新增 45 个“次日递”城市，年运输预计将超过 2500 吨货物。该航线也是连接海南本岛至长三角地区的首条空中货运航线，以“正班航线 + 集散网”整合供应链资源，释放航空快递物流带动和集聚效应，促进南京及周边城市和海口及周边城市的航空快件货运市场的物流往来，促进两地区经贸的深度融合和发展。该航线的开通将大幅提升海南邮件快件的时限水平和服务的稳定性。

海南省组织开展“邮来已久、绿动未来”主题宣传活动

11 月，为深入贯彻落实习近平生态文明思想，加快推进全省快递包装绿色转型，在“绿色邮政宣传周”到来之际，海南省邮政管理局联合共青团省委、省生态环境厅、省商务厅组织开展“邮来已久、绿动未来”主题宣传活动，并于 11 月 5 日联合举办绿色快递进校园现场宣传活动。活动现场展示了各品牌企业的可循环包装箱、包装袋等封装用品以及包装废弃物回收装置，并通过悬挂宣传条幅、播放滚动电子屏、向寄递企业赠送宣传材料、现场参观校园绿色网点、向师生发放宣传手册等方式，突出宣传邮件快件包装绿色化、减量化、可循环，广泛宣传行业“2582”工程、“六基工程”取得的明显成效。

海南省邮政快递企业全货机航线迎来政策利好

11 月，海南省交通运输厅、省财政厅联合印发《海南省航空货运发展财政补贴办法》。根据办法，自 2021 年 1 月 1 日至 2023 年 12 月 31 日，补贴资金专项用于鼓励海口美兰国际机场、三亚凤凰国际机场和琼海博鳌机场的全货机航线以及货邮集货业务发展，补贴对象为符合规定条件的航空公司、包机商、货运代理企业等。办法对全货机航线航班（含境内、境外航线）、全货机航线货运量、全货机航线特殊货运量以及货运代理企业集货增量均明确补贴标准。其中，对执行全货机航线的企业按进出港货运给予货运量补贴，对执行全货机航线的企业，运输的冷链物流货物等，货运量补贴标准在全货机航线货运量补贴标准上上浮 50%。

海南省启动“工会进万家 · 新就业形态劳动者温暖行动”活动

11 月 11 日前夕，海南省邮政管理局联合海南省总工会举办“工会进万家 · 新就业形态劳动者温暖行动”服务月启动仪式，为全省“工会进万家 · 新就业形态劳动者温暖行动”服务月拉开帷幕。仪式上，海南省人大常委会副主任、省总工会主席陆志远对快递小哥等广大新就业形态劳动者辛勤劳动表示慰问，并就做好全省新就业形态劳动者温暖行动服务月活动强调要提高政治站位，进一步认识维护新就业形态劳动者保障权益的重要性紧迫性，要坚持整合资源，进一步增强新就业形态劳动者服务活动的实效性，要强化创新意识，进一步推动新就业形态劳动者权益保障工作再上新台阶。

海南省邮政业安全保障中心正式揭牌

12 月 29 日，海南省邮政业安全保障中心正式揭牌，海南省邮政管理局机关全体人员及安全中心全体人员参加了揭牌仪式。海南局局长丰圣少参加并致辞，纪检组组长陈振权主持仪式，副局长华雄宣读成立批复。

海南省印发做好快递员群体合法权益保障工作任务分解表

12 月，海南省交通运输厅、省邮政管理局、省发展改革委、省人力资源和社会保障厅、省商务

厅、省市场监督管理局、省总工会等7部门联合印发了做好快递员群体合法权益保障工作任务分解表通知。通知结合海南实际，明确省直相关部门责任分工，建立联动工作机制，推进重点工作落实，完善政策保障体系，切实推动快递员群体合法权益保障工作落实落细。

“十四五”海南省邮政业发展规划正式印发

12月31日，经海南省人民政府同意，海南省邮政管理局、省发展改革委、省交通运输厅联合印发《“十四五”海南省邮政业发展规划》。规划概括总结“十三五”时期海南省邮政业改革发展成就，明确了“十四五”时期行业发展目标，提出到2025年全省邮政业发展规模、服务能力、服务质量、治理水平、创新能力等实现新提升，初步建成与海南自由贸易港相适应的现代邮政业。规划提出了“十四五”时期六项重点任务，即加强基础设施建设、推进邮政服务发展、加快转型创新发展、推动跨境寄递发展、促进产业协同发展、优化行业治理体系，确定了入园建设工程、普惠末端工程、邮政助农工程、冷链快递工程、跨境寄递工程、智能监管工程等重点工程。

重庆市快递发展大事记

郑向东副市长赴顺丰重庆航空分拨中心调研

1月11日，重庆市副市长郑向东赴顺丰重庆航空分拨中心调研。他强调，要贯彻习近平总书记重要讲话精神，按照中央应对疫情工作领导小组部署，加强航空运输疫情防控，有效防范疫情传播，畅通国际国内物流运输，为抗击疫情和促进经济社会发展提供更好支撑。

中通快递西南地区智能电商总部产业园开工建设

1月14日，中通快递西南地区智能电商总部产业园在重庆公路物流基地正式开工，将有力推进物流基地商贸物流集聚发展，为全市商贸物流发展增添强劲动力。中通快递西南地区智能电商总部产业园项目作为西南地区的区域总部、运营中心、结算中心，计划投资1亿美元，占地171亩，建设面积达16万平方米。该项目主要建设智能快递中心、智能快运中心、智能仓储中心、电商孵化中心、电商直播中心及综合配套设施，着力打造“现代物流+智能仓储+新零售”商业模式，运用“仓—干—配”的运营模式，降低物流成本、提高配送效率、提升服务体验。同时，打造“从工厂到用户、田头到餐桌”的全链路管理，以重庆为基地，实现“买全国、卖全国”“买全球、卖全球”，助力经济社会高质量发展。项目建成后，预计年营收40亿元，年税收5000万元，新增就业岗位1000个。

顺丰与市人力资源和社会保障局开展战略合作

1月15日，重庆市人力资源和社会保障局与顺丰等多家企业举行《网络直播招人招才用人单位战略合作协议》签约仪式，共同推进网络直播招人招才计划。根据协议，双方将重点围绕整个顺丰集团就业安排、培训等方面深入开展合作。本次合作是顺丰集团创新人才引进方式，拓宽人才引进渠道的又一有力举措，对进一步吸引优秀人才，探索建立政企合作发展新模式，实现人才兴业强市的目标具有重要意义，是推进脱贫攻坚的有益尝试。

邮政快递业“两进一出”工程纳入了《2021年重庆市人民政府工作报告》

1月21日，重庆市第五届人民代表大会第四次会议开幕，听取并审议通过了市长唐良智作的《2021年重庆市人民政府工作报告》。报告提出

"建设国际货运中心,实施邮政快递业'两进一出'工程,推进城乡配送网络建设,推广全程可追溯的冷链物流模式",首次将邮政快递业"两进一出"工程纳入了报告范畴,为重庆市邮政快递行业的发展注入了新动能。

邮政快递业被纳入重庆市国民经济和社会发展第"十四五"规划纲要(草案)

1月25日,重庆市第五届人民代表大会第四次会议审议通过了《重庆市国民经济和社会发展第十四个五年规划和二〇三五年远景目标纲要(草案)》,首次将邮政快递业纳入市规划纲要重点项目内容。

邮政快递业多个项目入选2020年第二批市级物流重点项目

1月,重庆市公布了2020年第二批市级物流重点项目,全市邮政快递业3个项目入选,分别是位于巴南区的中通快递西南地区智能电商总部产业园、位于万州区的中通快递渝东(万州)智能科技产业链园区和位于渝北区的圆通速递西南管理区(重庆)总部基地。加上此前公布的2020年第一批市级物流重点项目,全市邮政快递业已有7个市级物流重点项目。按照重庆市政府办公厅相关文件规定,市级物流重点项目可享受免征城市基础设施配套费等优惠政策,预计可为企业减少成本近亿元。

重庆局联合多部门开展"暖蜂行动"

2月,重庆市邮政管理局持续深入开展系列"暖蜂行动"。市总工会党组成员、副主席刘雷、团市委副书记张珂及重庆局分管领导、市快递协会一行组成慰问组深入邮政、顺丰、极兔、德邦、韵达、圆通、中通等9家快递企业基层网点,与快递小哥亲切交流,详细了解了快递小哥日常生活中的情况和困难,向快递小哥赠送了慰问品及47500元慰问金,并向全市邮政快递从业者发出春节慰问信。

重庆市政府领导批示肯定重庆局2020年邮政管理工作

2月5日,重庆市政府领导对重庆市邮政管理局呈报的《关于2020年全市邮政管理工作情况的报告》作出重要批示,肯定了2020年重庆市邮政管理工作。重庆市市长唐良智对报告予以圈阅。郑向东副市长对报告作出批示,批示指出:"邮政快递业在构建新发展格局和疫情常态化防控的背景下,将有巨大发展空间。我市应充分利用作为快递业'两进一出'全国试点的优势,全力建设西部邮政快递枢纽。请市交通局、邮政局牵头调研提出系统工作方案。"

重庆市委书记陈敏尔调研慰问邮政快递业一线干部职工

2月,重庆市委书记陈敏尔赴市部分企业、社区和商超,调研检查节日保供和群众就地过年服务保障工作,看望慰问困难群众和一线干部职工,向全市人民致以美好的新春祝福,向春节期间坚守岗位的广大劳动者、建设者、服务者送上节日的问候。陈敏尔在调研检查和看望慰问中指出,新春佳节是中华民族最重要的传统节日。全市各级各部门要深入学习贯彻习近平总书记重要讲话精神,牢记为民服务宗旨,扎实做好春节期间疫情防控和服务保障工作。要持续推进常态化疫情防控,始终保持高度重视、高度警惕、高度负责的状态,坚持"外防输入、内防反弹"不放松,做好健康管理,落实少外出、少流动、少活动、少聚集措施,引导群众加强自我防护。要加强群众就地过年服务保障,千方百计保障生活必需品不断档、不脱销,保障水电气正常供应,关心困难群众生活,做好留渝过年人员餐饮、住宿、医疗等服务,为城乡居民提供丰富多彩的文体活动。要抓实安全稳定工作,突出抓好春运、消防、旅游景区、商圈商场等安全工作,加强社会面管控,做好矛盾纠纷排查化解,维护社会和谐稳定。各级党委政府和有关部门要认真履职尽责,加强值班值守,确保人民群众过一个欢乐祥和、健康安全的新春佳节。

邮政快递业发展多项重点工作纳入市“十四五”规划纲要

2月，重庆市人民政府印发《重庆市国民经济和社会发展第十四个五年规划和二〇三五年远景目标纲要》，邮政快递基础网络、“两进一出”工程、末端基础设施建设、完善跨境邮递体系、快递安全监管等六方面内容被纳入其中。

重庆市邮政快递业8个项目入选市级重大项目

3月12日，重庆市政府印发《关于做好2021年市级重大项目实施有关工作的通知》，全市邮政快递业共有8个项目入选，在2020年的基础上再次取得突破。其中，市级重大建设项目有6个，其中续建5个、新建2个，新建项目分别为中通快递西南地区智能电商总部产业园、中通快递渝东（万州）智能科技产业链园区；重大前期规划研究项目1个，即韵达重庆涪陵快递物流基地物流通道；市级重大招商项目1个，即丰鸟航空大型物流无人机总部基地。

重庆市政府召开会议专题研究推进邮政快递业“两进一出”工程

3月20日，重庆市副市长郑向东召集市级相关部门、部分区县负责人召开会议，专题研究推进邮政快递业“两进一出”工程全国试点工作。市政府办公厅、市招商局、市发展改革委、市经济信息委、市农业农村委、市商务委、市交通局、市政府口岸物流办、重庆海关、市邮政管理局等11个市级部门负责人和沙坪坝、渝北、潼南等3个区县政府分管领导参加。

邮政企业加强“农邮”合作助力农民合作社高质量发展

3月25日，重庆市邮政分公司市场部、渠道部与市农业农村委农经站一同赴永川调研，为全市“农邮”共同促进农民专业合作社质量提升会议筹备工作做准备。经过实地参观水稻示范田和黄瓜山现代农业产业技术体系示范基地，市农业农村委农经站相关负责人对邮政服务农民专业合作社的有力作为给予充分认可，表示面对农业农村改革的新局面和农民专业合作社蓬勃发展的新形势，“农邮”应抓紧机遇进一步加强合作，深化拓展合作领域，为实施乡村振兴战略、助力脱贫攻坚、促进农民专业合作社高质量发展而共同努力。

重庆局开展2021年邮政行业技术研发中心授牌工作

4月，重庆市邮政管理局组织开展了2021年邮政行业技术研发中心授牌工作，为获评为邮政行业技术研发中心的重庆邮电大学授牌。授牌仪式上，重庆局分管领导积极评价了重庆邮电大学为推动行业科技创新、促进行业高质量发展的贡献，向重庆邮电大学表示衷心的祝贺，并提出三点希望。

重庆市助推全市邮政快递业高质量发展

4月，重庆市人民政府办公厅印发了《加快发展新型消费释放消费潜力若干措施》，明确从6个方面对全市邮政快递行业发展给予政策和资金保障。措施提出：一是支持电商企业建设出口商品“海外仓”和海外运营中心。支持推广跨境电商“前店后仓+快速配送”模式；二是支持发展主城都市区分区化、远郊区县城乡一体化共同配送等集约化配送模式，引导企业建设共同配送中心、末端配送服务设施；三是引导在人流密集的商务楼宇、医院等区域配设智能快件箱（信包箱）；四是对快递处理场所建设给予用地、智能化设备升级改造等方面的政策和资金支持。对以快递物流公共配送中心和快递网点等为载体的城市末端公共取送点建设给予用地场地、办证和内部改造等方面的政策支持和资金补贴；五是提升电商、快递进村水平，对快递企业设立村级末端网点给予政策和资金支持;六是进一步优化零售新业态新模式营商环境,推行"一照多址",企业在住所外设立多个生产经营场所、属同一区县市场监管部门登记管辖区域的,经营场所可以申请备案,不再办理分支机构登记。

重庆局以百日攻坚推动"快递进村"覆盖率进一步提升

4月,重庆局为进一步推动农村地区快递服务能力稳步提升,推进"快递进村"快递服务覆盖率有效提升,印发《重庆市"快递进村"百日攻坚工作方案》,明确提出通过开展"快递进村"百日攻坚行动,推动全市建制村实现除邮政EMS、顺丰、京东外多品牌快递服务通达进村的覆盖率突破90%。

重庆市发布《支持制造业高质量发展若干政策措施》

4月,重庆市人民政府印发了《支持制造业高质量发展若干政策措施》,为全市邮政快递行业发展注入了新活力和新动能。措施明确支持服务型制造发展。支持制造业企业依托产品延伸发展服务环节,对大规模个性化定制、设备健康管理等示范项目给予重点支持;降低企业物流成本。继续执行高速公路国标标准集装箱运输车辆优惠政策及"高速公路套餐通行费"政策,实施空中交替行驶运输特殊单一物品车辆85折优惠政策,实施高速公路通行费"量价联动机制"。取消港口建设费,民航发展基金航空公司征收标准降低20%。提升我市铁路货运分担比例,强化水运物流服务能力。

重庆局将菜鸟系企业全部纳入快递许可及监管范围

菜鸟网络科技有限公司于2019年5月至6月期间,逐次对外公开了其"三鸟"布局,即丹鸟、溪鸟、蜂鸟;其中,丹鸟服务城市落地配送,菜鸟服务城市驿站投递,溪鸟服务县域快递共同配送。2021年,引导菜鸟乡村在渝设立子公司重庆菜鸟乡村物流科技有限公司,并于5月10日取得快递业务经营许可。至此,菜鸟系在重庆市经营快递业务的企业已全部取得合法资质。

重庆市出台推进邮政快递业"两进一出"工程全国试点工作实施方案

5月18日,重庆市人民政府办公厅印发《重庆市推进邮政快递业"两进一出"工程全国试点工作实施方案》,从四个方面,就加快推进全市"两进一出"工程全国试点工作提出具体要求。实施方案提出,到2022年,在实现"村村直通邮"的基础上,符合条件的建制村基本实现"村村通快递",打造工业品寄递量超千万件金牌项目3个,推进中欧班列(渝新欧)快件寄递运输趋于常态化,探索西部陆海新通道邮件快件寄递运输机制;到2025年,培育农产品寄递量超千万件金牌项目3个,进厂服务基本覆盖有需求的产业,具备端到端供应能力,实现中欧班列(渝新欧)邮件寄递运输规模化,实现快件寄递运输常态化;到2035年,农村邮政快递网络高效运转,城乡邮政快递服务实现均等化,邮政快递与重庆制造全面协同融合,服务制造业效能进一步提升,区域性国际快递网络基本形成,有效辐射东南亚、"一带一路"沿线国家和地区。

重庆市多部门联合发文进一步强化邮政快递市场基础设施建设

6月,重庆市发展改革委、市商务委、市市场监管局等多部门联合印发《贯彻落实〈建设高标准市场体系行动方案〉任务分工》,从三个方面就强化邮政快递市场基础设施建设提出了具体措施。任务分工提出,一是推动市场基础设施互联互通。持续完善综合立体交通网络。加强新一代信息技术在邮政领域的应用,提升综合运行效能。支持公共性快递分拣处理中心、智能投递设施等建设。二是实施智能市场发展示范工程。针对跨境电商、跨境寄递物流和供应链管理等典型场景，构建安全便利的国际互联网数据专用通道和国际化数据信息专用通道。三是引导平台企业健康发展。支持平台企业创新发展，增强国际竞争力。实施快递物流网络基础设施改造提升工程，推动第三方物流、即时递送等新型服务平台发展，有效发挥平台企业在要素配置中的优化集成作用。

顺丰丰泰产业园西南运营总部项目正式落户重庆

6月9日，重庆市"渝跃·夯基础"招商季临空经济示范区暨中新航空产业园航空物流产业集群项目集中开工活动在渝北区举行，涉及智慧物流、冷链物流、智能制造、文创商贸等领域，总投资达340亿元。顺丰集团本次落户项目——顺丰丰泰产业园西南运营总部，基于供应链科技创新和智慧物流发展的战略布局，计划投资约30亿元，直接创造就业岗位超2000个。此次与重庆机场集团合作，选择落户渝北区，既是受到重庆临空经济示范区，这块国家级金字招牌的感召，更得益于渝北区良好的营商环境、机场集团高效优质的企业服务。

顺丰重庆与重庆建筑科技职业学院共建实训基地

6月9日，重庆建筑科技职业学院建筑管理学院和顺丰速运重庆有限公司校企合作签约仪式顺利举行。顺丰速运重庆有限公司总经理陈建联、重庆建筑科技职业学院副校长何超等领导和嘉宾出席参加了此次签约仪式。

重庆市发布《智能信包箱建设标准》

7月，重庆市住房和城乡建设委员会正式发布《智能信包箱建设标准》地方工程建设标准。该标准于2021年10月1日正式施行，原《住宅信报箱建设规范》同时废止。该标准规定了智能信包箱的系统结构、总体功能、箱体及相关各项技术指标要求，适用于安装在重庆市新建住宅小区、办公楼宇、院校及其他公共建设项目建设，改建和扩建建设工程的智能信包箱建设可参照执行。为了倡导绿色节约、减少污染，满足用户的差异化需求，标准加入快递包装回收箱及包裹拆卸工具，设置生鲜冷藏箱等内容。

重庆市首个社区综合性服务中心将快递服务纳入统一规划

7月，重庆市首个集房产、快递、装修、金融、培训、家政、超市、社区养老、青少年公益为一体的综合性服务中心——万管家社区综合服务中心在沙坪坝区融创文旅城举行启动仪式。该社区综合服务中心意在打造一站式便利社区居民的品质生活服务平台，创新公共服务管理模式，统一规划快递末端投递场所，将快递服务纳入服务中心管理项目，免费为用户提供5公斤以下快件送到家服务，同时强化了交付的服务标准，更加注重用户的安全性和私密性。此外，为减少快递包装的浪费和污染，鼓励居民养成资源节约的意识和习惯，该综合服务中心积极开展包括快递纸箱在内的垃圾分类回收，通过免费提供拆箱服务，拆箱送爱心、送"双倍积分"等活动，号召居民在社区服务中心集中回收包装纸盒，实现资源绿色回收。

德邦快递建设项目成功获批中央预算内投资补助

7月，德邦快递投资建设的江津区德邦西南总部基地 & 冷链服务基地项目，成功获批城乡冷链和国家物流枢纽建设中央预算内投资，补助达1330万元。

郑向东副市长批示肯定重庆局上半年工作

7月，重庆市邮政管理局向市政府呈报了《重庆市邮政管理局关于2021年上半年全市邮政管理工作情况的报告》，重庆市副市长郑向东批示：上半年邮政工作成绩显著。下步要扎实抓好疫情防控,深入推进"两进一出",建设农村商贸物流体系,打造国家级邮政快递枢纽作出新贡献。

8部门联合出台政策帮助中小微企业解难纾困

8月,经重庆市政府同意,重庆市邮政管理局联合市经信委、市发展改革委等共8部门印发了《重庆市应对原材料价格上涨帮助中小微企业解难纾困工作措施》,从四个方面推出10条帮扶政策,进一步缓解原材料价格上涨给中小企业带来的压力,帮助企业纾困发展。在应对企业物流成本上涨方面,该措施明确要求,完善邮政快递网络体系,加快推进邮政快递业"两进一出"工程,不断完善邮政快递网络体系。

重庆局助力快递员缴存公积金政策落地

8月,重庆市印发《重庆市灵活就业人员参加住房公积金制度试点管理办法》,重庆邮政管理局积极跟进推动快递员群体权益保障工作,自8月11日起,快递员等灵活就业人员可缴存、提取、使用住房公积金,享受相关购房贷款优惠政策。

重庆市出台政策支持"快递出海"

8月,重庆市人民政府印发了《重庆市服务业扩大开放综合试点工作方案》,明确相关政策,支持"快递出海"。方案明确立足口岸实际业务需求,探索开展中欧班列快件进出境业务试点,结合中欧班列集结中心建设,支持推进中欧班列邮件快件国内集散分拨中心建设,支持中欧班列(渝新欧)建设邮件进出口运输常态化规模化通道。

重庆局成功申报市交通行业科技项目

8月,重庆市邮政管理局和中铁长江交通设计集团有限公司合作申报的重庆市交通行业科学技术项目"重庆市邮政快递业包装箱可循环绿色化政策与管理研究"大纲通过市交通局专家组审查。该项目研究旨在按照国家以及交通运输行业发展要求,结合国内外邮政包装箱绿色化发展现状、技术标准以及重庆市不同区域物流集散特性,针对邮政快递包装箱应用推广、标准适用、监管实施等环节,制定《重庆市邮政快递业包装箱可循环绿色化试点实施方案》,推动邮政快递企业可循环绿色化包装箱管理体系的落地与验证。

《重庆市邮政业发展"十四五"规划》通过专家评审

9月8日,重庆市邮政管理局邀请来自重庆邮电大学、中国技术经济学会、中国运筹学会等单位的5名专家,在前期充分征求相关政府部门、行业企业、社会公众意见建议的基础上,召开规划评审会,征求专家意见,切实体现"开门编规划"。规划系统总结了重庆市邮政业"十三五"时期改革发展成就和存在的问题,分析研判了未来一个时期行业发展面临的形势,提出了行业发展的指导思想、基本原则、发展目标、主要任务和保障措施;规划体例正规,表述精准,内容翔实,符合重庆市邮政业发展的客观需要,具备可操作性,对行业发展具有十分重要的引导作用。经评审专家讨论后一致同意,规划通过评审。

"快递进村"工作被纳入市推进农业农村现代化"十四五"规划

9月,重庆市政府印发《重庆市推进农业农村现代化"十四五"规划》,农村电商物流配送体系和快递进村等邮政快递业助农发展工作纳入其中。规划明确提出"引导电商、物流、商贸、金融、供销、邮政、快递等市场主体到乡村布局,完善农村电商物流配送体系,推进快递进村"等任务目标,并将"快递进村"工作作为实施"互联网+"农产品出村进城工程,大力培育农产品产业化运营主体,持续开展重庆品牌农产品网销行动的重要措施和支撑。

《重庆市邮政业发展"十四五"规划》正式发布

9月,重庆市邮政管理局联合市交通局、市发展改革委共同印发了《重庆市邮政业发展“十四五”规划》。《规划》提出六项重点任务，一是加强基础设施建设，优化网络布局；二是提升邮政服务水平，全面推进“快递进村”“快递进厂”工程；三是加快拓展国际市场，大力推进“快递出海”工程；四是加快科技创新步伐；五是提升行业治理水平，推进与地方政府部门协同治理；六是推进绿色邮政建设，深化绿色包装实践。同时，《规划》明确四个方面保障措施，分别是加强政策供给、完善就业保障、夯实人才基础和强化实施管理。

重庆市印发关于做好快递员群体合法权益保障工作实施方案

9月，重庆市交通局、市委组织部、市邮政管理局、市发展改革委、市住房和城乡建委、市人力资源和社会保障局、市商务委、市市场监管局、市公安局、市总工会、团市委共11部门印发了《关于做好快递员群体合法权益保障工作的实施方案》。实施方案提出党建引领、利益分配、劳动报酬、社会保险、作业环境、企业主责、规范管理、网络稳定、职业发展等12项重点任务和保障措施。在快递行业党建“两个覆盖”、享受住房公积金政策、快递车辆临时停靠、快递企业团建等方面取得政策支持和突破，明确了属地责任，要求各区县相关部门出台配套政策，细化任务措施，营造良好社会氛围。

重庆市出台政策奖励冷链寄递发展

9月，重庆市邮政管理局为深入推进全市冷链寄递体系建设，积极推动市政府口岸物流办公室出台《重庆市冷链物流发展政策操作办法（暂行）》，对包括邮政快递企业在内的全市独立法人企业发展冷链物流给予一次性奖励。

10家邮政快递企业获2021年市城乡智能高效配送项目专项资金补助

9月，重庆市商务委公布了2021年全市城乡智能高效配送项目支持名单，重庆市10家邮政快递企业入选。市商务委将按不超过企业实际有效投资的40%给予资金补助。

重庆市印发关于加快推进快递包装绿色转型的实施意见

10月，重庆市邮政管理局联合市发展改革委、市经济信息委、市司法局、市生态环境局、市住房城乡建委、市城市管理局、市商务委、市市场监管局共九部门印发《重庆市关于加快推进快递包装绿色转型的实施意见》。实施意见围绕“绿色发展导向、创新引领保障、协同共治推进”三个基本原则，从完善快递包装法规规章和标准体系、强化快递包装绿色治理、加强电商和快递规范管理、推进可循环快递包装应用、规范快递包装废弃物回收和处置、完善支撑保障体系、强化组织实施等七个方面提出十九条措施。并对快递包装绿色转型过程时间节点进行明确，一是到2022年，基本形成快递包装治理的激励约束机制，电商和快递规范管理普遍推行，电商快件不再二次包装比例达到85%，可循环快递包装应用规模达7万个。二是到2025年，形成贯穿快递包装生产、使用、回收、处置全链条的治理长效机制；电商快件基本实现不再二次包装，可循环快递包装应用规模达10万个，快递包装基本实现绿色转型。

重庆市政府召开专题会议推进“快递出海”工作

11月，重庆市政府副市长郑向东主持召开口岸物流有关重点工作专题会议，听取市政府口岸物流办等相关部门工作情况汇报，研究部署下一步重点工作。重庆局分管领导参加会议。会议指出，要紧紧围绕“建设内陆国际物流枢纽和口岸高地”的目标，持续推进中欧班列邮包及快件运输。市政府口岸物流办、市邮政管理局要及时向国家邮政局汇报相关工作，加强与国铁集团、邮政集团沟通，争取开行线路、开行计划、市场推广、回程邮包业务等方面的支持。

中通快递渝东(万州)智能科技产业链园区项目启动

11 月 24 日,重庆局党组书记、局长周向东出席中通快递渝东(万州)智能科技产业链园区项目开工仪式。中通快递渝东(万州)智能科技产业链园区项目定位为中通快递集团在中国西南片区物流中心,面向全球的产业链集约平台,也是中通快递集团区域性总部。建成运营后将服务周边,为万州解决 1500 人以上的劳动力就业,年业务量(进出总量)约 4 亿件,建成投产三年后年纳税总额不低于 3000 万元。

邮政快递业相关工作被纳入全市数字经济“十四五”发展规划

12 月,重庆市人民政府印发《重庆市数字经济“十四五”发展规划(2021—2025 年)》,邮政快递业相关工作被纳入其中。规划明确,加大农村地区双千兆网络建设力度,提升偏远地区 5G 网络覆盖水平。整合农业农村、科技、商务、邮政、供销、气象等部门在农村现有站点要素资源,扩大信息技术服务产品和涉农信息普惠服务供给,构建农村综合信息服务体系。

郑向东副市长批示肯定快递业务旺季服务保障工作成绩

重庆市邮政管理局高度重视快递业务旺季服务保障工作,在制定印发 2021 年快递业务旺季服务保障工作方案、召开动员部署会议后,于 10 月 29 日向市政府报送了旺季服务保障工作方案。在快递业务旺季服务保障第一、二阶段结束后,再次于 12 月 2 日向市政府报送相关工作情况报告。重庆市人民政府副市长郑向东作出批示,要求邮政管理部门“要进一步强化疫情防控措施,统筹抓好疫情防控与行业健康发展”。郑向东还多次在相关会议上对快递业务旺季服务保障工作给予充分肯定。

重庆局推进落实快递员群体专属养老保险政策

12 月,为贯彻落实习近平总书记对邮政业指示批示精神,保障好快递员群体合法权益,重庆市邮政管理局联合重庆银保监局,指导重庆市快递协会、重庆市保险行业协会印发《重庆市快递员群体专属商业养老保险推广实施方案》,率先推出专属养老保险解决方案,为全国推广提供“重庆样板”。

市人大常委会副主任调研市邮政快递业发展情况

12 月 16 日,重庆市人大常委会副主任陈元春就重庆市邮政快递业发展情况进行专题调研,市人大城环委相关领导陪同。陈元春充分肯定了重庆市邮政管理局成立以来的工作成绩以及行业相关情况,并对下一步工作提出具体要求。一是要求邮政快递业加大投入,发挥“快递经济”作用。推动建设总部型、区域型邮政快递业枢纽或分拨中心。二是要不断完善农村寄递物流体系建设。结合“两进一出”全国试点工程,大力推进“快递进村”服务乡村振兴。三是要以行业安全生产为抓手,持续实施安全生产专项整治行动。强化落实企业安全生产主体责任,切实维护行业安全稳定。

重庆局与市政府口岸物流办、酉阳县人民政府、京东物流开展战略合作

12 月 24 日,重庆市邮政管理局与市政府口岸物流办、酉阳县人民政府、京东物流共同签署《武陵山区城镇群绿色发展示范带酉阳“城乡供应链 + 乡村振兴商流”循环示范样板共建战略合作协议》。此次战略合作立足酉阳“生态”优势,聚焦“供应链 + 品牌 + 平台运营”建设,围绕乡村振兴发展、农村三级物流体系建设、加深与东盟国家经贸合作等内容,整合京东物流资源,多方共同打造“城乡供应链 + 乡村振兴商流”循环示范基地。协议明确,重庆局将支持酉阳设立邮政业安全发展中心。

重庆市政府领导批示肯定重庆局2021年邮政管理工作成效

12月，重庆市副市长郑向东在重庆市邮政管理局《关于2021年全市邮政管理工作情况的报告》上作出重要批示，对全市邮政管理工作给予充分肯定。郑向东批示："2021年，市邮政管理局坚持引导行业高质量发展，助推我市经济社会发展，服务实体经济和乡村振兴，工作成效显著。望在新的一年，扎实推进'两进一出'全国试点、农村物流配送体系建设，维护行业从业人员合法权益和疫情防控、安全生产等各项工作，以优异成绩迎接党的二十大和市第六次党代会胜利召开"。

四川省快递发展大事记

四川省成功创建5个快递服务现代农业金牌项目

1月，国家邮政局公布了全国60个"2020年快递服务现代农业金牌项目"名单，四川成都、攀枝花、眉山、资阳、南充5地快递服务农产品寄递项目上榜。

黄强省长看望慰问快递员

2月8日，四川省省长黄强赴成都看望慰问快递员。黄强对邮政快递行业疫情防控及保供保畅成效表示肯定。黄强指出：民生是最大的政治，老百姓的生活越来越离不开快递员。黄强表示，此次专程看望慰问快递员，就是代表省委、省政府来感谢大家，给大家拜个早年，祝大家身体健康、阖家幸福。黄强叮嘱成都市及相关部门、全市邮政快递企业，要做好快递小哥的劳动保护、疫情防护，保障休息与收入，切实给予快递员以关爱。

四川省领导批示将快递进村纳入"十四五"乡村振兴规划

2月，四川省委领导相继在省邮政管理局、省发展改革委、省交通运输厅向省委、省政府报送的《关于"推进快递下乡进村服务乡村振兴"的调研报告》上作出批示，要求将邮政快递基础设施建设、快递下乡进村纳入十四五乡村振兴规划。省委副书记邓小刚批示"请秀彬同志阅研"（杨秀彬为农业农村厅厅长），时任省委常委曲木史哈批示"请省委农村领导小组办公室重视此项工作，对有关建议召集相关部门研究一下。争取纳入十四五乡村振兴规划内容"。

邮政快递业发展被纳入四川省"十四五"规划纲要

3月，四川省政府印发《四川省国民经济和社会发展第十四个五年规划和二〇三五年远景目标纲要》，邮政业多项内容被纳入其中。一是在加快现代物流体系建设方面；二是在服务现代农业方面；三是在畅通国际大通道方面；四是在促进城乡配送融合发展方面。

李云泽副省长调研邮政快递业发展情况

3月17日，四川省副省长李云泽率队调研成都邮政快递业，省市相关领导陪同调研。李云泽一行先后来到成都简阳申通西南总部暨成都电商物流科技产业园、中通快递西南总部和唯品会西南总部，详细了解了成都邮政快递业"主干"工程建设，寄语快递企业要立足临港区位优势，抢抓成渝地区双城经济圈建设和天府国际机场即将投运带来的重大历史机遇，加快建设服务"双循环"开放平台和开放通道，让更多"川字号"产品走出四川、走向世界。

张荣书记调研指导快递业团组织建设工作

3月，共青团四川省委书记张荣到中通快递集团四川省管理中心调研指导快递行业、企业团组织建设工作。调研组一行对四川省管理中心积极响应行业系统团指委号召,依托党建带动团建、创新基层团组织建设方法、团结和凝聚青年力量、引领和服务青年发展等方面工作予以了充分认可。张荣希望四川中通继续坚持党建带团建工作思路,充分发挥团组织团结、凝聚、引领青年的组织优势,推动团组织下沉延伸,覆盖更广、更多的一线快递从业青年,更好地服务广大快递从业团员青年。

四川省印发实施方案助力农村物流配送体系建设和快递进村

3月,四川省委办公厅、省政府办公厅印发《关于做好乡镇行政区划和村级建制调整改革"后半篇"文章的实施方案》及《提升农村交通运输服务水平工作方案》《完善镇村便民服务体系工作方案》等子方案,农村物流配送体系建设及快递进村纳入其中,四川省邮政管理局被列入相关重点工作推进责任单位。方案要求,到2021年底,实现乡村运输"金通工程"全省所有县(市、区)试点全覆盖并建成10个以上样板县,乡村快递服务基本实现渠道通达。到2025年底,初步形成乡村运输综合服务体系,县乡村三级物流体系基本建成,乡村运输"金通工程"可持续发展长效机制基本建立并建成40个以上样板县;全省便民服务体系更加完善。

四川局实施"百日攻坚"力促"快递进村"渠道通达全覆盖

3月,四川省邮政管理局印发《四川省"快递进村百日攻坚"专项行动实施方案》,明确在6月底前,全省基本实现快递进村渠道通达。实施方案明确,通过"快递进村百日攻坚",建制村须实现除邮政EMS外再有一个及以上快递品牌服务通达进村,全省基本实现"快递进村"渠道通达全覆盖。

四川省将"快递进村"纳入做好"两项改革后半篇"

4月,四川省乡镇行政区划和村级建制调整改革"后半篇"文章专项工作领导小组印发"2021年工作要点及任务分工方案","快递进村"等被作为重点工作项目,四川局列为相关工作责任单位。"工作要点"提出:一要实施乡村运输"金通工程",建成10个以上样板县。二要实施产业融合发展、电商快递进农村工程。三要提高便民服务和公共服务水平,完善镇村便民服务体系,建立村级便民服务代办制度,组织开展省、市、县三级镇村便民服务中心标准化规范化便利化建设试点。

四川省印发5个经济区一体化发展规划利好邮政快递业

6月,四川省人民政府印发《成都平原经济区"十四五"一体化发展规划》等5个规划,囊括了成都平原、川南、川东北、攀西、川西北五个经济区,各规划均涉及邮政快递业基础设施建设、产业发展等内容,行业发展再获多项利好。

四川省2.6万个建制村实现快递服务100%渠道通达

截至6月25日,四川省100%的建制村提前实现快递服务渠道通达目标,涉及建制村26114个(其中少数民族地区建制村达5414个)。

四川省补齐现代农业冷链物流短板赋能邮政快递业

6月,中共四川省委农村工作领导小组办公室印发《四川省补齐现代农业烘干冷链物流短板2021年度工作推进方案》《四川省农业科技创新2021年度工作推进方案》等4个方案,四川省邮政管理局被列入相关工作牵头部门和责任单位。方案提出:一是要探索冷链物流体系新模式。二是要探索冷链物流建设新模式,进一步提高冷链运输节能环保、标准化、智能化水平。三是要推进农产品产地仓储保鲜冷链物流设施建设，形成“一村一品”“一村一库”的现代农业烘干冷链物流体系。四是要构建农产品现代冷链物流节点建设，鼓励邮政快递企业延伸农村物流服务，全力推进“快递下乡”“快递进村”工程。

四川省印发行动方案助力邮政快递业高标准市场体系建设

7月，四川省发展改革委、商务厅、市场监督管理局联合印发《贯彻落实〈建设高标准市场体系行动方案〉重点任务分工方案》，四川省邮政管理局被纳入相关工作责任单位。方案提出：一是要强化市场基础设施建设，推动市场基础设施互联互通。二是实施智能市场发展示范工程。三是推进综合协同监管，全面推行“双随机、一公开”监管。四是健全社会监督机制。五是发挥公众和舆论监督作用，加强政策宣传，建立健全消费者投诉信息公示制度。

四川省邮政快递业纳入“十四五”推进农业农村现代化规划

7月，四川省政府印发《“十四五”推进农业农村现代化规划》，乡村现代物流业发展获政策支持。规划提出：一是要加快农村商贸物流发展，加快发展乡村现代物流业，加强县域乡镇商贸设施和到村物流站点建设；完善建制村邮政服务设施，打造一批快递服务现代农业“一地一品”寄递品牌。二是要加强现代农业烘干冷链物流体系建设，解决好农产品产地“最先一公里”和城市配送“最后一公里”问题，提升科技创新能力和支撑保障水平。三是要推进农产品仓储冷链物流示范县建设，培育壮大农产品烘干冷链物流运营龙头企业，研究实施全省公共型农产品现代冷链物流骨干网建设，建立健全农产品烘干冷链物流标准体系。四是要建设农产品冷链物流中心，布局建设大型冷链物流仓储配送中心，形成全省农产品冷链物流国际空中和陆海联运走廊。

四川省印发工作方案筑牢从业人员权益保障“保护网”

7月，四川省邮政管理局联合省人力资源和社会保障厅、交通运输厅等10部门印发《新就业形态劳动者权益保障工作方案》，为支持和规范发展新就业形态、兜牢权益保障底线提供政策支撑。工作方案提出，一要推动劳动保障相关政策和制度完善；二要创新开展职业技能培训；三要加强部门协同，构建协同共管的治理工作格局。

四川省发布《关于进一步推进县乡村三级物流配送体系建设的通知》

8月，四川省邮政管理局联合省交通运输厅下发了《关于进一步推进县乡村三级物流配送体系建设的通知》，明确了重点任务和保障措施，要求“一个市州打造一个快递进村样板县”“一个县打造一个村级样板点”。一是要培育壮大乡村运输服务市场主体。二是要着力推进县乡村三级物流节点体系建设。三是要促进农村电商与农村寄递物流融合发展。四是要因地制宜实施多样化模式合作。五是要提升交邮融合发展规范化和信息化程度。

四川省三品牌入选交通运输部第二批农村物流服务品牌

8月，交通运输部公布全国35个项目为第二批农村物流服务品牌，其中四川蓬溪县“交通运输+快递超市+网络平台”、达州市通川区“电商物流+共同配送”、南充市顺庆区“果州通+快递超市”三品牌成功入选。

四川省印发“十四五”现代物流发展规划

9月，四川省发展改革委、省交通运输厅印发《四川省“十四五”现代物流发展规划》，从推进数字化升级、提高专业化水平，健全应急保障设施建设，推进“快递下乡”，促进行业绿色发展等多方面对邮政快递业提出了发展要求。规划提出：一要建设智慧物流设施,补齐智慧物流基础设施短板。二要提高物流专业化水平,做大航空物流、发展高铁物流。三要健全应急物流,提升设施应急保障能力。四要发展商贸物流,提高城市配送服务水平、建立健全农村配送体系。五要培育发展新动能,提升现代物流绿色化水平、建设逆向物流服务体系。

四川省为邮政快递行业数字化转型提供政策支撑

9月,四川省人民政府印发《四川省"十四五"新型基础设施建设规划》,提出打造开放互联的智慧物流设施,促进城乡普惠发展。一是要加快智慧物流信息系统建设。建成四川(西部)物流大数据中心;推进现代流通供应链建设,完善快递物流基础设施、全流程基础设施智能化升级;建成成渝地区物流枢纽节点,提升区域快递物流基础支撑能力。二是要提升产业智能化应用水平。支持传统流通、物流企业采购、销售、服务的数字化、在线化。三是要促进城乡普惠发展。加快推动县城、乡村智慧化改造,鼓励引导邮政快递资源下沉,依托互联网渠道打造特色优势农产品品牌。

四川省印发服务业4+6重点产业培育方案支持深化城乡物流配送

9月,四川省服务业发展领导小组办公室印发《服务业"4+6"重点产业培育方案》,明确提出,到2022年,全省交通物流枢纽、物流通道等基础设施更加完善,快递物流业得到更大发展。四川局被列入相关重点工作责任单位。方案提出,一是要优化物流发展环境,深化降本增效综合改革;二是要深化城乡物流配送;三是要促进绿色物流发展。

曹立军副省长要求积极推动交邮商合作

9月29日,交通强国建设试点四川乡村运输"金通工程"现场推进会在宜宾市江安县召开,副省长曹立军出席会议并讲话。曹立军充分肯定四川交通、邮政部门共同打造"金通工程·天府交邮通"品牌,推进乡村客运、货运和邮政快递深度融合,有效解决农民群众幸福出行、物流配送、邮政寄递三个"最后一公里"问题所取得的成效。他要求加快构建集约共享的融合发展体系、健全长效稳定的工作保障体系等六大体系,加快构建乡村运输发展新格局。要积极推动交邮商合作发展,共同打造"金通工程·天府交邮通"品牌,切实提升农村地区物流服务能力。交通、商务、邮政等部门要统筹现有客运场站、邮政网点、电商站点、商贸网点等资源,共同规划建设县、乡、村三级寄递物流商贸节点。要积极推进以信息技术为基础整合农村物流各项要素,推广城乡统一配送、集中配送、共同配送等,提高运输效率,降低农村物流末端成本。要加快制定完善交邮商融合基础设施建设标准和营运服务规范,促进交邮商融合标准化规范化。

四川省印发通知推动进一步完善镇村便民服务体系

10月,四川省乡镇行政区划和村级建制调整改革"后半篇"文章专项工作领导小组办公室印发《关于进一步提升邮政服务能力完善镇村便民服务体系的通知》,从推进政企合作、提升普惠金融服务等五方面对提升邮政服务能力完善镇村服务体系工作提出了工作要求。通知要求,一要推进政企合作,着力提升邮政便民服务能力;二要加快建成邮政高效物流体系;三要持续提升普惠金融服务水平;四要全面实施邮政惠农合作项目;五要强化协作配合。

四川省"十四五"邮政业发展规划正式发布

10月,四川省交通运输厅与省邮政管理局联合印发《四川省"十四五"邮政业发展规划》。规划从行业规模、发展环境、服务网络、服务质效等方面,系统总结了"十三五"时期全省邮政快递业的发展概况和发展成效，分析了现阶段存在的问题和面临的机遇、挑战，明确了“十四五”时期全省邮政业发展的指导思想、基本原则、发展目标，提出了绿色发展、提质增效、融合创新、完善城乡寄递体系、深化重点领域改革、扩大开放合作、基础设施建设、完善监管体系等八项重点任务。

四川省将邮政快递业发展纳入《“十四五”综合交通运输发展规划》

10月，四川省人民政府印发《四川省“十四五”综合交通运输发展规划》，邮政快递业发展重点工作纳入其中。规划提出，一是强化末端基础设施建设；二是建设综合货运枢纽；三是优化货运服务网络。规划明确，到2025年，基本形成“123快货物流圈”，基本实现“快速网覆盖区县、干线网畅达乡镇、基础网连接村组”，为打造全国交通运输“第四极”奠定坚实基础。

李云泽副省长要求统筹推进电子商务、快递物流体系建设

11月4日至5日，中共四川省委常委、副省长李云泽率队前往凉山州甘洛、越西、喜德、普格等地调研地方乡村电商运营、服务业发展等工作。李云泽要求，要统筹推进消费升级、电子商务、快递物流、商贸流通和市场体系建设，服务好乡村振兴战略。要推进“金通工程”交商邮合作，共同构建县、乡、村三级电商(物流)服务体系，全面促进农村消费，完善邮政、快递、物流、商贸流通骨干网络。

四川省安委印发任务分工压实邮政管理安全生产主体责任

11月，为深入学习贯彻落实习近平总书记关于安全生产工作的系列重要论述精神，四川省安全生产委员会印发《四川省省级部门及中央驻川有关单位安全生产工作任务分工》，从“行业安全监管、邮政市场监管、安全生产统计分析”三方面对邮政管理局行业安全生产监管工作提出任务要求。

《成都都市圈发展规划》利好邮政快递业转型升级

11月29日，四川省政府印发《成都都市圈发展规划》。规划是国家层面批复的第三个都市圈规划，也是中西部唯一一个规划。规划提出，一是加快构建高效快捷的现代物流供应链体系，促进现代物流、智能制造、都市现代农业等协同发展；二是完善“1+1+17”三级物流节点网络；三是构建多式联运网络四是推动生产性服务业转型升级融合发展。

李云泽副省长要求统筹推进农村寄递物流体系建设

12月，四川省委常委、副省长李云泽在绵阳、广元、达州调研时强调，要统筹推进农村寄递物流体系建设。李云泽强调，要立足地方优质特色农产品，统筹推进消费升级、电子商务、快递物流、商贸流通和市场体系建设，服务好乡村振兴战略。要加力构建县、乡、村三级电商及物流服务体系，完善城乡流通骨干网络，做大农产品消费市场，为乡村振兴培育新动能。

四川省将快递员纳入新就业形态劳动者权益保障

12月，四川省人力资源和社会保障厅联合省邮政管理局等11部门印发《关于维护新就业形态劳动者劳动保障权益的实施意见》，从四个方面提出20条落实细化措施，快递从业人员权益保障纳入其中。一要落实企业用工责任；二要保障合法权益；三要优化权益保障服务；四要完善保障机制。

贵州省快递发展大事记

贵州局开展世界地球日主题宣传倡导绿色快递

4 月 22 日是第 52 个“世界地球日”，贵州省邮政管理局积极开展“世界地球日”主题宣传活动。贵州局通过微信群等方式推送今年活动主题“珍爱地球，人与自然和谐共生”和宣传海报，引导寄递企业观看绿色宣传片，积极宣传绿色用邮理念，推进全行业绿色发展。

贵州省快递物流集聚区入选国家第三批示范物流园区名单

9 月，贵州快递物流集聚区入选国家第三批示范物流园区名单。贵州快递物流集聚区着眼全省现代服务业发展趋势，准确把握快递物流及电商仓配行业发展规律，专注于特色产业园区建设，在强化基础服务、完善设施布局、创新发展模式、突出特色化经营等方面取得积极成效，为降低实体企业物流成本，带动贵州省及西南片区物流业聚集提升和高质量发展方面发挥了重要作用。目前，贵州快递物流集聚区内已集聚大批关联的冷链仓储、电商仓配、城市配送、各类商贸市场等业态，已入驻快递物流、电商仓配及商贸市场类企业(项目)46 家，投入运营 38 家，带动直接就业人员 8000 余人，形成了现代物流、商贸市场、城镇化商住、休闲旅游、生活购物、康养六大板块。集聚区内快递企业日均快件分拣处理量在 350 万票以上，快递物流分拣集散产业发展迅速，业务规模每年高速增长；建成冷库库容约 20 万立方米，双龙农副产品批发市场日均蔬菜交易量 1000 吨以上，日均水果交易量 600 吨以上。集聚区入驻企业在加快自身发展的同时，积极履行社会责任，解决 800 余名建档立卡贫困劳动力就业，参与精准扶贫工作，赞助物资及资金超过 50 万元，园区所在谷脚镇几乎家家户户都有人从事快递工作，成为省内著名的“快递镇”。

贵州省首个快递行业联合工会揭牌成立

11 月 9 日，贵州省首个快递行业联合工会——都匀市快递行业联合工会委员会揭牌成立，随着铿锵有力的现场宣誓，来自顺丰、中通、圆通、申通、韵达、极兔等快递品牌的 73 名都匀市快递小哥现场领取了入会会员证。贵州省邮政管理局党组书记、局长陈向东，黔南州总工会、都匀市总工会主要负责同志出席揭牌仪式。

“交邮融合 + 快递下乡”成为推进省“四好农村路”高质量发展重要方面

11 月，贵州省印发《省政府办公厅关于加快推进“四好农村路”高质量发展服务乡村振兴的实施意见》，提出到 2025 年，构建便民利民、经济高效的县乡村三级农村物流节点体系，服务全省农村生产生活的“交邮融合 +”网络体系加快形成。

遵义中通快递黔北分拨中心项目获专项资金支持

12 月，遵义市快递物流(电子商务)产业集聚区“中通快递黔北分拨中心”项目获贵州省现代物流创新发展工程服务业专项补助资金 800 万元。中通快递黔北分拨中心位于遵义市红花岗区深溪镇，占地 118 亩，由中通上海总部实施建设，投资额度 5 亿元，项目预计在 2022 年“双 11”前建成使用。项目投入运营后，将覆盖遵义市、毕节市和铜仁市部分县(区)，建成黔川渝结合部快递物流中心。

贵州省政府办公厅印发关于推动快递业高质量发展的意见

12 月，贵州省人民政府办公厅印发《关于推动快递业高质量发展的意见》，提出到"十四五"末，要基本建成普惠城乡、服务多元、安全高效、绿色环保的快递服务体系，全省快递业在行业规模、服务能力、发展质效、产业协同、治理水平等方面实现新跃升。根据意见，要健全服务体系，促进快递与制造业、农业、旅游业等有效融合。到"十四五"末，基本实现"快递进村"服务全覆盖；电商快件基本实现不再二次包装，基本普及邮件快件包装绿色化、减量化。

贵州省加快推动快递包装绿色转型工作实施方案出台

12月，贵州省邮政管理局联合省发改、工信、生态环境、住建、商务、市场监管等六部门印发了《贵州省加快推动快递包装绿色转型工作实施方案》。实施方案围绕进一步加强贵州快递包装治理、推动快递包装绿色转型提出了到2025年，全省快递包装领域政策体系完善，电商快件基本实现不再二次包装，快递包装减量和绿色循环的新模式、新业态发展取得重大进展，快递包装基本实现绿色转型。

贵州省发布快递员群体合法权益保障工作实施方案

12月，贵州省邮政管理局根据交通运输部、国家邮政局、国家发展改革委等7部委联合印发的《关于做好快递员群体合法权益保障工作的意见》，结合贵州实际，联合省交通运输厅、省发展改革委、省人力资源社会保障厅、省商务厅、省市场监管局、省总工会等7部门印发了《贵州省快递员群体合法权益保障工作实施方案》。实施方案明确，到"十四五"末，要基本健全贵州省快递员群体合法权益保障相关制度机制，快递员群体薪资待遇更趋合理，社保权益得以维护，专业技能有效提高，企业用工更加规范，从业环境更加优化，就业队伍更加稳定，职业的自我认同和社会认同持续增强，快递员群体的获得感、幸福感、安全感持续提升。

云南省快递发展大事记

王予波省长听取云南局工作汇报

2月5日，云南省省长王予波调研全省交通运输行业，听取了省交通运输厅、省邮政管理局等部门的工作汇报，并对邮政管理工作提出工作要求。王予波对于邮政业在现代物流体系建设、畅通农产品和消费者双向流通方面发挥的作用给予了充分肯定。对于邮政管理工作，王予波要求要聚焦邮政网络覆盖，优化邮政快递网络基础设施建设，抓好三级物流体系建设，加快推进"快递进村""快递进厂"和"快递出海"，推动邮政快递产业数据化、数据产业化。对于省局提出的能力建设等短板问题，王予波省长要求省政府办公厅、省发展改革委等部门进行协调推动。此外，王予波省长向全省邮政业干部职工给予新春祝福和关心慰问。

云南省委常委、市委书记带队慰问"快递小哥"

2月，云南省委常委、曲靖市委书记李文荣率队到麒麟区亲切慰问"快递小哥"，看望春节期间仍坚守岗位的邮政行业员工，并向他们送上新春祝福。慰问中，李文荣书记详细了解全市"快递小哥"的工作安排、身体状况、生产生活方面遇到的困难和春节期间的工作生活安排情况，充分肯定了全市邮政行业员工在过去不平凡一年中的辛勤付出，并希望在新的一年里再接再厉，以更强的责任心和使命感，在平凡的工作岗位上努力工作、再创佳绩，更好地服务保障全市人民的安全用邮需求。

云南省邮政业大数据中心项目纳入“数字云南”展示

3月，云南省委常委、秘书长陈舜和省政府秘书长杨杰分别听取了省邮政管理局等部门的展示系统和展示内容情况，邮政业大数据中心展示方案得到了省委省政府的高度认可和肯定。邮政业大数据中心项目聚焦助力全省经济社会发展和提升行业安全监管效能两个核心目标，坚持以资源数字化、数字产业化、产业数字化为主线，打造“数字邮政”产业链，为全省乡村振兴、电商经济、消费经济、产业调整和拉动就业提供有力支持。通过与国家禁毒大数据云南中心数据打通，落实“绿盾”工程建设等举措，实现邮件快件“动态可跟踪、隐患可发现、事件可预警、风险可管控、责任可追溯”目标，有效弥补行业监管短板。

邮政业安全教育培训基地(昆明)挂牌成立

6月16日，国家邮政局邮政业安全中心安全教育培训基地(昆明)揭牌仪式在昆明铁道职业技术学院举行。国家邮政局邮政业安全中心副主任高黎明、省市邮政管理局、昆明市公安局禁毒支队及治安管理支队、昆明铁道职业技术学院负责人以及教师和学生代表参加了揭牌仪式。该基地以培养综合性邮政业安全人才为目标，着力打造具有西南特色集邮政业高级安全管理人才培训、安全教育培训、安全应急演练、安检及安全员培训为一体的培训基地，致力于建成课程体系健全、设施设备完善、师资队伍强大的国家级综合性行业安全教育培训基地。作为国家级邮政业安全教育培训基地，基地建成后将为邮政行业企业开展现场职工培训及远程在线考试取证。该基地针对云南区位实际，将持续加大对安全检查方面的投入，着力加强毒品安检人员技术培训。

第三届云南省邮政行业职业技能大赛成功举办

9月，由云南省邮政管理局主办，昆明市邮政管理局、昆明铁道职业技术学院承办的“2021年第三届云南省邮政行业职业技能竞赛”在昆明铁职院成功举办。来自邮政、顺丰、中通、韵达等11家品牌快递企业通过初赛的参赛选手展开激烈角逐。本次竞赛为个人赛，通过激烈角逐，最终评出一等奖1名、二等奖2名、三等奖2名，分别颁发奖状和奖金。

云南省出台《推动农村客运高质量发展的指导意见》

11月，云南省交通运输、公安、邮政管理等8部门联合印发《推动农村客运高质量发展的指导意见》，邮政业多项内容纳入文件。指导意见明确，鼓励在具备条件区域规划建设乡镇综合运输服务站，加强既有乡镇客运站、交管站、公路养护站等设施的客运、货运物流、邮政快递、供销、电商、旅游、养护管理等综合服务功能开发。指导方案提出，建立健全交通运输与邮政、供销、文化旅游等部门协同机制，合力构建农村运输集约共享发展模式。加强农村、货运、邮政快递等站点功能融合；扩充客货邮合作线路；实现客运车辆代送邮件快件。推动农村货运、物流配送、旅游服务等信息融合共享。

云南省举办2021年“最美快递员”年度人物选树宣传活动

12月，云南省总工会、云南局联合下发《关于开展2021年云南省“最美快递员”年度人物选树宣传活动的通知》，联合开展2021年云南省“最美快递员”年度人物选树宣传活动。本次选树宣传活动的选树对象面向各州市已建会的快递企业中已加入工会组织的从业人员，采取企业推荐和个人自荐的方式，在疫情防控工作中表现突出及有见义勇为、舍己救人、拾金不昧等较为突出事迹者，可优先参评。活动共分为启动阶段、推荐阶段、审核把关阶段、网络投票阶段、综合评定阶段、发布宣传阶段六个阶段，最终将选树表彰10名2021年云南省“最美快递员”年度人物。

邮政快递业被纳入《云南省县域商业体系建设行动方案》

12 月，云南省商务厅联合省邮政管理局等 17 部门印发《云南省县域商业体系建设行动方案》，多项邮政快递业内容纳入其中。行动方案明确，到 2025 年，实现县城快递物流公共配送中心、乡镇快递物流网点全覆盖，村村通快递，农村寄递服务基本覆盖；打造 5 个以上农产品产地冷藏保鲜设施建设试点县，培育国家星级冷链物流企业 5 户以上；每年培育 2 家整合能力强、协调效率高的商贸流通供应链核心企业；推动实施县乡村共同配送项目 70 个。

云南省邮政快递业全面融入综合立体交通网规划

12 月，云南省委、省政府正式印发《云南省综合立体交通网规划纲要》，邮政快递业全面融入，多项内容纳入其中。规划纲要提出，交通枢纽基本具备寄递功能，实现与寄递枢纽的无缝衔接，基本形成“113 快货物流圈”；打造南亚东南亚航空物流集散中心、跨境物流中心和生鲜产品转运中心，建设和完善国际干线邮路网，探索国际邮路新渠道；加快完善县乡村三级物流网络节点体系，全面支撑乡村振兴战略实施；持续推进邮件快递包装绿色化、减量化和可循环。

云南局启动寄递“人证核验”试点

12 月，在西双版纳州邮政快递企业负责人见证下，云南局荣蓉副局长与省邮政业安全中心、省邮政业大数据中心、西双版纳州邮政管理局、西双版纳州公安部门、省联通公司等单位相关负责人共同宣告西双版纳州寄递“人证核验”全面启动。用户寄件时，快递小哥通过智能终端（公安部门授权内含身份智能识别功能）对用户和身份证进行比对，人证相符后方可收寄，并采集包裹开箱验视照片，从而进一步扎紧三项制度藩篱。

云南省印发全省邮政业“十四五”发展规划

12 月，云南省邮政管理局与省交通运输厅联合印发《云南省邮政业“十四五”发展规划》，要求各州市邮政管理局、交通运输局认真贯彻执行。规划结合云南省情、邮政业发展和改革实际，在科学分析现状与形势的基础上，明确了“十四五”时期全省邮政业发展的目标和主要任务、重大工程。规划提出了完善基础设施建设、推进服务提质增效、推动数字邮政发展、推进安全邮政建设、优化跨境开放能力、推进绿色邮政发展、加强行业人才培养、提高行业治理能力等 8 个方面主要任务及“快递进村”工程、“1 + 16”邮政大数据中心工程等 12 个重大工程。规划在深化交邮融合上进行了深度扩展，提出要充分发挥高速公路、航空、高铁对邮政业发展的战略支撑作用，提升交通枢纽的寄递配套能力，推动邮政快递企业入驻县级客运站，实现省内“快递进村”运输专线全覆盖。

西藏自治区快递发展大事记

自治区邮政业 2020 年减税降费达 5000 万元

2020 年，西藏自治区邮政业落实财税金融支持政策取得显著成效，减税降费金额总计达到 5443.15 万元，其中邮政企业减免税费 4601.5 万元、快递企业减免税费 841.65 万元。

西藏局积极争取企业总部扶持政策取得实效

为深入贯彻落实国家邮政局关于快递“下乡进村”的决策部署，针对西藏快递末端网点运营难问题，西藏自治区邮政管理局积极争取到企业总部为西藏基层网点增加补贴费用的扶持政策，末端网点稳定运营工作取得实效。通过前期努力，大部分快递企业总部对西藏基层网点补贴费用有了适当调整，据不完全统计，派费平均增加约3元/件，2020年主要品牌企业总部对西藏基层网点增加补贴约1400万元，很大程度上缓解了末端网点运营难问题，有效遏制了快递末端服务违规收费行为，为基层网点持续健康运营提供了保障。同时，推动了“邮快合作”进度，合作区域由拉萨向全区延伸，快件投递服务覆盖所有建制村，有效促进了“两进一出”工程，拓宽了“工业品下乡，农产品进城”双向流通渠道，促进了电商快递深层融合发展，受到了广大农牧民群众的一致赞誉。

西藏自治区快递行业党委组建成立

4月，在西藏自治区邮政管理局党员活动室召开了中共西藏自治区快递行业委员会成立大会，快递行业党委委员候选人、西藏局机关各处(室)负责人、快递行业协会全体党员参加了此次大会。会上，根据《中国共产党章程》《中国共产党基层组织选举工作条例》，通过选举确定了快递行业党委7名委员。同时中共西藏自治区快递行业委员会召开第一次全体会议，确定了快递行业党委书记由史晓东同志担任，副书记由多吉次仁、赵保华同志担任。会议提出，一要充分认识做好快递行业党建工作的重大意义，落实全面从严治党要求，打通党建工作“最后一公里”；二要严格按照党中央、国家邮政局党组和区党委的工作部署要求，切实抓好快递行业党建工作重点任务；三要以过硬自身建设推动快递行业党建工作起好步，推动全区快递行业迈上新台阶、踏上新征程、实现新发展。

两部门就全区邮政快递业气象服务保障工作达成合作协议

4月，西藏自治区邮政管理局和自治区气象局就共同促进西藏邮政快递业高质量发展开展气象服务保障工作签署合作协议。一是共同开展邮政快递业交通气象服务保障。二是建立信息共享服务机制，为基层快递人员提供气象避险服务，由邮政管理部门提供快递应急联系人的电话号码，由气象局根据提供的电话号码在气象预警平台中建立快递应急联系群组，并通过短信的方式，及时将灾害性天气的预警信息、避险建议等无偿及时发布给快递应急联系人。三是共同开展科普活动，提高防灾减灾意识。四是加强沟通，提升合作成效。

西藏自治区副主席批示肯定西藏局安全监管工作

8月，西藏自治区副主席甲热·洛桑丹增在西藏自治区邮政管理局《关于充分利用援藏资源加强部门合作全面强化寄递渠道安全保障工作情况的报告》上批示，肯定西藏局安全监管工作，并提出要求。甲热·洛桑丹增副主席批示指出“很好。区邮政管理局要进一步强化安全发展理念，提升安全监管能力，确保全区寄递安全”。

西藏局完成2021年度快递工程职称评审工作

9月26日，西藏自治区邮政管理局组织召开2021年度快递工程职称评审会议，完成2021年度快递工程职称评审工作。会上，通报了《西藏自治区快递工程系列初级职称评审委员会工作规则》，学习了《西藏自治区职称评审暂行办法》《西藏自治区快递工程技术人才初级职称评价办法(试行)》和《西藏自治区快递工程技术人才初级职称评审标准(试行)》等政策文件。7名评审委员会委员认真严谨、客观公正，对经个人申报、所在单位推荐、资料审核等程序确定推荐评审快递工程系列职称资格11人进行评审，最终通过评审10人。

自治区党委常委、常务副主席带队督导邮政快递业

11月10日，西藏自治区党委常委、常务副主席姜杰带队深入中国邮政集团有限公司拉萨邮区

中心局、京东物流拉萨分拨中心调研督导疫情防控工作，并结合行业特点对即将到来的“双 11”旺季服务保障工作作出了重要指示。姜杰指出，在疫情防控形势严峻的当下，承担“‘小’快递服务‘大’民生”理念的邮政快递行业，做好进港邮件、快件、车辆、人员、场地消杀工作责任重大。检查组现场查看了邮件快件进港流程操作，包括车辆消杀、快件邮件逐件消杀、驾驶人员防疫操作等，检查了企业的疫情防控工作台账、疫情物资储备等内容。相关企业工作人员向检查组介绍了各个流程中的操作要点，以及区、市邮政管理部门对企业的各项工作要求。检查中，姜杰副主席充分肯定了拉萨市邮政快递业疫情防控工作的成效，认可各企业科学、精准、有效的常态化防控举措，勉励企业持续巩固来之不易的防控成果。

自治区出台快递员群体合法权益保障实施意见

12 月，经西藏自治区人民政府同意，西藏邮管局联合区交通运输厅、发展改革委、人力资源社会保障厅等九部门印发了《关于做好快递员群体合法权益保障工作的实施意见》，就进一步加强快递员群体合法权益保障工作，从提升劳动保障、增强职业认同、优化从业环境、规范行业秩序、营造良好氛围等方面提出了具体支持措施。

陕西省快递发展大事记

陕西省开出首张邮政快递业生态环保违法罚单

4 月，汉中市邮政管理局针对邮政快递企业违反《邮件快件包装管理办法》，下发陕西首张行业生态环保违法行政处罚决定书。

《陕西省快递包装绿色产品认证实施方案》发布

5 月，陕西省邮政管理局联合省市场监管局印发《陕西省快递包装绿色产品认证实施方案》，成立陕西省快递包装绿色产品认证工作推进组，由省市场监督管理局和省邮政管理局组成，在国家市场监督管理局和国家邮政局指导下开展工作。根据《市场监管总局　国家邮政局关于开展绿色产品认证工作的实施意见》、国家市场监管总局国家邮政局关于发布《快递包装绿色产品认证目录(第一批)》《快递包装绿色产品认证规则》的公告要求，将封套等 10 种产品纳入快递包装绿色产品认证目录，实施认证。

陕西局与省商务厅、省邮政分公司签署战略合作协议

6 月 24 日，陕西省邮政管理局、省商务厅、省邮政分公司联合签署战略合作框架协议。根据协议，三方将在发展农村现代流通网络、推进“快递向西向下”、提升乡村电商站点运营服务能力、加强邮政金融服务商务功能、推动供应链物流合作、多渠道拓宽农村地区农产品营销渠道、推进跨境电商发展、促进电商领域品牌消费和品质消费、强化信息共享、加强帮扶合作、支持邮政企业建立现代化医药流通体系、统筹开展疫情防控合作等方面开展合作。

陕西局联合省交通运输厅推进农村客货邮融合发展

6 月，陕西省交通运输厅、省邮政管理局联合印发《2021 年农村客货邮融合发展样板县创建工作实施方案》，明确 2021 年全省将通过完善农村客货邮基础设施，优化客货邮服务网络，着力加强交通与邮政管理部门的合作和行业联动，实现体制机制、基础设施、运营线路、运输信息的深度融合，利用现有农村综合运输服务站、邮政网络和各类物流服务网点，推进城乡客运、邮政快递、农村物流等既有网络、运力资源、信息共享，深入推进“快递进村”。计划到2021年底,全省打造3~5个客货邮融合发站样板县、10~15个乡镇客货邮综合服务站,开通20~30条通村客货邮合作线路,实现客货邮融合发展,统筹解决农民群众幸福出行、物流配送、邮政寄递三个“最后一公里”难题。

共青团陕西省快递行业工作委员会成立

9月28日,陕西省邮政管理局联合共青团陕西省委在西安召开共青团陕西省快递行业工作委员会成立大会。共青团陕西省委副书记、省青联主席徐永胜、省邮政管理局党组书记、局长孙海伟出席会议并讲话。徐永胜为省快递行业团工委授牌;省快递行业团工委书记哈敏作表态发言。徐永胜强调,成立省快递行业团工委是贯彻落实习近平总书记重要要求,扩大团的组织覆盖,关心关爱快递从业青年的重要举措。团工委要牢牢把握思想政治引领,广泛凝聚行业团员青年,筑牢行业青年“跟党走”的思想根基;要准确把握行业青年需求,搭建青年成长成才服务平台,创新工作理念,及时回应青年各类诉求,把握工作重点,引领快递青年发挥生力军和突击队作用;要强化基层建设,健全完善团的组织体系,培育和彰显团员先进性,着力提高团干部队伍素质,全面提升快递行业团组织活力。

陕西省加强县域商业体系建设利好“快递进村”

10月,陕西省邮政管理局等17部门联合下发《关于加强县域商业体系建设促进农村消费的实施意见》,完善农产品现代流通体系,畅通工业品下乡和农产品进城双向流通畅通,实现农民增收与消费提质良性循环。意见提出,到2025年,在具备条件的地区实现县县有连锁商超和物流配送中心、村村通快递。

陕西省发布快递员群体合法权益保障工作实施方案

10月,陕西省邮政管理局联合省委政法委、省发展和改革委员会、省公安厅、省人力资源和社会保障厅、省自然资源厅、省住房和城乡建设厅、省交通运输厅、省商务厅、省市场监督管理局、省总工会等10部门印发《关于做好快递员群体合法权益保障工作实施方案》。明确未来五年的基本工作目标和路径,提出建立健全全省快递员群体合法权益保障的制度机制。方案要求加强部门协同、落实地方责任、建立长效机制,并将具体工作任务责任逐项分解到相关部门,强化责任落实,确保快递员权益保障工作取得实效。

陕西省消费帮扶实施方案利好“快递进村”

10月,陕西省发展改革委、陕西省邮政管理局等29部门联合印发《关于继续大力实施消费帮扶巩固拓展脱贫攻坚成果的实施方案》,提出要加强脱贫地区物流体系建设,强化县镇村三级物流网络建设,支持邮政企业、快递企业网点下沉,加快推进“快递进村”工程,推动村级寄递物流综合服务站点建设,积极推广共享运营。优化城市物流停靠、卸装等作业设施和管理,畅通物流运输“最后一公里”。加快农村客运和邮政基础设施建设,完善农村物流和邮政普遍服务体系,提高脱贫地区快递服务通达率,力争实现具备条件的脱贫地区物流快递服务全覆盖。深化脱贫地区交通与邮政快递融合发展,严格落实高速公路鲜活农产品运输“绿色通道”政策,培育快递服务现代农业金牌项目,降低脱贫地区物流成本。加快实施农产品产地冷藏保鲜建设,打造一批产地低温直销配送中心、骨干冷链物流基地,推动完善大中型农产品批发市场冷链基础设施,做好产地与销地冷链衔接。

陕西省快递行业团工委发出绿色发展倡议

为深入贯彻落实习近平生态文明思想,扎实推进我省邮政快递行业生态环保工作,进一步促进快递包装绿色化、减量化和可循环,陕西省快递行业团工委发出邮政快递业绿色发展倡议。

两部门印发意见加快全省快递行业工会组织建设

11月，陕西省邮政管理局联合省总工会印发《关于加快全省快递行业工会组织建设的意见》，进一步推动保障快递员合法权益工作，促进全省快递行业持续健康发展。意见指出，要充分认识快递行业工会组织建设的重要意义，把快递员吸纳到党领导下的工会组织中来，有利于切实保障快递员群体合法权益，助力全省邮政快递业高质量发展。

徐大彤副省长召开专题会议研究部署全省农村寄递物流体系建设

12月9日，陕西省副省长徐大彤主持召开省政府专题会议，听取全省农村寄递物流体系建设情况汇报，研究审议并原则通过了《陕西省加快推进农村寄递物流体系建设实施方案（送审稿）》。会议明确在现有农村邮政、快递、物流等寄递网络基础上，进一步统筹农村地区寄递物流资源，补齐农村寄递物流基础设施短板，加快县、乡、村三级寄递物流体系建设，全面实现农产品运得出、消费品进得去，广大群众不出村便可享受高效安全的寄递服务。到2022年，全省75%的县全面建成县、乡、村三级寄递物流体系，有效助力乡村振兴战略，全省行政村快递服务覆盖率达到90%以上。到2025年，基本建成便捷、稳定、高效的农村寄递物流体系，实现乡乡有网点、村村有服务，农村寄递物流供给能力和服务质量显著提高。

徐大彤副省长肯定陕西局“双11”快递业务旺季服务保障工作

12月，陕西省副省长徐大彤在省邮政管理局呈报的《关于2021年“双11”快递业务旺季服务保障工作完成情况的报告》上作出批示，充分肯定全省“双11”快递业务旺季服务保障工作和行业发展成绩，希望省邮政管理局总结经验，推动全省邮政快递业有更大发展。同时强调，要进一步提高政治站位，深入贯彻党中央、国务院决策部署，按照省委省政府工作要求，立足新发展阶段，再接再厉，补齐短板，提升行业治理能力，健全邮政监管体制机制，完善寄递物流体系建设，做好快递员合法权益保障，筑牢疫情防控底线，推动邮政快递业高质量发展，为谱写陕西高质量发展新篇章贡献力量。

赵一德省长肯定陕西邮政快递业发展成效

12月，陕西省省长赵一德对陕西省邮政管理局呈报省政府的《关于今年全国第1000亿件快件在我省投递和我省快递业发展情况的报告》作出批示，对全省邮政快递业的发展给予高度评价。希望陕西局以全国第1000亿件快件在陕西的投递这一标志时刻为契机，坚持以人民为中心的发展理念，坚持市场主导、政府引导，坚持完善体系、提高效率，坚持资源共享、协同推进，再接再厉，紧紧围绕全省经济社会发展大局，推动行业实现高质量发展高效能治理，为全省高质量发展新篇章贡献行业力量。

陕西省邮政业指挥中心建成投入使用

12月，陕西省邮政业指挥中心建成并投入使用，从而打通了国家、省、市三级邮政管理部门的指挥通道，为全省邮政快递业监管服务和发展提供技术保障。该系统是集无纸化会议、舆情监测分析、视频智能监测、业务实时调度等为一体的信息化综合指挥系统，通过将全省邮政快递行业基础数据、安全管理台账数据、舆情信息等，借助采集、录入、对接接口等形式，及时、准确反馈到省局和各地市局。通过该系统可以现场实时对全省邮政快递业管理单位进行指挥和安全调度。指挥中心的投入使用，将通过大数据的积累、预警、分析，为全省邮政快递业监管和重大保障等相关工作提供决策依据，助力行业实现高质量发展。

陕西省政府出台加快农村寄递物流体系建设实施方案

12月，陕西省政府办公厅印发《加快推进农村寄递物流体系建设实施方案》。实施方案提出，

2022年全省75%的县全面建成县、乡、村三级寄递物流体系,有效助力乡村振兴战略,全省行政村快递服务覆盖率达到90%以上。到2025年,基本建成便捷、稳定、高效的农村寄递物流体系,实现乡乡有网点、村村有服务,农村寄递物流供给能力和服务质量显著提高。

2021年度陕西省快递服务现代农业金银铜牌项目评选结果出炉

2021年陕西省邮政管理局积极参与国家邮政局金牌项目评选,并在此基础上开展省级银牌、铜牌项目评选工作。西安猕猴桃、宝鸡猕猴桃、咸阳苹果、咸阳猕猴桃、延安苹果寄递量均突破1000万件,被国家邮政局授予"2021年快递服务现代农业金牌项目"。渭南冬枣、宝鸡苹果、西安甜瓜等3个项目业务量超过300万件,获评陕西省"2021年快递服务现代农业银牌项目"。西安蓝田樱桃、宝鸡扶风脆柿子等39个县的项目业务量超过10万件,获评陕西省"2021年快递服务现代农业铜牌项目"。

甘肃省快递发展大事记

程晓波副省长勉励省邮政快递业把握新阶段争取新作为

1月11日,甘肃省副省长程晓波专门听取全国邮政管理工作会议和省邮政管理工作情况汇报,充分肯定甘肃局2020年工作成绩,勉励省邮政快递业把握新阶段,争取新作为。程晓波指出,2021年是"十四五"规划开局之年,全省邮政管理系统要充分发挥双重管理优势,按照全国邮政管理工作会议提出的目标要求,结合甘肃实际主动作为,更好服务甘肃经济社会发展。

甘肃省委书记、省长分别作出批示充分肯定邮政管理工作

1月,甘肃省委书记林铎、省长任振鹤分别在国家邮政局党组书记、局长马军胜的来信上作出批示,感谢国家邮政局对甘肃工作的鼎力支持,充分肯定省邮政管理局工作。林铎在批示中指出:"国家邮政局对我省工作给予了鼎力支持,省邮政管理局做了大量补短板的工作,助推全省脱贫攻坚、乡村振兴和全省经济社会发展,省委、省政府对国家邮政局表示感谢,对省邮政管理局工作予以充分肯定。"任振鹤在批示中表示:"感谢国家局支持,祝贺甘肃局战果。"

甘肃局积极推动高校邮政共创共享服务平台建设

2021年以来,甘肃省邮政管理局强化政企协同,校企合作,积极打造高校邮政共创共享服务平台,高校邮政综合服务有新突破,服务能力有新提升,服务师生取得新成效,全省已有19所大中专院校设立了邮政共享共创平台、主题邮局、邮政综合服务平台,预计今年底可以达到30个。每个平台可为学生提供创业、社会实践、勤工俭学岗位3~5个,受到了学校师生的广泛好评。

"快递进村"等邮政快递业发展重点任务获支持

8月,甘肃省发展改革委联合中共甘肃省委农村工作领导小组办公室、省乡村振兴局、省邮政管理局等34个部门印发《关于继续大力实施消费帮扶巩固拓展脱贫攻坚成果的实施意见》,"快递进村""客货邮融合发展"等邮政快递业发展重点工作任务被纳入其中。方案提出,要加强县乡村物流体系建设。聚焦脱贫地区特色产业和后损失率大的农产品,加快保鲜冷链设施建设,完善鲜活农产品销售渠道,延长销售期,实现错峰上市。加快实施"快递进村"工程,建立健全邮政快递服务末端基础设施;推进农村客运、货运、邮政快递融合发展，因地制宜设立农村客货邮融合发展交通运输综合服务站示范点，探索开展寄递共建、设施共享、业务融合的合作机制。通过改造提升县城综合商贸服务中心和物流配送中心，鼓励城市大型流通企业拓展农村市场，共建共享仓储等设备设施，进一步完善县城商业设施。

甘肃省邮政管理系统“1166”合力推进行业精神文明建设

近年来，甘肃省邮政管理系统认真学习习近平总书记关于精神文明建设的重要论述，按照“1套机构、1个坚持、6个突出、6个贯穿于”即“1166”工作思路持续推进全省邮政快递行业精神文明建设，不断实现新进展、收获新成效、取得新成绩。

任振鹤省长批示要求加快农村寄递物流体系建设

9月29日，甘肃省委副书记、省长任振鹤，副省长程晓波在甘肃局呈报的《完善农村寄递物流体系加快推进“快递进村”工程专题调研报告》上分别作出批示，充分肯定调研成果并要求省邮政管理局会同有关部门做好成果转化，形成相关政策举措，加快农村寄递物流体系建设。

邮政快递业发展重点任务纳入省“十四五”综合交通运输体系发展规划

10月，甘肃省人民政府办公厅印发《甘肃省“十四五”综合交通运输体系发展规划》，“县乡村三级快递物流体系建设”“中心城市智慧邮政建设”等重点工程纳入规划，邮政快递业发展再获重大利好。规划明确提出，要加快完善邮政网点功能布局，统筹城市邮政快递网点建设，支持在城市周边规划建设一批公共货运配送中心。扩大配送网络终端综合服务覆盖面，加密智能快递自提终端设施网络，实现主要城市住宅小区覆盖率达到90%以上。推进县乡村三级物流网络节点体系建设，健全以县级分拨中心、乡镇递送节点、村级公共服务点为支撑的农村寄递网络，提升网络覆盖度和稳定性。推动乡村公共分拣、公共客运站点、公共配送点等设施建设，提升节点设施综合服务能力，引导邮政、快递企业与农业、供销、商贸企业合作，推进乡镇农村物流服务站多站合一，实现村级快递网点100%覆盖。推进兰州国际邮件互换局建设，加快中心城市智慧邮政系统建设同步纳入规划。

《甘肃省邮政业发展“十四五”规划》发布

10月，甘肃省邮政管理局、省发展和改革委员会、省交通运输厅联合印发《甘肃省邮政业发展“十四五”规划》。规划全面总结“十三五”时期甘肃省邮政业改革发展成就，明确了“十四五”时期行业发展目标，提出到2025年，全省邮政业服务网络更加优化、服务能力更有提升、发展质效更为突出、产业融合更加紧密、安全保障更为有力、绿色低碳更加实化，邮政业占国民经济比重进一步提升，邮政业对全省经济社会和重点产业发展的支撑作用明显增强。

甘肃省出台《关于维护新就业形态劳动者劳动保障权益的实施意见》

11月，甘肃省人力资源和社会保障厅、省发展和改革委员会、省交通运输厅、省应急管理厅、省市场监管局、省医疗保障局、省邮政管理局、省高级人民法院、省总工会等9部门联合印发《关于维护新就业形态劳动者劳动保障权益的实施意见》，对全省快递员群体合法权益保障工作再传利好消息。意见明确：一是切实履行劳动者权益保障责任；二是健全落实劳动者权益保障制度；三是拓展新就业形态劳动者职业发展空间；四是优化劳动者权益保障服务；五是完善劳动者权益保障工作机制。

甘肃省邮政业消费者申诉中心“云客服”正式上线运行

12月，甘肃省邮政业消费者申诉处理中心云客服系统正式上线运营,消费者合法权益保障工作进一步优化。该系统是一次云服务、云计算、5G通信等信息技术与邮政业深度融合的成功尝试,也是一次“传统服务”的更新升级。“云客服”系统包括呼叫中心、工单模块、运营管理、知识库等四部分组成。通过“人工座席+智能问答”的服务模式,线上线下同向发力,增强消费者申诉便利度。

青海省快递发展大事记

青海省多部门联合积极开展“暖蜂行动”

1月,青海省邮政管理局联合省总工会、共青团青海省委成立“暖蜂行动”“快递从业青年服务月”系列活动领导小组,制定印发《关于联合开展关爱快递员“暖蜂行动”“快递从业青年服务月”活动的实施方案》,切实推进关爱快递员系列活动有效开展。方案明确,将2021年确定为全省邮政快递业关爱快递小哥“暖蜂行动”活动年,全省快递从业人员为活动对象。在全社会营造理解、尊重、关爱快递员群体的良好氛围,为他们送去关怀和温暖。鼓励他们不负时代、不负重托,在孜孜以求、勤勉奋发的工作生活中弘扬精益求精的工匠精神。引导他们立足岗位成长成才,依托行业拓展人生,在劳动中体现价值、展现风采、实现理想,用实际行动践行党和国家赋予邮政快递人的光荣使命,在平凡岗位上继续作出不凡业绩。

青海省出台措施加强快递绿色包装标准化工作

1月,青海省邮政管理局、省市场监管局、省发展改革委等九部门结合本省实际,联合制定出台《青海省贯彻落实加强快递绿色包装标准化工作指导意见的若干措施》,推动快递包装“绿色革命”迈出新步伐。措施明确,到2022年底,在西宁、海东、格尔木、德令哈、玉树、茫崖等城市和三江源国家公园、祁连山国家公园区域内县城建成区的邮政快递网点,鼓励先行不使用或减少使用不可降解的塑料包装袋、一次性塑料编织袋等,降低不可降解的塑料胶带使用量。到2025年底,全省范围内的邮政快递网点禁止使用不可降解的塑料包装袋、塑料胶带、一次性塑料编织袋等。

青海省邮政业安全监测中心正式批复设立

3月24日,中共青海省委机构编制委员会印发《关于设立青海省邮政业安全监测中心的通知》,正式批复设立青海省邮政业安全监测中心,为省交通运输厅管理的公益一类事业单位,业务工作受省邮政管理局指导,机构规格为正处级,核定全额拨款事业编制8名。主要业务范围为:承担全省邮政业安全监管信息系统的运行和维护;承担全省邮政业安全监测和应急处置的技术支持和服务保障工作;受理全省邮政业消费者申诉,按照相关规定转办。

青海省2021年服务业发展工作要点明确多项邮政快递业内容

5月,青海省发展改革委印发《青海省2021年服务业发展工作要点》,涉及多项邮政快递业内容,明确省邮政管理局为牵头单位,行业发展再获政策支持。要点提出,邮政行业全年要完成业务总量11.2亿元、业务收入15.7亿元。

邮政快递业内容被纳入省“十四五”规划纲要任务分工方案

5月,青海省政府办公厅印发《青海省国民经济和社会发展第十四个五年规划和二〇三五年远景目标纲要任务分工方案》,全省邮政快递业多项重点工作被纳入其中,省委省政府高度重视邮政快递业发展。方案明确,到2025年,全省社会物流费用占地区生产总值比重下降至13%左右。

青海邮政快递业驰援果洛抗震救灾彰显行业力量

5月22日发生在青海果洛州玛多县的7.4级地震，对当地人民生产生活、行业正常生产发展造成了极大的影响。面对突如其来的地震灾情，青海省邮政管理系统干部职工紧急响应，迅速启动应急预案妥善应对，全力以赴投身到抗震救灾工作中。

青海局建立寄递物流和零担货物道路运输行业安全管理协作机制

6月，青海省邮政管理局联合省公安厅、省交通运输厅印发《青海省加强寄递物流和零担货物道路运输行业安全管理协作机制》，积极发挥公安、交通运输、邮政管理等部门职能作用，强化部门联动，形成工作合力，共同做好全省寄递物流和零担货物道路运输行业安全管理工作。机制提出，要聚焦深化"平安青海"建设，突出问题导向，加大联合执法力度，督促寄递物流和零担货物道路运输企业、从业人员落实安全主体责任，严格执行收寄验视、实名收寄、过机安检"三项制度"，严把入口关，着力破解难题，持续从源头上堵截违禁物品进入流通渠道，为维护社会稳定和长治久安保驾护航。

匡湧副省长高度肯定邮政管理工作成绩

7月6日，青海省邮政管理局党组书记、局长赵群静向省政府副省长匡湧专题汇报了上半年邮政管理工作情况。匡湧充分肯定上半年全省邮政管理工作成绩和邮政快递业改革发展成效，并对下一步邮政管理工作提出具体要求。匡湧强调，全省邮政管理系统要深入学习贯彻习近平总书记参加青海代表团审议时的重要讲话、在青海考察时的重要讲话等重要讲话重要指示批示精神，持续提升行业治理能力，增强行业治理效能，更好服务全省经济社会发展大局。匡湧副省长提出，将持续关注支持邮政管理工作和邮政快递业发展，合力推动全省邮政快递业高效能治理、高质量发展。

青海省第三届邮政快递行业职工职业技能竞赛落幕

7月，青海省邮政管理局联合省总工会共同举办的青海省第三届邮政快递行业职工职业技能竞赛圆满落下帷幕。经过2天激烈角逐，来自全省8个市州的40名参赛选手，圆满完成各项比赛项目。各市州邮政、顺丰企业选手分获前六名，西宁、海东、果洛三个局分别获得优秀组织奖。前六名选手将被大赛组委会授予"技术状元""优秀选手"称号，还被列为青海高原工匠、青海省"工人技术明星"和省级"五一劳动奖章"等的推荐对象。

全国总工会副主席、青海省委常委主持召开快递员群体交流座谈会

8月6日，青海省快递员群体座谈会在西宁贵强物流园区召开。全国总工会副主席、青海省委常委、省总工会主席马吉孝主持会议并作重要讲话；省总工会党组书记、常务副主席陈志忠，省总工会党组成员、副主席汪琦，省总工会党组成员、经审会主任蒲勤出席会议并讲话。团省委书记董玉毅，省红十字会党组书记、常务副会长孙林出席会议并讲话。省邮政管理局党组书记、局长赵群静作工作汇报。

青海省邮政业发展"十四五"规划通过评审

9月8日，青海省邮政管理局联合省发展改革委、省交通运输厅组织召开《青海省邮政业发展"十四五"规划》评审会。来自省发展改革委、省交通运输厅、省公安厅、省国家安全厅、省商务厅、省工业和信息化厅、省人力资源和社会保障厅、省生态环境厅、省农业农村厅、省科学技术厅、省市场监督管理局、省总工会、共青团青海省委等13个

省直部门相关负责人参加评审。

匡湧副省长督导检查邮政快递业疫情防控工作

11月15日，青海省副省长匡湧带队前往青海顺丰速运有限公司分拨中心和青海韵盈快递有限公司分拨中心督导检查邮政快递业疫情防控工作，看望慰问坚守岗位、奋斗在防控一线的工作人员。匡湧强调，要进一步强化思想认识，坚决贯彻落实习近平总书记关于疫情防控工作的一系列重要指示，按照党中央、国务院决策部署和省委省政府工作要求，认认真真落实好疫情防控各项措施，坚决守好疫情防控关口。快递企业要确保各项防控措施到位，切实做好工作人员防控培训、分区封闭管理、核酸检测筛查和自我防护，紧盯进出快件消杀、检测、装卸全流程管理，加强对快件及环境的检测频次，确保所有快件全程可追溯，做到科学、精准防控，让广大消费者放心。市场监管部门要加强监督检查，督导企业落实好各项防控措施。地方政府要组织工作专班，加强防控力量配备，切实筑牢疫情防控屏障。

青海省政府领导高度重视双11快递业务旺季服务保障工作

2021年“双11”快递业务旺季期间，青海省邮政管理局先后2次围绕旺季服务保障安排部署及工作开展情况向省政府副省长匡湧专题汇报工作。匡湧分别在专报上进行圈阅，对全省邮政管理部门和邮政快递企业有序推进“双11”旺季服务保障工作给予高度肯定。其间，匡湧还亲自带队前往省级快件分拨中心督导检查旺季服务保障和行业疫情防控工作，看望慰问坚守岗位、奋斗在一线的行业从业人员，勉励大家坚定信心、攻坚克难，统筹推进好快递业务旺季服务保障和疫情防控工作。

青海2家快递企业获专项资金100余万元

12月，青海极兔、韵达2家快递企业获2021年省级商贸流通服务业发展专项资金共计107万元，资金全部拨付到账。2021年7月，青海省商务厅、省财政厅联合印发《关于组织申报2021年省级商贸流通服务业发展专项资金项目的通知》，将“农村物流体系建设项目”纳入支持范围，以“后补助”方式对符合申报条件的企业给予财政资金支持。青海局积极组织辖区企业提交申报材料，根据申报要求从严从实做好材料审核把关工作，配合省商务厅、省财政厅认真开展实地核查。经过层层筛选、核实、评审、公示等流程，青海极兔、韵达2家快递企业满足申报条件，具备享受财政资金支持的资格，可以按一定比例获得补助资金。

邮政快递业内容被纳入省“十四五”循环经济发展行动方案

12月，青海省政府办公厅印发《青海省“十四五”循环经济发展行动方案》，多项邮政快递业内容被纳入其中，为推动全省邮政快递业高质量发展注入了强劲动力。方案明确，坚持立足“三个最大”省情定位，遵循“减量化、再利用、资源化”原则，加快推进“四地建设”，更加注重降低资源消耗、减少环境污染、保护修复生态。“十四五”末，全省电商快件基本实现不再二次包装，持续推广使用可循环快递包装，邮政快递网点禁止使用不可降解的塑料包装袋、一次性塑料编织袋。

青海省政府出台措施加快推进农村寄递物流体系建设

12月，青海省政府办公厅印发《青海省加快农村寄递物流体系建设若干措施》，为加快推进全省农村寄递物流体系建设注入了强大生机活力，增添了强劲发展动力。措施明确，2022年6月底前，各市州至少建设1个邮政快递服务现代农业示范项目，重点支持脱贫地区乡村特色产业发展壮大；2022年6月底前，各市州至少建设1个农村电商快递协同发展示范项目，带动提升寄递物流对农村电商的定制化服务能力；2022年年底前，全省基本实现2个以上快递品牌进村；到2025年，全省实现乡乡有网点、村村有服务，农产品运得出、消费品进得去，基本形成开放惠民、集约共享、安全高效、双向畅通的农村寄递物流体系。

青海省发布做好快递员群体合法权益保障工作实施方案

12月，经青海省政府同意，青海省交通运输厅、省邮政管理局、省发展改革委等11部门联合印发《关于做好青海省快递员群体合法权益保障工作的实施方案》，为切实维护全省快递员群体合法权益提供了政策支持和保障措施。方案明确，到"十四五"末，全省快递员群体合法权益保障的相关制度机制基本健全，快递员群体薪资待遇更趋合理，社保权益得以维护，专业技能有效提高，企业用工更加规范，从业环境更加优化，就业队伍更加稳定，职业的自我认同和社会认同持续增强，快递员群体的获得感、幸福感、安全感持续提升。

宁夏回族自治区快递发展大事记

邮政快递业发展获自治区全面推进乡村振兴加快农业农村现代化实施意见支持

3月，自治区党委、人民政府印发《关于全面推进乡村振兴加快农业农村现代化的实施意见》有关情况，邮政快递业内容被列入其中。实施意见在大力实施乡村建设行动中提出，全面促进乡村消费。统筹推进乡村物流配送站点建设，实施"快递进村"工程。深入推进电子商务进农村和农产品出村进城，加强城乡生产与消费有效对接。支持发展线上线下融合的新零售，拓宽农产品销售渠道。扩大乡村消费，促进农村居民耐用消费品更新换代。完善农产品冷链物流体系，加快构建城市冷链销售配送体系。完善农村生活性服务业支持政策，发展线上线下相结合的服务网点，推动便利化、精细化、品质化发展，满足农村居民消费升级需要，吸引城市居民下乡消费。

邮政业发展内容被纳入宁夏"十四五"规划纲要

3月，自治区人民政府发布《宁夏回族自治区国民经济和社会发展第十四个五年规划和2035年远景目标纲要》，全区邮政业多项相关重大项目、重大政策得以在纲要中体现，衔接内容的广度和深度得以提升。纲要共有七处内容部署全区邮政快递业发展重点，涉及基础设施建设、跨境寄递、服务乡村振兴和绿色发展等方面。

宁夏3部门发文推进农村客货邮商融合发展

5月，自治区邮政管理局会同自治区交通运输厅、商务厅及邮政分公司联合印发《宁夏农村客货邮商融合发展工作方案》，进一步推进农村客运、货运、商务、邮政快递等融合发展，统筹解决农民群众幸福出行、物流配送、邮政寄递三个"最后一公里"问题。方案提出四个方面工作任务。一是推进机制体制融合。二是推进基础设施融合。三是推进运力资源及运营线路融合。四是推进运输信息融合。

宁夏开展关心关爱"快递小哥"工作

6月，自治区邮政管理局联合自治区总工会、团委印发《关于深入开展关爱"快递小哥"工作的通知》，进一步明确七项具体举措，推动快递从业人员关心关爱工作持续深入推进。通知就做好快递从业人员关爱工作提出七方面重点任务举措。

宁夏局与烟草专卖局建立联合打击寄递渠道涉烟违法行为工作机制

6月，自治区邮政管理局与宁夏烟草专卖局签订合作协议，建立联合打击寄递渠道涉烟违法行为工作机制。为保障工作机制顺畅、高效运行，协议提出进一步健全完善联席会议、信息共享、联合检查、协作办案、保障奖励等五项制度。

宁夏出台政策支持快递等小微企业优先单独核定缴纳工伤保险

8月，自治区人力资源社会保障厅、发展改革委、财政厅、国家税务总局自治区税务局联合印发《关于进一步优化营商环境加快推进中小微企业参加工伤保险有关问题的通知》，支持快递企业等小微企业优先单独核定缴纳工伤保险。通知明确，全区范围内中小微企业为与本单位建立劳动关系和形成事实劳动关系的全部职工缴纳工伤保险费，优先参加工伤保险，存在季节性、零时性用工或生产经营困难等情形的大型企业可参照执行。用人单位申请单独核定缴纳工伤保险费的，各级社会保险经办机构及税务征收机构应当予以办理，不得以捆绑缴纳其他社会保险费为由拒绝，不得设置其他附加条件。职工遭受事故伤害或患职业病后其工伤认定、劳动能力鉴定以及工伤保险待遇，按照《工伤保险条例》《宁夏回族自治区实施〈工伤保险条例〉办法》等国家和自治区相关规定执行。该工伤保险政策进一步优化了经办流程、扩大了保障范围、缩短了保险生效时间、减轻了企业负担，降低了用工风险，对用工灵活、流动性大的快递企业及基层快递网点优先缴纳工伤保险具有重要保障作用，将全面提升快递员社会保障水平。

自治区副主席为专题调研全区快递员合法权益保障工作

9月13日，自治区副主席刘可为深入银川市部分快递末端服务网点、快递员“小蜜蜂”驿站、快件分拨中心，专题调研全区快递员合法权益保障工作。刘可为强调，“小快递、大民生”，快递小哥是服务千家万户的勤劳“小蜜蜂”。关心关爱快递小哥，切实保障快递员等群体合法权益是习近平总书记十分关心和关注的问题，党中央、国务院高度重视，国家相关部委联合印发文件，全区上下要进一步提高政治站位，坚持以人民为中心的发展思想，坚持共同富裕方向，强化责任意识，落实企业主责，强化政府责任，形成工作合力，切实维护好快递员群体合法权益。刘可为要求，要坚持问题导向、标本兼治，通过法治化、规范化、市场化手段，促进快递员群体获得感、幸福感、安全感稳步提升。

自治区31部门联合印发实施意见推进消费帮扶助力乡村振兴

9月，自治区发展改革委、党委农办、乡村振兴局、党委宣传部、邮政管理局等31部门联合印发《关于持续推进消费帮扶助力巩固拓展脱贫攻坚成果同乡村振兴有效衔接的实施意见》，提出加快完善农村物流体系工作任务。实施意见提出，提升农产品冷链物流服务水平，支持完善区域性农产品仓储保鲜冷链物流设施，补齐城乡冷链物流设施短板。鼓励供销合作社、邮政和电商企业、商贸流通企业、农产品批发市场等，增强仓储、分拣、包装、初加工、运输等综合服务能力。提升农产品流通服务水平，深化脱贫地区交通运输与邮政快递融合发展，严格落实高速公路鲜活农产品运输“绿色通道”政策，对整车合法装载运输《鲜活农产品品总目录》内产品的车辆免收车辆通行费。培育快递服务现代农业金牌项目，打造一批网络覆盖率高、资源整合能力强、运营服务规范的农村物流服务品牌。大力开展“快递进村”工程，推动村级寄递物流综合服务站点建设，积极推广共享运营。

自治区“2021年促消费八大行动”利好邮政快递业

9月，自治区发展改革委印发“2021年促消费八大行动”的通知，提出“现代物流畅通行动”，对全区邮政快递业高质量发展提供政策支持。

“2021年促消费八大行动”中“现代物流畅通行动”提出，加强农产品分拨、包装、预冷等冷链物流设施建设，打通农产品出村进城“最先一公里”。在石嘴山、吴忠、固原等地建设5个乡镇运输服务站。支持农村快递服务站、智能快件箱、共享驿站等建设，打通城乡末端配送“最后一公里”。依托产业、物流等集聚区，加大电子商务、B2B等应用，构建节点+枢纽+通道+网络的现代物流运行体系，促进宁夏从物流“末端”到物流“终端”的转变。对多联式、跟踪追溯、库存监控、冷链物流、城乡配送等降低成本、服务共享的建设项目，以及园区(企业)建设的多功能一体化物流中心项目给予一定资金支持。

自治区部署加快培育新型消费三年行动计划利好邮政快递业

10月，自治区发展改革委、商务厅、财政厅等八部门印发《宁夏回族自治区加快培育新型消费行动计划(2021—2023年)》，培育壮大新业态新模式，促进线上线下消费深度融合，为“十四五”全区邮政快递业高质量发展提供新机遇。行动计划从培育壮大消费新业态新模式、数字化智能化改造升级传统消费、提升消费基础设施服务保障能力、优化新型消费发展环境四个方面提出十三项主要任务。

宁夏5部门联合印发指导意见加快推进快递进村

10月，自治区邮政管理局组织实施“快递进村”百日攻坚行动，并会同自治区交通运输厅、商务厅、乡村振兴局、供销合作社联合印发《关于加快推进全区“快递进村”工作的指导意见》，进一步巩固乡镇快递服务网点，优化村级快递网络布局，助力巩固脱贫攻坚成果，全面推进乡村振兴。意见提出，全面加强快递服务网络建设，在巩固乡镇快递服务网点100%覆盖的基础上继续推进快递服务进村，力争到2021年底实现快递服务覆盖75%以上的建制村，到2022年底基本实现“村村通快递”，全面打造快递服务现代农业特色项目，以地市为单位培育一批金牌、银牌项目。

《宁夏回族自治区邮政业发展“十四五”规划》发布

11月，自治区邮政管理局、自治区发展改革委、交通运输厅联合印发《宁夏回族自治区邮政业发展“十四五”规划》。规划总结了“十三五”时期全区邮政业发展成就，明确提出了“十四五”时期宁夏邮政业发展的指导思想、发展目标、主要任务、重点工程及保障措施，分别从行业规模、基础网络、服务水平、产业融合、安全能力、绿色发展等方面提出12项重点发展指标。《规划》对网络布局、基础设施、邮政事业、服务质量、产业融合、科技创新、安全管理、绿色发展等9方面重点任务进行了部署，确定了寄递枢纽建设、快递进村、快递物流园区能力提升、城市末端基础设施建设、快递进厂、智慧邮政建设、绿色包装等7项重点工程，提出了坚持党的领导、加加强政策保障、推进人才强邮、强化实施管理等4项保障措施。

宁夏多部门联合印发维护新就业形态劳动者劳动保障权益实施办法

12月，自治区人社厅、党委网信办、发展改革委等18部门联合印发《宁夏回族自治区维护新就业形态劳动者劳动保障权益实施办法(试行)》，明确将快递员群体纳入新就业形态劳动者保障范围，根据不同的用工方式，提出相应的保障措施。同时从就业创业、社会保险、劳动报酬、休息休假、职业培训、人文关怀等方面提出了具体保障措施。

新疆维吾尔自治区快递发展大事记

自治区总工会与新疆局联合慰问快递从业人员

1月6日，自治区总工会与自治区邮政管理局一行到新疆江南申通物流有限公司开展“寒冬腊月”送温暖活动，调研行业发展情况，关心关爱一线快递员工。自治区总工会党组书记、副主席陈忠宽，新疆邮政管理局负责同志等一行参加了活动。陈忠宽书记详细了解了新疆快递行业发展情况、疫情对行业的影响、目前快递企业遇到的困难和问题，以及一线快递人员个人收入情况；强调要进一步加强快递从业人员的权益保障，从扩大使用户外劳动者服务站点、缴纳职工社会保险以及加强交通安全防护等方面提出了具体要求。座谈会结束后，慰问组深入基层慰问一线快递小哥，为100名一线人员送上慰问金。

自治区人民政府常务会议研究推进快递业高质量发展工作

2月9日，自治区主席雪克来提·扎克尔主持召开自治区第十三届人民政府第112次常务会议，听取2020年自治区招商引资情况及2021年工作思路汇报，研究加强招商引资、深化“互联网+旅游”、推进快递业高质量发展等工作。会议指出，快递业是现代服务业的重要组成部分，是推动流通方式转型、促进新型消费的现代化先导性产业。要立足新发展阶段，贯彻新发展理念，构建新发展格局，以推动高质量发展为主题，以深化供给侧结构性改革为主线，坚持问题导向，补齐快递基础设施和服务能力短板，有效降低寄递成本，保障寄递渠道安全，推进快递业高质量发展，为促进新型消费、城乡消费、特色优势产业发展、推进实施乡村振兴战略提供有力支撑。

邮政快递末端服务场所等内容被纳入自治区城镇老旧小区改造内容

3月，自治区人民政府印发《关于全面推进城镇老旧小区改造工作的指导意见》，明确智能快件箱、智能信包箱、邮政快递末端服务场所均纳入改造内容的完善类，为邮政快递末端服务发展提供政策支持。为全面推广智能快件箱(信包箱)、末端服务站等邮政快递末端服务形态，新疆邮政管理局加强与住建、发改、自然资源、商务等部门的沟通协作，联合自治区13部门印发《加快推进自治区快递末端服务发展工作的指导意见》；根据自治区城镇老旧小区改造工作要求，就智能快件箱(信包箱)、末端服务站建设等提出意见建议，最终将智能快件箱、智能信包箱、邮政快递末端服务场所均纳入改造内容的完善类。

《关于加快推进自治区快递业高质量发展的指导意见》出台

3月，经自治区党委、自治区人民政府同意，自治区人民政府办公厅印发《关于加快推进自治区快递业高质量发展的指导意见》，推动快递业高质量发展。指导意见提出，力争到2022年，城市快递末端网点建设基本满足各族群众快递末端服务需求，全区建制村快递服务通达基本实现全覆盖。力争到“十四五”末，基本建成普惠城乡、服务优质、安全高效、绿色环保的快递服务体系，以“自治区级快递分拨处理双枢纽－区域分拨中心(国际快件监管中心)－城乡末端网点”为主的快递基础设施及服务网络基本建成，快递业与电子商务、特色优势产业、仓储、冷链等关联产业协同联动发展初见成效，寄递渠道安全监管体系、公共卫生体系更加完善，快递行业的安全发展能力不断增强。

自治区主席雪克来提·扎克尔在昌吉州调研快递业发展情况

3月30日，自治区党委副书记、自治区主席雪克来提·扎克尔赴昌吉回族自治州调研高质量发展工作。雪克来提·扎克尔强调，要完整准确全面贯彻新发展理念，坚定不移走高质量发展之路，加快促进一二三产融合发展，推动"十四五"开好局、起好步。其间，雪克来提·扎克尔在新疆天缘中通物流有限公司（中通快递省级分拨中心）调研，了解了快递分拣流程、消杀程序等情况，强调要严格落实疫情防控措施，提升智慧物流水平，为方便群众购物、促进农产品销售等多作贡献。

新疆局会同临空集团推动乌鲁木齐快递枢纽建设

4月15日，自治区邮政管理局会同临空集团组织召开乌鲁木齐快递枢纽建设座谈会。座谈会上，乌鲁木齐临空集团公司介绍了乌鲁木齐国际机场改扩建工程、临空区域综合开发各项工作推进情况，结合乌鲁木齐空港型国家物流枢纽申建工作，就推动乌鲁木齐自治区级快递枢纽建设提出思路和建议。高新区（新市区）发展改革委结合乌鲁木齐市快递物流产业发展，介绍了空港快递物流园整体发展思路。与会企业结合自身发展现状和需求，围绕乌鲁木齐自治区级快递枢纽建设，共同研讨了跨境电商、保税业务、仓储、快递分拨处理和冷链等物流细分业态，对快递枢纽建设提出意见建议。

新疆局以"五个强化"实现机关党建和业务工作深度融合

6月，自治区邮政管理局印发《破解"两张皮"问题、推动新疆邮政管理系统机关党建和业务工作深度融合的实施意见》，以"五个强化"破解"两张皮"问题，实现新疆邮政管理系统机关党建和业务工作深度融合。一是强化政治引领，把握党建业务融合发展的正确方向。二是强化思想引导，凝聚党建业务融合发展的强大合力。三是强化组织引领，夯实党建业务融合发展的战斗力基础。四是强化作风引领，为党建业务深度融合发展提供坚强保障。五是强化机制引领，加强对党建业务工作融合发展的组织领。

自治区人民政府办公厅转发《关于加快推进快递包装绿色转型的实施方案》

7月，自治区人民政府转发自治区发展改革委、邮政管理局等部门制定的《关于加快推进快递包装绿色转型的实施方案》，加强自治区快递包装治理，推进快递包装绿色转型。实施方案明确，到2022年，快递包装领域治理体系进一步健全，快递包装治理的激励约束机制基本形成；严格落实快递包装材料无害化强制性国家标准，电商和快递规范管理普遍推行，电商快件不再二次包装比例超过90%，不可降解塑料胶带使用量逐步降低，快递包装标准化、绿色化、循环化水平进一步提升。到2025年，电商快件基本实现不再二次包装，邮政快递网点禁止使用不可降解塑料包装袋、塑料胶带、一次性塑料编织袋，可循环快递包装应用规模进一步扩大，快递包装基本实现绿色转型。

新疆发布《关于做好快递员群体合法权益保障工作的实施意见》

12月6日，新疆邮政管理局联合自治区交通运输厅、发展改革委、人力资源和社会保障厅、商务厅、市场监督管理局、总工会等部门印发《关于做好快递员群体合法权益保障工作的实施意见》。意见明确到"十四五"末，我区快递员群体合法权益保障的相关制度机制基本健全，快递员群体薪资待遇、社会保险等合法权益得到保障，专业技能有效提高，企业用工更加规范，从业环境更加优化，就业队伍更加稳定，快递员群体的自我认同和社会认同持续增强，获得感、幸福感、安全感得到持续提升的主要目标。提出了坚持依法保障，注重公平；坚持企业主责，政府引导；坚持凝聚合力，协同推进；坚持目标导向，务求实效的基本原则。

新疆举办 2021 年度自治区快递工程专业职称评审会

12 月 11 日，自治区邮政管理局举办 2021 年度自治区快递工程专业职称评审会，邀请自治区快递工程专业高级职称评审委员会的 10 位评审专家，对通过形式审核的职称申报人员进行评审。此次评审共评出 159 名快递工程专业职称人员，其中，初级职称 125 人，中级职称 32 人，高级职称 2 人。

《自治区加快农村寄递物流体系建设的实施方案》出台

12 月 14 日，新疆维吾尔自治区人民政府印发《自治区加快农村寄递物流体系建设的实施方案》。方案明确，到 2022 年底，实现全区乡乡有网点，村村有服务，农产品运得出、消费品进得去，村级邮政快递服务站基本全覆盖。到 2025 年底，基本形成开放惠民、集约共享、安全高效、双向畅通的农村寄递物流体系，深化融入现代农业体系和乡村产业发展，农村寄递物流供给能力和服务质量显著提高，乡村便民惠民寄递服务基本全覆盖。

《“十四五”新疆维吾尔自治区邮政业发展规划》发布

12 月 21 日，新疆邮政管理局、自治区发展改革委联合发布了《“十四五”新疆维吾尔自治区邮政业发展规划》。规划全面总结“十三五”时期新疆邮政业发展成就，明确了“十四五”时期行业发展目标，确定了枢纽、通道与末端并重的空间布局。规划提出，到 2025 年，新疆邮政业在行业规模、基础网络、创新发展、服务水平、治理能力等方面实现明显提升，在促进新疆经济高质量发展、民生改善和社会稳定中的作用更加凸显；到 2035 年，与全国邮政业同步基本实现现代化。综合实力、创新能力、协调发展水平显著提高，基础能力显著增强，治理体系和治理能力现代化基本实现，面向中亚及欧洲、服务丝绸之路经济带建设的国际快递枢纽地位基本确立。

第三篇 发展环境

第一章 2021 年市(地)邮政管理工作综述

2021 年,快递业受到党中央、国务院的亲切关怀,各级党委、政府也对行业发展给予高度重视和充分肯定。各市(地)邮政管理局在国家邮政局、各省(自治区、直辖市)邮政管理局和当地党委、政府的领导下,充分利用中央和地方双重管理的优势,统筹疫情防控和行业发展,推动中央和地方行业利好政策落地实施,营造良好发展环境,各项工作持续取得积极进展。

一、抓实抓细抓好疫情防控工作

多地在疫情发生后第一时间行动,抓实抓细抓好疫情防控工作。

在河北,邢台局采取多项措施抓好全市邮政快递业疫情防控和生产服务工作。一是积极动员部署。多次通过网络视频召开会议,对清河、威县、信都局和全市各邮政快递企业进行动员部署,及时传达国家局、省局和市委市政府相关要求,动员全行业立即进入战时状态。二是开展督导检查。组织市县局执法人员,采取远程视频监控、随机抽查暗访等形式开展监督检查,对存在问题的企业责令立即整改,进行通报,并且督促企业配合地方政府及相关部门做好全员核酸检测。三是突出工作重点。针对邮政快递业特点,把经营国际快件业务、中高风险地区来件作为重点环节,督促企业建立台账,落实全面消杀要求,并且市局也对企业开展了重点检查和调度,确保行业不发生疫情。四是强化沟通协调。与市防控办加强汇报和沟通协调,市疫情防控领导小组办公室印发文件,提出进一步加强境外、中高风险地区邮寄物品检测排查,及时推送市疫情防控办,由市疫情防控办发各县市区进行属地管控,严格对外包装、货物、接触人等全部落实核酸检测措施。五是加强协调保障。及时向市政府及疫情防控办报送《关于疫情防控期间给予全市邮政快递业寄递服务基本运行保障的通知》请示,协调解决邮政、快递企业车辆通行、员工返岗、末端派送等困难。

承德局一是第一时间通知企业,要求邮政企业提高政治站位,务必高度重视疫情防控工作,把疫情防控工作作为当前第一要务,绝不能有丝毫懈怠。二是进一步落实疫情防控措施,要求企业做好场地、车辆、邮件的消杀和从业人员防疫物资配发及使用工作。加强对邮件快件运输车辆管理,做好司机和押运人员个人防护。针对生产操作环节实行提级管控,强化消杀和防护,坚持“人物同防”。三是立即开展检查,制定《邮政快递企业疫情防控检查表》,对市邮政分公司网路运营中心、投递部和部分普遍服务网点开展检查,重点检查营业处理场所消杀、人员的疫情防控情况以及国际邮件、疫情重点区域邮件的管理情况。督促企业严格落实《疫情防控期间邮政快递业生产操作规范建议(第六版)》要求。四是做好应急管理,实施重大事项报告制度和零报告制度,要求邮政企业制定应急预案，每日向市邮政管理局报送确诊、疑似、发热病例情况，落实“四早”措施，即“早发现、早报告、早隔离、早治疗”。

沧州局一是迅速把思想统一到省局工作部署上来。连续两次组织召开节日期间邮政快递业疫情防控工作会议，随后又通过网络会议形式召开快递企业负责人会议，传达省局会议精神、工作部署和要求，对行业疫情防控提出具体措施。二是严格落实邮政快递业防控措施。全市邮政快递企业紧扣“三个指南”，从“人、物、环境”三个层面，实行全方位防控。管好人，在做好戴口罩、测体温、勤洗手等防控措施的同时，开展了全员核酸检测工作。截至目前，全市邮政快递业从业人员已实现核酸检测全覆盖，涉及国际进出口邮件快件从业人员每周进行核酸检测。管好物，把好入口关，切实做好邮件快件消杀工作，特别是针对国际进口和中高风险地区来的邮件快件，单独处理并登记台账，升级消杀等级，进行物品卸货前整车消杀、卸货后散件消杀和分拣后装车前的三次消杀，确保万无一失。管好环境，对于营业场所、处理场所、职工宿舍、食堂、办公场所以及车辆、设备，都要按指南要求做好常态化的消毒、通风、体温登记和健康监测工作。三是全面落实部门监管责任。组织执法人员采取随机抽查、暗访检查、远程视频监控等多种形式开展对各企业的监督检查，将疫情防控物资储备、常态化疫情防控措施落实、重点环节邮件快件“单独分拣、100% 消杀、建立台账”等有关情况作为监督检查的重点，对存在问题的责令立即整改，情节严重的将采取约谈、行政处罚和停业整顿等措施。

在辽宁，营口局立即启动疫情防控专项预案，带领全市邮政快递业多措并举，稳妥应对处置突发新冠疫情。一是落实属地防控责任。针对鲅鱼圈区熊岳镇宜城社区等 9 个中风险地区邮件快件派送受到影响的情况，立即向市统筹推进新冠肺炎疫情防控和经济社会发展工作指挥部上报了《关于做好疫情防控期间邮政快递寄递服务保障的紧急请示》，请求协助解决。二是压实企业主体责任。要求企业严格按照《疫情防控期间邮政快递业生产操作规范建议(第六版)》做好疫情防控工作，指导企业合理处置可能发生的邮件快件滞留情况，督促企业立即向总部说明情况，做好用户解释工作。三是严格执行信息报告制度。立即将行业运行情况向省局进行汇报，及时向企业发布疫情情况并传达国家局、省局各项指示精神。四是加强舆论宣传引导。在市局官网上发布了《疫情期间邮政行业服务公告》，向市民说明疫情对行业的影响，获得消费者的理解。五是做好值班值守。营口局安排相关工作人员做好疫情期间 24 小时值班值守工作，组织精兵强将妥善处置各类应急突发情况。

在吉林，吉林市局积极行动、多措并举，组织开展全市邮政快递业从业人员新冠疫苗接种工作。一是强化组织领导。成立工作专班，“一把手”任专班组长，部署协调从业人员新冠疫苗接种工作。建立日调度机制，对从业人员新冠疫苗接种的组织发动、宣传引导、协调对接、情况统计等进行总结汇总，对下一步工作作出部署。二是强化对接落实。积极争取地方党委、政府和疫情防控部门的支持，建立常态化对接机制，加强沟通协调，推动行业从业人员新冠疫苗接种得到有效保障。三是强化宣传动员。通过印发通知、转发宣传资料等方式，全面下发新冠疫苗接种禁忌、注意事项知情同意书，按照“知情同意”原则，引导从业人员积极报名参加新冠疫苗接种。四是强化组织实施。建立政企联动机制，压紧压实企业主体责任，全面摸排从业人员情况，建立接种清单，确保底数清晰、任务明确，做到应种尽种、愿种尽种、能种尽种。

在四川，各市(州)局多措并举，有序推动从业人员疫苗接种工作，确保“应种尽种”。成都、宜宾、达州、泸州、自贡等市(州)局组织开展邮政快递从业人员新冠疫苗专场接种活动。巴中局召开行业疫苗接种再动员暨疫情防控专题会，就加快从业人员新冠疫苗接种和落实好“外防输入内防反弹”等疫情防控要求做了专题安排部署。遂宁局召开新冠疫苗接种工作集中约谈会，对接种工作推进不力、从业人员接种率较低的企业负责人进行了集中约谈。雅安局现场督导行业从业人员新冠疫苗接种工作，在接种点向企业相关负责人了解本企业疫苗接种工作情况。

在云南，保山局多措并举，扎实开展全市邮政快递业“外防输入、内防反弹”相关工作。保山局印发了《关于开展瑞丽市下邮政快递行业人员排查管理工作的紧急通知》，召开了驻隆阳区邮政快递企业疫情防控安排部署会。会议强调，排查时间紧、任务重，全局干部职工和邮政快递企业主体务必高度重视，做到不漏一个品牌、一个人、一个件，抓实排查防控工作。一是做好人员、邮件快件排查，做好邮件快件消杀工作以及自身防护，做好爱国卫生“7个专项”行动。二是立即召开疫情防控工作再安排部署和防控培训，辖区内18家邮政快递企业负责人参加培训。按照各级进一步加强疫情防控工作通知、公告要求，安排部署邮政行业疫情防控工作，细化措施网格化管理，要求邮政快递企业认真摸排登记上报人员出入境信息；积极协调地方防疫部门开展全员核酸检测；做好人员防护管控和防疫物资准备；对车辆、邮件快件进行全面消杀，确保寄递渠道物资运输安全畅通。三是加强监督指导，深入企业进行排查，组织全体干部职工进行了核酸检测，为全市邮政业正常运行、邮件快件按时送达提供安全保障。

二、政策环境持续优化

（一）深入推进电商与快递物流协同发展

在内蒙古，呼和浩特局以促进全市消费扩容提质形成强大消费市场为契机，以“一县一策、分类施策”为总原则，在前期与该市商务局主动对接召开座谈会的基础上，联合印发了《呼和浩特市推进农村电商与快递进村持续发展实施方案》。《方案》明确了2021年呼和浩特市行政村电商快递服务指导思想和总体任务目标，成立了专项工作领导小组，以“平等自愿、渠道共享、互利共赢、便民惠民”为原则，全面推进“邮快合作”，充分挖掘“商快合作”潜力，推进“邮快、商快、快快合作”抱团共建、融合发展。依托全市231个村级电子商务配送站点，在继续稳定现有“快递进村”网络、频次的基础上，不断拓展新业务，推广“村邮站＋快递超市＋简易金融”模式，进一步提高行政村电商快递服务覆盖率。选取土默特左旗作为试点旗县，着力率先推动落实，并逐步形成可落地、可复制、可推广的农村电商快递发展经验，让农村群众享受到更有获得感、幸福感、安全感的邮政快递服务。

在湖北，荆门局与该市商务局、邮政分公司签订协同发展框架协议，加强工作协作联动，提高邮政和商务服务经济大局能力。协议明确，三方将在发展农村现代流通网络、推进“快递向西向下”、提升农村电商站点运营服务能力、推动邮政城市配送体系建设、推动邮政便民寄递服务、加强邮政金融服务商务功能、推动供应链物流合作、多渠道拓宽贫困地区农产品营销渠道、推进跨境电商发展、促进电商领域品牌消费和品质消费、支持邮政企业建立现代化医药流通体系、扶贫领域合作、疫情防控合作、信息共享等十四个方面开展合作，进一步凝聚发展合力，实现多方共赢。

在青海，海西局结合党史学习教育，积极在实践中总结经验，与海西州商务局紧密联系，协调沟通，以党建共建作为提高党的建设质量和统筹推进业务工作的重要抓手，助推快递与电子商务协同发展落地生根。一是通过联合调研，宣传普惠政策，按照中央一号文件要求，完善县乡村三级物流体系，充分利用农村客运站、养护站等交通设施搭载电子商务、仓储、快递服务等功能，深入实施“两进一出”工程，帮助企业应对发展过程中的实际困难，进一步巩固脱贫攻坚成果与乡村振兴有效衔接。二是结合工作职能，把握政策窗口期，充分释放《海西州促进电子商务发展十条措施》红利，对电商、快递物流企业在机关、学校、社区、医院和企业设立自助投递终端等解决配送“最后一公里”项目并投入运行1年以上的，按照项目总投资的30%给予补助。三是积极探索“快快合作＋电子商务”共配新模式，努力构建多种配送方式为一体的多元化高效配送体系，有效缓解末端派费压缩导致网点运营压力较大等问题，更好发挥促进消费和增加流通作用，并指导寄递企业稳步推进行业绿色发展“2582”工程，构筑海西快递绿色生态屏障。

（二）地方财政扶持助力行业高质量发展

在河北，邯郸局积极向邯郸市政府争取，最终在2021年市级财政预算内获得500万元快递业发展引导资金。2020年下半年，《邯郸市邮政快递管理办法》出台，其中明确提出，市政府应当设立快递业发展引导资金，鼓励和引导快递行业发展。邯郸局以此为契机，多次向市政府专题汇报关于行业安全监管、绿色生态环保等属地财政事权和支出责任，并与市财政等部门反复协调沟通。紧紧抓住市财政部门开展2021年市级财政预算编制工作契机，在地方财政“过紧日子”及各专项经费缩减的情况下，市快递业发展引导资金争取列入了当年市级财政预算范畴，并确定安排500万元用于支持行业高质量发展。

在辽宁，大连市住建局与财政局联合印发《关于下达大连市2021年第一批城市维护建设计划的通知》，支持大连局快递安全监管平台数据专线使用费20万元。2021年，大连局认真落实“过紧日子”要求，把中央财政拨款首先用于保障行业监管业务正常开展。与此同时，积极推动大连市政府《交通运输领域市与区市县（先导区）财政事权和支出责任划分改革方案》落实，着力建设与现代财政制度相匹配、与行业治理体系和治理能力现代化相适应的财政事权和支出责任划分模式。大连市快递安全监管平台对全市主要快递企业分拨中心、重点网点、干线运输车辆进行实时监控，在确保寄递渠道安全和企业安全生产、稳步提升寄递服务质量中发挥了重要作用。大连局积极争取地方财政资金，主动向分管邮政快递业的地方政府负责同志汇报工作情况。地方政府高度重视，同意将快递安全监管平台数据专线使用费列入2021年城市维护建设计划。

在安徽，六安市政府印发《六安市推动农村电商提质增效加快电商发展工作方案》，支持快递业发展内容被纳入其中，六安局被纳入相关工作责任单位之一。《方案》明确提出：一是支持建设仓储物流中心，发展仓配一体化，提高物流快递企业的信息化、智能化水平。对新建或改建1万平方米以上且为市内5家以上（含）电商企业提供仓配一体化服务的标准化仓储设施、快件分拨中心，按项目投资额（不含土地费用）的5%给予补助，最高不超过200万元；二是支持快递自动智能分拣设备配备，对设备投资额达200万元以上的，按投资额的10%给予一次性奖补，最高不超过100万元；三是加快推进“快递进村”，快递服务覆盖行政村数量达到1000个。对贫困户通过村级电商服务网点邮寄自产网销农产品的，每单给予5元的补贴，每户每年不超过1000元。对参与扶贫的电商企业年发货农产品快递单不少于2万单的，每单给予最高1元的补贴，最高补贴6万元。对中小电商微商收购贫困村、贫困户农产品进行网络销售，且年快递单量不少于2000单的，每单给予最高2元的补贴，最高补贴2万元。

在福建，泉州市政府印发《泉州市进一步支持制造业高质量发展的若干措施》，明确提出支持快递业与制造业融合发展。《若干措施》从引导龙头企业做大做强做优、激励明星梯队企业快速发展、支持企业技术创新、支持企业加大技改投入、支持企业建设运营供应链平台等方面提出一系列奖补措施，利好政策覆盖面广。其中，在支持物流业与制造业融合发展方面，文件指出“对制造业企业厂区内仓配一体化项目改造升级，引导快递物流业企业参与制造业仓配一体化运营服务。对两年内仓配一体化项目投入不少于300万元的物流企业，按仓配设备设施实际投入不高于5%给予补助，单家企业补助最高不超过100万元。支持物流示范园区建设，对获得国家级、省级物流示范园区，一次性分别给予100万元、50万元的奖励”。

在江西，《宜春市城乡高效配送试点专项资金使用办法》正式印发，明确400万元资金用于支持全市城乡高效配送试点工作，邮政快递业获利好。《办法》明确，支持县级配送（分拨）中心项目2个，对分拨面积大于5000平方米、配备快递分拣流水线和爬坡机的企业，每家奖励70万元。支持快递末端整合项目1个，支持资金60万元，其中，面积大于50平方米、日均快件200件以上、合作品牌企业5家以上的A类标准网点，每个奖励4500元；面积大于30平方米、日均快件100件以上、合作品牌企业3家以上的B类标准网点，每个奖励3000元。

在山东，济南局积极协调相关部门，优化办理流程，顺利完成快递员留济过年专项补贴申请。目前，济南市共有约1400余名快递员通过专项补贴审核，全行业共可获得补贴资金110万元。为统筹做好春节期间行业疫情防控工作，响应快递“不打烊、不休网、不积压”号召，济南局积极向市政府汇报沟通，将行业外地留济从业人员纳入济南市外来留济人员就地过年补贴政策覆盖范围，出台《济南市快递企业外地留济员工就地过年专项补贴申报实施细则》，留济快递员每人可领取500元的专项补贴及每人每天100元的加班补贴，每人最高可领取1200元。根据《济南市关于保障企业稳岗稳产和外来留济人员就地过年的十二条措施》，济南局主动对接市财政、发改、经信、大数据局等部门和各县区政府，明确材料申报审核和资金发放的属地责任部门，实现信息申报、审核、查询及资金发放“一网通办”，快递员“零跑腿”就可享受补贴红利。该项补贴经市财政审核后，将通过区县相关部门直接汇入快递员个人社保账号。

济宁局抢抓发展机遇，紧紧围绕国家局、省局重点工作部署，积极协调对接地方政府，争取政策资金支持，高标准推进“快递进村”。截至6月，全市14个县市区有8个县市区给予“快递进村”财政补贴，全市共获“快递进村”专项补贴资金4428.22万元。一是实施市级财政主渠道保障。济宁局推动市政府将“快递进村”工程支出纳入地方邮政领域财政事权支出范围，市政府办公室先后印发《关于实施“两进一出”工程推进邮政快递业高质量发展的实施意见》《关于推进全国“快递进村”试点建设的实施意见》，市级财政拿出2790万元，用于推动“快递进村”。2021年，“快递进村”被列为全市为民办实事工程，市政府指导全市建立1000个村级快递示范服务站，并批复1000万财政资金，全力保障“快递进村”。目前，全市已建成村级快递示范服务站2769个。二是完善县市财政资金配套。任城、曲阜、泗水、邹城等9个县市区拨付1638.22万元“快递进村”专项补贴配套资金，其中泗水、微山争取资金用于乡镇共配新能源车辆购置，其余县市财政资金补贴到乡镇或者“快递进村”牵头部门。

在广东，佛山印发加强城乡物流配送基础设施建设专项扶持资金使用方案，提出要对申请参与在佛山辖区内从事城乡物流配送的车辆进行补贴，其中，普通货运车辆每辆补助最高可达3万元，冷藏运输车最高可达4万元，此次专项扶持资金总额为800万元。

在海南，三亚市邮政快递企业根据《三亚市冬季瓜果蔬菜产销扶持政策措施》，按照相关程序，经过现场初核、复核、公示后，中国邮政集团有限公司三亚市分公司、海南顺丰速运有限公司三亚分公司通过审查承运果菜总量共计1464吨，共计获得快递运费奖励113万元。

在甘肃，庆阳市政府下达庆阳邮政快递企业寄递苹果项目奖补资金100万元，庆阳局已完成奖补资金拨付工作。近年来，庆阳局积极向当地政府汇报沟通，全力培育“一市一品”和“一地一品”寄递项目。目前，形成了以苹果寄递为主的农特产品寄递销售主要渠道，为推动庆阳苹果产业发展，助力精准扶贫和乡村振兴战略作出了积极贡献，得到了当地政府的高度重视和大力支持。

嘉峪关市委、市政府印发《嘉峪关加大招商引资促进产业发展扶持办法》，为企业在项目用地、税收优惠等方面提供政策及资金支持。《办法》第十五条支持综合物流快递园区、品牌物流快递企业总部、区域总部、区域分拣中心落户嘉峪关市。对获得省级和国家级示范（重点）物流快递园区（或平台）的，分别给予一次性奖励50万元、100万元。在本市建设枢纽项目且设立公司的，将长期享受多项税收奖励，鼓励企业将奖励资金用于研发支出。嘉峪关市快递业坚持集约高效发展的原则，以规模化发展方向为指引，建成河西走廊规模最大的快递物流集散中心，吸引了多家品牌快递企业区域分拨中心入驻，辐射周边及新疆哈密、内蒙古额济纳旗等地。《办法》的出台将对嘉峪关市快递产业集聚发展注入一针强心剂，产业规模发展进一步升级。

三、重点工程建设持续稳步推进

（一）“快递进村”向纵深拓展

在吉林，白山局提前完成2021年度“快递进村”工作目标任务。白山局按照国家局和省局“快递进村”工作部署要求，以建立健全农村寄递物流渠道建设为主线，助推地方特色农产品“走出去”。为将“快递进村”工作真正落到实处，白山局要求各寄递企业进村网点要做到“六有”即“有网点、有台账、有负责人、照片、有牌匾、有企业品牌”。

在广东，肇庆局与该市供销合作联社、交通运输局就共同打造农村服务综合平台签订战略合作协议。根据合作协议，三部门确立了合作目标，形成了合作机制，明确了合作内容，并就共同推动冷链物流网络建设、多功能农村服务平台建设，促进电商平台合作，推动信息共享平台建设以及完善农村物流网络体系建设等达成了一致意见。

在重庆，一分局在充分走访调研的基础上，积极探索推进交快合作。一是合作持续深入推进。在一分局的引导下，重庆顺丰、中通、韵达、圆通、申通、极兔等品牌快递企业与重庆万运集团签订框架协议，达成合作意向，双方利用优势资源互补，共同推进快递下乡进村工作。二是争取地方补贴支持行业发展。云阳、开州、巫溪、巫山、城口等区县客运中心推进一体化改进，主要快递企业已集中入驻，累计建成近3万平方米快递分拣场地，累计投入2035万元，争取地方政府建设补助费820万元，极大地助推了行业发展，解决了制约快递企业发展的场地问题。三是共配共建顺利实施。巫山县交运公司拟出资购买自动分拣线，为快递企业提供自动分拣服务，为开展共同分拣、共同配送、共建末端打下坚实基础。巫山大昌镇、巫溪文峰镇等乡镇快递已由交运公司运营实施，并在部分线路通过客运车辆运送快件，有效降低了运输成本，其他区县下乡快件也通过农村客运班车运到乡镇快递网点，部分乡镇利用客车运送快件已成常态，有效降低了运输成本，从而解决快递下乡成本高、网点生存困难的问题。

在贵州，六盘水局采取快快合作、快商合作、邮快合作的攻坚法，在辖区深入推进“快递进村”工作，助推邮政快递服务乡村振兴。一是快快合作，合力攻坚。在六枝特区,民营快递企业圆通、申通、中通、韵达、百世采取抱团发展的方式,成立第三方公司,合力推进"快递进村"工作。通过个性化定制服务,帮助群众实现家门口收寄件,降低群众寄递成本;同时,采取安装智能快递柜的方式,进一步优化城乡快递网络布局,让群众真正实现"24 小时取件"。二是快商合作,利益共享。在钟山区、水城区,快递企业通过与乡村商铺合作,通过收寄件带来的客户流量,引入部分农村需求大、口碑好的产品分级经销商,通过"快递 + 商铺 + 产品"的模式,推进快递服务下行,实现快商利益共享。三是邮快合作,协同发展。邮政企业以盘州市为试点,以打造"快递进村"样板为目标,主动承担全市地理位置相对较远建制村的任务,通过建立服务网点,整合民营快递资源,深入推进"快递进村"工作,确保全市"快递进村"服务不少一村、不漏一人,真正实现全覆盖。

在陕西,宝鸡局联合宝鸡市委组织部、民政局下发《关于依托村级组织活动阵地推进"快递进村"工作的通知》,明确依托村级组织活动阵地(村委会)有效发挥服务群众平台作用,主动承接邮件快件接收、暂存、督促领取等职能。《通知》指出,要有效发挥村级组织活动阵地服务群众的平台作用,着力健全完善县镇村三级快递物流体系,主动承接邮件快件接收、暂存、督促领取等职能,建网络、提水平、强功能、融产业,持续提升人民群众在邮政快递业发展中的获得感。力争 2021 年年底前,全市所有行政村接收邮件快件工作实现常态化,农村寄递服务能力显著增强,使广大农民群众享受到更加便捷高效的寄递服务。

(二)"快递进厂"水平稳步提升

在山东,日照局立足莒县果庄镇特色副食品加工产业,积极引导快递进厂服务,截至目前,日均寄递量过万件,支撑销售额超 1 亿元。莒县果庄镇副食品加工产业集聚,有食品加工企业 78 家,主要以生产糕点、沙琪玛等小零食为主。随着网络零售的发展,当地零食加工产业向线上销售转型的需求日益增大。为服务地方产业转型需求,日照局围绕"快递进厂"工程,引导圆通、韵达等快递企业嵌入山东德客食品、玉杰食品等重点工厂销售链条,畅通制造工厂与电商平台、直播电商等合作渠道,提供上门服务、进厂设点、定制包装等一站式寄递服务;此外积极争取总部政策支持,助力莒县零食产品网上销售做大做强。目前,莒县零食产品网销日均寄递量在 1 万件以上,培育出精益嘉、尚客高等多个网红产品,年销售产值过亿元,在助力地方产业升级的同时,推动了莒县快递产业加速发展。

德州局多措并举推进快递进厂。一是延伸服务进厂寄递链条,确保服务精准可控。对全市制造业销售主体开展摸底调研,建立服务需求清单,引导快递企业从细节着手建立服务全链条,优化寄递分拣、理货、保鲜、贴单、出库、运输、配送全过程,寄递时效提升 1/4,寄递量增长近 10 倍。二是保障实体销售寄递需求,让服务直达销售一线。引导快递企业与扒鸡、小枣等公司共享销售信息,根据业务量增减情况着重在实体店重要节点开展加派人力、运力常驻服务,达到产品销售与寄递服务相互衔接,确保第一时间寄出、第一时间见效。三是加强销售管理深化合作,实现供应链全程优化。鼓励寄递企业在自有电商平台开展产品推广,引入科技供应链技术,了解产品库存和品牌区域销售等信息,提供仓储、干线运输、末端配送全过程服务和仓储成本分析,助力制造业在销售、成本、营运等核心方面进行优化,形成供应链全场景合作。

在重庆,六分局紧密结合辖区邮政快递业发展特点和监管实际,持续推进"快递进厂",不断推动行业融入助推地方经济发展。六分局积极引导、鼓励企业加强"快递 +"物流网络建设,提升供应链服务水平。一方面持续巩固"阿里健康医药"项目,辖区已有多家企业服务"阿里健康医药”项目；另一方面，持续探索打造其他本行业服务地方经济发展项目，目前正积极推动寄递企业加强与重庆渝冬来食品有限公司的业务合作，取得初步成效。

（三）“快递出海”工程有序推进

在辽宁，大连局充分发挥自贸区建设领导小组成员作用，积极参与大连自由贸易港申办和全面深化服务贸易创新发展试点工作，推动“快递出海”跑出“加速度”，不断助力全市跨境电商产业发展。大连局认真落实《大连 2049 城市愿景规划》中提出的“开放引领，国际链接战略”，完善邮政快递两大通道“出海”保障，提出“加快构建国际寄递物流供应链体系，引导邮政企业发挥国际邮件互换作用，发展邮政国际小包业务”“支持邮政快递企业利用国内仓配一体化平台等做好跨境商品配送，提高快递配送效率”的工作措施，明确责任单位和完成时限，为大连东北亚国际物流中心建设贡献力量。一方面，引导邮政企业拓展跨境寄递业务。鼓励加强与大连港集团合作，积极参与辽满欧海铁联运，解决东北及环渤海地区对俄、对欧邮件出口需求。推动大连邮政小包日均出口量万件以上，峰值超过 5 万件。增开大连至首尔跨境电商邮航全货机，作为东北地区首条直飞韩国的邮航国际专线，将极大提升国际邮件运输时效。另一方面，推动国际快递业务“百花齐放”。引导快递企业拓展跨境电商空港快件、海运直邮、保税备货等多种模式国际业务。通达货运有限公司作为大连唯一跨境电商清关品类齐全企业，进驻大连海关设立港湾快件监管中心，月均处理跨境电商快递包裹清关 60 余万单。安达吉翔国际物流有限公司获批成立“大连海关快件类监管场所”，承接海关总署跨境电商监管系统在大连测试应用业务。

在吉林，延边局不断加强与珲春、延吉两市政府的沟通协调，着重突出珲春区位优势及跨境电商综试区、零售进口试点的政策优势，持续推动珲春打造跨境电商生态圈，辐射延吉等县市，形成全新跨境电商发展格局。协调珲春市开通跨境电商综合服务平台和查验平台、跨境电商商品展销服务云平台、跨境电商监管中心、保税仓及区外备货仓等跨境电商软硬件设施，推动实现跨境电商进出口的全模式畅通及国内独家菜鸟对俄大包专线等多条跨境电商商品物流通道畅通。协调推动延吉空港保税物流中心（B 型）、延吉海关快件监管中心等跨境电商重点项目建设，韩国知名电商平台“薇美铺”、九壤供应链管理公司等企业陆续落地并投入运营。

在浙江，台州局联合该市商务局、邮政分公司以“快递出海”助力企业开辟新通道。2021 年以来，台州外贸企业生产形势良好，然而，海运“一柜难求”、运价升高成为企业遇到的共同难题。台州局联合市商务局和邮政分公司深入外贸企业了解实际困难，主动走访宁波海港、金华陆港等主要发运管理单位，积极对接浙江省海港陆港空港信息港运营商联盟（“四港联盟”）资源帮助当地企业“出海”。在省“四港联盟”的支持下，台州邮政企业对接长荣、中远、马士基等集装箱班轮公司、航运企业，为台州企业寻求海运、铁路等资源。同时，积极对接当地企业，与苏泊尔、利欧集团、正特等 40 多家企业建立联系，及时进行信息共享，并结合企业真实情况解决“一柜难求”问题。

在山东，威海局积极协调相关部门，推动威海市邮政互换局新场地投入使用，畅通快递出海通道，助力快递出海。威海邮政互换局新场地总面积 3660 平方米，国际邮件监管场地 1200 平方米，场地设置进出口流水线各一条，回流放行线一条，配置伸缩机四级 3 条，二级 2 条，CT 机一台，安检机 2 台，日均处理进出口国际邮件可达到 1.5 万票以上，涵盖国际标准、经济、跨境等丰富的产品体系，“快递出海”处理能力大幅提升。

在湖南，郴州市首趟中欧班

列——郴州至马拉跨境电商班列从湘南国际物流园郴州国际港出发，一路向马拉舍维奇（波兰）驶去。整趟列车由50只装载着来自华东、华南、华中等地的电子产品及跨境电商快件集装箱组成，这也标志着“一带一路”建设在郴州首次实现直接连通。自郴州市获批自由贸易试验区以来，郴州局紧密配合商务、交通、铁路、海关等部门，大力推动中欧班列在郴州开行。目前，试运行的郴州至马拉跨境电商班列前期开行频率为每周一列，运行顺利后计划增至每周两列，按照出口3列进口1列的比例运行。

在广东，韶关局积极推动韶关市跨境电商清关服务中心建设和韶关进出境快件监管中心运营。韶关进出境快件监管中心是韶关市跨境电商清关服务中心的二期项目，集快件分拣、仓储、报关、审单、查验、征税功能于一体，使韶关市跨境电商清关服务中心成为粤北首个涵盖个人物品和跨境电商B2C业务的监管场所，有利于进一步提升场所的综合竞争力，充分满足韶关地区国际快件业务需求，对韶关市争取国家跨境电子商务综合试验区奠定了良好基础。

四、快递员权益保障工作深入开展

在吉林，辽源局积极协调该市总工会落实“暖蜂行动”，筹措资金25740元，为全市429名快递从业人员免费办理“职工互助保险”，为快递小哥的安全保驾护航。此次“职工互助保险”是辽源局强化快递从业人员权益保护的一项重大举措，保险金额为60元/人/年，保险责任囊括了指定疾病15000元/份、意外伤害5000元/份、意外住院补助50元/天、疾病身故保障5000元/天，保险合同生成后，将为快递从业人员抵御疾病和意外风险提供新的保障，使快递小哥真切感受到政府和社会的温暖与关怀。

在上海，宝山局联合宝山区总工会推动辖区2025名快递员获得灵活就业群体专享基本保障。该项保障政策最高给付额2万元，快递员个人无需缴费，保障费总计免除3万余元，累计保障金最高可达4050万元。宝山局还重点推动落实关心关爱快递小哥“五送”服务实事项目，进一步争取区总工会重视支持，协调更多惠企资源，加强与快递企业总部沟通，在用足用好政策、强化宣传发动上下功夫，形成多维度通力合作、共同关心关爱行业的工作格局。

在福建，宁德局与宁德电大商定自2021年春季起，联合实施邮政快递业从业人员学历提升计划。该计划主要涵盖4个方面内容：一是针对行业实际，开设国家开放大学本科、专科两个层次，物流管理、行政管理、工商企业管理等专业。二是结合从业人员现状，采用线上自主学习、线下辅导相结合的混合式教学模式，集中线下辅导课均安排在工作日晚上或者周末进行，不占用学员日常工作时间。三是落实福利政策。符合农民工“求学圆梦行动”条件的参学人员给予学费补助3000元，分3个学年发放；电大系统还对参加注册学习人员，给予每人一次性减免学费500元。四是学校还将组织学员参加免费职业技能培训，培训合格将获得人社部门颁发的证书。

在江西，南昌局与南昌县政府相关部门及南昌市快递行业协会联合开展关爱快递员“暖蜂行动”。活动分为两个阶段进行。一是召开快递行业发展调研座谈会，组织南昌县3家快递企业及四名快递小哥代表进行发言。快递企业代表着重谈了本企业的发展现状、困难问题及建议，重点介绍在社会融入、职业发展、社会保障、权益维护等方面遇到的困惑和建议。南昌县人社、社保、医保、交通、住建、工会及团委等相关单位从各自职能出发，提出了多项切合实际的建议措施。二是开展快递小哥慰问活动。由市快递行业协会牵头，为快递小哥送上了冬季慰问物资。

在河南，新乡局积极开展关爱快递员“暖蜂行动”。一是成立由局长任组长的“暖蜂行动”

活动领导小组，专门负责“暖蜂行动”工作的指导推进，统筹有关部门形成合力，推动任务落地落实。二是高度重视，充分认识关爱快递员“暖蜂行动”的活动内涵和重要意义。通过开展关爱快递员“暖蜂行动”，进一步增强邮政快递从业人员的荣誉感、归属感，激发快递小哥的使命感、责任感，在全社会推动营造理解、尊重、关爱快递员群体的良好氛围。三是多措并举，迅速掀起关爱快递员“暖蜂行动”的活动热潮。通过加强沟通协作、广泛宣传全面动员、利用好“暖蜂行动”文创要素，切实拓展活动内容，营造良好氛围，塑造“暖蜂”品牌，扩大活动在全社会的知晓度和参与面。四是务求实效，把推进“暖蜂行动”纳入贯彻落实习近平总书记关爱快递小哥重要指示精神的实际行动。维护快递员合法利益，积极联合地方工会、快递协会等开展关心关爱快递员的活动，切实优化从业环境、维护合法权益、提供工作便利、真正使快递员感受到来自党和政府的关心关爱。

在西藏，日喀则局联合日喀则市总工会开展关心关爱快递小哥“暖蜂行动”。慰问组对全市邮政快递业一线从业人员在高寒缺氧条件下不辞辛劳满足广大消费者需求付出的辛勤劳动给予慰问和关怀，向他们发放了价值5万余元的“关爱大礼包”共441份，慰问品包括防寒面罩、棉护膝、棉手套、棉帽子，给辛勤工作的“小蜜蜂”提供一些防寒用品。快递小哥纷纷表示，要充分发扬缺氧不缺精神，艰苦不怕吃苦，海拔高境界更高的精神，积极践行发扬“小蜜蜂”精神，当好美好生活的创造者、守护者，为建设团结富裕文明和谐美丽的社会主义现代化新西藏贡献力量。

山南局联合山南市团市委开展关爱快递员“暖蜂行动”暨人大代表、政协委员与快递员面对面活动。山南市部分寄递企业负责人、基层快递员代表共20余人参加。活动充分听取并积极回应了快递小哥关于末端投递、工资待遇、住房困难等各方面的心声和诉求，对快递小哥在身心健康、形象宣传、权益保护等方面的困惑进行了解答，还组织对快递小哥进行了慰问，为他们发放包括水杯、口罩、手套、耳罩等物品的慰问礼包。

在甘肃，张掖局联合市区总工会在张掖福盛快递园区为300名一线快递员开展现场免费健康体检活动，并举办“八大群体”新入会会员集中入会仪式。本次活动是张掖局开展党史学习教育“我为群众办实事”的重点实事之一，张掖局通过多次汇报争取，得到市区总工会的大力支持，在生产现场为快递员开展免费健康体检。上半年已优先为2020年度发放职工互助保险的300名快递员开展免费健康体检，下半年再开展一次职工互助保险和免费体检活动，力争实现快递业员工全覆盖。

在新疆，昌吉局认真落实党史学习教育“我为群众办实事”实践活动要求，结合工作实际，制定任务清单，进一步做好全州快递从业人员合法权益保障工作。一是开展“暖蜂行动”。深入一线慰问快递小哥，赠送价值3360元防暑慰问品，并与快递小哥面对面座谈，进一步了解和掌握企业一线员工的困难和诉求。二是设置“暖蜂驿站”。联合工会、团委在邮政、快递企业营业网点设置10处“暖蜂驿站”，供全体快递员临时休息。三是开展快递从业人员职业技能培训工作。结合辖区实际，主动联系昌吉州职业技术学院，研究制定符合国家职业技能标准的培训形式、培训计划、培训课程、培训内容等，进一步提高行业从业人员综合素质。四是推进快递工程专业技术职务评审工作，利用日常检查、培训会议，摸清寄递企业用人、用工情况，为2021年度快递工程专业技术职务评审工作的完成奠定基础。目前，已累计培养快递工程类专业技能人才55人，快递职业技能培训100余人。

五、“绿色快递”建设深入人心

在上海，宝山局持续推进辖

区邮政快递业重金属和特定物质超标包装袋专项治理工作，截至目前，辖区邮政快递业绿色寄递、环保寄递制度已基本形成。一是及时部署，明确责任。宝山局在专题分析的基础上，印发专项治理方案，明确各相关企业推进和落实的主要任务目标、时间节点、各方主要责任及要求。二是突出主题，积极宣贯。通过电话、微信及现场讲解等方式积极宣贯，把专项治理的目标和时限要求，生产、采购和使用包装袋要求，以及生态环保政策等讲明白，使相关企业及主要负责人在组织推进中政策清方向明，便于企业落实，并先后深入各品牌共46个网点进行现场宣贯。三是紧盯目标，开展自查。各寄递企业紧紧围绕“处置存量、杜绝增量”的目标，及时组织落实专项治理方案，组织开展专项治理自查整顿工作，淘汰有关存量包装袋，落实绿色采购、规范采购要求。辖区邮政用品用具生产企业通过自查整改，已停止或无重金属和特定物质超标包装袋的生产产品，完成治理目标要求。四是督导检查，跟踪落实。宝山局及时组织开展专项治理工作的具体落实和推进，包括制定方案、“送法上门”、专项检查、督促企业实施统一采购制度，督促停止生产有关产品、及时跟踪了解企业推进情况、汇总报送有关情况等。通过现场督导检查，绝大部分企业专项治理工作得到较好落实，完成阶段性主要任务。

青浦局多措并举，扎实推进辖区行业生态环保工作。一是提高认识，加强学习。青浦局主要领导带头在每日工作碰头晨会学习新《固体废物污染环境防治法》及《邮件快件包装管理办法》等行业生态环保法律法规，形成青浦局生态环保执法检查统一标准。此外，青浦局还组织执法人员开展了新《固体废物污染环境防治法》应知应会测试。二是加强最新实施的行业生态环保相关法律法规宣贯工作。青浦局通过辖区企业QQ联络群向企业发送新《固体废物污染环境防治法》及《邮件快件包装管理办法》电子版全文和应知应会资料。青浦局还利用与市、区两级人社部门联合召开辖区邮政快递业职业技能等级认定及政策解析会、与青浦区交警支队联合召开辖区快递企业交通安全协调会的契机，向参会企业重点宣传上海市邮政快递业“25941”绿色升级工程、新实施的行业生态环保相关法律法规，强调辖区行业做好生态环保工作的重要意义，要求企业落实生态环保主体责任。三是加强检查，现场普法。青浦局4月随机抽取4家快递企业专项检查网点新《固体废物污染环境防治法》及《邮件快件包装管理办法》的上墙张贴、员工教育、工作落实等情况。同时，青浦局执法人员同步推进“绿色普法”，在检查过程中向企业发送行业生态环保工作的各类电子资料。

在福建，厦门局积极参与助力打造示范城市建成“集约、高效、绿色、智能”的城市货运配送服务体系。厦门局坚持多点设立，鼓励企业积极探索配送网点组合方式、优化城市末端配送体系。一是在建立专线专用的快递收发点基础上，引入快递超市、菜鸟驿站等综合性较强的快递综合服务网点，提供多种快递收发选择。二是政策支持引导智能快递柜方式，推动无接触快递收发。三是指导企业在商超营业点内，将符合条件的区域划分出来，引入快递配送站点入驻，形成“商超 + 快递配送 + 驿站”融合的一站多能、一站多用的末端配送站点，四是推进公交和邮政快递业合作发展，建设公交智能主题驿站。同时，厦门局积极推进行业绿色发展，将生态环保工作同市场监管、邮政普遍服务等重点工作相结合，开展重金属和特定物质超标包装袋与过度包装专项治理。印发邮政快递业绿色发展行动计划，大力推广新能源汽车配送、推动实施快递包装产品绿色认证。切实推进城市货运配送降本增效，助力厦门市创建集约、高效、绿色、智能的“绿色货运配送示范城市”称号。

在河南，洛阳局积极加快推

广应用新能源车。洛阳局多措并举，一是确定全市新增邮政快递车辆中新能源车比例不低于95%的目标，要求邮政快递企业新增车辆原则上全部采用新能源车；二是积极配合公安、商务、交通部门制定燃油车辆限行政策，解除对新能源车办理通行证限制；三是及时对接商务部门，调整城市配送领域新能源汽车运营奖励政策，取消对运营区域、运营时间、车辆总数等限制，为邮政快递车辆争取支持政策。

在湖北，黄石局联合该市发展改革委、生态环境局对邮政分公司杭州路营业部、湖北理工菜鸟驿站等10家“绿色快递示范点”予以授牌，旨在树立标杆带动全市邮政业深入践行绿色发展理念。“绿色快递示范点”均实现三个达标。一是营业环境、基础设施达标，网点内绿色宣传标语、绿色倡议书等宣传氛围浓厚，开展行业环保培训到位。二是绿色包装、规范操作达标。电子面单使用率均达100%，并积极配置绿色包装盒(袋)、可循环中转袋、“瘦身胶带”等绿色可循环包装。三是节能减排、绿色理念达标。用水用电遵循节能和绿色环保原则，电线不私拉乱接，网点内不使用高耗电生活电器及生产设备，积极参与业内生态环保创新、促进生态环保理念传播或改善情况。

在湖南，邵阳局组织开展行业生态环保专项检查，督促指导企业认真落实生态环保主体责任。检查组先后深入城步、隆回、洞口、绥宁等县市区，对邮政、顺丰、中通、韵达、圆通、申通、百世等寄递企业落实生态环保工作主体责任情况进行了检查，重点检查企业电子面单、胶带、封套、包装箱、二次包装等包装治理工作落实情况。对检查中发现的问题，要求企业立即整改，并对企业提出三点要求。一是要高度重视行业生态环保工作的重要意义和突出优势；二是要进一步强化生态环保主体责任意识；三是要认真做好《邮件快件包装管理办法》等法律法规教育培训、包装减量、宣传引导等重要工作，切实推动行业绿色发展取得实效。

在青海，西宁局联合该市市场监督管理局、市发展改革委、市科学技术局、市工业和信息化局、市财政局、市生态环境局等九部门共同制定《西宁市贯彻落实加强快递绿色包装标准化工作指导意见的工作措施》，全市邮政快递业绿色发展迎政策利好。一是积极参与研制快递包装绿色标准。鼓励邮政快递企业参与国家标准、行业标准和地方标准制修订工作，鼓励企业制定要求更严、水平更高的企业标准。二是增加快递绿色包装产品供给。加强可降解材料产品研发，指导邮政、快递企业与电商企业、协议客户对接，尽量使用产品原包装寄递，减少二次包装。三是推进快递包装绿色治理。支持邮政、快递企业分阶段开展快递包装治理，督导企业按标准包装方式打包，推广使用免胶带可循环可折叠包装箱。四是强化标准引领和宣贯培训。开展形式多样的绿色包装国家标准和行业标准实施宣贯活动，增强消费者绿色消费理念，积极引导居民使用绿色快递包装。五是推动开展快递包装绿色产品认证和产品、服务标准自我声明公开。鼓励邮政、快递企业采购符合国家绿色包装标准的包装产品，引导企业对废弃包装直接拆封、定点投放、定时回收。六是加大政策扶持力度。落实国家鼓励节能减排、循环利用资源、绿色制造、绿色金融、绿色消费、绿色采购等优惠政策，提高包装循环利用率。七是加强监督检查工作力度。适时开展联合监督检查，督促邮政、快递企业履行企业主体责任，将绿色快递包装纳入绿色产品行业信用体系建设，推动建立联合惩戒机制，强化信用约束。

在新疆，巴音郭楞蒙古自治州(以下简称“巴州”)局推动各企业在行业绿色发展方面不断出实招、开新局，认真履行企业主体责任，让包裹“绿”起来，让包装“瘦”下去。巴州顺丰主要从原材料上着手推进行业绿色发展。企业优先采购使用有绿色产品认证的包装产品，一是在快递包装的改良上，包装胶带执行了减量化改型选型，通过优化原料配方，在保持性能的同时降低厚度，从0.055mm降低为0.05mm；二是推广应用气体包装，大力使用充气包装替代内填充，将气体作为缓冲介质，缩小填充物体积；三是积极采用热敏运单和不干胶纸质运单。更改打印纸克重，降低用纸重量，减少碳排放；四是全面使用45mm以下“瘦身胶带”，切实做到让包装“瘦”下去。巴州申通重点面向一线从业人员开展培训，通过“绿色发展理念进头脑”活动，营造良好的行业绿色发展氛围。一是深入开展宣传活动，企业总部多次组织网点召开会议，逐级传达巴州局下发的相关文件资料和工作要求，要求所有营业厅组织学习，做到全员覆盖；二是以营业厅为单位，开展生态环保宣传活动，在要求一线从业人员全面掌握行业绿色发展知识的基础上，组织开展测试和答题，检验学习成果；三是针对有条件的网点，企业计划继续添置新能源车辆，禁止新设网点购买传统能源车辆。巴州百世组织开展现场培训，组织员工就包装箱封装操作规范、封装胶带及缓冲填充物使用要求等进行了系统讲解与现场操作演练，切实提高了员工的业务能力和水平。同时巴州百世还专门召开会议部署包装箱循环回收工作。

六、全力保障寄递渠道安全

在天津，第一分局联合北辰区公安分局开展专项执法检查。检查组深入北辰区中环花鸟鱼虫市场及其周边部分快递网点进行了执法检查，重点检查快递企业是否存在收寄具有毒害性、攻击性、妨害公共卫生等危险活体动物，收寄可以寄递的活体动物是否要求交寄人提供检疫证明并进行安全妥善包装，是否存在非法收寄受保护的野生动物及其制品等情况。检查组现场向部分商户和各快递企业宣贯了活体动物寄递以及野生动物及其制品寄递的相关法律法规规定，要求各快递企业严格落实主体责任，加强教育培训，严格执行实名收寄、收寄验视制度，寄递活体动物必须严格执行相关法律法规的相关规定，严禁收寄危险活体动物，严禁非法寄递野生动物及其制品。

在吉林，长春局按照省局工作部署要求，严格落实行业监管责任，细化工作措施，联合市公安局开展两会期间寄递渠道安全专项检查。此次检查主要聚焦“处理中心、营业网点”两个收寄安全核心部位，对市区品牌分拨中心和营业场所进行突击检查。检查组通过查阅安全生产台账和调取监控资料等方式，现场查看企业执行《疫情防控期间邮政快递生产作业场所操作规范建议（第六版）》情况，了解企业两会期间人员储备、车辆运营及安全保障情况，重点检查企业执行寄递安全“三项制度”、开展隐患排查治理以及进京邮（快）件安检等工作情况，对检查中发现的企业安全隐患责令限时整改。

在上海，奉贤局结合辖区实际情况，进一步加强与地方相关部门工作衔接和沟通协调，加强和提升辖区寄递渠道安全生产监管工作整体水平。奉贤局分别赴奉贤、金山区应急管理局，聚焦辖区寄递渠道安全生产管控及风险隐患排查治理等方面工作，深入研商加强辖区邮政行业安全稳定运行各项保障措施，并就应急体系管理、应急机制联动、化学品专项寄递安全、产业上下游联合监管等问题达成共识。一是推动将辖区邮政快递业应急预案纳入地方应急预案体系，建立应急联动长效管理机制。二是进一步强化严防危化品违法违规进入辖区寄递渠道安全管控工作，全力防范辖区化学品寄递安全事故发生。三是充分发挥寄递渠道安全联合监管机制作用，进一步强化信息互通、执法联勤和齐抓共管，为迎接中国共产党成立100周年夯实辖区行业安全管理基础。

在福建，三明市气象局5月7日启动重大气象灾害（暴雨)Ⅳ级应急响应后,三明局第一时间对全市邮政快递业安全生产工作进行部署。三明局要求,各企业要增强安全防范意识,高度重视安全防范工作,坚决杜绝侥幸心理,狠抓各项安全防范责任措施落实。一是加强组织领导,落实好主体责任,密切关注当地气象部门的预报预警,做好重点区域、重点线路的应急准备。二是开展自查自纠,排除安全隐患,对关键环节、重点岗位要逐一检查落实安全防控措施,排除各类安全隐患,加强从业人员的安全教育工作。三是严格值班值守,层层落实责任,切实做好应急防范工作,认真落实值班和领导带班制度,确保信息联络畅通。遇有突发性灾害事件,及时启动应急响应,立即组织妥善处置,及时上报邮政管理部门。四是保障消费者权益,做好用户沟通,认真接待消费者咨询和投诉,妥善处理暴雨天气用户查询和投诉工作,做好相关解释引导工作,提前发布消费提示。

南平局积极部署,抓实抓好全市邮政业汛期安全防范工作。一是密切监测天气变化,及时进行预警。南平局密切关注市气象部门预报预警,并通过微信、短信、电话等多种途径及时通知邮政、快递企业增强防范意识,最大限度减少强降雨等天气造成的损失。二是开展汛期安全生产检查,消除安全隐患。南平局在辖区开展汛期安全生产专项检查,对生产厂房、临建设施、工棚、仓库及运输车辆等进行安全检查,及时转移低洼场所人员、设备和邮快件,确保作业安全。三是加强值班值守,确保信息畅通。南平局督促各企业严格落实24小时值班制度和领导带班制度,遇有情况第一时间启动应急预案并开展抢险救灾工作。

在四川,各市(州)邮政管理局多措并举,齐抓安全生产工作。德阳局、广安局、内江局、泸州局、甘孜局联合公安部门通过现场召集、视频会议等多种形式,召开庆祝建党100周年安保维稳暨安全生产月动员部署会,采用组织学习法律法规、观看《邮政业安全生产警示教育片》、通报案例、操作讲解等多种形式,对目前行业安全隐患进行了深入分析,对庆祝中国共产党成立100周年寄递渠道安保维稳工作进行安排部署,要求寄递企业严格落实安全生产主体责任,始终保持安全生产监管高压态势,加强隐患排查,落实安全台账,做好从业人员新冠肺炎疫苗接种工作。泸州局、乐山局、德阳局、雅安局、阿坝局成立专项执法检查组,联合公安反恐、治安、禁毒支队以及国安、区(县)交通、街道等部门对辖区快递分拨中心、末端网点依据企业安全生产风险隐患点开展隐患排查和寄递渠道安全联合检查,重点检查企业安全生产主体责任落实、三项制度落实、生产设施设备安装使用是否符合国家标准、安全生产制度建立完善等情况,同时对企业在道路交通安全,电动车辆充电设施设备安全、消防安全等方面参照隐患排查和整改措施“两个清单”,开展自查整改的情况进行抽查检查和现场整改督导,不断强化企业安全生产水平,促进行业安全生产。绵阳局、广元局以“落实安全责任,推动安全发展”为主题,通过官方网站、微信公众号、微信群等线上载体及宣传栏、文化橱窗、电子显示屏、街头咨询等线下方式,组织开展一系列贴近群众的安全生产宣传教育活动,进一步强化邮政业持续稳定发展和行业安全生产意识,为迎接建党100周年和经济社会高质量发展营造良好的安全生产环境。各市(州)局还积极参加了各地安委会统一组织的“6·16全国安全生产咨询日”集中宣传活动。

第二章　快递法律规章及规范性文件

（2021 年施行）

邮件快件包装管理办法

交通运输部令 2021 年第 1 号

《邮件快件包装管理办法》已于 2021 年 2 月 3 日经第 2 次部务会议通过，现予公布，自 2021 年 3 月 12 日起施行。

部长　李小鹏

2021 年 2 月 8 日

第一章　总　　则

第一条　为了加强邮件快件绿色包装管理，保证邮件快件包装质量，规范邮件快件包装行为，保障用户合法权益和寄递安全，节约资源、保护环境，根据《中华人民共和国邮政法》《中华人民共和国固体废物污染环境防治法》《快递暂行条例》等法律、行政法规，制定本办法。

第二条　本办法适用于国内邮件快件包装物（以下简称包装物）的使用、包装操作和相应的监督管理工作。

第三条　本办法所称包装物，包含单个邮件快件使用的封装用品、胶带、填充材料以及用于盛放多个邮件快件的邮政业用品用具，不含邮件快件内件物品的商品、产品包装等。

本办法所称封装用品，包括邮件快件封套、包装箱、包装袋等。

本办法所称邮件快件包装操作（以下简称包装操作），是指为了保护邮件快件安全或者方便储存、运输，使用合适包装物、按照一定的技术方法对邮件快件进行包装的操作活动。

第四条　国务院邮政管理部门和省、自治区、直辖市邮政管理机构以及按照国务院规定设立的省级以下邮政管理机构（以下统称邮政管理部门）负责包装物使用、包装操作的监督管理工作。

邮政管理部门应当与有关部门相互配合，健全共建共治协同机制，完善邮件快件包装治理体系。

第五条　包装邮件快件应当坚持实用、安全、环保原则，符合寄递生产作业和保障安全的要求，节约使用资源，避免过度包装，防止污染环境。

第六条　禁止使用不符合法律、行政法规以及国家有关规定的材料包装邮件快件。

第七条　邮政企业、快递企业、经营邮政通信业务的企业（以下统称寄递企业）应当依法建立健全包装管理制度，明确包装管理机构和人员，落实包装管理责任，加强从业人员培训。

使用统一的商标、字号或者寄递详情单经营寄递业务的，商标、字号或者寄递详情单所属企业应当对邮件快件包装实行统一管理，监督使用其商标、字号或者寄递详情单的企业执行邮件快件包装管理制度。

第八条 鼓励寄递企业采用先进技术，提升包装的自动化、信息化和智能化水平。

第九条 鼓励寄递企业与制造业、农业、商贸业等相关企业加强协同，推进一体化包装和简约包装，共同落实有关包装管理要求。

第十条 支持建立邮件快件包装实验室，开展邮件快件包装研发，推行科学的包装方法和技术。

鼓励寄递企业与包装生产企业、科研院校等合作，加强产学研衔接，促进邮件快件包装产品、技术、模式创新和应用。

第十一条 依法成立的行业组织应当加强行业自律，督促企业执行有关包装管理的法律、法规、规章、标准和规范，引导企业推广绿色包装。

第二章 包装选用

第十二条 寄递企业应当严格执行包装物管理制度，采购使用符合国家规定的包装物。

第十三条 寄递企业应当按照规定使用环保材料对邮件快件进行包装，优先采用可重复使用、易回收利用的包装物，优化邮件快件包装，减少包装物的使用，并积极回收利用包装物。

邮政管理部门应当加强与有关部门的配合，推进对包装物依法实行绿色产品认证，逐步健全行业绿色认证体系。鼓励寄递企业采购使用通过绿色产品认证的包装物。

第十四条 寄递企业应当遵守国家有关禁止、限制使用不可降解塑料袋等一次性塑料制品的规定。

鼓励寄递企业积极回收塑料袋等一次性塑料制品，使用可循环、易回收、可降解的替代产品。

第十五条 寄递企业使用的包装物应当具备保护邮件快件内件物品的功能，并方便封装、运输和拆解。

鼓励寄递企业通过信息化技术与包装物相结合等措施，提升包装实用性。

第十六条 寄递企业使用的包装物中的铅、汞、镉、铬总量以及苯类溶剂残留应当符合国家规定。

禁止使用有毒物质作为邮件快件填充材料。

第十七条 鼓励寄递企业建立可循环包装物信息系统，在分拣、转运、投递等环节提升可循环包装物的使用效率。

鼓励寄递企业之间、寄递企业与包装物供应商等市场主体之间健全共享机制，扩大可循环包装物的应用范围。

第十八条 寄递企业应当根据包装箱内装物最大质量和最大综合内尺寸，选用合适的包装箱。

第十九条 寄递企业应当优先使用宽度较小的胶带，在已有粘合功能的封套、包装袋上减免使用胶带。鼓励寄递企业使用免胶带设计的包装箱。

第二十条 寄递企业应当优化邮件快件包装，加强结构性设计，减少使用填充材料。

第二十一条 寄件人自备包装物、不需要寄递企业提供的，其自备包装物应当符合法律、行政法规以及国务院和国务院有关部门关于禁止寄递物品和限制寄递物品的规定。

前款规定的寄件人为协议用户的，寄递企业应当向其书面告知，其自备的包装物应当符合国家规定。

第二十二条 具备条件的寄递企业应当全面推广使用电子运单，设计、使用电子运单应当注意保护用户信息安全。

第三章 包装操作

第二十三条 寄递企业应当根据相关法律法规以及强制性标准制修订本单位包装操作规范，并按国务院邮政管理部门的规定备案。

第二十四条 寄递企业应当建立并实施从业人员岗前培训、在岗培训制度，加强包装操作知识技能培训。

第二十五条 寄递企业应当按照环保、节约的原则，根据邮件快件内件物品的性质、尺寸、重量，合理进行包装操作，防止过度包装，不得过多缠绕胶带，尽量减少包装层数、空隙率和填充物。

第二十六条 寄递企业应当规范操作和文明作业，避免抛扔、踩踏、着地摆放邮件快件等行为，防止包装物破损。

第二十七条 包装物发生破损时，寄递企业应当按照规范包装要求及时修补并做好邮件快件内件物品的防护。

第二十八条 鼓励寄递企业在其营业场所、处理场所设置包装物回收设施设备，建立健全相应的工作机制和业务流程，对包装物进行回收再利用。

第二十九条 鼓励寄递企业对回收后外形完好、质量达标的包装箱、填充材料等包装物进行再利用；对无法再利用的包装物，按有关规定妥善处理。

第四章 监督管理

第三十条 邮政管理部门应当依照本办法规定加强对寄递企业的监督检查。监督检查以下列事项为重点：

（一）寄递企业建立健全和执行包装管理制度的情况；

（二）寄递企业落实包装操作规范的情况；

（三）寄递企业开展相关培训的情况。

第三十一条 邮政管理部门实施监督检查，可以采取下列措施：

（一）进入寄递企业或者涉嫌发生违反本办法活动的其他场所实施现场检查；

（二）向有关单位和个人了解情况；

（三）查阅、复制有关文件、资料、凭证。

邮政管理部门实施现场检查，可以采取现场监测、采集样品等措施。邮政管理部门对样品进行检测、检验的，应当明确检测、检验的期间，并书面告知当事人。邮政管理部门委托符合法定条件的专业技术组织进行检验、检测的，不免除邮政管理部门的告知义务。

邮政管理部门工作人员对监督检查中知悉的商业秘密，负有保密义务。

第三十二条 邮政管理部门根据履行监督管理职责的需要，可以要求寄递企业报告包装物中一次性塑料制品的使用等情况。

寄递企业报送的信息和数据应当真实、完整。

第三十三条 邮政管理部门建立实施包装物编码管理制度，推动包装物溯源管理。

第三十四条 寄递企业应当协助配合邮政管理部门依法开展的监督检查，如实说明情况并提供文件、资料，不得拒绝或者阻碍。

第三十五条 寄递企业使用的包装物不符合国家规定要求的，邮政管理部门应当责令寄递企业停止使用。

第三十六条 邮政管理部门可以组织评估寄递企业包装管理情况。

第三十七条 邮政管理部门依法记录寄递企业包装违法失信行为信息，并纳入邮政业信用管理。

第三十八条 单位或者个人可以向邮政管理部门举报寄递企业使用不符合国家规定的包装物等违法行为。

邮政管理部门接到举报后，应当及时依法处理。

第五章 法律责任

第三十九条 商标、字号或者寄递详情单所属经营快递业务的企业违反本办法第七条第二款规定，未对邮件快件包装实施统一管理的，由邮政管理部门依照《快递暂行条例》第四十一条的规定予以处罚。

第四十条 寄递企业违反本办法第十六条规定，使用包装物不符合国家规定，或者使用有毒物质作为填充材料的，由邮政管理部门责令限期改正；逾期未改正的，处5000元以上1万元以下的罚款。

第四十一条 寄递企业违反本办法第二十一条第二款规定，未向协议用户书面告知包装物要求的，由邮政管理部门责令限期改正，可以处5000元以下的罚款。

第四十二条 寄递企业违反本办法第二十三条规定，未制定包装操作规范，或者未按要求备案的，由邮政管理部门责令限期改正，可以处3000元以上1万元以下的罚款。

第四十三条 寄递企业违反本办法第二十四条规定，未对从业人员进行包装操作培训的，由邮政管理部门责令限期改正，可以处5000元以上1万元以下的罚款。

第四十四条 寄递企业违反本办法第二十五条规定，对邮件快件的包装操作明显超出邮件快件内件物品包装需求的，由邮政管理部门责令改正，可以处1000元以上5000元以下的罚款。

第四十五条 违反本办法第十四条、第三十二条规定，未遵守国家有关禁止、限制使用不可降解塑料袋等一次性塑料制品的规定，或者未按照邮政管理部门要求报告塑料袋等一次性塑料制品的使用情况的，依照《中华人民共和国固体废物污染环境防治法》第一百零六条的规定执行。

第六章 附 则

第四十六条 经营国际寄递业务的寄递企业应当采取必要措施规范进境邮件快件包装，优先使用环保材料，避免外源性包装污染。

第四十七条 本办法自2021年3月12日起施行。

邮政行政执法监督办法（修正）

交通运输部令2021年第8号

《交通运输部关于修改〈邮政行政执法监督办法〉的决定》已于2021年7月7日经第17次部务会议通过，现予公布，自2021年7月15日起施行。

部长 李小鹏

2021年7月9日

邮政行政执法监督办法

（2020年2月24日交通运输部公布 根据2021年7月9日交通运输部《关于修改〈邮政行政执法监督办法〉的决定》修正）

第一条 为了加强邮政行政执法监督，纠正邮政行政执法中的违法、不当行为，保证涉及邮政的法律、法规及规章的正确实施，促进严格、规范、公正、文明执法，维护公民、法人和其他组织的合法权益，制定本办法。

第二条 邮政管理部门对本机关内设执法机构和下级邮政管理部门的行政执法活动实施监督，适用本办法。

第三条 邮政行政执法监督应当坚持监督检查与指导改进相结合，遵循依法、客观、公正、公开和有错必纠的原则。

第四条 调查处理邮政行政执法中的违法、

不当行为，应当做到事实清楚、证据确凿、程序合法、定性准确、处理恰当。

第五条 邮政管理部门法制工作机构负责邮政行政执法监督工作，承担下列职责：

（一）依法负责邮政行政执法人员的执法资格管理工作；

（二）拟订邮政行政执法监督工作制度；

（三）组织执法案卷评议，对行政执法开展监督调查；

（四）依法办理行政复议、行政应诉事项；

（五）法律、行政法规规定的其他职责。

第六条 邮政管理部门内设执法机构负责行政执法业务指导和督促工作，承担下列职责：

（一）指导和督促下级邮政管理部门依法实施行政执法行为；

（二）指导和督促下级邮政管理部门依法公开行政执法信息；

（三）指导下级邮政管理部门行政执法案卷、用语、装备、场所的规范化工作；

（四）法律、行政法规规定的其他职责。

第七条 邮政管理部门可以组织法律顾问、公职律师参与行政执法监督工作。

第八条 邮政行政执法监督主要包括下列内容：

（一）实施行政处罚、行政强制、行政许可等行政执法行为的合法性、合理性情况；

（二）行政执法信息的主动公开情况；

（三）行政执法场所规范化建设情况；

（四）行政执法案卷和文书制作情况；

（五）法律、行政法规规定的其他事项。

第九条 邮政行政执法人员从事行政执法工作，应当取得行政执法证件。

第十条 邮政管理部门可以依照《中华人民共和国行政处罚法》的规定，书面委托依法成立并符合法定条件的具有管理公共事务职能的组织实施行政处罚相关工作。受委托组织实施的行政行为，由委托机关负责监督，并对该行为的后果承担法律责任。

邮政管理部门可以依照《中华人民共和国行政许可法》的规定，委托下级邮政管理部门实施行政许可相关工作。受委托机关实施的行政行为，由委托机关负责监督，并对该行为的后果承担法律责任。

第十一条 邮政行政执法人员在进行监督检查、调查取证、采取强制措施、送达执法文书等行政执法活动时，应当主动出示行政执法证件，向当事人和相关人员表明身份。

第十二条 实施邮政行政执法，应当按照“谁执法谁公示”的原则，向社会公开下列信息，涉及国家秘密、商业秘密、个人隐私的除外：

（一）作出行政执法行为的法律、法规、规章等法定依据；

（二）本机关发布的涉及行政执法的行政规范性文件；

（三）本机关职能、机构设置、办公地址、办公时间、联系方式、负责人姓名；

（四）随机抽查事项清单；

（五）办理行政许可的条件、程序、时限；

（六）法律、法规、规章和国家有关规定要求主动公开的其他行政执法信息。

对前款规定的信息，邮政管理部门在主动公开后，应当根据法定依据以及机构职责变化等情况进行调整。

第十三条 邮政管理部门应当自作出行政执法决定之日起20个工作日内，向社会公布执法机关、执法对象、执法类别、执法结论等信息，接受社会监督，其中对行政许可、行政处罚的行政执法决定信息应当自作出行政执法决定之日起7个工作日内公开，但是法律、行政法规另有规定的除外。

第十四条 邮政管理部门实施行政处罚、行政强制、行政许可等行政执法行为，应当做到文字记录合法规范、客观全面、及时准确。

第十五条 除法律、法规或者国家规定禁止进行音像记录外，邮政管理部门对直接涉及重大财产权益的现场执法活动和执法办案场所以及对现场执法、调查取证、举行听证、留置送达和公告送达等容易引发争议的行政执法过程,应当使用照相、录音或者录像设备进行音像记录。

第十六条 邮政管理部门应当依法收集、整理行政处罚、行政强制、行政许可等行政执法行为的检查记录、证据材料、执法文书并立卷、归档,按照档案管理规定实行集中统一管理。

第十七条 邮政管理部门可以依法制定本机关行政处罚裁量基准,规范行使行政处罚裁量权。行政处罚裁量基准应当向社会公布。

邮政管理部门适用普通程序办理行政处罚案件的,应当自立案之日起90日内作出行政处罚决定;因案情复杂或者其他原因,不能在规定期限内作出行政处罚决定的,经邮政管理部门负责人批准,可以延长30日。案件办理过程中,中止、听证、公告、检测、检验、检疫、鉴定等时间不计入案件办理期限。

第十八条 邮政管理部门拟作出重大行政执法决定以及法律、法规规定情形的行政处罚决定的,应当在作出决定前进行法制审核。

邮政管理部门应当结合本机关行政执法行为的类别、执法层级、所属领域等因素,明确法制审核事项。

第十九条 进行法制审核的,由邮政管理部门内设执法机构向法制工作机构提供送审材料,对行政执法的事实、证据、法律适用、程序的合法性进行说明。

邮政管理部门内设执法机构应当对送审材料的真实性、准确性、完整性负责。

第二十条 邮政管理部门法制工作机构负责对送审材料涉及的下列事项进行审核:

(一)行政执法人员是否具备执法资格;

(二)行政执法程序是否合法;

(三)案件事实是否清楚,证据是否合法充分;

(四)适用法律、法规、规章是否准确,裁量是否适当;

(五)执法是否符合本机关的法定权限;

(六)行政执法文书是否完备、规范;

(七)违法行为是否涉嫌犯罪、需要移送司法机关。

第二十一条 邮政管理部门法制工作机构对送审材料提出法制审核意见,由内设执法机构按程序一并提交本机关主要负责人批准。

第二十二条 邮政管理部门可以委托法律顾问对送审材料提出建议,供法制工作机构参考。

第二十三条 下级邮政管理部门应当向上一级邮政管理部门书面报告上一年度邮政行政执法总体情况,接受监督、指导。

行政执法年度报告,包括执法制度和执法队伍建设情况,行政许可、行政强制、行政处罚实施情况,以及执法中存在的问题和改进的措施等事项。

第二十四条 对下级邮政管理部门办理的有重大社会影响的行政执法事项,上级邮政管理部门可以要求其书面报告办理行政执法事项的工作信息,加强指导和督促。

第二十五条 上级邮政管理部门可以对下一级邮政管理部门进行执法案卷评议,由法制工作机构组织两名以上评议人员抽查已经结案的行政许可、行政处罚、行政强制等行政执法案卷。

第二十六条 对同级国家权力机关、人民政府或者上级邮政管理部门提出异议的行政执法案件,邮政管理部门应当组织对其内设执法机构的行政执法案卷实施专项执法案卷评议。

对公民、法人、其他组织提出投诉比较集中或者新闻媒体作出重点报道的行政执法案件,邮政管理部门可以参照前款规定实施专项执法案卷评议。

第二十七条 邮政管理部门制定执法案卷评议标准应当符合法律、行政法规、部门规章的规定。

第二十八条 邮政管理部门内设执法机构可以根据执法案卷评议标准组织对行政执法案件进

行评析，对办理行政执法案件以及规范行政执法行为等提出改进措施。

第二十九条 邮政管理部门在实施执法案卷评议过程中发现下级邮政管理部门、本机关内设执法机构的行政执法行为涉嫌违法、不当且严重损害行政相对人合法权益的，应当自发现之日起7个工作日内立案调查。

上级邮政管理部门有权指令下级邮政管理部门实施立案调查或者指令其参与调查。

第三十条 指令下级邮政管理部门实施立案调查或者参与调查的，上级邮政管理部门应当制作《邮政行政执法监督调查通知书》。

受指令实施立案调查或者参与调查的下级邮政管理部门应当自收到《邮政行政执法监督调查通知书》之日起7个工作日内立案调查或者参与调查。

第三十一条 邮政管理部门实施行政执法监督调查时，法制工作机构人员不得少于两人。

第三十二条 邮政管理部门实施行政执法监督调查，可以依法采取下列措施：

（一）询问邮政管理部门负责人、行政执法人员，询问行政相对人或者其他知情人，并制作笔录；

（二）查阅和复制行政执法案卷、账目、票据和凭证，暂扣、封存可以证明存在违法或者不当行政执法行为的文书等材料；

（三）以拍照、录音、录像、抽样等方式收集证据；

（四）召开座谈会、论证会，听取汇报；

（五）要求有关机关、机构、人员提交书面答复。

第三十三条 被监督调查机关、机构及其人员不得拒绝、阻碍行政执法监督调查。

第三十四条 行政执法监督调查事项涉及国家秘密、商业秘密、个人隐私的，邮政管理部门应当依法履行保密义务。

第三十五条 邮政管理部门应当自立案调查之日起60日内完成调查，并作出行政执法监督调查处理决定；情节复杂或者有其他特殊原因的，经本机关负责人批准可以延长，但延长期限不得超过30日。

按上级邮政管理部门的指令实施立案调查的邮政管理部门，应当自作出行政执法监督调查处理决定之日起10个工作日内将监督调查处理结果逐级报告下达指令的邮政管理部门。

第三十六条 邮政管理部门作出行政执法监督调查处理决定前，应当向被监督调查机关、机构告知作出决定的事实、理由和依据，并充分听取其陈述和申辩。

第三十七条 邮政管理部门作出行政执法监督调查处理决定，应当制作《邮政行政执法监督调查处理决定书》。

《邮政行政执法监督调查处理决定书》应当载明下列内容：

（一）被监督调查机关、机构的名称；

（二）认定的事实和理由；

（三）处理的决定和依据；

（四）执行处理决定的方式和期限；

（五）作出处理决定的邮政管理部门名称和日期，并加盖印章。

第三十八条 被监督调查机关、机构无正当理由不履行或者拖延履行法定执法职责的，邮政管理部门应当作出责令其限期履行的决定。

第三十九条 被监督调查机关、机构的行政执法行为有下列情形之一的，邮政管理部门应当决定予以撤销、变更或者确认其违法：

（一）主要事实不清、证据不足的；

（二）适用依据错误的；

（三）违反法定程序的；

（四）超越或者滥用职权的；

（五）行政执法行为明显不当的；

（六）法律、行政法规规定的其他情形。

被监督调查机关、机构实施行政处罚违反法定程序构成重大且明显违法或者实施行政处罚没有依据、不具有行政主体资格的,邮政管理部门应当确认行政处罚无效。

第四十条 撤销、变更行政执法行为,不适用下列情形:

(一)撤销、变更行政执法行为可能对公共利益造成重大损害的;

(二)行政执法行为违法,但不具有可撤销、变更内容的;

(三)法律、行政法规规定的其他情形。

因前款情形,具体行政行为不予撤销、变更的,被监督调查机关、机构应当采取补救措施。

第四十一条 邮政管理部门决定撤销行政执法行为、确认行政执法行为违法或者确认行政处罚无效的,可以责令被监督调查机关、机构在一定期限内重新作出行政执法行为。

第四十二条 被监督调查机关、机构作出的行政执法行为有下列情形之一的,邮政管理部门应当责令其以书面形式进行补正或者更正:

(一)未载明行政执法决定作出日期的;

(二)程序存在瑕疵,但未对公民、法人或者其他组织合法权益造成影响的;

(三)需要补正或者更正的其他情形。

第四十三条 邮政管理部门可以向被监督调查机关、机构提出改进行政执法工作的意见建议。

被监督调查机关、机构应当根据意见建议改进行政执法工作,并按要求报告改进情况。

第四十四条 邮政管理部门可以内部通报行政执法典型案例。

第四十五条 公民、法人或者其他组织不服邮政管理部门及其工作人员的职务行为,可以向上级或者本级邮政管理部门提出建议、意见或者投诉请求。

第四十六条 公民、法人或者其他组织认为邮政管理部门的行政执法行为侵犯其合法权益的,可以依法申请行政复议或者提起行政诉讼。

邮政管理部门应当依法办理行政复议和行政应诉。

第四十七条 有下列情形之一的,由上一级邮政管理部门责令限期改正;情节严重或者拒不改正的,予以批评:

(一)未按要求报送行政执法总体情况的;

(二)未按要求向社会主动公开执法信息的;

(三)法律、行政法规、部门规章规定的其他情形。

第四十八条 邮政管理部门在实施行政执法监督过程中,发现下级邮政管理部门、本机关内设执法机构存在多次违法、不当行政执法行为的,可以约谈该邮政管理部门、内设执法机构的负责人。

第四十九条 邮政管理部门在实施行政执法监督过程中,发现存在违法违纪行为需要追责问责的,应当移交有权机关根据有关规定处理。

第五十条 本办法自2020年5月1日起施行。交通运输部于2014年12月7日以交通运输部令2014年第18号公布的《邮政行政执法监督办法》同时废止。

经营进出境邮政通信业务审批工作细则

2021 年 12 月 27 日　国邮发〔2021〕73 号文件发布

第一章　总　　则

第一条　为规范经营进出境邮政通信业务审批工作，根据《中华人民共和国邮政法》《中华人民共和国行政许可法》和《国务院对确需保留的行政审批项目设定行政许可的决定》（国务院令第 412 号）、《国务院关于取消和调整一批行政审批项目等事项的决定》（国发〔2014〕50 号）、《国务院关于取消和下放一批行政许可事项的决定》（国发〔2020〕13 号）和其他有关法律、行政法规的规定，制定本细则。

第二条　本细则规定的经营进出境邮政通信业务，是指邮政企业以外依法设立的境内企业通过与邮政企业签订协议，对尚未出境或者已依法进境的进出境邮件提供收寄、分拣、封发、储存、交换、转运、投递等环节服务或者进出境邮件的用户信息处理服务以及国家规定的其他经营事项。

第三条　国务院邮政管理部门和省、自治区、直辖市邮政管理机构以及按照国务院规定设立的省级以下邮政管理机构（以下统称邮政管理部门）依法负责经营进出境邮政通信业务审批的管理工作。

第四条　经营进出境邮政通信业务应当经邮政管理部门依法批准，并接受邮政管理部门及其他有关部门的监督管理。

未经批准，邮政企业以外的单位或者个人不得擅自经营进出境邮政通信业务。

第二章　许 可 条 件

第五条　申请经营进出境邮政通信业务的，应当具备下列条件：

（一）是依法设立且存续的企业法人；

（二）与当地邮政企业签订以经营进出境邮政通信业务为目的的委托代理协议、服务外包协议或者大客户协议等，且申请经营的范围不超过协议中约定的服务环节和经营地域；

（三）有与申请经营的服务环节和地域范围相适应的服务能力；

（四）有健全的安全保障制度和措施，包括保障寄递安全、服务人员和用户人身安全、用户信息安全的制度，符合国家标准的各项安全措施；

（五）具备严格的保密管理制度，包括保密管理规定、保密纪律、保密责任制度等，且制度中规定了定期开展保密培训和保密自查的要求；

（六）有统一的计算机管理系统，配置符合邮政管理部门规定的信息数据接口，能够根据邮政管理部门要求提供寄递邮件的有关信息数据；

（七）企业信誉良好，具有统一社会信用代码，且未被列入经营异常名录、严重违法失信企业名单、失信被执行人名单或者有关部门公布的黑名单；

（八）法律、行政法规、国务院决定及国务院邮政管理部门规定的其他条件。

第六条　申请经营收寄、分拣、投递环节服务的，除具备本细则第五条规定的条件外，还应当具备下列条件：

（一）有固定的、封闭的、面积适宜的处理邮件的场所，设有退回邮件保管场地，场所能够满足邮政管理部门及相关国家机关依法履行职责的要求；

（二）有与从事经营活动相适应的生产设备、监控设备、通讯及信息传输设备、安检设备等；

（三）有相关的服务质量管理制度和业务操作规范，能够提供服务承诺、实名收寄、收寄验视、业务查询、退回邮件处理、服务赔偿、投诉受理等服务。

第七条 外商不得投资经营邮政通信业务。

第三章 许可程序

第八条 申请在单一省、自治区、直辖市经营进出境邮政通信业务的，应当向所在地省、自治区、直辖市邮政管理机构提出申请；申请跨省、自治区、直辖市经营进出境邮政通信业务的，应当向国务院邮政管理部门提出申请。

本条第一款规定的邮政管理部门可以依照《中华人民共和国行政许可法》以及《邮政行政执法监督办法》的规定委托下级邮政管理部门实施经营进出境邮政通信业务审批相关工作。

第九条 申请经营进出境邮政通信业务的，应当向邮政管理部门提交下列申请材料：

（一）经营进出境邮政通信业务申请表；

（二）企业法人营业执照正、副本原件；

（三）与邮政企业签订的协议、场地情况说明以及本细则第五条、第六条规定条件的其他相关材料；

（四）国务院邮政管理部门规定的其他材料。

邮政管理部门使用互联网信息系统接收申请材料的，国务院邮政管理部门可以统一简化申请材料的提交形式。

第十条 申请人提交的申请材料齐全、符合法定形式的，邮政管理部门应当出具受理申请通知书；申请材料不齐全或者不符合法定形式的，邮政管理部门应当自收到材料之日起5个工作日内一次性告知申请人需要补正的全部材料。

第十一条 邮政管理部门应当自受理之日起20个工作日内对申请材料进行审查，做出批准或者不予批准的决定。予以批准的，颁发经营进出境邮政通信业务批准文件并公告；不予批准的，书面通知申请人并说明理由。20个工作日内不能做出决定的，经邮政管理部门负责人批准，可以延长10个工作日，并将延长期限的理由告知申请人。

邮政管理部门可以根据工作实际情况向申请人明确办理经营进出境邮政通信业务审批的承诺时限。承诺时限应当少于法定时限。

邮政管理部门审查经营进出境邮政通信业务的申请，可以进行实地核查，确认申请人满足许可条件。

第十二条 经营进出境邮政通信业务批准文件应当明确许可的服务事项、地域范围和有效期。

第四章 许可管理

第十三条 经营进出境邮政通信业务的企业应当按照邮政管理部门许可的服务事项、地域范围和有效期经营进出境邮政通信业务，并遵守邮政管理部门关于邮件寄递服务质量、安全的规定。

第十四条 经营进出境邮政通信业务的企业应当按照国务院邮政管理部门的规定报送统计资料。

经营进出境邮政通信业务的企业收寄邮件的，应当使用符合国家有关要求的实名收寄信息系统，与国家实名收寄信息监管平台联网，及时收集、录入、报送实名收寄信息，并确保有关数据的真实、准确、完整。

第十五条 除国务院及国务院邮政管理部门另有规定外，经营进出境邮政通信业务的企业不得为境外邮政在境内收寄邮递物品及转移出境提供服务或者条件。

第十六条 经营进出境邮政通信业务的企业在邮政管理部门许可的地域范围内设立分公司、营业部等非法人分支机构的，自分支机构取得营业执照之日起20日内到做出经营进出境邮政通信业务批准决定的邮政管理部门备案。

在邮政管理部门许可的地域范围外设立分公司、营业部等非法人分支机构的，经营进出境邮政通信业务的企业应当先按照本细则第三章的规定取得批准文件，新设立的分支机构方可办理进出境邮政通信业务。

第十七条 经营进出境邮政通信业务的企业的企业名称、企业类型、股权关系、经营地域和分支机构等事项发生变更的,应当在变更后30日内到做出经营进出境邮政通信业务批准决定的邮政管理部门办理变更手续,并换领批准文件。

第十八条 经营进出境邮政通信业务批准决定的有效期为5年。

经营进出境邮政通信业务的企业需要延续批准决定有效期的,应当在有效期届满30日前向作出批准决定的邮政管理部门提出申请;未在有效期届满30日前提出申请的,邮政管理部门可以不再受理。

第十九条 经营进出境邮政通信业务的企业应当在每年4月30日前向邮政管理部门提交经营进出境邮政通信业务年度报告。

第二十条 在经营进出境邮政通信业务批准决定的有效期内,经营进出境邮政通信业务的企业和当地邮政企业的协议即将到期的,应当提前30个工作日以上与邮政企业协商确定是否延续协议。与邮政企业协商确定延续协议的,应当在协议到期日前,向做出经营进出境邮政通信业务批准决定的邮政管理部门提供协议延续的书面说明;与邮政企业未延续协议的,应当在协议到期日前向做出经营进出境邮政通信业务批准决定的邮政管理部门书面报告。

第二十一条 有下列情形之一的,邮政管理部门应当依法注销经营进出境邮政通信业务批准决定:

(一)经营进出境邮政通信业务批准决定有效期届满未延续的;

(二)企业法人依法终止的;

(三)经营进出境邮政通信业务批准决定依法被撤销、撤回的,或者经营进出境邮政通信业务批准文件依法被吊销的;

(四)因不可抗力导致经营进出境邮政通信业务无法实施的;

(五)法律、法规规定的其他情形。

第二十二条 邮政管理部门应当依法公告经营进出境邮政通信业务批准决定以及变更、注销信息,并在有关网站上提供被许可企业基本信息的查询服务。

第二十三条 经营进出境邮政通信业务批准文件的格式和编号规则由国务院邮政管理部门统一制定。

第二十四条 邮政管理部门依法对取得经营进出境邮政通信业务批准文件的企业进行监督检查和信息统计。被检查企业及有关单位或者个人应当配合邮政管理部门依法实施的监督检查和统计管理。

第五章 附 则

第二十五条 邮政企业经营进出境邮政通信业务的管理制度,另行规定。

第二十六条 本细则自2021年12月27日起施行。国家邮政局于2015年9月14日以国邮发〔2015〕207号文件发布的《经营邮政通信业务审批工作细则(试行)》同时废止。

救灾捐赠包裹寄递服务和安全管理规定

国邮发〔2021〕37号

各省、自治区、直辖市邮政管理局、应急管理厅(局)、民政厅(局),新疆生产建设兵团应急管理局、民政局:

为规范重大自然灾害期间救灾捐赠包裹寄递服务和安全管理,保障寄递渠道安全畅通和救灾活动有序开展，国家邮政局、应急管理部和民政部共同研究制定了《救灾捐赠包裹寄递服务和安全管理规定》，现印发给你们，请遵照执行。

邮政局

应急部

民政部

2021 年 5 月 6 日

救灾捐赠包裹寄递服务和安全管理规定

第一条 为规范救灾捐赠包裹寄递服务，保障救灾捐赠包裹寄递安全，支持救灾捐赠工作有序开展，根据《中华人民共和国邮政法》《中华人民共和国公益事业捐赠法》《中华人民共和国慈善法》《自然灾害救助条例》以及《邮政业寄递安全监督管理办法》等法律、行政法规及国家有关规定，制定本规定。

第二条 重特大自然灾害发生后，应急管理部门和民政部门动员、组织开展救灾捐赠活动期间，邮政企业、快递企业寄递救灾捐赠包裹，以及邮政管理部门、应急管理部门和民政部门实施相关监督管理，适用本规定。

第三条 本规定所称救灾捐赠包裹，是指在重特大自然灾害发生后开展的救灾捐赠活动期间，各地应急管理部门和慈善组织为做好救灾物资保障工作，解决灾区急需的物资短缺问题，以邮件、快件形式寄往灾区的捐赠物品。

第四条 救灾捐赠包裹寄递服务和安全管理坚持依法履职、部门协调、各司其职、政企联动、安全有序的工作方针，保障寄递渠道畅通和包裹安全，服务救灾工作高效开展。

第五条 邮政管理部门、应急管理部门和民政部门应当加强信息沟通和协调配合，根据救灾捐赠活动需要和邮政行业实际情况，协商制定救灾捐赠包裹寄递服务和安全保障工作方案，明确寄递活动的起止时间、地域范围、慈善组织范围、服务对象、物品种类以及其他要求，并以适当方式部署实施。

第六条 邮政企业、快递企业应当积极参与救灾捐赠包裹寄递活动，为应急管理部门和慈善组织提供优质、安全、高效的寄递服务，并且可以适当减免寄递费用。邮政管理部门和应急管理部门可以根据邮政企业、快递企业参与救灾捐赠包裹寄递工作情况，在车辆通行、补贴奖励等方面协调争取政策支持。

第七条 邮政企业、快递企业在救灾捐赠包裹寄递活动中，应当优先保障救灾捐赠包裹寄递服务和安全，可以根据实际情况延后处理其他邮件、快件，并向用户进行解释说明。

第八条 为保障灾区抢险救灾工作有序进行，提高捐赠物资使用效率，灾区应急管理部门应当及时发布灾区急需的救灾物资清单。

第九条 各地应急管理部门和慈善组织向灾区寄递捐赠物品应当提前与灾区对接确认物资需求，按照灾区急需，规范有序捐赠。

第十条 各地应急管理部门和慈善组织向邮政企业、快递企业交寄救灾捐赠包裹时，应当提前沟通协调，妥善安排交接，遵守禁寄物品管理规定和国家其他有关规定，配合邮政企业、快递企业做好收寄验视工作，防止各类禁寄物品进入寄递渠道。

第十一条 邮政企业、快递企业应当加强救灾捐赠包裹投递管理，提前与灾区应急管理部门、民政部门和慈善组织进行沟通协调，合理安排救灾捐赠包裹投递交接工作。灾区应急管理部门和慈善组织应当提前做好接收救灾捐赠包裹各项准备工作,确保顺利交接。

第十二条 邮政企业、快递企业可以将救灾捐赠包裹与其他邮件、快件进行区分,实施单独处理,优化作业流程,减少中转环节,提高救灾捐赠包裹寄递效率。鼓励邮政企业、快递企业使用救灾捐赠包裹专用运单或者标识。

第十三条 邮政企业、快递企业应当向交寄救灾捐赠包裹的应急管理部门和慈善组织提供及时、准确的寄递信息查询服务,遇有特殊情况主动进行通报。鼓励邮政企业、快递企业建设救灾捐赠包裹寄递预约、查询信息平台。

第十四条 邮政企业、快递企业应当依法加强救灾捐赠包裹寄递活动安全管理,加强收寄验视,保证生产安全。

第十五条 因突发事件导致救灾捐赠包裹受损或者积压时,邮政企业、快递企业应当妥善进行应急处置,及时组织疏运,防止损失扩大,并向所在地邮政管理部门报告。

第十六条 邮政管理部门应当和应急管理部门加强救灾捐赠包裹寄递活动监测预警和信息沟通,指导邮政企业、快递企业根据灾区客观条件和救灾捐赠情况变化及时调整生产操作,保证寄递渠道安全畅通。

第十七条 根据灾区寄递渠道运行负荷情况和安全管理需要,邮政企业、快递企业可以优先收寄应急管理部门和慈善组织的捐赠物品,引导其他组织或者个人通过其他方式办理捐赠事宜。

第十八条 邮政管理部门应当依法对邮政企业、快递企业救灾捐赠包裹寄递服务和安全管理工作进行监督检查,邮政企业、快递企业应当予以配合。

第十九条 发生自然灾害以外的其他重大突发事件时,邮政管理部门、相关业务主管部门和民政部门可以参照本规定开展应急捐赠包裹寄递和安全监督管理等工作。

第二十条 本规定自发布之日起施行。国家邮政局、民政部于 2016 年 5 月 25 日以国邮发〔2016〕57 号文件印发的《赈灾包裹寄递服务和安全管理规定》同时废止。

助力 乡村振兴

2021年12月8日，中国年度第1000亿件快递诞生，是一箱从四川省眉山市多悦镇正山口村寄出的爱媛橙，由中通承运。“千亿锦鲤”是90后女孩儿张富熔，看到快递进村机遇，她回到老家四川眉山正山口村创业，帮助乡亲们销售柑橘。

“去年7月，村子里开设了快递服务站，中通快递进村揽收，发货成本比镇上更便宜，为我的网销创业之路奠定了坚实基础。”返乡不到一年，张富熔已经通过快递帮助乡亲们销售柑橘近10万斤。

2021年，中通快递年发货量超过千万件的金牌农产品数量增加到12个，以稳健的“快递进村”服务，持续助力特色农产品上行。

连接 千城百业

胡春青，山东菏泽曹县大集镇胡楼村里出的第一个博士。2018年中国科学院博士毕业后，他回到老家曹县大集镇，一边继续研读学业，一边帮助爱人孟晓霞一起创业，在线上经营演出服装和汉服生意。

通过快递，胡春青的网店2021年销售额突破1000万元，而曹县大集镇成为全国排名第二的超大型淘宝村集群。

截至2021年12月31日，中通网点数量超过30400个，直接网络合作伙伴5700余名。2021年服务大小电商客户超150万个。2021年以来，中通快递加速进村，不断加大加密“县、乡、村”三级快递服务体系，乡镇覆盖率超过93.5%。

跨境 服务海外

29岁的齐沙隆在柬埔寨最大的服装和化妆品批发市场——金边奥林匹克市场，拥有一家中通国际快递门店。随着跨境电商的蓬勃发展，齐沙隆的快递生意也蒸蒸日上。

“我相信快递业在柬埔寨的发展潜力。目前我们门店每天业务量超过200票，且还在持续上升。”齐沙隆介绍，像他这样的中通一级加盟商在柬埔寨还有114个，覆盖全境省份，为当地提供了上千个工作岗位。

截至2021年12月31日，中通已经在东南亚6个国家（越南、柬埔寨、老挝、缅甸、新加坡、泰国）及非洲5个国家（尼日利亚、肯尼亚、加纳、乌干达、摩洛哥）布局了本土快递业务。

ZTO 中通快递 ZTO EXPRESS

用我们的产品 造就更多人的幸福

保障 民生所需

00后姑娘聂莲莲和父母在安徽省马鞍山市博望镇长裕村共同经营着一家“兔喜生活+”门店。3年多来，这个“家庭式”组合为全村700多户村民提供了生活所需。

长裕村大大小小的机械加工厂有72家，年纪轻的大部分都到厂子里上班，年纪长的村民基本以养殖螃蟹作为主要生活来源。

兔喜门店不仅把村民们的快件送到家门口，还提供了螃蟹产品上门揽收服务，为蟹农降本增收。

截至2021年12月31日，中通快递全网共拥有末端门店70000+个，兔喜快递超市品牌升级为兔喜生活+，加入商业及生活服务能力，向多元的社区服务延展。

支撑 就业创业

“从我的名字中就可以看出从小家境贫穷，要不父母咋会给我取名叫有房呢！”任有房来自陕西省渭南县的农村，2016年6月，他结束在外打工生涯，返乡就近就业，加入中通，成为一名快递小哥。

6年时间，有房送出了50余万个快递包裹，也让自己在老家县城“有了房”。

目前，中通全网有30余万快递小哥，过去一年，中通快递推出“四个一”系列举措，在关爱快递小哥、加强小哥权益保障方面加大投入不断创新，保障快递小哥美好生活。

守护 绿水青山

在上海嘉定马陆网点，负责人吴善飞又采购了一台自动打包机。

“按照网点一天正常4000米胶带使用量，用自动打包机可以每天减少胶带纸芯废弃量74卷。”同时，吴善飞还将45毫米宽度的胶带替换成42毫米。“既环保，还能降低成本。”吴善飞统计，仅窄胶带一项，全年下来就可以为网点节约20余万元。

中通快递碳排放强度连续四年下降，2021年全网投入使用绿色循环中转袋超1500万个，减少一次性编织袋的使用超15亿个，减少产生垃圾超13.5万吨，电子面单使用率达100%，瘦身胶带使用率近100%，快递废弃物回收装置超2万个。

绿色邮政
绿色发

中国邮政
CHINA POST

绿色邮政 绿动未来

纸箱

展
EMS

构建数字生态 成就全球客户
实现共同富裕 享受美好生活

顺丰构建数字时代的智慧供应链生态，成为重塑全球商业文明和生产方式的底盘，助力全球企业实现卓越！

为消费者提供更便捷、更可靠、更贴心的服务，做幸福生活的传递者！

SF

AIRLINES
顺丰航空

圆通之家

圆通微博

圆通抖音

中国　上海市青浦区新协路28号
TEL:95554　www.yto.net.cn

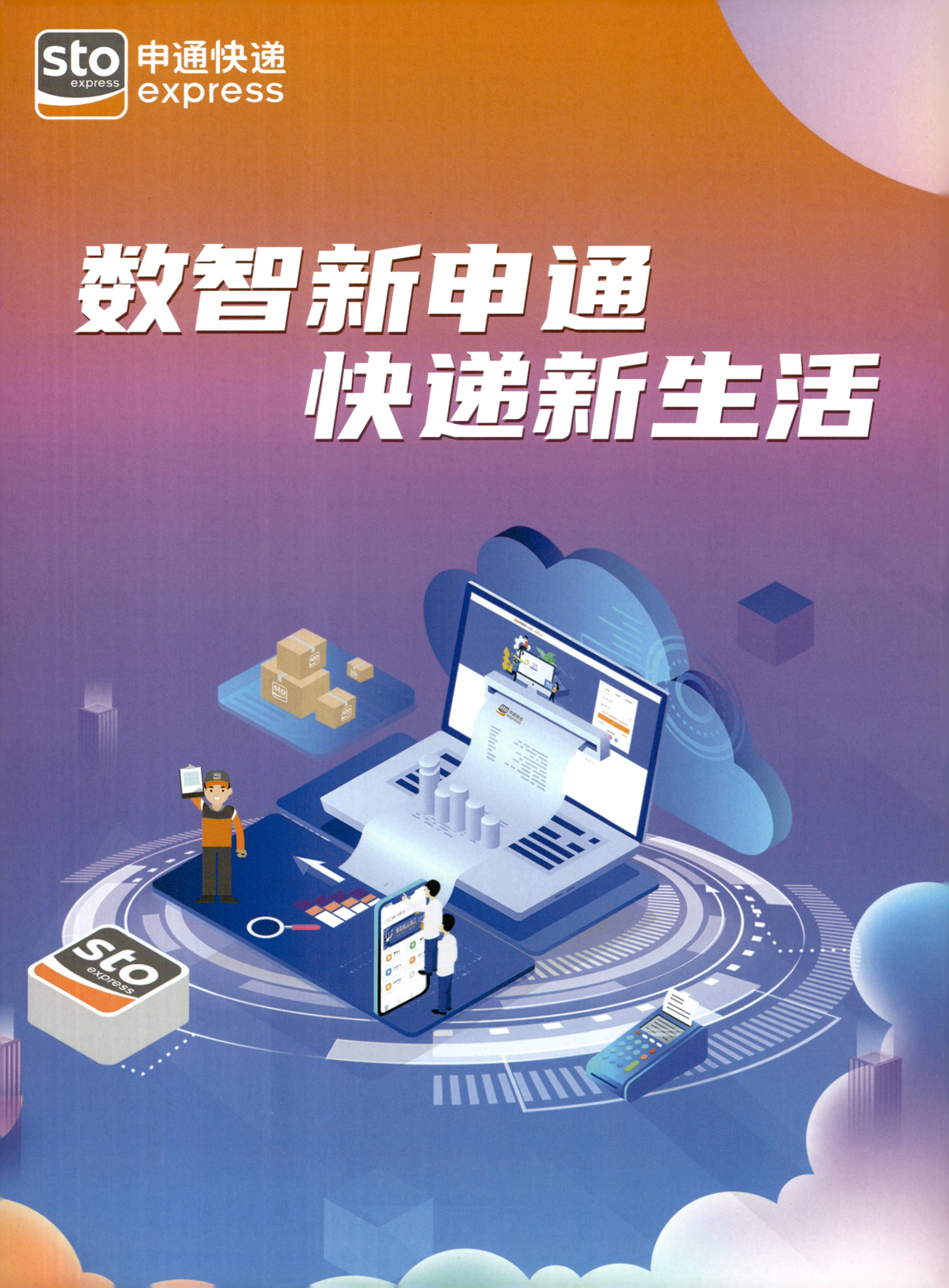
申通快递
express
数智新申通
快递新生活

第三章 快递发展相关规划

“十四五”邮政业发展规划

邮政业是国家重要的社会公用事业，是服务生产、促进消费、畅通循环的现代化先导性产业。邮政体系是国家战略性基础设施和社会组织系统之一，为国脉所系、发展所需、民生所依。加快邮政业高质量发展，对巩固党的执政基础、促进经济社会发展、服务改革开放大局和满足人民美好生活需要具有重要意义。根据《中华人民共和国国民经济和社会发展第十四个五年规划和2035年远景目标纲要》《交通强国建设纲要》《国家综合立体交通网规划纲要》《“十四五”现代综合交通运输体系发展规划》《邮政强国建设行动纲要》等，结合邮政业发展实际，制定本规划。

“十三五”时期，邮政业深化改革取得积极突破，依法治邮取得积极进展，全面从严治党取得积极成效，治理能力现代化积极推进。行业规模、创新活力、服务能力、综合实力跃上新台阶，基础性战略性先导性作用显著增强，对一二三产业支撑和赋能力度更加凸显。截至“十三五”末，邮政业年业务收入突破万亿元，与国内生产总值比值超过1%，年均增速达22%。行业日均服务用户超过5亿人次，快递业务量稳居世界第一，累计新增就业超过100万人。邮政网络覆盖深度有效提升，建制村实现直接通邮，快递网点基本实现乡镇全覆盖，快递通达国家和地区大幅拓展。助力脱贫攻坚、推动绿色发展、维护行业安全取得明显成效。有效应对自然灾害和重大突发事件，在新冠肺炎疫情防控和复工复产中发挥了重要作用。“十三五”规划目标任务顺利完成，为开启邮政强国建设新征程奠定了坚实基础。

当前和今后一个时期，邮政业发展仍然处于重要战略机遇期，机遇大于挑战。一方面，我国已转向高质量发展阶段，人民美好生活用邮需要更加旺盛，创新驱动更加有力，产业融合更加协调，政策环境更加优越，依法治理更加规范，邮政业发展具有诸多优势和条件。另一方面，当今世界正经历百年未有之大变局，国际环境日趋复杂，新冠肺炎疫情影响广泛深远，不稳定性不确定性明显增加，行业发展不平衡不充分问题仍然突出，城乡和区域发展不平衡、国内与国际发展不平衡、服务消费与服务生产不平衡，创新能力不适应高质量发展要求，安全绿色发展、提升服务质效等方面亟待加强，基层从业人员保障存在短板，加快推进治理能力现代化任重道远。“十四五”期间，必须认清矛盾变化，把握发展规律，抓住机遇，应对挑战，努力在危机中育先机，于变局中开新局。

一、总体要求

（一）指导思想

以习近平新时代中国特色社会主义思想为指导，深入贯彻党的十九大和十九届历次全会精神，弘扬伟大建党精神，按照统筹推进“五位一体”总体布局和协调推进“四个全面”战略布局要求，坚持稳中求进工作总基调，完整、准确、全面贯彻新发展理念，落实加快建设交通强国要求，以推动邮政业高质量发展为主题，以深化邮政业供给侧结构性改革为主线，以改革创新为根本动力，以满足人民日益增长的美好生活用邮需要为根本目的，以快递“进村进厂出海”为重要抓手，统筹发展和安全，推进高效能治理，健全畅通高效、普惠便捷的国内寄递物流服务体系，打造开放共享、安全可靠的国际寄递物流服务体系，实现邮政事业和邮政产业协同发展，实现发展质量、结构、规模、速度、效益、安全相统一，为建设人民满意、保障有力、世界前列的邮政强国开好局、起好步，为建设现代化经济体系、构建新发展格局提供有力支撑。

（二）基本原则

坚持普惠均等。坚持人民共享发展成果，促进城乡区域、国际国内协调发展，强化通政便民利商功能。优化邮政业公共服务供给，巩固提升邮政普遍服务均等化水平，推动快递服务更为便捷更广覆盖更加优质。

坚持市场主导。充分发挥市场在资源配置中的决定性作用，更好发挥政府作用，推动有效市场和有为政府更好结合。营造更加开放包容、公平有序的市场环境。坚持依法治理、综合治理，有效弥补市场失灵。

坚持创新驱动。坚持创新在邮政强国建设全局中的核心地位，加强创新体系和创新能力建设，激发行业创新活力。强化自主创新，推动跨界融合，加快由“互联网+”向“智能+”升级，打造发展新优势。

坚持安全发展。贯彻总体国家安全观，统筹传统安全和非传统安全，把安全发展贯穿行业发展全过程。坚守安全底线，落实安全责任，提升安全技术，夯实安全基础，着力提高行业安全发展水平。

坚持绿色环保。加快建立与绿色发展理念相适应的法律、标准、政策体系。统筹做好行业碳达峰、碳中和工作，促进绿色低碳、集约共享和循环发展，全面提升行业绿色发展水平。

（三）主要目标

按照“服务全领域、激活全要素，打造双高地、畅通双循环”的思路，到2025年，我国邮政业在规模实力、基础网络、创新能力、服务水平、治理效能等方面实现新跃升，在经济社会发展中的基础性战略性先导性作用更加突出，在全球邮政业发展中的地位更加凸显。

1. 规模实力：到2025年，邮政业年业务收入超过1.8万亿元，与国内生产总值比值达到1.3%左右。快递业务量超过1500亿件。日均服务用户超过9亿人次。形成多个年业务量超过200亿件或年业务收入超过2000亿元的邮政快递品牌。年支撑网上零售额超过15万亿元，支撑制造业产值超过2万亿元，带动农产品销售超过1万亿元。邮政业从业人员数实现大幅增长。

2. 基础网络：寄递物流网络深入城乡、通达全球。枢纽智能高效、干线衔接顺畅、末端稳固便捷，形成日峰值超12亿件的处理能力。城市地区智能收投设施更好满足多元化需求，农村地区基本实现建制村直接收投邮件快件。国际邮件快件进出境通道更加畅通。

3. 创新能力：创新驱动发展取得明显成效，技术创新、业态创新、模式创新实现新突破，研发经费投入明显增长。智能装备及技术应用水平明显提升。建成若干国家重点实验室、国家工程研究中心和60家以上行业技术研发中心，取得一批具有重大影响的创新成果，重点领域科技研发应用水平居世界前列。

4. 服务水平：寄递服务质量不断提升，用户满意度保持较高水平。形成多类型、多层次的服务体系，服务更高效、收投更便捷、渠道更安全，更好满足生产生活需要。邮政普遍服务均等化水平稳步提高，快递服务便捷化、定制化程度明显提升。

5. 治理效能：邮政管理体系更加适应发展需要。法规标准制度体系更加完善，依法行政能力和效率进一步提升。治理方式创新取得重大进展，智慧监管、协同监管能力稳步提高，安全、绿色发展水平显著提升，经济运行监测、风险预警处置能力明显增强，从业人员合法权益得到更好保障。

到2035年，基本建成邮政强国，成为交通强国重要标志。实现网络通达全球化、设施设备智能化、发展方式集约化、服务供给多元化，基本实现行业治理能力现代化。邮政业规模体量和发展质量大幅跃升。基本达到国内重点城市1天、周边国家主要城市3天和全球主要城市5天的寄递时限水平。邮政业发展更好适应人民日益增长的美好生活需要,更好适应我国基本实现社会主义现代化的要求。

专栏1 "十四五"时期邮政业发展主要指标

类别	指　标	2020年	2025年	年均增速/增量[累计]
规模实力	1.邮政业业务收入(亿元)	11038	18000	10.3%
	2.邮件快件业务量(亿件)	1089	1770	10.2%
	3.快递业务收入(亿元)	8795	15000	11.3%
协调发展	4.西部地区建制村邮件周投递3次及以上比例(%)	94.7	>99	[>4.3]
	5.建制村快递服务通达率(%)	50	>90	[>40]
	6.国际快递网络覆盖国家和地区数(个)	>70	>85	[>15]
服务水平	7.快递服务总体满意度(分)	76.7	≥80	[≥3.3]
	8.直辖市、省会城市间邮件全程时限(天)	3	<3	—
	9.重点地区快递服务72小时准时率(%)	77.1	80	[2.9]
创新发展	10.CR8企业研发经费投入增长(%)	—	—	>12
绿色发展	11.可循环快递包装保有量(万个)	200	>1000	[>800]
安全发展	12.邮件快件生产安全事故发生率(起/百亿件)	—	—	[-15%]

注:[ ]内为五年累计数。

二、主要任务

(一)巩固发展邮政事业

1.加强普遍服务保障。调整优化邮政普遍服务范围。推动邮政法关于设立邮政普遍服务基金规定的落地,完善支持邮政发展的资金政策,健全补贴资金绩效考核制度,健全邮政普遍服务保障机制。推动邮政企业混合所有制改革。落实中央有关改革要求,实现邮政普遍服务业务与竞争性业务分业经营。

2.提升邮政服务水平。修订邮政普遍服务标准。缩短邮件寄递时限,实现全程跟踪查询。全面推进乡镇邮政局所标准化规范化信息化,巩固建制村直接通邮成果,提升投递深度和频次。加强相关邮政设施建设,实现抵边自然村邮政服务普遍覆盖。提升党报党刊投递服务水平,提高《人民日报》县(市)当日见报率。推进主题邮局建设,更好服务于宣传、文化、旅游业发展。充分利用邮政网络平台,拓展政务、便民、电商、金融等服务。

3.保障机要通信安全。(略)

专栏2 邮政机要通信工程(略)

(二)加快壮大邮政产业

4.培育壮大市场主体。引导企业健全现代企业制度,优化内部管理和利益分配机制。支持企业通过发行债券、上市等多种方式拓宽融资渠道,加强资本运作和战略合作。鼓励创新创业创造,推动形成大中小企业融合互补、多元主体竞合发展的产业格局。鼓励企业加强市场和资源整合,打造综合型寄递物流供应链集团。

5.提升快递服务质效。修订快递服务标准。加快补齐服务短板,提高标准化、智能化水平。规范快递服务加盟经营行为,完善质量统一管理制度。优化快递服务满意度调查和时限测试工作。

开展快递服务质量品牌创建行动。发展航空快递、高铁快递。提升快运、快递服务站、仓递一体化等服务能力。适应智慧经济、平台经济、共享经济发展，支持新业态新模式发展。

6. 推进产业协同融合。深化快递与电商协同，健全适应农村电商、跨境电商和新兴电商发展的服务体系。巩固拓展脱贫攻坚成果，服务乡村振兴战略，打造快递服务现代农业示范项目，建设农村电商快递协同发展示范区，支持脱贫地区特别是边远农村特色产业发展壮大。促进快递业与制造业深度融合，聚焦汽车、服装、消费品、电子信息、生物医药等领域，加快嵌入产业链价值链。加强冷链快递设施建设，提升生鲜产品、生物医药等领域服务能力。支持发展供应链金融和供应链管理咨询服务。加快与交通、旅游、教育、健康、养老等产业协同，发展专业化服务。

7. 推动区域协调发展。支持东部创新突破，夯实中部发展基础，补齐西部服务短板，激发东北发展活力。推进革命老区、民族地区和边境地区服务水平稳步提升。落实京津冀协同发展、长江经济带发展、粤港澳大湾区建设、长三角一体化发展、推进海南全面深化改革开放、黄河流域生态保护和高质量发展、成渝地区双城经济圈建设等区域发展重大战略，提升区域网络辐射和产业带动能力。支持雄安新区邮政业高标准、高质量建设与发展。因地制宜推动城市群、都市圈快递服务同城化。积极融入城镇化建设。

专栏3　冷链快递工程

支持引导企业建设集约、共享、多品种、全环节的冷链快递体系。引导企业参与国家骨干冷链物流基地建设。鼓励企业自建或租赁大型冷库、产地预冷仓、冷链分拣处理中心、社区级冷藏库等。支持企业使用冷藏车、冷藏箱等标准化、智能化运输设施设备。聚焦温度敏感型制造业需求，提供温控供应链服务。推进冷链快递与电商融合，发展“生鲜电商＋冷链宅递”服务。

专栏4　快递进厂工程

加快拓展快递服务制造业范围，发展入厂物流、线边物流、逆向物流、国际供应链等融合发展新模式。培育100个快递业与制造业深度融合典型项目和20个深度融合发展先行区。推动配套建设公共仓储和寄递服务设施，适应大中型制造业工厂、园区的供应链服务需求。

（三）完善寄递网络体系

8. 加强枢纽布局建设。实施邮政快递枢纽能力提升工程，打造布局合理、智能高效的现代枢纽，培育辐射全国、通达国际的枢纽集群。结合国土空间规划编制，推进邮政快递枢纽与国家物流枢纽、综合交通枢纽统筹规划建设。完善重要节点的境外航空快递枢纽布局。优化快递物流园区布局，加强智慧园区建设。推动在铁路、机场、城市轨道和主要港口等交通站场建设邮政快递专用处理场所、运输通道、装卸设施。发展枢纽经济，打造“寄递枢纽＋关联产业”快递经济区。

9. 提升干线运输能效。充分发掘综合交通运输潜能，布局航空、铁路、公路、水运邮路，构建多种运输方式合理利用、顺畅衔接的邮政快递干线运输网络。拓展航空寄递网络，支持扩大邮政快递航空货运机队规模，协调优化航班时刻等资源配置。推进铁路寄递网络建设，拓展铁路运输邮件快件规模。升级优化公路运输能力，积极发展甩挂运输。支持有条件区域利用水路运输资源。推动重要交通枢纽邮件快件集中安检、集中上机（车），发展航空、铁路、水运快递运载设施设备。推广应用多式联运，推进数据互通、标准衔接、一单到底、一检到底、一箱到底。

10. 建强寄递末端网络。推动城市居住社区配建邮政快递服务场所和设施,在街坊中心配置快递货物集散站。在城镇老旧小区改造中,因地制宜开展智能快件箱、智能信包箱和邮政快递末端综合服务站改造建设。加强农村网络设施资源共享,鼓励共同分拣、共同运输、共同收投。加快完善农村寄递物流体系,大力推进村级寄递物流综合服务站建设。加快农村邮路汽车化。支持推广无人车、无人机运输投递,加强配套场地和设施建设,发展无接触服务。

专栏5　邮政快递枢纽能力提升工程

依托国家综合立体交通网布局,加强北京天津雄安、上海南京杭州、武汉(鄂州)郑州长沙、广州深圳、成都重庆西安等5个全球性国际邮政快递枢纽集群建设,提升区域性国际邮政快递枢纽和全国性邮政快递枢纽能力。加强邮政国际寄递中心建设,优化国际邮件互换局(交换站)布局,支持建设和改造南京、南昌、郑州、长沙、南宁、成都、西宁、大连、义乌等10余处邮件处理中心和国际邮件互换局(交换站)。推进国际邮件、快件、跨境电商综合处理场所改造和建设。在海南自由贸易港、自由贸易试验区、跨境电商综合试验区、边境(跨境)经济合作区和重点口岸所在城市,加快进出境快件处理中心建设。

专栏6　快递进村工程

支持村级寄递物流综合服务站建设。引导企业通过多种方式延伸服务网络,实现乡乡有网点、村村有服务。建设一批农村电商快递协同发展示范区,打造300个快递服务现代农业示范项目,大力支撑农业转型、农品出村、农民增收。支持使用汽车、无人机等多种方式收投邮件快件。

(四)发展国际寄递物流

11. 拓展海外服务布局。推进邮政业更好服务"一带一路"建设,落实区域全面经济伙伴关系协定(RCEP)等多双边协定。加快构建多点支撑的境外寄递枢纽,聚焦运输、仓储和收投等环节,增强国际寄递网络的连通性和稳定性,鼓励建设海外仓和境外地面服务网络。面向东南亚、东北亚等周边区域,加快结点成网,形成区域网络优势。面向欧洲、北美和大洋洲的重要贸易伙伴,拓宽双向寄递通道。面向中东、非洲和南美洲等地区,增强网络连接,挖掘市场潜力。

12. 提升跨境服务能力。鼓励寄递企业提升跨境干线运力和供应链一体化服务能力,完善多语种客服响应、全程跟踪查询和涉外纠纷处理机制。引导寄递企业之间集约共享清关资源,加强与银行、支付、保险等金融机构开展业务对接,提升通关、结算和换汇效率。引导寄递企业充分利用海外市场调查、国别政策法律咨询等专业化服务,拓展境外业务,保障合规经营,强化风险管控。

专栏7　快递出海工程

巩固提升境内国际寄递枢纽能力。引导企业在政策环境佳、地理位置优、运输条件好、寄递业务量大的境外城市建设全球和区域国际寄递枢纽。强化境内外国际寄递枢纽的联通和合作,提升转运效率。因地制宜提升航空、铁路、海运、公路等国际运输能力,支持企业自营全货机国际运输。推进中欧班列运邮常态化,推动渝新欧、义新欧、郑新欧等中欧班列运邮规模化发展。鼓励企业完善东南亚等周边国家境外地面网络,引导企业多种方式布局建设海外仓。提升国际寄递物流服务能力。

（五）推进行业科技创新

13. 健全科技研发体系。推动构建寄递企业、科技企业、高等院校、科研院所“四位一体”的邮政业科技研发体系。鼓励企业和社会加大研发投入，支持申报国家重点实验室、国家工程研究中心，加快建设行业技术研发中心，提升行业技术创新能力。建立科研任务“揭榜挂帅”等制度，完善科技成果评审办法。创新科技成果转化机制，促进新技术产业化规模化应用。更好发挥邮政业科技创新战略联盟、科技委员会和专家咨询库作用。

14. 完善技术标准体系。系统构建邮政业标准体系，增强技术标准供给。加强标准制修订，做好行业间标准衔接，健全标准实施效果评估机制，强化标准复审。推动标准化试点。出台一批基础通用、安全发展、智能互联、绿色环保、服务多元等技术标准。制定若干具有国际影响力的邮政业技术标准，增强国内标准与国际标准衔接转化力度。发挥好邮政业标准化委员会作用。

15. 打造技术产品体系。出台“十四五”邮政业应用技术研发指南。加快智能安检系统、智能视频监控系统、智能语音申投诉系统、通用寄递地址编码等产品推广应用。强化重大项目攻关与试点，推进互联网、大数据、人工智能、云计算、区块链、第五代移动通信、物联网、数字地图、北斗导航等先进技术同产业深度融合，培育新技术、新产品。

16. 建立科技测评体系。支持发展行业标准试验验证、检验检测认证等服务。推进行业科技测评认证中心建设，构建科技产品及标准测评体系。鼓励第三方机构开展行业科技测评。加大对强制性国家标准相关产品的检验检测力度，大力实施快递包装绿色产品认证。

17. 发掘行业数据价值。加快产业数字化。推进寄递物品、场所、人员、车辆、设施等全环节数字化、智能化。推进全流程多维度数据采集，完善数据资源体系。推动行业相关数据汇聚整合、系统应用，打造企业数据共享交换平台。加强行业数据管理，实现跨领域、跨部门、跨层级安全有序共享交换。推进数字产业化。优化完善中国快递发展指数体系，强化政府决策、市场监测、公共服务等方面基础数据服务。推动与平台经济、共享经济更好融合，形成数据驱动发展的新格局。

专栏8　智慧邮政建设工程

加快完善数字化、可视化、智能化寄递网络，推广应用智能装备设施，发展智能收投、智能仓储、机器人分拣、无人化运输。推广动态路由、智能调度等智慧运营系统。丰富完善聚合下单、全程跟踪监测、定制化投递、智能客服等智慧服务功能。推进行业信息基础设施升级改造，建设大数据中心等基础设施。在海南自由贸易港、深圳建设中国特色社会主义先行示范区等具备条件的地区进行试点，打造邮政业数字经济示范区。

（六）提高行业安全水平

18. 强化行业安全管理。加强行业安全法规体系、机构队伍建设，完善寄递安全联合监管等机制，着力维护国家安全、公共安全和行业安全稳定。完善和落实行业安全生产责任制，强化企业主体责任、政府部门监管责任和属地管理责任，建立企业全员安全生产责任制度，推进生产作业场地安全管理标准化规范化建设，提升行业本质安全水平。加强寄递渠道安全风险预警和防控，严格执行实名收寄、收寄验视、过机安检制度，提升禁寄物品识别和安全查验智能化信息化能力。开展“平安寄递”行动，重点做好寄递渠道反恐禁毒、扫黄打非、打击侵权假冒和危险品禁寄等专项工作。强化重要时段、重点地区、重大活动安全保障。继续推进“绿盾”工程建设，提升安全监管智能化水平。

19. 加强网络数据安全。严格落实网络安全工作责任制，完善行业网络安全、数据安全有关标准规范。在网络建设和运营过程中，同步规划、建设、使用有关安全保护措施，严格落实国家关于等保、关保、密评等有关要求。加强行业关键信息基础设施保护，组织编制相关规划，强化行业指导和监督。加强行业重要数据和个人信息保护。建设网络安全保护平台，依托平台和大数据开展实时监测、风险评估、通报预警、应急处置等工作。加强行业网络安全教育培训，建立行业网络安全、数据安全专家库。

20. 健全行业应急体系。完善行业应急管理机制和应急预案体系，构建多级联动、政企协同的行业突发事件应急指挥体系，提升应急演练质量，提高行业突发事件风险防范和应急处置效能。强化寄递安全应急保障工作机制，推动建立行业安全保障和应急处置补偿制度。加快构建应急寄递物流体系，积极参与国家应急指挥协调机制和应急物资保障体系建设，推动邮政快递核心枢纽与国家应急物资储备设施统筹规划建设，提升应急物资仓储、快速调配、紧急运输和投递能力。

专栏9 寄递渠道安全监管"绿盾"工程(二期)

运用大数据、云计算、区块链、人工智能等技术，加强寄递风险预警、智慧安全监管、数据开放共享、行业生态安全保障、安全基础支撑保障。强化"事前预警、事中处置、事后溯责、全程信用"监管能力，健全"全要素、全业态、全链条"安全监管体系，形成"智能化、精细化、协同化"安全监管新格局。完善安全监管基础设施，健全信息支撑体系和安全支撑体系。

(七)促进行业绿色发展

21. 健全绿色制度体系。推动相关法律法规对邮政快递绿色发展进行制度性规范，出台《邮件快件包装管理办法》等部门规章。制定邮政业绿色低碳发展实施意见等政策性文件。制定绿色包装、低碳作业和节能减排等系列标准。加快实施可降解包装产品标识制度。坚持约束与激励并举，建立导向清晰、规范明确的绿色发展管理制度。建立企业年度减塑情况和塑料袋等一次性塑料制品使用、回收情况报告制度。

22. 推进包装绿色转型。全面提升快递包装减量化、标准化、循环化水平。加强邮政快递领域塑料污染治理，推进包装材料源头减量，提升绿色环保包装材料与可循环快递包装应用比例。推进快递包装规范化，大力推广简约包装和包装模数化，杜绝过度包装。推动电商与快递包装协同治理，促进用品通用、标准统一、平台互认。持续增加绿色产品供给，规范和加强快递包装废弃物回收和再利用。

23. 促进绿色低碳发展。推动企业落实节能减排要求。推动建立邮政业碳排放核算、报告和核查机制，适应碳达峰、碳中和要求，明确碳排放统计方式方法，加强节能减排管控。推广使用新能源和清洁能源运输车辆。推进智能分仓、科学配载、线路优化、循环共用。加快建设一批绿色网点、绿色分拨中心、绿色园区。加强基础设施建设节约集约用地。推进生态环保信息化监管，完善行业生态安全保障体系。

(八)提升现代治理能力

24. 完善行业法规制度。推动修改邮政法和快递暂行条例，研究修订邮政法实施细则或制定邮政服务条例，出台邮件快件收寄验视和安全检查管理办法，修订邮政业标准化、快递市场、仿印邮票图案等管理办法，推动寄递新业态等领域立法。健全重大决策合法性审查机制和事前评估事后评价制度。完善政策制定和执行机制，强化政策实施评估。持续深化行政审批制度改革。编制并实行行政权责清单制度。完善公平竞争、外商投资安全审查制度。健全行政裁量权基准制度，规范执法自由裁量权。鼓励地方在法规、制度、标准等方面探索创新。

25. 加强治理能力建设。加强自身建设，打造与治理能力现代化相适应的管理队伍。适应邮政业发展需要，积极推动省、市级邮政业安全中心、县级机构等支撑体系建设。提升依法行政能力，维护市场秩序，坚决反对垄断和不正当竞争行为。坚持包容审慎监管，加强快递服务站、智能快件箱、即时寄递等新业态新模式服务与管理。在海南自由贸易港、自由贸易试验区等创新监管机制。完善用户申诉处理机制，更好保护消费者合法权益。优化从业环境，做好快递员群体合法权益保障工作。

26. 形成协同治理合力。完善部门间协同治理机制，加强政策协同、联合监管和执法联动，加强审批的协同办理。建立健全信用信息共享、联合惩戒、信用修复机制，强化信用监管。加强对无序竞争、差异派费等问题治理。支持行业协会强化行业自律功能。拓宽群众参与行业治理渠道，建强邮政业社会监督员队伍。进一步深化国际和港澳台交流合作，积极参与万国邮联和区域邮政组织事务，加强与海关、铁路、民航等领域国际组织的沟通交流。

27. 提升数字治理水平。推动邮政业数字政府建设，提升“一网通办”的智能化便利化水平。构建数字技术辅助决策机制，提高行业精准监测、预测预警水平。建立健全行业公共数据资源目录和责任清单制度，推动行业公共数据汇聚和开放共享。打造“数字邮管”，建立数字化全流程协同监管机制。提高执法智能化水平，推进在线监管和非现场执法。加强融媒体建设。

三、保障措施

（一）坚持党的领导。坚持党对邮政业的全面领导，深入学习贯彻习近平新时代中国特色社会主义思想，增强“四个意识”、坚定“四个自信”、做到“两个维护”，把党的领导贯穿到规划实施全过程。始终坚持党要管党、全面从严治党，深入推进党风廉政建设和反腐败斗争，构建巡视巡察上下联动的监督网，为实现规划目标任务提供坚强的政治保证。加强基层党组织建设，扎稳抓实指导推动行业党建工作责任，发挥基层党组织战斗堡垒作用和党员先锋模范作用。加强邮政业文化和精神文明建设，弘扬邮政优良传统，发扬“小蜜蜂”“雪线邮路”等精神，选树行业先进典型，广泛开展岗位建功和文明创建活动。

（二）加强政策保障。加强规划衔接协调，注重邮政业规划与国民经济社会发展、国土空间、城乡建设等规划衔接。协调地方政府出台支持邮政快递业发展政策。保障基础设施建设合理用地需求。贯彻交通运输领域中央与地方财政事权和支出责任划分改革要求，协调推动地方落实在行业发展、安全发展、绿色发展、末端设施建设等方面的支出责任。支持企业就符合规划方向和有关条件的邮政快递项目申请各类专项资金。积极争取快递物流领域投资并购跨境换股试点政策。

（三）推进人才强邮。坚持新时代好干部标准，打造忠诚干净担当的邮政管理干部队伍。大规模开展职业技能培训，鼓励从业人员参加等级认定，推进专业技术职称评审，壮大高水平技术技能人才队伍，培养和引进国际化人才。推进邮政相关学科专业建设，支持共建现代产业学院和行业人才培养基地。深化产教融合，深入实施产学合作协同育人项目，鼓励学校、科研机构、行业协会和企业联合培养创新型、应用型、技能型行业人才。

（四）强化实施管理。各级邮政管理部门要扎实开展规划宣贯实施，使规划成为统一认识、凝聚力量、引领发展的重要载体。年度工作目标任务要与规划目标任务有效衔接，推动重大项目工程、重大政策、重大改革举措按时间节点落地实施。要健全规划实施、政策协调和工作协同机制，抓好规划年度监测、中期评估、总结评估，确保如期实现规划各项目标任务。

第四章 快递标准(索引)

快递服务制造业仓配信息交换规范

https://www.spb.gov.cn/gjyzj/c100009/c100012/202201/a9ce0525855b4c13a743b5de42813233.shtml

快递服务与电子商务信息交换规范

https://www.spb.gov.cn/gjyzj/c100009/c100012/202201/a9ce0525855b4c13a743b5de42813233.shtml

智能信包箱

https://www.spb.gov.cn/gjyzj/c100009/c100012/202201/a9ce0525855b4c13a743b5de42813233.shtml

邮件快件限制过度包装要求

https://www.spb.gov.cn/gjyzj/c100009/c100012/202201/a9ce0525855b4c13a743b5de42813233.shtml

寄递包装射频识别(RFID)应用技术要求

https://www.spb.gov.cn/gjyzj/c100009/c100012/202201/a9ce0525855b4c13a743b5de42813233.shtml

农产品寄递服务及环保包装要求

https://www.spb.gov.cn/gjyzj/c100009/c100012/202201/a9ce0525855b4c13a743b5de42813233.shtml

邮件快件智能X射线安全检查设备技术要求

https://www.spb.gov.cn/gjyzj/c100009/c100012/202201/a9ce0525855b4c13a743b5de42813233.shtml

第五章 快递政策

关于加快农村寄递物流体系建设的意见

国办发〔2021〕29号

各省、自治区、直辖市人民政府，国务院各部委、各直属机构：

农村寄递物流是农产品出村进城、消费品下乡进村的重要渠道之一，对满足农村群众生产生活需要、释放农村消费潜力、促进乡村振兴具有重要意义。近年来，农村寄递物流体系建设取得了长足进步，与农村电子商务协同发展效应显著，但仍存在末端服务能力不足、可持续性较差、基础设施薄弱等一些突出问题，与群众的期待尚有一定差距。为加快农村寄递物流体系建设，做好“六稳”“六保”工作，经国务院同意，现提出如下意见。

一、指导思想

以习近平新时代中国特色社会主义思想为指导，深入贯彻党的十九大和十九届二中、三中、四中、五中全会精神，认真落实党中央、国务院决策部署，立足新发展阶段、贯彻新发展理念、构建新发展格局，坚持以人民为中心的发展思想，健全县、乡、村寄递服务体系，补齐农村寄递物流基础设施短板，推动农村地区流通体系建设，促进群众就业创业，更好满足农村生产生活和消费升级需求，为全面推进乡村振兴、畅通国内大循环作出重要贡献。

二、原则目标

坚持以人民为中心、惠及民生。提升农村寄递服务能力和效率，聚焦农产品进城“最初一公里”和消费品下乡“最后一公里”，助力农民创收增收，促进农村消费升级。

坚持市场主导、政府引导。有效市场和有为政府紧密结合，以市场化方式为主，主动打通政策堵点，引导各类市场主体创新服务模式，积极参与农村寄递物流体系建设。

坚持完善体系、提高效率。强化顶层设计，发挥寄递物流体系优势，促进线上线下融合发展，进一步畅通农村生产、消费循环。

坚持资源共享、协同推进。支持邮政、快递、物流等企业共建共享基础设施和配送渠道，与现代农业、电子商务等深度融合，因地制宜打造一批协同发展示范项目，引领带动农村地区寄递物流水平提升。

到2025年，基本形成开放惠民、集约共享、安全高效、双向畅通的农村寄递物流体系，实现乡乡有网点、村村有服务，农产品运得出、消费品进得去，农村寄递物流供给能力和服务质量显著提高，便民惠民寄递服务基本覆盖。

三、体系建设

（一）强化农村邮政体系作用。在保证邮政普遍服务和特殊服务质量的前提下，加强农村邮政基础设施和服务网络共享，强化邮政网络节点重要作用。创新乡镇邮政网点运营模式，承接代收代办代缴等各类农村公共服务，实现“一点多能”，提升农村邮政基本公共服务能力。发挥邮政网络在边远地区的基础支撑作用，鼓励邮政快递企业整合末端投递资源，满足边远地区群众基本寄递需求。支持邮政企业公平参与农村寄递服务市场竞争，以市场化方式为农村电商提供寄递、仓储、金融一体化服务。（国家邮政局牵头，国家发展改革委、财政部、商务部、国家乡村振兴局、中国邮政集团有限公司等相关单位及各地区按职责分工负责）

（二）健全末端共同配送体系。统筹农村地区寄递物流资源，鼓励邮政、快递、交通、供销、商贸流通等物流平台采取多种方式合作共用末端配送网络，加快推广农村寄递物流共同配送模式，有效降低农村末端寄递成本。推进不同主体之间标准互认和服务互补，在设施建设、运营维护、安全责任等方面实现有效衔接，探索相应的投资方式、服务规范和收益分配机制。鼓励企业通过数据共享、信息互联互通，提升农村寄递物流体系信息化服务能力。（商务部、交通运输部、国家邮政局牵头，国家发展改革委、农业农村部、国家乡村振兴局、供销合作总社、中国邮政集团有限公司等相关单位及各地区按职责分工负责）

（三）优化协同发展体系。强化农村寄递物流与农村电商、交通运输等融合发展。继续发挥邮政快递服务农村电商的主渠道作用，推动运输集约化、设备标准化和流程信息化，2022 年 6 月底前在全国建设 100 个农村电商快递协同发展示范区，带动提升寄递物流对农村电商的定制化服务能力。鼓励各地区深入推进“四好农村路”和城乡交通运输一体化建设，合理配置城乡交通资源，完善农村客运班车代运邮件快件合作机制，宣传推广农村物流服务品牌。（交通运输部、商务部、国家邮政局、中国邮政集团有限公司等相关单位及各地区按职责分工负责）

（四）构建冷链寄递体系。鼓励邮政快递企业、供销合作社和其他社会资本在农产品田头市场合作建设预冷保鲜、低温分拣、冷藏仓储等设施，缩短流通时间，减少产品损耗，提升农产品流通效率和效益。引导支持邮政快递企业依托快递物流园区建设冷链仓储设施，增加冷链运输车辆，提升末端冷链配送能力，逐步建立覆盖生产流通各环节的冷链寄递物流体系。支持行业协会制定推广电商快递冷链服务标准规范，提升冷链寄递安全监管水平。邮政快递企业参与冷链物流基地建设，可按规定享受相关支持政策。（国家发展改革委、财政部、交通运输部、农业农村部、商务部、国家邮政局、国家乡村振兴局、供销合作总社、中国邮政集团有限公司等相关单位及各地区按职责分工负责）

四、重点任务

（一）分类推进“快递进村”工程。在东中部农村地区，更好发挥市场配置资源的决定性作用，引导企业通过驻村设点、企业合作等方式，提升“快递进村”服务水平。在西部农村地区，更好发挥政府推动作用，引导、鼓励企业利用邮政和交通基础设施网络优势，重点开展邮政与快递、交通、供销多方合作，发挥邮政服务在农村末端寄递中的基础性作用，扩大“快递进村”覆盖范围。引导快递企业完善符合农村实际的分配激励机制，落实快递企业总部责任，保护从业人员合法权益，保障农村快递网络可持续运行。（国家邮政局牵头，国家发展改革委、财政部、人力资源社会保障部、交通运输部、商务部、供销合作总社、中国邮政集团有限公司等相关单位及各地区按职责分工负责）

（二）完善农产品上行发展机制。鼓励支持农村寄递物流企业立足县域特色农产品和现代农业发展需要，主动对接家庭农场、农民合作社、农业产业化龙头企业，为农产品上行提供专业化供应链寄递服务，推动“互联网＋”农产品出村进城。发挥农村邮政快递网（站）点辐射带动作用，2022 年 6 月底前建设 300 个快递服务现代农业示范项目,重点支持脱贫地区乡村特色产业发展壮大,助力当地农产品外销,巩固拓展脱贫攻坚成果。(农业农村部、商务部、国家邮政局牵头,供销合作总社、中国邮政集团有限公司等相关单位及各地区按职责分工负责)

(三)加快农村寄递物流基础设施补短板。各地区依托县域邮件快件处理场地、客运站、货运站、电商仓储场地、供销合作社仓储物流设施等建设县级寄递公共配送中心;整合在村邮政、快递、供销、电商等资源,利用村内现有公共设施,建设村级寄递物流综合服务站。鼓励有条件的县、乡、村布设智能快件(信包)箱。推进乡镇邮政局(所)改造,加快农村邮路汽车化。引导快递企业总部加大农村寄递网络投资,规范管理农村寄递网点,保障网点稳定运行。统筹用好现有资金渠道或专项政策,支持农村寄递物流基础设施改造提升。(国家发展改革委、财政部、交通运输部、农业农村部、商务部、国家邮政局、国家乡村振兴局、供销合作总社、中国邮政集团有限公司等相关单位及各地区按职责分工负责)

(四)继续深化寄递领域“放管服”改革。简化农村快递末端网点备案手续,取消不合理、不必要限制,鼓励发展农村快递末端服务。修订《快递市场管理办法》和《快递服务》等标准,规范农村快递经营行为,鼓励探索符合农村实际的业务模式。鼓励电商企业、寄递企业和社会资本参与村级寄递物流综合服务站建设,吸纳农村劳动力就业创业。加强寄递物流服务监管和运输安全管理,完善消费者投诉申诉机制,依法查处未按约定地址投递、违规收费等行为,促进公平竞争,保障群众合法权益。支持有条件的地区健全县级邮政快递监管工作机制和电商、快递协会组织,加强行业监管和自律。(国家邮政局及各地区按职责分工负责)

五、组织落实

各地区、各相关部门和单位要充分认识加快农村寄递物流体系建设的重要意义,强化责任落实、加强协调配合,按照本意见提出的要求,结合实际研究制定配套措施,及时部署落实。各地区要将农村寄递物流体系建设纳入相关规划和公共基础设施建设范畴,落实地方财政支出责任,支持村级寄递物流综合服务站建设,认真抓好任务落实。各相关部门要建立工作协调机制,研究出台相应支持政策,及时总结推广典型经验做法。国家邮政局要加强工作指导和督促检查,重大情况及时报告国务院。

国务院办公厅

2021 年 7 月 29 日

关于做好快递员群体合法权益保障工作的意见

交邮政发〔2021〕59 号

各省、自治区、直辖市人民政府:

快递员群体是指从事快递收寄、分拣、运输、投递和查询等服务工作的广大劳动者。近年来,我国快递员群体规模不断扩大,已经成为新产业新业态新模式就业群体的重要组成部分,是畅通经济循环、推动消费升级、促进创业就业、增进民生福祉、维护社会稳定的重要参与者、实践者和推动者,为我国经济社会发展作出了积极贡献。同时,快递员群体也存在着职业归属感不强、社会保障不足、劳动强度与工资收入不匹配等问题,在改善生产条件、融入城市生活等方面还存在不少困难。为切实保障快递员群体合法权益,促进快递业持续健康发展，经国务院同意，现提出以下意见。

一、总体要求

（一）指导思想。

以习近平新时代中国特色社会主义思想为指导，全面贯彻落实党的十九大和十九届二中、三中、四中、五中全会精神，坚持以人民为中心的发展思想，坚持共同富裕方向，坚持法治化、规范化、市场化工作路径，坚持问题导向、标本兼治，落实企业主责，强化政府责任，凝聚工作合力，切实实现好、维护好、发展好快递员群体的合法权益。

（二）基本原则。

依法保障，注重公平。着力解决好快递员群体最关心、最直接、最现实的合法权益问题，保障在劳动就业、社会保险、医疗卫生、职业培训等方面应享有的法定权利。兼顾效率与公平，统筹处理好促进企业发展和维护快递员合法权益的关系，让快递员群体更广泛地共享改革发展成果。

企业主责，强化治理。落实企业主体责任，调动企业与快递员积极性、主动性，推动双方协商共事、机制共建、效益共创、利益共享。强化政府作用，注重引导、服务与监督并重，督促企业依法依规用工，采取务实举措加强对涉及快递员群体切身利益问题的监督管理。

齐抓共管，综合施策。各部门分工负责、合力推进，地方政府强化管理，维护快递末端稳定运行，发挥协会行业自律功能，动员社会各方积极参与，形成协同共治良好格局。创新制度供给，加强工作衔接，注重统筹推进、部门协同、上下联动，为快递员群体生产与生活提供便利条件和有效保障。

目标导向，循序渐进。既要有针对性地加快解决当前面临的现实问题，又要依靠改革和发展，着力构建从根本上保障快递员群体合法权益的体制机制。各项制度措施要处理好改革、发展、稳定的关系，聚焦重点，精准发力，有序推进。

（三）主要目标。

到“十四五”末，快递员群体合法权益保障的相关制度机制基本健全，快递员群体薪资待遇更趋合理，社保权益得以维护，专业技能有效提高，企业用工更加规范，从业环境更加优化，就业队伍更加稳定，职业的自我认同和社会认同持续增强，快递员群体的获得感、幸福感、安全感持续提升。

二、主要任务

（一）形成合理收益分配机制。制定《快递末端派费核算指引》，督促企业保持合理末端派费水平，保证末端投递基本支出，保障快递员基本劳动所得。引导电商平台和快递企业加强系统对接，满足差异化服务需求，保障用户自主选择权。依法服务和保障快递领域投资行为。加强监督检查，依法查处不正当价格竞争，规范对寄自特定区域的快件实施非正常派费结算等可能损害快递员权益的行为。（国家发展改革委、商务部、市场监管总局、国家邮政局和各地方人民政府按职责分工负责）

（二）保障快递员合理劳动报酬。引导工会组织、快递协会建立行业工资集体协商机制，确定快递员最低劳动报酬标准和年度劳动报酬增长幅度。指导快递协会研究制定《快递员劳动定额标准》。开展快递员工资收入水平监测并定期发布，指导企业科学设定快递员工资水平，引导快递员合理确定工资预期。加强劳动保障监察执法，依法保障快递员按时足额获得工资。推动企业确定合理劳动定额，落实带薪休假制度，保障快递员休息休假权利。（人力资源社会保障部、国家邮政局、全国总工会和各地方人民政府按职责分工负责）

（三）提升快递员社会保险水平。鼓励快递企业直接用工，提高自有员工比例。督促企业依法与快递员签订劳动合同并缴纳社会保险费，依法规范使用劳务派遣。对用工灵活、流动性大的基层快递网点，可统筹按照地区全口径城镇单位就业人员平均工资水平或营业额比例计算缴纳工伤保险费，优先参加工伤保险。推动企业为快递员购买人身意外保险。探索建立更灵活、更便利的社会保险经办管理服务模式。（人力资源社会保障部、国家邮政局和各地方人民政府按职责分工负责）

（四）优化快递员生产作业环境。督促企业严格执行安全生产相关标准，加大资金投入、配齐劳保用品、升级作业装备、改善工作环境，确保生产作业安全。督促企业加强职业操守、服务规范、安全生产和应急处置等方面教育培训。健全完善对快递末端服务车辆的包容性管理，提供通行停靠便利。引导快递企业和工会组织加大投入，推进基层网点“会、站、家”一体化建设。（国家邮政局、全国总工会和各地方人民政府按职责分工负责）

（五）落实快递企业主体责任。修订《快递市场管理办法》，明确企业总部在网络稳定、快递员权益保障等方面的统一管理责任。结合快递业态发展新趋势新特点，修订《快递服务》国家标准。将落实快递员权益保障情况纳入行业诚信体系建设范畴。指导企业完善考核机制，遏制“以罚代管”，加强对恶意投诉的甄别处置，拓宽快递员困难救济渠道。组织开展快递员权益保障满意度调查并按品牌发布。（交通运输部、国家邮政局和各地方人民政府按职责分工负责）

（六）规范企业加盟和用工管理。末端备案网点损害快递员合法权益的，由该网点的开办企业依法承担责任。快递企业与快递员之间符合建立劳动关系情形的，按照劳动保障法律法规承担相应责任。支持快递协会制定并推广加盟协议推荐文本，明确依法用工和保障快递员合法权益要求。督促企业制定劳动管理规章制度时听取工会、快递员代表意见，充分履行民主决策程序。（国家邮政局、人力资源社会保障部、全国总工会和各地方人民政府按职责分工负责）

（七）加强网络稳定运行监管。对企业重大经营管理事项开展风险评估，加强部门间信息共享和协同治理。快递服务出现快件积压、网络阻断、员工大量离职等严重异常情况，对该区域直接责任主体依法实施应急整改，发布消费提示，并复核该品牌的区域服务能力。支持企业工会建立劳动关系风险评估和化解机制，有效维护末端网点稳定。（国家邮政局、人力资源社会保障部、市场监管总局、全国总工会和各地方人民政府按职责分工负责）

（八）完善职业发展保障体系。推动职业技能等级认定和技能培训，定期组织开展全国邮政行业职业技能竞赛、全国“互联网＋”快递业创新创业大赛。支持在快递企业成立工会组织，依法履行维权和服务职责。做好属地法律援助和心理疏导。推荐先进快递员作为各级“两代表一委员”人选，畅通参政议政渠道。按照国家有关规定开展全国邮政行业先进集体、劳动模范和先进工作者评选表彰活动，增强快递员的职业认同感、荣誉感。（人力资源社会保障部、国家邮政局、全国总工会和各地方人民政府按职责分工负责）

三、保障措施

（九）注重部门协同。交通运输部、国家邮政局、国家发展改革委、人力资源社会保障部、商务部、市场监管总局、全国总工会要加强部际联系，强化协同配合和政策衔接，形成齐抓共管的合力。及时总结推广制度成果，协调解决意见实施中遇到的问题，重大情况及时按程序请示报告。（各部门按职责分工负责）

（十）落实地方责任。各地要提高政治站位，进一步增强做好快递员群体合法权益保障工作的责任感和紧迫感，制定实施方案，出台配套政策，细化任务措施，加强统筹协调，完善工作机制，抓好工作落实。将邮政快递纳入各级地方社会稳定管理体系，研究将快递员群体纳入当地住房医疗和子女教育等民生保障体系，健全县级邮政监管机制。（各地方人民政府负责）

（十一）强化宣传引导。持续开展关爱快递员

“暖蜂行动”，通过报纸、广播电视、互联网、新媒体等传媒手段，创新宣传方式，增强宣传效果，大力宣传快递员群体先进典型以及权益保障工作有效做法，广泛凝聚社会共识，营造良好社会氛围。（各部门按职责分工负责）

交通运输部　国家邮政局　国家发展改革委
人力资源社会保障部　商务部　市场监管总局
全国总工会
2021 年 6 月 23 日

关于推进基层快递网点优先参加工伤保险工作的通知

人社厅发〔2021〕101 号

各省、自治区、直辖市及新疆生产建设兵团人力资源社会保障厅（局）、邮政管理局：

党中央、国务院高度重视快递员群体合法权益保障问题。2021 年 6 月，经国务院批准，交通运输部、国家邮政局、国家发展改革委、人力资源社会保障部、商务部、市场监管总局、全国总工会联合印发《关于做好快递员群体合法权益保障工作的意见》（交邮政发〔2021〕59 号，以下简称《意见》），明确提出提升快递员社会保险水平，允许用工灵活、流动性大的基层快递网点优先参加工伤保险。为深入落实《意见》要求，加强快递员群体工伤保障，现就推进基层快递网点优先参加工伤保险有关工作通知如下：

一、工作原则

推进工作应注重把握以下原则：一是支持行业发展，聚焦解决快递员群体工伤保障问题，促进快递业持续健康发展；二是规范企业用工，督促企业依法用工并参加社会保险，促进企业间开展公平竞争；三是创新工作方式，适应行业特点简化优化流程，提升保障效能；四是兼顾市场公平，统筹处理企业发展和维护快递员合法权益的关系，鼓励商业保险作为补充保障方式。

二、参保范围

快递企业应当依法参加各项社会保险。快递企业使用劳务派遣方式用工的，应督促劳务派遣公司依法参加社会保险。用工灵活、流动性大的基层快递网点可优先办理参加工伤保险，其中，已取得邮政管理部门快递业务经营许可、具备用人单位主体资格的基层快递网点，可直接为快递员办理优先参保；在邮政管理部门进行快递末端网点备案、不具备用人单位主体资格的基层快递网点，由该网点所属的具备快递业务经营许可资质和用人单位主体资格的企业法人代为办理优先参保，原则上在快递业务经营许可地办理参保，承担工伤保险用人单位责任。

在本通知印发之前已经按规定参加各项社会保险的快递企业和基层快递网点，不在上述优先参加工伤保险范围。

三、计缴方式

（一）费率核定。各统筹地区社会保险行政部门应当按照现行工伤保险费率政策，根据“以支定收、收支平衡”原则，合理确定本地区快递行业工伤保险基准费率。社会保险经办机构根据用人单位工伤保险费使用、工伤发生率等因素，具体核定工伤保险费率并适时浮动调整。

（二）缴费基数。对难以直接按照工资总额计算缴纳工伤保险费的，原则上按照统筹地区上年全口径城镇单位就业人员平均工资和参保人数，计算缴纳工伤保险费。

四、优化经办服务

各地邮政管理部门根据优先参加工伤保险的基层网点对象范围，在经营许可或者备案完成后，按月向同级人力资源社会保障部门提供符合条件的基层快递网点名单，督促相关基层网点及时为快递员办理工伤保险参保登记并缴费。各统筹地区人力资源社会保障部门要针对快递行业特点，简化优化参保登记、缴费核定、工伤认定和劳动能力鉴定程序，强化部门间数据交换和业务协同，推进网上办、掌上办。

五、完善待遇支付

快递企业、基层快递网点快递员按照《工伤保险条例》和统筹地区有关规定享受工伤保险待遇。统筹地区社会保险经办机构和用人单位依法按时足额支付各项工伤保险待遇。用人单位应参保未参保的，由用人单位按照《工伤保险条例》和生产经营地规定依法支付工伤保险待遇。

六、工作要求

（一）加强组织领导。各省级人力资源社会保障部门要认真做好基层快递网点快递员参加工伤保险的组织实施工作，抓紧与邮政部门共同对各类快递企业和网点进行摸底排查，力争尽快实现全面覆盖。

（二）压实企业责任。邮政管理部门将落实快递员参加工伤保险情况纳入行业诚信体系建设范畴，指导企业完善考核机制，开展快递员满意度调查，指导快递企业在年度工作报告中增加快递员参加工伤保险情况内容，并将各快递企业及其基层网点参加工伤保险情况在中国快递协会、各省（区、市）快递协会及各快递企业官网公示。

（三）强化监管执法。各地人力资源社会保障部门要会同邮政管理部门进一步强化督导检查，督促用人单位依法参保，保障快递员工伤保险权益，对基层快递网点参加工伤保险情况适时进行通报；同时注重加强部门间数据共享，不断提高数据的可靠性和可应用性。

（四）做好宣传评估。各地人力资源社会保障部门、邮政管理部门要指导快递企业和基层网点积极开展宣传、培训，不断提升快递员工伤保险依法维权意识和工伤预防意识。

各省级人力资源社会保障部门、邮政管理部门要依据国家法律法规和本文件精神，结合本地实际制定具体实施方案并报送人力资源社会保障部和国家邮政局。

人力资源和社会保障部办公厅　国家邮政局办公室

2021年12月31日

疫情防控期间邮政快递业生产操作规范建议（第七版）

国邮办传〔2021〕32号

一、坚持做好预防工作

1. 提高防疫思想认识。当前全球疫情仍在持续演变，外部环境更趋复杂严峻，国内经济恢复仍然不稳固、不均衡。全行业要深入学习、坚决贯彻落实习近平总书记关于疫情防控工作的重要指示精神和党中央、国务院决策部署，充分认识境外、境内疫情复杂形势，坚持人民至上、生命至上，保持如履薄冰的警惕性，提高见微知著的敏锐性，坚持底线思维，充分做好应对零星散发病例和局部聚集性疫情的思想准备和工作准备。要全面落实“外防输入、内防反弹”总体防控策略，以邮政快递企业对外营业场所、邮件快件处理场所、内部办公场所等生产作业场所为重点，进一步强化防控措施，有效控制风险，保障从业人员生命安全和身体健康，保障行业高质量发展和安全稳定运行。

2. 切实落实“四早”措施。配合相关部门落实早发现、早报告、早隔离、早治疗“四早”措施。根据各个季节特点和疾病流行规律，有针对性调整疫情防控措施，防止流行性感冒、其他呼吸道疾病与新冠肺炎叠加流行。

二、加强单位防疫管理

3. 落实企业主体责任。要严格落实疫情防控主体责任，严格遵守疫情防控规定，建立健全内部防控工作制度、实施方案和应急处置流程，指定专人负责，层层落实责任，强化落实执行，严防单位内部发生聚集性感染，严防疫情通过寄递渠道传播。

4. 遵守地方防控要求。按照地方政府具体规定，做好从业人员从外地返回后登记管理、隔离观察等疫情防控具体工作。按照疫情常态化监测预警工作要求，配合地方政府及相关部门做好从业人员核酸检测定期抽检工作。

5. 做好防疫用品保障。根据企业规模、从业人员数量，储备充足的疫情防控物资，包括消毒设备、消毒用品、口罩（医用外科口罩或以上防护级别的口罩）、手套、洗手液等。按照每工作 4 至 6 小时更换一次的频率，定期为从业人员免费分发口罩。

6. 加强防疫宣传教育。采取多种方式积极开展新冠肺炎防疫知识宣传，提高从业人员健康素养，确保从业人员知悉防疫要求，增强防疫意识，熟悉应急处置流程，主动配合疫情防控工作。从业人员要养成“一米线”、勤洗手、戴口罩、公筷制等卫生习惯和生活方式。咳嗽、打喷嚏时注意遮挡。

7. 完善场所管理措施。制定疫情防控工作制度，根据当地分区分级管理要求，落实生产作业场所和各类用品用具通风、消毒等防控措施。对不易通风的区域、多人接触使用的物品，要勤于消毒，并在明显位置张贴“已消毒”标识，注明消毒日期和时间。各类消毒用品应当在安全、阴凉、通风处分类单独储存，并且远离电源或火源。消毒用品应当避免混合使用和储存，消毒过程中应当注意安全操作，防止发生火灾和化学品伤人事故。生产作业场所要经常通风换气，提供流动水洗手设施和洗手液等洗涤用品。从业人员要熟悉当地政府对外公布的发热门诊地点及路线。加强员工宿舍管理，控制入住人数，固定床位，避免拥挤，做好通风消毒等工作。有条件的企业应设立隔离观察室。

8. 降低疫情传播风险。要加强日常监督管理，督促指导从业人员落实个人防护用品、手卫生等防控措施。每日监测和登记从业人员健康状态，坚持测量体温，如发现从业人员身体不适，应及时安排就医。要减少非必要聚集性活动，减少参加聚集性活动人员，减少在密闭式场所举行的活动。对于必要的活动，邮政快递企业从业人员要注意保持社交安全距离。加强外来人员管理，对于进入应当佩戴口罩的密闭式生产作业场所的用户等外来人员，应当提示其正确佩戴口罩。对外营业场所应当提示用户等外来人员在店内注意保持 1 米以上距离，减少交谈和接触。可以使用栏杆、标线、告示牌等器材帮助维持秩序。应用信息化管理手段，全员使用“通信大数据行程卡”“防疫健康码”等手机软件工具。

9. 安全卫生使用空调。生产作业场所如需使用空调，应按照或者参照国务院应对新冠肺炎疫情联防联控机制《夏季空调运行管理与使用指引

(修订版)》相关要求,做好空调清洗、消毒、维护等工作。生产作业场所发现新冠肺炎确诊病例和疑似病例时,应立即关停确诊病例和疑似病例活动区域对应的集中空调通风系统,并在当地疾控部门指导下对上述区域内的集中空调通风系统进行强制消毒、清洗,经卫生学检验、评价合格后方可重新启用。

三、实行分区分级防控

10. 企业对外营业场所。对于进入企业对外营业场所人员一律进行测温,并查验健康码。高风险地区营业场所要尽量保持通风,每隔 4 小时全面消毒一次,每隔 4 小时对工作人员测温一次。对于用户等外来人员使用、接触过的桌椅、笔等用品用具,应当在每次使用后进行消毒。中风险地区营业场所要经常通风,每天全面消毒一次;对于用户等外来人员使用、接触过的桌椅、笔等用品用具,要在每次使用后进行消毒。低风险地区营业场所要经常通风,每天全面消毒一次。

11. 邮件快件处理场所。对于进入邮件快件处理场所人员一律进行测温,并查验健康码。高风险地区处理场所要尽量保持通风,每隔 4 小时全面消毒一次,每隔 4 小时对工作人员测温一次;严格控制外来人员进出,并减少内部人员聚集和接触。中风险地区处理场所要经常通风,每天全面消毒一次,并减少内部人员聚集和接触。低风险地区处理场所要经常通风,根据需要进行消毒,并减少内部人员聚集和接触。

12. 企业内部办公场所。对于进入企业内部办公场所人员一律进行测温,并查验健康码。高风险地区公司机关、客服中心等办公场所要尽量保持通风,每隔 4 小时全面消毒一次,每隔 4 小时对工作人员测温一次;严格控制外来人员进出,实行弹性工作制,间隔安排工位、座位,减少人员聚集和接触。中风险地区办公场所要经常通风,每天全面消毒一次;间隔安排工位、座位,减少人员聚集和接触。低风险地区办公场所要经常通风,每天全面消毒一次,并减少人员聚集和接触。

13. 邮件快件运输工具。加强邮件快件运输工具疫情防控工作。跨不同风险级别地区运行的邮件快件运输车辆,执行所跨地区间最高风险级别防疫标准。

四、加强人员健康防护

14. 落实联防联控要求。邮政快递从业人员个人健康防护、生活环境卫生和揽投服务环节防护措施,要落实执行国务院应对新型冠状病毒肺炎疫情联防联控机制《外卖配送和快递从业人员新冠肺炎疫情健康防护指南》相关规定。

15. 科学实施个人防护。从业人员在营业大厅、客服中心、信息机房以及其他人员密集、相对封闭、通风不良的生产作业场所内,要佩戴口罩。前台、食堂、出入口等场所工作人员,邮件快件揽投人员,以及直接承担测温、登记、应急处置等疫情防控工作任务人员要戴口罩。邮件快件运输车辆驾驶员在单独驾驶时无需戴口罩;驾驶室内人员为 2 人以上时,均应戴口罩。在其他生产经营及社交场所,相互距离 1 米以内的要戴口罩。口罩佩戴前、脱除后应做好手部卫生。需重复使用的口罩,使用后悬挂于清洁、干燥的通风处。如佩戴口罩感觉胸闷、气短等不适时,应立即前往户外开放场所,摘除口罩。废弃口罩归为其他垃圾进行处理。建议从业人员随身备用医用外科口罩或以上防护级别的口罩。邮件快件揽投人员做好揽投服务工具的清洁消毒,对邮件快件运输车辆的封闭式箱体、闸把、扶手等频繁接触的部位进行重点清洁消毒。尽量减少直接用手接触楼梯扶手、电梯按钮、门把手等公共设备和设施;如有接触,应及时做好手卫生。

16. 实施定期核酸检测。按照地方疫情防控部门要求,组织做好从业人员定期核酸检测。协调地方疫情防控部门,将从业人员定期核酸检测纳入当地应检尽检的免费检测范围。对高风险岗位人员全部纳入核酸检测范围,并按地方防疫要求提高检测频次,做到及早发现隐患。

17. 优化揽投服务模式。邮件快件揽投人员在揽收、投递邮件快件前要与收件人电话联系,确定交接方式。揽投过程中应当全程规范佩戴口罩,并与用户尽量保持距离,避免身体直接接触。提倡使用智能快件箱(信包箱)投递邮件快件。邮件快件揽投人员要主动向用户提示、解释邮件快件在时限及外包装等方面可能受到的影响,争取用户理解。要认真做好客服工作,及时处理用户服务质量投诉和邮政管理部门转办的用户申诉,妥善化解消费矛盾纠纷,切实保障用户合法权益。

18. 强化应急处置措施。从业人员工作过程中出现发热、干咳、乏力、鼻塞、流涕、咽痛、腹泻等疑似症状时,应主动报告单位并及时就医。前往医院的路上和在医院内应当全程佩戴口罩,尽量避免乘坐公交、地铁等公共交通工具。从业人员发现自己接触新冠肺炎疑似病例或确诊病例后,应当及时主动报告单位并配合做好密切接触者的追踪和流行病学调查。

五、做好疫苗接种工作

19. 确保实现“应接尽接”。严格落实国务院应对新型冠状病毒肺炎疫情联防联控机制关于疫苗接种工作的部署,持续组织做好从业人员新冠病毒疫苗接种工作,确保实现“应接尽接”。针对从业人员平时流动性大、季节波动明显等特点,重点抓好新入职人员疫苗接种工作。以保障从业人员防疫安全为原则,协调当地疫情防控部门,努力把与邮政快递服务相关的所有人员纳入接种范围。邮件快件揽投人员必须完成全流程疫苗接种。

20. 加强接种后续管理。建立已接种疫苗人员台账,配合医疗机构做好接种人员跟踪、不良反应监测等工作,督促已接种疫苗人员克服侥幸心理,坚持做好个人防护。

六、严防境外疫情输入

21. 加强重点环节防控。做好边境国际邮件互换局(交换站)、边境快件处理场所等国际邮件快件处理场所消毒、通风等工作,严防境外疫情特别是高风险国家和地区疫情通过寄递渠道输入。综合邮件快件来源地疫情风险等级、上游经营主体资质、寄递物品属性等因素,提前做好疫情风险研判,制定疫情高风险国家和地区清单,并实行动态更新、提级管控。认真配合有关部门做好疫情排查、样本采集、核酸检测、通关查验、环境消毒、应急处置等工作。对于进口国际邮件快件,要在进入生产处理环节之后,第一时间进行全面消毒。落实一线作业人员检疫查验、健康防护等防控要求,确保车辆人员保障到位、现场指挥调度到位、司乘人员防护到位、邮件快件消毒到位、车辆消毒到位、分拨处理形成闭环。未完成全流程疫苗接种的人员,不得进入国际邮件快件处理场所。对位于国际机场、港口等交通枢纽的国际邮件快件处理场所,要提前制定突发疫情应急预案,加强与所在机场、港口管理机构和疫情防控部门的沟通协调,严格划分内部生产作业区域,实施封闭管理,减少生产作业人员与机场、港口其他人员接触机会,降低疫情传播风险。

22. 加强重点人员管理。对于直接与境外人员、国际邮件快件接触的一线作业人员,以及其他高风险岗位人员实行备案管理,工作岗位相对固定,避免与国内邮件快件作业人员交叉作业。高风险岗位人员均应接受疫情预防教育培训,全部完成新冠病毒疫苗接种。对高风险岗位工作人员实行闭环或者封闭管理,采取一定工作周期的轮班制,在工作期间集中住宿、封闭管理,工作场所与居住地之间点对点转运,避免与家庭成员及社会普通人群接触;在非工作期间认真做好个人行动轨迹记录,并且避免出入人员密集场所。一线作业人员在处理国际邮件快件过程中,应当切实加强个人卫生防护,全程佩戴口罩、手套、护目镜等防护用品,做好上下岗前体温检测。对于保洁员等后勤保障人员、外包运输车辆司机等相关人员,也要开展输入性疫情风险排查防控,避免病毒交叉感染。

23. 加强重点物品管控。严格执行《中华人民共和国禁止携带、邮寄进境的动植物及其产品和其他检疫物名录》规定。通过携带或邮寄方式进境的动植物及其产品和其他检疫物，需经国家有关行政主管部门审批许可，并具有输出国家或地区官方机构出具的检疫证书。切实加强进口冷链食品相关生产经营风险管控，参与储存、运输、寄递分销、零售等相关进口冷链食品生产经营和操作的，要实行疫情防控提级管控，严格查验进口冷链食品邮件快件海关报关单据及检验检疫证明，如实登记货物、车船、司乘人员、船员、收发货以及装卸货等信息，确保生产操作流程可追溯，并配合海关、防疫等部门做好进口冷链食品相关邮件快件检验检疫、样本采集和消毒等工作。企业工作人员在进口冷链食品邮件快件寄递运输过程中不得擅自打开外包装，每批次进口冷链食品邮件快件处理完毕后，要对运输车辆、食品冷藏箱等装备、用具实施全面消毒。直接接触进口冷链食品邮件快件的工作人员应相对固定，在邮件快件处理过程中应加强个人卫生防护，全程佩戴口罩、手套、护目镜、防护服等防护用品，作业后未经洗消不得用手触摸口、鼻、眼等部位。防范运输车辆衍生风险，加强邮件快件运输车辆管理，避免使用邮件快件运输车辆运输进口冷链食品；慎重选用从事进口冷链食品运输业务或者在中、高风险地区从事过进口冷链食品运输业务的外包车辆。

七、妥善应对疫情反弹

24. 做好防范应对准备。持续关注新闻舆情和地方政府相关部门发布的疫情防控工作信息，建立应对当地疫情反弹突发情况的应急预案，确保本企业从业人员及时掌握最新要求，并做好疫情防控物资储备和生产调度准备。不断完善疫情防控应急预案和配套工作方案，根据当地分区分级管理要求，动态调整疫情防控应急响应级别，确保一旦发生疫情能够及时有效应对处置。

25. 强化应对处置措施。认真执行地方政府针对疫情反弹特别是聚集性疫情所采取的升级管控措施，组织做好生产作业场所封控和从业人员疫情排查、核酸检测、隔离观察等工作。加强从业人员应对疫情反弹紧急教育动员，严格限制人员聚集活动，加强人员行动轨迹管理，实行“持证上岗”“持健康码上岗”等管理措施。遇有确诊人员交寄邮件快件等涉疫突发事件，要按照“一停二消三查四保”原则果断采取措施，坚决防止疫情通过寄递渠道传播扩散。对于跨省运输途中的涉疫邮件快件，要立即实施拦截、隔离管控，根据实际情况进行就地封存或者整车退返，并报告所在地疫情防控部门对涉疫邮件快件进行疫情排查和无害化处理，不得随意继续发运和投递；同时，还应立即通报邮件快件目的地、途经地省（区、市）邮政管理局和相关企业。

26. 做好寄递服务保障。积极适应疫情防控形势发展和各地疫情防控工作要求，调整经营管理和生产操作方式，保障生产操作正常进行，维护寄递渠道畅通。努力克服生产作业场所封停、车辆道路通行管制、禁止进入小区投递等疫情导致的困难问题，维护企业安全稳定运行。适时发布消费提示，有效引导用户需求，争取用户理解支持。及时向所在地邮政管理部门报告企业受疫情影响情况，配合邮政管理部门协调争取车辆通行、末端投递等方面政策保障，努力在做好疫情防控前提下持续提供寄递服务。

27. 服务疫情防控大局。充分发挥行业基础性先导性作用，积极对接地方政府相关部门，努力做好重点地区疫情防控应急物资和基本生活物资寄递运输保障工作。

八、做好支撑保障工作

28. 加强工作机制保障。始终保持疫情防控工作机制高效运转，增强工作力量，改进工作措施，落实经费保障，切实抓好各项疫情防控制度的贯彻落实。

29. 维护企业安全稳定。保障企业生产安全，严格执行安全生产法律法规，强化落实企业安全生产主体责任，降低安全事故风险。维护寄递渠道安全，严格执行寄递渠道安全管理收寄验视、实名收寄、过机安检“三项制度”，严防禁寄物品进入寄递渠道。切实维护行业稳定，深入研究分析疫情对企业造成的困难和影响，及时调整生产经营管理措施，维护企业网络稳定运行，维护用户、从业人员和加盟网点合法权益。

第六章　重要政策解读

《“十四五”邮政业发展规划》解读

“十四五”时期是我国全面建成小康社会、实现第一个百年奋斗目标之后，乘势而上开启全面建设社会主义现代化国家新征程、向第二个百年奋斗目标进军的第一个五年，也是加快建设邮政强国、推动邮政业高质量发展的重要五年。为贯彻落实党中央、国务院决策部署，落实加快建设交通强国要求，按照“十四五”国家级专项规划编制工作安排，根据《中华人民共和国国民经济和社会发展第十四个五年规划和2035年远景目标纲要》《交通强国建设纲要》《国家综合立体交通网规划纲要》《“十四五”现代综合交通运输体系发展规划》《邮政强国建设行动纲要》等，结合邮政业发展实际，国家邮政局组织编制了《“十四五”邮政业发展规划》（以下简称《规划》），由国家邮政局、国家发展改革委、交通运输部联合印发。《规划》是“十四五”时期加快建设邮政强国、推动行业高质量发展的行业蓝图，对于把握重大机遇、明确目标任务、汇聚各方力量、统筹引领发展具有重要意义。

一、关于《规划》的出台背景

“十三五”期间，邮政业持续健康发展，行业规模、创新活力、服务能力、综合实力跃上新台阶，基础性战略性先导性作用显著增强。从期末2020年的数据来看，邮政业年业务收入（不包括邮政储蓄银行直接营业收入）突破万亿元，与国内生产总值的比值从2015年的0.6%提高到2020年的1.1%。行业日均服务用户超过5亿人次。快递业务量和业务收入分别完成833.6亿件和8795.4亿元，较2015年增长3倍和2.2倍。包裹快递市场规模连年稳居世界第一。五年全行业累计新增就业岗位100万个以上。邮政快递网络服务能力有效提升，寄递枢纽加快建设，快递物流园区多点开花。干线运输更加多元高效，高铁快递取得重大突破，航空快递运输能力不断提高。建制村提前一年实现村村直接通邮目标，乡镇快递网点基本实现全覆盖，邮件快件进出境通道加快拓宽，快递通达国家和地区大幅拓展。邮政快递服务水平稳步提高，投递频次和深度、全程时限、跟踪查询情况持续改善。寄递服务产品体系不断丰富，限时达、定时递等精准投递服务品类显著增加。快递延误率、损毁率、丢失率稳步下降。行业用户有效申诉率快速下降，服务满意度稳步提升。邮政业科技创新步伐明显加快，自动化分拣设备广泛应用，小型化集成化智能手持终端全面普及，无人机、无人车、无人仓应用取得突破性进展，技术迭代升级大幅提升企业运营效率。邮政业绿色发展水平得到提升，快递电子运单、循环中转袋基本实现全覆盖。五年来邮政业未发生一起重特大安全事故。邮政业对一二三产业支撑更加有力，在打赢脱贫攻坚战、实施国家重大战略等方面取得一批重要成果，有效应对自然灾害和重大突发事件，在新冠肺炎疫情防控和复工复产中发挥了重要作用，为打通大动脉、畅通微循环作出积极贡献。“十四五”邮政业发展具备坚实基础。

同时，从各方面分析判断看，邮政业发展仍然处于重要战略机遇期，机遇大于挑战。我国已转向高质量发展阶段，人民美好生活用邮需要更加旺盛，创新驱动更加有力，产业融合更加协调，政策环境更加优越,依法治理更加规范,邮政业发展具有诸多优势和条件。面对世界百年未有之大变局,国际环境日趋复杂,新冠肺炎疫情影响广泛深远,不稳定性不确定性明显增加,行业发展不平衡不充分问题仍然突出。“十四五”期间,必须认清矛盾变化,把握发展规律,抓住机遇,应对挑战,努力在危机中育先机,于变局中开新局。

二、关于《规划》的总体要求

总体要求包括指导思想、基本原则和主要目标。指导思想是规划的灵魂和根本遵循,强调以习近平新时代中国特色社会主义思想为指导,指明要完整、准确、全面贯彻新发展理念,明确主题、主线、动力、目的和抓手,提出健全打造国内、国际寄递物流服务“两体系”,确定“两实现”和“两建设”。具体来说就是:以推动邮政业高质量发展为主题,以深化邮政业供给侧结构性改革为主线,以改革创新为根本动力,以满足人民日益增长的美好生活用邮需要为根本目的,以快递“进村进厂出海”为重要抓手,统筹发展和安全,推进高效能治理,健全畅通高效、普惠便捷的国内寄递物流服务体系,打造开放共享、安全可靠的国际寄递物流服务体系,实现邮政事业和邮政产业协同发展,实现发展质量、结构、规模、速度、效益、安全相统一,为建设人民满意、保障有力、世界前列的邮政强国开好局、起好步,为建设现代化经济体系、构建新发展格局提供有力支撑。基本原则体现规划价值取向,包括坚持普惠均等、坚持市场主导、坚持创新驱动、坚持安全发展、坚持绿色环保五大原则。《规划》坚持目标导向,依据邮政强国建设行动纲要,描述2035年远景目标。立足“十四五”,提出规模实力、基础网络、创新能力、服务水平、治理效能五大方面目标,设定了邮政业业务收入、建制村快递服务通达率、重点地区快递服务72小时准时率、八家头部企业(CR8)研发经费投入增长、可循环快递包装保有量等12项指标。

三、关于《规划》的主要任务

为贯彻落实指导思想,实现发展目标,在深入研判邮政业发展趋势的基础上,以问题为导向,《规划》提出八方面任务。

(一)巩固发展邮政事业。邮政事业是邮政业高质量发展的根基命脉。巩固发展邮政事业,是落实邮政中“政”字要求的具体表现,是满足人民美好生活用邮需要、保障公民邮政通信权利的基本途径,既要算好“经济账”,更要算好“政治账”“民生账”。一是加强普遍服务保障。调整优化邮政普遍服务范围。健全邮政普遍服务保障机制。推动邮政企业混合所有制改革。实现邮政普遍服务业务与竞争性业务分业经营。二是提升邮政服务水平。缩短邮件寄递时限,实现全程跟踪查询。巩固建制村直接通邮成果,实现抵边自然村邮政服务普遍覆盖。提升党报党刊投递服务水平。推进主题邮局建设。充分利用邮政网络平台。

(二)加快壮大邮政产业。邮政产业是邮政业高质量发展的主体骨干。加快壮大邮政产业,是落实区域协调发展战略的重要依托,是构建现代流通体系和畅通国内国际循环的重要支撑,重在坚持市场主导,重在推进快递进村、快递进厂和快递出海。一是培育壮大市场主体。引导企业健全现代企业制度。支持企业拓宽融资渠道。鼓励创新创业创造。打造综合型寄递物流供应链集团。二是提升快递服务质效。提高标准化、智能化水平。开展快递服务质量品牌创建行动。发展航空快递、高铁快递。支持新业态新模式发展。三是推进产业协同融合。深化快递与电商协同。服务好现代农业。发展冷链快递,实施冷链快递工程。促进快递业与制造业深度融合,实施快递进厂工程。加快与交通等产业协同。四是推动区域协调发展。分类推进东、中、西和东北地区邮政业发展。落实京津冀协同发展等区域发展重大战略,提升区域网络辐射和产业带动能力。

(三)完善寄递网络体系。寄递网络是邮政业高质量发展的基础底盘，是综合立体交通网的重要组成部分。完善寄递网络体系，重在紧密衔接综合交通运输体系，提升枢纽能力，畅通干线运输，补齐末端短板。一是加强枢纽布局建设。打造现代枢纽，培育枢纽集群。统筹枢纽规划建设。加强智慧快递园区建设。发展枢纽经济。实施邮政快递枢纽能力提升工程。二是提升干线运输能效。构建邮政快递干线运输网络。建设好航空、铁路寄递网络。优化升级公路运输能力。推广应用多式联运。三是建强寄递末端网络。推动城市居住社区配建邮政快递服务场所和设施。在城镇老旧小区改造中，开展智能快件箱等改造建设。加强农村网络设施资源共享。加快完善农村寄递物流体系，实施快递进村工程。发展无接触服务。

（四）发展国际寄递物流。国际寄递物流是邮政业高质量发展的短板弱项。发展国际寄递物流，有利于保障我国产业链供应链安全稳定，对实现高水平对外开放、开拓合作共赢新局面、推动共建"一带一路"高质量发展具有重要意义，需要分步骤、有层次、重伴随、逐步推进。一是拓展海外服务布局。增强国际寄递网络的连通性和稳定性，鼓励建设海外仓。加快结点成网。拓宽寄递通道。增强网络连接。二是提升跨境服务能力。鼓励寄递企业提升跨境干线运力和供应链一体化服务能力。引导寄递企业集约共享资源。利用海外专业化服务，拓展境外业务。实施快递出海工程。

（五）推进行业科技创新。科技创新是邮政业高质量发展的核心动力。推进行业科技创新，是落实创新驱动发展战略、全面塑造发展新优势的必然要求，是加快产业数字化、推进数字产业化、加快建设智慧邮政的关键抉择，需要聚焦重点、健全体系。一是健全科技研发体系。鼓励加大研发投入，提升技术创新能力。创新科技成果转化机制，促进新技术产业化规模化应用。二是完善技术标准体系。增强技术标准供给。加强标准制修订，健全标准实施评估机制。增强标准国际影响力。三是打造技术产品体系。出台邮政业应用技术研发指南。强化重大项目攻关与试点，推进先进技术同产业深度融合，培育新技术、新产品。实施智慧邮政建设工程。四是建立科技测评体系。支持发展行业标准试验验证、检验检测认证等服务。构建科技产品及标准测评体系。加大对强制性国家标准相关产品的检验检测力度。五是发掘行业数据价值。推进寄递全环节数字化、智能化。完善数据资源体系。加强行业数据管理。形成数据驱动发展新格局。

（六）提高行业安全水平。安全是邮政业高质量发展的底线前提。提高行业安全水平，事关国家安全和人民群众生命财产安全，是统筹发展和安全、建设平安中国的必然要求，须臾不可放松，需要时刻强化，明确务实管用举措。一是强化行业安全管理。加强行业安全法规体系、机构队伍建设，完善寄递安全联合监管等机制。完善和落实行业安全生产责任制。严格执行三项制度。开展"平安寄递"行动。提升安全监管智能化水平。实施寄递渠道安全监管"绿盾"工程（二期）。二是加强网络数据安全。严格落实网络安全工作责任制，完善有关标准规范。加强行业关键信息基础设施保护。加强重要数据和个人信息保护。加强行业网络安全教育培训。三是健全行业应急体系。完善行业应急管理机制和应急预案体系，构建应急指挥体系。强化寄递安全应急保障工作机制。加快构建应急寄递物流体系。

（七）促进行业绿色发展。绿色发展是邮政业高质量发展的题中之义。促进行业绿色发展，是贯彻习近平生态文明思想的必然要求，是加快发展方式绿色转型的具体体现，是回应社会关切、为民办实事的重要表现。一是健全绿色制度体系。出台《邮件快件包装管理办法》等部门规章。制定绿色包装等系列标准。建立绿色发展管理等制度。二是推进包装绿色转型。提升快递包装减量化、标准化、循环化水平。推进包装材料源头减量。大力推广简约包装。推动电商与快递包装协同治理。规范和加强快递包装废弃物回收和再利用。三是促进绿色低碳发展。推动建立邮政业碳排放核算、报告和核查机制。推广使用新能源和清洁能源运输车辆。推进智能分仓、科学配载、线路优化、循环共用。加快建设绿色网点等。完善行业生态安全保障体系。

(八)提升现代治理能力。现代治理是邮政业高质量发展的依托保障。提升行业现代治理能力,是推进国家治理能力和治理体系现代化的重要内容,有利于在法治轨道上更好维护市场竞争秩序、保障快递员和人民群众合法权益,重在强化协同治理、数字治理。一是完善行业法规制度。推动修改邮政法和快递暂行条例,推动寄递新业态等领域立法。强化政策实施评估。持续深化行政审批制度改革。规范执法自由裁量权。二是加强治理能力建设。打造与治理能力现代化相适应的管理队伍。积极推动支撑体系建设。提升依法行政能力。坚持包容审慎监管。创新监管机制。做好快递员群体合法权益保障工作。三是形成协同治理合力。完善部门间协同治理机制。强化信用监管和行业自律。拓宽群众参与行业治理渠道。深化国际和港澳台交流合作。四是提升数字治理水平。推进邮政业数字政府建设。构建数字技术辅助决策机制。建立数字化全流程协同监管机制。提高执法智能化水平。加强融媒体建设。

四、关于《规划》的保障措施

《规划》的保障措施分为四个方面,突出了对规划实施的组织领导、综合配套和基础保障。一是坚持党的领导。突出了党的领导核心作用,把党的领导贯穿到规划实施全过程,加强基层党组织建设,发挥基层党组织战斗堡垒作用和党员先锋模范作用,加强邮政业文化和精神文明建设。二是加强政策保障。加强规划衔接协调,保障基础设施建设用地需求,协调推动地方落实支出责任,支持企业申请专项资金。三是推进人才强邮。打造忠诚干净担当的邮政管理干部队伍,壮大高水平高技能人才队伍,推进邮政相关学科专业建设,建设人才培养基地,深化产教融合。四是强化实施管理。开展规划宣贯实施,推动重大项目工程、重大政策、重大改革举措落地实施,抓好规划年度监测、中期评估、总结评估,确保如期实现规划各项目标任务。

《国务院办公厅关于加快农村寄递物流体系建设的意见》解读

2021 年 7 月 29 日,国务院办公厅印发了《关于加快农村寄递物流体系建设的意见》(以下简称《意见》)。当前为何要制定出台《意见》,《意见》出台的意义是什么,《意见》提出的工作思路是什么,有哪些工作路径和任务措施?围绕这些方面,国家邮政局进行如下解读。

一、《意见》出台的背景

农村寄递物流是农产品出村进城、消费品下乡进村的重要渠道之一,对满足农村群众生产生活需要、释放农村消费潜力、促进乡村振兴具有重要意义。党中央、国务院高度重视农村寄递物流体系建设。2019 年 9 月,习近平总书记在河南省光山县考察调研时指出,要积极发展农村电子商务和快递业务。李克强总理连续 2 年在《政府工作报告》中对快递进村进行部署。近期,中央政治局会议强调,加快贯通县乡村电子商务体系和快递物流配送体系。

近年来,在党中央、国务院的坚强领导下,邮政快递业与各方共同努力,持续推动农村寄递物流体系建设取得了积极突破。2021 年上半年,农村地区快递收投量已经超过 200 亿件,较上年同期增长30%以上，为服务“六稳”“六保”作出了贡献。与此同时，建设农村寄递物流体系仍存在末端服务能力不足、可持续性较差、基础设施薄弱等一些突出问题，与群众的期待尚有一定差距，亟待完善顶层设计，加强体系建设，提升发展质效。

为贯彻落实党中央、国务院决策部署，进一步满足广大农村群众对更高标准、更多种类寄递服务的需求，充分发挥邮政快递业在服务乡村振兴中的重要作用，在前期深入调研、听取意见建议的基础上，国务院办公厅出台了《关于加快农村寄递物流体系建设的意见》。

二、《意见》出台的意义

《意见》贯彻全面推进乡村振兴、畅通国内大循环战略部署，系统谋划了农村寄递物流体系建设的工作思路，明确了今后一段时期农村寄递物流体系建设的方向与路径，具有非常重要的指导意义。

一是加快农村寄递物流体系建设，是深入贯彻落实习近平总书记重要指示精神的重要举措。习近平总书记指出，从中华民族伟大复兴战略全局看，民族要复兴，乡村必振兴。从世界百年未有之大变局看，稳住农业基本盘、守好“三农”基础是应变局、开新局的“压舱石”。构建新发展格局，把战略基点放在扩大内需上，农村有巨大空间，可以大有作为。加快农村寄递物流体系建设，全面融入农业农村现代化，有效服务乡村振兴，是践行人民邮政为人民行业宗旨的重要体现，是邮政快递业在社会主义现代化国家建设中必须担负起的重要责任。

二是加快农村寄递物流体系建设，是推动行业高质量发展的重要依托。高质量发展是“十四五”乃至更长时期我国经济社会发展的主题，关系我国社会主义现代化建设全局，也是我国实现从邮政大国向邮政强国转变的必由之路。实现邮政快递业高质量发展，必须坚定不移贯彻创新、协调、绿色、开放、共享的新发展理念，着力解决城乡发展不平衡问题。建设高水平的农村寄递物流体系，实现开放惠民、集约共享、安全高效、双向畅通，是实现行业高质量发展的基础和关键。要切实优化农村寄递物流体系，提升供给体系对需求的适配性、要素资源对行业供给体系的保障力，形成需求牵引供给、供给创造需求的更高水平动态平衡。

三是加快农村寄递物流体系建设，是实现农村群众美好生活的重要保障。习近平总书记在党的十九大报告中指出：“带领人民创造美好生活，是我们党始终不渝的奋斗目标。必须始终把人民利益摆在至高无上的地位，让改革发展成果更多更公平惠及全体人民，朝着实现全体人民共同富裕不断迈进”。建设农村寄递物流体系，将进一步畅通消费品下乡进村、农产品出村进城的双向流通渠道，助力解决农村地区消费设施不足和销售渠道不畅的问题，便利农村群众生产生活，把促进行业发展与满足广大农村群众美好生活需要紧密结合起来，让农村群众通过寄递物流体系建设实现增收致富，切实增强获得感、幸福感和安全感。

三、《意见》提出的工作思路

《意见》提出，以习近平新时代中国特色社会主义思想为指导，深入贯彻党的十九大和十九届二中、三中、四中、五中全会精神，认真落实党中央、国务院决策部署，立足新发展阶段、贯彻新发展理念、构建新发展格局，坚持以人民为中心的发展思想，健全县、乡、村寄递服务体系，补齐农村寄递物流基础设施短板，推动农村地区流通体系建设，促进群众就业创业，更好满足农村生产生活和消费升级需求，为全面推进乡村振兴、服务国内大循环作出重要贡献。

《意见》要求，坚持以人民为中心、惠及民生；坚持市场主导、政府引导；坚持完善体系、提高效率；坚持资源共享、协同推进的原则。《意见》提出的目标是：到2025年，基本形成开放惠民、集约共享、安全高效、双向畅通的农村寄递物流体系，实现乡乡有网点、村村有服务,农产品运得出、消费品进得去,农村寄递物流供给能力和服务质量显著提高,便民惠民寄递服务基本覆盖。

四、《意见》提出的工作路径

为破解农村寄递物流体系建设中面临的突出问题,更好发挥农村邮政的网络优势,充分利用农村各类末端配送资源,有效统筹寄递物流与农村电商、交通运输等协同发展,加快补齐农村冷链寄递短板,《意见》提出建立健全四个体系。

一是强化农村邮政体系作用。在"十三五"已经基本实现建制村直接通邮的条件下,邮政体系作用发挥仍有较大拓展空间。因此,《意见》提出,在保证邮政普遍服务和特殊服务质量的前提下,加强农村邮政基础设施和服务网络共享,强化邮政网络节点重要作用。创新乡镇邮政网点运营模式,实现"一点多能"。发挥邮政网络在边远地区的基础支撑作用,推进"邮快合作",满足边远地区群众基本寄递需求。

二是健全末端共同配送体系。针对农村地区各类资源共享程度低、有效利用率不足的问题,《意见》提出,统筹农村地区寄递物流资源,鼓励邮政、快递、交通、供销、商贸流通等物流平台采取多种方式合作共用末端配送网络,加快推广农村寄递物流共同配送模式。推进不同主体之间标准互认和服务互补,鼓励企业通过数据共享、信息互联互通,提升农村寄递物流体系信息化服务能力。

三是优化协同发展体系。为促进农村寄递物流与电商、交通运输等协同发展,实现"1 + 1 >2"的效果,《意见》提出,强化农村寄递物流与农村电商、交通运输等融合发展。继续发挥邮政快递服务农村电商的主渠道作用,建设 100 个农村电商快递协同发展示范区,带动提升寄递物流对农村电商的定制化服务能力。合理配置城乡交通资源,完善农村客运班车代运邮件快件合作机制,宣传推广农村物流服务品牌。

四是构建冷链寄递体系。建设农村冷链体系,是落实党中央决策部署的重要举措。通过构建冷链寄递体系,可以减少农产损耗、提升农产品流通效能和农业生产效益。因此,《意见》提出,鼓励邮政快递企业、供销合作社和其他社会资本在农产品田头市场合作建设预冷保鲜、低温分拣、冷藏仓储等设备,引导支持邮政快递企业逐步建立覆盖生产流通各环节的冷链寄递物流体系。支持行业协会制定推广电商快递冷链服务标准规范。邮政快递企业参与冷链物流基地建设,可按规定享受相关支持政策。

五、《意见》提出的重点任务

农村寄递物流体系建设将充分发挥有效市场与有为政府的作用,促进城乡普惠、助力乡村振兴、增进民生福祉,着力解决农村地区农产品出村进城和消费品下乡进村的问题,推动完成四项重点任务。

一是分类推进"快递进村"工程。基于我国地域辽阔、区域发展不平衡的实际情况,《意见》提出因地制宜、分类推进的"快递进村"工作思路。在东中部农村地区,更好发挥市场配置资源的决定性作用,引导企业通过驻村设点、企业合作等方式,提升"快递进村"服务水平。在西部农村地区,更好发挥政府推动作用,重点开展邮政与快递、交通、供销多方合作,发挥邮政服务在农村末端寄递中的基础性作用,扩大"快递进村"覆盖范围。

二是完善农产品上行发展机制。《意见》聚焦农产品销售、流通的客观需要,推动农村寄递物流在乡村振兴中发挥更大作用。《意见》提出,鼓励支持农村寄递物流企业立足县域特色农产品和现代农业发展需要,为农产品上行提供专业化供应链寄递服务,建设 300 个快递服务现代农业示范项目,重点支持脱贫地区乡村特色产业发展壮大。

三是加快农村寄递物流基础设施补短板。为补齐农村地区寄递物流基础设施短板,《意见》提出,依托县域仓储物流设施建设县级寄递公共配送中心,整合在村资源,利用村内现有公共设施,建设村级寄递物流综合服务站。推进乡镇邮政局(所)改造,加快农村邮路汽车化,引导快递企业总部加大农村寄递网络投资。

四是继续深化寄递领域“放管服”改革。《意见》按照国务院深化“放管服”改革要求,进一步激发市场主体活力和社会创造力。在市场准入方面,将取消不合理、不必要限制,简化农村快递末端网点备案手续。在法规标准方面,将完善《快递市场管理办法》《快递服务》国家标准的制度设计。在监督管理方面,将规范农村快递市场发展,坚决维护消费者合法权益。在管理机制方面,支持有条件的地区健全县级邮政快递监管工作机制和电商、快递协会组织,加强行业监管和自律。

六、《意见》的贯彻落实

《意见》出台后,抓好落实是关键。这项工作的落地,需要地方各级政府的重视与支持,将农村寄递物流体系建设纳入相关规划和公共基础设施建设范畴,落实地方财政支出责任,支持村级寄递物流综合服务站建设。同时,各相关部门将按照党中央、国务院决策部署,建立工作协调机制,研究出台相应支持政策,及时总结推广典型经验做法。国家邮政局将以《意见》出台为新的起点,把建设农村寄递物流体系作为行业“十四五”时期工作的重中之重,统筹谋划、系统推进,为畅通“双循环”提供更有力、更有效的寄递物流支撑保障。

《交通运输部　国家邮政局　国家发展改革委　人力资源社会保障部　商务部　市场监管总局　全国总工会关于做好快递员群体合法权益保障工作的意见》解读

2021 年 6 月 23 日,经国务院同意,交通运输部、国家邮政局、国家发展改革委、人力资源社会保障部、商务部、市场监管总局、全国总工会联合印发了《关于做好快递员群体合法权益保障工作的意见》(以下简称《意见》)。为抓好《意见》贯彻落实,现进行如下解读。

一、关于《意见》出台的背景和过程

近年来,在党中央、国务院的坚强领导下,我国邮政快递业砥砺奋进,实现了跨越式发展。目前,我国日均快递业务量已达 3 亿件,业务规模稳居世界第一。每天,全国数百万快递员不辞辛苦、奔波忙碌,确保了这些快件顺利送达到用户手中。快递员群体是指从事快递收寄、分拣、运输、投递和查询等服务工作的广大劳动者。近年来,我国快递员群体规模不断扩大,已经成为新产业新业态新模式就业群体的重要组成部分,是畅通经济循环、推动消费升级、促进创业就业、增进民生福祉、维护社会稳定的重要参与者、实践者和推动者,为我国经济社会发展作出了积极贡献。与此同时,快递员群体也面临着职业归属感不强、社会保障水平不高、劳动强度与工资收入不匹配等问题,在改善生产条件、融入城市生活等方面还存在不少困难。

习近平总书记十分关心快递小哥,十分重视快递员群体的权益保障问题,党的十八大以来,多次作出重要指示批示,为做好快递员群体权益保障工作指明了方向,提供了遵循。社会各界对此也广泛关注,通过多种渠道建言献策。

国家邮政局以及相关部门对此高度重视,切实增强紧迫感、责任感,加强制度设计,研究制定政策文件并正式印发实施。为贯彻习近平总书记和中央领导同志重要指示批示精神,切实实现好、维护好和发展好快递员群体的合法权益,促进行业健康发展,交通运输部、国家邮政局会同有关部门深入基层调查研究、召开部际会议研讨、多次征求企业意见、听取一线从业者心声诉求,经多轮修改完善,形成《意见(送审稿)》。6 月 23 日,经国务院同意后正式印发实施。

二、关于出台《意见》的重要意义

《意见》是加强快递员群体合法权益保障工作的重要政策文件,充分体现了党中央对快递员群体切身权益的关心关怀。在我国如期实现第一个百年奋斗目标,向第二个百年奋斗目标进军的历史交汇时点,出台《意见》具有十分重要的意义。一方面,《意见》坚持以人民为中心的发展思想,坚持共同富裕发展方向,有利于保障和促进广大基层从业者共享行业改革发展成果。快递员是快递业的主人翁。《意见》将维护快递员的合法权益放在核心位置,提出针对性思路举措,着力破解快递员收入不稳、保障不全、认同不高等问题,不断提升快递员在行业发展中的获得感、幸福感、安全感。另一方面,《意见》坚持高质量发展的基本方向,有助于破解行业发展的堵点问题。《意见》针对不正当市场竞争、区域差异化派费等问题提出了相应措施,将有利于促进快递市场竞争秩序更加规范、快递行业发展更加稳健。同时,快递员职业认同感的增强,将有助于行业队伍素质的提升,推动行业在规范化、专业化、普惠化的道路上行稳致远。

三、《意见》提出的工作思路

《意见》坚持以人民为中心的发展思想,坚持以实现共同富裕为方向,坚持以法治化、市场化、规范化为工作路径,坚持问题导向、标本兼治,落实企业主责,强化政府责任,凝聚工作合力,切实实现好、维护好、发展好快递员群体的合法权益。

原则:《意见》确立了做好快递员权益保障工作的基本原则,一是坚持依法保障、注重公平;二是坚持企业主责、强化治理;三是坚持齐抓共管、综合施策;四是坚持目标导向、循序渐进。

目标:《意见》提出,到“十四五”末,要实现“一个基本”“四个更加”和“两个持续”的工作目标。即快递员群体合法权益保障的相关制度机制基本健全,社保权益得以维护,专业技能有效提升;薪资待遇更加合理,企业用工更加规范,从业环境更加优化,就业队伍更加稳定;快递员群体的获得感、幸福感、安全感持续提升,职业的自我认同和社会认同持续增强。

四、关于《意见》提出的重点任务

《意见》贯彻落实习近平总书记关于保障快递员群体合法权益的重要指示精神,从快递行业全产业链出发,聚焦重点环节和关键问题,从远近结合、标本兼治的思路出发,立足维权益、保稳定、促发展、强监管,提出利益分配、劳动报酬、社会保险、作业环境、企业主责、规范管理、网络监管、职业发展等八项任务措施。八项任务重点突出、指向明确,是做好快递员权益保障工作的基本抓手。

第一,形成合理收益分配机制。快递员权益保障涉及产业链上下游、企业总部与基层企业、多部门协调以及央地事权,需要依法治理、源头治理和协同治理。因此,《意见》提出:制定快递末端派费核算指引;加强电商、快递协同;服务和保障快递领域投资行为;对价格、末端派费等问题加强监督检查。

第二,保障快递员合理劳动报酬。能够取得合理的工资收入是维护快递员群体合法权益的最关键因素,直接影响快递员队伍稳定。为此,《意见》提出:建立行业工资集体协商机制;研究制定《快递员劳动定额标准》;开展快递员工资收入水平监测并定期发布;加强劳动保障监察执法。

第三,提升快递员社会保障水平。快递员属于新业态新模式就业群体,各类新型用工模式交织,情况复杂。切实提高他们的社会保险水平,对维护快递员权益尤为重要。因此,《意见》提出:鼓励快递企业直接用工;对用工灵活、流动性大的基层快递网点，可统筹按照地区全口径城镇单位就业人员平均工资水平或营业额比例计算缴纳工伤保险费，优先参加工伤保险；推动企业为快递员购买人身意外保险。

第四，优化快递员生产作业环境。提供安全、便利的作业条件和工作环境是保障快递员群体合法权益的重要内容。《意见》提出：督促企业严格执行安全生产相关标准，确保生产作业安全；督促企业加强教育培训；健全完善快递末端服务车辆的包容性管理，提供通行停靠便利；推进基层网点“会、站、家”一体化建设。

第五，落实快递企业主体责任。为压实企业主体责任，改进内部管理，维护网络和快递员队伍稳定，《意见》提出：修订《快递市场管理办法》和《快递服务》国家标准，落实企业总部管理责任；将落实快递员权益保障情况纳入行业诚信体系建设范畴；指导企业完善考核机制；加强对恶意投诉的甄别处置；拓宽快递员困难救济渠道；组织开展快递员权益保障满意度调查并按品牌发布。

第六，规范企业加盟和用工管理。为规范加盟制企业管理，厘清企业总部、加盟企业、末端网点间的责任关系，维护快递员权益，《意见》提出：末端网点开办企业对所开办网点依法承担责任；支持快递协会制定并推广加盟协议推荐文本，明确依法用工和保障快递员合法权益要求；督促企业制定劳动管理规章制度时听取工会、快递员代表意见。

第七，加强网络稳定运行监管。快递业是网络型经济，网络是快递业的根脉，也是广大快递员就业创业的重要依托。只有网络稳健运行，快递员群体才能珍惜岗位、安心工作。为此，《意见》提出：对企业重大经营管理事项开展风险评估；快递服务出现严重异常情况，对该区域直接责任主体依法实施应急整改和能力复核；支持企业工会建立劳动关系风险评估和化解机制。

第八，完善职业发展保障体系。快递业是现代化先导性产业，快递员是有发展有奔头的职业。为加强快递员职业发展保障，《意见》提出：定期组织开展职业技能竞赛和快递业创新创业大赛；支持在快递企业成立工会组织；做好属地法律援助和心理疏导；推荐先进快递员作为各级“两代表一委员”人选；开展全国邮政行业先进集体、劳动模范和先进工作者评选表彰活动。

五、关于《意见》的保障措施

《意见》明确了未来五年做好快递员权益保障工作的努力方向和主要任务。为抓好贯彻落实，《意见》提出三项保障措施。

一是注重部门协同。交通运输部、国家邮政局、国家发展改革委、人力资源社会保障部、商务部、市场监管总局、全国总工会将密切部际联系，强化协同配合和政策衔接，形成齐抓共管的合力。将及时总结推广制度成果，协调解决意见实施中遇到的问题。

二是落实地方责任。有关任务措施能否在各地得到贯彻落实，是解决问题的关键。《意见》提出，各地要制定实施方案，出台配套政策，细化任务措施，加强统筹协调，完善工作机制，抓好工作落实。特别是在加强工作体系建设方面，要将邮政快递纳入各级地方社会稳定管理体系，研究将快递员群体纳入当地住房医疗和子女教育等民生保障体系，不断健全完善县级邮政监管机制。

三是强化宣传引导。为让有关工作思路、主要任务、保障措施为社会广泛知晓，让关心关爱快递员群体成为社会各界和亿万用户的广泛共识，促进形成推动工作的强大合力。《意见》提出，持续开展关爱快递员“暖蜂行动”，通过报纸、广播电视、互联网、新媒体等传媒手段，创新宣传方式，增强宣传效果，大力宣传快递员群体先进典型以及权益保障工作有效做法，广泛凝聚社会共识，营造良好社会氛围。

习近平总书记强调，“一分部署，九分落实”

"真抓才能攻坚克难"。《意见》能否不折不扣落实到位,关系到快递员队伍的健康发展,关系到行业高质量发展,关系到扩大居民消费和畅通经济循环。下一步,各有关部门将按照工作职责,做好统筹协调,强化部署推动,抓好贯彻落实,全力推进各项任务措施落地见效。

第七章　部分省(区、市)、市(地)关于快递服务的政策法规

河北省邮政条例

（2012年3月28日河北省第十一届人民代表大会常务委员会第二十九次会议通过　2014年5月30日河北省第十二届人民代表大会常务委员会第八次会议修订　2015年7月24日河北省第十二届人民代表大会常务委员会第十六次会议修订　2021年7月29日河北省第十三届人民代表大会常务委员会第二十四次会议修订）

第一章　总　　则

第一条　为保障邮政普遍服务，加强对邮政市场的监督管理，维护用户合法权益，促进邮政业的健康发展，适应经济社会发展和人民生活需要，根据《中华人民共和国邮政法》等有关法律、行政法规的规定，结合本省实际，制定本条例。

第二条　本省行政区域内邮政业的规划、建设、服务、市场、安全及监督管理，适用本条例。

第三条　省邮政管理部门负责全省邮政普遍服务和邮政市场的监督管理工作。

设区的市邮政管理部门负责本行政区域的邮政普遍服务和邮政市场的监督管理工作。

县级以上人民政府有关部门应当按照各自职责，做好邮政的相关工作。

第四条　县级以上人民政府应当将邮政业发展纳入国民经济和社会发展规划，加快邮政设施建设，提高邮政普遍服务水平，鼓励快递企业发展，满足社会需要。

第五条　邮政企业、快递企业应当建立健全邮件、快件收寄和运递安全保障体系，提高服务质量，为用户提供迅速、准确、安全、方便的服务。

第二章　规划建设

第六条　各级人民政府应当将邮政业发展规划、邮政基础设施建设规划纳入城乡规划和土地利用规划，并由有关部门编制相关专项规划。

编制控制性详细规划，应当包括邮政业发展规划和邮政基础设施建设规划的内容，明确独立占地的邮政营业场所、邮件、快件处理和储运场所的位置和规模，保证邮政设施建设适应邮政业发展的需要。

邮政运输网络建设应当纳入地方综合交通运输体系规划。

农村地区邮政设施建设应当纳入乡镇和村庄规划。

第七条　城市新区开发、旧城改造和村镇建设，应当按照邮政普遍服务标准，同时规划、设计与之配套的邮政设施并同步建设、验收。城市建成区已有的邮政设施不能满足邮政普遍服务要求的，应当列入城市改造计划，扩建或者重建。农村居民集中的区域应当设置邮政局所等邮政普遍服务设施。

火车站、机场、港口、长途汽车站、大专院校、

城市社区、旅游景区、大型商场等公众服务场所，应当建设配套的邮政设施。鼓励邮政企业、快递企业或者智能快件箱运营企业根据服务需要在上述场所设置智能末端服务设施

第八条 按照规划要求配套建设的邮政普遍服务设施，由政府统建的，邮政企业按规定无偿使用；由其他方出资建设的，邮政企业以建筑安装成本价购买或者优先租用。邮政企业不得擅自改变其使用性质。

第九条 县级以上人民政府应当对非营利性邮政设施建设用地，按照城市基础设施建设用地划拨，并免征城市基础设施配套费。

邮政企业不得擅自改变划拨的非营利性邮政设施建设用地的使用性质。

第十条 邮政企业应当根据邮政普遍服务标准和方便群众的原则在城市街道、商业区、社区等位置设置邮筒（箱）、邮政报刊亭、邮政便民服务站等邮政设施，经县级以上人民政府批准，免收城市道路占用挖掘费和其他相关费用。

邮政企业应当对其设置的邮政设施进行统一管理和维护。

第十一条 县级以上人民政府应当对建设邮政普遍服务营业场所给予支持，在乡镇人民政府所在地设置邮政普遍服务营业场所，在行政村设置村邮站或者其他接收邮件的场所，保障村村通邮。

邮政企业应当与村民委员会签订邮件妥收妥投协议，支持、指导村邮站建设。

第十二条 邮政企业设置、撤销邮政营业场所，应当事先书面告知邮政管理部门；撤销提供邮政普遍服务的邮政营业场所，应当经邮政管理部门批准并予以公告。

邮政普遍服务营业场所地址发生变更的，邮政企业应当向邮政管理部门备案并予以公告。

第十三条 城镇新建、改建、扩建的住宅小区、住宅建筑工程，应当将信报箱的建设纳入建筑工程统一规划、设计、施工和验收，并与建筑工程同时投入使用。信报箱的规格和样式应当符合国家标准。

施工图审查机构对没有信报箱设计或者不符合信报箱设计规范的住宅工程，不得发放施工图审查合格书。信报箱的建设应当纳入住宅工程质量分户验收范围，建设单位未按照规定设置信报箱的，不予通过验收，建设行政主管部门不予办理竣工验收备案。

本条例施行前，城镇居民楼未设置信报箱的，由产权所有者或者管理者根据用邮情况自行负责补建，也可以委托邮政企业补建，所需费用由委托人承担。

信报箱产权归投资人所有。产权所有者或者管理者负责信报箱的管理、维修和更换，也可以委托邮政企业维修、更换，所需费用由委托人承担。

第十四条 机关、企业、事业单位等应当在适宜位置设置接收邮件场所。

物业服务单位应当为邮政企业、快递企业投递邮件、快件提供便利。

第十五条 任何单位和个人不得擅自迁移、毁损邮政设施。

因城镇建设需要征收、拆迁邮政营业、邮件处理和储运场所的，规划主管部门应当重新规划设置，建设单位应当与邮政企业协商，按照就近安置、方便用邮、不降低邮政普遍服务水平、不少于原有面积的原则，先安置后搬迁，所需费用由征收、拆迁单位承担。

第三章 普遍服务

第十六条 邮政企业提供邮政普遍服务，应当符合邮政普遍服务标准。

未经邮政管理部门批准，邮政企业不得停止办理或者限制办理邮政普遍服务业务。

邮政企业应当确保服务时限和邮件安全，并及时足额兑付邮政汇款。

省内邮件全程时限由省邮政管理部门规定。

第十七条 实行政府指导价和政府定价的邮

政普遍服务业务，执行国务院有关部门制定的资费标准。

第十八条 对具备国家规定的通邮条件的用户，邮政企业应当在用户办理邮件投递登记手续后的七日内予以通邮。

对尚不具备通邮条件的用户，邮政企业应当将邮件投递至用户指定的已通邮的邮件代收点或者用户租用的邮政信箱。

邮政企业应当将以邮政信箱为名址的收件人报邮政管理部门备案。

第十九条 邮政企业委托其他单位或者个人代办邮政普遍服务业务，应当符合国家和省的有关规定，并加强对接受委托的单位或者个人的管理，保证其提供的邮政普遍服务符合邮政普遍服务标准。

第二十条 用户交寄邮件应当符合国家邮政管理部门规定的准寄内容、封装规格、书写格式，正确书写邮政编码，使用标准信封和法律、行政法规规定的邮资凭证。

用户交寄邮件不符合前款规定的，邮政企业不予收寄或者退回寄件人；无法退回的，按无着邮件处理。

第二十一条 邮政企业采取按址投递、用户领取或者与用户协商等方式投递邮件。

已设置信报箱的，平常邮件可以实行插箱投递；给据邮件由用户签收，用户委托的代收人或者代收机构代为签收的，视为用户本人签收；没有设置信报箱的，城市邮件投递到收发点或者收件人指定的地点，农村邮件投递到村邮站或者村民委员会确定的接收场所。

第二十二条 县级以上人民政府应当对邮政企业提供邮政普遍服务加大资金投入，并对村邮站的设置、运行和村邮站服务人员的报酬给予资金补贴。

第二十三条 经邮政管理部门核定的带有邮政专用标志的车辆免办道路运输证。邮政普遍服务专用车辆运递邮件，按照省有关规定减免车辆通行费。

第二十四条 邮政企业及其从业人员不得实施下列行为：

（一）无故拒办邮政业务或者擅自中止对用户的服务；

（二）故意积压、延误投递邮件；

（三）延付、拒付、截留、挪用用户汇款；

（四）收寄禁止寄递物品，或者超限收寄限制寄递物品；

（五）限制用户支付邮政普遍服务业务范围内信件、印刷品、包裹等邮件资费的方式；

（六）限定用户使用指定的服务，向用户搭售商品、服务或者附加其他不合理条件；

（七）转让、出租、出借邮政专用标志、邮政专用品和带有邮政专用标志的车辆；

（八）其他违反法律、行政法规的行为。

第二十五条 邮政企业按照国家规定办理机要通信、国家规定报刊的发行以及义务兵平常信函、盲人读物和烈士遗物的免费寄递等特殊服务，适用本条例关于邮政普遍服务的规定。

第四章 快递服务

第二十六条 经营快递业务应当依法取得快递业务经营许可证；任何单位和个人未经许可，不得经营快递业务。

申请人凭快递业务经营许可证向工商行政管理部门依法办理登记后，方可经营快递业务。

经营快递业务的企业应当向邮政管理部门提交年度报告。

第二十七条 快递企业经营许可事项发生变更或者停止经营快递业务的，应当到原发证机关办理变更、注销手续。邮政管理部门颁发、变更和注销快递业务经营许可证，应当向社会公告。

快递业务经营许可证不得涂改、租借和转让。

第二十八条 住所和经营场所在同一县（市、区）区域范围内的快递企业，可以凭企业法人快递业务经营许可证（副本）及所附分支机构名录，申请在营业执照上加载经营场所地址，免予办理分支机构登记。

第二十九条 快递企业中止经营快递业务，应当提前七日向邮政管理部门报告并向用户公告，妥善处理尚未投递的快件。

第三十条 经营快递业务的企业应当按照快递业务经营许可证的许可范围经营快递业务，提供符合快递服务标准的快递服务。

收寄快件应当规范填写快递运单。快递运单应当符合国家标准。

第三十一条 实行加盟经营的快递企业，双方应当订立书面加盟合同。企业应当在服务标准、服务质量、运营安全、业务流程、用户投诉、损失赔偿等方面实行统一管理。

第三十二条 快递企业及其从业人员不得实施下列行为：

（一）收寄禁止寄递物品，或者超限收寄限制寄递物品；

（二）相互串通操纵快递市场价格，损害其他经营快递业务的企业或者用户的合法权益；

（三）冒用其他企业名称、企业标志和商标标识，扰乱市场经营秩序；

（四）故意积压、扣留、倒卖、延误用户快件；

（五）其他违反法律、行政法规的行为。

第三十三条 县级以上人民政府及有关部门应当对快递企业在规划、建设、用地、信贷、融资、创业服务等方面给予支持。

海关、检验检疫、民航、铁路、交通运输等有关部门应当依法为快递企业提供便利。

第五章 邮政安全

第三十四条 任何单位和个人都有维护邮政通信安全、畅通和保护邮政设施的义务，并有权制止、举报危害邮政通信安全、畅通和破坏邮政设施的行为。

第三十五条 任何单位和个人不得交寄、夹寄带有爆炸性、易燃性、腐蚀性、放射性、毒害性和传染病病原体的危险有害物品以及非法出版物等国家禁止寄递的物品。

特定时期经国家邮政管理部门批准，省邮政管理部门可以公布国家禁止寄递物品之外的禁寄物品名录。

第三十六条 邮政企业、快递企业应当强化和落实企业主体责任，严格执行国家关于邮件、快件收寄验视、实名收寄、安全检查和寄递物品信息登记的规定。

邮政企业、快递企业发现交寄、夹寄禁止寄递物品的，不予收寄，并交由有关部门依法处理。

第三十七条 邮政企业、快递企业及其从业人员应当遵守国家和省的有关规定，对用户名址信息负有保密义务，并应当在寄递服务中合理使用。

用户对其名址信息享有查询、更正、限制使用和要求删除的权利。

第三十八条 邮政企业、快递企业接受网络购物、电视购物和邮购等经营者委托提供寄递服务的，应当与委托人签订安全保障协议，并报邮政管理部门备案。

第三十九条 邮政企业、快递企业制定含有格式条款的合同、单据应当遵循公平原则。格式条款含有免除或者限制自身责任内容的，应当采用清晰明白的文字、符号、字体等合理方式提请用户注意，并按照用户的要求，对该条款予以说明。

邮政企业、快递企业公开的服务承诺视为服务合同的条款。

第四十条 邮政管理部门应当按照国家和省的有关规定制定邮政业突发事件应急预案。

邮政企业、快递企业应当制定突发事件应急预案，开展应急演练。发生重大安全和服务阻断等突发事件后，邮政企业、快递企业应当及时开展应急处置工作，同时向当地人民政府应急部门和邮政管理部门报告。

第四十一条 任何单位和个人不得实施下列行为：

（一）在邮政营业场所、快递企业营业场所出入通道或者邮政设施周围设摊、堆物，妨害用户使用邮政服务、快递服务或者影响带有邮政专用标志的车辆和经邮政管理部门认定的快递车辆通行；

（二）扰乱邮政营业场所、快递企业营业场所正常秩序；

（三）冒用邮政企业、快递企业名义，或者伪造、冒用邮政专用标志、邮政用品用具生产监制证以及邮政管理部门对邮政普遍服务专用车辆和快递车辆的认定证件；

（四）私自开拆、隐匿、扣留、毁弃、盗窃、倒卖他人邮件、快件或者撕揭邮票；

（五）非法拦截、强登、扒乘、扣留带有邮政专用标志的车辆和经邮政管理部门认定的快递车辆，妨碍从业人员收寄、运输邮件、快件；

（六）其他违反法律、行政法规的行为。

第四十二条 公安机关交通管理部门对带有邮政专用标志的车辆和经邮政管理部门认定的快递车辆给予道路通行便利。上述车辆在运递邮件、快件途中发生一般交通违章或者轻微交通事故时，公安机关交通管理部门应当在记录后立即放行，待其完成运递任务后，再作后续处理。发生严重违章确需扣留车辆或者发生重大交通事故的，公安机关交通管理部门应当协助保护邮件、快件安全并及时通知车辆所属企业转运邮件、快件。

带有邮政专用标志的车辆和经邮政管理部门认定的快递车辆需要临时占用道路揽收和投递邮件、快件的，在保证交通安全、驾驶人不离开车辆和不影响道路通行的情况下，可以在法律、法规明令禁止停车的地点外占用道路临时停车。

邮政企业、快递企业不得擅自改变带有邮政专用标志的车辆和经邮政管理部门认定的快递车辆的用途。

第六章 监督管理

第四十三条 邮政管理部门应当依法对邮政企业、快递企业、邮政用品用具生产企业、集邮票品经营者和集中交易市场的经营、服务行为以及印制销售邮票、仿印邮票和邮资图案等行为进行监督管理。

第四十四条 邮政管理部门履行监督管理职责，可以采取下列监督检查措施：

（一）进入邮政企业、快递企业、集邮票品集中交易市场、邮政用品用具生产企业或者涉嫌违反邮政法律、法规活动的其他场所实施现场检查；

（二）向有关单位和个人了解情况；

（三）查阅、复制有关文件、资料、凭证；

（四）要求提供财务会计报表、注册会计师出具的审计报告以及其他有关经营的信息；

（五）经邮政管理部门负责人批准，查封、扣押与违法活动有关的场所、运输工具以及相关物品，对信件以外的涉嫌夹带禁止寄递或者限制寄递物品的邮件、快件开拆检查。

邮政管理部门进行监督检查，应当出示行政执法证件，监督检查人员不得少于二人。被检查的企业应当接受检查并予以配合，不得拒绝、阻碍。

第四十五条 邮政管理部门会同财政部门建立健全监督检查制度，对邮政企业使用邮政普遍服务、特殊服务补贴资金进行监督。

第四十六条 邮政管理部门按照国家规定履行邮政行业统计和经济运行分析的职责。邮政企业、快递企业和邮政用品用具生产企业应当依法向邮政管理部门报送统计资料和邮政普遍服务工作情况等信息。

第四十七条 邮政企业、快递企业及其从业人员造成邮件或者快件丢失、损毁、内件短少的，应当采取补救措施，按照有关法律、行政法规的规定予以赔偿。

第四十八条 邮政企业、快递企业应当向社会公布监督电话，受理用户投诉或者举报。对于用户的投诉、举报及邮政管理部门批转的用户申诉，应当及时处理，并自受理之日起十日内答复用户。

用户对处理结果不满意的，可以向邮政管理部门申诉，邮政管理部门应当自接到申诉之日起三十日内予以答复。

第四十九条 邮政管理部门应当根据国家邮政管理部门公布的邮政用品用具监制目录，对邮政用品用具的生产实行监制。任何单位和个人不得生产、销售未经监制的邮政用品用具。

第五十条 省邮政管理部门应当按照国家有关规定，指导开展邮政企业、快递企业从业人员教育培训和特殊工种职业技能鉴定工作，提高从业人员的素质和技能。

第五十一条 依法成立的邮政企业管理协会、快递行业协会、集邮协会、直邮协会等行业社会团体，应当自觉接受邮政管理部门的监督管理，发挥服务企业和行业自律作用，促进邮政业的健康发展。

第七章 法律责任

第五十二条 邮政管理部门工作人员有下列行为之一的，依法给予行政处分；构成犯罪的，依法追究刑事责任：

(一)违反法定条件、程序实施行政许可，侵害行政相对人合法权益的；

(二)明知有违反邮政法律、法规的行为不依法、不及时查处的；

(三)泄露在监督管理工作中知悉的企业商业秘密的；

(四)其他滥用职权、玩忽职守、徇私舞弊的行为。

第五十三条 违反本条例规定，擅自将普遍服务自办网点改为代办网点，致使提供的邮政普遍服务不符合邮政普遍服务标准的，由邮政管理部门责令限期改正；逾期不改正的，可以处一万元以上五万元以下的罚款。

第五十四条 违反本条例规定，擅自迁移、毁损、拆除邮政设施的，由邮政管理部门责令限期恢复原状或者采取其他补救措施，可以处二千元以上二万元以下的罚款。

第五十五条 违反本条例规定，未按照时间要求，为具备通邮条件的用户通邮的，由邮政管理部门责令限期改正；逾期不改正的，处一千元以上二万元以下的罚款。

第五十六条 违反本条例第二十四条第(一)项、第(二)项、第(三)项、第(五)项、第(六)项、第(七)项，第三十二条第(三)项、第(四)项规定的，由邮政管理部门责令改正，没收非法物品和违法所得，可以并处一千元以上一万元以下的罚款。

违反本条例第二十四条第(四)项、第三十二条第(一)项规定的，依据《中华人民共和国邮政法》《中华人民共和国反恐怖主义法》有关规定予以处罚。

第五十七条 违反本条例规定，经营快递业务不符合快递服务标准或者擅自停止经营快递业务的，由邮政管理部门责令改正，可以处三千元以上一万元以下的罚款；情节严重的，处一万元以上五万元以下的罚款。

第五十八条 违反本条例第四十六条规定，拒报、虚报统计资料和信息的，由邮政管理部门责令限期改正；逾期不改正的，依照有关法律、法规的规定处理。

第五十九条 快递企业被吊销快递业务经营许可证的，自快递业务经营许可证被吊销之日起三年内，不得申请经营快递业务。

快递企业法定代表人对快递业务经营许可证被吊销负有个人责任的，自快递业务经营许可证被吊销之日起三年内，不得担任快递企业董事、监事、高级管理人员。

第八章 附 则

第六十条 本条例自 2012 年 7 月 1 日起施行。2000 年 9 月 4 日河北省人民政府公布的《河北省邮政管理规定》同时废止。

黑龙江省邮政条例

（2021年8月20日黑龙江省第十三届人民代表大会常务委员会第二十七次会议表决通过新修订的《黑龙江省邮政条例》，自2022年1月1日起正式施行）

第一章　总　　则

第一条　为保障邮政普遍服务，加强对邮政市场的监督管理，维护邮政通信与信息安全，保护通信自由、通信秘密和用户的合法权益，促进邮政业高质量发展，根据《中华人民共和国邮政法》等有关法律、法规，结合本省实际，制定本条例。

第二条　本省辖区内的邮政业规划、设施建设、邮政服务、快递业务、邮政市场监督管理活动，适用本条例。

第三条　省邮政管理部门负责本省辖区内邮政普遍服务和邮政市场的监督管理工作。

按照国务院规定设立的省级以下邮政管理机构负责对本辖区的邮政普遍服务和邮政市场实施监督管理。省级以下邮政管理机构可以依照《中华人民共和国行政处罚法》的规定，委托依法成立并符合法定条件的组织实施邮政行政处罚。

县级以上人民政府有关部门依照各自职责，做好规范和促进邮政业发展的相关工作。县级人民政府确定的部门负责履行寄递安全属地管理责任。

第四条　县级以上人民政府应当将邮政业发展纳入国民经济和社会发展规划，保障邮政服务、快递业务与经济社会发展和人民生活需要相适应，依照有关规定承担交通运输领域邮政方面省以下财政事权和支出责任。

第五条　县级以上人民政府应当对承担普遍服务义务的邮政企业给予扶持和政策支持，重点扶持高寒地区、脱贫地区和农村边远地区邮政设施建设。

第六条　鼓励和支持多种所有制形式的企业发展快递业务，满足社会各方面的需要。

第二章　规划与建设

第七条　县级以上人民政府应当将邮政、快递设施布局和建设纳入国土空间规划，统筹安排邮件处理中心和快件大型集散、分拣等基础设施用地。

县级以上人民政府和有关部门应当将智能快件箱、智能信包箱等智能投递设施作为公共服务设施纳入相关规划，可以根据实际情况合理纳入老旧小区改造项目。

第八条　市、县人民政府在规划建设城市新区、独立工矿区、开发区、住宅区或者改建旧城区时，应当同时规划提供邮政普遍服务的邮政设施。建设单位应当按照规划建设配套的提供邮政普遍服务的邮政设施。

提供邮政普遍服务的邮政设施应当与建设主体工程同时设计、同时施工、同时验收。

第九条　邮政企业应当按照邮政普遍服务标准和国土空间规划要求设置邮政营业场所、邮政信筒（箱）、邮政报刊亭等邮政设施，有关部门、单位和个人应当给予支持和配合。

第十条　机关、企业事业单位、住宅物业服务人应当为用户接收邮件、快件提供便利。机关、企业事业单位应当根据实际情况，在地面层或者主出入口设置接收邮件的场所。鼓励邮政企业、快递企业共享末端服务设施，优化投递业务。

城镇新建住宅建筑工程，设计单位应当将信报箱作为工程配套设施进行设计，建设单位应当按照设计文件进行建设。未设置信报箱或者未达到国家标准的，由邮政管理机构责令限期改正。逾期未改正的，由邮政管理机构指定其他单位设置信报箱，所需费用由建设单位承担。鼓励有条件的住宅小区建设智能信包箱。

第十一条 县级以上人民政府应当加强乡镇邮政设施和村邮站的投入和建设。乡镇人民政府应当组织村民委员会设立村邮站或者其他接收邮件的场所，承担本辖区内邮件的接收和投递。

邮政企业应当在乡镇人民政府所在地设置至少一个提供邮政普遍服务的邮政营业场所，按照有关规定加大对村邮站建设的投入，对村邮站的设立提供业务指导与支持，并与村邮站签订邮件接收、转投协议。

快递企业可以通过直接设立站点、与邮政企业以及其他商业组织合作等方式提供快递服务并延伸至建制村。县级以上人民政府和有关部门应当在人员、场地、设施等方面提供政策支持。县级人民政府可以安排适当资金，采取公开、公平的方式对新设立的乡村快递物流服务网点和快件投递予以补贴。

第十二条 用于邮政普遍服务的非营利性邮政设施用地，应当按照国家有关规定，以划拨方式提供给邮政企业。

第十三条 征收邮政营业场所或者邮件处理场所的，城乡规划主管部门应当根据保障邮政普遍服务的要求，按照就近安置、方便用邮、不少于原有面积的原则，对邮政营业场所或者邮件处理场所的重新设置作出妥善安排；未作出妥善安排前，不得征收。

邮政营业场所或者邮件处理场所重新设置前，房屋征收部门应当征求邮政企业的意见；邮政企业应当采取措施，保证邮政普遍服务的正常进行。

第十四条 任何单位和个人都有保护邮政设施、维护邮政安全和畅通的责任，并有权制止、举报破坏邮政设施和危害邮政安全的行为。

第十五条 县级以上人民政府应当推进县乡村三级交通运输、邮政基础设施一体化建设，促进资源和信息整合、优势互补、融合发展，鼓励运输、仓储、分拨、配送等资源和信息共享。

支持省内大型车站、机场等交通枢纽设置快速安检、配载、装卸、交换等邮件、快件运输通道和接驳场所。

第十六条 县级以上人民政府应当将邮政业生态环境保护工作纳入地方生态文明建设体系，支持绿色网点、绿色分拨中心等基础设施的建设、改造和运营，为快递包装回收和循环利用提供保障。

邮政管理、商务、市场监督管理、生态环境等机构和部门应当建立联合工作机制，在生产、销售、使用、回收利用等环节共同推进邮政业绿色包装治理，实现邮件、快件包装标准化、绿色化、减量化、可循环。

邮政企业、快递企业应当采购使用符合国家规定的包装物，并按照规定使用环保材料对邮件、快件进行包装，优先采用可重复使用、易回收利用的包装物，优化邮件、快件包装，减少包装物的使用，并积极回收利用包装物。

邮政企业、快递企业购置、租赁新能源汽车作为邮件、快件生产运营车辆的，按照有关规定享受补助和通行便利。

第三章 邮 政 服 务

第十七条 邮政企业应当采用现代科学技术和管理手段，发挥邮政网络、邮政设施、安全保障、信息传递的优势，增强普遍服务能力，满足社会的用邮需求。

第十八条 邮政企业应当对信件、单件重量不超过五千克的印刷品、单件重量不超过十千克的包裹的寄递以及邮政汇兑提供邮政普遍服务。

邮政企业按照国家规定办理机要通信、国家规定报刊的发行，以及义务兵平常信函、盲人读物和革命烈士遗物的免费寄递等特殊服务业务。

第十九条 邮政企业提供邮政普遍服务，应当符合邮政普遍服务标准，为用户提供迅速、准确、安全、方便的服务。

第二十条 邮政企业应当在其营业场所公示或者以其他方式公布其服务种类、营业时间、收费项目、资费标准、邮件和汇款的查询以及损失赔偿办法、营业窗口销售的邮政用品用具价格、禁止寄递或者限制寄递物品的规定，以及用户对其服务质量的投诉办法。

第二十一条 民政部门应当确定城镇街道、农村自然村标准地名，对单位和居民住宅设置统一编制的门牌号码。标准地名和门牌号码发生变更的，民政部门应当及时公布，邮政企业应当定期核对，并根据变更后的地名和门牌号码进行投递。

第二十二条 用户交寄邮件，应当正确填写收件人姓名、地址和邮政编码。

邮政企业对用户交寄的邮件，应当按照国务院邮政管理部门规定的寄递时限予以投递。

省内邮件寄递时限的调整，按照国务院邮政管理部门有关规定执行，并及时向社会公布。

第二十三条 对具备按址投递条件的新用户，邮政企业应当自用户办理邮件投递登记手续之日起七日内安排投递。邮政企业应当公布投递登记手续办理地点和电话号码。

未具备按址投递条件的，邮政企业可以将邮件投递至用户指定的邮件代收点或者指定的信报箱。

单位用户地址变更的，应当事先通知邮政企业，办理邮件改寄新址手续。

邮政企业应当按照规定的时限，安全、准确投递邮件，给据邮件投递以用户、代办单位、住宅区或者单位收发室的工作人员签收为妥投。

第二十四条 邮政企业可以根据用户的要求，与用户签订延伸投递服务协议，约定延伸投递服务的位置和方式。

第二十五条 邮政业务代办单位、住宅区或者单位收发室的工作人员应当及时传递邮件，并对邮件负有保密和保管责任。对错投、误投和无法投递的邮件，应当及时通知邮政企业收回。

第二十六条 邮政企业应当建立和完善邮政普遍服务质量自查机制，定期将邮政普遍服务质量自查结果报送邮政管理机构。

第二十七条 发现邮件丢失、毁损的，用户可以在规定的查询期限内持据向当地邮政企业查询，邮政企业应当按照规定的程序、时限予以办理，不得积压、延误，并按照查询答复时限的要求及时答复用户。

邮政企业、快递企业造成邮件、快件丢失、毁损的，应当依据法律、法规和国家有关规定予以赔偿。

第二十八条 邮政企业应当向社会公布用户投诉电话，配备受理用户投诉的人员，及时妥善处理用户的投诉，应当在接到邮政普遍服务投诉之日起七日内答复用户办理情况。对邮政管理机构转办的用户申诉，应当自接到申诉之日起十五日内做出答复。

第二十九条 邮政企业及其工作人员不得有下列行为：

（一）泄露国家秘密；

（二）擅自变更邮政普遍服务收费标准或者增加收费项目，强迫、误导用户使用高资费邮政业务；

（三）违法向他人提供用户使用邮政服务的信息；

（四）利用带有邮政专用标志的车船从事邮件运递以外的经营性活动或者出租、出借带有邮政专用标志的车船；

（五）冒领、扣压用户汇款或者强迫用户将汇款转为储蓄；

（六）强行搭售邮品及其他商品或者强迫订阅报刊杂志等；

（七）限定用户对信件、印刷品和包裹等邮件的资费支付方式；

（八）转让、出租、出借邮政生产用品用具和邮

政专用标识;

(九)法律、法规禁止的其他行为。

第三十条 邮政管理机构会同公安机关交通管理等部门建立协作机制,加强对带有邮政专用标志车辆的监督管理工作,依法查处冒用邮政专用标志等违法行为。

第四章 快递业务

第三十一条 快递业务依法实行市场准入,公平竞争。

经营快递业务应当按照《中华人民共和国邮政法》的规定取得经营许可,并按照许可的经营、地域的范围提供快递服务。未经许可,任何单位和个人不得经营快递业务。

第三十二条 经营快递业务应当遵守国家有关法律、法规的规定,符合快递服务标准,并接受邮政管理机构以及有关部门的监督管理。

第三十三条 经营快递业务的企业应当依法保护其从业人员的合法权益,按时足额支付劳动报酬,依法缴纳社会保险费,按照国家有关规定为从业人员优先参加工伤保险,并提供符合国家标准的劳动防护用品。

鼓励经营快递业务的企业为从业人员投保意外人身伤害保险、重大疾病保险以及其他专项商业保险。

鼓励在经营快递业务的企业中依法建立工会组织。

第三十四条 快递服务车辆在道路上行驶,应当遵守道路交通安全法律、法规的规定。邮政管理机构会同同级公安机关交通管理等部门,依法规范快递服务车辆的管理和使用,对快递服务车辆加强统一编号和标识管理。经营快递业务的企业应当对其从业人员加强道路交通安全培训。

县级以上城市管理部门、公安机关交通管理部门、商务部门、邮政管理机构应当在确保交通安全、畅通的前提下,设置邮政、快递服务车辆停靠、装卸区域,鼓励设置临时停车位或者临时停车港湾,允许邮政、快递服务车辆临时停靠作业。带有邮政专用标志的车辆在运递邮件时,公安机关交通管理部门应当依法给予不受限号等通行的便利。

第三十五条 经营快递业务的企业应当将快件投递到约定的收件地址、收件人或者收件人指定的代收人,并告知收件人或者代收人当面验收。收件人或者代收人有权当面验收。经营快递业务的企业应当在快件上标注寄件人联系方式,对无联系方式或者联系方式无法识别的快件,收件人提出查询要求的,经营快递业务的企业应当提供查询便利。

经营快递业务的企业改变约定的快件投递服务方式,应当征得收件人同意。

第三十六条 经营快递业务的企业及其从业人员不得从事下列行为:

(一)相互串通操纵市场价格,损害其他快递企业或者用户的合法权益;

(二)冒用他人名称、商标标识和企业标识,扰乱市场经营秩序;

(三)冒领、私自开拆、隐匿、毁弃、扣留、倒卖或者非法检查快件;

(四)将信件打包作为包裹寄递;

(五)违法泄露在从事快递服务过程中知悉的用户信息;

(六)法律、法规禁止的其他行为。

第三十七条 本条例第二十条、第二十六条、第二十七条第一款、第二十八条关于邮政企业的规定,适用于快递企业。

第五章 安全保障

第三十八条 邮政企业、快递企业应当建立突发事件应急工作机制,依法制定突发事件应急预案。

发生自然灾害、事故灾难、公共卫生事件、社会安全事件等重大服务阻断时,邮政企业、快递企业应当立即启动应急预案,采取必要的应急措施,确保邮件、快件安全，及时告知用户，并根据国家有关法律、法规、规章以及国家邮政业突发事件应急预案，按照事件类型和分级，在规定时间内报告事件发生地省级以下邮政管理机构和负有相关职责的部门。

第三十九条 邮政企业、快递企业应当落实企业交通安全主体责任，加强对邮政、快递服务车辆及其驾驶人员的安全管理，并执行下列规定：

（一）将邮政、快递服务车辆安全管理纳入内部安全生产规章制度，明确安全责任人；

（二）组织驾驶人员开展交通安全法律、法规培训和考核；

（三）根据需要为邮政、快递服务车辆购买第三者责任险。

第四十条 在处理突发事件过程中，邮政企业、快递企业应当对有关的资料进行记录和保存，保存期限至少一年。

第四十一条 任何单位和个人不得利用寄递网络从事危害国家安全、社会公共利益或者他人合法权益的活动，不得交寄、夹寄爆炸性、易燃性、腐蚀性、放射性、毒害性、传染病病原体等危险有害物品以及非法出版物等国家规定禁止寄递的其他物品。邮政企业、快递企业发现交寄、夹寄违禁物品的，不予寄递，并交由有关部门依法处理。

第四十二条 邮政企业、快递企业应当依法建立并执行邮件、快件收寄验视制度。对寄件人交寄的物品，经验视符合寄递要求的，应当以加盖验视章等方式作出验视标识，载明验视人员的姓名或者工号。

邮政企业、快递企业应当依法建立并执行邮件、快件实名收寄制度。对寄件人身份进行查验，使用符合国家有关要求的实名收寄信息系统对寄件人身份和交寄物品进行信息登记。

邮政企业、快递企业应当依照规定对邮件、快件进行安全检查，安全检查设备应当符合强制性国家标准，安全检查人员应当经过专业技术培训，并遵守安全检查设备操作规程。

对寄件人不按照本条前两款规定交寄邮件、快件的，邮政企业、快递企业不得收寄。发现存在重大安全隐患或者可能涉及危害国家安全等违法犯罪情形的，应当立即向有关部门报告。

第六章 监督管理

第四十三条 邮政管理机构应当建立健全监督检查制度，加强邮政普遍服务和邮政市场的监督检查，公开联系方式，及时受理用户的申诉、举报，依法查处违反邮政法律、法规的行为。

第四十四条 邮政管理机构、公安机关、国家安全机关和海关应当相互配合，建立健全安全保障机制，加强对邮政通信与信息安全的监督管理，确保邮政通信与信息安全。

第四十五条 邮政管理部门依法履行监督管理职责，可以采取下列监督检查措施：

（一）进入邮政企业、快递企业、集邮市场、生产和销售邮政业生产监制范围的邮政用品用具的企业或者涉嫌发生违反邮政法律、法规规定活动的其他场所实施现场检查；

（二）向有关单位和个人了解有关情况；

（三）查阅、复制有关文件、资料、凭证；

（四）经邮政管理机构负责人批准，查封与违法活动有关的场所，扣押用于违法活动的运输工具以及相关物品，对信件以外的涉嫌夹带禁止寄递或者限制寄递物品的邮件、快件开拆检查。

第四十六条 邮政管理机构根据履行监督管理职责需要，可以要求邮政企业、快递企业报告有关经营情况。被检查的单位和个人应当予以配合，及时、准确地提供情况和有关资料。

第四十七条 为保障邮政普遍服务和特殊服务补贴资金的正常使用，邮政管理机构应当按照国家规定加强对邮政企业使用邮政普遍服务、特殊服务补贴资金的监管。

第四十八条 邮政管理机构应当指导邮政企业、快递企业开展从业人员职业技能培训。

邮政企业、快递企业应当加强从业人员职业道德、公共卫生常识和安全教育等培训和管理。

第七章 法律责任

第四十九条 经营快递业务的企业违反本条例规定,未征得收件人同意而擅自改变约定的快件投递服务方式的,责令改正;逾期不改的,处二千元以上五千元以下罚款;情节严重的,处五千元以上三万元以下罚款。

第五十条 邮政企业、快递企业违反本条例规定,有下列行为之一的,由邮政管理机构责令改正,处五千元以上一万元以下罚款:

(一)未按照规定时限处理邮政管理机构转办的申诉的;

(二)突发事件的处理和有关资料的保存不符合本条例规定的。

第五十一条 邮政管理机构工作人员在监督管理工作中有下列行为之一,尚不构成犯罪的,依法给予处分:

(一)泄露监督检查中知悉的商业秘密的;

(二)滥用职权、玩忽职守、徇私舞弊的;

(三)违反法定程序实施监督检查的;

(四)不依法履行监管职责的。

第五十二条 邮政企业及其从业人员在提供邮政普遍服务过程中发生的其他违法行为,按照《中华人民共和国邮政法》和国家有关规定处罚;经营快递业务的企业及其从业人员在提供快递服务过程中发生的其他违法行为,按照《中华人民共和国邮政法》《快递暂行条例》和国家有关规定处罚。

第八章 附 则

第五十三条 法律、行政法规另有规定的,从其规定。

第五十三四 本条例自 2022 年 1 月 1 日起施行。

浙江省快递业促进条例

浙江省第十三届人民代表大会常务委员会公告第 58 号

《浙江省快递业促进条例》已于 2021 年 9 月 29 日经浙江省第十三届人民代表大会常务委员会第三十一次会议通过,现予公布,自 2022 年 3 月 1 日起施行。

浙江省人民代表大会常务委员会

2021 年 9 月 30 日

第一章 总 则

第一条 为了规范快递业经营服务行为,保护消费者、快递从业人员和快递经营企业等各方主体合法权益,促进快递业高质量发展,根据《中华人民共和国邮政法》《快递暂行条例》等有关法律、行政法规,结合本省实际,制定本条例。

第二条 本省行政区域内从事快递经营活动、促进快递业发展以及对快递业实施监督管理,适用本条例。

本条例所称快递经营活动,是指依法取得快递业务经营许可的企业,在承诺的时限内快速完成物品收寄、分拣、运输、投递等环节的寄递活动。外卖配送等点到点直接送达物品的活动,不适用本条例。

第三条 县级以上人民政府应当加强对快递业促进工作的领导，将快递业促进工作纳入国民经济和社会发展规划，制定并督促落实快递业促进政策，保障快递业促进工作和实施快递安全监督管理所需经费，推动快递业与当地经济社会协调发展。

第四条 省、设区的市邮政管理机构负责本行政区域内的快递业促进和监督管理工作，依法做好快递业公共信用信息管理工作。

邮政管理派出机构按照规定职责承担快递业促进和监督管理的具体工作。支持设区的市邮政管理机构在县（市、区）设置派出机构。未设置派出机构的，设区的市邮政管理机构可以委托县（市、区）交通运输主管部门实施监督管理工作。

交通运输、公安、人力资源社会保障、市场监督管理、海关、外汇管理等部门，应当按照各自职责做好快递业促进和监督管理工作。

第五条 快递行业协会应当加强行业自律，建立健全行业规范，发挥组织协调、宣传引导作用，引导快递经营企业依法开展经营活动、提升企业形象、履行社会责任。

第二章 发展要素保障

第六条 县级以上人民政府制定的现代物流业发展规划，应当明确本行政区域的快递业发展目标、空间布局、基础设施建设以及其他保障要素等内容。

县级以上人民政府应当将乡村寄递物流体系建设纳入公共基础设施建设范围，落实财政支出责任，推进乡村寄递物流综合服务站建设。

第七条 县级以上人民政府应当建立快递业与先进制造业、商贸业、现代农业、电子商务等关联产业和业态的协同发展机制，支持快递经营企业入驻各类园区，推动融合发展。

第八条 县级以上人民政府应当将快递专业类物流园区以及快件大型集散、分拣等设施设备用地，统筹纳入国土空间规划，合理确定快递业的用地效益考核指标。

支持快递经营企业依法利用城郊结合地区的旧厂房、仓库、闲置土地等场地，在符合国土空间规划的条件下，建设快递经营所需的集散、分拣中心。

第九条 邮政管理机构应当会同乡镇人民政府、街道办事处，按照网格化布局要求，组织推进社区、住宅小区、村庄等区域的快递末端服务设施、站点的配套建设。

快递末端服务设施、站点，包括智能快递柜，以及快递驿站、村邮站、便民服务中心、商店超市等提供快递末端服务的站点。

鼓励在商业区、办公楼、学校、医院等区域，推进快递末端服务设施、站点的建设和运营管理。

第十条 鼓励快递经营企业在社区、住宅小区、村庄设置智能快递柜，提供快递末端服务。社区组织、业主委员会、村民委员会应当予以支持。

新建住宅小区或者老旧小区改造，应当同步建设智能快递柜或者预留建设智能快递柜的场地。县（市、区）人民政府可以通过购买服务或者给予财政补贴等方式，引导快递经营企业建设公益性智能快递柜，为社区、住宅小区、村庄提供快递末端服务。

第十一条 设区的市、县（市）人民政府应当保障快递货运机动车城市道路通行和临时停靠的便利。设区的市、县（市）公安机关交通管理部门应当根据道路设施、交通通行情况和快递作业需要，划定临时停靠点。

第十二条 快递专用电动三轮车应当由快递经营企业向公安机关交通管理部门申请登记，并由列入国家公告管理的三轮摩托车生产企业生产。

选择生产快递专用电动三轮车的企业，应当事先制定快递专用电动三轮车的企业标准并依法向社会公开，其企业标准应当明确承诺符合下列规定条件：

（一）采用统一规范的封闭厢体，整车总长度不超过三米，总宽度不超过一米，从地面起总高度不超过一点六米；

（二）设计最高时速不超过二十公里，车辆电机驱动系统配备差速装置；

（三）整车整备质量不超过三百五十公斤，载货质量不超过两百公斤；

（四）喷刷快递专用电动三轮车通用标识，并安装可以与信息管理系统关联的实时定位监控装置；

（五）符合快递专用电动三轮车行业标准其他事项的规定。

第十三条 公安机关交通管理部门应当对申请登记的快递经营企业主体资格、车辆生产企业纳入国家公告管理事实、车辆生产企业按照其公开的企业标准进行生产的承诺，以及车辆主要技术参数是否符合本条例规定予以查验；查验合格的，核发快递专用电动三轮车专用号牌和行驶证。

快递专用电动三轮车在指定位置悬挂专用号牌，其实时定位监控装置与信息管理系统关联后，方可在非机动车道上行驶，公安机关交通管理部门按照非机动车对其实施管理。

快递专用电动三轮车的专用号牌和行驶证的式样，由省公安机关交通管理部门统一规定。

鼓励快递经营企业对快递专用电动三轮车投保第三者责任险、驾驶人员人身意外伤害险。

第十四条 快递经营企业应当在快件收派人员上岗前，参照驾驶三轮摩托车相关要求，对其驾驶技能和道路交通安全、消防安全法律、法规知识进行培训、考核，保证快件收派人员具备相应的驾驶技能和道路交通安全、消防安全知识，并加强日常教育、管理。

快递经营企业应当加强对快递专用电动三轮车的定期检查、维护，保证车辆安全性能良好。

快递经营企业、快递从业人员不得利用快递专用电动三轮车从事与快递经营活动无关的活动。

第十五条 快件收派人员驾驶快递专用电动三轮车，除遵守非机动车通行、车辆停放等相关法律、法规规定外，还应当遵守下列规定：

（一）按照规定使用实时定位监控装置；

（二）佩戴安全头盔；

（三）不得搭载其他人员；

（四）不得在驾驶室放置货物或者在厢体边侧加挂货物。

禁止驾驶无号牌、行驶证或者伪造、变造、冒用号牌、行驶证的快递专用电动三轮车上道路行驶；禁止驾驶改装、拼装、加装的快递专用电动三轮车上道路行驶。

第十六条 邮政管理机构应当建立本行政区域内统一的快递专用电动三轮车的车辆、通行等信息管理系统，并与公安机关交通管理部门、快递经营企业建立信息共享机制，加强对快递专用电动三轮车驾驶人通行安全的管理。

设区的市、县（市）不得禁止符合本条例规定的快递专用电动三轮车在城市道路上通行。但是，设区的市、县（市）公安机关交通管理部门根据道路和交通流量的具体情况，可以在交通高峰时段对快递专用电动三轮车采取特定区域限制通行的措施。

第十七条 驾驶快递专用电动三轮车与行人或者非机动车驾驶人发生道路交通事故的，应当根据道路交通事故当事人的行为对发生道路交通事故所起的作用以及过错的严重程度，确定当事人的事故责任，根据情形可以适当加重快递经营企业、快递专用电动三轮车驾驶人的赔偿责任。

驾驶无号牌、行驶证的三轮摩托车，或者违反本条例第十五条第二款规定驾驶不允许上道路行驶的快递专用电动三轮车，发生道路交通事故的，按照违法驾驶机动车进行事故责任认定和处理。

第十八条 交通运输、邮政管理等部门应当组织本行政区域内的邮政企业、交通运输企业、快递经营企业创新合作模式，完善快递物流配送体系，引导快递经营企业在农村、偏远地区开展快件联收联投，实现全省行政村快递通达，提升农村快递服务水平。

县（市、区）农业农村主管部门应当会同乡镇人民政府、街道办事处，对辖区内的农业经营主体通过网络平台销售农产品给予支持和指导，推动农产品出村进城。邮政管理机构应当组织快递经营企业配合做好相关服务工作。

第十九条 邮政管理机构应当会同商务、发展改革、交通运输、海关、外汇管理等部门，建立快件跨境协作机制，推动国际快件便捷通关。

自由贸易试验区片区所在地人民政府应当加强国际快件监管平台建设，支持海关、邮政管理等部门在片区设立办事机构，推动国际快件进出境通关一体化。

支持培育国际快递骨干企业，推动境外快件分拨和海外仓建设，促进快递服务国际化。

第二十条 县级以上人民政府及其有关部门应当鼓励学校、科研机构、行业协会和快递经营企业联合培养快递工程专业技术人才，将其纳入地方人才评价体系。

县级以上人民政府及其有关部门应当支持快递经营企业组织从业人员开展技能人才评价，对符合条件的快递经营企业和快递从业人员按照规定给予职业培训补贴。

第三章 数字快递和绿色快递

第二十一条 县级以上人民政府及其有关部门、邮政管理机构应当加快培育数字快递新业态和新模式，支持企业应用数字化技术推动快件收寄、分拣、运输、投递等作业链和上下游产业链、供应链的标准化、网络化、智能化，支持企业按照规定探索无人机、无人车等运载工具在快递作业场景的应用，推动快递业数字化发展。

第二十二条 县级以上人民政府及其有关部门、邮政管理机构应当推动快递业数据资源的汇聚整合以及与公共数据的融合应用，引导和鼓励快递经营企业建设产业链、供应链服务平台，支持平台经营者共建共享、融合创新。

第二十三条 省邮政管理机构应当推进快递业数字化应用和监管系统建设，开展数字快递监测、统计、分析，发布快递业发展指数。

第二十四条 鼓励快递经营企业使用可循环利用或者可重复利用的包装箱、中转袋等包装产品。

鼓励快递经营企业推进包装产品的标准化、系列化、模组化，提高包装产品与寄递物品的匹配度，减少电商快件的二次包装，防止过度包装。

支持快递经营企业以及上下游关联企业使用已取得绿色产品认证的包装材料、包装产品。

第二十五条 鼓励快递经营企业使用新能源或者清洁能源车辆，推广应用节水、节能等新技术设备，降低资源消耗。

第二十六条 县级以上人民政府应当支持、引导企业和研究机构等加大对绿色快递相关材料和产品的研发、生产和推广，增加绿色产品有效供给。

鼓励快递经营企业建立绿色行动激励机制，通过积分奖励、寄件优惠等方式，引导寄件人重复使用快件包装箱、包装袋。

第四章 经营和服务规范

第二十七条 从事快递经营活动的，应当符合企业法人条件，并依法取得快递业务经营许可。快递经营企业开设分支机构和末端网点的，应当按照有关规定备案；从事国际快递业务的，应当依法办理有关行政许可事项。

第二十八条 快递经营企业在同一县（市、区）区域内申请办理分支机构登记，其取得的快递业务经营许可证已载明分支机构经营场所的，市场监督管理部门可以直接在其营业执照上加注分支机构经营场所，不再另行办理分支机构登记。

快递经营企业要求办理分支机构登记的，市场监督管理部门应当予以办理。

第二十九条 快递经营企业、快递从业人员应当遵守快递安全、快递服务等法律、法规和有关服务标准的规定。快件收派人员上门服务时,应当按照快递服务标准要求穿着标记快递服务品牌标识的统一工装并佩戴工号牌。

快递从业人员不得隐匿、毁弃、暴力分拣快件,不得私自开拆快件,不得故意延误快件投递。

第三十条 电子商务经营者应当在销售商品的页面标明提供快递服务的企业。

鼓励电子商务经营者在快递经营企业、快件包装、定时派送、投递方式等方面为收件人提供个性化、差异化的快递服务选择。

第三十一条 快递经营企业应当将快件投递到约定的收件地址、收件人或者收件人指定的代收人,并告知收件人或者代收人当面验收。

快递运单上已注明上门投递要求的,快递经营企业不得将快件投递到快递末端服务设施、站点;收件人需要上门投递快件的,可以要求寄件人在快递运单上注明。快递运单上未注明上门投递要求的,快递经营企业应当在投递前征求收件人意见;未征求收件人意见直接将快件投递到快递末端服务设施、站点的,收件人在接到电话或者收到信息后有权要求其重新上门投递。

电梯设施配套少、上门投递频次多等投递困难、投递效率低的区域,快递经营企业应当提高快件收派人员的平均派费。

快递经营企业对于非派送区的快件,不得揽收;对于不能上门投递或者上门投递需要另行加收费用的,应当在揽收时事先告知寄件人或者与寄件人达成加收费用协议。

第三十二条 收件人要求或者同意投递到智能快递柜的,可以按照约定向收件人收取费用。但是,投递到公益性智能快递柜或者智能快递柜的场地提供方未收取场地使用费的,不得向收件人收取费用。

第三十三条 收件人所在物业管理区域禁止上门投递,并且快件收派人员和收件人无法达成以其他方式送达的约定的,快递经营企业可以根据寄件人的要求对快件予以处理。

收件人不在约定的收件地址,快件收派人员通过电话方式无法联系收件人,向收件人发送间隔时间不少于八小时的两次派件信息,并且自第二次发送派件信息后二十四小时内未得到回复的,快递经营企业可以根据寄件人的要求对快件予以处理。

快件收派人员不得将快件放置在无人保管的地方;确应收件人或者寄件人要求,将快件放置在无人保管地方后遗失或者损毁的,快件收派人员不承担赔偿责任。

第三十四条 快递经营企业应当依法建立并执行实名收寄、收寄验视、安全检查制度,确保寄递安全。

快递经营企业开展实名收寄、收寄验视工作时,寄件人拒绝提供身份信息、提供身份信息不实或者拒绝验视的,快递经营企业不得收寄。

第三十五条 快递经营企业应当遵守《中华人民共和国个人信息保护法》等法律、法规规定,建立数据安全管理制度,加强数据安全管理,采取有效技术手段保证寄件人、收件人信息安全。

快递经营企业使用电子运单寄递的,应当按照有关规定对运单中的个人信息作匿名化处理。

第三十六条 快递经营企业无正当理由不得低于成本价格提供快递服务。

快递经营企业为电子商务平台内经营者提供快递服务的,电子商务平台经营者应当为其提供必要的信息,不得利用服务协议、交易规则以及技术等手段进行不合理限制或者附加不合理条件。

快递服务平台经营者为其他快递经营企业提供服务,应当坚持公平、公正、开放的原则,无正当理由不得禁止或者限制其他快递经营企业进入。

第三十七条 寄件人、收件人对快递服务质量不满意的,可以向快递经营企业投诉,快递经营企业应当自接到投诉之日起七日内予以处理并告知投诉人。

寄件人、收件人对快递服务质量不满意或者

对快递经营企业的处理有异议的，可以向邮政管理机构申诉；申诉应当自快件交寄之日起六个月内提出。

邮政管理机构应当自接到申诉之日起十五日内按照有关规定作出答复；十五日内不能作出答复的，经本机构负责人批准，可以延长十五日，并应当将延长期限的理由告知申诉人。

第三十八条 消费者交寄的快件因快递经营企业责任遗失或者损毁的，快递经营企业应当依照《浙江省实施〈中华人民共和国消费者权益保护法〉办法》相关规定赔偿。

第三十九条 省邮政管理机构可以会同省市场监督管理部门开展满足本省特殊技术要求的地方标准制定工作。

鼓励快递行业协会、快递经营企业等制定快递业市场创新需要的团体标准和企业标准。

第五章 从业人员权益保障

第四十条 快递经营企业应当与从业人员依法订立劳动合同，依法参加职工基本养老保险、职工基本医疗保险、失业保险、工伤保险等社会保险，保障从业人员劳动权益。

快递经营企业在快递业务量高峰时段临时聘用人员的，应当与其订立非全日制用工劳动合同，明确双方权利义务，履行劳动安全卫生保护责任。快递经营企业应当通过单险种参加工伤保险形式为临时聘用人员提供工伤保险待遇。

第四十一条 快递经营企业可以采取基本工资加计件提成等方式，保障快件收派人员获得合理劳动报酬。

快递经营企业应当结合快件收派人员正常劳动时间内平均派送数量、劳动强度等因素，合理确定劳动定额和计件报酬标准，保障快件收派人员的休息、休假权利。

快递经营企业应当建立合理的考核奖惩制度，完善快件收派人员的投诉澄清免责机制。

第四十二条 设区的市邮政管理机构应当会同人力资源社会保障主管部门，根据当地职工平均工资水平，结合快件收派人员正常劳动时间内平均派送数量、劳动强度等因素，制定快件收派人员的单件最低派送费指引标准，并建立动态调整机制。

省邮政管理机构、省人力资源社会保障主管部门应当加强对制定和调整单件最低派送费指引标准的指导、督促。邮政管理机构对不执行单件最低派送费指引标准的快递经营企业，可以采取提醒、约谈等措施。

第四十三条 各级人民政府应当因地制宜，创造条件为快递从业人员提供休息场所和车辆充电等配套服务，营造社会关心、关爱快递从业人员的良好氛围。

第四十四条 快递经营企业应当依法建立工会组织。

工会应当依法做好组织平等协商、参与企业民主管理等工作，监督快递经营企业履行用工责任，拓宽维权和服务范围，维护快递从业人员合法权益。

第六章 法律责任

第四十五条 违反本条例规定的行为，法律、行政法规已有法律责任规定的，从其规定。

第四十六条 违反本条例第十五条第一款第一项规定的，由邮政管理机构责令限期改正；逾期不改正的，对快递经营企业处二百元以上二千元以下罚款。

违反本条例第十五条第一款第二项规定的，由公安机关交通管理部门责令改正，对快件收派人员可以处二十元以上五十元以下罚款。

违反本条例第十五条第一款第三项、第四项规定的，由公安机关交通管理部门责令改正，对快件收派人员处五十元以上二百元以下罚款。

违反本条例第十五条第二款规定的，由公安机关交通管理部门按照违法驾驶机动车予以处罚。

第四十七条 快递经营企业违反本条例第三十一条第二款规定，未按快递运单上注明要求上门投递，或者未按收件人电话或者信息回复要求上门投递的，由邮政管理机构责令改正，可以处五百元以下罚款；情节严重的，处五百元以上二千元以下罚款。

第四十八条 快递经营企业违反本条例第三十七条第一款规定，未按规定时限处理投诉的，由邮政管理机构责令限期改正，可以处一千元以下罚款；逾期未改正的，处一千元以上一万元以下罚款。

第七章 附 则

第四十九条 本条例自2022年3月1日起施行。

湖北省邮政条例

（湖北省第十三届人民代表大会常务委员会第二十五次会议于2021年7月30日通过修改）

第一章 总 则

第一条 为了保障邮政普遍服务，规范和促进快递服务发展，维护邮政通信与信息安全，保护通信自由、通信秘密和用户合法权益，加强对邮政市场的监督管理，根据《中华人民共和国邮政法》和有关法律、行政法规，结合本省实际，制定本条例。

第二条 本省行政区域内邮政业规划、建设、服务和监督管理活动，适用本条例。

第三条 省邮政管理部门负责全省邮政普遍服务和邮政市场的监督管理工作。

市（州）邮政管理部门负责本辖区邮政普遍服务和邮政市场的监督管理工作。直管市、神农架林区的邮政普遍服务和邮政市场的监督管理工作，由省邮政管理部门负责。

县级以上人民政府有关部门依照各自职责，共同做好邮政管理相关工作。

第四条 邮政普遍服务是国家保障的重要公益性服务。各级人民政府及有关部门应当对邮政普遍服务和特殊服务给予财政扶持和政策优惠，重点扶持农村和交通不便地区的邮政普遍服务和特殊服务。

快递服务是现代服务业的重要组成部分。各级人民政府应当制定和完善相关政策和措施，鼓励、促进和规范快递服务发展。

邮政企业、快递企业应当加强服务质量管理，提高服务水平，为用户提供迅速、准确、安全、方便的服务。

第五条 邮政管理部门、公安机关、国家安全机关和海关应当相互配合，建立健全安全保障机制，加强对邮政通信和信息安全的监督管理，确保邮政通信与信息安全。

邮政企业、快递企业应当遵守国家有关安全管理规定，完善安全保障制度和措施，保障寄递安全，并为相关部门依法履行职责提供便利。

第二章 规划与建设

第六条 县级以上人民政府应当将邮政业发展纳入国民经济和社会发展规划，按照统筹安排、合理布局的原则，将邮政、快递基础设施的布局和建设纳入土地利用总体规划、城乡规划、综合交通运输体系规划，保障邮政业与当地经济社会协调发展。

邮政管理部门应当根据邮政业发展规划和邮政普遍服务标准，会同发展改革、城乡规划、自然资源等部门编制包括邮政营业场所、邮件处理场所等在内的邮政设施专项规划，经本级人民政府批准后依法纳入相应的城乡规划。

城乡规划主管部门编制控制性详细规划，应当按照邮政设施专项规划的要求，对邮政营业场所和邮件处理场所进行规划控制。

第七条 建设城市新区、独立工矿区、开发区、商贸区、城镇住宅区或者对旧城区进行改造，应当同时规划和建设配套的邮政设施。城市建成区已有的邮政设施不能满足邮政普遍服务要求的，应当改建、扩建或者重建。

城乡规划主管部门在组织审查修建性详细规划时，对未按照规划要求设置邮政普遍服务设施的，应当要求建设单位改正。

第八条 邮政企业应当按照城乡规划、邮政普遍服务标准设置邮政营业场所、邮政报刊亭、邮筒(箱)等邮政设施。

提供邮政普遍服务的邮政设施用地由县级以上人民政府按照城市基础设施用地和公益事业用地依法划拨，免征城市基础设施配套费和其他费用。邮政报刊亭、邮筒(箱)和其他邮政服务设施免缴城市道路占用费。

建设单位配套建设的邮政普遍服务场所，属于设置面积标准范围内的，供应价格标准由建设主管部门会同自然资源、房屋行政管理、邮政管理部门按照支持和保障邮政普遍服务的原则制定，具体供应价格由邮政企业与建设单位协商确定。

依法取得的划拨土地和依照前款规定配套建设的邮政普遍服务场所，不得擅自转让或者改变用途。

第九条 较大的车站、机场、港口、宾馆、高等院校、社区、商贸区、旅游区等公共场所应当设置邮政普遍服务的场所，并根据需要设置快递服务营业场所或者自助快递服务设施，其管理单位应当为邮政企业、快递企业在收寄、装卸、转运、投递邮件、快件等方面提供便利，并在场地租用方面提供优惠。

第十条 机关、企事业单位和城镇住宅区、商用写字楼的产权人或者物业管理单位，应当在适当位置设置接收邮件的场所，提供接收快件的场地或者服务设施。因故未设置邮件接收场所、未提供接收快件的场地或者服务设施的，应当允许统一着装并佩戴标识的邮政企业、快递企业从业人员和车辆进入为用户提供服务，不得收取费用。

第十一条 新建、改建、扩建城镇居民楼、住宅区的建设单位应当按照国家规定的标准设置信报箱，并与建设项目主体工程同步规划、设计、施工和验收，所需费用纳入建设项目总预算。对未设置信报箱或者设置的信报箱不符合标准的建设项目，不予办理竣工验收手续。

已建成使用的城镇旧居民楼和住宅区未配置信报箱或者配置的信报箱不符合国家标准的，所在地人民政府应当依法根据实际安排资金补建或者改造。

信报箱的维修和更换，保修期内由建设单位负责。超过保修期的，纳入住宅共用设施设备进行维修和更换，所需费用依法从住宅专项维修资金中支付；没有住宅专项维修资金的，由信报箱所有人负责维修和更换。

第十二条 农村地区提供邮政普遍服务的邮政设施建设应当纳入当地镇、乡和村庄规划。

县级以上人民政府应当统筹村级公共资源，扶持农村地区邮政设施建设，将村邮站与农村公共服务平台相结合，明确村邮站建设以及运营的责任主体，经费纳入农村公益服务范畴，由各级财政合理负担。

邮政企业应当对村邮站提供业务支持和指导，并与村邮站签订邮件接收、转投协议。邮政企业委托村邮站代办邮政普遍服务和特殊服务以外业务的，应当与村邮站签订协议，支付代办费。

第十三条 因公共利益需要依法征收邮政营业场所或者邮件处理场所的，房屋征收部门应当事先与邮政企业协商。根据控制性详细规划和邮政普遍服务标准需要继续在原区域设置上述场所的，应当按照方便用邮、不少于原有面积的原则重新设置，所需费用由作出房屋征收决定的人民政府承担。

重建的邮政营业场所、邮件处理场所在交付使用前，房屋征收部门应当安排过渡场所。房屋征收部门未作出妥善安排前，不得征收。邮政企业应当采取相应措施，保证过渡期间邮政普遍服务正常进行。

第三章　邮政普遍服务和特殊服务

第十四条　省邮政管理部门应当根据国家标准和本省经济社会发展需要，制定本省邮政服务规范。

邮政企业应当按照国家规定的业务范围、服务标准和资费标准，为用户持续提供邮政普遍服务，提高邮政普遍服务水平。

邮政企业应当对信件、单件重量不超过五千克的印刷品、单件重量不超过十千克的包裹的寄递以及邮政汇兑提供邮政普遍服务。

邮政企业按照国家规定办理机要通信、国家规定报刊的发行，以及义务兵平常信函、盲人读物和革命烈士遗物的免费寄递等特殊服务业务。

第十五条　邮政企业应当在其营业场所按照国家规定开办所有种类的邮政普遍服务业务，公布其服务种类、营业时间、资费标准、邮件和汇款的查询及损失赔偿办法、禁止或者限制寄递的物品范围、邮件封装用品价格以及对其服务质量的投诉办法，并提供邮政编码查询服务。

邮政企业应当在邮筒（箱）上标明开筒（箱）的频次和时间，按时开取。

第十六条　邮政企业对用户交寄的邮件，应当按照规定的服务标准，及时、准确、安全投递。

本省同一城市市区内互寄的信件，应当在2日内完成投递；本省市州人民政府所在地城市间互寄的信件，应当在3日内完成投递；本省同一市州的市县间互寄的信件，应当在5日内完成投递；本省不同市州的市县间互寄的信件，应当在7日内完成投递。

城市邮件的投递频次应当每天不少于1次；乡、镇人民政府所在地邮件的投递频次应当每周不少于5次；村民委员会所在地邮件的投递频次应当每周不少于3次。

交通不便的边远地区邮件，按照邮政管理部门规定的时限、频次投递。

第十七条　用户交寄邮件，应当清楚、准确地填写收件人姓名、地址和邮政编码，使用符合国家标准的信封，交寄包裹应当符合规定的封装规格和封装要求。

第十八条　邮政企业采取按址投递或者与用户协商的其他方式投递邮件的，物业服务企业应当为邮政企业投递邮件提供便利。

物业服务合同有代收、代转邮件约定或者物业服务企业与业主有书面或者口头约定的，物业服务企业应当为业主代收、代转邮件。

第十九条　单位收发人员和邮件代收人接收邮政企业投交的邮件时，应当当面核对，签收给据邮件，并对所接收的邮件负有保护和及时传递的责任，不得私拆、隐匿、毁弃邮件或者撕揭邮票。

单位收发人员、邮件代收人、收件人对无法转交或者误收的邮件，应当及时通知邮政企业收回。

第二十条　经省邮政管理部门和省交通运输主管部门核定的带有邮政专用标志的邮政普遍服务邮运车辆免予办理道路运输证，通过本省收费的公路、桥梁、隧道时，免缴通行费。

带有邮政专用标志的车辆运输、投递邮件时，确需通过禁行路线或者确需在禁止停车地段停车的，经公安机关交通管理部门同意，在确保交通安全的前提下，可以通行或者临时停靠作业。

带有邮政专用标志的车辆不得出租、出借或者用于其他活动。

第二十一条　带有邮政专用标志的车辆在运输、投递邮件途中发生道路交通安全违法行为或者交通事故的，公安机关交通管理部门应当及时处理并协助保护邮件安全。对于一般道路交通安全违法行为或者轻微交通事故，可以适用简易程序处理后先放行，待完成运输、投递任务后，再行处理；发生严重道路交通安全违法行为或者重大交通事故不能放行时，应当立即通知邮政企业，并协助及时转运邮件。

第二十二条 邮政企业及其工作人员不得实施下列行为：

（一）私拆、隐匿、毁弃、盗窃邮件；

（二）无故积压邮件、汇款；

（三）撕揭邮票；

（四）无故拒绝、拖延、中断应当为用户办理的邮政服务；

（五）擅自变更邮政普遍服务和特殊服务收费标准或者增加收费项目；

（六）强迫、误导或者限定用户使用指定的业务，向用户搭售商品、服务或者附加其他不合理条件；

（七）野蛮分拣，以抛扔、踩踏或者其他危险方法处理邮件；

（八）法律、法规禁止的其他行为。

第二十三条 县级以上人民政府应当对邮政普遍服务和特殊服务提供财政专项资金予以扶持。

邮政企业应当按照规定使用财政专项资金，专款专用，不得挪作他用，并接受财政部门和邮政管理部门的监督检查。

第四章 快递业务

第二十四条 县级以上人民政府应当将快递服务纳入现代服务业和现代物流业发展规划，制定和完善有关促进快递服务发展的政策措施，支持快递企业发展。

第二十五条 经营快递业务应当依法取得邮政管理部门颁发的快递业务经营许可证，并依法办理营业执照。未经许可，任何单位和个人不得经营快递业务。

快递企业设立分支机构或者合并、分立的，应当按照国家规定向邮政管理部门备案。

本条例所称快递企业，包括经营快递业务的邮政企业。

第二十六条 以加盟方式经营快递业务的企业，应当取得快递业务经营许可证，签订加盟经营合同。

被加盟人应当在服务标准、服务质量、经营行为、运营安全、业务流程、用户投诉、损失赔偿等方面对加盟人实行统一管理，向用户提供统一的跟踪查询和投诉处理服务，对加盟人给用户造成的损失依法承担连带责任。

加盟人应当遵守共同的服务约定，使用统一的商标、商号、快递服务运单和收费标准。

第二十七条 快递企业提供的快递服务应当符合快递服务国家标准，并遵守其公开的服务承诺。鼓励快递企业制定和采用高于国家标准的企业标准。

第二十八条 快递企业收寄快件应当使用符合国家标准的快递运单。快递运单应当在显著位置注明企业赔偿责任等影响用户权益的内容，并符合法律有关格式条款的规定。

快递企业收寄快件前，应当提醒寄件人阅读快递运单的服务合同条款，指导寄件人规范填写快递运单，并建议寄件人对贵重物品购买保价或者保险服务。寄件人应当如实、正确、完整地填写相关信息，核对无误后在快递运单相应位置签字确认。

第二十九条 快递企业应当在承诺时限内将快件投递到约定的收件地址和收件人或者收件人指定的代收人。

快递企业投递快件时，应当告知收件人当面验收。快件外包装完好的，由收件人签字确认。投递的快件注明为易碎品及外包装出现明显破损等异常情况的，快递企业应当告知收件人先验收内件再签收。快递企业与寄件人另有约定的除外。

第三十条 快递企业接受网络购物、电视购物和邮购等经营者的委托提供快递服务的，应当与经营者签订合同，明确快件投递时验收环节的权利义务。

网络购物、电视购物和邮购等经营者应当以显著方式提醒收件人注意快件验收的具体程序和要求。

第三十一条 快递企业应当对其从业人员加强职业操守、服务规范、作业规范、安全生产、车辆安全驾驶等方面的教育和培训。

第三十二条 快递企业应当妥善应对快递业务高峰期，做好业务量监测，加强网络统筹调度，及时向社会发布服务提示，认真处理用户投诉。

第三十三条 快递企业在经营许可期内不得擅自中断、停止经营快递业务。确需临时歇业的，应当提前15日向所在地的邮政管理部门书面报告，同时在营业场所及有关媒体上公告。终止经营快递业务的，还应当交回快递业务经营许可证并办理注销手续。

快递企业在中断、停止经营快递业务之前，对尚未投递的快件，应当按照国务院邮政管理部门的规定妥善处理。

第三十四条 省邮政管理部门和公安机关交通管理部门根据国家规定，结合本省实际对用于快递运输、投递的车辆在车型、车身标识等方面制定相应的规范。快递企业提供快递服务的专用车辆应当符合国家和本省的规定，并喷涂标识。

对带有标识的快递运输、投递车辆，公安机关交通管理部门及其他有关部门应当根据城市交通状况，采取多种措施，在确保安全的前提下，为快递车辆的通行、停靠提供便利。

第三十五条 本条例第十八条、第二十条第二款、第二十一条以及第二十二条第(一)、(四)、(六)、(七)项关于邮政企业、邮件和邮政车辆的规定，适用于快递企业、快件和快递车辆。

第五章 安全保障

第三十六条 公民的通信自由和通信秘密受法律保护。

除法律另有规定或者经用户书面同意外，任何组织和个人不得检查、扣留邮件、快件；邮件、快件被非法扣留的，邮政管理部门、公安机关应当责令扣件人及时放行邮件、快件。

第三十七条 邮政企业、快递企业应当保护用户的信息安全和通信秘密，确保所掌握的用户使用邮政服务、快递业务的相关信息不被窃取、泄露。未经法律明确授权或者用户书面同意，邮政企业、快递企业不得将用户使用邮政服务、快递业务的相关信息提供给任何组织或者个人，国家有关机关依法行使职权的除外。

邮政企业、快递企业应当建立快递运单实物及电子数据档案管理制度，采取技术措施确保用户信息安全。快递运单的实物保存和电子档案保存应当满足快递服务标准规定的档案保管期限。保管期满后，按照规定集中销毁或者删除。

第三十八条 邮政企业、快递企业应当建立邮件、快件处理场所安全管理制度，完善安全生产条件，落实安全防范措施，防范各类安全生产事故。

第三十九条 用户交寄和邮政企业、快递企业收寄邮件、快件，应当遵守国家关于禁止寄递或者限制寄递物品的规定。

邮政企业、快递企业对不能确定安全性的可疑物品，应当要求用户出具相关部门的安全证明。用户不能出具安全证明的，不予收寄。

邮政企业、快递企业应当对收寄的信件以外的邮件、快件依法进行验视，对符合寄递规定的加盖验视专用章或者专门标识。

邮政企业、快递企业在转运、投递邮件、快件过程中，发现有国家禁止寄递或者限制寄递物品的，应当按照有关规定，采取妥善措施进行处理，并及时报告有关部门。

第四十条 根据国家规定需要寄件人出具身份证明或者提供有关书面凭证的，邮政企业、快递企业应当要求其出示有效身份证件或者提供有关书面凭证,核对无误后方可收寄。

第四十一条 邮政企业、快递企业应当建立健全重大突发事件应急机制,制定突发事件应急预案,加强应急队伍建设和物资、技术、经费保障,并报邮政管理部门备案。

遇重大突发事件时,邮政企业、快递企业应当立即启动应急预案,采取有效处置措施保障人员安全和邮件、快件安全,并在1小时内向邮政管理部门和有关部门报告。遇重大服务阻断时,应当及时告知用户。

第四十二条 为应对突发事件,县级以上人民政府和邮政管理部门可以调集和征用有关邮政企业、快递企业的人员、物资及车辆、场地和相关设备,并依法给予补偿。邮政企业、快递企业应当配合。

第四十三条 邮政管理部门、公安机关、国家安全机关和海关应当加强邮政行业安全管理制度和安全知识的宣传,提高从业人员的安全意识、安全操作技能,增强公众使用寄递服务的安全意识。

第六章 监督管理

第四十四条 邮政管理部门应当建立健全监督检查制度,加强对邮政普遍服务和邮政市场的监督检查,依法查处违反邮政法律、法规的行为。

邮政管理部门发现邮政企业、快递企业存在安全隐患、服务质量问题、明显异常经营活动等情况,应当约谈其负责人,责令其进行整改。

第四十五条 邮政管理部门应当建立邮政普遍服务质量社会监督评价体系,对邮政普遍服务质量进行监督并向社会公布。

邮政管理部门应当建立以公众满意度、时限准时率和用户申诉率为主要内容的快递服务质量评价体系,定期、适时组织评估快递行业服务水平和质量,并向社会公布。

第四十六条 邮政企业、快递企业应当在规定期限内如实向邮政管理部门报送有关经营情况、服务质量自查情况和统计资料,并及时报告重大事故和重大服务质量问题。

第四十七条 邮政企业、快递企业应当建立和完善服务质量管理制度,向社会公布监督投诉电话、信箱,接受用户监督。对用户的举报和投诉,应当及时受理,并自受理之日起7日内答复用户。

用户对于邮政企业、快递企业处理结果不满意的,可以向邮政管理部门进行申诉。邮政管理部门应当及时依法处理,自接到申诉之日起30日内作出答复。

被申诉企业对邮政管理部门转办的申诉应当及时、妥善处理,自收到转办申诉之日起10日内向邮政管理部门答复处理结果。

第四十八条 邮政企业撤销提供邮政普遍服务的邮政营业场所(含代办网点)或者停止、限制办理邮政普遍服务业务,应当经所在地邮政管理部门批准并公告。

邮政管理部门作出审批决定前,应当征求所在地乡镇人民政府或者街道办事处以及用户的意见;涉及重大公共利益需要听证的,应当向社会公告并举行听证。

第四十九条 邮政行业社会团体应当自觉接受邮政管理部门的监督管理,加强行业自律,引导企业依法、诚信经营,维护企业和用户的合法权益,促进邮政业健康发展。

第七章 法律责任

第五十条 违反本条例规定的行为,法律、行政法规已有处罚规定的,从其规定。

第五十一条 邮政企业违反本条例第八条第四款规定,擅自转让或者改变划拨土地和配套建设的邮政营业场所、邮件处理场所用途的,由邮政管理部门责令限期改正;逾期未改正的,由县级以上人民政府城乡规划、自然资源等相关行政主管部门依法处理。

第五十二条 邮政企业、快递企业违反本条例第二十二条、第二十七条规定,有下列行为之一的，由邮政管理部门责令改正，处2000元以上1万元以下罚款；情节严重的，处1万元以上3万元以下罚款：

（一）无故积压邮件、快件和汇款；

（二）强迫、误导或者限定用户使用指定的业务，向用户搭售商品、服务或者附加其他不合理条件；

（三）野蛮分拣，以抛扔、踩踏或者其他危险方法处理邮件、快件；

（四）服务不符合国家标准，损害用户利益。

第五十三条 邮政企业、快递企业违反本条例第三十七条第二款规定，未按照标准保管快递运单、电子档案和保管期满后未按照规定集中销毁或者删除的，由邮政管理部门责令改正，处3000元以上1万元以下罚款；情节严重的，处1万元以上5万元以下罚款。

第五十四条 邮政企业、快递企业违反本条例第三十九条第三款规定，未加盖验视专用章或者专门标识的，由邮政管理部门给予警告，责令限期改正；逾期未改正的，处5000元以上2万元以下罚款。

第五十五条 邮政企业、快递企业违反本条例第四十六条规定，未按照规定报送有关情况、资料的，由邮政管理部门给予警告，责令限期改正；逾期未改正的，处1000元以上5000元以下罚款。

第五十六条 邮政企业、快递企业违反本条例第四十七条规定，未在规定的时限内妥善处理用户投诉和邮政管理部门转办的申诉的，由邮政管理部门给予警告，责令限期改正；逾期未改正的，处3000元以上1万元以下罚款。

第五十七条 邮政管理部门工作人员在监督管理工作中有下列行为之一，尚不构成犯罪的，由所在单位或者有关部门给予行政处分：

（一）泄露监督检查中知悉的商业秘密的；

（二）滥用职权、玩忽职守、徇私舞弊的；

（三）违反法定程序实施监督检查的；

（四）其他不依法履行监督管理职责的。

第八章 附 则

第五十八条 本条例自2014年8月1日起施行。

江西省邮政条例

（2003年3月31日江西省第十届人民代表大会常务委员会第二次会议通过 2011年7月28日江西省第十一届人民代表大会常务委员会第二十六次会议修订 2019年11月27日江西省第十三届人民代表大会常务委员会第十六次会议第一次修正 2021年7月28日江西省第十三届人民代表大会常务委员会第三十一次会议第二次修正）

第一章 总 则

第一条 为了保障邮政普遍服务，加强对邮政市场的监督管理，维护邮政通信与信息安全，保护通信自由和通信秘密，保护用户合法权益，促进邮政业健康发展，适应经济社会发展和人民生活需要，根据《中华人民共和国邮政法》和其他有关法律、行政法规的规定，结合本省实际，制定本条例。

第二条 本省行政区域内的邮政设施建设、邮政普遍服务、快递业务以及监督管理活动，应当遵守本条例。

第三条 省邮政管理部门负责本省邮政普遍服务和邮政市场的监督管理工作。设区的市邮政管理部门负责本行政区域邮政普遍服务和邮政市场监督管理工作。

发展改革、住房和城乡建设、自然资源、公安、国家安全、市场监督管理、交通运输、铁路、民航、海关等部门应当按照各自职责，协同做好邮政监督管理工作。

第四条 邮政企业按照国家规定承担提供邮政普遍服务的义务。各级人民政府应当对邮政普遍服务给予财力、物力和政策扶持。

第五条 邮政企业、邮政企业以外的经营快递业务的企业(以下简称快递企业)应当加强服务质量管理，为用户提供迅速、准确、安全、方便的服务，保证用户合法权益。

鼓励和支持邮政企业、快递企业发展快递业务，以满足社会各方面的需要。

第六条 任何单位和个人都不得损毁邮政设施或者影响邮政设施的正常使用，并有权制止、举报破坏邮政设施和危害邮政通信安全的行为。

第二章　邮 政 设 施

第七条 邮政设施的布局和建设应当满足保障邮政普遍服务的需要。

邮政管理部门应当根据基本公共服务均等化的要求，按照国家邮政普遍服务标准组织制定邮政设施建设专项规划。

各级人民政府应当将邮政设施建设专项规划纳入当地城乡规划。

第八条 邮政设施应当按照国家规定的标准设置。

较大的车站、机场、港口、高等院校和宾馆应当设置提供邮政普遍服务的邮政营业场所。

邮政企业设置、撤销邮政营业场所，应当事先书面告知邮政管理部门。

邮政企业撤销提供邮政普遍服务的邮政营业场所应当向邮政管理部门提出书面申请。邮政管理部门应当自受理申请之日起二十日内作出批准决定，并予以公告；作出不予批准决定的，应当以书面形式说明理由。

邮政企业撤销邮政营业场所后，提供的邮政普遍服务不得低于国家规定的标准。

第九条 邮件处理场所的设计和建设，应当符合国家安全机关和海关依法履行职责的要求。

第十条 各级人民政府应当支持村民委员会在农村逐步设置村邮站，并对村邮站兼职工作人员提供适当补贴，提高农村邮政普遍服务水平。

村邮站的场所和人员由村民委员会和邮政企业商定，场所可以设置在村民委员会办公地点，人员可以由村民委员会组成人员兼任。

邮政企业应当对村邮站提供业务支持和指导，并与村邮站签订邮件接收、转投协议。邮政企业委托村邮站代办竞争性业务的，应当支付代办费。

第十一条 机关、企事业单位、住宅小区物业管理单位等应当在适宜位置设置接收邮件场所，并为邮政企业、快递企业投递提供便利。

第十二条 建设城镇居住区、开发区、工矿区、商业区、旅游区或者对旧城区进行改建等，应当按照自然资源主管部门批准的规划设计方案，配套建设提供邮政普遍服务的营业网点、邮筒(箱)、邮政报刊亭等邮政设施。

建设单位应当在城镇新建住宅楼地面层便于投递的位置，设置与住房号相对应的信报箱或者信报箱间(群)，供接收邮件使用。信报箱、信报箱间(群)设置所需费用纳入建设成本。信报箱、信报箱间(群)的规格和样式应当符合国家标准。信报箱、信报箱间(群)建设应当与楼房同步设计、同步施工、同步验收。

城镇现有住宅楼房未设置信报箱或者信报箱间(群)的，由住宅楼房的产权所有者或者管理者根据用邮情况自行负责设置，也可以委托邮政企业设置，所需费用由委托者承担。

信报箱、信报箱间(群)的产权所有者或者管理者负责信报箱、信报箱间(群)的管理、维修、更换，也可以委托邮政企业维修、更换，所需费用由委托者承担。

第十三条 非营利性邮政设施建设用地，经县级以上人民政府批准,可以以划拨方式取得土地使用权。依法取得的划拨土地必须用于建设非营利性邮政设施,不得改变土地用途。

前款所称非营利性邮政设施,包括邮件处理中心、邮政支局(所),邮件运输中心,邮件转运站,国际邮件互换局、交换站,集装容器(邮袋、报皮)维护调配处理场。

邮政企业依法设置邮政设施或者开展流动服务时,有关单位和个人应当予以配合,按照国家和省有关规定减免城市道路占用费和其他相关费用。

第十四条 因城乡建设需要,征收邮政场所、拆迁邮筒(箱)时,应当与当地邮政企业协商,在方便用户、保证邮政工作正常进行和不降低服务标准的情况下,由征收单位或者建设单位将邮政设施迁移或者另建,所需费用由征收、拆迁单位依法承担。

第三章 邮政普遍服务

第十五条 邮政企业应当采用现代科学技术和管理手段,逐步建立集受理、咨询、查询、监督、市场调查与预测为一体的用户服务中心,增强普遍服务能力,满足社会用邮需求。

邮政企业应当对信件、单件重量不超过五千克的印刷品、单件重量不超过十千克的包裹的寄递以及邮政汇兑提供邮政普遍服务。

邮政普遍服务应当符合国家规定的业务范围、服务标准和资费标准。

第十六条 邮政企业应当向社会公布提供邮政普遍服务的营业网点名称、地址、联系方式等信息。

邮政企业应当在营业场所设置用户书写服务台并在明显位置公布营业时间、业务范围、业务单据书写式样、资费标准、服务标准以及服务、监督电话。

邮筒(箱)应当标明开取时间和频次;邮政企业应当按照规定的时限开启邮筒(箱)。

邮政企业应当会同地名管理机构在城乡街道、村名址牌和单位、住宅区地址牌上标明邮政编码。

第十七条 新建居民住宅区、新设立的单位,由产权所有者或者管理者告知所在地邮政企业通邮。邮政企业应当自告知之日起七日内安排投递;对尚未具备通邮条件的,邮政企业应当将邮件投递至与产权所有者或者管理者商定的已通邮的邮件代收点或者信报箱。

用户变更名称、投递地址的,应当在变更的十日前书面告知邮政企业。

第十八条 邮政企业对用户交寄的邮件,应当按照规定的服务标准,及时、准确、安全投递。对同一城市市区内互寄的信件,应当在两日内完成投递;对本省设区的市人民政府所在地间互寄的信件,应当在三日内完成投递;对本省同一设区的市县际间互寄的信件,应当在五日内完成投递;对本省不同设区的市县际间互寄的普通信件,应当在七日内完成投递。

邮政企业对乡、镇人民政府所在地每周邮件的投递频次应当不少于五次;对村民委员会所在地每周邮件的投递频次应当不少于三次;对交通不便的边远地区,应当按照邮政管理部门规定的频次投递。

第十九条 邮政企业应当将给据邮件投递至标明的地址,并由收件人或者其指定的代收人签收。

按给据邮件交寄的录取通知、录用通知、法律文书,收件地址为单位地址的,邮政企业应当投递到单位收发室,并由收发人员签收;收件地址为家庭地址的,邮政企业应当交由收件人或者其家庭成员签收。交寄录取通知、录用通知的,寄件人应当在封套上标明。

平常邮件,收件人设有信报箱的,应当插箱投递;没有统一设置信报箱的,城镇投递到邮件收发室或者收件人指定的地点,农村投递到村邮站或者村民委员会确定的接收邮件的场所。

用户领取包裹，邮政企业应当提供便利，在就近的网点为其办理。

用户领取邮政汇款，邮政企业应当及时足额兑付。

第二十条 用户交寄邮件，应当遵守禁止和限制寄递物品的相关规定，不得违法夹寄。

对于有特殊价值、特殊要求的邮件，用户应当特别声明，可以选择邮件保价等方式交寄，邮政企业应当按照邮政管理部门或者其他相关部门的规定作出说明并提供相应的服务。

第二十一条 邮政企业应当依法建立并执行邮件收寄验视制度。

对用户交寄的信件，必要时邮政企业可以要求用户开拆，进行验视，但不得检查信件内容。发现用户违法夹寄物品的，应当视情况依法分别处理。用户拒绝开拆的，邮政企业不予收寄。邮政企业事后发现用户违法夹寄物品，可以退回信件。信件退回的，应当注明退回原因、日期和机构，退回费用予以免收；无法退回的，依法处理。

对于信件以外的其他邮件，邮政企业收寄时应当当场验视内件。进行验视时，应当由用户自行开取邮件，当面进行验视。邮政企业发现邮件内夹带禁止寄递或者限制寄递的物品的，应当依法处理。用户拒绝验视的，邮政企业不予收寄。

第二十二条 用户交寄的邮件不符合规定的封装规格、书写格式，未正确填写邮政编码，不使用规定的邮资凭证的，邮政企业应当给予指导更正；无法收寄的，退回寄件人，并注明退回原因、日期和机构，退回费用予以免收；无法退回的，依法处理。

第二十三条 邮政业务代办单位和个人，城镇居民住宅区或者单位收发人员，以及村民委员会或者村邮站负责投递的人员接收邮件时，应当当面核对，妥善保管和及时传递邮件。对接收的给据邮件应当签收。对误收和无法投递的邮件，应当在二十四小时内告知邮政企业取回。

用户误收的邮件应当在三日内通过拨打统一的客服电话或者联系投递员等方式告知邮政企业取回；用户误拆的邮件应当在二十四小时内重封签章出具证明后，通过拨打统一的客服电话或者联系投递员等方式告知邮政企业取回，并对误拆邮件的内容保守秘密。

对前两款规定的邮件，邮政企业应当立即重新处理，并注明原因、时间及处理机构。

第二十四条 邮政企业及其从业人员不得有下列行为：

（一）不建立或者不执行邮件收寄验视制度，收寄禁止寄递或者限制寄递的物品；

（二）擅自变更邮政普遍服务的资费标准或者增加收费项目，强迫、误导用户使用高资费邮政业务；

（三）拒绝办理或者擅自拖延、中止应当办理的邮政业务；

（四）冒领、扣压、延付、挪用用户汇款；

（五）强行搭售邮品及其他商品或者强迫订阅报刊；

（六）违法提供用户使用邮政业务的信息；

（七）刁难用户或者对投诉的用户予以打击报复；

（八）法律、法规禁止的其他行为。

前款规定适用于代办邮政业务的单位和个人以及负有投递义务的人员。

第二十五条 用户在规定或者约定的限期内，可以凭据向邮政企业查询其服务情况。

邮政企业应当免费办理查询，并在规定或者约定的期限内将查询结果书面告知查询人。

第二十六条 邮政企业在寄递处理邮政普遍服务业务范围内的邮件和汇款过程中，发生丢失、短少、损毁或者延误的，应当采取补救措施，并依照邮政法律、法规的规定，承担赔偿责任。

邮政普遍服务业务范围以外的邮件的损失赔偿，适用有关民事法律的规定。

第二十七条 对提供邮政普遍服务的邮政企业交运的邮件，铁路、公路、水路、航空等运输企业应当优先安排运输，车站、港口、机场应当安排转运邮件必要的装卸场所和出入通道，保证邮件优先安全发运。邮政企业在上述场所进行转运作业时，应当遵守有关安全规定，并与承运企业签订运邮合同。

第二十八条 有邮政专用标志的运邮专用车辆免办道路运输经营许可证；在执行邮件运输任务，通过收费的公路、桥梁、隧道时，可以减免通行费。减免通行费的车辆数量、适用范围由省人民政府核定。

有邮政专用标志的运邮专用车辆执行邮件运输和投递任务通过道路、桥梁、渡口、隧道、检查站时，有关方面应当优先放行；经公安机关交通管理部门同意，可以不受禁行路线、禁停地段的限制。有邮政专用标志的运邮专用车辆或者邮政工作人员在运递邮件途中违章，有关主管部门应当记录后放行，待其完成运递任务后，再行处理。

第二十九条 除因国家安全或者追查刑事犯罪需要，由公安机关、国家安全机关或者检察机关依照法律规定的程序对通信进行检查外，任何组织或者个人不得以任何理由侵犯公民的通信自由和通信秘密。

除法律另有规定外，任何组织或者个人不得检查、扣留邮件、汇款。

第三十条 任何单位和个人不得有下列行为：

（一）盗窃、破坏邮政设施；

（二）隐匿、毁弃、非法开拆他人邮件；

（三）伪造、变造、非法撕揭邮票；

（四）在邮政企业和邮政通信车辆的出入通道上摆摊、堆物；

（五）非法拦截邮政运输工具、非法阻碍邮件运递或者强行登乘邮政运输工具；

（六）伪造、冒用邮政专用名称、邮政专用标志、标志服及邮政用品用具；

（七）向邮筒（箱）、信报箱、信报箱间（群）投掷杂物、污物；

（八）妨碍邮政通信工作正常进行的其他行为。

第四章 快递业务

第三十一条 在本省行政区域内经营快递业务，应当具备《中华人民共和国邮政法》规定的条件，并向邮政管理部门提出申请，取得邮政管理部门颁发的《快递业务经营许可证》。未经许可，任何单位和个人不得经营快递业务。

邮政管理部门审查快递业务经营许可的申请，应当考虑国家安全等因素，并征求有关部门的意见。

《快递业务经营许可证》不得转让或者租借给其他单位和个人。

第三十二条 《快递业务经营许可证》的有效期限为五年。经营快递业务的企业，应当在《快递业务经营许可证》有效期届满的三十日前向颁发许可证的邮政管理部门提出申请，换领许可证。

《快递业务经营许可证》管理实行年度报告制度。经营快递业务的企业应当在每年4月30日前向颁发许可证的邮政管理部门提交年度经营情况报告书、《企业法人营业执照》复印件、《快递业务经营许可证》副本原件。

《快递业务经营许可证》企业名称、企业类型、股权关系、注册资本、经营范围、经营地域和分支机构等事项发生变更的，应当在变更后十日内向颁发许可证的邮政管理部门办理变更手续，并换领许可证。

第三十三条 省邮政管理部门在审查第三十一条和第三十二条规定的申请、报告、变更事项时，应当依照邮政法律、法规、规章规定的条件、程序和期限办理。

第三十四条 有下列情形之一的，邮政管理部门应当依法办理快递业务经营许可的注销手续：

（一）《快递业务经营许可证》有效期届满未延续的；

(二)企业法人资格依法终止的;

(三)申请人自取得《快递业务经营许可证》后无正当理由超过六个月未经营快递业务的,或者自行连续停业六个月以上的;

(四)在《快递业务经营许可证》有效期内停止经营的;

(五)《快递业务经营许可证》依法被撤销、撤回的,或者《快递业务经营许可证》被依法吊销的;

(六)法律、行政法规规定的其他情形。

第三十五条 经营快递业务的企业应当按照《快递业务经营许可证》的许可范围和有效期限经营快递业务,并按照快递服务标准向用户提供快递服务。

经营快递业务的企业应当依法经营、诚实守信、公平竞争,并对从业人员进行职业技能培训和职业道德教育,规范其从业行为。

中止或者终止经营快递业务的,应当事先书面报告邮政管理部门,交回《快递业务经营许可证》,并按照邮政管理部门的规定妥善处理尚未投递的快件。

第三十六条 快递企业设立分支机构或者合并、分立的,应当报邮政管理部门备案,并按照规定提交有关材料;撤销分支机构的,应当书面告知邮政管理部门。

第三十七条 经营快递业务的企业收寄快件应当与用户填写快递运单。快递运单适用《中华人民共和国民法典》关于格式条款的规定,公开的服务承诺视为合同条款。

第三十八条 经营快递业务应当接受邮政管理部门和有关部门依法实施的监管。邮政管理部门和有关部门可以要求经营国际快递业务的企业提供报关数据。

第三十九条 经营快递业务的企业接受网络销售、电视销售等经营者委托提供快递服务的,应当与委托方签订安全保障协议,并于签订之日起十五日内报省邮政管理部门备案。

第四十条 采用加盟方式建立经营网络的快递企业,加盟双方应当以书面形式订立加盟协议。对协议文本及其变更、终止等情况,协议双方应当在事项发生后十日内报省邮政管理部门备案。

快递企业不得将快递业务交由未取得快递经营许可的企业或者个人办理。

第四十一条 快递企业不得经营由邮政企业专营的信件寄递业务,不得寄递国家机关公文。邮政企业专营的信件和国家机关公文的范围根据国家有关规定确定。

快递企业经营邮政企业专营业务范围以外的信件快递业务,应当在信件封套的显著位置标注信件字样。快递企业不得将信件打包后作为包裹寄递。

第四十二条 快递企业运输快件的车辆经省邮政管理部门核定后报省公安机关交通管理部门、交通运输管理部门同意,核发快递服务车辆通行证。

已取得通行证的运输快件的车辆确需通过禁行路段或者在禁停路段停车的,在服从交通警察指挥和确保安全的前提下,可以通行或者停车。遇到道路阻塞或者通过检查站、桥梁、隧道、港口时,有关方面应当优先放行。

快递企业不得将快递服务车辆通行证出租、出借或者挪作他用。

第四十三条 经营快递业务应当符合国家规定的快递服务标准。按照姓名地址面交的快件,应当向快件收件人或者其委托的代收人当面送达,但是符合快递服务标准规定的自取情形除外。

收件人或者其委托的代收人发现快件外包装破损、重量不符或者出现违反约定情况的,可以拒绝签收。

第四十四条 本条例第十五条第一款、第十六条第二款、第二十一条、第二十四条第一款第一项、第六项、第七项和第二十五条关于邮政企业及其从业人员的规定,适用于经营快递业务的企业及其从业人员;第九条关于邮件处理场所的规定,适用于快件处理场所；第二十九条第二款关于邮件的规定，适用于快件。

第五章 监督管理

第四十五条 省邮政管理部门应当加强对本省行政区域内邮政普遍服务和邮政市场的监督管理，依法对其进行监督检查，被检查的企业应当接受和配合监督检查。

第四十六条 省邮政管理部门依法行使下列监督检查职责：

（一）对邮政企业和快递企业执行法律、法规、规章的情况实施监督检查；

（二）对邮政企业履行普遍服务义务的情况实施监督检查；

（三）对邮政市场进行监督管理；

（四）对邮政用品用具生产实行监制；

（五）协助审计机关、财政主管部门对邮政普遍服务补贴资金的使用情况进行监督；

（六）对违反邮政法律、法规、规章的行为进行查处；

（七）法律、法规、规章规定的其他职责。

省邮政管理部门受理用户对邮政企业、快递企业提出的申诉，应当自受理之日起三十日内作出答复。

第四十七条 省邮政管理部门应当建立邮政普遍服务、快递服务质量社会监督网络，聘请社会监督员，沟通与用户的联系，听取用户对邮政普遍服务、快递服务质量的意见与建议。

第四十八条 省邮政管理部门应当建立邮政普遍服务和快递服务质量评价体系，委托社会中介机构开展服务质量调查，组织用户满意度评价活动，向社会公布评价结果，并将用户满意度作为评价邮政普遍服务和快递服务质量的指标。

第四十九条 邮政企业、快递企业应当根据国家有关规定向省邮政管理部门报告有关统计报表，并及时报告重大通信事故或者重大服务质量问题。

第五十条 省邮政管理部门对本省行政区域内下列邮政用品用具负责监制，并核发《邮政用品用具生产监制证》：

（一）除邮政特快专递封套产品以外的各类信封；

（二）邮简、明信片；

（三）邮政印刷品包装袋；

（四）邮政包裹包装箱；

（五）邮筒（箱）和住宅楼房信报箱、信报箱间（群）；

（六）邮政包裹、特快专递详情单；

（七）汇款单；

（八）国务院邮政管理部门规定由省邮政管理部门监制的其他邮政用品用具。

第五十一条 《邮政用品用具生产监制证》到期后仍需继续生产的，生产企业应当在有效期届满的三个月前申请续办生产监制证书。对符合条件的，省邮政管理部门应当自受理申请之日起十五日内依法核发。

生产企业不得转让、租借生产监制证号；任何单位和个人不得伪造、盗用、冒用生产监制证号生产邮政用品用具。

第五十二条 省邮政管理部门依法进行监督检查，可以采取下列措施：

（一）进入邮政企业、快递企业或者涉嫌发生违反邮政法律、法规活动的其他场所实施现场检查；

（二）向有关单位和个人了解情况；

（三）查阅、复制有关文件、资料、凭证；

（四）经省邮政管理部门负责人批准，查封与违反邮政法律、法规活动有关的场所，扣押用于违反邮政法律、法规活动的运输工具以及相关物品，对信件以外的涉嫌夹带禁止寄递或者限制寄递物品的邮件、快件开拆检查。

省邮政管理部门对违反《中华人民共和国邮政法》和本条例的行为应当及时处理，采取前款第四项规定的查封、扣押措施的期限不得超过三十日，情况复杂的，经省邮政管理部门负责人批准，可以延长，但是延长期限不得超过三十日；因违法采取强制措施造成当事人财产损失的，依法予以赔偿。

第五十三条 邮政行政执法必须有两名以上执法人员。在执行职务时，应当主动出示行政执法证件，依法行政，保护邮政通信秘密和用户的合法权益。

第六章 法律责任

第五十四条 违反本条例第八条第四款规定，邮政企业擅自撤销提供邮政普遍服务的邮政营业场所的，由省邮政管理部门责令改正，可以处一万元以上二万元以下罚款；情节严重的，处二万元以上十万元以下罚款；对直接负责的主管人员和其他责任人员给予处分。

第五十五条 违反本条例第二十四条第一款第三项、第四项规定的，由省邮政管理部门责令邮政企业改正，可以处五千元以上一万元以下罚款；情节严重的，处一万元以上五万元以下罚款；对直接负责的主管人员和其他责任人员给予处分。

第五十六条 违反本条例第四十二条第三款规定的，由省邮政管理部门给予警告、责令改正，并处五千元以上三万元以下罚款。

第五十七条 违反本条例第四十九条规定的，由省邮政管理部门责令改正；逾期未改正的，处三千元以上一万元以下罚款。

第五十八条 违反本条例第五十一条第二款规定的，由省邮政管理部门责令停止生产、销售，没收违法所得和非法财物，并处两千元以上一万元以下罚款；违法所得超过五千元的，按照违法所得两倍处以罚款。

第五十九条 违反本条例规定的其他违法行为，按照有关法律、法规的规定处罚。

第六十条 邮政管理部门工作人员在监督管理工作中滥用职权、玩忽职守、徇私舞弊的，依法给予处分；构成犯罪的，依法追究刑事责任。

第七章 附则

第六十一条 本条例下列用语的含义：

（一）邮政设施：是指用于提供邮政服务的邮政营业场所、邮件处理场所、邮筒（箱）、邮政报刊亭、信报箱等。

（二）邮件：是指邮政企业寄递的信件、包裹、汇款通知、报刊和其他印刷品等。

（三）给据邮件：是指邮政企业在收寄时向寄件人出具收据，投递时由收件人签收的邮件。

（四）快递：是指在承诺的时限内快速完成的寄递活动。

（五）快件：是指快递企业递送的信件、包裹、印刷品等。

第六十二条 本条例自2011年10月1日起施行。

西藏自治区邮政条例

（2012年3月30日西藏自治区第九届人民代表大会常务委员会第二十七次会议通过　根据2019年7月31日西藏自治区第十一届人民代表大会常务委员会第十二次会议《关于修改〈西藏自治区实施《中华人民共和国科学技术普及法》办法〉等8件地方性法规的决定》第一次修正　根据2021年9月29日西藏自治区第十一届人民代表大会常务委员会第三十二次会议《关于修改〈西藏自治区实施《中华人民共和国母婴保健法》办法〉等八件地方性法规的决定》第二次修正）

第一章 总 则

第一条 为了保障邮政普遍服务,加强对邮政市场的监督管理,维护邮政通信与信息安全,保护通信自由和通信秘密,维护用户的合法权益,促进邮政业健康持续发展,适应经济社会发展和人民生活需要,根据《中华人民共和国邮政法》和有关法律、法规,结合自治区实际,制定本条例。

第二条 自治区行政区域内的邮政业规划、建设、服务与监督管理等相关活动,适用本条例。

第三条 各级人民政府应当对邮政普遍服务提供政策支持,将邮政业发展纳入国民经济和社会发展规划,加强农牧区的邮政设施建设,促进邮政业与当地经济、社会协调发展。

各级邮政管理机构应当根据基本公共服务均等化的要求,按照邮政普遍服务标准组织编制邮政业发展规划。

第四条 自治区邮政管理机构负责全区邮政普遍服务和邮政市场的监督管理工作。

市(地)邮政管理机构在自治区邮政管理机构的领导下,负责本行政区域内的邮政普遍服务和邮政市场的监督管理工作。

发展改革、财政、自然资源、住房和城乡建设、交通运输、公安、国家安全、海关、市场监督管理等有关部门按照职责分工,依法协助做好邮政业的相关工作。

第五条 公民的通信自由和通信秘密受法律保护。除因国家安全或者追查刑事犯罪的需要,由公安机关、国家安全机关或者检察机关依照法律规定的程序对通信进行检查外,任何组织或者个人不得以任何理由侵犯公民的通信自由和通信秘密。

除法律另有规定外,任何组织或者个人不得检查、扣留邮件、汇款。

第六条 邮政管理机构、公安机关、国家安全机关和海关应当相互配合,建立健全安全保障机制,加强对邮政通信与信息安全的监督管理,确保邮政通信与信息安全。

第七条 自治区鼓励和支持多种所有制的快递企业开展快递业务,满足社会各方面的需要。

第八条 邮政企业、快递企业应当加强服务质量管理,完善安全保障措施,为用户提供迅速、准确、安全、方便的服务。

邮政企业应当按照国家和自治区的规定承担邮政普遍服务的义务。

快递企业提供快递服务应当符合快递服务标准,遵守其公开的服务承诺。

第九条 单位和个人有保护邮政设施、维护邮政通信安全畅通的义务,有权制止、举报破坏邮政设施、危害邮政通信安全的行为。

第二章 邮 政 设 施

第十条 邮政设施的布局和建设应当符合邮政普遍服务标准,满足保障邮政普遍服务的需要,并与当地经济社会发展相适应。

第十一条 邮政企业应当采用现代科学技术和管理手段,发挥邮政网络、邮政设施、安全保障、信息传递的优势,增强普遍服务能力,满足社会的用邮需要。

第十二条 各级人民政府应当按照统筹安排、合理布局、适当超前、方便用邮的原则,将邮政设施的布局和建设纳入城乡规划及土地利用总体规划,对提供邮政普遍服务的邮政设施建设给予支持,重点扶持边远农牧区的邮政设施建设。

第十三条 建设城市新区、开发区、独立工矿区、住宅区以及旧城区改造和乡(村)建设,应当按照统一规划,同时建设配套的提供邮政普遍服务的邮政设施。城市建成区已有的邮政设施不能满足邮政普遍服务要求的,应当扩建或者重建。

较大的车站、机场、大专院校、宾馆、旅游景区(点)等公共服务场所,应当建设配套的邮政服务设施。有条件的地方,应当设置提供邮政普遍服务的邮政营业场所。

第十四条 机关、企业事业单位、社会团体应当设置接收邮件的场所。

各级人民政府应当在乡(镇)设立邮政普遍服务场所;尚未设立的,邮政企业应当与乡(镇)人民政府签订妥收、妥投邮件的协议。

各级人民政府应当逐步在有条件的村,设置村邮站;尚未设置的,农牧区村民委员会应当明确接收邮件的场所,负责本村邮件的接收和代转。

第十五条　邮件处理场所的设计和建设,应当符合国家安全机关和海关依法履行职责的要求。

第十六条　新建城镇居民楼应当在便于投递的位置设置与用户数相应的邮政信报箱(群)。邮政信报箱(群)建设纳入建筑工程统一规划,其制作和安装费用纳入建设项目总体预算;设计单位应当按照国家规定的标准进行设计;建设单位应当按照国家规定的标准设置信报箱(群),并与主体工程同时施工、验收;邮政信报箱(群)的验收资料,应当自工程竣工验收合格之日起15日内报邮政管理机构备案。未按照规定设置信报箱(群)的,由邮政管理机构责令建设单位限期设置,所需费用由建设单位承担。

已建成使用的城镇居民楼未设置邮政信报箱(群)的,产权人或者其委托的物业管理单位应当负责补建;逾期未补建的,由邮政管理机构指定其他单位设置邮政信报箱(群),所需费用由该居民楼的产权人或者其委托的物业管理单位承担。

产权人或者其委托的物业管理单位应当负责邮政信报箱(群)的维护和管理。

第十七条　因城乡建设等原因确需征收邮政营业场所或者邮件处理场所的,建设单位应当按照不少于原有面积原址新建或者就近重建;不能在原址新建或者就近重建的,当地人民政府应当提供合理场所或者划拨土地重建。新建邮政营业场所、邮件处理场所在交付使用前,建设单位应当安排过渡场所,保证邮政普遍服务正常进行。

邮筒(箱)、邮政报刊亭确需迁移的,应当迁至方便群众用邮的地方。

新建的邮政设施,邮政企业应当报当地邮政管理机构备案。

第十八条　邮政企业应当保证邮政设施的正常使用,不得擅自改变邮政设施的使用性质。

城乡邮政设施应当标示统一的邮政标志。

第十九条　地名管理部门设置的城市街道、乡(镇)、村庄的名址牌,应当标明邮政编码。

地名和门牌号码发生变更时,各级地名管理部门应当及时通知当地邮政企业。

第三章　邮 政 服 务

第二十条　邮政企业向用户提供普遍服务,应当按照邮政普遍服务标准执行。

邮政企业应当在其营业场所公示服务种类、营业时间、资费标准、邮件和汇款的查询及损失赔偿办法、禁止或者限制寄递物品的规定和用户对其服务质量的投诉办法。

邮政企业应当在其提供的邮件详情单显著位置标明可能影响用户权益的相关内容。

第二十一条　邮政企业寄递邮件,应当符合国务院邮政管理部门规定的寄递时限和服务规范,禁止积压。

乡(镇)人民政府所在地邮政营业网点每周营业时间应当不少于5天,投递邮件每周至少5次。

第二十二条　邮政企业在交通不便的边远农牧区每周的营业时间以及投递邮件的频次,由自治区邮政管理机构制定,报国务院邮政管理部门批准后组织实施。

第二十三条　邮政企业应当依法建立并执行邮件收寄验视制度。

邮政企业在收寄过程中发现用户交寄国家禁止寄递的物品,应当拒绝收寄。已经收寄的邮件中发现有上述物品的,邮政企业应当立即停止转发和投递。对其中依法需要没收或者销毁的物品,邮政企业应当立即向有关部门报告,并配合有关部门进行处理。

交寄邮件的用户应当遵守国家和自治区关于

禁止寄递或者限制寄递物品的规定，不得通过寄递渠道危害国家安全、公共安全以及公民、法人和其他组织的合法权益。

第二十四条 机关、企业事业单位、社会团体收发人员、邮件代收点和村民委员会指定的邮件代收人接收邮政企业提交的邮件时，应当当场核对、签收，并负有邮件的保管、及时转交和保密义务；无法转交或者误收的邮件，应当及时通知邮政企业处理。

第二十五条 任何单位或者个人不得有下列行为：

(一)未经批准仿印邮票和邮资图案；

(二)伪造、变造邮资凭证；

(三)私拆、隐匿、毁弃他人的邮件；

(四)擅自使用邮政专用名称，伪造或者冒用邮政专用标志、专用工具、专用品；

(五)损毁或者擅自迁移邮筒(箱)、邮政报刊亭、邮政信报箱、邮政编码牌等邮政设施，擅自开启和封闭邮筒(箱)、信报箱；

(六)非法拦截运邮车辆；

(七)法律、法规禁止的其他行为。

第二十六条 用户交寄给据邮件后，对国内邮件可以自交寄之日起一年内持收据向邮政企业查询，对国际邮件可以自交寄之日起一百八十日内持收据向邮政企业查询；邮政汇款的汇款人自汇款之日起一年内，可以持收据向邮政企业查询。邮政企业应当负责免费查询，并依法将查询结果以书面或者其他方式通知查询人。

第二十七条 邮政企业对平常邮件的损失不承担赔偿责任，但是邮政企业因故意或者重大过失造成平常邮件损失的除外。

第二十八条 邮政企业对给据邮件丢失、毁损、短少的，应当及时采取补救措施，依法承担赔偿责任。

第二十九条 邮政企业应当制定突发事件应急预案。因突发事件发生服务阻断时，邮政企业应当按照应急预案及时采取应急处置措施，并向当地人民政府、邮政管理机构报告。

邮政企业应当配合当地人民政府和有关部门做好所在地邮政服务突发事件的应急救援和处置工作。

因自然灾害、社会事件、生产安全事故、经营不善等造成或者可能造成邮件积压的，邮政企业应当及时组织和调配运力，进行有效疏运。

第三十条 邮政企业应当建立和完善服务质量管理制度，设置用户监督信箱、公布监督电话号码，接受社会和用户对邮政企业服务质量的监督。

邮政企业对用户的投诉，应当自接到投诉之日起30日内将处理结果答复用户。

用户对处理结果有异议的，可以向邮政管理机构申诉。邮政管理机构应当自接到申诉之日起30日内作出答复。

第三十一条 邮政企业及其从业人员不得有下列行为：

(一)擅自停止办理或者限制办理邮政普遍服务业务和特殊服务业务；

(二)强迫用户使用邮政业务；

(三)故意延误投递邮件；

(四)拒绝用户使用有效邮资凭证交寄邮件；

(五)擅自变更邮政业务收费标准或者增加收费项目；

(六)法律、法规禁止的其他行为。

第三十二条 因不可抗力或者其他特殊原因暂时停止办理或者限制办理邮政普遍服务业务的，邮政企业应当及时公告，采取补救措施，并向自治区邮政管理机构报告。

第四章　邮 政 保 障

第三十三条 自治区人民政府、自治区邮政管理机构应当积极争取国家支持，保障边远地区的邮政服务工作。

自治区人民政府应当建立健全邮政普遍服务、特殊服务的补偿机制，对邮政企业提供邮政普遍服务、特殊服务给予补贴。

邮政企业对国家和自治区给予的邮政普遍服务的补贴,应当向边远农牧区倾斜。

第三十四条 非营利性邮政设施用地按照城市基础设施和公益事业建设项目用地的规定,由建设单位提出申请,经有批准权的人民政府批准,以划拨方式确定土地使用权,并免征城市基础设施配套费。

邮筒(箱)和占地面积6平方米以内的邮政报刊亭等邮政服务设施,免缴城市道路占用费。

第三十五条 带有邮政专用标志并用于提供邮政普遍服务的运邮车辆,经自治区邮政管理机构认可和交通运输管理机构批准,免予办理道路运输证。

第三十六条 带有邮政专用标志并用于提供邮政普遍服务的运邮车辆在运递邮件途中,通过检查站、桥梁、隧道时,应当优先放行。

第三十七条 带有邮政专用标志并用于提供邮政普遍服务的车辆运递邮件,确需通过公安机关交通管理部门划定的禁行路段或者确需在禁止停车的地点停车的,经公安机关交通管理部门同意,在确保安全的前提下,可以通行或者停车。

带有邮政专用标志并用于提供邮政普遍服务的车辆运递邮件时发生轻微事故的,应当适用简易程序处理后予以放行;因收集证据需要确需暂扣车辆的,公安机关交通管理部门应当及时告知有关企业,协助保护邮件的安全并为邮件的转运提供便利。

第三十八条 机场、码头、车站应当为邮政企业提供装卸、转运邮件作业场所和邮政车辆出入通道,具体位置与面积由邮政企业与相关单位协商确定。

第三十九条 机关、社会团体、企业事业单位、住宅区物业服务企业以及其他组织,应当为邮政企业投递邮件提供便利,保障邮件的正常投递。

第五章 快递服务

第四十条 在自治区行政区域内经营快递业务的,应当依法取得自治区邮政管理机构的快递业务经营许可;跨自治区经营或者经营国际快递业务的,应当依法取得国务院邮政管理部门的快递业务经营许可,并向自治区邮政管理机构备案。任何单位和个人未经许可,不得在自治区范围内经营快递业务。

第四十一条 经营快递业务的企业,如需在自治区范围内设立、合并分支机构或者撤销营业网点的,应当向自治区邮政管理机构备案。

第四十二条 快递企业应当加强快递服务网络的建设和管理,保障快递服务网络的安全和畅通,接受邮政管理机构、国家安全机关等相关部门的监督,并为其提供必要的工作条件。

第四十三条 经营快递业务的企业,应当按照快递业务经营许可证的许可范围和有效期经营快递业务,不得经营由邮政企业专营的信件寄递业务,不得寄递国家机关公文,不得将信件打包后作为包裹寄递。

第四十四条 快递企业不得擅自中断提供快递服务。确需临时歇业的,应当提前7日书面告知所在地邮政管理机构,同时在营业场所及有关媒体上公告,并及时妥善处理未处理的快件。

快递企业停止经营快递业务的,应当书面告知邮政管理机构,交回快递业务经营许可证,并对尚未投递的快件按照国务院邮政管理部门的规定妥善处理。该企业无法处理的,由邮政管理机构指定其他企业代为处理,所需费用由该企业承担。

第四十五条 邮政管理机构应当向社会公布快递业务经营许可证的颁发、变更、年度报告、注销等事项,并为社会公众的查询提供方便。

第四十六条 快递企业运递快件的专用车辆应当喷涂快递专用标志,依法办理道路运输证。

从事快递业务的专用车辆在投入使用前,应当将车辆相关材料报邮政管理机构审核,由邮政管理机构将符合条件的快递专用车辆资料报公安机关交通管理部门和交通运输管理机构备案。

第四十七条 小型客车作为城市快件运输专

用车辆的，应当经公安机关交通管理部门、交通运输管理机构同意，并按规定改装。

第四十八条 快递企业接受网络购物、电视购物和邮购等经营者的委托提供快递服务的，应当与委托方签订安全保障协议和诚信经营承诺协议，并报自治区邮政管理机构备案。

第四十九条 快递行业协会应当加强行业自律，为企业提供信息、培训等方面的服务，引导快递企业依法、诚信经营，维护快递企业的合法权益，促进快递行业的健康发展。

第五十条 本条例第五条第二款、第二十四条、第三十九条关于邮件的规定，适用于快件；第十五条关于邮件处理场所的规定，适用于快件处理场所；本条例第二十条第二款、第三款、第二十三条第一款、第二款、第二十九条、第三十条和第三十一条第六项关于邮政企业及其从业人员的规定，适用于快递企业及其从业人员；本条例第三十七条关于邮政运邮车辆的规定，适用于快递企业运递快件的专用车辆。

第六章 监督检查

第五十一条 邮政管理机构应当建立健全监督管理制度，加强对邮政普遍服务和邮政市场的监督管理，对邮政企业使用邮政普遍服务、特殊服务补贴资金实施监督。

第五十二条 邮政管理机构应当对邮政企业和快递企业有关寄递业务的经营和服务质量实行监督管理，健全邮政普遍服务、快递服务质量用户申诉制度和举报查处制度；按照法定程序对邮政企业、快递企业涉嫌违反邮政法律、法规的行为进行查处，维护用户权益和邮政市场秩序。

第五十三条 邮政管理机构应当建立邮政普遍服务质量评价体系，对邮政企业的普遍服务质量每年作出评价，并向社会公布。

邮政企业、快递企业应当根据邮政管理机构的要求报告企业有关经营情况、服务质量自查情况和统计报表，并及时报告重大通信事故和重大服务质量问题。

第五十四条 邮政管理机构进行监督检查时，监督检查人员不得少于二人，并应当出示执法证件。

邮政管理机构依法行使监督检查职责时，可以要求邮政企业和快递企业报告有关经营情况。被检查的邮政企业和快递企业应当予以配合，如实提供情况和有关资料，不得拒绝、拖延、阻拦，不得隐匿、销毁、转移原始资料。

第五十五条 邮政管理机构进行监督检查时，可以采取下列措施：

（一）进入邮政企业、快递企业或者涉嫌发生违反邮政法律、法规活动的其他场所实施现场检查；

（二）向有关单位和个人了解情况；

（三）查阅、复制有关业务文件、单据凭证和其他资料；

（四）经邮政管理机构负责人批准，依法查封违反邮政法律、法规活动有关的场所，扣押用于违反邮政法律、法规活动的运输工具以及相关物品，对信件以外的涉嫌夹带禁止寄递或者限制寄递物品的邮件、快件开拆检查。

第五十六条 邮政管理机构及其执法人员应当遵守国家法律、法规，维护当事人的合法权益，恪守职责，持证上岗，公正、文明执法。对在监督检查过程中知悉的个人隐私和商业秘密负有保密义务。

第五十七条 自治区邮政管理机构应当指导开展邮政企业、快递企业从业人员教育培训和特殊工种职业技能鉴定工作，提高从业人员素质和技能。

第七章 法律责任

第五十八条 邮政企业、快递企业违反本条例第二十三条第一款、第二款规定，不建立或者不执行收寄验视制度或者寄递国家禁止寄递物品的，对邮政企业直接负责的主管人员和其他直接责任人员给予处分；对快递企业，邮政管理机构可以责令停业整顿直至吊销其快递业务经营许可证。

用户在邮件、快件中夹带禁止寄递或者限制寄递的物品，尚不构成犯罪的，依法给予治安管理处罚。

有前两款规定的违法行为，造成人身伤害或者财产损失的，依法承担赔偿责任。

第五十九条　任何组织和个人有本条例第二十五条第一项、第二项、第三项、第五项、第六项行为之一，尚不构成犯罪的，依法给予治安管理处罚；有本条例第二十五条第四项行为的，由邮政管理机构责令改正，没收伪造的邮政专用品以及违法所得，并处1万元以上5万元以下罚款。

第六十条　邮政企业有本条例第三十一条第一项、第二项行为之一的，由邮政管理机构责令改正，可以处1万元以下的罚款；情节严重的，处2万元以上5万元以下的罚款；对直接负责的主管人员和其他直接责任人员依法给予处分。

邮政企业从业人员有本条例第三十一条第三项行为，故意延误投递邮件的，由邮政企业给予处分。

邮政企业、快递企业有本条例第三十一条第五项行为的，由价格主管部门依照《中华人民共和国价格法》的规定处罚。

第六十一条　违反本条例第五十四条第二款规定，邮政企业和快递企业拒绝、阻碍依法实施的监督检查，尚不构成犯罪的，依法给予治安管理处罚；对快递企业，邮政管理机构还可以责令停业整顿直至吊销其快递业务经营许可证。

第六十二条　违反本条例规定，《中华人民共和国邮政法》和相关法律、法规已有处罚规定的，从其规定。

第六十三条　违反本条例规定，邮政管理机构工作人员在监督管理工作中滥用职权、玩忽职守、徇私舞弊，构成犯罪的，依法追究刑事责任；尚不构成犯罪的，依法给予行政处分。

第八章　附　　则

第六十四条　本条例自2012年6月1日起施行。

南京市邮政条例

（2016年6月29日南京市第十五届人民代表大会常务委员会第二十六次会议通过　2016年7月29日江苏省第十二届人民代表大会常务委员会第二十四次会议批准　根据2021年6月29日南京市第十六届人民代表大会常务委员会第三十次会议通过，2021年7月29日江苏省第十三届人民代表大会常务委员会第二十四次会议批准的《南京市人民代表大会常务委员会关于修改〈南京市装饰装修管理条例〉等三件地方性法规的决定》修正）

第一章　总　　则

第一条　为了保障邮政普遍服务，加强对邮政市场的监督管理，维护用户合法权益，促进邮政业健康发展，根据《中华人民共和国邮政法》《江苏省邮政条例》等法律、法规，结合本市实际，制定本条例。

第二条　本市行政区域内的邮政业规划、建设、服务和监督管理等活动，适用本条例。

第三条　市、区人民政府和江北新区管理机构应当将邮政业发展纳入国民经济和社会发展规划，对邮政企业提供财力、物力和政策支持，引导、扶持快递企业发展，支持快递服务网络（点）建设，提升快递服务水平。

市邮政管理部门负责本市行政区域内邮政普遍服务、特殊服务和邮政市场的监督管理工作，保障邮政服务实施，确保邮政通信安全、畅通；负责对本市行政区域内快递经营活动的监督管理工作，建立完善的快递市场监管体系，促进快递企业规范化运作。

按照国务院相关规定设立的邮政监管派出机构，具体负责所辖区域的邮政普遍服务、特殊服务和邮政市场的监督管理工作。

发展和改革、规划和自然资源、财政、城乡建设、住房保障和房产、市场监管、城市管理、交通运输、公安、国家安全、海关、检验检疫、应急管理等部门依照各自职责，做好相关监督管理工作。

第四条 邮政企业、快递企业应当加强服务质量管理，完善安全保障措施，按照规定的业务范围、服务标准，为用户提供快速、准确、安全、便捷的服务。

第五条 任何单位或者个人不得损毁邮政、快递设施或者影响其正常使用，并有权对破坏邮政、快递设施以及危害邮件、快件安全和通信畅通的行为予以制止、举报。

第六条 快递行业协会应当加强行业自律，为经营快递业务的企业提供信息、培训等方面的服务，引导企业依法、诚信经营，促进快递行业健康发展。

第二章 规划建设

第七条 市邮政管理部门应当会同发展和改革部门编制本市邮政业发展规划，明确邮政业发展目标、主要任务、重点工程、保障措施等。

市邮政管理部门应当会同规划和自然资源、交通运输等部门，根据邮政业发展规划，编制快递服务发展规划和邮政设施专项规划，经市人民政府批准后实施。

市、区人民政府和江北新区管理机构应当在国土空间规划、公共服务设施规划中合理安排快递基础设施的布局建设，统筹快件大型集散、分拣等基础设施用地。

第八条 规划和自然资源主管部门应当依据规划条件，将配套建设邮政营业场所和邮件处理场所的规模、建设及移交等事项，作为国有土地使用权出让要求的内容。

第九条 因城乡建设需要征收邮政营业场所或者邮件处理场所的，应当原地重建；确需异地重建的，应当就近重新设置，并保证不少于原有面积，不降低邮政普遍服务水平。重新设置的费用和其他补偿费用由作出征收决定的人民政府承担。

邮政营业场所或者邮件处理场所重新设置前，房屋征收部门或者其委托的房屋征收实施单位应当和邮政企业就过渡场所进行协商，确保邮政普遍服务正常运转。未对邮政设施作出妥善安排的，不得征收。

第十条 镇人民政府、街道办事处应当组织村民委员会（含农村社区）设立村邮站或者确定其他接收邮件的场所，负责本地邮件的接收和代转。未设置固定邮件接收场所的，由村民委员会（含农村社区）代为接收邮件。

镇人民政府、街道办事处负责所辖地区村邮站运行管理，村邮站运转经费由区财政统筹安排。

鼓励有条件的地区将村邮站纳入社区（村）便民服务平台，提供快递包裹自提、小额存取款等服务。

第十一条 新建、改建、扩建城镇居民住宅，建设单位应当设置接收邮件的信报箱。未设置信报箱的，由市邮政管理部门责令补建；逾期未补建的，由市邮政管理部门指定其他单位建设，所需费用由建设单位承担。

本条例实施前已建成使用的城镇居民住宅未设置信报箱的，由市邮政管理部门会同邮政企业组织补建，所需费用由市、区人民政府和江北新区管理机构承担。

信报箱的维修和更换，保修期内由建设单位负责；保修期外由所有权人负责，所需费用可以在住宅专项维修资金中依法列支。

信报箱的设置应当符合国家标准。

第十二条　新建、改建、扩建城镇居民住宅区，建设单位应当配套设置快件服务用房或者智能快件箱等自助服务设备。

本条例实施前已建成使用的城镇居民住宅区，设置快件服务用房或者智能快件箱等自助服务设备的，应当经业主委员会同意。业主委员会作出决策前，应当在住宅区显著位置公示七日，征求业主意见。市、区人民政府和江北新区管理机构对住宅区进行改造、出新时，可以设置快件服务用房或者智能快件箱等自助服务设备。市、区人民政府和江北新区管理机构支持、鼓励企业采用平台共用开放模式，设置智能快件箱等自助服务设备。

市邮政管理部门应当根据住宅区规模等制定快件服务用房或者智能快件箱等自助服务设备的配建标准，报市人民政府批准后，由规划和自然资源主管部门将其纳入建设项目规划条件。快件服务用房或者智能快件箱等自助服务设备纳入社区公共基础设施管理，具体办法由市人民政府组织制定。

市邮政管理部门应当规范智能快件箱等自助服务设备的设置和使用，引导、督促智能快件箱等自助服务设备运营单位加强服务管理。

第十三条　鼓励经营快递业务的企业开展末端服务创新，在保障用户合法权益、服务质量和寄递安全的前提下，通过智能快件箱等自助服务设备开展投递服务。

鼓励机关、团体、企业事业单位、商业区等设置快件服务用房或者智能快件箱等自助服务设备，为快件投递提供便利和安全保障。

第十四条　邮政企业、快递企业服务专用车辆应当符合国家、省、市道路交通安全法律、法规的规定，并喷涂标识。

公安机关交通管理部门及其他有关部门应当按照国家和省有关规定，为带有邮政专用标识的车辆、快递服务专用车辆提供通行、停靠、作业等方面的便利。

第三章　邮政服务

第十五条　邮政企业提供邮政普遍服务的营业场所服务设施应当符合国家和省有关规定。

邮政营业网点调整营业时间的，应当提前七日在营业场所公示或者以其他方式发布公告。

第十六条　邮政企业设置普遍服务代办网点或者将邮政普遍服务自办网点转为代办网点的，应当依法向市邮政管理部门备案，并不得停办原来已经办理的邮政普遍服务业务。

邮政企业应当加强对代办网点服务质量的管理，并对委托范围内的邮政普遍服务质量负责。

代办网点应当执行邮政普遍服务的规定和资费、服务标准，接受市邮政管理部门的监督管理。

第十七条　鼓励邮政企业参与相关基本公共服务项目建设，开放邮政设施，拓展业务范围，开办各类代理业务，建设综合服务平台。

第十八条　机关、团体、企业事业单位、住宅小区管理单位、商用写字楼管理单位等应当为邮政企业投递邮件提供便利，准许统一着装并佩戴标志的邮政企业从业人员及带有邮政专用标识的车辆进入服务区域，并不得收取任何费用。

收发（传达）室、村邮站或者其他邮件接收场所对所接收的邮件应当妥善保管并及时转交收件人；对无法转交或者误收的邮件，应当及时通知邮政企业收回。

给据邮件应当由收件人或者收件人委托的专人、专门机构签收。

第四章　快递服务

第十九条　快递业务依法实行市场准入，公平竞争。

经营快递业务的企业应当依法取得快递业务经营许可。未经许可，任何单位和个人不得经营快递业务。

第二十条　经营快递业务的企业应当规范经营活动，维护用户合法权益。经营快递业务的企业允许他人以其名义从事快递业务的，因快件发生延误、丢失、毁损或者内件短少等造成用户合法权益损害的，应当依法承担法律责任。

第二十一条 经营快递业务的企业提供快递服务，应当符合快递服务国家标准，并遵守其公开的服务承诺。

鼓励经营快递业务的企业制定并采用高于国家标准的企业标准。

经营快递业务的企业从业人员在提供快递服务时，应当穿着具有企业专用标识的服装，并佩戴工号牌。

第二十二条 经营快递业务的企业应当建立快递运单实物和电子数据留存制度，快递运单数据留存期限应当符合国家规定的快递服务标准。保存期满，按照有关规定销毁或者删除。

第二十三条 经营快递业务的企业分拣作业时，应当按照快件的种类、时限分别处理、分区作业、规范操作，不得露天堆放和分拣，不得以抛扔、踩踏或者其他危害快件安全的方式分拣。

经营快递业务的企业应当通过电话或者网络等方式提供快件跟踪查询服务，快件跟踪查询信息应当及时准确。

第二十四条 经营快递业务的企业应当在承诺的时限内将快件投递到约定的收件地址和收件人或者收件人指定的代收人。

无法直接投递至收件人或者收件人指定的代收人时，投递人员征得收件人同意后，可以与机关、团体、企业事业单位、住宅小区、商用写字楼、学校等的收发(传达)室、物业服务企业协商代投，或者采取其他方式代投。

第二十五条 经营快递业务的企业使用智能快件箱等自助服务设备提供投递服务的，应当事先征得收件人同意，并以适当方式告知收件人提取方式，查询、咨询和投诉渠道等相关信息，并按照收寄时向寄件人承诺的服务时限完成投递。快件投递至智能快件箱等自助服务设备，视为一次投递。

第二十六条 因收件人或者代收人原因，经两次免费投递后尚未投交的快件，收件人仍需投递的，经营快递业务的企业可以收取额外费用，但应当事先告知收件人收费标准。

第二十七条 投递人员投递快件时，应当核实收件人或者代收人身份信息，并告知收件人或者代收人有权当面验收。收件人或者代收人确认快件包装完好、重量相符，不要求当面验收的，应当予以签收。收件人或者代收人在验收过程中发现内件短少、损毁或者与快递运单不符的，可以拒绝签收，在快递运单上注明原因、时间，并与投递人员共同签字确认。收件人或者代收人拒绝签字的，投递人员应当予以注明。当事人另有约定或者法律另有规定的除外。

第二十八条 快件发生丢失、损毁或者内件短少的，对于保价的快件，应当按照经营快递业务的企业与用户约定的保价规则确定赔偿金额；对于未保价的快件，适用有关民事法律的规定。

第二十九条 经营快递业务的企业暂停经营快递业务的，应当提前七日书面报告市邮政管理部门。对尚未投递的快件，应当按照服务承诺妥善处理。

经营快递业务的企业停止经营快递业务的，应当提前十日书面报告市邮政管理部门，依法交回快递经营许可证，妥善处理尚未投递的快件。

暂停或者停止经营快递业务的，经营快递业务的企业应当通过企业营业场所、企业网站、新闻媒体等途径提前向社会公告，市邮政管理部门应当公布暂停或者停止营业的相关信息。

第三十条 市、区人民政府和江北新区管理机构应当鼓励支持快递服务与电子商务、农业、制造业、交通运输业等建立合作发展机制，促进快递服务与相关产业融合发展。

市、区人民政府和江北新区管理机构应当支持经营快递业务的企业在农村设置服务网点或者利用村邮站及其他服务网点开展农业生产资料、生活消费品和农副产品等快递服务。

第三十一条 机关、团体、企业事业单位、住宅小区管理单位、商用写字楼管理单位等应当为经营快递业务的企业上门服务提供便利。

鼓励机场、车站、港口等管理单位为经营快递业务的企业交运快件提供快速安检、配载、交接等便利。

经营快递业务的企业应当遵守相关单位的管理规定，规范提供快件投递服务。

第五章 安全保障

第三十二条 寄件人交寄邮件、快件，应当履行下列义务：

（一）完整、准确、清楚填写邮件详情单或者快递运单，确保填报内容真实、有效；

（二）不得夹带禁止寄递或者限制寄递的物品；

（三）主动出示有效身份证件和交寄物品，配合邮政企业、快递企业进行验视；

（四）封装邮件、快件符合寄递安全的需要；

（五）法律、法规规定的其他义务。

第三十三条 经营快递业务的企业应当自取得营业执照之日起三十日内，将下列材料报所在地公安机关备案：

（一）快递经营者、从业人员以及运营车辆的基本情况；

（二）企业分支机构、网点分布、隶属关系等；

（三）治安、消防安全设施配备情况。

第三十四条 邮政企业、快递企业应当核对邮件详情单、快递运单所填写的寄件人姓名或者单位名称、地址等身份信息和证件信息，并依法登记相关信息以备检查。寄件人填写的邮件详情单、快递运单不完整或者所填信息与本人有效身份证件不相符的，不予收寄。

邮政企业、快递企业对寄件人委托他人代寄或者通过互联网下单使用邮件、快件寄递服务的，应当按照国家有关规定查验、核对身份信息。

第三十五条 邮政企业、快递企业应当依法建立邮件、快件的收寄验视制度，并配置相关设备进行安全检查。已验视的邮件、快件，应当作出验视标识。

第三十六条 邮政企业、快递企业寄递邮件、快件时发现有禁止寄递物品或者限制寄递物品的，应当立即停止该物品的寄递服务，并按照国家有关规定报告邮政管理、公安、国家安全等部门。邮政企业、快递企业对不能确定安全性的物品，不予收寄。

邮政企业、快递企业应当定期组织开展安全生产教育和专业培训，提高从业人员对危险物品的识别能力和处理能力。

第三十七条 邮政企业、快递企业应当确保用户信息安全，不得出售或者泄露服务过程中知悉的用户信息。在发生或者可能发生用户信息泄露、毁损、丢失的情况时，应当立即采取补救措施，并向市邮政管理部门报告。

第三十八条 邮政企业、快递企业应当在国家举行重大活动等特殊时期，执行邮政管理、公安、国家安全等部门的相关规定，加强对邮件、快件收寄、转运、投递等环节的监督检查，落实安全责任制，确保寄递渠道安全畅通。

第三十九条 邮政企业、快递企业应当履行下列安全管理职责，防范各类安全生产事故：

（一）建立和落实企业安全生产制度，并将安全生产信息依法报送市邮政管理部门；

（二）建立治安案件、涉嫌刑事犯罪案件报告制度；

（三）在邮件、快件营业场所和处理场所安装安全监控设备并保证全天二十四小时正常运转，监控资料保存时间符合国家有关规定；

（四）在分拣、转运、仓储等重点场所设置治安保卫机构或者配备治安保卫人员；

（五）建立从业人员实名档案，定期开展法制教育、职业道德教育、职业技能培训和安全培训，配备安全生产管理人员；

（六）法律、法规规定的其他安全生产职责。

第四十条 邮政企业、快递企业应当按照国家相关规定建立突发事件应对工作机制，制定突发事件应急预案并报市邮政管理部门备案，每年至少组织开展一次应急演练。

遇有重大突发公共事件，邮政企业、快递企业应当立即启动应急预案，采取有效处置措施，保障人员安全和邮件、快件安全，并在一小时内向市邮政管理部门和负有相关职责的部门报告。

遇到重大服务阻断时，邮政企业、快递企业应当及时告知用户，并向市邮政管理部门和其他有关部门报告。

第六章　监督管理

第四十一条 市邮政管理部门履行下列职责：

（一）会同有关部门编制本市邮政业发展规划；

（二）负责邮政行业安全生产监管、应急管理和统计，保障邮政通信与信息安全；

（三）建立快递服务质量评价体系，定期组织快递行业服务水平和质量评估，并向社会公布；

（四）依法受理用户的申诉、举报；

（五）依法查处违反邮政法律、法规的行为；

（六）法律、法规规定的其他职责。

第四十二条 市邮政管理部门应当根据履行监督管理职责的需要，建立经营快递业务的企业诚信记录档案，并纳入公共信用信息系统。经营快递业务的企业应当如实报告有关服务、经营情况。

第四十三条 市邮政管理部门应当加强对经营快递业务的企业使用智能快件箱等自助服务设备投递服务的监督检查。

第四十四条 公安机关负责邮政业的治安管理工作，会同邮政管理部门建立联合执法机制，对邮件、快件治安防范措施，验视制度以及查验、核对身份信息等执行情况进行监督检查。

第四十五条 邮政企业、快递企业应当配合邮政管理、公安、国家安全、海关、检验检疫、应急管理等部门的监督管理工作；发现利用寄递渠道从事违法犯罪活动的，应当依法向有关部门报告，并协助做好相关调查工作。

第四十六条 邮政企业、快递企业应当向社会公布服务监督电话号码，设置监督信箱、电子邮箱，接受社会和用户对其服务工作和服务质量的监督和投诉，并在接到用户投诉后七日内予以答复。

用户对处理结果不满意，或者未在规定时限内收到邮政企业、快递企业答复的，可以向市邮政管理部门申诉。市邮政管理部门应当及时依法处理，自接到申诉之日起三十日内向用户作出答复。

邮政企业、快递企业应当配合市邮政管理部门处理申诉，自收到转办申诉之日起十五日内向邮政管理部门答复处理结果。

第七章　法律责任

第四十七条 违反本条例第十二条第二款规定，任何单位或者个人设置快件服务用房或者智能快件箱等自助服务设备，未经业主委员会同意的，由住房保障和房产行政主管部门责令限期改正，给予警告，并对个人处以一千元以上一万元以下罚款，对单位处以五万元以上二十万元以下罚款。

第四十八条 违反本条例规定，构成违反治安管理行为的，由公安机关依法给予处罚；构成犯罪的，依法追究刑事责任。

第四十九条 市邮政管理部门、派出机构及其工作人员违反本条例规定，玩忽职守、滥用职权、徇私舞弊的，对负有责任的人员依法给予处分；构成犯罪的，依法追究刑事责任。

第八章　附　则

第五十条 本条例自2016年9月1日起施行。2001年8月27日南京市第十二届人民代表大会常务委员会第二十六次会议制定的《南京市邮政管理条例》同时废止。

新乡市邮政快递管理办法

新政〔2021〕5号

第一条 为保障邮政普遍服务，加强对邮政市场的监督管理，维护用户合法权益，促进邮政业健康发展，根据《中华人民共和国邮政法》《快递暂行条例》《河南省邮政条例》等法律法规，结合本市实际，制定本办法。

第二条 本市行政区域内邮政快递业的发展、规划、建设、服务、安全及监督管理，适用本办法。

第三条 邮政管理部门负责对本市行政区域内的邮政普遍服务和邮政快递市场实施监督管理。

交通运输、财政、资源规划、公安、商务等有关部门按照各自职责，依法做好促进邮政快递业健康发展的相关工作。

第四条 市、县（市、区）政府（管委会）应当对提供普遍服务的邮政设施和快递基础性设施建设给予必要的政策优惠和扶持，推进邮政快递服务体系建设。

第五条 市、县（市、区）政府（管委会）应当支持、鼓励和引导快递业发展，可以给予相应的资金支持。

第六条 市、县（市、区）政府（管委会）应当将邮政、快递业发展规划纳入国土空间规划，在年度用地计划中统筹安排快递专业类物流园区、快件集散中心等设施用地，科学合理设置区域邮件、快件的集中处理场所和区域收投、配送网络站点。

第七条 新建、改建、扩建的住宅小区建筑工程，应当设置接收邮件的信报箱，与建筑工程统一规划、设计、施工，并按照国家规定的标准验收，同时投入使用。

鼓励住宅小区设置智能信报箱、将传统信报箱升级改造为智能信报箱，市、县（市、区）政府（管委会）可以给予补贴。

第八条 在国家规定范围内鼓励高等院校、商务中心、机关等场所设置智能快件箱或快递末端共同服务场所。

智能快件箱、快递末端共同服务场所运营企业应当向邮政管理部门备案，并定期报送使用情况等运营信息。

第九条 鼓励邮政、快递企业整合资源，延伸乡镇农村网点，健全农村服务网络，对村级邮件、快件收投场所及拓展农村网点的优秀企业，市、县（市、区）政府（管委会）可以给予适当奖励。

第十条 因城镇建设需要征收、拆迁邮政、快递企业营业、处理或储运场所的，征收单位应当与邮政、快递企业协商，按照就近安置、不降低服务水平、不少于原有面积的原则，先安置后拆迁，所需费用由征收单位承担。

第十一条 邮政、快递企业依法使用符合国家标准的车辆，悬挂机动车号牌，纳入机动车管理；并按照市邮政管理部门规定的监管样式，统一编码、统一涂装，喷涂企业专用标识和服务监督电话，同时按照有关规定进行备案，并定期将邮政、快递专用车辆备案情况与公安机关交通管理部门共享。车辆驾驶人员驾驶邮政、快递车辆时必须持有符合国家规定的有效驾驶证件。

第十二条 邮政、快递专用车辆属于民生保障车辆，公安机关交通管理部门对已经备案的车辆保障其依法通行和临时停靠的权利。

符合尾气排放要求的邮政、快递专用车辆，经邮政管理部门备案，到公安机关交通管理部门办理通行证件后，在机动车尾号限行期间不予限行，但应当按照规定的时间、路线行驶。

快递从业人员应当遵守道路交通安全法律法规的规定，按照操作规范安全、文明驾驶车辆。邮政、快递专用车辆在运递邮件、快件途中发生一般交通违法或轻微交通事故时，公安机关交通管理部门应当在记录后放行，待其完成运递任务后，再做后续处理。发生严重违法确需扣留车辆或者发生重大交通事故的，公安机关交通管理部门应当协助保护邮件、快件安全并及时通知车辆所属企业转运邮件、快件。

第十三条　邮政、快递企业应当落实岗前安全培训制度，强化从业人员安全生产知识与技能的培训、教育，加强道路交通安全培训，使其具备与本岗位相适应的安全生产知识和处置技能。未经安全生产教育和培训合格的人员，不得上岗作业。

邮政、快递企业应当建立健全突发事件应急工作机制，制定突发事件应急预案，每年开展应急演练。发生重大服务阻断、安全事故等情形，应当及时开展应急处置工作，并向所在地县（市、区）政府（管委会）和市邮政管理部门报告。

邮政、快递企业应当建立传染病疫情防控工作机制，结合当地传染病疫情防控形势和政策要求，制定疫情防控应急预案，主动接受培训、督导、检查，积极采取措施妥善处置，做好疫情防控期间从业人员必需防护用品保障，并向所在地县（市、区）政府（管委会）和市邮政管理部门报告。

第十四条　邮政、快递企业应当遵守国家关于禁止寄递或者限制寄递物品的规定，建立并严格执行实名收寄、收寄验视、安全检查等安全制度。

除信件和已签订安全协议用户交寄的邮件、快件外，收寄时应当实行实名收寄，并当场验视内件，符合寄递规定的，加盖收寄验视戳记，拒绝提供身份证件或拒绝验视的，不予收寄。

邮政、快递企业可以自行或委托第三方企业严格依照安全生产规范对邮件、快件进行安全检查，并对经过安全检查的邮件、快件作出安全检查标识。委托第三方企业对快件进行安全检查的，不免除委托方对快件安全承担的责任。

第十五条　邮政、快递企业分拣作业时，应当按照邮件、快件的种类、时限分别处理，分区作业，规范操作，并及时录入处理信息，上传网络，不得在露天场地堆放邮件、快件，不得直接着地处理邮件、快件，不得占用道路分拣和投递邮件、快件。

严禁抛扔、踩踏或者以其他可能造成邮件、快件损毁的方式野蛮分拣邮件、快件。

第十六条　邮政、快递企业应当通过互联网、电话、柜台等渠道，向用户免费提供国内给据邮件、快件查询服务。

第十七条　邮政、快递企业及其工作人员不得出售、泄露或者非法提供快递服务过程中知悉的用户信息。

第十八条　邮政、快递企业应当在其营业场所的显著位置公示或者公布以下内容：

（一）营业场所名称、服务种类、营业时间、服务范围、服务标准、服务承诺、资费标准；

（二）邮件、快件和汇款的查询及损失赔偿办法；

（三）关于禁止寄递和限制寄递物品的规定；

（四）用户对其服务质量的投诉办法；

（五）其他依法需要公示、公布的内容。

第十九条　快递企业按照服务时限和投递范围实行两次免费投递。因收件人或者代收人原因，经两次免费投递后尚未投交的快件，收件人仍需投递的，快递企业可以依法额外收取投递费用，但应当事先告知收件人收费标准。

第二十条　邮政、快递企业应当按照有关法律法规的规定与从业人员签订劳动合同，保障从业人员休息休假、工资薪酬、社会保障等合法权益。

鼓励邮政、快递企业在营业场所设立爱心驿站，实现互帮互助，提供临时休息场所和饮水、充电等服务。

第二十一条　邮政、快递企业应当积极落实绿色发展理念,使用新型包装技术和环保材料,根据邮件快件内件物品的性质、尺寸、重量,合理进行包装操作,防止过度包装,减少包装废弃物。

寄递企业使用的包装物中的铅、汞、镉、铬总量以及苯类溶剂残留应当符合国家规定。禁止使用有毒物质作为邮件快件填充材料。

鼓励邮政、快递企业使用新能源车辆进行邮件、快件运输和收投服务,建立绿色节能低碳运营管理流程和机制。

第二十二条　邮政、快递企业应当加强对从业人员的职业道德培训,依法从事邮政经营活动,不得违背公序良俗。

第二十三条　邮政、快递企业违反本办法第十三条规定,未对从业人员进行安全生产教育培训或未制定突发事件应急预案、未开展应急演练的,由邮政管理部门依据《中华人民共和国安全生产法》的相关规定予以处罚。

第二十四条　违反本办法第十四条规定的,按照相关规定处理。

第二十五条　经营快递业务的企业违反本办法第十五条第二款规定的,由邮政管理部门处一万元罚款;情节严重的,处一万元以上三万元以下的罚款。

第二十六条　邮政企业、快递企业违法提供用户使用邮政服务或者快递服务的信息,尚不构成犯罪的,由邮政管理部门责令改正,没收违法所得,并处一万元以上五万元以下的罚款;对邮政企业直接负责的主管人员和其他直接责任人员给予处分;对快递企业,邮政管理部门还可以责令停业整顿直至吊销其快递业务经营许可证。

快递企业出售、泄露或者非法提供快递服务过程中知悉的用户信息,情节严重的,并处5万元以上10万元以下的罚款。

邮政企业、快递企业从业人员有第一款规定的违法行为,尚不构成犯罪的,由邮政管理部门责令改正,没收违法所得,并处五千元以上一万元以下的罚款。

第二十七条　邮政企业、快递企业违反本办法第二十一条第二款规定,使用包装物不符合国家规定,或者使用有毒物质作为填充材料的,由邮政管理部门责令限期改正;逾期未改正的,处5000元以上1万元以下的罚款。

第二十八条　违反本办法第二十二条规定的,由公安机关依法处罚;构成犯罪的,依法移交司法机关处理。

第二十九条　本办法自印发之日起施行。

成都市邮政管理条例

《成都市邮政管理条例》已于2021年4月29日由成都市第十七届人民代表大会常务委员会第二十六次会议修订,2021年5月28日经四川省第十三届人民代表大会常务委员会第二十七次会议批准,现予公布,自2021年8月1日起施行。

特此公告。

成都市人民代表大会常务委员会

2021年6月7日

第一条　为了保障邮政普遍服务,提高快递服务质量,保护用户合法权益,促进邮政快递业高质量发展,根据《中华人民共和国邮政法》《快递暂行条例》《四川省邮政条例》等法律法规,结合成都市实际，制定本条例。

第二条 本条例适用于本市行政区域内的邮政快递业规划、建设、服务及其监督管理等活动。

第三条 市和区(市)县人民政府应当将邮政快递业发展纳入国民经济和社会发展规划，对邮政普遍服务、特殊服务和快递服务末端基础设施建设提供财力、物力和政策支持。

区(市)县人民政府应当确定具体的部门负责本辖区内邮政快递业的监督管理工作，履行寄递安全属地管理责任。

街道办事处、镇人民政府应当将邮政快递末端服务场所纳入城乡社区发展治理范围，促进共管共治共享。

第四条 市邮政管理部门负责本市行政区域内邮政快递业的监督管理工作。

发展改革、公安、国家安全、民政、财政、规划和自然资源、住建、城市管理、交通运输、应急管理、市场监管等部门按照各自职责分工，做好相关工作。

第五条 快递行业组织应当制定行业相应规范，加强行业自律，维护企业合法权益，督促企业守法、诚信、安全经营，促进快递业的健康发展。

第六条 市和区(市)县人民政府应当将邮政快递业发展相关规划与国土空间规划、综合交通运输体系规划相衔接。

建设城市新区、开发区、产业功能区以及城市有机更新改造，应当统筹邮件、快件区域分拨中心、快递物流园区、县域公共配送中心等基础设施用地需求，并将邮政快递末端服务场所纳入公共服务设施相关规划，完善市和区(市)县、镇(街道)、村(社区)四级城乡配送网络。

机场、火车站、长途汽车客运站以及综合交通枢纽场站等，应当根据规划合理布局邮件、快件处理基础设施，设立邮件、快件进出绿色通道。

第七条 社区服务设施、交通场站设施、商业服务业设施等公共服务设施的业主应当依据规划要求为邮政企业、快递企业设立邮政快递末端服务场所、智能快件箱提供便利。

新建、改建、扩建住宅小区、集中居住区、商务楼宇的，应当依据规划要求将邮政快递末端服务场所、智能快件箱纳入配套设施设备范围，做到同步规划、同步设计、同步建设、同步验收。鼓励既有住宅小区、集中居住区、商务楼宇等按照相关规定合理布局并设立邮政快递末端服务场所、智能快件箱。

本市支持传统信报箱改造，推动邮政普遍服务与快递服务一体化、智能化。

第八条 本市支持邮政企业、快递企业加大科技研发投入，推广应用先进技术和设备，提升信息化、智能化发展水平。

支持邮政企业、快递企业、交通运输企业整合共享资源，拓展合作范围，发展快递公路、铁路、航空联运，推进快递下乡进村，实现村(社区)快递服务全覆盖。

支持邮政企业、快递企业发展共同配送、集中配送、分时配送等集约共享配送模式，创新适应城乡区域特点的多种末端服务方式，构建城乡一体化高效配送体系。

第九条 本市支持邮政快递业与先进制造业、特色农业、农业专业合作社等深度融合发展，采取入厂物流、全程冷链、仓配一体等方式为产业生态圈和产业功能区提供一体化供应链服务。

鼓励邮政企业、快递企业为大型会展、重大赛事、重要活动、旅游景区等应用场景提供定制化、专业化的寄递服务。支持邮政企业开设创意主题邮局和智慧报刊亭，服务建设世界文创名城。

支持邮政企业、快递企业拓展上下游产业链，加强区域协同发展，促进邮政企业、快递企业向综合供应链服务商转型升级，推动相关产业高质量发展。

第十条 海关、国家安全、邮政管理等部门应当建立协作机制，完善进出境邮件、快件监督管理机制，加强信息互换共享，推动实现邮件、快件便捷通关。

本市鼓励经营快递业务的企业依法开展进出境快递业务,在境外依法开办快递服务机构、建设分拨中心和集散节点。

支持邮政企业、快递企业入驻国际空港和国际铁路港枢纽,发展国际快递,提供仓储、保税、通关等综合服务,促进国际供应链枢纽建设,服务“一带一路”倡议。

第十一条 邮政企业、快递企业应当建立绿色采购制度和低碳运营管理机制,加快推广使用新能源或者清洁能源车辆。

邮政企业、快递企业应当按照规定使用环保材料对邮件、快件进行包装,优先采用可重复使用、易回收利用的包装材料。本市鼓励邮政企业、快递企业使用经过绿色产品认证的包装材料。鼓励邮政企业、快递企业将包装减量化、绿色化要求纳入收件服务协议,引导相关用户建立绿色包装使用习惯。

鼓励邮政企业、快递企业采取措施回收邮件、快件包装材料,实现包装材料的减量化和再利用。

第十二条 邮政企业应当按照国家规定标准持续保障邮政普遍服务,不得擅自调整或者撤销邮政普遍服务营业网点、缩短营业时间,不得改变邮政普遍服务营业网点使用性质。

市和区(市)县人民政府及其有关部门应当在公共用房租赁、场地租金等方面对提供邮政普遍服务的营业网点给予支持,重点扶持农村地区邮政营业场所、村邮站稳定运营。

第十三条 邮政企业委托他人代办邮政普遍服务业务的,应当遵守关于经营邮政通信业务审批的规定,依法备案并接受邮政管理部门的监督。

受托人应当具备承担邮政普遍服务的能力,提供的邮政普遍服务应当符合邮政普遍服务标准。

邮政企业对委托范围内的邮政普遍服务水平和质量负责。

第十四条 快递企业不得经营由邮政企业专营的信件寄递业务,不得寄递国家机关公文。

第十五条 快递企业及其分支机构根据业务需要在本市行政区域内开办快递末端网点的,应当自开办之日起二十日内依法向市邮政管理部门备案。

智能快件箱运营企业应当自智能快件箱提供寄递服务之日起二十日内,按照有关规定向市邮政管理部门备案。

第十六条 企事业单位、住宅小区等场所的物业服务人应当为快件投递和收取提供便利。需要设置快递末端服务场所、智能快件箱的,应当依法征得业主同意。

第十七条 喷涂有邮政专用标志的邮政车辆和经统一编号和标识的快递车辆,应当符合国家关于道路行驶车辆的标准和通行的有关规定规范行驶,服从交通警察指挥,在不影响车辆、行人通行的情况下允许临时停靠、装卸货物。

实行封闭式管理场所的物业服务人,应当为邮政、快递作业临时停靠、派送等提供便利。

第十八条 快递企业应当提示寄件人注意关于保价、赔偿的服务条款内容,保障服务质量,不得违反合同约定违规收费。

第十九条 快递企业应当按照快递服务国家标准,规范快递业务经营活动。

快递企业应当对快件提供至少两次免费投递,并投递到约定的收件地址、收件人或者收件人指定的代收人,告知收件人或者代收人当面验收。

快递企业从业人员收寄、投递作业时应当穿着具有企业专用标识的服装,并佩戴工号牌。

第二十条 使用邮政快递末端服务场所、智能快件箱投递快件的,应当征得收件人同意,并以适当方式告知提取方式、保管期限、联系渠道等相关信息。

快件投递至邮政快递末端服务场所、智能快件箱的,视为一次投递。

邮政快递末端服务场所、智能快件箱运营企业应当合理设置快件免费保管期限,按照规定公布免费保管期外收费标准,免费保管期限内不得向收件人收费。

第二十一条 邮政企业、快递企业应当落实安全生产主体责任,建立健全实名收寄、收寄验视和过机安检等寄递安全保障制度,配备符合国家标准或者行业标准的安全检查设备,安排具备专门技能的人员对邮件、快件进行安全检查,依照规定对寄件人身份进行查验,使用实名收寄信息系统对寄件人身份和交寄物品进行信息登记。

邮政企业、快递企业应当对禁止邮寄、快递国家秘密载体加强宣传和提醒告知。发现存在重大安全隐患及可能涉及危害国家安全等违法犯罪情形的,应当及时向有关部门报告。

邮政企业、快递企业应当落实疫情防控主体责任,严格遵守疫情防控相关规定。

第二十二条 快递企业应当依法保障职工休息休假、工资薪酬、社会保险等基本权益,对从业人员开展法律法规、职业操守、服务规范、作业规范、安全生产、车辆安全驾驶等方面的教育和培训。

第二十三条 邮政企业、快递企业及其从业人员对用户交寄的邮件、快件,负有保密和保护的责任,不得出售、泄露或者违法提供用户使用邮政服务或者快递服务的信息及用户个人身份信息。

第二十四条 邮政企业、快递企业应当向社会公布举报和投诉渠道,接受社会和用户对其服务工作和服务质量的监督和投诉,并在收到用户投诉之日起七日内予以答复。

用户对邮政企业、快递企业的投诉处理结果不满意的,或者未在七日内收到邮政企业、快递企业答复的,可以向市邮政管理部门申诉。

市邮政管理部门应当自收到申诉之日起三十日内向提出申诉的用户作出申诉答复。

第二十五条 市邮政管理部门应当依托信息系统,实现邮政企业、快递企业信用档案建立与管理信息化,规范信用信息采集和共享,推动守信激励机制建设,并依法实施失信惩戒。

第二十六条 市邮政管理部门应当建立邮政普遍服务、快递服务社会监督机制,可以聘请社会监督员对邮政普遍服务、快递服务进行监督。

第二十七条 市邮政管理部门应当建立对邮政企业、快递企业的服务质量测评体系,每年定期向社会公布测评结果。

第二十八条 市邮政管理部门应当建立和完善以随机抽查为重点的日常监督检查制度。发现邮政企业、快递企业涉嫌违反相关法律、法规、规章和强制性标准要求的,可以组织实施约谈。

第二十九条 市邮政管理部门可以依法委托具有管理公共事务职能的组织实施行政执法相关工作。受委托组织实施的行政行为,由委托机关负责监督,并对该行为的后果承担法律责任。

从事行政执法相关工作的执法人员,应当具备行政执法资格。

第三十条 违反本条例第十九条的规定,快递企业违反快递服务国家标准的,由市邮政管理部门责令改正,并处一千元以上五千元以下罚款;严重损害用户利益的,并处五千元以上三万元以下罚款。

第三十一条 违反本条例第二十三条的规定,邮政企业、快递企业出售、泄露或者非法提供快递服务过程中知悉的用户信息的,由市邮政管理部门责令改正,没收违法所得,并处二万元以上五万元以下罚款;情节严重的,并处五万元以上十万元以下罚款,并可以依法责令停业整顿直至吊销其快递业务经营许可证。

第三十二条 违反本条例规定的其他行为,法律法规已有处罚规定的,从其规定。

第三十三条 本条例自 2021 年 8 月 1 日起施行。

2021 年全国部分市(地)关于快递服务发展的政策文件

市(地)	政策文件名称
秦皇岛	关于加快推进秦皇岛市农村寄递物流体系建设的若干措施(秦政办字〔2021〕64 号)
	关于做好快递员群体合法权益保障工作的实施方案(秦交〔2021〕174 号)
承德	关于加快农村寄递物流体系建设工作方案的通知(承市政办字〔2021〕115 号)
	关于建设高标准市场体系的实施方案(承办传〔2021〕26 号)
	关于印发《承德市 2021 年塑料污染治理工作要点》的通知(承发改环资〔2021〕169 号)
	关于印发《承德市“十四五”循环经济发展规划》的通知(承发改环资〔2021〕654 号)
	关于《2021 年全市塑料污染治理联合专项行动方案》的通知(承环办发〔2021〕59 号)
	关于印发《承德市打击非法医疗美容服务专项整治工作方案》的通知(承市卫发〔2021〕126 号)
	关于转发《关于维护新就业形式劳动者劳动保障权益的实施办法(暂行)》的通知(承人社字〔2021〕251 号)
	关于做好快递员群体合法权益保障工作的实施方案(承邮管〔2021〕61 号)
邢台	邢台市生态环境保护委员会 2021 年工作要点(邢生态环保办〔2021〕5 号)
	“十大专项行动”2021 年工作方案(邢三创四建五优化〔2021〕1 号)
	邢台市 2021 年生活垃圾分类工作实施方案(邢垃圾分类办〔2021〕1 号)
	落实加快推进快递包装绿色转型若干措施工作方案(邢发改资环字〔2021〕75 号)
	关于加快推进“快递进村”工程的通知(邢机发〔1535〕号)
	邢台市城市居住社区建设补短板行动实施方案(邢建联〔2021〕9 号)
	邢台市建立健全应急物流体系实施方案(邢发改运行〔2021〕48 号)
	关于认真贯彻习近平总书记重要讲话精神《全面推进乡村振兴加快农业农村现代化的实施意见》分工方案(邢农办〔2021〕8 号)
	关于做好 30 项重点工作中全民增收为重点的乡村振兴行动的实施方案(邢农办〔2021〕10 号)
	关于加快推动农村寄递物流体系建设若干措施的通知(邢政办字〔2021〕55 号)
保定	关于加快农村寄递物流体系建设的实施意见(保政办函〔2021〕55 号)
	关于印发《2021 年生活垃圾分类工作实施方案》的通知(保分组〔2021〕1 号)
邯郸	关于修订邯郸市快递业发展专项资金使用细则的通知(邯政办规〔2021〕7 号)
	关于印发加快推动全市农村寄递物流体系建设实施方案的通知(邯政办字〔2021〕80 号)
	关于做好城市一刻钟便民生活圈建设工作的通知(邯商建设函〔2021〕4 号)
衡水	关于印发《衡水市全面推进城镇老旧小区改造工作方案》的通知(衡政办字〔2021〕14 号)
	关于印发《衡水市贯彻落实〈河北省综合立体交通网规划纲要〉工作方案》的通知(衡政办字〔2021〕48 号)
	关于加快农村寄递物流体系建设若干措施的通知(衡政办字〔2021〕51 号)
	关于印发《衡水市贯彻落实以新业态新模式引领新型消费加快法发展实施意见分工》的通知(〔2021〕-10)
	关于印发《衡水市加快推进现代商贸物流高质量发展暨建设全国现代商贸物流重要基地实施方案》的通知(衡商物基地办〔2021〕203 号)
	关于印发《城市一刻钟便民生活全建设指南》的通知(衡商流通〔2021〕203 号)
	关于印发《衡水市关于快递员全体合法权益保障工作的具体措施》的通知(衡交综运〔2021〕195 号)
唐山	关于以新业态新模式引领新型消费加快发展的实施意见(唐政办发〔2021〕3 号)
	关于加快农村寄递物流体系建设的实施方案(唐政办字〔2021〕107 号)
	关于成立唐山市邮政快递业安全中心的通知(唐机编字〔2021〕3 号)
	关于进一步加强全市邮政快递业疫情防控工作的通知(唐防办〔2021〕123 号)
太原	关于印发《关于推进太原市智能快件箱项目建设的工作方案》的通知(并邮管〔2021〕39 号)
大同	大同市国民经济和社会发展第十四个五年规划和 2035 年远景目标纲要(同政发〔2021〕21 号)

续上表

市(地)	政策文件名称
朔州	关于印发朔州市推进服务业提质增效2021年行动计划的通知(朔政办发〔2021〕27号)
	关于印发《朔州市加快推进新发展阶段“人人持证、技能社会”建设提质增效实施方案》的通知(朔办发〔2021〕12号)
	关于转发省发展改革委等八部门《加快推进快递包装绿色转型若干措施》的通知(朔发改资环发〔2021〕403号)
	关于促进快递业与制造业深度融合发展的意见(朔邮管〔2021〕39号)
阳泉	关于做好快递员群体合法权益保障工作的实施方案(阳交发〔2021〕99号)
	关于推进我市智能快件箱建设和管理的通知(阳邮管〔2021〕16号)
长治	关于推动返乡入乡创业高质量发展的实施方案(长发改社会发〔2021〕99号)
忻州	关于印发忻州市2021年职业技能提升行动实施方案的通知(忻政发〔2021〕4号)
	关于印发忻州市推进交通强国建设行动计划(2021—2022年)的通知
	加快推进快递包装绿色转型若干措施(忻发改发〔2021〕212号)
呼和浩特	呼和浩特市推进农村电商与快递进村持续发展实施方案(呼邮管联〔2021〕1号)
	呼和浩特市推进农村电商、快递、供销进村服务协同发展实施方案(呼邮管联〔2021〕3号)
赤峰	商贸服务型国家物流枢纽承载城市建设行动方案(赤党发〔2021〕25号)
	关于进一步做好商贸服务业有关重点工作的通知(赤政办字〔2021〕55号)
	关于组织开展可循环快递包装规模化应用试点的通知(赤发改环资字〔2021〕884号)
通辽	关于印发《市五届四次人代会〈政府工作报告〉重点任务分工方案》《市政府2021年民生实事任务分工方案》的通知(通政办发〔2021〕1号)
兴安盟	关于全面推进乡村振兴加快农牧业农村牧区现代化的实施意见(兴党发〔2021〕1号)
	关于实现巩固拓展脱贫攻坚成果同乡村振兴有效衔接的实施意见(兴党发〔2021〕11号)
阿拉善盟	关于建立阿拉善盟消费帮扶部门工作协调机制的通知(阿发改地区字〔2021〕335)
	关于印发《阿拉善盟贯彻落实〈关于继续大力实施消费帮扶巩固拓展脱贫攻坚成果的指导意见〉工作方案》和《2021年阿拉善盟消费帮扶重点推进工作事项》的通知(阿发改地区字〔2021〕336)
呼伦贝尔	关于同意实施《呼伦贝尔经济技术开发区现代物流产业园快递分拣中心扶持政策》的批复(呼政字〔2021〕34号)
鄂尔多斯	鄂尔多斯市现代服务业升级三年行动工作方案(鄂府发〔2021〕312号)
	关于对城市绿色货运配送电动三轮车进行运营补贴的批复(鄂交发〔2021〕53号)
	关于印发全面推进农村客货邮融合发展工作方案的通知(鄂交发〔2021〕108号)
巴彦淖尔	关于印发《巴彦淖尔市国民经济和社会发展第十四个五年规划和2035年远景目标纲要》的通知(巴政发〔2021〕4号)
	关于全面推进电动自行车智能化管理的实施意见(巴党政法〔2021〕2号)
锡林郭勒	锡林郭勒盟优化营商环境促进跨境寄递服务高质量发展实施方案(锡邮管联〔2021〕2号)
	关于印发《锡林郭勒盟2021年—2022年加快推进邮快合作快递下乡工作方案》的通知(锡邮管联〔2021〕3号)
	关于印发《乌拉盖管理区“快递进村”工作实施方案》的通知(锡乌管办发〔2021〕27号)
乌海	关于印发交通运输领域、生态环境领域市级与区级财政事权和支出责任划分改革实施方案的通知(乌海政办发〔2021〕19号)
大连	关于规范电动自行车登记管理的通告(大政发〔2021〕18号)
	大连市发展快递服务业专项资金管理办法(大政办发〔2021〕36号)
	大连市交邮合作推进农村物流高质量发展工作方案(大交发〔2021〕241号)
抚顺	关于印发抚顺市邮政快递专用电动三轮车规范管理的实施意见(抚邮管〔2021〕24号)
本溪	关于印发《本溪市2021年全面推进乡村振兴加快农业农村现代化的实施方案》的通知(本委发〔2021〕1号)
	关于印发《本溪市推进快递体系建设(交邮合作)工作实施方案》的通知(本交发〔2021〕99号)
	关于印发《本溪市快递员群体合法权益保障工作实施方案》的通知(本交发〔2021〕102号)

续上表

市(地)	政策文件名称
锦州	关于印发促进锦州市快递业与制造业深度融合发展实施方案的通知(锦邮管〔2021〕16号)
	关于印发《锦州市做好快递员群体合法权益保障工作实施方案》的通知(锦邮管〔2021〕19号)
阜新	关于印发交通运输领域市与县区财政事权和支出责任划分改革方案的通知(阜政办发〔2021〕10号)
	关于印发《市(中、省)直有关单位生态文明建设与生态环境保护工作责任清单》的通知(阜委办字〔2021〕17号)
	阜新市快递员群体合法权益保障工作实施方案(阜交办发〔2021〕57号)
辽阳	辽阳市2021网络市场监管专项行动(网剑行动)方案(辽市市监联发〔2021〕60号)
铁岭	关于印发《铁岭市公共服务质量提升专项行动实施方案(2021－2023)》的通知(铁委办发〔2021〕6号)
盘锦	关于印发《盘锦市国民经济和社会发展第十四个五年规划和二〇三五年远景目标纲要》的通知(盘政发〔2021〕6号)
	关于印发盘锦市交通运输发展"十四五"规划的通知(盘政办发〔2021〕19号)
葫芦岛	关于印发《葫芦岛市加快推进"四好农村路"高质量发展试点实施方案》等四个方案的通知(葫政办发〔2021〕35号)
长春	关于印发落实《吉林省人民政府关于推动服务业转型升级高质量发展的意见》分工方案的通知(长府办发〔2021〕29号)
	关于印发《长春市关于继续大力实施消费帮扶巩固脱贫攻坚成果的分工方案》的通知(长发改农经联〔2021〕394号)
	关于印发《长春市加快推进快递包装绿色转型重点工作台账》的通知(长发改环资联〔2021〕225号)
	关于印发《2021年全市非公有制企业和社会组织"两个覆盖"集中攻坚行动实施方案》的通知(长组通字〔2021〕21号)
吉林	关于实现巩固拓展脱贫攻坚成果同乡村振兴有效衔接的实施方案(吉市发〔2021〕12号)
	吉林市关于推动服务业转型升级高质量发展的实施方案(吉市办发〔2021〕38号)
	关于印发市政府专项行动计划的通知(吉市政办发〔2021〕4号)
	关于印发吉林市推进道路客运行业高质量发展实施方案的通知(吉市政办发〔2021〕25号)
	关于印发吉林市工业发展"十四五"规划的通知(吉市政办发〔2021〕28号)
	关于印发《吉林市快递业发展"十四五"规划》的通知(吉市政办发〔2021〕30号)
延边	关于印发《全面推进乡村振兴加快农业农村现代化任务分工方案》的通知(延州发〔2021〕14号)
	关于印发《延边州2021年民生行动计划》的通知(延州办发〔2021〕17号)
	关于拨付"快递进村"专项资金的通知(延州财建指〔2021〕256号)
	关于印发《延边州2021年数字乡村发展工作要点》的通知(延州委网办联发〔2021〕5号)
四平	关于加快建立健全绿色低碳循环发展经济体系实施方案的通知(四政发〔2021〕14号)
	关于印发四平市2021年服务业发展工作方案的通知(四政办明电〔2021〕5号)
	关于印发四平市激发各类市场主体活动力实施方案的通知(四政办发〔2021〕26号)
	关于印发《四平市关于持续推进消费帮扶巩固拓展脱贫攻坚成果的工作方案》的通知(四发改农联字〔2021〕22号)
	关于印发〈关于开展服务业小微企业培育工程实施方案〉的通知(四发展中小(民营)〔2021〕12号)
	关于贯彻落实《吉林省"十四五"邮政业发展规划》的方案(四邮管〔2021〕9号)
	关于印发《四平市邮件快件处理场所安全管理规范化提升行动方案》的通知(四邮管传〔2021〕11号)
	关于印发《2021－2022年"邮快合作"工作方案》的通知(四邮管传〔2021〕12号)
白城	关于深入推进农村物流高质量发展工作实施方案(白市交联发〔2021〕7号)
辽源	关于印发《辽源市关于推动服务业高质量发展的实施方案(2021－2025年)》的通知(辽办发〔2021〕8号)
	关于印发辽源市关于进一步促消费扩内需加快服务业恢复增长若干措施的通知(辽府办发〔2021〕4号)
	关于印发《辽源市落实〈吉林省关于加快推进快递包装绿色转型的实施意见〉的工作方案》的通知(辽发改环资联〔2021〕215号)
	关于印发《辽源市关于继续大力实施消费帮扶巩固拓展脱贫攻坚成果的工作方案》的通知(辽发改农城联〔2021〕216号)
松原	关于实现巩固脱贫攻坚成果同乡村振兴有效衔接的实施方案(松发〔2021〕12号)
	关于推动服务业转型升级高质量发展实施方案的通知(松政发〔2021〕12号)
	关于印发《开展服务业小微企业培育工程实施方案》的通知(松发展中小(民营)办〔2021〕11号)

续上表

市(地)	政策文件名称
白山	关于印发白山市关于继续大力实施消费帮扶巩固拓展脱贫攻坚成果的工作方案的通知(白山发改农联字〔2021〕284 号)
佳木斯	关于印发《佳木斯市邮政业电动三轮车通行管理办法(暂行)》的通知(佳邮管联〔2021〕1 号)
大庆	关于进一步做好城镇居民住宅楼房智能信包(快件)箱建设工作的通知(庆邮管联〔2021〕5 号)
南京	南京市村级农村快递物流服务点建设指导意见(宁邮管〔2021〕24 号)
苏州	关于印发《苏州市建设交通强国示范先行区实施方案》的通知(苏委发〔2021〕30 号)
	苏州市贯彻落实深化农村公共基础设施管护体制改革的工作方案(苏发改产业〔2021〕3 号)
	关于推进住宅区邮政快递服务设施及场所规划建设的指导意见(苏州邮管〔2021〕36 号)
	关于做好邮政快递服务保障工作的通知(苏州邮管〔2021〕37 号)
	关于印发《苏州市邮政快递业服务网络建设发展“十四五”专项规划》的通知(苏州邮管〔2021〕51 号)
无锡	关于印发《无锡市深化“中国快递示范城市”建设实施方案》的通知(锡政办发〔2021〕16 号)
	关于推进建设电子商务与快递物流协同发展示范区实施方案(锡政办发〔2021〕57 号)
	关于开展“红色物流 · 锡递先锋”六大行动以党建引领快递物流业高质量发展的实施意见(锡两新工委发〔2021〕2 号)
	关于建立全市快递物流业党建联席会议制度的通知(锡两新工委发〔2021〕4 号)
徐州	关于全面推进乡村振兴加快农业农村现代化建设的实施意见(徐委发〔2021〕1 号)
	关于印发徐州市 2021 年乡村建设行动实施方案的通知(徐政办发〔2021〕7 号)
	关于印发 2021 年徐州市城镇老旧小区综合整治工作方案的通知(徐政办发〔2021〕20 号)
	关于印发徐州市加快开展城市更新工作的实施意见(试行)的通知(徐政办发〔2021〕23 号)
	关于印发徐州市创建绿色货运配送示范城市工作方案的通知(徐政办传〔2021〕4 号)
常州	关于加强新型农村社区建设的实施意见(常办发〔2021〕25 号)
	常州市邮政快递服务用房使用管理办法(试行)(常邮管〔2021〕18 号)
南通	关于推动全市“交邮合作”项目深度开展、有力推进农村物流高质量发展的通知(通邮管〔2020〕29 号)
连云港	关于全面推进乡村振兴加快农业农村现代化的实施意见(连发〔2021〕1 号)
	中国(连云港)跨境电子商务综合试验区实施方案(连政发〔2021〕12 号)
	关于印发连云港市电子商务高质量发展实施意见的通知(连政办发〔2020〕87 号)
	关于高质量推进“千万标箱、东方大港”建设实施方案
	关于推进连云港市跨境电子商务高质量发展的实施意见(连政办发〔2021〕20 号)
	关于促进快递业与制造业深度融合发展的实施意见
	2021 年市委一号文件暨乡村振兴主要目标任务分解方案(连委农组〔2021〕3 号)
	关于开展富民强村帮促行动接续推进乡村全面振兴的实施意见(连委办发〔2021〕36 号)
盐城	关于推进高水平对外开放的若干政策意见
	关于开展富民强村帮促行动推进乡村全面振兴的实施意见(盐委农办〔2021〕4 号)
	推动农村客运高质量发展的指导意见(盐市交运〔2021〕38 号)
	关于盐城市商贸物流高质量发展专项行动工作方案(2021－2025 年)的通知(盐商务流通〔2021〕301 号)
淮安	关于淮安市以新业态新模式引领新型消费加快发展实施方案(淮政办发〔2021〕26 号)
	关于加强合作推进协同发展的通知(淮商电商〔2021〕57 号)
扬州	关于印发以新业态新模式引领新型消费加快发展实施方案的通知(扬政办法〔2021〕49 号)
	关于进一步推进扬州市住宅小区智能信报箱建设的通知(扬邮管〔2021〕34 号)
镇江	关于加强合作推进协同发展的工作意见(镇商外包〔2021〕59 号)
	关于进一步推动我市智能信报箱建设的通知(镇邮管〔2021〕21 号)
	关于印发联合打击寄递渠道涉烟违法活动专项行动方案的通知(镇邮管〔2021〕27 号)

续上表

市(地)	政策文件名称
泰州	关于印发2021年市政府立法工作计划的通知(泰政办发〔2021〕16号)
	关于印发泰州市推动邮政业高质量发展实施意见的通知(泰政办发〔2021〕68号)
	关于加强市区商品房交付使用管理的通知(泰建发〔2021〕217号)
宿迁	关于加快推进我市邮政快递业与制造业深度融合发展的实施方案(宿邮管〔2021〕5号)
	关于印发《宿迁市创建中国快递示范城市工作方案》的通知(宿创快发〔2021〕1号)
宁波	关于做好2021年宁波市快递服务行业发展专项扶持资金申报工作的通知(甬邮管〔2021〕44号)
金华	关于印发《加快金华市区现代物流业发展八条措施的实施细则》的通知(金市交〔2021〕35号)
湖州	关于印发《2021年湖州市快递物流业党建工作要点》的通知(湖快党发〔2021〕2号)
	关于印发南浔区邮政快递业高质量发展三年行动方案(2021－2023年)的通知(浔政办发〔2021〕3号)
	关于推进邮政快递业高质量发展的实施意见(吴政办发〔2021〕41号)
	关于印发长兴县推进“快递进村”工作实施方案的通知(长政办发〔2021〕64号)
福州	促进现代物流业加快发展八条措施(榕政办〔2021〕90号)
泉州	关于印发泉州市交通运输领域市与县财政事权和支出责任划分改革方案的通知(泉政办〔2021〕13号)
	关于印发泉州市“十四五”特色现代农业发展专项规划的通知(泉政办〔2021〕32号)
	关于印发泉州市“十四五”现代综合交通运输体系专项规划的通知(泉政办〔2021〕43号)
	泉州市加快推进“互联网”农产品出村进城工程工作方案(泉农综〔2021〕34号)
	泉州市数字农业农村发展工作方案(2021－2025)(泉农综〔2021〕43号)
	关于印发《实现巩固拓展脱贫攻坚成果同乡村振兴有效衔接贯彻措施》的通知(泉委振兴组〔2021〕5号)
	泉州市邮政快递专用电动三轮车通行管理方案(泉邮管〔2021〕34号)
	关于推广建设智能信包箱的通知(泉邮管联〔2021〕56号)
	进一步拓宽村级党群服务中心服务功能完善乡村寄递公共服务的通知(泉邮管联〔2021〕54号)
厦门	关于印发进一步降低物流成本促进现代物流产业高质量发展若干措施的通知(厦府规〔2021〕3号)
	关于印发推进进口贸易促进创新示范区建设实施方案的通知(厦府办〔2021〕23号)
漳州	关于印发漳州市推进电子商务和快递物流协同发展四条措施的通知(漳政办〔2021〕48号)
	关于印发漳州市支持婴童用品产业发展八条措施的通知(漳政办〔2021〕60号)
	关于印发漳州市推动邮政快递业高质量发展八条措施的通知(漳政综〔2021〕16号)
莆田	关于印发莆田市快递业转型发展工作方案的通知(莆政办〔2021〕49号)
宁德	关于印发宁德市国民经济和社会发展第十四个五年规划和二〇三五年远景目标纲要的通知(宁政〔2021〕2号)
	关于印发2021年宁德市城乡建设品质提升实施方案的通知宁政办〔2021〕43号
龙岩	关于印发龙岩市推动服务高质量发展二十条政策措施的通知(龙发改服务〔2021〕4号)
三明	关于全面推进乡村振兴加快农业农村现代化的实施方案(明委发〔2021〕1号)
晋江	关于印发晋江市引领推动制造业高质量发展的若干措施等六份文件的通知(晋政文〔2021〕118号)
	关于印发晋江市加快推进农村公共基础设施管护体制改革试点实施方案的通知(晋农管改办〔2021〕1号)
永春	关于印发《永春县加快推进农村公共基础设施管护体制改革实施方案》的通知(永政办〔2021〕5号)
仙游	关于印发仙游县创建国家级电子商务进农村综合示范工作实施方案的通知(仙政办〔2021〕47号)
上杭	关于印发上杭县创建国家级电子商务进农村综合示范县工作实施方案的通知(杭政〔2021〕13号)
永定	永定区推进“快递进村”工程实施方案(永政办〔2021〕34号)
南昌	关于印发南昌市支持总部经济发展的若干政策的通知(洪府办发〔2021〕28号)
	关于印发南昌市建设“中国快递示范城市”实施方案的通知(洪府办发〔2021〕99号)
	关于印发《关于开展优化“快递小哥”从业环境的工作方案》的通知(洪人社发〔2021〕12号)

续上表

市(地)	政策文件名称
南昌	关于下达2021年度市级服务业发展引导资金投资计划的通知(洪发改服务字〔2021〕42号)
	关于印发《南昌市城乡高效配送专项行动资金实施细则》的通知(洪商务字〔2021〕80号)
九江	关于进一步推动电子商务高质量发展的实施意见(九府办发〔2021〕9号)
景德镇	关于全面推进乡村振兴加快农业农村现代化的实施意见(景党发〔2021〕1号)
	关于印发《景德镇市城市功能与品质提升三年行动2021年工作方案》的通知(景品质办文〔2021〕8号)
萍乡	关于全面推进乡村振兴加快农业农村现代化的实施意见(萍发〔2021〕1号)
	关于印发培育壮大市场主体三年行动计划(2021－2023年)任务分工方案(萍府办字〔2021〕51号)
	关于印发《萍乡市推进商贸物流产业链发展实施方案》的通知(萍商务字〔2021〕4号)
	关于深化交通运输与邮政快递融合推进农村物流高质量发展的实施意见(萍交运输字〔2021〕14号)
上饶	关于全面推进乡村振兴加快农业农村现代化的实施意见(饶发〔2021〕1号)
	关于印发《2020年度上饶市物流业发展引导资金使用管理暂行办法》的通知(饶商务字〔2021〕17号)
	关于印发《上饶市城乡高效配送专项行动实施方案》的通知(饶商务字〔2021〕19号)
	关于印发做好快递员群体合法权益保障工作的实施意见的通知(饶交运输字〔2022〕1号)
赣州	关于印发推进“互联网＋第四方物流”供销集配体系建设实施方案的通知(赣市府办〔2021〕15号)
抚州	关于全面推进乡村振兴加快农业农村现代化的实施意见(抚发〔2021〕1号)
	关于印发《抚州市“十四五”市定乡村振兴重点帮扶村工作实施方案》的通知(抚巩固字〔2021〕2号)
宜春	关于加快推进快递包装绿色转型若干措施的通知(宜府办字〔2021〕82号)
	关于印发宜春市“十四五”综合交通运输发展规划的通知(宜府办字〔2021〕93号)
济南	关于加强新能源车推广应用的若干政策的通知(济政办发〔2021〕12号)
	关于印发《促进交快融合推进快递直投进村工作方案》的通知(济交〔2021〕87号)
青岛	关于印发青岛市“十四五”生态环境保护规划的通知(青政字〔2021〕19号)
	关于印发青岛市“十四五”农业农村现代化发展规划的通知(青政字〔2021〕25号)
	关于加快推进城镇老旧小区改造工作的实施意见(青政办发〔2021〕4号)
	关于印发推进RCEP有关事项工作方案的通知(青政办字〔2021〕12号)
	关于印发青岛市“十四五”综合交通运输发展规划和青岛市“十四五”物流业发展规划的通知(青政办字〔2021〕63号)
	青岛市商贸流通业发展三年行动计划(2021－2023年)(青商字〔2021〕49号)
	关于印发《青岛市塑料污染治理2021年工作要点》的通知(青发改环资〔2021〕194号)
	关于印发《青岛市深化农村公共基础设施管护体制改革重点任务落实责任清单》和《青岛市深化农村公共基础设施管护体制改革试点县创建》的通知(青发改农经〔2021〕237号)
	关于印发《青岛市贯彻落实国办发〔2020〕10号文件进一步降低物流成本重点任务分工方案》的通知(青交物流〔2021〕2号)
	关于印发青岛市物流业发展三年行动计划(2021－2023年)的通知(青交物流〔2021〕5号)
济宁	关于2021年为民办好十件实事的通知(济政发〔2021〕2号)
	关于加快跨境电商等外贸新业态发展的实施意见的通知(济政字〔2021〕69号)
	关于贯彻落实《山东省“十四五”邮政业发展规划》的实施意见(济政办发明电〔2021〕14号)
	关于印发济宁市新就业形态灵活就业意外伤害保险补贴实施细则的通知(济人社字〔2021〕42号)
	关于在全市开展“快递进村六送行动”的通知(济妇发〔2021〕34号)
	关于印发《济宁市关于加强快递行业党建工作的意见(试行)》的通知(济组通字〔2021〕19号)
泰安	关于加快建设现代流通体系服务构建新发展格局的实施意见(泰政字〔2021〕88号)
	新泰市支持电子商务发展的意见(新政办字〔2021〕11号)

续上表

市(地)	政策文件名称
泰安	关于支持供销合作社深化土地托管服务增强为农服务能力的实施意见(泰政办字〔2021〕51号)
	泰安市新就业形态灵活就业人员意外伤害保险补贴实施细则(泰人社办发〔2021〕8号)
	关于进一步加强全市电商快递包装协同治理工作的通知(泰邮管〔2021〕4号)
	关于进一步深化农村客运与快递邮政融合发展加快推进"快递进村"的实施意见(泰邮管〔2021〕37号)
滨州	关于印发《滨州市贯彻落实〈山东省"十四五"邮政业发展规划〉工作方案》的通知(滨邮管〔2021〕22号)
淄博	关于印发《淄博市新建房地产开发项目公共服务配套设施规划配置和建设标准指导意见》的通知(淄建发〔2021〕64号)
	关于转发《山东省邮政管理局　山东省交通运输厅关于进一步推动农村客货邮融合发展的通知》的通知(淄交运输〔2021〕14号)
	关于印发《淄博市快递进村财政奖补政策实施方案》的通知(淄邮管〔2021〕13号)
	关于转发《山东省邮政管理局　山东省交通运输厅关于进一步深化农村客运与快递邮政融合发展加快推进"快递进村"的实施意见》的通知(淄邮管〔2021〕22号)
临沂	关于印发《临沂市深入贯彻交通强国建设纲要、国家综合立体交通网规划纲要实施意见》的通知
	关于印发《临沂商城转型发展"十四五"规划(2021－2025年)》的通知(临政字〔2021〕48号)
	关于全面推进乡村振兴加快农业农村现代化的实施意见(临发〔2021〕1号)
烟台	关于印发《烟台市快递进村财政奖补实施细则》的通知
	2022年乡村振兴重中之重事项
	关于关于申报2021年度快递进村财政奖补资金的通知
	关于印发《关于推动服务业恢复发展的若干政策措施》的通知
德州	关于对全市重点项目实行挂图作战的实施意见(德发〔2021〕14号)
	关于印发德州市"十四五"生态环境保护规则的通知(德政发〔2021〕12号)
	关于印发德州市现代物流业发展规划(2021－2025)的通知(德政字〔2021〕34号)
	关于加快建设现代物流体系服务构建新发展格局的实施意见(德政字〔2021〕47号)
	关于印发德州市2021年大气污染防治工作要点的通知(德政办字〔2021〕10号)
	关于推进电商快递物流协同进村工作的实施意见(德政办字〔2021〕38号)
	关于转发《山东省加快推进快递包装绿色转型的实施意见》的通知(德发改环资〔2021〕353号)
	关于印发《德州市落实"快递进村"财政奖补政策实施细则》的通知(德邮管〔2021〕25号)
	关于转发《山东省邮政管理局　山东省交通运输厅关于进一步深化农村客运与快递邮融合发展加快推进"快递进村"的实施意见》的通知(德邮管〔2021〕23号)
东营	关于全面推进乡村振兴加快农业农村现代化的实施意见(东发〔2021〕1号)
	关于推进"快递进村"工作的通知(东政办字〔2021〕29号)
	关于印发东营市农村物流体系建设实施方案的通知(东政办发〔2021〕13号)
	关于印发《2021年东营市持续深入优化营商环境加快推进社会信用体系建设攻坚任务清单》的通知(东营转办〔2021〕1号)
	关于印发《生态资源执法领域行刑衔接工作机制》的通知(东公通〔2021〕53号)
	关于印发《东营市农村物流体系寄递物流建设项目财政补贴实施方案》的通知(东邮管〔2021〕40号)
	关于印发《东营市落实"快递进村"差异化补贴政策实施方案》的通知(东邮管〔2021〕41号)
枣庄	关于加快推进电商快递物流配送体系建设的实施意见的通知(枣政办字〔2021〕49号)
	关于转发《山东省邮政管理局山东省交通运输厅关于进一步深化农村客运与快递邮政融合发展加快推进"快递进村"的实施意见》的通知(枣邮管〔2021〕19号)
	关于印发《枣庄市落实"快递进村"财政奖补政策实施细则》的通知(枣邮管〔2021〕23号)

续上表

市(地)	政策文件名称
开封	关于印发开封市加快推进"快递进村"工作实施意见的通知(汴政〔2021〕34号)
	深化交通运输与邮政快递融合发展的实施方案(汴交〔2021〕284号)
鹤壁	关于印发鹤壁市邮政业突发事件应急预案的通知(鹤政办〔2021〕25号)
	关于印发《鹤壁市中心城区邮政快递便民综合服务站建设方案》的通知(鹤邮管〔2021〕1号)
商丘	关于加快推进快递包装绿色转型的落实意见(商政办〔2021〕29号)
	关于印发《商丘市交通运输与邮政快递融合发展实施方案》的通知(商交〔2021〕136号)
武汉	关于印发武汉市"擦亮小城镇"建设美丽城镇行动实施方案的通知(武政办〔2021〕6号)
	关于印发武汉市全面深化建设"中国快递示范城市"实施方案的通知(武政办〔2021〕48号)
黄石	关于加快农业产业化和乡村建设步伐全面推动脱贫攻坚同乡村振兴有效衔接的实施意见(黄发〔2021〕1号)
	关于印发黄冈市促进现代物流业发展若干措施的通知(黄政办发〔2021〕31号)
	关于成立黄石市加快推进"快递进村"助力乡村振兴工作领导小组的通知(黄政办发〔2021〕46号)
襄阳	关于全面推进乡村振兴加快建设农业强市整体提升农业农村现代化水平的意见(襄发〔2021〕1号)
	关于印发襄阳市加快推进"快递进村"助力乡村振兴实施方案的通知(襄政办函〔2021〕59号)
	关于做好基层快递网点参加工伤保险的实施意见的通知(襄人社发〔2021〕246号)
宜昌	关于全面推进乡村振兴加快建设农业强市整体提升农业农村现代化水平的意见(宜发〔2021〕1号)
	贯彻落实《中共湖北省委、湖北省人民政府关于新时代推动湖北高质量发展加快建成中部地区崛起重要战略支点的实施意见》的实施方案(宜发〔2021〕10号)
	关于健全县市区邮政管理工作机制的通知(宜府办文〔2021〕16号)
	关于做好快递行业和快递从业人员社会保险工作的通知(宜人社函〔2021〕107号)
荆州	关于全面推进乡村振兴加快农业农村现代化的实施意见(荆发〔2021〕1号)
	荆州市"擦亮小城镇"建设美丽城镇三年行动实施方案(2020－2022年)(荆政办发〔2020〕26号)
	关于印发加快推进快递进村工作实施方案的通知(荆政办函〔2021〕9号)
	关于印发实现巩固拓展脱贫攻坚与乡村振兴有效衔接的实施方案的通知(荆办发〔2021〕14号)
	关于快递业从业人员优先参加工伤保险的通知(荆人社发〔2021〕33号)
荆门	关于实现巩固拓展脱贫攻坚成果同乡村振兴有效衔接的实施意见(荆发〔2021〕15号)
	关于做好我市基层快递网点参加工伤保险的通知(荆人社〔2021〕14号)
	关于建设农业产业强市全面推进乡村振兴加快农村现代化的实施意见(荆发〔2021〕1号)
随州	关于全面推进乡村振兴加快农业农村现代化的实施意见(随发〔2021〕1号)
	关于印发随州市美丽乡村建设提升行动方案(2021－2025年)的通知(随办文〔2021〕1号)
恩施	关于全面推进乡村振兴加快农业农村现代化的实施意见(恩施州发〔2021〕1号)
长沙	关于印发长沙市居住公共服务设施配置规定的通知(长政发〔2021〕2号)
	关于规范住宅开发项目公共服务设施配置的意见(长政办发〔2021〕1号)
	关于全面加快推进城镇老旧小区改造工作的实施意见(长政办发〔2021〕48号)
	关于印发长沙市"十四五"现代服务业发展规划(2021－2025年)的通知(长政办发〔2021〕57号)
	关于印发长沙市建设中国快递示范城市实施方案的通知(长政办函〔2021〕2号)
	关于印发《长沙市"十四五"物流与口岸发展规划(2021－2025)》的通知(长物口办发〔2021〕25号)
	关于印发《长沙市"十四五"快递物流发展规划(2021－2025)》的通知(长物口办发〔2021〕26号)
湘潭	关于印发《湘潭市进一步加强塑料污染治理2021－2022年行动计划》的通知(潭发改环资〔2021〕510号)
永州	关于印发《关于进一步降低物流成本的实施方案》的通知(永发改财贸〔2021〕1号)
	关于印发《永州市继续大力实施消费帮扶巩固拓展脱贫攻坚成果的实施意见》的通知(永发改〔2021〕317号)

续上表

市(地)	政策文件名称
怀化	关于加快推进“快递进村”工作的通知(怀政办函〔2021〕14号)
	关于印发《怀化市城市一刻钟便民生活圈建设实施方案》的通知(怀政办函〔2021〕44号)
娄底	关于印发《娄底市交通运输领域市与县市区财政事权和支出责任划分改革实施方案》的通知(娄政办发〔2021〕5号)
郴州	关于印发《2021年影响郴州经济高质量发展十大突出问题攻坚行动方案》的通知(郴办发电〔2021〕30号)
	关于加快培育新型消费的实施方案(2021－2025)(郴政办发〔2021〕45号)
	关于促进助农取款服务点和邮政快递末端网点融合发展助力乡村振兴的通知(郴银发〔2021〕37号)
	关于明确电子礼炮和快递行业领域安全生产监管牵头部门的意见(郴安发〔2021〕51号)
衡阳	关于鼓励支持总部经济发展的若干意见(衡政办发〔2021〕10号)
株洲	关于印发《株洲市数字乡村发展行动计划(2021－2023年)》的通知(株办电〔2021〕37号)
	关于印发《株洲市进一步加强塑料污染治理工作方案》的通知(株发改发〔2020〕65号)
广州	关于印发广州市精准支持现代物流高质量发展若干措施的通知(穗府规〔2021〕1号)
深圳	关于印发深圳市综合交通“十四五”规划的通知(深府办〔2021〕1号)
	关于印发《深圳率先打造美丽中国典范规划纲要(2020－2035年)》及行动方案的通知(深先行示范〔2021〕2号)
	深圳市现代物流场站布局规划(2021－2035)
汕头	关于推进汕头市邮政快递业高质量发展的实施方案的通知(汕府〔2021〕68号)
	关于印发汕头市全面推进城镇老旧小区改造工作实施方案的通知(汕府办〔2021〕41号)
	关于印发《汕头市县城新型城镇化补短板强弱项实施方案》的通知(汕市发改〔2021〕131号)
	关于印发《汕头市2021年扩大消费工作要点》的通知(汕发改函〔2021〕205号)
佛山	关于印发佛山生产服务型国家物流枢纽建设实施方案(2021－2023年)的通知(佛府办函〔2021〕94号)
	关于促进城市绿色货运配送高质量发展的实施意见(佛府办函〔2021〕110号)
	关于印发佛山市促进邮政快递业加快发展实施方案的通知(佛府办函〔2021〕178号)
	关于印发《佛山市推动高质量发展形势下青年快递员队伍建设的实施方案》的通知(佛邮管联〔2021〕3号)
	关于加强快递从业人员职业技能提升工作的通知(佛邮管联〔2021〕6号)
	关于印发《佛山市邮政快递业生态环境保护工作方案》的通知(佛邮管联〔2021〕9号)
河源	关于印发河源市推进智慧物流实施方案的通知(河发改〔2021〕247号)
	关于印发河源市全面推进乡村振兴加快农业农村现代化实施方案的通知(河委发电〔2021〕1号)
	关于印发河源市优势特色农业产业化提档升级行动计划(2021－2025年)实施细则的通知(河农农〔2021〕6号)
梅州	关于印发梅州市综合交通运输体系“十四五”规划的通知(梅市府办〔2021〕31号)
汕尾	关于推进现代化流通体系建设加快构建新发展格局的实施意见(汕尾委办字〔2021〕6号)
	关于印发《汕尾市扶持电子商务发展若干政策》的通知(汕商务函〔2021〕281号)
东莞	关于全面推进乡村振兴加快农业农村现代化的实施意见(东委发〔2021〕10号)
中山	关于印发《关于加强我市快递行业党建工作的若干措施》的通知(中邮管联〔2021〕3号)
	关于印发中山市促进快递业与制造业、电子商务深度融合发展实施方案的通知(中邮管联〔2021〕4号)
江门	关于印发《江门市快递业“两进一出”工程试点实施方案》的通知(江邮管联〔2021〕5号)
湛江	关于印发《湛江市快递业“两进一出”工程试点工作实施方案》的通知(湛邮管联〔2021〕31号)
茂名	关于转发《广东省商务厅等8部门关于印发广东省加快建设农村物流服务体系工作方案的通知》的通知(茂商务〔2021〕20号)
肇庆	关于构建供销公共快递物流综合服务网共同推进“快递进村”试点方案(肇供发〔2021〕21号)
清远	关于印发《清远市邮政快递配送车辆管理暂行规定(修订版)》的通知(清邮管联〔2021〕1号)
揭阳	关于印发揭阳市促进跨境电子商务高质量发展若干措施的通知(揭府办〔2021〕41号)
	关于印发《揭阳市邮政快递行业三轮车管理暂行规定》的通知(揭邮管联〔2021〕1号)

续上表

市(地)	政策文件名称
揭阳	关于建立揭阳市邮政业绿色发展协调机制的意见(揭邮管联〔2021〕4号)
云浮	关于印发云浮市全面推进城镇老旧小区改造工作实施方案的通知(云府办函〔2021〕133号)
	关于联合印发《云浮市农村综合运输物流网络节点建设工作方案》的通知(云交运〔2021〕316号)
南宁	关于印发南宁市促进现代物流业高质量发展若干政策的通知(南府规〔2021〕9号)
海口	关于深入推进关爱快递员群体"暖蜂行动"的通知(海邮管〔2021〕31号)
	关于印发海口市推进"快递进村"试点促进邮政快递业发展奖补措施(试行)的通知(海邮管〔2021〕41号)
三亚	关于印发《全面推进乡村振兴加快农业农村现代化的实施方案》的通知(三发〔2021〕5号)
	关于印发中国(三亚)跨境电子商务综合试验区三年行动计划(2021－2023年)的通知(三府办〔2021〕100号)
	关于扎实推进三亚市农村客货邮融合发展工作的函(三交运函〔2021〕800号)
琼海	关于开展琼海市邮政快递业绿色网点建设试点工作的通知(琼东部邮管〔2021〕31号)
儋州	关于印发《规范儋州市快递末端服务车辆通行管理工作方案》的通知(琼西部邮管〔2021〕25号)
成都	关于印发《关于加强党建引领全力保障快递物流行业疫情防控和投递配送服务的若干措施》的通知
乐山	关于印发《关于推进邮政快递业高质量发展的实施意见》的通知
泸州	加快发展农村物流促进乡村振兴的实施方案
	关于开展"金通工程·天府交邮通"品牌建设构建县乡村三级物流体系的通知
自贡	自贡市进一步提升邮政服务能力完善镇村便民服务体系实施方案
阿坝	关于印发《阿坝州服务业市场经营主体发展培育实施方案(试行)》的通知
凉山	关于印发《凉山州邮政快递业末端服务治理工作实施方案》的通知(凉府办函110号)
达州	关于印发《达州市进一步繁荣市场促消费稳增长10条措施》的通知
贵阳	关于贵阳贵安促进邮政快递业在"强省会"行动中高质量发展的实施意见(筑府办函〔2021〕68号)
遵义	遵义市推进"交邮融合＋"发展助力乡村振兴实施意见(遵府办函〔2021〕162号)
昆明	关于印发2021年推进农村客货邮融合发展实施方案的通知(昆交联发〔2021〕28号)
文山	关于印发落实云南省培育发展新型消费释放消费潜力三年行动方案(2021—2023年)工作方案的通知(文政办发〔2021〕150号)
	关于印发文山壮族苗族自治州"十四五"生态环境保护规划的通知(文政办发〔2021〕161号)
保山	关于印送推进全市邮政快递服务业健康发展情况专题协商报告(保协〔2021〕11号)
拉萨	关于加强拉萨市邮政快递车辆通行管理的意见(拉邮管发〔2021〕10号)
林芝	关于印发《2021年推进农村客货邮融合发展工作方案》的通知(林交发〔2021〕98号)
西安	关于印发西安市建设"中国快递示范城市"实施方案的通知(市政办发〔2021〕55)
	关于印发《关于进一步加强快递物流企业党建工作的实施意见》的通知(市非工发〔2021〕12)
	关于转发《陕西省加快推进快递包装绿色转型实施方案》的通知(市发改资环〔2021〕23)
	关于做好基层快递网点参加工伤保险的通知(市人社函〔2021〕348)
汉中	关于印发《支持返乡创业推动乡村振兴若干措施(试行)》的通知(汉办发〔2021〕8号)
	关于加快农村电商和快递服务体系建设的意见(汉市商发〔2021〕39号)
	关于印发《汉中市加快推进快递包装绿色转型实施方案》的通知(汉发改环资〔2021〕518号)
	关于加快农村客货邮融合发展的通知(汉市交发〔2021〕80号)
商洛	关于印发"十四五"生态环境保护规划的通知(商政办发〔2021〕34号)
	关于印发《商洛市加快推进快递包装绿色转型实施方案》的通知(商发改发〔2021〕176号)
宝鸡	宝鸡市推进现代商贸物流体系建设实施方案(宝政办发〔2021〕20号)
	关于健全完善实施乡村振兴战略工作机制的通知(宝办字〔2021〕61号)

续上表

市(地)	政策文件名称
宝鸡	关于印发《宝鸡市落实建设高标准市场体系的工作方案》的通知(宝发改体改〔2021〕278 号)
	关于印发《宝鸡市以新业态新模式引领新型消费加快发展的若干措施》的通知(宝发改贸服发〔2021〕387 号)
	关于印发《宝鸡市加快数字乡村发展两年行动计划(2021 －2020 年)》的通知(宝网信委发〔2021〕2 号)
铜川	关于印发《铜川市“十四五”生态环境保护规划》的通知(铜政发〔2021〕18 号)
	关于印发《铜川市“十四五”工业高质量发展规划》的通知(铜政发〔2021〕20 号)
	关于印发《铜川市“十四五”农业农村现代化规划》的通知(铜政发〔2021〕31 号)
	关于支持多渠道灵活就业的实施意见(铜政办发〔2021〕2 号)
	关于印发促进制造业高质量发展实施意见的通知(铜政办发〔2021〕12 号)
渭南	关于印发渭南市中心城市保障性安居工程改造提升三年行动方案的通知(渭政发〔2021〕3 号)
	关于印发渭南市加强县域商业体系建设促进农村消费的实施意见的通知(渭政办发〔2021〕86 号)
咸阳	关于印发《咸阳市商贸服务业“千企万店”提质增效行动方案》的通知(咸政办发〔2021〕28 号)
延安	关于印发《延安市重点项目及招商引资工作考核办法》的通知(延政发〔2021〕8 号)
	关于印发《延安市“十四五”服务业发展规划》的通知(延发改发〔2021〕141 号)
	关于印发《延安市“十四五”现代物流业发展规划》的通知(延发改发〔2021〕142 号)
榆林	关于全面推进乡村振兴加快农业农村现代化的实施意见(榆发〔2021〕1 号)
	关于印发《关于推动县域经济高质量发展的实施意见》的通知(榆发〔2021〕9 号)
兰州	关于转发《甘肃省发展和改革委员会等部门关于加快推进快递包装绿色转型实施方案》的通知(兰发改资环〔2021〕370 号)
	关于转发《甘肃省发展改革委员会等 3 部门关于组织申报可循环快递包装规模化应用试点的通知》的通知(兰发改资环〔2021〕444 号)
	关于印发实施《城乡点上物流协同发展实施意见》的通知(兰商字〔2021〕167 号)
	关于印发《兰州市住房和城乡建设局等部门关于落实城市居住社区建设补短板行动计划》的通知(兰建字〔2021〕26 号)
嘉峪关	关于印发《嘉峪关市加大招商引资促进产业发展扶持办法》的通知(嘉发〔2021〕10 号)
	关于印发《嘉峪关市邮政快递业塑料污染治理工作方案》的通知(嘉邮管发〔2021〕19 号)
金昌	关于加强县域商业体系建设促进农村消费的实施方案(金商发〔2021〕72 号)
	金昌市交通运输局关于印发《金昌市“十四五”交通运输发展规划》的通知(金交发〔2021〕209 号)
	关于促进快递业与制造业深度融合发展的实施方案(金邮管发〔2021〕21 号)
	关于印发《金昌市邮政快递业塑料污染治理工作方案》的通知(金邮管发〔2021〕35 号)
白银	关于维护新就业形态劳动者保障权益的实施意见(白办字〔2021〕66 号)
	关于印发《白银市新时代推进西部大开发形成新格局 2021 年工作要点》的通知(市政办发〔2021〕29 号)
	关于转发《省发展和改革委等 8 部门关于加快推进快递包装绿色转型实施方案的通知》的通知(市发改环资〔2021〕398 号)
	关于印发《开展维护新就业形态劳动者劳动保障权益专项行动工作方案》的通知(白人社发〔2021〕303 号)
	关于印发《白银市开展快递、外卖摩托车、电动车等车辆交通秩序专项整治工作实施方案》的通知(市公安(交管)发〔2021〕12 号)
	关于印发《关于推进农村客货邮融合发展的实施方案》的通知(市交发〔2021〕102 号)
	关于促进快递业与制造业深度融合发展的实施意见(白邮管发〔2021〕32 号)
	关于印发《白银市邮政快递业塑料污染治理工作方案》的通知(白邮管发〔2021〕64 号)
酒泉	关于全面推进全市智能快递柜安装运营工作的通知(酒邮管发〔2021〕79 号)
张掖	关于印发张掖市开展乡村振兴“十项重点工作”实施方案的通知(市委办发〔2021〕24 号)

续上表

市(地)	政策文件名称
张掖	关于印发《张掖市协调推进生态环境高水平保护和经济社会高质量发展实施方案》的通知(市委办发〔2021〕35号)
	关于印发《张掖市会展经济高质量发展三年行动方案(2022—2024年)》的通知(市委发〔2021〕65号)
	关于印发《张掖市创建乡村建设示范市实施方案》的通知(市委办字〔2021〕48号)
	关于印发加强县域商业体系建设促进农村消费的实施方案的通知(张政办发〔2021〕69号)
	关于印发张掖市"十四五"科技创新规划的通知(张政办发〔2021〕77号)
	关于进一步加强塑料污染治理工作的通知(张发改环资〔2021〕5号)
	关于印发维护新就业形态劳动者劳动保障权益工作方案的通知(张人社通〔2021〕196号)
	关于印发《开展城市居住社区建设补短板的实施方案》的通知(张市建〔2021〕243号)
武威	关于联合印发开展县城城镇化补短板强弱项工作实施方案的通知(武发改规划〔2021〕188号)
	转发《甘肃省发展和改革委员会等部门关于加快推进快递包装绿色转型实施方案》的通知(武发改能环〔2021〕515号)
	关于印发武威市贯彻落实《建设高标准市场体系行动方案》2021年工作要点的通知(武发改体改〔2021〕201号)
定西	关于加快建立健全绿色低碳循环发展经济体系实施方案(定政发〔2021〕48号)
	定西市"十四五"通道物流产业发展规划(定政办发〔2021〕90号)
	关于落实城市居住区建设补短板行动的通知(定建发〔2021〕3号)
	关于维护新就业形态劳动者劳动保障权益的实施意见(定人社发〔2021〕403号)
	定西市邮政快递业塑料污染治理工作方案(定邮管发〔2021〕10号)
平凉	关于印发《2021年交通运输服务有效衔接乡村振兴工作要点》的通知(平交发〔2021〕92号)
	关于印发《关于做好快递从业人员关爱服务工作的实施方案》的通知(平团联发〔2021〕1号)
	关于促进快递业与制造业深度融合发展的实施意见(平邮管发〔2021〕26号)
	关于印发《平凉市邮政快递业塑料污染治理工作方案》的通知(平邮管发〔2021〕36号)
庆阳	关于加快区域性中心城市建设的意见(庆发〔2021〕24号)
	关于印发庆阳市区城市更新三年行动计划(2021-2023年)的通知(庆政办发〔2021〕38号)
	关于印发《庆阳市加快推进快递包装绿色转型实施方案》的通知(庆市发改〔2021〕295号)
	转发《甘肃省人力资源和社会保障厅等九部门了〈关于维护新就业形态劳动者劳动保障权益的实施意见〉》的通知(庆市人社发〔2021〕278号)
	关于印发《庆阳市落实城市居住社区建设补短板行动工作方案》的通知(庆建发〔2021〕93号)
	关于加强县域商业体系建设促进农村消费的实施方案(庆市商发〔2021〕69号)
	关于促进快递业与制造业深度融合发展的实施意见(庆邮管发〔2021〕2号)
	关于印发《庆阳市邮政快递业塑料污染治理工作方案》的通知(庆邮管发〔2021〕53号)
天水	关于促进城镇新增就业十二项措施的通知(天政办发〔2021〕25号)
	关于印发天水市支持跨境电商发展十条措施(试行)的通知(天政办发〔2021〕59号)
	关于印发《天水市城乡居民收入提升行动计划(2021—2025)》的通知(天政办发〔2021〕39号)
	关于印发天水市"十四五"交通运输发展规划的通知(天政办发〔2021〕87号)
	关于印发《天水市"百千万"创业引领工程工作方案》的通知(天就办发〔2021〕7号)
	关于印发《天水市加快培育新型消费实施方案》的通知(天发改社会〔2021〕249号)
	关于加强县域商业体系建设促进农村消费的实施意见(天商发〔2021〕230号)
	关于印发《关于开展乡村建设示范行动的实施方案》的通知(天农领组发〔2021〕2号)
	关于印发《天水市数字乡村建设服务支持乡村振兴发展的实施意见》的通知(天网委发〔2021〕2号)
	关于印发《天水跨境电子商务综合试验区建设工作推进计划》的通知(天综试办发〔2021〕12号)
陇南	关于印发《陇南市2021年推进农村客货邮融合发展实施方案》的通知(陇交发〔2021〕52号)

续上表

市(地)	政策文件名称
陇南	关于转发《甘肃省发展和改革委员会　甘肃省商务厅　甘肃省邮政管理局关于组织申报可循环快递包装规模化应用试点的通知》的通知(陇发改〔2021〕383 号)
	关于印发《全市仓储物流寄递企业消防安全专项整治行动实施方案》的通知(陇消发〔2021〕55 号)
临夏	关于加快建立健全绿色低碳循环发展经济体系的工作方案的通知(临州府发〔2021〕53 号)
	关于印发《临夏州新型城镇化规划(2021－2035 年)》的通知(临州办发〔2021〕107 号)
甘南	甘南州商务局等 17 部门关于加强县域商业体系建设促进农村消费的实施意见(州商务流通发〔2021〕252 号)
西宁	贯彻落实加强快递绿色包装标准化工作指导意见的工作措施(宁市监〔2021〕66 号)
	加快推进快递包装绿色转型实施意见(宁政办〔2021〕70 号)
海北	海北藏族自治州“十四五”服务业发展规划(北政〔2021〕63 号)
	批转州发展和改革委员会关于海北州 2021 年服务业发展工作要点的通知(北政办〔2021〕18 号)
	海北州农村公路“路长制”实施方案(北交字〔2021〕128 号)
黄南	加快推进快递包装绿色转型实施方案(黄发改字〔2021〕222 号)
	关于推进“交邮合作”促进农村物流高质量发展的实施方案(试行)(黄交字〔2021〕90 号)
果洛	关于印发《果洛州交通运输领域州与县财政事权和支出责任划分改革实施方案》的通知(果政办〔2021〕157 号)
银川	关于全面推进乡村振兴加快农业农村现代化的实施意见(银党发〔2021〕1 号)
	关于印发《关于加强全市快递行业党建工作的实施意见(试行)》的通知(银组通〔2021〕17 号)
	关于印发 2021 年国民经济和社会发展计划的通知(银政发〔2021〕30 号)
	关于认真做好 2021 年为民办实事工作的通知(银政办发〔2021〕12 号)
	关于印发《银川市乡村振兴快递进村便民服务活动实施方案》的通知(银政办发〔2021〕34 号)
	关于印发《银川市城市居住社区建设补短板行动方案》的通知(银住建发〔2021〕223 号)
	关于印发《银川市开展 2021 年“放心消费在银川”创建活动实施方案》的通知(银消联办〔2021〕6 号)
阿克苏	关于印发阿克苏地区推进快递业高质量发展实施方案的通知(阿行署办〔2021〕21 号)
阿勒泰	印发《关于加快推进阿勒泰地区快递业高质量发展的实施方案》的通知(阿行办发〔2021〕53 号)
	转发地区发展和改革委员会关于阿勒泰地区加快推进快递包装绿色转型实施方案的通知(阿行办函〔2021〕61 号)
巴州	关于印发《关于加快推进自治州快递业高质量发展实施方案》的通知(巴政办发〔2021〕26 号)
喀什	关于印发《关于加快推进喀什地区快递业高质量发展的实施方案》的通知
	关于加快推进快递包装绿色转型的工作措施(喀邮管〔2021〕23 号)
克拉玛依	关于印发《关于加快推进克拉玛依市快递业高质量发展的实施意见》的通知(克政办发〔2021〕39 号)
塔城	关于印发塔城地区《关于加快推进快递业高质量发展实施方案》的通知(塔行办发〔2021〕33 号)
哈密	印发关于加快推进哈密市快递业高质量发展的实施方案的通知(哈政办发〔2021〕43 号)
	加快推进快递包装绿色转型实施方案(哈政办函〔2021〕8 号)
吐鲁番	印发《关于加快推进吐鲁番市快递业高质量发展的实施方案》的通知(吐政办〔2021〕23 号)
克州	印发《关于加快推进自治州快递业高质量发展的实施方案》的通知(克政办发〔2021〕15 号)
	转发自治州邮政管理局等部门《自治州关于加快推进快递包装绿色转型的工作措施》的通知(克政办函〔2021〕14 号)
伊犁	印发《关于加快推进自治州快递业高质量发展的实施方案》的通知(伊州政办发〔2021〕27 号)
博州	关于印发《协同推进博州邮政快递业包装绿色治理实施方案》的通知(博邮管〔2020〕35 号)

第四篇 发 展 数 据

第一章 行业发展数据

2021 年邮政行业运行情况

2021 年,邮政行业业务收入(不包括邮政储蓄银行直接营业收入)累计完成 12642.3 亿元,同比增长 14.5%;业务总量累计完成 13698.3 亿元,同比增长 25.1%。

12 月份,全行业业务收入完成 1013.8 亿元,同比下降 8.6%;业务总量完成 1289.0 亿元,同比增长 11.9%。12 月份全行业收入数据较低,系个别品牌企业规范收入口径,调整全年数据所致。

2021 年,邮政服务业务总量累计完成 2031.1 亿元,同比增长 8.9%;邮政寄递服务业务量累计完成 271.6 亿件,同比增长 6.2%;邮政寄递服务业务收入累计完成 394.4 亿元,同比下降 2.9%。

12 月份,邮政服务业务总量完成 170.8 亿元,同比增长 18.0%;邮政寄递服务业务量完成 26.5 亿件,同比增长 15.2%;邮政寄递服务业务收入完成 37.2 亿元,同比增长 8.8%。

2021 年,邮政函件业务累计完成 10.9 亿件,同比下降 23.3%;包裹业务累计完成 1823.2 万件,同比下降 10.2%;报纸业务累计完成 163.9 亿份,同比下降 1.0%;杂志业务累计完成 6.9 亿份,同比下降 4.2%;汇兑业务累计完成 646.0 万笔,同比下降 32.8%。

2021 年,全国快递服务企业业务量累计完成 1083.0 亿件,同比增长 29.9%;业务收入累计完成 10332.3 亿元,同比增长 17.5%。其中,同城业务量累计完成 141.1 亿件,同比增长 16.0%;异地业务量累计完成 920.8 亿件,同比增长 32.8%;国际/港澳台业务量累计完成 21.0 亿件,同比增长 14.6%(图 4-1、图 4-2)。

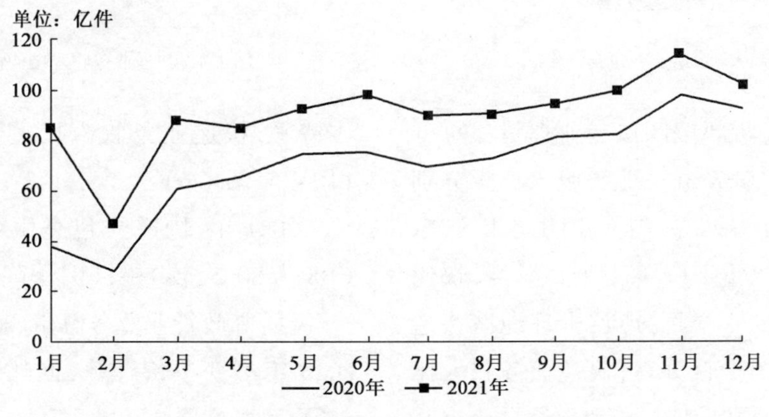

图 4-1 2020 年与 2021 年快递业务量情况比较

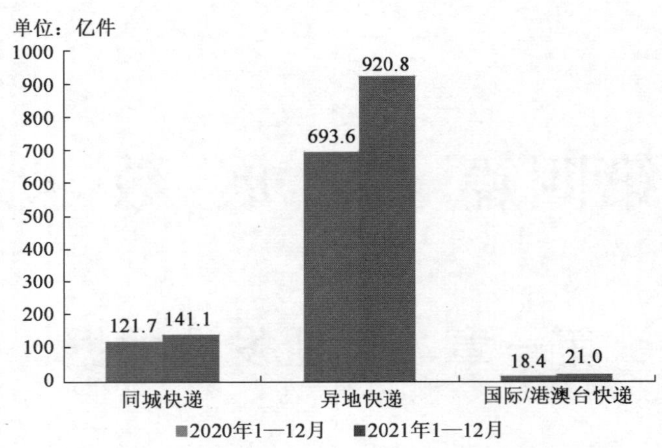

图 4-2　2020 年与 2021 年分专业快递业务量比较

12 月份，全国快递服务企业业务量完成102.5 亿件，同比增长 10.7%；业务收入完成 917.6 亿元，同比下降 0.9%。12 月份快递收入数据较低，系个别品牌企业规范收入口径，调整全年数据所致。扣除个别品牌企业调整因素，12 月份快递业务整体单价为 9.70 元/件。

2021 年，同城、异地、国际/港澳台快递业务量分别占全部快递业务量的 13.0%、85.0% 和 2.0%；业务收入分别占全部快递业务收入的 7.9%、50.6% 和 11.3%。与去年同期相比，同城快递业务量的比重下降 1.6 个百分点，异地快递业务量的比重上升 1.8 个百分点，国际/港澳台业务量的比重下降 0.2 个百分点（图 4-3、图 4-4）。

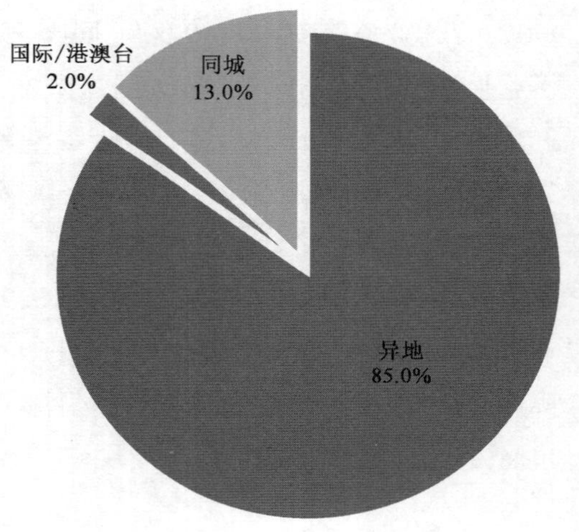

图 4-3　快递业务量结构情况

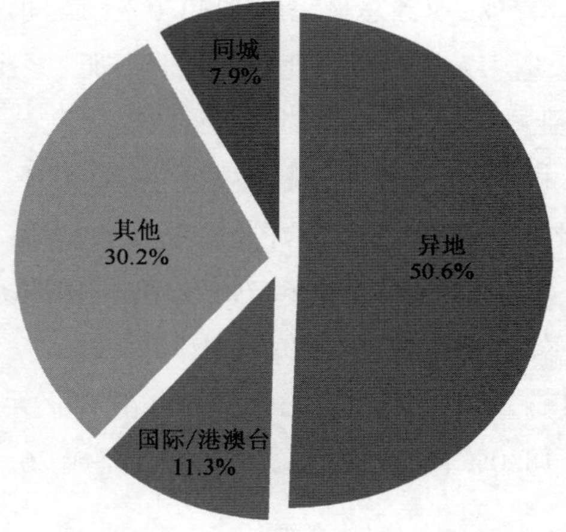

图 4-4　快递业务收入结构情况

2021 年，东、中、西部地区快递业务量比重分别为 78.1%、14.6% 和 7.3%，业务收入比重分别为 78.2%、12.9% 和 8.9%。与去年同期相比，东部地区快递业务量比重下降 1.3 个百分点，快递业务收入比重下降 1.4 个百分点；中部地区快递业务量比重上升 1.3 个百分点，快递业务收入比重上升 1 个百分点；西部地区快递业务量比重基本持平，快递业务收入比重上升 0.4 个百分点（图 4-5、图 4-6）。

2021 年，快递与包裹服务品牌集中度指数 CR8 为 80.5，较 1—11 月下降了 0.2。

注：邮政行业业务总量、邮政服务业务总量按 2020 年不变单价计算，同比增长按照可比口径计算。

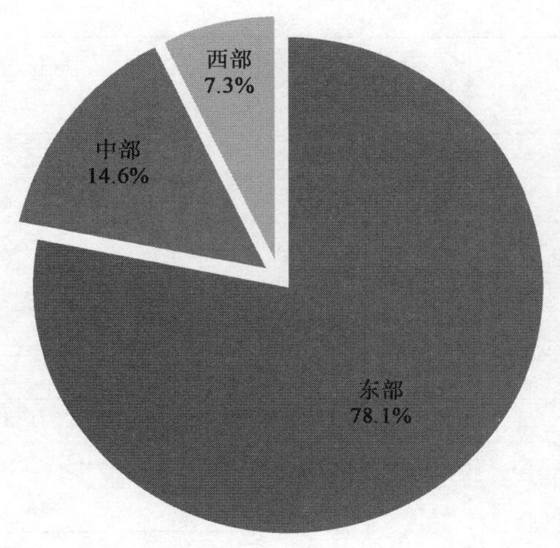

图 4-5 地区快递业务量结构情况

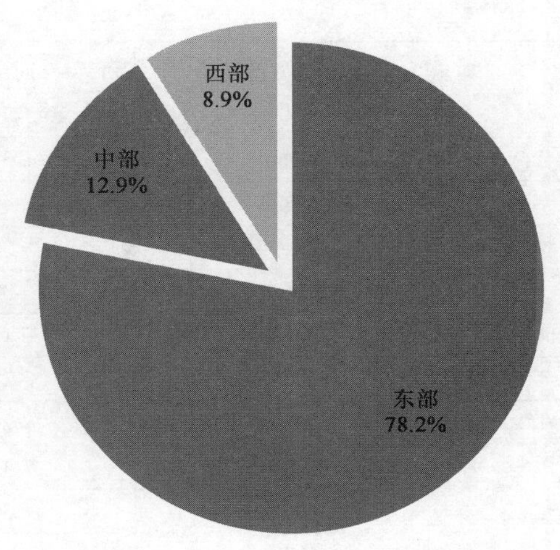

图 4-6 地区快递业务收入结构情况

2021 年，全国邮政行业发展情况见表 4-1；分省快递服务企业业务量和业务收入情况见表 4-2；快递业务量和业务收入前 50 位城市分别见表 4-3、表 4-4。

表 4-1 全国邮政行业发展情况

指标名称	单位	2021 年		比去年同期增长（%）	
		全年累计	12 月	全年累计	12 月
一、邮政行业业务收入	亿元	12642.3	1013.8	14.5	-8.6
1. 邮政寄递服务	亿元	394.4	37.2	-2.9	8.8
2. 快递业务	亿元	10332.3	917.6	17.5	-0.9
二、邮政行业业务总量	亿元	13698.3	1289.0	25.1	11.9
1. 邮政寄递服务	万件	2715646.5	265297.3	6.2	15.2
其中：函件	万件	108787.7	7484.0	-23.3	-31.6
包裹	万件	1823.2	165.3	-10.2	-18.3
订销报纸累计数	万份	1638844.9	141910.6	-1.0	-1.9
订销杂志累计数	万份	68550.0	5594.9	-4.2	-4.1
汇兑	万笔	646.0	53.0	-32.8	-38.0
2. 快递业务	万件	10829641.3	1024834.3	29.9	10.7
其中：同城	万件	1411121.4	134757.6	16.0	19.1
异地	万件	9208130.1	872508.2	32.8	10.0
国际/港澳台	万件	210387.8	17566.5	14.6	-8.8

注：1. 邮政行业业务收入中未包括邮政储蓄银行直接营业收入。

2. 邮政行业业务总量按 2020 年不变单价计算，同比增长按照可比口径计算。

表 4-2 分省快递服务企业业务量和业务收入情况

单位	快递业务量累计（万件）	同比增长（%）	快递业务收入累计（万元）	同比增长（%）
全国	10829641.3	29.9	103323162.0	17.5
北京	221030.0	-7.2	3134341.1	-5.4
天津	123390.0	33.0	1401165.0	21.2
河北	506015.0	36.7	4036331.4	20.5
山西	78131.4	45.8	901584.2	34.4

续上表

单　位	快递业务量累计（万件）	同比增长（%）	快递业务收入累计（万元）	同比增长（%）
内蒙古	26086.0	33.4	519290.1	23.3
辽宁	164328.1	46.8	1677022.7	27.6
吉林	62197.8	39.2	769227.2	26.7
黑龙江	60491.0	32.9	833873.7	18.9
上海	374137.9	11.2	17158198.9	20.1
江苏	860653.7	23.4	7883840.7	11.2
浙江	2278148.1	26.9	12646992.4	18.1
安徽	312664.8	42.0	2168052.1	23.9
福建	415012.3	20.9	3512665.6	16.1
江西	160091.5	42.9	1443098.3	25.9
山东	559785.8	34.8	4496076.7	21.7
河南	435552.7	40.5	3191669.0	28.2
湖北	269341.6	50.9	2413143.4	35.0
湖南	197803.1	34.4	1625079.7	25.3
广东	2945749.4	33.4	24543385.4	12.5
广西	102758.5	31.9	1127596.8	25.0
海南	14503.9	31.7	290023.2	21.3
重庆	97936.0	34.0	1034335.2	24.6
四川	278269.8	29.3	2680665.3	20.1
贵州	39787.1	41.3	666807.3	27.7
云南	84190.5	33.7	908387.2	23.2
西藏	1485.2	30.4	49492.7	40.2
陕西	111806.6	21.9	1209914.7	17.1
甘肃	18457.8	33.5	369628.5	24.1
青海	3686.8	56.3	100922.4	31.4
宁夏	9963.0	36.1	154100.6	30.3
新疆	16185.8	40.9	376250.7	24.4

表 4-3　快递业务量前 50 位城市情况

排名	城　市	快递业务量累计（万件）	排名	城　市	快递业务量累计（万件）
1	金华(义乌)	1163887.9	13	温州	167965.9
2	广州	1067831.2	14	武汉	160412.4
3	深圳	597984.4	15	郑州	154844.0
4	上海	374137.9	16	宁波	153194.8
5	杭州	367134.0	17	石家庄	148812.6
6	揭阳	353294.5	18	佛山	142372.9
7	东莞	268421.3	19	临沂	132630.1
8	苏州	247215.2	20	台州	132257.2
9	北京	221030.0	21	天津	123390.0
10	泉州	216624.2	22	合肥	120038.4
11	汕头	216245.1	23	长沙	118867.9
12	成都	182528.9	24	嘉兴	116051.0

续上表

排名	城　市	快递业务量累计（万件）	排名	城　市	快递业务量累计（万件）
25	保定	115302.3	38	潮州	61471.3
26	南通	101304.8	39	厦门	59050.7
27	重庆	97936.0	40	湖州	57096.9
28	无锡	97260.6	41	昆明	56671.2
29	南京	91687.4	42	宿迁	56566.5
30	绍兴	88702.9	43	南宁	55875.3
31	济南	79535.8	44	徐州	54624.4
32	西安	78685.7	45	福州	54353.6
33	青岛	77252.4	46	商丘	51827.3
34	沈阳	76401.1	47	邢台	50194.6
35	廊坊	74025.5	48	惠州	49100.9
36	中山	72558.8	49	沧州	46043.1
37	南昌	63637.5	50	潍坊	45441.1

表 4-4　快递业务收入前 50 位城市情况

排名	城　市	快递业务收入累计（万元）	排名	城　市	快递业务收入累计（万元）
1	上海	17158198.9	26	合肥	877332.2
2	广州	8171900.1	27	西安	841790.3
3	深圳	6489185.1	28	厦门	819814.9
4	杭州	4162523.5	29	济南	775202.2
5	金华(义乌)	3351505.4	30	保定	758495.2
6	北京	3134341.1	31	南通	742077.1
7	东莞	2810693.4	32	廊坊	732628.6
8	苏州	2454081.5	33	沈阳	729837.8
9	成都	1656935.4	34	台州	720210.3
10	揭阳	1611212.4	35	福州	683790.4
11	佛山	1597063.0	36	中山	672571.5
12	武汉	1442769.3	37	南昌	637282.8
13	天津	1401165.0	38	临沂	613778.4
14	宁波	1369433.7	39	南宁	567119.9
15	泉州	1290800.9	40	常州	552797.0
16	郑州	1243960.0	41	哈尔滨	540716.8
17	汕头	1094205.7	42	惠州	515598.5
18	重庆	1034335.2	43	昆明	497648.8
19	无锡	1017029.8	44	长春	484438.3
20	温州	999223.7	45	绍兴	462738.9
21	青岛	948739.5	46	沧州	418061.1
22	嘉兴	948488.6	47	徐州	415225.7
23	石家庄	941570.8	48	湖州	400333.9
24	长沙	900898.3	49	大连	368028.6
25	南京	899241.3	50	太原	362302.5

2021 年邮政行业发展统计公报

2021 年,邮政行业积极应对新冠肺炎疫情,奋力完成行业改革发展任务,“千亿万亿”目标胜利完成,行业与经济社会发展融合度持续提升,服务构建新发展格局的作用进一步发挥,实现“十四五”良好开局。

一、业务发展情况

全年邮政行业业务总量完成 13698.3 亿元,同比增长 25.1%。全年邮政行业业务收入(不包括邮政储蓄银行直接营业收入)完成 12642.3 亿元,同比增长 14.5%。

(一)邮政寄递服务业务

2021 年邮政寄递服务业务量完成 271.6 亿件,同比增长 6.3%;邮政寄递服务业务收入完成 397.5 亿元,同比下降 2.1%。

全年函件业务量完成 10.9 亿件,同比下降 23.3%;包裹业务量完成 1822.9 万件,同比下降 10.2%;订销报纸业务完成 163.9 亿份,同比下降 0.9%;订销杂志业务完成 6.9 亿份,同比下降 3.6%;汇兑业务完成 646.0 万笔,同比下降 32.8%。

(二)快递业务

快递业务保持较快增长。全年快递服务企业业务量完成 1083.0 亿件,同比增长 29.9%;快递业务收入完成 10332.3 亿元,同比增长 17.5%(图 4-7)。

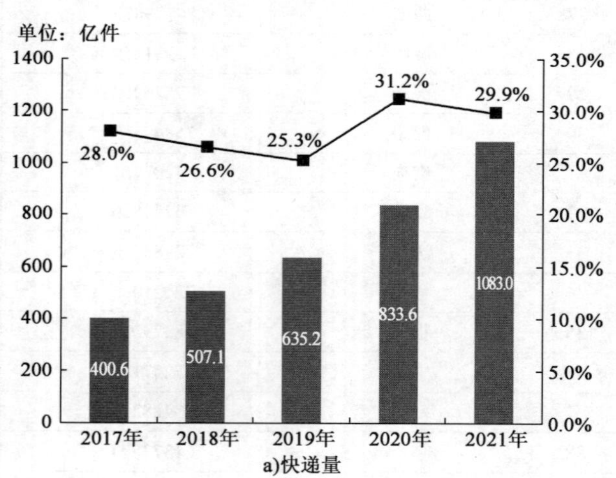

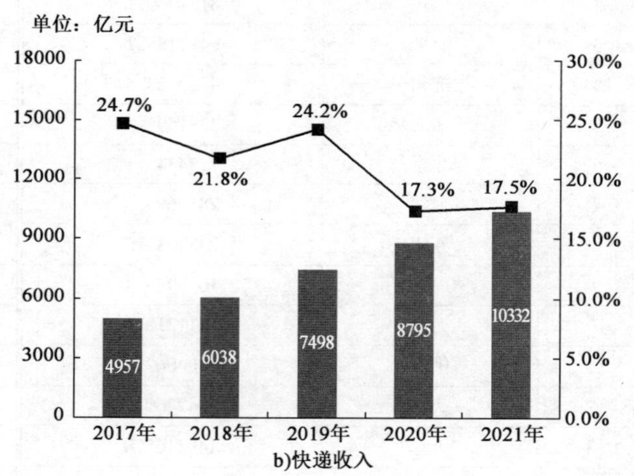

图 4-7　2017－2021 年快递业务发展情况

快递业务收入在行业中占比继续提升。快递业务收入占行业总收入的比重为 81.7%,比上年提高 2 个百分点。

同城快递业务持续增长。全年同城快递业务量完成 141.1 亿件,同比增长 16.0%;实现业务收入 817.2 亿元,同比增长 6.6%。

异地快递业务快速增长。全年异地快递业务量完成 920.8 亿件,同比增长 32.8%;实现业务收入 5227.2 亿元,同比增长 15.4%。

国际/港澳台快递业务持续增长。全年国际/港澳台快递业务量完成 21.0 亿件,同比增长 14.6%;实现业务收入 1163.4 亿元,同比增长 8.4%。

异地业务占比提升。同城、异地、国际/港澳台快递业务量占全部比例分别为 13.0%、85.0% 和 2.0%,业务收入占全部比例分别为 7.9%、50.6% 和 11.3%。

东、中、西部地区各项快递业务均保持了持续稳定的增长势头，中部地区业务增长继续提速，市场份额继续上升。全年东部地区完成快递业务量846.3亿件，同比增长27.8%；实现业务收入8078亿元，同比增长15.4%。中部地区完成快递业务量157.6亿件，同比增长41.8%；实现业务收入1334.6亿元，同比增长27.7%。西部地区完成快递业务量79.1亿件，同比增长30.7%；实现业务收入919.7亿元，同比增长22.5%。东、中、西部地区快递业务量比重分别为78.1%、14.6%和7.3%，快递业务收入比重分别为78.2%、12.9%和8.9%。

快递业务量排名前五位的省份依次是广东、浙江、江苏、山东和河北，其快递业务量合计占全部快递业务量的比重达到66.0%，较上年前五位占比上升0.2个百分点。快递业务收入排名前五位的省份依次是广东、上海、浙江、江苏和山东，其快递业务收入合计占全部快递业务收入的比重达到64.6%，较上年同期下降0.9个百分点。

快递业务量排名前15位的城市依次是金华(义乌)、广州、深圳、上海、杭州、揭阳、东莞、苏州、北京、泉州、汕头、成都、温州、武汉和郑州，其快递业务量合计占全部快递业务量的比重达到53.2%(图4-8)。

快递业务收入排名前15位的城市依次是上海、广州、深圳、杭州、金华(义乌)、北京、东莞、苏州、成都、揭阳、佛山、武汉、天津、宁波和泉州，其快递业务收入合计占全部快递业务收入的比重达到56.2%(图4-9)。

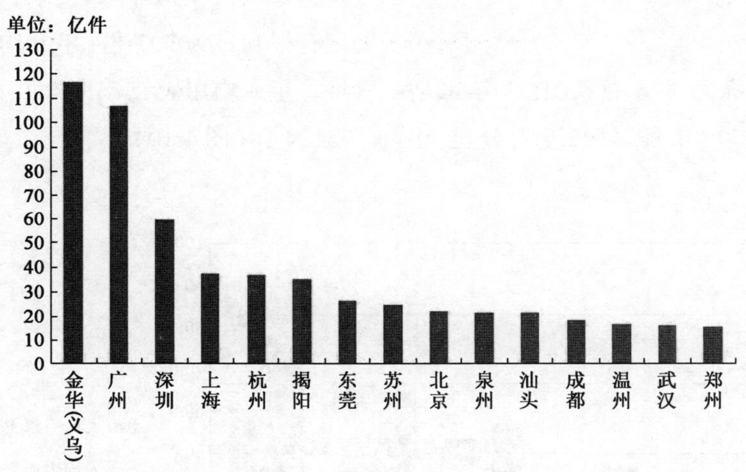

图4-8 快递业务量前15位城市情况

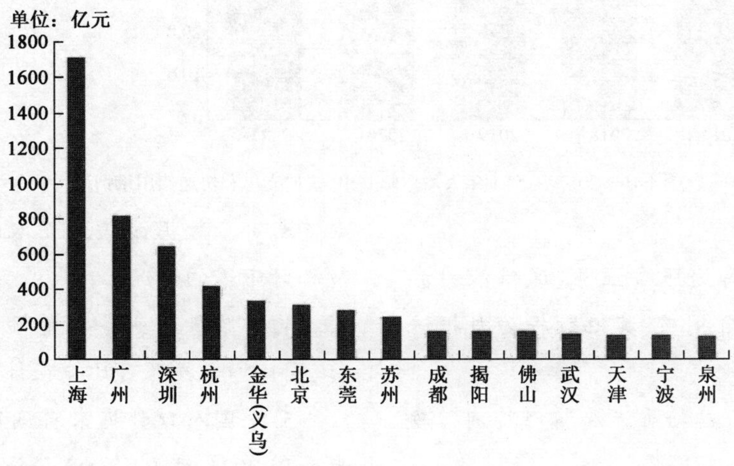

图4-9 快递业务收入前15位城市情况

快递与包裹服务品牌集中度指数 CR8 为 80.5。

二、通信能力和服务水平

（一）机构设备

全行业拥有各类营业网点41.3万处，其中设在农村的11.5万处。快递服务营业网点22.7万处，其中设在农村的7.5万处。全国拥有邮政信筒信箱9.5万个，比上年末减少0.4万个。全国拥有邮政报刊亭总数0.9万处，比上年末减少0.2万处。

全行业拥有国内快递专用货机142架，比上年同期增加18架。全行业拥有汽车34.9万辆，比上年末减少0.2%，其中快递服务汽车25.1万辆，比上年末减少1.1%。

（二）通信网路

全国邮政邮路总条数4.6万条，比上年末增加9032条。邮路总长度（单程）1192.7万公里，比上年末增加5.3万公里。全国邮政农村投递路线10.5万条，比上年末增加4097条；农村投递路线长度（单程）415.5万公里，比上年末增加5.1万公里。全国邮政城市投递路线11.5万条，比上年末增加8305条；城市投递路线长度（单程）233.8万公里，比上年末增加14.4万公里。全国快递服务网路条数20.0万条，比上年末减少0.7万条。快递服务网路长度（单程）4305.6万公里，比上年末增加214.2万公里。

（三）服务能力

全行业平均每一营业网点服务面积为23.3平方公里；平均每一营业网点服务人口为0.3万人。邮政城区每日平均投递2次，农村每周平均投递5次。全国年人均函件量为0.8件，每百人订有报刊量为7.7份，年人均快递使用量为76.7件。年人均用邮支出895.0元，年人均快递支出731.4元（图4-10）。

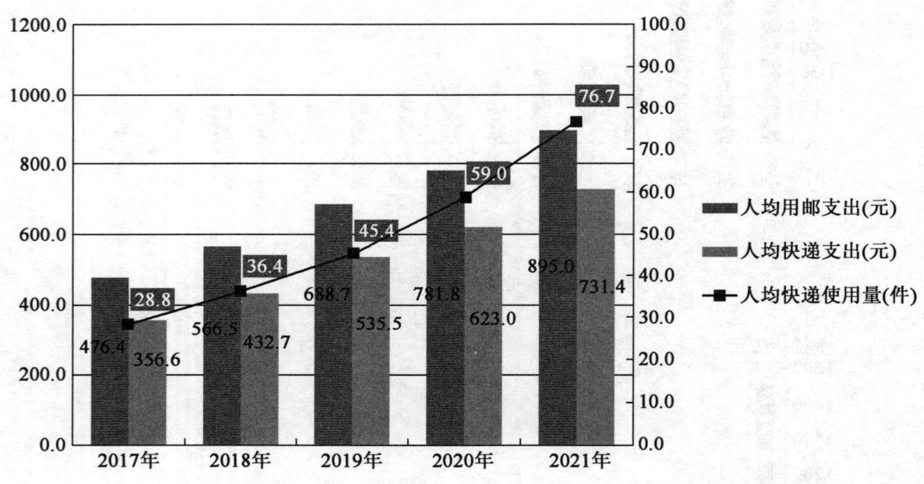

图4-10　2017－2021年人均用邮支出、快递支出和快递使用量情况

备注：

1.本公报中邮政寄递服务业务、通信能力和服务水平有关数据来自年报，其他数据为月报统计数据。

2.各项统计数据未包括香港和澳门特别行政区及台湾省。

3.部分数据因四舍五入的原因，存在着与分项合计不等的情况。

4.邮政行业业务总量按2020年不变价格计算，同比增长按照可比口径计算。

5.全国人口数据来自国家统计局《中华人民共和国2021年国民经济和社会发展统计公报》。

第二章 快递服务满意度及时限准时率数据

国家邮政局关于2021年快递服务满意度调查和时限准时率测试结果的通告

为加强快递服务质量监测,客观反映企业服务水平,促进快递业发展质效提升,国家邮政局组织第三方机构对2021年快递服务满意度进行了调查,对全国重点地区时限准时率进行了测试。现将有关情况通告如下:

一、基本情况

调查对象为2020年国内快递业务量排名居前且体现主要市场份额的10家全网型快递服务品牌。包括:邮政EMS、顺丰速运、中通快递、圆通速递、韵达速递、申通快递、百世快递、京东快递、德邦快递和极兔速递。

调查范围与2020年相同,覆盖50个城市,包括全部省会城市、直辖市和19个快递业务量较大的重点城市。

满意度调查采用在线调查方式,由2021年使用过快递服务的用户对受理、揽收、投递、售后和信息5个方面进行满意度评价,共获得有效样本4.8万个。时限测试采用系统抽样测试方式,测试的业务范围为异地快件,共获得有效样本约800万个。

二、调查结果

(一)快递服务满意度

调查显示,2021年,快递服务总体满意度得分为76.8分。其中,公众满意度得分为83.7分,时限测试满意度得分为69.9分。

公众满意度方面,涉及评价的5项二级指标中,在创新驱动下,受理服务、售后服务得分有所上升。受新冠肺炎疫情、极端天气等因素影响,揽收服务、投递服务、信息服务得分有所下降。

在涉及评价的24项三级指标中,得分较高的指标是:网络下单、快递员下单、发票服务、物流信息及时准确性、揽收员服务。得分上升幅度较大的指标是:投诉处理、网络下单、问题件处理、送达范围感知、损失赔偿、费用公开透明、全程信息推送。

受理环节满意度得分为89.0分。其中,统一客服下单、快递员下单、网络下单、快递服务站下单满意度得分分别为85.3分、90.8分、91.1分、87.4分。网络下单潜力进一步释放。

揽收环节满意度得分为87.8分。其中,上门时限、封装质量、揽收员服务满意度、费用公开透明满意度得分分别为87.7分、87.5分、88.6分、87.1分。用户对费用公开透明的满意度提升。

投递环节满意度得分为85.1分。其中,时限感知、送达质量、送达范围感知、派件员服务满意度得分分别为84.7分、86.0分、87.0分、84.3分,末端投递服务的短板有待补齐。

售后环节满意度得分为72.5分。其中,问题件处理服务、投诉处理服务、损失赔偿服务、发票服务满意度得分分别为72.3分、62.3分、68.4分、90.2分。企业智能客服和线上服务逐渐获得用户认可。

信息服务环节满意度得分为86.8分。其中，全程信息推送、物流信息及时性和准确性、个人信息安全保护满意度得分分别为85.9分、88.7分、85.4分。快件信息全程推送更加完善。

从服务区域看，农村地区快递服务站下单服务、投递服务满意度得分均持续上升，“快递进村”成效继续显现。

2021年快递服务公众满意度得分居前15位的城市是：太原、芜湖、宝鸡、长春、银川、武汉、漯河、无锡、临沂、合肥、南宁、哈尔滨、大连、台州、郑州。总体满意度和公众满意度得分居前5位的品牌是：顺丰速运、京东快递、邮政EMS、中通快递、韵达速递。

（二）全国重点地区快递服务时限

测试发现，2021年，全国重点地区快递服务全程时限为57.08小时，同比缩短1.15小时。72小时准时率为77.94%，同比提高0.83个百分点。从月度情况看，除8月、10月和11月时限有一定延长外，其他月份同比均有改善。整体来看，在经历2020年新冠疫情严重冲击之后，2021年时限水平得到有效恢复。

在全程时限方面，时限在48小时以内的品牌为顺丰速运；时限在48～60小时之间（含48小时）的品牌为京东快递、中通快递、邮政EMS、韵达速递、圆通速递。

在72小时准时率方面，准时率在90%以上的品牌为顺丰速运；准时率在80%～90%之间（含80%）的品牌为京东快递、中通快递。

从分环节来看，除寄达地处理时限有所延长外，其他三个环节时限均有改善。其中，寄出地处理环节平均时限为7.56小时，同比缩短1.22小时；运输环节平均时限为35.54小时，同比缩短0.34小时；寄达地处理环节平均时限为10.77小时，同比延长1.75小时；投递环节平均时限为3.21小时，同比缩短1.34小时。

从不同区域来看，全国寄往东部地区的快件平均时限为53.45小时，同比缩短0.06小时；全国寄往中部地区的快件平均时限为53.79小时，同比缩短4.63小时；全国寄往西部地区的快件平均时限为70.51小时，同比延长1.91小时。中部与东部差距缩小。

国家邮政局

2022年1月29日

第三章 邮政业消费者申诉情况通告

国家邮政局关于2021年1月邮政业用户申诉情况的通告

一、总体情况

1.2021年1月,国家邮政局和各省(区、市)邮政管理局通过"12305"邮政业用户申诉电话和申诉网站共处理申诉21659件,环比下降6.5%,同比增长23.8%。申诉中涉及邮政服务问题的607件,占总申诉量的2.8%,环比下降28.8%,同比下降22.8%;涉及快递服务问题的21052件,占总申诉量的97.2%,环比下降5.6%,同比增长26%(图4-11)。

2.受理的申诉中有效申诉(确定企业责任的)为1825件,环比下降22.6%,同比下降11%。有效申诉中涉及邮政服务问题的45件,占有效申诉量的2.5%,环比下降71%,同比下降51.1%;涉及快递服务问题的1780件,占有效申诉量的97.5%,环比下降19.2%,同比下降9.1%(图4-12)。

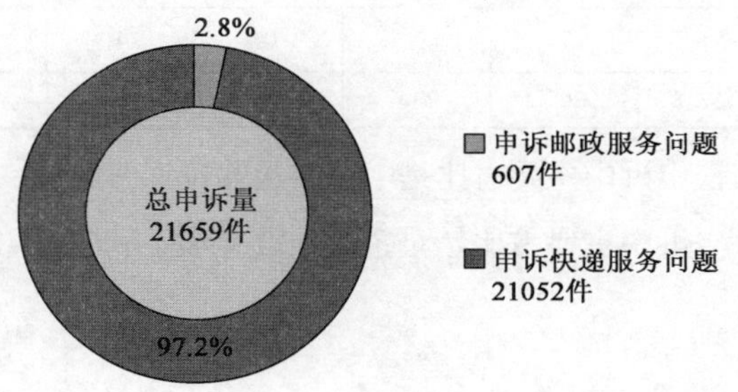

图4-11 1月国家邮政局和各省(区、市)邮政管理局通过"12305"邮政快递业消费者申诉情况

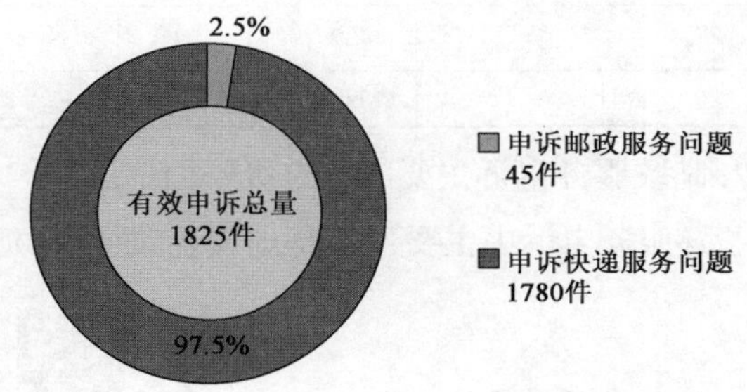

图4-12 1月邮政快递业消费者申诉中有效申诉占比情况

3.用户对邮政管理机构有效申诉处理工作满意率为98.2%,对邮政企业有效申诉处理满意率为100%,对快递企业有效申诉处理满意率为96.3%。

4.邮政快递企业对省级邮政管理机构转办的申诉未能按规定时限回复的有2件,与去年同期相比下降17件(表4-5)。

表4-5 1月邮政快递企业逾期情况(单位:件)

序号	公司名称	福建	山东	合计
1	DHL	1		1
2	安能快递		1	1
合计		1	1	2

二、邮政服务申诉情况

1.邮政服务申诉问题情况

用户对邮政服务问题申诉607件,环比下降28.8%,同比下降22.8%(图4-13)。

邮政服务申诉的主要问题是投递服务、邮件延误和邮件丢失短少,分别占申诉总量的38.6%、32.3%和16.3%,环比、同比均下降明显(表4-6)。

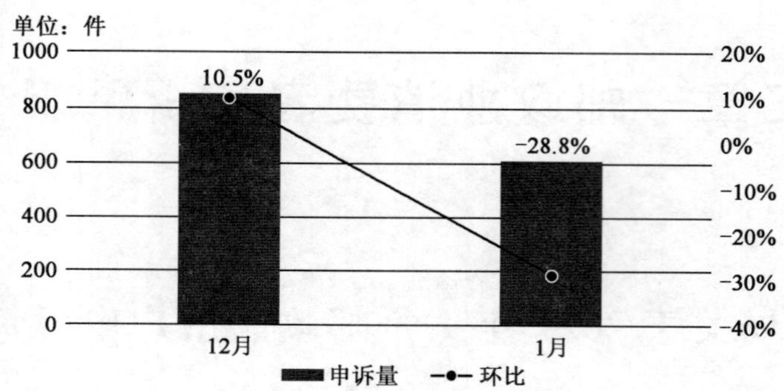

图 4-13 1 月邮政服务问题申诉数量情况

表 4-6 1 月邮政服务问题申诉量情况统计

序号	申诉内容	申诉件数	占比(%)	环比(%)	同比(%)	函件	包件	报刊	集邮	其他
1	投递服务	234	38.6	-24.0	-1.3	191	30	3	1	9
2	延误	196	32.3	-24.9	-23.4	65	118	1	1	11
3	丢失短少	99	16.3	-45.9	-26.7	28	60	1	0	10
4	损毁	24	4.0	4.4	-17.2	3	17	0	0	4
5	违规收费	13	2.1	-55.2	-50.0	7	3	0	0	3
6	收寄服务	9	1.5	-65.4	-75.7	6	3	0	0	0
7	其他	32	5.3	39.1	-51.5	7	3	0	4	18
合计		607	100	-28.8	-22.8	307	234	5	6	55

2. 邮政服务申诉主要问题二级原因情况

投递服务申诉中主要占比是虚假签收，邮件延误申诉中主要占比是中转或运输延误，邮件丢失短少申诉中主要占比是对企业赔偿金额不满（图 4-14）。

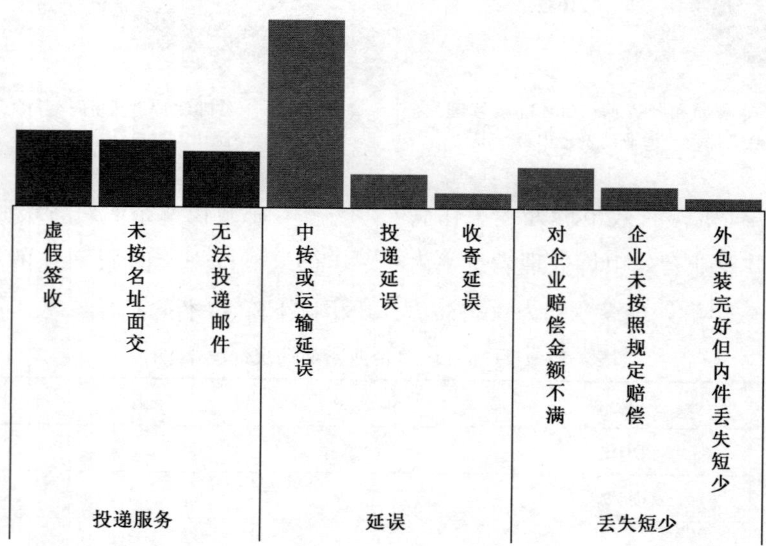

图 4-14 1 月邮政服务申诉主要问题二级原因分类情况

3. 邮政服务有效申诉问题情况

用户对邮政服务问题有效申诉 45 件，环比下降 71%，同比下降 51.1%。邮政服务有效申诉的主要问题是投递服务、邮件丢失短少和邮件延误，分别占有效申诉总量的 37.8%、24.4% 和 20.0%，环比、同比均下降明显（表 4-7）。

表 4-7 1 月邮政服务有效申诉情况统计

序号	申诉问题		申诉件数		占比(%)	环比(%)	同比(%)
1	投递服务	函件	12	17	37.8	-57.5	-29.2
		包件	3				
		集邮	1				
		其他	1				
2	丢失短少	包件	8	11	24.4	-83.3	-56.0
		函件	2				
		其他	1				
3	延误	包件	5	9	20.0	-79.1	-71.0
		函件	2				
		报刊	1				
		其他	1				
4	损毁	包件	4	6	13.3	—	20.0
		函件	2				
5	收寄服务	函件	1	2	4.4	0	-33.3
		包件	1				
合计			45		100	-71	-51.1

三、快递服务申诉情况

(一)快递服务申诉总体情况

1. 快递服务申诉问题情况

用户对快递服务问题申诉 21052 件,环比下降 5.6%,同比增长 26%(图 4-15)。

快递服务申诉的主要问题是快件丢失短少、快件延误和投递服务,分别占申诉总量的 32.8%、21.6%和 19.9%。其中,环比增长的是快件延误问题,同比增长明显的是快件丢失短少问题(表 4-8)。

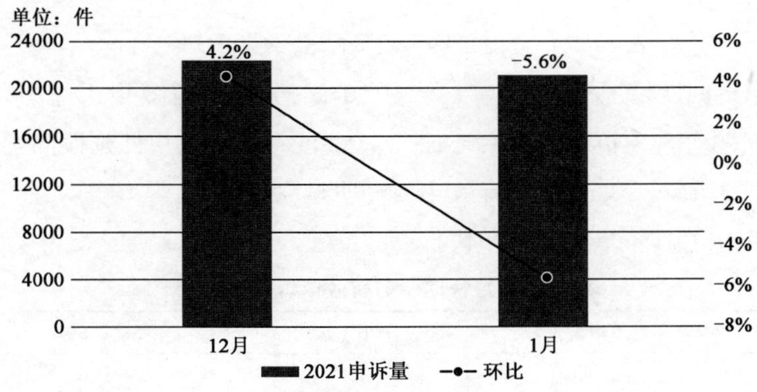

图 4-15 1 月快递服务问题申诉数量情况

表 4-8 1 月快递服务申诉情况统计

序号	申诉内容	申诉件数	占比(%)	环比(%)	同比(%)
1	丢失短少	6898	32.8	-3.4	64.9
2	延误	4550	21.6	2.0	12.5
3	投递服务	4188	19.9	-7.0	38.3
4	损毁	3810	18.1	-6.4	7.4

续上表

序号	申诉内容	申诉件数	占比(%)	环比(%)	同比(%)
5	收寄服务	765	3.6	-43.3	19.2
6	违规收费	304	1.4	0.0	-0.3
7	代收货款	88	0.4	100.0	-24.8
8	其他	449	2.1	5.9	-46.9
合计		21052	100	-5.6	26

2. 快递服务申诉主要问题二级原因情况

快件丢失短少申诉中主要占比是对企业赔偿金额不满，快件延误申诉中主要占比是中转或运输延误，投递服务申诉中主要占比是虚假签收(图4-16)。

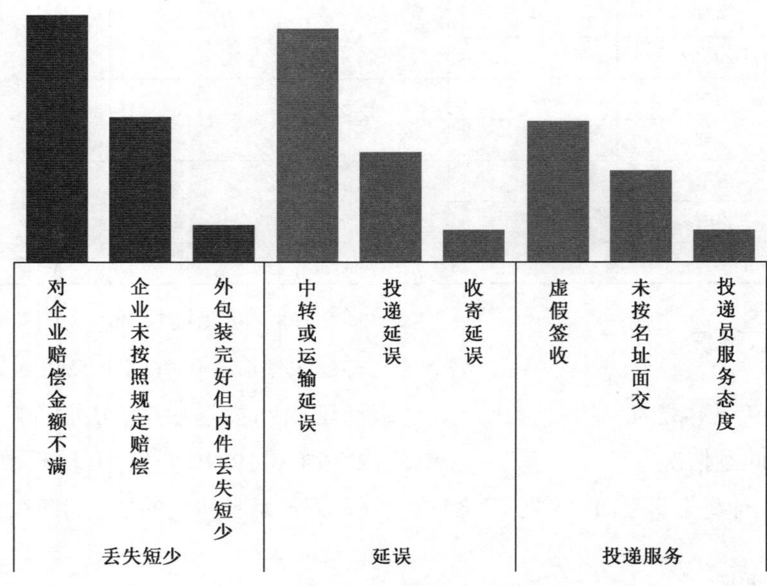

图4-16　1月快递服务申诉主要问题二级原因分类情况

3. 快递服务有效申诉问题情况

用户对快递服务问题有效申诉1780件，环比下降19.2%，同比下降9.1%。快递服务有效申诉的主要问题是快件丢失短少、投递服务和快件延误，分别占有效申诉总量的31.7%、27.8%和23.8%。其中，快件延误问题的环比、同比均下降明显(表4-9)。

表4-9　1月快递服务有效申诉情况统计

序号	申诉问题	有效申诉件数	占比(%)	环比(%)	同比(%)
1	丢失短少	565	31.7	-19.6	3.7
2	投递服务	495	27.8	-10.3	6.5
3	延误	424	23.8	-34.2	-33.1
4	损毁	202	11.3	-6.9	8.0
5	收寄服务	50	2.8	-2.0	22.0
6	违规收费	17	1.0	-10.5	21.4
7	代收货款	10	0.6	900.0	-23.1
8	其他	17	1.0	13.3	-71.7
合计		1780	100	-19.2	-9.1

(二)主要快递企业申诉情况

全国快递企业申诉率(百万件快件业务量)平均为2.30,有效申诉率平均为0.19。用户对快递企业申诉主要问题中,快件丢失短少申诉率平均为0.75,快件延误申诉率平均为0.50,投递服务申诉率平均为0.46,快件损毁申诉率平均为0.42(表4-10)。

表4-10 1月主要快递企业申诉情况统计(单位:申诉件数/百万件快件业务量)

序号	企业名称	申诉率	主要问题申诉率分布				有效申诉率
			丢失短少	延误	投递服务	损毁	
1	百世快递	3.69	1.49	0.90	0.70	0.36	0.02
2	DHL	6.92	0.63	1.47	0.63	0.63	0.42
3	德邦快递	7.96	1.29	0.97	0.60	4.59	1.51
4	递四方	0.97	0.33	0.16	0.22	0.02	0.05
5	EMS	3.55	1.54	0.85	0.55	0.46	0.76
6	FedEx	11.38	2.28	2.73	1.14	2.28	1.14
7	极兔速递	0.70	0.20	0.13	0.24	0.07	0.09
8	京东快递	1.27	0.38	0.27	0.13	0.40	0.01
9	跨越速运	1.81	—	0.51	0.16	0.79	0.51
10	民航快递	0.97	—	—	—	—	—
11	申通快递	1.76	0.62	0.32	0.43	0.22	0.005
12	顺丰速运	2.60	0.76	0.27	0.13	1.28	0.02
13	苏宁易购	0.21	0.00	0.04	0.12	0.04	—
14	速尔	4.26	1.18	0.82	1.18	0.45	1.72
15	天天快递	15.54	7.39	3.70	2.44	1.48	8.96
16	UPS	13.97	1.33	6.65	2.33	1.66	0.33
17	优速	9.83	2.36	2.74	1.88	2.29	1.01
18	圆通速递	2.86	1.07	0.56	0.70	0.35	0.03
19	韵达快递	1.19	0.38	0.35	0.24	0.10	0.01
20	宅急送	7.75	1.75	1.85	3.27	0.55	0.87
21	中通快递	0.88	0.22	0.14	0.32	0.10	0.004
22	中外运-空运	0.20	0.03	0.10	0.03	0.03	—
全国平均		2.30	0.75	0.50	0.46	0.42	0.19

注:按企业名称拼音首字母升序排列。

(三)省级区域快递服务申诉情况

省级区域快递服务申诉率(百万件快件业务量)平均为1.27,有效申诉率平均为0.11。省级区域快递服务申诉主要问题中,快件丢失短少申诉率平均为0.41,快件延误申诉率平均为0.27,投递服务申诉率平均为0.25,快件损毁申诉率平均为0.23(表4-11)。

表4-11 1月省级区域快递服务申诉情况统计(单位:申诉件数/百万件快件业务量)

序号	地区	申诉率	主要问题申诉率分布				有效申诉率
			丢失短少	延误	投递服务	损毁	
1	北京	3.51	1.26	0.79	0.63	0.67	0.32
2	天津	1.72	0.54	0.59	0.30	0.17	0.49
3	河北	1.43	0.52	0.32	0.26	0.26	0.06

续上表

序号	地　区	申诉率	主要问题申诉率分布				有效申诉率
			丢失短少	延误	投递服务	损毁	
4	山西	1.33	0.49	0.17	0.26	0.29	0.27
5	内蒙古	1.74	0.69	0.33	0.09	0.44	0.07
6	辽宁	1.93	0.83	0.47	0.19	0.32	0.13
7	吉林	2.4	0.83	0.62	0.32	0.53	0.37
8	黑龙江	2.05	0.72	0.40	0.28	0.59	0.29
9	上海	1.37	0.39	0.28	0.27	0.25	0.07
10	江苏	1.42	0.50	0.29	0.32	0.23	0.11
11	浙江	0.74	0.24	0.13	0.19	0.12	0.06
12	安徽	0.81	0.28	0.17	0.16	0.17	0.04
13	福建	1.23	0.37	0.26	0.25	0.22	0.06
14	江西	0.71	0.23	0.12	0.15	0.17	0.12
15	山东	2.06	0.69	0.47	0.44	0.33	0.13
16	河南	0.77	0.31	0.10	0.18	0.15	0.07
17	湖北	1.35	0.49	0.18	0.29	0.25	0.11
18	湖南	1.88	0.63	0.40	0.36	0.31	0.09
19	广东	0.75	0.21	0.15	0.16	0.13	0.06
20	广西	0.71	0.22	0.13	0.13	0.13	0.03
21	海南	1.34	0.40	0.18	0.20	0.36	0.11
22	重庆	0.85	0.17	0.19	0.20	0.19	0.05
23	四川	0.85	0.24	0.16	0.15	0.26	0.02
24	贵州	6.19	1.58	2.55	1.34	0.56	1.05
25	云南	1.2	0.47	0.21	0.18	0.29	0.07
26	西藏	14.13	6.96	3.04	0.87	2.83	1.74
27	陕西	1.26	0.48	0.23	0.24	0.26	0.12
28	甘肃	1.41	0.40	0.22	0.20	0.51	0.16
29	青海	1.19	0.25	0.29	0.04	0.57	0.12
30	宁夏	0.52	0.07	0.05	0.07	0.22	0.07
31	新疆	9.47	2.54	3.28	1.56	1.63	0.59
平均		1.27	0.41	0.27	0.25	0.23	0.11

（四）主要快递企业申诉处理工作综合指数情况

22家主要快递企业申诉处理工作综合指数平均为95.68，高于平均数的快递企业有13家，低于平均数的有9家（表4-12）。

表4-12　1月主要快递企业申诉处理工作评价

序号	企业名称	申诉处理工作综合指数	序号	企业名称	申诉处理工作综合指数
1	民航快递	100	6	德邦快递	98.75
2	速尔	100	7	韵达快递	97.99
3	苏宁易购	100	8	天天快递	97.33
4	宅急送	99.20	9	圆通速递	96.61
5	京东快递	99.08	10	顺丰速运	96.30

续上表

序号	企业名称	申诉处理工作综合指数	序号	企业名称	申诉处理工作综合指数
11	百世快递	96.22	17	递四方	93.52
12	UPS	95.94	18	中通快递	93.52
13	中外运-空运	95.68	19	跨越速运	93.36
14	FedEx	95.45	20	EMS	91.67
15	优速	95.10	21	极兔速递	88.23
16	申通快递	94.27	22	DHL	86.72
平均:95.68					

注:1. 申诉处理工作综合指数,是对企业申诉处理工作质量的综合评价,根据企业申诉处理工作水平由高到低排序。综合指数相同时,按企业名称拼音首字母升序排列。

2. 综合指数考核参数包含一次结案率、逾期率、企业答复不规范率、企业答复不属实率、工作满意率等五个指标(数据来源于系统自动生成)。

四、省级邮政管理机构申诉处理工作综合指数情况

省级邮政管理机构申诉处理工作综合指数平均为96.83,高于全国平均数的地区有19个,低于全国平均数的地区有12个(表4-13)。

表4-13 1月省级邮政管理机构申诉处理工作评价

序号	地区	申诉处理工作综合指数	序号	地区	申诉处理工作综合指数
1	贵州	99.70	17	云南	97.27
2	甘肃	99.28	18	青海	97.09
3	湖北	98.97	19	内蒙古	96.91
4	吉林	98.79	20	重庆	96.81
5	湖南	98.63	21	浙江	96.49
6	江西	98.47	22	江苏	95.87
7	四川	98.44	23	广东	95.26
8	安徽	98.34	24	陕西	95.23
9	辽宁	98.23	25	海南	94.50
10	河北	97.97	26	福建	94.00
11	山东	97.96	27	广西	94.00
12	北京	97.88	28	宁夏	94.00
13	西藏	97.45	29	上海	94.00
14	黑龙江	97.43	30	山西	94.00
15	新疆	97.39	31	天津	94.00
16	河南	97.27		—	
平均:96.83					

注:1. 申诉处理工作综合指数,是对省级邮政管理机构申诉处理工作质量的综合评价,根据省级邮政管理机构申诉处理工作水平由高到低排序。综合指数相同时,按地区名称拼音首字母升序排列。

2. 综合指数考核参数包含一次结案率、逾期率、正确率、工作满意率等四个指标(数据来源于系统自动生成)。

国家邮政局关于2021年2月邮政业用户申诉情况的通告

一、总体情况

1.2021年2月，国家邮政局和各省(区、市)邮政管理局通过“12305”邮政业用户申诉电话和申诉网站共处理申诉18715件，环比下降13.6%，同比增长45.5%。申诉中涉及邮政服务问题的711件，占总申诉量的3.8%，环比增长17.1%，同比增长5.5%；涉及快递服务问题的18004件，占总申诉量的96.2%，环比下降14.5%，同比增长47.7%(图4-17)。

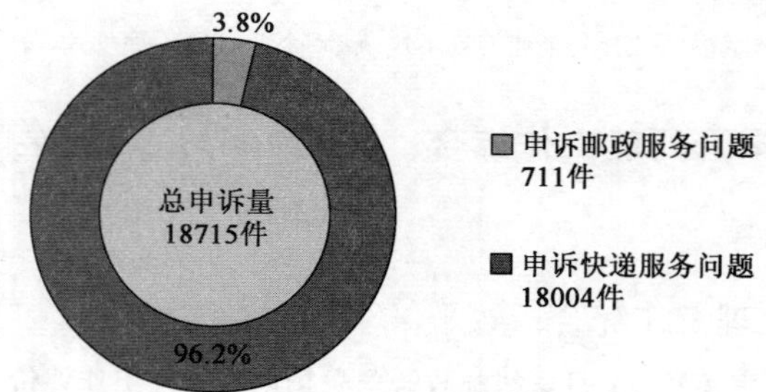

图4-17　2月国家邮政局和各省(区、市)邮政管理局通过“12305”邮政快递业消费者申诉情况

2.受理的申诉中有效申诉(确定企业责任的)为2026件，环比增长11%，同比增长3.7%。有效申诉中涉及邮政服务问题的62件，占有效申诉量的3.1%，环比增长37.8%，同比增长8.8%；涉及快递服务问题的1964件，占有效申诉量的96.9%，环比增长10.3%，同比增长3.5%(图4-18)。

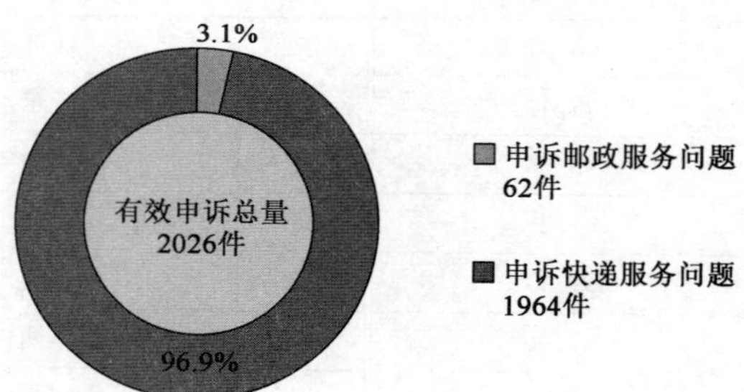

图4-18　2月邮政快递业消费者申诉中有效申诉占比情况

3.用户对邮政管理机构有效申诉处理工作满意率为97.7%，对邮政企业有效申诉处理满意率为95.2%，对快递企业有效申诉处理满意率为96.4%。

4.邮政快递企业对省级邮政管理机构转办的申诉未能按规定时限回复的有3件，与去年同期相比下降65件(表4-14)。

表4-14　2月邮政快递企业逾期情况(单位:件)

序号	公司名称	山西	广东	合计
1	中国邮政	1		1
2	其他		2	2
合计		1	2	3

二、邮政服务申诉情况

1. 邮政服务申诉问题情况

用户对邮政服务问题申诉711件，环比增长17.1%，同比增长5.5%（图4-19）。

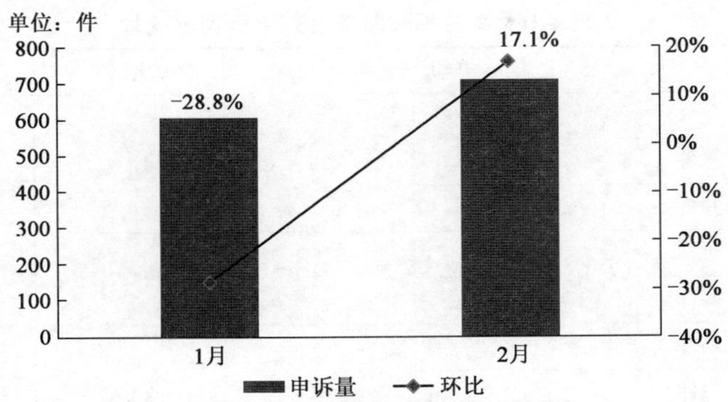

图4-19 2月邮政服务问题申诉数量情况

邮政服务申诉的主要问题是邮件延误、投递服务和邮件丢失短少，分别占申诉总量的36.7%、31.5%和17.7%。其中，环比增长明显的是邮件延误和邮件丢失短少问题（表4-15）。

表4-15 2月邮政服务问题申诉量情况统计

序号	申诉内容	申诉件数	占比（%）	环比（%）	同比（%）	函件	包件	报刊	集邮	其他
1	延误	261	36.7	33.2	2.4	91	149	1	2	18
2	投递服务	224	31.5	-4.3	19.8	185	28	3	1	7
3	丢失短少	126	17.7	27.3	5.9	46	77	0	0	3
4	收寄服务	35	4.9	288.9	2.9	27	5	1	2	0
5	损毁	25	3.5	4.2	-19.4	7	16	0	1	1
6	违规收费	7	1	-46.2	0	7	0	0	0	0
7	其他	33	4.6	3.1	-19.5	11	5	2	2	13
合计		711	100	17.1	5.5	374	280	7	8	42

2. 邮政服务申诉主要问题二级原因情况

邮件延误申诉中主要占比是中转或运输延误，投递服务申诉中主要占比是虚假签收，邮件丢失短少申诉中主要占比是企业未按照规定赔偿（图4-20）。

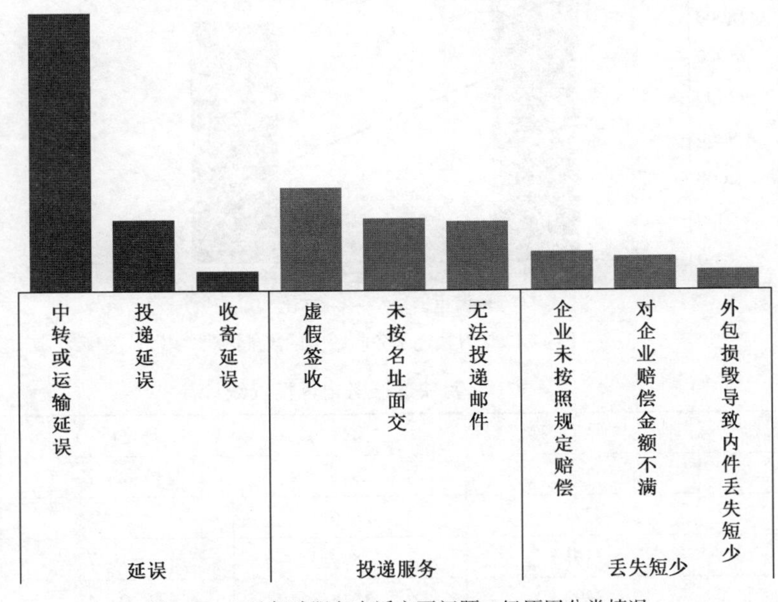

图4-20 2月邮政服务申诉主要问题二级原因分类情况

3. 邮政服务有效申诉问题情况

用户对邮政服务问题有效申诉62件，环比增长37.8%，同比增长8.8%。邮政服务有效申诉的主要问题是邮件延误、邮件丢失短少和投递服务，分别占有效申诉总量的41.9%、24.2%和22.6%。其中，环比增长明显的是邮件延误问题（表4-16）。

表4-16　2月邮政服务有效申诉情况统计

<table>
<tr><th>序号</th><th colspan="2">申诉问题</th><th colspan="2">申诉件数</th><th>占比（%）</th><th>环比（%）</th><th>同比（%）</th></tr>
<tr><td rowspan="3">1</td><td rowspan="3">延误</td><td>包件</td><td>14</td><td rowspan="3">26</td><td rowspan="3">41.9</td><td rowspan="3">188.9</td><td rowspan="3">4.0</td></tr>
<tr><td>函件</td><td>10</td></tr>
<tr><td>其他</td><td>2</td></tr>
<tr><td rowspan="2">2</td><td rowspan="2">丢失短少</td><td>包件</td><td>11</td><td rowspan="2">15</td><td rowspan="2">24.2</td><td rowspan="2">36.4</td><td rowspan="2">15.4</td></tr>
<tr><td>函件</td><td>4</td></tr>
<tr><td rowspan="3">3</td><td rowspan="3">投递服务</td><td>函件</td><td>8</td><td rowspan="3">14</td><td rowspan="3">22.6</td><td rowspan="3">-17.6</td><td rowspan="3">-6.7</td></tr>
<tr><td>包件</td><td>5</td></tr>
<tr><td>报刊</td><td>1</td></tr>
<tr><td rowspan="2">4</td><td rowspan="2">收寄服务</td><td>函件</td><td>3</td><td rowspan="2">4</td><td rowspan="2">6.5</td><td rowspan="2">100</td><td rowspan="2">100</td></tr>
<tr><td>包件</td><td>1</td></tr>
<tr><td>5</td><td>损毁</td><td>包件</td><td>2</td><td>2</td><td>3.2</td><td>-66.7</td><td>0.0</td></tr>
<tr><td>6</td><td colspan="2">其他</td><td colspan="2">1</td><td>1.6</td><td>—</td><td>—</td></tr>
<tr><td colspan="3">合计</td><td colspan="2">62</td><td>100</td><td>37.8</td><td>8.8</td></tr>
</table>

三、快递服务申诉情况

（一）快递服务申诉总体情况

1. 快递服务申诉问题情况

用户对快递服务问题申诉18004件，环比下降14.5%，同比增长47.7%（图4-21）。

快递服务申诉的主要问题是快件丢失短少、快件延误和快件损毁，分别占申诉总量的29.5%、26.6%和18.9%。其中，环比增长的是快件延误，同比增长明显的是快件丢失短少和快件损毁问题（表4-17）。

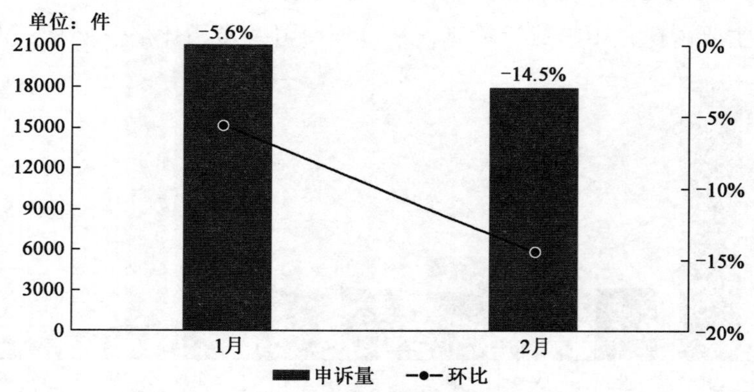

图4-21　2月快递服务问题申诉数量情况

表4-17　2月快递服务申诉情况统计

序号	申诉内容	申诉件数	占比（%）	环比（%）	同比（%）
1	丢失短少	5307	29.5	-23.1	104.0
2	延误	4797	26.6	5.4	16.6
3	损毁	3401	18.9	-10.7	54.0
4	投递服务	3290	18.3	-21.4	42.2

续上表

序号	申诉内容	申诉件数	占比(%)	环比(%)	同比(%)
5	收寄服务	530	2.9	-30.7	26.2
6	违规收费	222	1.2	-27.0	80.5
7	代收货款	36	0.2	-59.1	9.1
8	其他	421	2.3	-6.2	12.3
合计		18004	100	-14.5	47.7

2. 快递服务申诉主要问题二级原因情况

快件丢失短少申诉中主要占比是对企业赔偿金额不满,快件延误申诉中主要占比是中转或运输延误,快件损毁申诉中主要占比是对企业赔偿金额不满(图4-22)。

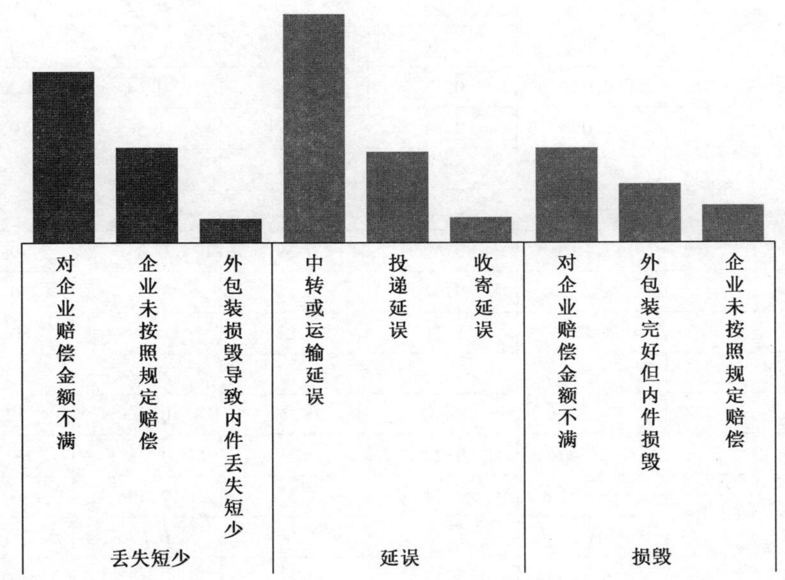

图4-22 2月快递服务申诉主要问题二级原因分类情况

3. 快递服务有效申诉问题情况

用户对快递服务问题有效申诉1964件,环比增长10.3%,同比增长3.5%。快递服务有效申诉的主要问题是快件延误、快件丢失短少和投递服务,分别占有效申诉总量的34.1%、27.2%和24.4%。其中,环比增长明显的是快件延误问题(表4-18)。

表4-18 2月快递服务有效申诉情况统计

序号	申诉问题	有效申诉件数	占比(%)	环比(%)	同比(%)
1	延误	670	34.1	58.0	-11.1
2	丢失短少	535	27.2	-5.3	24.1
3	投递服务	480	24.4	-3.0	1.3
4	损毁	214	10.9	5.9	28.9
5	收寄服务	31	1.6	-38.0	19.2
6	违规收费	17	0.9	0.0	142.9
7	代收货款	3	0.2	-70.0	-78.6
8	其他	14	0.7	-17.6	-44.0
合计		1964	100	10.3	3.5

（二）主要快递企业申诉情况

全国快递企业申诉率(百万件快件业务量)平均为3.54,有效申诉率平均为0.39。用户对快递企业申诉主要问题中,快件丢失短少申诉率平均为1.04,快件延误申诉率平均为0.94,快件损毁申诉率平均为0.67,投递服务申诉率平均为0.65(表4-19)。

表4-19　2月主要快递企业申诉情况统计(单位:申诉件数/百万件快件业务量)

序号	企业名称	申诉率	主要问题申诉率分布				有效申诉率
			丢失短少	延误	损毁	投递服务	
1	百世快递	7.00	2.62	1.91	0.97	1.20	0.03
2	DHL	8.17	—	3.00	0.82	1.63	—
3	德邦快递	14.97	2.27	4.59	6.31	0.98	4.04
4	递四方	1.76	0.51	0.81	0.07	0.2	0.02
5	EMS	6.07	1.98	2.36	0.72	0.77	1.57
6	FedEx	8.34	1.6	2.89	0.96	0.64	0.64
7	极兔速递	0.92	0.31	0.17	0.13	0.25	0.11
8	京东快递	2.09	0.54	0.5	0.6	0.27	0.03
9	跨越速运	5.39	0.17	2.61	0.87	0.7	1.48
10	民航快递	3.24	1.62	1.62	—	—	1.62
11	申通快递	2.13	0.69	0.39	0.33	0.53	0.01
12	顺丰速运	3.5	0.94	0.48	1.73	0.16	0.02
13	速尔	4.37	1.21	1.21	0.49	0.97	2.18
14	苏宁易购	—	—	—	—	—	—
15	天天快递	74.32	35.37	13.71	10.93	12.12	42.13
16	UPS	12.88	0.92	6.9	1.38	1.38	0.46
17	优速	7.41	2.24	1.57	2.39	0.67	1.35
18	圆通速递	5.08	1.98	1.06	0.63	1.09	0.05
19	韵达快递	1.54	0.45	0.45	0.17	0.34	0.01
20	宅急送	19.15	5.22	4.06	1.74	7.83	1.45
21	中通快递	0.95	0.21	0.11	0.14	0.33	0.001
22	中外运-空运	0.11	0.04	0.04	—	—	—
全国平均		3.54	1.04	0.94	0.67	0.65	0.39

注:1. 按企业名称拼音首字母升序排列。

2. 本月无用户申诉苏宁易购服务质量问题。

（三）省级区域快递服务申诉情况

省级快递服务申诉率(百万件快件业务量)平均为2.0,有效申诉率平均为0.22。省级区域快递服务申诉主要问题中,快件丢失短少申诉率平均为0.59,快件延误申诉率平均为0.53,快件损毁申诉率平均为0.38,快件投递服务申诉率平均为0.37(表4-20)。

表4-20　2月省级区域快递服务申诉情况统计(单位:申诉件数/百万件快件业务量)

序号	地　区	申诉率	主要问题申诉率分布				有效申诉率
			丢失短少	延误	损毁	投递服务	
1	北京	6.11	1.67	2.17	1.08	0.98	0.78
2	天津	1.61	0.53	0.44	0.32	0.24	0.57
3	河北	1.86	0.64	0.65	0.35	0.18	0.06

续上表

序号	地　区	申诉率	主要问题申诉率分布				有效申诉率
			丢失短少	延误	损毁	投递服务	
4	山西	2.26	0.80	0.47	0.57	0.36	0.51
5	内蒙古	3.15	0.78	0.77	0.66	0.14	0.18
6	辽宁	2.67	1.02	0.61	0.54	0.29	0.21
7	吉林	3.64	1.18	1.13	0.98	0.25	0.64
8	黑龙江	5.09	1.51	2.01	0.90	0.32	1.07
9	上海	2.73	0.57	0.89	0.35	0.70	0.18
10	江苏	2.05	0.69	0.56	0.37	0.32	0.33
11	浙江	1.34	0.42	0.25	0.24	0.31	0.19
12	安徽	1.58	0.51	0.35	0.28	0.38	0.09
13	福建	2.99	0.75	0.79	0.57	0.66	0.24
14	江西	1.04	0.37	0.16	0.21	0.26	0.19
15	山东	2.69	0.84	0.75	0.47	0.50	0.22
16	河南	1.44	0.46	0.22	0.30	0.42	0.13
17	湖北	2.14	0.54	0.47	0.54	0.42	0.29
18	湖南	3.1	0.83	0.95	0.52	0.40	0.16
19	广东	1.05	0.28	0.23	0.20	0.22	0.07
20	广西	0.96	0.25	0.20	0.28	0.14	0.08
21	海南	2.43	0.78	0.44	0.55	0.50	0.13
22	重庆	1.19	0.21	0.21	0.31	0.17	0.06
23	四川	1.11	0.31	0.18	0.35	0.21	0.06
24	贵州	7.29	2.28	2.26	0.85	1.67	1.47
25	云南	1.60	0.56	0.32	0.39	0.24	0.08
26	西藏	20.48	7.39	4.55	6.83	0.57	3.98
27	陕西	1.50	0.66	0.31	0.24	0.25	0.17
28	甘肃	2.59	0.74	0.77	0.75	0.23	0.49
29	青海	2.14	0.89	0.27	0.71	0.27	—
30	宁夏	1.06	0.32	0.09	0.46	0.14	0.18
31	新疆	16.77	3.56	7.98	2.19	2.47	0.81
平均		2.0	0.59	0.53	0.38	0.37	0.22

（四）主要快递企业申诉处理工作综合指数情况

21家主要快递企业申诉处理工作综合指数平均为95.97，高于平均数的快递企业有10家，低于平均数的有11家（表4-21）。

表4-21　2月主要快递企业申诉处理工作评价

序号	企业名称	申诉处理工作综合指数	序号	企业名称	申诉处理工作综合指数
1	DHL	100	6	京东快递	98.02
2	民航快递	100	7	UPS	97.97
3	德邦快递	99.22	8	极兔速递	97.77
4	宅急送	99.14	9	韵达快递	97.65
5	跨越速运	99.08	10	速尔	96.84

续上表

序号	企业名称	申诉处理工作综合指数	序号	企业名称	申诉处理工作综合指数
11	顺丰速运	95.91	17	FedEx	93.52
12	圆通速递	95.21	18	中外运-空运	93.52
13	百世快递	95.11	19	申通快递	93.34
14	天天快递	93.98	20	EMS	92.95
15	中通快递	93.86	21	优速	88.85
16	递四方	93.52	—		
平均:95.97					

注:1. 申诉处理工作综合指数,是对企业申诉处理工作质量的综合评价,根据企业申诉处理工作水平由高到低排序。综合指数相同时,按企业名称拼音首字母升序排列。

2. 综合指数考核参数包含一次结案率、逾期率、企业答复不规范率、企业答复不属实率、工作满意率等五个指标(数据来源于系统自动生成)。

3. 因本月无用户申诉苏宁易购服务质量问题,所以综合指数不做排名。

四、省级邮政管理机构申诉处理工作综合指数情况

省级邮政管理机构申诉处理工作综合指数平均为95.32,高于全国平均数的地区有21个,低于全国平均数的地区有10个(表4-22)。

表4-22　2月省级邮政管理机构申诉处理工作评价

序号	地　区	申诉处理工作综合指数	序号	地　区	申诉处理工作综合指数
1	贵州	99.40	17	甘肃	96.58
2	湖北	99.19	18	上海	96.57
3	四川	98.72	19	吉林	96.34
4	云南	98.04	20	陕西	95.76
5	新疆	98.02	21	天津	95.49
6	内蒙古	97.92	22	广西	94.00
7	安徽	97.67	23	海南	94.00
8	湖南	97.65	24	江苏	94.00
9	河北	97.59	25	江西	94.00
10	黑龙江	97.56	26	宁夏	94.00
11	福建	97.37	27	西藏	94.00
12	辽宁	96.99	28	浙江	93.97
13	山东	96.87	29	北京	85.29
14	青海	96.84	30	河南	85.22
15	重庆	96.82	31	山西	82.40
16	广东	96.66	—		
平均:95.32					

注:1. 申诉处理工作综合指数,是对省级邮政管理机构申诉处理工作质量的综合评价,根据省级邮政管理机构申诉处理工作水平由高到低排序。综合指数相同时,按地区名称拼音首字母升序排列。

2. 综合指数考核参数包含一次结案率、逾期率、正确率、工作满意率等四个指标(数据来源于系统自动生成)。

国家邮政局关于2021年3月邮政业用户申诉情况的通告

一、总体情况

1.2021年3月，国家邮政局和各省（区、市）邮政管理局通过“12305”邮政业用户申诉电话和申诉网站共处理申诉26605件，环比增长42.2%，同比增长61.6%。申诉中涉及邮政服务问题的727件，占总申诉量的2.7%，环比增长2.3%，同比下降11%；涉及快递服务问题的25878件，占总申诉量的97.3%，环比增长43.7%，同比增长65.4%（图4-23）。

2.受理的申诉中有效申诉（确定企业责任的）为2554件，环比增长26.1%，同比增长12.7%。有效申诉中涉及邮政服务问题的58件，占有效申诉量的2.3%，环比下降6.5%，同比下降13.4%；涉及快递服务问题的2496件，占有效申诉量的97.7%，环比增长27.1%，同比增长13.5%（图4-24）。

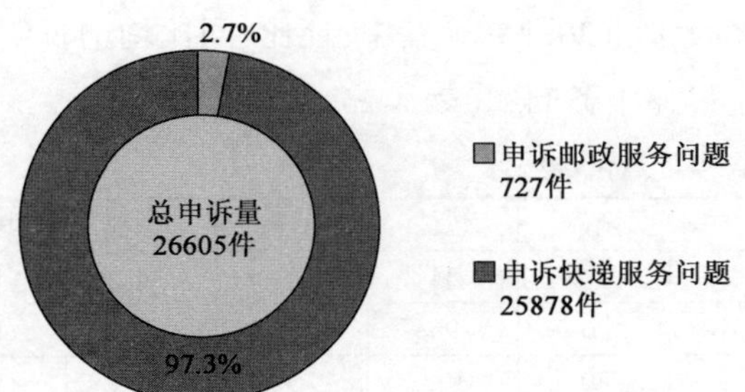

图4-23 3月国家邮政局和各省（区、市）邮政管理局通过“12305”邮政快递业消费者申诉情况

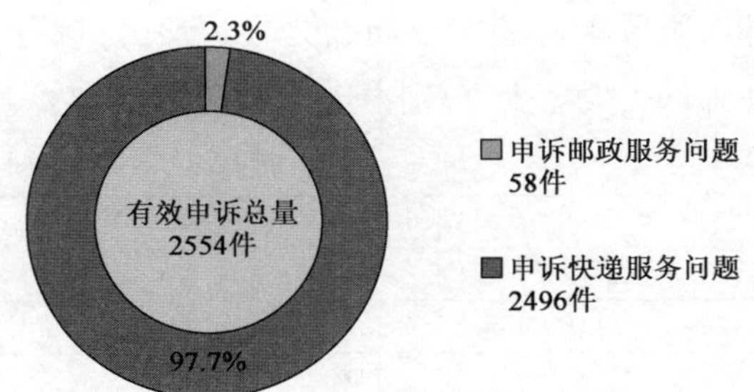

图4-24 3月邮政快递业消费者申诉中有效申诉占比情况

3.用户对邮政管理机构有效申诉处理工作满意率为97.8%，对邮政企业有效申诉处理满意率为93.1%，对快递企业有效申诉处理满意率为96%。

4.邮政快递企业对省级邮政管理机构转办的申诉未能按规定时限回复的有4件，同比减少33件（表4-23）。

表4-23 3月邮政快递企业逾期情况（单位：件）

序号	公司名称	黑龙江	广东	宁夏	合计
1	中国邮政	2		1	3
2	中外运-空运		1		1
合计		2	1	1	4

5.邮政快递企业对省级邮政管理机构转办的申诉未能如实回复的有75件，环比增加22件（表4-24）。

表4-24 3月邮政快递企业答复不属实情况

序号	公司名称	数量	序号	公司名称	数量
1	EMS	12	8	天天快递	3
2	圆通速递	12	9	极兔速递	2
3	中通快递	10	10	京东快递	1
4	百世快递	10	11	顺丰速运	1
5	韵达快递	8	12	优速	1
6	申通快递	6	13	其他	6
7	中国邮政	3	—		
合计：75					

二、邮政服务申诉情况

1. 邮政服务申诉问题情况

用户对邮政服务问题申诉727件，环比增长2.3%，同比下降11%（图4-25）。

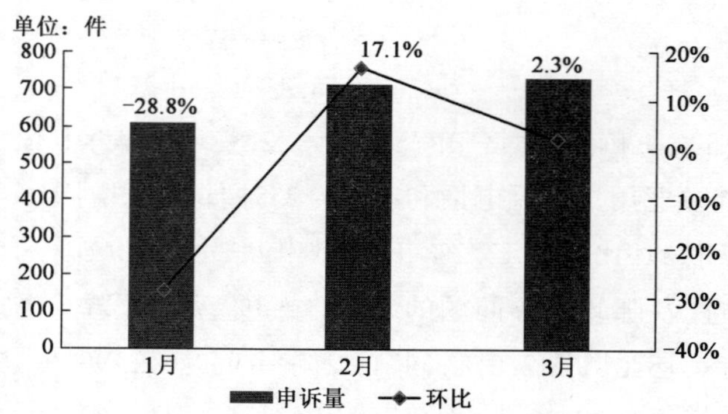

图4-25 3月邮政服务问题申诉数量情况

邮政服务申诉的主要问题是投递服务、邮件延误和邮件丢失短少，分别占申诉总量的42.8%、26.4%和20.2%。其中，环比、同比均增长明显的是投递服务问题（表4-25）。

表4-25 3月邮政服务问题申诉量情况统计

序号	申诉内容	申诉件数	占比(%)	环比(%)	同比(%)	函件	包件	报刊	集邮	其他
1	投递服务	311	42.8	38.8	59.5	252	34	6	4	15
2	延误	192	26.4	-26.4	-45.0	76	96	3	2	15
3	丢失短少	147	20.2	16.7	21.5	30	102	3	1	11
4	损毁	25	3.4	0	-30.6	6	16	0	0	3
5	收寄服务	18	2.5	-48.6	-71.0	4	8	0	2	4
6	违规收费	9	1.2	28.6	-18.2	5	1	0	0	3
7	其他	25	3.4	-24.2	-41.9	7	2	2	8	6
合计		727	100	2.3	-11	380	259	14	17	57

2. 邮政服务申诉主要问题二级原因情况

投递服务申诉中主要占比是虚假签收，邮件延误申诉中主要占比是中转或运输延误，邮件丢失短少申诉中主要占比是对企业赔偿金额不满（图4-26）。

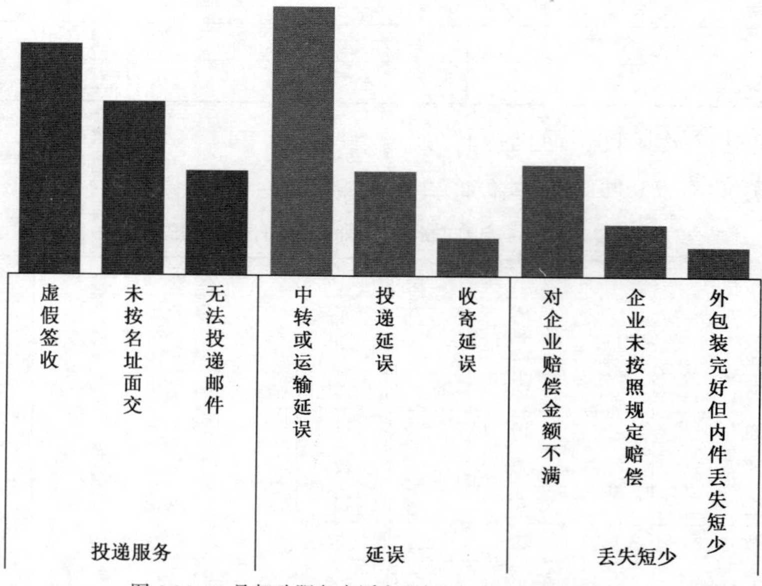

图4-26 3月邮政服务申诉主要问题二级原因分类情况

3. 邮政服务有效申诉问题情况

用户对邮政服务问题有效申诉58件，环比下降6.5%，同比下降13.4%。邮政服务有效申诉的主要问题是邮件丢失短少、投递服务和邮件延误，分别占有效申诉总量的36.2%、34.5%和24.1%。其中，环比增长明显的是投递服务和快件丢失短少问题，同比增长明显的是投递服务问题（表4-26）。

表4-26　3月邮政服务有效申诉情况统计

序号	申诉问题		申诉件数		占比（%）	环比（%）	同比（%）
1	丢失短少	包件	12	21	36.2	40.0	-27.6
		函件	4				
		其他	5				
2	投递服务	函件	14	20	34.5	42.9	42.9
		包件	3				
		集邮	1				
		其他	2				
3	延误	包件	9	14	24.1	-46.2	-26.3
		函件	3				
		报刊	1				
		集邮	1				
4	损毁	包件	1	2	3.4	0	0
		其他	1				
5	其他		1		1.7	0	0
合计			58		100	-6.5	-13.4

三、快递服务申诉情况

（一）快递服务申诉总体情况

1. 快递服务申诉问题情况

用户对快递服务问题申诉25878件，环比增长43.7%，同比增长65.4%（图4-27）。

快递服务申诉的主要问题是快件丢失短少、快件延误和投递服务，分别占申诉总量的30.7%、25.2%和18.4%。其中，环比、同比均增长明显的是快件丢失短少和投递服务问题（表4-27）。

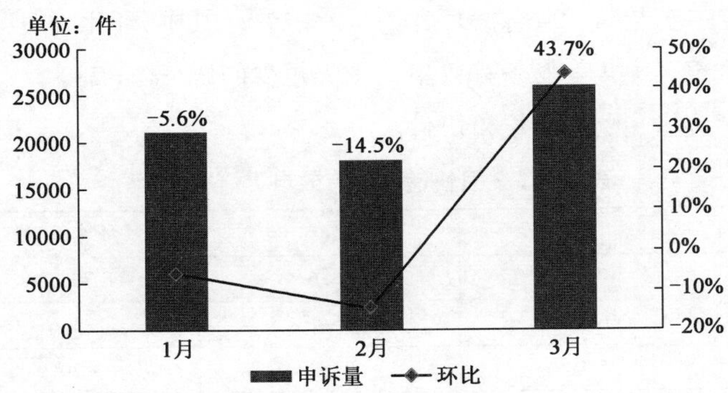

图4-27　3月快递服务问题申诉数量情况

表4-27　3月快递服务申诉情况统计

序号	申诉内容	申诉件数	占比（%）	环比（%）	同比（%）
1	丢失短少	7932	30.7	49.5	105.5
2	延误	6522	25.2	36.0	26.1

续上表

序号	申诉内容	申诉件数	占比(%)	环比(%)	同比(%)
3	投递服务	4762	18.4	44.7	71.4
4	损毁	4756	18.4	39.8	71.8
5	收寄服务	1059	4.1	99.8	134.8
6	违规收费	357	1.4	60.8	63.8
7	代收货款	54	0.2	50.0	-47.1
8	其他	436	1.7	3.6	46.3
合计		25878	100	43.7	65.4

2. 快递服务申诉主要问题二级原因情况

快件丢失短少申诉中主要占比是对企业赔偿金额不满，快件延误申诉中主要占比是中转或运输延误，投递服务申诉中主要占比是虚假签收（图4-28）。

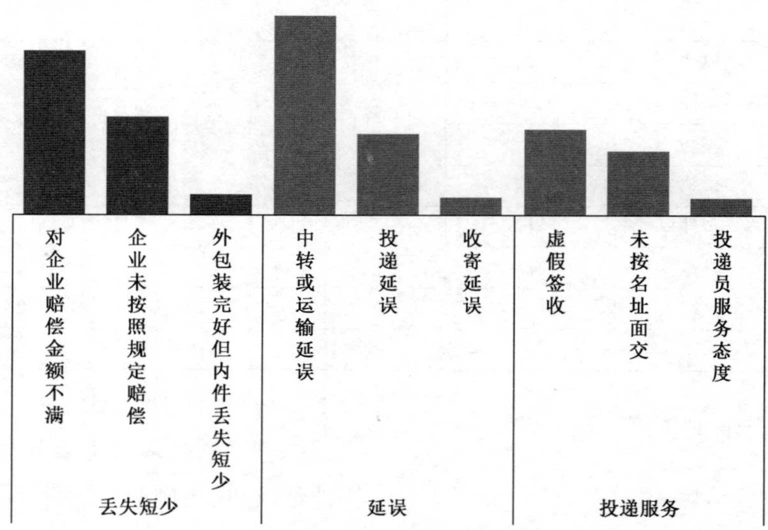

图4-28　3月快递服务申诉主要问题二级原因分类情况

3. 快递服务有效申诉问题情况

用户对快递服务问题有效申诉2496件，环比增长27.1%，同比增长13.5%。快递服务有效申诉的主要问题是快件丢失短少、投递服务和快件延误，分别占有效申诉总量的36.6%、26.1%和21.2%。其中，环比、同比均增长明显的是快件丢失短少问题（表4-28）。

表4-28　3月快递服务有效申诉情况统计

序号	申诉问题	有效申诉件数	占比(%)	环比(%)	同比(%)
1	丢失短少	913	36.6	70.7	43.3
2	投递服务	651	26.1	35.6	-2.5
3	延误	530	21.2	-20.9	-11.2
4	损毁	260	10.4	21.5	59.5
5	违规收费	69	2.8	305.9	762.5
6	收寄服务	44	1.8	41.9	10.0
7	代收货款	5	0.2	66.7	-92.3
8	其他	24	1	71.4	9.1
合计		2496	100	27.1	13.5

(二)主要快递企业申诉情况

全国快递企业申诉率(百万件快件业务量)平均为2.74,有效申诉率平均为0.26。用户对快递企业申诉主要问题中,快件丢失短少申诉率平均为0.84,快件延误申诉率平均为0.69,投递服务申诉率平均为0.50,快件损毁申诉率平均为0.50(表4-29)。

表4-29 3月主要快递企业申诉情况统计表(单位:申诉件数/百万件快件业务量)

序号	企业名称	申诉率	主要问题申诉率分布				有效申诉率
			丢失短少	延误	投递服务	损毁	
1	百世快递	4.03	1.52	1.13	0.69	0.53	0.02
2	德邦快递	14.10	2.49	2.05	0.63	8.27	2.36
3	DHL	10.05	1.47	3.77	2.09	0.21	0.42
4	递四方	1.23	0.36	0.35	0.17	0.05	0.10
5	EMS	5.86	2.45	1.61	0.85	0.79	1.62
6	FedEx	10.25	1.84	5.33	1.02	0.41	1.02
7	极兔速递	0.91	0.3	0.25	0.24	0.06	0.13
8	京东快递	2.17	0.68	0.43	0.31	0.65	0.04
9	跨越速运	1.77	0.13	0.47	0.22	0.65	0.47
10	民航快递	3.69	0.92	2.77	—	—	—
11	申通快递	1.61	0.49	0.36	0.39	0.21	0.01
12	顺丰速运	3.27	0.96	0.32	0.16	1.68	0.03
13	苏宁易购	0.13	0.07	—	—	—	—
14	速尔	4.48	1.24	1.24	1.39	0.62	1.85
15	天天快递	121.53	84.14	17.96	8.61	8.61	68.89
16	UPS	29.87	3.68	11.49	7.35	1.38	0.92
17	优速	7.08	1.73	2.33	1.21	1.61	1.21
18	圆通速递	3.18	1.09	0.73	0.69	0.41	0.05
19	韵达快递	1.11	0.33	0.28	0.26	0.08	0.01
20	宅急送	7.19	0.81	1.22	4.07	0.81	0.41
21	中通快递	0.56	0.13	0.05	0.16	0.06	0.01
22	中外运-空运	0.07	—	0.02	0.02	—	0.02
全国平均		2.74	0.84	0.69	0.50	0.50	0.26

注:按企业名称拼音首字母升序排列。

(三)省级区域快递服务申诉情况

省级快递服务申诉率(百万件快件业务量)平均为1.51,有效申诉率平均为0.15。省级区域快递服务申诉主要问题中,快件丢失短少申诉率平均为0.46,快件延误申诉率平均为0.38,投递服务申诉率平均为0.28,快件损毁申诉率平均为0.28(表4-30)。

表4-30 3月省级区域快递服务申诉情况统计表(单位:申诉件数/百万件快件业务量)

序号	地区	申诉率	主要问题申诉率分布				有效申诉率
			丢失短少	延误	投递服务	损毁	
1	北京	5.12	1.68	1.35	0.88	0.90	0.56
2	天津	1.28	0.42	0.24	0.17	0.24	0.29
3	河北	1.70	0.59	0.47	0.25	0.25	0.23
4	山西	1.99	0.68	0.29	0.28	0.52	0.55

续上表

序号	地 区	申诉率	主要问题申诉率分布				有效申诉率
			丢失短少	延误	投递服务	损毁	
5	内蒙古	1.68	0.49	0.23	0.06	0.39	0.1
6	辽宁	1.90	0.73	0.39	0.19	0.41	0.15
7	吉林	2.11	0.93	0.41	0.16	0.48	0.43
8	黑龙江	3.20	1.02	1.15	0.29	0.57	0.72
9	上海	3.64	0.57	1.90	0.64	0.32	0.15
10	江苏	1.35	0.50	0.27	0.20	0.31	0.14
11	浙江	0.80	0.26	0.14	0.22	0.14	0.13
12	安徽	1.06	0.34	0.23	0.19	0.22	0.03
13	福建	2.09	0.55	0.49	0.55	0.38	0.13
14	江西	0.81	0.26	0.17	0.15	0.20	0.12
15	山东	1.80	0.61	0.38	0.35	0.37	0.11
16	河南	0.90	0.37	0.11	0.19	0.18	0.05
17	湖北	1.57	0.54	0.27	0.29	0.40	0.13
18	湖南	2.55	0.77	0.61	0.44	0.40	0.24
19	广东	0.87	0.23	0.20	0.19	0.15	0.06
20	广西	0.78	0.24	0.15	0.10	0.20	0.04
21	海南	1.76	0.69	0.28	0.19	0.45	0.06
22	重庆	0.87	0.15	0.21	0.14	0.27	0.03
23	四川	1.09	0.33	0.24	0.18	0.28	0.06
24	贵州	6.33	2.03	1.86	1.45	0.73	0.86
25	云南	1.10	0.38	0.24	0.18	0.26	0.05
26	西藏	9.78	3.67	2.10	0.87	2.27	1.4
27	陕西	1.29	0.40	0.35	0.20	0.27	0.13
28	甘肃	1.36	0.43	0.27	0.17	0.42	0.17
29	青海	1.52	0.46	0.08	0.08	0.46	0.04
30	宁夏	0.44	0.14	0.07	0.02	0.14	0.02
31	新疆	5.97	1.24	2.81	0.68	1.10	0.27
平均		1.51	0.46	0.38	0.28	0.28	0.15

（四）主要快递企业申诉处理工作综合指数情况

22家主要快递企业申诉处理工作综合指数平均为94.61，高于平均数的快递企业有9家，低于平均数的有13家（表4-31）。

表4-31　3月主要快递企业申诉处理工作评价

序号	企业名称	申诉处理工作综合指数	序号	企业名称	申诉处理工作综合指数
1	民航快递	100	7	EMS	95.11
2	苏宁易购	100	8	极兔速递	94.81
3	德邦快递	99.12	9	京东快递	94.76
4	宅急送	98.89	10	跨越速运	94.32
5	顺丰速运	97.50	11	UPS	94.32
6	FedEx	97.42	12	优速	94.32

续上表

序号	企业名称	申诉处理工作综合指数	序号	企业名称	申诉处理工作综合指数
13	百世快递	93.80	18	圆通速递	93.01
14	DHL	93.52	19	天天快递	92.08
15	递四方	93.52	20	韵达快递	90.60
16	速尔	93.52	21	申通快递	89.26
17	中外运-空运	93.20	22	中通快递	88.26
平均:94.61					

注:1. 申诉处理工作综合指数,是对企业申诉处理工作质量的综合评价,根据企业申诉处理工作水平由高到低排序。综合指数相同时,按企业名称拼音首字母升序排列。

2. 综合指数考核参数包含一次结案率、逾期率、企业答复不规范率、企业答复不属实率、工作满意率等五个指标(数据来源于系统自动生成)。

四、省级邮政管理机构申诉处理工作综合指数情况

省级邮政管理机构申诉处理工作综合指数平均为96.74,高于全国平均数的地区有17个,低于全国平均数的地区有14个(表4-32)。

表4-32 3月省级邮政管理机构申诉处理工作评价

序号	地区	申诉处理工作综合指数	序号	地区	申诉处理工作综合指数
1	贵州	99.89	17	河南	97.07
2	云南	99.19	18	江西	96.72
3	内蒙古	99.14	19	上海	96.61
4	湖南	98.95	20	重庆	96.57
5	福建	98.76	21	江苏	96.54
6	安徽	98.68	22	广东	96.37
7	黑龙江	98.59	23	四川	96.00
8	西藏	98.50	24	新疆	95.64
9	北京	98.50	25	广西	95.59
10	湖北	98.25	26	青海	95.44
11	辽宁	98.21	27	天津	94.41
12	河北	98.17	28	海南	94
13	吉林	97.51	29	宁夏	94
14	浙江	97.20	30	山西	93.16
15	甘肃	97.16	31	陕西	86.88
16	山东	97.12	—		
平均:96.74					

注:1. 申诉处理工作综合指数,是对省级邮政管理机构申诉处理工作质量的综合评价,根据省级邮政管理机构申诉处理工作水平由高到低排序。综合指数相同时,按地区名称拼音首字母升序排列。

2. 综合指数考核参数包含一次结案率、逾期率、正确率、工作满意率等四个指标(数据来源于系统自动生成)。

国家邮政局关于2021年4月邮政业用户申诉情况的通告

一、总体情况

1.2021年4月,国家邮政局和各省(区、市)邮政管理局通过"12305"邮政业用户申诉电话和申诉网站共处理申诉18253件,环比下降31.4%,同比增长9.1%。申诉中涉及邮政服务问题的489件,占总申诉量的2.7%,环比下降32.7%,同比增长17.5%;涉及快递服务问题的17764件,占总申诉量的97.3%,环比下降31.4%,同比增长8.9%(图4-29)。

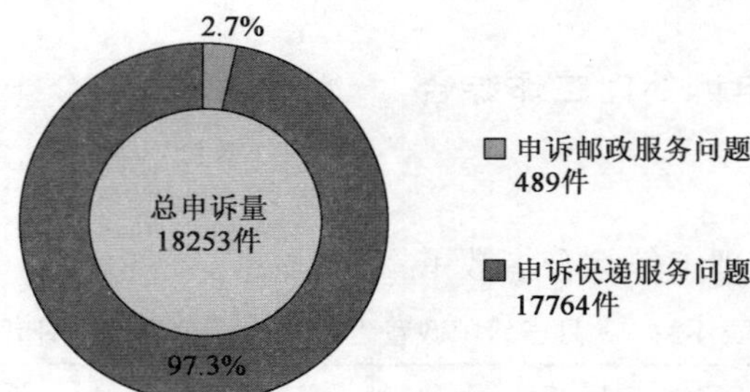

图4-29　4月国家邮政局和各省(区、市)邮政管理局通过"12305"邮政快递业消费者申诉情况

2.受理的申诉中有效申诉(确定企业责任的)为1500件,环比下降41.3%,同比下降38.9%。有效申诉中涉及邮政服务问题的37件,占有效申诉量的2.5%,环比下降36.2%,同比下降31.5%;涉及快递服务问题的1463件,占有效申诉量的97.5%,环比下降41.4%,同比下降39%(图4-30)。

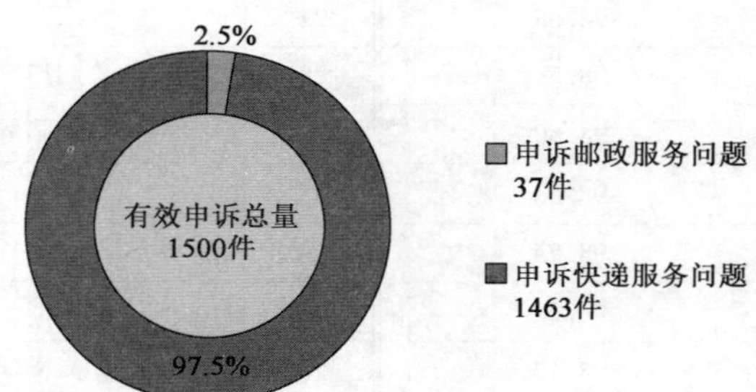

图4-30　4月邮政快递业消费者申诉中有效申诉占比情况

3.用户对邮政管理机构有效申诉处理工作满意率为98.4%,对邮政企业有效申诉处理满意率为100%,对快递企业有效申诉处理满意率为97%。

4.邮政快递企业对省级邮政管理机构转办的申诉未能按规定时限回复的有3件,与去年同期相比下降42件。

5.邮政快递企业对省级邮政管理机构转办的申诉未能如实回复的有40件,环比减少35件(表4-33)。

表4-33　4月邮政快递企业答复不属实情况

序号	公司名称	件数
1	圆通速递	11
2	EMS	8
3	申通快递	5
4	丹鸟快递	3
5	菜鸟驿站	2
6	德邦	1
7	京东快递	1
8	其他	9
合计		40

二、邮政服务申诉情况

1. 邮政服务申诉问题情况

用户对邮政服务问题申诉489件，环比下降32.7%，同比增长17.5%（图4-31）。

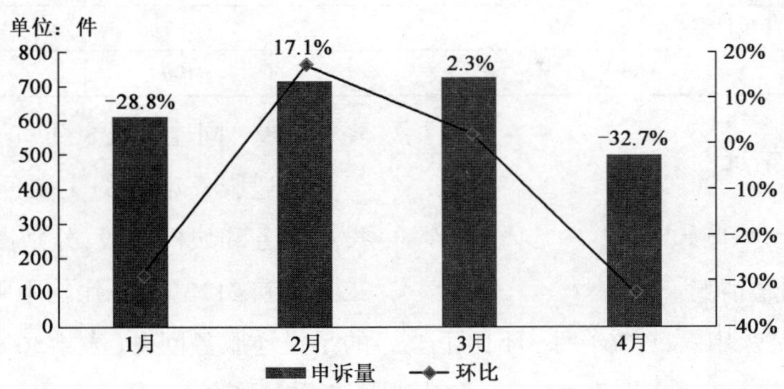

图4-31 4月邮政服务问题申诉数量情况

邮政服务申诉的主要问题是投递服务、邮件丢失短少和邮件延误，分别占申诉总量的50.1%、20%和18.4%，环比均下降明显，同比增长明显的是投递服务问题（表4-34）。

表4-34 4月邮政服务问题申诉量情况统计

序号	申诉内容	申诉件数	占比（%）	环比（%）	同比（%）	函件	包件	报刊	集邮	其他
1	投递服务	245	50.1	-21.2	85.6	207	22	5	3	8
2	丢失短少	98	20	-33.3	-21	26	67	0	1	3
3	延误	90	18.4	-53.1	0	40	39	3	1	7
4	损毁	20	4.1	-20	5.3	5	14	0	1	0
5	违规收费	10	2	11.1	42.9	5	3	0	0	2
6	收寄服务	7	1.4	-61.1	-75	6	1	0	0	0
7	其他	19	3.9	-24	18.8	10	0	0	4	5
合计		489	100	-32.7	17.5	299	146	8	10	25

2. 邮政服务申诉主要问题二级原因情况

投递服务申诉中主要占比是虚假签收，邮件丢失短少申诉中主要占比是对企业赔偿金额不满，邮件延误申诉中主要占比是中转或运输延误。

3. 邮政服务有效申诉问题情况

用户对邮政服务问题有效申诉37件，环比下降36.2%，同比下降31.5%。邮政服务有效申诉的主要问题是邮件丢失短少、投递服务和邮件延误，分别占有效申诉总量的43.2%、29.7%和24.3%，环比均下降明显，同比下降明显的是邮件丢失短少问题（表4-35）。

表4-35 4月邮政服务有效申诉情况统计

序号	申诉问题		申诉件数		占比（%）	环比（%）	同比（%）
1	丢失短少	包件	15	16	43.2	-23.8	-44.8
		函件	1				
2	投递服务	函件	6	11	29.7	-45	0
		包件	3				
		报刊	1				
		其他	1				

续上表

序号	申诉问题		申诉件数		占比(%)	环比(%)	同比(%)
3	延误	包件	7	9	24.3	-35.7	0
		函件	2				
4	损毁	包件	1	1	2.7	-50	-50
合计			37		100	-36.2	-31.5

三、快递服务申诉情况

（一）快递服务申诉总体情况

1. 快递服务申诉问题情况

用户对快递服务问题申诉17764件，环比下降31.4%，同比增长8.9%。

快递服务申诉的主要问题是快件丢失短少、投递服务和快件损毁，分别占申诉总量的33.2%、22.5%和21.3%，环比均下降明显，同比增长明显的是投递服务问题（表4-36）。

表4-36　4月快递服务申诉情况统计

序号	申诉内容	申诉件数	占比(%)	环比(%)	同比(%)
1	丢失短少	5901	33.2	-25.6	13.4
2	投递服务	4002	22.5	-16	51.8
3	损毁	3791	21.3	-20.3	3.1
4	延误	2986	16.8	-54.2	-20.2
5	收寄服务	538	3	-49.2	21.7
6	违规收费	235	1.3	-34.2	-1.3
7	代收货款	68	0.4	25.9	-4.2
8	其他	243	1.4	-44.3	-21.6
合计		17764	100	-31.4	8.9

2. 快递服务申诉主要问题二级原因情况

快件丢失短少申诉中主要占比是对企业赔偿金额不满，投递服务申诉中主要占比是虚假签收，快件损毁申诉中主要占比是对企业赔偿金额不满。

3. 快递服务有效申诉问题情况

用户对快递服务问题有效申诉1463件，环比下降41.4%，同比下降39%。快递服务有效申诉的主要问题是快件丢失短少、投递服务和快件延误，分别占有效申诉总量的36.6%、30.1%和16%，环比、同比均下降明显（表4-37）。

表4-37　4月快递服务有效申诉情况统计

序号	申诉问题	有效申诉件数	占比(%)	环比(%)	同比(%)
1	丢失短少	536	36.6	-41.3	-49.1
2	投递服务	440	30.1	-32.4	-7
3	延误	234	16	-55.8	-56.4
4	损毁	176	12	-32.3	-22.1
5	收寄服务	34	2.3	-22.7	-33.3
6	违规收费	20	1.4	-71	122.2
7	代收货款	9	0.6	80	-35.7
8	其他	14	1	-41.7	-61.1
合计		1463	100	-41.4	-39

（二）主要快递企业申诉情况

全国快递企业申诉率（百万件快件业务量）平均为1.95，有效申诉率平均为0.16。用户对快递企业申诉主要问题中，快件丢失短少申诉率平均为0.65，投递服务申诉率平均为0.44，快件损毁申诉率平均为0.42，快件延误申诉率平均为0.33（表4-38）。

表4-38 4月主要快递企业申诉情况统计表（单位：申诉件数/百万件快件业务量）

序号	企业名称	申诉率	主要问题申诉率分布				有效申诉率
			丢失短少	投递服务	损毁	延误	
1	百世快递	2.60	1.01	0.63	0.30	0.56	0.02
2	DHL	5.34	0.99	0.59	0.40	1.38	0.79
3	德邦快递	11.50	1.87	0.47	7.97	0.66	1.31
4	递四方	1.42	0.46	0.17	0.09	0.43	0.07
5	EMS	3.83	1.74	0.62	0.53	0.81	0.87
6	FedEx	8.36	1.56	1.94	1.17	0.97	0.97
7	极兔速递	0.62	0.23	0.24	0.06	0.06	0.06
8	京东快递	1.11	0.25	0.20	0.47	0.10	0.03
9	跨越速运	2.23	0.04	0.21	0.90	0.60	0.56
10	民航快递	1.09	—	1.09	—	—	1.09
11	申通快递	1.34	0.44	0.37	0.21	0.19	0.01
12	顺丰速运	2.35	0.64	0.10	1.28	0.20	0.02
13	速尔	5.44	1.36	0.85	0.85	1.70	2.04
14	苏宁易购	0.10	0.10	—	—	—	—
15	天天快递	67.21	52.18	5.31	3.32	5.53	37.14
16	UPS	14.99	2.81	0.47	2.81	5.62	0.47
17	优速	6.55	1.72	1.43	1.97	1.27	0.70
18	圆通速递	2.68	1.04	0.69	0.38	0.43	0.04
19	韵达快递	0.83	0.32	0.22	0.11	0.13	0.01
20	宅急送	7.40	2.91	3.03	0.49	0.49	0.85
21	中通快递	0.37	0.11	0.13	0.06	0.04	0.003
22	中外运-空运	0.19	—	—	0.03	0.08	—
全国平均		1.95	0.65	0.44	0.42	0.33	0.16

注：按企业名称拼音首字母升序排列。

（三）省级区域快递服务申诉情况

省级快递服务申诉率（百万件快件业务量）平均为1.06，有效申诉率平均为0.09。省级区域快递服务申诉主要问题中，快件丢失短少申诉率平均为0.35，投递服务申诉率平均为0.24，快件损毁申诉率平均为0.23，快件延误申诉率平均为0.18（表4-39）。

表 4-39　4 月省级区域快递服务申诉情况统计表(单位:申诉件数/百万件快件业务量)

序号	地　　区	申诉率	主要问题申诉率分布				有效申诉率
			丢失短少	投递服务	损毁	延误	
1	北京	2.96	0.98	0.67	0.59	0.57	0.22
2	天津	0.75	0.22	0.16	0.15	0.19	0.09
3	河北	1.26	0.58	0.23	0.18	0.21	0.15
4	山西	1.19	0.53	0.18	0.32	0.14	0.31
5	内蒙古	1.11	0.37	0.17	0.35	0.14	0.08
6	辽宁	1.35	0.56	0.16	0.35	0.22	0.07
7	吉林	1.07	0.42	0.11	0.29	0.19	0.20
8	黑龙江	1.39	0.57	0.21	0.34	0.23	0.30
9	上海	2.31	0.43	0.76	0.35	0.67	0.11
10	江苏	0.93	0.33	0.17	0.26	0.11	0.06
11	浙江	0.59	0.20	0.15	0.13	0.07	0.06
12	安徽	0.65	0.22	0.14	0.12	0.12	0.03
13	福建	1.68	0.48	0.57	0.33	0.23	0.08
14	江西	0.59	0.19	0.11	0.23	0.06	0.06
15	山东	1.38	0.47	0.33	0.26	0.23	0.07
16	河南	0.62	0.25	0.13	0.15	0.05	0.03
17	湖北	1.25	0.40	0.32	0.29	0.16	0.11
18	湖南	1.79	0.64	0.35	0.40	0.31	0.10
19	广东	0.71	0.22	0.15	0.14	0.12	0.07
20	广西	0.56	0.18	0.08	0.11	0.10	0.02
21	海南	1.18	0.37	0.23	0.38	0.15	0.08
22	重庆	0.68	0.11	0.20	0.16	0.12	0.04
23	四川	0.87	0.30	0.13	0.26	0.13	0.04
24	贵州	4.39	1.36	1.26	0.74	0.79	0.67
25	云南	1.24	0.45	0.22	0.30	0.23	0.04
26	西藏	5.87	2.42	0.52	1.38	1.55	1.90
27	陕西	0.70	0.23	0.14	0.15	0.16	0.03
28	甘肃	1.04	0.35	0.12	0.36	0.15	0.14
29	青海	1.17	0.42	0.13	0.46	0.17	0.04
30	宁夏	0.57	0.20	0.07	0.22	0.05	0.12
31	新疆	3.78	1.10	0.51	0.77	1.23	0.15
平均		1.06	0.35	0.24	0.23	0.18	0.09

(四)主要快递企业申诉处理工作综合指数情况

22 家主要快递企业申诉处理工作综合指数平均为 93.65,高于平均数的快递企业有 15 家,低于平均数的有 7 家(表 4-40)。

表 4-40 4 月主要快递企业申诉处理工作评价

序号	企业名称	申诉处理工作综合指数	序号	企业名称	申诉处理工作综合指数
1	民航快递	100	12	速尔	94.80
2	苏宁易购	100	13	百世快递	94.70
3	宅急送	100	14	圆通速递	94.31
4	中外运-空运	100	15	天天快递	94.05
5	中通快递	99.47	16	EMS	92.80
6	极兔速递	99.34	17	京东快递	90.10
7	优速	99.29	18	DHL	86.32
8	德邦快递	98.07	19	跨越速运	81.80
9	UPS	98.04	20	FedEx	81.77
10	顺丰速运	98.01	21	递四方	81.12
11	韵达快递	97.38	22	申通快递	79.02
平均:93.65					

注:1. 申诉处理工作综合指数,是对企业申诉处理工作质量的综合评价,根据企业申诉处理工作水平由高到低排序。综合指数相同时,按企业名称拼音首字母升序排列。

2. 综合指数考核参数包含一次结案率、逾期率、企业答复不规范率、企业答复不属实率、工作满意率等五个指标(数据来源于系统自动生成)。

四、省级邮政管理机构申诉处理工作综合指数情况

省级邮政管理机构申诉处理工作综合指数平均为96.01,高于全国平均数的地区有21个,低于全国平均数的地区有10个(表4-41)。

表 4-41 4 月省级邮政管理机构申诉处理工作评价

序号	地区	申诉处理工作综合指数	序号	地区	申诉处理工作综合指数
1	北京	100	17	安徽	98.09
2	福建	100	18	重庆	98.05
3	贵州	100	19	甘肃	97.87
4	河北	100	20	黑龙江	97.57
5	湖北	100	21	海南	96.56
6	湖南	100	22	上海	95.99
7	青海	100	23	内蒙古	95.40
8	山西	100	24	广西	94.68
9	西藏	100	25	江苏	88.93
10	新疆	100	26	浙江	86.97
11	四川	99.91	27	陕西	86.42
12	吉林	99.40	28	广东	86.39
13	辽宁	99.33	29	天津	86.25
14	江西	99.20	30	山东	85.93
15	河南	99.04	31	宁夏	85.88
16	云南	98.42	—		
平均:96.01					

注:1. 申诉处理工作综合指数,是对省级邮政管理机构申诉处理工作质量的综合评价,根据省级邮政管理机构申诉处理工作水平由高到低排序。综合指数相同时,按地区名称拼音首字母升序排列。

2. 综合指数考核参数包含一次结案率、逾期率、正确率、工作满意率等四个指标(数据来源于系统自动生成)。

国家邮政局关于2021年5月邮政业用户申诉情况的通告

一、总体情况

1. 2021 年 5 月，国家邮政局和各省（区、市）邮政管理局通过“12305”邮政业用户申诉电话和申诉网站共处理申诉 13941 件，环比下降 23.6%，同比增长 35.7%。申诉中涉及邮政服务问题的 486 件，占总申诉量的 3.5%，环比下降 0.6%，同比增长 50.9%；涉及快递服务问题的 13455 件，占总申诉量的 96.5%，环比下降 24.3%，同比增长 35.2%（图 4-32）。

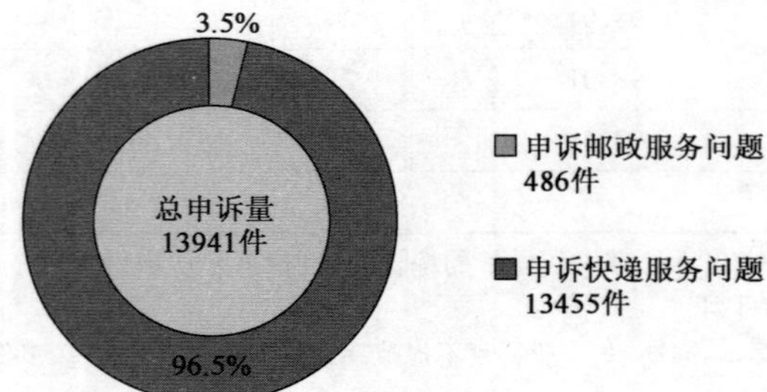

图 4-32　5 月国家邮政局和各省（区、市）邮政管理局通过“12305”邮政快递业消费者申诉情况

2. 受理的申诉中有效申诉（确定企业责任的）为 1069 件，环比下降 28.7%，同比增长 8.6%。有效申诉中涉及邮政服务问题的 24 件，占有效申诉量的 2.2%，环比下降 35.1%，同比下降 27.3%；涉及快递服务问题的 1045 件，占有效申诉量的 97.8%，环比下降 28.6%，同比增长 9.9%（图 4-33）。

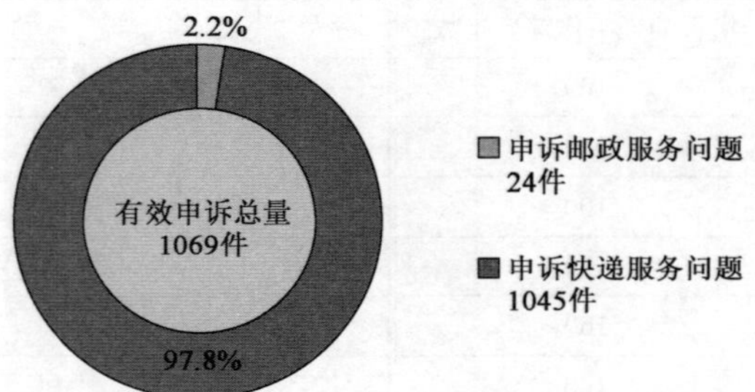

图 4-33　5 月邮政快递业消费者申诉中有效申诉占比情况

3. 用户对邮政管理机构有效申诉处理工作满意率为 97.2%，对邮政企业有效申诉处理满意率为 95.8%，对快递企业有效申诉处理满意率为 95.5%。

4. 邮政快递企业对省级邮政管理机构转办的申诉未能按规定时限回复的有 2 件，环比减少 1 件。

5. 邮政快递企业对省级邮政管理机构转办的申诉未能如实回复的有 24 件，环比减少 16 件（表 4-42）。

表 4-42　5 月邮政快递企业答复不属实情况

序号	公司名称	件数
1	申通快递	8
2	百世快递	3
3	圆通速递	3
4	EMS	2
5	京东快递	1
6	中通快递	1
7	其他	6
合计		24

二、邮政服务申诉情况

1. 邮政服务申诉问题情况

用户对邮政服务问题申诉486件，环比下降0.6%，同比增长50.9%（图4-34）。

邮政服务申诉的主要问题是投递服务、邮件延误和邮件丢失短少，分别占申诉总量的52.7%、18.7%和15.4%。其中，同比增长明显的是投递服务问题（表4-43）。

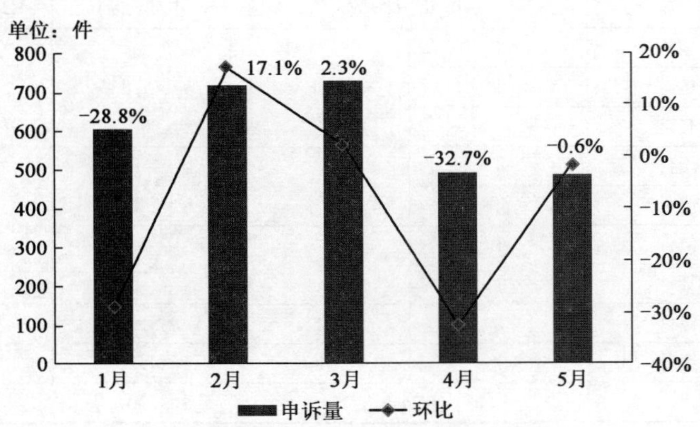

图4-34 5月邮政服务问题申诉数量情况

表4-43 5月邮政服务问题申诉量情况统计

序号	申诉内容	申诉件数	占比（%）	环比（%）	同比（%）	函件	包件	报刊	集邮	其他
1	投递服务	256	52.7	4.5	122.6	225	19	0	3	9
2	延误	91	18.7	1.1	37.9	51	23	4	1	12
3	丢失短少	75	15.4	-23.5	2.7	25	39	3	1	7
4	损毁	16	3.3	-20.0	23.1	5	10	0	0	1
5	收寄服务	15	3.1	114.3	-57.1	6	4	0	3	2
6	违规收费	4	0.8	-60.0	-42.9	3	0	0	0	1
7	其他	29	6	52.6	123.1	17	0	0	5	7
合计		486	100	-0.6	50.9	332	95	7	13	39

2. 邮政服务申诉主要问题二级原因情况

投递服务申诉中主要占比是虚假签收，邮件延误申诉中主要占比是中转或运输延误，邮件丢失短少申诉中主要占比是对企业赔偿金额不满（图4-35）。

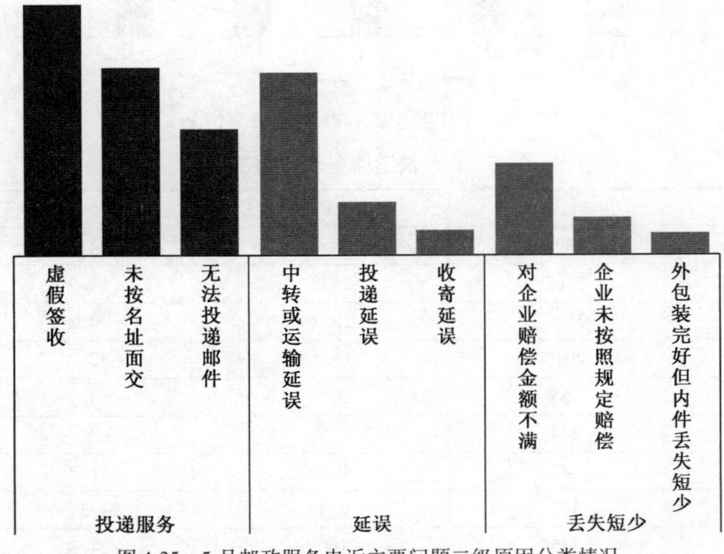

图4-35 5月邮政服务申诉主要问题二级原因分类情况

3. 邮政服务有效申诉问题情况

用户对邮政服务问题有效申诉24件，环比下降35.1%，同比下降27.3%。邮政服务有效申诉的主要问题是投递服务、邮件丢失短少和邮件延误，分别占有效申诉总量的45.8%、33.3%和8.3%。其中，环比下降明显的是邮件延误和邮件丢失短少问题，同比下降明显的是邮件延误和投递服务问题（表4-44）。

表4-44　5月邮政服务有效申诉情况统计

序号	申诉问题		申诉件数		占比(%)	环比(%)	同比(%)
1	投递服务	函件	7	11	45.8	0	-31.2
		集邮	1				
		其他	3				
2	丢失短少	函件	4	8	33.3	-50	0
		包件	4				
3	延误	包件	1	2	8.3	-77.8	-33.3
		其他	1				
4	损毁	包件	2	2	8.3	100	100
5	其他	集邮	1	1	4.2	—	—
合计			24		100	-35.1	-27.3

三、快递服务申诉情况

（一）快递服务申诉总体情况

1. 快递服务申诉问题情况

用户对快递服务问题申诉13455件，环比下降24.3%，同比增长35.2%（图4-36）。

快递服务申诉的主要问题是快件丢失短少、快件损毁和投递服务，分别占申诉总量的28.9%、24.5%和23.7%。环比均下降明显，同比增长明显的是投递服务和快件丢失短少问题（表4-45）。

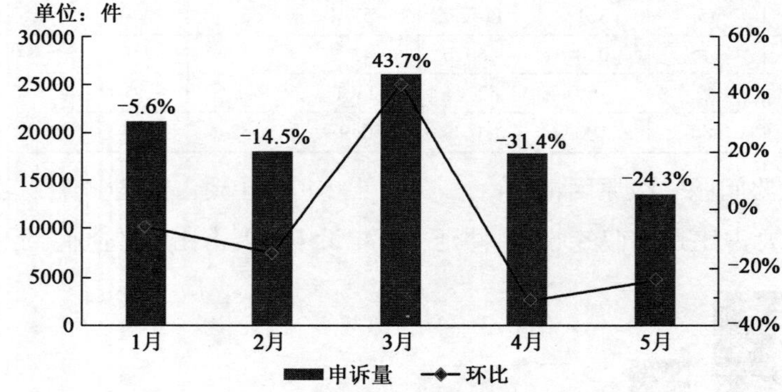

图4-36　5月快递服务问题申诉数量情况

表4-45　5月快递服务申诉情况统计

序号	申诉内容	申诉件数	占比(%)	环比(%)	同比(%)
1	丢失短少	3892	28.9	-34.0	46.2
2	损毁	3303	24.5	-12.9	18.8
3	投递服务	3194	23.7	-20.2	86.8
4	延误	2025	15.1	-32.2	4.9
5	收寄服务	455	3.4	-15.4	15.5
6	违规收费	244	1.8	3.8	17.3
7	代收货款	40	0.3	-41.2	-2.4
8	其他	302	2.2	24.3	34.2
合计		13455	100	-24.3	35.2

2. 快递服务申诉主要问题二级原因情况

快件丢失短少申诉中主要占比是对企业赔偿金额不满，快件损毁申诉中主要占比是对企业赔偿金额不满，投递服务申诉中主要占比是未按名址面交（图4-37）。

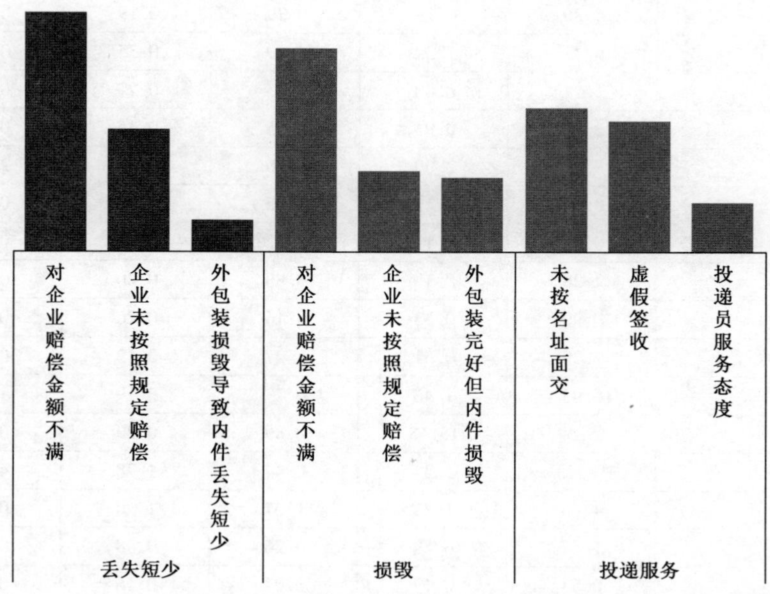

图4-37　5月快递服务申诉主要问题二级原因分类情况

3. 快递服务有效申诉问题情况

用户对快递服务问题有效申诉1045件，环比下降28.6%，同比增长9.9%。快递服务有效申诉的主要问题是投递服务、快件丢失短少和快件延误，分别占有效申诉总量的38.4%、26%和14.6%。环比均下降明显，同比增长明显的是投递服务问题（表4-46）。

表4-46　5月快递服务有效申诉情况统计

序号	申诉问题	有效申诉件数	占比（%）	环比（%）	同比（%）
1	投递服务	401	38.4	-8.9	61.0
2	丢失短少	272	26	-49.3	-21.8
3	延误	153	14.6	-34.6	-21.9
4	损毁	142	13.6	-19.3	16.4
5	收寄服务	32	3.1	-5.9	88.2
6	违规收费	31	3	55.0	675.0
7	代收货款	5	0.5	-44.4	-37.5
8	其他	9	0.9	-35.7	28.6
合计		1045	100	-28.6	9.9

（二）主要快递企业申诉情况

全国快递企业申诉率（百万件快件业务量）平均为1.36，有效申诉率平均为0.11。用户对快递企业申诉主要问题中，快件丢失短少申诉率平均为0.39，快件损毁申诉率平均为0.33，投递服务申诉率平均为0.32，快件延误申诉率平均为0.21（表4-47）。

表4-47 5月主要快递企业申诉情况统计(单位:申诉件数/百万件快件业务量)

序号	企业名称	申诉率	主要问题申诉率分布				有效申诉率
			丢失短少	损毁	投递服务	延误	
1	百世快递	1.53	0.58	0.20	0.39	0.28	0.01
2	DHL	4.26	0.19	0.39	0.19	0.77	—
3	德邦快递	8.42	1.32	5.99	0.35	0.39	1.03
4	递四方	1.17	0.40	0.05	0.27	0.22	0.11
5	EMS	2.28	0.93	0.35	0.45	0.44	0.54
6	FedEx	8.39	2.00	0.80	0.60	2.00	1.00
7	极兔速递	0.53	0.17	0.06	0.17	0.10	0.05
8	京东快递	0.95	0.17	0.52	0.11	0.11	0.02
9	跨越速运	2.28	0.13	0.80	0.30	0.76	0.59
10	申通快递	0.99	0.33	0.16	0.26	0.15	0.01
11	顺丰速运	2.29	0.51	1.27	0.12	0.23	0.02
12	速尔	6.93	1.46	0.73	2.19	1.64	3.10
13	天天快递	15.63	13.18	0.89	0.89	0.22	6.03
14	UPS	15.13	5.34	0.44	1.78	4.45	—
15	优速	4.76	1.73	1.07	1.20	0.58	0.49
16	圆通速递	1.47	0.54	0.26	0.38	0.20	0.02
17	韵达快递	0.53	0.17	0.07	0.16	0.07	0.004
18	宅急送	5.96	2.44	0.54	2.17	0.68	0.41
19	中通快递	0.31	0.09	0.06	0.08	0.03	0.004
20	中外运-空运	0.05	—	—	—	0.05	—
全国平均		1.36	0.39	0.33	0.32	0.21	0.11

注:1. 按企业名称拼音首字母升序排列。
2. 本月无用户申诉民航快递和苏宁易购服务质量问题。

(三)省级区域快递服务申诉情况

省级快递服务申诉率(百万件快件业务量)平均为0.74,有效申诉率平均为0.06。省级区域快递服务申诉主要问题中,快件丢失短少申诉率平均为0.22,快件损毁申诉率平均为0.18,投递服务申诉率平均为0.18,快件延误申诉率平均为0.11(表4-48)。

表4-48 5月省级区域快递服务申诉情况统计(单位:申诉件数/百万件快件业务量)

序号	地区	申诉率	主要问题申诉率分布				有效申诉率
			丢失短少	损毁	投递服务	延误	
1	北京	1.77	0.56	0.46	0.41	0.24	0.13
2	天津	0.72	0.15	0.12	0.17	0.10	0.10
3	河北	0.51	0.16	0.12	0.11	0.09	0.03
4	山西	0.63	0.22	0.15	0.17	0.06	0.12
5	内蒙古	1.03	0.34	0.28	0.10	0.11	0.06
6	辽宁	1.08	0.42	0.33	0.14	0.14	0.04
7	吉林	0.67	0.22	0.20	0.12	0.10	0.06
8	黑龙江	1.04	0.30	0.27	0.24	0.16	0.24
9	上海	1.69	0.29	0.20	0.72	0.37	0.04
10	江苏	0.66	0.21	0.21	0.10	0.10	0.04
11	浙江	0.38	0.13	0.10	0.09	0.04	0.05

续上表

序号	地区	申诉率	主要问题申诉率分布				有效申诉率
			丢失短少	损毁	投递服务	延误	
12	安徽	0.47	0.14	0.13	0.10	0.07	0.02
13	福建	1.10	0.27	0.27	0.35	0.15	0.07
14	江西	0.44	0.12	0.14	0.12	0.04	0.05
15	山东	1.00	0.30	0.22	0.23	0.16	0.07
16	河南	0.46	0.17	0.12	0.11	0.04	0.01
17	湖北	1.07	0.25	0.28	0.31	0.14	0.13
18	湖南	1.43	0.39	0.29	0.35	0.33	0.07
19	广东	0.54	0.15	0.13	0.12	0.08	0.05
20	广西	0.44	0.13	0.13	0.07	0.06	0.01
21	海南	1.12	0.44	0.29	0.13	0.19	0.10
22	重庆	0.55	0.11	0.19	0.11	0.12	0.02
23	四川	0.69	0.23	0.21	0.10	0.07	0.04
24	贵州	2.91	0.79	0.58	0.84	0.44	0.43
25	云南	0.89	0.29	0.27	0.21	0.09	0.01
26	西藏	3.99	1.60	0.64	0.48	1.12	0.48
27	陕西	0.61	0.19	0.21	0.10	0.09	0.03
28	甘肃	0.72	0.26	0.22	0.09	0.11	0.07
29	青海	0.87	0.52	0.20	0.16	—	0.04
30	宁夏	0.36	0.05	0.17	0.07	0.02	0.05
31	新疆	2.41	0.85	0.65	0.39	0.47	0.09
平均		0.74	0.22	0.18	0.18	0.11	0.06

(四)主要快递企业申诉处理工作综合指数情况

20家主要快递企业申诉处理工作综合指数平均为94.57,高于平均数的快递企业有14家,低于平均数的有6家(表4-49)。

表4-49 5月主要快递企业申诉处理工作评价

序号	企业名称	申诉处理工作综合指数	序号	企业名称	申诉处理工作综合指数
1	宅急送	100	11	EMS	96.45
2	中外运-空运	100	12	韵达快递	95.42
3	优速	99.47	13	百世快递	95.01
4	德邦快递	99.46	14	圆通速递	94.80
5	极兔速递	99.33	15	天天快递	93.98
6	UPS	98.22	16	DHL	89.56
7	顺丰速运	97.93	17	速尔	88.50
8	中通快递	97.67	18	FedEx	87.22
9	跨越速运	97.53	19	递四方	86.37
10	京东快递	96.92	20	申通快递	77.58
平均:94.57					

注:1. 申诉处理工作综合指数,是对企业申诉处理工作质量的综合评价,根据企业申诉处理工作水平由高到低排序。综合指数相同时,按企业名称拼音首字母升序排列。

2. 综合指数考核参数包含一次结案率、逾期率、企业答复不规范率、企业答复不属实率、工作满意率等五个指标(数据来源于系统自动生成)。

3. 因本月无用户申诉民航快递和苏宁易购服务质量问题,所以综合指数不做排名。

四、省级邮政管理机构申诉处理工作综合指数情况

省级邮政管理机构申诉处理工作综合指数平均为97.62，高于全国平均数的地区有22个，低于全国平均数的地区有9个(表4-50)。

表4-50　5月省级邮政管理机构申诉处理工作评价

序号	地　区	申诉处理工作综合指数	序号	地　区	申诉处理工作综合指数
1	安徽	100	17	山西	98.74
2	北京	100	18	江西	98.46
3	福建	100	19	河北	98.42
4	贵州	100	20	重庆	98.30
5	河南	100	21	内蒙古	98.27
6	湖北	100	22	陕西	97.90
7	湖南	100	23	广东	97.07
8	宁夏	100	24	吉林	97.00
9	青海	100	25	甘肃	96.68
10	四川	100	26	新疆	95.72
11	西藏	100	27	广西	95.23
12	黑龙江	99.93	28	海南	94.00
13	辽宁	99.52	29	浙江	90.94
14	山东	99.06	30	天津	87.67
15	云南	98.85	31	上海	85.68
16	江苏	98.83	—		
平均:97.62					

注:1. 申诉处理工作综合指数，是对省级邮政管理机构申诉处理工作质量的综合评价，根据省级邮政管理机构申诉处理工作水平由高到低排序。综合指数相同时，按地区名称拼音首字母升序排列。

2. 综合指数考核参数包含一次结案率、逾期率、正确率、工作满意率等四个指标(数据来源于系统自动生成)。

国家邮政局关于2021年6月邮政业用户申诉情况的通告

一、总体情况

1. 2021年6月，国家邮政局和各省(区、市)邮政管理局通过“12305”邮政业用户申诉电话和申诉网站共处理申诉19499件，环比增长39.9%，同比增长64.5%。申诉中涉及邮政服务问题的575件，占总申诉量的2.9%，环比增长18.3%，同比增长9.9%；涉及快递服务问题的18924件，占总申诉量的97.1%，环比增长40.6%，同比增长67%(图4-38)。

2. 受理的申诉中有效申诉(确定企业责任的)为1953件，环比增长82.7%，同比增长112.5%。有效申诉中涉及邮政服务问题的47件，占有效申诉量的2.4%，环比增长95.8%，同比增长30.6%；涉及快递服务问题的1906件，占有效申诉量的97.6%，环比增长82.4%，同比增长115.9%(图4-39)。

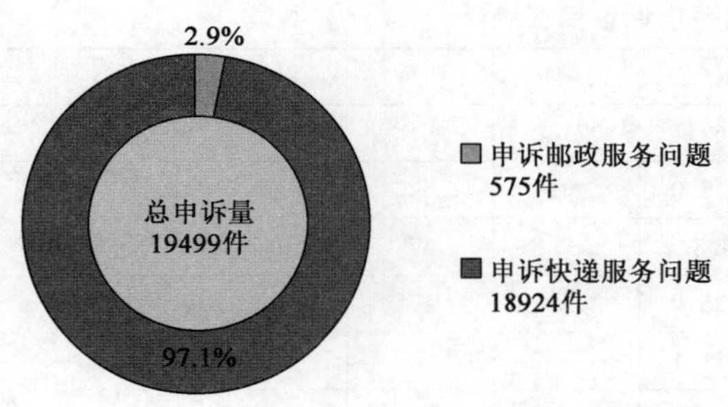

图4-38 6月国家邮政局和各省(区、市)邮政管理局通过"12305"邮政快递业消费者申诉情况

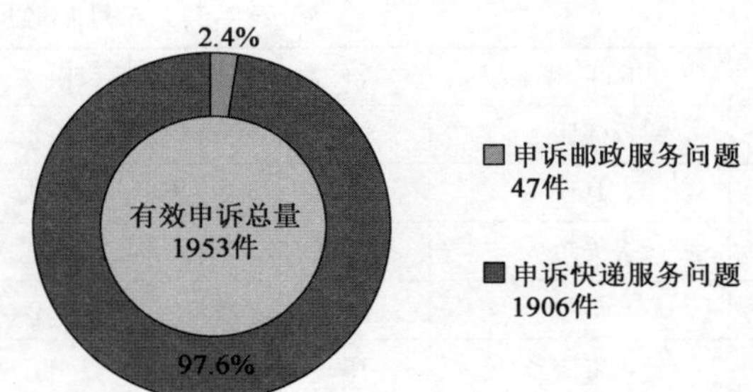

图4-39 6月邮政快递业消费者申诉中有效申诉占比情况

3. 用户对邮政管理机构有效申诉处理工作满意率为97.7%,对邮政企业有效申诉处理满意率为93.6%,对快递企业有效申诉处理满意率为94.8%。

4. 邮政快递企业对省级邮政管理机构转办的申诉未能按规定时限回复的有10件,环比增加8件(表4-51)。

表4-51 6月邮政快递企业逾期情况(单位:件)

序号	公司名称	广东	西藏	陕西	合计
1	中国邮政		6		6
2	其他	1		3	4
合计		1	6	3	10

5. 邮政快递企业对省级邮政管理机构转办的申诉未能如实回复的有25件,环比增加1件(表4-52)。

表4-52 6月邮政快递企业答复不属实情况

序号	公司名称	件数
1	申通快递	7
2	圆通速递	6
3	中国邮政	2
4	EMS	1
5	京东快递	1
6	顺丰速运	1
7	优速	1
8	其他	6
合计		25

二、邮政服务申诉情况

1. 邮政服务申诉问题情况

用户对邮政服务问题申诉575件,环比增长18.3%,同比增长9.9%(图4-40)。

邮政服务申诉的主要问题是投递服务、邮件延误和邮件丢失短少,分别占申诉总量的51.1%、21.6%和15.1%。其中,环比增长明显的是邮件延误问题,同比增长明显的是投递服务问题(表4-53)。

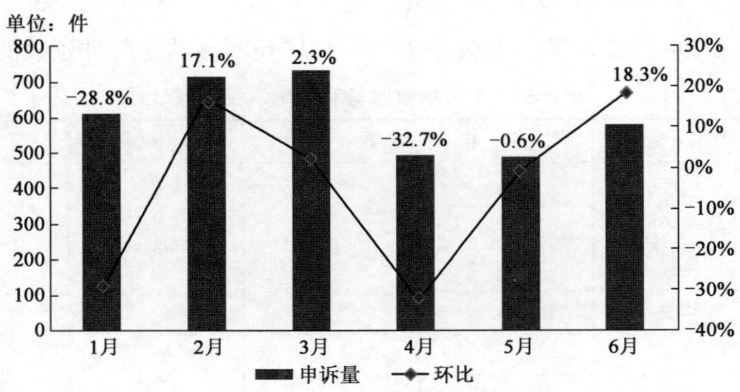

图4-40 6月邮政服务问题申诉数量情况

表 4-53　6 月邮政服务问题申诉量情况统计

序号	申诉内容	申诉件数	占比(%)	环比(%)	同比(%)	函件	包件	报刊	集邮	其他
1	投递服务	294	51.1	14.8	66.1	214	66	0	5	9
2	延误	124	21.6	36.3	-19.0	56	57	0	0	11
3	丢失短少	87	15.1	16.0	4.8	34	47	0	1	5
4	损毁	21	3.7	31.2	-25.0	3	17	0	0	1
5	收寄服务	15	2.6	0	-21.1	7	4	0	4	0
6	违规收费	4	0.7	0	-63.6	2	1	0	0	1
7	其他	30	5.2	3.4	-42.3	15	4	0	3	8
合计		575	100	18.3	9.9	331	196	0	13	35

2. 邮政服务申诉主要问题二级原因情况

投递服务申诉中主要占比是虚假签收，邮件延误申诉中主要占比是中转或运输延误，邮件丢失短少申诉中主要占比是对企业赔偿金额不满（图 4-41）。

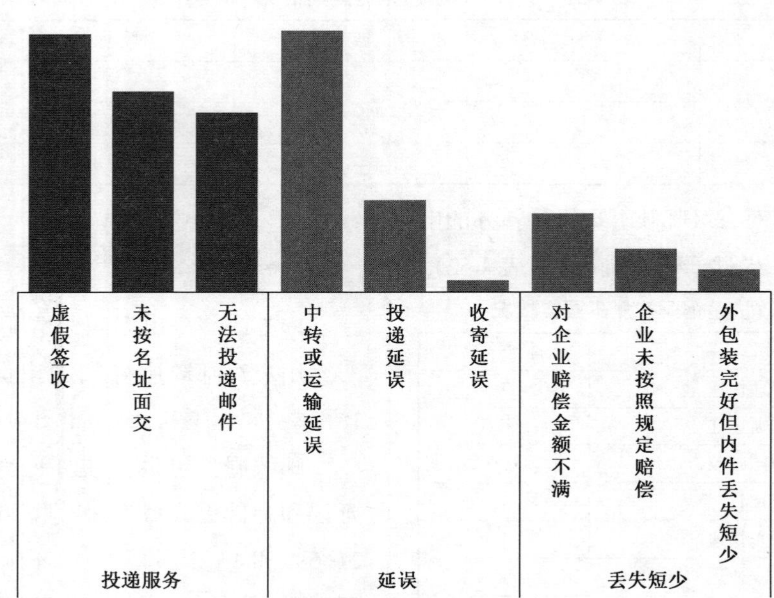

图 4-41　6 月邮政服务申诉主要问题二级原因分类情况

3. 邮政服务有效申诉问题情况

用户对邮政服务问题有效申诉 47 件，环比增长 95.8%，同比增长 30.6%。邮政服务有效申诉的主要问题是投递服务和邮件延误，分别占有效申诉总量的 40.4% 和 36.2%。其中，环比和同比均增长明显的是邮件延误问题（表 4-54）。

表 4-54　6 月邮政服务有效申诉情况统计

序号	申诉问题		申诉件数		占比(%)	环比(%)	同比(%)
1	投递服务	函件	11	19	40.4	72.7	5.6
		包件	5				
		集邮	1				
		其他	2				
2	延误	包件	11	17	36.2	750.0	240.0
		函件	6				

续上表

序号	申诉问题		申诉件数		占比(%)	环比(%)	同比(%)
3	丢失短少	函件	2	4	8.5	-50.0	-60.0
		包件	1				
		集邮	1				
4	收寄服务	函件	2	4	8.5	—	100.0
		包件	2				
5	损毁	包件	2	2	4.3	0	100.0
6	其他		1		2.1	0	—
合计			47		100	95.8	30.6

三、快递服务申诉情况

(一)快递服务申诉总体情况

1. 快递服务申诉问题情况

用户对快递服务问题申诉 18924 件，环比增长 40.6%，同比增长 67%（图 4-42）。

快递服务申诉的主要问题是快件丢失短少、快件损毁和投递服务，分别占申诉总量的 23.7%、23.6% 和 22.6%，环比同比均增长明显（表 4-55）。

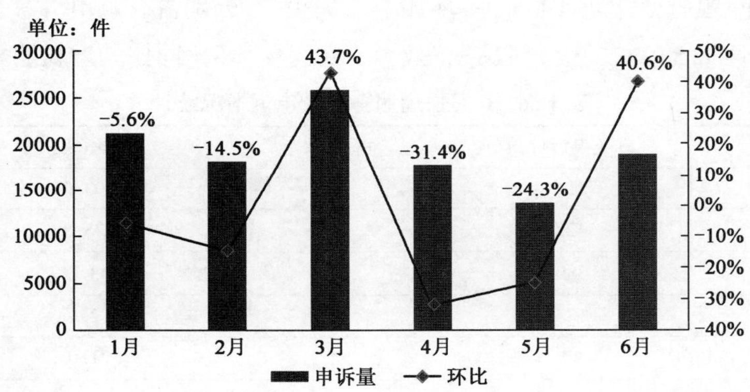

图 4-42　6 月快递服务问题申诉数量情况

表 4-55　6 月快递服务申诉情况统计

序号	申诉内容	申诉件数	占比(%)	环比(%)	同比(%)
1	丢失短少	4480	23.7	15.1	71.3
2	损毁	4457	23.6	34.9	34.6
3	投递服务	4283	22.6	34.1	91.7
4	延误	2974	15.7	46.9	54.8
5	收寄服务	1983	10.5	335.8	217.3
6	违规收费	333	1.8	36.5	31.6
7	代收货款	73	0.4	82.5	82.5
8	其他	341	1.8	12.9	3.3
合计		18924	100	40.6	67

2. 快递服务申诉主要问题二级原因情况

快件丢失短少申诉中主要占比是对企业赔偿金额不满，快件损毁申诉中主要占比是对企业赔偿金额不满，投递服务申诉中主要占比是未按名址面交（图 4-43）。

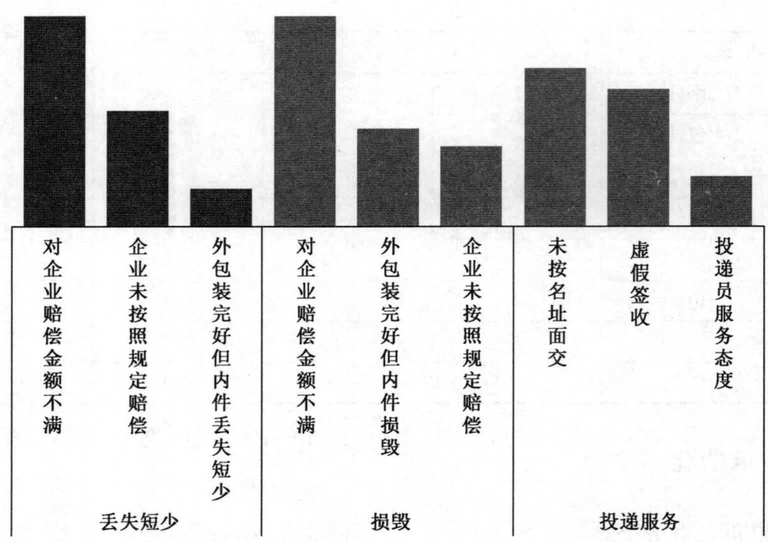

图4-43　6月快递服务申诉主要问题二级原因分类情况

3. 快递服务有效申诉问题情况

用户对快递服务问题有效申诉1906件，环比增长82.4%，同比增长115.9%。快递服务有效申诉的主要问题是投递服务、快件延误和快件丢失短少，分别占有效申诉总量的42.7%、22.1%和20.4%，环比同比均增长明显（表4-56）。

表4-56　6月快递服务有效申诉情况统计

序号	申诉问题	有效申诉件数	占比（%）	环比（%）	同比（%）
1	投递服务	814	42.7	103.0	168.6
2	延误	422	22.1	175.8	117.5
3	丢失短少	389	20.4	43.0	80.1
4	损毁	188	9.9	32.4	70.9
5	收寄服务	39	2	21.9	-4.9
6	违规收费	26	1.4	-16.1	225.0
7	代收货款	6	0.3	20.0	50.0
8	其他	22	1.2	144.4	214.3
合计		1906	100	82.4	115.9

（二）主要快递企业申诉情况

全国快递企业申诉率（百万件快件业务量）平均为1.82，有效申诉率平均为0.18。用户对快递企业申诉主要问题中，快件丢失短少申诉率平均为0.43，快件损毁申诉率平均为0.43，投递服务申诉率平均为0.41，快件延误申诉率平均为0.29（表4-57）。

表4-57　6月主要快递企业申诉情况统计表（单位：申诉件数/百万件快件业务量）

序号	企业名称	申诉率	主要问题申诉率分布				有效申诉率
			丢失短少	损毁	投递服务	延误	
1	百世快递	1.65	0.57	0.23	0.42	0.37	0.01
2	DHL	9.65	1.58	0.59	1.38	2.76	0.79
3	德邦快递	8.22	1.07	5.61	0.62	0.33	1.21
4	递四方	0.97	0.34	0.05	0.20	0.13	0.07
5	EMS	2.59	0.94	0.44	0.52	0.56	0.60

续上表

序号	企业名称	申诉率	主要问题申诉率分布				有效申诉率
			丢失短少	损毁	投递服务	延误	
6	FedEx	7.75	1.22	2.24	1.02	1.84	1.43
7	极兔速递	0.50	0.18	0.06	0.16	0.09	0.04
8	京东快递	1.29	0.22	0.67	0.14	0.15	0.02
9	跨越速运	3.40	0.27	0.98	0.27	1.13	0.63
10	民航快递	2.08	1.04	—	—	1.04	—
11	申通快递	1.38	0.31	0.20	0.40	0.12	0.01
12	顺丰速运	3.12	0.64	1.75	0.14	0.38	0.02
13	速尔	6.77	1.42	0.89	2.85	0.18	1.60
14	天天快递	8.84	5.05	—	3.16	—	1.58
15	UPS	21.73	4.35	1.58	2.77	5.14	0.40
16	优速	4.27	0.88	1.45	0.84	0.79	0.44
17	圆通速递	1.74	0.61	0.28	0.45	0.30	0.03
18	韵达快递	1.08	0.20	0.08	0.19	0.09	0.002
19	宅急送	6.20	1.38	0.96	2.20	1.38	0.14
20	中通快递	0.57	0.09	0.08	0.12	0.03	0.002
21	中外运-空运	0.11	—	—	0.03	0.09	—
全国平均		1.82	0.43	0.43	0.41	0.29	0.18

注:1. 按企业名称拼音首字母升序排列。
2. 本月无用户申诉苏宁易购服务质量问题。

(三)省级区域快递服务申诉情况

省级快递服务申诉率(百万件快件业务量)平均为1.00,有效申诉率平均为0.10。省级区域快递服务申诉主要问题中,快件丢失短少申诉率平均为0.24,快件损毁申诉率平均为0.24,投递服务申诉率平均为0.23,快件延误申诉率平均为0.16(表4-58)。

表4-58 6月省级区域快递服务申诉情况统计(单位:申诉件数/百万件快件业务量)

序号	地区	申诉率	主要问题申诉率分布				有效申诉率
			丢失短少	损毁	投递服务	延误	
1	北京	2.52	0.60	0.52	0.64	0.27	0.27
2	天津	0.75	0.14	0.18	0.08	0.09	0.05
3	河北	0.66	0.15	0.14	0.10	0.09	0.04
4	山西	1.25	0.35	0.25	0.16	0.15	0.07
5	内蒙古	1.39	0.28	0.35	0.07	0.12	0.02
6	辽宁	1.34	0.32	0.45	0.20	0.17	0.07
7	吉林	1.01	0.27	0.21	0.12	0.16	0.16
8	黑龙江	1.26	0.34	0.31	0.29	0.17	0.21
9	上海	1.42	0.31	0.23	0.44	0.33	0.07
10	江苏	0.78	0.21	0.22	0.16	0.13	0.13
11	浙江	0.50	0.13	0.13	0.12	0.08	0.08
12	安徽	0.71	0.16	0.20	0.15	0.12	0.10
13	福建	1.49	0.31	0.34	0.38	0.31	0.17

续上表

序号	地　区	申诉率	主要问题申诉率分布				有效申诉率
			丢失短少	损毁	投递服务	延误	
14	江西	0.61	0.18	0.18	0.11	0.06	0.10
15	山东	1.13	0.28	0.26	0.30	0.17	0.10
16	河南	0.60	0.20	0.16	0.14	0.05	0.04
17	湖北	1.79	0.47	0.36	0.54	0.26	0.30
18	湖南	2.33	0.52	0.51	0.51	0.44	0.10
19	广东	0.75	0.17	0.18	0.18	0.14	0.07
20	广西	0.60	0.08	0.17	0.12	0.04	0.04
21	海南	1.72	0.40	0.51	0.28	0.16	0.12
22	重庆	0.77	0.11	0.14	0.13	0.18	0.07
23	四川	0.86	0.21	0.28	0.16	0.11	0.06
24	贵州	3.89	0.90	0.77	1.20	0.64	0.50
25	云南	1.06	0.30	0.33	0.17	0.17	0.05
26	西藏	3.33	1.33	0.86	0.38	0.38	0.76
27	陕西	0.95	0.18	0.3	0.23	0.17	0.14
28	甘肃	1.34	0.24	0.44	0.21	0.16	0.11
29	青海	10.59	0.39	0.35	0.04	0.08	—
30	宁夏	0.78	0.14	0.09	0.05	0.02	0.02
31	新疆	4.23	0.84	0.92	0.60	0.92	0.05
平均		1.00	0.24	0.24	0.23	0.16	0.10

（四）主要快递企业申诉处理工作综合指数情况

21家主要快递企业申诉处理工作综合指数平均为93.30，高于平均数的快递企业有12家，低于平均数的有9家（表4-59）。

表4-59　6月主要快递企业申诉处理工作评价

序号	企业名称	申诉处理工作综合指数	序号	企业名称	申诉处理工作综合指数
1	民航快递	100	12	EMS	94.54
2	中外运-空运	100	13	圆通速递	91.99
3	宅急送	100	14	速尔	90.82
4	极兔速递	99.84	15	优速	88.81
5	中通快递	99.52	16	韵达快递	88.44
6	UPS	98.92	17	DHL	86.32
7	天天快递	97.81	18	递四方	86.32
8	京东快递	97.67	19	申通快递	83.91
9	顺丰速运	97.21	20	跨越速运	83.15
10	德邦快递	95.80	21	FedEx	82.68
11	百世快递	95.55	—		
平均：93.30					

注：1. 申诉处理工作综合指数，是对企业申诉处理工作质量的综合评价，根据企业申诉处理工作水平由高到低排序。综合指数相同时，按企业名称拼音首字母升序排列。

2. 综合指数考核参数包含一次结案率、逾期率、企业答复不规范率、企业答复不属实率、工作满意率等五个指标（数据来源于系统自动生成）。

3. 因本月无用户申诉苏宁易购服务质量问题，所以综合指数不做排名。

四、省级邮政管理机构申诉处理工作综合指数情况

省级邮政管理机构申诉处理工作综合指数平均为96.43，高于全国平均数的地区有21个，低于全国平均数的地区有10个（表4-60）。

表4-60 6月省级邮政管理机构申诉处理工作评价

序号	地区	申诉处理工作综合指数	序号	地区	申诉处理工作综合指数
1	安徽	100	17	云南	97.93
2	福建	100	18	江苏	97.76
3	甘肃	100	19	河北	97.32
4	贵州	100	20	青海	97.06
5	河南	100	21	新疆	96.86
6	黑龙江	100	22	陕西	96.02
7	湖南	100	23	北京	95.45
8	江西	100	24	广东	95.19
9	辽宁	100	25	海南	95.01
10	吉林	99.99	26	西藏	94.41
11	山西	99.73	27	湖北	92.40
12	浙江	98.75	28	上海	87.67
13	山东	98.73	29	重庆	86.68
14	内蒙古	98.65	30	宁夏	84.00
15	广西	98.34	31	天津	83.40
16	四川	98.23	—		
平均：96.43					

注：1. 申诉处理工作综合指数，是对省级邮政管理机构申诉处理工作质量的综合评价，根据省级邮政管理机构申诉处理工作水平由高到低排序。综合指数相同时，按地区名称拼音首字母升序排列。

2. 综合指数考核参数包含一次结案率、逾期率、正确率、工作满意率等四个指标（数据来源于系统自动生成）。

国家邮政局关于2021年7月邮政业用户申诉情况的通告

一、总体情况

1. 2021年7月，国家邮政局和各省（区、市）邮政管理局通过“12305”邮政业用户申诉电话和申诉网站共处理申诉25569件，环比增长31.1%，同比增长46.4%。申诉中涉及邮政服务问题的591件，占总申诉量的2.3%，环比增长2.8%，同比下降28.2%；涉及快递服务问题的24978件，占总申诉量的97.7%，环比增长32%，同比增长50.1%（图4-44）。

2. 受理的申诉中有效申诉（确定企业责任的）为2684件，环比增长37.4%，同比增长96.6%。有效申诉中涉及邮政服务问题的25件，占有效申诉量的0.9%，环比下降46.8%，同比下降32.4%；涉及快递服务问题的2659件，占有效申诉量的99.1%，环比增长39.5%，同比增长100.2%（图4-45）。

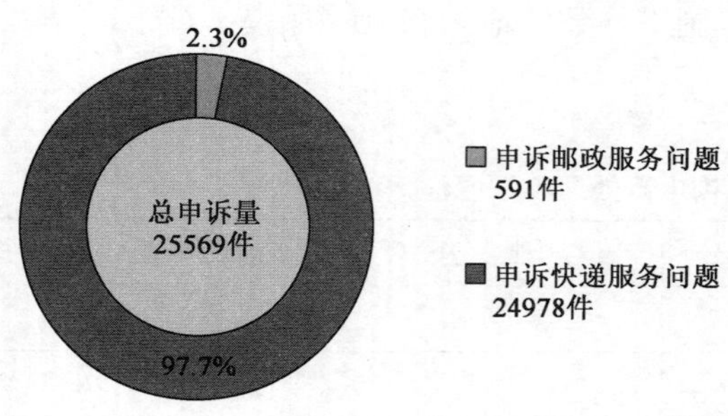

图4-44　7月国家邮政局和各省(区、市)邮政管理局通过“12305”邮政快递业消费者申诉情况

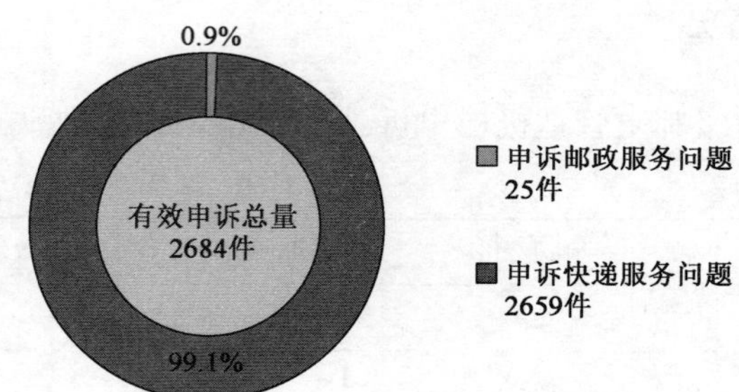

图4-45　7月邮政快递业消费者申诉中有效申诉占比情况

3. 用户对邮政管理机构有效申诉处理工作满意率为98.1%，对邮政企业有效申诉处理满意率为100%，对快递企业有效申诉处理满意率为95.6%。

4. 邮政快递企业对省级邮政管理机构转办的申诉未能按规定时限回复的有1件，环比减少9件。

5. 邮政快递企业对省级邮政管理机构转办的申诉未能如实回复的有21件，环比减少4件(表4-61)。

表4-61　7月邮政快递企业答复不属实情况

序号	公司名称	件　数
1	EMS	5
2	圆通速递	5
3	申通快递	4
4	顺丰速运	3
5	百世快递	1
6	其他	3
合计		21

二、邮政服务申诉情况

1. 邮政服务申诉问题情况

用户对邮政服务问题申诉591件，环比增长2.8%，同比下降28.2%(图4-46)。

邮政服务申诉的主要问题是投递服务、邮件延误和邮件丢失短少，分别占申诉总量的42.5%、25.9%和16.8%。其中，环比增长明显的是邮件延误问题，同比增长明显的是邮件丢失短少和投递服务问题(表4-62)。

2. 邮政服务申诉主要问题二级原因情况

投递服务申诉中主要占比是虚假签收，邮件延误申诉中主要占比是中转或运输延误，邮件丢失短少申诉中主要占比是对企业赔偿金额不满(图4-47)。

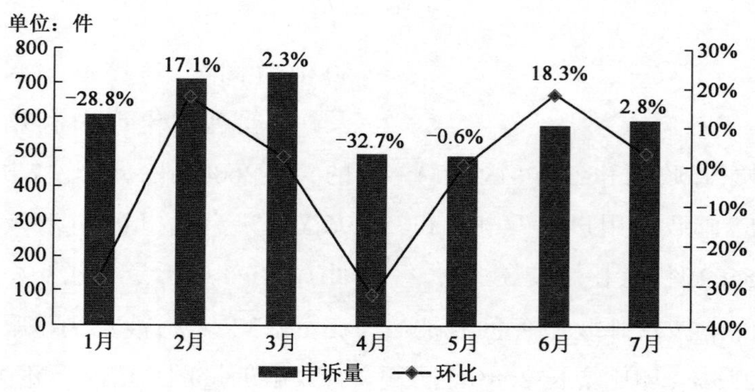

图4-46　7月邮政服务问题申诉数量情况

表 4-62 7 月邮政服务问题申诉量情况统计

序号	申诉内容	申诉件数	占比(%)	环比(%)	同比(%)	函件	包件	报刊	集邮	其他
1	投递服务	251	42.5	-14.6	33.5	201	34	2	2	12
2	延误	153	25.9	23.4	-67.4	70	65	0	2	16
3	丢失短少	99	16.8	13.8	33.8	26	61	1	0	11
4	损毁	25	4.2	19.0	-16.7	4	19	0	0	2
5	收寄服务	21	3.6	40.0	23.5	8	4	0	6	3
6	违规收费	6	1.0	50.0	0	3	3	0	0	0
7	其他	36	6.1	20.0	-5.3	21	0	2	1	12
合计		591	100	2.8	-28.2	333	186	5	11	56

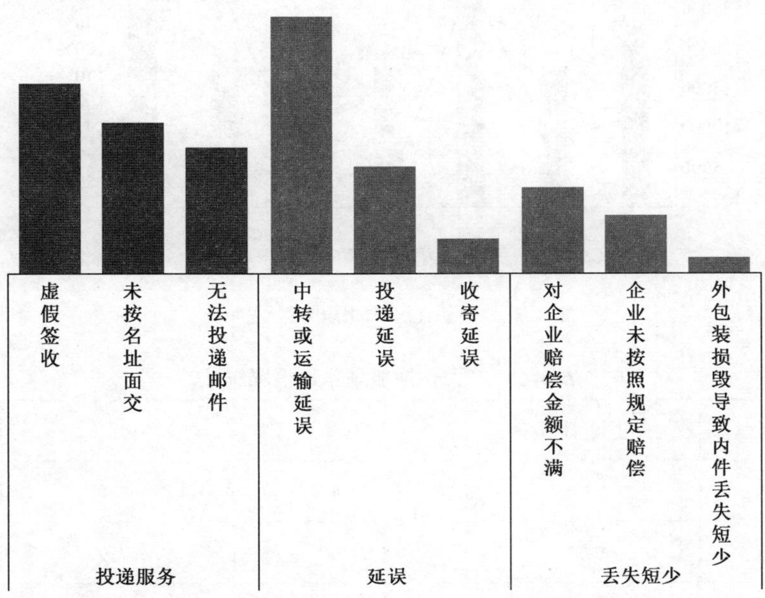

图 4-47 7 月邮政服务申诉主要问题二级原因分类情况

3. 邮政服务有效申诉问题情况

用户对邮政服务问题有效申诉 25 件,环比下降 46.8%,同比下降 32.4%。邮政服务有效申诉的主要问题是投递服务、邮件损毁和邮件丢失短少,分别占有效申诉总量的 40%、24% 和 20%。其中,环比和同比均增长明显的是邮件损毁问题(表 4-63)。

表 4-63 7 月邮政服务有效申诉情况统计

序号	申诉问题		申诉件数		占比(%)	环比(%)	同比(%)
1	投递服务	函件	5	10	40	-47.4	-23.1
		包件	5				
2	损毁	包件	4	6	24	200	200
		函件	1				
		其他	1				
3	丢失短少	包件	4	5	20	25.0	-44.4
		函件	1				
4	延误	包件	2	3	12	-82.4	-70.0
		其他	1				
5	收寄服务	其他	1	1	4	-75.0	-50.0
合计				25	100	-46.8	-32.4

三、快递服务申诉情况

（一）快递服务申诉总体情况

1. 快递服务申诉问题情况

用户对快递服务问题申诉24978件，环比增长32.0%，同比增长50.1%（图4-48）。

快递服务申诉的主要问题是快件损毁、快件丢失短少和投递服务，分别占申诉总量的29.4%、24.6%和19%。其中，环比增长明显的是快件损毁问题，同比增长明显的是快件丢失短少问题（表4-64）。

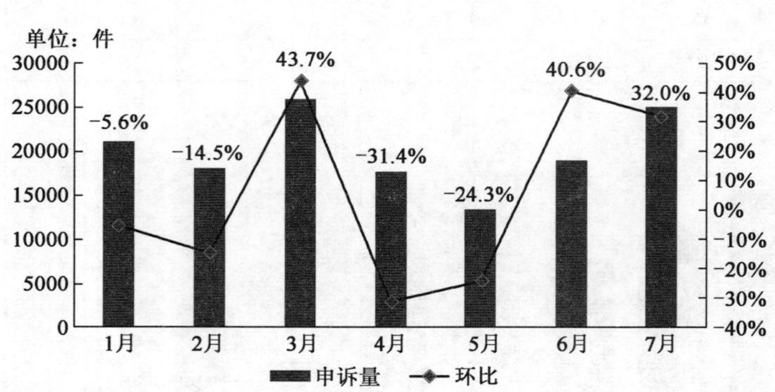

图4-48　7月快递服务问题申诉数量情况

表4-64　7月快递服务申诉情况统计

序号	申诉内容	申诉件数	占比(%)	环比(%)	同比(%)
1	损毁	7333	29.4	64.5	44.8
2	丢失短少	6137	24.6	37.0	70.1
3	投递服务	4739	19	10.6	59.2
4	延误	3838	15.4	29.1	33.3
5	收寄服务	2058	8.2	3.8	69.5
6	违规收费	381	1.5	14.4	27.0
7	代收货款	60	0.2	-17.8	-9.1
8	其他	432	1.7	26.7	-18.5
合计		24978	100	32.0	50.1

2. 快递服务申诉主要问题二级原因情况

快件损毁申诉中主要占比是对企业赔偿金额不满，快件丢失短少申诉中主要占比是对企业赔偿金额不满，投递服务申诉中主要占比是虚假签收（图4-49）。

3. 快递服务有效申诉问题情况

用户对快递服务问题有效申诉2659件，环比增长39.5%，同比增长100.2%。快递服务有效申诉的主要问题是投递服务、快件延误和快件丢失短少，分别占有效申诉总量的33.6%、27.5%和22.1%，环比同比均增长明显（表4-65）。

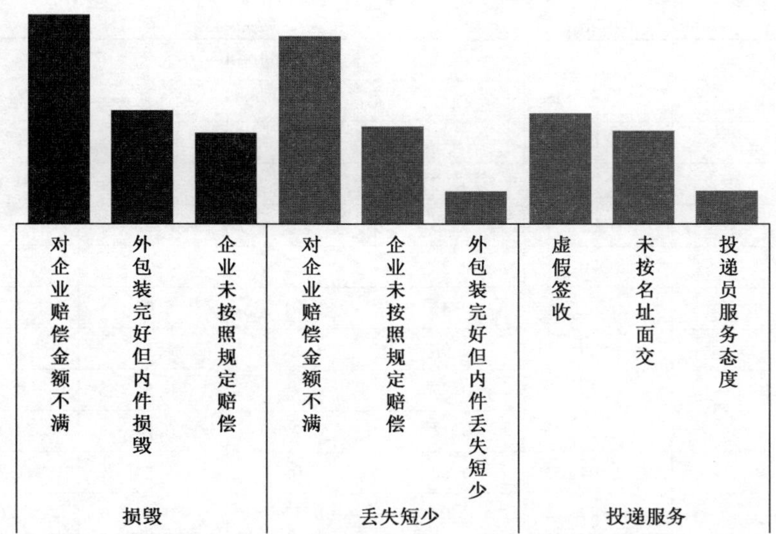

图4-49 7月快递服务申诉主要问题二级原因分类情况

表4-65 7月快递服务有效申诉情况统计

序号	申诉问题	有效申诉件数	占比(%)	环比(%)	同比(%)
1	投递服务	893	33.6	9.7	144.0
2	延误	730	27.5	73.0	105.1
3	丢失短少	588	22.1	51.2	60.2
4	损毁	342	12.9	81.9	107.3
5	收寄服务	52	2.0	33.3	57.6
6	违规收费	19	0.7	-26.9	-17.4
7	代收货款	9	0.3	50.0	125.0
8	其他	26	1.0	18.2	85.7
合计		2659	100	39.5	100.2

(二)主要快递企业申诉情况

全国快递企业申诉率(百万件快件业务量)平均为2.61,有效申诉率平均为0.28。用户对快递企业申诉主要问题中,快件损毁申诉率平均为0.77,快件丢失短少申诉率平均为0.64,投递服务申诉率平均为0.49,快件延误申诉率平均为0.40(表4-66)。

表4-66 7月主要快递企业申诉情况统计(单位:申诉件数/百万件快件业务量)

序号	企业名称	申诉率	主要问题申诉率分布				有效申诉率
			损毁	丢失短少	投递服务	延误	
1	百世快递	2.72	0.39	0.92	0.71	0.57	0.02
2	DHL	6.36	0.82	1.03	0.62	1.64	0.41
3	德邦快递	13.85	10.09	1.61	0.70	0.69	1.94
4	递四方	1.57	0.12	0.50	0.37	0.43	0.23
5	EMS	5.58	0.95	1.90	1.06	1.49	1.88
6	FedEx	9.64	1.44	2.26	1.85	1.23	1.44
7	极兔速递	0.49	0.09	0.18	0.13	0.08	0.03
8	京东快递	3.60	1.85	0.68	0.41	0.48	0.08
9	跨越速运	3.40	1.26	0.27	0.23	1.07	0.61

续上表

序号	企业名称	申诉率	主要问题申诉率分布				有效申诉率
			损毁	丢失短少	投递服务	延误	
10	民航快递	4.63	—	—	—	4.63	—
11	申通快递	2.05	0.27	0.44	0.31	0.17	0.01
12	顺丰速运	5.98	3.93	1.09	0.23	0.40	0.06
13	苏宁易购	0.20	0.20	—	—	—	—
14	UPS	18.23	0.46	5.01	2.73	7.75	1.82
15	优速	6.29	2.08	1.54	1.13	1.18	0.68
16	圆通速递	2.17	0.37	0.75	0.57	0.36	0.03
17	韵达快递	1.19	0.11	0.23	0.24	0.14	0.01
18	宅急送	8.94	0.62	3.08	3.24	1.39	0.77
19	中通快递	0.47	0.08	0.13	0.18	0.04	0.001
20	中外运-空运	0.11	—	—	0.04	0.04	—
全国平均		2.61	0.77	0.64	0.49	0.40	0.28

注：按企业名称拼音首字母升序排列。

（三）省级区域快递服务申诉情况

省级快递服务申诉率（百万件快件业务量）平均为1.44，有效申诉率平均为0.15。省级区域快递服务申诉主要问题中，快件损毁申诉率平均为0.42，快件丢失短少申诉率平均为0.35，投递服务申诉率平均为0.27，快件延误申诉率平均为0.22（表4-67）。

表4-67　7月省级区域快递服务申诉情况统计（单位：申诉件数/百万件快件业务量）

序号	地区	申诉率	主要问题申诉率分布				有效申诉率
			损毁	丢失短少	投递服务	延误	
1	北京	3.34	0.95	0.82	0.66	0.41	0.27
2	天津	1.74	0.26	0.24	0.18	0.12	0.13
3	河北	0.73	0.18	0.20	0.13	0.10	0.03
4	山西	1.68	0.47	0.37	0.27	0.20	0.15
5	内蒙古	3.50	0.64	0.59	0.25	0.26	0.08
6	辽宁	1.85	0.75	0.52	0.21	0.18	0.10
7	吉林	1.17	0.44	0.28	0.05	0.19	0.15
8	黑龙江	1.59	0.46	0.45	0.24	0.26	0.23
9	上海	1.60	0.43	0.46	0.26	0.27	0.10
10	江苏	1.17	0.41	0.31	0.16	0.16	0.13
11	浙江	0.76	0.25	0.21	0.16	0.08	0.11
12	安徽	1.09	0.42	0.30	0.17	0.15	0.06
13	福建	2.15	0.62	0.48	0.62	0.29	0.17
14	江西	1.16	0.48	0.34	0.14	0.15	0.18
15	山东	1.86	0.46	0.45	0.38	0.28	0.09
16	河南	0.90	0.28	0.32	0.16	0.09	0.03
17	湖北	2.02	0.57	0.58	0.49	0.28	0.23
18	湖南	3.16	1.02	0.77	0.68	0.52	0.15

续上表

序号	地区	申诉率	主要问题申诉率分布				有效申诉率
			损毁	丢失短少	投递服务	延误	
19	广东	1.23	0.29	0.28	0.27	0.30	0.26
20	广西	0.73	0.33	0.14	0.08	0.07	0.06
21	海南	2.88	1.09	0.77	0.38	0.25	0.05
22	重庆	1.24	0.47	0.24	0.22	0.14	0.09
23	四川	1.28	0.52	0.32	0.17	0.17	0.06
24	贵州	4.62	1.14	0.96	1.52	0.75	0.75
25	云南	1.33	0.48	0.40	0.23	0.16	0.08
26	西藏	8.67	1.45	2.89	0.48	1.77	1.28
27	陕西	1.24	0.42	0.30	0.19	0.29	0.12
28	甘肃	1.57	0.75	0.42	0.21	0.15	0.14
29	青海	12.45	0.40	0.16	0.00	0.20	—
30	宁夏	0.84	0.25	0.12	0.12	0.17	0.10
31	新疆	5.04	1.63	1.29	0.58	1.29	0.11
平均		1.44	0.42	0.35	0.27	0.22	0.15

（四）主要快递企业申诉处理工作综合指数情况

20家主要快递企业申诉处理工作综合指数平均为95.43，高于平均数的快递企业有12家，低于平均数的有8家（表4-68）。

表4-68 7月主要快递企业申诉处理工作评价

序号	企业名称	申诉处理工作综合指数	序号	企业名称	申诉处理工作综合指数
1	极兔速递	100	11	EMS	95.95
2	民航快递	100	12	UPS	95.64
3	苏宁易购	100	13	优速	94.38
4	宅急送	100	14	顺丰速运	93.80
5	中通快递	100	15	递四方	92.96
6	中外运-空运	100	16	圆通速递	92.86
7	德邦快递	99.12	17	百世快递	90.44
8	京东快递	99.08	18	申通快递	90.20
9	韵达快递	98.45	19	FedEx	86.89
10	DHL	97.81	20	跨越速运	81.12
平均:95.43					

注：1. 申诉处理工作综合指数，是对企业申诉处理工作质量的综合评价，根据企业申诉处理工作水平由高到低排序。综合指数相同时，按企业名称拼音首字母升序排列。

2. 综合指数考核参数包含一次结案率、逾期率、企业答复不规范率、企业答复不属实率、工作满意率等五个指标（数据来源于系统自动生成）。

四、省级邮政管理机构申诉处理工作综合指数情况

省级邮政管理机构申诉处理工作综合指数平均为97.20，高于全国平均数的地区有21个，低于全国平均数的地区有10个（表4-69）。

表 4-69　7 月省级邮政管理机构申诉处理工作评价

序号	地　区	申诉处理工作综合指数	序号	地　区	申诉处理工作综合指数
1	安徽	100	17	湖北	99.19
2	北京	100	18	河南	99.15
3	福建	100	19	甘肃	98.80
4	贵州	100	20	云南	98.68
5	湖南	100	21	山东	98.64
6	吉林	100	22	新疆	95.89
7	内蒙古	100	23	广西	95.88
8	青海	100	24	广东	95.80
9	四川	100	25	江苏	94.60
10	西藏	100	26	海南	94.00
11	浙江	100	27	陕西	90.81
12	江西	99.79	28	天津	90.22
13	河北	99.57	29	上海	89.31
14	黑龙江	99.53	30	重庆	87.61
15	辽宁	99.49	31	宁夏	86.96
16	山西	99.46	—		
平均:97.20					

注:1. 申诉处理工作综合指数,是对省级邮政管理机构申诉处理工作质量的综合评价,根据省级邮政管理机构申诉处理工作水平由高到低排序。综合指数相同时,按地区名称拼音首字母升序排列。

2. 综合指数考核参数包含一次结案率、逾期率、正确率、工作满意率等四个指标(数据来源于系统自动生成)。

国家邮政局关于 2021 年 8 月邮政业用户申诉情况的通告

一、总体情况

1. 2021 年 8 月,国家邮政局和各省(区、市)邮政管理局通过“12305”邮政业用户申诉电话和申诉网站共处理申诉 25547 件,环比下降 0.1%,同比增长 88%。申诉中涉及邮政服务问题的 646 件,占总申诉量的 2.5%,环比增长 9.3%,同比增长 54.2%;涉及快递服务问题的 24901 件,占总申诉量的 97.5%,环比下降 0.3%,同比增长 89%(图 4-50)。

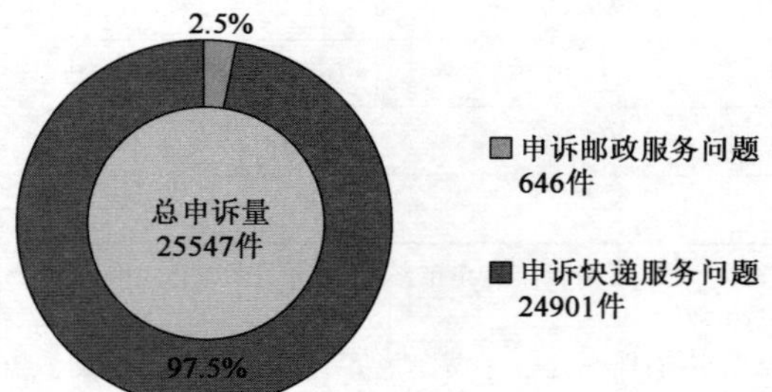

图 4-50　8 月国家邮政局和各省(区、市)邮政管理局通过“12305”邮政快递业消费者申诉情况

2. 受理的申诉中有效申诉(确定企业责任的)为 1922 件,环比下降 28.4%,同比增长 83.7%。有效申诉中涉及邮政服务问题的 29 件,占有效申诉量的 1.5%,环比增长 16%,同比下降 12.1%;涉及快递服务问题的 1893 件,占有效申诉量的 98.5%,环比下降 28.8%,同比增长 86.9%(图 4-51)。

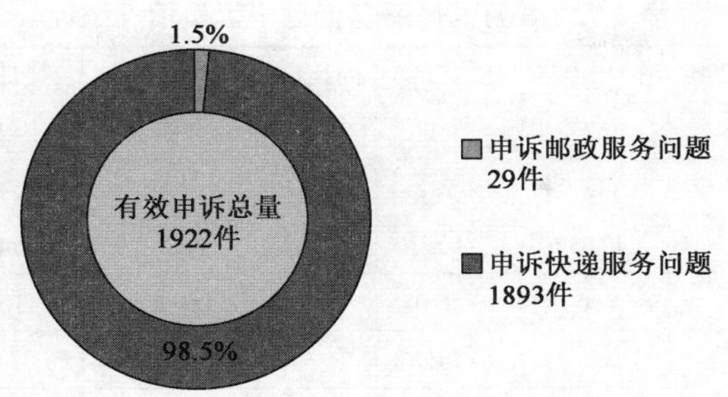

图 4-51 8 月邮政快递业消费者申诉中有效申诉占比情况

3. 用户对邮政管理机构有效申诉处理工作满意率为 97.5%，对邮政企业有效申诉处理满意率为 93.1%，对快递企业有效申诉处理满意率为 95.7%。

4. 邮政快递企业对省级邮政管理机构转办的申诉未能按规定时限回复的有 9 件，环比增加 8 件(表 4-70)。

表 4-70 8 月邮政快递企业逾期情况(单位:件)

序号	公司名称	江苏	广东	四川	陕西	新疆	合计
1	中国邮政					4	4
2	申通快递			2			2
3	顺丰速运	1					1
4	其他		1		1		2
合计		1	1	2	1	4	9

5. 邮政快递企业对省级邮政管理机构转办的申诉未能如实回复的有 20 件，环比减少 1 件(表 4-71)。

表 4-71 邮政快递企业答复不属实情况

序号	公司名称	件数
1	EMS	4
2	申通快递	3
3	圆通速递	3
4	韵达快递	1
5	其他	9
合计		20

二、邮政服务申诉情况

1. 邮政服务申诉问题情况

用户对邮政服务问题申诉 646 件，环比增长 9.3%，同比增长 54.2%(图 4-52)。

邮政服务申诉的主要问题是投递服务、邮件延误和邮件丢失短少，分别占申诉总量的 52%、22% 和 13.8%。其中，环比增长明显的是投递服务问题，同比增长明显的是投递服务和邮件丢失短少问题(表 4-72)。

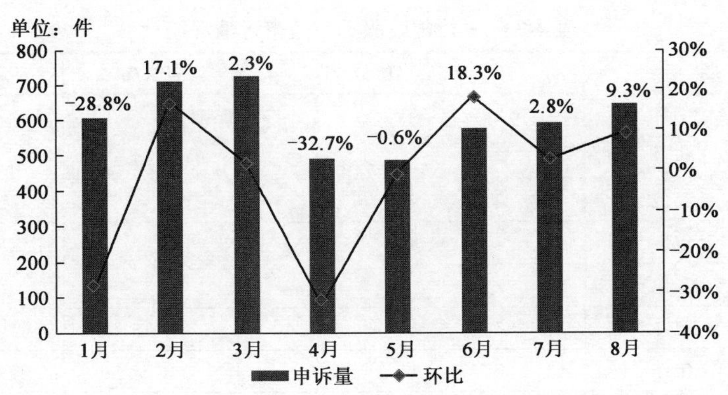

图 4-52 8 月邮政服务问题申诉数量情况

表 4-72　8 月邮政服务问题申诉量情况统计

序号	申诉内容	申诉件数	占比(%)	环比(%)	同比(%)	函件	包件	报刊	集邮	其他
1	投递服务	336	52	33.9	107.4	274	42	1	3	16
2	延误	142	22	-7.2	9.2	67	54	1	2	18
3	丢失短少	89	13.8	-10.1	97.8	28	54	0	0	7
4	损毁	23	3.6	-8.0	35.3	6	15	0	0	2
5	收寄服务	16	2.5	-23.8	-33.3	4	4	1	3	4
6	违规收费	12	1.9	100.0	-7.7	8	1	0	3	0
7	其他	28	4.3	-22.2	0	15	5	0	1	7
合计		646	100	9.3	54.2	402	175	3	12	54

2. 邮政服务申诉主要问题二级原因情况

投递服务申诉中主要占比是虚假签收，邮件延误申诉中主要占比是中转或运输延误，邮件丢失短少申诉中主要占比是对企业赔偿金额不满（图 4-53）。

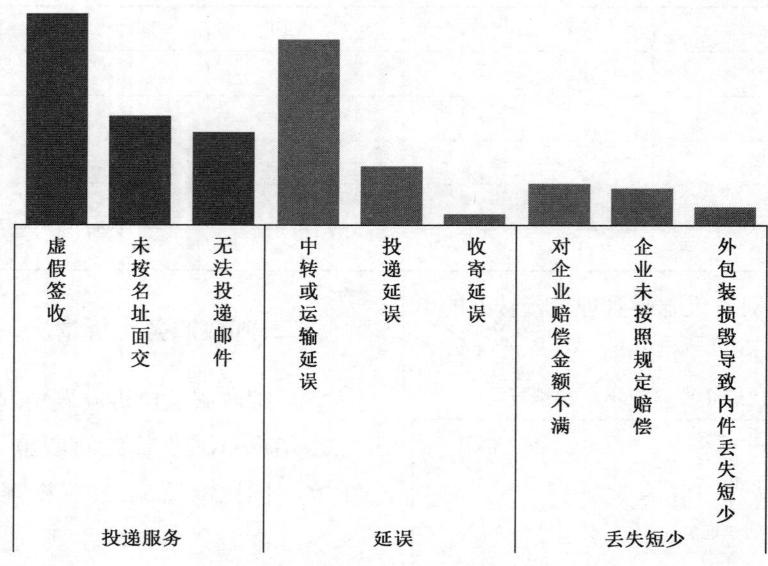

图 4-53　8 月邮政服务申诉主要问题二级原因分类情况

3. 邮政服务有效申诉问题情况

用户对邮政服务问题有效申诉 29 件，环比增长 16%，同比下降 12.1%。邮政服务有效申诉的主要问题是投递服务和邮件丢失短少，分别占有效申诉总量的 62.1% 和 20.7%。其中，环比增长明显的是投递服务问题，同比增长明显的是邮件丢失短少问题（表 4-73）。

表 4-73　8 月邮政服务有效申诉情况统计

序号	申诉问题		申诉件数		占比(%)	环比(%)	同比(%)
1	投递服务	函件	8	18	62.1	80.0	-5.3
		包件	7				
		其他	3				
2	丢失短少	包件	4	6	20.7	20.0	100
		其他	2				
3	延误	包件	3	3	10.3	0.0	-62.5
4	损毁	包件	2	2	6.9	-66.7	—
合计			29		100	16	-12.1

三、快递服务申诉情况

(一)快递服务申诉总体情况

1. 快递服务申诉问题情况

用户对快递服务问题申诉24901件,环比下降0.3%,同比增长89%(图4-54)。

快递服务申诉的主要问题是快件损毁、快件丢失短少和投递服务,分别占申诉总量的33.2%、25.5%和18.6%。其中,环比增长明显的是快件损毁问题,同比均增长明显(表4-74)。

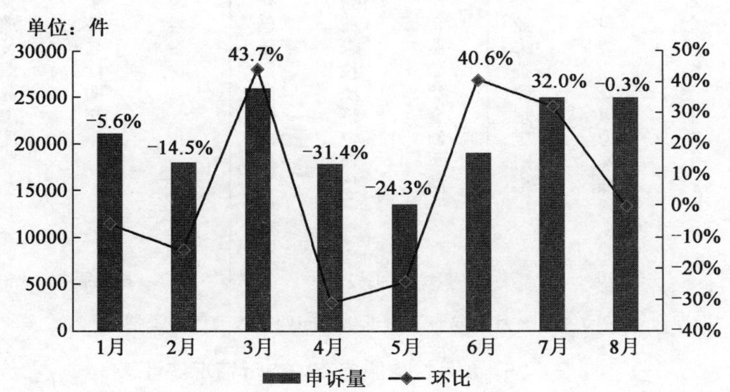

图4-54 8月快递服务问题申诉数量情况

表4-74 8月快递服务申诉情况统计

序号	申诉内容	申诉件数	占比(%)	环比(%)	同比(%)
1	损毁	8278	33.2	12.9	106.7
2	丢失短少	6341	25.5	3.3	122.9
3	投递服务	4621	18.6	-2.5	82.4
4	延误	3444	13.8	-10.3	67.3
5	收寄服务	1406	5.6	-31.7	48.6
6	违规收费	330	1.3	-13.4	21.8
7	代收货款	48	0.2	-20.0	-29.4
8	其他	433	1.7	0.2	-3.3
合计		24901	100	-0.3	89.0

2. 快递服务申诉主要问题二级原因情况

快件损毁申诉中主要占比是对企业赔偿金额不满,快件丢失短少申诉中主要占比是对企业赔偿金额不满,投递服务申诉中主要占比是虚假签收(图4-55)。

3. 快递服务有效申诉问题情况

用户对快递服务问题有效申诉1893件,环比下降28.8%,同比增长86.9%。快递服务有效申诉的主要问题是投递服务、快件丢失短少和快件延误,分别占有效申诉总量的37.5%、23%和19.7%。其中,环比均呈下降,同比均增长明显(表4-75)。

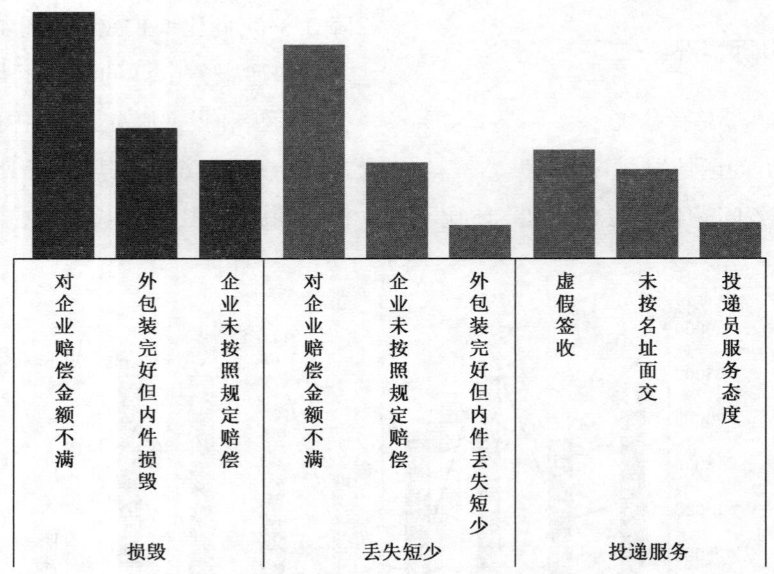

图4-55　8月快递服务申诉主要问题二级原因分类情况

表4-75　8月快递服务有效申诉情况统计

序号	申诉问题	有效申诉件数	占比(%)	环比(%)	同比(%)
1	投递服务	710	37.5	-20.5	91.4
2	丢失短少	436	23	-25.9	75.1
3	延误	372	19.7	-49.0	95.8
4	损毁	279	14.7	-18.4	84.8
5	收寄服务	42	2.2	-19.2	50.0
6	违规收费	25	1.3	31.6	127.3
7	代收货款	8	0.4	-11.1	166.7
8	其他	21	1.1	-19.2	110.0
合计		1893	100	-28.8	86.9

（二）主要快递企业申诉情况

全国快递企业申诉率（百万件快件业务量）平均为2.56，有效申诉率平均为0.19。用户对快递企业申诉主要问题中，快件损毁申诉率平均为0.85，快件丢失短少申诉率平均为0.65，投递服务申诉率平均为0.48，快件延误申诉率平均为0.35（表4-76）。

表4-76　8月主要快递企业申诉情况统计（单位：申诉件数/百万件快件业务量）

序号	企业名称	申诉率	主要问题申诉率分布				有效申诉率
			损毁	丢失短少	投递服务	延误	
1	百世快递	2.49	0.35	0.88	0.65	0.50	0.01
2	DHL	7.10	1.25	0.63	1.04	2.09	0.42
3	德邦快递	10.00	7.53	1.12	0.52	0.43	1.75
4	递四方	1.93	0.08	0.30	0.20	0.70	0.07
5	EMS	4.35	0.69	1.66	0.79	1.05	1.02
6	FedEx	10.92	1.47	2.94	1.89	1.68	0.84
7	极兔速递	0.56	0.06	0.22	0.16	0.09	0.02
8	京东快递	3.04	1.54	0.75	0.29	0.33	0.07

续上表

序号	企业名称	申诉率	主要问题申诉率分布				有效申诉率
			损毁	丢失短少	投递服务	延误	
9	跨越速运	2.80	1.27	0.07	0.47	0.55	0.47
10	民航快递	3.59	—	—	2.40	1.20	—
11	申通快递	1.78	0.30	0.47	0.33	0.20	0.01
12	顺丰速运	7.70	5.42	1.28	0.27	0.43	0.08
13	苏宁易购	0.50	—	—	0.25	0.25	—
14	UPS	17.71	1.11	7.75	1.85	5.54	0.74
15	优速	8.90	3.76	2.13	1.81	1.02	0.79
16	圆通速递	2.01	0.36	0.73	0.53	0.28	0.02
17	韵达快递	1.16	0.13	0.29	0.26	0.14	0.01
18	宅急送	9.64	1.07	2.86	2.50	2.86	0.18
19	中通快递	0.45	0.09	0.13	0.15	0.04	0.002
20	中外运-空运	0.47	0.07	0.14	—	0.11	—
全国平均		2.56	0.85	0.65	0.48	0.35	0.19

注:按企业名称拼音首字母升序排列。

(三)省级区域快递服务申诉情况

省级快递服务申诉率(百万件快件业务量)平均为1.43,有效申诉率平均为0.11。省级区域快递服务申诉主要问题中,快件损毁申诉率平均为0.47,快件丢失短少申诉率平均为0.36,投递服务申诉率平均为0.26,快件延误申诉率平均为0.20(表4-77)。

表4-77 8月省级区域快递服务申诉情况统计(单位:申诉件数/百万件快件业务量)

序号	地区	申诉率	主要问题申诉率分布				有效申诉率
			损毁	丢失短少	投递服务	延误	
1	北京	3.27	1.20	0.90	0.60	0.42	0.35
2	天津	1.44	0.26	0.16	0.13	0.11	0.09
3	河北	0.67	0.21	0.19	0.12	0.09	0.02
4	山西	2.03	0.63	0.49	0.35	0.17	0.18
5	内蒙古	2.84	0.76	0.51	0.10	0.25	0.06
6	辽宁	2.06	0.65	0.55	0.37	0.20	0.09
7	吉林	1.34	0.49	0.31	0.07	0.10	0.10
8	黑龙江	1.69	0.53	0.53	0.30	0.25	0.20
9	上海	1.69	0.49	0.48	0.28	0.29	0.07
10	江苏	1.43	0.61	0.36	0.17	0.22	0.13
11	浙江	0.87	0.30	0.27	0.18	0.08	0.11
12	安徽	1.00	0.41	0.23	0.17	0.15	0.06
13	福建	2.40	0.72	0.53	0.57	0.40	0.18
14	江西	0.97	0.39	0.21	0.19	0.13	0.14
15	山东	1.85	0.50	0.48	0.39	0.26	0.08
16	河南	1.14	0.35	0.33	0.26	0.17	0.06
17	湖北	2.33	0.84	0.54	0.50	0.36	0.10

续上表

序号	地　区	申诉率	主要问题申诉率分布				有效申诉率
			损毁	丢失短少	投递服务	延误	
18	湖南	2.50	0.82	0.84	0.44	0.28	0.14
19	广东	1.03	0.31	0.26	0.22	0.16	0.10
20	广西	0.85	0.38	0.17	0.13	0.08	0.06
21	海南	2.31	0.82	0.55	0.27	0.23	0.18
22	重庆	1.35	0.54	0.23	0.29	0.18	0.09
23	四川	1.44	0.61	0.37	0.21	0.20	0.06
24	贵州	3.84	1.05	0.74	1.07	0.81	0.38
25	云南	1.48	0.59	0.35	0.24	0.25	0.06
26	西藏	9.79	2.71	1.81	1.51	2.11	1.81
27	陕西	0.97	0.40	0.28	0.14	0.15	0.06
28	甘肃	1.59	0.79	0.36	0.24	0.15	0.11
29	青海	7.35	0.34	0.38	0.04	0.19	0.04
30	宁夏	0.65	0.32	0.09	0.07	0.11	0.16
31	新疆	5.59	1.58	1.45	0.88	1.39	0.19
平均		1.43	0.47	0.36	0.26	0.20	0.11

（四）主要快递企业申诉处理工作综合指数情况

20家主要快递企业申诉处理工作综合指数平均为93.79，高于平均数的快递企业有12家，低于平均数的有8家（表4-78）。

表4-78　8月主要快递企业申诉处理工作评价

序号	企业名称	申诉处理工作综合指数	序号	企业名称	申诉处理工作综合指数
1	民航快递	100	11	EMS	95.54
2	苏宁易购	100	12	顺丰速运	94.17
3	中通快递	100	13	圆通速递	93.56
4	中外运-空运	100	14	百世快递	92.44
5	德邦快递	99.69	15	韵达快递	92.44
6	极兔速递	99.69	16	申通快递	89.89
7	京东快递	98.93	17	FedEx	81.91
8	宅急送	98.88	18	递四方	81.36
9	优速	98.20	19	DHL	81.12
10	UPS	97.04	20	跨越速运	81.12
平均:93.79					

注:1. 申诉处理工作综合指数，是对企业申诉处理工作质量的综合评价，根据企业申诉处理工作水平由高到低排序。综合指数相同时，按企业名称拼音首字母升序排列。

2. 综合指数考核参数包含一次结案率、逾期率、企业答复不规范率、企业 答复不属实率、工作满意率等五个指标（数据来源于系统自动生成）。

四、省级邮政管理机构申诉处理工作综合指数情况

省级邮政管理机构申诉处理工作综合指数平均为95.12，高于全国平均数的地区有18个，低于全国平均数的地区有13个（表4-79）。

表 4-79　8 月省级邮政管理机构申诉处理工作评价

序号	地　区	申诉处理工作综合指数	序号	地　区	申诉处理工作综合指数
1	安徽	100	17	河北	96.76
2	北京	100	18	江西	96.41
3	重庆	100	19	吉林	94.92
4	贵州	100	20	广东	94.74
5	湖北	100	21	宁夏	94.02
6	内蒙古	100	22	广西	93.37
7	四川	100	23	上海	91.60
8	山西	100	24	云南	91.12
9	新疆	100	25	浙江	89.00
10	黑龙江	99.93	26	海南	87.18
11	福建	99.47	27	甘肃	87.10
12	山东	98.85	28	江苏	86.56
13	辽宁	98.83	29	陕西	85.98
14	河南	98.57	30	青海	85.67
15	湖南	97.66	31	天津	84.00
16	西藏	97.13	—		
平均:95.12					

注:1. 申诉处理工作综合指数,是对省级邮政管理机构申诉处理工作质量的综合评价,根据省级邮政管理机构申诉处理工作水平由高到低排序。综合指数相同时,按地区名称拼音首字母升序排列。

2. 综合指数考核参数包含一次结案率、逾期率、正确率、工作满意率等四个指标(数据来源于系统自动生成)。

国家邮政局关于 2021 年 9 月邮政业用户申诉情况的通告

一、总体情况

1. 2021 年 9 月,国家邮政局和各省(区、市)邮政管理局通过“12305”邮政业用户申诉电话和申诉网站共处理申诉 27877 件,环比增长 9.1%,同比增长 67.2%。申诉中涉及邮政服务问题的 1223 件,占总申诉量的 4.4%,环比增长 89.3%,同比增长 15.5%;涉及快递服务问题的 26654 件,占总申诉量的 95.6%,环比增长 7%,同比增长 70.8%(图 4-56)。

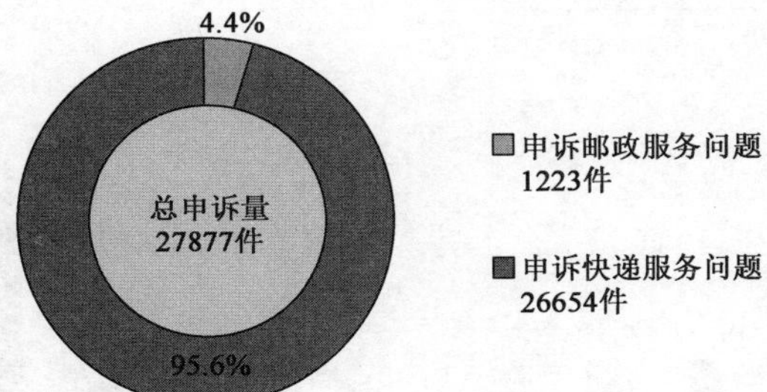

图 4-56　9 月国家邮政局和各省(区、市)邮政管理局通过“12305”邮政快递业消费者申诉情况

2. 受理的申诉中有效申诉(确定企业责任的)为 2796 件,环比增长 45.5%,同比增长 113.3%。有效申诉中涉及邮政服务问题的 102 件,占有效申诉量的 3.6%,环比增长 251.7%,同比增长 148.8%;涉及快递服务问题的 2694 件,占有效申诉量的 96.4%,环比增长 42.3%,同比增长 112.1%(图 4-57)。

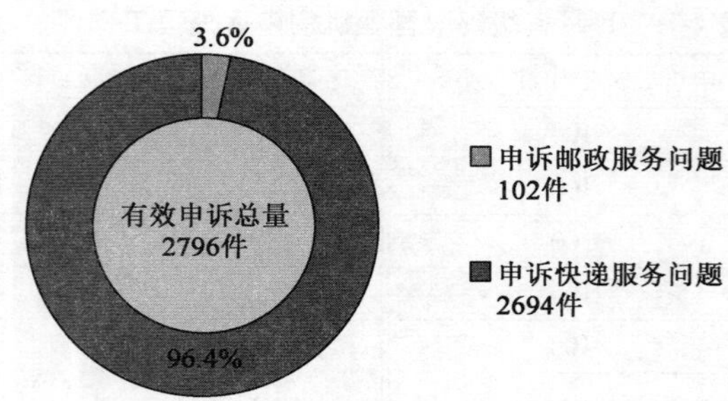

图 4-57　9 月邮政快递业消费者申诉中有效申诉占比情况

3. 用户对邮政管理机构有效申诉处理工作满意率为 98.1%，对邮政企业有效申诉处理满意率为 99%，对快递企业有效申诉处理满意率为 96.5%。

4. 邮政快递企业对省级邮政管理机构转办的申诉未能按规定时限回复的有 15 件，环比增加 6 件（表 4-80）。

表 4-80　9 月邮政快递企业逾期情况（单位：件）

序号	公司名称	吉林	江苏	福建	西藏	陕西	宁夏	新疆	合计
1	顺丰速运	2	2						4
2	中国邮政				1			3	4
3	其他			3		2	2		7
合计		2	2	3	1	2	2	3	15

5. 邮政快递企业对省级邮政管理机构转办的申诉未能如实回复的有 39 件，环比增加 19 件（表 4-81）。

表 4-81　9 月邮政快递企业答复不属实情况

序号	公 司 名 称	件　数
1	丹鸟快递	6
2	优速	5
3	圆通速递	5
4	京东快递	4
5	申通快递	4
6	顺丰速运	3
7	EMS	2
8	韵达快递	2
9	其他	8
合计		39

二、邮政服务申诉情况

1. 邮政服务申诉问题情况

用户对邮政服务问题申诉 1223 件，环比增长 89.3%，同比增长 15.5%（图 4-58）。

邮政服务申诉的主要问题是邮件延误、投递服务和邮件丢失短少，分别占申诉总量的 50.9%、29.4% 和 12.3%。其中，环比增长明显的是邮件延误和邮件丢失短少问题，同比增长明显的是投递服务和邮件丢失短少问题（表 4-82）。

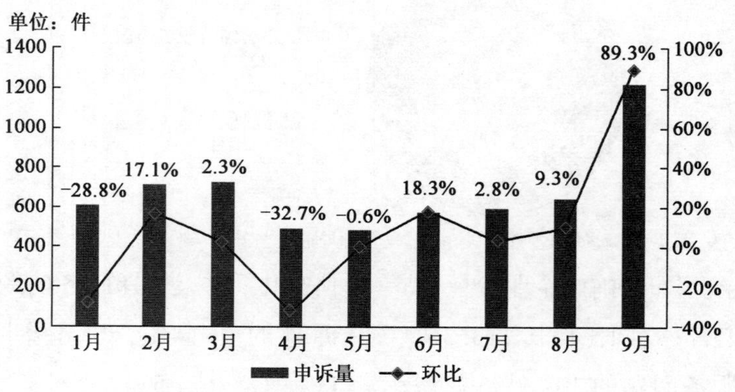

图 4-58　9 月邮政服务问题申诉数量情况

表4-82 9月邮政服务问题申诉量情况统计

序号	申诉内容	申诉件数	占比(%)	环比(%)	同比(%)	函件	包件	报刊	集邮	其他
1	延误	622	50.9	338.0	-3.7	236	326	0	2	57
2	投递服务	360	29.4	7.1	83.7	290	48	7	0	15
3	丢失短少	150	12.3	68.5	76.5	32	106	0	1	11
4	损毁	30	2.5	30.4	15.4	4	22	0	0	4
5	收寄服务	26	2.1	62.5	-42.2	11	8	0	3	4
6	违规收费	1	0.1	-91.7	-95.2	0	1	0	0	0
7	其他	34	2.8	21.4	-15.0	22	3	1	1	7
合计		1223	100	89.3	15.5	595	514	8	7	98

2. 邮政服务申诉主要问题二级原因情况

邮件延误申诉中主要占比是中转或运输延误,投递服务申诉中主要占比是未按名址面交,邮件丢失短少申诉中主要占比是对企业赔偿金额不满(图4-59)。

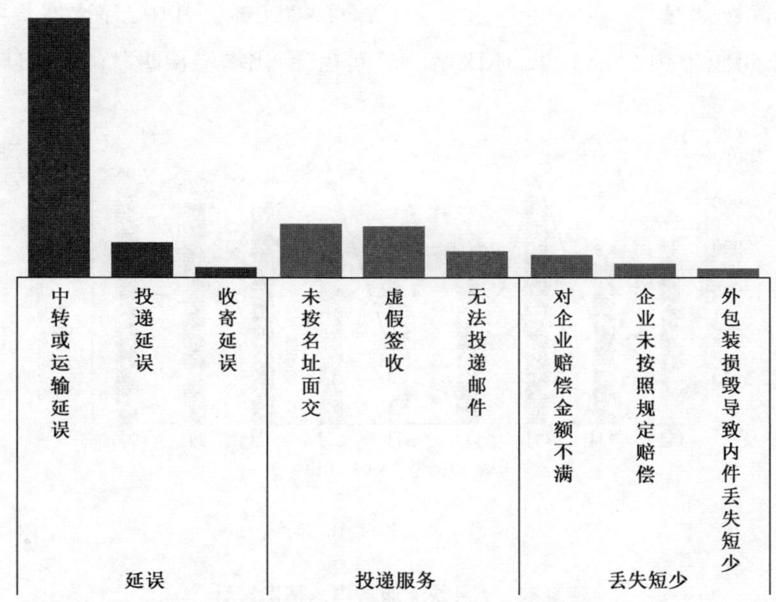

图4-59 9月邮政服务申诉主要问题二级原因分类情况

3. 邮政服务有效申诉问题情况

用户对邮政服务问题有效申诉102件,环比增长251.7%,同比增长148.8%。邮政服务有效申诉的主要问题是投递服务、邮件延误和邮件丢失短少,分别占有效申诉总量的35.3%、32.4%和26.5%,环比同比均增长明显(表4-83)。

表4-83 9月邮政服务有效申诉情况统计

序号	申诉问题		申诉件数		占比(%)	环比(%)	同比(%)
1	投递服务	函件	22	36	35.3	100.0	125.0
		包件	7				
		报刊	5				
		其他	2				
2	延误	包件	23	33	32.4	1000.0	725.0
		函件	7				
		集邮	1				
		其他	2				

续上表

序号	申诉问题		申诉件数		占比(%)	环比(%)	同比(%)
3	丢失短少	包件	14	27	26.5	350.0	107.7
		函件	9				
		集邮	1				
		其他	3				
4	收寄服务	函件	3	4	3.9	—	33.3
		集邮	1				
5	损毁	包件	2	2	2	0	-33.3
合计			102		100	251.7	148.8

三、快递服务申诉情况

(一)快递服务申诉总体情况

1. 快递服务申诉问题情况

用户对快递服务问题申诉26654件,环比增长7%,同比增长70.8%(图4-60)。

快递服务申诉的主要问题是快件损毁、快件丢失短少和快件延误,分别占申诉总量的28.5%、26%和20%。其中,环比增长明显的是快件延误问题,同比均增长明显(表4-84)。

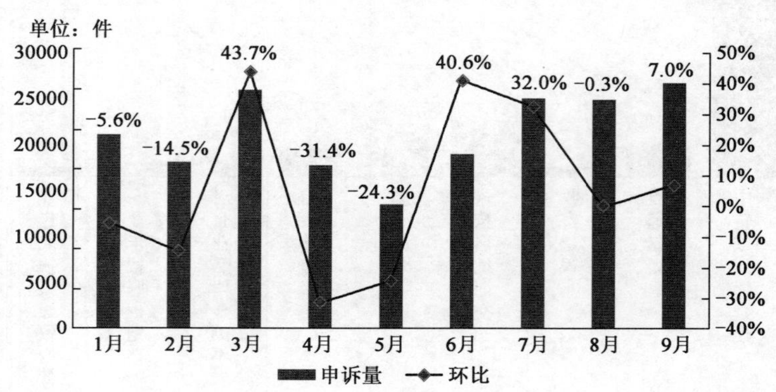

图4-60　9月快递服务问题申诉数量情况

表4-84　9月快递服务申诉情况统计

序号	申诉内容	申诉件数	占比(%)	环比(%)	同比(%)
1	损毁	7597	28.5	-8.2	88.0
2	丢失短少	6939	26	9.4	108.3
3	延误	5342	20	55.1	71.1
4	投递服务	5145	19.3	11.3	57.9
5	收寄服务	692	2.6	-50.8	-36.3
6	违规收费	315	1.2	-4.5	10.1
7	代收货款	51	0.2	6.2	-22.7
8	其他	573	2.1	32.3	37.4
合计		26654	100	7	70.8

2. 快递服务申诉主要问题二级原因情况

快件损毁申诉中主要占比是对企业赔偿金额不满,快件丢失短少申诉中主要占比是对企业赔偿金额不满,快件延误申诉中主要占比是中转或运输延误(图4-61)。

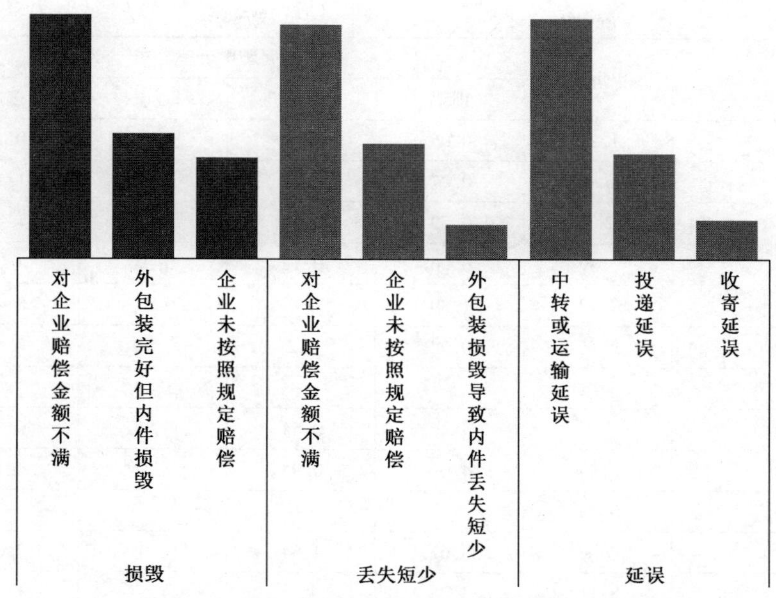

图4-61 9月快递服务申诉主要问题二级原因分类情况

3. 快递服务有效申诉问题情况

用户对快递服务问题有效申诉2694件，环比增长42.3%，同比增长112.1%。快递服务有效申诉的主要问题是投递服务、快件延误和快件丢失短少，分别占有效申诉总量的29.8%、28.4%和25.5%。其中，环比增长明显的是快件延误和快件丢失短少问题，同比均增长明显（表4-85）。

表4-85 9月快递服务有效申诉情况统计

序号	申诉问题	有效申诉件数	占比（%）	环比（%）	同比（%）
1	投递服务	803	29.8	13.1	74.6
2	延误	765	28.4	105.6	161.1
3	丢失短少	686	25.5	57.3	145.9
4	损毁	336	12.5	20.4	128.6
5	收寄服务	52	1.9	23.8	-17.5
6	违规收费	31	1.2	24.0	121.4
7	代收货款	6	0.2	-25.0	—
8	其他	15	0.6	-28.6	7.1
合计		2694	100	42.3	112.1

（二）主要快递企业申诉情况

全国快递企业申诉率（百万件快件业务量）平均为2.61，有效申诉率平均为0.26。用户对快递企业申诉主要问题中，快件损毁申诉率平均为0.74，快件丢失短少申诉率平均为0.68，快件延误申诉率平均为0.52，投递服务申诉率平均为0.50（表4-86）。

表4-86 9月主要快递企业申诉情况统计表（单位：申诉件数/百万件快件业务量）

序号	企业名称	申诉率	主要问题申诉率分布				有效申诉率
			损毁	丢失短少	延误	投递服务	
1	百世快递	1.95	0.25	0.69	0.46	0.45	0.01
2	DHL	15.11	1.35	2.93	4.51	2.25	0.68
3	德邦快递	7.68	5.17	1.08	0.55	0.38	1.31

续上表

序号	企业名称	申诉率	主要问题申诉率分布				有效申诉率
			损毁	丢失短少	延误	投递服务	
4	递四方	1.22	0.06	0.22	0.49	0.29	0.08
5	EMS	6.6	0.87	2.23	2.14	1.16	1.8
6	FedEx	12.59	0.59	2.95	3.15	1.77	1.38
7	极兔速递	0.39	0.06	0.12	0.08	0.1	0.02
8	京东快递	3.72	1.89	0.7	0.51	0.44	0.21
9	跨越速运	2.75	0.92	0.2	0.68	0.51	0.48
10	民航快递	3.41	—	—	1.14	1.14	—
11	申通快递	1.6	0.3	0.54	0.27	0.39	0.01
12	顺丰速运	5.84	4.02	0.95	0.37	0.17	0.04
13	苏宁易购	0.23	—	—	—	—	—
14	UPS	27.84	3.61	4.64	10.31	2.06	1.03
15	优速	8.11	3.05	1.4	1.5	1.95	1.05
16	圆通速递	2.08	0.39	0.7	0.35	0.52	0.03
17	韵达快递	0.91	0.12	0.3	0.23	0.22	0.01
18	宅急送	9.4	1.39	4.18	0.87	2.26	0.7
19	中通快递	0.44	0.07	0.14	0.06	0.14	0.002
20	中外运-空运	0.38	0.08	0.11	0.11	0.08	—
全国平均		2.61	0.74	0.68	0.52	0.50	0.26

注:按企业名称拼音首字母升序排列。

(三)省级区域快递服务申诉情况

省级快递服务申诉率(百万件快件业务量)平均为1.45,有效申诉率平均为0.15。省级区域快递服务申诉主要问题中,快件损毁申诉率平均为0.41,快件丢失短少申诉率平均为0.38,快件延误申诉率平均为0.29,投递服务申诉率平均为0.28(表4-87)。

表4-87 9月省级区域快递服务申诉情况统计(单位:申诉件数/百万件快件业务量)

序号	地区	申诉率	主要问题申诉率分布				有效申诉率
			损毁	丢失短少	延误	投递服务	
1	北京	2.03	0.51	0.45	0.47	0.46	0.39
2	天津	0.73	0.25	0.19	0.13	0.12	0.15
3	河北	0.77	0.17	0.21	0.19	0.15	0.04
4	山西	1.45	0.50	0.45	0.21	0.25	0.25
5	内蒙古	1.90	0.56	0.58	0.25	0.23	0.11
6	辽宁	1.99	0.52	0.61	0.38	0.33	0.10
7	吉林	1.3	0.46	0.28	0.17	0.28	0.22
8	黑龙江	1.56	0.39	0.38	0.33	0.38	0.24
9	上海	2.55	0.57	0.73	0.53	0.55	0.09
10	江苏	1.54	0.48	0.43	0.36	0.21	0.22
11	浙江	0.91	0.28	0.28	0.12	0.19	0.13
12	安徽	1.01	0.31	0.21	0.16	0.19	0.08
13	福建	2.75	0.83	0.64	0.54	0.58	0.26

续上表

序号	地区	申诉率	主要问题申诉率分布				有效申诉率
			损毁	丢失短少	延误	投递服务	
14	江西	1.04	0.35	0.29	0.17	0.19	0.20
15	山东	1.77	0.41	0.50	0.32	0.42	0.10
16	河南	1.67	0.26	0.45	0.48	0.43	0.38
17	湖北	1.92	0.65	0.54	0.35	0.32	0.05
18	湖南	3.26	1.04	0.82	0.63	0.66	0.40
19	广东	1.02	0.28	0.24	0.20	0.22	0.08
20	广西	0.76	0.32	0.11	0.13	0.12	0.07
21	海南	1.52	0.45	0.54	0.23	0.17	0.18
22	重庆	1.69	0.49	0.32	0.35	0.34	0.09
23	四川	1.39	0.57	0.31	0.25	0.17	0.07
24	贵州	2.79	0.78	0.72	0.54	0.64	0.12
25	云南	1.43	0.55	0.46	0.15	0.24	0.05
26	西藏	8.19	1.49	3.13	1.79	1.49	2.23
27	陕西	1.54	0.49	0.47	0.38	0.19	0.18
28	甘肃	1.84	0.71	0.50	0.40	0.20	0.27
29	青海	0.87	0.33	0.11	0.22	0.07	0.11
30	宁夏	0.68	0.36	0.15	0.13	—	0.19
31	新疆	8.14	1.59	1.13	4.18	0.88	0.26
平均		1.45	0.41	0.38	0.29	0.28	0.15

四、申诉处理工作综合指数情况

（一）主要快递企业申诉处理工作综合指数情况

20家主要快递企业申诉处理工作综合指数平均为94.23，高于平均数的快递企业有12家，低于平均数的有8家（表4-88）。

表4-88 主要快递企业申诉处理工作评价

序号	企业名称	申诉处理工作综合指数	序号	企业名称	申诉处理工作综合指数
1	民航快递	100	11	韵达快递	94.65
2	苏宁易购	100	12	FedEx	94.38
3	宅急送	100	13	DHL	93.56
4	中通快递	99.79	14	跨越速运	92.84
5	德邦快递	99.66	15	申通快递	92.73
6	EMS	96.74	16	顺丰速运	92.42
7	极兔速递	95.47	17	百世快递	92.36
8	京东快递	95.44	18	圆通速递	91.81
9	中外运-空运	94.80	19	优速	86.91
10	UPS	94.76	20	递四方	76.32
平均：94.23					

注：1. 申诉处理工作综合指数，是对企业申诉处理工作质量的综合评价，根据企业申诉处理工作水平由高到低排序。综合指数相同时，按企业名称拼音首字母升序排列。

2. 综合指数考核参数包含一次结案率、逾期率、企业答复不规范率、企业答复不属实率、工作满意率等五个指标（数据来源于系统自动生成）。

（二）省级邮政管理机构申诉处理工作综合指数情况

省级邮政管理机构申诉处理工作综合指数平均为97.20，高于全国平均数的地区有21个，低于全国平均数的地区有10个（表4-89）。

表4-89　9月省级邮政管理机构申诉处理工作评价

序号	地　区	申诉处理工作综合指数	序号	地　区	申诉处理工作综合指数
1	北京	100	17	安徽	99.02
2	福建	100	18	上海	98.72
3	甘肃	100	19	黑龙江	98.52
4	贵州	100	20	广西	98.36
5	湖北	100	21	山东	97.42
6	湖南	100	22	浙江	96.82
7	江西	100	23	广东	96.46
8	内蒙古	100	24	西藏	95.51
9	青海	100	25	天津	93.93
10	四川	100	26	海南	93.12
11	新疆	100	27	河北	92.40
12	云南	100	28	江苏	90.58
13	吉林	99.91	29	陕西	88.74
14	山西	99.82	30	宁夏	88.12
15	重庆	99.38	31	河南	87.41
16	辽宁	99.09	—		
平均:97.20					

注：1. 申诉处理工作综合指数，是对省级邮政管理机构申诉处理工作质量的综合评价，根据省级邮政管理机构申诉处理工作水平由高到低排序。综合指数相同时，按地区名称拼音首字母升序排列。

2. 综合指数考核参数包含一次结案率、逾期率、正确率、工作满意率等四个指标（数据来源于系统自动生成）。

国家邮政局关于2021年10月邮政业用户申诉情况的通告

一、总体情况

1. 2021年10月，国家邮政局和各省（区、市）邮政管理局通过“12305”邮政业用户申诉电话和申诉网站共处理申诉27697件，环比下降0.6%，同比增长57.1%。申诉中涉及邮政服务问题的842件，占总申诉量的3%，环比下降31.2%，同比增长64.1%；涉及快递服务问题的26855件，占总申诉量的97%，环比增长0.8%，同比增长56.9%（图4-62）。

2. 受理的申诉中有效申诉（确定企业责任的）为3086件，环比增长10.4%，同比增长106.4%。有效申诉中涉及邮政服务问题的115件，占有效申诉量的3.7%，环比增长12.7%，同比增长94.9%；涉及快递服务问题的2971件，占有效申诉量的96.3%，环比增长10.3%，同比增长106.9%（图4-63）。

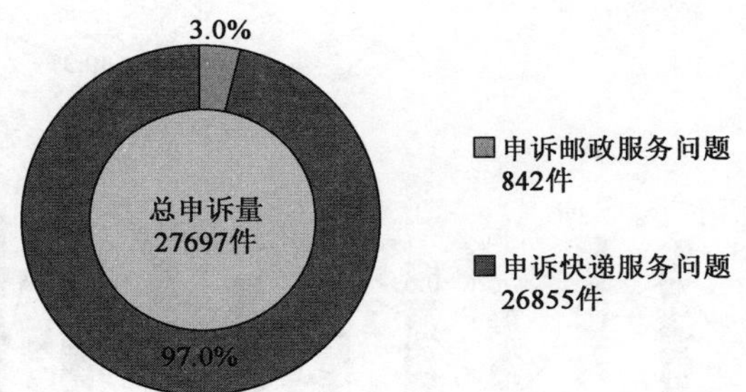

图4-62 10月国家邮政局和各省(区、市)邮政管理局通过"12305"邮政快递业消费者申诉情况

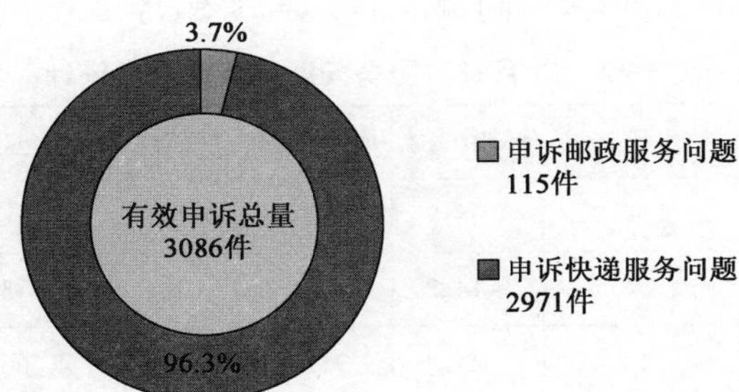

图4-63 10月邮政快递业消费者申诉中有效申诉占比情况

3. 用户对邮政管理机构有效申诉处理工作满意率为98%,对邮政企业有效申诉处理满意率为100%,对快递企业有效申诉处理满意率为96.4%。

4. 邮政快递企业对省级邮政管理机构转办的申诉未能按规定时限回复的有5件,环比减少10件(表4-90)。

表4-90 10月邮政快递企业逾期情况(单位:件)

序号	公司名称	江苏	福建	重庆	西藏	合计
1	顺丰速运	1		1		2
2	优速		1			1
3	中国邮政				1	1
4	其他		1			1
合计		1	2	1	1	5

5. 邮政快递企业对省级邮政管理机构转办的申诉未能如实回复的有27件,环比减少12件(表4-91)。

表4-91 10月邮政快递企业答复不属实情况

序号	公司名称	件数
1	EMS	6
2	申通快递	4
3	顺丰速运	4
4	百世快递	3
5	京东快递	2
6	其他	8
合计		27

二、邮政服务申诉情况

1. 邮政服务申诉问题情况

用户对邮政服务问题申诉842件,环比下降31.2%,同比增长64.1%(图4-64)。

邮政服务申诉的主要问题是邮件延误、投递服务和邮件丢失短少,分别占申诉总量的37.9%、36.7%和13.4%,环比均呈下降,同比增长明显的是邮件延误和邮件丢失短少问题(表4-92)。

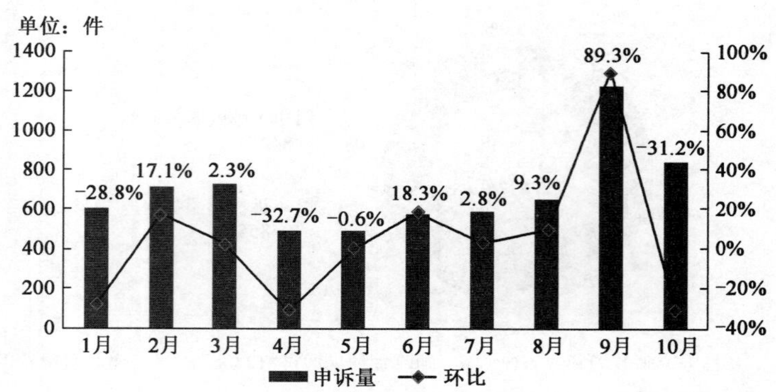

图 4-64 10 月邮政服务问题申诉数量情况

表 4-92 10 月邮政服务问题申诉量情况统计

序号	申诉内容	申诉件数	占比(%)	环比(%)	同比(%)	函件	包件	报刊	集邮	其他
1	延误	319	37.9	-48.7	101.9	121	162	2	0	34
2	投递服务	309	36.7	-14.2	47.1	251	33	12	1	12
3	丢失短少	113	13.4	-24.7	71.2	35	66	4	0	8
4	损毁	30	3.6	0.0	57.9	6	19	0	0	5
5	收寄服务	23	2.7	-11.5	4.5	9	9	0	1	4
6	违规收费	7	0.8	600.0	-30.0	1	5	0	0	1
7	其他	41	4.9	20.6	46.4	11	6	1	5	18
合计		842	100	-31.2	64.1	434	300	19	7	82

2. 邮政服务申诉主要问题二级原因情况

邮件延误申诉中主要占比是中转或运输延误，投递服务申诉中主要占比是虚假签收，邮件丢失短少申诉中主要占比是企业未按照规定赔偿（图 4-65）。

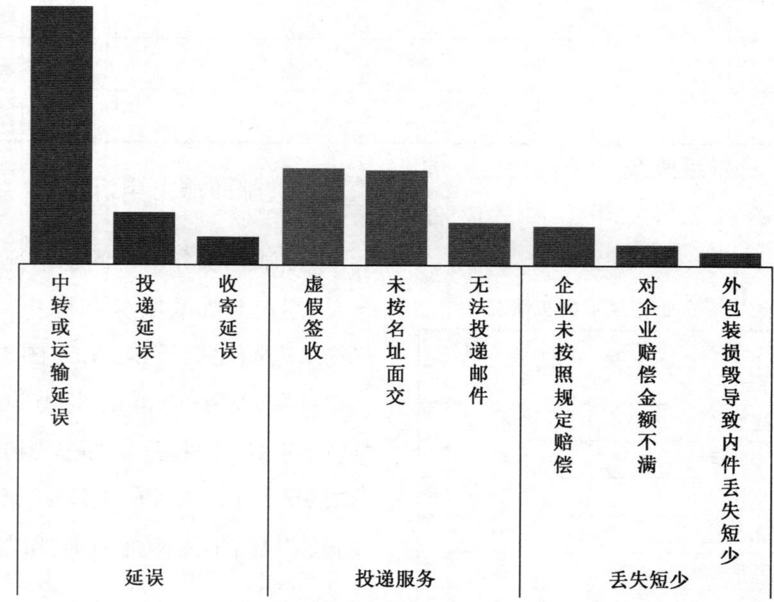

图 4-65 10 月邮政服务申诉主要问题二级原因分类情况

3. 邮政服务有效申诉问题情况

用户对邮政服务问题有效申诉115件，环比增长12.7%，同比增长94.9%。邮政服务有效申诉的主要问题是投递服务、邮件延误和邮件丢失短少，分别占有效申诉总量的47.8%、25.2%和18.3%。其中，环比增长明显的是投递服务问题，同比均增长明显（表4-93）。

表4-93 10月邮政服务有效申诉情况统计

序号	申诉问题		申诉件数		占比(%)	环比(%)	同比(%)
1	投递服务	函件	38	55	47.8	52.8	129.2
		包件	8				
		报刊	7				
		其他	2				
2	延误	函件	13	29	25.2	-12.1	70.6
		包件	13				
		报刊	2				
		其他	1				
3	丢失短少	函件	10	21	18.3	-22.2	90.9
		包件	5				
		报刊	4				
		其他	2				
4	收寄服务	包件	3	5	4.3	25.0	66.7
		函件	1				
		其他	1				
5	损毁	包件	4	5	4.3	150.0	25.0
		函件	1				
合计			115		100	12.7	94.9

三、快递服务申诉情况

（一）快递服务申诉总体情况

1. 快递服务申诉问题情况

用户对快递服务问题申诉26855件，环比增长0.8%，同比增长56.9%（图4-66）。

快递服务申诉的主要问题是快件损毁、快件丢失短少和快件延误，分别占申诉总量的29.1%、27.7%和20.3%，环比均呈增长态势，同比增长明显的快件损毁和快件丢失短少问题（表4-94）。

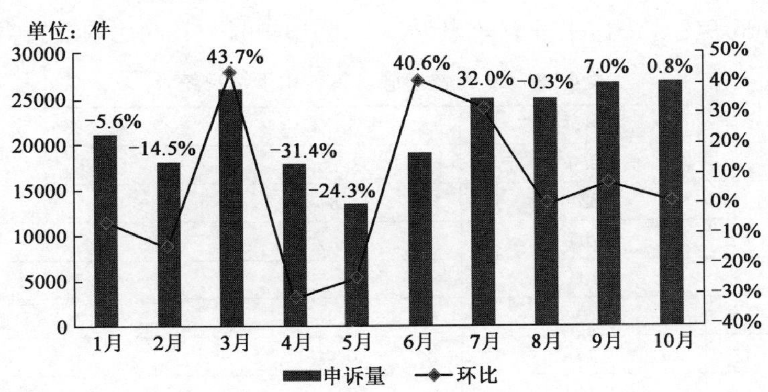

图4-66 10月快递服务问题申诉数量情况

表 4-94　10 月快递服务申诉情况统计

序号	申诉内容	申诉件数	占比(%)	环比(%)	同比(%)
1	损毁	7803	29.1	2.7	120.3
2	丢失短少	7427	27.7	7.0	89.2
3	延误	5443	20.3	1.9	28.0
4	投递服务	4666	17.4	-9.3	32.9
5	收寄服务	627	2.3	-9.4	-46.8
6	违规收费	242	0.9	-23.2	2.5
7	代收货款	47	0.2	-7.8	-4.1
8	其他	600	2.2	4.7	40.2
合计		26855	100	0.8	56.9

2. 快递服务申诉主要问题二级原因情况

快件损毁申诉中主要占比是对企业赔偿金额不满，快件丢失短少申诉中主要占比是对企业赔偿金额不满，快件延误申诉中主要占比是中转或运输延误（图 4-67）。

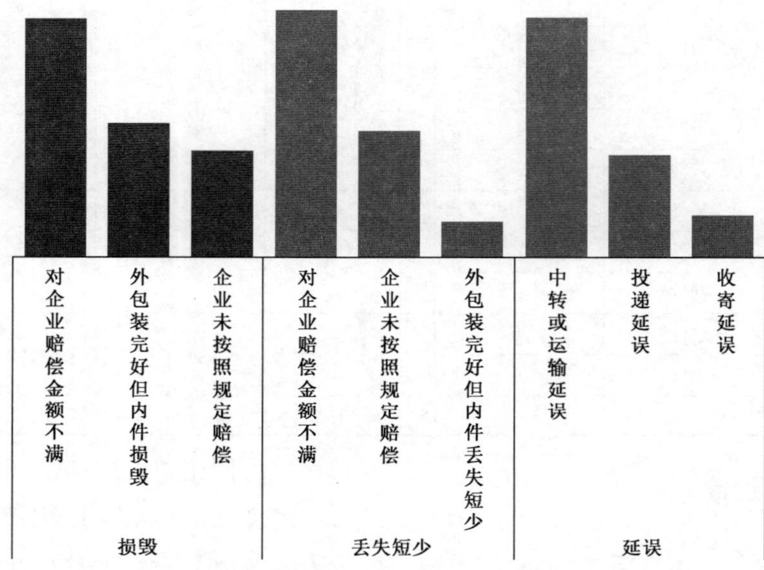

图 4-67　10 月快递服务申诉主要问题二级原因分类情况

3. 快递服务有效申诉问题情况

用户对快递服务问题有效申诉2971 件，环比增长 10.3%，同比增长 106.9%。快递服务有效申诉的主要问题是投递服务、快件丢失短少和快件延误，分别占有效申诉总量的 28.6%、28% 和 26.4%，环比均呈增长，同比均增长明显（表 4-95）。

表 4-95　10 月快递服务有效申诉情况统计

序号	申诉问题	有效申诉件数	占比(%)	环比(%)	同比(%)
1	投递服务	850	28.6	5.9	88.5
2	丢失短少	831	28	21.1	118.7
3	延误	784	26.4	2.5	117.8
4	损毁	405	13.6	20.5	158.0
5	收寄服务	62	2.1	19.2	14.8
6	代收货款	12	0.4	100.0	1100.0
7	违规收费	11	0.4	-64.5	-15.4
8	其他	16	0.5	6.7	-20.0
合计		2971	100	10.3	106.9

(二)主要快递企业申诉情况

全国快递企业申诉率(百万件快件业务量)平均为2.48,有效申诉率平均为0.27。用户对快递企业申诉主要问题中,快件损毁申诉率平均为0.72,快件丢失短少申诉率平均为0.68,快件延误申诉率平均为0.50,投递服务申诉率平均为0.43(表4-96)。

表4-96 10月主要快递企业申诉情况统计表(单位:申诉件数/百万件快件业务量)

序号	企业名称	申诉率	主要问题申诉率分布				有效申诉率
			损毁	丢失短少	延误	投递服务	
1	百世快递	2.18	0.28	0.86	0.51	0.41	0.01
2	德邦快递	6.97	4.53	1.16	0.61	0.32	1.37
3	递四方	0.90	0.03	0.34	0.16	0.18	0.06
4	DHL	14.09	0.92	1.85	5.08	2.77	—
5	EMS	5.72	0.74	2.07	1.78	0.94	1.89
6	FedEx	14.50	0.60	2.01	8.66	1.41	0.81
7	极兔速递	0.33	0.06	0.11	0.04	0.10	0.01
8	京东快递	5.09	2.38	1.00	0.65	0.69	0.51
9	跨越速运	2.45	0.61	0.29	1.01	0.32	0.58
10	民航快递	10.98	—	—	6.10	3.66	—
11	申通快递	1.58	0.28	0.57	0.34	0.32	0.01
12	顺丰速运	6.49	4.51	1.04	0.52	0.19	0.07
13	苏宁易购	0.40	—	—	—	0.20	—
14	UPS	17.92	1.96	3.58	5.87	2.93	0.33
15	优速	9.74	3.55	2.37	1.60	1.81	1.25
16	圆通速递	1.62	0.31	0.53	0.29	0.39	0.02
17	韵达快递	0.81	0.12	0.28	0.18	0.19	0.005
18	宅急送	13.56	1.63	4.61	2.44	4.07	1.36
19	中通快递	0.34	0.06	0.12	0.04	0.10	0.0005
20	中外运-空运	0.19	—	—	0.15	0.04	—
全国平均		2.48	0.72	0.68	0.50	0.43	0.27

注:按企业名称拼音首字母升序排列。

(三)省级区域快递服务申诉情况

省级快递服务申诉率(百万件快件业务量)平均为1.39,有效申诉率平均为0.15。省级区域快递服务申诉主要问题中,快件损毁申诉率平均为0.40,快件丢失短少申诉率平均为0.38,快件延误申诉率平均为0.28,投递服务申诉率平均为0.24(表4-97)。

表4-97 10月省级区域快递服务申诉情况统计表(单位:申诉件数/百万件快件业务量)

序号	地区	申诉率	主要问题申诉率分布				有效申诉率
			损毁	丢失短少	延误	投递服务	
1	北京	1.58	0.40	0.46	0.35	0.28	0.29
2	天津	0.88	0.24	0.24	0.20	0.14	0.19

续上表

序号	地　区	申诉率	主要问题申诉率分布				有效申诉率
			损毁	丢失短少	延误	投递服务	
3	河北	0.73	0.15	0.23	0.19	0.12	0.03
4	山西	1.59	0.47	0.58	0.19	0.27	0.32
5	内蒙古	2.28	0.66	0.62	0.31	0.22	0.12
6	辽宁	1.82	0.58	0.40	0.38	0.29	0.08
7	吉林	1.56	0.44	0.45	0.20	0.33	0.2
8	黑龙江	1.5	0.36	0.50	0.31	0.29	0.23
9	上海	3.9	1.03	1.17	0.78	0.64	0.11
10	江苏	1.61	0.61	0.43	0.31	0.20	0.26
11	浙江	0.79	0.23	0.25	0.12	0.14	0.12
12	安徽	0.68	0.22	0.17	0.13	0.10	0.05
13	福建	2.45	0.70	0.60	0.56	0.45	0.31
14	江西	1	0.32	0.29	0.18	0.18	0.26
15	山东	1.86	0.44	0.50	0.40	0.41	0.12
16	河南	1.29	0.24	0.39	0.31	0.32	0.55
17	湖北	1.77	0.63	0.51	0.33	0.24	0.06
18	湖南	2.16	0.57	0.72	0.40	0.42	0.17
19	广东	0.94	0.25	0.24	0.19	0.20	0.08
20	广西	0.81	0.29	0.17	0.15	0.13	0.07
21	海南	1.99	0.60	0.47	0.47	0.25	0.13
22	重庆	1.59	0.51	0.27	0.34	0.35	0.11
23	四川	1.57	0.63	0.37	0.30	0.19	0.05
24	贵州	1.72	0.53	0.58	0.23	0.28	0.05
25	云南	1.63	0.61	0.44	0.28	0.27	0.05
26	西藏	8.53	1.95	3.14	1.80	1.20	1.8
27	陕西	1.81	0.58	0.60	0.42	0.18	0.22
28	甘肃	2.26	0.88	0.76	0.41	0.17	0.54
29	青海	0.72	0.18	0.33	0.11	0.04	0.04
30	宁夏	0.72	0.28	0.11	0.11	0.20	0.07
31	新疆	10.21	2.20	1.71	4.76	1.07	0.62
平均		1.39	0.40	0.38	0.28	0.24	0.15

四、申诉处理工作综合指数情况

(一)主要快递企业申诉处理工作综合指数情况

20家主要快递企业申诉处理工作综合指数平均为94.70,高于平均数的快递企业有12家,低于平均数的有8家(表4-98)。

表 4-98 10 月主要快递企业申诉处理工作评价

序号	企业名称	申诉处理工作综合指数	序号	企业名称	申诉处理工作综合指数
1	民航快递	100	11	极兔速递	95.44
2	苏宁易购	100	12	顺丰速运	94.77
3	宅急送	100	13	申通快递	94.40
4	中外运-空运	100	14	百世快递	93.73
5	中通快递	99.58	15	圆通速递	91.93
6	德邦快递	99.20	16	韵达快递	91.66
7	京东快递	97.87	17	优速	91.45
8	UPS	97.24	18	FedEx	91.13
9	DHL	96.90	19	递四方	81.91
10	EMS	95.83	20	跨越速运	81.12
平均:94.70					

注:1. 申诉处理工作综合指数,是对企业申诉处理工作质量的综合评价,根据企业申诉处理工作水平由高到低排序。综合指数相同时,按企业名称拼音首字母升序排列。

2. 综合指数考核参数包含一次结案率、逾期率、企业答复不规范率、企业答复不属实率、工作满意率等五个指标(数据来源于系统自动生成)。

(二)省级邮政管理机构申诉处理工作综合指数情况

省级邮政管理机构申诉处理工作综合指数平均为96.99,高于全国平均数的地区有22个,低于全国平均数的地区有9个(表4-99)。

表 4-99 10 月省级邮政管理机构申诉处理工作评价

序号	地区	申诉处理工作综合指数	序号	地区	申诉处理工作综合指数
1	重庆	100	17	安徽	99.10
2	福建	100	18	河南	98.83
3	广西	100	19	天津	98.78
4	贵州	100	20	山东	98.23
5	河北	100	21	新疆	97.52
6	黑龙江	100	22	吉林	97.29
7	湖北	100	23	云南	96.08
8	湖南	100	24	广东	95.07
9	江西	100	25	上海	94.41
10	辽宁	100	26	山西	92.4
11	内蒙古	100	27	北京	92.18
12	四川	100	28	陕西	88.76
13	西藏	100	29	宁夏	88.69
14	江苏	99.69	30	海南	86.45
15	浙江	99.67	31	青海	84
16	甘肃	99.57	—		
平均:96.99					

注:1. 申诉处理工作综合指数,是对省级邮政管理机构申诉处理工作质量的综合评价,根据省级邮政管理机构申诉处理工作水平由高到低排序。综合指数相同时,按地区名称拼音首字母升序排列。

2. 综合指数考核参数包含一次结案率、逾期率、正确率、工作满意率等四个指标(数据来源于系统自动生成)。

国家邮政局关于2021年11月邮政业用户申诉情况的通告

一、总体情况

1.2021年11月，国家邮政局和各省（区、市）邮政管理局通过“12305”邮政业用户申诉电话和申诉网站共处理申诉36241件，环比增长30.8%，同比增长63.5%。申诉中涉及邮政服务问题的1393件，占总申诉量的3.8%，环比增长65.4%，同比增长80.4%；涉及快递服务问题的34848件，占总申诉量的96.2%，环比增长29.8%，同比增长62.9%（图4-68）。

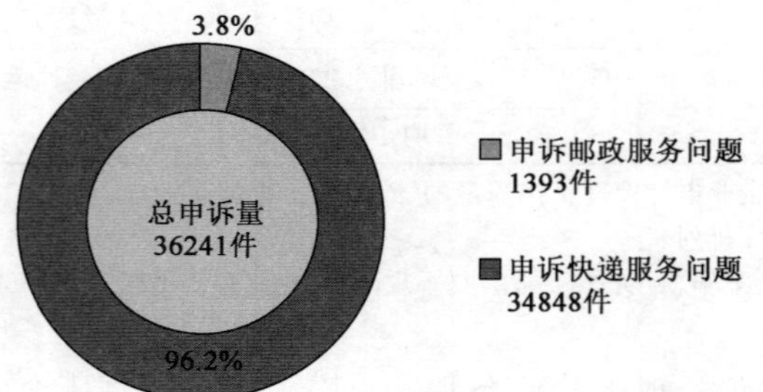

图4-68　11月国家邮政局和各省（区、市）邮政管理局通过“12305”邮政快递业消费者申诉情况

2.受理的申诉中有效申诉（确定企业责任的）为4282件，环比增长38.8%，同比增长71.1%。有效申诉中涉及邮政服务问题的123件，占有效申诉量的2.9%，环比增长7%，同比下降16.3%；涉及快递服务问题的4159件，占有效申诉量的97.1%，环比增长40%，同比增长76.5%（图4-69）。

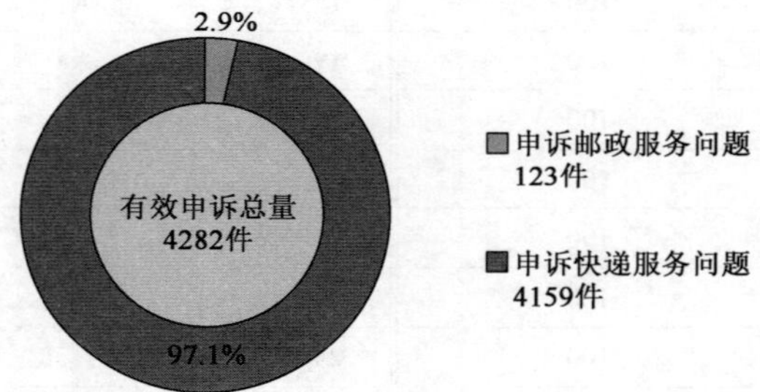

图4-69　11月邮政快递业消费者申诉中有效申诉占比情况

3.用户对邮政管理机构有效申诉处理工作满意率为97.2%，对邮政企业有效申诉处理满意率为100%，对快递企业有效申诉处理满意率为95.8%。

4.邮政快递企业对省级邮政管理机构转办的申诉未能按规定时限回复的有7件，环比增加2件（表4-100）。

表4-100　11月邮政快递企业逾期情况（单位：件）

序号	公司名称	山西	浙江	广东	广西	海南	陕西	合计
1	中国邮政				2	1		3
2	优速	1						1
3	跨越速运		1					1
4	其他			1			1	2
合计		1	1	1	2	1	1	7

5. 邮政快递企业对省级邮政管理机构转办的申诉未能如实回复的有46件，环比增加19件(表4-101)。

表4-101 11月邮政快递企业答复不属实情况

序号	公司名称	件数
1	EMS	18
2	顺丰速运	3
3	圆通快递	3
4	优速	3
5	申通快递	2
6	韵达快递	2
7	其他	15
合计		46

二、邮政服务申诉情况

1. 邮政服务申诉问题情况

用户对邮政服务问题申诉1393件，环比增长65.4%，同比增长80.4%(图4-70)。

邮政服务申诉的主要问题是邮件延误、投递服务和邮件丢失短少，分别占申诉总量的51.6%、27.1%和13.4%，环比均呈增长态势(表4-102)。

2. 邮政服务申诉主要问题二级原因情况

邮件延误申诉中主要占比是中转或运输延误，投递服务申诉中主要占比是虚假签收，邮件丢失短少申诉中主要占比是对企业赔偿金额不满(图4-71)。

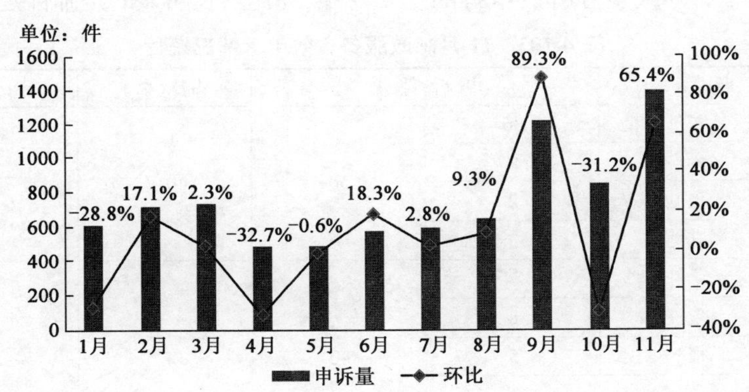

图4-70 11月邮政服务问题申诉数量情况

表4-102 11月邮政服务问题申诉量情况统计

序号	申诉内容	申诉件数	占比(%)	环比(%)	同比(%)	函件	包件	报刊	集邮	其他
1	延误	719	51.6	125.4	107.2	158	497	6	8	50
2	投递服务	378	27.1	22.3	66.5	271	76	5	1	24
3	丢失短少	187	13.4	65.5	74.8	50	126	0	0	10
4	收寄服务	32	2.3	39.1	52.4	4	21	0	2	5
5	损毁	29	2.1	-3.3	45.0	8	20	0	0	1
6	违规收费	6	0.4	-14.3	20.0	2	4	0	0	0
7	其他	42	3	2.4	-6.7	21	14	0	1	6
合计		1393	100	65.4	80.4	514	758	11	12	96

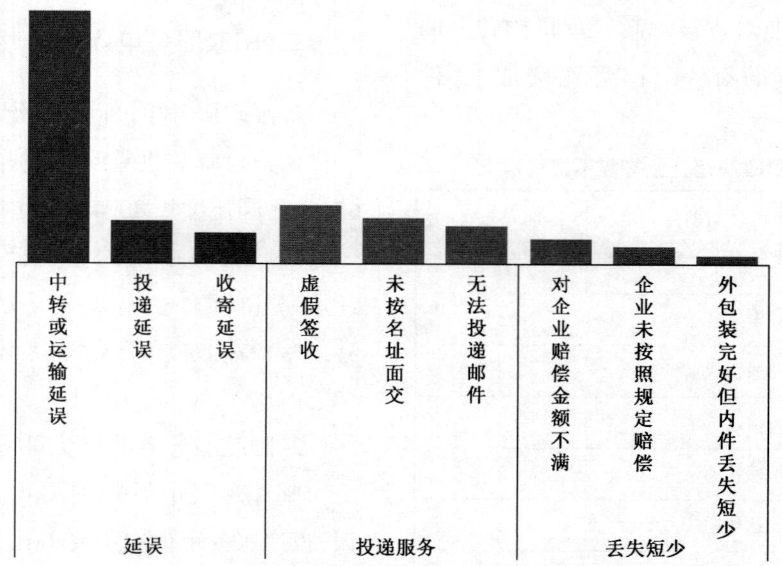

图 4-71　11 月邮政服务申诉主要问题二级原因分类情况

3. 邮政服务有效申诉问题情况

用户对邮政服务问题有效申诉 123 件，环比增长 7%，同比下降 16.3%。邮政服务有效申诉的主要问题是邮件延误、投递服务和邮件丢失短少，分别占有效申诉总量的 40.7%、32.5% 和 18.7%。其中，环比增长明显的是邮件延误问题(表 4-103)。

表 4-103　11 月邮政服务有效申诉情况统计

序号	申诉问题		申诉件数		占比(%)	环比(%)	同比(%)
1	延误	包件	36	50	40.7	72.4	-21.9
		函件	9				
		报刊	2				
		其他	3				
2	投递服务	函件	24	40	32.5	-27.3	11.1
		包件	8				
		报刊	5				
		集邮	1				
		其他	2				
3	丢失短少	包件	12	23	18.7	9.5	-17.9
		函件	10				
		其他	1				
4	损毁	包件	3	5	4.1	0.0	25.0
		函件	2				
5	违规收费	包件	2	2	1.6	—	100.0
6	其他	函件	2	3	2.4	—	-50.0
		包件	1				
合计			123		100	7.0	-16.3

三、快递服务申诉情况

(一)快递服务申诉总体情况

1. 快递服务申诉问题情况

用户对快递服务问题申诉 34848 件，环比增长 29.8%，同比增长 62.9%(图 4-72)。

快递服务申诉的主要问题是快件丢失短少、快件延误和快件损毁，分别占申诉总量的 28.6%、24.6% 和 22.5%，环比增长明显的是快件延误和快件丢失短少问题(表 4-104)。

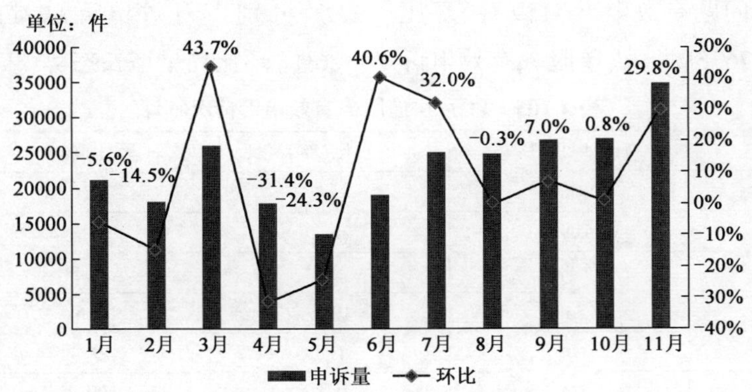

图 4-72 11 月快递服务问题申诉数量情况

表 4-104 11 月快递服务申诉情况统计

序号	申诉内容	申诉件数	占比(%)	环比(%)	同比(%)
1	丢失短少	9962	28.6	34.1	78.7
2	延误	8582	24.6	57.7	72.3
3	损毁	7828	22.5	0.3	112.9
4	投递服务	6354	18.2	36.2	26.6
5	收寄服务	850	2.4	35.6	-37.8
6	违规收费	421	1.2	74.0	61.3
7	代收货款	73	0.2	55.3	37.7
8	其他	778	2.2	29.7	69.5
合计		34848	100	29.8	62.9

2. 快递服务申诉主要问题二级原因情况

快件丢失短少申诉中主要占比是对企业赔偿金额不满，快件延误申诉中主要占比是中转或运输延误，快件损毁申诉中主要占比是对企业赔偿金额不满（图 4-73）。

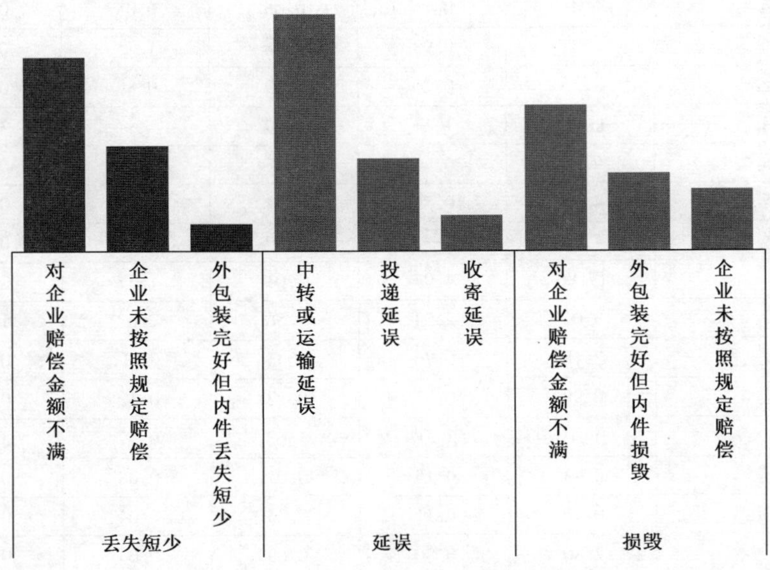

图 4-73 11 月快递服务申诉主要问题二级原因分类情况

3. 快递服务有效申诉问题情况

用户对快递服务问题有效申诉4159件，环比增长40%，同比增长76.5%。快递服务有效申诉的主要问题是快件延误、快件丢失短少和投递服务，分别占有效申诉总量的33.2%、26.4%和26%，环比均呈增长态势（表4-105）。

表4-105　11月快递服务有效申诉情况统计

序号	申诉问题	有效申诉件数	占比(%)	环比(%)	同比(%)
1	延误	1380	33.2	76.0	74.0
2	丢失短少	1099	26.4	32.3	83.8
3	投递服务	1082	26	27.3	60.8
4	损毁	440	10.6	8.6	112.6
5	收寄服务	74	1.8	19.4	131.2
6	违规收费	34	0.8	209.1	-5.6
7	代收货款	9	0.2	-25.0	800.0
8	其他	41	1	156.2	156.2
合计		4159	100	40.0	76.5

（二）主要快递企业申诉情况

全国快递企业申诉率（百万件快件业务量）平均为2.80，有效申诉率平均为0.33。用户对快递企业申诉主要问题中，快件丢失短少申诉率平均为0.80，快件延误申诉率平均为0.69，快件损毁申诉率平均为0.63，投递服务申诉率平均为0.51（表4-106）。

表4-106　11月主要快递企业申诉情况统计（单位：申诉件数/百万件快件业务量）

序号	企业名称	申诉率	主要问题申诉率分布				有效申诉率
			丢失短少	延误	损毁	投递服务	
1	百世快递	2.64	1.05	0.68	0.27	0.56	0.01
2	德邦快递	6.11	1.07	0.62	3.77	0.28	0.84
3	递四方	1.24	0.29	0.28	0.08	0.28	0.04
4	DHL	13.84	0.99	4.55	0.59	1.98	0.59
5	EMS	6.55	2.08	2.48	0.66	1.09	2.17
6	FedEx	10.28	1.59	2.48	1.06	1.77	0.18
7	极兔速递	0.41	0.16	0.06	0.05	0.10	0.03
8	京东快递	4.32	0.93	0.78	1.75	0.50	0.67
9	跨越速运	2.55	0.20	0.59	0.88	0.29	0.55
10	民航快递	11.73	1.17	4.69	—	3.52	1.17
11	申通快递	2.27	0.86	0.55	0.33	0.44	0.02
12	顺丰速运	4.27	0.83	0.44	2.69	0.13	0.04
13	苏宁易购	1.24	—	0.89	—	0.35	—
14	UPS	17.86	4.07	5.01	1.57	2.51	—
15	优速	9.05	2.54	1.56	2.67	1.69	1.30
16	圆通速递	2.18	0.76	0.45	0.3	0.53	0.02
17	韵达快递	0.99	0.37	0.23	0.12	0.22	0.01
18	宅急送	16.12	10.07	1.68	0.67	3.36	0.34
19	中通快递	0.43	0.15	0.07	0.08	0.11	0.002
20	中外运-空运	0.46	0.11	0.25	0.04	0.04	0.04
全国平均		2.80	0.80	0.69	0.63	0.51	0.33

注：按企业名称拼音首字母升序排列。

(三)省级区域快递服务申诉情况

省级快递服务申诉率(百万件快件业务量)平均为1.59,有效申诉率平均为0.19。省级区域快递服务申诉主要问题中,快件丢失短少申诉率平均为0.46,快件延误申诉率平均为0.39,快件损毁申诉率平均为0.36,投递服务申诉率平均为0.29(表4-107)。

表4-107 11月省级区域快递服务申诉情况统计(单位:申诉件数/百万件快件业务量)

序号	地区	申诉率	主要问题申诉率分布				有效申诉率
			丢失短少	延误	损毁	投递服务	
1	北京	2.27	0.54	0.78	0.39	0.45	0.7
2	天津	1.12	0.29	0.32	0.17	0.27	0.31
3	河北	1.31	0.39	0.48	0.21	0.19	0.09
4	山西	1.87	0.64	0.31	0.53	0.29	0.34
5	内蒙古	2.48	0.78	0.58	0.58	0.25	0.18
6	辽宁	2.79	0.74	0.83	0.58	0.44	0.21
7	吉林	2.16	0.52	0.63	0.43	0.36	0.68
8	黑龙江	3.02	0.64	1.39	0.39	0.51	0.77
9	上海	3.77	1.01	0.93	0.83	0.64	0.2
10	江苏	1.59	0.50	0.37	0.45	0.19	0.24
11	浙江	0.85	0.29	0.16	0.19	0.18	0.16
12	安徽	1.03	0.33	0.26	0.25	0.15	0.07
13	福建	2.19	0.50	0.52	0.50	0.50	0.21
14	江西	1.17	0.37	0.25	0.32	0.21	0.31
15	山东	2.54	0.71	0.64	0.42	0.64	0.24
16	河南	0.96	0.33	0.15	0.23	0.22	0.14
17	湖北	1.83	0.60	0.35	0.53	0.27	0.04
18	湖南	2.9	1.06	0.62	0.63	0.50	0.18
19	广东	1.02	0.27	0.19	0.23	0.23	0.09
20	广西	0.91	0.21	0.18	0.28	0.14	0.06
21	海南	3.11	1.01	0.78	0.81	0.29	0.56
22	重庆	1.46	0.32	0.27	0.41	0.33	0.09
23	四川	1.53	0.42	0.32	0.47	0.20	0.11
24	贵州	2.44	0.95	0.35	0.57	0.44	0.02
25	云南	1.47	0.43	0.24	0.46	0.30	0.09
26	西藏	8.7	2.73	3.38	1.17	0.65	2.86
27	陕西	2.32	0.72	0.79	0.44	0.33	0.58
28	甘肃	4.03	0.99	1.29	1.16	0.50	0.69
29	青海	1.15	0.32	0.36	0.32	0.14	0.14
30	宁夏	1.48	0.23	0.76	0.21	0.23	0.05
31	新疆	12.08	1.84	7.23	1.70	0.79	0.48
平均		1.59	0.46	0.39	0.36	0.29	0.19

四、申诉处理工作综合指数情况

（一）主要快递企业申诉处理工作综合指数情况

20家主要快递企业申诉处理工作综合指数平均为93.05，高于平均数的快递企业有13家，低于平均数的有7家（表4-108）。

表4-108　11月主要快递企业申诉处理工作评价

序号	企业名称	申诉处理工作综合指数	序号	企业名称	申诉处理工作综合指数
1	苏宁易购	100	11	申通快递	93.95
2	中外运-空运	100	12	顺丰速运	93.46
3	德邦快递	99.73	13	百世快递	93.12
4	宅急送	98.76	14	圆通速递	90.40
5	中通快递	98.50	15	FedEx	88.37
6	DHL	97.85	16	UPS	86.97
7	京东快递	97.07	17	递四方	86.32
8	极兔速递	96.90	18	民航快递	86.32
9	韵达快递	96.28	19	跨越速运	85.72
10	EMS	95.42	20	优速	75.89
平均：93.05					

注：1. 申诉处理工作综合指数，是对企业申诉处理工作质量的综合评价，根据企业申诉处理工作水平由高到低排序。综合指数相同时，按企业名称拼音首字母升序排列。

2. 综合指数考核参数包含一次结案率、逾期率、企业答复不规范率、企业答复不属实率、工作满意率等五个指标（数据来源于系统自动生成）。

（二）省级邮政管理机构申诉处理工作综合指数情况

省级邮政管理机构申诉处理工作综合指数平均为97.30，高于全国平均数的地区有21个，低于全国平均数的地区有10个（表4-109）。

表4-109　11月省级邮政管理机构申诉处理工作评价

序号	地　　区	申诉处理工作综合指数	序号	地　　区	申诉处理工作综合指数
1	重庆	100	17	山东	98.87
2	福建	100	18	甘肃	98.64
3	广西	100	19	吉林	98.25
4	贵州	100	20	辽宁	97.96
5	湖北	100	21	海南	97.76
6	湖南	100	22	河南	95.77
7	内蒙古	100	23	河北	95.46
8	青海	100	24	广东	95.38
9	四川	100	25	江苏	94.26
10	山西	100	26	宁夏	93.66
11	西藏	100	27	上海	93.46
12	云南	100	28	北京	93.34
13	新疆	99.92	29	安徽	89.63
14	浙江	99.83	30	陕西	88.12
15	江西	99.51	31	天津	87.58
16	黑龙江	99.01	—		
平均：97.30					

注：1. 申诉处理工作综合指数，是对省级邮政管理机构申诉处理工作质量的综合评价，根据省级邮政管理机构申诉处理工作水平由高到低排序。综合指数相同时，按地区名称拼音首字母升序排列。

2. 综合指数考核参数包含一次结案率、逾期率、正确率、工作满意率等四个指标（数据来源于系统自动生成）。

国家邮政局关于2021年12月邮政业用户申诉情况的通告

一、总体情况

1.2021年12月,国家邮政局和各省(区、市)邮政管理局通过"12305"邮政业用户申诉电话和申诉网站共处理申诉40077件,环比增长10.6%,同比增长73.1%。申诉中涉及邮政服务问题的1385件,占总申诉量的3.5%,环比下降0.6%,同比增长62.4%;涉及快递服务问题的38692件,占总申诉量的96.5%,环比增长11%,同比增长73.5%(图4-74)。

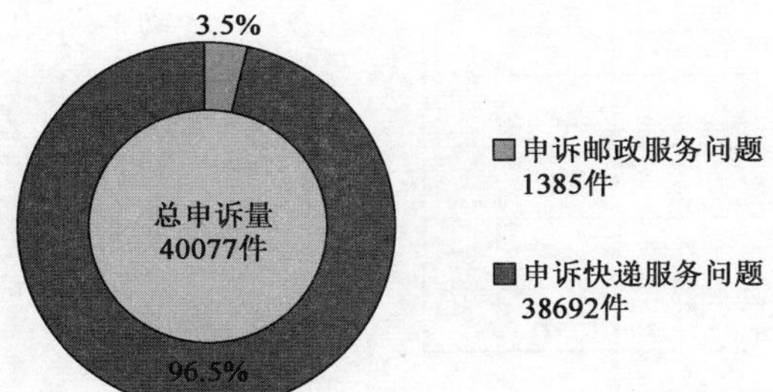

图4-74 12月国家邮政局和各省(区、市)邮政管理局通过"12305"邮政快递业消费者申诉情况

2.理的申诉中有效申诉(确定企业责任的)为5936件,环比增长38.6%,同比增长151.8%。有效申诉中涉及邮政服务问题的179件,占有效申诉量的3.0%,环比增长45.5%,同比增长15.5%;涉及快递服务问题的5757件,占有效申诉量的97.0%,环比增长38.4%,同比增长161.4%(图4-75)。(因疫情以及部分地区防疫措施,相关企业调整路由,对寄递服务时效等指标产生一定影响。)

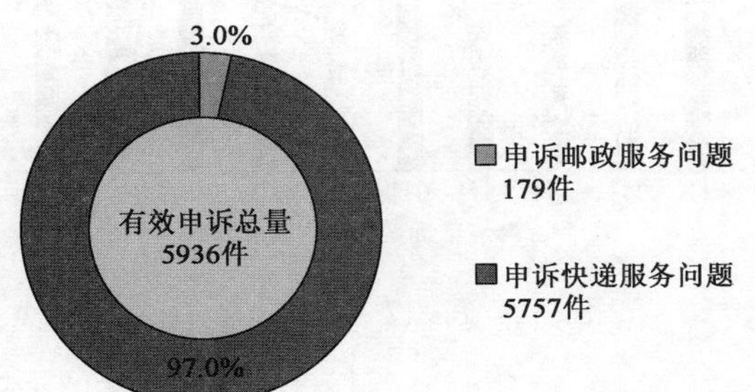

图4-75 12月邮政快递业消费者申诉中有效申诉占比情况

3.用户对邮政管理机构有效申诉处理工作满意率为97.8%,对邮政企业有效申诉处理满意率为98.3%,对快递企业有效申诉处理满意率为96.5%。

4.邮政快递企业对省级邮政管理机构转办的申诉未能按规定时限回复的有11件,环比增加4件(表4-110)。

表4-110 12月邮政快递企业逾期情况(单位:件)

序号	公司名称	安徽	福建	山东	广东	四川	甘肃	宁夏	合计
1	DHL	1							1
2	EMS		1						1
3	顺丰速运			1					1
4	韵达快递					1			1
5	其他		1		2		2	2	7
合计		1	2	1	2	1	2	2	11

5. 邮政快递企业对省级邮政管理机构转办的申诉未能如实回复的有 29 件，环比减少 17 件（表 4-111）。

表 4-111　12 月邮政快递企业答复不属实情况

序号	公司名称	件数
1	EMS	7
2	京东快递	6
3	顺丰速运	3
4	圆通速递	3
5	韵达快递	2
6	申通快递	1
7	中国邮政	1
8	其他	6
合计		29

二、邮政服务申诉情况

1. 邮政服务申诉问题情况

用户对邮政服务问题申诉 1385 件，环比下降 0.6%，同比增长 62.4%（图 4-76）。

邮政服务申诉的主要问题是邮件延误、投递服务和邮件丢失短少，分别占申诉总量的 48.5%、26.3% 和 14.4%。其中，环比增长的是邮件丢失短少问题（表 4-112）。

2. 邮政服务申诉主要问题二级原因情况

邮件延误申诉中主要占比是中转或运输延误，投递服务申诉中主要占比是虚假签收，邮件丢失短少申诉中主要占比是企业未按照规定赔偿（图 4-77）。

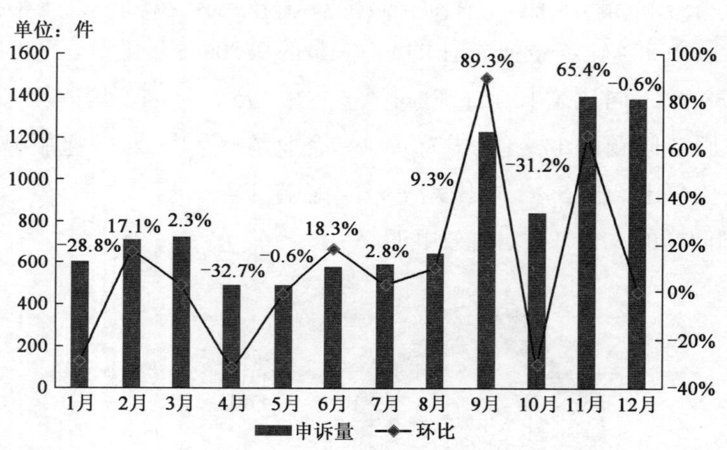

图 4-76　12 月邮政服务问题申诉数量情况

表 4-112　12 月邮政服务问题申诉量情况统计

序号	申诉内容	申诉件数	占比（%）	环比（%）	同比（%）	函件	包件	报刊	集邮	其他
1	延误	672	48.5	-6.5	157.5	136	455	8	3	70
2	投递服务	364	26.3	-3.7	18.2	265	79	9	1	10
3	丢失短少	199	14.4	6.4	8.7	54	129	4	2	10
4	损毁	51	3.7	75.9	121.7	16	31	0	0	4
5	收寄服务	44	3.2	37.5	69.2	24	12	0	2	6
6	违规收费	23	1.7	283.3	-20.7	2	21	0	0	0
7	其他	32	2.3	-23.8	39.1	14	7	0	3	8
合计		1385	100	-0.6	62.4	511	734	21	11	108

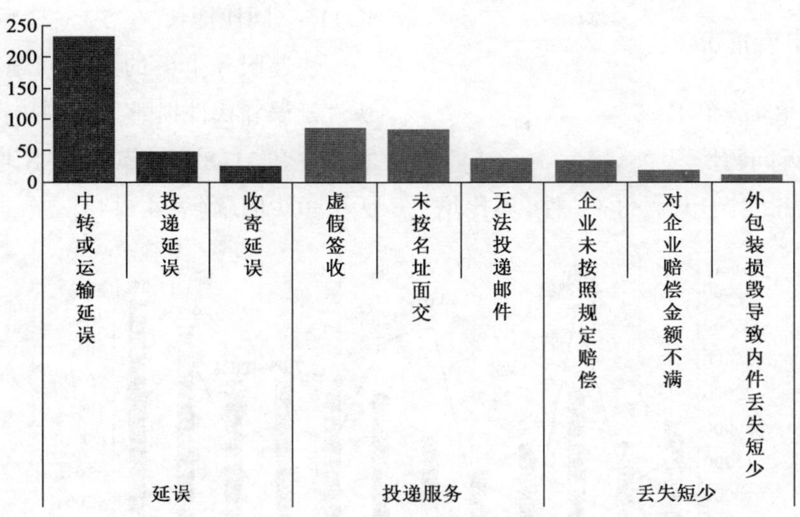

图 4-77 12 月邮政服务申诉主要问题二级原因分类情况

3. 邮政服务有效申诉问题情况

用户对邮政服务问题有效申诉 179 件，环比增长 45.5%，同比增长 15.5%。邮政服务有效申诉的主要问题是邮件延误、投递服务和邮件丢失短少，分别占有效申诉总量的 48%、20.7% 和 19%。其中，环比增长明显的是邮件延误问题（表 4-113）。

表 4-113 12 月邮政服务有效申诉情况统计

序号	申诉问题		申诉件数		占比(%)	环比(%)	同比(%)
1	延误	包件	54	86	48	72.0	100.0
		函件	22				
		报刊	6				
		集邮	1				
		其他	3				
2	投递服务	函件	18	37	20.7	-7.5	-7.5
		包件	14				
		报刊	5				
3	丢失短少	包件	17	34	19	47.8	-48.5
		函件	10				
		报刊	4				
		集邮	1				
		其他	2				
4	收寄服务	函件	6	10	5.6	—	400.0
		包件	2				
		集邮	2				
5	损毁	函件	5	10	5.6	100.0	—
		包件	3				
		集邮	2				
6	其他	集邮	1	2	1.1	-33.3	-33.3
		其他	1				
合计			179		100	45.5	15.5

三、快递服务申诉情况

(一)快递服务申诉总体情况

1. 快递服务申诉问题情况

用户对快递服务问题申诉38692件,环比增长11%,同比增长73.5%(图4-78)。

快递服务申诉的主要问题是快件丢失短少、快件延误和快件损毁,分别占申诉总量的32.1%、22.6%和21.8%。其中,环比增长明显的是快件丢失短少问题(表4-114)。

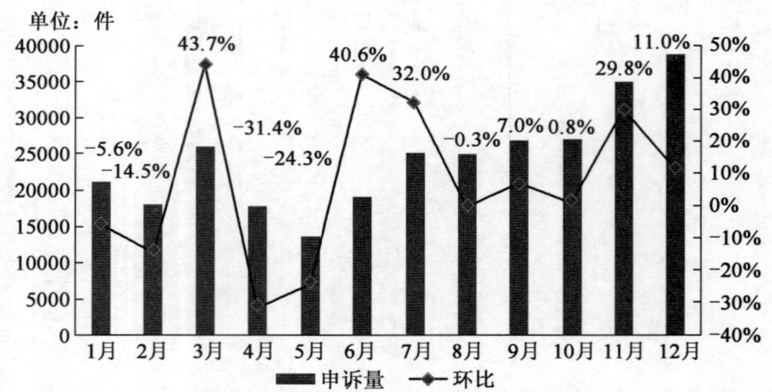

图4-78 12月快递服务问题申诉数量情况

表4-114 12月快递服务申诉情况统计

序号	申诉内容	申诉件数	占比(%)	环比(%)	同比(%)
1	丢失短少	12420	32.1	24.7	73.9
2	延误	8760	22.6	2.1	96.4
3	损毁	8425	21.8	7.6	107.0
4	投递服务	6885	17.8	8.4	52.9
5	收寄服务	796	2.1	-6.4	-41.0
6	违规收费	448	1.2	6.4	47.4
7	代收货款	58	0.1	-20.5	31.8
8	其他	900	2.3	15.7	112.3
合计		38692	100	11.0	73.5

2. 快递服务申诉主要问题二级原因情况

快件丢失短少申诉中主要占比是对企业赔偿金额不满,快件延误申诉中主要占比是中转或运输延误,快件损毁申诉中主要占比是对企业赔偿金额不满(图4-79)。

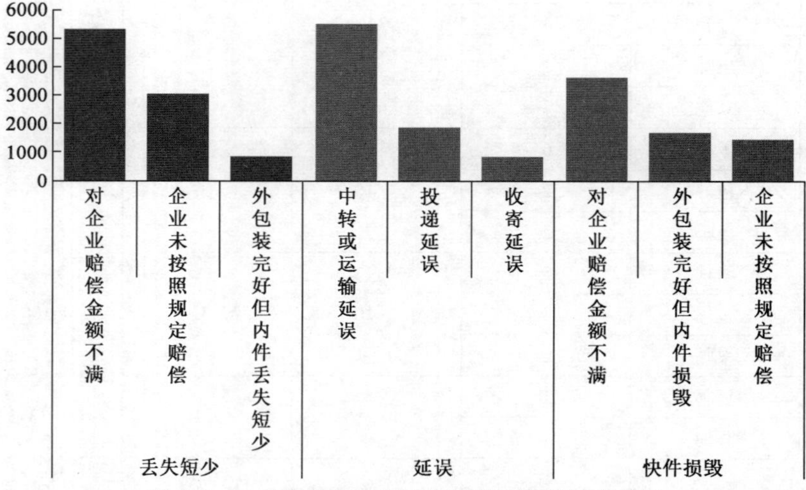

图4-79 12月快递服务申诉主要问题二级原因分类情况

3. 快递服务有效申诉问题情况

用户对快递服务问题有效申诉5757件，环比增长38.4%，同比增长161.4%。快递服务有效申诉的主要问题是快件丢失短少、快件延误和投递服务，分别占有效申诉总量的31%、29%和24.3%，环比均呈增长态势(表4-115)。

表4-115 12月快递服务有效申诉情况统计

序号	申诉内容	申诉件数	占比(%)	环比(%)	同比(%)
1	丢失短少	1785	31	62.4	153.9
2	延误	1672	29	21.2	159.6
3	投递服务	1401	24.3	29.5	153.8
4	损毁	708	12.3	60.9	226.3
5	收寄服务	109	1.9	47.3	113.7
6	违规收费	27	0.5	-20.6	42.1
7	代收货款	9	0.2	0.0	800.0
8	其他	46	0.8	12.2	206.7
合计		5757	100	38.4	161.4

(二)主要快递企业申诉情况

全国快递企业申诉率(百万件快件业务量)平均为3.41，有效申诉率平均为0.51。用户对快递企业申诉主要问题中，快件丢失短少申诉率平均为1.09，快件延误申诉率平均为0.77，快件损毁申诉率平均为0.74，投递服务申诉率平均为0.61(表4-116)。

表4-116 12月主要快递企业申诉情况统计(单位：申诉件数/百万件快件业务量)

序号	企业名称	申诉率	主要问题申诉率分布				有效申诉率
			丢失短少	延误	损毁	投递服务	
1	百世快递	3.24	1.34	0.70	0.36	0.68	0.02
2	德邦快递	7.93	1.45	0.49	5.12	0.41	1.31
3	递四方	3.06	0.49	2.06	0.06	0.19	0.11
4	DHL	15.42	2.15	3.41	0.36	2.69	0.54
5	EMS	8.89	3.06	3.18	0.89	1.47	3.17
6	FedEx	9.00	1.50	2.83	0.50	1.00	0.50
7	极兔速递	0.45	0.18	0.03	0.05	0.14	0.03
8	京东快递	6.40	1.94	1.10	2.34	0.70	1.37
9	跨越速运	2.51	0.12	0.55	0.83	0.43	0.28
10	民航快递	10.76	3.23	2.15	—	3.23	—
11	申通快递	2.65	1.02	0.65	0.34	0.49	0.02
12	顺丰速运	5.34	1.16	0.49	3.21	0.20	0.04
13	苏宁易购	2.43	0.30	1.21	—	0.61	—
14	UPS	28.80	4.65	9.76	5.57	3.72	0.93
15	优速	6.75	2.52	1.78	1.19	1.04	0.74
16	圆通速递	2.65	1.02	0.44	0.39	0.64	0.03
17	韵达快递	1.07	0.45	0.18	0.14	0.25	0.01
18	宅急送	15.63	7.81	3.55	0.71	2.84	—
19	中通快递	0.60	0.22	0.07	0.09	0.16	0.005
20	中外运-空运	0.47	0.09	0.19	0.03	0.06	—
全国平均		3.41	1.09	0.77	0.74	0.61	0.51

注：按企业名称拼音首字母升序排列。

（三）省级区域快递服务申诉情况

省级快递服务申诉率（百万件快件业务量）平均为1.94，有效申诉率平均为0.29。省级区域快递服务申诉主要问题中，快件丢失短少申诉率平均为0.62，快件延误申诉率平均为0.44，快件损毁申诉率平均为0.42，投递服务申诉率平均为0.35（表4-117）。

表4-117　12月省级区域快递服务申诉情况统计（单位：申诉件数/百万件快件业务量）

序号	地　　区	申诉率	主要问题申诉率分布				有效申诉率
			丢失短少	延误	损毁	投递服务	
1	北京	3.15	0.94	0.95	0.57	0.60	1.28
2	天津	1.7	0.54	0.29	0.36	0.39	0.41
3	河北	2.16	0.63	0.80	0.31	0.35	0.17
4	山西	2.51	0.90	0.48	0.66	0.37	0.42
5	内蒙古	2.88	1.03	0.62	0.66	0.31	0.19
6	辽宁	5.18	1.25	1.15	1.19	1.17	0.82
7	吉林	2.34	0.68	0.60	0.53	0.34	0.8
8	黑龙江	4.74	0.92	2.32	0.53	0.62	1.15
9	上海	3.63	1.17	0.78	0.82	0.63	0.17
10	江苏	1.94	0.72	0.36	0.53	0.25	0.3
11	浙江	1.19	0.47	0.18	0.24	0.25	0.3
12	安徽	1.07	0.40	0.21	0.27	0.12	0.11
13	福建	3.07	0.79	0.67	0.59	0.75	0.47
14	江西	1.92	0.72	0.33	0.47	0.30	0.72
15	山东	2.67	0.98	0.58	0.49	0.52	0.23
16	河南	0.99	0.37	0.14	0.24	0.20	0.05
17	湖北	1.63	0.57	0.29	0.48	0.22	0.05
18	湖南	2.96	1.12	0.50	0.66	0.48	0.27
19	广东	1.12	0.33	0.21	0.25	0.22	0.09
20	广西	0.79	0.20	0.15	0.24	0.12	0.09
21	海南	2.04	0.79	0.22	0.66	0.30	0.37
22	重庆	1.47	0.36	0.25	0.42	0.31	0.08
23	四川	2.03	0.63	0.45	0.53	0.30	0.13
24	贵州	3.34	1.13	0.45	0.91	0.71	0.07
25	云南	1.02	0.33	0.14	0.34	0.17	0.06
26	西藏	14.3	4.92	4.15	2.46	1.38	2.77
27	甘肃	4.63	1.49	1.28	1.00	0.78	1.72
28	青海	1.45	0.37	0.68	0.20	0.14	0.14
29	宁夏	1.56	0.29	0.75	0.27	0.21	0.5
30	新疆	10.51	2.04	5.98	1.54	0.85	0.57
平均		1.94	0.62	0.44	0.42	0.35	0.29

注：因陕西省疫情形势严峻，暂不公布其申诉率情况。

四、申诉处理工作综合指数情况

(一)主要快递企业申诉处理工作综合指数情况

全国快递企业申诉处理工作综合指数平均值为96.22,20家主要快递企业高于全国平均值的有12家,低于平均值的有8家(表4-118)。

表4-118 12月主要快递企业申诉处理工作评价

序号	企业名称	申诉处理工作综合指数	序号	企业名称	申诉处理工作综合指数
1	民航快递	100	11	UPS	97.58
2	苏宁易购	100	12	韵达快递	97.27
3	宅急送	100	13	京东快递	96.12
4	中外运-空运	100	14	顺丰速运	96.08
5	中通快递	99.80	15	EMS	94.23
6	德邦快递	99.72	16	百世快递	93.45
7	极兔速递	99.68	17	圆通速递	91.81
8	优速	99.38	18	申通快递	87.47
9	FedEx	98.71	19	递四方	86.41
10	跨越速运	97.97	20	DHL	82.26
全国平均:96.22					

注:1.申诉处理工作综合指数,是对企业申诉处理工作质量的综合评价,根据企业申诉处理工作水平由高到低排序。综合指数相同时,按企业名称拼音首字母升序排列。

2.综合指数考核参数包含一次结案率、逾期率、企业答复不规范率、企业答复不属实率、工作满意率等五个指标(数据来源于系统自动生成)。

(二)省级邮政管理机构申诉处理工作综合指数情况

全国邮政管理机构申诉处理工作综合指数平均值为98.00,高于全国平均值的地区有21个,低于全国平均值的地区有9个(表4-119)。

表4-119 省级邮政管理机构申诉处理工作评价

序号	地区	申诉处理工作综合指数	序号	地区	申诉处理工作综合指数
1	安徽	100	16	云南	99.83
2	重庆	100	17	山东	99.47
3	福建	100	18	浙江	99.29
4	甘肃	100	19	广西	99.06
5	贵州	100	20	吉林	99.05
6	海南	100	21	广东	98.33
7	湖北	100	22	河南	97.60
8	湖南	100	23	上海	95.90
9	辽宁	100	24	北京	95.57
10	山西	100	25	河北	95.56
11	四川	100	26	黑龙江	90.09
12	西藏	100	27	江苏	88.97
13	新疆	100	28	青海	87.45
14	内蒙古	99.93	29	天津	87.39
15	江西	99.89	30	宁夏	86.14
全国平均:98.00					

注:1.申诉处理工作综合指数,是对省级邮政管理机构申诉处理工作质量的综合评价,根据省级邮政管理机构申诉处理工作水平由高到低排序。综合指数相同时,按地区名称拼音首字母升序排列。

2.综合指数考核参数包含一次结案率、逾期率、正确率、工作满意率等四个指标(数据来源于系统自动生成)。

3.因陕西省疫情形势严峻,暂不公布其综合指数情况。

第四章 2021 年中国快递发展指数报告

2021 年，我国快递业克服新冠肺炎疫情影响，奋力推进行业改革发展，胜利完成“千亿万亿”目标，行业与经济社会发展融合度持续提升，服务构建新发展格局的作用有效发挥，高质量发展步伐更加坚实有力，顺利实现“十四五”良好开局。

一、整体情况

2021 年，中国快递发展指数为 1571.5，同比提高 24.8%，行业发展稳中有进(图 4-80)。从一级指标看，发展规模指数为 3609.4，同比提高 27.5%，规模增速超出预期；服务质量指数为 197.2，同比提高 0.4%，时效水平有所恢复；发展普及指数为 475.1，同比提高 14.1%，城乡发展更加均衡；发展趋势指数为 76.6，发展韧劲仍然较强。

二、分项指数

(一)发展规模指数

2021 年，发展规模指数为 3609.4，同比提高 27.5%，规模增速保持在中高位(图 4-81)。

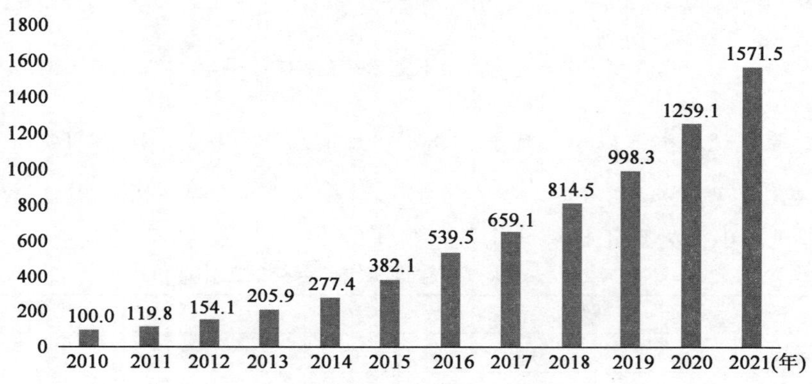

图 4-80 2010－2021 年中国快递发展指数

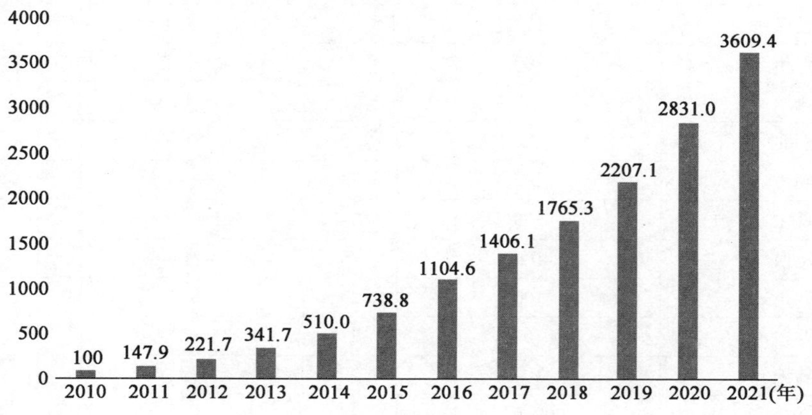

图 4-81 2010－2021 年发展规模指数

市场规模达千破万。2021 年，全国快递业务量完成 1083 亿件，首次突破千亿件，同比增长 29.9%(图 4-82)；业务增量再创历史新高，达 249.4 亿件。行业延续快速发展态势，发展动力依然强劲。日均快件处理量近 3 亿件，最高日处理量达 6.96 亿件，快件处理效率与峰值处理能力稳步提高。2021 年，全国快递业务收入完成 10332.3 亿元，首次突破万亿元，同比增长 17.5%（图 4-83）。市场规模扩大的同时，竞争仍然激烈。在政策引导和持续治理的双重作用下，低于成本提供快递服务的行为得到初步遏制。

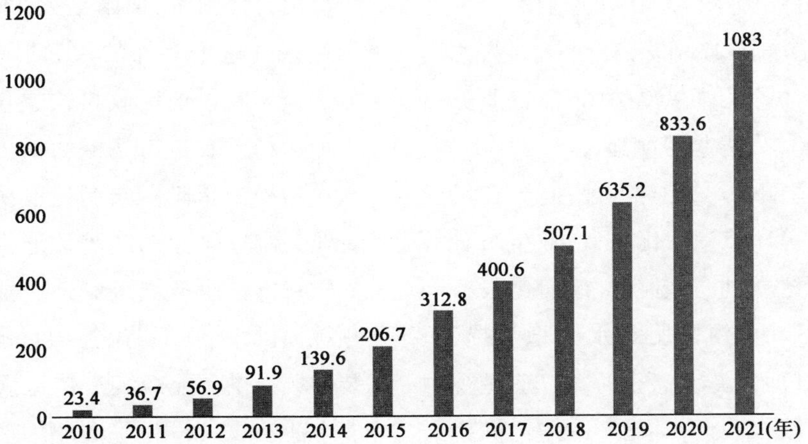

图 4-82　2010－2021 年快递业务量变动情况（单位：亿件）

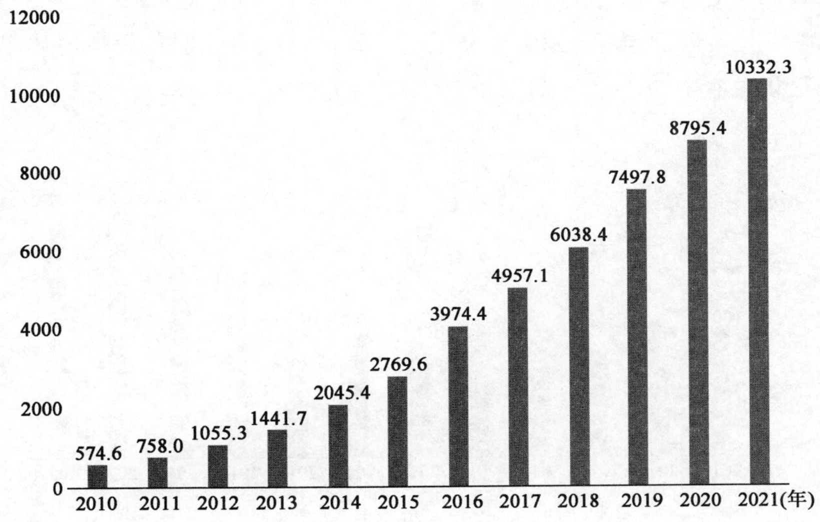

图 4-83　2010－2021 年快递业务收入变动情况（单位：亿元）

业务结构变化初现。疫情期间，快递业充分发挥网络优势，在畅通国内大循环中发挥重要作用。一是异地业务仍处高位。从全年整体情况看，异地业务保持较快增速，异地业务量仍在高位运行，全年共完成 920.8 亿件，同比增长 32.8%，高于行业平均增速。业务量在全行业的占比达 85%，同比提高 1.8 个百分点。二是同城业务加速发展。2021 年，同城业务量完成 141.1 亿件，同比增长 15.9%。四季度，同城业务增速超过异地业务增速，呈加速发展态势，快递业在助力本地消费方面发挥了更加积极的作用。

区域发展更趋优化。一是城市群业务发展稳定，适当外移促进均衡。2021 年，长三角、粤港澳、京津冀和成渝等四大城市群业务量占比仍超七成，增速为 22.9%，在全国占比下降近 4 个百分点左右，业务量有所外移。从城市看，业务量排名前 10 的城市，整体增速低于全国平均水平。省会城市业务量整体增速为 27.1%，在全国占比下降 0.8 个百分点，其他城市与省会城市差距缩小。二是中部发展持续加快，整体规模继续扩大。2021

年，中部地区快递业务量在百亿基础上仍保持高速增长，达158.1亿件，同比增长42.2%，高于全国增速12个百分点，在全国的占比达14.6%，同比提升1.3个百分点。中部地区快递业务收入达1332.9亿元，同比增长27.6%，在全国的占比达12.9%，同比上升1个百分点。中部各省业务量增速均超30%，整体发力趋势明显。

产业生态协同融合。2021年，快递业在贯通生产、流通与消费等环节发挥优势，产业生态日益完善，协同共享深入推进，专业化、精细化服务能力有所增强，全环节全领域服务水平稳步提升。与电商协同发展方面，快递企业助力打造短视频直播电商基地，创新"直播+寄递"一体化操作方案，与电商平台密切合作，开展多轮促销活动，推动业务量从单峰值向多高点转变。与快递业务密切关联的实物商品网上零售额全年达10.8万亿元，在社会消费品零售总额中的比重达24.5%，有效支撑生鲜、农村、跨境等多领域电商蓬勃发展。与现代农业协同发展方面，快递企业不断完善农产品寄递解决方案，服务深度、广度均有所增强，培育出日照海鲜、信阳毛尖、怀化冰糖橙等100个年业务量超千万件的快递服务现代农业金牌项目。全年农村地区收投快递包裹数量不断增加，为加速释放农村市场潜力活力、支撑服务乡村振兴作出积极贡献。与制造业协同发展方面，快递企业为制造企业的产品流通提供有力支撑，积极探索将寄递服务嵌入制造企业生产环节，在医药领域提供"端到端"温控项目解决方案，在家电家装领域提供仓配送装一体化服务，累计打造1900多个业务收入超百万元的快递服务制造业项目。

（二）服务质量指数

2021年，快递服务质量指数为197.2，同比提高0.4%，寄递服务保持总体平稳，时效水平得到一定恢复（图4-84）。

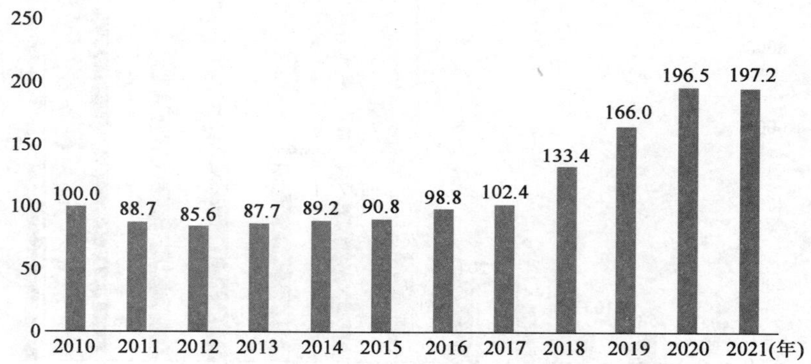

图4-84　2010－2021年服务质量指数

服务质效稳步提高。2021年，快递服务满意度得分为76.8分，较2020年提高0.1分。其中，时限测试满意度得分为69.9分，较2020年提高0.7分。全国重点地区快递服务全程时限为57.08小时，较2020年缩短1.15小时。72小时准时率为77.94%，较2020年提高0.83个百分点。快递服务有效申诉率为百万分之0.26。2021年，快递企业一方面加大网络优化力度，通过增开直发线路、减少中转频次、扩大自有运能规模等多种措施，有效压缩转运时长，提升寄递时效；另一方面加大客户服务力度，通过智能应用和人工客服相结合的方式，实现售后问题精准定位、简单高频问题有效分流，进一步优化客服处理流程，提升售后服务满意度。同时，快递企业聚焦细分市场，创新服务内涵，推广隐私面单和定制化包装解决方案，为高校毕业生、退伍军人提供定制化服务，着力满足个性化需求。

基础能力稳步提升。2021年，快递基础设施建设进一步提速，网络运转效率持续提升。在网络枢纽建设方面，邢台、潮州、银川、眉山、南宁等智能仓建设运营，兰州、昆明等地智慧枢纽、智能产业园开工建设，广州、胶州、湖州、保定、上饶等多地分拨中心开工建设、投入运营，快递枢纽网络不断健全，干线转运与分拨能力有所提高。在综合运能建设方面，航空运能明显提升，行业专用货机保有量超130架，行业自有航空公司新增全货机国际航线20余条，鄂州航空货运枢纽建成校飞。公路与铁路运力规模持续扩大，高铁运输快递线路稳步增加，旺季期间实现高铁快递常态运营，中越公路等多条跨境通道得到有效利用。在海外网络建设方面，快递企业不断完善国际快递网络体系，累计建成海外仓240个、面积近200万平方米。

科技创新加速赋能。一是无人科技推广应用。快递企业持续推动无人车、无人机多场景运营。试行无人机"快递进村"业务，大型物流无人机西北运行基地揭牌运营，支线物流无人机运营航线正式开通。"双11"期间，数百辆无人车投入运营，单日单车极限运力突破600单，有效缓解末端投递压力。二是自动化、智能化、数字化应用更加广泛。自动分拣设施在县域小型分拨中心和揽收端加快推广应用，智能客服、六面扫描仪、RFID接收器、机械手臂等设备在无人仓、智慧枢纽加速投用，大数据、云计算等技术应用不断深化，实现前端精准预测、中端实时跟踪、后端动态对接，全流程运营效率大幅提升。

（三）发展普及指数

2021年，发展普及指数为475.1，同比提高14.1%，寄递网络的均衡性有所提升，行业发展成果惠及更多百姓（图4-85）。

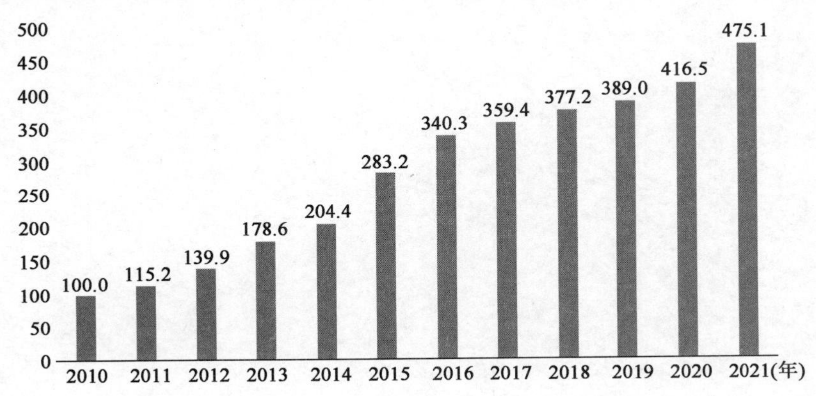

图4-85 2010－2021年发展普及指数

普惠发展成果显著。2021年，快递业有效发挥民生保障作用，通过服务网络下沉农村，使发展成果惠及更多人民群众。年人均快件使用量为76.8件，同比增加17.7件，增幅进一步扩大。快递业务收入与国内生产总值的比值达9‰，同比提高0.3‰，对经济支撑作用进一步增强。在政策推动下，快递员派费水平有所提升，合法权益得到更好保障，为社会稳定作出积极贡献。

末端服务创新融合。2021年，快递业末端服务网络持续健全，智能快件箱规模稳中有升，全国共建成末端公共服务站达16.1万个，增幅明显。末端服务多样化发展，跨界合作不断深化，与医药、生鲜、食品等领域加强协同，不断提供端到端、点到点业务，有力服务群众生活需要。

农村寄递体系不断完善。2021年，"快递进村"工程扎实推进，交快、邮快、快快等合作模式多元发展，寄递末端共同配送、客货邮融合等模式加速应用，"快递进村"覆盖率进一步提高，江浙沪等地基本实现"村村通快递"。多地通过建设县级寄递公共配送中心、农村电商快递物流服务中心、农产品产业园等基础设施，进一步优化"寄递＋农产品""直播＋快递"等服务模式，有效助力农产品上行。

（四）发展趋势指数

2021年，发展趋势指数为76.6。2022年，我国经济面临疫情防控、需求收缩、预期转弱等多重压力,行业发展的不确定性因素增多。在实施扩大内需战略、推动消费持续恢复的总体部署下,行业增速将保持在一定合理区间,“贯通”社会生产、“畅通”经济循环的重要作用将得到积极发挥,进一步为建设全国统一大市场提供助力。

在“两进一出”工程的深入推动下,行业将进一步拓展服务领域,涵养产业生态,持续推动形成需求牵引供给、供给创造需求的更高水平动态平衡,为行业创造更大增量空间。

在创新驱动发展战略的引导下,行业将不断提升科技创新能力,加大新一代信息技术与智能装备应用推广力度,促进行业自动化、数字化和智能化升级,更好发挥无人配送优势,为抗击疫情和复工复产作出积极贡献。

同时,规范行业竞争秩序、推动高质量发展的政策将持续落地见效,行业将聚焦精益管理、精准服务、精细布局,提升服务规范水平,统筹区域布局,协同产业集聚,不断激发新动能,实现新发展。

第五篇 人才建设

第一章 2021年快递人才队伍建设概述

2021年国家邮政局坚持以习近平新时代中国特色社会主义思想为指导，全面贯彻党的十九大和十九届历次全会精神，认真贯彻落实中央人才工作会议精神，坚持党管干部、党管人才，系统谋划、分类指导，统筹推进人才工作取得新成效。

一、党对人才工作的全面领导不断强化

一是认真贯彻落实中央人才工作会议精神。召开局党组会议，深入学习领会习近平总书记在中央人才工作会议上的重要讲话的丰富内涵，及时传达中央人才工作会议精神。大力实施新时代人才强邮战略，推动将习近平总书记提出的“八个坚持”贯彻落实到人才工作全过程各方面。

二是结合实际加强人才工作统筹。召开2021年全国邮政行业人才工作领导小组会议，制定印发2021年人才工作要点。将人才工作任务有机融入《“十四五”邮政业发展规划》《“十四五”邮政业监管体系建设规划》，切实加强对人才工作的全面统筹。局领导带队赴人社部沟通协调，职业技能等级评价、行业职业体系建设、推动从业人员素质提升、开展人才评选表彰、推动优先参加工伤保险等工作得到强有力推动。“四位一体”科研体系建设持续推进。用心用情联系服务专家，交通运输部专家委员会邮政组等专家组织作用不断加强。

二、职业技能人才素质不断增强、基础不断夯实

一是大力实施职业技能提升行动。将提升行业人才素质纳入2021年度邮政业更贴近民生七件实事和党史学习教育“我为群众办实事”实践活动重点民生项目清单。遴选确定39名人员为2021年度邮政行业技术能手推进计划人选，推荐的25名人选获批“全国交通技术能手”。深入实施快递从业人员职业技能培训“246”工程，把落实职业技能培训情况作为省（区、市）邮政管理局领导班子专项任务考核指标，采取多种方式加强调度，年度开展政府补贴培训50万余人次，两年累计完成培训近80万人次。邮政业安全中心积极推动安全教育培训基地组建运行，成立昆明安全教育培训基地和广汉高级安全人才教育培训基地。安全中心各培训基地年度组织22期安检员、援藏安全培训、禁毒能力提升等培训班，共计培训1870人。

二是成功举办行业职业技能大赛。联合人社部、全国总工会成功举办全国行业职业技能竞赛—第三届全国邮政行业职业技能竞赛。各地积极组织市级选拔赛、省预选赛，数10万快递企业员工参加赛前业务培训和技术比武、技能竞赛等活动，10个品牌企业的90名选手参加了总决赛。以全国竞赛为龙头、省级竞赛为主体、企业岗位练兵为基础的行业职业技能竞

赛体系更趋完善,行业职业竞赛的“品牌效应”和影响力进一步增强。

三是推动丰富快递职业(工种)。新增邮件快件安检员工种,起草编制的邮件快件安检员国家职业技能标准,经局审议通过并报人社部面向全社会公开征求意见。参加职业分类大典修订,申报的国际快递业务师、快递设备运维师、快递站点管理师3个新增职业意见,均已通过人社部专家论证。

四是技能人才评价工作取得新进展。跟踪人社部职业技能等级认定政策,向人社部门正式推荐全国性社会培训评价组织。调研行业技能等级认定机构情况,鼓励支持行业企业和相关社会组织按标准依规范开展职业技能等级评价。出版发行快递员、快件处理员初级、中级职业技能等级认定培训教材和快递运营初级、职业基础职业技能等级认定培训教材。

三、专业人才力量不断壮大

一是快递工程师工作持续推进。调研摸底快递工程技术人员职称评审工作情况,加强分析研判和分类指导。持续推进快递工程技术人员职称评审,年度通过评审5132人次。

二是国际人才培养稳妥推进。召开国际邮政组织职员(中国)视频座谈会。组织邮政管理系统和中国邮政及港澳邮政企业组织的36名青年,参加亚太邮联23个培训班。组织选派人员参加国际组织人事岗位初级后备人才培训。1名学员顺利完成JDS项目学习任务。

三是专业人才储备不断加强。遴选确定52名2021年度邮政行业科技英才推进计划人选。委托有关部门对局所属单位人员开展职称评审,2人获评高级职称。积极推荐有关人员参加第六批国家高层次人才特殊支持计划青年拔尖人才项目申报、国家网络安全先进评选。

四、系统干部队伍工作持续提升

一是干部队伍建设扎实推进。贯彻落实《2019－2023年全国党政领导班子建设规划纲要》,制定出台《中共国家邮政局党组关于进一步加强邮政管理系统领导班子建设的若干措施》。调整补充20个领导班子,推动提高市地局班子配备率;加强优秀年轻干部培养选拔,全系统选派106名年轻干部到基层一线历练,大胆使用援派、挂职干部。统筹多种方式提高公务员编配率。

二是教育管理监督有序开展。举办学习贯彻习近平总书记“七一”重要讲话精神党史学习教育专题培训班。制定国家局年度培训计划,有序推动系统干部培训,统筹安排干部调训。组织系统处级以上领导干部参加“党史百年”网上专题班学习。推行公务员平时考核,提高年度考核优秀比例。加强“一把手”和领导班子管理监督,开展选人用人专项检查,进一步规范干部及家属兼职和经商办企业。抓好领导干部个人事项报告,依纪依规处理举报申诉。

五、产学研用有机融合持续深化

一是积极推动行业吸纳就业。认真落实党中央、国务院“稳就业”“保就业”决策部署,联合教育部印发《关于开展2021年邮政快递业面向高校毕业生网络招聘活动的通知》,积极开展行业面向高校毕业生网络招聘活动。活动期间共提供招聘岗位(人数)31665个,较2020年首次举办增长了142.2%。快递协会充分发挥行业资源平台优势,组织快递企业省级快递协会积极参与线上招聘,承办快递行业专场,共提供工作岗位3783个,为劳动者求职和快递企业招聘提供有效对接通道。

二是强化共建合作机制。积极落实共建协议,支持共建院校申报首批现代产业学院。四个现代邮政学院全部实体化运行。局领导带队赴北邮调研,为现代邮政学院新生作主题报告;指导北邮现代邮政学院举办第三届“强邮论坛”。参加南邮现代邮政学院毕业典礼;指导南邮举办线上“一带一路”框架下5G技术与邮政物流现代化专题培训班。与西邮副校长一行就校企共建、人才培养等进行研讨，支持西邮申请2022年亚专资项目“数字邮政发展与治理现代化培训班”。支持重邮举办重庆市政府外国留学生市长奖学金“丝路专项”培训。完成第二批行业人才培养基地考核评估。印发《邮政行业人才发展研究课题征集管理办法（试行）》，首次面向邮政行业人才培养基地开展课题征集，遴选确定30项课题。征集教育部供需对接就业育人项目，推动校企合作产教融合。

三是职业教育发展不断加强。学习贯彻全国职业教育大会精神，研究提出贯彻大会精神工作举措。推动成立新一届全国邮政快递职业教育教学指导委员会。推进职业教育专业目录动态调整，增设（调整）邮政快递相关专业。开展专业目录和教学标准修（制）订工作。完成技工院校快递运营管理、快递安全管理专业目录内容修订。组织推荐邮政快递领域课程思政示范项目（职业教育）、国家规划教材等。指导承办院校筹备邮政行业职业教育快递技能大赛。积极推广教育部职业教育快递专业教学资源库应用。

四是组织举办创新创业大赛。筹办第六届全国“互联网+”快递业创新创业大赛，规格升级、规模扩容、主题突出，辐射面越来越广，已成为行业聚才、育才、选才、用才的重要平台。大赛共收到院校、企业作品257件，包含了创新产品设计、工作流程优化、创业计划实施等多方面内容。

六、人才发展环境持续优化

一是制度保障体系不断完善。推动7部门联合印发《关于做好快递员群体合法权益保障工作的意见》，两部门联合印发《关于推进基层快递网点优先参加工伤保险工作的通知》，全国16万余名快递小哥办理优先参加工伤保险登记。2021年，各省、市邮政管理局新出台关于关心关爱快递员意见政策、措施等文件及新签署合作协议660余项。印发《国家邮政局办公室关于进一步开展快递企业末端派费核算试点工作的通知》，积极开展试点工作。中国快递协会印发《快递企业末端派费核算指引（试行）》，认真开展快递员劳动定额标准研究。

二是广泛宣传和选树先进典型。《中国邮政快递报》刊发“网点双周刊之人物”专版和五一劳动节期间“致敬奋斗者　讴歌追梦人”等专版20余个，行业人才方面宣传报道500余篇。《快递》杂志深度报道32篇。国家局网站全年共组稿编发行业人才信息180余篇，制作发布新闻图片120余张，策划设计制作相关专题3个。大力宣传“新时代快递员楷模”张裕同志事迹。开展“五一”劳动节行业优秀人才走访慰问宣传活动、第五届“中国梦·邮政情　寻找最美快递员”活动、“寻找好心快递小哥”公益活动。1人获“感动中国2020年度人物”“全国道德模范”、1人获“中国青年五四奖章”、16人获“全国五一劳动奖章”、7人获“全国优秀共产党员”等称号，全行业3200余人获省内组织的各项荣誉称号或表彰。

三是扎实开展关爱活动。深入开展关爱快递员“暖蜂行动”“快递从业青年服务月”等活动，进一步增强邮政快递从业人员的荣誉感、归属感。全国共新建各类服务阵地3万余家，组织慰问6500余场次，为快递员解决公租房5000余套，引导企业及工会组织为快递员购买或赠送社会保险以及商业保险等覆盖人数达90万余人次，组织快递员免费体检和义诊39万余人次，为快递员群体提供劳动权益、心理健康、情感婚恋等内容的法律和心理援助逾8.6万次。

第二章　2021 年企业人才培养特色举措

2021 年，是中国共产党成立 100 周年，是党和国家历史上具有里程碑意义的一年，国家实现了第一个百年奋斗目标，开启了向第二个百年奋斗目标进军的新征程。这一年也是我国邮政快递业发展史上极不平凡的一年，我们胜利完成了“千亿万亿”目标，实现了“十四五”良好开局。这一年，各主要快递企业也结合自身特点，通过特色举措，全面推进快递人才培养。

一、顺丰速运：推出“员工可持续发展保障计划”

雇员是顺丰可持续增长的主要驱动力。顺丰致力于成为优秀人才追求卓越、实现理想和引以为傲的事业平台，顺丰持续关注人才保有，从人员的精准规划、招聘质量的持续提升、员工的培训赋能、晋升发展以及组织氛围建设等多维度入手，持续推动员工的收入、满意度提升，从而保障公司经营持续健康发展。2021 年，顺丰推出“员工可持续发展保障计划”，该计划将在今后一段时间持续 5 亿元以上，预计覆盖超过 20 万名一二线快递小哥及其家人，聚焦快递小哥职业可持续发展和家庭生活质量提升，为他们技能学历提升、转岗转型培训和家属福利等提供支持帮助。

顺丰每年根据公司业务的发展需求和人才市场的变化制定员工招聘计划，加强员工队伍建设，保证员工队伍的稳定与活力。此外，公司高度重视人才队伍的多样化建设，由董事会层面对保障人才队伍的多样性负责。2021 年度，顺丰荣获“2021 中国年度百强最佳雇主”奖项。顺丰开展校园招聘、内部推荐、网络招聘等多种招聘形式吸纳新员工，力求通过严格且公平、公正、公开的标准化聘用流程，保障高匹配度且高质量的人才输送。同时，公司还建立了退伍军人招聘和障碍人士招聘等多种人才招聘渠道，有针对性地进行宣传及通道部署。2021 年，顺丰一线员工流失率 18.7%，同比改善幅度 2.3%。

2021 年，顺丰响应政府号召，深入贯彻党中央、国务院“稳就业”“保就业”决策部署，全力促进高校毕业生更加充分、更高质量就业。公司积极开展高校合作，创新校企合作模式，举办“顺丰杯”物流创新创想大赛暨数字化供应链人才发展交流峰会，链接高校与学生，助力社会人才培养与发展。

2021 年，顺丰女性从业人员占比为 14.7%。此外，顺丰积极加强针对退伍军人、障碍人士等特殊群体的雇佣，优化人才队伍，提升特殊人群就业率，展现企业社会责任担当。在军民人才共建方面，顺丰高度重视并积极推动退伍军人的转业安置及就业工作。除通过网络媒介传播就业机会以外，公司还积极联动各级政府和相关单位，深入军队、退伍军人事务厅、地方人力资源与社会保障部门进行专场招聘宣讲。同时采取“优先聘用、加速成长、破格提拔”的人才政策，在入职后开展专业技能培训以及学历再教育提升，对于优秀退伍军人进行管理岗位适配。2021 年，顺丰为退伍军人提供了超过 1200 个岗位，覆盖管理、职能专业、收派、仓管、客服、司机和安检等岗位。顺丰遵循各地障碍人士安置政策，为障碍人士提供就业机会。公司充分考虑到障碍人士求业、求知的心理及富有耐心的性格特点，匹配体力强度较低的岗位，如客服、管理、仓管、专业等岗位。2021 年顺丰为障碍人士提供超过 400 个岗位。

二、中通快递：以人为本，梯队育人

在员工权益方面，中通严格遵守《劳动法》《劳动合同法》等相关法律法规，保障员工的各项合法权益，致力于创造稳定的就业环境。截至2021年底，中通快递总部及各直营公司员工总数达23865人，劳动合同签订率达100%。

1. 平等雇佣

中通坚持平等公正的用人原则，确保员工不因性别、年龄、国籍、种族、宗教信仰、家庭与健康状况等因素而受到区别对待，亦不允许任何形式的强制劳动和雇佣童工行为；充分尊重员工个人隐私权，严格保密员工的个人信息。

2. 薪酬福利

中通贯彻"因岗定薪"原则，合理构建薪酬体系及相应的绩效考核制度，突出岗位价值、绩效贡献、个人能力；同时为员工提供五险一金、法定节假日等基本福利，为特定员工提供话费补贴、高温补贴、伙食补贴、住宿补贴、快递专业技能补贴等多项福利。

3. 民主管理

中通推出并不断升级《中通快递工会章程》，明确工会及其下属委员会的职责；强化民主工会建设，围绕员工权益保障开展各项主题活动；完善协商沟通机制，加强与员工的交流，倾听员工诉求。截至2021年，工会成员共1297人。

4. 职业健康

中通严格遵守《中华人民共和国职业病防治法》相关规定，通过职业健康安全管理体系认证，每年定期针对季节性疾病制作健康宣传手册全网发放，与华新卫生院联动进行健康知识讲座，提升员工健康安全保护意识，保障员工身心健康。自疫情发生以来，中通积极履行社会职责，响应国家防疫措施，在第一时间组织人员、组织车辆进行疫苗接种，总计接种10819人、车辆64趟。

在培育人才方面，中通坚持"以人为本"的人才培养核心理念，贯彻落实集团"梯队育人"的人才培养战略，开展多种培训课程，全面培养员工职业素养和能力，切实提升员工的核心竞争力。

公司制定《中通快递集团人才晋升管理制度》，按照"德能与业绩并重、逐级晋升、纵向晋升与横向晋升相结合、内部优先、配置合理"五大原则，依据"宽度用人"战略，结合人才成长多元化因素，从管理和专业两个通道制定员工职业发展机制，并匹配相应的晋升考核和培训机制，助力拓宽员工职业发展渠道，激励员工持续提升专业技能和综合素质，提高公司和员工个人的核心竞争力。

1. 百优系列培训

公司不断强化百优系列培训管理能力，采用严格的"军事化"管理，将考核方式进一步科学化、系统化。2021年，公司持续扩招培训学员，百优飞鹰、雄鹰人员增长48.75%，让更多的中通员工从百优课堂获益。

2. 讲师培训

讲师培训采用"线上知识学习+线下实操演练与考核"结合的形式，将侧重点由课程讲授转向培训演练、考核与现场指导，进一步提高兼职讲师授课实战能力，夯实中通兼职讲师队伍，为培训的落地提供坚实基础。

3. 管培生培训

作为中通人才发展的重点项目，管培生培养项目分为角色转变、职场提升、辅导他人三个阶段，通过系统化、个性化的培养方式，打造一支认同中通文化与价值观、忠诚度高并具有高潜能、抗压性、影响力和内驱力的未来管理者队伍。

4. 特色人才培养项目

2021年，公司推出"红色引力波"党史培训、"沟通力训练营"培训、储备中心负责人培训等项目，均为中通内部讲师自主研发，由高级讲师团队到全国各地进行线下宣讲，培训开设期数多、系统性较强，参训人员覆盖面较广，高级讲师面对面授课为各中心学员带来新的体验、新的感受、新的收获，对参训学员在个人的领导力、执行力、沟通力及意识形态的转变等方面产生较大影响。

在员工关怀方面，中通组织开展“家庭日”活动、趣味运动会、生日会、团建活动等形式多样的员工文体活动，帮助员工平衡工作与生活，塑造积极向上的精神面貌，关注员工获得感、归属感和幸福感的打造，让员工从加入中通、信任中通到热爱中通。

2021年10月27日至28日，集团总部举办2021年“家庭日”活动，来自全国各地70多位中通员工及其家属欢聚上海，共享以“相伴成长 · 传递幸福”为主题的“家文化”盛宴。

活动现场，中通家人们走进自动分拣场地与企业文化展厅，通过沉浸式体验，对自己家人从事的行业和奋斗的事业有了更深入的理解。活动安排了中通员工乐队表演、休闲类游戏挑战、11项比评任务“打卡”、中通文化题库竞答等一系列丰富的项目，为大家搭建共享美好时光、增进亲情互动、体验中通文化的平台。

三、圆通速递：实现人才与企业的共同成长

2021年是圆通实施第五个发展规划元年和“二次创业”关键之年。圆通不断完善培训新体系，创新培训新形式，充实讲师新梯队，丰富课程新资源，并通过理论培训、标杆参观、业务实践和行动学习等多种形式，提升圆通管理人员的领导能力和经营管理能力，培养企业急需的管理人才和专业技术人才，用管理驱动发展，用培训助力经营，实现人才与公司的共同成长。

2021年培训工作紧跟圆通战略发展及业务需求，提升各类员工的专业度及管理能力，圆通共组织各类培训3000余场，累计参训人数约10万余人次，平均满意度9.6分。圆通网络学院累计上线课程700余门，自主开发各类课件、视频100余门。2021年全网共盘点兼职讲师500余人，其中总部讲师200余人，省区讲师300余人。

2022年圆通培训工作将继续秉承“百年企业，人才为基”的发展理念，紧紧围绕圆通战略目标，服务网络，面向未来，培养年轻化、专业化、数字化、国际化的人才，打造有创新、有担当、有格局、有信念的团队，构建人才成长新基地，形成组织发展新动能，助力业务进阶新伙伴，为公司长远发展提供强大的人才保障。

四、申通快递：提升员工幸福指数，打造“幸福申通”

申通快递始终秉持以人为本的理念，尊重和维护员工的个人权益，为员工营造温馨和谐的工作氛围，开拓更广阔的发展空间，满足员工多样化需求，努力实现与员工价值共创、利益共享、发展共赢。

1. 员工权益保障

申通快递始终把员工利益作为工作的出发点和落脚点：公司每年召开职工代表大会，听取员工心声并及时反馈、跟踪、解决；按时签署“三项合同”（集体劳动合同、工资专项集体合同、女职工权益保护专项集体合同）；企业员工享有带薪休假、带薪培训、健康体检、话费补贴、食宿补贴、高温补贴、活动补贴等众多福利待遇。

设立了爱心救助基金，对发生重大交通事故、自然灾害的申通网点，患重大疾病的申通员工进行困难补助，帮助他们度过经济难关。据了解，自设立爱心救助基金以来，共救助困难网点公司及员工50多人/次，累计救助金额超过700万元。

四大举措关爱一线快递员。设立专门机构，总公司层面成立快递员合法权益保障工作小组，由总经理任组长，相关部门一号位任副组长。落实派费上调。2021年9月1日起，申通全网派费统一上调0.1元/票，切实增强快递员获得感。简化服务考核。精简考核种类，减少次数、降低额度。成立关爱基金。在桐庐县委、两新工委的支持下，出资成立关心关爱快递小哥专项基金，用于快递小哥评优评先、学历提升等。

2. 助力员工发展

2021年申通快递全网先后开展快递管理、中转运营、市场

营销、财务管理等知识培训100余次。其中,总公司层面举办的“星火计划”培训,共8场,赋能了1000多位新加盟商老板和一线快递员,提升了他们的服务意识和业务技能。

在用人方面,新的公司经营管理团队履职后,坚持有为才有位,不论资排辈,不唯年龄,突出实践实干实效,让那些想干事、能干事、干成事的员工有机会有舞台;坚持优者上、庸者下、劣者汰,打通员工晋升渠道,为员工提供广阔的发展平台。在申通,员工职级能上能下、薪酬能升能降已成为常态。

3. 丰富员工生活

2021年以来,申通快递通过开展井冈山红色之旅,举办“最美申通人”评选、员工生日会、包粽子大赛、插花艺术培训等活动,为员工营造了“快乐工作、健康生活”的良好氛围,增进了员工之间的友谊,也展示了申通人团结、和谐、勇于拼搏的精神风貌。

4. 注重员工关怀

申通快递将“微关爱”融入员工日常工作当中,通过召开员工恳谈会、总经理信箱等,搭建多方式交流平台和机制,传达企业发展思路,了解员工真实诉求,提高员工满意度,最大限度集聚发展共识。同时,认真做好“冬送温暖”“夏送清凉”“秋送助学”活动,提升员工的幸福指数,打造“幸福申通”。

五、韵达速递:“共创、共赢、共享”

人才是企业发展的第一宝贵财富,优秀的企业文化是凝聚员工向心力、激发创造力的粘合剂、催化剂。韵达深刻理解企业与员工、加盟商“共创、共赢、共享”的发展关系,构筑符合人性朴素需求的企业文化,在企业文化创建及核心人才凝聚方面,公司拥有“不可被复制的核心竞争力”。

1. 尊崇“勤俭进取”的企业文化

韵达尊崇“勤俭进取”的企业文化,鼓励全体员工及加盟商辛勤劳动、厉行节俭、永续进步、取得成功。为此,公司秉承“以客户为中心,以价值为导向,以奋斗者为本”的经营理念,要求中高层管理者积极行动起来,到现场去、到网点去、到客户处去,贴近一线、发现不足、挖掘痛点,通过创新、改进、纠错,向市场与客户提供更好的产品与服务;同时,公司倡导“人人是人才,赛马不相马”的原则,通过对个人、部门、事业中心的绩效考核,将个人业绩与关键指标挂钩,实现公司发展与个人进取的双赢。

2. 构建“以奋斗者为本”的激励机制

限制性股票激励计划:为增强员工主人翁精神和担当意识、保持核心人才梯队的稳定性,促使员工更加关注公司经营管理、业务发展与个人的业绩实现,本着“以奋斗者为本”的发展理念,公司率先并将持续实施限制性股票激励计划,通过吸引和留住优秀人才、稳定公司经营队伍,持续激发核心管理人员及技术骨干的工作积极性和工作热情,从公司人才稳定、业务量发展、市场份额提升、成本下降、利润达成等主业经营和财务指标方面看,实现了股东利益、公司利益和激励对象利益的统一,不断推动公司未来发展战略和经营目标的实现。

众创合伙人机制:为丰富激励机制、构筑符合人性朴素需求的企业文化,公司以嫁接周边优势资源、推动新业务为契机,积极探索“众创合伙人机制”,让合伙人为公司、同时为自己创造价值,共襄“事业共同体”的共同梦想;同时,深化省总负责制,实行业务单元负责制。

3. 搭建“贤人毕至”的多层次人才平台

“用一贤人,则群贤毕至”。在“一超多强”发展战略指引下,公司持续搭建覆盖快递核心主业及科技、供应链、国际等业务的、面向未来的多层次人才梯队,2021年韵达核心管理人员中本科以上学历的人数提升21%。

为更好地适应行业发展趋势,公司十分重视人才梯队培训和培养,2021年,累计培训334万人次,从管培生项目到大将军项目再到领军人才项目，打通人才发展全链路培训。公司在人才培养方面，提升中高层团队的经营能力、视野格局和管理思维；建立各职能部门职级序列，为不同层级员工提供立体的职业规划和晋升通道，层层储备；针对基层员工，公司持续开展单兵作战技能竞赛，以赛代练、内生效能、外生产能，并响应国家对技能人才培养，启动针对快递小哥的“暖蜂”行动——“万人工蜂计划”。

六、极兔速递：广纳贤才

极兔广纳贤才，积极扩大人才队伍。在人才培养方面，推出管培生项目、春耕学堂、转运中心储备主管选拔及培养计划，从而形成稳定、有效的人才培养模式。

第六篇　市 场 主 体

第一章　2021 年快递市场主体发展情况综述

2021 年,全行业服务满意度稳中有升,行业运行平稳有序,在经济社会发展中作用凸显,为扎实做好“六稳”工作、全面落实“六保”任务作出了积极贡献。2021 年,邮政行业业务收入累计完成 12642.3 亿元,同比增长 14.5%;业务总量累计完成 13698.3 亿元,同比增长 25.1%。全国快递服务企业业务量累计完成 1083.0 亿件,同比增长 29.9%;业务收入累计完成 10332.3 亿元,同比增长 17.5%。

一、上市公司财报

顺丰控股发布的 2021 年度报告显示,2021 年实现营收 2072 亿元,全年完成总业务量 105.5 亿票,归属于上市公司股东的净利润 42.7 亿元,扣非后净利润 18.3 亿元,实现每股收益 0.93 元/股。

顺丰在 2021 年业绩呈现“低开高走”的态势。一季度,由于疫情等多方面因素影响,顺丰出现了上市后的首次亏损,令市场一度担忧。但顺丰通过战略层、客户与产品层、成本层、运营层的多项行之有效的经营举措与管理优化,成功推动业绩逐季修复,2021 年第二季度、第三季度、第四季度实现归母净利润分别达到 17.49 亿元、10.38 亿元和 24.71 亿元,并迎来上市以来最好的第四季度业绩。

中通快递发布的 2021 年财报显示,中通快递 2021 年全年包裹量为 223 亿件,同比增长 31.1%,市场份额扩大至 20.6%。2021 年全年营收同比增长 20.6%达 304 亿元,调整后净利润同比增长 7.8%达 49.5 亿元。2021 年,得益于高运力车辆使用率提升、自动化率提高和路由规划优化带来的运营效率提高,在油价持续上涨的背景下,中通快递的单票干线运输成本同比增长仅 0.8%至 0.52 元,单票分拣成本较去年下降 1.1%至 0.30 元,规模效应进一步凸显。

圆通速递发布的 2021 年年度报告显示,圆通速递 2021 年实现营收 451.55 亿元,同比增长 29.36%;归母净利润 21.03 亿元,同比增长 19.06%;业务完成量 165.43 亿件,同比增长 30.79%,超行业总体增长水平,市占率进一步升至 15.28%。在国内快递业务强劲增长的同时,圆通国际与航空业务继续保持上扬态势,2021 年圆通速递国际实现归母净利润 1.45 亿元,圆通航空实现归母净利润 2.73 亿元。

申通快递披露的 2021 年年报显示,2021 年,公司实现营业总收入 252.55 亿元,同比增长 17.10%;归母净利润亏损 9.09 亿元,上年同期盈利 3632.73 万元;扣非净利润亏损 9.43 亿元,上年同期亏损 3097.96 万元;经营活动产生的现金流量净额为 19.20 亿元,同比增长 124.95%;报告期内,申通快递基本每股收益为 -0.6 元,加权平均净资产收益率为 -10.96%。

韵达股份公布的 2021 年年

度报告显示，韵达股份2021年实现营业收入417.29亿元，同比提高24.56%，其中快递服务收入394.32亿元。报告期，实现利润总额18.65亿元，同比增长6.43%；实现归属于上市公司股东的净利润14.77亿元，同比增长5.15%。累计完成快递业务量184.02亿票，同比增长30.1%，增速高出行业平均增速近0.2个百分点；快递市场份额达16.99%，较去年同期提高0.02个百分点。

二、基础设施建设

2021年，中国邮政集团有限公司寄递事业部扎实推进陆运网改革，围绕扁平组网，打破行政区划，优化网络节点布局，压缩网络层级，减少了分拣和经转次数。有序推进运输改革，深化“小改大”“单改双”，加大多式联运力度，提高了运输管控和效能水平。大力推进邮区中心改革，压缩内设部门254个，精简各类人员1.1万人，包件车间处理效率提升43.4%，取得了减层级、减机构、减人员的良好成效。加快推进揽投网改革，加大自提网络建设，持续推动内部承包、外包代办、特许加盟等模式创新，进一步搞活揽投两端，激发了经营活力。

顺丰在全球范围的网点布局，助力实现国际化、本土化运营。2021年国内自营服务网点及其他营业分支超21000个，国内末端合作网点168000个，海外自营或合作网点超20000个，收派员420000人，丰巢智能柜300000台，覆盖社区180000个，服务消费者近4亿人。顺丰快递运营中转场324个，快运运营中转场118个。运营管理仓库2119座，占地面积超过1000万平方米。顺丰在中国及东南亚自持众多物流产业园、物流中心等关键场地资源，土地面积总规模达15313亩。

顺丰丰富的运输方式资源能够为客户提供国内及跨境多式联运服务。陆运方面，顺丰全球运营管理干支线货车超95000辆，其中国内运输线路130000条，末端收派车辆90000辆。铁路方面，高铁产品开通563个流向，发货总量近480000吨，国际开通203条线路，覆盖31个国家及地区，处理铁运货柜量超81000TEU。海运方面，开通20000条海运路线，触达港口码头1000个，覆盖177个国家及地区，海运发货量超过300000TEU。

截至2021年底，中通快递拥有服务网点超过30400个，网络通达99%以上的区县；拥有全球领先的快递运营能力，设有99个国内分拨中心，配置385套自动化分拣设备；大力推广甩挂运输模式，拥有约10900辆干线运输车辆，其中超过9000辆是15～17米的高运力车型。2021年，中通快递业务继续保持高速增长，完成业务量223亿件，同比增长31.1%，高于行业平均增速，连续六年稳居行业第一，市场占比达20.6%。

2021年，圆通全网改扩建集运中心53个，工程建设、设备投入等基础设施投资额近35亿元。园区设计、建筑设计、工艺设计和装备应用焕然一新，大幅度提升了中心的能力。截至2021年底，圆通全网拥有分公司5100多家，服务网点和终端门店8万多个，各类集运中心133个，员工45万余人，服务网络已经实现全国31个省(区、市)县级以上城市的全部覆盖。目前，圆通国际在18个国家和地区设立40多个分公司及办事处，拥有全球加盟及代理商500多家，业务覆盖6大洲、150多个国家和地区，构建起一张覆盖全球的快递物流供应链服务网络。

2021年，申通围绕“中转直营、网点加盟”的经营模式，通过裁撤、升级、收购以及新设转运中心的方式优化中转网络布局，同时加大转运中心基础设施投入，扩充转运中心吞吐产能，做大做强枢纽转运能力。2021年是公司历史上产能投入最大的一年，共实施47个项目，公司产能从2800万提升到4000万，产能提升43%。公司同步推进10余个自营转运中心厂房的开工和建设，顺利完成杭州靖江三期、湖北荆门、四川简阳等项目的交付;在改扩建方面,主要涉及上海、苏州、宁波、杭州、义乌、海口等20个地区。为满足快速增长的业务需求,公司创新性地推动定制开发合作业务,在广州、石家庄等重点城市快速落地多个大型定制项目。

韵达快递服务网络建设再优化、稳平衡、更高效。2021年,韵达以“两进一出”工程为抓手,进一步提升公司快递网络服务能力。截至2021年年末,韵达在全国设立76个自营枢纽转运中心,枢纽转运中心的自营比例为100%;公司在全国拥有3893个加盟商及32274个网点及门店(含加盟商),加盟比例为100%;服务网络已覆盖全国31个省、自治区、直辖市,地级以上城市除青海的玉树、果洛州和海南的三沙市外已实现100%全覆盖。2021年,韵达持续推动“向西向下向外”工程,县级以上区域覆盖率96.56%,乡镇服务网络覆盖率达97.87%,新增乡镇网点2571家,新开通国际业务的城市27个,国际业务覆盖国家及地区已达到35个。

再来看看极兔方面的情况。目前,极兔在全国投产85个转运中心,248条自动化分拣线。全力打造高效、智能的转运分拣体系,极大缩短快件的中转时长。

三、业务发展概况

2021年,主要寄递企业围绕快递主业,深入实施“服务分类”“产品分层”“客户分群”的发展策略,持续进行产品矩阵建设,继续向产业链上下游拓展延伸,向综合物流服务供应商转型的步伐加快,行业服务水平和服务能力持续得到提升,在服务经济社会发展和百姓民生中的基础性作用得到进一步突显。

2021年,中国邮政集团有限公司寄递事业部加强市场营销体系建设,市场拓展迈上了新台阶。比如,在狠抓重点业务拓展方面就下了不少功夫。特快业务加强总对总合作,强化优势邮路营销,开展“客户争夺战”和假日主题营销活动,推动源头获客和市场项目拓展。快包业务开展差异化营销,主攻目标集群市场,优先发展轻小件,积极拓展新兴平台,强化资费管控力度。国际业务加快重点业务和重点项目开发,加大e特快业务在美国、日本、韩国等12条重点线路营销力度,推进e特快业务在亚马逊、菜鸟、wish等重要平台的合作,开通与菜鸟平台、俄罗斯邮政的联合陆运专线Rpacket产品,国际业务优势线路实现逆势增长。

顺丰围绕物流生态圈,持续完善服务能力,业务拓展至时效快递、经济快递、快运、冷运及医药、同城急送、供应链及国际业务(含国际快递、国际货运及代理、供应链)等物流板块,能够为客户提供国内及国际端到端一站式供应链服务;同时,依托领先的科技研发能力,致力于构建数字化供应链生态。

中通积极构建多层多级的快递产品体系,提供差异化产品服务,丰富快递产品线,通过时效承诺、派前电联、按需上门、超时必赔的产品定位,开发出次日达、隔日达的尊享件,标快件,以及次晨达、次日达的特快件等新产品。同时,中通加快航空、冷链等生态业务的开发,形成多元立体化全链路服务体系,满足多元化、个性化的市场需求,构建从一体多翼向多维一体的综合物流服务。

2021年,圆通速递全年业务量166亿件,同比增长30%,全网业务综合收入超2000亿元。值得一提的是,2021年圆通与杭州亚组委签署杭州2022年第19届亚运会官方物流服务赞助商合约。圆通旗下的速递、航空、科技及国际等业务板块高度集成成立亚运会专业保障小组,从运输方案、关务、信息系统、航空和物流中心仓库等方面,圆通有信心、有能力为杭州亚运会打造最好的全方位、国际化的物流服务。

2021年,申通坚持正道经营,打造有质量的单量,市场表现稳步回暖,全年完成业务量约110.76亿件,同比增长25.62%,市占率达到10.23%。目前的主要业务为快递业务,快递业务的产品主要分为三类,快递业务,增值服务和快递辅料。此外，申通也在不断开拓“预售极速达”等新兴业务。“预售极速达”项目是申通近年来针对购物节等大促活动提供的预售下沉快递服务，将消费者付了定金的商品运达离收货地点最近的转运中心和末端网点，客户在付完尾款后，快递包裹从最近的申通网点直达，让消费者在“双11”快递高峰享受极速送达的服务体验。

2021年，韵达深入实施“服务分类”“产品分层”“客户分群”的发展策略，持续进行产品矩阵建设，以坚定的战略定力推进高质量发展。比如，为解决不同客户群及不同商品品类的服务痛点，韵达还提供保价、代收(COD)、电联(优递达)、隐私面单、地址修改、快件拦截等快递增值服务，满足向上下游不同客户提供多元化、个性化的多维服务需求；同时上线增值服务产品订购中心，既能满足客户及网点增值服务按需可定制化，又可保障增值服务费直达业务员，提高业务员的积极性。此外，韵达持续推进“守正开放、多元协同、一超多强”的发展战略，围绕供应链、末端服务、运力协调等上下游产业链，持续以快递流量嫁接周边市场、周边资源、周边产品，以韵达供应链、韵达国际、韵达冷链等丰富的周边产品线，持续打造综合物流服务提供商。

极兔速递投入人力、运力和场地，全网全力以赴，确保春节期间服务“不打烊”，品质有保障，让用户收寄无忧。为更好地布局，极兔速递收购百世快递，实现两网融合，极兔跻身中国快递业第一方阵。

四、技术创新应用

2021年，中国邮政集团有限公司寄递事业部强化科技支撑，能力建设取得了新进步。比如，推进上海、成都等8个省际中心处理能力建设，新增日处理能力564万袋件。在IT赋能方面也取得了新进步。比如，完善协议客户门户网站，增加在线对账等10余项重点功能。打通微信、App等不同客户受理系统，实现“客户一点接入、数据全渠道互通”，电子渠道客户数增长90%。完善国际资源管理功能，实现业财数据全面采集和互联互通，助力国际业务准确结算。

顺丰将多元业务中沉淀的海量数据和行业解决方案经验，结合领先的智能化、数字化物流技术应用，推动供应链技术创新、助力各行业客户打造高效响应的现代化供应链体系。顺丰的研发投入主要围绕以下两方面：在内部，物流网络数智化升级，打造顺丰智慧大脑。在外部，智慧供应链技术应用，助力客户供应链转型升级。此外，顺丰亦持续关注物流科技的前沿趋势与演进路径，积极布局对行业和未来发展具有关键影响力的远景技术，持续增强技术竞争力。

中通秉持“互联网+物流”的理念，将自主研发与公司战略、业务紧密衔接，自研软件系统和数字化工具达百余个，覆盖快递业务全场景，为快运、国际、云仓、优选、金融、商业等生态圈业务提供全方位的研发支持。公司构建符合现状的产研一体化管理体系，助推业务价值端到端的高质量快速交付，为组织数字化战略转型落地奠定基石；逐渐完善全场景、全链路的数字化、互联化和智能化的业务地图，深入打造从下单到派送全链路的数字化智慧物流。

圆通向科技要生产力，让科技创新引领企业未来。坚持科技引领、数字驱动，为客户提供更加安全快速便捷可靠科技的快递服务。全面推进数字化转型战略，打造“非直营的直营体系”。以金刚系统为基础，自主研发“管理驾驶舱”“网点管家”“客户管家”“行者系统”“运盟系统”等核心系统和平台，实现了对快件流转全生命周期的信息监控、跟踪及资源调度，使监控颗粒更细致，数据更精准。围绕时效和客户体验打造差异化产品，推出了以时效升级和精准派送为核心优势的战略级产品“圆准达”，以满足不同客户的精准需求。

申通专注于数智化转型升级，持续加大科技投入，线上和线下齐头并进,目标是实现精细化运营、降本增效、业务创新。在线下,重金投入基础设施建设,对转运中心现有设备进行更新换代,向智能化、自动化转变,用技术弥补场地产能不足,用效能解决分拨压力问题,实现物流装备自动化。在线上,申通快递实施了“全面上云”战略。随着管家系产品的陆续上线,申通完成数字化1.0,并在2021年进入数字化2.0阶段。

韵达持续推进“科技下乡”。运营规划中心为加盟商及大型网点定制化设计自动化分拣设备,帮助70余家加盟商上线自动化分拣设备,大幅提升网点端的分拣和处理能力;推广“指环王”扫描枪、“快手”设备等高科技工具,帮助网点提高产能容量、提升操作效率、降低经营成本;向业务员配备手持终端等智能终端,帮助业务员提升一站式揽收能力。同时,公司持续推进“IT赋能”,为加盟商量身定制的移动化办公App上线,“韵镖侠”系统不断强化,协助网点信息化管理,助力快递员“最后一公里”,为网点弹性补充末端配送人员。

五、绿色快递

2021年以来,中国邮政集团有限公司寄递事业部大力推进“2582工程”建设,绿色包装、绿色运输重点指标全部完成。全网共投入各类可循环包装57万个,积极探索政务、商务可循环模式;电商快件非二次包装率95%以上;标准包装废弃物回收装置的营业揽投网点覆盖率达到64%;快递包裹电子面单一联单使用率超过94%,可循环中转袋使用率达94%。逐步淘汰老旧车辆,推广新能源车使用,为实现“碳达峰”“碳中和”目标打下坚实基础。

顺丰充分意识到自身业务对环境的影响,一直致力于打造可持续发展的供应链服务,希望能以身作则,通过企业运营的优化与升级,对全行业乃至全社会带来积极影响。基于过去的减碳成果,顺丰制定了更具雄心的碳减排目标与战略规划,并于2021年6月5日世界环境日当天发布《顺丰控股碳目标白皮书2021》。

中通持续推进包装绿色化、减量化、可循环,推广使用电子面单、绿色环保袋、环保填充物等;开展快递包装材料的回收工作,引导消费者二次利用闲置包装,减少资源浪费。中通成立过度包装随意包装专项治理小组,对各省管理中心、转运中心以及网点进行摸底排查、随机抽检,收集网点对于包装袋的实际使用情况,把控网点的采购途径和来源,统一采购包装袋的标准;杜绝网点为降低成本私自采购重金属和特定物质超标包装袋的情况,一经发现将对不合格包装袋进行强制回收处理,数量较大网点会进行通报处罚;在官网的寄件协议、2021年快递服务合同模板中添加绿色包装内容,引导用户实施绿色包装,减少源头包装量;把规范纳入业务员考核标准,强化业务员绿色包装工作意识。

圆通高度重视绿色物流发展。2021年4月26日,由圆通牵头成立的物流信息国家工程实验室联合浙江省国邮快递物流科学研究院等3家单位联合成立快递绿色化联合实验室,开展可降解塑料袋配方研究,提升快递绿色包装研发和应用水平。同时圆通严格执行国家标准和行业标准关于快递包装的相关要求,圆通网络中使用的胶带规格现以40毫米、45毫米为主。并通过加强瘦身胶带操作规范课程培训力度,在实现胶带瘦身的同时,保障快递封装质量不下滑。

申通快递高度重视生态环保、绿色发展工作,以快递包装绿色转型为牵引,以“绿色化、减量化、可循环”为目标,加大新能源、清洁能源车辆推广使用,持续开展绿色网点、绿色分拨中心建设,多措并举推动快递绿色、健康发展。为响应国家“双碳”战略并实现申通2030年碳目标,2021年,申通克服业务范围广、细分场景多、对接系统繁多、数据底盘复杂等诸多挑战,整合公司碳排放与碳减排数据,覆盖包装、运输、中转、派送等多个环节，推动物流降本增效和绿色环保。

2021年，韵达积极落实生态环境保护工作企业主体责任，为客户提供绿色的快递产品及服务，促进公司及行业绿色、高质量发展。首先，公司成立绿色快递建设办公室，设立绿色环保委员会，建立绿色采购制度和统计制度等，全面协调推进全网生态环保工作落实。其次，公司以包装减量化、绿色化、循环化为原则，加大投入绿色包装产品的研发与创新，推广使用电子面单、绿色环保袋、可降解包装袋等，积极开展快递包装回收工作，引导消费者重复利用包装纸箱，推动行业可持续发展。

六、社会责任担当

2021年，主要寄递企业在勇担社会责任，在扶危助困、爱心捐助等方面多有上佳表现，通过实实在在的行动推动社会点滴进步。

2021年，顺丰公益基金会全年公益总支出9889万元，设有20个志愿者协会，实际参与活动358519名志愿者，志愿服务时长21601小时。疫情防控期间，顺丰始终密切关注国内、国际的防疫形式，将服务社会、保障民生视为己任，致力于发挥顺丰在时效性、稳定性方面的优势，为产业物资、生活物资及防疫物资的运输提供安全高效的运送服务。顺丰动用科技力量，投入无人机、无人车等高效运输及配送工具支持防疫工作开展，在各地疫情严峻时期协助运送防疫物资及生活物资，降低人员接触风险，提升防疫工作效率。为解决医疗地点分散，检验中心部分地区交通管制的问题，深圳罗湖医院集团自2021年6月起，与顺丰联合开展用无人机送检医疗样本的常态化运输项目。

中通始终以“利他利社会”为企业责任，确保中通网络网点的灾后复工正常运营的同时，履行社会责任。2021年，面对新冠疫情、河南暴雨、云南地震等多重灾害，中通第一时间投入受灾民众的救灾和灾后建设工作，与灾区同呼吸、共患难，充分彰显新时代快递企业的使命和担当。中通关注未来人才教育与发展，将社会公益作为事业征途上的重要部分，通过多种形式支援困难地区的教育事业，帮助当地学校改善教学环境，用爱心为儿童与家庭带去希望。

圆通以“德善圆通”建设为牵引，主动作为、回报社会，彰显企业社会责任感。2021年5月，圆通与中国残联就业服务指导中心签署就业服务协议，共同探索就业助残新模式，根据协议，与中国残联发起助残三年行动计划中提出，圆通将每年为残疾人提供不低于2000个就业安置岗位，并设立5亿元的助残富残资金池，用以解决残疾人就业创业，健全相关制度机制和保障体系。在抗击疫情方面，圆通陆运网络累计运送救援物资超400吨；圆通航空全货机执行各层面的抗疫包机200班，承运防疫物资超1284吨；圆通国际网络完成采购与防疫物资清关335万件，向全国各地捐赠防疫物资140余万件。

2021年，申通快递积极践行“社会效益为首、经济效益为本”的理念，主动投入到疫情防控、乡村振兴、抗震救灾、公益慈善等活动中，履行新时代企业担当，竭尽所能回馈社会。申通快递积极响应党和国家精准扶贫政策，坚持用心、用情、用力，坚持“输血”与“造血”并举，充分发挥申通网络覆盖范围广、吸纳就业容量大、产业带动力量强的优势，创新扶贫模式，因地制宜，通过产业扶贫、就业扶贫、消费扶贫等方式，带动贫困地区经济社会发展，为如期完成新时代脱贫攻坚目标任务贡献申通力量。

2021年，韵达利用自身网络的优势公益运输救灾物资、防疫物资，支援灾区和抗疫一线，传爱心，送温暖，无论是云南的地震救援行动中，还是河南、山西的抗洪救灾中都活跃着韵达人的身影；公司还通过公益运输“暖冬”物资及开展捐书活动，为偏远山区儿童的物质生活及精神生活提供支持。

2021年7月，河南省遭遇暴雨灾害，极兔速递紧急宣布捐款2000万元，联合河南当地的救援机构和慈善组织，用于保障河南地区人民群众的人身、财产安全，采购救灾物资以及支援灾后重建工作。此外，活跃在全国各地的“极兔小哥”好人好事不断涌现，“极兔正能量”散发着光与热。

第二章　2021 年各市场主体发展情况

中国邮政集团有限公司寄递事业部

2021 年，中国邮政集团有限公司寄递事业部在集团公司党组的正确领导下，以“三个视角”找差距补短板，以“三大规律”求创新促改革，落实“三差三力”竞争策略，持续推进“五大体系”建设，深化“五大改革”，推动寄递业务发展稳中向好，有效益地规模发展成效初显。

一、基础建设

寄递“五大改革”不断深化。深入推进两集中改革，构建了统一管控的寄递网络运营体系，提升了管控效率、运营效益、资源效能。扎实推进陆运网改革，围绕扁平组网，打破行政区划，优化网络节点布局，压缩网络层级，减少了分拣和经转次数。有序推进运输改革，深化“小改大”“单改双”，加大多式联运力度，提高了运输管控和效能水平。大力推进邮区中心改革，压缩内设部门 254 个，精简各类人员 1.1 万人，包件车间处理效率提升 43.4%，取得了减层级、减机构、减人员的良好成效。加快推进揽投网改革，加大自提网络建设，持续推动内部承包、外包代办、特许加盟等模式创新，进一步搞活揽投两端，激发了经营活力。

按照“集团管省际、各省管省内”原则，初步构建了两级集中的管控框架。推进陆运网改革，856 个市县实现了跨行政区域就近入网，单件分拣次数由 3.02 次降至 2.12 次。推进运输改革，新增 1465 个民航早晚航班、63 条高铁邮路，158 条单程邮路改为往返邮路。推进中心局改革，减层级、减机构、减人员，机构减少 254 个，压缩内部人员 1.1 万人；推广新工艺，日均处理效能提升了 35%。推进揽投网改革，快包自提率达到 56.5%，提升 28.7 个百分点。推行“路长制”，明确了三级路长管理责任。开展“6・28”大提速，新增优势邮路 1001 条。特快、快包时限达成率分别提升 3 个百分点和 5.6 个百分点。“双 11”寄递网运行畅通有序，在业务量再创新高的情况下，实现了“四保四提”目标。

完善服务保障体系，客户体验得到了新提升。明确六个环节 22 个指标的服务标准，构建以客户体验为核心的服务质量保障体系。立足客户视角，组织开展“包裹快递业务服务质量提升季活动”，聚焦“六大痛点”问题开展专项治理，下发 13 个方面整改任务，细化重点问题 595 个，完成整改 313 个，长效改善 282 个。2021 年国家邮政局公布的公众满意度为 85.4 分，稳居行业前三。重点项目主动客服保障率达到 96%，邮件丢损率压降 24.45%，投诉率下降 18.8%，特快约投率提升 20.52%。

扎实推进降本增效，成本压降取得了新成效。围绕三把尺子，聚焦 5 大环节 25 项关键管控要素，深入开展成本写实工作，从工艺技术、作业流程、工时利用效率等多维度分析可优化空间，实施 60 项成本压降管控措施，收寄环节加快推进一体机混合收寄模式上线，混合收寄业务量占比达到 50%，一联面单使用率达到 97.5%；投递环节加快快包自提网络建设，重点城市网格化率达到95.36%；处理环节按照“一局一策”对90个重点城市处理中心进行工艺优化改造，生产旺季整体处理效率提升10%；运输环节推进“小改大”“单改双”“两装一卸”“一装两卸”等方式，装载率提升至43.5%。制定作业标准和定额方案，强化资费管理、优化业务和客户结构，提高外包效能质量。

二、业务发展

建设市场营销体系，市场拓展迈上了新台阶。

一是健全市场营销体系。推动建立了以综合营销为主导、专业营销为主体、点部营销为基础、协同营销为补充的市场营销体系新架构。指导20个规模省建设了寄递业务大客户营销中心；寄递事业部组建大客户营销中心，以重点行业为切入点，强化行业TOP客户综合营销，推动总部项目发展取得明显成效，法院、公安、金融、鞋服等项目取得了较快增长。

二是落实“三差三力”竞争策略。集中有限资源，全力抓好重点业务、重点区域、重点市场、重点客户拓展，明确了“八大市场”主攻方向、目标客群、发展措施和推广模板。其中，政务市场提出了“守中求进”策略，保持了快速增长。加快部委客户总对总合作，国家移民局线上平台首次开通速递服务，人社部社保卡“跨省通办”线上平台、国家邮政局、民航局全国行政许可平台、国药集团线上平台均实现对接合作。商企市场提出了“标杆引领”策略，实现了较快增长。强化优势邮路营销，组织各省以“优势邮路+合理价格”重点营销获客拓客。电商市场提出了“差异竞争”策略，按照客户分层、市场分类的原则，组织开展“电商客户大抢攻活动”，拓展成效显著。商圈市场提出了“贴近密接”策略，丰富营销拓客手段，持续推进商圈现费市场业务增长，进驻覆盖17093个商圈。高校市场提出了“固本培源”策略，高质量完成922万件高考录取通知书寄递服务，得到国务院领导的充分肯定。农村市场提出了“联动协同”策略，积极巩固了邮政主渠道地位。国际市场提出了“双轮驱动”战略，拓展了多、双边业务合作，强化了商业渠道拓展，提升了海外仓服务能力。物流市场提出了“创新升级”策略，以仓为核心，紧抓“6+1”重点行业，仓配客户突破3400个，综合服务能力持续提升，实现了健康稳定发展。

三是狠抓重点业务拓展。特快业务加强总对总合作，强化优势邮路营销，开展“客户争夺战”和假日主题营销活动，推动源头获客和市场项目拓展。快包业务开展差异化营销，主攻目标集群市场，优先发展轻小件，积极拓展新兴平台，强化资费管控力度。国际业务加快重点业务和重点项目开发，加大e特快业务在美国、日本、韩国等12条重点线路营销力度，推进e特快业务在亚马逊、菜鸟、wish等重要平台的合作，开通与菜鸟平台、俄罗斯邮政的联合陆运专线Rpacket产品，国际业务优势线路实现逆势增长。物流业务聚焦六大行业领先目标客户，发挥协同作用，加快源头获客，持续提升供应链综合解决能力。华为、苹果等客户服务份额持续提升，中国烟草实现31省（区、市）全覆盖，成功拓展比亚迪、李宁、中粮等行业头部客户，树立了标杆。

三、科技应用

强化科技支撑，能力建设取得了新进步。寄递网能力建设提速发力。推进上海、成都等8个省际中心处理能力建设，新增日处理能力564万袋件。按照“一局一策、分批实施”思路，分两批对42个处理场地工艺流程进行优化改造，减少流程断点、堵点，提升自动化处理水平，邮航机队规模扩充至34架，航空运输量约600吨/日。持续提升核心城市仓配“枢纽”能力，编制完成《仓储业务发展和布局规划》，明确了仓配骨干网络规划和42个核心节点城市选点规划，寄递网核心竞争力逐步增强。IT赋能取得了新进步。完善协议客户门户网站，增加在线对账等10余项重点功能。打通微信、App等不同客户受理系统，实现"客户一点接入、数据全渠道互通"，电子渠道客户数增长90%。完善国际资源管理功能，实现业财数据全面采集和互联互通，助力国际业务准确结算。上线11183智能化速赢项目，智能应答占比提升22.6个百分点。不断优化中邮寄递App功能，持续提升经营管理数字化、可视化水平。

四、绿色快递

2021年以来，大力推进"2582工程"建设，绿色包装、绿色运输重点指标全部完成。全网共投入各类可循环包装57万个，积极探索政务、商务可循环模式；电商快件非二次包装率95%以上；标准包装废弃物回收装置的营业揽投网点覆盖率达到64%；快递包裹电子面单一联单使用率超过94%，可循环中转袋使用率达94%。逐步淘汰老旧车辆，推广新能源车使用，为实现"碳达峰""碳中和"目标打下坚实基础。

五、企业大事记

1月，中国邮政速递物流股份有限公司与平安银行股份有限公司汽车消费金融中心正式签订战略合作协议。双方利用平安客户资源及科技资源优势，以邮政"车驾管"及"寄递业务"能力整合为着力点，围绕车生态领域共同推进线上化、智能化便民利企服务等方面更深层的战略合作。

2月3日，中国邮政正式开通海南离岛免税品邮寄送达服务，由中国邮政为离岛旅客将购买的免税商品邮寄至指定地址。海南离岛免税品邮寄是海南省政府推出的一项便民举措，中国邮政作为唯一服务商，充分体现行业"国家队"的使命和担当。

3月1日，华为公司首次授予中国邮政"华为年度核心供应商最佳交付奖"。

3月，中国邮政速递物流股份有限公司获得万国邮政联盟EMS合作机构颁发的2020年度"客户关怀"奖。这是中国邮政EMS继2016年连续五年获得该奖项。

4月1日，国家移民管理局互联网政务平台正式开通邮政速递服务，开展"互联网+移民出入境"便民服务，进一步便利办证群众。

5月，11183客户服务中心在呼叫中心行业中国客户服务节荣获"2021年中国客户服务节优秀服务品牌(百佳榜)"、广州中心荣获"2021年中国客户服务节最佳学习型组织"、北京中心徐庆荣获"十大感动人物"、福州中心陈健聪荣获"班组达人"。

6月11日，基于市场化运营的大客户营销中心成立，推行项目制运营，首期纳入9大项目。从竞争视角出发，活化组织形式，配套市场化激励机制，营造出"干事创业"的良好环境；从客户视角出发，打破单一产品营销、转向全产品综合营销，提供全景供应链解决方案；从最佳实践视角出发，实现"经营、网运、服务"的三端联动、协同保障。

6月28日，寄递事业部启动提速工作，按照"网业联动、分类施策、分层组织、动态推进、强化管控"的总体思路进行提速，覆盖全国1000+城市，多省市地区实现运邮次日达。

6月30日，邮政服装行业第一个自动化智能仓在宁波上线，该智能仓由中国邮政与雅戈尔集团联合建设，集成了多层穿梭车系统、AGV"货到人"拣选系统、自动码垛机械臂与自动分拣机等多种智能物流技术。

6月，中国邮政航空公司飞行部波音B737一中队副中队长王晓辉被授予"中央和国家机关工委优秀共产党员"荣誉称号，寄递事业部党委党建工作部主任牛志海被授予"中央和国家机关工委优秀党务工作者"荣誉称号，中国邮政航空有限责任公司飞行部党支部被授予"中央和国家机关工委先进基层党组织"。

6月，中国邮政速递物流股份有限公司中标比亚迪国内运输贵阳、重庆生产基地西南、华南区域的运输项目，预计业务规模8000万。

6月，由新华网主办的“第七届绿色发展论坛”将“2021绿色发展榜样企业品牌”荣誉颁授给中国邮政速递物流股份有限公司。

7月，圆满完成922万件高考录取通知书寄递服务工作，服务新生900多万人次，制定专项保障举措和服务方案，确保邮件安全和精准妥投，开通国家级政务平台、EMS官方渠道的高考录取通知书邮件查询服务，积极践行“我为群众办实事”活动。寄递工作连续两年受到国务院领导、教育部和国家邮政局的充分肯定。

8月9日至27日，第27届万国邮联代表大会在科特迪瓦首都阿比让举行。中国成功连任新一届行政理事会理事国、邮政经营理事会理事国，寄递事业部国际业务部董红梅副总经理顺利当选邮政经营理事会副主席。

8月25日，中国邮政“广州—东京”国际货运航线正式开通，中国邮政自主航空网通达日本的国际航线已达6条。

8月，腾讯项目中标标的首次突破亿元大关。腾讯项目组中标“2021－2023年腾讯仓配项目”，预计年业务量可达4000万件，收入规模可达1.2亿元。

9月1日，中国邮政对外推出快递包裹“村邮达”承诺服务。面向邮政快递包裹产品乡镇和村的收件人，中国邮政郑重承诺：针对“村邮达”邮件，一是拒绝二次收费，即不向收件人收取任何额外投递费用；二是确保投递到村，即收件人地址在建制村的，确保投递到村。截至2021年底，累计提供“村邮达”承诺服务邮件超2000万件。

9月3日，中国邮政速递物流股份有限公司与国铁物资有限公司在北京举行战略合作签约仪式。双方将围绕国铁商城物流板块，在平台商户寄递服务、信息技术方面开展多方位、深层次合作。

9月3日，中国邮政成功中标李宁公司最大的RDC华北仓项目，该项目或将成为中国邮政第一个亿元级体育运动品牌项目，合作范围进一步拓展至华北、华东、华中三大区域，涉及采购物流、RDC仓储服务、销售物流三个环节。

9月15日，在全国寄递揽投部、营业支局网点、邮乐购站点上线快递100“到站寄件”业务。截至11月底，全国上线网点、站点共计6.6万个，已基本实现城乡地区全覆盖。

9月，中国邮政速递物流积极参加联勤保障部队组织演习，开展中国邮政国防交通专业保障队伍训练活动。第一时间组织邮航、甘肃、青海分公司赴现场对接，制定队伍训练实施方案，紧急拉动运输投送第三大队和空运大队70余人、动用757-200全货机1架、邮政车辆10辆，跨域2000多公里，空中地面密切协同，圆满完成战备训练和军事物资投送任务，取得了联勤保障部队各级指战员高度赞誉。

10月15日，中国邮政速递物流股份有限公司在“第五届寄递行业网络安全峰会”上荣获“安全先锋奖”。

10月19日，在第十二届中国电子商务物流大会上，中国邮政速递物流股份有限公司获得中国物流与采购联合会颁发的2项“2021年电子商务物流创新案例”奖。此前，中国邮政速递物流已连续五年获得物流行业年度“中国电子商务物流供应链优秀服务商”荣誉称号。

11月，中国邮政积极对接人社部全国社保卡服务平台，通过系统对接方式将EMS寄递功能内嵌服务平台，实现社保卡“线上申领、邮寄到家”服务模式，助力人社部社保卡跨省通办服务事项落地实施。11月2日至16日，人社部社保卡跨省通办项目在青海、吉林、辽宁等6省正式上线试运行。

12月8日，中国邮政EMS年快递量突破100亿件。11月1日至19日，邮政全国快递包裹收寄量达7.44亿件，同比增长47.3%。“双11”当日特快业务收寄量突破1000万件。各环节生产质效明显提升，收寄、处理、运输、投递等环节业务量均创下了历史新高，其中11月12日至14日连续三日日处理量突破1亿袋件，实现了“保客户、提份额，保畅通、提形象，保质量、提体验，保安全、提品质”目标，向客户、向全社会交出了一份满意的答卷。

顺丰控股股份有限公司

1993年，顺丰诞生于广东顺德，经过多年发展，已成为国内领先的快递物流综合服务商、全球第四大快递公司。顺丰秉承“以用户为中心，以需求为导向，以体验为根本”的产品设计思维，聚焦行业特性，从客户应用场景出发，深挖不同场景下客户端到端全流程接触点需求及其他个性化需求，设计适合客户的产品服务及解决方案，持续优化产品体系与服务质量。同时，顺丰利用科技赋能产品创新，形成行业解决方案，为客户提供涵盖多行业、多场景、智能化、一体化的智慧供应链解决方案。

顺丰围绕物流生态圈，横向拓展多元业务领域，纵深完善产品分层，满足不同细分市场需求，覆盖客户完整供应链条。经过多年发展，依托于公司拥有的覆盖全国和全球主要国家及地区的高渗透率的快递网络基础上，顺丰为客户提供贯穿采购、生产、流通、销售、售后的一体化供应链解决方案。同时，作为具有“天网＋地网＋信息网”网络规模优势的智能物流运营商，顺丰拥有对全网络强有力管控的经营模式。

一、2021年成就

顺丰控股2021年营收突破2000亿元，是中国第一大、全球第四大快递物流综合服务商。一贯坚持长期主义，前瞻长远的战略部署，使顺丰在29年的发展历程中，能够准确抓住机遇，不断扩大规模，持续领跑行业。

公司在物流多个细分赛道竞争领先。顺丰起家于时效快递服务，并在国内市场占据绝对领先地位；同时经过近4～5年的孵化培育，新业务在各自细分赛道均成长为行业领头羊。顺丰快运营收规模连续两年位列中国零担快运行业第一；顺丰冷运连续三年蝉联“中国冷链物流百强榜”第一；顺丰同城已成长为中国规模最大的独立第三方即时配送服务平台。

顺丰拥有端到端供应链服务能力，并正以技术助推客户打造智慧供应链。通过自身发展和外延并购，公司已构建完整的综合物流版图，服务渗透到客户端到端供应链条中。同时，叠加先进的物流技术应用经验，公司正携手多个品牌大客户实施供应链重塑、实现数字化智能化。科技赋能＋供应链规划落地，成为顺丰区别于单纯提供物流服务或技术服务的市场玩家的独特竞争优势。

顺丰成功携手嘉里物流，加速国际化布局。对嘉里物流的部分要约收购于2021年9月底成功完成交割，公司持有嘉里物流于交割日已发行股本51.5%的股份。嘉里物流是环球业务领先的物流企业，服务覆盖58个国家及地区，拥有强大的国际货运、综合物流实力及海外资源，位列全球第三方物流商（3PL）50强7榜单第17位，全球货代50强8海运榜第8位、空运榜第13位，并在东南亚主要国家拥有本土快递公司，其中一家泰国上市。双方优势互补，将扩大顺丰的全球网络布局，支撑国际货运航空网络建设，尤其抓住东南亚新兴市场机遇，加速国际业务拓展。

2021主营业务，公司在2020年业务规模实现较快扩张的背景下，基于市场环境变化、行业趋势以及公司自身长远战略发展考量,2021 年下半年的经营策略从追求规模转向注重可持续健康发展,以平衡业务增长与效益回报。

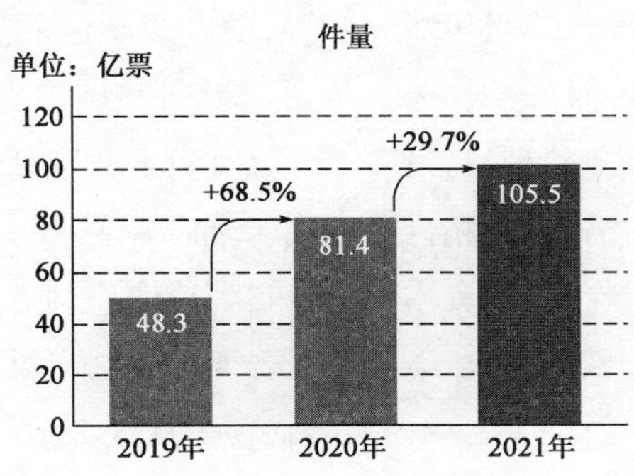

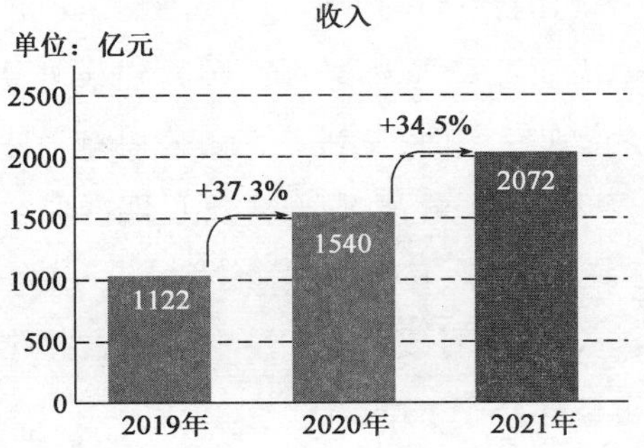

顺丰控股 2019－2021 年量件及营收变动情况

在收入方面,公司 2021 年总业务量达成 105.5 亿票,同比增长 29.7%;总营业收入达成 2072 亿元,同比增长 34.5%。时效快递业务收入同比增长 7.3%,在 2020 年因防疫紧急寄递需求旺盛带来时效业务增量较大的基础下,2021 年仍取得稳健增长;经济快递业务收入同比增长 54.7%,得益于公司围绕电商客户分层推出适配其服务品质和价格需求的高性价比服务,促使电商件业务量提升;快运业务收入同比增长 25.6%,公司牢牢稳固在中高端零担市场的竞争优势,并持续拓展经济型零担与整车运输市场以及延伸增值服务;冷运及医药业务收入同比增长 20.1%,通过营运模式的创新、科技的应用,提升冷链业务效益与竞争力,服务更多的客群;同城急送业务收入同比增长 59.1%,通过扩大网络覆盖、拓展新消费新业态下的客户和场景、完善产品体系,促进单量提升;供应链及国际业务收入同比增长 199.8%,一方面主要因公司四季度合并嘉里物流,另一方面公司自身供应链业务及国际快递业务均取得良好增长。

在利润方面,2021 年度实现归属于上市公司股东的净利润 42.7 亿元,同比下滑 41.7%;实现归属于上市公司股东的扣除非经常性损益的净利润 18.3 亿元,同比下滑 70.1%。其中非经常性损益项目主要为公司将三项物业资产的权益转让至顺丰房托基金,以及处置其他子公司所获得的处置收益,和政府补助。2021 年度业绩同比下滑主要由于:公司年初为应对件量高增长、缓解产能瓶颈,加大了对场地、设备、运力等网络资源投入;年初疫情防控期间响应春节原地过年号召,留岗员工人数和补贴增加导致人工成本上升;定价较低的经济快递产品增速较快,对整体利润率造成一定压力;2020 年公司享受到较多的国家抗疫相关税费减免优惠,2021 年该等优惠政策陆续结束。

分季度来看,2021 年第一季度、第二季度、第三季度、第四季度实现的扣非归母净利润分别为 -11.3 亿元、6.6 亿元、8.1 亿元和 15.0 亿元。在经历第一季度业绩亏损后,公司自第二季度起积极采取各项有效的经营举措及管理优化,迅速扭亏为盈,并推进业绩逐季连续稳步提升,至第四季度实现扣非归母净利润同比增长 46.1%。公司业绩逐步修复,走向稳健增长,主要得益于:

一是公司更加聚焦于核心物流战略,强调可持续健康发展,追求长期、持续及健康的业绩表现;二是在服务客户方面,寻找更多优质长期合作伙伴,围绕客户分层进行全生命周期管理,制定针对性市场策略,调优客户和产品结构,同时自身也不断提升产品竞争力,提升收入质量;三是在成本优化方面,精益化成本管控的效果得到显现;前端使用大数据、算法技术动态预测客户需求和业务量,后端实现精准匹配资源投入和动态调度,并持续推进四网融通，加强场地、干支线资源整合，提升自动化设备水平，公司的营运操作效率稳步提升，从而改善整体效益；四是在经营管理方面，推进全面精细化管理，对运营情况、运营效率、客户满意度、产品分析、财务数据等进行每日复盘与监控，实现对整体运营的更全面、更细致颗粒度的把控。

综上，公司在战略层、客户与产品层、成本层、运营层形成完整的管理闭环，全面管控并确保各项经营举措落实到位，推动公司长期可持续良性发展。

在资本结构方面，截至2021年底，公司总资产规模2099亿元，较上年末增长88.8%；归属于上市公司股东的净资产829亿元，较上年末增长47.0%，增长较快的主要原因为收购合并嘉里物流，以及自身业务发展。资产负债率53.35%，较上年末48.94%提高了4.41个百分点，主要因公司本年度起实施新租赁准则，使用权资产与租赁负债相应增加；为筹措嘉里物流并购所需资金，增加了债务融资；上半年网络建设投入加大，各项成本提升较快，经营性现金流净额减少，公司增加了债务融资以支持必要的资本开支。同时，公司于2021年10月底成功完成A股非公开发行股票募集资金200亿元，降低了公司资产负债率，并满足未来发展的资金需求。

公司2021年度固定资产等投资（除股权投资外）合计192亿元，占总营业收入9.3%，主要因网络产能扩张和鄂州机场项目建设处于投入高峰期。未来公司将坚持精益化管理，持续推进四网融通，管控资源的精准投入，提高资源效益，推进资本开支占营收比逐步回落。

二、基础建设

顺丰拥有中国最大、全球前列的货运航空公司，且为中国航空货运最大货主。2021年航空总货量超192万吨，顺丰国内货量占全国航空货邮运输量35.5%，日均航班4754次。顺丰运营86架全货机，其中全货机自有68架，包括2架B747、12架B767、37架B757、17架B737，飞行员590名，航权时刻267对，全球累计运营航线111条，全球累计发货98万吨。顺丰散航国内航线2114条，国际航线8800条，航班超141万次。

顺丰掌握丰富的运输方式资源，能够为客户提供国内及跨境多式联运服务。陆运方面，顺丰全球运营管理干支线货车超9.5万辆，其中国内运输线路13万条，末端收派车辆9万辆。铁路方面，高铁产品开通563个流向，发货总量近48万吨，国际开通203条线路，覆盖31个国家及地区，处理铁运货柜量超8.1万TEU。海运方面，开通2万条海运路线，触达港口码头1000个，覆盖177个国家及地区，海运发货量超过30万TEU。

顺丰在全球范围的网点布局，助力实现国际化、本土化运营。2021年国内自营服务网点及其他营业分支超2.1万个，国内末端合作网点16.8万个，海外自营或合作网点超2万个，收派员42万人，丰巢智能柜30万台，覆盖社区18万个，服务消费者近4亿。

顺丰快递运营中转场324个，快运运营中转场118个。运营管理仓库2119座，占地面积超过1000万平方米。顺丰在中国及东南亚自持众多物流产业园、物流中心等关键场地资源，土地面积总规模达15313亩。

顺丰携手政府打造的鄂州花湖机场将是亚洲第一个、世界第四个货运枢纽机场。机场工程跑道、航站楼、塔台、货运站等主体设施建设基本完成，已于2021年12月底正式启动校验飞行。公司建造的机场转运中心工程主楼钢结构封顶，并于2021年10月启动设备进场，12月底顺利实现两套分拣机通电测试，预计2022年主体建筑完工并完成分拣设备安装。

三、业务发展

公司围绕物流生态圈，持续完善服务能力，业务拓展至时效快递、经济快递、快运、冷运及医药、同城急送、供应链及国际业务（含国际快递、国际货运及代理、供应链）等物流板块，能够为客户提供国内及国际端到端一站式供应链服务;同时,依托领先的科技研发能力,致力于构建数字化供应链生态,成为全球智慧供应链的领导者。

1. 时效快递

2021 年,公司时效快递业务实现不含税营业收入 961.6 亿元,同比增长 7.3%。顺丰凭借国内第一大的货运机队、强管控的直营网络以及高素质的末端服务,为客户提供高效、稳定、安心的交付,在中国时效快递市场占据绝对领先的份额。

因 2020 年时效快递业务有赖于抗疫物资急递需求旺盛而发展较好,2021 年在高基数下收入同比增速略缓。时效快递业务的增长驱动力主要源自个人物品/工商文件流转、中高端消费以及生产流通环节的高效响应需求。其中,消费品类寄件占比超过 45%,母婴用品、个护化妆、酒水等增幅较好;此外,服务于工业农业生产流通的寄递需求有所复苏,寄件增长 21%。为增强时效快递竞争力,公司对产品做升级优化。综合利用全货机、散航、高铁核心关键资源,精进营运模式,进一步稳固时效领先优势,时效快递全程平均时长缩短近 2 小时;国家邮政局 2021 年快递服务满意度调查中,顺丰的全程时限测试、72 小时准时率测试均位列行业第一。

2. 经济快递

2021 年,公司经济快递业务实现不含税营业收入 322.7 亿元,同比增长 54.7%。主要聚焦电商平台和商家,采用直营网络"顺丰速运"和加盟网络"丰网速运"双品牌运营,分别服务追求品质和追求实惠的电商客群,以区隔的服务标准和定价,覆盖客户多层次需求。2021 年丰网处于初期起网阶段,完成 12 个省、140 个城市的覆盖及 884 个加盟站点,并独立投产 10 个中转场地。丰网速运在中转分拨、干线运输、末端派送环节充分利用顺丰直营网络资源,把握建网节奏,追求规模和效益的平衡。

通过自建和加盟,公司在全国 100 个城市运营超过 360 个电商类仓库,面积超 500 万平方米,包括定制仓、标准仓、经济仓,覆盖电商市场不同层级客户需求。同时,借助数字化技术,帮助客户实现全国多仓联动、智能分仓,实现高效履约。2021 年"双 11"单日仓库订单量超 2400 万单,"双 11"高峰期间仍能保障超 93% 的订单在 24 小时内精准发货。

3. 快运

2021 年,公司快运业务实现不含税营业收入 232.5 亿元,同比增长 25.6%。因制造业渠道变革和产业升级,供应链更柔性化,小批量、短周期、高频次等特点,催生对一体化网络型零担需求,促使网络型零担正加速整合,或取代规模小、效率低、数智化弱的区域和专线零担。快运市场发展机遇巨大,公司采取各项举措不断优化自身服务与网络,提升竞争力,稳固领先地位。

(1)提升产品力,包括全面提速,干线发车趟次增加 32%,进一步缩短单票全程时长 3 个多小时,时效明显领先行业,重新定义中高端快运的时效标准;服务延伸,围绕 2B 搬迁、入仓,2C 大件仓配、送装入户等场景深耕,其中已构建家具家电类仓库 36 个,全年送装单量超 130 万单;不断深化与社会优质物流资源合作,细化批量调拨、整车运输及城市货运等细分场景服务方案。

(2)网络下沉,包括直营网络在提升核心城市及工业区竞争力的同时,向四五线城市进一步下沉扩大服务范围;加盟网点数量扩大至 14000 多个,同比增长 44%,并通过派费优化增强网络稳定性及提升乡镇覆盖率。

(3)网络融通,包括助力集团四网融通项目,推进与快递中转场的融通建设、干线整合,提高资源使用效益;逐步将 20 千克以上快递划转至快运大件中转场操作,释放快递中转场产能;快运的直营和加盟网络整合共建 29 个中转场、超 800 条干线,进一步夯实运营底盘、提高效益。

(4)科技助力,包括已投产 19 个大件自动化中转场地,所投设备单小时处理能力提升超

3倍,中转人员效能提升33%;利用新型AIoT设备采集大件收转运派全环节数据,围绕服务质量、收入、成本、利润、人员等视角构建多维度数据,助力全天候实时监控经营,提升管理效率;借助大数据和AI算法,提升货量预测和网络规划能力,支持网络动态优化。

截至2021年底,快运直营及加盟网络业务覆盖全国32个省级行政区、365个主要城市与地区;共计拥有180个中转场及集散点,超1570个快运集配站,合计场站面积超过416万平方米,单日零担货量峰值7.4万吨。整体大件及零担货量同比增长47.8%,其中直营网络货量增长48.7%,加盟网络货量增长45.6%,货量增速在行业全网型万吨级玩家中连续保持领先。

4. 冷运及医药

2021年,顺丰冷运及医药业务实现不含税营业收入78.0亿元,同比增长20.1%。2021年中国冷链物流市场规模达4285亿元,同比增长12%。冷链行业处于企业规模小、竞争分散的阶段,但政府及社会的空前重视和加强监管,以及资本持续加码,均推动行业加速整合、走向高质量发展。冷链前100强企业2020年总营收规模694.7亿元,占行业18.1%,比2015年占比9.7%明显提升。同时,伴随网购生鲜食品的消费习惯养成,线上线下渠道的融合,将促进行业对网络型冷链服务的需求。顺丰冷运在服务标准和服务能力上契合监管方向和市场需求,拥有巨大的发展潜力。

顺丰冷运及医药业务主要包括时令生鲜寄递、食品冷运和医药物流三个板块。

(1)生鲜寄递:2021年顺丰服务覆盖超过4000个品类的特色农产品,运输件量同比增长30%。主要围绕以下几方面助力农产品上行:服务网络,借力驿站等合作网点提高乡镇渗透率,近距离服务农户,运营22个生鲜预处理中心,助力产能提高50%、降低损耗超60%;模式优化,综合自身航空、冷链仓干配及外部合作资源,以成本更优的模式服务更广阔的农产品市场;渠道拓展,包括通过主流直播平台助力农产品直播带货;搭建撮合交易平台,上架166个品类农产品,助力销售;品牌打造,联合政府累计开展20场推介会,外部媒体曝光558次,覆盖2.14亿人次,并利用区块链技术助力农产品溯源;补贴扶持,响应国家乡村振兴号召,投入专项资金提供物流补贴、包材补贴、溯源补贴等。2021年预计助力农户创收超千亿元。

(2)食品冷运:网络建设方面,自建及协同快递大网,打造冷链"3+1"骨干网(仓网/干线/末端配送+省际网),目前服务开通193个城市,1061个区县,拥有34个冷仓,超23000辆可调配冷藏车;首创冷仓自动化项目,已在6仓投产,可降低人工成本30%。市场拓展方面,生鲜电商领域,为冰激凌、速冻包点和低温奶行业头部客户打造了仓配B2B2C一体化解决方案,助力客户业绩翻倍增长;产地生鲜市场,灵活运用冷链干线和仓储资源,以高质又实惠的模式助力生鲜农产品运出去;农贸市场,以数字化技术、高标准冷链运营经验,为农批市场上下游贸易的物流场景提供数字化赋能。

(3)医药物流:伴随国家针对医药产业的集中采购、缩短流通、支持互联网医疗等政策的逐步推进,医药供应链朝着集中化、扁平化、数智化方向发展。顺丰凭借"网络+科技"优势,在以下方面不断突破:

多温区全程温控运输:可提供专业医药冷链包装、集成物联网监控平台服务,实现-80℃至25℃多温区精准控制,满足24~168小时中长距离恒温运输;2021年入围第一批新冠疫苗货物道路运输重点联系企业,已累计平稳保障3.7亿剂新冠疫苗安全运输;服务互联网医疗:结合医药仓、温控配送能力,联动医保系统终端实名认证,助力多家互联网医院、DTP药房的医药到家服务;供应链执行系统搭建:推出面向医药领域的供应链执行系统,实现全流程数字化智能化,助力客户精细化管理。

截至2021年底,医药物流网络覆盖271个地级市、2443个区县,拥有16个医药仓,52条医药干线,292辆GSP标准认证冷链车,并依托快递大网,为客户提供端到端医药物流供应链解决方案及服务。

5.同城急送

2021年,公司同城急送业务实现不含税营业收入50.0亿元,同比增长59.1%。顺丰同城现已成长为中国规模最大的第三方即时配送服务平台。伴随新消费时代的快速发展,即时配送服务行业年订单量将从2020年的210亿单增长至2025年的795亿单,复合年增长率为30.5%。而第三方即时配送服务商凭借中立开放的定位和全场景的服务,得以满足越来越多的行业和客户的需求,预计第三方即时配送服务行业年订单量将从2020年的30亿单增长至2025年的163亿单,复合年增长率为40.1%,市场空间巨大。

全场景布局、全网络覆盖一方面,顺丰同城覆盖本地餐饮、同城零售、近场电商和近场服务等高潜力的场景,并围绕这"四大场景"持续优化服务矩阵。另一方面,公司也进一步向下沉市县扩张,织密已覆盖市县的订单密度,带来网络效应和规模效应的进一步提升。面向商家,顺丰同城凭借独立第三方的属性及良好的服务口碑,为新消费时代的新业态商家和流量平台赋能,提供规模化、定制化、稳定高质的即时配送基础设施服务,年度活跃商户数同比增长55%。

面向个人消费者,顺丰同城聚焦于打造行业一流的专业优质的急送服务,持续深挖生活和商务场景中的即时服务需求,不断升级配送服务体验,年度活跃个人用户数同比增长106%,成为值得个人用户信赖的服务品牌。

顺丰同城持续升级的CLS系统,应用大数据和AI技术,充分满足差异化的配送场景和履约要求下的订单推荐和运力调度。通过精准分析、有效预测各服务场景在不同时段的订单密度变化,将来自不同的业务场景下的订单在驻店、商圈和全城运力网络间进行全局统筹和融合调度,实现了订单和骑手的高效推荐和匹配,提升骑手全天人均效能,降低单票平均配送成本。

顺丰同城运力结构多元,运力底盘规模逐年增长。具有弹性的运力网络既能灵活动态地满足多元场景交付需求,也能做到优质、高效和稳定履约,支持夜间等特殊时段,以及节假日、恶劣天气、疫情等特殊时期的稳定交付。2021年,平均配送时长约30分钟,平日时效达成率维持在95%以上。

6.供应链及国际

2021年,公司供应链及国际业务实现不含税营业收入392.0亿元,同比增长199.8%。顺丰国际快递及顺丰丰豪、新夏晖的供应链业务本年度取得较快增长,同时自第四季度起将嘉里物流合并,进一步扩大公司国际业务及综合物流业务规模。

(1)国际快递:主要面向国内及海外制造企业、贸易企业、跨境电商以及消费者,提供国际快递、海外本土快递、跨境电商包裹及海外仓服务,把握跨境电商高速发展机遇,助力中国品牌"卖全球"。截至2021年底,国际快递业务覆盖海外84个国家及地区,较2020年末新开通中国出口至沙特阿拉伯、南非、埃及、肯尼亚、摩洛哥等国11条流向;国际电商包裹业务共覆盖海外225个国家及地区;在全球多个国家具有自营清关口岸,整合自营和代理资源,服务辐射美洲、东南亚、欧洲等主要地区。2021年新上线东南亚流向国际电商专递业务,为跨境卖家提供高性价比的门到门服务。同时,嘉里物流在泰国、越南、马来西亚、柬埔寨、印尼等东南亚国家拥有海外本土快递网络,与嘉里物流的协同融通将助力顺丰进一步拓展国际快递网络布局。此外,公司继续加密国际航线,2021年累计运营30多条全货机国际快递航线,新开通深圳至洛杉矶、深圳至曼谷、武汉至河内、成都至达卡等11条航线,并且在美国、欧洲、东南亚等多个国家布局海外仓储,助力公司完善跨境电商仓配一体服务,以及国际供应链及海外本土化运营能力。

（2）国际货运及代理：与嘉里物流的整合大幅增强了公司的国际货运及代理服务实力。空运方面，作为航空公司的IATA专署代理，嘉里物流为客户提供包括空运包机、空海多式联运、集运、货运总代理及航空时效产品等服务，在“A&A”发布的“2021年全球货代50强”中位列空运榜第13位。海运方面，凭借与海运承运商建立的强大网络，嘉里物流为客户提供无船承运、整箱及拼箱、集运、分拨、订舱代理、海运管理等服务，在“A&A”发布的“2021年全球货代50强”中位列海运榜第8位。陆运方面，凭借贯通欧亚的完善陆路、铁路网络，嘉里物流为国际客户提供具成本效益的长途陆运、海陆及空陆货运、以及门到门递送服务，在亚洲提供连接中国内地与东盟的独特跨境陆路运输解决方案，包括由中国内地至泰国、越南、老挝、柬埔寨、缅甸、新加坡与马来西亚等东南亚国家等多条路线。嘉里物流的货量优势加上顺丰的航空运输能力，及即将建成的鄂州机场作为国际货运枢纽，将有望壮大公司国际航空网络，以及全球海陆空多式联运能力，全面提升顺丰于国际物流市场竞争力。

（3）供应链：顺丰丰豪、新夏晖提供中国本土供应链服务；嘉里物流提供环球综合物流服务。

顺丰丰豪：聚焦于快消品与零售、汽车、生命科学与医疗、高科技、工程与工业制造等行业，为客户提供从原料采购、生产、仓储、运输到进出口清关及“最后一公里”配送的端到端服务。基于30年来对行业供应链深度认知，综合德国邮政集团全球优秀经验与顺丰本土丰富资源及数字化技术实力，不断拓展本土新兴客户，2021年新开拓了包括农业、家居、通信等行业的新客户。其次，大力投入科技，创新研发各类不同场景的软硬件科技产品，并根据行业客户需求差异化定制部署，赋能客户数字生态和智能化升级，助力提升中国制造业供应链现代化水平。

新夏晖：聚焦于为餐饮和食品企业提供冷链物流及供应链解决方案，处于冷链物流第一梯队，“中国冷链物流百强榜”第四。2021年，持续加强冷仓建设，在全国运营44座快速周转的冷链物流中心，结合干线、支线、城配能力，实现冷链服务全国覆盖；凭借供应链一体化服务、高效的运营，新增引入连锁餐饮、生产商、休闲食品等多个大客户，达成战略合作，促进业务实现快速增长。

嘉里物流：在环球综合物流服务方面，嘉里物流致力于为工业及物料科技、医药、食品及饮料、时尚服饰及精品、电子科技、快消品、汽车等行业客户量身定制综合物流解决方案，同时在工业项目物流、跨境电子商务、环球供应链规划与实施等多个领域提供专业服务。凭借遍布亚洲及跨越全球的强大网络及多元化物流基础设施，嘉里物流深得众多全球百强品牌信任，为客户提供国际端到端综合物流解决方案。

四、科技应用

顺丰致力于构建数字时代的智慧供应链生态，成为智慧供应链的领导者。顺丰将多元业务中沉淀的海量数据和行业解决方案经验，结合领先的智能化、数字化物流技术应用，推动供应链技术创新、助力各行业客户打造高效响应的现代化供应链体系。顺丰目前投入的研发人员6271人，已获得及申报中的专利3864项，软件著作权2058个，其中发明专利数量占专利总量的61.5%；同时获得中国国际大数据产业博览会“2021领先科技成果优秀项目”“邮政行业科学技术奖”“中国智慧物流十大创新引领企业”等荣誉奖项。

公司的研发投入主要围绕以下两方面：一是在内部，物流网络数智化升级，打造顺丰智慧大脑。目的是提升顺丰物流网络的数字化、智能化水平，通过收派、中转、运输全链路运营数字化，结合大数据预测、可视化的监控与预警，实现全域智能规划调度、资源动态匹配、扁平化的高效管理；再结合 AIoT、自动化、无人化投入，提高网络运营效率，助力公司降本增效。二是在外部，智慧供应链技术应用，助力客户供应链转型升级。目的是综合顺丰领先的技术能力和行业经验，输出科技标准化产品和解决方案，将数智化能力嵌入客户价值链条，解决客户供应链规划、管理、执行等各个层面痛点，助力各行各业打造高效响应、柔性智能的供应链体系，实现产业升级、降本增效。

顺丰已围绕客户的原料供应、生产、仓储、运输、销售、运营等环节提供全链路技术服务：原材料采购与入厂环节，实现原料供应智能化管理，通过循环取货方案等，实现智能化排线及装载优化；生产环节，结合基于计算机视觉的人员管理与智慧园区方案，保障园区生产高效，人员安全；仓储环节，在设计与实施层面提供仓网规划、多级补货、线上线下一盘货等多种方案，在仓内执行层面提供库位优化、仓储自动化等多种服务；销售环节，基于大数据与算法技术助力客户实现消费者洞察和精准营销，以及为中小商家提供线上全渠道店铺经营和管理工具；运营环节，端到端供应链底盘系统实施（OMS/TMS/WMS/BMS），打通订单、仓储、运输、结算等业务全环节，助力数字化运营。

此外，公司亦持续关注物流科技的前沿趋势与演进路径，积极布局对行业和未来发展具有关键影响力的远景技术，持续增强技术竞争力。包括无人技术赋能物流业务环节，向场地无人化、自动化的方向迈进；大数据与人工智能持续加强顺丰智慧大脑，提升资源应用效能与客户体验；区块链与隐私计算构建数据生态基础，持续探究数据资产的安全应用；密切关注数字孪生等新兴交叉技术，并积极在各业务场景中探索实践。通过创新技术的布局与落地应用，持续推动企业的数字化边界拓展与智能化能力提升。

五、绿色快递

作为一家肩负社会责任感的企业，顺丰充分意识到自身业务对环境的影响，一直致力于打造可持续发展的供应链服务，希望能以身作则，通过企业运营的优化与升级，对全行业乃至全社会带来积极影响。基于过去的减碳成果，顺丰制定了更具雄心的碳减排目标与战略规划，并于2021 年 6 月 5 日世界环境日当天发布《顺丰控股碳目标白皮书 2021》。顺丰承诺，将善用科技力量，推动绿色低碳变革，在2030 年实现自身碳效率相较于2021 年提升 55%；同时，为打造气候友好型快递，顺丰将在2030 年实现每个快件包裹的碳足迹相较于 2021 年降低 70%。2021 年，通过绿色包装减少温室气体排放 27.9 万吨。2021 年新增超过 8900 台新能源车运力。

在碳排管理升级方面，为响应国家“双碳”目标并保证顺丰2030 年碳目标的实现，2021 年，顺丰搭建了碳排放管理平台“丰和”，克服业务范围广、细分场景多、对接系统繁多、数据底盘复杂等诸多挑战，整合集团碳排放与碳减排数据，覆盖包装、运输、中转、派送等多个环节，共计 60 余个典型场景，120 余项指标。平台纳入的数据源包括车辆用能、货机用能、铁路运输、场地用电、冷仓冷剂、员工通勤及各碳减排项目的排放数据，实现碳排放数据数字化管控，协助追踪碳目标完成进度。

在绿色科技实践方面，顺丰通过在人工智能、大数据、机器人、物联网、物流地图、智慧包装等前沿科技领域进行前瞻性布局，结合新能源应用，将科技力量注入每个快件的全生命周期，助力“收转运派”全流程的提质增效和低碳减排。

在末端收派环节，顺丰应用自研大、小型无人机，运用智能无人机技术，扩大业务投送范围，提供高效率、高经济性且低碳的物流服务，同时通过推广丰多宝（π-box）循环包装箱等绿色包装的应用，实现循环经济在物流行业的实践。

在中转环节，顺丰基于大数据最优配置仓储资源，引进全自动化分拣和场地管理系统，实现仓储和转运的效率提升，提高能源使用效率。在运输环节，顺丰应用智能地图进行运输路线规划，结合快件时效、距离等因素，通过智能算法提供路径最优解。同时，公司依托大数据分析和深度学习技术，整合货运路线与运力资源，实现车辆与货物的精准匹配，提升陆地运输效率。

顺丰将低碳科技服务渗透至行业供应链的各个环节，实现端到端供应链全链条碳足迹的降低，帮助合作伙伴加速低碳转型，从源头减少能源消耗带来的碳排放，提升企业运营过程的碳效率，实现绿色发展，共建零碳社会。

六、社会责任

顺丰深知企业与社会一脉相系，在发展的道路上，始终通过实实在在的行动推动社会点滴进步。公司将不忘初心，继续保持积极的态度、向上的精神，聚集各方力量。

2021年，顺丰公益基金会全年公益总支出9889万元，设有20个志愿者协会，实际参与活动358519名志愿者，志愿服务时长21601小时。

1. 奖教助学

在教育公益方面，2021年顺丰公益基金会主要开展了顺丰莲花助学、顺丰莲花小学和顺丰凉山爱心班等项目。

顺丰莲花助学项目。顺丰莲花助学项目启动于2012年，主要致力于为贫困高中生提供经济资助，以及开展夏令营、梦想分享会、班主任计划、陪伴人计划、反哺计划等陪伴支持项目。2021年顺丰莲花助学项目在全国39个项目县新增资助贫困高中学生3869人，全年在资助高中学生11614人。新增注册反哺大学生2209人，大学生年度奖学金审核发放1728人。全年发放高中助学金2417.12万元，大学奖学金518.4万元。历年累计资助30152名贫困学生，其中16869人完成高中学业，超11000人升入本科。

顺丰莲花小学项目。顺丰莲花小学项目成立于2013年，项目主要面向经济落后、生源稳定、校舍破旧但当地教育经费有限短期内不能予以改善的乡村学校提供整校援建支持。支持对象除了贫困山区农村小学生之外，也惠及山区老师群体。项目自2013年启动至今结项，已先后在甘肃、湖南、云南、贵州建成10所乡村小学，累计援建资金约1863万元。

顺丰凉山爱心班项目。凉山爱心班是顺丰自2010年起，与凉山州玛薇社工发展中心合作开展的项目。项目关注凉山失依儿童及贫困女生的生活学习状况。2021年顺丰凉山爱心班春季毕业2个班级，1个高中班、1个初中班，毕业110人。截至2021年12月，项目累积资助班级21个，人数1167人，2021年在资助班级9个，在读学生509人。

2. 医疗健康

顺丰暖心—儿童医疗救助项目（简称顺丰暖心）启动于2014年，目前已形成“以医疗救助为主的经济资助类项目矩阵”和“以人文关怀为主的成长支持类项目矩阵”协同发展的综合项目体。项目坚持以患者为中心，以成就美好生命为使命，秉承高质量、有温度、可持续的项目发展理念，坚持救助与关怀并举，致力于推动0～18岁相关疾病困境患儿早发现、早治疗、早康复，在战胜疾病和温暖心灵两方面助力患儿身心健康成长，同时助推“大病不出省”和儿童医疗行业发展。2021年，顺丰暖心项目全年投入4803万元，救助患儿及孤儿共计2679名。截至2021年底，顺丰暖心已累计投入3.32亿元，共计救助患儿及孤儿14794名，人文关怀模块中的实体空间（深圳市儿童医院·顺丰Vcare关爱空间和顺丰·搜狐焦点暖心小家）累计为13355个患儿及家人提供陪伴、住宿等服务。截至2021年底，顺丰暖心项目已累计投入3.32亿元，共计救助患儿及孤儿14794名。

3. 乡村振兴

顺丰是国内第一家将生鲜农产品以快递形式从农户手中直送城市消费者的快递物流企

业，从此开启了从“田间”到“舌尖”的商业模式。一直以来，大量优质农产品在流通过程中遇到“易损、难包装、环节多、无法形成规模化”等问题，在市场推广中遇到“渠道少、形式单一、受众面小、无法形成品牌效应”等问题，久而久之，农户收益低，农产品创收盈利更无从谈起。把好的农产品运出去，更把好的农产品品牌“运”出去，是顺丰坚持的助农思路。

顺丰积极协助各地政府打造区域性公共品牌，让更多农产品被消费者知晓。多年来顺丰联合政府、产地协会等举办以物流或产销为主题的活动，打造了阳澄湖大闸蟹、烟台樱桃、岭南荔枝、云南鲜花、甘孜松茸等特色经济项目。

截至目前，顺丰助力农产品上行服务网络已覆盖全国2800多个县区级城市，共计服务4000余个生鲜品种。2021年，顺丰实现特色农产品运送374.6万吨、7.2亿件，同比2020年提升30%，预计助力农户创收超1000亿元，同比2020年提升30%。

2021年是全面推进乡村振兴的发力期。为积极配合国家乡村振兴战略，持续巩固及扩大扶贫攻坚成果，顺丰制定了乡村振兴专项资金补贴机制，针对全部832个已脱贫国家级贫困县及240多个已脱贫省级贫困县继续推进乡村振兴专项帮扶补贴计划，并在2020年物流补助的基础上，延伸区域品牌包材定制补贴和溯源补贴，投入1300万元专项资金，最终实现补贴424家商户，累计发件1249万票，为当地农户创收约6.1亿元，助力脱贫乡村实现可持续发展。

4. 同心抗疫

疫情防控期间，顺丰始终密切关注国内、国际的防疫形式，将服务社会、保障民生视为己任，致力于发挥顺丰在时效性、稳定性方面的优势，为产业物资、生活物资及防疫物资的运输提供安全高效的运送服务。公司向正在各地抗疫一线的各界人士和医务人员致以崇高敬意，也将密切关注各地疫情发展态势，调动更多资源，持续贡献应有之力，与全社会同心抗疫。

顺丰动用科技力量，投入无人机、无人车等高效运输及配送工具支持防疫工作开展，在各地疫情严峻时期协助运送防疫物资及生活物资，降低人员接触风险，提升防疫工作效率。为解决医疗地点分散，检验中心部分地区交通管制的问题，深圳罗湖医院集团自2021年6月起，与顺丰联合开展用无人机送检医疗样本的常态化运输项目。无人机可实现少量多次送检样本，采用自动化飞行与无接触配送，不受地面交通情况影响，在交通高峰期依然保障送检时效，实现空中距离10.3公里以13分钟送达的高效要求。截至2021年底，已完成近1200架次运输项目，完成超过23万件样本运输，最高单日样本运送量达1.2万个。

中通快递股份有限公司

中通快递创建于2002年5月8日，是一家集国内与国际快递、快运、商业、仓储、冷链、金融、航空、智能、传媒等业务于一体的大型集团公司。2016年10月27日，中通快递登陆美国纽约证券交易所，为世界了解中国快递打开一扇窗口；2020年9月29日，中通快递在香港联合交易所主板挂牌上市，成为第一家在美国纽约和中国香港两地上市的中国快递企业。

一、基础建设

中通快递拥有国内最广、最

深、最密的民营快递网络。截至2021年底,中通快递拥有服务网点超过30400个,网络通达99%以上的区县;拥有全球领先的快递运营能力,设有99个国内分拨中心,配置385套自动化分拣设备;大力推广甩挂运输模式,拥有约10900辆干线运输车辆,其中超过9000辆是15~17米的高运力车型。2021年,中通快递业务继续保持高速增长,完成业务量223亿件,同比增长31.1%,高于行业平均增速,连续六年稳居行业第一,市场占比达20.6%。

二、业务发展

中通积极构建多层多级的快递产品体系,提供差异化产品服务,丰富快递产品线,通过时效承诺、派前电联、按需上门、超时必赔的产品定位,开发出次日达、隔日达的尊享件,标快件,以及次晨达、次日达的特快件等新产品。同时,中通加快航空、冷链等生态业务的开发,形成多元立体化全链路服务体系,满足多元化、个性化的市场需求,构建从一体多翼向多维一体的综合物流服务。

1. 中通标快

中通标快依托中通强大的网络及运输资源,在指定服务范围和寄递时间内收寄,实行标准定价,提供标准、当日、次晨等时效承诺,为客户提供"稳定、安全、可靠"的高品质服务。

2. 中通特快

中通特快在指定服务范围和寄递时间内收寄,由总部统一配置可开通线路的航空资源,以"时效保障""标准服务""快速理赔"为支撑,建立起针对中高端客户市场标准时效快递产品。

3. 中通尊享

中通快递尊享件为客户提供区别于普通快递的VIP寄递服务,在末端派件环节提供派前电联,按需派送。

作为中通开展国际业务的"窗口",中通国际始终围绕"成为全球一流的综合物流服务商"的发展目标,为全球客户提供更便捷、更高效的一站式物流供应链解决方案。

截至2021年底,中通国际在东南亚、中东、欧美、日韩、澳大利亚等国家和地区均有业务布局,开展了保税、直邮、仓配一体、专线等多元化、多品类的跨境物流业务,并在柬埔寨、越南、老挝、缅甸等国家建设海外网络,落地业务直接服务当地市场,实现属地化管理。非洲五国年度业务量为322.46万票,2021年速达非新开通埃及、沙特、阿联酋、巴基斯坦、孟加拉等国。截至2021年底,加纳、乌干达、肯尼亚、尼日利亚、摩洛哥等五国业务已有效覆盖全境,五国海外仓总面积达7000平方米,成为中非快递的领先品牌,并于2021年10月荣获菜鸟出口物流合作伙伴"新锐奖"。为进一步推动海外网络化布局,中通国际在实现业务多样化、产品国际化、服务全球化等方面取得初步成效,并依据B2B、B2C、C2C、BBC等多层次市场需求,建立"多渠道,多元化、全方位"服务模式。

三、科技应用

中通秉持"互联网+物流"的理念,将自主研发与公司战略、业务紧密衔接,自研软件系统和数字化工具达百余个,覆盖快递业务全场景,为快运、国际、云仓、优选、金融、商业等生态圈业务提供全方位的研发支持。公司构建符合现状的产研一体化管理体系,助推业务价值端到端的高质量快速交付,为组织数字化战略转型落地奠定基石;逐渐完善全场景、全链路的数字化、互联化和智能化的业务地图,深入打造从下单到派送全链路的数字化智慧物流。

1. 便捷下单

中通为中小电商卖家、企业客户提供订单获取、新增、导入以及面单打印、数据统计等定制化服务,并开通App和小程序,提供高效便捷的下单渠道,打造集寄件、查询、支付为一体的一站式快递服务。

2. 高效揽收

中通为快递小哥量身打造收派签工具——"掌中通"App,结合用户画像为快递员提供个性化的数据支持,高效分配资源，智能优化任务排程、收派件路径。同时，中通在电子面单的基础上推广四段码，将收货地址精准聚合到对应的地理单元，提高快递小哥揽收效率。

3. 智慧运输

在包裹运输过程中，中通将复杂的快递物流网络抽象、拆解、编码化，实时推进路由方案、车辆调度计划，实现运输时效和成本最优；搭配线上化运营管理平台——星河，综合管理人、车、货、场，实现以 GIS 技术为依托的全程运输可视化，为管理及决策者提供全链路的数据支持。

4. 自动分拣

中通在中转环节大量应用大件、小件自动分拣、伸缩机、动态秤等智能分拣设备，减少装卸过程中的快件磨损，降低快件破损率，减少缓冲物和封装胶带等耗材用量。

5. 智能派送

中通开设快递超市、快递柜、“小蓝桶”，为用户提供多元化的“最后一公里”服务；推出油电混动无人机、L4 级别自动驾驶无人车等多款应用于物流配送的产品，实现天空端无人机物流、地面端无人车运送、终端智能快递桶寄件的全程实时互联。

四、绿色快递

1. 强化绿色管理

中通严格遵守《中华人民共和国环境保护法》《中华人民共和国节约能源法》等环保相关法律，制定《中通快递集团绿色采购制度》等制度文件；成立由常务副总裁领导的绿色发展部，协调各部门落实具体减排工作，定期向国家邮政局等监管机构报送环保信息；依据所属地邮管局要求建立绿色环保小组，直接对总部负责；建立健全绿色标准、绿色宣传、绿色培训、绿色制度、绿色排查等环保体制机制，明确“揽收、分拨、运输、配送”等作业环节的任务清单及工作方向，分解落实各项绿色发展工作任务，推动公司绿色发展。

2. 打造绿色快递

（1）绿色包装

2020 年，国家发展改革委、国家邮政局、工业和信息化部等八部委联合发布《关于加快推进快递包装绿色转型的意见》，推进快递包装“绿色革命”。2021 年，政府工作报告中指出“推动快递包装绿色转型”。中通持续推进包装绿色化、减量化、可循环，推广使用电子面单、绿色环保袋、环保填充物等；开展快递包装材料的回收工作，引导消费者二次利用闲置包装，减少资源浪费。

中通成立过度包装随意包装专项治理小组，对各省管理中心、转运中心以及网点进行摸底排查、随机抽检，收集网点对于包装袋的实际使用情况，把控网点的采购途径和来源，统一采购包装袋的标准；杜绝网点为降低成本私自采购重金属和特定物质超标包装袋的情况，一经发现将对不合格包装袋进行强制回收处理，数量较大网点会进行通报处罚；在官网的寄件协议、2021 年快递服务合同模板中添加绿色包装内容，引导用户实施绿色包装，减少源头包装量；把规范纳入业务员考核标准，强化业务员绿色包装工作意识。

电子面单：2019 年，一联电子面单应运而生，一张一联单相比五联单节约了 4 张纸。截至 2021 年底，中通电子面单使用率为 100%。

“瘦身胶带”：中通优先采购符合国家标准、行业标准及国家有关规定的 45 毫米以下“瘦身胶带”，并逐步在全网范围内推广使用。截至 2021 年底，“瘦身胶带”封装比例为 92.62%。

绿色循环中转袋：中通在全国 90 多个转运中心和部分网点使用绿色循环中转袋。与传统的一次性编织袋相比，绿色循环中转袋可重复使用 100 次以上，单次使用成本节约 50% 以上。2021 年全网可循环中转袋使用率为 98.62%。

包装回收：2021 年中通持续推进“回箱计划”，在全网范围内累计投放 24000 多个包装废弃物回收装置，促进包装分类回收、循环使用。

（2）绿色运输

中通贯彻国家邮政局推动行业实现全面绿色转型的规划，将环境管理导入产品运输环节，降低物流运输对环境造成的危害，实现对物流环境的净化。

优化运输干线：中通为每辆班车配备北斗定位设备和星河系统，结合GIS监控质量运输过程异常，优化常规干支线行车路线和班次，减少因运输路线不合理而产生的额外能源消耗。通过科技算法，提高装载率，缩减发车班次，有效降低污染排放。截至2021年底，全网干线运输路线约3700条。

推行高运力车型：在干线运输环节，中通通过大力推广高运力甩挂车提高能源效率，减少污染物排放。与9.6米的传统车型相比，高运力甩挂车单位快件的燃油消耗降低55%，污染物排放减少70%以上。同时，公司采用铝合金弧式车厢，逐步替代铁皮车厢，在升级容量的同时减少重量，有效降低燃油消耗。截至2021年底，公司共有高运力甩挂车超9000辆。

末端绿色快递：中通不断提高绿色车队的规模，包括电力、混合电动、燃料电池作为动力的绿色配送车辆；在偏远地区引入无人机，减轻地面交通负担，降低单位耗能；加大自提设备及网点的投放，缩短配送频次及距离。

使用新能源汽车：新能源汽车其汽车尾气中二氧化碳排放量比传统燃油汽车下降20%，一氧化碳下降约97%。

使用车用尿素：中通不断加大车用尿素使用量，对各车队开展新车车辆性能和规范驾驶培训，规范车用尿素使用。车用尿素溶液和氮氧化物在SCR催化反应罐中发生氧化还原反应，生成无污染的氮气和水蒸气排出，降低氮氧化物排出量，减少尾气排放。

3. 践行绿色理念

(1)绿色文化

中通认真学习贯彻落实国家邮政局关于绿色发展及生态环保工作重要文件精神，倡导绿色环保理念。公司建立培训制度，开展节能宣传，组织节能培训，同时开展环保公益行动，持续加强员工环保意识；在网络内部广泛宣传，通过激励和引导机制，鼓励网点、业务员使用精简包装、绿色环保包装；加大推广中通绿色工作指南，实现全网普及、全网参与。2021年，开展生态环保培训10次。

(2)绿色办公

中通将绿色办公理念融入日常经营，号召全体员工共同建设资源集约型、环境友好型企业。中通在转运中心推广使用太阳能等清洁能源，并通过数字化、智能化的系统管理，推行无纸化办公。2019年开始，公司首先在总部生活区尝试安装空气能热水器，耗能是普通热水器的1/7～1/4；在全网推行工业电网净化节电设备，安装后预计节电约8%。

在办公室环节，中通倡导合理调整电脑设置，启用节能模式，下班关闭电脑和显示器，禁止待机过夜；使用节能灯，部分公共区域安装智能控制器照明；复印机或打印机启用节能模式，尽量线上化，避免不必要的复印或打印，培育低碳办公习惯。

(3)光伏发电

中通创新利用场地资源，引进合作企业，在部分分拣中心安装运营光伏发电设备，2021年发电超过500万kWh，在提供自身业务所需电力的同时向国家电网输出。未来，中通将大规模推广这一模式，到2025年，年发电量预计将达到7000万kWh。

五、社会责任

1. 援助救灾

中通始终以“利他利社会”为企业责任，确保中通网络网点的灾后复工正常运营的同时，履行社会责任。2021年，面对新冠疫情、河南暴雨、云南地震等多重灾害，中通第一时间投入受灾民众的救灾和灾后建设工作，与灾区同呼吸、共患难，充分彰显新时代优秀企业的使命和担当。

2. 爱心助学

中通关注未来人才教育与发展，将社会公益作为事业征途上的重要部分，通过多种形式支援困难地区的教育事业，帮助当地学校改善教学环境，用爱心为儿童与家庭带去希望。

3. 社区建设

中通长期坚持与社区协作

开展一系列社区活动，推动企业与社会、社区的融合发展，彰显企业责任与担当。

（1）慈善捐助

用爱暖心，用行筑情。中通始终坚守企业发展的初心，以慈善捐助的方式回馈社会，助力迈进“人人慈善”的全民公益时代。

（2）志愿活动

中通鼓励员工通过各种形式奉献爱心，充分发挥中通人强烈的企业荣誉感、公益使命感、社会责任感，参与传递爱心，回馈社会，为实现共同富裕贡献一份属于自己的力量。

六、企业荣誉

3月，获得“2020年快递业专项捐资扶贫贡献奖”。

3月，获得“快递业抗击新冠疫情先进集体”荣誉。

4月，获得“2019－2020年上海市文明单位”荣誉。

5月，获得“履行社会责任奖”。

6月，获得“最受尊敬公司（Most Honored Company）”荣誉。

6月，获得“最佳ESG（Best ESG）”荣誉。

6月，获得“2018－2019上海市快递行业文明单位”荣誉。

7月，获得“2021年《财富》中国500强（394位）”荣誉。

9月，获得“中物联科技进步奖三等奖”。

10月，获得“2021年凯度Brand ZTM最具价值中国品牌100强（48位）”荣誉。

12月，获得“2021中国物流企业50强”荣誉。

圆通速递有限公司

圆通速递有限公司于2000年5月28日在上海创立。近年来，圆通围绕国家战略部署、坚守快递物流主业、加大产业生态投资布局，已发展成为一家集快递物流、科技、航空、金融、商贸等为一体的综合性国际供应链集成商。

圆通始终坚持“客户要求，圆通使命”的宗旨，以人为本，以客户体验为中心，以“做中国人的快递、世界因我触手可得”为追求，致力于为全社会提供“安全、快速、便捷、可靠、科技”的快递服务，打造品质圆通、科技圆通、绿色圆通、德善圆通，构建圆通供应链网络生态命运共同体。

近年来，圆通加速“两进一出”工程建设。截至2021年底，乡村驿站建设数量已达到33985家，涵盖18个省、273个分公司、4500个乡村；“快递进厂”方面，整合国内、国际、仓储、关务、信息系统等一系列综合性服务能力，打造国际供应链能力；与大华等合作全球供应链项目，以及圆通与OPPO、VIVO等战略合作项目有序开展，供应链物流的全链路产品初具规模。

一、基础建设

2021年，圆通全网改扩建集运中心53个，工程建设、设备投入等基础设施投资额近35亿元。园区设计、建筑设计、工艺设计和装备应用焕然一新，大幅度提升了中心的能力。截至2021年底，圆通全网拥有分公司5100多家，服务网点和终端门店8万多个，各类集运中心133个，员工45万余人，服务网络已经实现全国31个省（区、市）县级以上城市的全部覆盖。

圆通国际化布局随着“一带一路”走出去、随着跨境电商走出去、随着华人华企走出去。目前，圆通国际在18个国家和地区设立40多个分公司及办事处，拥有全球加盟及代理商500多家，业务覆盖6大洲、150多个国家和地区，构建起一张覆盖全球的快递物流供应链服务网络。

成立于2015年6月的圆通航空,已成为国内航空货运领域的头部企业之一,目前拥有自有全货机19架,累计开通国内、国际航线100余条,航线网络覆盖日韩、东南亚、南亚、中亚的,并已经开通中欧货运航线,是国际货运航班比重最高的中国航企。预计至2025年,圆通航空将拥有相当于100架B737飞机的运力,并包括12架以上的宽体飞机执行洲际航线。为了打造“72小时全球达”的空运网络、支撑国家国际供应链安全,圆通将于2022年在嘉兴开工建设全球航空物流枢纽——“东方天地港”。圆通航空作为中国商飞的战略合作伙伴及货运飞机的全球启动用户,计划于2022年8月接收并运行全球首架ARJ-21货机。

二、业务发展

2021年,圆通速递全年业务量166亿件,同比增长30%,全网业务综合收入超2000亿元。圆通国际完成包裹1.5亿件,营收近100亿元;圆通航空业务量达15万吨,营收近20亿元。收入及业务量等综合能力稳居国内快递物流行业前三名之列。

2021年,圆通与杭州亚组委签署杭州2022年第19届亚运会官方物流服务赞助商合约。圆通旗下的速递、航空、科技及国际等业务板块高度集成成立亚运会专业保障小组,从运输方案、关务、信息系统、航空和物流中心仓库等方面,圆通有信心、有能力为杭州亚运会打造最好的全方位、国际化的物流服务。

三、科技应用

圆通向科技要生产力,让科技创新引领企业未来。坚持科技引领、数字驱动,为客户提供更加安全快速便捷可靠科技的快递服务。全面推进数字化转型战略,打造“非直营的直营体系”。以金刚系统为基础,自主研发“管理驾驶舱”“网点管家”“客户管家”“行者系统”“运盟系统”等核心系统和平台,实现了对快件流转全生命周期的信息监控、跟踪及资源调度,使监控颗粒更细致,数据更精准。围绕时效和客户体验打造差异化产品,推出了以时效升级和精准派送为核心优势的战略级产品“圆准达”,以满足不同客户的精准需求。

此外,由圆通速递牵头的科技部国家重点研发计划——快件物流资源共享服务应用示范项目为更好解决快递进村、服务到村的问题,同时帮助快递经营者降低运营成本、提高经营效率、提高服务质量提供了科技支撑,项目组在借鉴国家邮政局界定的六种快递进村模式的基础上,又在实地调研了各地快递进村示范点后,提出了“因地制宜、多模式排列组合”的方案。该项目于去年亮相国家“十三五”科技创新成就展。截至2021年底,参与该共享服务应用平台的快递网点已有近600家,涉及快递员近2万人,平台总计操作业务量已达3亿件,已帮助参与的多家快递物流企业实现了在场地、车辆、人力、设备以及线路优化等各方面的降本增效。

四、绿色快递

圆通高度重视绿色物流发展,2021年4月26日,由圆通牵头成立的物流信息国家工程实验室联合浙江省国邮快递物流科学研究院等3家单位联合成立快递绿色化联合实验室,开展可降解塑料袋配方研究,提升快递绿色包装研发和应用水平。

同时圆通严格执行国家标准和行业标准关于快递包装的相关要求,圆通网络中使用的胶带规格现以40毫米、45毫米为主,并通过加强瘦身胶带操作规范课程培训力度,在实现胶带瘦身的同时,保障快递封装质量不下滑。

在设计印刷方面,采用包装设计印刷简化方式,减少色种和套色,缩减印刷面积,不断推动行业向绿色化、减量化方向发展。

2021年,物流信息国家工程实验室研制了采用可回收降解材料追踪而成的绿色可循环快递箱,整个箱体无需胶水、胶带即可一体化成型封箱。材料本身具有防水、耐热、抗压、防震功能，且100%可循环利用，实现破损之后回收再生，过程中不产生废气废水。该循环箱平均使用寿命为7~8个月，可循环使用50次以上；封箱拉环改为钥匙结构，包装更省力；添加了RFID电子标签，一环一码，配合电子面单，能有效进行耗材的数据化管理和箱子的生命周期管理，促进物流标准化。

五、社会责任

饮水思源、知恩图报，圆通用实际行动担当社会责任。以"德善圆通"建设为牵引，主动作为、回报社会，彰显企业社会责任感。2021年3月，圆通与杭州亚组委签约，成为杭州2022年亚运会官方物流服务赞助商，是首家承担综合性大型国际赛事物流服务的中国快递企业。2021年5月，圆通与中国残联就业服务指导中心签署就业服务协议，共同探索就业助残新模式，根据协议，与中国残联发起助残三年行动计划中提出，圆通将每年为残疾人提供不低于2000个就业安置岗位，并设立5亿元的助残富残资金池，用以解决残疾人就业创业，健全相关制度机制和保障体系。

在抗击疫情方面，圆通陆运网络累计运送救援物资超400吨；圆通航空全货机执行各层面的抗疫包机200班，承运防疫物资超1284吨；圆通国际网络完成采购与防疫物资清关335万件，向全国各地捐赠防疫物资140余万件。2021年2月以来截至目前，圆通航空7次承运中国对老挝援助新冠肺炎疫苗。

近年来，为帮助困难群体改善生活并支持科创事业发展，圆通捐资700万元分别成立上海市圆通公益基金会和上海长三角商创科技基金会，在全国各地实施的助残、助学、助老、助困等各类公益慈善项目达20多个。

六、大事记

1月8日，西北国际货航首航仪式在西安咸阳机场举行。西北国际货航是由陕西省交通投资集团有限公司、陕西省空港民航产业投资有限公司、西部机场集团有限公司和杭州圆通货运航空有限公司共同出资组建。西北国际货航首航对加快西安国际型综合交通枢纽、航空枢纽、全球型国际邮政快递枢纽集群建设，打造内陆地区效率高、成本低、服务优国际贸易通道具有重大意义。

1月22日，中国光彩会第六次会员代表大会暨全国抗击新冠肺炎疫情民营经济先进个人表彰大会22日在京召开。圆通速递董事长喻渭蛟荣获"全国抗击新冠肺炎疫情民营经济先进个人"表彰。

3月4日，圆通速递有限公司与浙江大华技术股份有限公司签署战略合作协议，双方将共同探索推进基于机器视觉和人工智能的智慧内场操作监控、智慧月台、智慧外场管理系统、无人分拣设备等智慧物流系统建设，就智慧物流领域的创新与应用携手合作，共同打造智慧物流领域新标杆，助推行业迈向高质量发展。

3月30日，圆通速递正式成为杭州2022年第19届亚运会官方物流服务赞助商。这是中国快递企业首次牵手综合性大型国际赛事。杭州亚运会将成为中国快递企业提升综合物流服务能力、加速国际化布局、构建国际物流供应链网络的历史性机遇。

5月17日，圆通速递有限公司与中国残联就业服务指导中心签署就业服务协议，共同探索就业助残新模式。根据协议，圆通将每年为残疾人提供不低于2000个就业安置岗位；以圆通供应链网络为基础，搭建残疾人创业平台；圆通还将联合中国残联开展残疾人心理健康、业务知识及职业技能等培训，提升残疾人的适岗及就业能力。此外，圆通设立了5亿元的助残富残资金池，用以解决残疾人就业创业，健全相关制度机制和保障体系。

5月27日，在建党100周年之际，圆通在嘉兴举行二十一周年年会暨网络管委会十五届二次会议。同时，在圆通速递党委书记、董事长喻渭蛟的带领下,1200余名圆通人来到嘉兴南湖,参观了南湖革命纪念馆并重温入党誓词,追寻红色之源,切身感受开天辟地、敢为人先的首创精神,坚定理想、百折不挠的奋斗精神,立党为公、忠诚为民的奉献精神。

为庆祝中国共产党成立100周年,回忆党的峥嵘岁月和快递业发展历程,展现上海市邮政快递行业爱党爱国、知史奋进的精神风貌,6月30日,上海市快递行业党建联盟在圆通速递总部隆重举行“永远跟党走　奋进新征程”庆祝中国共产党成立100周年上海市快递行业党建联盟主题党日活动。

6月10日,新时代快递业党建论坛在“中国民营快递之乡”——浙江桐庐县举行。圆通速递党委书记、董事长喻渭蛟代表行业作题为《党建强　快递强》的大会发言,并与其他快递企业负责人共同登台,启动关心关爱快递小哥专项基金。快递业党建联盟也正式宣告成立。

6月10日,圆通航空引进第6架B757飞机,正式加入圆通航空机队,为圆通航空在昆明机场的运营枢纽又添新军。目前,从昆明出发,圆通航空已开通国内国际货运航线11条,可以覆盖到国内以及印度、巴基斯坦、孟加拉国等国。

7月,河南洪灾,圆通河南省区牵动着全网圆通人的心。总部通过网络风险基金出资1000万元,管委会、省区、全国各地网点也都慷慨相助、全力以赴帮助受灾网点共渡难关。

8月,嘉兴机场项目(俗称“圆通机场”)的可行性研究报告获国家层面正式批复。建成后,预计年货邮为110万吨(2030年),到2050年货邮吞吐量为240万吨。圆通蛟龙集团还将在嘉兴打造超级联运中心、物流科技研发中心和长三角商贸集散中心等配套项目,总投资额将达到122亿元人民币。未来远期规划到2050年的预测货邮吞吐量为240万吨,规划货运机位94个。

10月28日,由中国国防邮电工会、全国总工会基层工作部联合主办,圆通速递工会承办的全面推进快递企业“会、站、家”一体化建设启动暨非公快递企业5万职工网上集中入会仪式在“中国快递之乡”杭州桐庐举行。

12月2日,在一年一度的国际残疾人日即将到来之际,浙江省残疾人事业发展大会在杭州举行。圆通速递作为企业代表在主会场参会并与浙江省残联及杭州亚运会组委会签署包括《推动残疾人共建共享共同富裕合作框架协议》《2022年第4届亚残运会官方物流服务赞助商赞助协议》以及《圆通圆梦助残爱心项目合作协议》等在内的多个圆通圆梦助残爱心项目协议,共同探索“产业助残”合作新模式,推进残疾人事业高质量发展,促进残疾人共同富裕。

从2021年2月截至2021年底,圆通航空全年共7次承运中国援助老挝新冠肺炎疫苗,助力全球抗疫。

申通快递有限公司

申通快递诞生于1993年,是国内首批成立的民族快递企业。公司始终肩负着“让客户享受快递新生活,让员工实现个人价值,让企业担当社会责任”的企业使命,秉承“一如亲至,用心成就你我”的服务理念,践行“快速、安全、准确、周到,客户的满意,申通的追求”的质量方针,旨在实现“以科技和人才为推动力,将申通快递打造成中国快递业标杆企业,将申通快递品牌塑造成让全社会认可的民族快递品牌”的美丽愿景。

面对竞争激烈的行业市场

环境，申通快递砥砺前行，立足于国家战略大局，顺应于行业升级趋势，以负责任的态度践行企业经济责任。公司聚焦经营、服务赋能、打造有质量的单量，坚定不移发展主业，以科技创新带动转型升级，以匠心品质成就至臻服务，培育企业稳健、持续的发展能力，推动企业高质量发展，通过自身的努力，为社会、客户创造更大价值，亦为快递行业的未来发展贡献力量。公司荣获2021年长三角服务业企业100强、2021中国企业慈善公益500强和中国物流企业50强等称号。

一、基础建设

1.优化中转运营体系，实现产能快递提升

2021年，公司围绕“中转直营、网点加盟”的经营模式，通过裁撤、升级、收购以及新设转运中心的方式优化中转网络布局，同时加大转运中心基础设施投入，扩充转运中心吞吐产能，做大做强枢纽转运能力。2021年是公司历史上产能投入最大的一年，共实施47个项目，公司产能从2800万提升到4000万，产能提升43%。公司同步推进10余个自营转运中心厂房的开工和建设，顺利完成杭州靖江三期、湖北荆门、四川简阳等项目的交付；在改扩建方面，主要涉及上海、苏州、宁波、杭州、义乌、海口等20个地区。为满足快速增长的业务需求，公司创新性地推动定制开发合作业务，在广州、石家庄等重点城市快速落地多个大型定制项目。2022年，公司在北京固安、郑州、沈阳等核心区域将有一批智慧物流园建成投产，全网产能将进一步稳固扩充。

2.加大智能设备投放，打造数智运营网络

海量的快递背后离不开科技的支撑，近年来公司持续推进运营平台能力的改善优化，着力打造智慧物流处理中心。随着公司快递业务量的不断增长，公司的转运中心已全面开启向自动化分拣方式转变。2021年，公司继续加大智能分拣设备的投入，新增自动化分拣设备29套，截至目前共拥有自动化分拣设备235套。其中，2021年公司引入的三层交叉带，空间利用率提升约50%；单轨双层交叉带，空间利用率提升约20%；单件分离系统，可节省人力成本约60%；双层双向矩阵配合双向四路滑槽，场地利用率提升约33%，分拣效率得到了大幅提升。

2022年，公司将继续加强转运中心的标准化建设、精细化管理以及自动化设备投入，转运中心的人效、时效、坪效将进一步提升，打造“保质保量低成本”的运营体系。公司设备研发团队将重点研究分拣设备机械结构的标准化和电控系统的互换性，以降低对单一厂商的依赖，进而降低设备成本；工艺规划方面将重点推广柔性滑槽、优化小件供件方式，进一步降低包裹破损率。公司与菜鸟网络等合作伙伴将进一步深度合作，打造全链路数字化分拨——荆门项目，该项目将算法、仿真、视觉等先进技术应用于规划设计、安装调试、运营质量监控等各个环节，全方位测评人、机、场，打造综合票均运营成本最优的设备配置分拨系统。

二、业务发展

2021年，公司坚持正道经营，打造有质量的单量，市场表现稳步回暖，全年完成业务量约110.76亿件，同比增长25.62%，市占率达到10.23%。

目前，申通的主要业务为快递业务，快递业务的产品主要分为三类，一是快递业务：汽运时效产品，包括当日递、次晨递、24小时件、48小时件等；航空时效产品，包括重点城市间24小时件。二是增值服务：包括代收货款、预售下沉等产品。三是快递辅料：主要提供信封、文件袋、纸箱等快递包装物。除上述快递业务以外，申通也在不断开拓“预售极速达”等新兴业务。

“预售极速达”项目是申通近年来针对购物节等大促活动提供的预售下沉快递服务，简单来说，就是将消费者付了定金的商品运达离收货地点最近的转运中心和末端网点,客户在付完尾款后,快递包裹从最近的申通网点直达,让消费者在“双11”快递高峰享受极速送达的服务体验。

自2020年“618”首次推出“预售极速达”项目后,经过多次大促业务高峰考验,申通快递的“预售极速达”项目的服务规模和质量也在不断提升。2021年“双11”期间,申通快递全网“预售极速达”服务的包裹数量增长项目近100%,服务覆盖城市数量也从去年的162个增至今年的近300个,已经在全链路形成了完善成熟的运营模式。

申通快递努力打造专业仓储物流供应链服务的能力,为电子商务行业提供仓储、包装及配送管理一站式服务。目前,公司仓储业务的主要服务对象为电子商务经营中有仓储、加工、配送需求的商家,其中包含但不限于电子商务中平台类企业、平台内运营商家及独立B2C企业。公司仓储业务主要依托公司的物流网络为客户提供仓配一体化解决方案,持续为客户提供标准化及个性化的供应链服务。

C2M业务:公司高度重视C2M(即消费者直达工厂)这种新型商业模式的快速发展,C2M产地仓运营模式是由运营方负责甄选,生产型厂商提供优质产品入仓,打造爆款和超级工厂,客户在相关电商平台下单后,产地仓第一时间响应并安排商品打包及发货。公司在保定产业带打造产地仓服务,主要为商家提供了个性化解决方案,方案实施初期效果显著,不仅减轻了商家物流负担,而且帮助商家的物流发货成本直接下降了30%,大促发货时效也随之缩短到两天之内。

保税仓业务:截至2021年末,公司已在全国的数十家保税仓开通了快递业务,单量呈持续上涨趋势,同时进行了模式创新,采取了集包直发模式,通过在仓内集包后,直接进入中转网络,减少分拣操作流通环节,提升全链路时效,缩短末端客户的收货时间,提升消费者服务体验。

国内仓业务:2021年,公司在30多个国内仓为相关业务合作伙伴提供快递服务,产品种类涉及美妆、快消、家居及家用电器等。在2021年旺季期间,公司的服务能力保障了揽收及时率、签收率等各项考核指标均排名前列,荣获业务合作伙伴颁发的“天作之合”奖。

三、科技应用

近年来,申通快递专注于数智化转型升级,持续加大科技投入,线上和线下齐头并进,目标是实现精细化运营、降本增效、业务创新。

在线下,重金投入基础设施建设,对转运中心现有设备进行更新换代,向智能化、自动化转变,用技术弥补场地产能不足,用效能解决分拨压力问题,实现物流装备自动化。

在线上,申通快递实施了“全面上云”战略,成为全国首家将全部业务系统搬到云上的快递企业。这给申通快递的产品研发模式带来了全新变革,新产品快速迭代,随着管家系产品的陆续上线,申通完成数字化1.0,并在2021年进入数字化2.0阶段。

1.采用云原生技术打造标准化基础架构

DevOps是采用云原生技术打造的一套研发效能平台,其功能是将原有的单体、耦合等技术架构全部转向标准化、微服务化,能够支撑公司十几个核心业务域,六十多条技术链路,容器化覆盖率达到90%以上。该平台一方面极大地提升了公司的研发效能,实现业务系统需求的快速迭代,并将绝大部分需要手工处理的操作转为线上智能处理;另一方面其可以配合公司多个系统数据监控平台实现系统和业务多维度指标的监控,极大缩短故障的处理时间,提升运维工作效率,使系统稳定性得到大幅提升。

2.引入云组件推动行业应用创新

云组件是云计算的基础设施服务,2021年公司在云计算、AI、大数据、IoT等诸多领域启动了诸多功能创新的重大项目,并取得了积极的成果。其中,以时空网络复现技术为核心打造的路由优化引擎,将网络复现、业务规则及运筹优化算法相结合,设计出完整的落地闭环工作流链路,其大大提升了路由优化方案的采纳率;将搜索引擎技术中的“召回+排序”框架创新性地引进物流链路,通过包裹残留面单或者遗落的内件信息智能匹配疑似遗失包裹,并结合智能诊断和预警引擎运用在智能遗失找回场景,实现主动发现、智能找回的功能,有效地降低了包裹遗失率。

3. 应用大数据技术敏捷响应数字化需求

2021 年,公司基于云上资源完成了大数据相关建设,其中:离线数据仓库和实时数据仓库建设,该数据仓库利用了 Hadoop、Flink 生态作为基础框架,其集数据开发、数据运维、数据质量、数据安全、数据地图为一体。一方面,可实现海量数据的离线和实时加工计算的需求,同时支撑公司数据加工与分析的万级任务、PB 级数据量的稳定运行;另一方面,提升了公司整个大数据建设的效率,敏捷响应前端业务复杂多变的数字化需求,全面保障数据的可用、稳定及时效要求。公司首创性的采用白盒加黑盒的件量预测算法,一方面基于实操货量和运营经验的仿真推演来预测未来的货量,另一方面基于大数据时序列模型对前述预测结果进行修正。针对转运中心、快递流向及进出港的件量预测场景,该件量预测算法大幅提升了件量预测结果的准确率与鲁棒性。

2021 年,申通快递新一代智能平台“昆仑系统”正式上线。“昆仑系统”主要定位是以运营策略为导向,依据智能预测的未来业务体量,确定预算期内业务目标、推动预算、业务目标共同计划及调控运营网络资源,实现运营成本降低。这相当于为申通快递构建一个智能化大脑,通过这个大脑,公司不仅可以清晰地看到运营工作的每一个环节,系统更可以对运营工作进行指导,实时“算出”下一步该做什么,该如何做。

此外,2021 年申通快递紧随数智化方向,全面优化升级客服服务平台,全量投入 AI 智能客服机器人使用,智能机器人服务占比提升了 32%。客服人员与智能机器人相互融合,提供 7×24 小时在线不间断客户自助便捷查询服务,在下单、咨询、查件、催件等业务场景全面运用智能语音机器人接待服务,有效应对大量用户来电查询常见问题,实现智能下单简单便捷、智能查件缩短客户查询时长、智能工单根据客户实际需求提供解决方案,解决客户诉求,电话接通率明显增加,提升服务效率。

四、绿色快递

作为国内快递行业领军企业之一,申通快递高度重视生态环保、绿色发展工作,以快递包装绿色转型为牵引,以“绿色化、减量化、可循环”为目标,全面落实国家邮政局“9917”工程,坚持“全网共治、科技支撑、社会协同”的绿色发展思路,加大新能源、清洁能源车辆推广使用,持续开展绿色网点、绿色分拨中心建设,多措并举推动快递绿色、健康发展。

为响应国家“双碳”战略并实现申通 2030 年碳目标,2021 年,申通克服业务范围广、细分场景多、对接系统繁多、数据底盘复杂等诸多挑战,整合公司碳排放与碳减排数据,覆盖包装、运输、中转、派送等多个环节,推动物流降本增效和绿色环保。

1. 环保培训

2021 年,公司结合国家邮政局“2582”工程中的“2 个专项治理”,以《邮件快件包装管理办法》为依据,修改了《申通快递快件包装操作规范》,同时将新规范、《中华人民共和国固体废物污染环境防治法》等内容列入公司“星火计划-新网点赋能培训”,共组织 8 场,覆盖网点负责人超千人。公司还联合《中国税务报》对企业绿色快递进展进行了宣传,增强了一线员工及社会大众的环保意识。

2. 绿色科技

申通通过在人工智能、大数据、物联网等前沿科技领域进行前瞻性布局,结合新能源应用,将科技力量注入每个快件的全生命周期，助力“收转运派”全流程的提质增效和低碳减排。

在末端收派环节，申通应用自研“喵柜”，提供高效率、高经济性且低碳的揽派服务，同时通过推广循环包装箱等绿色包装的应用，实现循环经济在快递行业的实践。

在中转环节，申通基于大数据最优配置仓储资源，引进全自动化分拣和场地管理系统，实现仓储和转运的效率提升，提高能源使用效率。

在运输环节，申通应用智能地图进行运输路线规划，结合快件时效、距离等因素，通过智能算法提供路径最优解。同时，从2021年8月开始，申通车队开通多条自动驾驶试运营线路，提升运输效率，降低碳排放。截至目前，已安全运行超过30万公里，并可实现95%高速路段的自动驾驶。

综上，申通将低碳科技拓展至企业供应链的各个环节，实现企业供应链全链条碳足迹的降低，从源头减少能源消耗带来的碳排放，提升企业运营过程的碳效率，实现绿色发展，助力构建环境友好型社会。

3. 绿色环保案例

申通联合上游物料供应商，在上海及浙江若干网点，试行了“物料包装可循环化”项目，通过供应商物料循环箱包装直达网点，网点回收循环至供应商仓库重复使用的方式，累计投放循环箱超5000个，循环使用30000余次，有效测试了循环体系内各种数据情况，为下一步“快件可循环包装批量化试点”提供了参考依据。

申通快递湖州公司，在揽收、派送环节，公司自购10台2.8米新能源电动汽车，租赁36台4.2米电动货车，减少碳排放；在中转环节，湖州申通芯片环保袋使用率超过99%，减少了一次性编织袋的使用，降低了对环境的污染；在网点环节，湖州申通在18个营业厅设立快递包装绿色回收箱，实现了包装废弃物的回收再利用。

五、社会责任

2021年，面对疫情带来的新困难、新挑战，申通快递积极践行“社会效益为首、经济效益为本”的理念，主动投入到疫情防控、乡村振兴、抗震救灾、公益慈善等活动中，履行新时代企业担当，竭尽所能回馈社会。

1. 全力抗疫

在抗击疫情的战斗中，申通快递始终坚持人民至上、生命至上，把疫情防控作为头等大事来抓，紧密结合行业特点和公司实际，重点围绕“贯彻落实政府部门决策部署、全力做好快递服务保障、切实做好员工关爱防护”三条战线，齐心协力、众志成城。

1月河北疫情暴发，申通快递发扬“同舟共‘冀’”精神，积极为当地抗疫提供物资运输支持，先后将28.8万医用口罩、6万件裤型卫生巾、4000多箱安心裤、2939箱安睡裤运送到一线。此外，疫情时得知石家庄血库告急，45名涿州申通员工主动献血18000mL。

3月云南瑞丽暴发严重疫情，瑞丽申通10名快递小哥报名成为防疫志愿者，3天内帮助医护人员完成了近五万人的核酸检测和疫苗注射。4月份瑞丽市开展第三轮全员核酸检测，瑞丽申通又出人出车，为居民们打包、配送生活物资，还主动将自己的网点让出，借给政府作为临时核酸检测点。

9月福建出现疫情，福建多地申通网点纷纷行动，集结人力运力在第一时间免费运送各类医疗物资、抗疫物资、生活物资。大田申通第一时间将两吨消毒水送达大田县实验小学；龙海角美申通协助当地企业将10万双乳胶手套、2100个防护面罩无偿运送至莆田市红十字会；安溪尚卿申通采购的一车蔬菜、水果等生活物资送达封控区；仙游申通安排网点自有车辆免费运送各类物资近600吨。

10月贵州遵义出现新冠疫情，贵州桐梓申通自费采购了蔬菜、水果，以及医用防护服、隔离衣、防护面屏、N95口罩等近3吨的爱心物资送往贵州遵义汇川区疾控中心。

12月浙江绍兴发生疫情，

绍兴市上虞申通负责人鲁腾江带领团队加入抗疫志愿者队伍，连续奋战三天，将蔬菜等各类生活物资及时送至各隔离小区住户。绍兴市柯桥申通负责人范广彬在朋友圈召集行业模范先锋组成一支二三十人的志愿者队伍，先后将15万只口罩送达全区18个接收点，800件棉被运送给抗疫医护人员，为全区敬老院送去6139件爱心物资。

2. 地震援助

5月下旬云南大理州漾濞县发生地震，致使多人伤亡。面对天灾，申通快递是快递行业中第一批参与抗震救灾的企业，申通总部和云南申通先后发出两批救援物资，将矿泉水、方便面等送往灾区。受灾中的漾濞申通一面组织自救，做好快件派送工作，确保外地救灾物资及时达到用户手中，一面积极组织人手参与政府组织的救援行动。

3. 暴雨救灾

7月河南发生暴雨灾情，申通快递第一时间开通绿色通道，承接救灾物资的公益运输。江苏申通受无锡灵山慈善基金会委托将满载着消毒液、创可贴、牙刷牙膏、自热米饭、面包等物资车辆发往河南新乡；贵州申通将20箱纸尿裤运往安阳市妇女儿童活动中心；广东申通将40多吨消毒液发往河南灾区；江西申通为欧孕公司救灾物资提供紧急运输服务。

4. 热心扶贫

申通快递积极响应党和国家精准扶贫政策，坚持用心、用情、用力，坚持“输血”与“造血”并举，充分发挥申通网络覆盖范围广、吸纳就业容量大、产业带动力量强的优势，创新扶贫模式，因地制宜，通过产业扶贫、就业扶贫、消费扶贫等方式，带动贫困地区经济社会发展，为如期完成新时代脱贫攻坚目标任务贡献申通力量。

在宁夏海原县，申通快递海原网点公司帮助当地瓜农挽回损失五万元。近年来，海原县把电商扶贫作为精准扶贫的重要抓手，大力推进电商扶贫创新发展。海原申通抓住了这一发展契机，积极与当地商务局、合作社以及农户开展合作，利用快递的优势进行资源整合，打造快递+农村电商模式，助力农产品销售和脱贫攻坚。

陕西临潼石榴走向全国离不开包括申通在内的快递企业的助力。为了推动临潼石榴走出去，助力果农增销增收，临潼申通从两方面着手，一方面改进包装方式，对石榴逐个包装，每一个石榴套上一个包装，寄递包装也从硬纸箱改成了泡沫箱，有效减少了快递破损，保障了运输质量。另一方面，临潼申通还对果农和石榴企业提供增值服务——给予资金上的支持，采取延长结款的方式，缓解果农们的资金周转压力。因为服务保障给力，临潼申通被当地果农亲切地称为“俺们脱贫致富的好伙伴！”

5. 助残

2019年8月申通快递与中国残疾人福利基金会集善乐业项目达成战略合作，在集善乐业基地中设立“申通爱心座席”，组织专业师资力量为残疾人提供定向技能培训，并为通过培训考核、有就业意向的残疾人话务客服就业岗位。合作两年来，申通快递已在集善乐业桂林、萍乡两个基地设立申通爱心座席，共计培训残疾人百余人，30余名残疾人在基地中实现就业，搭建了一条连接东西部地区的残疾人就业岗位输送通道，让更多残疾人士在家门口就能获得大企业的工作岗位与机会。

6. 参与公益

为支持公安部打击拐卖妇女儿童犯罪专项行动，申通快递永康网点与中华儿慈会积极合作，购买使用印有“失踪儿童”信息的爱心胶带来打包快递盒，通过这些发往全国各地的快递盒，让失踪儿童的信息广为人知，为失踪儿童回家增多一份希望。

12月19日，由外交部和中国扶贫基金会主办，北京市外办和朝阳区政府协办的大爱无国界国际义卖活动举行。作为义卖商品公益寄递服务方，申通快递连续两年为该活动提供公益寄递服务，当天申通共发出超过

1300件义卖订单。

六、企业大事记

2月，申通快递股份有限公司召开第五届董事会第一次会议，选举产生上市公司第五届董事会新的核心管理层。

3月16日，中国智能骨干网（甘肃）申通枢纽中心项目在兰州陆港举行奠基仪式，兰州市政府相关领导、申通快递代表出席。该枢纽中心项目总投资2.5亿元，占地面积约102.8亩，总建筑面积约4.8万平方米，项目设计日均处理160万单，是申通在甘肃省内建立最大的中转、分拣、配送为一体的智慧枢纽中心。

4月22日上午，申通快递在上海智慧物流示范基地举行了盛大仪式，庆祝入驻新总部。

6月29日，申通南宁智慧物流产业园项目举行隆重开工仪式。该项目占地面积约209亩，新建自动化分拣车间、智能化物流仓库、研发中心、宿舍办公及附属设施等，共计11万平方米，是采用自动化分拣设备建设仓配一体化的物流科技产业中心。

7月，河南省遭遇历史上罕见的强降雨，面对灾情异常影响，申通快递迅速反应第一时间组织开展了灾情救助工作，拿出1000万元专项资金，用于河南受灾网点、快递小哥帮扶。

7月27日，申通（孝感）智慧物流电商产业园改扩建项目举行隆重开工仪式。该项目位于孝感申通物流园区，由申通快递在原有地块上重新规划园区布局，项目占地约350亩，计划总投资约6.4亿元，总建筑面积约211625.82平方米。主要包括大型分拣中心、办公楼、综合配套楼、维修车间、动力车间以及其他辅助设施。

9月4日，2021年中国国际服务贸易交易会示范案例交流会暨颁奖典礼在北京国家会议中心隆重举行。凭借着先进的技术和高效的服务效率，申通快递AI智能客服机器人服务项目入选服贸会“发展潜力服务示范案例”。

11月24日，申通快递新广州中心投入使用。新广州转运中心占地面积104亩，整体采用三层复式结构，操作面积达9万多平方米，装卸货口300余个，同时引入了摆轮分拣、单轨双层交叉带、回包矩阵等多项自动化设备，整体产能对比旧转运中心提升3倍以上。

12月27日，申通快递发布“过年不打烊”公告，2022年1月30日至2月4日，申通快递将全网协同启动“过年不打烊”项目，全国所有转运中心、运输车辆、服务网点将持续运转，市场、客服等支撑体系24小时在线，继续为全量商家、广大用户提供全年无休的快递服务，切实保障春节期间的寄递需求和民生服务。

12月30日，2021“申情暖蜂”暨寻找最美申通人颁奖典礼在申通快递总部举行。此次2021年“申情暖蜂”暨寻找最美申通人活动共有521名一线员工入围最美申通人，累计发放奖金30余万元。

韵达控股股份有限公司

韵达控股股份有限公司创建于1999年8月8日，是国内领先的快递物流综合服务商。公司以“传爱心，送温暖，更便利”为企业使命，以“搭建平台，协同资源，服务社会”为发展理念，努力成为受人尊敬、值得信赖、服务更好的一流快递企业。

近年来，韵达以“守正开放、多元协同、一超多强”战略为指引，以科技创新、精细管理为驱动，按照“服务全领域、激活全要素，打造双高地、畅通双循环”的工作思路，积极服务国家“乡村振兴”战略，加快实施快递进村、进厂和出海,“两进一出”工程取得阶段性成效。同时,公司持续强化基础设施建设,在枢纽转运中心、设备自动化智能化、运力运能提升、数字化信息化建设等方面持续投入,实现了业务量、市场份额的高速增长,服务时效和服务水平在可比公司中亦保持领先。

公司名列“2021 年度中国物流企业 50 强”“2021 中国服务业民营企业 100 强”“2021 中国民营企业 500 强”等。

一、基础建设

2021 年,公司持续加大基础设施建设,夯实韵达网络骨干和基础。截至 2021 年末,公司在全国设立 76 个自营枢纽转运中心,枢纽转运中心的自营比例为 100%;斥巨资对部分自动化分拣设备进行智能化升级,升级后的韵达转运中心自动化能力同比提升了 13.2%,综合操作效率同比提升了 35.2%。

同时,公司针对分拣运营、干线运输、末端管理等关键环节持续开展柔性管理,实现服务优势、品牌优势向竞争优势的传导。

持续探索流程优化。2021 年,公司充分利用核心资产优势、科技优势和精细化管理优势,依托直客开拓和供应链协同,不断探索“引客入仓”“上仓下配”“支线协同”“网格仓”“代集包”等新的敏捷经营支点,缩短揽派两端的操作时效,进一步提高全网运营效率。

持续发挥规模效应。保持对生产经营核心资产的投资定力,围绕智能设备、运力运能、物业自持等,持续保持合理的资本开支、构筑核心资源,利用高于行业增速带来的包裹增量,充分发挥规模效应和集约效应,扩大边际优势;同时优化建包、集包方案,通过转运中心直发网点,减少中转拆包,提高运营效率,缩减操作时间;继续推进货品结构优化,深入实施“揽小、揽轻、控重、控泡”工程。

持续提升装载率。加大品牌优势传导,扩大获客渠道、提高客户的开发力度,做好区域市场平衡,提高东北、西北、西南等区域市场存在度,持续提升全网双边车辆的平均装载率;进一步优化车型,在核心区域、核心路线提升大运力车辆、牵引车辆比例,持续推行甩挂运输;专项开发“车货配”等在途配载系统,并根据大数据呈现的运输车辆、货运量和包裹节点,利用数据系统进行动态路由调整,提高发车管理与装载率的匹配程度,持续推进“加盟商直跑”,提升运输效率。

持续优化现场管理。对大型转运中心进行物联网的可视化管理,通过对车辆从发车、排队、进门、装卸各环节全程透明化,实现车辆快进快出等;通过建模,对转运中心各个核心岗位要素进行数字化管理,月台可视、操作可视、格口可视,对于异常情况,实时预警,快速响应;保持科技创新和技术升级迭代能力,对部分自动化分拣设备进行更智能、更高效的升级改造,上线四层自动化分拣设备,持续提高单位操作坪效,持续提高分拣操作的准确性。

二、业务发展

2021 年,公司快递业务量依旧保持高速增长,完成快递服务 184.02 亿件,同比增速达 30.10%;市场份额达 16.99%。

韵达目前的主要业务为快递业务,快递业务的产品主要分为两类,一是快递产品:标准快递、服务分层产品(韵达特快、直营客户产品、电商平台增值服务产品)、散单业务等。二是增值服务:代收货款、保价业务、门店调拨、签单返还、开放平台、逆向物流、隐私面单、派前电联、预约配送等。

除了上述快递业务外,公司也在通过优秀的“韵达品牌”“韵达服务”辐射周边市场、周边需求、周边产品,构建起“以快递为核心,聚合周边产业、新业务、新业态协同发展”的多层次综合物流生态圈。

一是韵达供应链:为上下游客户提供全方位的仓配一体化解决方案。

二是韵达国际:提供标准进口 & 出口服务(国际专线、国际特惠、国际小包、国际重货、FBA等）、仓储（保税仓储、海外仓储）、转运等相关业务。

三是韵达冷链：提供存储、拆零、分拣、配货、包装、贴标、流通加工、干线运输、城市配送、末端配送等一体化冷链物流解决方案。

三、科技应用

韵达致力于成为"站在科技轮子上的快递公司"。公司聚焦全网核心资源、核心模块，在转运中心、干线运输、大数据决策、智慧服务、网络末端、客户开发等核心功能区深入进行信息化、数据化、自动化、智慧化建设和升级，在全网全链路实现一体式、数智化管理管控。2017年以来，公司每年在"三化"建设上的人才引进和投入，无论是费用化还是全口径的公司研发、软硬件采购和与第三方合作投入，以及形成的IT信息化资产等，都处于行业可比公司中领先的水平。

1. 夯实科技能力根基

2021年，公司进一步深化大数据、人工智能、图片识别等基础设施建设，以时效、服务、成本为核心目标打造完整的共享、技术、数据及安全等场景设施，通过数据银行海量数据打通各业务数据链路，不断挖掘底层数据价值，充分利用新技术、新算法构建以用户信息、数字网络、运营治理及快递履约为核心，以智慧安全、绿色安全、人文安全为目标的智慧安全体系，全面深化数字科技共享能力。

智慧视觉。公司研究团队利用计算机视觉、深度学习技术，不断开发、迭代相关模型技术，对物流场景中的货物、人员、车辆相关的视频和图片进行分析，检测人员工作状态、跟踪货物车辆轨迹，预测异常行为，逐步实现了智能化人员车辆场地等管理调度、有效预防货物破损和提高场地运作效率。

智能算法。公司通过研发地址归集系统，将AI算法与快递数据结合起来，应用服务于揽件、转运中心、路由规划、中转运输、派送等全链路操作场景中。已开发具有高准确率和识别率的一段码、末端网点、派送码、末端码等模型，并在实际应用中带来了显著的降本增效效果。

图片识别。利用OCR图文识别技术并结合底层大数据分析算法，实现在手机App、巴枪、高拍仪等设备上快速识别面单信息，在大幅提升扫描准确率的同时也针对污损面单和弱光环境做了一定的效率提升。另外，在信息录入场景，针对营业执照等固定版式内容做到即扫即录，完全替代传统场景中的手动输入模式，在保护用户隐私和打击虚假信息方面成效卓著。

数据安全。通过利用行业领先的高性能下一代防火墙，在各生态数字化应用中部署加固策略，系统保障信息安全。在用户信息方面，采用数据加密、隐私面单等新策略保护用户信息安全，杜绝泄露风险；在运营治理方面，定期对硬件设备、系统配置、安全策略等进行数字论证，组织开展全网基础设施扫描。

2. 引领智慧物流发展

智能运输。通过4G/5G网络通信、车联网、IOT、云计算、大数据等技术，可对运输配送车辆车联网设备实施智能化改造，实现在整个运输过程中对司机驾驶行为、运输车辆状态的有效监控，预测行驶过程可能存在的危险，保障货物安全、准确、及时运送到客户手中；同时，通过支干线业务系统开发，包括支干线运输计划及调度管理、运输监控、运输结算、运输成本分析报表等功能建设，按照线路、配载、车型、时间窗口等多目标，智能推荐合适的调度方案，支持多点提货、多点送货、循环取货、区域循环配送等多种业务场景，实现车辆的合理调度，降低支干线运输成本。

智能客服。全面升级客服系统，支持全渠道一站式接入会话，同时支持PC端和移动端任意切换，随时随地处理客户请求，帮助客服人员进行智能式工单处理，提供客诉从产生、协调、处理到结束的完整闭环，全面升级客服监控体系建设，为提升韵达品牌服务质量做保障。

智能拦截。全面提升智能拦截功能，增加实时校验拦截、提升设备响应能力、拦截环节增加预测路由规则和留言等功能，同时对接第三方平台，扩大韵达拦截业务范畴，新增 cod、特快、韵鲜达、韵尊达、批量件、多票共配、特快异常、用户画像、风险包裹等共计 9 个类型的拦截提醒类型，提升拦截率。

智慧运营。2021 年韵达对快件业务量、时效、服务等各类指标实现数字化、实时化、移动化、可视化的跟踪管理。成本管控上，从粗放管理向精细化管理转变；服务质量上，从简单的结果管控向过程管控转变；在客户体验上，从间接触达转变为直接触达，任何包裹在任何一个环节有问题，能快速定位并及时解决问题。

四、绿色快递

一直以来，韵达高度重视生态环保、绿色发展工作，积极落实国家邮政局“2582”工程，通过绿色管理、绿色科技、绿色培训、绿色办公等方面工作，多措并举推动企业绿色、健康发展，积极为行业绿色、高质量发展贡献韵达力量。

绿色管理。韵达成立了绿色快递建设办公室，设立绿色环保委员会，建立常态化的工作机制，及时传达国家邮政局等各级邮政管理部门关于绿色环保的工作部署和安排；建立绿色采购制度和统计制度等，确保绿色环保工作在执行过程中有章可循；全面协调推进全网生态环保工作落实。

绿色科技。在揽派环节，公司大力推广使用二维码电子面单，在促进节能环保的同时，提升快件配送效率；投入使用新能源电动汽车，提高快件单次运输载货量，减少二氧化碳排放，节约资源，保护环境。

在中转环节，大力推广使用操作简便、可循环利用的环保袋，与原有环保袋相比，新环保袋的重量更轻，同时新增可识别、定位的芯片，可大大节省人力成本。2021 年，韵达全网使用环保袋近 900 万个，环保袋使用率达 90%。

在运输环节，使用自行开发的“神行者”车辆运作监控系统，通过车辆 GPS、司机 App 等系统，实现可视化管控，有效减少怠速运转、急刹急停，维持经济转速，每台车降低油耗 3% 以上，全网车队每年减少二氧化碳排放 4200 余吨。

绿色回收。公司在末端网点设立快递绿色回收箱，引导客户对纸箱、气泡膜进行回收再使用，减少包装废弃物对环境的污染。2021 年，韵达已在全国网点设置 20000 余个快递回收装置。

绿色培训。公司始终将绿色发展理念融入日常经营过程中，面向全网开展环保理念宣贯活动，不定期组织从业人员学习环保知识；积极推动全网学习《邮件快件包装管理办法》《邮件快件绿色包装规范》等政策文件，强化全网绿色快递包装意识和绿色包装宣传引导；开展员工培训，将包装操作列入从业人员岗前培训和在岗培训内容；积极推行简约包装，避免快件过度包装，减少包装浪费，加快推进快递包装绿色转型。

绿色办公。推行无纸化办公，倡导节水节电，节能减排，提升资源循环效率，降低办公能耗；在全网分拨中心、网点大力推广使用 LED 等节能灯具和屋面太阳能电池板，降低运营能耗。

五、社会责任

作为中国快递行业的领军企业，韵达速递在牢筑品质生命线的同时，牢记自身的社会使命，积极践行企业社会责任，不仅仅在节能减排、环境保护等方面持续投入，也在防疫抗疫、防汛抗洪、抗震救灾等方面积极行动，向社会传递正能量。

帮扶受灾网点。2021 年 7 月，河南遭遇大范围极端强降雨，多地发生严重洪涝灾害，对快递网络带来严峻挑战。面对突发的汛情，韵达总部高度重视，积极响应，保安全、保畅通、助救灾。在灾后恢复和重建阶段，韵达网络出资 1000 万元，成立网络协作发展基金，专项用于河南受灾网点、快递员定点帮扶，帮助受灾网点的运营、快递小哥帮扶、物资筹措和灾后重建等工作。

承担公益运输。2021 年 12 月，上海市青浦区教育团工委与赴新疆克拉玛依白碱滩区的支教干部进行爱心对接，征集了当地 500 多名小朋友希望拥有过冬新衣的新年愿望。此后，青浦教育凝聚社会各方力量，帮助实现白碱滩区孩子的“微心愿”，为远在边疆的孩子们送去温暖与力量。上海爱心企业积极响应，向白碱滩区及赵屯小学孩子们捐赠了 560 余件棉衣，价值约 16 万元。韵达速递负责公益运输，将棉衣送往白碱滩区孩子们手中。

六、企业大事记

1 月，韵达召开以“全网共生、全力开拓、全面数智、全心变革”为主题的韵达控股第 21 届网络大会，部署全网春节不打烊工作。

2 月，韵达全网多地先后开展关爱快递员“暖蜂行动”，深入贯彻国家邮政局相关部署、要求，通过实际行动、实际举措，把关爱传递给每一位快递小哥。

3 月，“时光的温度 · 2021 快递之夜”在北京隆重举行，韵达荣获“2020 精细化管理奖”“2020 快运发展奖”“2020 快递抗疫贡献特别奖”“2020 快递社会责任奖”。

4 月，韵达人才梯队培训项目首期集训在上海举办。

5 月，韵达第五届 MINI 马拉松在上海东方绿洲举办。来自韵达总部各板块、各中心共 600 余名韵达人及家属共同参加了此次比赛。

6 月，韵达冷链与大河网络传媒集团在郑州签署战略合作协议，双方将在河南省内强强联合，发挥双方优势，建成“全链条、网络化、严标准、可追溯、新模式、高效率”的现代冷链物流体系，形成全国性智慧冷链服务标杆，融入“一带一路”建设，服务于国家经济双循环，助力居民消费升级。

7 月，韵达总部召开全网视频专题会议，学习贯彻近期 7 部委联合印发的《关于做好快递员群体合法权益保障工作的意见》。

8 月，以“凝心聚力，共荣共赢”为主题的韵达 22 周年庆典在上海举行。来自韵达快递、国际、供应链、末端、网络货运、冷链、社区商业服务、优递达等生态圈及分子公司负责人等 100 余人参加了线下活动。

9 月，韵达客服中心、韵达大田网点被认定为全国青年文明号。

10 月，韵达国际加拿大集运专线正式开通，为中加及国际客户提供全方位的快递和物流解决方案，进一步助力中加跨境电商发展。

11 月，运载着 3000 多条爱心棉被、棉衣的韵达网络车从义乌正式出发，发往四川省巴中市巴州区，它们将纵贯近 2000 公里，跨越万水千山，为山区的孩子们送去温暖和爱心。

极兔速递

J&T 极兔速递是一家快速增长的国际化快递物流企业。公司创立于 2015 年 8 月，以快递和跨境物流为核心业务，致力于持续为全球客户创造极致的服务体验。极兔速递的快递网络覆盖中国、印度尼西亚、越南、马来西亚、泰国、菲律宾、柬埔寨、新加坡、阿联酋、沙特阿拉伯、墨西哥和巴西 12 个国家，服务全球逾 20 亿人口。

一、基础建设

极兔一直积极投入基础建设。目前，极兔在全国投产 85

个转运中心,248 条自动化分拣线。全力打造高效、智能的转运分拣体系,极大缩短快件的中转时长。

二、业务发展

起网以来,极兔速递坚持“春节不打烊”,投入人力、运力和场地,全网全力以赴,确保春节期间服务“不打烊”,品质有保障,让用户收寄无忧。为更好地布局,极兔速递收购百世快递,实现两网融合,极兔跻身中国快递业第一方阵。

三、科技应用

极兔自主研发的 JMS 系统,具有数字化、自动化、智能化的特点。

四、绿色快递

极兔速递国内起网以来,积极融入构建新发展格局,努力为绿水青山的美丽中国建设贡献力量。绿色是邮政快递业活力迸发的底色,绿色也是极兔速递高质量发展的方向。极兔速递提升站位,严格遵守相关法律法规和管理规定,加快推进快递包装绿色转型。

9 月 28 日,极兔速递在北京加入《中国快递业绿色包装减塑自律公约》。此外,极兔还全面提高电子面单使用率、循环中转袋使用率、“瘦身胶带”的封装率,持续推进可降解防水袋工作。最新数据统计,极兔速递全网实现使用 45 毫米“瘦身胶带”封装比例 100%,全国可循环中转袋出港集包使用率为 97%,全网电子面单使用率为 100%。

推广使用循环中转袋。极兔速递与百世快递两网融合以来,在循环中转袋的运营系统和管理模式上均存在差异。基于此,极兔速递成立循环袋融合小组,从系统到硬件再到管理模式,全面摸排差异,逐步攻破。目前两网循环中转袋已经实现融合。实现了一套系统,一套模式,一套班子,一套制度的管理。现两网循环袋的总量也已突破 1500 万个。同时,随着进港循环中转袋使用试点的成功完成,下一步将逐步面向全国推进进港循环袋的使用。此举将实现进出港循环中转袋一体化管理,有利于降低网点的资金投入,提升转运中心的操作成本并降低管理成本,进一步降低网内一次性编织袋的使用量,为绿色快递发展贡献力量。

采用全降解防水袋。近年来,随着网络购物的快速发展,快递业务中的黑色塑料包装袋呈爆发式增长。由于不可降解,普通的塑料袋正以超出想象的速度侵蚀着生态环境,同时,因无法保证材料来源,还存在质量差、气味难闻、有毒等问题,消费者体验感差,寻求新的替代已成为共识。极兔速递坚持生态优先、绿色发展,坚持以改善环境质量为重点,于 2021 年 8 月开展招采工作。截至 2022 年 2 月,已在北京、福建、海南三地率先投入使用。这种全生物降解快递袋外白内黑五色彩印,主要成分为聚乳酸,它源于植物的根茎、果,原料充足且可以再生,生产过程无污染,可以完全生物降解,在堆肥的情况下,180 天内全降解,实现在自然界中循环。同时,它的优点还有手感顺滑无干涩,比过去使用的袋子薄、无毒、无异味,兼具防爆边、承重强、韧性强、防水防潮等特点。

研制循环快递箱。如何让快递包装绿色化、减量化越来越受到大众关注。极兔速递作为一个有社会责任的企业,一直在推动包装的减量化、绿色化和循环化,同时积极响应国家对于快递包装绿色转型的要求,为减少快递过度包装与浪费,于 2021 年 8 月份正式成立快递循环箱专项小组,统筹研制 RED BOX 循环箱,从使用场景、产品设计、监控管理等方面进行创新研究,切实推进循环快递箱的应用落地。RED BOX 循环箱将以 3C、信件、生鲜为主要承运物品。下一步,RED BOX 循环箱将首先在十余城的个人寄递业务中进行初步试点,之后进行全网推广使用。

五、社会责任

人间有大爱。2021 年 7 月,河南省遭遇暴雨灾害,极兔速递紧急宣布捐款2000万元，联合河南当地的救援机构和慈善组织，用于保障河南地区人民群众的人身、财产安全，采购救灾物资以及支援灾后重建工作。此外，活跃在全国各地的“极兔小哥”好人好事不断涌现，“极兔正能量”散发着光与热。

六、企业大事记

1月，极兔速递荣获“青浦区服务业十强企业”称号。极兔国际成立。

2月，极兔速递首次保障完成“春节不打烊”。

3月，由中国邮政快递报社举办的“快递之夜”，极兔速递获得“2020快递新锐奖”。

4月，第四届小葫芦全平台红人颁奖礼，极兔速递荣获“年度红人优选快递品牌”。

5月，极兔速递客服部荣获2020年度上海市交通委员会青年文明号集体称号。通过SGS通标标准技术服务有限公司ISO 9001的审核认证，并获得证书。

6月，与盼盼食品、唯品会、维达（维达集团）达成合作。第一票国际标快订单在中国上海生成。

7月，极兔速递向河南省慈善总会捐赠2000万元，驰援河南抗击灾情。

9月，极兔速递客户服务热线升级为956025。

10月，与百世集团达成战略合作意向，百世集团将其在国内快递业务转让给极兔速递。

11月，SRC 2021（第四届）社会责任大会暨奥纳奖，极兔速递获得“2021年度杰出爱心企业”“2021年度杰出公益实践奖”。

12月，极兔速递有限公司获上海市商务委员会颁发民营企业总部、贸易型总部证书。极兔速递完成对百世集团中国区快递业务的收购。

第七篇　各地纵览

北京市快递市场发展及管理情况

一、快递市场总体发展情况

2021年,北京市邮政行业业务总量累计完成283.0亿元,同比增长2.0%,业务收入(不包括邮政储蓄银行直接营业收入)累计完成384.3亿元,同比下降3.0%;其中,快递企业业务量累计完成22.1亿件,同比下降7.2%,业务收入累计完成313.4亿元,同比下降5.4%(表7-1)。人均收寄快件量265件,同比增长5%。全行业共有18项重点项目列入北京市"十四五"期间重大项目储备计划,总投资金额超过90亿元。

表7-1　2021年北京市快递服务企业发展情况

指　　标	单　　位	2021年		比上年同期增长(%)		占全部比例(%)	
		全年累计	12月	全年累计	12月	全年累计	12月
快递业务量	万件	221030.00	19585.90	-7.22	-5.04	100.00	100.00
同城	万件	59135.19	5155.44	-12.53	-7.49	26.75	26.32
异地	万件	160747.24	14347.00	-5.14	-3.87	72.73	73.25
国际及港澳台	万件	1147.57	83.46	-1.07	-34.45	0.52	0.43
快递业务收入	亿元	313.43	25.89	-5.36	-8.25	100.00	100.00
同城	亿元	58.28	5.01	-13.06	-6.78	18.59	19.34
异地	亿元	162.20	14.95	-8.32	-1.87	51.75	57.74
国际及港澳台	亿元	22.94	-0.71	-15.21	-132.03	7.32	-2.75
其他	亿元	70.01	6.65	16.33	23.42	22.34	25.67

二、行业管理工作及主要成效

一年来,相关国家部委、国家邮政局、北京市等15位领导先后20余次调研指导首都邮政快递业发展,对北京市邮政管理局工作给予肯定。全国人大常委会副委员长沈跃跃2次深入快递企业调研包装治理情况。全国总工会主席王东明在京慰问快递小哥。北京市委书记蔡奇4次研究党建试点工作,听取北京市邮政管理局汇报,在12月22日的市委党建领导小组会上,蔡书记指出:"邮政管理局作为条条单位,在这次党建试点工作中,主动担当,做了许多工作,市委肯定。"国家邮政局局长马军胜多次亲临行业调研指导工作,对北京市邮政管理局重大活动保障工作作出批示:"北京局七一安全服务保障工作做得很好。望继续总结经验,完善机制,不断提高安全服务保障水平。"北京市委副书记张延昆带队亲赴企业一线调研督导行业疫情防控情况。北京市副市长杨斌十分关心支持行业发展，多次对行业党建工作、疫情防控、服务运行作出指示批示，提出要求。8月初亲临北京市邮政管理局检查指导工作。

一年来，行业全体干部员工履职尽责，拼搏奋斗，多个集体和个人获得表彰。市场监管处荣获庆祝建党100周年寄递安全服务保障专项工作集体三等功和北京市生活垃圾分类推进工作先进集体称号；普遍服务处、北区局荣获北京市“扫黄打非”工作先进集体称号；韩爱华荣获全国“扫黄打非”工作先进个人称号；靳高格、颜路荣获北京市“扫黄打非”工作先进个人称号；刘婷、孙东山、徐骁、郑晨、高鑫荣获北京市生活垃圾分类推进工作先进个人称号；刘芳、沈俊杰、都永恒、赵建勇、王阳、方瑞、陈钢军荣获庆祝建党100周年寄递安全服务保障专项工作个人嘉奖。京东宋学文荣获全国优秀共产党员光荣称号，他是全国物流快递业唯一获此殊荣的快递小哥，也是全国民营企业中的唯一；邮政康智荣获第二届“北京大工匠”称号。苏宁富有博和京东林峰荣获“北京市生活垃圾分类达人”荣誉称号。

旗帜鲜明讲政治，全面加强党的领导。将政治建设摆在首位。始终牢记政治机关属性，牢记“看北京首先从政治上看”的要求，把带头做到“两个维护”作为首要任务。切实抓好理论学习，认真学习习近平总书记“七一”重要讲话精神和党的十九届六中全会精神，建立完善学习机制。局班子全年组织参加集体学习26次，开展集中研讨4次，班子成员讲党课3人次。各支部全年开展集体学习92次，9个青年理论学习小组开展学习交流61次。

扎实开展党史学习教育。制定印发实施方案，明确3阶段16项重点任务，党史学习教育贯穿全年。开展党史专题培训，召开青年干部党史学习教育座谈会，发放党史学习教育书籍400余册，印发简报10期。举办系列活动，通过演讲比赛、主题征文、知识答题等活动，激发爱党爱国热情，推动学习教育走深走实。扎实开展“我为群众办实事”实践活动，围绕农村快递服务水平提升、快递员群体权益保护、用户申诉处理和邮政无障碍环境建设等实事项目完成调研报告12篇、任务14项。

加强基层组织建设。开展“支部规范化建设提升年”活动。组织党务干部专题辅导讲座2场，培训30余人次。开展党支部品牌创建活动，形成“一支部一特色”的党建品牌9个。开展党支部书记述职评议考核。召开民主生活会，及时查摆问题，完成16项整改任务。开展“两优一先”评选表彰。强化党员“双报到”工作，组织党员干部积极参加社区垃圾分类活动。

持之以恒正风肃纪。签订党风廉政建设责任书，层层压实管党治党政治责任。制定《党员干部廉政档案管理办法（试行）》，建立廉政档案68份。召开“以案为鉴、以案促改”警示教育大会，组织观看《正风反腐就在身边》警示教育片。开展“三重一大”决策不规范、行政执法不规范等4方面问题专项整治。抓好领导干部个人事项报告。紧盯元旦、春节、五一等关键节点，加强廉政提醒，强化党员干部纪律规矩意识。全年未发生违反中央八项定细则精神和“四风”问题。

坚持党建引领，谱写行业发展新篇章。按照中央要求，北京纳入首批快递行业党建试点。市委和国家邮政局主要领导高度重视，多次听取汇报，作出指示。北京市邮政管理局高位统筹、专班推进，牵头的20项试点方案任务圆满完成，党建引领行业治理取得显著成效。

健全行业党建管理体系。强化顶层设计，制定了《北京市开展快递行业党建工作试点实施方案》，建立快递行业党建协调机制，由市委组织部牵头，12个委办局和各区委组织部为成员单位，合力解决行业发展重难点问题。成立行业党委，吸纳7家重点品牌快递企业北京总部负责人担任委员，召开行业党委会4次，工作推进会18次，制定制度6项，研究行业党建重点工作20余项。

夯实行业党建工作基础。全市主要品牌快递企业建立党组织22个,各区建立行业流动党支部100余个,行业1156名党员全部纳入组织管理,培训企业党务工作者120余人次,推动建立企业党建宣传阵地19个,南区局联合丰台区委组织部举办快递行业非公党建培训夜校,取得良好效果。积极争取工作经费支持,市委组织部每年给予行业党委200万元经费支持。

推动党建引领行业治理。行业12345接诉即办全市考核3个月排名第一,快递服务满意度三季度跃升全国第一,"双11"期间快递投诉量同比下降21.8%。行业党委组织快递员参加礼让斑马线志愿服务1800余人次,12月份快递三轮车交通违章比2月份下降90.4%。推动2万余名快递员到属地党群服务中心报到,积极参与基层治理。各企业设立党员责任岗293个,成立党员突击队22支,号召党员发挥带头模范作用。规范快递末端网点治理,城6区标准化网点达到1801个,标准化率达到90%。属地协调解决快递车辆规范停放和安全充电区域百余处。推进快递集中分拣点建设,协调属地利用临时空置场地,建设完善了13个共配点。

落实快递员关心关爱工作。联合市发展改革委、人社局、商务局、市场监管局、总工会印发《北京市关于做好快递员群体合法权益保障工作的实施方案》。部署开展快递员权益保障专项督导检查,督导推进末端派费调整、遏制"以罚代管"等关系快递员权益保障的重点工作,加盟制快递企业上调快递派费0.1元,每月可增加一线快递员收入500元。联合团市委开展"快递青年服务月"活动,组织留京过年的快递员参与多彩的活动,为快递员发放慰问品、爱心福袋和春节礼包。推进快递小哥住房保障,与市住建委联合调研3次,协调解决1884名快递员住宿问题,续租快递员公租房2098套。举办第二届职业技能竞赛,选派3名优秀选手参加全国总决赛并取得好成绩。联合首都文明办举办第一届北京"最美快递员"评选,评出"最美快递员"20名。深入开展"暖蜂行动",各企业党组织开展关心关爱实事项目43个,14家主要品牌快递企业投入2400余万元用于改善快递员生产生活条件。推动属地建设暖心驿站4000余家。

抓好"两件大事""两项任务",服务首都发展大局。2021年初,北京市提出要推动"十四五"开好局,做好建党100周年服务保障和冬奥会、冬残奥会筹办两件大事,抓好常态化疫情防控、中央巡视和中央环保督察反馈问题整改两项任务。北京市邮政管理局结合工作实际,正式印发了《"十四五"北京市邮政业发展规划》,为首都邮政快递业发展树标引航。研究确立全年十项重点工作,明确责任,狠抓落实。

筑牢行业疫情防控屏障。首都疫情防控工作关系国家大局,在疫情不断反复的情况下,北京市邮政管理局担当作为,对上级疫情防控要求传达"不过夜",第一时间召开班子会或专题会研究落实,2021年召开全行业疫情防控视频调度会议12次,印发相关文件通知20余份,落实上级防疫工作批示和会议文件要求百余次。督导企业全面落实国家邮政局《疫情防控期间邮政快递业生产操作规范建议》,将疫情防控纳入日常检查内容,组织开展国际邮件快件处理场所等专项检查,发现并督促整改问题89个。2021年初,北京市邮政管理局成为市疫苗接种专班成员单位,将邮政快递业从业人员纳入优先保障范围,率先启动疫苗接种工作。全行业从业人员全程接种率超过99.9%,符合条件接种加强免疫针人员接种率超过99.8%。全程接种率和加强免疫接种率在全国邮政系统居于第一位,在全市重点行业中排名靠前。做好行业全员核酸检测工作,实现行业从业人员定期核酸检测全覆盖,全行业保持零感染。积极应对疫情防控舆情压力,通过市政府新闻办公室及时发布提示。健全完善涉疫突发事件处置流程,及时妥善处理25起涉疫突发事件。强化做好疫情防控各项政策规定宣传,经市卫健委、市疾控中心审核，编印《北京市邮政快递业防疫手册》6万份，发放至一线快递员。在做好行业疫情防控基础上，行业企业组建志愿服务队承担起封控小区居民生活物资、急需物品配送工作，参与志愿服务500余人次。顺丰组织志愿突击队，京东投入无人车投递，昌平19位滞留封控区的快递小哥积极参与志愿服务。

做好重大活动服务保障。成立了由主要负责人任组长的建党100周年庆祝活动期间寄递渠道安全服务保障工作领导小组，印发工作方案，加强指挥统筹。联合公安等部门开展全行业动员部署，层层一把手挂帅成立保障机构，层层制定实施方案，明确任务目标，细化责任分工。活动期间，全面提升管控等级，就电动三轮车自行车充电安全管理等重要内容进行专题部署，积极协调外迁分拨中心“二次安检”工作，对相关流程、标识进行协调互认。其间，共召开会议23次，印发各类通知、通报等文件15份，迎接国家邮政局、部级联合督导组检查5次，配合活动期间行业在重点区域周边落实临时管控措施7次。与市委政法委、市公安等部门建立每日或每周信息通报机制，每日向国家邮政局报告行业安全运行情况。班子成员带队深入一线检查，全年累计出动检查人员6273人次，检查企业2076家次，立案141件，其中适用反恐法案件2起。在近3个月的重大活动保障工作任务中，北京市邮政管理局圆满完成了全国“两会”、建党100周年、中国国际服务贸易交易会和党的十九届六中全会期间寄递渠道安全服务保障任务。

完成冬奥邮政服务设施建设和无障碍环境建设任务。2021年是冬奥会、冬残奥会筹备关键之年，北京市邮政管理局建立与冬奥组委工作对接机制，局领导专题研究、专项调度、专门踏勘大力推进冬奥邮政服务设施建设。赴五棵松体育中心、首钢滑雪大跳台场馆、延庆冬奥村等地进行实地检查。推动完成12处冬奥邮政服务设施建设，全方位满足冬奥会和冬残奥会用邮需求。

北京市邮政管理局聚焦冬奥筹备，持续强力推进邮政无障碍环境建设，全年完成邮政网点无障碍设施提升144处，其中70余处位于涉奥区域。3批次共103处邮政无障碍示范网点在《北京日报》、首都之窗向社会公示。3年来，推动邮政企业追加投入4000余万元，累计高标准改造提升邮政无障碍网点300处，率先在全国实现邮政网点无障碍预约服务100%，建成东四、鲁谷、2022邮局等一批无障碍精品工程。圆满完成市委市政府2019－2021年无障碍专项行动计划任务。

打好污染防治攻坚战。全行业“3682”工程全面超额完成，深入开展重金属和特定物质超标包装袋、邮件快件过度包装和随意包装专项治理，主要品牌快递企业同城快递自有包装基本不再使用不可降解塑料包装袋，全市可循环快递箱（盒）使用量达61万个，电商快件不再二次包装比例达95%。发布北京市快递包装治理地方标准《快递绿色包装使用与评价规范》，推动7部门出台《北京市关于推进快递包装绿色转型的若干措施》，全面宣贯《邮件快件包装管理办法》，办理生态环保类行政处罚案件15起。开展绿色示范网点、绿色示范分拨中心试点并加强动态管理。北京市邮政管理局在国家邮政局年度生态环保工作评价中综合得分位居全国第一，相关工作经验获商务部、国家邮政局通报推广。

积极推广新能源车，除机要通信车辆和郊区邮路盘驳邮政车辆外，2021年邮政企业共新增和更新4.5吨以下纯电动邮政车150辆，完成污染防治攻坚战任务目标。落实《北京市中央生态环境保护督察报告》整改工作任务，邮政车用柴油消费量同比下降3.39%。持续加强新能源快递车辆优先通行归口管理和运营激励政策宣贯，推动初审限额增加122辆，进一步缓解车辆进城难题，全年累计为快递企业发放通行证1800余张。

坚持依法治邮，提升行业治理效能。加强安全生产工作。持续推进安全生产专项整治三年行动，开展安全问题隐患排查整治，企业自查整改问题隐患402个。开展邮件快件处理场所安全管理规范化提升行动，集中整治企业作业场地内设备设施不达标、现场管理不到位、员工着装不规范、作业操作不合规"四不"突出问题，完成主要品牌寄递企业邮件快件分拨中心传送带堵缝、人车分流。开展快递电动三轮车消防安全专项整治，会同消防等部门联合印发《关于加强电动自行车火灾防范的工作方案》，落实快递电动三轮车集中充电管理，各企业安装使用集中充电设施的网点总量达到2329个，基本实现全覆盖。全年行业安全平稳运行，未发生重大安全生产事故。加强行业应急管理，开展应急预案宣贯落实，组织邮政业突发事件应急处置演练，加强突发事件应急响应，全年及时妥善处置快件积压、网点欠薪等突发事件15起。组织开展"三项制度"专项治理行动，组织线上测试培训，协调国家邮政局安全中心组织安检员北京专班。开展快件收寄验视过程记录试点工作，要求企业利用收寄终端对收寄散件物品进行拍照留存，强化收寄验视制度执行刚性约束。会同市公安局、市禁毒办开展寄递渠道禁毒百日攻坚行动，东区局会同通州区有关部门开展公开查缉行动。加强邮政业禁毒宣传教育培训，联合公安部门开展禁毒知识培训4次，各企业组织培训372场次。

加强邮政市场监管。深入开展全市快递市场秩序整顿专项行动，印发实施方案，每月调度督导，依法查处违反快递市场准入管理制度和备案管理规定行为及违反快递服务标准行为。组织开展快递末端投递服务专项治理，重点治理企业不按址投递、"虚假签收"等问题，共检查企业549家次，查处违法违规行为52次，立案调查20件。做好第三届"双品网购节""双11"业务旺季寄递服务保障工作。

积极助力乡村振兴。全力推动"快递进村"工程，全年召开推进会34次、调研22次，走访行政区10个，涉及建制村70个。与市发展改革委等4部门建立专项工作联系机制，推动"村村通快递"纳入《北京市"十四五"时期乡村振兴战略实施规划》。联合6部门印发《北京市加快农村寄递物流体系建设实施方案》。引导企业因地制宜创新形式，落实主体责任，北京市3891个行政村基本实现了4个以上品牌快递服务全覆盖，完成了国家邮政局设定的第一档任务目标。大力推动"邮快合作"，5家区邮政分公司与部分品牌快递企业签订区级合作协议，邮快合作覆盖建制村40个，其中27个建制村在北区局辖区，西区局创新形式，在农村地区布放2组智能快递柜，解决村民取件难问题。推动邮政企业建成城乡邮政综合便民服务站960个，鼓励邮政企业打造"邮政京郊农品专卖店"，实现京郊农产品销售额1.2亿元，寄递业务量超过3000万件，创历年新高。

持续落实"放管服"改革要求。实现全部许可审批备案工作全流程网上办理，开辟疫情期间邮政网点暂停办理备案绿色通道，开通快递业务经营许可证寄递服务，完成从"最多跑一次"向"一次不用跑"的转变。全市196家有效期届满企业全部顺利完成延续或注销程序，全年核准新许可企业16家、变更企业26家、换领企业51家、许可注销企业149家、分支机构撤销5家、公告作废1家、备案55家。自贸区国际快递业务(代理)经营许可审批权下放政策落地。积极推动《北京市新增产业的禁止和限制目录(2018年版)》修订。做好企业"服务包"工作，积极履行行业管家职责，3次走访邮政集团公司送服务上门，协调相关部门为集团公司解决在京15项诉求，推动企业在京实现更大发展。

加强基础管理，打造高素质干部队伍。加强干部队伍建设。坚持党管干部原则，选优配强各级领导班子，加大干部选任交流力度，开展科级以上干部轮岗交流8人次，职级晋升26人次，一名干部圆满完成援藏任务，新派一名干部任驻村第一书记。完成在职公务员养老保险和职业年金的准备期补缴。强化预算管理。牢固树立过紧日子思想，严控一般性支出，合理调整刚性支出，积极推动邮政领域中央与地方财政事权和支出责任划分改革，北京市邮政管理局争取地方经费共约900万元。安全中心完成组建，招录事业编制人员12名。新闻宣传工作取得突破，与市新闻办公厅建立工作联系，首次参与北京市新闻发布会。强化机关疫情防控，实现零感染目标。完成12305热线与12345热线整合，完善接诉即办工作运行机制，提高政务服务水平。统计工作在国家邮政局三季度考核中位列第一名。配合做好国家邮政局绿盾工程信息化建设，推进系统与业务相融合。职鉴中心持续抓好技能提升培训，落实2020年度培训补贴447万元，开展2021年度技能提升培训2万余人次。快递协会举办北京市第三届“8·28”快递员节，联合市总工会为7787名农业户口职工提供专项互助保障保险一份，进一步发挥桥梁纽带作用，服务行业发展。

三、快递市场存在的突出问题

一是规划衔接有待进一步夯实。虽然邮政、快递服务设施被纳入北京市多个专项规划，但受体制机制等多方面因素所限，规划落地实施难度较大。二是行业绿色发展难题有待进一步破解。邮件快件包装绿色化、减量化、可循环任务依然艰巨，加盟企业绿色发展内生动力、传导动力依然不足。三是安全保障工作有待进一步增强。首都寄递渠道安全保障工作任务重、标准高，行业安全监管能力依然不足，信息化监管手段缺乏，企业安全主体责任落实仍有差距。对此，我们要直面问题，尽心竭力加以解决。

天津市快递市场发展及管理情况

一、快递市场总体发展情况

2021年，天津市邮政行业业务总量累计完成138.8亿元，同比增长25.7%，业务收入（不包括邮政储蓄银行直接营业收入）累计完成163.6亿元，同比增长18.6%；其中，快递企业业务量累计完成12.3亿件，同比增长33.0%，业务收入累计完成140.1亿元，同比增长21.2%（表7-2）。支撑网络零售额1388亿元。天津市快递业务量首次突破“10亿件”大关，人均使用快件量达95件。

表7-2　2021年天津市快递服务企业发展情况

指　标	单　位	2021年		比上年同期增长（%）		占全部比例（%）	
		全年累计	12月	全年累计	12月	全年累计	12月
快递业务量	万件	123389.99	11402.64	33.01	6.25	100.00	100.00
同城	万件	18494.19	1895.44	14.80	36.67	14.99	16.62
异地	万件	104694.00	9491.20	37.02	1.80	84.85	83.24
国际及港澳台	万件	201.80	16.00	−19.58	−24.66	0.16	0.14
快递业务收入	亿元	140.12	12.55	21.21	1.66	100.00	100.00
同城	亿元	14.96	1.43	11.76	14.71	10.68	11.41
异地	亿元	87.48	8.00	24.08	3.39	62.43	63.75
国际及港澳台	亿元	5.22	−0.09	−1.60	−117.66	3.73	−0.71
其他	亿元	32.45	3.21	22.90	12.34	23.16	25.55
快递业务投递量	万件	136140.63	12479.42	20.58	8.01	100.00	100.00

二、行业管理工作及主要成效

毫不动摇加强党的领导。党史学习教育走深走实走心。坚决落实中央和国家邮政局党组党史学习教育部署，按照“学史明理、学史增信、学史崇德、学史力行”要求，周密安排、有序推进。深化“学党史、悟思想”，充分发挥局党组理论学习中心组龙头作用，认真学习习近平《论中国共产党历史》等指定书目。党组成员带头讲党课，各支部书记分别讲党课，强化理论武装、筑牢信仰之基。组建两个巡回指导组，召开交流研讨会、专题组织生活会，不断增强党员干部责任意识和担当精神。认真学习贯彻习近平总书记“七一”重要讲话和党的十九届六中全会精神，通过集中收看建党100周年庆祝活动直播、专家专题授课、学习研讨、印发简报等形式，筑牢党员干部理想信念。践行“办实事、开新局”，全系统全行业见诸行动赤诚作为，扎实开展“我为群众办实事”活动，引导邮政EMS向石家庄冒疫运递60万元防疫物资、顺丰向甘肃省和新疆免费运输扶贫电子设备166台，极兔德邦京东等相关企业深入蓟州助农购买销售雪花梨300万斤。天津市邮政管理局为民、为企、为相关部门化解急难愁盼问题，获得来自社会各界3封感谢信和5面锦旗，“快递进村”工作成效被中央党史学习教育简报刊载，被天津电视台《天津新闻》《支部生活》栏目、《中国邮政快递报》抖音平台报道，设置快递员疫苗接种专场、规范天津快递专用三轮车通行等分别被中央电视台、人民网宣传，充分体现各界对天津邮政管理系统践行“人民邮政为人民”宗旨的认可与肯定。

干部队伍建设深化实化。全面落实从严治党和从严管理干部的要求，切实做到干部选拔“凡提四必”。加强“一把手”和领导班子监督管理，共开展干部谈话函询12人次，完成全局副处级以上领导干部个人有关事项集中填报，开展个人有关事项随机抽查及重点抽查，完成新提任干部集体任职谈话和廉政谈话。印发退休干部服务管理工作规范、进一步细化考勤管理措施等制度规定，进一步提升人事管理工作制度化、规范化水平。全年共提任处级领导干部2名，交流调整干部2名，完成5名公务员职级晋升工作。

正风肃纪从严治党抓紧抓实。政治监督常抓不懈，久久为功强化监督执纪，持续落实中央八项规定及其实施细则，持之以恒纠治“四风”顽疾。开展“讲担当、促作为、抓落实”警示教育，“三重一大”决策不规范、行政执法不规范等3个方面专项整治。紧盯重要节点，通过下发通知、印发专刊、观看影片、谈话提醒、发布短信等形式，督促全体干部知纪明纪守纪。依纪依规处理相关举报申诉。

精神文明建设和新闻宣传工作再创佳绩。大力加强新闻宣传工作，出台天津市邮政管理局意识形态工作责任清单和新闻舆论阵地建设管理规定。充分发挥局网站、微信公众号主阵地宣传作用，及时发出权威声音。深化与地方、行业主流媒体合作，播发行业信息160余篇，邮政快递业影响力进一步扩大。全系统全行业积极参政议政，共14人任“两代表一委员”。天津市邮政业从业人员立足岗位创先争优，邮政企业员工刘树东获得“全国五一劳动奖章”、夏广斌获得“全国邮政行业技术能手、全国交通技术能手”、张松获评“市级机关优秀党务工作者”、邮政北辰分公司寄递事业部营销中心获得“天津市工人先锋号”荣誉称号，顺丰公司吴佳敏获评“市级优秀共青团员”称号。邮政管理系统干部踔厉奋发再创佳绩，局机关张宇获评“天津市市级机关优秀共产党员”，局演讲作品、合唱作品分别荣获全国邮政快递业和全国邮政管理系统庆祝中国共产党成立100周年青年演讲比赛及歌咏比赛一等奖。

聚焦重点办好五件大事。以咬定青山不放松的“干劲”，聚焦常态化疫情防控。督促企业严格落实《疫情防控期间邮政快递业生产操作建议（第七版）》要求，制定天津市邮政快递业疫情防控明白纸、冬春季全市邮政快递业新冠肺炎疫情防控清单,发送疫情防控短信56万余条,织密筑牢寄递渠道防疫屏障。落实"外防输入、内防反弹""人物"同防要求,坚决抓好中高风险区、国际邮件快件、进口冷链快件等重点节点管控,夯实人车件等要素同防。推动全行业人员疫苗全程接种覆盖率达99%以上。妥善处置河北、江苏、内蒙古等多起涉疫快件突发事件。特别是天津市突发奥密克戎疫情后,全系统全行业坚决服从服务疫情防控大局,坚决落实国家邮政局党组和市委市政府部署,按照"控、精、通、畅"原则,切实保障邮政快递业畅通运行,保障群众用邮需求。推动全系统全行业做好四轮核酸大筛,积极协调相关部门核发进出津车辆通行证1700余张,推动市群众生活供给保障指挥部印发通知,要求各区指挥部对于从业人员核酸检测和人员通行给予便利;稳妥有序推进津南区邮政快递业务恢复运营;全行业积极行动,与全市人民共克时艰,彰显责任担当:抽调专车专人运送核酸样本,组织员工参加志愿服务,提供场地支持抗疫行动等。天津市邮政管理局疫情防控工作获得市委书记李鸿忠、国家邮政局马军胜局长批示肯定以及市防控指挥部多次表扬。

以钉钉子精神的"钻劲",聚焦快递"进村"落实落地。在国家邮政局《"快递进村"三年行动方案(2020－2022年)》和第二阶段"快递进村"分省推进目标的基础上,进一步自我加压,制定实施《"快递进村"工程攻坚方案》,打造"快递进村"3.0版本。对全市快递进村实行分片包干机制,实施清单化、销账式管理,深扎宁河、宝坻、武清等涉农区,加强分类指导"对症下药",分区域分阶段推进目标。全市2637个建制村实现快递进村,网点覆盖率超89%,基本实现申通、圆通、中通、韵达、百世、极兔等加盟品牌全覆盖。全品牌覆盖率达50%。持续探索交快合作模式,邮快合作试点模式在宝坻霍各庄、静海梁头取得突破,累计代投快件20.37万件。全系统干部开展实地验收,确保进村网点程建得起、立得住、可持续。

以敢于担当的"闯劲",聚焦高质量发展夯实顶层设计。与市发展改革委、市交通运输委联合印发《天津市邮政业发展"十四五"规划》。将"快递进厂进村""构建多级便利快递体系""吸引航运、物流等企业总部或区域中心落户"等重点任务纳入天津市交通运输、农业农村等"十四五"规划,为天津市邮政业"十四五"高质量发展固本补短。推动市政府办公厅出台《天津市交通运输领域财政事权和支出责任划分改革方案》并落实地方财政资金120万元。《天津市做好快递员群体合法权益保障工作方案》《加快推进快递包装绿色转型若干措施》《加强县域商业体系建设促进农村消费的实施方案》《推进城市一刻钟便民生活圈建设落实措施分工方案》等20份涉邮任务重要文件发布实施,为天津邮政业"十四五"加速发展带来新机遇。制定"一标准＋一方案＋一细则",有序推进天津市快递专用电动三轮车规范通行。做好减税降费政策实施,各寄递企业全年累计享受减税降费金额近7000万元。

以牢记初心不负人民的"心劲",聚焦快递员合法权益保障。对重点品牌快递企业加强行政指导,推动落实"一增一降"要求,各快递企业累计增派费4700万元、降罚款160万元。继续开展关爱快递员"暖蜂行动"和"快递从业青年服务月"活动,慰问一线快递从业青年1056人、困难家庭4户,开展宣讲座谈90余场次。启动"关爱小蜜蜂、全市在行动"行业互助活动,"夏送清凉、冬送温暖"活动投入资金180余万元。推动建立各类爱心驿站1770余处,为快递小哥提供休息、饮水、充电等服务。推动市委组织部印发《关于加强快递行业党的工作的措施(试行)》。明确快递企业党组织隶属关系,95%的非公快递企业党员关系已经转接到属地。全行业累计建立工会10家。

以水滴石穿的"韧劲",聚焦国家战略在津落地。抓好快递"出海",推动京津冀协同发展战略走深走实。落实政策资金,助推天津国际邮件互换局新址落地空港大通关基地。与京津冀协同领导小组办公室、中国邮政集团公司持续对接承接北京国际邮件处理功能溢出。邮政企业开通天津—韩国—日本、美国、英国邮路，发运国际邮件共计13万件。协调推动天津国际互换局提升海运功能，将每周发运一班海运邮件增加到两班。深化“农业+寄递”，服务乡村振兴战略有力有效。组织召开邮政助力乡村振兴工作专题会，联合市农委市商务局赴蓟州搭建特色农品企业与重点品牌寄递企业合作平台。全年，各寄递企业在天津市农村地区收投包裹超3亿件，主要寄递企业服务农产品产生邮件快件648万件，实现业务收入4200余万元，支撑特色农产品出村进城销售额超1亿元。加快推进交通战备建设，强化军民融合工作。配合完成6家主要寄递企业国防动员潜力调查，引导企业主动做好运输配送、仓储管理、拥军服务、配套支撑等服务工作。

夯基筑本抓牢行业综合治理基本盘。砥砺前行，安全监管和应急处置水平不断提高。夯实寄递安全“三项制度”，开展作业场地“四不”整治，寄递渠道禁毒百日攻坚、安全生产三年行动、涉枪涉爆专项整治走向深入。应对暴雨暴雪等自然灾害，有效做好邮政快递业防汛工作。坚持最高标准、最严要求、最周密措施，统筹事前事中事后全流程监管，圆满完成建党百年、十九届六中全会、进博会等系列重大活动寄递渠道安保工作。

持续发力，绿色发展稳步推进。认真落实《固体废物污染环境防治法》《邮件快件包装管理办法》，组织“邮来已久、绿动未来”宣传活动，推进“绿色快递进校园”。大力实施“2393”工程，重金属、特定物质超标包装袋库存“基本清零”增量“基本杜绝”。全市3093个邮政快递网点设置标准包装废弃物回收装置。可循环快递箱(盒)投放使用7万个，符合标准的包装材料应用比例91.8%，按照规范封装操作比例92.19%，电商快件不再二次包装比例90.57%。全年累计查处10余起生态环保类违法违规案件。孙文魁副市长对全市邮政快递业生态环保工作给予充分肯定。

强化监督，法治建设不断深化。落实法律顾问和公职律师制度，发挥其在信息公开、合同纠纷、信访举报、行政处罚等方面的支撑作用。深化邮政管理系统法治政府五年行动方案和行业“八五”普法规划，开展“美好生活·民法典相伴”等普法活动。继续推进《天津市促进快递业发展条例》立法进程。

不断加速，“放管服”改革深入实施。优化许可流程，实施“互联网+政务服务”，许可证线上预约寄达服务企业60家，国际快递业务(代理)经营许可证累计颁发10个。简化办理程序，快递业务经营许可、变更、末端备案平均办结时间分别为10.5、4.5和1.2个工作日。包容审慎推动新业态监管，为4家经营快递服务站企业、2家智能快件箱企业办理快递业务经营许可。扎实做好许可延续审核工作。

守正创新建设全要素邮政快递体系。提升能级，邮政产业高质量发展要素不断集聚。与市交通运输委争取政策，优化天津市航空快递、高铁快递发展环境。探索推动以“空铁水航邮”全要素寄递渠道，不断提升城市能级。各派出机构与市局联动协调各级部门，全年为企业争取用地超600亩，鼓励寄递企业区域枢纽在津集聚。占地75亩的中通快递天津转运中心二期项目投入运营，投资5.5亿元的DHL北方运营中心项目开工建设。区级联合共配中心加快组建，城乡寄递末端服务体系不断完善，末端驿站和智能快件箱数量攀升。全市备案快递末端网点8200余处，智能快件箱布设超5600组、格口达56万余个。

以人为本，行业人才队伍建设不断加强。实施职业技能培训“246”工程，年度培训5412人次，获市财政补贴268.2万元。指导4家寄递企业获得快递职业技能培训资质，成立企业培训中心。持续加快快递工程技术人员职称评审，全市累计取得快递工程专业初级和中级职称248人、高级职称2人。举办“海河工匠”杯邮政行业职业技能竞赛，21家企业及院校参赛，行业人才队伍建设覆盖面进一步扩大。与南开大学签订战略合作协议,探索政产学研合作。

互利共赢,邮政业+多产业协同深化推进。与电商协同规模持续扩展。圆满完成“双11”旺季服务保障任务,全市处理电商快递包裹2.24亿件,支撑网络零售额达141.7亿元,获得孙文魁副市长充分肯定。“快递进厂”工程持续推动。寄递企业与天津市知名电动车、地毯、乐器制造企业启动对接,两业深度融合进一步推进。编印《重点邮政快递企业服务制造业推介手册》,印发170个天津老字号、150个天津市知名农产品品牌名单企业名录。召开百人百企对接会,力促两业合作。天津市邮政业全年服务制造业快件1.09亿件,实现业务收入5.25亿元,支撑制造业产值约76.8亿元。

创新引领,科技要素赋能发展。寄递企业持续加大科技应用投入,大数据、5G、区块链等信息化技术应用于企业前置仓,RFID精准识别、六面扫描仪等硬件设备在总部枢纽落地,分拨中心无人化进展加快。智能安检机、自动消杀机在龙头企业逐渐铺开。

三、快递市场存在的突出问题

发展不平衡不充分仍然是天津市邮政快递业面临的主要问题。一是规模偏小。2021年天津市快递业务量刚突破10亿件,整体规模不大,与北京、河北的差距还不小,综合能力不强,嵌入产业链不深,促进产业关联畅通作用不充分。二是质效不高。行业虽然保持中高速增长态势,但增速与服务质量、产品结构、行业效益、安全发展等还不适应、不协调。主要表现为质量不稳、中高端供给不足、运营处于价值链中低端,寄递安全、生产安全、信息安全隐患突出。三是能力不足。行业总体上仍处于发展初级阶段,企业发展能力、竞争能力、应急处突能力与行业规模还不匹配,行业监管盲点与交叉点并存;公共设施难以跟上群众用邮需求,企业经营管理粗放,绿色转型任务艰巨。

河北省快递市场发展及管理情况

一、快递市场总体发展情况

2021年,河北省邮政行业业务总量累计完成528.0亿元,同比增长33.6%,业务收入(不包括邮政储蓄银行直接营业收入)累计完成494.5亿元,同比增长17.2%;其中,快递企业业务量累计完成50.6亿件,同比增长36.6%,业务收入累计完成403.6亿元,同比增长20.4%(表7-3)。支撑全省网上零售额3100亿左右,新增就业3000人以上,快递平均单价较上年降低1.2元,为做好“六稳”工作,落实“六保”任务贡献了行业力量。

表7-3 2021年河北省快递服务企业发展情况

指标	单位	2021年		比上年同期增长(%)		占全部比例(%)	
		全年累计	12月	全年累计	12月	全年累计	12月
快递业务量	万件	506015.03	49603.13	36.67	10.52	100.00	100.00
同城	万件	46266.38	6006.93	42.28	73.05	9.14	12.11
异地	万件	459248.43	43554.86	36.11	5.33	90.76	87.81
国际及港澳台	万件	500.22	41.34	50.77	-29.76	0.10	0.08
快递业务收入	亿元	403.63	37.18	20.49	1.00	100.00	100.00
同城	亿元	26.24	3.05	23.95	34.65	6.50	8.20

续上表

指标	单位	2021 年		比上年同期增长(%)		占全部比例(%)	
		全年累计	12 月	全年累计	12 月	全年累计	12 月
异地	亿元	281.29	26.76	15.47	0.22	69.69	71.98
国际及港澳台	亿元	4.26	-1.35	-21.65	-349.20	1.06	-3.62
其他	亿元	91.84	8.72	41.77	19.34	22.75	23.45

二、行业管理工作及主要成效

扎实开展党史学习教育,深入推进全面从严治党,党建引领作用不断增强。全省系统不断加强党的理论武装,不断加强党性修养,把“党史学习教育”和“四史宣传教育”作为重大政治任务,贯穿于高质量党建全过程,实干践行“学党史、悟思想、办实事、开新局”。河北省邮政管理局组织开展集体学习 39 次,收听收看宣讲报告 4 次,观看廉政教育短片、时事新闻短片 50 则,学习习近平总书记重要讲话精神和国家邮政局党组、省委省政府重大决策部署 103 项,交流研讨 122 人次,班子成员讲专题党课 5 次,机关开展了党史知识测试,参观了“西柏坡”教育基地,举办了演讲、歌咏比赛,各市局也多种形式开展党史学习教育。扎实推进“我为群众办实事”实践活动,厉行节约过紧日子,持续为基层减负。深入推进全面从严治党,深化作风纪律整治,聚焦重点工作开展政治监督,对照国家邮政局党组巡视发现的共性问题开展未巡先改,组织专项整治“回头看”,组织典型问题和案例警示教育,强化提醒监督,风清气正的政治生态不断巩固。

扎实推进快递进村工程,积极服务乡村振兴战略,行业发展潜力不断释放。行业要发展,乡村要致富,必须畅通农村邮政快递路。全省系统行业主动作为,因地制宜、一县一策,以“稳、全、实、细、严”全力推进“快递进村”,共建成 2.27 万个村级快递服务站,8 个主要品牌快递企业行政村快递服务通达率 99%。启动实施快递服务乡村振兴“百千万”工程,“建渠道、搭平台、助产业、促融合”,切实让农民种得好、卖得好、买得好,确保快递进村“建得起、稳得住、经营好、能长久”。在全国率先印发《关于加快农村寄递物流体系建设的若干措施》。全省全年农村快递业务量和投递量分别达到 5.4 亿件和 7.8 亿件,增幅高于平均水平 17 个百分点和 56 个百分点;培育快递服务农业项目 76 个,其中业务量超千万件的项目 7 个。

扎实做好疫情防控工作,全面巩固寄递安全防线,平安建设水平不断提升。2021 年河北经历了几波疫情,全省行业坚持保安全、保畅通、保服务、促发展,坚持“人”“物”“环境”同防,实现了全行业网络不断、服务不停,有力保障了疫情防控物资和百姓生活物资递送,全行业未发生聚集性感染。出台疫情防控处置规范,为统筹疫情防控和行业发展贡献了河北经验、河北智慧。联合河北广播电视台策划了《放心年货“冀”到家》全媒体大型直播活动,积极服务疫情后全省经济复苏。坚持“预防是最有效最经济的疫情防控方式”,常态化推进从业人员核酸检测和疫苗接种工作。持续开展安全专项整治三年行动,着重做好智能安检机使用,圆满完成建党 100 周年庆祝活动、北戴河暑期、“双 11”业务旺季寄递渠道安全服务保障工作。

扎实服务国家重大战略,着力强化服务能力建设,行业发展动能不断增强。服务京津冀协同发展。承接北京非首都功能疏解,经转处理北京 36% 投递量和 41% 揽收量,河北省业务量占京津冀总量的 60%;推进河北省邮政管理局战略合作项目落实,已完成 19 个,累计投资 85 亿元,占地 3500 亩,吸纳从业人员 1.27 万人;行业新建、改建、扩建项目 55 个,累计投资 100 亿元。服务雄安新区规划建设。推进实施雄安新区邮政业发展规划,擘画“未来之城”行业蓝图;积极解决车辆通行、企业运营等问题，保障服务新区建设。服务2022年冬奥会，制定张家口赛区寄递渠道安全服务保障和疫情防控方案，实施“1+4”邮政场所建设，督促企业网点形象提升、电动车辆统一管理，全力保障冬奥会张家口赛区筹办建设。

扎实推进快递包装治理，积极服务碳达峰碳中和，绿色发展水平不断提高。深入实施固体废弃物污染环境防治“一法两条例”，联合印发《加快推进快递包装绿色转型若干措施》，组织开展“邮来已久，绿动未来”主题宣传活动，大力实施“2291”工程，开展重金属和特定物质残留超标包装袋专项治理，每万件快递业务量耗能同比下降20%。企业自有包装合标率99%，电商快件不再二次包装率达96%，新增配置标准包装回收箱852个，45mm以下瘦身胶带使用率达到99%，电子运单使用率达98%。建成32个绿色快递网点、8个绿色分拨中心。

扎实保障从业人员权益，着力提升快递小哥素质，精神文明建设不断加强。联合印发《关于做好快递员群体合法权益保障工作的实施意见》。着力规范企业加盟和用工管理，督促企业将总部上涨的0.1元/件派费直达快递员本人。持续开展“暖蜂行动”，设立快递员爱心驿站、关爱站等服务阵地4008个，组织快递员免费体检和义诊8344人次，提供法律和心理咨询服务278人次，缴纳社会保险或购买商业保险等43200人次，省、市慰问快递员173次。1名从业人员被评为全国优秀共产党员，2名从业人员荣获全国五一劳动奖章，1个行业集体被评为全国巾帼文明岗，19人次获省部级以上荣誉。3名选手分获第三届邮政行业职业技能竞赛全国总决赛一、二等奖，河北代表队获得团体优胜奖和优秀组织单位。

坚持自力更生，开源节流。各市局争取地方财政对企业和管局补助资金2861万元（对企业补助2150万元，对部门补助711万元），唐山、邢台市级安全中心获批成立，邢台市率先在全省实现县级安全中心全覆盖。加强干部队伍建设，树牢德才兼备、以德为先，担当作为、崇尚实干的选人用人导向，选拔任用和职级晋升15名河北省邮政管理局党组管理干部。同时强力推进了以下重点工作：科学编制印发《河北省邮政业发展“十四五”规划》；修订《河北省邮政条例》部分条款；重拳整治乡镇邮政局所普遍服务不达标、快递末端违规收费；依法强化行业监管，立案查处违法行为395起；推进快递进厂和快递出海，培育快递服务先进制造业项目66个，国际及港澳台业务量较快增长；提高机关基础保障能力，新闻宣传工作包揽先进记者站、优秀特约记者、优秀通讯员荣誉称号，财务、保密、后勤等工作有序推进。河北省邮政管理局被评为省直文明机关，依法行政工作连续五年被省政府评为“优秀”等次。

三、快递市场存在的突出问题

一是大而不强。行业业务量剧增，但综合物流能力不强，嵌入产业链不深，产业关联畅通作用发挥不充分；国际快递业务量规模小，寄递物流自主可控能力不强，国家战略性基础设施作用发挥不充分。二是快而不优。行业增速“领跑”，但与质量、结构、效益、安全不协调。质量不稳，消费体验还需改善；中高端供给不足，供给适应性和灵活性还需加强；运营还处于价值链中低端、被动依赖局面没有得到根本改变；寄递安全、生产安全、信息安全隐患突出。三是粗而不精。行业总体上仍处于发展初级阶段，能力资源与规模任务不匹配，制度刚性不足，监管盲点交叉点并存，无序发展苗头显现；公共设施难以跟上群众用邮需求，企业经营管理粗放，行业文明有待提升，绿色转型任务艰巨，数据挖掘利用不够。我们还得清醒地认识到，行业管理工作存在不足，治理体系基础不牢，营商环境有待优化，形式主义、官僚主义不同程度存在，少数干部不担当不作为不善为、纪律和作风散漫等，需要在今后工作中不断改进。

山西省快递市场发展及管理情况

一、快递市场总体发展情况

2021年,山西省邮政行业业务总量累计完成130.8亿元,同比增长30.2%,业务收入(不包括邮政储蓄银行直接营业收入)累计完成133.9亿元,同比增长24.3%;其中,快递企业业务量累计完成7.8亿件,同比增长45.8%,业务收入累计完成90.2亿元,同比增长34.4%(表7-4)。支撑网络零售额超800亿元,新增就业岗位超3000个,全行业从业人员超8万人。

表7-4　2021年山西省快递服务企业发展情况

指　标	单　位	2021年		比上年同期增长(%)		占全部比例(%)	
		全年累计	12月	全年累计	12月	全年累计	12月
快递业务量	万件	78131.42	7636.42	45.81	25.39	100.00	100.00
同城	万件	7343.37	797.90	28.35	45.24	9.40	10.45
异地	万件	70612.38	6828.0	48.03	24.15	90.38	89.41
国际及港澳台	万件	175.67	10.51	10.06	-74.30	0.22	0.14
快递业务收入	亿元	90.16	8.66	34.38	17.85	100.00	100.00
同城	亿元	5.74	0.54	27.34	4.74	6.37	6.25
异地	亿元	49.26	4.61	34.93	18.22	54.63	53.29
国际及港澳台	亿元	1.18	0.14	10.02	-45.66	1.31	1.57
其他	亿元	33.98	3.37	35.89	25.81	37.69	38.88

二、行业管理工作及主要成效

全面从严治党进入新阶段。健全"一竿子插到底"的工作机制,更好发挥党总揽全局、协调各方的核心作用。推动党史学习教育走深走实。全省系统坚持把党史学习教育作为一项重大政治任务,全面部署、一体推进、狠抓落实。山西省邮政管理局党组理论学习中心组发挥龙头作用,组织专题学习14次,交流研讨4次,原原本本通学《中国共产党简史》等规定内容,真正做到先学一步、学深一层、学深悟透、学以致用;主要负责同志带头讲党课,"关键少数"作用持续凸显。组织召开学习贯彻习近平总书记"七一"重要讲话精神专题培训班,深入开展党的十九届六中全会精神宣贯,常态化推进习近平新时代中国特色社会主义思想学习领悟,举办两期专题读书班,高规格开好全省系统"两优一先"评选表彰大会,部署推进"学党史、守初心"基层宣讲、建党100周年文艺汇演等活动,旗帜鲜明开展政治机关意识研讨,大力弘扬伟大建党精神,牢牢把握意识形态领导权,确保党员干部坚决捍卫"两个确立",自觉做到"两个维护",唱响爱党爱国爱社会主义的昂扬旋律。扎实开展"我为群众办实事"实践活动,下大力气推进10项为民实事落地,全力以赴答好新时代民生答卷。各级党组织广泛参与、积极动员、跟进看齐,认真完成规定动作,创新完成自选动作,高标准推进党史学习教育走深走实。

突出三个更严格强化干部队伍建设。坚持更严格做好干部选拔任用,修订完善关于加强全省系统干部队伍建设的实施意见,更好发挥"管理杯"考核指挥棒作用,形成能者上、优者奖、庸者下、劣者汰的正确导向,提任领导干部4名,职级晋升干部10名,交流干部16名,有效盘活了干部资源;稳步推进干部年轻化,提任80后领导干部3

名，山西省邮政管理局40岁以下年轻干部达到9名，占比超21%，梯次结构更加合理。更严格做好领导干部日常监督，顺利完成年度领导干部个人有关事项申报，统筹推进政治巡察、信访监督等工作。更严格做好先进典型选树，坚持好中选优、优中选强，审慎推进国家邮政局“干事创业好班子”“担当作为好干部”评选和省交通运输系统先进集体、先进个人推荐工作，激发了党员干部干事创业热情。积极落实工会福利、保育费、年休假等规定，切实维护党员干部合法权益。

全面压实管党治党政治主责。严肃党内政治生活，认真落实“三会一课”、民主评议党员等制度，持续防范软弱涣散风险，进一步发挥基层党组织战斗堡垒作用。扎实推进山西省邮政管理局“模范机关”建设，下功夫解决“三个问题”、强化“四种意识”、提升“九项内功”、打造“五型机关”，同步建立工作月报机制，推动机关办公环境改变向夯实工作基础转变、从党建引领为入口向推动重点工作落实为出口转变。精神文明创建有序深化，山西省邮政管理局连续14年获评省直文明单位标兵，成功保留省级文明单位称号，11个市局和省邮政业安全中心获评市级以上文明单位称号。持续强化正风肃纪，顺利完成6个市局第二轮首批政治巡察工作，扎实开展“三重一大”决策和行政执法不规范等突出问题专项整治，组织召开全省系统党风廉政建设工作会议和专题警示教育大会，盯紧重要节点开展廉政教育提醒，狠抓节日廉洁防范，驰而不息纠正“四风”，全省系统政治生态持续向好。

有序拓展行业非公党建阵地。联合省委组织部、省交通运输厅、省市场监管局开展专题调研，指导各市局稳步推进工作落实。山西省邮政管理局及11个市局先后增补为各级非公工委委员单位，行业非公党组织达到32个，民营快递党员总数达180人，非公党建取得阶段性进展。

巩固扩大行业精神文明建设战果。新闻宣传紧跟事业发展步伐，官方网站主阵地更加巩固，微信公众号关注度稳步提升，一批凸显深度、紧跟热度的重大题材报道屡次被国家邮政局、省政府官网和邮政快递报等刊登转载，山西电视台、《山西日报》等持续关注行业发展动态，展示了新时代邮政快递业“山西风采”。全省行业广泛开展先进模范学习活动，着力树新风、扬正气，汇聚推动高质量发展的强大精神动力。9名快递小哥当选各级人大代表、政协委员，24人获省市劳动模范、先进个人、优秀党员等表彰，4家单位获省市级青年文明号，邮政快递业社会美誉度、影响力与日俱增。

坚持城乡统筹，绘就行业繁荣发展新图景。聚焦“以城带产、以产兴农、城乡一体”，逐步缩小城乡行业发展差距，大力塑造“平安、生态、公平、奋进”的行业品格。集群组团发展趋势明显。锚定城市主战场，深度嵌入地方，整合优势资源，实现行业发展与城市发展同频共振。太原、晋中省级品牌深度汇聚，极大带动阳泉、吕梁等周边地区发展，产业高地更加巩固。晋北地区围绕大同形成更优网络布局，一核多圈辐射格局更加明显。临汾、运城、长治、晋城争先进位、奋发崛起，奠定晋南地区行业繁荣基础。区域发展更加协调，资源配置更加合理，增长活力不断涌流，高质量发展积厚成势，充满生机。

“快递进村”补齐行业短板。强化分类指导，坚持梯次推进，加快补齐农村寄递市场短板，实现城市、农村双轮驱动，助推长效发展。尊重市场规律，发挥政府作用，持续推广交快、邮快、快快等合作，试点深化客货邮融合发展，66个县（市）初步建立共配模式，8876个建制村设置服务点。提前半年完成“快递进村”目标任务，全省覆盖率达93.6%。农村地区快递包裹收投总量达21.77亿件，极大畅通了城乡循环。太原市万柏林区“长途客运+邮+货+农融合”获评全国第二批农村物流服务品牌。

服务乡村振兴有力有效。积极培育快递服务现代农业示范项目，“快递+运城苹果”年业务量达2400余万件，完成收入1.44亿元，带动农业产值超10亿元,连续4年获评快递服务现代农业“金牌项目”;“快递+吕梁杂粮”年业务量达1346万件,完成收入超7000万元,带动农业产值达4亿元,成为山西省第二个“金牌项目”。首次完成10个“银牌项目”评选培育工作,支撑农产品销售超1.6亿元,农村要素市场进一步激活。山西顺丰晋南水果产业园(一期)正式建成使用,日均最高处理快递能力超50万件,是山西省首个“快递+农产品”专业化产业园,为支撑南果战略实施提供了有力保障。

快递电商高效协同发展。联合开展“网上年货节”和“双品网购节”,高效支撑各类公益性直播带货活动,持续助力农村电商发展,累计发出农村电商类快递3.48亿件,协同发展基本盘更加稳固。

农村邮政服务更加健全。累计建成农村邮乐购站点9488个,打造“一市一品”示范项目19个,产生寄递包裹1487万件,带动农产品销售达2.8亿元,惠及农村人口1.2万户。建制村通邮更加巩固,实地投递打卡率保持在99%以上,人民群众用邮满意度持续提升。

坚持创新引领,迸发行业转型发展新活力。聚焦创新发展,加快转型升级,切实增强服务经济社会发展能力,筑牢高质量发展根基。基础能力不断提升。综合交通运输衔接更加紧密,寄递网络更加多元、便捷、高效。快递专用货机起落2254架次,高铁运输快递线路达4375条,高运能干线车辆超10万辆。大型区域枢纽转运中心布局加快调整,运城顺丰、晋城申通、大同韵达、临汾中通等一批现代化区域分拨建成运营,转运调度更加高效,辐射发展能力不断增强。“快递进厂”加速融合。坚持“优势项目做强、传统项目做精、新兴项目做大”,聚力打造快递服务制造业精品项目15个,有效嵌入上游产业,加快形成新型制造业、现代物流业互动互补、互融互进的发展格局。“快递+杏花村汾酒”年业务量突破540万件,完成收入3100余万元,带动产值达9.7亿元,传统优势项目稳步增长。“快递+朔州陶瓷”年业务量达717万件,完成收入2500余万元,带动产值达1.2亿元,新兴项目引领融合发展新潮流。

邮政服务创新有序深化。邮政综合服务平台建设取得重要进展,政邮、警邮、税邮合作实现县级城市全覆盖,其中,政邮合作寄递量达69.8万件,警邮合作寄递量达86.9万件,税邮合作寄递量达39.2万件,代收税款近8000万元,各项业务数据均创历史新高。1000个村级综合服务平台建成使用,各类业务叠加经营,普遍服务发展呈现新气象。科技赋能显著增强。各级企业持续加大科技研发投入力度,不断提升创新驱动发展能力。智能作业从分拨中心向收投末端延伸,自动分拣从省级分拨向市县两级拓展,大数据、云计算等高新技术加速应用,山西大学、山西农业大学、大同大学等逐步普及智能配送机器人,高质量发展的内涵、外延不断拓展。长治局指导企业在襄垣县建成全市首个县级智慧分拨中心。行业人才队伍持续建强。大力推进职业技能培训“246”工程和“人人持证、技能社会”工作开展,年内培训1.3万余人次,争取培训补贴近450万元,技能人才培养取得重要进展。临汾局提前四个月超额完成培训计划,累计培训达2500人。稳步推进快递工程技术人员职称评审,积极参加各级职业技能大赛。顺利完成3期邮政快递业安检员培训。深度推动产学研融合发展,运城市职业技术大学与主要快递企业签订战略协议,建立校企合作长效机制。

展现增进民生福祉新担当。始终牢记初心使命,精准对接改革所需、群众所盼,不断满足人民群众日益增长的美好用邮用快需求。构筑关爱快递小哥的暖心阵地。深入基层开展专题调研,完成6个主要快递品牌基层网点抽样调查,梳理形成快递员群体典型问题清单。组织召开晋北地区市局专题座谈会。针对重点企业开展“一对一”行政指导,督促企业严格执行“1毛”派费直达快递员和罚款削减要求。联合九部门出台《关于做好快递员群体合法权益保障工作的实施方案》。协调建立从业人员意外和重大疾病保险等保障体系，超2.3万名快递小哥享受社会保险和商业保险。成功将快递员纳入保障性租赁住房供给范围，太原局克服困难，积极协调，首次争取8套公租房，快递小哥“安居”难题实现破冰。联合省总工会、团省委开展关爱快递员“暖蜂行动”和“快递青年服务月”活动。中华全国总工会赴申通快递太原转运中心开展“两节”送温暖活动。常态化推进走访慰问、12355咨询，协调做好疫苗接种和免费核酸检测工作。全年组织慰问活动730场，新增爱心驿站等服务阵地280家。省快递协会面向全行业发出做好快递员群体合法权益保障工作的倡议书。

扎实做好快递业务旺季服务保障工作。妥善应对春节、“双11”“双12”旺季高峰挑战，日最高业务量达1302万件，创历年新高。12305消费者申诉热线与12345政务热线有效衔接，全年申诉满意率达97.58%。持续提升末端综合服务保障能力。聚焦经营合法化、服务规范化，大力推进末端综合服务站规范管理，集中整治未及时办理备案手续、擅自将快递服务委托给非法末端服务站、未经用户同意擅自转为用户自取或智能快件箱投递等违法违规行为，市场秩序得到进一步改善。年内新建末端公共服务站3761个；城市自营网点达1550个，标准化率实现100%；智能快件箱新增5665组，同比增长15%，箱递率稳步提升，末端服务更加多元惠民。

坚持创优环境，汇聚提质增效发展新动能。根植山西，着眼更高层次融入地方经济社会发展，坚定不移深化改革，努力实现政策环境和营商环境双创优。行业发展备受关注。2021年年初，李克强总理莅临运城市中通分拨中心调研，寄予深切关怀，引起广泛关注，行业影响力急剧扩大。蓝佛安省长三次深入行业调研，高度关心疫情防控、数字经济发展。多位省领导先后批示肯定行业发展成就，地方党委政府关注度之高，前所未有。山西省邮政管理局连续2年获评“促进山西经济社会发展突出贡献单位”。太原、大同、朔州、阳泉、吕梁、晋城、运城等7市党政主要领导同志亲临行业调研，批示肯定发展成绩，极大振奋行业士气。政策供给更加有效。农村寄递物流体系建设纳入省级战略层面，先后写入省第十二次党代会和省委经济工作会议报告。第7次省长办公会议审议通过推广农村物流创新模式，明确给予4亿元专项债券支持，20个县（市）完成试点申报，阳泉盂县率先开工建设。12月，省政府常务会议明确将农村寄递物流服务全覆盖列入民生实事，三年拟配套近2亿元补贴资金，快递业发展再迎利好。加快推进邮政领域财政事权和支出责任划分改革，年内实现省市政策全覆盖，8个市局以不同形式获得地方拨款，多元化资金保障渠道初步形成。忻州局加强协调，实现办公业务用房确址分配，全省覆盖目标顺利完成。

规划编制稳步推进。深度对接山西省现代物流业发展等规划，紧密衔接现代综合交通运输体系发展、现代流通体系建设等重点专项规划，联合省发展改革委完成邮政业发展“十四五”规划发布工作，更高站位引领行业发展。“放管服”改革纵深发力。部署开展优化营商环境专项行动，持续规范行政审批行为，试点推动邮政快递业市场主体倍增，制定下发《快递业务经营许可审批办事指南》，不断优化、简化审批程序，净化、美化发展环境。全年核准许可企业113家，法人企业数量达到330家，相比2020年新增78家，市场主体增幅明显。有序推进新业态发展，年内完成6家新业态企业准入。坚持包容审慎柔性执法，研究印发《邮政行业监督便利措施》，试点推出25项轻微违法行为首违不罚清单，行政处罚起数同比减少20%；处罚金额同比减少36%，执法监管更加科学高效，创新创业环境更加开放包容。依法治邮成效明显。持续健全行政执法制度体系，编制完成邮政行政处罚案卷管理、行政执法过错责任追究等8项制度，依规启动重大行政处罚备案工作，完成省邮政业安全中心、太原市邮政业安全中心执法授权委托，有序推进执法案卷评议、公职律师考核、行政复议等工作，法治邮政建设向纵深推进。

坚持共建共治，行业综合治理开辟新境界。着眼共建共享共治，加强联防联控联动，聚焦体系监管、协同监管、智慧监管，不断提升行业治理能力。安全监管机构更加完善。省邮政业安全中心隶属完成划转，编制关系逐步理顺；市级邮政业安全中心批复实现全覆盖，9市邮政业安全中心完成组建；年内新增3个县级机构，“1+11+X”安全监管体系基本搭建。疫情防控更加稳固。毫不放松抓好疫情常态化防控，全面落实《疫情防控期间邮政快递业生产操作规范建议（第七版）》，科学动态调整防控策略和响应等级，全面落实快递冷链运输、国际邮件互换局等重点环节管控，坚持人、物、环境同防，妥善应对国内国际涉疫突发事件，有效阻断疫情传播。从业人员疫苗接种率提高至98.3%。

安全治理更加高效。全力打好安全生产专项整治三年行动攻坚战，研究建立安全事故警示曝光制度，持续完善企业安全风险分级管控机制，组织开展邮件快件处理场所安全管理规范化提升行动，全面完成传送带堵缝、人车分流两项重点任务整治，116个市级以上分拨中心完成“四个全覆盖”“五个必须”“六个严禁”提升目标，安全生产体系建设取得阶段性进展。继续巩固深化实名收寄专项整治成果，稳步开展寄递渠道涉枪涉爆、反恐、禁毒、扫黄打非、打击侵权假冒、野生动植物保护等专项工作，切实强化芬太尼类物质寄递管控。组织召开全省寄递渠道安全管理领导小组会议，严要求推进寄递渠道平安建设考核，高标准落实寄递渠道禁毒百日攻坚行动。严格执行维稳应急处置“四个一”机制，妥善化解天天、速尔等企业经营异常风险，有效应对暴雨等自然灾害，高质量做好中国共产党成立100周年庆祝活动期间，以及全国“两会”、全运会、第四届进博会等重大活动寄递渠道安保工作。省级邮政业安全监控中心正式启用，“绿盾”工程一期投入应用，视频联网和安检机联网率不断提高，1252个分拨中心和重要网点、6830个监控摄像完成接入，智慧监管逐步让寄递安全看得见、控得住、管得准。

绿色转型更加鲜明。深入实施升级版“2582”工程，大力推动重金属和特定物质超标包装袋、过度包装和随意包装、塑料污染专项治理，印发年度行业生态环境保护工作要点，组织召开全省行业绿色环保座谈会，联合省发展改革委等8部门出台《加快推进快递包装绿色转型若干措施》，组织开展绿色快递进校园、“邮来已久，绿动未来”等主题宣传活动，全省行业采用合标包装材料比例达80%，依规封装操作比例达90%，新增可循环快递盒5.16万个，电商快件不再二次包装达99%，新增设置合标包装废弃物回收装置的快递网点达1760个，办理生态环保执法案件4起。新能源和清洁能源车辆保有量达到1520辆。

三、快递市场存在的突出问题

发展不平衡不充分仍然是山西省行业面临的主要问题，归根结底是质量不高。要坚持从低效供给向高质量供给转变，重点解决增速“领跑”与服务质量不稳、消费者体验不优、中高端产品不足、基础设施供给不佳等不相适应的问题，着力推动运营管理、服务品质从价值链中低端向中高端跃升。要坚持从粗放发展向高质量发展转变，重点解决大而不强、快而不精的问题，着力提升综合运输能力、产业嵌入能力、畅通循环能力、科技研发能力、经营管理能力，不断增强行业发展内生动力。要坚持从常规化管理向高效能治理转变，重点解决治理能力不强、制度刚性不足、数据利用不够、监管支撑薄弱、绿色转型不力等突出问题，优化监管机制，丰富监管手段，不断提升行业治理体系和治理能力现代化水平。

内蒙古自治区快递市场发展及管理情况

一、快递市场总体发展情况

2021年，内蒙古自治区邮政行业业务总量累计完成62.86亿元，同比增长21.18%，业务收入（不包括邮政储蓄银行直接营业收入）累计完成77.68亿元，同比增长12.1%；其中，快递企业业务量累计完成2.61亿件，同比增长33.38%，业务收入累计完成51.93亿元，同比增长23.25%（表7-5）。支撑实物型网络零售额472亿元。服务满意度稳中有升，行业运行平稳有序，在经济社会发展中作用凸显，为做好"六稳"工作，落实"六保"任务贡献了行业力量。

表7-5　2021年内蒙古自治区快递服务企业发展情况

指　标	单　位	2021年		比上年同期增长（%）		占全部比例（%）	
		全年累计	12月	全年累计	12月	全年累计	12月
快递业务量	万件	26085.97	2699.57	33.38	20.73	100.00	100.00
同城	万件	3418.92	339.32	18.96	43.64	13.11	12.57
异地	万件	22585.69	2354.97	36.70	18.69	86.58	87.24
国际及港澳台	万件	81.36	5.28	-49.47	-66.57	0.31	0.20
快递业务收入	亿元	51.93	5.16	23.25	11.57	100.00	100.00
同城	亿元	3.38	0.26	-3.31	-5.56	6.51	5.03
异地	亿元	25.79	2.77	25.42	14.29	49.67	53.65
国际及港澳台	亿元	0.79	0.04	-8.62	-53.06	1.52	0.69
其他	亿元	21.96	2.09	27.66	13.22	42.30	40.62

二、行业管理工作及主要成效

扎实开展党史学习教育，深入推进全面从严治党。坚持以上率下，深入领会六中全会精神。各级党组织、党员领导干部把学习宣传贯彻党的十九届六中全会精神同学习习近平总书记"七一"重要讲话精神、学习习近平总书记关于党的历史的一系列重要论述结合起来，带头学习交流、带头宣讲阐释、带头营造氛围、带头贯彻落实，以理论学习指导工作实践，切实把精神落实到行业发展各方面。自治区直属机关工委巡听旁听时对内蒙古自治区邮政管理局党组中心组学习研讨给予充分肯定。坚持人民立场，扎实推进党史学习教育。制定"1+4+33"党史学习教育路线图，确定33项活动方式。建立覆盖所有党员的"跟进学"机制，举办党史学习教育读书班18期。扎实开展最强党支部建设，以"一支部一品牌，党建+"活动为指引，落实"五化协同、大抓基层"的总体部署，组织机关支部开展"互查互评互学互促"活动，积极创建精神文明单位，积极参与同城联创活动。内蒙古自治区邮政管理局合唱作品荣获全国系统歌咏比赛一等奖。将"快递进村"、加强快递员群体合法权益保障纳入为民办实事清单，局党组成员分片包干建立盟市局巡回指导联系点，深入49个旗县区开展实地调研，建制村快递服务覆盖率提高33个百分点，派费调整和罚款削减要求得到有效落实。坚持强化自身建设，提高履职能力。制定《党组讨论决定重大事项清单》，严格执行民主集中制。制定局党组意识形态工作责任制实施细则、检查考核和责任追究办法，落实意识形态工作责任。突出政治过硬标准，完成9名干部选拔任用、4名干部职务调整，开展10人次职级晋升工作。用好优秀年轻干部人才库,开展6个盟市局领导班子调整配备工作。坚持正风肃纪,持之以恒加强作风建设。深化"三转"要求,成立党建办(纪检监察室)。完成第二轮对3个盟市局的巡察工作。制定党建和党风廉政建设工作要点,压紧压实管党治党主体责任。严格落实中央八项规定及实施细则精神,制定为基层减负工作方案,发文数量同比下降28%,办公经费同比节约29.51%,会议费同比减少94.1%。

确保习近平总书记重要指示批示精神落实。深入推进"两进一出"工程。行业基础保障能力持续增强。全区已建盟市级快递园区19处,快递服务网点总数达10331处,在城市区内设立快递末端公共服务站点5116处,智能快件箱累计达46万格口,公路、航空等各类运输线路累计达1340条,处理场地达66.53万平方米,自动化分拣设备达111条。局党组成员深入调研,形成"强化县乡节点协作、整合企业承运模式、破除数据衔接壁垒、提高快递流通效率"的"快递进村"思路,因地制宜提出以"邮快合作"为主的"3N36"快递进村解决方案,全区已建三级快递物流体系旗县达到78个,10043个建制村实现直通快递,建制村覆盖率达90.75%,旗县以下快递业务量同比增长51.09%,投递量同比增长28.87%。引导企业进驻工业园区、高新技术产业园等制造业产业聚集区域,通过"订单末端配送模式"服务制造业项目32个,支撑制造业产值30.39亿元。加快推进跨境寄递,呼和浩特国际互换局升级改造为"三关合一"口岸,满洲里陆路口岸快件监管场所获批设立,京东集团与满洲里市达成战略合作。

深入推进"关爱快递小哥"工程。制定《保障快递员群体合法权益系统内分工》,明确27项工作任务及完成时限、责任部门。牵头起草《内蒙古自治区关于做好快递员群体合法权益保障工作实施方案》,正在进行第三轮征求意见。组织发放15351份调查问卷,深入了解快递员需求。建立了局领导与基层快递员工、网点直接联系制度和"固定联系快递员档案",实时追踪一线快递员工的权益保护情况。持续推进关爱快递员"暖蜂行动",各级工会为快递员发放13万元慰问品。全行业累计为3.34万名快递员购买社会保险或商业保险,为1.42万名快递员进行了免费体检。推动12个盟市快递联合工会全覆盖,4个盟市成立了快递协会,11个盟市建立了非公行业团组织。深入推动落实职业技能培训"246"工程,培训5955名快递员,争取培训补贴资金207.83万元。争取全区邮政行业职业技能竞赛补贴45.21万元。联合人社厅制定印发《内蒙古自治区工程系列快递专业技术人员职称评审条件》。

深入推进快递包装绿色治理,高质量完成"2582"工程。全区重金属和特定物质超标包装袋存量已全部消化,符合标准包装材料应用比例达到96.34%,规范封装比例达到96.47%,电商快件不再二次包装率达到98.78%。全区可循环快递箱(盒)使用量达到32.7万个,新增末端网点回收箱998个,新能源或清洁能源车辆保有量818辆。强化行业生态环保检查,对27家违规企业作出立案处罚。

扎实做好疫情防控工作。强化组织领导。自治区疫情防控指挥部成立由内蒙古自治区邮政管理局牵头的加强邮政快递物品监测管理工作专班,全区各级邮政管理部门均已纳入相应层级疫情防控指挥体系。及时启动应急响应,利用大数据支撑推进精准核查,全区行业昼夜坚守岗位,坚持分区分级科学精准防控,对所涉及人员、场所环境、运输工具、关联邮件等开展疫情排查、核酸检测、消毒消杀等防控处置,先后妥善处置7次涉疫邮件快件事件,全行业始终保持稳定有序运行。强化常态化疫情防控措施落实。制定印发《关于加强中高风险地区邮件快件监测管理工作的通知》《关于明确国际邮件快件处理场所及进出境邮件快件消毒处理主体责任的通知》《疫情防控期间内蒙古自治区邮政快递业操作守则(第二版)》等10余项制度文件,组织开展疫情防控专项监督检查2422次，下发通报51份，约谈企业67家次，对问题实行跟踪整改、销号管理，确保工作形成闭环。全区邮政快递从业人员两针剂疫苗全部接种率达99.6%，完成疫苗加强免疫接种23549人。要求企业加强防疫物资储备，完善应急预案，加强特殊时期值班值守，确保疫情防控应急响应机制高效运转。强化民生、医疗和防疫物资运输保障。面对二连浩特、额济纳、满洲里等地突发疫情，引导企业切实履行社会责任，全区邮政快递企业累计运送应急物资、居民生活必需品和滞留旅客急需药品56批次，共计339吨。

开展安全整治，强化“三项制度”落实。2021年，累计开展邮政市场行政执法检查5106家次，与政法委、公安、国安等部门开展联合检查247次，下发责令改正通知书275份、约谈企业183家次、立案204起。组织开展安全生产三年专项整治暨中期评估、邮件快件处理场所安全管理规范化提升专项行动、“四不”问题集中整治和邮政快递业生产作业场所重大安全隐患排查整治、安全生产月等专项活动。举行建党百年万名快递员举旗禁毒誓师大会，开展寄递渠道禁毒百日攻坚行动，全区破获20起利用寄递渠道贩运毒品案件。推进监管关口前移，在全区各盟市快递物流园区建立寄递渠道安全联合监管办公室，实现“一办五站”建设全覆盖。成立县级寄递渠道安全管理领导小组108个，实现了旗县（区）全覆盖。建立企业网格化自律组织96个，压实责任链条。查堵非法出版物476本，各类禁寄物品1400多件。以“绿盾”工程为基本平台，推进视频和安检机“两联”项目的应用，2021年通过“绿盾”工程各信息系统开展线上线下巡查检查工作，进一步提升了安全监管科技化、信息化水平。

持续推动行业高质量发展。深化政策供给。联合发展改革委、交通运输厅发布自治区“十四五”邮政业发展规划。邮政快递区域枢纽建设、快递进村等多项行业重点任务纳入自治区“十四五”规划纲要、“十四五”综合交通运输规划、服务业规划等重点专项规划。《邮政领域自治区与盟市财政事权和支出责任划分改革实施方案》于2021年2月出台。在以自治区党委政府名义印发的6份重要文件提出了对邮政快递业政策支持。局党组深入调研形成《乡村振兴亟需补齐农村牧区寄递物流短板》报告，得到自治区党委书记、政府主席批示。自治区政府办公厅印发《内蒙古自治区加快农村牧区寄递物流体系建设工作方案》，推进自治区和盟市建立农村牧区寄递物流体系建设工作协调联动机制。在全国率先将《邮政业突发事件应急预案》由部门预案上升为专项预案纳入自治区应急指挥和预案体系。联合交通运输厅印发《内蒙古推进特色冷链物流发展工作方案》，联合禁毒办印发《关于进一步强化全区寄递渠道禁毒工作联合监管机制的通知》，联合烟草局印发《关于加强打击寄递渠道涉烟违法行为联合执法工作的通知》。

深化产业融合。全区共培育兴安盟大米、赤峰小米、巴彦淖尔葵花籽等快递企业服务现代农业“一地一品”项目21个，邮政企业“一市一品”农产品进城精品项目59个，拉动3628人就业，带动农业总产值18.42亿元。深化邮政综合服务平台建设，全区警邮、税邮、政邮合作均实现了旗县（区）的全覆盖，并逐步向乡镇延伸。全区家邮站建设总数达到1894个，建设邮政综合便民服务站点4734个。推动京东快递全货机在呼和浩特首飞，顺丰快递全货机在巴彦淖尔首飞，为内蒙古特色农畜产品更快走向全国提供现代物流保障。快递上高铁运行稳定，每日呼和浩特与北京间发送快件4000余件。

深化“放管服”改革。制定《关于进一步优化快递业务经营许可审批工作的通知》，实行许可延续换领到期提示制度，许可办理时限缩短到22个工作日。行政许可事项全面接入地方政务服务平台，实现“一网通办”。组织开展全区快递法人企业信用评定、市场秩序和两轮快递末端违规收费专项清理整顿，行业乱象得到有效治理。全年受理各类申诉3512件，为消费者挽回经济损失

152.3万元,消费者申诉处理满意率97.1%。

2021 年,内蒙古自治区邮政管理局认真落实“过紧日子”要求,倡导勤俭节约,严格压缩一般性支出。坚持开源与节流并重,全区邮政管理系统争取地方财政补贴资金 854.75 万元,争取到对企业补贴 6263.8 万元。同时,区局还积极协调自治区财政厅,落实了 2022 年履行地方监管职责经费 500 万元。推动 3 个盟市出台了财政事权与支出责任划分改革方案。加强与地方政府协调,6 个盟市局争取到无偿办公用房。推动自治区、盟市、旗县三级成立 18 家邮政业安全中心。提高机关基础保障能力,扎实做好网络安全、督查、信访、财务、保密、政务信息公开、建议提案办理、退休干部、工青妇等工作。连续四年获得全国邮政管理系统新闻宣传工作四项荣誉。

三、快递市场存在的突出问题

发展不平衡不充分仍旧是内蒙古自治区行业发展面临的主要问题,本质上是发展质量不高。一是小而不强。全国行业业务总量占国内生产总值的比重约为 1%,而内蒙古自治区仅为 3.34‰,全区邮政行业业务总量占第三产业比重仅为 6.9‰,反映出内蒙古自治区行业综合物流能力不强,嵌入产业链不深,促进产业关联畅通作用发挥不充分;国际快递业务量规模小,畅通“双循环”打造向北开放的寄递桥头堡作用发挥不充分。二是慢而不优。近年来,内蒙古自治区行业整体量收增速有所放缓,与相邻省份差距进一步拉大。2021 年,从行业整体量收增速来看,全区邮政行业业务收入增速低于全国 3.81 个百分点,业务总量增速低于全国 5.4 个百分点;从行业整体业务规模来看,行业业务量收整体排名均位于全国 25 位,占全国业务收入和业务总量的比重分别为 0.6% 和 0.5%。与此同时,内蒙古自治区行业质量、结构、效益、安全不协调。质量不稳,消费体验还需改善;中高端供给不足,供给适应性和灵活性还需加强;运营还处于价值链中低端、被动依赖局面没有得到根本改变;寄递安全、生产安全、信息安全隐患突出。三是粗而不精。行业总体上仍处于发展初级阶段,能力资源与规模任务不匹配,制度刚性不足,监管盲点交叉点并存,无序发展苗头显现;公共设施难以跟上群众用邮需求,企业经营管理粗放,行业文明有待提升,绿色转型任务艰巨,数据挖掘利用不够。面对这些风险挑战,我们要以更大决心、更大气力、更大勇气,切实加以解决。

辽宁省快递市场发展及管理情况

一、快递市场总体发展情况

2021 年,辽宁省邮政行业业务总量累计完成 219.9 亿元,同比增长 30.3%,业务收入(不包括邮政储蓄银行直接营业收入)累计完成 223.8 亿元,同比增长 19.9%;其中,快递企业业务量累计完成 16.4 亿件,同比增长 46.8%,业务收入累计完成 167.7 亿元,同比增长 27.6%(表 7-6)。邮政、快递服务满意度继续保持优秀水平。

表 7-6 2021 年辽宁省快递服务企业发展情况

指标	单位	2021 年		比上年同期增长(%)		占全部比例(%)	
		全年累计	12 月	全年累计	12 月	全年累计	12 月
快递业务量	万件	164328.10	16241.27	46.75	17.24	100.00	100.00
同城	万件	28568.22	2944.86	15.50	24.94	17.38	18.13
异地	万件	135380.29	13277.08	56.11	15.81	82.38	81.75

续上表

指　标	单　位	2021 年		比上年同期增长(%)		占全部比例(%)	
		全年累计	12 月	全年累计	12 月	全年累计	12 月
国际及港澳台	万件	379.59	19.33	-26.85	-39.01	0.23	0.12
快递业务收入	亿元	167.70	14.85	27.62	0.61	100.00	100.00
同城	亿元	19.86	1.92	-9.23	5.99	11.84	12.95
异地	亿元	95.34	9.40	45.77	12.52	56.85	63.33
国际及港澳台	亿元	6.65	-0.31	-1.04	-161.86	3.97	-2.09
其他	亿元	45.86	3.83	22.58	-6.19	27.34	25.81

二、行业管理工作及主要成效

履行管党治党政治责任，党的建设开创了新局面。扎实开展了党史学习教育。印发了《中共辽宁省邮政管理局党组开展党史学习教育实施方案》，举办了党组理论学习中心组学习会和党组党史学习读书班，召开了党史学习教育专题研讨会，组织党员参观党史学习教育基地，组建巡回指导组督导推进各市局党史学习教育走深走实，编发了《党史学习教育简报》6 期。加大对“我为群众办实事活动”的督促力度，开展了主要品牌快递企业派费上涨落实情况和旺季专项督导，“快递进村”和快递员群体权益保护取得了实实在在的效果，完成了作业场地“四不”问题和“两项任务”重点整治。

干部队伍建设抓出成效。坚持把政治标准作为选人用人的首要标准，加强市局班子配备，加大优秀年轻干部培养选拔力度，选拔任用 3 名副处级领导干部。畅通职级晋升通道，对 6 名干部进行职级晋升。激励干部干事创业、担当作为，7 名干部得到进一步使用，向国家邮政局上报 2 个“干事创业好班子”和 3 个“担当作为好干部”推荐对象。选人用人专题巡视提出的 17 条问题全部完成整改。多措并举从严落实干部监督和管理。

持续推进非公快递企业“两个覆盖”。认真组织开展了“新业态、新就业群体党员发展和流动党员教育管理”专题调研，了解掌握了快递员、同城配送员等新业态群体和流动党员党建工作情况，广泛听取基层党员干部群众意见建议，研究提出了破解难题的办法措施。联合省总工会举办“工会进万家 · 新就业形态劳动者温暖行动”服务月启动仪式，向快递员代表发放温暖大礼包。

持之以恒正风肃纪反腐。印发了《全省邮政管理系统 2021 年党风廉政建设工作要点》，加强党风廉政建设主体责任落实，严格落实中央八项规定及其实施细则精神。制定工作方案，常态化解决好形式主义、官僚主义突出问题。卡住元旦、春节等重要时间节点，深入开展经常性纪律教育。对 1 件群众反映问题线索进行核查。深化巡察政治监督，加强巡视巡察上下联动，一体推进发现问题和解决问题。根据《中共辽宁省邮政管理局党组 2021 年巡察工作要点》，完成对 2 个市局党组的政治巡察，并同步组织了选人用人专项检查。建立全省系统干部廉政档案等制度。

不断提升行业文明程度。举办了“学党史、感党恩、跟党走，我在岗位建新功”主题演讲比赛，展示了广大行业青年良好的精神面貌。开展了庆祝中国共产党成立 100 周年歌咏比赛，唱响了爱国、爱党、爱社会主义主旋律，省局获全国系统歌咏比赛最佳组织奖，2 个市局分别获二等奖、三等奖。葫芦岛市局连续两届获得省文明单位称号。认真贯彻落实《党组意识形态工作责任制实施细则》，压紧压实意识形态工作责任制。开展了社会主义核心价值观主题实践教育月和清明节期间祭英烈活动。组织开展以“青年文明号　青春心向党”为主题的青年文明号开放周活动。

国家邮政局各项决策部署在辽宁落地开花。提前完成全省快递服务直投到建制村全覆盖目标。努力打造“快递进村”良好环境，起草了《辽宁省关于加快推进农村寄递物流体系建设的实施方案》，报省政府常务会审议。全省快递进村服务覆盖率已达99.8%，京东、顺丰基本实现快递进村服务全覆盖，建制村快递服务覆盖率87.75%。快递员合法权益保障力度进一步提升。采取省局领导调研、问卷测试等方式摸底掌握快递员权益保障情况。建立起120人规模的快递员信息反馈队伍。联合七部门出台了《辽宁省快递员群体合法权益保障工作实施方案》。全面整改了204个损害快递员权益的问题。组织开展快递员免费体检、义诊和法律心理咨询等暖心活动。推动企业为快递员购买社会保险或商业保险等覆盖22197人次，争取246工程补贴资金913.92万元，多个市局协调工会争取到行业慰问金。

接续落实行业服务乡村振兴国家战略。选派优秀机关干部担任乡村第一书记，持续加强乡村基层组织建设和深入开展扶贫工作。大连、丹东、盘锦市局及宽甸县局积极向地方政府争取政策，鼓励实施“邮政在乡”、升级“快递下乡”，扩大了电商进农村覆盖面，促进工业品下乡和农产品进城双向流通。邮政企业主动作为，对“邮乐购”站点布局进行优化，升级服务功能，设在建制村的邮乐购站点数量达到9226处。全年，共确定邮政“一市一品”的农产品进城示范精品项目29个，服务农户5014户，增加农民收入6340.8万元；确定沈阳大米、大连海鲜、丹东草莓、铁岭榛子、盘锦大米和河蟹、朝阳小杂粮等快递服务农产品“一市一品”（百万件业务量）项目7个，快件业务量超5000万件，带动产值53亿元。

推进法治建设，营商环境建设成效明显。强化了规划引领。与省发展改革委联合印发了《辽宁省“十四五”邮政业发展规划》。完成“十三五”规划总结评估。分解细化了国家“十四五”规划纲要涉邮任务和关联工作35项，国家综合立体交通网规划纲要涉邮任务27项。推动多项利好行业内容纳入《辽宁省国民经济和社会发展第十四个五年规划和2035年远景目标纲要》。深化了依法行政。贯彻落实《学习宣传习近平法治思想工作方案》，向省委汇报法治工作，向省人大汇报实施《固体废物污染环境防治法》和《促进快递业健康发展的决定》贯彻落实情况。法治工作机制进一步完善，制发了《2021年政策法规工作要点》《2021年度辽宁省邮政管理系统普法责任清单》和《邮政业法治宣传教育第八个五年规划》实施方案。全省共85人通过国家邮政局第六次执法证考试。做好复议和应诉工作，出庭应诉2次，均获得胜诉。为辽宁营商环境建设作出了新贡献。持续深化邮政市场“放管服”改革，提供了许可培训服务，开通了快递业务经营许可证邮寄业务。健全完善用户申诉处理工作机制，优化了12305申诉热线工作，共受理邮政业消费者申诉10521件，为消费者挽回经济损失418万元，消费者有效申诉处理满意率达到100%。支持邮政企业进驻各地服务大厅，进一步推广“网上办事+线下寄递”模式，助力“不见面”审批。

行业高质量发展水平稳步提升。邮政设施建设水平与时俱进。持续推进“交邮合作”，交通系统“场站路”资源为邮政提供服务，初步实现交邮共赢。快递服务跨境电商能力提档升级，“大连—大阪”货运专线开通，成为东北地区首条直飞日本的邮航航线。辽阳市政府发感谢信肯定辽阳市局园区建设工作。扎实推进了行业科技标准创新。成立了邮政科技标准宣贯工作领导小组，加强对科技工作的领导。组织市局宣贯了《智能信包箱》《鲜活水产品快递服务要求》等标准。强化绿盾工程应用，完成全省绿盾视频联网和安检机联网工程的接入工作，完成桌面指挥终端的测试工作，试运营安全预警和应急指挥系统，推进移动执法系统在实际执法过程的应用。全省视频接入端口3085个，联网安检机52台，在用移动执法设备28套。通过职业技能提升，加强了行业人才队伍建设。组织做好高校毕业生网络招聘，累计提供职位数91个。推进职业技能培训246工程，全年累计培训22142人次。开展快递工程技术人员职称评审，通过初级职称93人，中级职称1人。省内院校报送的2个课题被确定为全国行业人才发展研究课题。联合省总工会组织全省邮政快递行业技能大赛，并选拔3名优胜选手参加全国邮政行业技能总决赛。持续推进邮政综合服务平台建设。根据《辽宁省推动邮政综合服务平台建设工作方案》，鼓励邮政企业进行“税邮合作”“政邮合作”“警邮合作”，全面推行邮政营业场所代办公安交管业务，拓展税务代理业务。辽宁省共有警邮合作网点336个、税邮合作网点870个，覆盖了14个市，2021年共办理业务92万件。

统筹发展和安全，行业治理水平明显提高。精准落实了各级各部门疫情防控措施。省局总揽大局，加强与省疫情防控指挥部的沟通，采取得力举措，确保沈阳至大连往返邮路畅通和沈阳、大连国际邮件互换局平稳运行。王明玉副省长批示肯定了辽宁省邮政管理局妥善应对庄河疫情处置工作。有效应对了各次全网涉辽染疫邮件（快件）处置，风险人员核酸检测和隔离观察等紧急情况，未发生一起因快件感染新冠肺炎疫情的事件。建立起了行业疫苗屏障，两针疫苗接种率99.2%，加强针疫苗接种率52.5%。

提升安全监管能力，确保了寄递渠道平稳畅通。省邮政业安全服务中心获批成立，并完成班子选配，进一步完善了安全监管支撑保障体系。省局领导带队在重点时段采取“四不两直”方式检查，确保庆祝建党100周年等重点时段寄递渠道安全畅通。依据《辽宁省邮件快件处理场所安全管理台账》，督促全省52家企业完成了人车分流和传送带堵缝整改任务。责成市局对6家企业旺季期间违法违规行为进行查处。深入开展寄递渠道禁毒百日攻坚行动，联合组织禁毒培训45次，协助公安机关查办寄递渠道涉毒案件4起，发现报告涉毒案件线索4条，通报寄递渠道涉毒案件4起，抓获犯罪嫌疑人2人，缴获毒品30克。注重发挥安全监管协作机制，联合省公安厅出台了《辽宁省寄递渠道安全监督管理工作规范（暂行）》，落实最高检“七号检察建议”。

不断推进行业绿色治理构建美丽辽宁。推动顶层设计在辽落地，联合省发展改革委等8部门出台了《辽宁省关于加快推进快递包装绿色转型的实施方案》；在沈阳日报社新媒体中心、网易新闻等媒体平台对《邮件快件包装管理办法》进行宣传，要求市局全面开展邮件快件包装监督管理。稳步推进绿色网点、绿色分拨试点工程，对沈阳、大连、盘锦市局的试点网点和分拨中心各项指标审核评估，完成了分拨中心和网点的试点建设。完成国家邮政局“2582”工程目标，全省新增可循环快递箱（盒）使用量10.8万个，新增设置符合国家或地方标准包装废弃物回收装置的邮政快递网点数量675个，新能源或清洁能源汽车保有量1262辆，行业生态环保执法案件2起。

一年来，辽宁省加强对县级机构的工作指导，各县级机构积极尽职履责、发挥作用。落实“过紧日子”要求，持续强化预算管理和执行，加强资产管理和内控管理，及时开展干部离任审计。严格省级以下单位机构编制实名制管理，协调社保完成了2021当年度全省养老缴费工作。完成了省局办公楼外墙维修改造工程，更新公务车辆1台。做好统计调查工作，数据质量和行业运行分析报告水平不断提高。新闻宣传再获国家邮政局“先进记者站”荣誉。组织新网站、办公系统、即时通讯上线运行和新终端更新，加强网络安全管理和保密教育，制定实施《省局网络信息安全应急预案》。督查、信访、档案、政务公开、建议提案办理以及退休干部、工青妇工作都取得了新的成绩。

三、快递市场存在的突出问题

（一）行业绿色发展方面存在的问题

一是绿色包装价格过于昂贵。企业为降低成本，倾向于使用传统方法生产的材料而非可降解材料用于快递包装。这不仅会耗费大量的木材和化工产品，还会因为本身无法降解和回收造成污染和浪费。

二是上下游联动机制有待于进一步加强。为避免快递运输过程中的损坏,大多数商家和平台选择添加众多填充物、多层包裹以及重复缠绕胶带等形式进行快递包装,加剧污染。

三是社会回收机制尚未建立。由于没有统一的回收标准,即便有垃圾分类的强制措施,纸箱、塑料袋等重复利用率也很低。即便是对快递包装进行回收,由于其种类繁多和规格复杂,导致分类回收再利用耗费很大的人力物力。

四是个人参与快递包装绿色发展意愿较低。消费者作为快递消费的主体,对于快递包装绿色使用和回收利用意识淡薄,尚未形成绿色消费观。

(二)快递员权益保障存在的问题

一是劳动关系认定难进而导致劳动权益难以保障。目前只有顺丰、EMS、京东等快递网点属于直营,其他快递企业,包括“三通一达”的网点,基本以加盟为主,此类经营形式普遍存在门槛过低、层层分包、管理混乱等现象,加盟商与快递公司之间仅是合同契约关系,而快递员是由加盟商自行招用未签订劳动合同。部分快递员按件计价,多劳多得,没有考勤制度,不对工作时长进行规定。快递员与快递公司是劳动关系还是雇佣关系、承揽关系,难以确认。快递从业人员与用人单位之间的所属关系难以判定,进而导致劳动报酬、休息休假等劳动权益难以保障。

二是有关快递业等新业态从业人员的劳动保障法律法规存在缺失。劳动保障监察部门的监察对象、监察内容以及实施依据等都是在《中华人民共和国劳动法》《中华人民共和国劳动合同法》等框架内建构的。而快递业从业人员与用人单位之间的所属关系难以判定,现行法律法规对此类从业人员的劳动保障存在着缺失,这就带来了劳动保障监察的盲点。当快递业从业人员遇到劳动纠纷、劳动保障被侵权等事件发生时,现行劳动保障监察机构面临着无法可依的窘境。

吉林省快递市场发展及管理情况

一、快递市场总体发展情况

2021年,吉林省邮政行业业务总量累计完成108.59亿元,同比增长26.92%,业务收入(不包括邮政储蓄银行直接营业收入)累计完成118.71亿元,同比增长18.52%;其中,快递企业业务量累计完成6.22亿件,同比增长39.16%,业务收入累计完成76.92亿元,同比增长26.65%(表7-7)。

表7-7 2021年吉林省快递服务企业发展情况

指标	单位	2021年		比上年同期增长(%)		占全部比例(%)	
		全年累计	12月	全年累计	12月	全年累计	12月
快递业务量	万件	62197.81	6823.34	39.16	38.11	100.00	100.00
同城	万件	9011.00	1029.71	36.01	68.16	14.49	15.09
异地	万件	53160.57	5791.63	39.78	33.90	85.47	84.88
国际及港澳台	万件	26.25	2.00	-28.56	-34.07	0.04	0.03
快递业务收入	亿元	76.92	7.60	26.65	23.46	100.00	100.00
同城	亿元	6.38	0.65	23.30	41.22	8.29	8.61
异地	亿元	41.71	4.55	27.55	36.91	54.22	59.88
国际及港澳台	亿元	0.90	-0.13	-42.56	-213.67	1.17	-1.66
其他	亿元	27.94	2.52	31.17	11.66	36.32	33.17

二、行业管理工作及主要成效

党建引领作用不断彰显。加强党的政治建设。局党组严格落实全面从严治党政治责任，制定年度党建工作要点及党组理论学习中心组学习计划，开展定期议党2次，专题议党7次，严格落实“第一议题”制度，各级党组开展理论学习中心组学习46次；坚持深化理想信念教育，先后组织县处级以上领导干部前往四平战役纪念馆等党史教育基地开展现场学习35次，组织开展“百年党史”线上专题学习和百年百题知识竞赛，形成了“比学赶帮超”的浓厚氛围；不断严肃党内政治生活，开好年度民主生活会和组织生活会，开展谈心谈话42人次，发现检视整改问题12个。以党建“五化”工作为抓手，压实各级党组织主体责任，各级领导干部讲授专题党课30次，组织集体学习418次，将党务干部培训纳入地方党工委培训体系，1名同志荣获省直机关优秀党务工作者荣誉称号，普遍服务市场监管处党支部荣获省直机关先进基层党组织荣誉称号。

开展党史学习教育。成立领导小组，制定实施方案，从严抓好党史学习教育“十个一”工程，成立2个巡回指导组对9个市（州）局进行现场督导和线上指导，推动思想引领再深入、民生实事再落实；认真贯彻落实习近平总书记“七一”重要讲话精神，组织全省系统党员干部观看中国共产党成立100周年庆祝大会直播，开展专题学习4批次，召开全省系统党史学习教育工作交流暨专题学习读书班，组织中国共产党成立100周年“两优一先”评选表彰活动，激励党员干部向先进看齐，服务行业发展。在全省系统组织“学党史、转作风、办实事”实践活动，省、市联动开展“学思践悟”专题调研，党组成员带头深入一线，形成调研报告23份，为群众解决难心事19个。全省系统围绕政务便民、民生工程等5个方面清单化推进46项民生实事，得到群众好评。

关心关爱快递小哥。落实七部门意见，开展派费调整、罚款项目、工伤保险等情况实地摸排，走访重点品牌企业基层网点190余家，解决问题14个。组织做好从业人员免费核酸检测和疫苗接种工作。开展“暖蜂行动”，组织快递员参加人大代表、政协委员面对面活动38人次，新建爱心驿站等服务阵地79处，开展联合慰问32场次，捐赠10余万元慰问品。为从业人员免费提供职工互助保障保险、落实快递员公租房保障等制度。联合人社、工会、团委举办第三届吉林省邮政行业职业技能竞赛，纳入吉林省职业技能竞赛范围，1名快递员荣获全国竞赛三等奖。完成第四届吉林省“最美快递员”评选表彰并印发宣传专刊40期。9家品牌企业建立企业工会，5个市（州）成立快递行业工会联合会，成立1个行业共青团支委。

加强党风廉政建设。严格落实主体责任，定期听取下级党组书记履行“一岗双责”情况汇报，召开党风廉政建设工作会议，印发工作要点，紧盯重要节假日下发廉洁提醒通知3期，落实年度重点工作督查通报制度，下发通报9期，开展全系统“三重一大”决策不规范等四个方面突出问题专项整治，发现并整改相关问题11个；持续深化运用“四种形态”，通过线上线下渠道组织群众评议机关工作作风，召开全省系统警示教育电视电话会议，扎实做好信访举报工作，处置信访举报5件，转办5件，函询干部1名，批评教育干部1名，开展1名领导干部离任经济责任审计；持续深化巡视巡察上下联动，在全省系统内开展国家邮政局党组巡视共性问题自查整改，逐项落实整改措施。完成5个市（州）局党组政治巡察，确定共性问题16个，各巡察组共向被巡察对象反馈问题93个并压茬推进整改，达到以巡促改目的。

加强干部队伍建设。落实党政领导干部选拔任用工作条例，提任干部18人。制定公务员平时考核实施细则，采取“半月纪实、季度评鉴”的方式进行考核。开展领导干部考核述职测评，注重年度考核结果运用。严格落实领导干部个人有关事项报告制度，汇总审核22人。完成5名公务员招录工作。对接养老保险属地化参保工作。加强干部教育培训，参加省直部门领导干部集中轮训和地方党工委培训。

行业营商环境持续优化。抓好规划编制。争取规划编制专项资金30万元，推动省政府印发吉林省“十四五”邮政业发展规划，成为2021年度首部发布的省政府重点专项规划。开展规划有效衔接，相关重点内容分别纳入吉林省国民经济和社会发展、综合交通运输体系、物流业、服务业、环境保护、信息化、网络安全等6个专项规划之中。长春、吉林、延边“十四五”邮政业发展规划分别纳入地方政府重点专项规划并颁布实施。

强化政策保障。推动省政府出台《吉林省人民政府办公厅关于支持邮政业高质量发展若干措施的通知》。邮政快递业发展重点内容连续7年写入政府工作报告，先后纳入省委1号文件等12个政策文件。协调省发改、公安、交通、商务等16个部门联合发文5份。开展吉林省邮政业高质量发展专项调研，形成调研报告及“4个清单”。联合印发2021年更贴近民生七件实事工作措施。持续落实财政事权改革，全省获地方财政资金928.02万元。

落实“放管服”要求。持续开展“双随机、一公开”常态监管，实现快递服务站、智能快件箱许可常态化，开通许可证寄递服务，实现许可审批“零跑动”。依法开展许可延续和作废注销，实现闭环规范管理。截至10月末，许可企业442家，分支机构1200家。备案末端网点6601家，菜鸟服务站980家，丰巢快递箱1568个。严守普遍服务管理“红线”，加强经营进出境邮政通信业务事中事后监管，新增普服场所5处，办理信息备案91项。加强法治邮政建设，完成年度执法报告、执法证考试换证、行政复议与行政应诉填报等工作。完成《吉林省邮政条例》新修订内容专项清理，发布邮政监管相关法律规范20个，“流程图”11份，反馈意见30余条。做好行政执法“三项制度”、案卷评议、执法监督工作，评审推选行政执法“优秀案例”。

强化行业人才支撑。落实《吉林省邮政业从业人员职业技能培训方案》，与人社部门紧密联系，为行业人才培养争取地方政策补贴扶持。搭建邮政快递业人才需求对接平台，开展高校毕业生网络招聘活动，全省62家快递企业发布102个岗位信息，累计招聘人数1014人。落实邮政快递业人才素质提升“246”工程，推进快递工程职称评审，截至11月，全省开展职业技能培训4182人次，争取财政补贴294.2万元。

高质量发展步伐加速迈进。推进“两进一出”工程。落实国办29号文件，全面推广快递“进村”，纳入吉林省50件重要民生实事，争取专项资金200万元。通过建立台账、按周督导、按月通报等方式，实施快递进村“8369”工程，即：按照“八有”标准打造站点；新建3000个村级快递综合服务站；推进6个以上主要品牌入驻；实现建制村快递服务通达率达到90%以上。截至10月份，全省建制村快递服务通达数量8929个，通达率96.94%。推广多种合作模式，全省邮快合作建制村1513个，8家品牌快递企业与电信公司签订“快电合作”框架协议。重点实施快递“进厂”，截至10月底，快递服务制造业业务量5407.08万件，累计实现业务收入1.48亿元，直接服务制造业产值8.43亿元。精心组织快递“出海”，多方式拓展“出海”基础网络，加快与跨境电子商务协同发展，在对俄、对韩等跨境包裹方面，发运航班16架次，运输快件137.6吨。

提升行业供给质量。打造“一地一品”项目10个，“双阳鹿产品”“白山人参”“松原大米”3个项目销售额均过亿，“黄松甸木耳”“查干湖冬捕鱼”等4个项目销售额过千万。截至10月份，快递服务农业业务量1112.42万件，累计实现业务收入6501.63万元，直接服务农业产值5.39亿元。充分发挥行业优势，破解农村末端服务难题，联合省商务厅等部门打造寄递农特产品“示范项目”和基地建设，吉林省内“一黑一白”“千里辽河”“长白山人参”三个项目销售额过千万，累计销售额1.29亿元。

加快产业协同发展。多举措推进快递园区建设，全省累计建成快递园区17个，入驻企业46家，配置自动分拣设备179套，日均处理量达到622万件。末端投递服务能力显著提升，累计建立快递末端公共服务站1542个，同比增长98.97%；累计布放智能快件箱2104组，25.3万个格口。提升邮政综合服务能力，积极拓展警邮、税邮、政邮、医邮等政务便民服务业务功能，全省警邮合作网点193个，区县覆盖率98%；税邮、政邮合作网点720个，区县覆盖率100%。四是提升绿色发展水平。联合省发展改革委等6部门出台《吉林省关于加快推进快递包装绿色转型的实施意见》。贯彻落实《邮件快件包装管理办法》，开展邮件快件过度包装和随意包装专项整治，4个地区针对行业生态环保行作出行政处罚。有效实施“2582”工程，全省采购使用符合标准的包装材料应用比例为89.03%；按照规范封装操作比例达95.67%；可循快递箱（盒）使用量达19956个，电商快件不再二次包装率达87.06%，新增478个网点设置标准包装废弃物回收装置。持续开展行业塑料污染治理，降低塑料胶带、不可降解包装袋和一次性塑料编织袋使用率。开展“邮来已久、绿动未来”“绿色快递进校园”主题宣传活动，倡导“快递包装不乱扔，分类回收再利用”。

平安寄递建设有效加强。联合机制日益完善。召开9部门寄递渠道安全管理联席会议和协调领导小组会议，形成工作合力。联合公安、安全等部门，开展全省寄递渠道禁毒百日攻坚行动，配合做好涉枪涉爆、侵权假冒、防范冷光烟花等专项工作，开展邮政业消防安全、新型毒品管控等专项行动，持续做好“三项制度”落实。完成建党百年庆祝等重大节日、重要活动寄递渠道安全和业务旺季服务保障工作。

综合治理逐步强化。部署开展邮政快递业安全生产专项整治三年行动。成立工作专班，制定任务清单和措施清单，实施“五化”抓安全生产。开展2021年“安全生产月”和“白山松水安全行”活动，对四个地区开展寄递安全专项督导。组织收看安全生产专题教育片、“测测你的安全力”知识竞赛等活动。组织企业安全员培训，提升驻企安全员持证比率。

应急能力稳步提升。印发行业应急管理工作要点，加强和规范安全事故事件信息报告，妥善处置应急事件5起。开展安全生产风险隐患大排查大整治，及时有效应对“7·24”火灾和极端天气对行业造成的影响。加强“绿盾”工程维护管理和技术应用，完成申诉系统升级改造。做好“两联”项目对接协调工作，接入率100%，在线率为99.30%，位居全国第三位。做好“扫黄打非”工作，排查堵截各类违禁出版物和有害宣传品。开展重大节日、重要活动安全检查专项行动，检查场所803处次，签订责任书822份。

疫情防控有效落实。落实“一精准，三确保”防疫要求和规范、指南，妥善应对局部疫情，加强常态化疫情防控。印发相关文件17份，起草上报各类请示、报告8份，印发口袋书3000本，防疫简报58期。为疫区免费运送32.6万件，价值1550万元的疫情防控物资。协调开展从业人员免费核酸检测。联合相关部门迅速处置涉疫邮件快件。全力推进从业人员疫苗接种和加强针接种工作，实现“应接尽接”。

行业治理效能显著增强。强化邮政市场监管。开展市场秩序整顿专项行动，建立治理台账、印发情况通报、跟踪处理结果，发布专项检查任务668项次，完成率达到100%，有效遏制违法违规行为。及时处理举报案件线索29条，保障用户合法权益。全省开展常规性检查928家次，查处违法违规行为210起，约谈告诫31次，下达整改通知书135份，立案处罚44起，罚金22.6万元。重新核定和公示全省邮政用品用具生产企业名录。

依托"绿盾"工程,提升视频巡查系统上线率。规范管理车辆,实行备案登记、统一编号、统一标识管理,车辆保险率达到55%。

夯实基础管理工作。贯彻落实"过紧日子"思想,开展节约型机关建设活动。开展项目预算绩效评价。落实新不变单价使用衔接,核报规上企业名单,做到应统尽统。加强行业新闻宣传工作,截至10月份,省局网站发布政务信息1167篇,在"一网一报一刊"累计发稿368篇,三季度新闻宣传考核位列全国第5位。完成公主岭市邮政管理职责调整。加强保密、档案管理,做好政务公开对接和目录调整工作。

三、快递市场存在的突出问题

一是统筹抓好疫情防控和行业安全发展的能力严重不足,行业县域治理欠缺。邮政行业监管和支撑服务力量薄弱问题十分突出,特别是新冠肺炎疫情发生以后,监管力量不足、协同治理欠缺等问题比较突出。邮政快递服务网络已经延伸至全省所有乡镇村,服务覆盖人们吃、穿、住、用、行等方方面面,成为日常生活不可或缺的一部分,我省每年从寄递渠道均查获枪支弹药、管制刀具、毒品、非法出版物、易燃易爆品等各类禁寄物品,寄递安全已经从传统的通信安全上升为国家安全、社会安全与公共安全的重要部分,同时受疫情的影响,在县域"谁来管、谁来促"的问题日益突出和迫切。邮政管理系统仅在省市设置[邮政管理体制由中央和地方双重管理,全省邮政管理部门行政编制112个,其中省局行政编制18个,9个市(州)局行政编制94个,无县级监管机构],加之监管力量不足、协同治理欠缺,成为当前亟待解决的问题。

二是行业发展能力严重不足,基础设施建设相对滞后。行业基础设施建设相对滞后,冷链寄递物流网络欠缺。除长春市以外的市(州)普遍没有集聚型的综合快递物流园区,导致快递服务电子商务、制造业和农业的能力严重不足,打造集电商、快递、仓储、物流、冷链等五大平台为一体的综合智慧快递物流园区依然在路上在纸上。同时,以县级快递物流集散中心为基础的三级寄递物流体系基础设施依然存在短板,全省有227个县级分拨处理场所,其中具备集散功能的157处,但企业自有场地仅有21个,其余均为租赁,且这些场地普遍狭小,不具备共配、仓储、电商、冷链等功能,无法适应新零售和县域商业体系建设的需要,也难以满足疫情期间防控物资和群众基本生产生活物资保障的需要。

三是行业信息化监管能力严重不足,科技支撑存在短板。在省委、省政府的鼎力支持下,省局层面已经成立邮政业安全中心,但市州层面没有成立,绿盾系统难于发挥"千里眼顺风耳"作用,亟需专门机构、专业人员从事全区寄递渠道安全信息管理、应急处理和技术保障工作。

黑龙江省快递市场发展及管理情况

一、快递市场总体发展情况

2021年,黑龙江省邮政行业业务总量累计完成132.5亿元,同比增长19.5%,业务收入(不包括邮政储蓄银行直接营业收入)累计完成145.5亿元,同比增长13.4%;其中,快递企业业务量累计完成6.0亿件,同比增长32.9%,业务收入累计完成83.4亿元,同比增长18.9%(表7-8)。新增社会就业2000人以上。服务满意度继续位于全国第一梯队,行业运行平稳有序,在全省经济社会发展中作用不断增强,为扎实做好"六稳"工作、全面落实"六保"任务作出了积极贡献。

表 7-8　2021 年黑龙江省快递服务企业发展情况

指　　标	单　　位	2021 年		比上年同期增长(%)		占全部比例(%)	
		全年累计	12 月	全年累计	12 月	全年累计	12 月
快递业务量	万件	60491.00	7160.65	32.88	30.73	100.00	100.00
同城	万件	9031.27	1363.43	15.61	80.32	14.93	19.04
异地	万件	51033.11	5745.19	39.02	24.48	84.36	80.23
国际及港澳台	万件	426.62	52.02	-57.43	-51.02	0.71	0.73
快递业务收入	亿元	83.39	8.49	18.90	12.89	100.00	100.00
同城	亿元	6.93	0.90	15.98	58.21	8.31	10.63
异地	亿元	41.66	4.59	18.28	17.26	49.97	54.13
国际及港澳台	亿元	1.44	-0.82	-62.12	-303.16	1.73	-9.61
其他	亿元	33.35	3.81	32.75	44.81	39.99	44.85

二、行业管理工作及主要成效

持续加强党的领导，推动全面从严治党再深化。党史学习教育走深走实。全省系统始终把党史学习教育作为一项重大政治任务，按照“学史明理、学史增信、学史崇德、学史力行”的要求，全面部署，扎实推进。坚持“学党史、悟思想”，充分发挥局党组理论学习中心组龙头作用，建立完善交流研学、集中精学、党课专学、云上常学、常态自学“五学机制”，通过系列学习培训、研讨交流及实践活动，促进学懂弄通，及时跟进学习贯彻习近平总书记“七一”重要讲话和党的十九届六中全会精神。对市(地)局党史学习教育进行督导，检验党史学习教育成效。坚持“办实事、开新局”，将“快递进村”和保障快递员群体合法权益作为“我为群众办实事”重点工作扎实推进，制定“我为群众办实事”工作方案及省、市局重点民生项目清单，快递进村比率持续提高，快递员群体获得感不断提升，切实把学习教育成效转化为促进行业高质量发展的动力。通过表彰大会、专题党课、诗歌朗诵、学唱歌曲、观看展览等一系列活动，为党的百年华诞营造了热烈浓厚的氛围。

干部队伍建设坚强有力。进一步加强领导班子建设，选优配强市(地)局领导班子，优化干部队伍结构，对市(地)局两名正职领导进行了平级调整。坚持好干部标准，新提拔市(地)局正职领导4名、副职领导3名、其他党组成员3名。出台关心关爱干部工作意见，对全省各市(地)局空缺编制和异地任职干部进行摸底统筹，分步解决系统内长期异地任职干部问题，全年合计解决异地任职干部9人。加强优秀年轻干部培养选拔，出台发现培养使用管理年轻干部的意见，健全完善年轻干部发现、培育、管理、使用的“全链条”机制，逐步形成全省邮政管理系统“老、中、青”合理搭配的人才梯队。提拔省局机关年轻干部副处级实职领导1名，省局机关新晋升职级4人，市(地)局领导班子成员新晋升职级8人。稳妥推进干部交流，选派省局和市(地)局4名优秀年轻干部开展双向挂职锻炼，通过挂职交流促进年轻干部多岗位历练。加强“一把手”和领导班子管理监督，进一步规范干部及家属兼职和经商办企业，抓好领导干部个人事项报告。

行业精神文明建设持续深化。严格落实意识形态责任制，党组多次召开会议专题研究意识形态工作。大力加强新闻宣传工作，行业及地方主要新闻媒体持续加大对行业改革发展宣传力度。精神文明创建活动蓬勃开展，大力挖掘和宣传“小蜜蜂精神”，推荐2人为2021年度邮政行业科技英才推进计划人选和全国交通技术能手候选人。全省系统两个集体和2人获全省“扫黑除恶专项斗争”先进表彰。全省邮政快递业 3 个集体和 5 名个人获全省五一劳动表彰。

贯彻落实上级决策部署，服务大局能力再提升。“快递进村”扎实推进。加强分类指导，圆满完成年度推进目标，各市(地)局各企业提高站位、负重前进、攻坚克难、扎实推进，取得了明显成效，全省邮政企业之外 3 个以上快递品牌服务通达的建制村数量达到 8741 个，覆盖率为 97.2%。“快递进村”先后写入 2021 年省政府工作报告、黑龙江省“十四五”规划纲要、省政府办公厅《关于推动物流降本提质增效的实施意见》和省委十二届九次全会通过的推进农业农村现代化实现新突破的决定等省级重磅文件。“邮快合作”进一步深化，省局和佳木斯局作为典型在全国邮快合作电视电话会议上进行了经验交流，全省邮快合作建制村达到 8561 个。“客货邮”融合模式稳步推进，联合省交通运输厅、省邮政公司制定《2021 年黑龙江省推进农村客货邮融合发展工作方案》，各市(地)局联合相关部门稳步推进辖区“客货邮”融合发展工作。快递员合法权益保障不断加强。联合省总工会从全省层面推动快递员集中加入工会组织，出台快递员免费体检、心理咨询、法律服务、劳保用品等相关政策。牡丹江市率先启动快递员优先参加工伤保险工作。继续开展“暖蜂行动”和“快递从业青年服务月”，全省系统组织慰问活动 101 场，协调解决公租房廉租房 5 套，新增爱心驿站等服务阵地 2026 个，为快递员免费体检义诊 3.9 万人次。服务乡村振兴有力有效。持续深挖农村市场潜力，培育“一地一品”项目 4 个，其中哈尔滨大米项目业务量超过 3300 万件，再次入选国家快递服务现代农业金牌项目，全年农村地区快递收投总量超过 1.6 亿件。邮政企业不断完善农村邮政服务体系建设，全省累计建成邮乐购站点 7137 个，培育邮政服务农特产品进城项目 19 个。

全面加强顶层设计，政策发展环境再优化。地方政策支持力度加大。省政府先后出台《关于推动物流降本提质增效的实施意见》《加快农村寄递物流体系建设若干意见》，涉及行业支持政策资金超亿元。制定的《哈尔滨国际航空货运枢纽建设工作方案》，为行业发展提供了新的契机。联合印发《关于做好快递员群体权益保障工作的意见》，将快递员权益保障工作落到实处。全省 9 个市(地)局出台邮政领域财政事权和支出责任划分改革方案。规划编制衔接进展顺利。与省发展改革委、省交通运输厅联合印发《“十四五”黑龙江省邮政业发展规划》，哈尔滨、齐齐哈尔、牡丹江、佳木斯、大庆等五个市(地)行业发展规划顺利出台。完善乡村邮政基础设施、快递进村等 6 项直接涉邮工作写入省规划纲要，建设东北地区最大的国际邮件处理中心纳入省规划纲要重大工程。推动行业规划与现代综合交通运输体系等省重点专项规划深度衔接。规划统筹引领作用进一步发挥。法规工作扎实推进。完成《黑龙江省邮政条例》修订工作，快递进村等重点工作实现了立法突破，县级人民政府确定的部门负责履行寄递安全属地管理责任等方面有了法律依据。对群众反映最为强烈的末端投递服务问题增加专门条款予以规范并设定了罚则。规范市(地)局法制审核程序，指导设置专门的法制审核人员，法治监督水平不断提升。“放管服”改革持续深化。开通快递业务经营许可证线上寄递和咨询预约功能，快递业务经营许可申请和许可变更按时完成率均达到 100%，全年共为 61 家企业提供快递业务经营许可证线下免费寄递服务。包容审慎推动新业态监管，全省累计发放智能快件箱、开办服务站许可 4 件。扎实做好许可延续审核工作。

持续推进供给侧结构性改革，行业发展质效再提升。基础能力建设不断强化。深化综合交通运输衔接，积极参与哈尔滨市航空货运基地和北方快运基地建设，向国家邮政局争取政策支持，协调邮政、快递企业运用企业资源助力哈尔滨市航空货运枢纽建设。邮政企业加快建设位于哈尔滨市临空经济区的航空邮件处理中心，并开通对俄航空一般贸易货物运输线路。顺丰规划在哈尔滨市临空经济区建设智慧型产业园区，助力枢纽建设，在哈尔滨运营自有国内全货机线路2条。高铁运输快递线路稳步运营，全省干线车辆突破1200辆，10个省级处理中心实现自动化分拣。末端服务体系不断完善，县乡村共配网络加快构建，智能快件箱数量达到2299个，公共服务站达到4820个。人才队伍建设持续加强。持续实施职业技能培训“246”工程，全省年度培训8321人次，将行业职称评审标准纳入省深化工程技术人才职称制度改革实施方案。联合省总工会举办了与全省邮政行业职业技能大赛，并推荐优秀选手参加全国大赛。推进行业网络招聘活动，提供就业岗位687个。协同发展进一步深化。指导邮政企业加快邮政综合平台建设，推进邮政网点服务创新，叠加警医邮、彩票、电信运营商等服务，全省警邮、税邮、政邮市（地）级覆盖率达100%，税邮合作网点区县覆盖率达100%。稳步推进“快递进厂”，支撑制造业产值超过1.8亿元。巩固与电商协同发展成果，认真做好“双11”“双12”快递业务旺季服务保障工作，最高日处理量达1200万件。

统筹兼顾发展与安全，行业综合治理效能再提升。疫情防控有力有序。全省邮政快递业成功应对年初绥化市望奎县和哈尔滨市局部疫情，9月哈尔滨市巴彦等县区和绥化市北林区突发疫情。快速打赢了10月黑河、哈尔滨多链条传播、多点散发疫情及11月哈尔滨新发疫情两场硬仗。协调疫情防控指挥部发文明确县区行业疫情防控属地管理责任，严格落实《疫情防控期间邮政快递业生产操作规范建议（第七版）》，抓实抓细防疫措施。坚决抓好进境关口疫情防控，认真落实国际邮件快件处理场所“人”“物”同防、闭环管理措施，实现监督检查全覆盖。果断处置涉疫快件寄递事件，有效阻断疫情通过寄递渠道传播。按照“应接尽接”原则做好疫苗接种，从业人员两针接种率达99.03%。

安全监管和应急处置水平持续提升。强化“三项制度”落实，狠抓“实名不实”问题纠治，大力推进视频联网和安检机联网，接入监控点位1589处、摄像头6074个，加快推进“绿盾”工程一期应用。开展作业场地安全管理规范化提升行动，排查治理风险隐患，突出整治“四不”问题，完成33个处理场所的传送带堵缝、人车分流两项重点整治任务。联合开展寄递渠道禁毒百日攻坚行动，集中整治危化品寄递问题，扎实做好寄递渠道反恐、“扫黄打非”、打击侵权假冒、野生动物保护以及用户信息安全保护等工作。健全行业安全事故事件信息报告制度。全面实施维稳应急处置“四个一”机制，妥善处置天天、速尔等企业经营异常事件，有效应对洪水、冻雨、冰雪等自然灾害和极端天气。高质量做好中国共产党成立100周年庆祝活动期间及全国“两会”、全运会、第四届进博会等重大活动寄递安保工作。绿色转型持续推进。深入实施“2582”工程，开展重金属和特定物质超标包装袋专项治理，过度包装和随意包装也得到初步遏制，可循环快递箱（盒）投放量达到5.62万个，电商快件不再二次包装比例达到92%，新增设置符合标准包装废弃物回收装置的邮政快递网点535个。贯彻实施《邮件快件包装管理办法》，做好用品用具监管，加强行业生态环保监管执法，积极推动多方协同共治。

一年来，黑龙江省邮政管理局加强省级以下邮政监管支撑体系建设，庆安邮政管理局经国家邮政局批复成立，从全省层面推动市（地）邮政业安全中心和县级邮政监管机构取得初步进展。落实“过紧日子”要求，持续强化预算管理和执行，全省系统压减一般公共预算项目支出55.8%。做好全省系统养老保险及职业年金清算期个人费用缴费工作。高质量推进系统内部经济责任审计工作。健全完善省局机关各项规章制度。强化所属事业单位管理。做好行业统计工作，强化数据质量管控，强化数据分析解读。扎实做好网络安全、督查、信访、保密、档案、政务信息公开、建议提案办理等工作。加强和改进系统离退休干部和工会工作。

三、快递市场存在的突出问题

全省系统及行业高质量发展动力不足,高效能治理能力弱的突出问题,一是监管力量薄弱。现阶段系统内“人少事多”局面未得到根本扭转,县区以下监管力量不足,监管盲点交叉点并存,无序发展苗头显现。二是队伍能力不足。干部队伍梯级培养体系尚未建立,后备力量断层隐患依然存在,广大干部面对新形势新要求依旧存在本领不足、本领恐慌、本领落后的问题。三是发展质效不高。行业发展总体仍处于初级阶段,协同相关产业发展作用发挥不充分,国际寄递物流网络尚未取得实质性突破,质量不稳、结构不优、效益不高、安全隐患突出等问题依旧存在。四是行政执法水平不高。行政执法随意性较大,执法偏软现象时有发生,行政执法工作人员执法办案能力有待提升,执法程序有待进一步规范。

上海市快递市场发展及管理情况

一、快递市场总体发展情况

2021 年,上海市邮政行业业务总量累计完成 1691.9 亿元,同比增长 20.4%,业务收入(不包括邮政储蓄银行直接营业收入)累计完成 1788.1 亿元,同比增长 18.9%;其中,快递企业业务量累计完成 37.4 亿件,同比增长 11.2%,业务收入累计完成 1715.8 亿元,同比增长 20.1%(表 7-9)。

表 7-9　2021 年上海市快递服务企业发展情况

指　标	单　位	2021 年		比上年同期增长(%)		占全部比例(%)	
		全年累计	12 月	全年累计	12 月	全年累计	12 月
快递业务量	万件	374137.9	31859.3	11.2	-10.9	100.0	100.0
同城	万件	82632.8	6642.8	-4.8	-15.1	22.1	20.9
异地	万件	276252.4	23745.2	17.2	-9.3	73.8	74.5
国际及港澳台	万件	15252.8	1471.4	9.9	-15.1	4.1	4.6
快递业务收入	亿元	1715.8	170.3	20.1	6.1	100.0	100.0
同城	亿元	55.4	4.7	-0.8	-8.9	3.2	2.8
异地	亿元	212.9	20.6	6.7	0.1	12.4	12.1
国际及港澳台	亿元	143.8	8.0	16.0	-49.2	8.4	4.7
其他	亿元	1303.8	137.0	24.3	15.1	76.0	80.4

二、行业管理工作及主要成效

始终坚持党的领导,全面从严治党深入推进。 党史学习教育走深走实。始终把党史学习教育作为年度重大政治任务抓紧抓实,按照“学史明理、学史增信、学史崇德、学史力行”的要求,全面部署、扎实推进。成立领导小组,组织专题讲座 3 次、专题党课 14 次、集中学习 174 次、主题党日活动 97 次。召开“七一”纪念大会,组织集体宣誓,表彰“两优一先”,向老党员颁发“光荣在党五十年”纪念章。成立 6 个巡回指导组进行线上线下督导。开展“我为群众办实事”活动,更好服务乡村振兴、提升末端投递服务水平、加强快递员权益保护三个实事项目全部落实。通过理论学习中心组、党组会第一议题学习、“三会一课”、集中培训、在线学习培训等方式深入学习贯彻习近平新时代中国特色社会主义思想，先后召开4次党组理论中心组（扩大）学习交流会，专题学习12项重点内容；党组会第一议题集中学习23次64项专题内容。

组织和干部队伍建设不断加强。完成机关党委换届、成立机关纪委。制发机关党建工作责任清单、党支部工作检查考核办法。严格落实党支部“三会一课”、民主评议、组织生活会、谈话谈心、请示报告、党员领导干部双重组织生活等制度，开展党组织书记党建工作述职。对5名党员开展关怀帮扶，慰问结对支部金山夹漏村困难党员30人次。积极开展“两优一先”评选，1名党员获市“优秀党务工作者”称号，2名个人和1个支部获市建设交通系统“两优一先”表彰。制发《中共上海市邮政管理局党组管理干部选拔任用工作程序》，全年组织干部选拔任用21人次，处级领导岗位配置率提升至91.3%。稳妥有序完成公务员职级二次晋升。制定局公务员培训管理办法，组织行业高质量发展专题讲座、青年干部综合培训班。

行业党建取得阶段性成果。联合市建交党委、交通委党组印发《关于进一步加强上海市快递行业党建工作的实施意见》，组织13家品牌快递企业建立上海市快递行业党建联盟，开展建党百年主题党日、党员亮身份活动。创建18个“上海市邮政快递先锋”党组织建设示范点，行业7个先进班组获评市五一劳动奖、工人先锋号，表彰市快递行业文明单位35家，行业获评全国青年文明号2家、市文明单位5家。浦东邮政管理局联合浦东区委推进快递群体流动党员组织工作。青浦邮政管理局对接青浦区委开展行业党建调研，评选10名区首届“最美快递员”。奉贤邮政管理局对接奉贤区委成立快递业党建联盟。

正风肃纪向纵深推进。完成国家邮政局党组对上海市邮政管理局党组巡视整改任务。落实中央八项规定及其实施细则精神，持续整治形式主义、官僚主义。开展警示教育、案例教育、廉政谈话，坚持不懈防“四风”反弹。深化运用监督执纪“四种形态”，开展新提任、晋升职级处级干部集体廉政谈话17人次，节前廉政谈话10人次，专题执纪调查廉政谈话6人次。对8起举报问题线索进行函询查核。深入开展“三重一大”决策不规范、技术和服务项目外包不规范、行政执法不规范等突出问题专项整治工作。

持续优化市场环境，行业发展基础进一步夯实。规划引领显著增强。制发“十四五”上海市邮政业发展规划。基本建成上海邮政快递国际枢纽中心、加强绿色邮政建设、加快行业网络建设等内容被纳入《上海市国民经济和社会发展第十四个五年规划和二〇三五年远景目标纲要》。加快推进青浦区全国快递行业转型发展示范区建设、快递“两进一出”工程、智能配送设施网络布局和邮件快件包装减量化、绿色化、可循环等邮政快递业重要内容纳入16个市级相关规划。会同相关省局完成长江三角洲地区快递服务发展“十三五”规划评估工作。

营商环境进一步优化。上海自贸区和临港新片区国际快递经营业务许可审批政策落实落地，完成1家自贸区企业新申请和1家企业换证工作。印发行业贯彻落实新时代加快完善社会主义市场经济体制意见工作方案。7家服务站企业、9家智能快件箱企业等末端形态纳入监管。市公安、应急管理、市场监管、城管、消防、邮政管理等部门联合开展快递市场秩序整顿专项行动，快递市场秩序进一步规范。青浦区政府出台《促进总部经济发展的实施办法》《加快推进现代服务业高质量发展实施细则》，行业发展获得政策支持。完成绿盾工程和安检机联网配套设施建设并推广应用。开展智能安检系统试点和智能视频监控试点工作。完成“12305”申诉热线与地方政务服务便民热线归并。

法制邮政建设进一步加强。参与制定并组织落实《上海市非机动车安全管理条例》。完成行政执法年度报告和全年执法数据公开，开展行政执法案卷评议及重大行政执法决定法制审核。启动行业“八五”普法工作。每季度召开行业经济运行分析会,及时把握行业发展态势。组织上海市邮政管理局和驻沪总部企业统计人员培训。开展行业统计督察整改“回头看”。

着力推进“三大工程”建设,行业发展格局不断优化。加快推进“两进一出”工程。推动将“两进一出”工程相关内容纳入《上海市综合交通发展“十四五”规划》。快递进村扎实推进,农产品“一市一品”示范项目销售额达6168.67万元,邮乐购标准化站点数量达907家。邮快合作在崇明、金山区实现突破,全市首个邮快合作示范点在崇明区竖新镇育才村邮政综合便民服务站揭牌成立。快递进厂步伐加快,与市经信委联发实施《关于促进本市快递业与制造业深度融合发展的实施意见》,推动品牌快递企业为上海大众汽车、米思米、水星家纺等制造企业提供快递服务。快递出海稳步推进,上海邮政快递国际枢纽中心建设有序开展,上海海关积极推进在邮政企业规划建设跨境电子商务出口海关监管作业场地。浦东新区祝桥镇邮政快递基础设施建设有力推进。参与临港新片区特保区产业规划制定,推动邮政快递企业在特保区的产业落地。建设国际航空、中欧班列、远洋海运、陆路卡运等多种模式的邮政快递物流供应链。宝山邮政管理局指导辖区3家“快递出海”企业取得国际快递许可证,有效服务周边国家市场。全市评选出11个2020年“两进一出”工程示范项目,其中“快递进村”2个,“快递进厂”6个,“快递出海”3个,共计实现快递业务量5719万件,快递业务收入21.05亿元。

积极推进末端建设工程。智能快件箱和快递公共配送站建设相关内容被纳入《上海市城市管理精细化“十四五”规划》。实施智能快件箱服务用房设置行政协助,共完成项目审核531个,其中164个项目为住宅和商务楼宇建设项目,设置配套智能快件箱服务用房面积1.8万平方米。黄浦邮政管理局联合黄浦区政法委在小东门街道试办全市首家快递公共服务站,整合末端投递资源。推动菜鸟驿站与社区超市、便利店、物业等开展合作,探索家门口的社区快递服务平台建设。截至目前,全市共有智能快件箱38060组,其中新建智能快件箱6000余组;格口数357万,同比增长18.6%。

持续推进绿色环保工程。大力实施上海邮政快递业“25941”绿色升级工程,实现全市可循环快递箱(盒)应用33万个、循环使用次数超500万次、电商快件不再二次包装比例达到92%、不可降解塑料胶带使用量下降40%的推进目标。大力开展固废法、《邮件快件包装管理办法》等法律法规的宣贯,组织召开本市邮政快递业塑料污染治理培训会议。联合市发展改革、经信、商务、绿化市容部门共同加快推进快递包装绿色转型。联合市机管、经信、商务、绿化市容、水务部门共同举办“绿色生产生活方式进机关”活动。组织快递企业发起“推进绿色认证、使用绿色产品”倡议。开展邮件快件过度包装和随意包装专项治理,立案查处3家企业。推动地方政府承担行业环境污染治理责任,首次争取到“快递包装绿色转型工作推进”专项资金。

全面统筹发展与安全,行业综合治理取得新成效。疫情防控有力有序。严格落实国家邮政局《疫情防控期间邮政快递业生产操作规范建议(第七版)》,制定实施《上海市邮政快递业疫情防控规范(加强版)》。妥善做好河北、江苏、内蒙古涉疫邮件快件处置工作。扎实推进行业从业人员新冠疫苗接种工作,接种率达到97%。

寄递安全基础不断夯实。扎实推进行业安全生产专项整治三年行动,深入推进邮件快件处理场所安全管理规范化提升行动,健全安全生产责任和管理制度体系、隐患排查治理和风险防控体系。完善政企安全工作联席会议机制,强化企业安全生产主体责任,严格落实“两张清单”,持续推进“三项制度”落地。督促邮政快递企业加强协议客户寄递物品安全管控和零散用户交寄物品验视把关,加强安检设备的日常管理和使用,配齐、配足安检机操作人员，严格落实应检必检要求。全面推进绿盾工程建设，完成绿盾监控中心装修改造工程。黄浦、奉贤邮政管理局积极推进将寄递行业监管纳入地方网格化监管体系，建立辖区网格化监督管理机制。

重大活动和业务旺季安保水平持续提升。周密部署、精心组织重大活动和业务旺季寄递安全保障工作，与公安、国安、交通委等部门开展联合检查，圆满完成全国“两会”、第十届花博会、建党百年庆祝活动、第四届进博会等重大活动和业务旺季寄递安全服务保障任务。

不断强化日常监管，行业治理能力和水平持续提升。强化快递市场监管。持续推进“四不”治理，开展涉枪涉爆、打击寄递野生动物、打假、打击涉及冷光烟花和“钢丝棉烟花”生产运输销售、传送带堵缝和人车分流两项任务、电动自行车消防安全、寄递渠道禁毒百日攻坚行动等专项整治工作。松江邮政管理局联合徐汇区禁毒办开展寄递渠道禁毒百日攻坚培训和专项检查。青浦邮政管理局组织6家快递企业召开快递业稳定市场环境座谈会，推进行业遏制“低价竞争”行为。联合市检察院举办“守护安全、放心寄递”倡议活动，做好信息安全工作。全年共开展行政执法检查993次，查处违法违规行为265次，下达整改通知书192件，行政处罚74起，停业整顿12家，吊销许可证9起，罚款62.16万元。

强化支撑保障建设。召开2021年市促进邮政业发展联席会议，全面部署落实国家邮政局和上海市政府第二轮部市合作协议。制定局工作要点，细化成74项工作任务。建立落实习近平总书记对邮政业重要指示批示精神台账。围绕建党百年等重大活动做好行业新闻宣传工作，及时处理各种舆情。圆满完成20件市人大代表建议和市政协委员提案办理。全力推进中央与地方财政事权与支出责任划分改革方案制订。

积极落实七部门意见，快递员群体合法权益得到切实保障。制度建设不断完善。成立工作领导小组，建立政府部门联系机制。通过座谈交流、检查走访、调阅资料等方式全面掌握快递员群体权益保障工作现状。开展快递员末端派费调整和品牌企业内部罚款情况月度调查。快递员公租房政策纳入《上海市住房发展“十四五”规划》。

部门联动持续增强。深化“暖蜂行动”，开展“迎新春送温暖、稳岗留工”“工会进万家服务月”“双11快递员温暖行动服务月”等活动，全年开展“快递从业青年服务月”活动。联合市总工会等10部门印发《关于上海推进新就业形态劳动者入会和服务工作的指导意见》，4万多“快递小哥”成为工会会员。落实市总工会“五送”实事项目，累计开展慰问活动514次，共有2770名快递小哥获得意外伤害基本保障，8384名快递小哥享受免费体检，200名快递小哥参加免费疗休养。推进快递企业为快递员购买社会保险或商业保险77650份。全市共1365个“爱心接力站”为快递员提供服务。

快递从业人员技能进一步提升。与市人社局联发《关于加强快递从业人员职业技能提升工作的通知》，出台多项培训激励保障措施。全年共培训快递从业人员20353人，争取地方资金补贴207.16万元；共聘任快递工程技术初级职称185人，获评中级职称6人，2人参评高级职称。顺丰快递公司成为全国首家在省级范围内获得企业职业技能等级认定资质的快递企业。举办快递行业职业技能竞赛，在第三届全国总决赛中取得个人三等奖、团体优胜奖、优秀技术指导奖和优秀组织单位奖等荣誉。组织推荐3名个人入选年度全国邮政行业技术能手推进计划，6名个人入选科技英才推进计划。

三、快递市场存在的突出问题

一是大而不强。我国快递包裹数量占全球一半以上，但综合物流能力不强，嵌入产业链不深，促进产业关联畅通作用不充分；跨境寄递物流供应链自主可控能力不强，无法有效支撑高端制造走出去，国家战略性基础设施作用发挥不充分。二是快而不优。行业增速“领跑”，行业服务效率、时效也领先于国外，但与质量、结构、效益、安全不协调。中高端供给不足，供给适应性和灵活性还需加强；运营还处于价值链中低端、被动依赖局面没有得到根本改变；寄递安全、生产安全、信息安全隐患突出。三是粗而不精。行业总体上仍处于发展初级阶段，治理资源与规模任务不匹配，治理能力与发展形势不适应，制度刚性还不足，监管盲点交叉点并存，无序发展苗头显现；公共设施难以跟上群众用邮需求，企业经营管理粗放，行业文明有待提升，绿色转型任务艰巨，数据挖掘利用不够。面对这些风险挑战，我们要以更大决心、更大气力、更大勇气，切实加以解决。

江苏省快递市场发展及管理情况

一、快递市场总体发展情况

2021 年，江苏省邮政行业业务总量累计完成 972.7 亿元，同比增长 20.0%，业务收入（不包括邮政储蓄银行直接营业收入）累计完成 1001.1 亿元，同比增长 8.9%；其中，快递企业业务量累计完成 86.1 亿件，同比增长 23.4%，业务收入累计完成 788.4 亿元，同比增长 11.2%（表 7-10）。

表 7-10　2021 年江苏省快递服务企业发展情况

指　　标	单　　位	2021 年		比上年同期增长(%)		占全部比例(%)	
		全年累计	12 月	全年累计	12 月	全年累计	12 月
快递业务量	万件	860653.72	78628.71	23.36	3.93	100.00	100.00
同城	万件	124364.86	11517.89	10.72	10.53	14.45	14.65
异地	万件	732169.08	66730.60	25.99	2.93	85.07	84.87
国际及港澳台	万件	4119.78	380.23	-2.09	-7.33	0.48	0.48
快递业务收入	亿元	788.38	55.87	11.21	-23.01	100.00	100.00
同城	亿元	69.53	6.45	6.05	6.77	8.82	11.54
异地	亿元	490.58	43.04	12.48	-1.75	62.23	77.03
国际及港澳台	亿元	68.63	-8.32	-16.36	-195.37	8.70	-14.89
其他	亿元	159.65	14.70	27.53	5.00	20.25	26.31

二、行业管理工作及主要成效

加强党的建设，政治生态更加优良。各级党组织不断强化思想政治引领，全省系统政治生态更加优良。坚持全面从严治党。完善党组会“第一议题”制度，省局党组每次会前集中学习习近平总书记有关重要论述。召开全面从严治党会议，签订责任书，推动从严治党向基层延伸。落实意识形态工作责任清单，开展风险点排查，做好意识形态阵地建设和管理。落实国家邮政局党组第二轮政治巡视反馈意见整改工作，召开巡视整改专题民主生活会，制定落实“三张清单”，48 个问题全部整改到位。开展党史学习教育。制定党史学习教育方案，成立党史学习教育领导小组、巡回指导组，及时推动部署落实，组织召开党史学习教育专题组织生活会。因地制宜、以上率下，深刻领会习近平总书记在党史学习教育动员大会和“七一”重要讲话精神，学习贯彻党的十九届五中、六中全会精神，组织开展“两争一前列”解放思想大讨论、党组书记讲专题党课、“百年百堂微党课”、青年演讲比赛、革命圣地打卡等活动，持续掀起学习党史热潮。开展“我为群众办实事”实践活动，部署“两在两同”建新功行动，扎实推进“快递进村”、快递员权益保障、智能信报箱建设等3项为民办实事重点项目建设。

创新党建活动载体。组织庆祝建党100周年系列活动，参观“中国共产党在江苏”历史展，开展“守岛人”主题党日、“社会主义核心价值观主题实践教育月”等活动，评选表彰全省系统“两优一先”，颁发“光荣在党50年”纪念章，进一步坚定共产党员的信仰。发挥党组理论学习中心组“头雁效应”，用好“学习强国”“机关讲坛”等学习载体，持续加强党员教育管理。部署开展机关党支部分类达标定级和述职评议考核等工作，不断提升基层党组织凝聚力和战斗力。加大监督执纪力度。制定落实《“廉洁机关”建设实施意见》《“打铁必须自身硬”专项行动》，修订《廉政风险防控手册(试行)》，组织开展“三重一大”决策不规范等3个专项整治。加强监督执纪，坚持以案释纪，召开典型案例警示教育会。全年受理信访举报4件、办结3件，其中党内警告处分1人。加大纠治“四风”力度，持续推动落实中央八项规定及其实施细则精神。严把选人用人党风廉政意见关，出具廉政意见38份。落实《党员干部任前谈话制度》，对39名提任的领导干部和晋升职级公务员进行廉政谈话。举办纪检专题培训班，提升业务能力水平。

聚焦高质发展，供给质态更加优化。全省系统以行业高质量发展为目标，持续完善行业规划、加强政策供给。科学引领发展。会同省发展改革、交通部门发布实施《江苏省“十四五”邮政业发展规划》。加强行业规划与全省综合规划衔接，邮政业基础设施建设、发展智慧邮政快递、快递“两进一出”工程、交邮融合发展、打造现代快递产业园、推进快递包装回收利用等重点任务纳入全省“十四五”规划，南京国际货邮口岸建设列为全省“十四五”时期重大工程。制定《全省邮政业高质量发展评价指标体系和评价办法》。推动政策落地。深入推进中央与地方财政事权改革工作，全省地方财政累计投入邮政快递业发展资金1.78亿元，其中县级机构和安全中心经费4723万元、履职能力建设资金1985.3万元。推动快递企业用地指标纳入《江苏省建设用地指标》。联合省商务、交通等部门制定出台《商贸物流高质量发展专项行动工作方案(2021－2050年)》《关于推动农村客运高质量发展的指导意见》《国际物流供应链发展三年行动计划(2021－2023)》等政策意见。实施“两进一出”。“快递进村”硕果累累，组织召开全省农村寄递物流体系建设视频会和无锡、南京、淮安3次推进会，挂牌、销号管理未全面通达的建制村，全省4个品牌快递服务通达率100%、7个品牌快递服务通达率96.95%，全年实施快递服务现代农业重点项目42个、业务量超1000万件项目8个，累计产生业务量4.71亿件、带动农业产值271亿元。“快递进厂”初见成效，联合省工信厅出台促进快递业与制造业融合发展的实施意见，全年实施快递与制造业融合发展项目168个、产生业务量5.7亿件、支撑制造业产值836亿元。“快递出海”持续推进，联合省商务厅、邮政企业召开专题推进会，徐州国际邮件互换局进入试运行阶段，连云港和无锡国际邮件互换局、苏州叠加交换站功能加快协调推进。建设绿色邮政。出台全省加快推进快递包装绿色转型的实施意见，制定落实《2021年行业生态环境保护工作实施方案》，组织实施“29551”工程，开展重金属和特定物质超标包装袋、过度包装专项治理，电商快件不再二次包装率96%，可循环快递箱使用量58万个，备案网点包装回收装置覆盖率68%，建成快递绿色网点150个。

建设法治邮政，行业监管更加规范。全省系统坚持依法行政，不断提升行业高效能治理水平。深化“放管服”改革。依法高效实施行政许可，建立许可审批会商机制，全年办理快递业务经营许可申请等事项2354件次，其中核准许可申请114件、变更核准116件、延期核准33件。加强新业态监管，开展菜鸟、丰巢等新业态事中事后监管调研，督促严格落实实名收寄制度，推动丰巢实现全省范围内扫脸寄件。完善监管制度体系。落实“双随机、一公开”制度，制定随机抽查工作规程及事项清单。加强委托执法管理，明确省内委托执法范围、备案等事项。强化行政执法监督指导，开展执法不规范问题自查整改。举办行政执法专题培训班，加大《行政处罚法》宣贯力度，推广应用行政执法信息系统。依法做好行政复议案件审理、行政诉讼案件应诉工作，全年办理行政复议案件25件。加强邮政市场监管。组织开展快递市场秩序专项整治行动，严厉打击违反快递市场准入管理制度、快递服务标准等行为，妥善处理中通收寄动物盲盒事件，处罚超地域范围经营案件35起。联合市场监管部门组织遴选邮政用品用具检测机构，开展邮政用品用具市场和集邮市场专项抽查检查。联合省烟草专卖局制定落实《打击寄递渠道涉烟违法活动专项行动方案》，持续深化协作机制。深入推进寄递渠道禁毒百日攻坚行动，联合省禁毒办建立无锡、淮安、泰州寄递渠道毒品查缉站。全省共实施邮政市场行政处罚415起，其中警告2起、罚款407起、停产停业6起，罚没金额343.49万元。

坚持民生至上，群众用邮更加便捷。全省系统始终坚持以人民为中心，不断优化寄递服务供给。完善基础服务设施。加快推进邮政服务用房建设，全年在493个住宅小区新设邮政服务用房，总面积超过2.3万平方米。大力宣贯《住宅设计标准》《住宅智能信报箱建设标准》，组织召开信报箱生产企业、房地产开发企业、智能快件箱运营企业培训座谈会，推动各地加快住宅智能信报箱建设，全省累计建成智能信报箱1240组、16万格口。提升末端服务能力。巩固建制村直接通邮成果，开展投递情况监督，建制村投递实地打卡率99.88%。优化邮政综合平台服务，继续深化政邮、警邮、税邮、法邮合作，税邮合作代征税额超过了9亿元。全面推广交邮合作、快快合作、快商合作、邮快合作典型模式和做法，鼓励有条件的地区建设面向农村的共同配送中心，完善农村物流基础设施末端网络，助力乡村经济发展。

强化服务质量监督。依据《江苏省申诉处理质量考核办法》，强化对四项指标的考核，全年申诉处理及时率99.99%以上、用户对申诉处理满意度97.6%以上。修订《快递企业区域总部管理办法》，制定《快递市场监管提示办法》，行政约谈2020年受到橙色、红色警示的3家品牌企业总部和快递单价过低的3家企业，并对1家品牌企业总部发出监管提示函。保障从业人员权益。持续推进关心关爱快递员工作，成立12个市级行业团工委，实现市级快递行业工会全覆盖。经省政府同意，出台《江苏省关于快递员群体合法权益保障的实施意见》。联合省总工会等部门制定《关于开展快递行业集体协商工作的指导意见》，9个设区市开展集体协商，签订集体合同40余份。深入推进“暖蜂行动”，建成快递员爱心驿站5980个，为1.3万名快递员免费体检，向10.6万名快递员赠送意外伤害保险。组织开展3轮末端网点派费与罚款调查，推动落实《快递末端派费核算指引》，全年增加快递员派费超过2亿元、减少三分之一服务类罚款项目。

深化综合整治，寄递渠道更加安全。全省行业以本质安全为目标，创新安全监管模式和方法，提升风险防控能力。推动落实主体责任。落实《2021年全省邮政业安全生产重点工作安排》，持续推进安全生产专项整治三年行动，深入开展“安全生产月”宣传教育活动，推动企业严格落实“一必须五到位”和寄递安全“三项制度”。积极应对天天快递业务转型、哪吒快递无证招商等涉稳事件。深入开展专项整治。开展邮快件处理场所安全管理规范化提升行动，彻底消除安全管理“死角”和“盲区”，紧盯“处理场所机械伤害”“易燃易爆等违禁品收寄”等高危领域，推动安全生产大排查大整治，切实提升行业本质安全水平。组织开展“清风·实名寄递”专项行动，推广应用实名监管系统，严厉打击违反实名收寄制度的各种行为。圆满完成建党100周年、全国“两会”、进博会等重大活动期间寄递安保工作。

切实加强疫情防控。南京、扬州、常州突发疫情后，迅速启动应急预案，协调解决车辆通行、复工复产事项，全面落实各项防控措施。落实疫情防控常态化工作机制，督促企业严格落实健康防护、消毒消杀、核酸检测等防控措施，组织推动从业人员接种疫苗，全省行业全程接种率95.55%。加强国际邮快件消毒消杀工作，落实全流程闭环管理措施，严防境外疫情输入。妥善处置涉疫邮快件，对河北、内蒙古、浙江、陕西等地寄往江苏省的3226件涉疫邮快件，督促企业做好追查拦截、涉疫人员核酸检测、涉及场所消毒消杀、收件人提醒提示等工作。2021年，全省行业未发生聚集性感染、未发生通过寄递渠道感染病例。

强化自身建设，支撑保障更加有力。全省系统持续深化自身建设，为各项工作顺利开展提供支撑保障。加强干部队伍建设。坚持“好干部”标准，树立正确用人导向，不断提升选人用人质量，选优配强领导班子，市局班子配齐率由年初的31%提高到70%，全年选拔任用9名领导干部，10人晋升四级调研员及以上职级，对8名领导干部进行了试用期考核。完成选人用人专项检查反馈问题整改。持续推进年轻干部培养，落实《全省邮政管理系统年轻干部培养“五个一”行动计划实施方案》，举办年轻干部政治能力专题培训班。加强干部教育培训，组织处以上领导干部参加党的十九届五中全会精神、“党史百年”网络专题培训。加强干部考核激励，落实公务员及时奖励办法，组织开展建党100周年安保及时奖励，开展机关公务员平时考核工作。加强干部监督，组织落实领导干部报告有关个人事项。启动2022年公务员招录。加强行业人才培养。制定落实快递队伍建设“12115”行动计划。组织开展快递从业人员技能提升培训，邮件分拣员、快递员、快件处理员等3个职业(工种)列入省内高技能人才培训补贴紧缺型职业目录，全年累计培训近4万人次，获得地方培训补贴近1200万元，3155人获得快递职业技能等级。持续推进职称评审工作，组建新一届快递工程专业高评委，全年700人通过职称认定评审。技能培训人次、地方培训补贴和职称通过人数均位居全国前列。推动省邮政行业职业技能竞赛列入省级一类竞赛，江苏代表队获得全国竞赛团体总分第一名。全省行业5名职工入选全国邮政行业技术能手推进计划、2名职工获得省政府表彰的“江苏工匠”。

提升县级机构效能。组织召开部分地区县级机构推进会，全年新增县级机构13个，累计达到54个，在全国率先实现县(市)邮政管理机构全覆盖。制定落实《提升县域邮政管理效能考评激励办法》，开展县级机构服务地方贡献奖、优秀县局长和邮政管理标兵评选。截至2021年底，全省县级机构事业编工作人员到位率达到81.2%，较上年末提高10个百分点。加强基层基础管理。高度重视人大代表建议、政协委员提案办理工作，按期办结省级13件建议、提案，办理满意率100%。强化系统财务管理，落实过“紧日子”的要求，实行预算支出精细化管理，加强对市局财务工作的督导和考核评价。加强新闻宣传和舆论引导工作，完善政府网站及政务新媒体管理机制，省局网站全年发布信息1038条、微信公众号383篇，组织召开新闻发布会2场，发布新闻通稿8篇，接受媒体采访68次，参加央视新闻组织的高考录取通知书投递直播活动，《人民日报》等主流媒体转发“宠物盲盒”处理情况的通报，“快递进村”工作登上央视《朝闻天下》和《新华日报》。信访办结率100%，工青妇、老干部、保密、档案等工作取得积极进展。

三、快递市场存在的突出问题

行业运营质态有待进一步改善。一方面，江苏省快递平均单价由2017年的11.35元降到2021年的9.37元，寄递企业盈利空间不断收窄，“增量不增收”成为影响企业运营质态的最大因素；另一方面，全省业务量前七的快递品牌所占市场份额达到91.6%,其余12个快递品牌仅占8.4%,马太效应逐步凸显,寄递行业面临新一轮的“洗牌”,少数品牌“被兼并”“被淘汰”概率加大,维护行业平稳运行的压力进一步增大。

末端服务水平有待进一步提升。面对消费者即时化、多元化的需求,寄递服务满足个性化、定制化需求的能力有待提升;快递网点标准化、标杆化建设起步不久,标杆网点仅44个,还不能让“盆景”变成“风景”;基层网点环境脏乱、违规占道、快递车辆摆放无序等问题依然突出等等,距离“美好用邮体验”的要求还有一定差距。

融合发展深度有待进一步拓展。快递进村方面,既要“送得进”,更要“稳得住”,不同合作模式的可持续运行、农村快递服务站点的日常管护,将是下一步亟待解决的难题;快递进厂方面,全省快递服务制造业重点项目整体数量不足、特色不够,入厂物流、仓配一体化、订单末端配送、区域性供应链服务、嵌入式电子商务等项目应用场景偏少,与江苏制造业大省的地位还不相匹配;快递出海方面,快递企业参与国际竞争能力不足,海外布局进度缓慢,国际寄递物流关键环节仍不可控,在推进企业数字化、智能化改造和跨界融合等领域缺乏具体政策支撑等。

本质安全能力有待进一步增强。部分企业安全生产投入不足、安全管控力度不大,有的作业场所管理存在“死角”“盲区”,甚至存在安全隐患;安全培训、管理不到位,特别是针对一线操作人员、外包人员的安全教育培训不够;寄递渠道涉枪涉爆、涉黄涉非、危险化学品等禁寄物品违规收寄行为呈现多发态势等,行业本质安全的能力亟需加快提升。

创新创优力度有待进一步加大。行业大数据应用还不充分,运用大数据分析研判形势、科学指导发展、推行精准监管等方面还有很多工作要做;各地在推动行业发展、政策落地等方面还存在不平衡,有的地区业务量收增幅不高,有的市局争取地方配套政策、扶持资金的力度不大;绝大多数工作走在全国前列,但个别专项工作在全国的排名还不理想等等,必须进一步加大创新创优力度、推动实现新的突破。

浙江省快递市场发展及管理情况

一、快递市场总体发展情况

2021年,浙江省邮政行业业务总量累计完成2265.0亿元,同比增长27.6%,业务收入(不包括邮政储蓄银行直接营业收入)累计完成1495.0亿元,同比增长18.0%;其中,快递企业业务量累计完成227.8亿件,同比增长26.9%,业务收入累计完成1264.7亿元,同比增长18.1%(表7-11)。带动全省网络零售额增加超2万亿元,主要指标均超过全国平均水平。

表7-11 2021年浙江省快递服务企业发展情况

指标	单位	2021年		比上年同期增长(%)		占全部比例(%)	
		全年累计	12月	全年累计	12月	全年累计	12月
快递业务量	万件	2278148.13	217533.11	26.94	1.73	100.00	100.00
同城	万件	204045.60	18158.79	8.02	4.31	8.96	8.35
异地	万件	2021264.61	195120.33	28.99	1.87	88.72	89.70
国际及港澳台	万件	52837.92	4253.99	36.26	-12.74	2.32	1.96
快递业务收入	亿元	1264.70	121.75	18.13	8.30	100.00	100.00
同城	亿元	75.55	6.81	-0.26	-0.24	5.97	5.59

续上表

指　标	单　位	2021 年		比上年同期增长(%)		占全部比例(%)	
		全年累计	12 月	全年累计	12 月	全年累计	12 月
异地	亿元	709.63	72.05	15.08	2.75	56.11	59.18
国际及港澳台	亿元	248.23	17.88	18.65	-11.47	19.63	14.68
其他	亿元	231.29	25.01	36.88	63.73	18.29	20.54

二、行业管理工作及主要成效

以党史学习教育为切入点推动全系统全行业党建工作向纵深发展。全面提升系统党建工作水平。党史学习教育成效显著。浙江局组织召开了党史学习教育动员部署会、推进会，在全系统全行业开展“学党史 百名书记讲党课 跟党走 百名党员颂党恩”活动和党的十九届六中全会精神宣讲“六讲六做”活动，浙江局和市局班子同志率先垂范，带头宣讲党课和十九届六中全会精神，分层分类推动全系统党员全面学习百年党史资料，凝心聚力推动习近平总书记“七一”重要讲话精神在邮政快递行业发展上落地生根、开花结果，取得较好成效。严格落实党建责任制，落实并履行好第一责任人、直接责任人、具体责任人的工作职责，形成齐抓共管的工作格局。认真贯彻执行“三会一课”、组织生活会、民主评议党员等党内政治生活各项制度。组织开展多种形式的建党百年庆祝活动，由浙江局选送的义乌局、绍兴局曲目分别荣获全国邮政系统庆七一歌咏比赛第一、第二名。围绕全年重点工作部署开展党建工作，以党建引领促进业务发展。先后印发了《浙江省邮政管理局党建领导小组2021年全面从严治党工作要点》《机关党建工作考评实施方案》《高质量推进快递业党建工作的指导意见》以及机关党委工作要点等，统一思想，明确任务。编发《党建工作信息》20期，《党史学习教育简报》36期，《重点工作督察专报》11期，对办理情况进行每月追踪和通报，确保各项工作任务顺利开展和完成。

圆满完成行业党建试点任务。新业态、新就业群体党建工作试点启动以来，浙江局党组站在“两个维护”的政治高度，克服人手少任务重等实际困难，按照中组部试点会议精神和国家邮政局党组部署要求，在省委组织部(省委两新工委)的直接指导下，勇于担当、善于作为，协调行业党委各成员单位合力攻坚、高效协同，圆满完成试点工作任务，初步形成了富有浙江特色的行业非公党建工作经验。探索建立了每周汇报、专题会商、月度清单以及协同处理四项工作机制，并指导各市局结合实际抓好推进落实。在省行业党委的强力推动下，全省11个地市、69个县(市、区)相继成立行业党委，省市县三级行业党委共争取专项经费535万元，正在争取的有551万元，已明确纳入地方财政预算资金121万元。全省快递行业已建立党组织251个，试点以来新建186个。组织开展了行业党组织、党员信息统计“1+3行动”计划，对全省行业党员情况进行地毯式排摸，建立从业人员、党员和企业党建信息资料库，掌握快递行业党员3950人，其中流动党员3385人。通过建立流动党员党支部、纳入企业或属地党组织管理等方式，实现流动党员教育管理全覆盖。着力强化党组织政治引领作用，省、市已有92家重点快递快运企业全面贯彻落实党组织书记列席企业经营班子会议等3项交互工作机制，554名从业人员主动递交入党申请书，其中249名为重点企业省级总部高管。创新构建行业党建“四联一督”工作体系，全方位多层次加强对行业党建和业务的双重指导，并获评省直机关工委“最佳组织举措”优秀案例。发挥党建带群团建设作用，推动11个地市、36个县(市、区)同步成立行业团工委，累计成立行业妇联22个。嘉兴市建成并启用总投资1055万元、总面积1360余平方米的快递物流行业党群服务中心;湖州局推出“三个一”工作方法,全方位指导行业基层组织规范化建设。

巩固强化党风廉政建设成果。持续推进正风肃纪工作,坚决落实从严治党总体要求,认真开展“三重一大”决策不规范等四个方面突出问题专项整治,及时向国家邮政局报送履行意识形态责任制落实情况报告,向中央纪委监委驻交通运输部纪检组报送落实全面从严治党监督责任情况报告。精准运用“四种形态”,持续开展“四风”问题整治。认真落实马军胜局长在全国邮政管理系统警示教育大会上的讲话精神,在全系统开展对落实习近平总书记系列重要指示批示精神情况的政治监督,组织6个督查组深入企业实地督导检查。召开全省邮政管理系统党风廉政电视电话会议,印发《全省邮政管理系统2021年党风廉政建设工作要点》《浙江省邮政管理局党组关于纵深推进“清廉邮管”建设的意见》以及机关纪委工作要点等,签订党风廉政责任书20人,真正实现“横向到边、纵向到底”的责任目标,确保“一岗双责”履行到位。紧盯重要事时间节点做好廉洁提醒,坚决把全面从严治党压力传导到每一个党支部,每一名党员。深入开展以案促改警示教育,不断加强党员干部党性教育、宗旨意识,有力促进党员知敬畏、存戒惧、守底线,不断把反腐败工作引向深入。

以“两进一出”工程试点为突破点融入全省共同富裕示范区建设大局。推进政策保障更为完善。“两进一出”工程被纳入《浙江省国民经济和社会发展第十四个五年规划和二〇三五年远景目标纲要》以及《浙江省委省政府关于打造高质量发展建设共同富裕示范区实施方案》,成为浙江省委省政府一项长期性、战略性工程。快递业被纳入《浙江省基本公共服务标准(2021版)》,全国首创公共服务属性。全省综合交通、数字经济、现代物流、乡村振兴、新型贸易发展等多个规划将“两进一出”内容作为重点任务纳入其中,形成了省政府牵头推动、各部门协同发力、各市县政府具体落地的推进模式。在桐庐成功举办第四届中国(杭州)国际快递业大会,浙江省“两进一出”工作成效在会上作为主旨发言。在义乌召开全省快递业“两进一出”工程推进会议,总结试点阶段成果,交流典型经验,部署下一阶段任务。经省政府同意,浙江局联合发改、经信、财政、交通运输、农业农村、商务等部门印发了《浙江省快递业“两进一出”工程行动计划(2021－2025年)》,在试点工作成效基础上向纵深推进,得到国家邮政局主要领导批示肯定。全省来看,金华已率先联合7部门印发了“两进一出”工程未来五年行动计划,其他市局也结合地方实际积极推进工作落实。各地管局为全省企业争取了地方各类补助资金超过5100万元,助力企业发展。

助力乡村振兴成效明显。截至2021年底,全省877个乡镇已建快递网点达到3390个,19920个建制村“快递进村”服务(按四个快递品牌进村标准)实现100%全覆盖,与试点前相比提高36个百分点以上,主要快递品牌平均进村率从63.76%上升到95.59%。2021年全省农村快递进出量达40亿件,带动省内农业产值超1000亿元以上。宁海县“交通运输+邮政快递融合”等5个项目荣获交通运输部农村物流服务品牌,数量居全国第一。浙江局联合省交通运输厅成功举办客货邮融合发展现场推进会,宁海、嵊州、武义、松阳等县(市)客货邮融合发展推进农村寄递物流体系建设模式在全省复制推广。湖州局率先绘制“快递进村”一张图,并推动“快递活村”纳入湖州“共富班车”首批发车项目。“快递进村”工程的实施,进一步缩小了城乡差距,更好地满足了农村群众对美好生活的向往和需要,带动了乡村经济的发展和繁荣,成为群众切身感受行业改革发展成果的民生工程。

促进现代产业做大做强。全省培育“快递进厂”服务重点应用产业35个,重点园区189个,重点项目595个,协作企业1917家,较大规模快递服务制造业项目达864个,年支撑产值达816亿元。坚持“进厂”先“进园”,全省1044个小微企业园实现“快递进厂”全覆盖,带动新增快递从业人员4.9万余人。行业基础设施投入进一步加大，新建在建项目45个，总投资535亿元，分拨处理能力得到显著增强。涌现出快递服务吉利汽车、雅戈尔服饰、老板电器等支撑月产值超亿元项目14个，支撑月产值超五千万元项目36个。其中，宁波邮政与雅戈尔合作项目、台州汇富春天全产业服务项目被推荐申报为国家发展改革委物流业制造业深度融合创新发展典型案例；温州推动实现10家主要品牌全部自建分拨，总投资超100亿元；在浙江局的推动支持下，衢州成功引进投资额达20亿的顺丰丰泰基地项目。在“快递进厂”工程助推下，全省先进制造业和现代快递服务业融合已经成为顺应新一轮科技革命和产业变革、增强制造业核心竞争力、培育现代产业体系、实现高质量发展的重要途径。

拓宽出口贸易循环通道。全省全年国际快递业务量累计超过5亿件，同比增长达到40%以上。国际快递物流企业及相关企业共建成海外仓117个，总面积超155万平方米。跨境寄递基础设施得到进一步夯实，杭州、宁波、温州、义乌国际邮件互换局实施改造提升，圆通嘉兴国际航空枢纽、菜鸟全国最大集运仓、申通国际总部等重大建设项目落地。国际航空寄递主渠道作用得到进一步彰显，全省快递企业开通全货机国际航线35条，在浙江省运营的顺丰全货机达27架，圆通全货机达12架，菜鸟网络每月使用的包机数量超300架次。浙江省国际快递物流出海网络联盟正式启动建设，义新欧班列实现常态化运邮，国际集装箱直达快运航线进一步拓展。会同省自贸办联合下发了《关于支持中国（浙江）自由贸易试验区发展提升跨境寄递服务水平的指导意见》，全年新发放国际许可26家。国际快递业务经营许可下放工作获评2021年中国（浙江）自由贸易试验区最佳制度创新案例。舟山局关于快递出海的探索和实践得到省政府分管领导批示肯定；台州局搭建信息共享平台，为本地企业协调解决集装箱500多个，服务出口产品价值超过4亿元。

以立法规划科技创新为着力点持续优化提升行业营商环境与发展水平。高站位完成行业地方立法。《浙江省快递业促进条例》经省第十三届人大常委会第三十一次会议审议通过并予以发布，将于2022年3月1日起正式施行。作为全国首部关于快递业的省级地方立法，条例坚持目标导向和问题导向，聚焦规范省域快递业健康发展，注重系统设计和多方协同，重点在规划和用地保障、快递专用电动三轮车通行保障、从业人员权益保障等方面做了制度性设计。浙江局会同省人大法制委共同召开新闻发布会，对条例内容进行详细解读，得到了《人民日报》、中新社等中央媒体的广泛关注和大力宣传。快递业立法建设工作获评省直机关工委“最佳制度供给”十佳案例。国家邮政局主要领导作出批示，高度肯定浙江立法工作。与此同时，浙江局还在全国率先发布省级邮政业发展“十四五”规划，并制定发布了《浙江省快递产业（邮政业）中长期专业规划》，为浙江省下一阶段行业发展明确了前进方向，完善了制度保障。从全省来看，杭州、宁波、温州、台州、丽水等地先后完成“十四五”规划发布工作。金华局推动市政府召开全市物流（快递）业大会并印发《加快金华市区现代物流业发展八条举措》；衢州局主动沟通协调，累计为本地快递企业争取发展用地达116亩。

高精度推动行业数字化改革。成立浙江局数字化改革领导小组，制定《浙江省邮政快递领域数字化改革工作方案》《关于统筹推进邮政业信息化建设的指导意见》。认真做好行业旺季和重要时间节点期间“绿盾”工程各项目的调试使用。浙江省邮政业智能监管平台（信息化工程二期项目）完成所有主体功能开发设计与迭代升级，正式上线运行。浙江省智慧快递物流体系智控管理平台（信息化工程三期项目）完成项目公开招标和监理比选，正在组织开展功能模块需求调研，保障项目全流程规范化管理和高质量推进。“浙里快递监管应用”作为新增应用列入全省《数字化改革重大应用“一本账S1”》数字政府跑道，共有小切口子场景9个，智能化信息化监管深入推进。牵头组织四省邮政管理部门完成《邮政快递业供应链管理模式探索与研究重点专题调研分析报告》。强化科技企业与邮政、快递企业对接机制，以重点研发企业为依托，推进全省行业积极适应大数据、人工智能的创新发展。完成2021年邮政行业技术研发中心授牌和复核工作，全省新增三家授牌单位。宁波局充分利用市财政600万元“智慧邮政”项目专项资金，全面建立非现场执法制度体系；台州局协调四县政府，争取补助资金1200多万元，用于支持“数字化改革”和“两进一出”等行业项目。

高要求推进行业绿色转型。把推进快递绿色包装转型工作纳入“一把手”工程。指导各级成立专项工作领导机构，完善工作机制，确保工作部署落实到位。超额完成国家邮政局下达的“2582工程”目标任务。2021年，全省采购使用符合标准的包装材料应用比例达89.5%；按照规范封装操作比例达85.1%；电商快件不再二次包装率为90.3%；可循环快递箱（盒）投入使用数量66.8万个；设置包装废弃物回收装置的邮政快递网点8124个。在全省开展快递包装产品检测备案、邮政用品用具市场专项整治、重金属和特定物质超标专项治理以及邮件快件过度包装和随意包装专项治理，完成对全省法人企业环保检查全覆盖，对生态环保违法行为作出行政处罚74起。嘉兴局积极践行全国绿色发展试点任务，全力推进新能源汽车在行业的推广应用；同样作为试点城市的义乌，推动各快递企业循环袋使用率由15%提升至90%以上；衢州局积极联系当地环保企业，搭建快递包装废弃物资源利用回收链。

高标准提升群众用邮体验。深化“放管服”改革，提升“互联网+政务服务+邮政寄递”的便民服务水平，全省政邮、税邮、警医邮等项目全年服务群众超3461.36万人次。浙江局联合8部门印发了《关于进一步推进浙江省邮政快递公共服务均等化的通知》，有效解决邮件、快递包裹“最后100米”服务和邮政快递公共服务城乡发展不平衡、不充分问题。发布实施《浙江省智能信包箱通用技术规范》并联合省建设厅起草制定《建筑工程智能信包末端设施配建技术标准》，为传统信报箱智能化升级的设计、制造、选型、安装、验收和使用提供了标准规范依据。认真开展乡镇局所回头看专项检查，加强经营进出境邮政通信业务和邮票发行监督管理，充分发挥社会监督效用，不断提升邮政普遍服务水平。全年共受理消费者申诉19.1万件，挽回经济损失105.9万余元。消费者对邮政管理部门申诉处理满意率98.9%，对企业申诉处理满意率97.5%。《舟山海岛税邮合作》在央视新闻频道播出，打造的海岛旅游微邮局受到了群众的好评与欢迎。

以建党百年安保工作为关键点努力打造平稳高效科学的行业治理体系。坚决守住安全监管底线。制定《浙江省邮政管理局安全生产委员会工作规则》，推动浙江局安全生产领域议事协调机构的整合和统一管理，全年编发平安建设工作简报等60期。印发《浙江省快递企业省级机构实体化制度（试行）》，强化企业省级机构主体责任落实。通过部门、政企、上下、区域等四方联动促落实、强管控、严执法、稳市场，圆满完成建党百年安保任务。主动对接疫情防控部门，顺利纳入省疫情防控大物防工作专班，7月底前完成了全省19.3万从业人员的疫苗接种工作。针对行业安全生产的问题短板，开展处理场地规范提升工作，强化执法刚性和检查效能，实现省市两级110家邮件快件处理场地人车分流、传送带堵缝的全覆盖。联合省禁毒办扎实开展寄递渠道禁毒百日攻坚行动。全年累计检查寄递企业8441家次，立案查处684起，罚款778万元，行业在地方社会综合治理效能中的作用得到进一步凸显。落实意识形态责任，推进“扫黄打非”“五个一”专项行动，组织开展覆盖全省的专项检查。丽水邮政公司创建“扫黄打非”进基层示范标兵，成为行业首个省级标兵。研究制定全省机要工作要点，全年开展两轮机要全覆盖检查，抓好问题隐患整改落实。嘉兴局率先在全域开展智能安检机试点；湖州局探索建立生物隐患应急防控机制；杭州、宁波、绍兴等地主动、积极应对突发疫情，为打赢疫情遭遇战、阻击战贡献了行业力量。

整治规范市场运行秩序。与省市场监督管理局联合发布《关于规范快递服务治理价格违规行为的通告》，组织在全省范围内开展市场秩序整顿行动，加强执法检查，发挥协会作用，抵制低价恶性竞争，成效明显，相关做法体会在刚刚结束的全国邮政管理工作会议上做经验交流。指导义乌在全省率先推出六条底线措施，规范市场竞争秩序。金华局联合检察机关制定发布《快递行业规范健康经营指引》，梳理快递企业和从业人员经营风险点并提出防范建议。妥善处置各类突发事件。针对顺丰"确认签收"引发的舆论关注，浙江局与省消保委多次对接协调，指导顺丰公司及时明确处理方案，稳妥解决事件，平息舆情影响。同时，组织召开省内主要快递企业集中约谈，明确要求各企业全面提升快递服务质量，保护消费者合法权益。

不断夯实队伍体系基础。制定印发《关于进一步加强全省邮政管理系统领导班子和干部队伍建设的实施办法》，加强统筹谋划，选优配强领导班子，全省系统干部队伍建设得到进一步加强。紧盯机构建设年度目标任务，加强沟通协调，建立每月进展通报制度，指导各市局党组狠抓落实。截至2021年底，全省已有73个县(市、区)级机构获批成立，占全国总数(285个)的25.61%，位居全国第一，比全系统排名第二的江苏多33个。其中2021年浙江省新增县级机构26个，实现了全省县(市)机构全覆盖的年度目标。丽水、绍兴、舟山、温州实现了县(市、区)机构全覆盖。与此同时，浙江局研究出台《关于推进县级邮政监管支撑体系规范运行的指导意见》，加强县级机构规范化管理。积极协调省综合执法办，解决全省县级机构行政执法证件问题，并开展法制员培训等工作，为全面依法行政提供保障。

全面落实关心关爱要求。推动出台浙江省《关于做好快递员群体合法权益保障工作的实施方案》，明确4个方面17条具体措施，全面保障快递小哥合法权益。与省人社厅联合印发了《关于进一步推动基层快递网点参加工伤保险工作的通知》，落实国家邮政局部署要求，全省从业人员工伤保险覆盖率接近90%。组织开展2021年快递从业青年服务月活动，制定印发《浙江省邮政管理局关于进一步做好关心关爱快递员15条的通知》《中共浙江省邮政管理局党组关于深入推进习近平总书记关爱"快递小哥"重要指示精神工作落实的实施意见》等。大力推进行业人才队伍建设，稳慎推进246培训工程，全年完成培训2.4万人次，获得政府补贴210.92万元。持续做好快递行业职称评审工作，全省已有1605人获得快递专业技术职称资格。2021年新增高级称职11人、中级称职40人、初级职称206人。根据国家邮政局统计数据公布，浙江省高级称职人数排名全国第一，职称评审工作继续领跑全系统。与此同时，在2021年第三届全国邮政行业职业技能竞赛上，浙江省代表队分别斩获2个一等奖、1个三等奖，浙江局获得了团体优胜奖、优秀组织奖等荣誉，创造参赛以来的历史最佳成绩。绍兴局指导绍兴邮电学院成功承办了全省行业技能竞赛，并推动上虞区设立了1000万元行业关爱基金；丽水局推动行业从业人员纳入"浙丽保"体系，为快递小哥们争取更好的医疗保障。

三、快递市场存在的突出问题

一是大而不强。浙江省的快递包裹数量占全国的21.5%，占全球的12%以上，但综合物流能力不强，嵌入产业链不深，促进产业关联畅通作用不充分；跨境寄递物流供应链自主可控能力不强，无法有效支撑高端制造走出去，战略性基础设施的作用发挥不充分。二是快而不优。行业增速继续保持"领跑"，但与质量、结构、效益、安全不协调。质量不稳，消费者体验还需改善；中高端供给不足，供给适应性和灵活性还需加强；运营还处于价值链中低端、被动依赖局面没有得到根本改变；寄递安全、生产安全、信息安全隐患突出。三是粗而不精。行业总体上处于发展转型阶段，治理资源与规模任务不匹配，治理能力与发展形势不适应，制度刚性还不足，监管盲点交叉点并存；末端基础设施建设与末端服务能力没有与浙江经济社会发展保持同步；企业经营管理粗放，行业文明有待提升，绿色转型任务艰巨，数据挖掘利用不够。

安徽省快递市场发展及管理情况

一、快递市场总体发展情况

2021 年，安徽省邮政行业业务总量累计完成 392.0 亿元，同比增长 30.2%，业务收入（不包括邮政储蓄银行直接营业收入）累计完成 328.5 亿元，同比增长 20.0%；其中，快递企业业务量累计完成 31.3 亿件，同比增长 42.0%，业务收入累计完成 216.8 亿元，同比增长 23.9%（表 7-12）。

表 7-12　2021 年安徽省快递服务企业发展情况

指　标	单　位	2021 年		比上年同期增长（%）		占全部比例（%）	
		全年累计	12 月	全年累计	12 月	全年累计	12 月
快递业务量	万件	312664.80	30182.85	41.97	18.30	100.00	100.00
同城	万件	34013.57	3304.38	35.02	28.13	10.88	10.95
异地	万件	277692.30	26820.82	42.99	17.28	88.81	88.86
国际及港澳台	万件	958.93	57.65	15.96	−10.66	0.31	0.19
快递业务收入	亿元	216.81	19.73	23.90	1.85	100.00	100.00
同城	亿元	17.95	1.99	30.82	31.05	8.28	10.09
异地	亿元	129.60	12.75	23.62	18.75	59.78	64.60
国际及港澳台	亿元	7.36	−1.48	−11.14	−256.94	3.39	−7.51
其他	亿元	61.90	6.48	28.55	4.86	28.55	32.82

二、行业管理工作及主要成效

从严从实，落实管党治党主体责任。持续深化思想政治建设。全省系统持续推动党史学习教育走深走实，深入学习贯彻习近平新时代中国特色社会主义思想，及时跟进学习宣贯习近平总书记“七一”重要讲话精神和党的十九届六中全会精神，学习省第十一次党代会精神，深刻领会“两个确立”，做到“两个维护”。坚决落实全面从严治党主体责任，建立领导班子成员党建联系点，全年共组织开展党组理论中心组学习 12 次。制作党史学习教育简报 32 期，扎实开展“我为群众办实事”实践活动。创新形式，开展主题党课宣讲、看红色电影、重温入党誓词、赴红色教育基地现场学习等活动，进一步提升党史学习教育成效。利用“学习强国”App，“共产党员”微信公众号等网络学习平台，激发党员干部学习的积极性和主动性。优化机关党支部设置，及时选配机关支部书记。

坚决把握宣传思想主动。严格落实意识形态工作责任制，紧扣建党 100 周年重大宣传主题，守正创新、勇开新局，扎实做好宣传思想和新闻舆论各项工作。举办安徽省邮政快递业“走邮路 看安徽”大型主题宣传活动。及时宣传报送全省行业改革发展成效，2021 年，国家邮政局报、刊、网及抖音公众号共采用安徽省各类新闻通讯、稿件 579 篇，同比增长 65.91%，采用量排名位居全国第二，连续四年获评全国“先进记者站”荣誉称号。创办《安徽邮政管理》(双月刊),打造全省邮政管理系统学习交流平台。召开行业“融媒体”建设前景与发展策略座谈会。持续加强全省系统精神文明建设,广泛开展形式多样的文明创建活动。大力选树行业先进典型并推荐参加各类评优评先,2021年,全省行业共有7个集体、8人获得省部级以上荣誉。

全面发挥纪检监察作用。坚持以党的政治建设为统领,全面加强纪律建设,持之以恒正风肃纪,营造风清气正政治生态。深入开展“三重一大”决策不规范等四个方面突出问题专项整治工作。抓好日常监督,紧盯元旦、春节等重要时间节点进行廉政提醒,严防“四风”反弹。扎实做好巡视反馈问题整改落实,按照“认定一个、销号一个、巩固一个”的总体思路和要求,以整改成效推动其他各项工作开展。运用好监督执纪“四种形态”,强化监督执纪问责。

深入引导行业群团建设。以党建带群建,密切与工会、共青团、妇联等部门工作联动。深入基层一线,走访调研行业从业青年,筹备成立行业团工委。走访品牌快递企业总部推动非公党建、工会建设工作,实现市级行业团工委、工会联合会全覆盖。积极参与2021年“走基层　访一线　服务五大发展行动　省直机关青年党团员调研实践活动”,组织参加国家邮政局开展的建党100周年青年演讲和主题歌咏比赛。

提标提速,推动行业发展高质高效。争取支持巩固发展态势。积极争取省委、省政府支持,“快递进村”被写入省委一号文件,两项工作被省政府列为年度重点工作,按月调度推动。省委书记郑栅洁两次就安徽省农村寄递物流体系建设和快递进村工作作出批示并给予肯定。完善与交通部门工作衔接,将村级末端网点和县级快递园区建设纳入全省“城乡交通运输一体化示范县”创建方案。健全与供销部门合作机制,与省供销社签订《战略合作协议》,在城乡物流体系、全产业链条服务、综合服务网络等方面进行深度合作。深化与烟草部门联合执法合作,与省烟草专卖局签订《关于深化全省寄递环节涉烟情报数据合作和联合执法的协议》,共同设立“安徽省寄递环节涉烟案件情报研判指挥中心”。强化与发改、商务、乡村振兴、民航、自贸办等省直部门的工作联动,在安徽自贸区建设、长三角一体化发展、服务业高质量发展方面争取到政策支持。

“双招双引”激发市场活力。全省系统“双招双引”(招商引资、招才引智),运用资本的力量不断完善行业基础设施建设,提振市场活力。全年新签约亿元以上重大行业投资项目5个,总计划投资额达50.5亿元。全省已共建成区域性快递产业集聚区38个,总占地面积超8000亩,投资额达215.5亿元。擦亮南陵“全国快递科技创新试验基地”金字招牌,进一步壮大南陵县邮政快递业智能装备制造、环保包材产业,累计签约落户并培育行业龙头、快递物流智能装备关联企业105家,签约投资额达150亿元,现有项目全部建成投产后年产值将达到200亿元。

科技赋能拓展产业链条。安徽局联合省科技厅指导中国科技大学国际金融研究院成立“智慧邮政科技创新中心”,引导建立“产学研用金政”六位一体合作机制,支撑服务各级邮政管理部门和邮政快递企业创新发展。成功举办“智慧邮政”科技创新高峰论坛,搭建起链接邮政、快递企业,人才培养基地,行业科研机构,上下游关联企业的综合性交流平台。试点开发应用智能语音申投诉系统,联合科大讯飞完成智能客服、智能座席、智能外呼全部三个核心功能的开发试用,并于3月20日上线试运行,提升了呼入接通率和群众满意率。启动第一批合肥、芜湖、阜阳、安庆市级申诉处理延伸试点。

挖潜增效提升服务能力。扎实推进“快递出海”,全力打通快件出海渠道。积极参与合肥国际航空货运集散中心、芜湖专业航空货运枢纽港建设,完善合肥国际邮件互换局通关功能,支持合肥开通国际快件口岸通关功能。引导京东开设合肥至伦敦的国际货运航线，开创了安徽省“快件出海”的先河。引导市场主体持续开展“中欧班列”邮快件运输，推动邮政、顺丰等企业与合肥陆港集团深化合作。稳步推进“快递进厂”。深度服务安徽省先进制造业发展，培育出多个“快递进厂”示范项目。全省共有快递服务制造业项目94个，业务量达1.5亿件。

用情用力，办好人民群众身边实事。加速完善农村寄递物流体系。办好人民群众牵肠挂肚的民生大事，做好人民群众天天有感的关键小事，持续推动全省农村寄递物流体系建设。联合省政府办公厅开展农村寄递物流体系建设专题调研，局党组班子成员分别率队赴宣城、安庆、六安等市实地调研督导农村寄递物流体系建设情况。推动地方政府加快农村寄递物流体系建设，省政府办公厅于2021年12月29日印发加快推动农村寄递物流体系建设的实施方案。主动对接交通、乡村振兴等部门争取政策支持。基本实现快递服务行政村全覆盖，亳州、铜陵、池州、宿州等市“快递进村”成效显著。新增芜湖坚果、皖西菌药两个全国快递服务现代农业金牌项目。淮北实现“快递进校园”全覆盖。

关心关爱行业从业人员。深入开展“暖蜂行动”等关心关爱活动，指导快递企业建立困难职工档案，组织开展慰问行业劳模代表活动，弘扬劳动精神和工匠精神。联合省总工会、共青团等部门，开展“快递青年服务月”及常态化慰问关爱活动，淮南局“小蜜蜂”工程加速推进。推动快递员合法权益保障政策落地，联合交通、发改、人社、商务、市场监管、工会等七部门印发《关于做好快递员群体合法权益保障工作的实施方案》，实化细化快递员劳动权益保护措施。联合省人社厅出台全国首个省级层面支持基层从业人员参与工伤保险的政策文件。16个市局迅速落实，市级支持政策文件全部出台。督促企业落实总部派费上调内部要求，引导市场主体合理分配收益。关心从业人员职业发展，成功举办“安徽省邮政行业职业技能竞赛”。高效实施快递从业人员职业技能“246”工程，全省培训快递员9685人次。开展快递工程职称评审工作，共评审通过2名高级职称、35名中、初级职称。

持续推动行业生态环保。深入宣贯《邮件快件包装管理办法》，全面开展邮件快件包装监督管理，开展邮件快件过度包装和随意包装专项治理，全省共立案处罚行业生态环保违法案件16起。“安徽省快递包装绿色发展产业联盟”正式成立。强化协同共治，联合省发展改革委等8部门印发《安徽省加快推进快递包装绿色转型工作方案》，多项内容被纳入《安徽省塑料污染治理2021年工作要点》《关于进一步推进生活垃圾分类工作实施方案》。持续开展“邮来已久，绿动未来”主题宣传活动，启动“绿色快递进机关”“绿色快递进企业”活动。蚌埠局争取到“绿色邮政”试点建设专项资金。截至2021年底，全省行业“瘦身胶带”封装比例达到95.55%，采购使用符合标准的包装材料应用比例达95.23%，规范包装比例达94.85%，电商快件不再二次包装率达97.54%，新增5533个邮政快递网点设置包装废弃物回收装置，新能源汽车保有量共2088辆，顺利完成国家邮政局下达的“2582”等环保工作目标任务。

善作善成，筑牢行业发展基础底板。做好行业疫情防控工作。落实常态化疫情防控工作要求，明确企业疫情防控主体责任，督促企业严格落实《疫情防控期间邮政快递业生产操作规范建议（第七版）》《邮政快递业疫情防控与寄递服务保障工作指南（试行）》等行业疫情防控基本制度。强化“外防输入”，针对重点人员、重点部位坚决执行各项疫情防控要求，宣城局疫情防控工作得到省防疫指挥部肯定。抓好进口冷链（冷冻）食品邮件快件管控，以省疫防办名义印发《关于加强进口冷链食品寄递环节疫情防控工作的通知》，提出相应管控措施。妥善处置山东枣庄涉疫奶枣等数起疑似涉疫邮件快件流入安徽省突发事件。及时总结经验，建立长效机制，制定《安徽省邮政快递业疫情防控应急处置工作方案（试行）》。按照“应接尽接”原则，组织从业人员接种新冠疫苗。从业人员接种率已达99.55%。争取到省疫防办80万元资金支持，用于购置邮政快递企业消杀设备和弥补邮政管理部门防疫经费不足。

坚决筑牢行业安全生产根基。2021年是邮政快递业安全生产专项整治三年行动的集中攻坚年。围绕生产作业场所“四不”突出问题整治，安徽局结合行业实际，印发工作方案，在全行业开展邮件快件处理场所安全管理规范化提升行动，全面落实“四个全覆盖、五个必须、六个严禁”要求。经各企业和省、市两级共同努力，顺利完成省内54处邮件快件处理场所安全整改任务。国家邮政局市场监管司全国现场会在合肥圆通分拨中心举办，安徽局在会上介绍有关工作。压实企业安全生产主体责任，出台《寄递企业风险管控基本规范》安徽省地方标准，指导企业自主开展风险隐患管控和排查整改，推动建立安全生产双重预防机制。加强寄递安全“三项制度”落实，完成寄递渠道禁毒百日攻坚行动各项任务。深入开展“安全生产月”活动，成功举办全省邮政业突发事件应急演练活动。强化督促检查和业务指导，通过省寄递渠道安全管理部门联合机制、“双随机”执法检查，以及安徽局领导重点督查等方式，实现对全省16个市安全检查全覆盖。持续做好安全监管信息的收集、分析和研判，利用好信息化系统和寄递安全App等信息化监管手段。加强应急管理工作，在重大节日和重大活动期间，全省邮政业实行24小时值班和领导带班制度。妥善处理天天快递业务调整期间涉稳风险排查管控工作，指导市局及时处置企业用工纠纷、经济赔偿等突发事件。

常抓常新，加强全省系统自身建设。持续深化“放管服”改革。持续优化许可流程、压缩办理时限、促进行业健康发展。印发《关于开办服务站经营快递业务许可的服务站数量要求的通知》，降低新业态许可开办条件。做好新《仿印邮票图案监督管理办法》全省贯彻落实工作，按要求依法开展仿印邮票图案及其制品许可审批工作。在全国率先实现快递业务经营许可寄递服务及分支机构寄递服务全覆盖，真正实现“全网通办”和“一次不用跑”。合肥局完成全国第一份分支机构名录寄递业务。

有效推进行业法治进程。高标准编制《安徽省“十四五”邮政业发展规划》并联合省发展改革委公开发布，充分发挥规划引领作用。有序组织行政执法资格考试，全省36人取得省政府行政执法资格。组织执法情况检查和执法案卷评审，全面推动行政执法三项制度有效落实。指导市局规范开展委托执法工作。稳妥开展行政复议及行政应诉工作，受理行政复议案件5起。部署开展统计督察整改“回头看”，进一步落实统计督察整改要求。

加速完善邮政监管体系。争取省委编办、省人社厅支持，为省邮政业安全中心新增编制9个，进一步充实省级监管服务保障支撑力量。深化推进县级机构设立，鼓励引导有条件的地区主动向地方沟通汇报，争取支持，推进成立“四有一独立”配套事业单位（有机构、有编制、有经费、有办公场所、与地方相对独立），已有的县级机构逐步落实办公场所和人员，机制更加健全、制度日益完善、队伍逐渐强大。共新增安庆怀宁、岳西、潜山、桐城，六安金安、金寨，马鞍山和县、含山，宿州灵璧、芜湖无为、黄山歙县、淮南凤台12个县级机构，新增46个编制。

选优配强系统干部队伍。进一步完善人事管理制度体系，对干部任免备案、年度考核、借调管理、机关考勤、退休干部服务管理等规定和流程进行了进一步明确和规范。坚持事业为上、德才兼备的用人导向，进一步优化市局和省邮政业安全中心班子结构。圆满完成省邮政业安全中心事业编制公开招聘工作。加强安徽省系统优秀年轻干部队伍建设，出台《安徽省邮政管理系统优秀年轻干部培养方案》，建立了全省系统优秀年轻干部人才库。按要求完成领导干部报告个人有关事项工作，持续做好养老保险缴费及退休干部管理服务。

全面强化机关内务管理。落实中办、国家邮政局关于力戒形式主义为基层减负要求，制定全省系统深化拓展基层减负工作方案，持续深化作风建设。全面落实“过紧日子”要求，加强预算绩效管理，持续压减“三公经费”，大力推进节约型机关建设。积极推进财政事权划分工作，全年，全省系统共争取地方资金达8167.69万元，其中，对邮政管理系统的补助超2000万元。督促3个市局完成离任审计整改任务。做好统计调查工作，强化数据质量管控。全面落实政务公开要求，及时回应群众关心、社会关切，积极稳妥推进预算公开。加强机关效能建设，认真处理效能督办事项，开展日常效能明查暗访督查，连续四年荣获省直机关“效能建设考核先进单位”荣誉称号。

三、快递市场存在的突出问题

快递包裹数量突破30亿大关，但综合物流能力不强，嵌入产业链不深，促进产业关联畅通作用不充分；国际寄递业务刚刚起步，无法有效支撑安徽省高端制造走出去，行业战略性基础设施作用发挥不充分。

行业增速持续“领跑”，但与质量、结构、效益、安全不协调。质量不稳，消费者体验还需改善；中高端供给不足，供给适应性和灵活性还需加强；运营还处于价值链中低端、被动依赖局面没有得到根本改变；寄递安全、生产安全、信息安全隐患突出。

行业总体上仍处于发展初级阶段，能耗资源与规模任务不匹配问题突出，制度刚性不足，监管盲点交叉点并存，无序发展苗头显现；公共设施难以跟上群众用邮需求，企业经营管理粗放，行业文明有待提升，绿色转型任务艰巨，数据挖掘利用不够。

福建省快递市场发展及管理情况

一、快递市场总体发展情况

2021年，福建省邮政行业业务总量累计完成474.78亿元，同比增长26.8%，业务收入(不包括邮政储蓄银行直接营业收入)累计完成421.4亿元，同比增长14.2%；其中，快递企业业务量累计完成41.5亿件，同比增长20.9%，业务收入累计完成351.3亿元，同比增长16.1%(表7-13)。全行业业务收入、总量两项主要经济指标增幅高于全国平均水平，邮政快递业在地方经济社会发展中的基础性作用不断增强，行业业务收入约占地区生产总值的0.8%，实现了“十四五”良好开局。

表7-13 2021年福建省快递服务企业发展情况

指 标	单 位	2021年		比上年同期增长(%)		占全部比例(%)	
		全年累计	12月	全年累计	12月	全年累计	12月
快递业务量	万件	415012.26	33297.02	20.93	-12.82	100.00	100.00
同城	万件	42335.04	3397.21	16.71	-1.53	10.20	10.20
异地	万件	362184.76	28991.08	21.00	-14.48	87.27	87.07
国际及港澳台	万件	10492.46	908.73	38.03	7.51	2.53	2.73
快递业务收入	亿元	351.27	27.10	16.10	-17.14	100.00	100.00
同城	亿元	22.92	2.16	8.02	14.02	6.53	7.96
异地	亿元	191.33	15.85	10.43	-12.83	54.47	58.49
国际及港澳台	亿元	63.55	1.84	20.31	-71.17	18.09	6.78
其他	亿元	73.47	7.25	32.94	15.94	20.92	26.77

二、行业管理工作及主要成效

强化党建引领，从严治党迈上新台阶。党的建设扎实有效开展。统筹全省系统党建、党风廉政建设、全面从严治党年度工作，引导党员干部切实增强“四个意识”，坚定“四个自信”，坚决做到“两个维护”。组织召开领导班子年度民主生活会、支部组织生活会，严格执行新形势下党内政治生活。强化基层党组织政治功能和组织力，严格党员教育管理。全省系统党员领导干部讲专题党课38次覆盖党员600余人次，邮政管理部门荣获文明单位、先进党组织、平安先进单位等集体荣誉15项，党员干部荣获优秀共产党员等荣誉18人次，干部职工在各类竞赛中获奖27人次。有序推进非公党建工作，“抓行业必须抓党建”责任意识进一步加强，省级、7个地市成立快递行业党委，全省快递行业现有40个非公快递党组织，纳入管理党员261人。坚持党建带群建，快递行业工会联合会实现全省9个地市全覆盖，三明大田韵达公司获评第20届全国青年文明号。

党史学习教育深入实施。全省系统把党史学习教育作为重要政治任务贯穿全年始终，努力在学深、悟透、做实上不断推进。组建2个巡回指导组，建立省市两级领导机制和工作机制，跟进学习贯彻落实习近平总书记“七一”、来闽考察重要讲话和党的十九届六中全会精神，通过组织参加各类宣讲报告、党组中心组专题学习研讨、开设专题讲座、青年干部集中学习交流、实地教学等方式，纵深推进党史学习教育。开展“再学习、再调研、再落实”活动、“我为群众办实事”实践活动，全省系统深入基层围绕“快递进村”、快递员权益保护、疫情防控等开展调研检查，完成挂钩村环村步道项目建设，切实将党史学习教育的成效转化为干事创业的奋进力量。举办全省系统庆祝中国共产党成立100周年党史知识竞赛和网上答题活动、福建省第二届寻找“最美快递员”活动，邮政快递业“爱党与敬业、建功新时代”演讲比赛、技能竞赛等系列活动，福建局参加全国系统庆祝建党百年歌咏比赛荣获一等奖及最佳制作奖，为党的百年华诞营造浓厚氛围。

党风廉政建设不断加强。进一步规范化制度化监督执纪工作，举办全省系统纪检监察培训班，出台福建省系统报送反映领导干部问题线索办法、领导干部插手干预重大事项记录暂行规定、巡察整改民主生活会实施细则，修订巡察工作实施办法。严格落实中央八项规定及其实施细则精神，通过组织学习党章党规党纪、召开警示教育大会、参观廉政教育基地、观看警示教育片、开展廉政谈话、通报典型案例等形式，教育广大党员干部坚定理想信念，时刻筑牢防线。持续整治形式主义、官僚主义，提出32条措施，精准施治形式主义问题。开展“三重一大”决策不规范、技术和服务项目外包不规范、行政执法不规范等突出问题专项治理，全省系统共自查并完成整改31个问题。发挥重点工作督察作用，出台重点工作目标管理行政效能督察实施办法，深入全省各地调研督查习近平总书记关于邮政快递业重要指示批示精神贯彻落实情况，为行业“十四五”发展开好局起好步提供坚强政治保障。

干部队伍建设持续优化。选优配强领导班子，共选拔补充市局及省邮政业安全中心领导班子成员6名。提任或调任福建局机关内设机构负责人5名。进一步激发干部职工工作热情，15名福建局党组管理干部晋升职级。持续完善干部交流锻炼机制，推进12名干部交流任职，选派1名干部担任驻村第一书记服务乡村振兴。强化考核评价和激励制度，建立全省系统优秀干部和年轻干部人才库，贯彻落实公务员及时奖励制度。注重领导干部日常教育。强化干部深入调查研究，印发推动机关年轻干部走基层工作方案，初步形成激发干部锻炼交流、注重调查研究的长效机制。持续加大干部监督管理力度，加强对领导干部社团兼职管理和重要岗位领导干部的监督，开展协会脱钩专项自查，全省各级快递行业协会均按规定完成脱钩。

坚持围绕中心，服务大局取得新实效。深化服务乡村振兴战略。持续推动网络建设、搭建合作平台、维护市场秩序，指导开展快递服务现代农业示范项目创建，全年共培育出泉州茶叶，漳州花木、蜜柚、地瓜，南平武夷岩茶等5个全国金牌项目，和5个银牌项目、18个铜牌项目。宁德古田水蜜桃“急速鲜”项目获评全国厂务公开协调小组办公室优秀代表提案。服务模式持续优化、产品价值不断提高，全年共收投快递包裹总量约1.66亿件，带动农产品出村进城、工业品下乡进村97.18亿元。进一步推进邮政与农村电商协同发展，不断发挥国有企业主渠道作用，积极打造“基地+品牌+平台+渠道”服务模式，建成“邮政农品”国家级基地18个、省内基地83个、4485个建制村邮乐购站点，培育邮政企业“一市一品”项目16个，累计寄递特色农产品业务量2889万件，服务贫困户53594户，帮助销售8312万元。

扎实开展快递进村工程。研究提出“4113”“6113”两步走“快递进村”工作路径，加快推动福建省“快递进村”工程建网络、提水平、强功能，切实将“快递进村”作为重大的政治任务实施。完成快递进村“4113”工程，全系统围绕“1张进村地图”，建立“1本进村基础台账”，持续采取四不两直督导、电话随机抽查、快递进村服务申诉热线“3个督导方式”，推动邮政速递、顺丰、京东、德邦4家直营型快递企业采取自建站点、直投到村、邮快合作等方式完成农村快递网络布局。在巩固构建的“4113”农村寄递物流网络基础上，发挥各类政策利好优势，优化实施快递进村“6113”工程。“通达百兔”6家加盟企业成立快递进村联盟，指导在条件成熟的区域开展抱团进村，在进村困难的偏远区域采取邮快合作“1”个兜底模式，打造“1村1快递进村投递点”直补到点的扶持政策，推动“快递进村联盟”企业对邮快合作代投进村快件每票额外增加0.3元派费补助，从而构建福建省“4+6”的全方位农村寄递物流体系建设。泉州局联合市委组织部进一步拓宽村级党群服务中心服务功能完善乡村寄递公共服务。当前，全省14385个建制村，实现“4家直营品牌”进村全覆盖，6品牌差异化覆盖7629个建制村。

持续推进权益保障工作。大力推动快递员派费增加到位、企业罚款项目削减到位，开展4期派费及内部罚款调查，专题开展维护行业平稳有序推进行业高质量发展治理，全省快递平均单价逐步提升，行业竞争环境不断优化，快递员基本劳动所得得到有效保障。联合人社部门开展技能提升三年专项行动，推动快递员职业技能培训纳入地方财政补贴。全省229名快递从业人员取得快递工程技术初中级职称。实现快递车辆便捷通行管理政策全省全覆盖，快递末端车辆管理体系建设取得明显成效，成功入选2021年全国电子商务与快递物流协同发展典型经验作法。开展“暖蜂”行动，全年全系统共开展慰问170次，新增关爱阵地257个，组织两批次62名快递员参加专项疗休养活动，协调推动快递员参加人大代表及政协委员面对面活动161人次。三明试点开展快递行业集体协商，建立首个快递从业人员权益维护中心。推进实施优先缴纳工伤保险，推动企业为快递员购买社会保险或商业保险22162人次。

有序推进快递包装治理。行业生态环境保护工作纳入地方政策保障，明确推动快递包装绿色治理，培育循环包装新型模式，福州、厦门、漳州也分别争取到了资金支持。组织开展行业生态环保专项治理，完成塑料污染治理、快递电商协同治理两个试点任务。开展行业绿色发展主题宣传，福州局联合市直部门举办“邮来已久，绿动未来”儿童绘画展。全年全行业实现新增可循环快递箱（盒）使用量56.73万个，新增设置符合国家或地方标准包装废弃物回收装置的邮政快递网点数量1679个，新能源或清洁能源汽车保有量2078辆，电商快件不再二次包装比例达到92.02%。

巩固寄递安全，治理基础实现新提高。疫情防控有序。全省全行业认真落实行业疫情防控基本制度，常态化强化疫情防控工作，莆田、厦门、泉州、漳州等地在面对突如其来的新冠疫情，保障了全行业未出现大面积网路阻断、未发生人群聚集性感染、未出现从业人员或邮件快件向外传播疫情的情况。积极争取从业人员疫苗优先接种支持，做到“应接尽接”。全省全行业从业人员已累计完成两针接种8.96万人、第三针接种3.6万人。

安全监管有为。深入开展行业安全生产专项整治三年行动集中攻坚，全省全行业安全生产形势持续平稳向好。实施开展邮件快件处理场所规范化提升行动，累计完成280个处理场所“传送带堵缝”“人车分流”两项基本任务。认真开展邮政快递车辆运输安全整治，联合公安、交通部门组织开展“四个一活动”，落实车辆行车安全特别是校园内行车安全，责令整改车辆安全隐患问题14起，立案查处1起。扎实开展消防安全“百日攻坚行动”和火灾隐患排查整治，各地各企业开展消防安全培训2.6万余人次，排查整改问题隐患1400余个，督促企业内部开展责任追究99人次。

执法检查有力。充分发挥寄递安全管理联席会议机制作用，持续深化多部门监管合力，推进寄递安全联合治理。以“三项制度”落实、快递市场秩序整顿、寄递渠道禁毒百日攻坚等专项行动为主线，突出重点问题集中整治，百日攻坚行动总结获国家邮政局专题简报转发。全省系统共出动执法检查7000余人次，检查企业2996家次，约谈5家主要快递区部企业，作出行政处罚341起，罚款377.8万元。全省寄递综合实名率达99.75%，安检机联网总数454台，24小时内日均开机在线率96.26%，均较上年稳步提升，居全国前列。

风险防范有效。圆满完成习近平总书记来闽考察、全国“两会”、庆祝中国共产党成立100周年、党的十九届六中全会等系列重大活动期间寄递渠道安保工作，全面做好行业涉稳矛盾纠纷排查化解，确保全行业不发生系统性安全风险问题。督促区部企业兜底品牌责任，建立“一套预案、一支队伍、一笔资金、一张清单”的“四个一”维稳机制，指导做好部分企业妥善处置网点退网欠薪纠纷问题；密切跟踪督导苏宁天天、速尔快递网络运行问题，约谈极兔、百世省区部督促做好网络整合，全年未发生聚集性上访事件。晋江局探索提升行业风险防控能力，联合市检察院等部门出台行业合规建设指引及操作细则。加强信息预警监测和发布，及时发布防台防汛安全和疫情防控消费提示。

积聚发展动能，换挡升级获得新突破。持续优化发展环境。省人大着手二审《福建省邮政条例（修订）》，研究解决邮政领域财政事权、智能信包箱建设、邮政快递基础设施规划、从业人员权益保障、强化寄递安全监管等可持续发展制度层面的现实问题。联合省发展改革委印发福建省“十四五”邮政业发展规划，福州、厦门规划相应出台。大力贯彻落地实施《智能信包箱技术规范》地方标准，探索开展智能信包箱企业“检测+公示”质量监督工作。多项涉邮支持措施纳入福建省现代物流体系建设若干措施、加快培育新型消费若干措施、继续大力实施消费帮扶巩固拓展脱贫攻坚成果指导意见等重要文件，10家企业获电商快递协同发展专项补助资金。联合交通运输厅出台政策加快建设国际寄递物流体系，推进闽台海运快件业务发展。全省各地积极争取地方支持，福州、厦门、漳州、莆田市政府相继出台促进现代物流业加快发展八条措施、进一步降低物流成本促进现代物流产业高质量发展的若干措施、邮政快递业高质量发展八条措施、快递业转型发展工作方案等政策，龙岩永定区政府办下发推进“快递进村”工程实施方案明确补助措施，宁德开设“传邮万里宣传栏”视频号，先后围绕绿色环保、快递进村等录播短视频11期，为行业发展营造浓厚氛围。

全力服务地方经济。深度参与福建省“六区”发展战略，服务“一带一路”建设，赋能跨境上下游企业，“快递出海”助推对外贸易增长和产业转型升级，全年全省快递企业国际、港澳台业务量达

1.05亿件,增长38.03%。3个国际邮件互换局、6个国际快件监管中心有序运行,泉州E邮宝业务回流本地通关,Shopee(读音:虾皮)快件转运仓、Lazada(读音:来赞达)晋江仓设立运营,厦门顺丰扩充5条国际货运航线,福州跨境电商邮件监管场所启动跨境电商业务,翔福物流园实现邮件、跨境电商和快件"三关合一"模式,跨境寄递服务全程通关便利得到有效提升。协同发展进一步深化,全省共打造43个快递服务地方制造业项目,全年"快递进厂"服务制造业收入8.2亿元,支撑制造业产值达736.47亿元。加速聚焦资源要素,持续优化市场结构,泉州、福州、厦门快递企业福建区部和主要省际分拨节点城市作用不断发挥,行业重大项目建设持续开展,发展后劲不断增强,成为地方经济新的增长点。全省投资规模在1000万元以上的邮政快递业重大项目61个,累计完成投资64.3亿元。其中,福州圆通海通星升自创园项目(200亩)、京东厦门亚洲一号项目(408亩)、中通漳州角美转运中心(93亩)、极兔漳州角美转运中心(22亩)、福建申通闽南转运中心(32亩)、闽北电商快递产业园(129.6亩,现已建成30亩)等已于2021年建成投入使用。

科技赋能创新发展。提升福建省快递业实名综合监管平台建设,新增智能信包箱监管服务系统应用模块,提高快递数据开放共享效能,利用大数据赋能行业监管和社会治理。严格规范实名寄递信息调取机制,出台福建省实名寄递管理办法,配合省纪委、省公安厅等部门,完成寄递信息协查工作。持续推进安检机监控联网,增加安检机企业端,完善企业自查在线情况、匹配安检员身份信息等功能。开展寄递地址编码试点工作,在顺丰、京东等企业开展收寄应用。

持续深化改革,监管效能实现新成效。规范许可审批运行。强化与地方审批制度衔接,实现生成快递业务经营许可证电子证照。做好中央层面设定的涉企经营许可事项全覆盖清单管理,完成优化政务服务指标、建立目录清单关联、规范标准化目录管理、推进政务服务"跨省通办"等工作。不断强化事中事后监管,切实从重审批向重管理转变,规范许可审批。截至当前,全省共有邮政普遍服务营业场所1360处,快递许可企业424家、分支机构867个、末端网点15128个。深化邮快合作下乡进村,全省参与邮快合作的县(区)有66个、乡镇427个、建制村3740个。13个主要快递品牌已参与合作,累计代投快件434.73万件。拓展申诉处理渠道。开展邮政业用户申诉处理热线与政务服务便民热线归并工作,完成12305与各市12345转接,"福建省12345政务服务便民热线邮政管理分中心"挂牌设立。强化申诉处理管理,建立申诉处理抽查制度。共受理申诉16771件,其中有效申诉件1539件,办结12345便民服务平台诉求213件。

三、快递市场存在的突出问题

近年来,福建省邮政业快速发展,市场结构持续优化,资源要素加速聚集。从今后发展阶段的较长周期来看,快递业仍处于重要的战略机遇期,但行业大而不强、快而不优、粗而不精的业情尚未改变,新的发展动力尚未真正成型,安全生产形势依然严峻复杂,不平衡不充分发展仍然是邮政快递业面临的主要问题。特别是随着"放管服"改革举措的深入推进以及寄递安全形势日趋严峻,出现了邮政快递基础设施建设薄弱、"快递小哥"权益保障问题较突出、服务水平仍需提升、企业安全责任落实不到位、绿色发展引导不足等问题,直接成为影响行业高质量发展的重要因素。

江西省快递市场发展及管理情况

一、快递市场总体发展情况

2021 年,江西省邮政行业业务总量累计完成 210.7 亿元,同比增长 30.5%,业务收入(不包括邮政储蓄银行直接营业收入)累计完成 200.9 亿元,同比增长 15.7%。其中,快递企业业务量累计完成 16.0 亿件,同比增长 42.9%,业务收入累计完成 144.3 亿元,同比增长 25.9%(表 7-14)。支撑网络零售额 1600 亿元以上。

表 7-14　2021 年江西省快递服务企业发展情况

指　标	单　位	2021 年		比上年同期增长(%)		占全部比例(%)	
		全年累计	12 月	全年累计	12 月	全年累计	12 月
快递业务量	万件	160091.50	15645.38	42.93	6.21	100.00	100.00
同城	万件	13030.67	1163.55	11.85	8.13	8.14	7.44
异地	万件	146131.94	14409.34	46.71	7.01	91.28	92.10
国际及港澳台	万件	928.88	72.48	24.62	-61.69	0.58	0.46
快递业务收入	亿元	144.31	13.90	25.86	-3.27	100.00	100.00
同城	亿元	8.18	0.67	-2.69	-22.22	5.67	4.79
异地	亿元	91.60	9.91	26.74	7.69	63.48	71.29
国际及港澳台	亿元	2.23	-0.61	-45.91	-189.91	1.55	-4.39
其他	亿元	42.30	3.94	41.65	8.31	29.31	28.31

二、行业管理工作及主要成效

加强党的领导,全面从严治党进一步深化。 党史学习教育走深走实。全省系统始终把党史学习教育作为一项重要政治任务,按照“学史明理、学史增信、学史崇德、学史力行”的要求,全面部署、扎实推进。组织党组理论学习中心组(扩大)学习 10 次,党员干部集中学习 41 次,召开座谈研讨会 2 次、专题读书班 2 期、县级干部专题培训 1 期,高质量完成专题组织生活会,及时跟进学习习近平总书记“七一”重要讲话和党的十九届六中全会精神。组建 3 个巡回指导组,深入开展“我为群众办实事”实践活动,明确“加强快递员权益保护”“快递进村工程”“依法维护消费者合法权益”等 7 个重点民生项目,制定 24 项具体措施加以落实推进,取得了良好成效。

党的政治建设扎实开展。持续深化“让党中央放心、让人民群众满意”的模范机关创建,大力推进基层党建“三化”建设,顺利完成机关党委和纪委换届,强化基层党组织政治功能和组织力。开展“两优一先”评选、青年演讲比赛、歌咏比赛等活动,引导教育党员干部增强“四个意识”、坚定“四个自信”、做到“两个维护”,不断提高政治判断力、政治领悟力、政治执行力。召开快递业党建工作现场交流会,对企业党务工作者开展党建业务知识培训,巩固提升非公快递企业党建和群团组织建设成果,加强党对行业的领导力。坚持以党建带群建、群建促党建,成立非公党组织 21 个,行业工会 26 个,团组织 13 个,行业妇联 1 个,基本实现省级快递企业党组织建设全覆盖。

干部队伍建设不断加强。紧紧抓住全省事业单位改革契机,以落实省政府办《关于支持邮政业高质量发展的若干措施》为抓手，实现了省、市邮政业安全中心全覆盖，累计新增事业编制81名，行业监管力量得到有力补充。树立正确选人用人导向，选优配强市局班子，加强“一把手”和领导班子监督，开展对市局党组选人用人专项检查。建立健全考核体系，加强干部平时考核，有序推进职务与职级并行，做好养老保险、职业年金缴费工作，争取纳入地方考核，有力调动干部干事创业积极性。

从严治党纵深推进。深化政治监督，围绕习近平总书记关于邮政快递业的重要指示批示精神和党中央重大决策部署落实情况，对市局全面开展政治监督实地检查，做到跟进监督、精准监督。印发党风廉政建设工作要点，落实党风廉政建设党组主体责任、班子成员领导责任、纪检组监督责任等三个责任清单。常态化开展警示教育，灵活运用“四种形态”，严肃执纪问责，批评教育3人次，诫勉谈话1人次。驰而不息纠治“四风”问题，集中整治“怕、慢、假、庸、散”作风顽疾，查出“三重一大”决策不规范问题40个、技术和服务项目外包不规范问题6个、行政执法不规范问题10个，已全部按要求完成整改。

强化政策保障，发展环境进一步优化。政策供给显著增强。省政府办印发《关于加快农村寄递物流体系建设的实施意见》，明确了工作目标和资金政策等保障措施。协调将农村寄递物流体系建设纳入了江西省全面推进乡村振兴实绩考核。省政府办印发《关于以新业态新模式引领新型消费加快发展的实施意见》，明确要实施快递进村。《省城市功能与品质提升三年行动》明确将快递末端综合服务设施纳入城镇老旧小区和棚户区改造一并推进。推动邮政领域省以下财政事权和支出责任划分改革落地，全省累计落实地方经费3553.6万元，其中，邮政管理部门履职能力建设经费651.5万元。省邮政业安全中心、南昌局、萍乡局办公用房得到保障，“绿盾”工程和12305申诉分中心建设获省财政支持。上饶市横峰邮政管理局获批成立。

营商环境持续优化。深化“放管服”改革，优化许可流程，缩短办理时限，实现许可全流程“一网通办”。开通快递业务经营许可证寄递服务，实现“不见面”审批，为企业提供优质、便捷、高效政务服务。落实“双随机一公开”制度，完成《江西省邮政条例》修订，保留邮运车辆免费通行优惠政策，382辆邮车受益。包容审慎推进新业态监管，全省累计发放智能快件箱、公共服务站许可共17件。开展“服务怎样我体验，发现问题我整改”专项活动，强化许可规范化管理工作，受理许可申请225起，许可延续63起，许可变更107起，依法注销企业199家。

规划统计进展有序。积极参与综合交通运输、商贸物流等规划编制工作，与省发展改革委、省交通运输厅联合发布《“十四五”江西省邮政业发展规划》，推动行业规划与地方综合规划、交通运输规划有效衔接，完善行业发展规划保障体系。依法开展行业统计工作，强化数据质量常态化管控，为行业发展决策提供科学依据。积极履行省委财经工作联席会议成员单位职责，参与全省经济运行分析会，就邮政快递业服务地方经济工作跨部门会商11次。

统筹发展和安全，发展态势进一步巩固。基础设施建设持续推进。全省现有较大投资项目24个，投资额约190亿元，市县两级快递园区数量77个，快递服务乡镇覆盖率100%，建制村实现100%邮件直投。京东亚洲一号、南昌昌北邮件综合处理中心和鹰潭邮件处理中心等重大项目加快推进，赣州市顺丰丰泰产业园、抚州市快递电商产业园等入选全省重点建设项目。邮快件自动化分拣设施、X光安检机和信息化系统普遍应用，货机专线、高铁运邮、智能快件箱和末端配送网络建设等工作有序推进，全省已建成智能快件箱超1万组，村级寄递物流服务站14802个，城乡寄递物流配送体系加速完善。

寄递渠道安全畅通有序。组织开展安全生产专项整治三年行动“集中攻坚年”活动，压实企业安全生产主体责任，严格落实寄递安全“三项制度”。开展邮件快件处理场所安全管理规范化提升行动，全面排查安全隐患，督促企业完成“传送带堵缝”“人车分流”等治理工作。强化“绿盾”工程信息化运用，提升信息化监管水平，运用视频联网、安检机联网、实名监管等系统，建立“一周一通报”机制，为全省寄递渠道安全保障提供有力支撑。圆满完成庆祝建党100周年等重大活动和重要时期寄递安保任务。联合禁毒部门开展寄递渠道禁毒百日攻坚行动，开展禁毒知识培训141场次，协助公安禁毒部门甄别异常信息2000余条，发现线索、破获案件44起。持续做好涉枪涉爆、反恐、打击跨境走私以及濒危野生动植物保护等工作，全省行业安全平稳有序。

从业人员权益保障有力。贯彻落实习近平总书记关于关心关爱快递小哥的重要指示精神，经省政府同意，与省交通运输厅等7部门联合印发《关于做好快递员群体合法权益保障工作的实施意见》。联合团委、工会等部门开展快递青年服务月和形式多样的关爱快递员“暖蜂行动”，走访慰问快递小哥1.55万人次，发放慰问品、慰问金累计近108万元，开展法律援助和心理疏导1300人次，为快递员争取公(廉)租房312套。各级快递企业内部罚款项目压减30%，罚款金额同比减少1620万元。深入落实职业技能培训“246”工程要求，累计培训5447人次，获得财政补贴资金255.6万元。继续开展快递工程技术人员职称评审工作，通过初级认定52人。积极推荐人员申报邮政行业科技英才和技术能手。联合省人社厅成功举办2021年江西省“振兴杯”职业技能大赛邮政行业职业技能竞赛，选拔3人参加全国总决赛，以赛促训，提升行业从业人员技能水平。

落实新发展理念，发展质效进一步提升。“两进一出”工程初显成效。扎实开展“快递进村”百日攻坚行动，上下协同，政企联动，通过召开座谈会、调度会、推进会等形式督促邮政快递企业履行主体责任。统筹各方资源，邮快、交邮、邮供、快快等多模式并进，省市县实现邮快合作全覆盖，基本实现三个以上品牌快递服务进村全覆盖。新余市率先实现“快递进村”攻坚目标。吉安安福县“交邮商农供融合发展”、泰和县“电子商务+农村物流”、赣州安远县“智运快线+数字平台”等获评交通运输部第二批农村物流服务品牌。培育快递服务现代农业“一地一品”项目30个，支撑农业产值27.6亿元。赣州脐橙、宜春竹木产品、萍乡豆制品被国家邮政局授予“2021年快递服务现代农业金牌项目”。加快推进“快递进厂”，与省工信厅联合印发《关于促进邮政快递业与制造业深度融合发展的实施意见》，培育快递服务先进制造业项目90个，支撑工业产值136.7亿元。持续推动省产汽车产业发展，鼓励引导邮政快递企业采购江铃汽车2927台。积极推动“快递出海”，充分发挥南昌国际邮件互换局和国际快件监管中心的核心作用和辐射效应，南昌跨境电商实现国际邮件、快件、跨境电商监管“三关合一”。加强国际寄递服务网络建设，寄递通达地新增全球11个国家或地区，累计完成跨境邮快件业务量962.5万件。

绿色发展水平稳步提高。深入实施“2582”工程，开展重金属和特定物质超标包装袋、邮件快件过度包装两个专项治理，推进末端网点绿色化标准化提升工程，全行业可循环快递箱(盒)使用量达7.47万个，电商快件不再二次包装率为85%，新增设置标准包装废弃物回收装置的邮政快递网点3160个，新能源汽车保有量1031辆，全面完成年度目标任务。制定行业生态环保工作要点，组织开展专题培训，大力开展以“践行绿色发展·弘扬绿色文化”为主题的生态文明宣传月活动，加大固废法、《邮件快件包装管理办法》宣贯力度，行业贯彻实施固废法情况得到全国人大执法检查组肯定。积极推动省政府办公厅转发省发展改革委等8部门制定的《关于加快推进快递包装绿色转型的若干措施》，参与全省塑料污染治理联合专项行动，将行业生态环保内容纳入双随机执法和日常执法检查内容，查处生态环保违法行为27起，加速快递包装绿色转型。

精神文明建设成效显著。开展“社会主义核心价值观主题实践教育月”活动，引导行业从业人员践行“诚信、服务、规范、共享”的邮政行业核心价值理念。大力弘扬小蜜蜂精神，积极培树先进典型，深入开展文明单位、青年文明号创建活动，评选全省第四届最美快递员12名，并择优推荐3名参加全国最美快递员评选。江西局机关再次获评省级文明单位。江西局1个处室和1名干部分别荣获全省消防安全先进单位、先进个人，系统6名干部分别在抗击疫情、安全生产、生态文明、禁毒等工作中获省部级表彰。全行业18人荣获省、市级五一劳动奖章和五四青年表彰，江西圆通客服部、江西顺丰营销部和南昌百世获评全国青年文明号。

坚持依法治邮，治理效能进一步增强。邮政市场监管日益加强。开展快递市场秩序整顿专项行动，维护市场公平竞争环境，保护消费者合法权益。依法做好集邮市场和邮政用品用具市场监管。常态化抓细抓实疫情防控，从业人员疫苗接种做到应接尽接，有效应对上饶铅山的突发疫情，引导企业积极参与防疫物资和民生物资运输，妥善处置涉疫邮件。加强快递市场信用监管。完成12305与12345热线归并工作，完善申诉与市场监管联动机制，全年受理消费者申诉4890件，为消费者挽回经济损失194.1万元。

基础管理工作不断夯实。牢固树立过“紧日子”思想，大力压减一般性支出，严格控制“三公经费”，坚决做到厉行节俭、严控支出。完善财务内控制度，加大审计力度，强化预算执行，实施预算绩效管理，充分发挥财政资源配置效率和使用效率。加强资产动态管理，稳步推进国有资产管理。落实意识形态责任制，新闻宣传工作稳居全国系统“第一方阵”，江西局获评行业新闻宣传先进记者站，3名个人分别被评为先进记者站长、优秀特约记者、优秀通讯员。抚州市“快递进村”工作被新华社报道后，得到国务院领导批示。加强发文、会议、调研统筹，大力解决形式主义突出问题，切实为基层减负。狠抓网络安全和信息安全，推动政务信息公开和政务新媒体规范化管理。

三、快递市场存在的突出问题

江西省邮政快递业发展既面临多重叠加的风险挑战，也蕴含千载难逢的发展机遇。从省情看，江西“四面逢源”的区位优势、物产丰富的资源优势、门类齐全的产业优势、山清水秀的生态优势、国家战略的叠加优势更加凸显，这些都是推动邮政快递业高质量跨越式发展的重要驱动力。从业情看，江西省邮政快递业经受住了复杂严峻形势的考验和新冠肺炎疫情的冲击，行业改革发展取得了新成效，“两进一出”工程有效推进，产业融合发展更加深入，寄递服务渠道安全畅通，服务地方经济社会发展作用凸显，高质量发展步伐更加坚实有力。发展不平衡不充分仍然是江西省邮政快递业面临的主要问题，大而不强、快而不优，治理资源与规模任务不匹配，治理能力与发展形势不适应，末端基础设施难以跟上群众用邮需求，企业经营管理粗放，行业文明有待提升，绿色转型任务艰巨。

山东省快递市场发展及管理情况

一、快递市场总体发展情况

2021年，山东省邮政行业业务总量累计完成642.8亿元，同比增长30.3%，业务收入(不包括邮政储蓄银行直接营业收入)累计完成617.4亿元，同比增长17.6%；其中，快递企业业务量累计完成56.0亿件，同比增长34.8%，业务收入累计完成449.6亿元，同比增长21.7%(表7-15)。

表 7-15　2021 年山东省快递服务企业发展情况

指　标	单　位	2021 年		比上年同期增长(%)		占全部比例(%)	
		全年累计	12 月	全年累计	12 月	全年累计	12 月
快递业务量	万件	559785.84	55466.59	34.83	23.46	100.00	100.00
同城	万件	63573.24	6048.33	24.71	24.28	11.36	10.90
异地	万件	494941.88	49312.31	36.45	23.47	88.42	88.90
国际及港澳台	万件	1270.72	105.95	-14.26	-13.18	0.23	0.19
快递业务收入	亿元	449.61	39.54	21.65	6.81	100.00	100.00
同城	亿元	35.02	3.19	9.25	7.55	7.79	8.08
异地	亿元	289.19	27.80	19.09	16.78	64.32	70.29
国际及港澳台	亿元	26.75	-0.55	6.34	-122.74	5.95	-1.39
其他	亿元	98.65	9.10	41.85	16.35	21.94	23.02

二、行业管理工作及主要成效

进一步加强了党的建设。党史学习教育走深走实。全省系统坚持“学党史、悟思想”，充分发挥局党组中心组学习龙头作用，通过组织机关处级以上干部封闭读书班等多种形式，以先学一步、学深一层的示范效应，引领带动全系统深入学习《中国共产党简史》等规定内容，深入学习习近平总书记“七一”重要讲话和党的十九届六中全会精神，感悟建党精神思想伟力，进一步坚定理想信念，筑牢信仰之基。加强对党史学习工作督导，组建三个指导组，通过线上推进交流、线下实地指导，推动党史学习教育学在深处、干在实处。组织开展青年演讲比赛、歌咏比赛等喜迎建党 100 周年系列活动。坚持“学党史、办实事”，重点推进“快递进村”全覆盖、快递员群体权益保障等群众关心的“急难愁盼”工作，切实把学习成果转化为工作成效。贯彻中央有关要求和国家邮政局部署，稳妥推进非公快递企业党建工作，济宁、临沂、青岛等市成立了快递行业党委，对加强行业党的领导进行了积极探索。

全面从严治党向纵深推进。加强政治和党风廉政监督，进一步全面做好国家邮政局党组对山东局巡视问题整改，启动对市局党组的第二轮巡察工作；深入开展“三重一大”决策不规范等 4 个专项整治；召开全省系统党风廉政建设会议和警示教育大会，落实中央八项规定及其细则精神，紧盯节假日等重要时间节点做好廉政提醒，党风廉政建设进一步抓实抓牢。

行业精神文明建设持续提升。精神文明创建活动蓬勃开展，举办山东省第四届邮政行业职业技能竞赛，开展第二届“最美快递员”评选表彰活动，有 15 名从业人员被评为全省“最美快递员”，25 名被评为“优秀快递员”；3 家单位部门获全国青年文明号，13 人获得省市优秀共产党员、优秀党务工作者等表彰。联合省人社厅、省财政厅等 9 部门印发《关于做好快递员群体合法权益保障工作的意见》；持续开展“暖蜂行动”，全省为快递员群体协调公租房、廉租房等保障房 78 套，新设立爱心驿站等服务阵地 325 处，免费体检和义诊覆盖 1861 人次，为快递员购买社会保险或商业保险等 4 万余人次。

行业高质量发展跃上新台阶。政策争取获得重大突破。积极争取在省政府《交通运输领域省与市县财政事权和支出责任划分改革实施方案》中明确了邮政业省、市、县财政事权和相关支出责任，特别是将快递进村重点明确为市县事权责任，是行业发展政策的一次重大突破。我们抓住邮政领域财政事权改革有利契机，以快递进村为突破口，积极争取出台行业扶持政策，省政府“六稳六保”第四批政策清单，对进村快递站点和进村服务亏损实施三年补贴，测算政策补贴资金总盘子约 9

亿多元;代拟印发了《关于加快农村寄递物流体系建设的实施方案》,农村寄递物流体系建设纳入全省乡村振兴齐鲁样板重点任务;联合省交通运输厅印发加快交快合作推进“快递进村”的实施意见,落实“客货邮”融合发展扶持奖励资金1200万元;全省16市全部落实了快递进村补贴方案,济南、青岛、烟台、日照等14市将补贴纳入了2022年财政预算,济宁、淄博、德州、东营、枣庄等市局已累计争取财政奖补资金2.4亿元。在此基础上,各级党委、政府对邮政快递行业关心支持明显加大,分管省领导多次听取省局工作汇报,帮助协调推进重点工作,省委、省政府主要领导都对邮政管理工作作出批示、提出要求,关心支持工作开展;省人大常委会审议通过邮政快递业发展检查报告,充分肯定行业发展成就,并向省政府提出进一步重视支持邮政快递业高质量发展的建议措施。各市领导调研、批示支持邮政业发展40余次,多个市地组织督导组、检查组推动邮政快递工作,对行业发展给予了有力支持。2022年全国邮政管理工作会议上,省局作了“积极争取支持 优化发展环境”典型发言。

“快递进村”取得历史性成就。进一步提高政治站位摆上重要位置。认真贯彻习近平总书记“积极发展农村电子商务和快递业务”的重要指示,按照国家邮政局实施“快递进村”工程的决策部署,加强组织领导,省局成立工作专班,先后召开全省快递进村攻坚部署会、现场推进会并深入一线督查指导。各市局将快递进村工作列为“一把手”工程,投入主要精力,挂图作战,清单销号,全面推动。实施共同配送、抱团进村。综合利用社会资源,采取快快、快商、快销合作,特别是利用农村公交网络、借助邮政通邮网络,加快推动进村步伐。落实企业进村主体责任。指导全省快递企业总部成立快递进村“联合推进中心”,8大网络省总部分片包干深入基层一线协调县乡快递企业和网点统一进村行动;各主要品牌全国网络总部也对山东省进村工作从资费补贴、业务管理、时限考核、互联互通等方面予以大力支持,激发基层企业进村内生动力。典型带动,示范突破。邹城、莱芜、禹城等地借助下乡公交迅速实现县域快递进村全覆盖,济宁、枣庄在全省率先实现市域基本全覆盖,发挥了引领带动作用。落实政府事权责任,实施集中攻坚。省政府建立专项工作机制,召开全省快递进村视频调度会,凌文副省长总牵头亲自抓,建立了“两账一库”快递进村台账,在国家邮政局标准要求基础上,升级制定了A、B、C三类进村标准,坚持高标准进村,建立分管省长、分管市长、有关厅局领导参加的工作群,每日通报、调度,有力推动进村工作。各市政府高度重视,成立快递进村专班、召开部署调度会、建立工作群,加快进村两项补贴政策落地,形成了省、市、县、乡四级政府联动的可喜局面,有力推动快递进村全面提速。加大督导核查,确保进村质量。充分发挥工作机制作用,加大实地检查和电话抽查力度,省市县政府三级强化复核保证进村实效,督导查漏补缺,确保进村达标,使全省快递进村如期完成了全覆盖工作目标,并保持了较高水平。12月底,国家邮政局应省政府邀请分两组采取“四不两直”方式对山东省快递进村成果进行了抽查和暗访,所查村庄全部实现了四个以上品牌直投到村,马军胜局长、戴应军副局长分别作了批示予以充分肯定。经过一年艰苦攻坚,我们圆满完成了按全国第一档标准提前一年实现行政村全覆盖的艰巨任务,走在了全国前列,受到了广大农村群众的热烈欢迎,各级媒体进行了广泛报道,国家邮政局领导、省委书记李干杰、省长周乃翔和分管副省长凌文都分别作了批示肯定成绩,并提出进一步做好进村工作的更高要求和殷切期望。

服务经济双循环成效卓著。服务乡村振兴有力有效。全省快递服务农产品金银铜牌项目数量再创新高,服务“一地一品”“一市多品”项目达到71个,培育烟台苹果、乐陵小枣、安丘大姜、泰安桃木制品、菏泽花卉等超千万件项目16个,继续保持在全国遥遥领先。全省快递服务农产品寄递量累计达到4.45亿件,带动农业总产值142亿元,有力促进农民增收和农村电商发展,为打造乡村振兴齐鲁样板作出了积极贡献。“快递进厂”实现量质提升。引导寄递企业延伸产业链条,深度嵌入制造业全流程服务,培育了一批入厂物流、仓配一体化、订单末端配送、区域性供应链服务、嵌入式电子商务等项目233个,寄递量超千万件项目13个,快递服务制造业寄递量达6.1亿件,同比增长71%,支撑制造业销售额1441亿元,呈现出了规模、效益双提升的良好态势。“快递出海”取得新进展。济南国际邮件互换局实现场地扩容和设备升级改造,威海顺丰国际开通全国首条“中国—韩国”海运电商专递;青岛邮政开通运营至北美、欧洲、日韩及东南亚9个航点的全货机和客改货航班,青岛开通16条至东京、大阪以及越南河内的跨境电商货物全货运包机航线,布局10多个全球海外仓,进一步拓展了出海新局面。

行业安全取得新成效。抓好常态化疫情防控。坚持“外防输入、内防反弹”,认真落实国际邮件快件处理场所人物同防、闭环管理措施。坚持省市联动,妥善应对突发应急疫情,日夜加班紧急有序做好河北石家庄、马来西亚进口榴梿泥、蒙古国进口商品等涉疫快件的应急处置工作,滨州、枣庄、淄博等市局组织开展涉疫快件的应急处置演练,有效提升应急处置能力;扎实推进从业人员疫苗接种工作,接种率达99.18%,实现疫苗接种“应接尽接”,全省邮政业从业人员新冠病毒零感染。

推动主体责任制常态化落实。突出抓好收寄验视、实名制源头管控,发挥省网络总部联席会议机制作用,持续强化寄递安全和生产安全主体责任制落实,全省彻底收寄验视率稳定提高,泰安、滨州、枣庄、烟台、济宁等地验视测试率均在90%以上,寄递安全形势持续向好。“两会期间”,全省寄递渠道寄往北京的违禁品数量在全国排名末位;建党100周年庆祝活动期间,国家邮政局全国问题件通报,山东省实现零问题件,受到省政法委的充分肯定并转发了山东局经验做法。狠抓安全生产专项治理,开展作业场地安全管理规范化提升行动,排查治理风险隐患,突出整治“四不”问题,全省96家分拨中心全部完成传送带堵缝、人车分流两项重点整治任务,有效消除存在的重大隐患风险。

坚决防范化解行业运行风险。突出抓好快递企业基层网络稳定,制定《有效期内申请停止经营快递业务处置操作指引(试行)》,妥善处理天天停网和丰网加盟等涉稳突发事件,有效防范化解行业内生风险。双“11”业务旺季期间,制作9期业务旺季风险预警地图,累计销号风险点53个,有效保障了行业的稳定运行。高质量做好国家邮政局部署的各类重大活动寄递安全基础工作,确保万无一失。

行业监管展现新作为。快递市场监管持续加强。通过推动运行省级寄递企业联席会议,促进监管措施在品牌网络内纵向管理到位,强化行业监管力度。积极开展服务质量整治提升,着力解决服务热点、难点、堵点,服务申诉明显减少,公众满意度居全国前列。各局加大措施治理超地域范围经营、委托未经许可企业经营等违法行为,开展对虚假实名、快递刷单、贩卖快递盲盒等问题专项整治、“寄递渠道禁毒百日攻坚行动”、打击侵权假冒,应用安全中心大数据实施精准监管等,有效维护了快递市场秩序。深入推进放管服改革,简化行政审批,许可工作受到国家邮政局市场监管司表扬肯定。

行业生态环保深入推进。联合发展改革等七部门出台《关于加快推进快递包装绿色转型的意见》,大力实施行业绿色发展“2582”工程,持续推进快递包装减量化、循环化、标准化。全省标准包装材料应用比例98%以上,可循环快递箱(盒)使用量45.8万个,电商快件不再二次包装率达93.43%,新能源汽车4793辆,新增设置包装废弃物回收装置网点2424个。加强绿色发展督导检查,实施生态环保行政处罚20起。

基础工作得到新提升。干部队伍建设不断加强。进一步加强领导班子建设,新选拔任用和调整领导干部20人,补齐补强12个市局班子,稳妥推进职务职级并行工作,干部队伍作风建设持续加强,干事创业激情持续高涨,特别是在快递进村攻坚阶段,全省系统干部职工不惧困难挑战,不畏任务繁重,敢于拼搏担当,连续加班加点、日夜奋战、任劳任怨,圆满高效完成了工作任务,很多事例令人感动,赢得了省领导和各部门的称赞。进一步完善邮政监管支撑体系,新设立县级机构11个,累计设立县级邮政监管机构31个,其中济宁、德州实现了县级监管机构全覆盖。

人才强邮建设持续加强。抓好职业技能提升培训"246"工程,累计完成培训1.74万人次,争取政府补贴资金524万元,居全国前列。进一步加强人才职称评审工作,787名"快递小哥"获快递工程技术人员职称,全省累计5551人次获技术职称资格,新增和累计数量均居全国首位。加大高层次、高技能人才建设,顺丰与青岛酒店管理学院签订战略合作协议,开办邮政快递类校企合作班。

行业治理基础不断加强。积极推进邮政立法工作,《山东省邮政条例》修订项目列入省人大2022年审议的地方性法规项目。加强行业统计监督检查,进一步提升数据质量和分析应用。适应"过紧日子"要求,加快构建多元化资金保障渠道,济宁、济南、烟台、潍坊、淄博、滨州、临沂、德州等市局争取了地方经费支持。加强审计监督,完成泰安等3市局领导干部离任审计。大力加强新闻宣传工作,山东卫视、《大众日报》、齐鲁电视台等主要新闻媒体持续加大对快递进村等行业发展宣传力度,行业认知度明显提升。信访、保密、政府信息公开、两会提案建议办理、意识形态等工作取得新的成效。

三、快递市场存在的突出问题

从山东省邮政业运行情况看,自身还存在不少短板和问题,"快递进村"需要持续巩固,部分进村网点营收较差,造血功能较弱,运行不够稳定,助力"乡村振兴"战略短板仍然比较突出;省内快递服务协同滞后,跨境快递发展仍未全面起势,这些都不同程度上制约了山东省邮政业的高质量发展。

河南省快递市场发展及管理情况

一、快递市场总体发展情况

2021年,河南省邮政行业业务总量累计完成545.2亿元,同比增长28.2%,业务收入(不包括邮政储蓄银行直接营业收入)累计完成472.0亿元,同比增长16.4%;其中,快递企业业务量累计完成43.6亿件,同比增长40.5%,业务收入累计完成319.2亿元,同比增长28.2%(表7-16)。新增社会就业1.2万人,支撑网络零售额3000亿元。

表7-16 2021年河南省快递服务企业发展情况

指标	单位	2021年		比上年同期增长(%)		占全部比例(%)	
		全年累计	12月	全年累计	12月	全年累计	12月
快递业务量	万件	435552.74	43812.52	40.50	19.77	100.00	100.00
同城	万件	44611.43	5245.89	44.22	82.80	10.24	11.97
异地	万件	389451.11	38444.42	40.64	14.86	89.42	87.75
国际及港澳台	万件	1488.20	120.21	-31.11	-50.06	0.34	0.27
快递业务收入	亿元	319.17	20.97	28.16	-21.84	100.00	100.00
同城	亿元	27.74	2.90	53.57	57.52	8.69	13.83

续上表

指标	单位	2021年		比上年同期增长(%)		占全部比例(%)	
		全年累计	12月	全年累计	12月	全年累计	12月
异地	亿元	199.22	19.12	28.64	15.01	62.42	91.19
国际及港澳台	亿元	11.26	-5.99	-17.92	-447.20	3.53	-28.55
其他	亿元	80.95	4.93	29.72	-25.65	25.36	23.53

二、行业管理工作及主要成效

全面从严治党再上新台阶。扎实开展党史学习教育。印发实施方案，召开动员大会，成立6个巡回指导组对市局党史学习教育开展情况实现指导全覆盖。开展党组中心组（扩大）理论学习12次，开设微信公众号“党史学习教育”专栏并发布160期，编印简报52期。举办“学党史 悟思想”读书班，召开豫南、豫北两个片区党史学习教育暨“我为群众办实事”交流会，省局党组中心组理论扩大学习吸纳市局参加并开展交流研讨，22个基层党支部召开专题组织生活会，举办“唱支颂歌给党听”歌咏比赛，焦作局、许昌局分别在全国系统评比中获得三等奖、纪念奖，切实推进党史学习教育有特色、有亮点、有成效。扎实开展“我为群众办实事”实践活动，明确26项措施清单，推进“快递进村”服务通达率基本实现全覆盖、建制村直接通邮率持续全国领先、快递员群体合法权益保障成效明显。

有效推进行业党建工作。加强制度建设。印发巩固深化“不忘初心、牢记使命”主题教育成果、贯彻落实习近平总书记关于邮政快递业的重要指示批示精神“回头看”、加强党的政治建设、加强非公快递企业党建等文件，以全局观念和系统思维谋划部署各项工作。建强基层组织。开展“让党中央放心、让人民群众满意的模范机关”创建、基层党支部标准化规范化建设、“两优一先”评选表彰，建立19个非公快递企业党组织，基本实现市级全覆盖。坚持党管意识形态。切实抓好《党委（党组）意识形态责任制实施办法》的落实，组织专题研讨交流。修订新闻宣传考核办法，建强管局、企业两支通讯员队伍，实行季度通报、后进约谈。全年编发公众号224期，国家邮政局网站采用稿件258篇，《中国邮政快递报》采用55篇，《快递》杂志采用11篇，抖音、快手视频号采用61篇，《河南日报》等地方主要新闻媒体持续加大对行业改革发展的宣传力度，连续七年荣获国家邮政局系统全部表彰奖项并在2021年9月全国新闻通联会议上作交流发言。

推动全面从严治党向纵深发展。压实“两个责任”。印发党风廉政建设工作要点、纪检工作要点、廉政风险防控手册等，建立行权用权风险预警防控机制。逐级签订党风廉政建设责任书、个人承诺书，开展任职集体廉政谈话，营造清正廉洁的从政环境。强化日常监督。巩固落实中央八项规定及其实施细则精神成果，开展“三重一大”决策不规范等四个方面突出问题专项整治工作，坚决防止“四风”反弹回潮。涵养良好政治生态。开展“讲政治强党性、转观念聚合力、提本领增效能、重实干出亮点、遵规矩守底线”大讨论。从细处小节抓起，对会风会纪和即时通上线率进行不定时检查通报，强调“开门办公”，党员干部精神面貌焕然一新，工作作风明显改善。全力做好巡视巡察“后半篇文章”。制定巡视整改措施131条，完成对8个市局政治巡察和选人用人专项巡察。通过立即整改、限期整改、持续整改等确保整改事项全部对账销号、彻底整改、见底清零。

优化行业发展环境取得新成效。争取政策支持，行业发展新动能不断增强。争取地方政府支持。向时任常务副省长周霁作专题汇报，获得充分肯定并表示要大力支持快递产业集聚化发展。协调服务副省长何金平率队赴国家邮政局等单位推动郑州国际邮件枢纽口岸等工作。向省政府汇报快递业务旺季安全服务保障情况，得到常务副省长孙守刚“工作主动，保障有力”的批示肯定。推动行业利好文件出台。联合省交通运输厅等20部门印发《河南省认真落实习近平总书记重要指示推动邮政快递业高质量发展工作实施方案》，联合省交通运输厅等印发《关于深化交通运输与邮政快递融合发展的实施意见》，推动省政府出台加快农村寄递物流体系建设的实施意见，在资金、规划、设施整合等各方面争取扶持政策，为行业发展保驾护航。推动并开展多层次战略合作。积极推动省政府与国家邮政局签署部省战略合作共建协议。与省商务厅、省邮政公司签署战略合作协议。省快递协会联合省电商协会召开三次协同发展推进会，签发联合倡议，确保电商快件收派配合紧密，顺畅有序。与河南联通、河南移动分别签署战略合作协议，各重点品牌快递企业积极参与，全省各市同步推进，重点在渠道共建、客户共享、信息共通等方面加强合作。推动政策红利有效转化。大力推动财政事权和支出责任改革落地落实，8个市局推动出台事权改革方案，11个市局争取到办公业务用房，16家单位争取资金1926万元。省局联合省商务厅等开展省级快递物流园区评定，郑州国际物流园、漯河圆通快递物流园、永城市快递物流园、中国宝武焦作现代物流园等6个园区获评并获得补贴资金500万元。

突出协同融合，规划引领作用有效发挥。编制省、市1+17个邮政业发展“十四五”规划。省局联合省发展改革委、省交通运输厅发布《河南省邮政业发展“十四五”规划》；洛阳、焦作、许昌、开封、鹤壁、濮阳、新乡、漯河、南阳、三门峡、驻马店等11个市局与市发展改革委、交通运输局联合印发市邮政业“十四五”发展规划。全力做好规划的衔接和宣贯工作。向省发展改革委等部门发送规划衔接商请函，明确纳入内容并提供法律法规及相关政策依据。在省“十四五”规划和“十四五”综合交通运输、现代服务业、商务等规划中均纳入支持邮政快递发展内容。在省局网站设置规划宣贯专栏，积极做好规划的宣贯工作。编制印发邮政强省建设行动计划，全面开启邮政强省建设，确保国家邮政强国纲要在河南落地生效。

着力强基固本，发展能力持续提升。一是持续加强基础能力建设。占地1200亩的商丘跨境电商产业园、占地150亩的新乡中通豫北处理中心、占地100亩的鹤壁京东智能产业园等项目正式运营投入使用。全省干线运营车辆近万辆，规模以上分拨中心达到222个，自动化分拣设备达到328台。按照40%、30%、30%的三年行动目标，大力推进“三化”暨快递企业末端网点标准化建设，于11月底提前完成年度计划目标，建成标准化营业网点3439个、规范化分拨中心360个、标准末端网点2748个、规范化营业点135个；流程制度化水平明显提升。二是寄递服务现代农业、制造业成效显著。全省邮乐购站点3.8万个，发展“一市一品”精品项目87个，带动业务量3470万件、收入1.16亿元，服务农户3.9万户、带动增收1.9亿元。培育业务量超千万的快递服务现代农业金牌项目11个，占全国新增项目的20%。创建寄递服务制造业金、银、铜牌项目30个、22个、16个，132个项目成功入选国家寄递服务制造业项目库。全省快递服务现代农业、制造业分别完成快递业务量2.9亿件和4.5亿件，拉动就业1.3万人，带动农业总产值74.9亿元、支撑工业总产值225.1亿元。三是全省建制村实地打卡率持续稳定在99.9%以上，全面开通县乡两频邮路，县级以上城区党政机关《人民日报》当日见报率稳定在100%，基本实现所有乡镇《人民日报》当日见报。全省营投合一单人网点全部清零。四是省局联合省快递协会开展“提升比重、移位进档、提质增效、增比进位”劳动竞赛活动，在全省快递企业营造比学赶超的良好氛围。

打好两场硬仗，全力做好行业疫情防控和防汛救灾。做好行业疫情防控工作。确保安排部署到位、督促检查到位、责任落实到位，妥善处理邮快件涉疫突发事件，全省邮政快递业未发生重大聚集性疫情。全省14万从业人员疫苗接种率达99.91%。推动解决车辆道路通行管制难题，发放疫情防控应急运输通行证4500张，5.5万辆邮政快递车辆循环使用，保障了42万吨医疗防护物资、生活生产物资的正常寄递，节约通行费近2000万元。扎实有效做好防汛救灾工作。局领导分别带队赶赴受灾严重的鹤壁、新乡等市，督导检查防汛救灾、社会援助工作，慰问基层受灾企业和一线员工。加强行业受灾情况统计，及时发布消费提示，指导企业依法依规做好投申诉处理和理赔工作。快速有效推动行业复工复产。倡导总部企业采取投入资金、增加派费等措施用于基层网点能力恢复，指导企业在确保安全的前提下，调度人力物力运力，尽快完成疏运投递，全省邮政快递业未发生人员伤亡事件并迅速实现复工复产。

重点工作推进实现新突破。“快递进村”工程百日攻坚成绩斐然。全省邮政管理部门扎实推进。省局制定推进方案，召开千人动员大会，通过压实政企“双一把手”责任、建立工作专班等措施，强化驻马店市全国“快递进村”工程试点示范带动整体的引领作用，凝聚最大合力，集中力量全力推进“快递进村”。全省“快递进村”驻村设点率达到47.6%，邮政EMS等四个品牌快递服务进村率达到100%。邮快合作覆盖率达到47.34%，邮政企业累计代投民营快递企业快件量达978万件，是2020年的6.7倍。安全中心和行业协会有效保障。安全中心研发推广“河南省快递进村保障监管系统平台”，为“快递进村”提供数据和技术支撑。省快递协会制定《河南省“快递进村”操作指引》，开展提升农村快递业务量调研，为“快递进村”提供开源支撑。各寄递企业积极实施。顺丰以周为单位通报各城市快递进村进度。京东建立“快递进村”工作实施方案专项责任领导小组，实施进村订单时效差异化考核管理，对“快递进村”专项车辆油费和远件补助予以支持。中通对满足行政村设立网点、悬挂中通门牌等符合条件的网点进行派费补贴。

关心关爱快递小哥工作全面推进。加强制度保障，省局围绕落实七部委《关于做好快递员群体合法权益保障工作的意见》、推动关心关爱快递小哥工作向时任省委常委、统战部部长孙守刚作专题汇报，获得明确肯定和支持。下发“暖蜂行动”方案、制定分工表、建立台账，将工作落实情况纳入巡察、行政督查、工作考核。联合省快递协会举办用工、薪酬、社保管理培训班，指导各邮政快递企业落实有关政策。省市局不断加强与人大、政协、工会组织的联系，多渠道争取政策支持，组织快递员与人大、政协面对面活动349人次。解决实际困难，开展保障末端从业人员工资支付专项检查，通过“12305”受理并办结快递员工资相关举报65件、解决拖欠工资金额112.9万元，协调解决公租廉租房73套，新增爱心驿站等服务阵地2058个，提供法律支援等服务1.1万人次，免费体检和义诊2.1万人次。全省邮政快递企业为从业人员购买工伤保险9.8万人、人身意外险7.2万人、三轮车保险4.3万个。漯河局、三门峡局联合人社部门出台基层快递网点优先参加工伤保险政策文件，为基层快递网点优先参加工伤保险提供政策支持。突出职业关爱，大力实施“246”工程，开展职业技能培训2.4万人次，获得补贴资金336万元，快递工程技术人员职称评审累计通过161人次。联合省国防邮电工会等举办邮政行业职业技能竞赛，选拔3名选手参加国赛均获个人三等奖，河南省代表队荣获团体优胜奖、优秀技术指导奖，取得国赛历史最好成绩。开展“五一”国际劳动节优秀人才走访慰问、“双11”业务旺季调研慰问，将关心关爱送到基层一线。强化荣誉激励，联合省委宣传部等开展“出彩河南人”——首届最美快递员推介活动，将推选“最美快递员”“优秀快递员”各10名进行表彰宣传。推荐6个单位获评省级“青年文明号”、3人获评省级青年岗位能手。在“五一”“五四”及“七一”有关表彰中，全省8位快递小哥、4个集体获先进荣誉称号。

行业生态环保工作有力有效。行业、属地同

频共振。向全国人大常委会副委员长丁仲礼进行邮政快递业环保工作专题汇报并提出相关建议，获得肯定支持。推动省政府办公厅出台《关于加快推进快递包装绿色转型的实施意见》，为加快河南省快递包装绿色转型提供政策保障。联合省发展改革委等九部门建立加快推进快递包装绿色转型联席机制，组织召开座谈会，推动各部门有效履职履责。政府、协会、企业同向发力。召开两次工作推进会，对企业履行生态环保主体责任情况开展互查和评价。省快递协会召开快递行业绿色包装产品推介会，指导企业建立合格供应商制度。各寄递企业主动履行主体责任，邮政营业网点1-4号包装箱全部使用免胶带包装箱。中通统一定制《环保手册》和《绿色宣传海报》，在网点进行张贴宣贯。韵达、百世电子面单、一联单使用基本全覆盖。申通实现郑州市新能源汽车全覆盖。“2295”绿色工程指标落地见效。全省采购使用符合标准的包装材料应用比例达到96.64%，按照规范封装操作比例达到98.92%；可循环快递箱（盒）达到33.89万个；电商快件不再二次包装比例达到97.2%；新增1394个设置符合国家或地方标准包装废弃物回收装置的邮政快递网点，实现邮政企业城区网点全覆盖。新能源车辆保有量2701台。邮政快递业生态环保治理成效获省生态环保委员会高度认可。

行业监管服务水平获得新提升。法治邮政建设进一步深入。有效夯实全省依法治邮基础。制定依法行政工作要点、考核方案、省邮政业八五普法规划等文件，全面完成人大、政协提案办理、规范性文件清理审查、执法案卷审查通报等各项工作，依法办理14个行政应诉案件并全部胜诉。积极推进邮政业地方立法，向人大秘书长吉炳伟专题汇报并获得明确支持，将《河南省邮政条例》修订工作纳入立法计划。指导市局推进地方立法工作，新乡市政府出台《新乡市邮政快递管理办法》，漯河市政府将《漯河市邮政快递管理办法》征求各部门意见，鹤壁市政府将《鹤壁市邮政快递管理办法》列入2022年度立法计划。培育法治工作示范单位。指导鹤壁局获评全省第二批服务型执法标兵单位；指导洛阳、新乡、许昌局开展服务型执法示范点创建工作。

行业安全基础进一步夯实。积极发挥寄递渠道安全联合监管机制作用。召开寄递安全管理领导小组联席（扩大）会议，首次实现省市联动，督促54个县成立寄递渠道安全领导小组，落实邮政管理部门监管责任、寄递企业主体责任、相关单位协管责任和属地责任，推动形成“政府主导、行业主管、企业主责、部门协同”的全方位齐抓共管工作格局。积极开展平安建设创建工作。全力做好建党一百周年、十九届六中全会等重要时期寄递渠道安全服务保障，联合省公安厅、国安厅开展全省寄递渠道“净网”百日行动，联合烟草、市场监管严厉打击寄递渠道涉烟违法行为，有力保障寄递渠道安全平稳畅通。会同省国家保密局对省机要通信局开展联合检查，并对郑州和焦作开展机要通信专项检查，确保机要通信万无一失。从严抓好“扫黄打非”工作，全省未发生非法出版物和政治性非法出版物通过寄递渠道寄递事件。开展寄递渠道打击枪爆物品违法犯罪专项行动、禁毒专项行动，查处违法行为365起。着力强化行业应急能力建设。推动周口、安阳、鹤壁、焦作、漯河、许昌、濮阳等7市纳入地方政府应急管理体系。举办邮政快递业安全生产突发事件应急处置综合演练，3300余人在线观摩，有效提升行业应急处突能力。注重发挥邮政安全中心职能作用。加快推进“绿盾”工程建设，有效推进“绿盾”工程信息化系统应用。开展行业安全舆情监测预警，编发运行和安全信息日报251期、月报12期，安全舆情监测专报24期。举办6期平安寄递大讲堂，开展“普法微课堂”，受众达10万余人次。举办5期安检培训班，47名行业监管人员、545名安检员接受培训，有力保障了“一机两人双证”要求的落实。

行政执法进一步规范。行政执法力度持续加大。全省邮政管理部门全年执法检查9545人次，约谈141次,下达责令改正通知书572份,办理邮政市场行政处罚案件560件,处罚352.74万元。强化管局系统考核和企业内控管理。健全邮政市场监管、邮政普遍服务监督效能考核办法,加大专项工作和重点工作推进力度。实现省、市两级网络型快递企业品牌负责人制度全覆盖,从发展、安全、服务等五个方面开展品牌负责人年度评价,并将结果向企业总部通报。完善安全中心、申诉中心与邮政行政执法工作联动机制。强化非现场监管,通过监控平台发现、申诉中心转办线索224条,立案查处26件,行政约谈或责令改正27件。组织开展全省邮政市场“平安寄递、放心消费、合规经营”交叉大检查、快递市场秩序整顿专项行动、邮件快件处理场所安全治理规范化提升行动和行政执法规范化专项治理,进一步夯实行业高质量发展基础。开封、商丘局对打击超地域范围经营快递行政执法实现突破;洛阳局对农村地区未按址投递行政执法实现突破;郑州局依据反恐怖主义法对3家违法企业给予行政处罚,对1家企业违规寄递国家公文予以行政处罚,并对8家企业给予停业整顿;濮阳、信阳、焦作等局依据新安全生产法对多家违规企业予以行政处罚;三门峡局对16家违反生态环保法律法规的企业予以行政处罚。通过强力执法,有效维护全省邮政市场秩序。

服务能力水平进一步提升。举办全省邮政业服务质量培训班,切实提高服务意识和服务能力。省邮政业消费者申诉中心全年处理用户咨询8万件、申诉9413件,消费者对邮政管理部门有效申诉处理工作满意率为97.9%。深化“放管服”改革,严格许可审批,规范许可申请,压缩许可审批办理时限,实现快递许可审批全流程网上办理“零跑腿”,开通咨询预约服务、许可证寄递服务,行政服务效能进一步提高。处理许可申请937件次、延续425件次、变更322件,注销法人企业185家、新增102家,撤销分支机构459个、新增546个,新增备案末端网点11895个,快递市场经营主体进一步优化。注重发挥行业协会桥梁纽带作用。省快递协会在三化建设、快递进村、关心关爱快递小哥等重点工作中积极发挥培训咨询、协调自律、服务保障作用,履职成效明显提升。全省成立县(市)级协会组织97个,覆盖率达到92%。

治理体系和治理能力建设迈出新步伐。着力加强高素质专业化干部队伍建设。健全完善干部管理制度体系。制定干部政治素质考察、激励干部队伍担当作为、加强领导干部队伍本领建设、建立容错纠错机制等多项制度,从提升干部能力本领到激发干事创业活力,从严格监督管理到保护担当作为积极性,形成相对完善的闭环管理制度体系。加强干部队伍建设。突出“传帮带”,强化“实干效”,举办“如何做好一名局(处、科)长”等主题宣讲活动,开展覆盖全员的“新时代新气象新担当新作为”“打铁还需自身硬”思想大讨论活动,统一思想、振奋精神、激发动力,以能力素质提升保障全年重点工作开展。完善领导班子和干部考核体系。印发实施年度综合考核办法、平时考核方案,通过制定“上挂下牵、有机关联”的“百分制”量化考核办法,建立横向到边、纵向到底、全方位、无死角的综合考核体系;通过月度纪实总结、季度审核评鉴等实化考核办法,建立更加注重考核过程管理的平时考核体系,实现压力有效传导,工作有力推进。

省以下邮政业支撑体系建设取得突破性进展。印发实施方案,积极协调省交通运输厅理顺安全中心工作机制,推动成立鹤壁市邮政业安全中心,实现市级邮政业安全中心“零突破”;信阳浉河局、漯河召陵局、新乡延津局、开封尉氏局实现挂牌运行,信阳光山局获批成立。

行政效能得到明显提高。提高决策的规范化程序化。落实党组讨论和决定重大问题清单,制定重大行政决策程序规定,增强决策的科学性严谨性。加强督查督办和考核问责。印发《政务督查考核及责任追究办法》《关于人事部门对领导干部提醒、函询和诫勉的实施细则》,建立健全责任传递、压力传导机制,促进行政效能提高。开展求实重效的调研活动，省局主要负责人开展17个市局全覆盖调研，争取地方支持，推动事权改革、机构设置等取得突破性进展。省局印发《2021年重点调研课题及相关安排》，收集调研报告94篇。牢固树立“过紧日子”意识，在项目预算压减54%的情况下，积极统筹资金、开源节流，结合巡视整改要求，着力加强预算管理，切实提高预算资金使用效益。组织开展财务分区大检查、经济责任审计，财务管理制度化规范化科学化水平得到明显提升。制定统计数据质量责任划分与清单等6项统计制度，组织开展统计检查和统计督查整改“回头看”，定期召开全省经济运行分析会，强化对企业指导培训，提高源头数据质量，确保应统尽统，数据准确。

三、快递市场存在的突出问题

不平衡。城乡差距、区域差距比较大，高端服务能力不强，供需匹配度不高。农村普遍服务质量、揽投效率需要进一步提高，河南省农村快递收投量明显低于全国平均水平，全国农村快递收投量占比为33.33%，河南省只有17.1%。全省各市快递进村“驻村设点”比例差异较大，存在地区间发展不平衡现象。“三通一达”、极兔等加盟型快递企业驻村设点比例偏低，存在企业间不均衡现象。

不充分。河南省行业发展水平与先进省份差距比较大，发展质量和效益不高。长期存在的价格战、同质化竞争严重损害产业利益。河南省快递平均单价只有7.5元/件，比全国平均单价低2.1元/件。快递企业内部考核罚款过多，末端派费增长政策尚未全面落实，末端网点生存压力较大。河南省国际/港澳台业务量收占比依然过低，2021年全省国际/港澳台业务量、收占快递业比重分别为0.34%和3.53%，分别低于全国平均1.6和7.73个百分点。

不协调。统筹推进产业发展与保障行业安全上还有差距。全省寄递安全形势仍严峻复杂，安全发展基础脆弱，企业主体责任落实不到位，安全三项制度落实和安检机配备工作还需进一步加强，行业自动化、信息化、现代化程度与行业业务发展规模差距较大。加之受疫情这一不确定性因素影响，在生产安全、寄递安全、信息安全等方面都面临风险积聚、隐患增多的情况。

湖北省快递市场发展及管理情况

一、快递市场总体发展情况

2021年，湖北省邮政行业业务总量累计完成366.6亿元，同比增长34.7%，业务收入（不包括邮政储蓄银行直接营业收入）累计完成350.1亿元，同比增长26.7%；其中，快递企业业务量累计完成26.9亿件，同比增长50.9%，业务收入累计完成241.3亿元，同比增长35.1%（表7-17）。全年服务约54亿人次，支撑湖北省网络交易零售额超4000亿元，新增就业5000人；其中鄂州、孝感、天门快递业务量增长迅猛。

表7-17 2021年湖北省快递服务企业发展情况

指　　标	单　　位	2021年		比上年同期增长(%)		占全部比例(%)	
		全年累计	12月	全年累计	12月	全年累计	12月
快递业务量	万件	269341.56	25649.91	50.89	15.37	100.00	100.00
同城	万件	34023.09	3062.42	25.41	5.15	12.63	11.94
异地	万件	234413.74	22546.06	55.66	17.06	87.03	87.90
国际及港澳台	万件	904.74	41.42	15.12	-30.80	0.34	0.16

续上表

指标	单位	2021年		比上年同期增长(%)		占全部比例(%)	
		全年累计	12月	全年累计	12月	全年累计	12月
快递业务收入	亿元	241.31	21.68	35.05	4.76	100.00	100.00
同城	亿元	24.48	2.23	20.03	6.34	10.15	10.29
异地	亿元	145.90	13.76	39.52	9.98	60.46	63.45
国际及港澳台	亿元	7.34	-0.58	1.74	-181.32	3.04	-2.67
其他	亿元	63.59	6.27	36.75	16.61	26.35	28.92

二、行业管理工作及主要成效

深入推进全面从严治党，党建引领作用不断彰显。全面加强系统党的建设。深学笃用习近平新时代中国特色社会主义思想，及时跟进学习贯彻习近平总书记“七一”讲话精神，重点抓好党的十九届六中全会精神学习贯彻，推动理论学习不断走深走心走实。深入贯彻国家邮政局党组《关于加强党的政治建设的实施意见》和省局党组的《实施细则》，不折不扣抓好习近平总书记关于邮政行业重要指示精神贯彻落实。着力夯实基层基础，贯彻落实支部工作条例、机关基层组织工作条例等党内法规，抓实党支部标准化规范化建设和模范机关建设。抓好“两新”组织建设，推动建立非公快递企业党组织30多个，为行业高质量发展凝聚强大力量。

深入开展党史学习教育。召开全省系统学习党史教育动员会议，印发学习教育实施方案。省局组建4个指导组督导市（州）局高质量开展党史学习教育，编制印发17期专题简报。省局采取领导班子带头学、党支部集体学、党员个人自学、专题活动交流学等方式开展学习。召开为期4天的专题读书班，局党组书记带头讲党史专题党课3次，邀请省委宣讲团专题辅导。组织观看红色纪录片和100周年文献展，组织赴宜昌许家冲村开展现场教学。积极组织参加全系统党史演讲、歌唱比赛和省直机关庆祝建党100周年系列党史知识竞赛等活动。深入开展“我为群众办实事”，确定“快递进村”和加强快递员群体权益保护任务目标，有关工作获国家邮政局肯定。

扎实推进从严管党治党。深入开展第二十二个党风廉政宣传教育月和廉政机关建设活动，召开全省系统警示教育大会，以案为鉴警钟长鸣。对新任职新晋升职级的34名领导干部开展廉政谈话，落实节假日廉政提示制度，坚决防止“四风”问题。对6个市局开展政治督导，完成对10个市局党组的巡察工作，同步开展选人用人专项巡察，做好巡察结果反馈并督导整改。严肃监督执纪问责，充分运用“四种形态”批评教育2人次，谈话函询2人次，诫勉谈话1人次，立案调查2件。

更大力度推进干部队伍建设。出台《中共湖北省邮政管理局党组管理干部选拔任用工作程序》，牢固树立正确用人导向。提拔任职省局机关3名正处级领导、市局8名领导班子成员，调整任职5名市局正职领导、事业单位1名领导，晋升省局党组管理干部职级11人次。印发《湖北省邮政管理局机关公务员平时考核工作方案（试行）》，优化干部考核评价体系。开展优秀年轻干部调研、机关接地气年轻干部走基层，激励干部担当作为。对照国家邮政局巡视发现选人用人专项检查共性问题查纠整改，严格落实述职述廉、个人有关事项报告、经济责任审计、“一报告两评议”、干部任免报审报备等制度。

加强行业精神文明建设。加强新闻宣传，讲好新时代行业故事，加大先进典型选树工作。推荐汪勇获得全国第八届道德劳动模范、张裕获“新时代快递员楷模”，推荐2个快递企业集体获得全国20届“青年文明号”，推荐2名快递员获评“中国五四青年奖”、2个快递企业集体获评“全国文明单位复查”合格，推荐3个快递企业集体获评

"交通部文明窗口"。

贯彻落实重大决策部署，服务大局成效不断凸显。深入推进"快递进村"。推动"快递进村"工程写入省委"一号文件"，省委农村工作领导小组将农村快递物流建设纳入全省实施乡村建设行动内容。协调省政府办公厅出台《关于加快农村寄递物流体系建设的实施意见》，省局联合省交通运输厅、省邮政公司印发《2021 年湖北省推进农村客货邮融合发展工作方案》，联合省邮政公司联合印发《全面推进湖北省邮快合作加快实施快递服务进建制村行动方案》。充分整合利用交通、商务、电信、供销等资源，推动多种模式并进，实现多品牌快递服务有效下沉到村。全省 20605 个建制村已通快递，建设村级服务点 14047 个，建制村快递服务覆盖率达到 93%，建制村快递服务点覆盖率达到 63.4%。宜昌、十堰实现快递服务以及村级服务点进村全覆盖。荆州江陵、黄冈英山、咸宁赤壁等县实现快递服务进村全覆盖。

服务乡村振兴担当有为。全省快递服务现代农业入库项目有 66 个，培育宜昌秭归脐橙、黄冈蕲艾、襄阳锅巴、宜昌橘子、襄阳鸭蛋制品等业务量超千万的项目 5 个，超百万的项目 24 个，采取集中收寄、供应链、融合发展等模式带动快递业务量 1.53 亿件，形成快递业务收入 7.93 亿元，带动农业产值 112.6 亿元，直接、间接带动就业人数 11 万人。全省累计建成农村邮乐购站点 21126 个，培育"一市一品"精品项目 43 个，带动农产品销售额 17.5 亿元。省局派驻专职干部积极开展乡村振兴定点帮扶工作，协助村"两委"依托行业优势从组织建设破题、以"快递进村"入题、以解决群众急难愁盼点题、以产业升级发展解题、以行业帮扶为主题，做了卓有成效的工作。

深入推进快递员权益保护工作。积极汇报争取支持，省长王忠林、副省长曹广晶分别亲自慰问快递员；省人大常委会常务副主任王玲两次调研湖北省快递员权益保护工作，并主持召开 9 个厅局的工作协调督办会。联合省交通运输厅等七部门出台了《关于做好全省快递员群体合法权益保障工作的实施意见》。在全国率先出台了《湖北加盟制快递企业末端网点规范管理指导意见》，有力遏制"随意罚款""随意降派费"现象，共督促企业整改问题 79 个。着力提升快递员社会保障水平，武汉市率先实现快递员优先购买工伤保险全覆盖，马军胜局长批示转发全系统学习借鉴，黄石、襄阳、荆门、十堰、鄂州也出台了快递员优先参保文件。持续开展"暖蜂行动"和"快递从业青年服务月"，争取省总工会累计拨付 48 万元，为 1600 名快递员发放春节慰问金、"送清凉""送温暖"，邀请 150 名快递员共吃年夜饭，开展"暖心三送"活动。全省共建"爱心驿站"等服务阵地 951 处，开展快递员免费体检超 1000 人次，为快递员提供法律和心理咨询服务 6536 人次。

加强协调提升效能，发展环境不断优化。强化规划引领。《"十四五"邮政业发展规划》提出加强武汉(鄂州)全球性国际邮政快递枢纽集群建设。省局联合省发展改革委、省交通运输厅及时发布《湖北省邮政业发展"十四五"规划》，并在网站刊登规划解读文章。武汉、宜昌组织编制了本地区邮政业发展"十四五"规划。全面加强规划衔接，《湖北省"十四五"规划和二〇三五年远景规划目标纲要》将健全邮政普遍服务网络、建设鄂州花湖机场航空货运枢纽、补齐社区快递设施短板等内容纳入，综合交通、服务业、物流业、市场监管、应急等多个"十四五"省级重点专项规划均包含了邮政业相关内容。

政策供给显著增强。加快推进邮政领域财政事权和支出责任划分改革，荆门局、孝感局、咸宁局、武汉局、十堰局积极争取地方出台了实施方案。省局争取 2021－2023 年省财政每年安排邮政普遍服务专项补助资金 1000 万元，2021 年省、市邮政管理部门共争取地方资金 2198 万元，多元化资金保障渠道初步形成。省局与省商务厅等 12 部门联合印发《湖北省城市一刻钟便民生活圈建设实施方案(2021－2025 年)》，与省住房和城乡建设厅联合印发《关于在全省推广建设智能信包箱的通知》，推进智能信包（快件）箱、邮政快递综合服务站进社区。

“放管服”改革持续深入推进。严格执行省政府“十不准”“十必须”要求，大力弘扬有呼必应、无事不扰的“店小二”精神。配合省人大常委会修订了《湖北省邮政条例》，修改了涉及优化营商环境有关内容。对照省优化营商环境2021年重点任务清单，从提升企业开办注销便利度、推进证照制度改革、促进创新人才集聚等多方面制定湖北局优化营商环境实施方案。对标先进省市，进一步压缩湖北局依申请和公共服务事项办理时限。创新减免“经营邮政通信业务审批－撤销”事项的申请材料，积极推进高频证照“免提交”工作。积极推进电子政务内网、一体化在线政务服务平台和“互联网＋监管”建设。

贯彻落实新发展理念，行业发展质效不断提升。补齐网络设施短板。落实邮政与商务合作框架协议，健全邮政县、乡、村三级寄递物流服务体系。支持邮政企业加强农村地区网点建设，提升邮政服务水平。继续推广智能快件箱、快递公共服务站等末端服务设施，完善老旧小区邮政快递服务设施，全省共建成城市末端公共服务站点4072个，智能快件箱13472组，主要快递企业城区自营网点标准化率达到99.71%。

协同发展进一步深化。支持邮政企业发挥邮政网点资源优势，加强邮政综合服务平台建设，在警邮、税邮、政邮合作在全省市（州）层面实现了100%全覆盖基础上，综合服务平台建设工作继续拓展。加快推动“快递进厂”，继续巩固湖北省汽车、3C、服装、医药、食品、印刷、造纸等行业服务成效，全省“快递进厂”服务制造业带动快递业务量2.1亿件，带动快递业务收入8.1亿元，支撑湖北省纺织、造纸、印刷、汽车、食品、计算机等制造业产值达62.1亿元。

积极促进“快递出海”。鄂州花湖机场航空货运枢纽建成校飞，推动湖北省建成航空客货“双枢纽”格局，助力“鄂货”出海。省邮政公司建设的武汉跨境电子商务中心工程完成搬迁，将实现国际邮件、商业快件、跨境电商“三关合一”。武汉邮政企业与汉欧国际公司正式签订战略合作协议，进一步探索国际邮包铁路新通道。

强化科技创新与人才支撑。继续加强“绿盾”工程项目建设和应用，大力推进视频联网和安检机联网，接入监控点位2200处、摄像头7226个、安检机联网81台，统筹推进“绿盾”工程一期各项目系统应用。切实提高行业管理智能化、精准化水平。大力推进快递从业人员职业技能培训“246”工程，提升从业人员技能水平，全年累计培训2.78万人次，为企业争取补贴金额约404万元。联合省人社厅等四部门举办了2021年湖北省快递职业技能大赛，16个代表队和12名选手获奖，全省快递行业技能水平进一步提升。组织获奖选手参加全国邮政行业职业技能竞赛，并获三等奖。常态化开展快递工程专业职称评审工作，评审通过182人。

统筹发展和安全，平安寄递建设不断深化。持续抓好常态化疫情防控。严格落实“外防输入、内防反弹”工作要求，坚持“人物同防”，督导企业全面加强冷链、国际邮快件等重点环节消杀防控，全面加强冷链从业人员、快递小哥等重点人群防护，严防聚集性感染。迅速处置涉疫邮件快件，有效阻断寄递渠道病毒传播链条。督导企业落实“应接尽接”要求做好疫苗接种工作。

抓好行业安全监管。深入开展安全生产专项整治三年行动、全省邮件快件处理场所安全管理规范化提升行动、2021年行业安全生产月活动、安全生产在线大培训活动，继续开展“平安寄递”督导检查，强化落实企业安全生产主体责任，加强生产作业、车辆通行、消防安全管理。严格督导落实寄递安全“三项制度”，累计配置611台安检机，全省实名收寄率保持全国排名靠前。深化寄递安全综合治理，省局加入省委平安湖北建设领导小组社会治安组，并任下设寄递物流安全管理小组组长单位。联合省禁毒办开展寄递渠道禁毒百日攻坚行动,发现报告涉毒线索6件,查处违法违规行为20起,罚款35.76万元;深入开展全省寄递渠道涉枪涉爆整治、网络市场整治、野生动植物、活体动物寄递联防联控,做好寄递渠道"扫黄打非"、打击侵权假冒尤其是打击寄递涉烟违法等专项工作,全力防止违禁物品流入寄递渠道。圆满完成了"两节""两会"、建党100周年庆祝活动等重大活动期间安全和服务保障工作。

提升应急处置能力。积极争取将"县级以上人民政府应当将邮政业突发事件应急管理纳入地方应急体系"写入《湖北省邮政条例》修订案,并通过省政府常务会审议。宣贯落实新修订的省邮政业突发事件应急预案,建立完善应急信息报告制度,建立完善快递企业区域总部重大经营管理事项风险评估报告和应急事件联动处理机制,提升应急事件处理水平。开展全省基层网点稳定运营和矛盾纠纷排查化解专项行动,压实品牌企业统一管理责任和属地管理责任,妥善处理武汉鲁志虎网络舆情事件等8起末端网点经营异常问题。

坚持强基础提效能,行业综合治理能力不断增强。加强法治建设和统计支撑。组织开展习近平法治思想、国家重要法律法规和行业规章标准的学习宣贯,举办新修订的《行政处罚法》专题培训。落实《邮政行政执法监督办法》,通报上一年度全省邮政行政处罚案卷评查和邮政市场行政执法情况,开展2021年全省涉企行政许可专项监督检查、邮政行政处罚案卷评查、邮政行政执法不规范问题专项整治。组织相关公务员参加第六次行政执法资格考试,及时开展执法人员补证、换证工作。依法办理行政复议案件,全年共收到行政复议申请3件,依法受理复议2件,未发生行政应诉案件。狠抓统计报表质量,组织开展统计督察"回头看",强化数据分析应用,不断提升行业统计的服务支撑作用。

强化邮政市场监管。开展快递市场秩序整顿专项行动,依法查处快递"刷单"、非法寄递包裹、买卖快递单号等突出问题,保护广大用户合法权益,维护市场公平竞争环境。全省快递市场监管执法检查共出动检查人次1.02万人次,检查单位4844家次,查处违法违规行为854起。认真做好随机抽查和执法案件办理工作,全面实现邮政市场监督执法信息化管理。依法做好集邮市场监管工作。优化"12305"用户申诉呼叫平台功能,完善申诉处理属地负责机制,主动对接完成与"12345"政务服务热线归并工作,进一步提升申诉服务质量。全年受理用户申诉10482件,为用户挽回经济损失448.7万元,用户对邮政管理部门申诉处理工作满意率为100%。

持续推进绿色邮政发展。省局联合省发展改革委等七部门印发《关于加快推进全省快递包装绿色转型的实施意见》,推动行业绿色发展。组织召开固废法、《邮件快件包装管理办法》宣贯暨2021年全省邮政业生态环保工作电视电话会议,认真做好固废法、执法检查迎检工作。印发《湖北省邮件快件过度包装和随意包装专项治理方案》,开展专项治理。全省邮政业扎实推进"2586"工程,采购使用符合标准的包装材料应用比例达到99%,按照规范封装操作比例达到86%,辖区内可循环快递箱(盒)使用量为29.658万个,电商快件不再二次包装率为86%,新增设置符合国家或地方标准包装废弃物回收装置的邮政快递网点数量1110个,新能源或清洁能源汽车保有量1243辆。全省邮政管理部门对行业生态环保违法违规行为立案查处12起。

三、快递市场存在的突出问题

一是发展规模与发展质效不平衡。行业发展迅速,但嵌入产业链不深,产业关联畅通作用发挥不充分,发展质效亟待提升。行业增速"领跑",但与质量、结构、效益、安全不协调。寄递安全、生产安全、信息安全隐患突出。企业经营管理粗放,行业文明有待提升,绿色转型任务艰巨,数据挖掘利用不够。二是城乡区域发展不协调。农村快递基础设施建设有待加强，快递服务质效有待提升。三是跨境寄递业务发展不足。国际快递业务量规模小，与湖北改革开放、发展外向型经济的要求不相适应。

湖南省快递市场发展及管理情况

一、快递市场总体发展情况

2021年，湖南省邮政行业业务总量累计完成295.8亿元，同比增长27.9%，业务收入（不包括邮政储蓄银行直接营业收入）累计完成266.6亿元，同比增长17.7%；其中，快递企业业务量累计完成19.8亿件，同比增长34.4%，业务收入累计完成162.5亿元，同比增长25.3%（表7-18）。新增社会就业3000人，支撑网络零售额1.2万亿元。

表7-18　2021年湖南省快递服务企业发展情况

指　标	单　位	2021年		比上年同期增长（%）		占全部比例（%）	
		全年累计	12月	全年累计	12月	全年累计	12月
快递业务量	万件	197803.10	20015.69	34.44	20.99	100.00	100.00
同城	万件	25273.56	2553.92	23.48	42.13	12.78	12.76
异地	万件	171395.91	17345.53	35.88	17.86	86.65	86.66
国际及港澳台	万件	1133.63	116.24	114.70	294.71	0.57	0.58
快递业务收入	亿元	162.51	15.38	25.31	10.89	100.00	100.00
同城	亿元	14.62	1.32	19.73	8.02	9.00	8.58
异地	亿元	90.15	9.08	22.23	14.54	55.47	59.02
国际及港澳台	亿元	4.21	-0.25	7.45	-360.09	2.59	-1.62
其他	亿元	53.53	5.23	34.49	13.07	32.94	34.02

二、行业管理工作及主要成效

坚持党的全面领导，从严治党持续走实走深。党史学习教育活动深入推进。湖南局第一时间召开全省系统党史学习教育动员会，印发工作方案，开展巡回指导，定期汇总成效。开展“学史明理”“学史增信”“学史崇德”“学史力行”四个专题集中学习研讨。省局领导班子带头讲专题党课。及时组织学习习近平总书记系列讲话精神，重点开展习近平总书记“七一”重要讲话和党的十九届六中全会精神学习研讨。组织集中收看庆祝建党百年大会实况，党员干部交流分享学习心得。线上、线下开展“学党史、感党恩、跟党走，我在岗位建新功”演讲比赛、“唱支颂歌给党听”主题歌咏活动等庆祝活动，展现行业奋勇争先活力，营造赶学比超的浓厚氛围。

扎实推动行业党建工作上台阶。积极履行党组书记抓党建工作“第一责任人”职责，统筹抓好网上网下舆论引导。进一步加强党员干部作风建设，省局党组定期研究分析全省系统意识形态工作情况。推动实施局机关党支部“五化”提质工程，持续开展模范机关和文明单位建设。深入落实党组班子成员党建工作联系点制度，领导带头联点指导企业开展党史学习教育活动。推动实现全省市州行业协会党组织全覆盖。湘潭市快递行业协会党支部获省级“标杆引领”示范党支部。

持之以恒抓实党风廉政建设。强化政治监督，坚决落实中央八项规定及其实施细则，纠治“四风”顽疾。开展廉政警示教育活动，及时通报典型案例,用身边事教育身边人,以案释纪促教。建立统筹培养和使用纪检干部工作机制,抽调全省系统纪检业务骨干成立纪检工作小组。紧扣"责"和"廉",常态化开展各级党组织日常谈话提醒。建立健全党员领导干部廉政档案。认真贯彻国家邮政局党组构建巡视巡察联动监督有关要求,深入推进全省系统全面从严治党纵深发展。全年全省系统未出现自发性违纪违规案件,无领导干部被处分。

主动服务发展大局,不折不扣落实中央部署。全力推进"快递进村"覆盖更广。推动"快递进村"工程进入省委省政府决策部署视野,实施农村客货邮融合发展行动,实现"快递进村"全覆盖被写入省十二次党代会报告。时任省委副书记乌兰带队开展"快递进村"专项调研。引入北斗应用大力开展"数字快递农村行动",加速基础设施网、客货运输网与国家"绿盾"信息网融合发展。联合省发展改革委、省交通运输厅启动全省农村客货邮融合发展试点,探索农村客货运、快递、物流、电商等"一网多用、一站多能、多点合一、深度融合"的新模式。怀化、常德"快递进村"被列入市委市政府主要工作任务。郴州交邮融合发展实践项目获中国公路学会运输与物流创新奖项。全省建制村快递服务覆盖率达89.24%。

快递员合法权益保障不断加强。省人大常委会副主任叶红专、周农分别深入调研邮政快递业发展和快递员合法权益保障工作。联合省总工会、团省委开展关爱快递从业人员"暖蜂"行动。引导全省快递企业为4700名快递员购买"骑士保"保险产品。深入推进行业工会组织建设,9个市州建立快递行业工会联合会,全省成立70家快递企业工会组织,吸纳企业会员1.66万名,争取经费300余万元。开通快递员群体合法权益保障工作举报平台,受理举报投诉126件。深入实施快递从业人员职业技能培训"246"工程,培训30186人次,争取补贴金额1006.12万元,培训人次和补贴金额均居全国第三。长沙局为从业人员争取到1000个公租房补贴指标。

大力服务乡村振兴战略实施。"推动电商、邮政、供销等村级服务站点'多站合一'集约发展,完善县乡村三级物流配送体系和着力培育一批快递服务现代农业金牌项目"等内容纳入湖南实施消费帮扶巩固拓展脱贫攻坚成果实施意见统筹推进。继续推动"一市一品"示范项目,引导寄递企业下乡进村设点,畅通"产销运"供应链服务,重点培育特色农产品。怀化冰糖橙成功入选全国快递服务现代农业100个金牌项目。全年邮政快递企业农特产品出村进城包裹业务量超800万件,产品销售额过亿元,带动农民增收近6000万元。

不断强化政策引领,行业发展环境持续优化。精心编制印发行业发展规划。湖南局出台印发《"十四五"全省邮政业发展规划》。做好与全省"十四五"规划及城乡、交通、商务等32个专项规划的衔接,充分体现邮政快递业融合发展内容。将邮政快递网纳入综合立体交通网规划的范畴,加速湖南邮政快递设施网络布局,依托交通网优化完善服务网络提升运输效能,推动交邮协同发展。长沙市在全国率先启动"十四五"快递物流业发展规划,也成功入围全国综合交通枢纽城市和国际区域性邮政快递枢纽城市。

政策供给力度显著增强。联合省发展改革委、省交通运输厅、省商务厅等先后出台《关于加快推进快递包装绿色转型的若干措施》《全省客货邮融合发展试点工作实施方案》。联合省交通运输厅起草《关于加快农村寄递物流体系建设若干措施》,并完成市州政府和省直单位意见征求。加快推进邮政领域财政事权和支出责任划分改革,6市州出台划分改革方案,省市两级共争取地方工作经费600多万元,多元化资金保障渠道逐步形成。

协同发展水平进一步提升。公共性快递分拣处理中心、智能投递设施、快递末端综合服务场所等内容纳入全省高标准市场体系建设实施方案。省政府文件明确要求推进农村快递网络建设,打造由区域分拨中心、配送中心和末端配送网点构成的三级配送节点体系；鼓励邮政、快递企业构建服务全球贸易营销网络，加快建设国际寄递物流体系。长沙国际全货机航线增加至14条；长沙国际邮件、快件、跨境电商一体发展入选国家级制度创新案例。

统筹安全和发展，行业治理效能不断增强。 确保行业疫情防控万无一失。按照陈飞副省长“既要抓好疫情防控，又促进循环畅通”的批示要求，湖南局坚持联防联控、群防群控，以最快速度切断疫情传播链条，实现“四零”防控目标，打赢两场疫情防控阻击战、歼灭战。指导涉疫地区市州局服从抗疫大局，用好积累经验，为民逆行不添乱，畅通循环不添堵。在全面落实疫情防控措施前提下，全力确保党报党刊、机要通信、高考录取通知书和民生保供、抗疫及捐赠物资配送。全省行业7.7万人完成接种，接种率达99.3%。全年全省行业未发生从业人员疫情感染和传播，未出现寄递渠道疫情外溢。

安全监管基础进一步夯实。扎实推进安全生产专项整治三年行动集中攻坚。认真落实陈飞副省长批示要求，积极推进将寄递渠道安全纳入属地安全共治，争取到省禁毒委工作经费支持。安全中心购置移动安检车，充分利用大数据平台，加强与公安、国安等部门信息共享和分工协作，支撑相关部门依法查处涉恐、涉爆、涉毒、涉枪等案件。充分发挥省市邮政业安全中心支撑作用，积极开展法律法规和安检员培训，充实经费支持，夯实监管基础。全力保障节庆和重大活动期间寄递渠道平稳安全。持之以恒狠抓“三项制度”，全省实名收寄率达99.88%，560余台安检机筑牢起出埠防控的严密防线。认真做好行业矛盾纠纷排查调处。全年行业未发生群体性事件。

绿色邮政建设向纵深发展。推动建立起由省邮政管理部门牵头，省发展改革委协调，省直部门分工协作，市县政府具体落实的快递包装绿色治理工作机制。引导企业合理确定包装材料和包装方式，避免过度包装和随意包装，加强对一线人员的教育培训，提升从业人员生态环保知识水平。完善行业生态环保信息通报制度，切实落实生态环保主体责任。全年新增设置包装废弃物回收装置的网点2059个，可循环快递箱（盒）使用量累计达7.4万个，超93%的电商快件不再二次包装。建成区新能源汽车保有量1514辆。

邮政监管支撑体系更加充实。进一步加强全省系统领导班子建设，坚持新时代好干部标准，精准科学选拔使用干部，领导班子和干部队伍结构进一步优化。衡东、安仁县委发文成立县级邮政业安全中心。省邮政业安全中心与北斗航天应用、北京天舟通信共同建设信息化技术协同平台，引入科技赋能，开展市场协作，有效充实了监管力量和经费保障。

三、快递市场存在的突出问题

大而不强。快递包裹揽投量突破50亿件，但综合物流能力不强，嵌入产业链不深，促进产业关联畅通作用不充分。快而不优。行业增速与质量、结构、效益、安全不协调。消费者体验还需改善，中高端供给不足，运营还处于价值链中低端；寄递安全、生产安全、信息安全隐患突出。粗而不精。行业治理资源与规模任务不匹配，治理能力与发展形势不适应；公共设施难以跟上群众用邮需求，企业经营管理粗放，行业文明有待提升，绿色转型任务艰巨，数据挖掘利用不够。面对这些风险挑战，湖南局要以更大决心、更大气力、更大勇气，切实加以解决。

广东省快递市场发展及管理情况

一、快递市场总体发展情况

2021年，广东省邮政行业业务总量累计完成3021.1亿元，同比增长25.9%，邮政行业业务收入（不包括邮政储蓄银行直接营业收入）累计完成2653.1亿元，同比增长10.5%；其中，快递服务企业业务量累计完成294.6亿件，同比增长33.4%，业务收入累计完成2454.3亿元，同比增长12.5%（表7-19）。行业业务总量、业务收入和快递业务收入占全国比重超过1/5，快递业务量占全国比重超过1/4，四项指标均居全国第一。培育年业务收入超千亿元总部企业1家，百亿元网络企业10家；服务质量不断改善，年人均快递使用量为233.8件；新增社会就业1.5万人。

表7-19　2021年广东省快递服务企业发展情况

指　　标	单　　位	2021年		比上年同期增长（%）		占全部比例（%）	
		全年累计	12月	全年累计	12月	全年累计	12月
快递业务量	万件	2945749.44	279181.08	33.40	22.30	100.00	100.00
同城	万件	389240.27	37314.19	15.75	24.65	13.21	13.37
异地	万件	2440411.35	232210.30	38.17	23.22	82.85	83.18
国际及港澳台	万件	116097.82	9656.58	9.85	-2.25	3.94	3.46
快递业务收入	亿元	2454.34	211.61	12.46	-4.03	100.00	100.00
同城	亿元	201.73	17.46	0.63	-1.40	8.22	8.25
异地	亿元	1440.82	127.39	11.47	-0.94	58.70	60.20
国际及港澳台	亿元	517.25	37.16	10.37	-25.56	21.07	17.56
其他	亿元	294.54	29.59	33.38	21.98	12.00	13.98

二、行业管理工作及主要成效

着力全面从严治党，党的建设扎实有力。政治建设更加牢固。坚持把学习贯彻习近平新时代中国特色社会主义思想作为首要政治任务，坚持第一议题制度和中心组学习制度，重点抓好习近平总书记对邮政快递业重要指示批示精神和对广东重要讲话、重要指示批示精神，以及党的十九届五中、六中全会精神的学习贯彻，以实际行动做到"两个维护"。将模范机关创建活动推向深入，部署开展新一轮党的基层组织建设三年行动计划，开展基层党组织书记述职评议考核和机关党建绩效考核。落实意识形态工作责任制，坚持把好导向、守好阵地、管好队伍。围绕庆祝建党100周年组织形式多样、内容丰富的党建活动，开展两优一先评选等活动，进一步增强党员干部争当先锋模范意识。联合推进行业党建工作，深圳、珠海、汕头、佛山禅城区已成立快递行业党委。指导深圳局开展新业态、新就业群体党建工作试点，"试"出了经验、"试"出了成效，行业党建引领作用明显增强，受到国家邮政局党组充分肯定。

党史学习教育走深走实。坚持规定动作与自选动作相结合，全省系统围绕深入学习贯彻习近平总书记在党史学习教育动员大会上的重要讲话和"七一"重要讲话精神，通过组织专家授课、党组织书记讲专题党课、"三会一课"、主题党日、读书班、培训班、青年理论学习、专题组织生活会等形式，采取聚焦百年党史集中学、利用红色资源实地学、观看红色影剧感悟学、开展红歌快闪应景学等方式，持续将党史学习教育推向深入。落实"小切口大变化"民生实事办理制度，发扬"人民邮政为人民"的优良传统，立足岗位职责创造性抓落实。省局在全国邮政管理系统党史学习教育推进电视电话会议上作交流发言。上线广东广播电视台民声热线“我为群众办实事”专题节目，展示党史学习教育实效。

干部队伍建设不断加强。严格执行干部选拔任用工作制度，进一步加强全省系统领导班子建设，配齐配强市局领导班子并优化年龄结构，组织完成省局党组管理领导干部的职级晋升和职务调整。加强领导干部多岗位历练，选派干部深入驻镇帮镇扶村工作一线加强培养锻炼。组织省邮政业安全中心参与2021年广东省事业单位公开招聘高校应届毕业生工作，充实干部队伍。举办全省系统处级干部培训班，实现党员干部在线教育全覆盖。落实及时奖励和履职激励考核奖励，激发干部干事创业热情。

党风廉政建设扎实推进。严格日常监督，紧盯重要节点进行廉政提醒教育，抓实纪律教育，落实中央八项规定及其实施细则精神。配合国家邮政局党组巡视组做好巡视工作，扎实组织巡视整改，完成整改任务措施46项85条，占全部整改任务的92.88%，需要长期坚持的4项整改任务均取得阶段性进展。“三重一大”决策不规范等四个方面突出问题专项整治以及巡察、专项整治“回头看”取得积极成效。抓好内部审计监督，完成10个市局领导干部离任经济责任审计工作。认真落实2021年为基层减负工作分工任务，推动进一步解决形式主义、官僚主义问题。

精神文明建设更加深入。坚持正确政治方向、舆论导向、价值取向，认真做好新闻宣传工作，中央、省、市各级媒体和行业媒体持续关注广东省邮政快递业改革发展成效，邮政快递第一大省关注度和影响力不断提升。广泛开展向王顺友、其美多吉等先进模范学习活动，组织开展2021年度广东省邮政快递行业寻找最美快递员活动，深圳局首届最美快递员评选活动取得良好社会效果。全省系统积极推进创先评优，广东省邮政快递行业2个集体、6名个人获全省五一表彰，1个集体、2名个人分获全国、全省五四表彰。

着力激活要素资源，发展环境持续优化。政策供给显著增强。广东省政府《关于推进广东省邮政快递业高质量发展的实施方案》印发实施。推动多项涉邮任务纳入全面推进乡村振兴加快农业农村现代化实施意见等重要文件。组织开展中国快递示范城市创建工作，揭阳成功复评，广州成功创建，中山启动创建获市政府大力支持。广州市政府印发《广州市实施精准支持现代物流高质量发展的若干措施》，冷链配送体系纳入全市国土空间规划，对新引进物流总部企业最高奖励5000万元；佛山市政府出台《促进邮政快递业加快发展实施方案》，多维度支持行业高质量发展。

规划编制与实施取得积极成效。联合省发展改革、交通运输部门印发《广东省邮政业发展“十四五”规划》，印发《广东省邮政业“十四五”基础设施专项规划》，邮政快递业发展重点任务纳入省“十四五”规划纲要，紧密衔接省综合立体交通网建设、综合交通运输体系和综合运输服务发展等重点专项规划。市级规划更好融入经济社会发展大局，规划统筹引领作用更好发挥。积极参与交通强国建设试点工作，出台《关于贯彻落实邮政强国建设行动纲要的实施意见》。结合广东“双区驱动”战略实施，深入贯彻落实《关于促进粤港澳大湾区邮政业发展的实施意见》。开展横琴粤澳深度合作区、前海深港现代服务业合作区邮政快递业发展政策研究。

“放管服”改革深入推进。不断规范快递许可审批和实地核查工作，精准指导涉疫地区快递许可实地核查，完成2021年快递业务经营许可集中换证延续工作。全年累计办理快递许可审批254件，办理变更1479件，注销461家。进一步健全失信联合惩戒机制，推动实行企业“黑名单制度”，联合市场监管部门及时将重大违法企业纳入失信名单。深化邮政业用品用具监管方式改革，检测服务市场化取得实质性进展。落实仿印邮票图案审批工作和政务服务事项全程全网“跨省通办”

要求。

基础能力不断强化。顺丰深圳宝安机场空侧用地项目加快推进,粤西和东莞智慧供应链科技创新总部基地项目动工建设;中通推进构建7个区域总部及智能快递产业链项目;极兔华南总部在广州花都落户;圆通华南转运中心启用。全省形成最大处理能力超1000万件/天的快件处理中心2个,100万件/天的30个,自动化分拣场所近200个,转运能力稳居全国第一。建成快递末端公共服务站点1.5万个,投入运营智能快件箱6.3万组。

着力拓展服务领域,发展质效不断提升。快递业"两进一出"工程试点有力开展。经省政府同意,联合印发《关于开展快递业"两进一出"工程试点的实施方案》。与省交通运输、供销合作部门签订三方战略合作协议,交快、邮快合作进一步深化,快农、快供、快电合作创新开展,加快农村寄递物流体系建设。全省1.9万余个建制村如期实现3个以上品牌快递服务进村,形成快递服务现代农业示范项目18个,其中"茂名荔枝""梅州金柚""湛江徐闻菠萝""茂名信宜三华李""江门新会陈皮""清远英德红茶"等6个项目获评"2021年快递服务现代农业金牌项目",共支撑农业产值超100亿元,拉动就业19万人。广州市从化区"客货邮商融合"和茂名高州市"电子商务+农村物流+冷链配送"成功创建交通运输部第二批农村物流服务品牌。"快递进厂"工程有力服务支撑广东十大战略性支柱产业集群和十大战略性新兴产业集群发展。全年累计打造63个业务收入超百万元的项目,支撑制造业产值超590亿元,其中深圳德邦服务华为电子、佛山京东服务美的电器和小熊电器、东莞顺丰服务OPPO、中山顺丰服务格兰仕等5个项目年业务收入超5000万元。"快递出海"工程稳步实施,广东自贸区共设立28家获得国际快递业务经营许可的企业,推动构建"海、陆、空"多维度出口渠道,总部设在深圳的顺丰、递四方、云途三家企业海外仓超170万平方米。预计全省全年累计完成国际及港澳台快递业务量11.6亿件,占全国的55%,深圳占全省近七成,在畅通国内国际双循环中战略支点作用更加突显。

科技应用赋能创新发展。推动落实2021年邮政业国家标准、行业标准"揭榜挂帅"工作。加快推进邮政快递业"互联网+"向"智能+"升级,促进人工智能、区块链、云计算、大数据和5G通信等技术创新运用。邮政业智能安检系统研发和智能视频监控系统试点工作持续推进。无人机、无人车"试水"配送日益成熟。

行业人才工作持续加强。把人才工作作为提升服务全领域能力的重要支撑。稳步推动建立快递工程专业技术人才初、中级职称评审和考核认定管理服务权限属地化工作机制。以适岗培训、专项能力考核等形式全面铺开职业技能培训。年度培训73422人次,争取补贴资金超过1968万元,均居全国邮政管理系统第一。举办全省邮政行业职工职业技能大赛,并组织参加全国快递员职业技能大赛,获得全国团体优胜奖、优秀教练奖,两位选手获个人三等奖。建立广东邮政行业科技英才和技术能手人才库,其中有6人、3人分别入选全国邮政行业科技人才推进计划、技术能手推进计划。

着力兜住守牢底线,发展基石更加稳固。快递员权益得到更好保障。用心用情解决快递小哥急难愁盼问题,让行业改革发展成果更多惠及从业人员群体。贯彻落实七部门《关于做好快递员群体合法权益保障工作的意见》,推动将快递员群体首次纳入工伤保险参保范围,超过4.88万就业人员单项参加工伤保险,全省基层末端网点从业人员工伤保险覆盖率为80.89%,其中深圳市基本实现快递从业人员参加工伤保险全覆盖。持续开展关爱快递员"暖蜂行动",省委书记李希十分关注行业发展并多次提及快递员权益保障,代省长王伟中、时任省长马兴瑞、副省长陈良贤,以及各地党委政府领导到行业看望慰问一线从业人员,各部门组织慰问百余场次;协调解决公租房廉租房573套；佛山局率先建成首批红色驿站，全省新增爱心驿站等服务阵地200余家，其中惠州新增100余家；免费体检和义诊3000余人次；购买或赠送保险、提供法律或心理咨询服务均覆盖上万人次。建立一线快递员固定档案，推进0.1元派费调整、服务类罚款事项削减、快递员投诉申辩渠道开通“三个到位”。

疫情防控有力有效。印发《广东省新冠肺炎疫情封闭、封控区域邮政快递服务保障工作指引》，推动《疫情防控期间邮政快递业生产操作规范建议》等行业基本防疫制度落实，有效应对广州、深圳、佛山、东莞等地突发疫情，以及外省流入涉疫邮件快件对行业造成的影响，重点抓好进境关口疫情防控，有效阻断疫情通过寄递渠道传播。组织快递员新冠疫苗接种专场，完成从业人员两剂次接种41.7万人，接种人数居全国邮政快递行业第一，并持续推进第三剂次加强针接种，筑牢行业免疫屏障，实现疫情“零传播”、从业人员在工作中“零感染”。

平安寄递建设进一步深化。扎实开展安全生产专项整治三年行动。推动寄递安全“三项制度”有效落实，开展虚假实名专项整治。圆满完成建党100周年庆祝活动、第130届广交会等重大活动期间寄递安保任务。全面提升邮件快件处理场所规范化水平，40个省级邮件快件处理场所全面实现“四个全覆盖、五个必须、六个严禁”，138个邮件快件处理场所完成“传送带堵缝、人车分流”两项重点任务。联合开展寄递渠道禁毒百日攻坚行动，扎实做好寄递渠道反恐、“扫黄打非”、涉枪涉爆和危化品整治、打击侵权假冒、野生动物保护等工作。认真开展全省邮政快递业系统防范化解道路交通安全风险工作，落实行业电动三轮车通行安全规范化管理。持续推动邮政业信息化监管平台建设，接入视频监控设备点位2700余处、摄像头10000余个，实现对9类异常事件的智能发现，有效拓展市场监管深度。强化应急管理，辖区寄递企业基本实现应急预案管理和应急演练全覆盖。妥善处置速尔、天天快递经营异常等涉稳事件，有效应对汛期灾害和台风等恶劣天气影响。

绿色转型加快推进。快递包装治理纳入广东“无废城市”建设、生活垃圾分类、塑料污染治理等三个重点工作，联合商务部门印发通知进一步加强全省电商快递包装协同治理。重点落实“2582”工程目标任务，开展快递包装重金属和特定物质超标包装袋与过度包装治理，电商快件不再二次包装率达95%，在广州、深圳、佛山、东莞等10个试点城市共建设绿色网点69个、绿色分拨中心15个。可循环快递箱（盒）使用量已超110万个，新增4236个设置标准包装废弃物回收装置的邮政快递网点，均居全国首位。突出生产源头治理，加强邮政用品用具市场监管和清理整顿。加大行业生态环保工作宣传、培训和执法力度。推广行业新能源和清洁能源车辆，保有量超8700辆，居全国第一。

着力推进依法行政，治理效能持续增强。邮政市场监管取得实效。推行“双随机、一公开”。清理整顿快递市场秩序，依法查处违法违规行为，规范加盟制企业内部层层罚款问题；全国范围内率先联合市场监管部门发布《关于规范快递末端服务禁止违规收费的通告》，末端网点违规收费问题整治效果明显，获得国务院督查组和国家邮政局领导充分肯定。认真做好集邮市场监管。推进12305与地方政务服务便民热线归并。邮件快件延误率、损毁率、丢失率明显下降，用户有效申诉率为百万分之0.12，为消费者挽回经济损失近1500万元，消费者对申诉处理工作满意率达到97%。

治理能力建设稳步推进。大力开展《行政处罚法》《广东省快递市场管理办法》《广东省邮政行政执法监督办法》宣贯工作，强化执法能力建设和执法监督。强化部门协同联动，推动构建齐抓共管、协同高效的邮政快递业监管工作机制。完善安全监管支撑保障体系建设，新增阳江、韶关、肇庆、河源、揭阳、佛山、中山、江门、清远8市组建市级邮政业安全中心。持续推动《广东省交通运输领域省级与市县财政事权和支出责任划分改革实施方案》涉邮改革任务落地落实，云浮、汕尾等先后出台市地级方案。发挥双重管理优势，努力开源节流，全省系统积极争取地方财政资金，有效保障工作开展。强化内控体系建设，不断完善各项制度。进一步加强统计管理，扎实做好信访、保密、档案管理、网站管理、政府信息公开、建议提案办理和财务管理等工作，切实提升支撑保障能力。

三、快递市场存在的突出问题

行业有着大而不强、快而不优、粗而不精的总体特征，底板不牢、短板突出、长板不优等突出问题需要下大力气解决，特别是国际经贸摩擦和新冠肺炎疫情影响之下行业发展仍有许多不确定性，国内、国际市场发展极不均衡，总部经济和末端网络利益分配失衡，安全绿色治理任务艰巨，市场监管面临诸多新情况、新问题，尤其是地处两个前沿的广东，行业监管压力更为突出。

广西壮族自治区快递市场发展及管理情况

一、快递市场总体发展情况

2021 年，广西壮族自治区邮政行业业务总量累计完成 162.0 亿元，同比增长 18.3%，业务收入（不包括邮政储蓄银行直接营业收入）累计完成 166.0 亿元，同比增长 16.9%；其中，快递企业业务量累计完成 10.3 亿件，同比增长 31.9%，业务收入累计完成 112.76 亿元，同比增长 25.0%（表 7-20）。新增社会就业 1200 人以上，支撑网络零售额 1000 亿元以上。

表 7-20　2021 年广西壮族自治区快递服务企业发展情况

指　　标	单　　位	2021 年		比上年同期增长（%）		占全部比例（%）	
		全年累计	12 月	全年累计	12 月	全年累计	12 月
快递业务量	万件	102758.55	9636.30	31.94	3.51	100.00	100.00
同城	万件	15914.05	1508.81	39.72	38.46	15.49	15.66
异地	万件	86751.89	8120.67	31.65	-1.14	84.42	84.27
国际及港澳台	万件	92.61	6.82	-84.41	12.63	0.09	0.07
快递业务收入	亿元	112.76	10.13	24.95	7.64	100.00	100.00
同城	亿元	10.70	1.02	0.49	-1.07	9.49	10.03
异地	亿元	55.78	5.36	23.66	15.11	49.46	52.94
国际及港澳台	亿元	1.22	-0.45	-39.25	-424.79	1.09	-4.41
其他	亿元	45.06	4.20	38.74	17.03	39.97	41.44

二、行业管理工作及主要成效

不断强化党的领导，全面从严治党再上新台阶。党史学习教育走深走实。始终把党史学习教育作为一项重大政治任务，按照“学史明理、学史增信、学史崇德、学史力行”的要求，谋篇布局在前，精心组织实施。坚持“学党史、悟思想”，充分发挥党组理论学习中心组龙头作用，落实党组会第一议题制度，通过举办读书班、专题宣讲、云直播党课、青年理论学习、参观教育基地、观看红色电影等方式，深入开展党史及理论学习，及时跟进学习贯彻习近平总书记系列重要讲话和党的十九届五中、六中全会精神。坚持“办实事、开新局”，全区研究制定落实“为民办实事”任务 74 项，聚焦快递进村和快递员群体合法权益保障等重点任务，推进“我为群众办实事”实践活动。加强督促指导，组建5个巡回指导组，确保各市局党史学习教育有条不紊推进。

系统党的建设扎实有效。牢牢把握政治机关的职责使命，聚焦“两个维护”，加强对全区邮政管理系统党的建设工作的统筹谋划，压实全面从严治党主体责任，坚持把党建工作与业务工作同谋划、共部署。发挥巡察监督作用，完成对2个市局的第二轮巡察。持续推动非公快递企业党建工作，实现地市非公快递企业党组织全覆盖。落实党组成员与党支部工作联系点制度。加强机关党建工作，支部实现标准化、规范化，按期完成换届选举，机关党委被评为自治区直属机关先进基层党组织。各市局涌现出一批先进基层党组织、优秀党务工作者、优秀共产党员。认真组织庆祝建党百年系列活动，积极参加国家邮政局举办的歌咏比赛、演讲比赛等并取得较好成绩，为党的百年华诞营造了热烈浓厚氛围。落实意识形态工作责任制，传播正能量，弘扬主旋律。党建带团建，开展青年文明号创建工作，推荐企业申报第20届全国青年文明号。

贯彻落实新时代党的组织路线坚强有力。“三支队伍”建设稳步推进。加强领导干部队伍建设，坚持党管干部原则，落实好干部标准，选拔任用干部9人，推进干部异地交流，对2个市局开展选人用人专项检查，加强干部监督，做好领导干部报告个人有关事项工作，上年度“一报告两评议”中未发现明显问题。加强公务员队伍建设，新录用公务员5人，公务员到位率97.4%；做好公务员平时考核；加强青年干部培养，用好职级晋升政策，发挥激励作用；加强干部教育培训，争取自治区10个调训名额，解决干部教育培训资源不足问题。加强行业人才队伍建设，继续推进邮政快递职业技能培训和快递工程职称评审工作，共培训8057人次；2人分别被列为全国邮政行业科技英才推进计划人选、全国邮政行业技术能手推进计划人选；联合自治区总工会举办第三届广西邮政快递行业职业技能竞赛，参赛规模为历届之最。

正风肃纪反腐向纵深推进。切实履行全面从严治党监督责任，落实党风廉政建设“一岗双责”。突出抓好政治监督，严明党的政治纪律和政治规矩，纪检干部深入一线检查重点工作推进情况，推动“两个维护”落到实处。加强对执行中央八项规定及其实施细则精神的监督，机关厉行勤俭节约，反对铺张浪费。加强作风建设，持续整治形式主义、官僚主义，通过减少发文、简化材料报送、统筹安排下基层等措施减轻基层负担。加强廉政提醒教育，召开警示教育会，在重大节假日等关键节点前进行廉政提醒并开展廉政谈话。加强突出问题专项整治，开展“三重一大”决策不规范等3个专项整治。

行业先进文化建设持续加强。大力加强新闻宣传工作，围绕“快递进出、活跃乡村”“五一我坚守”“小米蕉寄递”等为主题的故事先后被中央电视台《新闻联播》、《人民日报》头条报道。全区邮政快递业疫情防控和快递业务旺季服务保障工作，先后被新华社、《广西日报》、《南国早报》关注报道。一年以来，在快递小哥合法权益维护、小米粉大产业、职业技能竞赛、跨境电商发展等方面被《中国邮政快递报》头版采用12篇，充分利用中央和地方媒体资源弘扬全区邮政快递业正能量和“小蜜蜂”精神，讲好新时代广西邮政快递业改革发展故事，获优秀记者站、优秀通讯员各1次。积极组织参加各类评优评先活动，其中1人荣获全国五一巾帼标兵称号，1人被自治区人民政府评为第九届广西见义勇为英雄。

贯彻落实重大决策部署，服务大局展现新作为。“快递进村”扎实推进。加强分类指导，明确分地市分阶段推进目标。各地各企业提高站位、负重前进、攻坚克难、梯度推进，取得了显著成效。“快递进村”试点城市防城港市完成快递进村服务100%覆盖。贵港创新“村级党组织+快递”模式，建设村委快递服务网点15家，将快递服务引入村屯。桂林探索“快递+金融”模式，为村民就近提供快递服务。全区快快合作、交快合作、快商合作、驻村设点等快递进村模式不断涌现，截至年底，全区建制村快递服务覆盖率76.7%，提前完成2021年目标。

快递员合法权益保障不断加强。主要负责人向自治区政协会议提交《关于改善快递员群体生存发展环境的建议》提案。会同交通运输厅、发展改革委等9部门，共同制定《关于做好快递员群体合法权益保障工作的实施方案》。组织开展快递末端派费和企业内部罚款定期调查工作，建立快递员固定联系工作机制。督导各企业重点落实0.1元派费调整到位、服务类罚款事项削减到位、快递员投诉申辩渠道开通到位等"三个到位"。全区基层快递末端网点从业人员参加社保"五险"和优先参加工伤保险达1.69万人，占总人数的39.3%。深入开展"暖蜂行动"，联合团区委开展"快递从业人员服务月"活动，统筹各方力量，向行业一线员工送温暖。南宁设立邮政"爱心驿站""爱心青空间"等阵地156处；桂林全年争取获得市总工会活动经费12.1万元；桂林、防城港、钦州、北海、河池、来宾、贺州、崇左推动快递企业为快递员购买工伤保险；梧州、桂林、玉林、钦州为快递员积极争取公租房、廉租房等保障房。全年全区共计开展慰问活动80余次，免费体检和义诊覆盖5万人次，巩固、设立快递员爱心驿站、关爱站等服务阵地747个，累计争取人社部门职业技能培训补贴资金363.8万元。

服务乡村振兴有力有效。持续深挖农村市场潜力，通过宣传推广先进项目和典型经验，打造一批具有影响力及鲜明"桂味"的特色快递服务示范品牌。年内培育出柳州螺蛳粉寄递项目超1亿件，全区农特产品进城精品项目46个，其中南宁沃柑、南宁小米蕉、柳州螺蛳粉销售额超亿元，玉林百香果、桂林荔浦衣架、钦州水果、钦州海鸭蛋、百色杧果等精品项目销售额超千万元，带动农产品销售额12.26亿元。指导邮政企业抓好县乡村三级农村物流体系建设落地实施，采取"村邮站＋快递超市＋金融便民服务站"模式，不断提高村级综合服务站点覆盖率。全区共有邮乐购站点9249个，年内新增59个，其中7322个分布在农村地区。做好定点帮扶村调整及第一书记选派，发挥行业力量，助力乡村振兴。

进一步抓好顶层设计，优化发展环境实现新突破。政策供给显著增强。国家邮政局与自治区人民政府签订《加快广西邮政快递业高质量发展战略合作协议》《广西加快农村寄递物流体系建设实施方案》《关于做好快递员群体合法权益保障工作的实施方案》印发实施，南宁、桂林、防城港、百色等地出台众多邮政快递业利好政策。加快推进邮政领域财政事权和支出责任划分改革，多地印发展改革革实施方案，积极争取地方资金政策支持，全年全区邮政行业获得各类资金支持共6536万元。桂林、梧州市安全中心先后挂正式牌成立。南宁等地出台促进行业高质量发展的若干政策文件。

开展"十四五"规划编制及衔接。经自治区人民政府同意，联合发展改革委、交通运输厅印发《广西邮政业发展"十四五"规划》编制，行业规划等级进一步提升，做好自治区本级并督促指导各市局开展衔接工作，自治区党委规划建议、政府规划纲要以及综合交通运输发展、现代服务业等多个重点专项规划均纳入了多项涉及邮政业相关内容，全区14个市的规划纲要均纳入了邮政业相关内容。

法治邮政建设不断加强。依法加强行业行政执法监督，开展案件评议，办结行政复议申请5件，没有收到行政应诉。加强信访工作，妥善办结国家邮政局和自治区信访局转办9起信访件。组织全区邮政管理系统开展年度普法工作。推动完善行业法规制度修订，与自治区人民检察院、公安厅联合印发《广西邮政行业行政执法与司法衔接工作办法》，编制《邮政行政执法涉嫌犯罪案件移送范围及移送标准》。贵港等地制定邮政行政执法不规范问题专项整治工作方案和快递市场"双随机、一公开"抽查工作计划。

“放管服”改革深入推进。做好快递业务经营许可证审批工作。全年共收到许可申请753家次,依法核准新增许可企业207家,平均审批时限12.6天。审核许可证登载事项变更申请1402次,核准变更申请906家次。为35家许可企业办理许可证换证手续,注销73家经营异常许可企业。推进服务站及快件箱新业态许可工作。指导菜鸟、丰巢、兔喜、驿加易等新业态企业增加许可证地域范围工作。全面推进现场服务预约办理。更高水平建设许可服务“一张网”,实现全国“一网通办”“跨省通办”。成为全国首批3个率先在许可系统启动证件寄递预约功能的省局。

持续推动供给侧结构性改革,行业发展质效获得新提升。督促五网大会战“物流网”建设项目建设。对重点邮政快递、电商物流项目进行督导,全行业项目建设投资完成8.82亿元,超额完成全年8亿元目标任务。京东南宁电子商务产业园及运营结算中心项目、苏宁易购广西桂北智慧电商产业园(一期)、南宁顺丰创新产业基地项目、中通快递南宁转运中心、中通快递桂东(岑溪)智能科技电商快递产业园5个项目先后竣工投产。人才队伍建设持续加强。持续推进“246”工程,与人社厅联合印发了《关于加强全区快递从业人员职业技能提升工作的通知》,将快递员、快件处理员等职业纳入政府补贴培训目录。与自治区总工会联合举办了第三届广西邮政快递行业职业技能竞赛,全区24支代表队92名选手参加,并争取到总工会对竞赛的经费和政策支持。河池举办快递员技能大赛。桂林、贺州、梧州等地开展快递员职业技能培训。强化邮政综合服务平台建设。督促引导邮政企业深入打造邮政综合服务平台,推进网点转型、服务叠加,高质量开展政务便民服务,发挥综合服务平台作用,助力乡村振兴和地方经济发展。全年,全区税邮合作平台办理寄递业务13.1万件,代征代缴税额12404.5万元;警邮合作平办理寄递业务257.4万件;政邮合作平台办理寄递业务58万件。

统筹发展和安全,行业综合治理取得新成效。疫情防控有力有序。作为牵头组长单位,成立自治区“邮政快递疫情防控工作专班”,进一步加强全区邮政快递业疫情防控工作的组织领导和综合协调。按照“应接尽接”原则,组织邮政快递从业人员接种新冠疫苗,截至12月底,全区邮政快递业从业人员规模5.74万人,已接种两针疫苗5.71万人,接种率99.4%,已完成加强免疫3.33万人,加强免疫率75.38%。相关人员1.58万人,已接种1.57万人,已完成加强免疫0.7万人,加强免疫率66.43%。先后成功处置河北、南京、马来西亚和蒙古国等地涉疫邮件快件流入广西突发事件应急处置工作。总计追踪处置邮件快件2367件,隔离观察从业人员1553人,核酸检测7819人,暂时停止运营分拨处理中心5个、营业网点207个。

安全监管和应急处置水平持续提升。强化“三项制度”落实,狠抓“实名不实”问题纠治,大力推进视频联网和安检机联网,接入全区12个地市监控点位132处,摄像头1020个,加快推进“绿盾”工程一期应用。打好安全生产专项整治三年行动集中攻坚战。与广西消防救援总队联合约谈区内18家主要企业负责人并印发《关于进一步加强全区邮政快递业消防安全管理工作的通知》,全年整改消防安全隐患886处。开展邮件快件处理场所安全管理规范化提升行动。推进完成全区46个重点邮件快件分拨处理场所的传送带堵缝、人车分流“两项任务”。做好行业应急管理和行业安全事故事件信息报告制度,先后在南宁举办安全生产和秋冬安全生产消防应急暨疫情防控演练活动。深入开展寄递渠道禁毒百日攻坚行动,集中整治危化品寄递问题,扎实做好寄递渠道反恐、“扫黄打非”、打击侵权假冒、野生动物保护、用户信息安全保护等工作。妥善处理天天、百世等企业经营异常事件,高质量做好中国共产党成立100周年庆祝活动期间及全国两会、全运会、第四届进博会等重大活动寄递安保工作。

绿色转型持续推进。深入实施“2582”工程,联合相关部门先后印发加快推进快递包装绿色转型实施方案和扎实推进塑料污染治理工作通知，建立全区快递包装绿色治理工作台账，开展生态环保工作评价工作持续开展重金属和特定物质超标包装专项治理，全区共办理生态环保治理类行政处罚案件26起，罚款10.45万元。柳州、河池、贺州等地大力推广使用新能源投递车辆。

打造面向东盟区域性国际邮政快递枢纽迈出新步伐。加快布局"快递出海"。深入推进跨境寄递高质量发展，加强与地方政府、海关、自贸办等部门沟通，探索创新邮件、快件、跨境电商通关模式，支持企业提升仓储寄递效率，积极参与跨境电商综合试验区建设。多个邮政快递企业在南宁通过一站式跨境供应链网络布局，参与共建西部陆海新通道。邮政已成立子公司——广西中邮物流有限责任公司，代理跨境电商报关业务；圆通已成立国际业务部；中通筹备国际业务部门；顺丰入驻国际铁路港，在南宁机场空港产业园建设航空集散中心，顺丰、邮政、圆通开通国际全货机航线。其中顺丰开通"南宁—胡志明"国际货运航线，去年已起降飞机614架次，进出口货物达6471吨。同时邮政快递业列入临空经济示范区规划内容，重点引进顺丰、邮政、"四通一达"、极兔等国内外知名品牌，给予政策支持及用地保障。

三、快递市场存在的突出问题

行业业务量剧增，但综合物流能力不强，嵌入产业链不深，产业关联畅通作用发挥不充分；国际快递业务量规模小，寄递物流自主可控能力不强，国家战略性基础设施作用发挥不充分。行业增速"领跑"，但与质量、结构、效益、安全不协调。质量不稳，消费体验还需改善；中高端供给不足，供给适应性和灵活性还需加强；运营还处于价值链中低端、被动依赖局面没有得到根本改变；寄递安全、生产安全、信息安全隐患突出。行业总体上仍处于发展初级阶段，能力资源与规模任务不匹配，制度刚性不足，监管盲点交叉点并存，无序发展苗头显现；公共设施难以跟上群众用邮需求，企业经营管理粗放，行业文明有待提升，绿色转型任务艰巨，数据挖掘利用不够。我们还得清醒地认识到，行业管理工作存在不足，治理体系基础不牢，营商环境有待优化，形式主义、官僚主义不同程度存在，少数干部不担当不作为不善为、纪律和作风散漫等，需要在今后工作中不断改进。

海南省快递市场发展及管理情况

一、快递市场总体发展情况

2021年，海南省邮政行业业务总量累计完成30.9亿元，同比增长17.9%，业务收入(不包括邮政储蓄银行直接营业收入)累计完成42.5亿元，同比增长14.0%；其中，快递企业业务量累计完成1.5亿件，同比增长31.7%，业务收入累计完成29.0亿元，同比增长21.3%(表7-21)。业务量较2020年提前2个月突破1亿件。

表7-21 2021年海南省快递服务企业发展情况

指标	单位	2021年		比上年同期增长(%)		占全部比例(%)	
		全年累计	12月	全年累计	12月	全年累计	12月
快递业务量	万件	14503.86	1522.79	31.71	54.75	100.00	100.00
同城	万件	1927.36	199.05	24.87	30.16	13.29	13.07
异地	万件	12571.70	1323.30	32.87	59.30	86.68	86.90
国际及港澳台	万件	4.81	0.44	-29.54	4.83	0.03	0.03

续上表

指　　标	单　　位	2021 年		比上年同期增长(%)		占全部比例(%)	
		全年累计	12 月	全年累计	12 月	全年累计	12 月
快递业务收入	亿元	29.00	2.86	21.29	24.45	100.00	100.00
同城	亿元	1.89	0.19	38.61	30.88	6.52	6.63
异地	亿元	16.35	1.56	22.69	35.52	56.38	54.52
国际及港澳台	亿元	0.09	0.01	-31.54	-5.20	0.33	0.32
其他	亿元	10.67	1.10	17.44	10.98	36.78	38.53

二、行业管理工作及主要成效

不断加强党的建设，全面从严治党再上新台阶。始终把政治建设摆在首位。树牢政治机关意识，印发争创模范机关实施方案，持续推进争创工作。贯彻落实习近平总书记关于邮政快递业重要指示批示精神和海南工作重要讲话批示精神，推动快递员合法权益、农村电商配送、寄递渠道安全、快递包装治理等重大决策部署落地见效。巩固深化主题教育成果，坚持党建引领自贸港建设，组织党建工作考核和党组织书记抓党建述职评议，开展“社会主义核心价值观主题实践教育月”活动，扎实推进文明单位创建，省局机关、海口局荣获省直机关创建文明单位示范点，首次实现突破。推进非公党组织建设和党支部建设标准化规范化，完成9个党支部换届选举，增设安全中心党支部，海口局、三亚局、办公室党支部荣获省直机关标准化示范点。开展“两优一先”等评选，其中2个集体、4名个人获省直机关工委表彰。坚持党建带群建，全民健身活动连续4年获评“优秀”。

党史学习教育走深走实。印发实施方案，召开动员会，部署推进党史学习教育。坚持处室、安全中心和市地局负责同志集中参加中心组学习模式，组织《中国共产党简史》等指定书目、习近平总书记“七一”重要讲话和党的十九届六中全会精神等专题学习，中心组学习12次，编印资料17期，交流研讨9次，局党组成员讲党课10次，荣获省直机关党史知识网上竞答活动优秀组织奖。通过举办读书班、青年理论学习、“认真办好自己的事　助力‘十四五’开好局起好步暨服务自贸港　共筑中国梦”交流、“比学赶超”交流、参观红色教育基地等形式，在全省系统行业开展宣传交流和巡回指导，引导学史明理、学史增信、学史崇德、学史力行。开展庆祝建党100周年系列活动，举办“心声献给党　建功自贸港”文艺汇演，组织党员过政治生日，开展道德讲堂活动，邀请行业劳模、退休干部等作现场交流，教育引导赓续红色血脉。将“邮寄送达、快递进村和保障权益”作为“我为群众办实事”实践活动项目扎实推进，工作信息被国家邮政局《党史学习教育简报》等刊载。

压紧压实管党治党责任。召开党建暨党风廉政建设工作会，开展以“学史知纪明法　筑牢廉洁底线”为主题“六个一”廉政警示教育月活动，召开警示教育大会，强化政治纪律监督。印发全面从严治党等工作要点，开展党建和年度重点工作督导检查，推动党建与业务融合。印发内设纪检机构履行全面从严治党监督责任暂行规定，修订廉政风险防控手册，完善党员干部廉政档案。落实中央八项规定精神，严防“四风”问题，紧盯重要时间节点进行廉政教育提醒，全省系统处级以上干部、新任职干部和驻村干部100%廉政谈话。开展“三重一大”决策、行政执法不规范等3个专项整治。开展作风整顿建设年暨“查堵点、破难题、促发展”活动，领导带头查找堵点解决难题完成率100%。

推动巡视巡察联动深化。坚持巡视巡察上下联动，做好国家邮政局党组巡视反馈意见整改，实行台账推进、挂账销号、动态管理、适时通报，切实落实巡视整改政治责任。制定实施巡察工作办法、巡察整改专题民主生活会实施细则。对海口局、东部局、西部局开展政治巡察，发挥利剑作用，层层传导压力。配合做好唐健文同志离任经济责任审计、2020 年度财务决算检查及整改工作。

强化规划引领作用，政策支撑体系打开新局面。规划编制扎实推进。经省政府同意，联合省发展改革委、省交通运输厅印发“十四五”海南邮政业发展规划。推动将“两进一出”工程、绿色包装应用等 11 项涉邮任务纳入省规划纲要，30 余项重点及关联工作纳入综合交通运输、现代物流业、国际旅游消费中心等 7 部省级重点专项规划，海南邮政国际仓储物流中心等 6 个项目纳入规划重点工程。指导海口局编制市级邮政业发展规划，推进各市地局积极与辖区地方规划衔接。政策保障不断拓展。按省长冯飞同志等批示要求牵头起草的《海南省加快农村寄递物流体系建设若干措施》即将印发实施，农村邮政快递基础设施等纳入省委 1 号文件。推动将使用新能源车、智能信包箱、村级寄递物流综合服务站等优化行业发展政策纳入省生态文明建设、城镇老旧小区改造、乡村振兴方案等多个文件。争取在《海南省航空货运发展财政补贴办法》中明确对行业全货机航线航班予以财政补贴，年内已补贴邮政、顺丰企业近 300 万元。三亚局协调民航部门减免快递物流航空货运费用每千克 0.08 元。营商环境不断优化。持续深化“放管服”改革，推动国际寄递物流等纳入自贸港鼓励类产业目录。开通快递业务经营许可在线预约和许可证寄递服务，配合取消经营境内邮政通信业务审批。联合省发展改革委等出台现代物流业企业创业创新人才落户制度，被收录为全省“查破促”活动正面典型并获省委书记沈晓明同志表扬。协同发展深入推进。深化邮政便民寄递，邮政综合服务平台 100% 覆盖全省市县，海口局、三亚局、东部局、中部局辖区市县均由政府出资购买“不见面审批”寄递服务，政邮、警邮、税邮、法邮业务量超 110 万件。包容审慎推动新业态监管，累计布放智能快件箱 2569 组，建成公共服务站 557 个，指导推动菜鸟驿站、驿加易等办理新业态许可。

不断加强指导督导，行业发展质效获得新提升。市场监管力度加大。开展快递市场秩序整顿专项行动，引导市场主体公平竞争，集中纠治农村快递服务违规收费问题。完善“双随机、一公开”监管机制，探索提出全省跨区域综合执法集成创新，加强事中事后监管，对邮政快递企业行政处罚 117 起，其中运用反恐法 2 起。强化法治邮政建设，依法开展行政审批，受理核准快递业务经营许可申请 27 件、许可变更申请 230 件，累计为海南巨立等 2 家企业颁发国际快递业务经营许可证，做好许可延续审核工作。完善用户申诉处理工作体系，12305 申诉热线作为省 12345 便民热线分中心运行并提供“7 × 24 小时”热线服务，有效申诉 192 件，为用户挽回损失约 90 万元。

“快递进村”扎实推进。落实“快递进村”三年行动方案，多种模式推进“快递进村”工程，超额完成全年工作目标。全省建制村快递服务通达率超 96%（其中第二档比例超 73%），新增邮快合作建制村 1843 个，覆盖率超 70%，为全国东部省份最高。争取将村级寄递物流综合服务站建设纳入海南省县域商业体系建设实施方案和推动海南农村客运高质量发展意见。指导五指山邮政企业加强电子商务进农村综合示范县物流体系建设，探索推动白沙、澄迈等市县村级电子商务服务和村邮站融合发展，推动三亚、东方、陵水等试点做好农村客货邮融合发展，交快、邮快等合作进一步深化。海口局联合市财政局出台推进“快递进村”试点奖补措施，约 400 万元奖补资金列入地方财政预算。中部局争取到五指山市财政拨付村邮站运营管理费、一次性增补村邮站摩托车购置费等。

绿色转型持续推进。在推进“2582”工程基础上实施“六基”工程，开展“八大行动”。联合省发展改革委等制定海南省快递包装绿色转型五年行动计划，会同省商务厅印发全省电商快件包装标准化意见，推动多方协同共治。制定发布海南省首部快递绿色包装行业标准《快递绿色包装通用要求》,开展重金属和特定物质超标包装袋、过度包装和随意包装、塑料污染专项治理,推进寄递入岛禁塑治理,组织"邮来已久　绿动未来"主题宣传活动,海口局、西部局等累计查处行业生态环保案件18起。全省行业电子运单、循环中转袋、"瘦身胶带"应用均超99%,电商快件不再二次包装率达98%,新增可循环快递箱(盒)投放量约10万个,建成绿色网点27家、绿色分拨中心2家,推广新能源车辆。全国人大常委会副委员长沈跃跃同志来琼开展固废法检查时对行业绿色发展工作给予肯定,省长冯飞在迎接检查时专段汇报肯定行业绿色治理成效。

积极融入发展大局,助力自贸港展现新作为。涉邮任务有序落实。统筹推进国家邮政局《关于支持海南邮政业深化改革开放的意见》与自贸港建设涉邮工作,研究"零关税"进境商品寄递查验规定、封关运作邮件快件监管思路和监管中心布局及建设方案等,制定自贸港建设风险防控预案,探索构建"六个一"行业安全监管工作思路框架。印发全省行业反走私风险专项治理工作方案,开展打击治理离岛免税"套代购"走私专项行动,积极沟通协调稳妥推进数据共享工作。

基础建设有效推进。配合省政府推动与邮政集团签署合作协议,京东海南供应链总部等作为海南自贸港重点项目签约落地,顺丰海南国际生鲜港顺利竣工、圆通海南区域总部试运营有序推进,京东"亚洲一号"、菜鸟智慧中心仓投入运营使用,海口国际快件监管中心二期建设通过海关验收。

邮寄送达有效支撑。指导邮政企业开通全省行业首条全货机运输"海口—南京"正班航线,运输覆盖25省份、新增"次日递"城市45个,寄递服务质量进一步提升。协调推动拓展离岛免税购物"邮寄送达"覆盖范围,解决相关数据互通问题,督导邮政企业优化全流程服务,保障做好离岛免税购物"邮寄送达"寄递服务,客户满意度达99%,在省政府第三方评估中获评满分。

服务经济有力发展。引导邮政、顺丰企业开通3条全货机航线,中通、顺丰、韵达等企业投入冷链车500余辆,培育出收寄量超800万件"海南杧果"、超700万件"海南菠萝蜜"等项目14个,拉动就业5000余人,带动农业产值18亿元,助力乡村振兴。以特产食品、医药、通信等为重点加快项目培育,累计打造业务收入超100万元服务制造业项目5个,支撑制造业产值约9亿元。推动国际货运航线发展布局,引导菜鸟开通广州—新加坡—三亚航线、顺丰开通深圳—新加坡—海口航线,服务跨境电子商务和完税品寄递超400万件。

强化平安寄递建设,行业综合治理取得新成效。常态化抓实疫情防控。完善疫情防控专项应急预案(第二版),抓实抓细防疫措施,重点加强冷链、进出境邮件快件、免税品寄递等重点部位防控,督导企业做好通风消杀和核酸检测,做好疫苗接种,全省从业人员接种率超99%(上半年列全国第二)。妥善应对突发疫情,及时稳妥处置多起涉疫邮件快件寄递应急事件,有效阻断疫情通过寄递渠道传播。协调省市两级疫情防空指挥部解决顺丰国际航班机组人员入境和隔离分类管理问题,顺丰企业送来锦旗感谢。

安全基础不断夯实。推进安全生产三年行动、作业场地安全管理规范化提升行动等,集中整治"四不"问题,完成处理场所规范化提升第一阶段目标。集中整治危化品寄递问题,开展禁毒新三年大会战、寄递渠道禁毒百日攻坚行动,省禁毒办向省委常务会汇报时肯定省邮政管理局积极主动履职。强化落实"三项制度",推进责任倒查追责,重点路向二次安检量超1.15亿件,扎实做好扫黄打非、涉爆反恐、防范走私、打击侵权假冒等工作。

科技赋能强化监管。推进数字邮政综合试点,引导顺丰、韵达等企业投入使用智能安检系统10套(含正采购、计划增加)、配备安装"绿盾"工程物联机安检机21台,推动顺丰、德邦分拨中心和中通运输车辆升级改造摄像头超1000个,督导各企业接入“绿盾”工程监控近1400路，实现监控智能化应用。智能语音申投诉系统已列入2022年度政务信息化项目建设计划。菜鸟、京东等企业分别在海口、三亚、琼海市投入运行无人车7辆，行业数字化智能化水平大提高。

应急保障不断提升。修订完善行业突发事件应急预案，推动纳入全省应急管理体系规划和全省生产安全事故应急预案等。指导做好机要通信突发事件应急演练，专报获国家邮政局转发肯定。妥善应对“圆规”台风等自然灾害和天天、速尔等企业经营异常事件处置，圆满完成建党百年庆祝活动、十九届六中全会、博鳌论坛年会等重大活动期间寄递安保工作，做好双品网购节、“双11”旺季服务保障。

持续强化基础建设，支撑保障能力迈出新步伐。权益保障有力落实。经省政府审核同意，会同省交通运输厅等七部门印发了保障快递员群体合法权益工作责任分工。推动企业为快递员购买保险近1.3万人次，占从业人员超70%，督导企业落实增加1毛钱派费、压减考核指标超48%。与省总工会、团省委联合发文并开展“就地过年、工会进万家、送清凉”等暖蜂行动，慰问等金额达80多万元。争取共享全省工会户外劳动者服务站189个，70%市县成立快递行业工会或联合会。推进“246”职业技能培训突破1万人次、争取补贴近170万元，通过职称评定超120人，1名邮政员工荣获全国五一劳动奖章、1名员工获评全国邮政行业技术能手，发布网络招聘就业岗位2387个、列全国前三，成功举办全省邮政行业职业技能大赛。

队伍建设不断加强。争取国家邮政局为省局机关增加编制1名、为市地局增加一级调研员职数1名。进一步发现培养选拔优秀年轻干部，选优配强领导班子，组织干部选任、职级晋升等46人次，新招录公务员4人，不断提高公务员编配率。优化考核评价体系，建立平时考核机制，研究制定加强和改进全省系统领导班子建设意见等10多项干部人事制度。落实个人事项填报制度和“一岗双责”，加大管理监督和关心关爱力度，有效激励干部团结奋进、担当作为。

定点帮扶努力推进。多次研究和深入定点帮扶村，与昌江县委县政府主要领导共商定点帮扶，努力开展产业帮扶、就业帮扶、消费帮扶和人居环境改善工作。全省系统8个党支部到定点帮扶村实地开展“党建+定点帮扶”主题党日活动。按要求选派第二批驻村干部1名，2020年度定点扶贫考核获评“好”等次、2名驻村干部同时获驻村年度考核及驻村期满考核“优秀”等次。

基础支撑拓展夯实。努力推进财政事权和支出责任改革落实，推动文昌等成立邮政业安全中心，实现县级机构零突破。落实“过紧日子”要求，推进预算执行合规有序。开展统计督查“回头看”，一二季度统计考核得分列全国第一。开展基础管理工作自查自纠专项整治，采取“月汇总季通报年考核”等方式强化年度重难亮点工作督办。不断推进做好意识形态、新闻、保密、档案、提案、信访、老干部等工作。

三、快递市场存在的突出问题

海南省邮政快递业市场监管工作还面临着一些短板和挑战，如：快递业绿色发展方面，入岛快件禁塑管控难度大，无胶纸箱、全生物降解快递包装、可折叠可循环包装箱等替代产品推广不够明显；农村寄递物流基础设施建设比较薄弱，“快递进村”工作逐渐进入啃硬骨头阶段；随着海南自贸港建设加快推进，寄递渠道安全、走私、意识形态安全等各类风险叠加，行业安全监管形势更加严峻复杂等。

重庆市快递市场发展及管理情况

一、快递市场总体发展情况

2021 年,重庆市邮政行业业务总量累计完成 163.2 亿元,同比增长 20.2%,业务收入(不包括邮政储蓄银行直接营业收入)累计完成 168.4 亿元,同比增长 15.8%;其中,快递企业业务量累计完成 9.8 亿件,同比增长 34.0%,业务收入累计完成 103.4 亿元,同比增长 24.6%(表 7-22)。支撑网络零售额超 1600 亿元。

表 7-22　2021 年重庆市快递服务企业发展情况

指　标	单　位	2021 年		比上年同期增长(%)		占全部比例(%)	
		全年累计	12 月	全年累计	12 月	全年累计	12 月
快递业务量	万件	97935.99	9405.75	33.97	15.63	100.00	100.00
同城	万件	26274.21	2411.55	32.11	17.04	26.83	25.64
异地	万件	71471.41	6976.01	34.71	15.22	72.98	74.17
国际及港澳台	万件	190.37	18.19	17.88	-8.73	0.19	0.19
快递业务收入	亿元	103.43	8.02	24.58	-12.88	100.00	100.00
同城	亿元	19.65	1.73	18.75	0.83	19.00	21.58
异地	亿元	44.38	4.28	22.82	8.72	42.91	53.42
国际及港澳台	亿元	4.10	-1.32	12.51	-434.29	3.97	-16.49
其他	亿元	35.30	3.33	32.21	5.52	34.12	41.49

二、行业管理工作及主要成效

党的全面集中统一领导取得新成效。党史学习教育走深走实。成立以党组书记任组长的党史学习教育领导小组,印发实施方案。编发《党史学习教育工作简报》45 期。开展专题读书班 6 次,其中集中研讨 3 次。邀请市委宣讲团成员作宣讲报告 3 次。局党组书记带头讲专题党课,班子成员讲党课 10 次,支部书记讲党课 33 次,邀请老同志、行业劳模、退伍军人宣讲 12 场,利用“红色三岩”教育资源现场教学 21 次,参与各类志愿活动 11 次,开展庆祝中国共产党成立 100 周年知识竞赛、“两优一先”评选及文艺汇演等系列活动。圆满完成“我为群众办实事”系列实践活动。

党的建设不断加强。建立清单责任制,制定全年党建工作要点。党建“三服务”推动“三基”建设和绿色机关建设案例获市直机关优秀案例。局党组成员带队赴支部联系点开展调研 6 次,编发《组织生活参考》《党建工作简报》各 12 期。3 集体 2 同志分获市直机关党建类荣誉。落实非公党建“两个覆盖”。通过联建、共建等形式,推动成立行业党组织 18 个,成立重庆市快递行业团工委,被团市委重点推报团中央。与市总工会联合印发《推进快递行业人员集中入会工作方案》,成立行业工会 16 个。积极推进 2021 年度彭水县善感乡帮扶资金和消费帮扶工作,10 万元的帮扶资金款项已到位,消费帮扶已完成 38 万余元。

干部队伍建设不断加强。健全工作机制,制定年度人才工作要点。坚持全局一盘棋的用人机制,加强“政研组 + 重工组”等支撑团队建设,开展贯彻落实重大决策部署“回头看”。优化队伍结构,加强干部统筹选配,把年轻干部放到重点岗位、基层一线锻炼。安排 4 名干部任职交流,6 名年轻干部进行岗位交流和实践锻炼。选优配强机关处室正职,提任 1 名处级干部,选拔任用 4 名干部充实分局科级领导干部队伍。广泛开展基层调研工作,集中开展“培训提升月”活动及“岗位大练兵”活动。组织开展党建、纪检、执法、新闻宣传等各类培训400余人次。完成《2019－2023年全国党员教育培训工作规划》中期评估。

从严管党治党扎实推进。贯彻落实《中共中央关于加强对“一把手”和领导班子监督的意见》,开展专题研究。制定《解决形式主义突出问题切实为基层减负工作方案》,“改进作风、去冗求精”成效明显。党组书记履行第一责任人职责,纪检组长重要节点开展常态化谈话,制定落实《推进支部纪检工作的办法》,坚持季度汇报及培训制度。党组全年围绕25个专题组织专题会议15次,中心组学习17次,专题调研11次。组织开展警示教育月活动,常态化开展纪律教育,组织纪检培训4次,廉政党课10余次,集中廉政谈话2次。发挥巡视巡察利剑作用,组织开展巡察干部培训,启动第二轮常规巡察,对4个分局进行巡察,巡察整改效果明显。对7个分局开展年度政务督查,对11个支部开展党建考核。

加强快递员群体权益保障。市委书记陈敏尔年初调研慰问邮政快递业一线干部职工。在市交通局的统筹牵头下,11部门率先印发《关于做好快递员群体合法权益保障工作的实施方案》,先后开展宣贯会、推进会5次。协调市人社局、财政局、税务局等相关部门落实优先参加工伤保险政策,联合市住建委率先启动快递员以自有资金缴存公积金,落实2417余名快递员以自有资金缴存住房公积金。联合市银保监局指导快递协会、市保险行业协会率先联合印发快递员专属商业养老保险实施方案。指导市快递协会开展末端派费和成本调查并组织调查报告认证,推动落实0.1元派费增长,内部罚款项目减少三分之一以上。联合市场监管局对14家企业集中约谈。万州、开州、黔江、武隆、江津、永川等区县出台落地文件。

行业精神文明建设持续加强。持续开展“暖锋行动”,联合团市委、市总工会开展慰问、宣讲等各类线下活动96场次,送慰问品及慰问金17.74万元,服务快递从业青年7655余人次。积极推动建设“关爱站点”2212个,争取公租房268套,协调公路物流基地管委会提供休息床位2000余个。联合团市委开展100名“最美快递小哥”选树活动。全市邮政管理系统和邮政快递行业共46名同志担任各级“两代表一委员”(党代表20名、人大代表16名、政协委员13名),10名快递员分获全国优秀共青团干部、重庆五四青年奖章、重庆市劳模及区县级表彰。

推动邮政快递业高质量发展。疫情防控有力有序。制定《重庆市邮政快递业疫情防控应急预案(2021版)》,建立“日摸排—日调度—日督导”疫情防控常态化工作机制。全市邮政快递从业人员疫苗接种实现应接尽接,加强针接种比例达59.01%。指导国际邮件互换局开展病毒生化演习,推行“一停二消三查四保”防疫措施,稳妥处置多起涉疫邮(快)件流入重庆突发事件,全市邮政快递行业实现“零感染、零确诊”。

战略规划引领不断强化。充分发挥“两进一出”全国试点和“交通强市”等战略叠加优势,在市交通局的指导下,联合印发《重庆邮政业发展“十四五”规划》。先后推动邮政快递企业在万州、黔江、永川等“一区两群”城市加大基础设施布局,2021年总投资金额达12.45亿元,其中,中通快递渝东(万州)智能科技产业链园区等8个项目被列入2021年市级重大项目,圆通速递西南管理区(重庆)总部基地等7个项目被列入市级物流重点项目。积极探索发展总部经济,赴圆通全国总部开展调研,与韵达集团总裁、京东集团副总裁分别就企业在渝发展规划情况进行座谈交流。推动菜鸟驿站西南总部落户重庆。目前,全市共有快递企业区域总部4个,区域分拨中心8个。

市县乡三级网络稳固。基本建成邮政“市级中心仓(2个)—县级分拨仓(30个)—县下周转仓(80个)”三级仓配体系和快递“市级分拨中心(17个)—县级处理中心(245个)—乡镇服务网点(2126个)”三级服务体系,全市共有智能快件箱9560组,箱投率和站投率排名全国第一。

科技创新赋能不断加强。主要品牌寄递企业分拣中心基本实现自动化、智能化。顺丰丰鸟落户重庆,并在奉节县成功完成无人机测试。重庆邮电大学被认定为国家邮政行业技术研发中心,目前已与邮政企业开展相关合作。配合国家邮政局完成电子政务外网的割接和视频会商系统电子政务外网改造。积极推进“绿盾”工程强化智能监管,截至目前,重庆局已全部接入快递企业转运中心和重要网点数107个,接入率100%,“视频联网”项目中视频在线率、安检机联网在线率等关键指标居全国第一。

行业人才支撑体系不断完善。深入实施职业技能培训“246”工程,全年培训4490人次,争取培训补贴377.67万元。开展并组织143人通过职称评审。联合市总工会成功举办2021年市邮政快递行业职业技能大赛,推荐3名选手参加第三届全国邮政行业职业技能竞赛,重庆顺丰1名同志荣获三等奖。重庆邮电大学现代邮政学院单设,成功举办“中欧班列(沿线)国家邮政快递业合作高级研修班”。联合团市委开展市第六届“五小创新晒”活动,顺丰项目获“优胜项目奖”。推荐4名人员分获全国邮政行业科技英才和技术能手。

绿色邮政发展持续推进。联合市发展改革委等9部门印发《关于加快推进快递包装绿色转型的实施意见》。开展重金属和特定物质超标包装袋、邮件快件过度包装和随意包装两个专项治理和生态环保执法检查,立案查处违法行为7起。贯彻落实“2582”工程,提前完成年度工作目标。全市设有标准包装废弃物回收装置的邮政快递网点3125个,新能源或清洁能源车辆1334辆。

夯实“三个责任”。企业主体责任稳步落实。印发文件落实快递企业重庆总部统一管理责任。严格对标对表,深入落实安全生产“十条措施”和“两清单两卡”工作机制。持续实施安全生产专项整治三年行动,强化落实企业安全生产主体责任,督促企业严格落实“三项制度”。截至目前,全市实名信息录入率达99.51%,寄递企业配备安检机266台,8家主要品牌快递企业安检机已接入联网系统。

行业监管责任严格落实。进一步完善“政府监管+专家会诊+部门联动”安全生产监管模式。印发《重庆市邮政快递业安全生产应急管理五年行动计划(2021年—2025年)》。制定《重庆市邮政业安全生产监督检查工作手册(试行)》,提升一线执法人员能力水平。联合市禁毒办开展寄递渠道禁毒百日攻坚专项行动。

属地管理责任不断夯实。印发《2021年寄递渠道安全管理工作要点》,进一步完善寄递渠道禁毒协调工作机制,用好“平安重庆建设”及“邮路安全监管”两个机制,深化综合治理。将邮政寄递事故灾害风险防范化解及应对处置工作机制建设情况纳入市安委会对区县2021年安全生产和自然灾害防治重点工作及动态管理考核项目,分值2分。

不断提升治理体系和治理能力水平。邮政市场监管不断强化。全年累计检查寄递企业2046家次,查处违法违规行为491起。配合公安部门破获寄递渠道涉毒案件29起,查获毒品139.64公斤。连续五年获评全市安全生产和自然灾害防治工作先进部门。圆满完成建党100周年等重大活动期间寄递渠道安保任务。服务型政府建设持续推进。探索直辖市区县级机构建设模式,成立潼南、奉节、黔江邮政管理局,推动涪陵、渝北以政府购买服务方式建立邮政业安全发展工作组。与酉阳、秀山签订战略合作协议。在市交通局的关心支持下,落实事权划分,成立领导小组和工作专班,指导各分局加强与各区县政府的汇报,争取行业利好政策资金支持,有效减轻企业负担。

统筹推进“两进一出”工程。“快递进村”实现全覆盖。印发《重庆市“快递进村”百日攻坚工作方案》,在永川区何埂镇建设全市首个农村寄递物流中心。持续巩固建制村直接通邮成果,周投递频次达三次比例排西部地区第一。在市交通局的关心指导下,因地制宜推进邮快、交快、快快、快电等多种形式合作"下乡进村"。持续推进"寄递+电商+农特产品+农户"融合发展模式,打造快递服务现代农业项目14个,其中业务量超千万的金牌项目2个(奉节脐橙、荣昌粉条)。全市农村地区快递业务量同比增长116.12%;业务收入同比增长176.91%;投递量同比增长56.61%。

"快递进厂"取得新成效。鼓励邮政快递企业以进厂建仓、入仓收寄、建仓分拣等模式为制造业企业提供一站式寄递服务。通过"入厂物流"、"仓储+配送"一体化、"订单末端"配送等服务模式累计打造"快递进厂"服务制造业项目21个,寄递量9870万件,带动销售产值29.34亿元。

"快递出海"取得新突破。中欧班列运邮实现规模化、常态化,已可达36个欧洲国家及地区,目前重庆是全国唯一中欧班列运邮城市。支持企业在渝建设中欧国际快件中心项目,加快海外布局,全市寄递企业参与建设和管理海外仓4个。推进中欧班列运输出口快件,组织国际快递企业利用中欧班列运输出口快件再测试。

三、快递市场存在的突出问题

邮政快递业的迅猛发展,快递包裹量大,但其综合物流能力相对不强;行业增速"领跑",但与质量、结构、效益、安全不协调;行业管理相对粗放,行业供给能力有待加强,行业治理资源与规模任务不匹配,治理能力与发展形势不适应等突出问题。行业发展倒逼管理转型升级的需求越发迫切。

四川省快递市场发展及管理情况

一、快递市场总体发展情况

2021年,四川省邮政行业业务总量累计完成374.2亿元,同比增长19.2%,业务收入(不包括邮政储蓄银行直接营业收入)累计完成374.7亿元,同比增长14.7%;其中,快递企业业务量累计完成27.8亿件,同比增长29.3%,业务收入累计完成268.1亿元,同比增长20.1%(表7-23)。

表7-23 2021年四川省快递服务企业发展情况

指标	单位	2021年		比上年同期增长(%)		占全部比例(%)	
		全年累计	12月	全年累计	12月	全年累计	12月
快递业务量	万件	278269.82	26485.29	29.33	17.04	100.00	100.00
同城	万件	68533.50	7934.03	43.90	52.27	24.63	29.96
异地	万件	208876.41	18473.93	25.78	7.57	75.06	69.75
国际及港澳台	万件	859.90	77.33	-41.31	-68.41	0.31	0.29
快递业务收入	亿元	268.07	24.24	20.12	-1.12	100.00	100.00
同城	亿元	43.74	4.48	28.49	17.87	16.32	18.50
异地	亿元	142.72	12.85	14.73	2.19	53.24	53.01
国际及港澳台	亿元	7.82	-0.85	-16.41	-152.76	2.92	-3.51
其他	亿元	73.79	7.76	33.26	18.89	27.53	32.00

二、行业管理工作及主要成效

全面从严治党再上新台阶。党史学习教育走深走实。全省邮政管理系统始终把党史学习教育作为一项重大政治任务,按照"学史明理、学史增信、学史崇德、学史力行"的总要求,全面部署,扎实推进。坚持"学党史,悟思想",党的创新理论武装更加坚定牢固。发挥局党组理论学习中心组龙头作用,利用“周末课堂”、党史悦读、党课辅导、专题组织生活会等多种形式,全面深入学习《中国共产党简史》等指定读物,学习贯彻习近平总书记“七一”重要讲话和党的十九届六中全会精神,及时跟进学习习近平总书记在视察广西、福建、青海等地的重要讲话和对邮政业重要指示批示精神,引领全系统全行业学思践悟,坚定了感党恩、跟党走的信念,坚定了弘扬伟大建党精神,奋斗正当时的信心决心。组织开展了“两优一先”表彰、“清明祭·重走长征路”、“讴歌百年党史,奋进崭新征程”征文和青年演讲比赛、“颂歌献给党”歌咏、知识竞赛等庆祝中国共产党成立100周年系列活动,唱响了爱党爱国爱社会主义的昂扬旋律,为党的百年华诞营造了浓厚氛围。坚持“办实事、开新局”,组织开展“快递进村百日攻坚行动”、保障快递员群体合法权益、做好“两项改革”后半篇文章提升邮政普遍服务质量、助力“川货出川”等四项“我为群众办实事”实践活动,主要快递品牌进村率达到56.13%,维护快递员群体合法权益受到省委省政府主要领导关注批示,部门合力形成,“川货寄递”形成千万件以上项目12个,百万件以上项目52个,省委将实施“川货寄递”工程写入2022年全省经济工作要点。组建三个线上指导组,对市(州)局党史学习教育进行指导督导,强化了效果。

正风肃纪反腐向纵深推进。强化政治监督,严格纪律规矩,集中开展“讲担当、守纪律、促作为”警示教育月活动,开展“三重一大”决策不规范、行政执法不规范等3个方面问题专项整治,保持了正风肃纪的高压态势。注重关口前移,突出用好第一、二种形态,针对巡察、工作督办、综合检查发现的主体责任履行、决策部署落实、队伍建设、作风改进等方面的问题,对领导干部进行提醒谈话、批评教育13人次。完成对9个市(州)局党组的第二轮巡察,查找出“四个落实”方面的问题107个,移交立行立改55个。坚持问题导向,推动巡视巡察反馈问题整改上下联动,省局以巡促改案例被中央巡视办刊载。开展机关执行力提升行动,查找机关作风、工作纪律和办文质量等方面的问题,聚焦工作不落实问题抓整改,推动完善工作程序和规范。建立工作项目和清单,严格闭环管理,坚持督查问效,提升了决策水平和执行质效。

行业非公党建取得新突破。协同组织部门,全面开展“将党员找出来、将组织建立起来、将活动开展起来”活动,从业人员中党员总数突破3000人,新纳入非公支部党员超过1000人,全行业建成非公快递党组织66个,10个市(州)建立了快递物流行业综合党委或行业党委,邮政管理部门主导主抓、地方组织部门指导支持的行业非公党建,市(州)和快递品牌企业党的基层组织和党建工作基本实现“两个覆盖”。各市(州)局积极探索,积累了经验,获得了荣誉,成都、巴中市非公党建工作经验被评定为新时代全国优秀“快递物流业党建创新案例”,南充市非公快递行业联合党支部被省委评为“先进基层党组织”。全省各地组织部门给予非公党建专项经费支持超过200万元。以党建带动群团组织建设和工作开展,全省实现快递行业工会组建市(州)全覆盖,成立县级行业工会64个,建成会员之家69个,会员人数超过3万人;15个市(州)设立快递行业共青团指导(工作)委员会,为凝聚力量、助推发展搭建了平台。

行业先进文化建设持续加强。大力弘扬“小蜜蜂”精神,省局联合省总工会开展“点赞‘小蜜蜂’——寻找最美快递员”主题活动,首次评定50名最美快递员;各地积极组织开展系列评选表彰或主题活动,开展青年文明号、安全示范岗等创建,省邮政分公司打造的“其美多吉雪线邮路”文化品牌入选交通运输部第三届交通运输优秀文化品牌。加强典型培育宣传,新华社、人民网、学习强国四川频道、《中国邮政快递报》等媒体聚焦宣传其美多吉、吉克罗批、唐建等一批行业典型,阿坝州若尔盖乡邮员哈弄夺机坚守“草原邮路”,事迹被新华社等中央媒体报道,省长黄强批示“要关爱乡邮员”。全年全行业152人次荣获省内组织的各项荣誉称号,激发了从业人员职业荣誉感。

农村寄递物流体系建设支撑更加有力。全力推进农村寄递物流体系建设成效明显。将农村寄递物流配送体系建设纳入全省交通强省建设、乡村客运“金通工程”和镇村“两项改革”后半篇文章,统筹谋划,一体推进农村交通运输综合体系、电子商务进农村服务体系和农村寄递物流体系建设。联合交通运输厅下发《关于进一步推进县乡村三级物流配送体系建设的通知》,9月,在全省交通强国建设试点四川乡村运输“金通工程”现场推进会上,副省长曹立军要求打造“金通工程·天府交邮通”品牌,完善农村寄递物流体系。“金通工程”通村客车代运邮件快件和建制村直通邮互为补充,为畅通乡村寄递物流打下了坚实基础。全年启动县乡村三级物流体系建设重点县52个,每县专项补助资金达500万元,目前已有17个市(州)188个乡镇开展了交邮融合发展,运营交邮驿站5059个。各地主动探索,大力推进农村物流服务品牌建设,攀枝花市“整合交通和邮政基础设施推动农村物流高质量发展——基础设施建设减贫案例”,在2021全球减贫伙伴研讨会上获评第二届“全球减贫案例征集活动”最佳案例;南充顺庆区“果州通+快递超市”、遂宁蓬溪县“交通运输+快递超市+网络平台”、达州通川区“电商物流+共同配送”成功入选交通运输部全国第二批农村物流服务品牌。

综合施治维护了快递末端网点稳定。将稳定快递末端网点作为畅通寄递渠道、维护行业稳定的基础工作,多措并举开展综合治理,在稳固全省总体规范的同时,对部分偏远地区快递末端服务违规收费进行强力整治,工作经验在国家邮政局快递市场秩序整顿总结会议上交流。南充、凉山等局不回避矛盾问题,加强汇报沟通,由地方政府主导,与公安、市场监管等部门协作,整治工作效果明显。坚持纠建并举,指导民营快递品牌探索“同仓共配”,加强末端合作,实现抱团下乡进村,增强了末端网点生存能力、服务能力。强化试点指导,遂宁局在全国快递末端稳定发展试点中,制发了《快递末端网点管理办法(试行)》,从主体界定、备案管理、快递服务、法律责任等方面,对快递末端网点的建设与运营规范提出具体要求,试点积累了有益经验。

稳步推进绿色发展。全面贯彻落实国务院办公厅转发《关于加快推进快递包装绿色转型的意见》精神,推动将行业绿色发展纳入地方党政生态环保工作考核体系,强化工作督导和协同共治,初步构建了快递行业绿色发展新生态。大力实施“2582”工程,深入开展重金属和特定物质超标包装袋、邮件快件过度包装两个专项治理,大力推进可循环快递包装应用,推进电商快件不再二次包装,加大快递包装回收力度,全年全行业使用可循环快递盒7.3万个,设置废弃物回收装置网点1057个,电商件不再二次包装率91.4%,建成符合绿色网点标准的网点146个,符合绿色分拨中心标准的分拨中心17个,保有新能源汽车2764辆,行业绿色治理得到省人大常委会执法检查组肯定。

在融入并服务地方经济社会发展中赢得了重视和支持。以“为”争“位”,党委政府更加重视关心邮政管理工作。省委书记彭清华、省长黄强先后对邮政管理工作作出批示,省四大班子及各级党政领导作出批示、开展专题研究、调研慰问,肯定邮政管理工作成绩,关心行业发展。省委省政府将邮政管理工作纳入年度工作综合评价,行业监管经费纳入省财政预算,为行业发展提供了新动能。各地在争取党委政府的重视支持方面成效明显。

强化统筹谋划,规划编制衔接更加完善。推动将县乡村三级寄递物流体系建设、快递“两进一出”工程以及邮快件绿色环保、安全监管体系和能力建设等行业改革发展重点内容纳入全省《国民经济和社会发展第十四个五年规划》及综合交通运输、现代物流、服务业、电子商务、乡村振兴等专项规划中，为全省邮政业高质量发展奠定了政策基础。完成《四川省邮政业“十四五”发展规划》编制，于9月发布实施。成都局推动完成了《成都市邮政管理条例》修订工作。

积极推动工作融入，政策供给显著增强。正确领会运用“中央地方双重管理”体制，积极推动落实国务院、省政府邮政领域财政事权和支出责任划分改革要求，推动更多地将邮政快递发展与监管的重点任务融入到地方相关工作体系中，提升了邮政快递业服务地方经济社会发展的能力和水平。乐山、成都、泸州、阿坝等地方党委政府及相关部门，先后出台了支持行业高质量发展的具体政策措施，给予专项补助。2021年，各市(州)局争取到资金支持1700多万元，有力促进了行业发展。

进一步夯实人才队伍基础，行业人才素质数量并增。聚焦法治思维和依法治理能力，强化了干部队伍建设。开展干部队伍素质能力提升专项行动。坚持教育管理与考评导向相结合，严管与厚爱相结合，激发与内驱相结合，完善日常工作汇总、目标导向、典型引领等办法，及时通报基层工作成效、成功探索，强化考评结果运用，形成了比学赶超局面，市(州)局班子整体作用发挥更优。规范选拔任用程序，加大干部选任和交流培养力度，地市局班子基本配齐。开展多形式创先争优活动，做好对各市(州)局班子、领导干部的综合考评和公务员年度考核，干部队伍精气神更加昂扬向上。建立健全源头培养、跟踪培养、全程培养的管理干部队伍素质能力培养体系，搭建协作交流平台，组建政策法规团队、党建人事团队2个专业团队，财务审计组、行政执法组、信息技术保障组3个工作协作组，突出推动提升了队伍依法行政能力。加强行业普法工作，依法做好行政应诉、行政复议和政务公开等工作。

切实加强行业人才培养。深入实施职业技能培训“246”工程，全年开展快递从业人员职业技能提升培训17796人次，获得地方补助442.85万元。健全行业技能人才评价制度，与人社厅、省快递协会和相关企业探索构建行业职业联盟，完善邮政行业全省职业标准体系，统一开展行业职业鉴定，评定中初级技能职称98人。推动将快递员项目列入四川省新职业技能大赛一类赛事项目，联合省人社厅等6部门主办了四川技能大赛——首届新职业技能大赛，支持成德眉资四市联合开展了快递员职业技能竞赛。

快递进村实现渠道全面通达。将“快递进村”作为全年业务工作开展主抓手，加强统筹统揽，结合党史学习“我为群众办实事”主题实践活动，实施“快递进村百日攻坚”行动。注重利用建制村直接通邮成果，推广资阳、德阳等地经验，突出又不局限于邮快合作进村，直投进村和交邮、快快、快商等合作、多模式进村都有突破，到2021年6月底，全省26114个建制村实现了快递服务渠道通达，为中国共产党成立100周年交上了一份圆满答卷。渠道通达目标实现后，我们又着力提升进村质效，努力推进主要快递品牌服务进村的有效通达，年底全省建制村邮快合作覆盖率82.69%，主要快递品牌进村覆盖率56.13%，全年邮快合作实现代投快件量超过3898万件，代收快件也突破10万件。四川省“深化邮快合作，纵深推进快递进村”工作经验在全国邮快合作推进会和宣传贯彻国务院办公厅《关于加快农村寄递物流体系建设的意见》电视电话会上交流。

快递服务“川果”“川味”双过亿。认真领会落实习近平总书记“擦亮四川农业金字招牌”指示精神，聚合行业力量，围绕省委省政府构建“10+3”现代农业体系、“5+1”现代工业体系、“4+6”现代服务业体系总体布局和工作要求，全面推进“川货寄递”。工作中，衔接商务、农业农村等部门，出台《培育“一地一品”寄递品牌专项工作方案》，联动市(州)局梳理并建立“一地一品”快递服务现代农业、制造业项目库，加强入库项目跟踪管理，“川货寄递”成效得到省委省政府领导肯定，省委已将开展"川货寄递"写入2022年经济工作要点。2021年,全省共培育超10万件的"一县一品"寄递项目184个。其中,快递服务现代农业寄递项目148个,超千万件7个,超百万件45个,带动农业总产值94.7亿元;"川果、川味"寄递分别超2亿件、1亿件,仅柑橘寄递就近1亿件。快递服务制造业寄递项目19个,超千万件5个,超百万件7个。"快递出海"取得新进展,建成天府机场国际邮件处理中心,中欧班列运邮进入测试,开行4列"四川邮政号"定制班列、2列"顺丰国际专列",集运跨境货物7200多吨,泸州、宜宾、绵阳等地利用自贸区推动服务跨境电商取得了一定成效。

从业人员工作环境得到改善,获得感增强。深刻领会并全面贯彻落实习近平总书记关于做好快递员权益保障的重要指示批示精神,衔接人社、工会等部门印发《新就业形态劳动者权益保障工作方案》,召开工作推进会,强化快递从业人员合法权益保护的政策支撑。持续组织开展关爱活动,联合各级工会、团组织和快递协会等,开展以夏季送清凉、冬季送温暖、旺季送关怀为主要内容的"暖蜂"活动,省长黄强等省领导多次在节庆期间看望慰问快递员,各级工会组织将快递员作为新就业群体的重点对象开展慰问,全省开展慰问活动311场次,为快递员免费体检和义诊12489人次。强化企业主体责任落实,开展快递企业"三个到位"落实情况专项检查,督促企业从安全生产条件、用工、薪酬、保险等方面落实保障快递员合法权益主体责任,推动企业为员工购买社会保险和商业保险近8万人次。

安全生产态势稳步向好。认真履行监管职责,深化安全生产专项整治三年行动,推动行业安全生产态势稳步向好。强化安全教育培训,举办行业安全生产第一责任人履职暨应急管理专题培训,多形式开展广覆盖的安全生产宣传和警示教育,强化了全系统和行业从业人员安全生产意识。梳理安全生产法、省安全生产条例等法律法规要求,印发《安全生产清单》参考模板,指导企业加强关键岗位、重点环节风险管控,落实安全生产主体责任。组织主体责任落实不到位专项治理,不断规范企业安全管理基础台账、隐患排查整治台账和市(州)局安全生产检查台账。开展安全隐患大排查、大整治行动,通过企业自查、管局抽查、交叉检查、整改回头看等方式,排查出行业安全隐患899个,建立隐患清单,推动隐患问题整改见效。坚持问题导向,组织开展全省邮政快件处理场所安全管理规范化提升行动,突出整治"四不"问题,推动分拣中心自动传送设施加装防护设施,落实分拣场地人车分流,有效遏制了伤人亡人事故发生。坚持做好重点时段、节庆活动、服务旺季期间的安全生产和服务保障工作,高质量完成了中国共产党成立100周年庆祝活动期间及全国两会、全运会、第四届进博会等重大活动寄递安保工作。深入开展寄递渠道反恐、禁毒、惩治危爆物品寄递、打击假冒侵权、野生动物保护、用户信息安全保护等专项工作。全面推进寄递渠道安全生产综合治理,协同公安、政法、国安、市场监管等部门,严格市场检查和行政执法,全年立案查处邮政快递市场违规违法案件396起,维护了寄递渠道安全稳定。加强应急管理,全面实施维稳应急处置"四个一"机制,在省邮政业安全中心建成了应急指挥大平台,妥善处置成都中通收寄活体动物和天天、速尔等企业网点经营异常事件,及时有效应对处置泸县"9·16"地震及部分地区夏季暴雨、泥石流等自然灾害,保持了行业的平稳运行。

坚持行业发展和疫情防控两不误。全面落实国家邮政局和地方政府关于疫情防控各种工作规范,做好行业常态化疫情防控措施落实,重点加强冷链物流疫情防控和从业人员防疫保障,及时果断处置来自内蒙古、河北、西安等地的涉疫快件,全力推进从业人员核酸检测和疫苗接种,行业从业人员完成全部剂次接种超过98%。

实施行业治理能力提升行动,支撑了行业安全稳定运行。深化"放管服"改革,简化、优化行政许可及备案流程，对新业态包容审慎监管，构建亲清政商关系，激发了市场主体活力。协力推进绿盾工程建设与运用，举办“绿盾”工程信息系统培训，积极开展安检员配备及信息录入工作，在“绿盾”工程建设项目安检机联网系统运行情况通报中位居全国前列。坚持申诉处理与市场监管联动协同，实施“一号对外、诉求汇总、分类处置、统一协调、各方联动、限时办理”，集中办理申诉的作用得到强化。推动12305与12345便民服务热线整合，进一步畅通政府与企业、消费者的沟通渠道，初步实现“7×24小时”全天候人工服务。全年受理消费者咨询25510件，处理消费者申诉10030件，为消费者挽回经济损失470万元，消费者对邮政管理部门申诉处理工作满意率100%，对邮政快递企业申诉处理满意度99.8%。持续加强安全支撑能力建设，推动落实县级寄递安全监管职责履行，县级交通运输部门在履行相关工作职责方面发挥了积极作用，县级邮政管理机构或服务安全中心建设有了新进展，全省已建成县级机构20个。

三、快递市场存在的突出问题

2021年四川省行业四大指标的增速分别为19.21%、14.71%、29.33%、20.12%，分别排在全国的第20、27、23、22位，位次都在中偏后，且仅行业收入增幅与全国基本持平，快递业务收入增幅略高于全国平均水平。行业高质量发展的支撑能力依然薄弱，乡村邮政快递服务设施难以跟上群众用邮需求；企业经营管理粗放依然严重，无序发展未见有效转变，寄递安全、生产场所安全、从业人员劳动安全、信息安全等隐患突出，绿色转型任务艰巨；队伍依法治理能力还不能完全适应行业发展和市场监管的需要，能力短板、作风缺点、监管盲点交叉并存，班子带头作用不强、科学决策力不强、落实执行力不强在一些地方有使显现。

贵州省快递市场发展及管理情况

一、快递市场总体发展情况

2021年，贵州省邮政行业业务总量累计完成87.8亿元，同比增长23.1%，业务收入（不包括邮政储蓄银行直接营业收入）累计完成103.5亿元，同比增长19.4%；其中，快递企业业务量累计完成3.98亿件，同比增长41.3%，业务收入累计完成66.7亿元，同比增长27.7%（表7-24）。新增社会就业1万人以上。

表7-24　2021年贵州省快递服务企业发展情况

指　　标	单　　位	2021年		比上年同期增长(%)		占全部比例(%)	
		全年累计	12月	全年累计	12月	全年累计	12月
快递业务量	万件	39787.06	4333.83	41.30	34.81	100.00	100.00
同城	万件	8819.68	894.06	74.37	55.50	22.17	20.63
异地	万件	30909.09	3434.65	34.10	30.33	77.69	79.25
国际及港澳台	万件	58.29	5.12	16.52	12.45	0.15	0.12
快递业务收入	亿元	66.68	6.60	27.72	18.21	100.00	100.00
同城	亿元	6.29	0.64	48.46	32.97	9.43	9.74
异地	亿元	29.05	3.09	25.70	23.42	43.57	46.78
国际及港澳台	亿元	0.30	0.02	19.50	-0.37	0.46	0.32
其他	亿元	31.04	2.85	26.12	10.54	46.54	43.16

二、行业管理工作及主要成效

全面从严治党再上新台阶。党史学习教育持续走深走实。全省系统始终把党史学习教育作为全年重大政治任务，按照“学史明理、学史增信、学史崇德、学史力行”的要求，全面部署，扎实推进。坚持“学党史、悟思想”，充分发挥局党组理论学习中心组领学促学示范作用，将理论与工作实际紧密结合，学深悟透，局党组成员在机关、下基层、入园区、到企业开展党史宣讲、上党课等20余次；省局党办通过举办读书会，开办青年理论学习班，举办退休同志、退役军人座谈会等方式，学习传达习近平总书记视察贵州重要讲话、“七一”重要讲话和党的十九届六中全会等精神，共同学原著、读原文、悟原理，全面推动党史学习教育，引导全省系统学思践悟，教育党员干部树牢正确历史观，锤炼党性修养，不断筑牢理想信念，树牢“四个意识”、坚定“四个自信”，做到“两个维护”。坚持“办实事、开新局”，将“快递进村”作为“我为群众办实事”重点工作扎实推进，把学习教育成效转化为促进行业高质量发展的强大动力。推荐人员参加了全国邮政管理系统演讲比赛、歌咏比赛等庆祝建党100周年纪念活动。各市(州)局就近实地参观革命纪念场馆和革命遗址，强化对革命烈士的敬仰、对革命精神的认同，赓续红色血脉，传承红色基因，发扬革命传统。

邮政管理干部队伍建设不断加强。进一步加强党组织建设，逐步配齐省局、市(州)局领导班子。省局专配纪检工作负责领导，全省调整补充了8名市(州)局领导干部。加强优秀年轻干部培养，建立全省邮政管理系统人才储备库，把疫情防控、助力乡村振兴和推动快递进村等工作作为检验干部急难险重表现的最好标尺，做好干部考察和选拔，注重选用“信念坚定、为民服务、勤政务实、敢于担当、清正廉洁”的好干部，以德为先、注重实绩，切实为党的事业发展识人育人、选人用人，让讲政治、能担当、守纪律的同志有干事创业的平台。探索了公务员向事业单位流通机制，打通了不同编制人员流通渠道，开辟了全省系统公务员向地方事业机构调整的先例。全面充实三个事业机构人、财、物力量，夯实邮政事业基础。调整实现了贵安邮政事业办和贵阳邮政管理局同城管理工作，为“强省会”提供更好服务。

持之以恒正风肃纪，定期开展“政治体检”。紧盯习近平总书记重要指示批示精神贯彻落实，跟进重点工作任务落实。制定印发党风廉政建设工作要点和党组纪检组工作要点，并出台工作规则和监督检查办法，印发《贵州省邮政管理局廉政风险防控清单》，强化监督管理。紧盯重要时间节点提醒教育，每逢节假日，将非值班车辆全部封存，防止公车私用，并向党员干部发出反腐倡廉、正风肃纪提醒短信，公布监督电话，接受群众监督。注重警示教育形成震慑，组织党员干部收看电视专题片《正风反腐就在身边》，省局党组领导带头建立工作去向群，互通工作去向，开展互相监督。各市(州)局到反腐倡廉警示教育基地开展警示教育活动，以案示警，形成不敢腐不想腐的震慑。开展市(州)局领导班子党风廉政集体谈话，加强对基层党组织的监督管理。强化自查问题整改，认真部署“三重一大”决策突出问题的专项整治，对发现的问题全部整改。举一反三，扎实做好巡视整改和开展新一轮巡察工作。对国家邮政局党组第四巡视组巡视中指出的问题，已逐项整改完成；贵州省在完成首轮全覆盖，对9个市(州)局党组政治巡察的基础上，启动了第二轮政治巡察工作。

行业文化建设持续加力。大力加强新闻宣传工作，在中国邮政快递报、贵州日报、贵州电视台等主流新闻媒体发表新闻稿件40余篇，是建局以来发稿量最多、质量较好的一年，真实反映了行业发展情况，传播了邮政好声音。其中《贵州发展马力足，快递跑出加速度》上了贵州新闻联播头条；《黔货出山3400多万单卖了41亿元》上了贵州日报报眼；与贵州电视台合办4期快递员生活专访——《了不起的你》，宣传了快递员的艰辛与行业正能量；《中国邮政快递报》整版专题报道贵州局《用好党建指挥棒　激活发展一盘棋》、贵州快递园区建设《开山辟石建园区　集聚创新谋发展》等文章，进一步鼓舞了斗志，提振了信心。精神文明建设活动蓬勃开展，在全省系统广泛开展向王顺友、其美多吉等先进模范学习活动，全省系统涌现出全国优秀共产党员张林昌、全国最美快递员吴益田等先进人物，1个处室及1名个人获全省脱贫攻坚工作优秀表彰，9个市(州)局党支部中，遵义局、黔南局、黔西南局党支部获得市(州)直机关“先进基层党组织”称号。聚焦先锋模范作用发挥，全省系统“两优一先”表彰6个党支部，17名先进个人；在省局机关建立党员示范岗16个，引导党员干部亮身份、比作风、见贤思齐、担当有为。涌现出了毕节百世吴益田、修文韵达陈小莲、长顺中通伍红松、关岭邮政邱俊宇、石阡极兔雷浩等一批贵州本土基层快递员先进事迹。

紧抓意识形态责任落实不放松。认真贯彻落实习近平总书记关于意识形态工作的重要论述，修订《中共贵州省邮政管理局党组意识形态工作责任制实施方案》，制定印发《贵州省邮政管理局意识形态工作联席会议制度》，强化组织领导，严格落实意识形态工作责任制。印发《关于开展2021年党组意识形态工作责任制落实情况自查的通知》，督促市(州)局党组对照11个方面27项内容逐一进行自查，找问题查不足，抓整改促落实。加强对网站、微信、微博等新媒体舆论阵地管理，整合使用微信群，规范传播内容，严把舆论关口。严格落实网站新闻发布和报送逐级审批制度，并明确新闻发言人和网络评论员，严把新闻宣传关，对200余篇新闻宣传稿件逐篇审核，确保沿着正确的方向发展。

服务大局展现新作为。“快递进村”扎实推进。省委书记和省长在多次讲话中强调，要加快推进快递进农村工作和建立现代化物流体系；《贵州省交通强国实施纲要》《加强贵州“四好农村路”建设》《围绕“四新”助推“四化”实施方案》等文件中，把邮政快递建设列入其中。联合省交通运输厅、省发展改革委、省财政厅等部门完成《贵州省推进交通强国建设实施意见》，依托全省县县通高速路和组组通硬化路的基础条件，协调各方资源，共同推动县、乡、村三级快递物流体系建设，大力实施“快递进村”工程，全省县乡网点实现快递进村全覆盖，13299个行政村快递服务进村率超过80%，绝对数超过1万个，其中贵阳局、黔南局已超过90%，畅通了工业产品下乡、农业产品进城双向流通渠道，助力“黔货出山”，让农特产品“出山进城”成为现实。在“十三五”期间完成“邮政空白乡镇”网点、“快递下乡”等基础设施补建的基础上，推动快递抱团进村，形成邮快合作、快快合作、交邮融合、快电合作、快商合作等模式，实现由行业“小抱团”到整合社会资源“大抱团”的转变，从而降低成本，延伸快递网络，为城乡发展提供均等化快递服务。在省交通运输厅的大力支持下，印发了《省交通运输厅等单位关于推进“交邮融合+”发展助力乡村振兴的指导意见》，开展了“交邮融合”工作，在县、乡场站和运输车辆上实现优势互补、共建共用，全省9个县(市、区)被明确为“交邮融合+”示范县，涌现了习水模式、黔西模式等一批示范典型，其中，习水县“交邮融合+新零售”项目被交通运输部纳入全国第二批农村物流服务品牌。

快递员合法权益保障不断加强。着力引进社会资源、关爱“快递小哥”同频共振，成为全社会共识。联合省人社厅、省发展改革委等6部门印发出台《贵州省快递员群体合法权益保障工作实施方案》，引导快递企业与“快递小哥”签订劳动合同，购买工伤保险、医疗保险、人身意外险、车辆保险等，大部分企业落实了食堂就餐、健康体检等制度，保障一线快递员合法权益。与省总工会联合，引导各市、县(区)快递企业成立联合工会，组织开展“工会新春送温暖　稳岗留工助发展”活动、“关爱快递小哥”大型慰问活动和贵州省新就业形态劳动者入会行动,持续开展"暖蜂行动"和"快递从业青年服务月"活动,举办"学党史、强信念、跟党走"红色教育专题培训班,开展"传递关心关爱,激励成长成才"座谈交流活动,切实为快递企业和快递小哥送关爱、送温暖,解决生活和工作中遇到的问题。市(州)局积极作为,推动快递员权益保障工作,展现良好行业形象。遵义局与市人社部门联合,印发《遵义市快递从业人员证书直接补贴实施方案》,对取得职业技能等级证书的从业人员直接进行补贴,引导快递企业为107名快递员缴纳社会保险,9家快递企业建立"快递小哥食堂",为80名快递小哥追回拖欠薪酬108万余元。毕节局结合党史学习教育活动,以"巾帼心向党 经典永传唱"为主题,开展快闪视频拍摄活动,展示行业风采和对党热爱的赤诚衷心,与电信企业联合推出快递员专用优惠套餐等。黔东南局联合州人社部门,制定《黔东南州邮政及快递从业人员职业技能提升工作实施方案》,支持企业大力提升"快递小哥"的职业技能,组织开展慰问活动,发放慰问物资价值2万余元,协调解决邮递员公租房(廉租房)10套。黔南局联合州公安交警部门,制定印发《黔南州快递服务车辆管理办法》,优化快递末端服务车辆通行环境,引导企业为4992名快递小哥购买工伤保险。黔西南局与州人社部门联合,印发了《黔西南州邮政领域从业人员职业技能提升行动实施方案》,明确了培训内容、培训对象及补贴标准,协调交警部门开通驾驶证考证"绿色通道",推动建设"爱心驿站"200个。

服务乡村振兴有效有力。在大力实施乡村振兴战略背景下,积极践行"以人民为中心"的发展思想,持续深挖农村市场潜力,培育农特产品进城示范项目。创新利用黔邮乡情、网红带货等平台,因地制宜培育出修文猕猴桃、遵义辣椒等9个具有代表性"一地一品"示范项目,在纳雍樱桃园、修文猕猴桃园、镇宁六马蜂糖李园区等农特产品聚集地,引导邮政快递企业在田间地头挂牌,帮助农民群众现场开展农产品销售、包装和寄递,进一步接通了农特产品从田间到舌尖的渠道,满足人民群众对美好生活的需要。2021年,通过快递渠道销往全国农特产品价值超61亿元,有效促进农民增收致富,更好服务乡村振兴。引导企业在异地扶贫搬迁点设置快递服务网点,解决农村转移劳动力就业问题。选派优秀干部到天柱县高酿镇上花村担任第一书记,切实为当地群众解难事、办实事。落实"双联双促"工作部署,通过开展"党支部联村、党员干部联户,共促乡村振兴、共促富民强农"的"双联双促"工作,帮助村民销售10万斤大米,有力促进了当地农业发展和农民增收,省局领导带头结对子帮扶,助力家庭困难学子上学,为实施乡村振兴作出了积极贡献。

优化发展环境实现新突破。优化行政许可审批。加快新业态快递服务站、智能快件箱企业许可办理,进一步激发市场活力。全省共受理许可申请258起,核查通过许可企业149家,受理许可变更申请184起,核查通过60起,新增分支机构269个,许可申请平均办结时间9.9日,新增快递服务站、智能快件箱许可3件,有序开展许可延续审核工作,延续换证27家快递企业。

优化简化许可流程、规范许可审批。推行行政许可标准化,规范和统一行政许可审批流程、审批条件、申请材料等,全面推行线上申报办理的事项,企业可直接通过信息平台咨询、申报、受理,实现了"一次不用跑"服务事项。

"放管服"改革深入推进。完善权责清单,加强对权责清单和公共服务事项清单的动态管理,优化邮政许可事项审批流程。推动《贵州省邮政条例》的落实,积极争取邮政普遍服务车辆过桥过路费减免。支持邮政企业"以邮促游",办理"关公酒"等邮票仿印工作,助力地方经济社会发展。针对国务院第八督导组到黔检查督导贵州省的两个问题,省局客观辩证地汇报了问题成因及解决方案,取得了督导组的理解,使问责成了支持。

优化提升快递末端服务能力。持续开展末端网点备案,新增备案快递末端网点347处,全省备案快递末端网点达6321处。在社区、学校等末端配送环节，推广智能快递箱、快递综合服务平台等方式，为消费者提供寄递服务，更好满足群众用邮需求。全省布放4144组智能快件箱，建成2868处快递末端公共服务站，1454处农村快递公共取送点，快递末端服务能力显著增强。全省70所高校已100%实现规范收投，主要快递企业城区自营网点标准化率达到99.62%。

行业发展质效获得新提升。基础能力不断强化。大力推动快递物流园区建设，优化快递物流园核心作用。省委书记、省长到快递物流园区视察调研，李睿副省长到省局、贵阳国际邮件互换局、省快递物流园区，多次开展调研指导工作，园区管委会与省邮政安全中心共同发力，推动贵州快递物流集聚区成功入选国家示范物流园区。园区升级中，扩厂、扩容、增智能、增功能，园区快递直接关联部分由500亩扩大到1500亩，改变单一的快递分驳为仓配物流与快递联运的综合性园区，仅菜鸟与地方物流集团合作的园区仓配项目一项，就为“黔货出山”产生20亿销售额。持续推动建成贵阳丰泰电商产业园、圆通智创园、遵义(黔北)快递物流园区等省级重大工程或重点项目，有效解决分拣设施用地难、运营难和分拣场所分散、租赁费用高等问题。贵州省快递园区入驻快递物流、电商仓配及商贸市场类企业(项目)46家、投入运营38家，日均进出港快件分拣处理量350万票(件)以上。

企业人才队伍建设持续加强。与团省委联合举办了第一期快递企业管理人员思想培训班，着力提升管理人员思想政治素质，持续实施职业技能培训“246”工程，市(州)局积极争取地方人社部门支持，大力加快快递从业人员技能培训，年度累计培训5000余人，持续推进全省快递工程系列职称评审工作，为行业发展补充了技能人才。

协同发展进一步深化。推动邮政综合服务平台建设，积极构建开放共享邮政综合服务平台，加快推进快邮、交邮、警邮、税邮等融合发展，着力构建综合性共享服务平台，助力“不见面”业务审批。警邮、税邮、政邮地市覆盖率达到100%。加快推进“快递进厂”，与相关部门联合，推动邮政寄递企业与贵州白酒、电子产品、茶叶、辣椒、吉他、纸业、刺梨汁等地方特色生产企业合作，做好“产销运”工作。邮政、顺丰、中通、德邦等快递企业已进驻贵安新区华为仓配、正安吉他产业园、虾子辣椒城、仁怀白酒工业园等，实现了快递“零”距离服务，有力促进贵州特色产业发展，其中仅酒类寄递达6498.38万件，累计产值达190.28亿元。

行业治理取得新成效。疫情防控有力有序。同心协力抓疫情防控，紧紧围绕查、防、控、治、保、导“六位一体”要求，督促全省寄递企业落实疫情防控责任，认真做好邮件快件处理场所“人”“物”同防工作，强化对重点环节、重点人员管控，重点做好生产作业场所、生产设备、运输工具、邮件快件消毒工作，精准施策，科学防范，筑牢“外防输入、内防反弹”坚固防线。在疫情防控最关键时期，主动担责，加入省疫情防控社防组，打通了直接参加和建议通道，关键时期发挥了重要作用。在2021年初开展疫情查源寻踪工作中，动员全省快递企业，积极配合认真核查，妥善处理了中高风险地区涉疫入黔快件排查防控工作。遵义疫情防控管控期间，迅速启动应急响应，协调省级邮政、快递企业运送援遵医疗物资和生活物资车辆，积极发挥行业寄递运输优势，彰显行业担当，为抗击疫情贡献行业力量。事后，省卫健委致函感谢。遵义局积极引导邮政快递企业主动承担应急保障运输任务，累计免费为社会运送疫情防控物资、群众生活物资26批次60.5吨，获得地方政府领导充分肯定。在“双11”疫情防控和高峰服务保障的矛盾面前，省局党组尊重科学，精准施策，以高度的政治责任感和担当精神，敏锐分析判断了矛盾两方面中可能产生的后果，提出以疫情防控部门信息来源为主，其他来源为参考的方针，得到了省领导的支持，与卫健部门专家共同研究，出台意见，妥善处置了疫情防控与保畅通的矛盾，为全省各级“双11”统筹提供了政策保障。按照疫苗接种“应接尽接”工作要求，推进行业从业人员全面接种新冠肺炎疫苗，省、市(州)上下联动，企业积极配合，完成从业人员46049人接种工作，接种率为98.8%，已全面完成“应接尽接”任务，有序推进“加强针”接种工作。疫情防控中，结合实际情况，总结推广疫情防控“四不进”“四不出”经验做法(即对外来邮件快件驾押人员坚持不测体温不进场、不戴口罩不进场、不扫码不进场、邮件快件车辆不消毒不进场，对快递小哥投递派送坚持身体有异常情况不出站、来源背景不清不出站、不戴口罩不出站、车辆和邮件快件不消毒不出站)，以强烈的责任担当，保证了人民群众生活物资、医疗物资运输畅通，全省系统疫情防控实现了“0”感染，为打赢疫情防控战交出了一份满意的“抗疫答卷”。

安全监管和应急处置水平持续提升。强化“三项制度”落实，狠抓“实名不实”问题纠治，完成“绿盾”迁址，推进“绿盾”工程应用。开展作业场地安全管理规范化提升行动，排查整治风险隐患，突出整治寄递企业作业场地内设施设备不达标、现场管理不到位、员工着装不规范、作业操作不合规“四不”问题，完成13个省级分拨处理中心、17个市级处理中心传送带堵缝、人车分流隐患问题整治，督促各“问题”企业全部整改完毕。联合开展“寄递渠道禁毒百日攻坚行动”，集中整治危化品寄递问题，扎实做好寄递渠道反恐怖，“扫黄打非”，打击侵权假冒，野生动物保护，用户信息安全保护以及行业关键信息基础设施安全保护等工作。助力烟草部门，认真落实《烟草专卖法实施条例》，宣传烟草专营规定，打击违法经营行为。高质量做好中国共产党成立100周年庆祝活动期间、“两会”等重大会议活动期间寄递安保工作。印发《贵州省邮政管理局关于做好2021年机要通信监督管理通知》，安排部署邮政机要通信“两轮”检查工作，机要通信实现全红，持续30年无安全事故发生。

厚植可持续发展理念、绿色转型持续推进。深入实施“2582”工程，开展重金属和特定物质超标包装、过度包装和随意包装、塑料污染专项治理，围绕行业生态环保工作要点，联合省发展改革委、省工业和信息化厅等部门，印发《贵州省加快推动快递包装绿色转型工作实施方案》《贵州省邮件快件过度包装和随意包装专项治理方案》，全面谋划部署，强化源头治理，紧抓快递包装绿色治理的关键环节，指导寄递企业用实际行动落实绿色包装。持续开展2021年“邮来已久、绿动未来”主题宣传活动，深植绿色发展理念，推动邮件快件包装绿色化、减量化，进一步凝聚行业绿色发展共识，营造绿色共建共治的良好氛围。以旧城改造、社区建设、15分钟生活圈打造为契机，探索建设一批快递社区服务点和智能快递箱，提高快递一次派送成功率，降低投递车辆道路资源占用和尾气排放。贵阳市政府提出5年内全部更新市内新能源快递投递车。

三、快递市场存在的突出问题

贵州省快递包裹数量虽大，但进出比剪刀差大，黔货出山还需大力推进。行业增速“领跑”，但与质量、结构、效益、安全不协调，质量不稳定，消费者体验还需改善，中高端供给不足，供给适应性和灵活性还需加强；寄递安全、生产安全、信息安全隐患突出。公共设施难以跟上群众用邮需求，企业经营管理粗放，行业精神文明有待提升，绿色转型任务艰巨，数据挖掘利用不够。快递行业总量在不断增大，末端快递员特别是农村快递员的个人收入仍然偏低，有的还达不到社会最低收入标准，影响了快递小哥积极性和末端稳定。

云南省快递市场发展及管理情况

一、快递市场总体发展情况

2021 年，云南省邮政行业业务总量累计完成 125.15 亿元，同比增长 28.1%，业务收入（不包括邮政储蓄银行直接营业收入）累计完成 125.4 亿元，同比增长 15.7%；其中，快递企业业务量累计完成 8.4 亿件，同比增长 33.7%，业务收入累计完成 90.8 亿元，同比增长 23.2%（表 7-25）。稳定就业 8 万余人，支撑网络零售额接近 1000 亿元。

表 7-25　2021 年云南省快递服务企业发展情况

指　标	单　位	2021 年		比上年同期增长(%)		占全部比例(%)	
		全年累计	12 月	全年累计	12 月	全年累计	12 月
快递业务量	万件	84190.54	7233.05	33.69	9.26	100.00	100.00
同城	万件	13079.27	860.58	42.71	1.75	15.54	11.90
异地	万件	70719.76	6351.39	31.94	10.49	84.00	87.81
国际及港澳台	万件	391.51	21.08	88.32	-19.26	0.47	0.29
快递业务收入	亿元	90.84	7.46	23.17	5.51	100.00	100.00
同城	亿元	8.82	-0.02	24.71	-102.64	9.70	-0.27
异地	亿元	47.13	4.44	17.64	21.42	51.88	59.58
国际及港澳台	亿元	0.81	-0.27	-24.72	323.82	0.89	-3.62
其他	亿元	34.09	3.30	33.41	21.59	37.53	44.31

二、行业管理工作及主要成效

不断加强党的领导，推进党的建设。党史学习教育走深走实。坚持“学党史、悟思想”，充分发挥党组理论学习中心组作用，通过宣讲报告会、读书班、专题组织生活会、“天天学党史”等方式，全面深入学习《中国共产党简史》等四本指定学习书籍，及时跟进学习贯彻习近平总书记“七一”重要讲话和党的十九届六中全会精神。成立 5 个巡回指导组，指导督促州市局做好相关工作。组织开展“清明祭英烈”主题党日、“传承红色基因扎西行”等活动，参加全国邮政管理系统庆祝中国共产党成立 100 周年歌咏比赛并获得一等奖。坚持开展“天天学党史”活动，制定印发党史学习教育简报 46 期。全省系统共计开展红色现场教育活动 57 次，参加邮政管理系统及地方线上线下专题培训 644 人次。高质量开展专题民主生活会和组织生活会。

深入开展“我为群众办实事”实践活动。坚持“办实事、开新局”，制定实践活动方案及清单，将工作任务细分为 4 个大类 10 项具体工作，重点开展“快递进村”和关心关爱快递员工作。超额完成“快递进村”年度目标，“快递进村”覆盖率达到 75.8%，较 2020 年底提升超过 55 个百分点。关爱快递员活动在全系统已全面展开，落实上涨一毛钱派费工作取得积极成效，扎实开展作业环境整治督导检查，优先参加工伤保险人员 3799 人，“246”工程培训人次及争取补贴金额均超额完成年度目标。全面落实“双报到双服务双报告”工作要求，全省系统党员服务累计达 450 余人次，服务时长超 1000 小时。

着力加强政治建设、思想建设、组织建设。组织召开 2021 年度全省系统党的建设暨党风廉政建设工作会议，制定实施《党建工作要点》《党风廉政工作要点》《2021 年理论中心组学习计划》。坚持把政治理论学习作为党组会议的第一项议程。

发挥“云岭先锋”、“学习强国”、云岭夜校等线上学习 App 作用。印发实施书记抓基层党建工作责任清单，对标推动基层党组织规范化建设成果巩固，严格落实“三会一课”、领导干部双重组织生活等制度。推进民营快递企业“两个覆盖”，全省共有非公快递企业党组织 15 个，争取党组织建设经费 17.3 万元。

落实全面从严治党责任。制定《主要领导干部履行经济责任重要风险点提示及防范责任分工手册》，修订《廉政风险防控手册》。开展“三重一大”决策不规范、技术和服务项目外包不规范、行政执法不规范等三个方面突出问题专项整治。从严从实抓好被巡察单位问题整改。做好群众评议省直机关作风活动反馈问题的整改落实。制定印发《关于加强党员干部“八小时外”监督管理办法》，加强和规范党员干部“八小时外”作风建设。

干部队伍建设不断加强。进一步加强全省系统领导班子建设，调整补充 7 个州市局领导班子，充实 3 名省局机关内设机构负责人。用好职务职级并行政策，稳妥推进干部交流，加强优秀年轻干部培养，统筹多种方式提高公务员编配率。加强干部日常管理和监督，成立云南省邮政管理局公务员申诉公正委员会，抓好领导干部个人事项报告。

营造良好环境，巩固发展基础。不断优化行业发展环境。稳步推进“十四五”邮政业“1 +16”规划编制工作，省邮政业规划列入省级重点专项规划，已与交通部门联合发布。完成《云南省加快农村寄递物流体系建设的实施意见》调研、起草、征求意见工作，已报省政府。加强同发展改革、交通、商务、供销、工信、环保、海关等部门的协作配合，推动出台《推进农村客货邮融合发展实施方案》《关于加快推进快递包装绿色转型的 20 条措施》《云南省县域商业体系建设实施方案》等政策文件。

加强邮政业大数据建设运用。稳步推进邮政业大数据中心建设，省邮政业大数据项目作为典型实践案例纳入云南省“数字云南”展示。加强同禁毒、烟草、交通、商务等部门的沟通协作，推动数据互联互通。积极服务云南“三张牌”战略，利用大数据分析，提升经济运行分析质量，助力打击寄递渠道违法犯罪活动。部分州市局借力邮政业大数据作用发挥，得到地方党委政府的高度认可，有力推动财权事权划分改革更好落地。做好“绿盾”工程统筹建设，全省 17 个安全监控中心已经建设完成投入使用，视频联网完成点位接入 170 个，摄像头接入 841 个，安检机联网 123 台。

稳步推进邮政领域财权事权划分改革。省级履职能力建设经费、省邮政业安全发展中心工作经费纳入财政保障。16 个州市已全部出台财权事权划分改革实施方案。继楚雄州邮政业安全发展中心获批成立，昆明市、普洱市、红河州邮政业安全发展中心获当地编办批复，昭通、曲靖等地中心建设取得积极进展，保山市龙陵邮政管理局获国家邮政局批复。全省系统共计争取地方财政资金 1111.57 万元，其中对邮政管理部门的补助727.57 万元，对市场主体的补助 384 万元。通过积极争取，州市局办公用房基本得到解决。

提升网络覆盖，增强服务能力。加快推进“快递进村”。将“快递进村”列为年度工作的重点任务，印发《关于加快推进全省“快递进村”工作的通知》等文件，纳入各州市局领导班子考核。通过专题会议、典型引路、“挂图作战”、数据统计分析、月度通报、政策争取、资源整合等多措并举，强化统筹推进。采取“交快合作”“快快合作”“邮快合作”等多种方式，因地制宜、分类推进“快递进村”工作，“抱团进村”、共同配送模式逐步探索完善。楚雄、红河等地积极争取财政补贴、项目资金支持。全省快递服务进村数量 9279 个，覆盖率达到 75.8%，较 2020 年底提升超过 55 个百分点。全力打造邮政快递服务现代农业金银铜牌项目，形成 2 个金牌项目、7 个银牌项目、33 个铜牌项目。

推进“快递进厂”。推动快递业与制造业深度融合发展，昆明、保山、红河等州市局与工信部门联合印发落实文件。围绕云南汽车制造、中医药、特色食品等产业，推进“快递进厂”。推动企业与云南白药、一心堂以及嘉华、潘祥记等云南知名企业开展合作，服务云南制造企业。

“快递出海”取得积极进展。瑞丽、河口国际快件监管中心建设稳步推进。多品牌成功布局东南亚各国，其中极兔、中通在东南亚国家设点达11000个、1600个。新增昆明—曼谷、昆明—越南2条跨境电商陆运专线，新增昆明—泰国全货机专线，昆明—大阪全货机松茸冷链航空专线。全省邮件快件进出境达2850万件，其中海关监管中心通关2292万件，“边民互市”通关558万件。

推进平安寄递，确保安全畅通。落实安全监管责任，强化寄递安全管控。加强行业安全监管综合治理，召开全省寄递渠道安全管理领导小组联席会议，系统部署寄递渠道安全管理工作。召集云南省邮政快递业安全生产协调领导小组会议，通报安全生产事故和典型案件，贯彻落实国家邮政局、省委省政府安全生产重要专项工作部署。全面履行邮政业禁毒、“扫黄打非”、反恐、打击跨境违法犯罪及违规寄递野生动植物、高黎贡山生物生态安全保护等职责。深入开展邮政快递业安全生产专项整治三年行动、邮件快件处理场所安全管理规范化提升行动、“四不”问题专项整治工作。适用反恐怖主义法处罚14起，罚款31.5万元。

深入推进行业禁毒工作。与公安禁毒部门建立工作机制，全面开展寄递渠道禁毒百日攻坚行动，开展联合督导检查，严抓“三项制度”落实和案件查办，重点打击沿边州(市)违禁物品寄递违法行为。注重寄递企业查缉技能培训，首期全国邮件快件安检员禁毒能力提升培训班在昆明举办。同云南联通签订战略合作协议，在西双版纳推行“人证核验”试点。与公安禁毒部门联合开展数据研判及信息推送共享，累计传输数据量超过5.1亿条。全省行业自查和配合禁毒部门查获涉毒案件289件，缴获毒品1283千克，抓获嫌疑人441人。

扎实开展重大活动寄递安保。以全国“两会”、建党100周年庆祝活动、COP15大会期间安全服务保障为重点，深化寄递渠道安全管理部门协作，圆满完成全年重大活动寄递安保工作任务。COP15大会期间，组织对2682.78万件进昆邮件快件进行“二次安检”，退返无安检标识邮件快件13603件，依法处置禁寄品889件。全力做好大理漾濞地震应急处置。

持续抓好疫情常态化防控工作。全省系统严格落实省委省政府疫情防控工作部署和国家邮政局疫情防控第七版规范，做好全省邮政快递业疫情防控工作，加强进出境邮件快件管控及突发疫情处置。深入国际邮件互换局、国际快件监管中心及邮政快递企业，督导检查进出境邮件快件处理场地疫情防控工作。德宏局组织党员干部参加瑞丽网格化服务和边境一线防疫卡点24小时值守，组建瑞丽邮政快递抗疫志愿服务队，参与生活物资配送和疫情防控工作，冲在抗疫第一线。全省行业在保障寄递渠道畅通、服务百姓生产生活中发挥了积极作用，保证了从业人员无感染、边境疫情无外传。

加强行业管理，提升监管效能。强化邮政市场监管。落实“放管服”改革任务，推进快递业务经营许可规范审批，共清退许可法人91家，完成许可证延续换证197家、末端网点备案5711个。持续开展全省快递市场秩序整顿专项行动、违规收费专项整治。围绕“两不”“三保”总体目标，扎实推进旺季服务保障工作。稳步推进12305申诉平台与12345政务服务热线的融合归并工作，共受理用户申诉5894件，已全部妥善处理，用户满意率97.8%。加大执法检查力度，出动执法人员12608人次，检查市场主体4593家，约谈告诫197次，责令整改538次，行政处罚255起，处罚金额268.03万元。

加快推进绿色邮政建设。与发展改革、工信等部门共同研究制定《关于加快推进快递包装绿色转型的20条措施》，楚雄、临沧、怒江协调州市政府出台快递包装绿色转型措施文件。大力推进

“2582”工程，深入开展行业重金属和特定物质超标包装袋专项治理，实现全省重金属和特定物质超标包装袋库存量基本清零，行业胶带缠绕过多、大箱小用等过度包装和随意包装问题得到有效纠治，全省电子运单使用率99%，电商快件不再二次包装率89%，循环中转袋使用率94%，累计设置回收装置4984个，行业新能源汽车保有量1111辆，可循环快递箱（盒）使用量1.01万个。昆明、保山局开出首单“环保罚单”，全省系统共处罚7起行业绿色环保案件。

落实关爱举措，加强人才建设。落实关心关爱举措。联合省总工会开展“最美快递员”评选。联合工会部门开展对快递从业人员慰问活动176次，发放慰问金10余万元，累计建设快递行业联合工会26个，争取工会建设补助资金108.4万元。推动解决“快递小哥”政策性住房181套，为快递员免费体检和义诊覆盖14817人次、购买保险覆盖28126人次，提供法律或心理咨询覆盖6419人次，累计设立爱心驿站等服务阵地107个。深入寻找挖掘和宣传行业先进模范人物的感人事迹，桑南才获评全国优秀共产党员，以尼玛拉木为原型创作的电影《信者》在全国上映。

行业人才建设持续加强。持续推进职业技能培训“246”工程，年度培训1.4万人次、争取补贴资金416.8万元，完成年度目标的135%、100.2%。联合省人社厅、省工信厅出台《云南省快递工程技术人才职称评价标准条件（试行）》，完成年度快递工程技术人员职称评审工作。2人入选年度全国邮政行业科技英才和技术能手推进计划。举办第三届云南省邮政行业职业技能竞赛，并组队参加全国邮政行业职业技能竞赛。联合开展全省行业网络招聘活动，为高校毕业生提供岗位39个、534人。

三、快递市场存在的突出问题

支撑云南邮政快递业高质量发展的基础还不牢固，寄递服务能力仍然滞后，“服务全领域、激活全要素，打造双高地、畅通双循环”的要求任重道远；企业经营管理粗放，行业文明有待提升，绿色转型任务艰巨，数据挖掘利用不够；寄递渠道安全风险依然存在，“三项制度”需抓紧抓实；治理能力建设仍需大力提升，基础的短板需要夯实。我们要直面问题、迎难而上，认真加以解决。

西藏自治区快递市场发展及管理情况

一、快递市场总体发展情况

2021年，西藏自治区邮政行业业务总量累计完成5.2亿元，同比增长15.9%，业务收入（不包括邮政储蓄银行直接营业收入）累计完成8.3亿元，同比增长20.1%；其中，快递企业业务量累计完成0.15亿件，同比增长30.4%，业务收入累计完成4.9亿元，同比增长40.2%（表7-26）。

表7-26　2021年西藏自治区快递服务企业发展情况

指　标	单　位	2021年		比上年同期增长（%）		占全部比例（%）	
		全年累计	12月	全年累计	12月	全年累计	12月
快递业务量	万件	1485.17	150.79	30.40	36.57	100.00	100.00
同城	万件	380.55	46.63	50.40	100.19	25.62	30.92
异地	万件	1104.53	104.15	24.70	19.57	74.37	69.07
国际及港澳台	万件	0.09	0.01	-54.39	-28.40	0.01	0.01
快递业务收入	亿元	4.95	0.50	40.17	49.93	100.00	100.00

续上表

指　　标	单　　位	2021 年		比上年同期增长(%)		占全部比例(%)	
		全年累计	12 月	全年累计	12 月	全年累计	12 月
同城	亿元	0.76	0.09	119.97	206.07	15.31	17.81
异地	亿元	2.63	0.27	18.15	33.83	53.08	53.24
国际及港澳台	亿元	0.01	0.00	-11.58	106.45	0.19	0.56
其他	亿元	1.55	0.14	63.30	36.20	31.42	28.39

二、行业管理工作及主要成效

党的建设深入推进。始终坚持把党的政治建设摆在首位，深入开展区党委“政治标准要更高、党性要求要更严、组织纪律要更强”专题教育，进一步严明党的政治纪律和政治规矩。制定党的政治建设工作方案，明确了政治建设主要任务、措施保障。认真落实习近平总书记重要指示批示办理和健全“回头看”工作机制。严格执行《关于新形势下党内政治生活的若干准则》，严格落实“三会一课”制度，丰富“主题党日”形式内容，认真落实双重组织生活制度。深入推进模范机关建设。积极推动快递业党建工作，成立快递行业党委，完成了两轮快递行业党员、团员及妇女数量摸底工作，为下一步建立健全快递企业党组织、群团组织夯实基础。山南市成立了快递行业党委。深入开展全区邮政管理系统“纪律作风教育年”专题教育活动，教育引导党员干部始终保持反腐败高压态势，一体推进不敢腐、不能腐、不想腐。强化对党员干部的日常监督，党组纪检组紧盯春节、藏历新年、“五一”、端午等重要节点，对党员领导干部常打招呼常提醒，狠刹节日不正之风，坚决防止“四风”反弹回潮。认真开展“三重一大”决策不规范问题等四个专项整治及违规违纪发展党员和干部“泡病号”专项整治。建立廉政档案，对科级以上领导干部实行一人一档，统一管理，并把廉政档案积极运用到监督执纪执法全过程。依规依纪查处违规违纪行为，按照规定对给予2名同志党内严重警告处分，1名同志撤销党内职务、降职处分，对2名同志进行诫勉，2名同志批评教育。

党史学习教育扎实开展。始终把党史学习教育作为重大政治任务，指定材料“导”学，给每名党员配备“四史”书籍。深入讲“助”学，组织开展领导讲党课、党员讲“微党课”活动。加强指导“督”学。组建2个党史学习教育指导组，全覆盖掌握系统学习教育情况。组织党员参观了林周知青农场、西藏和平解放70周年成就展，观看了“理想照耀中国”“永不消失的电波”“榜样6”影片。做好建党100周年、西藏和平解放70周年纪念活动。区局荣获“区直机关工委庆祝中国共产党成立100周年和西藏和平解放70周年演讲比赛”二等奖，日喀则局荣获全国邮政管理系统庆祝中国共产党成立100周年歌咏比赛二等奖。察民情访民意解难题。局党组班子成员深入阿里地区、那曲市、日喀则市、内蒙古、支部联系点开展调研，形成调研报告4份，为支部联系点解决实际困难5个。为民服务践初心。联合自治区九部门出台《关于做好快递员群体合法权益保障工作的实施意见》，进一步释放快递员群体合法权益保障政策红利。深入开展“暖蜂行动”，2021年共开展慰问宣传活动3次，发放慰问金2万元、慰问品价值6万元。切实发挥邮政快递业优势促进西藏经济社会发展，为西藏农特产品出藏搭建良好的寄递服务平台。2021年完成鲜虫草1.21万单、销售额4840万元，松茸1.5万单、销售额416万元。全区邮政快递业解决人员就业5383人。积极开展驻村扶贫工作，协助村两委成立农村集体产权股份监理事会，帮助建立达热村门面房、达热村沙场临时取料点、达热驿安宾馆、牲畜养殖产业等村实体经济项目，2021年村集体经济预计收益45万元。拉萨局协商交通运输部门为快递企业250台机动车辆办理了“快递配送证”，无须再办理《道路运输经营许可证》《道路运输证》《道路运输从业人员资格证》，争取总工会解决慰问、体检、爱心物资资金49.45万元。

服务网络日益完善。持续巩固西藏建制村直接通邮和快递下乡成果，扎实推进“快递进村”工程，不断提高西藏邮政普遍服务水平。2021年，全区邮政普遍服务市（地）至县邮运班期全部达到逐日班；县至乡（镇）邮运班期全部达到周5班；乡（镇）至行政村全部达到周3班；邮件快件可以通达全区21个边境县所有自然村。建制村直接通邮比例达100%。实现乡镇及以上城市邮政网点全覆盖，建制村村邮站全覆盖，建制村快递投递服务全覆盖。

安全形势持续巩固。始终把维护稳定作为硬任务和第一责任，紧绷稳定弦不放松，严格落实各项维稳措施，严抓寄递安全“三项制度”落实，确保寄递渠道安全稳定。2021年争取到地方财政补贴购置县级邮政快递网点安检机127台。联合国家邮政局邮政业安全中心、张家口市职业技术教育中心举办全区邮政快递业安全生产、安检人员技能暨应急管理工作培训班。实施首次邮政快递业安检人员技能等级考试，全区272名学员获得安检机初级资格证书。区局一名同志获“平安中国建设先进个人”荣誉称号。国家邮政局党组书记、局长马军胜、自治区副主席甲热·洛桑丹增批示肯定西藏局安全监管工作。坚持守土有责、守土尽责，确保行业疫情防控工作高效、扎实、有序推进。建立企业人员进出藏周报制度，积极组织行业从业人员全面接种疫苗，全区邮政快递应接从业人员共5383人，完成第一、二针人员5343人，完成接种率99.26%；完成加强针人员人，完成接种率。成功处置内蒙古快件涉疫事件，林芝局防疫工作得到自治区领导充分肯定。区党原委常委、自治区原常务副主席姜杰在督导检查西藏邮政快递企业疫情防控工作时指出，全区行业主管部门和邮政快递企业为全区打赢疫情防控付出了巨大努力，取得显著效果。

争取地方支持成效显著。联合自治区交通运输厅印发《“十四五”西藏自治区邮政业发展规划》，多项行业规划重点工作成功纳入自治区综合交通规划、现代物流规划。积极贯彻落实中央与地方财政事权和支出责任划分改革方案，争取自治区财政拨付全区邮政监管专项经费174.28万元；农牧区基层邮政网点运营补贴4200万元；给予县级邮政快递网点安检机购置补贴762万元。

行业文明建设不断加强。联合工会、共青团等部门举办了第一届邮政快递行业“运动起来·展我‘蜂’采”趣味运动会，进一步丰富“快递小哥”的业余生活，筑牢团体意识，对17支参赛队伍45名参赛选手进行奖励，发放近1.5万元奖金。推荐拉萨中速快递有限公司魏建彬为2021年度“新时代西藏最美职工”文明职工，推荐拉萨中速快递有限公司廖昌斌为2021年度“新时代西藏最美职工”道德标兵。与自治区人社厅、团区委和区总工会联合举办了西藏自治区第二届职业技能竞赛（暨全国邮政行业第三届职业技能竞赛选拔赛），争取到自治区13.21万元的竞赛经费，在全国邮政行业第三届职业技能竞赛中获得优秀组织奖。昌都局争取地方财政解决职业技能培训资金27万元。央视财经新媒体关注报道日喀则市邮政快递行业，新华社报道珠峰脚下菜鸟驿站，日喀则2名快递企业负责人分别当选桑珠孜区人大代表和政协委员。林芝市邮政快递行业团工委荣获“五四”红旗团委。那曲局荣获全国普法工作先进单位荣誉称号。

行业生态环境明显优化。聚焦“2582”工程，持续推进邮件快件包装绿色化、减量化和可循环。2021年全区寄递企业电子运单使用率已经达到98.41%，80%以上的电商快件不再二次包装，循环中转袋使用率超过90%，“瘦身胶带”的使用率超90%，以实际成效稳步推进行业节能减排。

三、快递市场存在的突出问题

农牧区邮政物流主渠道作用、邮政企业国家队作用未充分发挥。一些乡(镇)邮政网点建成了,但没有业务,未发挥应有作用。综合邮政服务平台搭载服务尤其是政务服务不多。快递投递服务进村了,工业品下乡的道路畅通了,但助推农产品进城成效不明显。快递企业安全生产主体责任还未夯实,交邮、邮快、快快、快商等合作还不顺畅,一些痛点、难点、堵点问题还未得到深层次解决。

陕西省快递市场发展及管理情况

一、快递市场总体发展情况

2021 年,陕西省邮政行业业务总量累计完成 168.5 亿元,同比增长 18.7%,业务收入(不包括邮政储蓄银行直接营业收入)累计完成 177.6 亿元,同比增长 13.1%;其中,快递企业业务量累计完成 11.2 亿件,同比增长 21.9%,业务收入累计完成 120.9 亿元,同比增长 17.1%(表 7-27)。

表 7-27　2021 年陕西省快递服务企业发展情况

指　标	单　位	2021 年		比上年同期增长(%)		占全部比例(%)	
		全年累计	12 月	全年累计	12 月	全年累计	12 月
快递业务量	万件	111806.62	8355.00	21.86	-10.58	100.00	100.00
同城	万件	28892.71	2011.29	17.17	-18.08	25.84	24.07
异地	万件	82654.35	6325.59	23.95	-7.30	73.93	75.71
国际及港澳台	万件	259.56	18.12	-36.69	-72.00	0.23	0.22
快递业务收入	亿元	120.99	9.25	17.10	-11.48	100.00	100.00
同城	亿元	21.68	1.48	13.35	-21.62	17.92	15.99
异地	亿元	60.95	4.67	16.48	-7.78	50.37	50.43
国际及港澳台	亿元	4.62	0.38	-13.14	-40.94	3.81	4.06
其他	亿元	33.75	2.73	27.06	-4.80	27.89	29.52

二、行业管理工作及主要成效

全面加强党的集中统一领导。把政治建设摆在首位。始终坚持以党的政治建设为统领,全面加强党的建设,牢固树立抓党建的主责、主业、主角意识,不断增强“四个意识”、坚定“四个自信”、做到“两个维护”。党组定期研究全面从严治党工作,召开全系统党风廉政建设工作会议,制定印发全省邮政管理系统全面从严治党、党风廉政工作要点和相关工作通知,扎实推动党组理论学习中心组学习、党建及党风廉政建设等各项工作落实落细。制定出台《关于领导干部插手干预重大事项记录暂行规定》《系统内设纪检机构履行全面从严治党监督责任暂行办法》等一系列规章制度,认真落实全程纪实及谈心谈话等制度,牢记“五个必须”,严防“七个有之”,着力促使全省系统正气充盈。

扎实开展党史学习教育。召开动员大会,印发实施方案,设立组织领导机构和工作机制,党组班子带头进行现场学习、专题研讨,扎实开展“我为群众办实事”实践活动,开展全省系统党史学习教育巡回指导和集中督导。全系统通过组织专家授课、“三会一课”、主题党日等形式,持续将党史学习教育推向深入。各级党组累计开展专题学习研讨交流 127 次、党组书记讲党课 20 次、党员干部撰写心得体会 350 余篇,编发《党史学习教育工作简报》50 期,切实把学习成果转化为工作动力和发展成效。认真学习贯彻习近平总书记“七一”重要讲话精神,开展中国共产党成立 100 周年庆祝活动。开展“两优一先”先进表彰及创建模范机关活动,举办“百年百框集邮巡展”,参观“建党 100 周年”主题展,组织全省系统歌咏比赛、演讲比赛等丰富多彩的庆祝活动。认真、全面总结党史学习教育成效。

深入学习贯彻十九届六中全会精神。领导干部带头学,各级党组集中学,广大党员自觉学,做到学深学透、学懂弄通、学有所获。深入广泛抓好宣传,聚焦主题主线、重点亮点、线上线下,分级分类宣传宣讲,推动全会精神深入人心。结合行业重点工作,切实抓好全会精神的贯彻落实,助力实现全年改革发展目标任务。

不断强化纪律作风建设。坚定不移落实中央八项规定精神及其实施细则,深化运用监督执纪“四种形态”,开展“三重一大”决策不规范等三个专项整治,紧盯元旦春节、五一端午等重要时间节点进行廉政教育提醒。加强对“过度痕迹管理”和“指尖上的形式主义”的整治,清理各类微信工作群 6 个。认真开展线索问题分类处置工作,做到坚决追溯查处、严肃追责问责,今年共处理各类问题线索 5 起、查处党员干部违反党纪案件 1 起。持续深化政治巡视巡察,组织开展 2020 年国家邮政局党组巡视整改情况“回头看”,累计完成商洛局、延安局等 6 个市局的第二轮巡察工作。

抓好领导班子和干部队伍建设。加大干部培养和交流力度,做好市局党组班子成员配备,10 个市局党组班子已研究配齐,全年选拔任用处级干部 3 名,科级干部 6 名。细化完善考核指标和权重,深化运用考核结果,不断激励干部担当作为干事创业精气神。持续提高干部队伍素质,举办各类培训班 20 余次,参加培训 300 多人次。

紧抓基层党组织建设。夯实党组、机关党总支、党支部三级抓落实机制,督促各党支部书记履行好“第一责任人”职责。严肃党内政治生活,严格落实党员领导干部参加双重组织生活制度。推进非公快递企业基层党组织和党建工作覆盖面持续扩大,指导组建和理顺非公快递企业基层党组织 24 个(其中党委 3 个、党支部 21 个),覆盖党员 300 余人。

做好快递员群体合法权益保障。强化政策保障。推动出台《关于做好快递员群体合法权益保障工作实施方案》,将权益保护工作列为省、市两级邮政管理部门“一把手”工程,研究印发《做好快递员群体合法权益保障工作系统内分工》,细化工作内容,明确责任部门。推动省内各地市落实保障快递员合法权益工作要求,铜川、宝鸡、咸阳、榆林出台保障快递员合法权益实施方案,西安局、咸阳局联合市人社局出台关于做好基层快递网点参加工伤保险的通知,推动快递员工伤保险办理。

推动群团形成合力。联合省总工会、团省委等部门,积极推动非公快递企业群团及工会组织建设,成立共青团陕西省快递行业工作委员会,成立基层团组织 9 个,纳入团组织管理团员 6096 人;累计成立快递行业工会联合会 8 个、工会组织 70 余个,吸纳快递从业人员 1.5 万余名。联合省国防工会对全省主要品牌非公快递企业工会组织建设进行调研。建立固定联系快递员队伍机制,直接倾听基层一线快递员心声。

开展关心关爱。持续开展“暖蜂行动”和“快递从业青年服务月”活动,组织各类关心慰问活动 60 余次,新增快递员爱心驿站、关爱站等服务阵地 313 个。宝鸡、榆林、汉中局推动签订快递行业集体合同,对快递员工资薪酬、休息休假、劳动卫生安全等方面给予保障。渭南局、延安局、汉中局指导快递行业协会与律师事务所联合成立“快递小哥法律援助服务站”,选派专业律师驻站提供免费法律咨询服务。

确保措施落实。开展督导检查,确保派费增长发放到位,积极推动企业为快递员缴纳工伤保险,全省快递员优先参加工伤保险 2498 人,促进快递员工作生活环境改善,推动企业内部罚款减少三分之一，建立投诉甄别机制，保障快递从业人员有更多获得感。

推动行业人才队伍建设。持续开展快递员职业技能提升，促进快递员职业发展，完成1.5万人的技能提升培训，争取到地方政府培训补贴资金885万元，人均培训补贴标准居于全国前列。加大职称评审工作力度，全年新增350人通过职称评审认定，通过评审人次居全国第五位。联合省人社厅、省总工会组织开展第三届全国职业技能竞赛陕西选拔赛，3名同志获评"陕西省技术能手"称号。开展行业全国"科技英才"和"技术能手"推荐工作。

增强行业服务能力。推动全省农村寄递物流体系建设方案出台。加强调查研究，统筹谋划寄递物流体系建设，加强与省级相关部门沟通协调，推动省政府出台《加快推进农村寄递物流体系建设实施方案》，为县、乡、村三级寄递服务体系建设做好支撑。全力推进快递进村。明确"快递进村"为"一把手"工程，实施台账管理，挂图作战。向省政府汇报"快递进村"工作，将"快递进村"纳入地方目标责任制考核。组织媒体对进村工作进行了专题采访和报道。召开专题会、领导小组会议，分析研判形势，找出工作症结，打通难点堵点，召开全省快递进村推进会，进一步统一思想，增强信心，明确任务，加快推进全省快递进村工作。积极与发改、交通、商务等部门开展合作，邮快、快快、快商、驻村设点等合作模式协同推进。全省16699个建制村实现2个品牌快递服务覆盖率100%；3个品牌覆盖率97%，4个品牌覆盖率96%，提前一年超额完成三年行动计划，其中通过"邮快合作"完成快递进村占47.76%，邮政企业全年代投代收快件424.69万件。与省交通运输厅共同推动全省农村地区客货邮融合发展，西安鄠邑区、宝鸡太白县、汉中城固县、佛坪县、安康石泉县、商洛镇安县等6个县区成功创建2021年客货邮融合发展样板县。

稳步实施快递进厂。积极打造模式领先、成效显著的快递业与制造业深度融合发展典型项目。引导寄递企业通过入场物流、"仓储+配送"一体化、"订单末端"配送等多种模式促进快递业与制造业深度融合发展，推动全省快递进厂加快步伐。全年，打造快递业务收入超百万的服务制造业项目17个，业务量约660余万件，业务收入约4900万元，支撑产值超过8亿元，服务范围涉及汽车制造、电子通信、食品、医药等行业。

有序开展快递出海。积极主动推动西安国际邮政快递枢纽集群建设，开展立项和课题研究工作；积极参与中国（陕西）自贸区建设；4条国际航线平稳运行，为快递出海拓宽渠道；西北（西安）邮政航空电商物流中心投入使用，为快递出海提供支撑保障。加快推进中欧班列"长安号"运送邮件快件并逐步实现常态化运输，"长安号"搭载邮件数量不断增加。累计向欧洲36国发运3138吨；通过国际航线运输55班次，发运2800吨。

有效服务乡村振兴。培育快递服务现代农业"金、银、铜牌"项目，西安猕猴桃、咸阳苹果、延安苹果、咸阳猕猴桃、宝鸡猕猴桃寄递量均突破1000万件，被国家邮政局授予"2021年快递服务现代农业金牌项目"。培育"一地一品"业务量超百万件银牌项目8个，"一县一品"业务量超十万件铜牌项目39个，带动产值65亿元，拉动就业9000余人。培育"一市一品"农特产品进城精品项目22个，农特产品销售额17.38亿元。充分利用行业优势为群众增收和致富服务，为全省乡村振兴助力。

做好寄递服务安全保障。打赢本轮疫情防控阻击战。自陕西本轮疫情发生以来，陕西局闻令而动、尽锐出战，在做好自身疫情防控的同时积极服务抗疫大局，在疫情防控应急物资和群众基本生活物资寄递运输、社会公益方面，发挥了应有的作用。首先，全力保障机要通信、党报党刊和研究生考试试卷寄递服务。其次，积极协调，推动省应对办下发《关于安全有序做好当前邮政快递服务保障工作的紧急通知》，保障车辆通行、人员返岗、网点营业,按照“精准、渐进、可控”原则逐步恢复邮政快递寄递服务。第三,发挥行业优势,主动承担社会职能,组织全省邮政、快递企业积极参与群众生活必需物资和抗疫物资的运送和投递5000趟次。同时积极做好常态化疫情防控,督促企业严格落实《疫情防控期间营业网点操作规范建议(第七版)》《陕西省邮政快递业疫情防控应急服务保障指南》等行业疫情防控制度,加强日常管理、强化预防为主、突出重点环节预防,组织6万余名从业人员常态化开展核酸检测,从业人员疫苗接种率超过99%,加强免疫针接种完成36%,确保了行业有序稳定运行。全省邮政快递业疫情防控及复工复产工作被中央电视台等主流媒体专题报道。

完善政策保障机制。会同公安部门制定《陕西省邮件快件开拆检查暂行规定》,对执法检查过程中开拆邮件快件相关程序、规范作出了明确规定;修订《安全月报信息报送要求和安全事故(件)标准》,健全应急管理体系,加强行业运行监测预警,做好突发事件风险防范和自然灾害应对处置;深化同烟草部门协作,进一步加强打击寄递渠道涉烟违法犯罪活动的力度。

提升科技监管水平。积极推进邮政业安全应急指挥平台建设,推进省、市局安全监控中心项目建设,完成省局和10个市局监控大屏的安装、调试和投入使用。完成视频联网项目,全省11台流媒体服务器均已上架部署完成,接入转运中心和营业网点2147个,接入摄像头5191个。推动安检机联网项目加快实施,完成53台安检机联网;推动“绿盾”一期工程项目的应用及维护,启动二期项目的准备工作。运用科技手段加强行业舆情核查与反馈,根据实际情况妥善处理、及时反馈。

保障建党100周年、“十四运”等重大活动期间寄递安全。针对重大活动制定工作方案,成立领导小组,召开会议部署安保工作,把做好重大活动寄递安保工作作为重要政治任务和头等大事抓好抓实抓细。开展安全督导和调研指导,对发现的隐患及时指出,督导整改。与公安等部门建立寄递渠道安全管理联动工作机制,采取视频监控和现场督导等方式保证进出港邮件、快件“二次安检”落实到位,确保寄递服务安全。

提升综合治理能力。持续提升快递行业监管水平。开展行政执法不规范问题专项整治,加强行政执法规范化建设,提升邮政管理部门依法行政能力水平。开展快递市场秩序整顿专项行动,对许可违规、违反投递服务标准等六类常见违规行为进行专项打击整治,维护市场秩序,促进公平正义。巩固实施邮政快递业安全生产专项整治三年行动,扎实开展邮件快件处理场所安全管理规范化提升行动。开展生产安全问题隐患排查,深化“四不”治理,全面完成传送带堵缝和人车分流整治任务。加强与九部门寄递安全领导小组成员单位合作交流,形成监管合力。配合开展2021年全国邮政市场行政执法案卷评议工作。全省开展执法检查2652人次,检查市场主体923次,约谈告诫144次,下达整改通知205件,办理行政处罚案件210件。

做好行政许可和备案工作。办理撤销普服场所审批2件,新增局所2处,受理停限办普遍服务和特殊服务业务79处,办理其他备案事项522件;受理快递业务许可申请256件,发放许可证83件;受理许可变更申请565件,同意变更325件;注销、作废许可53件。

积极发挥省市安全中心作用。充分发挥省市安全中心“服务、支撑、保障”作用,在各级管局履职能力建设、行政执法、技术支撑、信息化建设、申诉办理等方面积极发挥作用,为提升省、市两级治理能力作出积极贡献。

切实维护消费者合法权益。加强服务质量监管,加大执法检查力度,对违规二次收费“零容忍”,有效遏制二次收费问题发生。推进邮政业用户申诉热线12305与本地12345归并优化工作,实现用户申诉7×24小时全天候受理。落实企业设置专人配合市局处理政务服务部门转办工单，提高群众服务体验和满意度，全省10个地市全部完成双号并行。强化邮政快递业消费者申诉处理工作，通过消费者申诉电话和申诉网站共受理有效申诉5327件，均依法依规调解处理，为消费者挽回经济损失237.50万元。

稳步推进行业绿色发展。强化部署落实。落实国家邮政局“2582”工程，实施绿色治理“2894”工程，全面推进行业绿色发展，对快递包装绿色治理工作实施台账管理，压茬推进。使用符合标准的包装材料应用比例达99.79%，按照规范封装操作比例达96.45%，电商快件不再二次包装率94.94%，可循环快递箱（盒）使用量超过8.6万个，新增设置符合标准包装废弃物回收装置的邮政快递网点数量729个，新能源汽车保有量1781辆，完成了全年任务目标。

推动共商共治。推动《陕西省进一步加强塑料污染治理实施方案》在邮政快递行业的实施；联合省发改、生态环境等八部门出台《陕西省加快推进快递包装绿色转型实施方案》，联合省市场监督管理局制定《陕西省快递包装绿色产品认证实施方案》，强化陕西省快递包装绿色治理，推进快递包装绿色转型。

强化监督检查。委托第三方机构对陕西省各市局、重点品牌寄递企业绿色环保工作进行评估。组织开展全省2021年行业生态环保评价工作。推动全省邮政快递业绿色网点和绿色分拨中心建设工作。持续深入开展重金属和特定物质超标包装袋与邮件快件过度包装和随意包装两个专项治理。压实企业生态环保责任，加大监督执法力度，全省在生态环保领域立案处罚17起。

广泛宣传培训。借助“3·15”主题宣传、“邮来已久·绿动未来”等活动，宣传绿色邮政。配合省发展改革委等部门举办塑料污染快递包装绿色转型宣传活动。向各寄递企业、广大市民发布《陕西省邮政快递业绿色发展倡议书》。召开全省电视电话会议全面解读《邮件快件包装管理办法》、固废法涉及行业绿色发展相关规定。将法律法规作为全省行业生态环保培训、快递从业人员职业技能培训的重要内容。报道绿色宣传信息114条，定期通报行业生态环保工作开展情况，推动工作有效落实。

优化行业发展环境。行业规划出台实施。与省发展改革委、省交通运输厅联合发布全省《“十四五”邮政业发展规划》。将规划与综合交通运输、国土空间、物流业、服务业等专项规划进行衔接，把快递进村等重点工作在各相关专项规划中得到充分体现，有序推动全省“十四五”邮政业发展规划实施，谋划行业高质量发展蓝图。营商环境不断优化。树立行政审批、经营许可工作新理念，积极实施快递服务站、智能快件箱许可，梳理和简化两类新业态许可备案的操作流程和具体要求。开通许可证线上自主寄递服务，加强许可备案证照闭环管理，加强事中事后监管。

三、快递市场存在的突出问题

一是缺乏核心竞争优势，持续较快增长动力不足。邮政、快递主要业务以农特产品为主，呈现明显的季节性，同时农特产品容易受到天气变化等自然环境的影响，业务产品单一，依赖性强，业务波动性大。二是陕西省邮政快递业科技化应用水平不高，快递物流园区、智能仓储等基础设施建设相对滞后，行业企业特别是加盟制企业在科技创新和应用方面的投入不大，积极性不高，无法满足高质量发展需求。三是末端网络不稳定因素依然较多，“快递进村”稳得住、可持续任务艰巨，末端高效共配机制尚不成熟，行业安全生产形势依然严峻，行业治理方式手段较为单一，新业态新模式监管亟待完善，压实企业主体责任和发挥地方政府合力的力度还有待加强。四是全球新冠疫情仍在扩散蔓延，国内疫情呈多点散发之势，涉疫邮件快件频现，行业抓疫情防控和生产发展的压力依然较大。全省邮政快递业高质量发展基础尚不牢固。

甘肃省快递市场发展及管理情况

一、快递市场总体发展情况

2021 年,甘肃省邮政行业业务总量累计完成 49.8 亿元,同比增长 21.2%,业务收入(不包括邮政储蓄银行直接营业收入)累计完成 59.4 亿元,同比增长 15.3%;其中,快递企业业务量累计完成 1.8 亿件,同比增长 33.5%,业务收入累计完成 36.9 亿元,同比增长 24.1%(表 7-28)。

表 7-28　2021 年甘肃省快递服务企业发展情况

指　标	单　位	2021 年		比上年同期增长(%)		占全部比例(%)	
		全年累计	12 月	全年累计	12 月	全年累计	12 月
快递业务量	万件	18457.83	1995.09	33.52	39.66	100.00	100.00
同城	万件	3161.51	354.92	42.53	65.84	17.13	17.79
异地	万件	15293.69	1639.95	31.82	35.06	82.86	82.20
国际及港澳台	万件	2.63	0.22	-25.39	-20.45	0.01	0.01
快递业务收入	亿元	36.96	3.85	24.09	25.05	100.00	100.00
同城	亿元	2.99	0.35	29.15	53.23	8.09	9.10
异地	亿元	18.32	2.04	22.48	36.10	49.58	52.97
国际及港澳台	亿元	0.01	0.01	-30.19	-21.01	0.28	0.21
其他	亿元	15.55	1.45	25.75	8.25	42.06	37.72

二、行业管理工作及主要成效

聚焦从严从实,党的建设更有成效。学习教育固根铸魂。坚持党史学习教育贯穿全年,持续抓好党史学习教育“必读书目研学、互动交流、课题研究、红色教育”等规定动作。组织开展全省系统党史学习教育读书研讨,坚持省、市局党组和青年理论学习提升组引领、领导带学、个人自学、集体研学、实践检学。组织开展“党建与业务融合”等 5 个重点课题研究,1 项成果获评省直机关党建课题研究论文三等奖。采取线上线下相结合方式对 14 个市州局党史学习教育开展巡回指导,力促全省系统达到“学党史、悟思想、办实事、开新局”的良好效果。扎实推进“我为群众办实事”实践活动,把学习教育成效转化为促进行业高质量发展的强大动力。采取红歌展播、演讲征文、庆祝大会等多种形式庆祝中国共产党成立 100 周年,深入学习研讨习近平总书记七一重要讲话精神。在全省系统迅速掀起了学习贯彻党的十九届六中全会精神热潮,自觉以全会精神凝聚共识、坚定信心、增强斗志、引领行动。

队伍建设蓬勃向上。认真贯彻落实新时代党的组织路线,进一步加强领导班子建设,全年共调整补充 2 个领导班子。加强“一把手”和领导班子管理监督,国家邮政局选人用人专项检查反馈问题整改到位。坚持“好干部”标准,实施系统干部素质提升工程,10 名干部职级晋升。调整更新全省系统干部人才库、组建全省系统巡察人才库。结合政治巡察对 2 个市州局开展选人用人专项检查。完成个人事项报告,公务员招录和全省系统养老保险改革工作。

组织能力巩固提升。持续开展模范机关建设和党支部建设标准化提质增效行动。省局市场监管处党支部被命名为“省直机关标准化建设示范党支部"。建立省局机关党委两级破解难题措施台账。强化"抓行业必须抓党建"责任意识，推动非公党建指导工作下沉，各市州因地制宜、分类施策，加强行业党群共建工作，建立非公党组织16个，覆盖全省10个市州。

正风肃纪纵深推进。认真落实主体责任，接受驻部纪检组关于贯彻落实习近平总书记重要指示批示精神情况专项监督检查和国家邮政局党组巡视"政治体检"，坚持未巡先改和立行立改，做好整改"后半篇文章"。扎实开展"三重一大"决策不规范等三个方面专项整治。召开全省系统领导干部警示教育大会，举办纪检监察业务培训班，常态化开展重要节点廉政提醒、廉政谈话，建立省局党组管理干部廉政档案。完成部分市州局巡察和离任审计工作。局领导连续4年带队走进省广电总台"阳光在线"直播间，及时办结群众关切的33个问题。系统政治生态愈益清朗，风清气正的干事创业环境持续巩固。

文明建设提档升级。全省系统行业精神文明建设机制进一步健全，各级文明单位创建卓有成效。传承"传邮万里、国脉所系"的红色基因，践行"战邮精神"和"小蜜蜂精神"，行业精神谱系传播日益广泛，先进文化体系蔚然成形。宣传思想成果丰硕，各类融媒体刊发宣传信息1688篇。全省行业9个集体、4名个人，全省系统5个集体、7名同志获得省部级荣誉称号31个。10名快递小哥、20名从业人员分别获评全省邮政行业首届"最美快递员"和"最美奉献者"。

聚焦重大部署，服务民生更显成色。以"快递进村"为抓手，推动农村寄递物流体系建设。联合省财政厅、省供销联社开展专题调研，调研报告分别得到任振鹤省长、程晓波副省长、国家邮政局马军胜局长批示，充分肯定调研成果并转各地参阅借鉴。代拟《甘肃省加快农村寄递物流体系建设2022－2023年行动方案》已按程序呈报省政府。以"邮快合作""交邮合作"为突破，驻村设点和"快快合作"为补充，组织实施"2＋10＋2"快递进村示范市、县创建行动。强化典型引领、以点带面，通过建立台账、挂图推进、列表督办等方式强力推进"邮快合作"，建立173个"邮快合作"乡镇示范点，全省市、县、乡三级邮快合作"渠道通"比例达到100%，邮快合作直接带动快递进村7603个。督促邮政企业在农村地区设置村邮站8000多个，全省建制村直接通邮和乡镇快递网点实现全覆盖，快递进村率达到69%。兰州、嘉峪关、金昌等市基本实现"村村通快递"，其他市州完成阶段目标任务。省交通厅党组与省局党组通过中心组联学、专题研讨交流、实地调研踏勘共同推进交邮融合发展，创建客货邮融合发展示范县3个，综合服务站示范点55个，示范线路38条。

以关心关爱为切口，保障快递员群体合法权益。联合省交通运输厅、省人社厅等相关部门出台保障快递员群体合法权益配套政策。督导企业严格落实上调派费政策。全面开展快递企业末端派费核算试点工作。督促企业提高员工劳动合同签订率。持续开展"暖蜂行动"，组织慰问活动200多场，新增"爱心驿站"等阵地600多个，免费体检义诊2700人次。推动兰州市将快递人员纳入保障性租赁住房建设项目保障范围。快递员职业技能提升培训超过2.5万人次。行业职业技能竞赛纳入省级一类竞赛项目，举办全省邮政快递行业职工职业技能暨创业创新大赛，20人获甘肃省技术标兵称号。持续开展快递员职称评审工作，新增获评技术职称"快递小哥"507名，累计达1364名。

以培育项目为驱动，全面服务乡村振兴。持续深挖农村市场潜力，寄递农特产品5100万件，带动农民创收48亿元。持续壮大邮政快递"一市(地)一品"农特产品进城项目，打造百万件"甘味"农产品寄递项目17个。邮政企业不断完善农村邮政服务体系建设，全省累计建成邮乐购站点2555个，其中乡镇、村级站点占比52%以上。完成乡村振兴定点帮扶村调整，省局和9个市州局继续扛起帮扶任务，精准选派驻村帮扶干部。全省系统帮扶干部先行先试,为深入推进快递进村发挥了积极作用。

聚焦服务创新,行业发展更具活力。发展环境更加优质。编制发布全省邮政业发展"十四五"规划、综合立体交通网邮政专项规划。推动快递"两进一出"工程等重点任务和关联工作纳入全省规划纲要,打造"西北快递集散中心"纳入规划重大工程。省市规划更好融入当地经济社会发展大局,规划统筹引领作用进一步发挥。推动多项涉邮任务纳入地方政府重要文件。全系统主动作为,获得地方关注支持前所未有。省委省政府、国家邮政局主要领导和分管领导点赞批示 16 次,对邮政快递业工作寄予希望、提出要求。8 个市州党政主要领导深入邮政快递企业开展实地调研,平凉、庆阳、定西等局积极联合地方相关部门开展专题调研,各地在行业高质量发展、财政事权改革落地等方面出台了相关政策。

治理能力显著提升。以"数字政府"建设为契机,深入开展"三减一优"精细化梳理。行政审批平均时限缩短为 5.8 天。包容审慎推动新业态监管,及时发放智能快件箱、公共服务站许可证。启动《甘肃省邮政条例》修订。开展行业"八五"法治宣传教育、行政执法评估和案卷评议。主动对接省检察院共商"七号检察建议"落实措施,并召开相关会议积极推进。强化邮政普遍服务和特殊服务、邮政市场监管,完善"双随机、一公开"监管机制。组织开展乡镇局所专项整治"回头看",营投合一单人局所数量降至 72 个,建制村投递打卡率稳定在 98% 以上。清理整顿快递市场秩序,从严整治违反服务标准、损害用户权益问题。推进"12305"与地方政务服务便民热线归并。认真做好集邮市场监管工作。强化行业生态环保法规普及和执法检查,"2582"工程甘肃省任务顺利完成。

产业融合效果突出。中国智能骨干网甘肃枢纽中心等快递物流产业园项目顺利启动。主要品牌快递企业省级转运中心基本实现自动分拣。末端服务体系不断完善,县乡村共配网络加力构建,智能快件箱规模稳中有升,箱递率提升 2%。持续拓展政邮、交邮、警邮、税邮合作深度,完善邮政综合服务平台功能,实现全省 91 个政务中心全覆盖。加快推进"快递进厂",支撑制造业产值超过 70 亿元。巩固与电商协同发展基本盘,做好"网上年货节"和"双品网购节"寄递服务。服务中国天水跨境电商综合示范区等跨境电商平台效应初步显现。

聚焦平安建设,行业安全更加稳固。政治安全底线进一步守牢。强化机要通信安全运行管理,组织运输和转运环节的安全隐患整改情况"回头看",督促企业彻底消除潜在风险。指导邮政企业制定完善机要通信突发事件应急预案。联合保密部门开展保密安全两轮全覆盖全流程全环节检查。扎实开展"扫黄打非"专项行动,完成 2592 个"扫黄打非"工作站升级。强化专用邮政信箱监管,巡视专用信箱服务得到中央巡视组好评。全省 2021 年 19 万件高考录取通知书全部安全准确及时送达。积极开展行业平安建设和应急管理工作,加强部门协作,将行业安全管理纳入对各市州政府平安建设考核体系。圆满完成中国共产党成立 100 周年庆祝大会等重点时段寄递渠道安全保障任务。

渠道安全能力进一步巩固。强化"三项制度"落实,狠抓"实名不实"问题纠治。加快推进"绿盾"工程一期应用,大力推进视频联网和安检机联网,接入监控点位 1900 余处、摄像头 5800 余个。联合开展寄递渠道禁毒百日攻坚行动,扎实做好寄递渠道反恐、危化品寄递整治、打击侵权假冒、涉枪涉爆、野生动植物保护以及用户信息安全保护等工作。构建深化省、市寄递环节卷烟打假协作机制。督促企业强化末端运营监测,指导企业及时摸排各种矛盾纠纷和不稳定因素,妥善处置企业经营异常事件。

生产安全水平进一步提升。组织开展安全生产、火灾隐患专项整治,深入推进邮政快递业安全生产专项整治三年行动。针对各类安全生产问题隐患立案处罚43起。开展作业场地安全管理规范化提升行动，排查治理风险隐患，突出整治“四不”问题，完成33个处理场所的传送带堵缝、人车分流整治任务。进一步规范行业安全事故事件信息报告制度。

疫情防控措施进一步抓实。严格落实行业疫情防控与寄递服务保障工作有关要求，抓实抓细各项防疫措施，压实“四方责任”，做到处理场所“人物同防”、闭环管理。妥善应对甘肃省突发疫情，迅速激活疫情防控指挥体系。强化动态管控，指导省级总部企业协调上游企业动态调控邮件快件流量、路由，避免邮件快件大面积积压延误。协调发放“快速通行证”2627张，有效解决了邮政快递运输车辆通行不畅的问题。先后果断处置来自河北、江苏、内蒙古、浙江、陕西等地5批次涉疫邮件快件127件。督促疫苗接种“应接尽接”。疫情发生以来，甘肃省实现了寄递渠道“零传播”、从业人员“零感染”。邮政快递企业全力配合地方政府配送蔬菜27万余箱、牛羊肉9万余件、防疫物资300万余件，在保障防疫物资和群众生活必需品寄递方面发挥了重要作用。

聚焦自身建设，支撑保障更加有力。监管能力建设成效明显。坚持系统调度、分类指导、重点推进，以机构建设、经费保障、地方考核“三个全面覆盖”为目标，推进监管能力建设。省邮政业安全中心运转日趋顺畅、作用日益突出，得到了国家邮政局党组充分肯定，相关做法在全国系统交流。天水市、永昌县邮政业安全中心获批，甘南州县级机构实现全覆盖，市级中心和县级机构分别达到13个和19个，落实财政全额保障事业编制181个，相当于中央编制的1.34倍。完成14个市州局行政执法主体资格证书和65名行政执法人员执法证换发工作，省邮政业安全中心全员取得行政执法资格证书。

经费保障渠道不断拓宽。全省系统首获省级财政行业监管补助资金60万元，省局纳入省财政预算保障取得突破。全省系统行业争取财政项目补助、监管补助、地方事权支出补助资金和烟草协作、“一会一节”寄递渠道保障、从业人员培训、职业技能大赛以及党建、工会、共青团等经费补助资金超过1000万元，其中对邮政管理部门补助414.8万元，多元供给的保障渠道初步打通。省局及10个市州局均纳入地方党政实绩考核，白银、庆阳、定西等局争取到考核绩效奖励资金。

基础管理工作日益规范。严格落实“过紧日子”要求。省局带头勤俭节约、大幅压减物业费等公用支出，积极落实补缴养老保险和职业年金缴费等工作。扎实做好督查、信访、保密、档案、政务信息公开、建议提案办理等工作。加强和改进系统离退休干部和工青妇工作。《甘肃省志·邮政志（1986－2010）》正式出版发行。

三、快递市场存在的突出问题

从甘肃省行业系统实际来看，快递企业能力不强、基础设施严重滞后、产品供给明显不足、末端网点生存艰难、安全隐患问题突出、监管体系不够健全、治理能力亟待提升、自身保障举步维艰。

青海省快递市场发展及管理情况

一、快递市场总体发展情况

2021年，青海省邮政行业业务总量累计完成10.9亿元，同比增长20.6%，业务收入（不包括邮政储蓄银行直接营业收入）累计完成15.2亿元，同比增长17.5%；其中，快递企业业务量累计完成0.4亿件，同比增长56.3%，业务收入累计完成10.1亿元，同比增长31.4%（表7-29）。

表 7-29 2021 年青海省快递服务企业发展情况

指标	单位	2021 年		比上年同期增长(%)		占全部比例(%)	
		全年累计	12 月	全年累计	12 月	全年累计	12 月
快递业务量	万件	3686.81	398.49	56.25	55.75	100.00	100.00
同城	万件	568.99	58.70	47.80	68.23	15.43	14.73
异地	万件	3117.70	339.78	57.91	53.78	84.56	85.27
国际及港澳台	万件	0.12	0.01	-51.52	-14.85	0.00	0.00
快递业务收入	亿元	10.09	1.08	31.40	31.61	100.00	100.00
同城	亿元	0.59	0.06	31.92	49.94	5.88	5.26
异地	亿元	5.11	0.61	32.59	43.27	50.62	56.49
国际及港澳台	亿元	0.00	0.00	-59.56	48.18	0.04	0.03
其他	亿元	4.39	0.41	30.23	15.74	43.46	38.22

二、行业管理工作及主要成效

以党的领导为根本,党的建设更加坚实。党的政治建设不断加强。坚持把学习贯彻习近平新时代中国特色社会主义思想作为首要政治任务,严格落实“第一议题”制度,举办学习贯彻党的十九届六中全会精神、习近平总书记“七一”重要讲话精神培训班,持续深化学习贯彻习近平总书记重要讲话指示批示精神尤其是关于邮政快递业重要指示批示精神。严格落实意识形态工作责任制,修订《新闻宣传管理办法和考核细则》《网络安全管理制度》,做好寄递渠道“扫黄打非”工作。规范组织生活制度落实,健全党组议事和“三重一大”决策事项“双清单”,建立党组会议听取上次决策事项落实情况汇报制度,以闭环管理推动各项决策部署落地落实落细。

党史学习教育走深走实。聚焦“学史明理、学史增信、学史崇德、学史力行”和“学党史、悟思想、办实事、开新局”目标要求,采取中心组示范引领学、支部集中经常学、专题研讨交流学、深入基地实践学、运用平台自主学、知识测试检验学等方式,全面深化党史知识学习。全省系统共组织研讨交流 61 次、红色教育 37 次、知识测试 47 次、专题党课 40 次。举办 2 期党史学习教育专题培训班,开展庆祝建党 100 周年主题系列活动,组织党员赴焦裕禄干部学院感悟初心、赓续血脉。高质量、高标准召开专题组织生活会。采取线上、线下相结合方式,加强党史学习教育督导。扎实推进“我为群众办实事”实践活动,完成 6 大类 30 项实事任务。

组织队伍保障坚强有力。抓实基层党组织规范化标准化建设,开展支部以评促建,不断提升基层党组织政治功能和组织力。加强机关支部与快递行业支部联建,开展机关党员与基层快递网点“结对子”活动,有序推进行业党建工作。制定《干部交流挂职管理办法》《加强领导班子和干部队伍建设的措施》《后备干部选拔方案》等干部人事制度;组织开展机关接地气年轻干部走基层工作,选拔 1 名年轻干部到基层挂职锻炼;调整优化省局领导班子和 5 个市州局领导班子,选拔 2 名年轻干部担任市州局班子成员,调整、提拔、晋升干部 41 人次,完成 6 名公务员招录;集体和个人先后荣获国家邮政局和地方党委政府表彰奖励 13 次,干部队伍建设呈现新面貌。

全面从严治党纵深推进。锲而不舍纠治形式主义、官僚主义,加强对“痕迹管理”“指尖上的形式主义”的整治,文风会风持续改进,督查考核日益规范。组织开展行政执法不规范等 4 个突出问题专项整治,完成 7 方面 9 项具体问题整改。深化运用监督执纪“四种形态”,抓实警示教育、廉政提醒,做深做细日常监督,对 2 名领导干部开展离任经济责任审计,对 1 名领导干部进行诫勉谈话处理。坚持不懈抓好国家邮政局巡视反馈问题整改，完成3个市州局巡察任务，风清气正的政治生态和干事创业的良好环境持续巩固提升。

以保障民生为使命，民生福祉更有质感。以“我为群众办实事”实践活动、邮政业更贴近民生七件实事和青海省民生实事工程为抓手，用心用情用力解决人民群众用邮方面的急难愁盼问题，人民群众用邮幸福指数持续攀升，行业改革发展成果更多更公平惠及广大人民群众。快递进村稳步推进。认真贯彻落实《国务院办公厅关于加快农村寄递物流体系建设的意见》，推动出台《青海省加快农村寄递物流体系建设若干措施》。始终把快递进村作为补齐城乡区域短板、畅通经济微循环、助力乡村振兴的有力抓手，充分运用快递进村、邮快合作试点经验，持续健全机制、优化方案、挂图销号，强化部门联动、政企合力，开展联合调研，因地制宜推动多种模式落地见效。全省快递服务建制村覆盖率达66.9%，较2020年提高6个百分点，其中邮快合作占比39%。进一步释放农村内需潜力，助推农畜产品上行外销，带动农村地区快递业务量387万件、投递量1809万件，同比增长57%和58%，服务农牧业年产值破亿元，有效助力乡村振兴。

末端服务明显改善。落实快递末端建设地方财政资金36万元，补贴124个农村快递公共取送点建设。以老旧小区改造为契机，新增智能快件（信包）箱211组、快递公共服务站137个，总量分别达1630组、553个。快递网点标准化率达99%，投递车辆管理更加规范。邮政进军营、进高校有序推进，政邮、警邮、税邮等合作进展顺利，邮政综合服务平台建设取得新进展。建制村投递打卡率保持在99.5%以上，每周投递3频次以上建制村占比97%，建制村通邮质效稳步提升。

绿色转型步伐加快。推动出台《青海省加快推进快递包装绿色转型实施方案》《青海省贯彻落实加强快递绿色包装标准化工作指导意见的若干措施》。充分发挥行业生态环保地方财政资金引导作用，为18个绿色网点、3个绿色分拨中心建设和8300个可循环快递包装箱（盒）购置提供36万元补助，有效实施快递包装治理激励约束机制。广泛开展绿色宣传，依法查处行业生态环保领域违法违规行为3起。扎实开展重金属和特定物质超标包装袋、邮件快件过度包装随意包装治理，可循环快递箱（盒）使用量达11300个，98%的电商快件不再二次包装，网点标准包装废弃物回收装置基本全覆盖，“2582”工程顺利实施，行业发展底色更绿，为青藏高原生态保护贡献了行业力量。

小哥关爱卓有成效。认真落实7部门《关于做好快递员群体合法权益保障工作的意见》，联合11部门印发《关于做好青海省快递员群体合法权益保障工作的实施方案》。组织召开快递员群体座谈会，全国总工会副主席、省委常委、省总工会主席马吉孝主持会议并讲话。积极推动基层快递网点优先参加工伤保险，有效落实派费调整政策。举办第三届行业技能竞赛，完成“246”工程目标任务。扎实开展“暖蜂行动”，新组建5个快递行业工会。快递小哥主动参与疫情防控、抗震救灾，以实际行动诠释“小蜜蜂”精神，得到政府和社会一致好评，小哥获得感更加充实、安全感更有保障。

以政策供给为牵引，发展环境更具活力。资金保障进一步实化。以财政事权改革为契机，积极把握政策窗口期，用好用活政策红利，争取地方财政支持347万元，其中省级财政资金80万元、商贸流通服务业发展资金107万元，所有资金全部用于促进行业发展。开展2022年农村寄递物流体系建设补贴资金测算，行业发展地方财政支持力度持续加大。政策支撑进一步深化。联合省发展改革委、交通运输厅印发《青海省邮政业发展“十四五”规划》，认真开展规划衔接，扎实做好规划宣贯，全力抓好规划实施，切实发挥规划引领作用。推动将快递进村等10余项重点任务纳入《青海省国民经济和社会发展第十四个五年规划和二〇三五年远景目标纲要》。多项行业发展内容纳入地方民生实事工程和相关工作要点，末端投递设施建设纳入老旧小区改造范围。推动出台行业政策文件 28 份,行业发展再获政策支持。政务服务进一步优化。完成邮政企业审批 1 件、快递企业许可 5 件,许可审批事项办结时限同比压减 1.5 个工作日。取消发放邮政用品用具监制证。认真开展"一网通办""跨省通办""证照分离"改革、"好差评"等政务服务工作,完成 12305 与 12345 归并整合,行业"放管服"改革深入推进,政务服务体验度持续提升。

以安全稳定为前提,安全基石更为牢固。行业疫情防控有力有效。协调省疫情防控指挥部办公室印发《关于加强全省邮政快递行业疫情防控工作的通知》,坚持"人物同防",压实"四方责任"。从严落实行业疫情防控基本制度,分区分级强化精准消杀、人员管理等防控措施,有效推进从业人员疫苗接种,有力做好省内两市疫情期间行业应急保障,牢牢守住了疫情防控寄递渠道关口。安全监管机制日渐成熟。压紧压实企业安全生产主体责任,寄递安全"三项制度"落实水平进一步提升。省邮政业安全监测中心获批设立、挂牌运行,"绿盾"工程建设稳步推进、成果逐步应用,行业安全监管服务支撑保障能力大幅提升。定期召开寄递渠道安全管理联席会议,深化安全监管联合检查,齐抓共管、协同高效的寄递安全监管机制作用有效发挥。安全专项整治扎实推进。认真开展处理场所安全管理规范化提升行动,突出治理传送带"有缝必堵"和"人车分流",完成 10 个处理场所整治任务。抓实抓细寄递渠道涉枪涉爆整治、反恐等专项工作,联合禁毒办开展寄递渠道禁毒百日攻坚行动。开展"安全生产月"活动,宣贯新修订的《安全生产法》,从业人员安全意识、公众安全用邮意识持续增强。应急保障能力稳步提升。全力做好建党 100 周年庆祝活动、党的十九届六中全会等重大活动、重要节点、业务旺季期间寄递安保工作。有力有序做好玛多"5·22"地震应急处置,选派援助工作组,积极参与抗震救灾,保障救灾物资运递,震区寄递渠道总体平稳畅通。2021 年全省邮政快递行业继续保持重特大安全生产事故"零发生",为统筹推进疫情防控和经济社会发展履行了行业担当。

以精准监督为抓手,治理体系更趋完善。市场秩序持续向好。稳步推进新业态监管,召开智能快件箱运营座谈会,规范运营秩序。健全市场监管内控制度,延伸监管触角。扎实开展快递市场秩序整顿专项行动,依法查处违反快递市场准入管理制度、违反快递服务标准等 8 个方面突出问题。用心受理消费者维权申诉,全省邮政业消费者申诉处理满意率继续保持 100%。公平竞争的市场环境加快形成,消费者用邮权益有效维护。法治建设持续深入。从严落实行政执法"三项制度",举办 2 期行政执法培训班,组织行政处罚实操交流和执法案卷评查,抓好执法证换领和移动执法记录仪应用,推进"八五"普法,促进严格规范公正文明执法。建立"检邮协作"机制,助推寄递管理领域公益法治建设,得到国家邮政局马军胜局长批示肯定,并在全系统推广。综合运用"双随机、一公开"监管、重点监管、专项督查等方式,开展监督检查 1353 次,查处违法违规行为 325 个,下达处罚决定 61 份。基础保障持续夯实。克服人少事多、工作压力大的实际困难,继续选派 4 名干部担任驻村第一书记和工作队员,以高度的政治担当抓实巩固脱贫攻坚成果同乡村振兴有效衔接工作。财务集中报账有序推进,"过紧日子"要求从严落实,统计分析、信访保密、值班值守、综合协调等职能有效履行,促发展、保落实能力全面提升。

三、快递市场存在的突出问题

一是不平衡。行业服务水平不均衡,城乡差异大,农村快递供给能力不足,农村寄递物流体系不够完善,行业普惠水平有待提升。进出量不平衡,快递进港件与出港件倒差严重,揽投比约为 1:8,青南地区高达 1:20,改善优化揽投结构依然压力较大。二是不充分。行业与交通运输、电子商务、农牧业、制造业、旅游业等关联产业协同融合不充分。供给结构较为单一，高端供给严重不足，以服务生活性消费为主，对生产性消费的支撑能力较弱，拓展服务体系、释放融合价值、提升与更多领域的关联性和协同性依然任务艰巨。三是不协调。绿色包装、低碳作业、节能减排推进力度仍然不够，绿色邮政协同治理不够深入，行业全面绿色转型任重道远。行业合理价值分配体系尚不完善，收入分配、社会保障等制度相对滞后，从业人员权益保障存在短板。业务量持续快速增长与人力资源短缺、末端设施建设滞后的矛盾日益突出。行业监管形势复杂、任务繁重与监管能力、监管力量难以有效匹配。四是不稳定。疫情仍然存在不确定性，疫情蔓延或将影响行业的正常生产秩序，导致寄递渠道防控压力增大。寄递安全、生产安全、信息安全等风险集聚、隐患增多，末端加盟纠纷、劳资纠纷、服务纠纷容易成为影响稳定的爆点。行业安全基础不牢，安全投入欠账较多，新业态新模式安全治理手段不够成熟，统筹发展与安全的能力仍有不足。五是不精细。价格战、同质化竞争造成的“内卷”严重，企业经营管理粗放，现代企业制度不够健全。制度刚性还不足，监管盲点交叉点并存，监管精、细、严、实还不够，行业治理体系和治理能力现代化水平需加力提升。

宁夏回族自治区快递市场发展及管理情况

一、快递市场总体发展情况

2021 年，宁夏回族自治区邮政行业业务总量累计完 22.5 亿元，同比增长 24.1%，业务收入（不包括邮政储蓄银行直接营业收入）累计完成 24.2 亿元，同比增长 22.9%；其中，快递企业业务量累计完成 0.9 亿件，同比增长 36.2%，业务收入累计完成 15.4 亿元，同比增长 30.3%（表 7-30）。

表 7-30　2021 年宁夏回族自治区快递服务企业发展情况

指　标	单　位	2021 年		比上年同期增长(%)		占全部比例(%)	
		全年累计	12 月	全年累计	12 月	全年累计	12 月
快递业务量	万件	9962.97	1007.38	36.15	15.74	100.00	100.00
同城	万件	2223.09	208.63	97.97	21.39	22.31	20.71
异地	万件	7680.07	796.20	27.09	19.82	77.09	79.04
国际及港澳台	万件	59.81	2.55	-60.59	-92.49	0.60	0.25
快递业务收入	亿元	15.41	1.47	30.31	13.01	100.00	100.00
同城	亿元	1.67	0.13	60.67	-21.47	10.82	8.96
异地	亿元	7.46	0.82	26.42	31.08	48.41	55.78
国际及港澳台	亿元	0.04	-0.05	-53.93	-633.63	0.28	-3.71
其他	亿元	6.24	0.57	30.18	15.21	40.49	38.97

二、行业管理工作及主要成效

全面从严治党再上新台阶。扎实开展党史学习教育。坚持把党史学习教育作为一项重要政治任务，紧紧围绕“学党史、悟思想、办实事、开新局”总要求，有序推进党史学习教育。以“五个一”为载体，将党史学习与党组中心组、“三会一课”、主题党日等融合，认真学习规定书目。开展“传承党的百年光辉史基因、铸牢中华民族共同体意识”主题教育活动。组织开展庆祝建党 100 周年系列活动。印发《“我为群众办实事”实践活动方案》，将快递进村和快递员群体合法权益保障列为为民办实事项目，成立两个指导组，推进党史学习教育走深走实。

强化机关干部队伍建设。积极向国家邮政局推荐干部人选，选优配强区局领导班子。用好职务职级并行政策，做好全区系统干部队伍建设和待遇保障。制定实施市局领导班子和领导干部考核实施办法、公务员平时考核办法及请休假管理办法，进一步强化干部队伍日常管理考核。

夯实基础推动模范机关创建。着力深化理论武装、夯实党建基础，全面提升机关党建质量。深入推进"三强九严"工程，扎实开展基层党建全面提升年活动，强化机关党建活动阵地建设，完成党建活动室、荣誉室、图书室改造。区局机关党支部被评为"自治区直属机关先进基层党支部"。持续创建"让党中央放心、让人民群众满意"模范机关，严把创建工作的政治标准和纪律保障，召开创建工作推进会，学习借鉴先进经验做法，进一步激发党员干部奋斗精神。

加强群团和精神文明建设。加强对行业党建、群团工作指导。强化对非公快递企业党员的管理，实现党组织功能全覆盖。加强行业工会和共青团组织建设。持续加大新闻宣传工作，依托行业"一报一刊一网"和社会主流媒体，持续加大对行业改革发展的宣传力度，全年累计通过各类媒体发布宣传报道519篇。在全区行业广泛开展向王顺友、其美多吉、汪勇、张裕等先进典型学习活动，大力营造比学赶超浓厚氛围。

落实"两个责任"筑牢廉政防线。落实《党委（党组）落实全面从严治党主体责任规定》，制定印发党组落实全面从严治党责任清单和2021年党风廉政建设工作要点。印发持续解决形式主义问题深化拓展基层减负工作措施及分工方案，进一步精文简会，统筹检查考核，坚持不懈抓好作风建设。开展"廉政警示教育周"活动，召开全区系统加强作风建设暨廉政警示教育电视电话会议，开展违规吃喝隐形变异问题专项整治，以案示警，以案明纪。充分运用监督执纪四种形态，紧盯重要节点，早打招呼早提醒，坚决防止"四风"问题反弹回潮。配合国家邮政局党组巡视组完成对宁夏局巡视和选人用人专项检查，认真抓好整改落实，巡视反馈的97项问题中已完成整改90项。完成对2个市局第二轮巡察。

服务大局展现新作为。"快递进村"扎实推进。坚持因地制宜，分阶段分区域明确进村目标途径，组织开展进村百日攻坚行动，推广邮快合作、快快合作等合作模式，推动在建制村设立快递服务站。银川市政府印发《银川市乡村振兴快递进村便民服务活动实施方案》，全区建制村快递服务通达率达80.27%。深化"邮快合作"，有效整合邮政企业、快递企业优势资源，补齐服务短板，全区邮快合作建制村占比达30.95%。积极利用社会资源推动农村末端快递服务网络建设，促进交邮合作、邮商合作，在吴忠市召开全区客货邮商融合发展现场会，开通农村客货邮商示范线路56条，建成邮政综合便民服务站33个。灵武市"电子商务+邮快合作"项目入围全国第二批农村物流服务品牌。

快递员合法权益保障不断加强。深入贯彻落实习近平总书记关于关心关爱"快递小哥"重要批示指示精神，印发《保障快递员群体合法权益工作系统内分工表》，进一步细化任务措施，明确责任部门和工作时限。会同自治区总工会、团委联合印发《关于深入开展关爱"快递小哥"工作的通知》，建立关爱"快递小哥"工作部门协同推进工作机制。认真落实国家邮政局等七部委要求，会同自治区交通运输厅等十一部门联合起草了《关于做好宁夏快递员群体合法权益保障工作的实施意见（送审稿）》。持续开展关心关爱快递小哥"暖蜂行动"，协调将解决快递从业人员社保问题纳入自治区2021年民生实事，对接自治区人社厅门出台先缴纳工伤保险试点政策。积极推动设置爱心驿站、争取公租房、免费体检等暖心服务，全区集中开展慰问活动15次，累计发放慰问品、慰问金20万元。

服务乡村振兴有力有效。聚焦自治区九大重点产业,持续深挖农村市场潜力,成功培育银川枸杞、中卫枸杞2个“全国快递服务现代农业金牌项目”。“快递进村”工程被列入《自治区全面推进乡村振兴加快农业农村现代化实施意见》。联合自治区扶贫办印发《关于进一步发挥寄递渠道作用助力消费帮扶的通知》,指导各市、县利用寄递渠道开展脱贫地区农特产品消费帮扶。积极推进“一市一品”农特产品进城示范项目,推广“快递+互联网+特色农产品供销”模式助力脱贫地区发展,全区建制村邮政电商服务站“邮乐购”达526个,全区14个“一市一品”农特产品销售额达8339.43万元。

优化行业发展环境取得新突破。协调做好“十四五”规划编制衔接。将邮政快递业基础设施建设、跨境寄递、服务乡村振兴和绿色发展等七方面内容纳入《自治区国民经济和社会发展第十四个五年规划和2035年远景目标纲要》。推动行业规划与自治区综合立体交通网、现代服务业、现代物流业、交通强国试点等重点专项规划深度衔接。会同自治区发展改革委、交通运输厅联合印发《宁夏邮政业发展“十四五”规划》。中通、京东、韵达等企业项目被纳入自治区“十四五”重点建设项目储备库和服务业发展引导资金项目。

进一步完善行业政策体系。将“快递进村”工程、智能快件箱、社区邮政快递末端综合服务站、农村末端寄递设施建设等纳入自治区党委政府关于全面推进乡村振兴、城镇老旧小区改造等工作意见;会同自治区交通运输厅、商务厅等部门联合印发《关于加快推进“快递进村”工作的通知》,结合快递“两进一出”工程实施,推进末端投递网点等基础设施规划建设,组织寄递企业申报自治区服务业项目、服务业发展引导资金项目;会同自治区交通运输厅、商务厅联合印发《宁夏农村客货邮商融合发展工作方案》,进一步推进农村客运、货运、商务、邮政快递等融合发展。

持续深化“放管服”改革。进一步规范优化许可审批、分支机构备案及企业信息变更、年报等行政事项流程。精简事前事项,加强事中事后监管,确保许可事项全部按规定按时办结。2021年,全区核发快递业务经营许可证48张、核准许可变更124项、注销许可企业及末端网点109家,依法批准仿印邮票图案及其制品1件。配合推进“互联网+监管”“互联网+政务”“电子证照”等放管服改革和数字政府建设工作。

行业发展质效取得新提升。基础能力不断强化。大型分拨中心建设加快推进,京东快递永宁县“亚洲一号”建成投运。城乡末端投递服务体系不断完善,2021年,全区设置智能快件箱1503组,快递末端公共服务站点突破2210处。县乡村共配网络加快构建,邮政企业加大对县乡处理中心、村级站点及车辆设备等建设投入力度。人才队伍建设持续加强。加强与自治区人社厅协调,印发《关于进一步推进全区快递从业人员职业技能培训工作的通知》,深入实施职业技能培训“246”工程,全年培训3862人次。持续开展快递工程技术人员职称评审。积极推荐选手参加全国邮政行业职业技能竞赛。协同发展进一步深化。加强邮政综合服务平台建设,进一步深化政邮、警邮、税邮、法邮、医邮合作。推进邮政服务进军营,引导邮政企业在驻宁某部队开办邮政综合服务网点。加快推进“快递进厂”,支持邮政、快递企业嵌入电子通信、装备制造等重点产业,针对单位价值较高和个性化较强的产品提供差异化寄递服务,截至目前,快递进厂5个,进园区9个。推动快递与电商协同发展,开展“网上年货节”和“双品网购节”活动,认真做好快递业务旺季服务保障工作。加强与银川综合保税区管委会、银川海关协调,推进银川国际邮件互换局(交换站)建设。

行业综合治理取得新成效。疫情防控有力有序。压实企业主体责任,履行部门监管责任,督促企业严格落实《疫情防控期间邮政快递业生产操作规范建议(第七版)》和《邮政快递业疫情防控与寄递服务保障工作指南(试行)》,创新性地制定了《关于加强宁夏邮政快递业疫情防控期间常态化防控管理的实施意见》。加强部分市、县疫情散发、反弹期间全区寄递渠道运行调度和应急处置，配合妥善处置河北、内蒙古等省（区）涉疫邮件快件排查工作，及时协调做好涉疫网点和从业人员复工复产，全力确保行业稳定运行。强化与市场监管、海关等部门协调联动，督促相关企业按照“外防输入，人物同防”防控策略，严格落实进口非冷链集装箱货物和国际邮件、快件消杀要求。坚持应接尽接原则，全区快递员二剂次接种率达98%，督促企业做好员工加强针疫苗接种工作。

市场监管不断加强。继续抓好《快递业务操作指导规范》《邮政业寄递安全监督管理办法》贯彻落实，督导快递企业提升服务质量水平。坚持“双随机、一公开”监管机制，持续清理整顿快递市场秩序，大力整治农村快递服务违规收费问题。2021年，检查企业1075家次，出检2150人次，立案处罚14起，推进12305申诉热线与地方政务服务便民热线归并，受理消费者有效申诉48件，挽回经济损失13.5万元，申诉处理满意率95%以上。加强快递市场信用监管，认真做好集邮市场监管工作。

安全监管和应急处置水平持续提升。强化寄递安全“三项制度”落实，大力推进视频联网和安检机联网，接入监控点位463处、摄像头1280个。配合国家邮政局完成“绿盾”工程一期建设。开展作业场地安全管理规范化提升行动，排查治理风险隐患，突出整治“四不”问题。联合开展寄递渠道禁毒百日攻坚行动，集中整治危化品寄递问题，扎实做好寄递渠道反恐、“扫黄打非”、打击侵权假冒、野生动物保护、用户信息安全保护等工作。健全完善行业安全事故事件信息报告制度。圆满完成中国共产党成立100周年庆祝活动期间及全国“两会”、全运会、第五届中阿博览会等重大活动寄递安保任务，全区系统2名同志分别荣获自治区“安全生产先进个人”和“平安宁夏建设先进个人”荣誉称号。

绿色转型持续推进。深入实施行业绿色发展“2191”工程，推动落实自治区发展改革委、生态环境厅等七部门联合印发的邮政快递业包装绿色治理实施方案，配合自治区人大开展邮政快递业固废法落实情况执法检查。开展重金属和特定物质超标包装袋、过度包装和随意包装、塑料污染专项治理，重金属与特定物质超标包装袋存量大幅消减，过度包装和随意包装得到初步遏制，全区寄递企业采购使用符合标准的包装材料比例达86.38%，规范操作比例达82.13%，可循环快递箱（盒）达1.27万个，电商快件不再二次包装比例达92.3%，新增包装废弃物回收装置网点294处，企业自有新能源或清洁能源车辆保有量81辆。

同时，宁夏局着力加强自治区、市邮政业安全支撑体系建设，自治区邮政业安全中心正式挂牌成立，石嘴山市、固原市邮政业安全中心获批设立。落实“过紧日子”要求，持续强化预算管理和执行，全区系统压减了一般公共预算项目支出。五市全部出台邮政领域财政事权和支出责任划分改革方案，全区行业争取地方资金1360余万元。配合国家邮政局做好养老保险和职业年金缴费等工作。配合完成离任干部经济责任审计及整改工作。做好统计工作，保证数据质量和分析。做好网络安全保障。

三、快递市场存在的突出问题

一是当前寄递安全监管能力建设滞后于邮政快递业高频化、泛在化发展形势；二是协同治理机制还不能完全适应新技术、新业态、新模式提出的新的监管挑战；三是一些企业技术手段落后、从业人员频繁更换，不能有效甄别复杂多样的各类寄递物品；四是寄递安全属地管理责任亟待强化。

新疆维吾尔自治区快递市场发展及管理情况

一、快递市场总体发展情况

2021 年，新疆维吾尔自治区邮政行业业务总量累计完 46.2 亿元，同比增长 19.6%，业务收入（不包括邮政储蓄银行直接营业收入）累计完成 62.4 亿元，同比增长 14.6%；其中，快递企业业务量累计完成 1.6 亿件，同比增长 40.9%，业务收入累计完成 37.6 亿元，同比增长 24.4%（表 7-31）。支撑网络零售额超 1292.6 亿元。

表 7-31　2021 年新疆维吾尔自治区快递服务企业发展情况

指　标	单　位	2021 年		比上年同期增长(%)		占全部比例(%)	
		全年累计	12 月	全年累计	12 月	全年累计	12 月
快递业务量	万件	16185.77	1885.49	40.92	33.90	100.00	100.00
同城	万件	2933.88	327.05	28.21	46.26	18.13	17.35
异地	万件	13208.69	1556.64	46.35	32.63	81.61	82.56
国际及港澳台	万件	43.20	1.81	-74.95	-83.34	0.27	0.10
快递业务收入	亿元	37.63	3.95	24.37	11.48	100.00	100.00
同城	亿元	3.49	0.36	20.26	26.82	9.27	9.02
异地	亿元	21.68	2.56	26.06	15.98	57.62	64.78
国际及港澳台	亿元	0.38	-0.18	-20.55	-821.87	1.01	-4.68
其他	亿元	12.08	1.22	24.82	18.36	32.10	30.89

二、行业管理工作及主要成效

全面从严治党得到进一步加强。不断强化理论武装。始终将深入学习贯彻习近平新时代中国特色社会主义思想作为首要政治任务，深入学习贯彻党的十九大及十九届历次全会精神，第三次中央新疆工作座谈会和习近平总书记系列重要讲话精神，习近平总书记关于邮政快递业的重要指示批示精神，在学思践悟中坚定正确方向，引领党员干部树牢“四个意识”，坚定“四个自信”，以“两个维护”的实际行动践行初心使命。发挥党组理论学习中心组领学促学作用，党组书记带头讲党课，举办党的十九届五中、六中全会及第三次中央新疆工作座谈会精神专题培训班，抓好青年理论学习，发挥“中国干部网络学院”“学习强国”“法宣在线”等平台作用，持续推动党的创新理论学习入脑入心，不断提升党员干部政治理论水平。

不断推进党的政治建设。始终把党的政治建设摆在首位，旗帜鲜明讲政治。严格落实重大事项请示报告制度。严格执行民主集中制，营造风清气正的政治生态。践行“人民邮政为人民”的初心使命，不断增强为民服务意识，切实满足人民群众用邮需求。修订《新疆邮政管理局党组创建让党中央放心让人民群众满意模范机关工作实施方案》，努力建设“让党中央放心、让人民满意”的模范机关。印发《新疆邮政管理局党组意识形态工作责任制实施办法》，落实意识形态工作责任制，牢牢掌握意识形态主动权。

扎实开展党史学习教育。全系统始终把党史学习教育作为一项重大政治任务，按照“学史明理、学史增信、学史崇德、学史力行”要求，全面部署、扎实推进。坚持“学党史、悟思想”，通过开展学习研讨、读书班、座谈会、网上专题学习、宣讲报告会、专题民主生活会等方式，全面深入学习规定内容，及时跟进学习贯彻习近平总书记“七一”重要讲话和党的十九届六中全会精神。组建 3 个巡回指导组,覆盖 14 个地州市局,指出问题、提出建议 77 条,有效推动党史学习教育向基层延伸。编发信息简报 22 期 83 篇,国家邮政局网站引用或采用 17 篇。组织全系统开展“唱支山歌给党听”歌唱比赛、行业青年演讲比赛、观看爱国主义影片、参观红色教育基地等活动,为党的百年华诞营造热烈浓厚氛围。坚持“办实事、开新局”,“我为群众办实事”实践活动重点工作扎实推进,全区建制村快递服务通达率达 95% 以上,县级以上城市每 1 万人布局建设 4 ~ 5 处快递末端网点基本实现全覆盖,快递员群体权益保护得到进一步夯实,为“访惠聚”驻村地群众办实事好事成效明显。

不断夯实党建工作基础。成立机关党建办公室,进一步强化党建工作力量。召开 6 次专题会议研究部署党建工作,全面压实党建主体责任。严格执行领导干部双重组织生活、“三会一课”等制度。扎实开展专题民主生活会和党员民主评议。完成机关 3 个党支部改选工作。印发《机关党支部标准化规范化建设工作方案》,深入推进支部建设,在全系统形成一批支部标准化规范化建设成果,1 个党支部和 1 名个人被自治区党委直属机关工委评为“先进基层党组织”和“优秀党务工作者”。进一步加强非公快递企业党组织领导力量,积极筹建新疆快递行业党委,向 14 家非公快递企业和协会党组织选派 24 名党建工作指导员。

纵深推进反腐倡廉工作。不断强化政治监督,落实中央八项规定及其实施细则精神,纠治“四风”顽疾,加强监督执纪,紧盯重要节点开展廉政教育提醒,组织开展警示教育 2 次,开展“三重一大”决策不规范等 3 个问题专项整治。自觉接受国家邮政局党组第一巡视组巡视,扎实做好问题整改工作。加强对巡察工作的领导,完成 9 个地州市局的巡察工作。准确把握运用“四种形态”,提升监督执纪效果。

服务大局能力得到进一步提高。有力保障重大专项任务。统筹做好重要节点疫情防控和安全服务保障工作,全力做好庆祝建党 100 周年寄递服务保障工作,阿克苏局、伊犁局及郑黎明、李莉霞两名同志因表现突出,受到嘉奖。加强与“扫黄打非”办的沟通协调,组织开展专项检查和联合检查,全面做好“扫黄打非”工作。昌吉局获得全国“扫黄打非”先进集体称号,阿勒泰局、巴州局争取“扫黄打非”工作补助经费 1 万元。全面加强巡视巡察专用邮箱邮件、高考录取通知书寄递全环节的监督检查。加强党报党刊投递服务质量专项监督检查,巩固、提升县级以上城市党报党刊当日见报水平。

深入推进“快递进村”工程。坚持高位推动,将“快递进村进社区”纳入自治区党委党史学习教育“我为群众办实事”实践活动工作清单重点内容。全系统全行业提高站位、负重前行、攻坚克难,提前高标准完成“快递进村进社区”目标任务。邮快、快快、快商、交快等合作进一步深化,共同配送、客货邮融合等新模式不断涌现。“快递进村”成效引起各级主流媒体的广泛关注,累计获国家级媒体报道 30 次,省级媒体报道 25 次,地州市级媒体报道 39 次,县级媒体报道 23 次,营造起为民办实事的浓厚氛围。阿勒泰局《邮政快递进万家 边疆群众感党恩》宣传片被列入全国优秀电教片展播选集。

切实保障快递员合法权益。经自治区人民政府同意,联合 7 部门印发《关于做好自治区快递员群体合法权益保障工作的实施意见》。开展企业派费调整和“以罚代管”摸底调查,47 条反馈问题得到有效解决。持续开展“暖蜂行动”,实施“快递员关爱工程”,组织慰问活动 61 场,协调解决公租房廉租房 216 套,建设爱心驿站 788 个,为快递员争取购车、购房、体检、爱心早餐等优惠政策 12 个。工伤保险、人身意外保险缴纳比例分别达到 76% 和 88%。克州局联合州总工会、团委印发《关于建立快递行业工资集体协商机制和保障快递员群体劳动保障权益的指导意见》。

有力有效服务乡村振兴。制定《新疆邮政管理局 2021 年定点帮扶和田县工作计划》《和田县吾宗肖乡依干力克村2021年巩固脱贫攻坚成果同乡村振兴有效衔接行动计划》。持续深挖农村市场潜力，积极培育快递服务现代农业项目35个，完成业务量1394.15万件，带动农业总产值12.13亿元，乌鲁木齐干果、阿克苏苹果、阿克苏核桃3个项目业务量超百万件。申报“一市一品”农特产品进城项目53项，带动农特产品销售额8077万元。4个集体2名个人荣获自治区党委、人民政府脱贫攻坚表彰。

全力聚焦新疆工作总目标。完整准确贯彻新时代党的治疆方略，牢牢扭住社会稳定和长治久安工作总目标，狠抓行业安全监管、“访惠聚”驻村、“民族团结一家亲”和民族团结联谊活动。落实寄递安全“三项制度”，持续推进行业应急管理体系建设。加强“访惠聚”驻村工作队的选派和管理，24名干部职工深入12个村（社区）开展“访惠聚”驻村工作。全系统干部与171户各族群众结对认亲，开展各类联谊活动92次，帮助解决实际困难145个。

行业发展环境得到进一步优化。政策供给显著增强。《关于加快推进自治区快递业高质量发展的指导意见》《自治区加快农村寄递物流体系建设的实施方案》等政策性文件颁布实施。协调自治区发展改革委设立新疆农村物流体系建设项目，第一批6个项目通过审批，预计投资总额达2.046亿元。推动多项涉邮任务纳入自治区加强县域商业体系建设、交通强国建设等重要文件。12个地州市出台促进快递业高质量发展的实施意见或方案。塔城地委办公室、地区行署办公室印发农村电子商务提质增效三年行动实施方案。博州、克拉玛依、克州、阿勒泰等地州市印发推进电子商务与快递物流协同发展实施方案。全系统协调出台推进行业发展的政策性文件60余件。

规划标准引领作用凸显。与发展改革委联合印发《“十四五”新疆邮政业发展规划》。“完善农村快递服务体系，实施‘快递进村’工程，基本实现全区建制村快递服务全覆盖”纳入《自治区国民经济和社会发展第十四个五年规划和2035年远景目标纲要》。印发《新疆邮政管理局关于落实国家“十四五”规划纲要涉邮任务和关联工作分工方案》。紧密衔接交通运输等专项规划，新疆邮政业基础设施网络规划纳入《新疆综合立体交通网规划》。加强与发改、商务等8个部门的沟通对接，涉邮重点内容融入相关行业规划，形成合力。

法规体系建设取得突破。推进行业立法工作。克州局提请州人民政府和人大常委会将《克孜勒苏柯尔克孜自治州邮政管理条例》列入2022年立法计划项目，巴州局向州司法局上报《关于制定〈巴音郭楞蒙古自治州邮政条例〉的立法建议》。做好政策性文件公平竞争审查。编制印发行业“八五”普法规划，制定2021年普法依法治理工作要点，开展“与法同行”法治专题宣讲会，举办邮政行政执法培训班。常态化落实“以案释法”制度。组织开展网上学法，参与学法网络答题活动。

“放管服”改革深入推进。有序开展开办末端服务站、运营智能快件箱等新业态的许可，推进许可到期集中换证，实现快递业务经营许可证寄出服务。对快递许可初审、现场核查等工作情况及审核时限进行网上抽查。全年新增许可、变更、注销审批160件、证件换领21件。依法开展邮政普遍服务行政审批和备案管理工作，受理撤销申请22件，同意16件。

行业发展质效得到进一步提升。基础能力建设得到加强。农村邮政服务能力得到有效提升，全区委代办局所比上年度减少498个，“营投合一”单人局所减少4个，建制村周投递频次3次及以上的比例达到97.8%。10个地州市局与组织部门、党史办等联合印发文件，按照“五有”标准建设邮政快递服务站7702个，建制村覆盖率87.35%。完善快递服务网络，全区备案末端网点4312个。支持推广智能快件箱，全区布设3295组。哈密局联合相关部门印发《关于新建住宅小区智能信包（快件）箱建设的通知》。推进邮政业视频监控平台建设，企业网点及分拣中心累计接入3160个,接入率81.82%。

科技创新交流应用取得新进展。印发《关于进一步做好新疆邮政业科技创新及先进科技推广应用工作的通知》,召开座谈观摩会并现场参观京东"亚洲一号"智能产业园,引导企业发挥科技创新应用主体作用,为行业高质量发展注入新动能。乌鲁木齐局联合相关部门印发《关于进一步做好乌鲁木齐市邮政快递业科技创新及先进科技推广应用工作的通知》。加大"绿盾"工程视频联网、安检机联网、应急指挥系统等技术的运用,不断提升行业信息化监管水平。

行业人才队伍建设持续加强。深入实施快递从业人员职业技能培训"246"工程,全年完成培训10383人次,争取资金补贴232.115万元。稳步开展快递工程技术人员职称评审,下大力气抓好专业课继续教育培训,全年职称评审通过159人,其中高级2人、中级32人。推动邮政快递企业网络招聘高校毕业生。举办2021年第三届邮政行业职业技能竞赛新疆地区预赛。指导新疆交通职业技术学院推选作品参加第六届全国"互联网+"快递业创新创业大赛。推荐合作院校成功入选2021年度邮政行业科技英才推进计划。

产业协同发展进一步深化。继续加强邮政综合服务平台建设,推进警邮、税邮、交邮、政邮合作,区县覆盖率达到100%,并逐步向乡镇、建制村延伸。推进"邮快合作",覆盖14个地州市7206个建制村,覆盖率81.72%。推进"快递进厂",培育快递与制造业融合发展项目15个,支撑制造业产值1.55亿元。推进"快递出海",积极争取政策支持,联合商务、海关等部门印发《关于促进我区跨境寄递服务发展的实施意见》。配合完成邮政基础设施建设和跨境寄递业务发展、中欧班列运行等调研工作。加快霍尔果斯、阿拉山口等国际邮件互换局(交换站)建设。持续推动中欧班列常态化运输邮(快)件和跨境电商商品,累计发运国际邮件667节集装箱,配载国际邮件及跨境电商商品7187吨。联合自治区商务厅、新疆邮政分公司签订县乡村三级物流体系建设合作协议。认真做好"双11""双12"快递业务旺季服务保障工作。

行业综合治理水平得到进一步巩固。疫情防控工作成效得到巩固。密切关注疫情形势变化,有针对性地做好宣传教育工作,督促企业时刻紧绷疫情防控弦,全区从业人员零感染。积极向自治区请示汇报,推动印发《自治区快递物流业新冠病毒防控技术指引(试行)》《关于进一步规范和优化邮政快递业疫情防控措施的通知》等系列政策性文件,做到科学精准防控。妥善应对乌鲁木齐、博州、伊犁3次疫情影响,及时解决邮件快件积压问题,有效保障行业顺畅运行。按照"应接尽接"原则,积极推进行业从业人员疫苗接种工作,从业人员2针接种率达99.38%。

安全监管和应急处置能力得到显著增强。推动寄递安全管理纳入"平安新疆"建设。持续开展安全生产专项整治三年行动,进一步压实企业主体责任。扎实推进邮件快件处理场所安全管理规范化提升行动,全区93个分拨(处理)中心全部完成传送带连接缝隙、人车混流等安全隐患整治任务。常态化抓好实名收寄信息异常问题专项整治工作,全区实名率99.48%,较年初提升1.37%。充分运用"绿盾"工程,加强行业运行监测预警,向地州市局发出风险提示5份,有效防范化解安全风险隐患17个。有力开展寄递渠道禁毒百日攻坚行动,配合禁毒部门查办寄递渠道涉毒案件线索4起,立案处罚1起,机关安全中心获"净边2020"专项行动先进集体称号。有效开展有害动植物阻截防控工作。持续开展寄递渠道涉枪涉爆、危险化学品等专项整治行动。推动落实行业突发事件应急处置和信息报告制度,累计报送专报7次。组织开展突发事件应急演练,举办应急管理知识和安全生产法律法规培训班,线上线下培训169人次。圆满完成中国共产党成立100周年庆祝活动期间及全国"两会"、"全运会"、党的十九届六中全会等重要活动期间寄递渠道安保工作。

行业绿色发展持续推进。自治区人民政府办公厅转发《关于加快推进快递包装绿色转型的实施方案》，喀什、阿勒泰、克州、博州、哈密等地州市出台落实文件。积极组织实施“2582”工程，深入开展行业生态环保两个“专项治理”。全行业符合标准的包装材料应用比例达98.44%，规范封装操作比例达94.26%，电商快件不再二次包装比率达91.89%，使用可循环箱（盒）达13720个，新增设置符合标准包装废弃物回收装置的邮政快递网点233个，新能源和清洁能源车辆保有量767台。组织2.6万人次参与生态环保知识线上测试。开展《邮件快件包装管理办法》宣贯，强化监督检查，生态环保治理行政处罚案件20起，罚款金额7.2万元。

支撑保障工作成效得到进一步夯实。邮政管理干部队伍建设持续加强。进一步加强系统领导班子建设，研究制定《关于进一步加强全区邮政管理系统领导班子建设的若干措施》，调整补充8个地州市局领导班子，选拔任用和职级晋升区局党组管理干部26人次，转任干部3人。印发《关于进一步规范选人用人有关工作的通知》，不断提升干部人事工作制度化规范化水平。用好职级职数，注重正向激励。加强优秀年轻干部培养选拔，实施系统优秀年轻干部“X1015”培养计划，建立年轻干部台账，搭建科学合理的干部队伍梯队。综合运用招录、转任、调任等方式壮大稳定队伍。认真开展公务员年度考核、“一报告两评议”、公务员登记、统计等工作。完成对3个地州市局主要领导离任经济责任审计工作。

支撑保障水平不断提升。加快推进邮政领域财政事权和支出责任划分改革，各地积极争取地方资金支持888.72万元。阿勒泰局、吐鲁番局推动出台地方邮政领域财政事权和支出责任划分改革细化方案。推进邮政监管支撑体系建设，新增巴州、博州、昌吉、克拉玛依、喀什5个地州市级安全中心，实现地州市级安全中心全覆盖。11个县级安全中心获批。坚持过“紧日子”，修订完善6项内控制度，对9个地州市局开展财务检查。开展统计检查及统计督察整改“回头看”工作，推动统计工作上水平。做好执法资格考试及证件换领工作。加强节约型机关建设。扎实做好工会、保密、信息化、政务公开、档案管理、老干部等工作。

行业先进文化建设持续加强。大力加强新闻宣传工作，杜俊霞同志作为行业优秀基层党员代表参加中宣部“践行人民邮政为人民初心使命”专场记者见面会。国家级、省级各类新闻媒体发布文章25篇，积极宣传快递员群体先进典型及权益保障工作。精神文明创建活动蓬勃开展，广泛开展向王顺友、其美多吉、汪勇等先进模范学习活动，2个党支部和2名先进个人被自治区党委表彰为“先进基层党组织”和“脱贫攻坚先进个人”，24个集体、17名个人分别获地州市级青年文明号、青年安全生产示范岗称号。克州局率先推动印发《关于开展全州邮政快递行业青年文明号、青年安全生产示范岗申报创建工作的通知》，阿勒泰局成功创建7个青年文明号、3个青年安全生产示范岗。

三、快递市场存在的突出问题

近几年，新疆邮政快递业的发展虽然取得了长足进步，行业规模体量迅速增长，行业基础性先导性作用更加凸显，基础网络逐步完善，服务能力和水平持续提升，治理能力有了显著增强。2021年面对疆内疆外多地多轮疫情的严重冲击，行业主要业务量收指标仍保持了较高增长，取得了稳中有进的良好发展态势。但与内地发达地区相比、与自治区党委政府的部署要求相比、与行业高质量发展要求相比、与服务构建新格局发展需求相比，新疆邮政快递业依然存在行业整体规模偏小、企业经营管理粗放、竞争层次不高、应对风险挑战基础薄弱、安全隐患突出、被动适应特征明显、末端和跨境供给偏弱、绿色转型发展任务艰巨、监管资源缺乏及治理能力不足等明显短板和弱项。

第八篇 协 会 工 作

勠力同心 锐意进取
——助力快递业高质量发展迈上新台阶

2021 年是中国共产党成立100 周年,是“十四五”规划开局之年,也是加快建设邮政强国的关键之年。这一年,中国快递协会以习近平新时代中国特色社会主义思想为指导,按照国家邮政局“服务全领域、激活全要素,打造双高地、畅通双循环”的工作思路,在立足新发展阶段、贯彻新发展理念、构建新发展格局中,充分发挥职能作用,加快自身转型发展,进一步提升服务能力,积极反映行业诉求,助推快递业高质量发展。

一、2021 年主要工作情况

(一)服务大局 推动行业高质量发展

多措并举保障快递员权益。深入贯彻落实七部门联合印发的《关于做好快递员群体合法权益保障工作的意见》,中国快递协会开展了一系列工作,多举措推进快递员权益保障工作。研究制定快递员劳动定额标准。委托中国标准化研究院,通过调查问卷、实地调研和专家研讨等工作,获取基础数据支撑与专家论证,完成了《快递员劳动定额标准》起草工作。该标准将为快递员劳动权益保障提供测算基础,为快递员合理劳动报酬提供参考依据。起草《快递服务合作协议(推荐文本)》。深入听取品牌快递企业总部的意见,并赴陕湘闽三地,向加盟商代表进行了意见征集,完成合作协议文本,完善了加盟双方公平合理的权利义务,明确了依法用工和保障快递员合法权益要求。印发《快递企业完善快递员考核机制拓宽申诉渠道自律指引》。督促指导快递企业强化自律意识,承担主体责任,推动快递企业完善考核机制,拓宽快递员申诉救济渠道,遏制企业“以罚代管”,切实保障快递员权益。同时,协会还积极参加全国政协、发展改革委、商务部、人社部等部门的座谈交流,推进政府相关部门对快递行业和从业人员的进一步了解,呼吁多部门参与协同共治,为快递员提供更好的社会保障。在第四届中国(杭州)国际快递业大会上,发布快递员权益保障倡议,顺丰、中通等 9 家快递企业负责人响应倡议并承诺采取有效措施,切实保障一线从业人员权益,协会还呼吁全社会共同关心、关怀快递员群体。联合今日头条启动“寻找好心快递小哥”公益活动,对热心助人事迹、公益善心之举进行及时报道宣传,并为好心小哥送上爱心大礼包,我会也将在年度活动中对“好心小哥”进行表彰奖励,向社会传递行业正能量。联合全国总工会发放 500 套新春文化大礼包,选配 2.5 万余册图书,以及电子阅读卡、春联等,发放到 25 家会员单位的 435 个网点,慰问在全国各地就地过年的一线从业者。开展职工阅读书屋、阅读点建设活动，鼓励行业优秀从业人员在阅读成长成才方面发挥引领作用。

推进行业绿色转型发展。组织会员企业宣贯《国务院办公厅转发国家发展改革委等部门关于加快推进快递包装绿色转型意见的通知》，邀请专家予以深入解读。组织18家快递企业签署《中国快递业绿色包装减塑自律公约》，引导企业提高环保减塑意识，通过系统筹划推进塑料及其制品的减量使用、重复使用与回收利用，助力塑料循环经济的建立。在“双11”业务高峰前，发布《绿色“双11”倡议》，号召快递企业在业务旺季更要注重绿色环保工作，降低电商件二次包装率，减少包装物料的使用等，切实降低快递业务旺季对环境造成的压力。组织邮政快递业碳达峰碳中和实践路径研讨会。联合UPS邀请相关专家，与企业共同就快递业如何实现“双碳”目标展开研讨，推动行业探索“双碳”目标行动路径。联合主办绿色物流与快递产业博览会，就LNG燃气重卡在快递行业的应用组织企业研讨交流。组织快递企业参与第11届中华环境奖评选活动，编撰中国快递绿色包装法规及标准汇编。

组织第四届中国（杭州）国际快递业大会。与国家邮政局、浙江省人民政府联合主办第四届中国（杭州）国际快递业大会，组织专家、学者、企业家共同探讨新阶段下的行业发展路径。策划主办“助力乡村振兴”“加快出海进程”两个平行分会，利用大会平台增进各方交流，加快推进快递服务农产品上行和出海工作进程。会上发布了《中国快递业社会贡献报告2020》，总结宣传2020年的行业社会贡献，引导企业进一步增强社会责任意识，促进全社会更加深入地了解快递行业。

（二）发挥作用　不断深化行业服务

推进区域快递业加速发展。高宏峰会长率主要快递企业负责人赴广西南宁参加“快递企业入桂工作座谈会”，国家邮政局马军胜局长、广西壮族自治区人民政府费志容副主席出席会议。会议听取快递企业对广西邮政快递业发展的意见建议，共同探讨如何进一步推动快递业在广西的高质量发展。实地调研南宁快递业建设发展情况。组织快递企业参加保定座谈会，保定党委书记党晓龙主持会议。会上快递企业提出投资建设计划，得到保定市政府的肯定与支持。随着快递企业在保定的加速发展，将为保定及雄安新区建设贡献更大行业力量。

持续参展服贸会。随着服贸会市场化运作改革，参与方式不断调整，今年协会克服重重困难，按照国家邮政局要求，组织11家快递企业在服贸会“供应链及商务服务”专区集体亮相，集中展示了我国快递业的服务能力与服务水平。利用“服贸会”免费为企业搭建云上展厅，线上线下同时参展，组织新品发布荟、品牌推介等活动，组织企业参与服务案例遴选，报送的15项案例中有5项获奖。联合多家主流媒体，同时利用自有媒体资源，对快递服务展区进行用采访报道，取得良好的宣传效果，行业形象得到不断提升。

发布末端派费核算指引。在无锡、阜阳和遂宁三地就《快递企业末端派费核算指引》开展试点后，进一步修改完善了指引。11月，国家邮政局进一步扩大试点范围，在江苏、安徽、四川、甘肃进行全省范围的试点工作。中国快递协会同步再次征集快递企业总部和各省级快递协会意见后，予以发布。《快递企业末端派费核算指引》将于2022年3月全面推开，指引的制定将有效促进末端网点稳定发展。

督导旺季服务保障工作。组织召开“双11”协调动员会，传达贯彻旺季服务保障要求，组织快递企业、电商平台以及部门省级快递协会，共同研究分析旺季服务问题，确保平稳度过业务高峰期，保障寄递渠道安全高效运行。联合省级协会共同开展调研慰问活动，受10月下旬全国疫情影响，协会无法赶赴各地开展慰问工作，因此协会向部分省级协会拨付物资采购资金，请省协会代为走访慰问末端网点和一线快递员。

（三）凝心聚力 多举措服务会员

促进省级协会交流与协作。组织省级快递协会工作座谈会，围绕各省协会开展的创新性特色工作进行经验分享与交流，并就协会脱钩后的发展进行研讨。编撰《省级快递协会工作经验交流材料汇编》，得到省级协会的一致好评，推动了省级协会更好地发挥职能作用。在“3·15”消费者权益日，共同加强宣传，营造诚实守信的快递服务环境。全国局部暴发疫情，中快协协同河北、四川、山西等省协会，协助企业解决车辆通行等问题。通过中快协官网、公众号等渠道，对省级协会亮点工作，予以及时传播。

为会员提供专业化服务。深入了解会员需求，创新工作思路和方法，组织各类会员活动。通过法律事务、绿色环保、科技创新和智能配送四个专委会的工作，使会员服务工作更具针对性和专业性。法专委多方沟通协调，研究探索快递业调解委员会成立的可行性，并制定了工作方案。在历次行业重要政策文件征求意见过程中，法专委均发挥了重要作用，积极反馈意见。科技专委会组织召开“科技助力快递寄递”座谈会，就隐私免单的应用、大数据辅助寄递等方面进行了技术推介与交流。智能配送专委会会同市场监管司专门就《智能快件箱投递业务服务指引》和《快递服务站收投服务规范》听取了成员单位的意见。绿专委在行业绿色转型发展方面开展了一系列工作。协会还组织会员企业参加首届“消博会”食品饮品科技创新发展峰会，为快递企业与食品制造企业融合发展搭建了交流平台。

促进行业吸纳就业。积极参与人社部组织的“2021年‘百日千万’网络招聘专项行动”，通过人社部搭建的多方联动网络招聘平台，承办快递行业专场，组织快递企业共提供工作岗位3783个，同时积极参与线上招聘，劳动者求职和快递企业招聘提供高效对接通道。

持续助力扶贫攻坚。按照国家邮政局部署要求，持续推进定点帮扶地区发展，做好会员企业捐赠资金的管理工作，严格按程序拨付项目资金。对定点帮扶地区开展慰问活动，推荐会员企业在平泉投资建厂。

（四）加强自律 推动优化发展环境

深入开展行业自律工作。2021年协会开展了一系列行业自律工作，有力维护了行业公平竞争的市场秩序。组织会员企业共同签署了《快递业绿色包装减塑自律公约》，印发了《快递企业末端派送核算指引》《快递企业完善快递员考核机制拓宽申诉渠道自律指引》，起草了《智能快件箱投递业务服务指引》，发起了《快递员权益保障倡议》和《“绿色双11”倡议》。其中，为做好智能快件箱投递业务服务指引，协会组织由智能快件箱运营企业和快递企业组成的工作专班，针对智能快件箱当前所存在的问题和消费者的投诉意见，多次开展研讨与调研，同时认真听取了中消协的相关意见，完成了起草工作，指引将进一步征求相关部门意见后予以印发。

为行业发展建言献策。积极参与行业相关法规政策制定、修订工作。共对《快递市场管理办法（修订）》《〈邮政行政处罚程序规定〉修改决定草案》等涉及快递市场监管、绿色发展、人才培养建设等方面的20余项政策文件，代表企业向相关部门反馈意见建议，为推动快递业发展建言献策，争取政策支持。积极参加全国邮政业标委会工作，参与15项行业标准的制修订、技术审查和复审等工作。就会员企业在经营过程中遇到的问题，积极与中消协、市场监督管理总局等部门进行对接与沟通，帮助企业解决问题，维护行业权益。编撰《2020年快递业新增法规文件汇编》，推动快递企业依法治企。

扎实开展团体标准制定工作。经常务理事会审议通过

《中国快递协会团体标准管理办法》。完成全国团体标准信息平台的注册,获得"KD"的团标代号,取得了团体标准公布、修订资格。成立快递业团体标准委员会,编纂标准工作政策文件汇编。组织立项评审会,启动了第一批 8 个团体标准的制定工作。

(五)党建引领 不断加强协会自身体系建设

扎实推进党建工作。深入学习领会习近平总书记在庆祝中国共产党成立 100 周年大会上的重要讲话精神,开展党史学习教育系列活动,组织参观"永远跟党走"等展览,参加庆祝建党 100 周年歌咏比赛,组织党员及员工赴西柏坡纪念馆等地开展"重温红色历史,传承奋斗精神"主题党日活动,坚定党员干部的政治信念。深入学习贯彻六中全会精神,开展党支部书记讲党课活动。组织快递企业参加新时代快递业党建论坛,探索党建引领快递业健康发展的新路径。严格落实"三会一课"等制度,召开组织生活会,述职评议会,深刻查摆问题,落实整改措施,确保协会工作有序健康开展。

履行理事会职责。按照民政部社会组织管理局要求,完成年检工作。组织召开三届三次理事会,国家邮政局局长马军胜出席会议并讲话。会议听取并审议了工作报告和财务报告,审议批准了一批企业入会。对 2020 年邮政行业科学技术奖的获奖单位进行颁奖。召开三届二次常务理事会,审议通过了协会新增规章制度,就协会重点工作及脱钩后的发展方向等问题进行了研讨。受疫情影响,以通讯形式组织召开了三届三次、四次常务理事会,审议新申请企业入会。

稳步推进自身建设。不断吸引快递及上下游企业加入协会,会员队伍不断壮大,2021 年共有 17 家企业入会,其中有 5 家理事单位,12 家会员单位。进一步充实秘书处工作力量,完善秘书处考评制度,探索实施激励政策,提升工作效率,增强工作活力。开通协会公众号、视频号和抖音账号,多渠道发布协会和行业工作动态,加大与公众媒体的合作,增进公众对快递业的了解,进一步提升协会与行业的形象和影响力。

2021 年我国快递业总体规模全球领先,发展质效持续提升,要素市场活跃,基础设施日益完善,服务功能持续增强,国际合作不断深化,在推动流通方式转型、促进消费升级、助力生产发展中发挥着越来越重要的作用。但也应该看到,由于市场需求刚性强,整个行业发展快,再加上各方面的政策供给和生产要素的供给没有及时跟上,快递行业还存在很多问题和短板。发展不平衡不充分仍然是我国邮政快递业面临的主要问题。综合物流能力不强,嵌入产业链不深,质量不稳,消费者体验还需改善,行业总体上处于发展转型阶段,公共设施难以跟上群众用邮需求,绿色转型任务艰巨。

二、2022 年工作思路

2022 年是"十四五"规划承上启下的关键一年,我们将喜迎党的二十大胜利召开,做好快递业改革发展各项工作意义重大、使命光荣。按照马军胜同志在 2022 年全国邮政管理工作会议上的重要讲话精神,今年行业工作的总体要求是:以习近平新时代中国特色社会主义思想为指导,全面贯彻党的十九大和十九届历次全会精神,认真落实中央经济工作会议精神,弘扬伟大建党精神,坚决贯彻习近平总书记关于邮政快递业重要指示批示精神,坚持稳中求进工作总基调,完整、准确、全面贯彻新发展理念,服务加快构建新发展格局,全面深化改革开放,坚持创新驱动发展,推动高质量发展,坚持以深化供给侧结构性改革为主线,统筹疫情防控和邮政快递业改革发展,统筹发展和安全,继续做好"六稳""六保"工作,持续改善民生,坚持稳态势、强弱项、重监管、提质效,着力推进畅通循环,着力推进行业高质量发展和高效能治理,加快建设邮政强国,以优异成绩迎接党的二十大胜利召开。

预计2022年快递业务收入完成1.16万亿元，同比增长12%左右；快递业务量完成1225亿件，同比增长13%左右。中国快递协会将围绕促进行业高质量发展这一中心任务，团结带领广大会员企业，做好以下四个方面工作。

（一）坚持党的领导 加强行业精神文明建设

深入推进党的建设。加强党的领导是促进社会组织健康有序发展的根本保证。中国快递协会党支部将在中央和国家机关行业协会商会党委的指导下，深入学习贯彻习近平总书记系列重要讲话精神，特别是对邮政快递业的系列重要指示批示精神，加强和完善党对协会工作的领导。坚持全面从严治党，更好地服从服务于党和国家的战略任务和政策导向，以创新、协调、绿色、开放、共享的发展理念统领协会工作。组织党建工作交流会，促进非公企业党组织在企业和行业建设中发挥重要作用。

加强行业精神文明建设。进一步做好行业精神文明建设工作，加大宣传力度，优化协会网站、公众号等传播效力，开拓更多传播渠道，传递行业正能量，提升行业和协会形象。持续弘扬“小蜜蜂”精神，继续推进与媒体联合开展“寻找好心快递小哥”活动，大力选树和宣传“好心小哥”事迹。联合全国总工会，持续开展职工书屋和阅读点建设活动，提升从业人员的文化素养，丰富基层员工精神文化生活。

（二）发挥优势与作用 推动行业健康可持续发展

发挥桥梁纽带作用。充分发挥政府与企业间的桥梁和纽带作用，加强与政府相关部门的沟通与配合，为政府制定政策和相关决策提供行业依据与建议，发挥法专委的专业力量，反映行业发展过程中面临的难点痛点等相关诉求。在服务中央重大决策部署、服务国家重大战略、服务国家局重点工作中充分发挥行业组织的作用，积极参与行业立法、规划、标准、统计、评估等工作。

加强行业自律工作。维护公平的市场秩序，营造诚实守信的市场环境，维护消费者合法权益。在快递从业人员权益保障、末端网点稳定、绿色发展等方面开展自律工作，重点督导企业对自律工作的落实和执行情况。开展自律条约执行情况调查，深入了解推进落实情况，加强交流和宣传推广，联合相关机构和部门组织开展专项培训等。

切实保障快递员合法权益。大力开展快递从业人员的权益保障工作，发布《快递员劳动定额》标准，做好标准的推广工作，切实保障快递员的劳动权益。持续推动企业完善考核机制，切实减轻对快递员的考核压力，保障快递员的工资收入。发布加盟协议推荐文本。配合相关部门推动非公快递企业职工工会建设，组织开展对快递员的关心关爱工作。

推动行业科技创新与绿色发展。持续推进行业绿色发展，开展绿色分拨中心、绿色网点等示范案例推荐工作，进一步推进循环包装箱、绿色包装材料在行业中应用；坚持创新驱动发展，组织实施“第三届邮政行业科学技术奖”评选。充分利用科技创新和绿色环保专业委员会的资源优势，深入开展服务会员、服务行业的相关工作。

（三）凝聚多方合力 提升行业发展质效

搭建平台，促进会员企业发展。充分发挥协会组织的凝聚力和全体会员的创造力，增强会员单位对协会工作的参与度，密切会员间的联系，积极为会员企业间的交流与合作搭建平台，促进会员之间、行业内外的对接与合作，尤其针对会员单位的需求积极开展分层次分项目个性化会员活动，助力提升会员企业的发展。

深耕会展服务，提升行业影响力。适时组织快递及上下游企业开展综合展览展示，组织行业发展大会等，为会员企业提供更大更好的自我展示空间，搭建快递与上下游企业的合作平台，加强推介促成合作，提升行业影响力。积极组织企业参与2022

服贸会的参展工作，集中展现快递行业发展成果。协助上海青浦区政府举办中国快递论坛。

保障行业平稳安全发展。配合国家邮政局，协同各省级快递协会，共同推广实施《快递末端派费核算指引》。发布《智能快件箱投递业务服务指引》，引导企业规范末端投递操作，保障消费者权益。发挥智能配送专委会的作用，开展相关交流展示活动。组织召开团标培训，推动第一批团体标准项目完成。服务乡村振兴战略，引导企业积极参与快递进村工作，挖掘潜在市场。做好旺季服务保障工作。

（四）深化改革创新　强化协会能力建设

拓展协会自身发展新路径。坚持社会化、市场化改革方向，深入挖掘行业协会的发展潜力，不断提升自身服务能力，更好地服务政府、企业、行业和市场，更好地为会员企业提供指导、咨询、信息等服务支撑，加强行业自律，探索设立中国快递协会调解中心委员会等分支机构。

加强协会系统建设，成为先进行业组织。继续发展扩大会员规模，不断优化和丰富会员结构。按照章程要求，组织好理事会、常务理事会等重要会议的召开。改革协会内部运行机制，培养提高协会工作人员业务素养与工作效率，进一步完善考核机制和激励办法，全面提升综合能力。

面对行业改革发展的要求，中国快递协会作为行业组织，有责任有义务自觉行动，不负使命，担当作为，以习近平新时代中国特色社会主义思想为指导，带领广大会员企业，勠力同心，锐意进取，发挥好协会的职能作用，助力快递业高质量发展迈上新台阶。

第九篇　人　物　志

张连波："大手牵小手，我们一起走"

张连波是贵阳市清镇市茶店村人，他不仅是毕节市中通快递负责人，也是茶店村的村支书。身兼二职的他，站在"百年目标"的关口，自然是忙得脚不沾地。"通常情况下，我周一到周三在贵阳，其他时间在毕节。"两头跑不累吗？面对记者的疑问，张连波说："其实还好，这是一种责任。另外，我们村和毕节市就隔着一条河。"

就这样，一条河把他的扶贫人生穿了起来。

朝着农村，带出一片产业

2020年5月28日下午，在中通贵州毕节阳光城网点，张连波向冒雨前来实地了解邮政业服务扶贫搬迁项目情况的国家邮政局局长马军胜一行介绍了毕节中通在助力农产品"黔货出山"、带领员工脱贫致富、探索产业扶贫等方面的工作。

当听到张连波说"我们对持有精准扶贫证的寄件客户一律半折优惠"时，马军胜局长高兴地说："你们做得很好，实实在在为扶贫作出了贡献。"

据了解，碧海阳光移民新城是一个易地搬迁扶贫点，占地面积约750亩，可安置七星关区34个乡镇（街道）搬迁群众6381户28994人。"这个移民新城住的都是搬迁出来的贫困户、低保户。除了给村民们送来包裹，我们还帮他们把卖出的农产品寄出去，一律打半价。"张连波说。

从6个多月前的1天十几票到现在，这个位于异地搬迁扶贫点的网点已有日均400～500票的收派量。"之所以在这里设点，主要是有两个考虑，一是提供便民服务，二是可以提供部分岗位给贫困户或残疾人。"

除了这些，在这场难上加难的硬仗中，张连波还做了哪些工作？虽然这在他口中都是"应该的"，但我们还是从中找到了"不容易"。

之所以说"难上加难"，是因为茶店村虽然在贵阳，但离市区颇远，在"地无三里平"的山区，村民的生活可想而知。作为村支书，他的担子自然也不轻。更为重要的是，给予他人生逆风翻盘机会的毕节实在是"太贫了"。毕节地处黔之西北，位于乌蒙腹地，是典型的喀斯特地貌，群峰耸立，沟壑纵横，石漠化严重，素有“八山一水一分田”的说法。明代著名思想家、哲学家王阳明这样形容毕节：“联峰际天兮，飞鸟不通！”截至2018年底，毕节全市建档立卡贫困人口仍有44.41万，分别占全省的28.6%和全国的2.68%。曾是全国贫困人口规模最大的五个地级市之一的毕节如今发生了很大变化。

“这两年，快递企业对农产品进城提供了很大帮助。以前农村不通快递，老百姓买东西、卖东西都不是很方便。通过‘快递进村’，我们这里的乡镇可以100%收到快递，现在正在逐步向下延伸，下沉至农村。”

他说，“自己的事业做起来了，就要懂得回报社会”；他也说，“只要还有能力帮助别人，就没有权利袖手旁观”；他还说，“我不是本地人，是毕节人民的支持才有了我们的发展，我希望尽己所能为毕节人民做些实事”……从2012年到现在，他每年都在做公益，帮扶贫困老人，看望留守儿童，自掏腰包捐赠35万棵刺梨树参与产业扶贫。

为了让地道的农产品在市场上实现最大溢价，他在公司成立电商部门，直接与当地农户合作，帮助他们在各大电商平台上销售农产品。每到水果收获季节，还让工作人员将货车开到田间地头，与当地果农一起分拣，包装后直接拉到分拣中心发货。这不仅缩减了农产品流通环节，还增加了农户的收入。

2017年，在赴多地调研过程中，龙里县的刺梨种植业令他印象深刻，于是他初步选择了发展刺梨种植作为茶店村农业产业结构调整的特色产业。有了发展方向，还要确认茶店村的生态环境是否适宜种植刺梨。在省农业专家考察茶店村土壤结构并认定茶店村是种植刺梨的优选之地后，张连波心中的石头总算落了地。他组织召开村民大会，动员大家放弃种植玉米、油菜，转而发展刺梨种植特色产业。“我们的刺梨是在2017年10月份左右开始种植的，那时农业产业结构调整的政策还没定。现在政策下来了，农户种一亩刺梨可以收到1900元的补助，这么好的政策，我必须让茶店村农户都得到实惠。”张连波对刺梨产业信心满满。

在张连波的带领下，茶店村通过采取“党支部+公司+合作社（村集体）+农户”的运营模式，由公司提供苗木、种植技术、产品收购、后续加工，村集体发动农户参与种植，在2017年10月种植1500亩的基础上，又扩大种植了1000亩，并带动大寨村、银杏村等发展刺梨产业，打造了6000余亩的刺梨种植基地。

朝着阳光，捧起一朵花

张连波小学六年级就辍学了。1996年，沿着家人的老路，他拿到人生第一张驾照，开起了大货车。过了3年，他跟随大部队去福建打工。赚了点小钱，他回老家买了两块地，又办起了养猪场。由于不懂养殖技术，猪仔生病以至于一个星期所有的努力全部白费。

第一次创业正式宣告失败。于是，他背起行囊，南下广东准备找份工作先干着。没有文化、没有人脉、没有资本……整整一个月，他没找到什么事干，灰头土脸地回到贵州开大货车，之后做煤炭生意挣了一些钱。

这之后，他再一次选择创业，结局依然很惨——又一次把挣来的钱一分不剩地赔掉了。

所有的路，只有脚踩上去才知其远近和曲折平坦。敢走第一步，并坚持下来就是一种自信和勇气，别老是认为自己不行，否则你永远不行。自信，是人最大的潜能。

他说，没有野心的男人一点也不帅气。2009年，他在大巴车上遇到一个朋友，聊着聊着便说起了快递，原来对方在贵阳做韵达速递。“那时候，快递还很新鲜,很多人不懂。"这位朋友向张连波形容:"快递就是类似于做邮政做的事,例如送包裹。"他一想这以前不是国家专营?"你留一个电话给我,明天到你们公司学习下。"隔天18:00多,他出现在贵阳韵达某个仓库里。"整个仓库的人都在打包,待发的包裹被码成若干方阵。"眼前的景象让张连波直呼:"这生意可以做!"加盟韵达一年左右,贵州中通重新起网,加之觉得现有网点有些小,他果断转战中通在毕节开拓市场。说好要承包的当晚,他连夜开车去毕节"考察市场",第二天回来就把之前的网点卖了。

2010年7月8日,张连波一家三口带着出售网点拿到的5.2万元驾驶面包车去了毕节。新网点开业当天只有8票快件。回忆起初入毕节时的情景,他笑了笑说:"那时候送件,送着送着就找不到路了,第二天继续送。"3个月后,快件1天上涨到了70~80票。但决心在快递业大干一番的他还是想买一辆4.2米的货车:"没有车快递做不好。"车买了,装不满怎么办?毕竟一个来回就是1000多元的成本,70~80票快件的快递费如何能把成本抵出来?张连波便一个人到街上去转,看有没有商机。当时毕节市街头的绝味鸭脖连锁店很多,他跑去跟老板聊天。得知对方也是每天到贵阳进货,货车也装不满,两人一拍即合——1000多元的车辆费用,一个人去取货,就可以打个半折。从0到1那一步迈出来,从1到2的路便顺畅起来了,其他需要去贵阳进货的两三个商家陆陆续续被介绍过来。这样一来,1天1000多元的车辆成本费用就有了着落,既能保证不亏本,还能稳住快递。

但一天70~80票的快递量到底还是太少了,张连波想着如何能把业务拓宽一些。因为"118""114"等一些平台当时很火,他就找到了毕节电信公司的相关负责人寻求合作。对方问:"有一些蛋糕配送的业务接不接?""我的想法是,送蛋糕可以不要钱,但平台要把毕节中通的电话号码放在查询'快递'的第一位。"

慢慢地,从2到N的路也有了快递的模样。如今,毕节中通已成为拥有400多位员工的大网点。

"相信老天会眷顾每一个努力奋斗的人。"他把"鸡汤"送给奋斗的自己喝,也努力雕刻自己的梦想:"愿你眼里充满阳光,笑里全是坦荡,活成自己喜欢的模样。"

2020年冬至时,他又去了村里。"用这种方式来度过冬至,大家在吃羊肉的同时,记得还有这样一群小朋友,他们吃不饱、穿不暖,大手牵小手,我们一起走。"一位小朋友曾告诉张连波他有一年没见父母了,甚至没通过电话。谈及此事,张连波有些哽咽:"村子里的很多孩子都是留守儿童,爸爸妈妈在什么地方都不知道。"

当他给孩子们送去羽绒服时,"谢谢伯伯,我会好好读书"这样的回应让他做事更有劲了。他说:"我愿意用真诚的爱心,托起明天的太阳。"

刘旺泉:快递扶贫,鱼渔相授

志合者,不以山海为远。在电视剧《山海情》里,发生在苦甲天下的西海固的脱贫故事生动呈现:村里的女子为了一头驴就能嫁人;兄弟仨只有一条裤子,谁要出门给谁穿;扶贫下拨的珍珠种鸡被偷抓吃得只剩下最后一只……从飞沙走石的戈壁荒滩到绿树成荫的塞上江南，这幅扶贫画卷生动而真实。一砖一瓦的搭建，一点一滴的改变，扶贫先扶志，剧中马德福们所做的事，在现实生活中刘旺泉们也在做。随着“快递进村”的深入推进，连接城市与乡村的共配模式、设在村里的快递站点不仅让下行的工业品进了村，还让上行的农产品进了城，而站点里的工作人员也可自力更生，用双手创造幸福。

进村，既是响应，亦是授渔

一大早，忙完家务之后，湖北麻城大旗山村的村民李女士步行到村口的圆通快递网点来取件。“真是方便多了，感谢圆通进村，让我也更乐意网上买买买啦！”李女士笑着说，“这在‘家门口’就能拿到快递了。这要在3年前，快递还在镇上等着我呢！”

福田河镇是大旗山村的上级镇，距离村子有5公里的路程。2017年大旗山村就成立了村里的第一家快递网点。在此之前，村里的快递还只能放在镇上的快递点，让村民自己来取，没及时取走还要被收保管费。

不用到镇上取快递是全国各地许多像李女士这样的“村里人”的期盼。2020年4月，国家邮政局印发《快递进村三年行动方案》；1个月后，“快递进村”被写入政府工作报告成为国策；7月，麻城所在的黄冈市被列为国家邮政局“快递进村”试点城市之一。

更为可贵的是，大旗山村圆通站点的成立不仅方便了村民收取快递，更为村民邹云杰，也就是现在的大旗山村圆通站点负责人的生活带来了更多阳光。

邹云杰患有先天残疾，行动不便，言语不畅，是村里的贫困户。麻城圆通当初在村里开设网点时，就了解了邹云杰的情况，积极鼓励和帮他把网点开了起来，如今月处理快件量2000余件。

在麻城圆通的支持下，邹云杰在经营快递网点的同时还学习电商销售知识，在淘宝、微信等平台上帮助村民销售村里的手工麻花、腌制食品、麻城菊花等特色产品，积极为改善村民的生活助力。

麻城黄土咀村距离最近的三河口镇约8公里，交通闭塞，村里快递服务不畅，给当地村民的生活带来许多不便。

2018年7月，刘旺泉调研了解到村里经营着一家副食品小店的张其东夫妇均为残疾人，靠着小店勉强维持生计。于是，在他的鼓励和帮助下，张其东夫妇在自家副食店开设了黄土咀村第一家快递站点，承接起了村里的快递业务。

为了方便张其东拉件，麻城圆通特意将张其东所在的黄土咀村业务划分到隔壁的阎家河镇，单程距离缩短了一半。张其东表示，村里开了快递网点，不仅自己的生活得到了很大改善，还帮助村里解决了很多问题。“真是利人利己的好事！”村里人不止一次夸赞圆通，虽然不认识这个外乡人，但是他做的件件实事，大家都记在心里。

如今，来往于村里的快件络绎不绝。无论是张其东还是邹云杰，抑或是村民李女士，他们都切实感受到了快递进村给生活带来的变化，也在“快递进村”的过程中找到一份工作，更加自力更生。

在干快递的初期，刘旺泉就为脱贫事业出资、出力。

2010年，他在当地团委的组织下，参与“党旗飘飘，助我圆梦”捐资助学活动，为即将步入大学的贫困新生插上梦的翅膀。麻城圆通与组织方签订了

"爱心快递"希望工程资助协议,每年将公司部分收益作为"旺通基金"用于希望工程事业,持续资助贫困学生。具体做法是,每年拿出5000个面单,每一个快递产生就捐出2元钱。

贫困生江伟玲在接过助学金时说:"感谢好心人对我的帮助,我一定会珍惜来之不易的学习机会,进入大学后我要更努力地学习,将来回报社会和帮助过我的人。"

农村快递市场大有可为,这是国家扩大内需的需要,也是百姓追求美好生活的必然结果。刘旺泉表示:"不仅要让快递进村,还要不断提升农村地区快递服务水平,让百姓需要快递服务时,我们就在那里。"

春节已至,村里的农特产品被寄托着爱加速运出,刘旺泉在感慨村里人生活变化的同时,更希望能够通过快递扶贫这种鱼渔相授的方式将希望传递下去。

共配,既是效益,也是民生

"快递进村"的前提是"快递下乡"。早在2014年,麻城圆通就积极响应国家邮政局和企业总部的号召推进"快递下乡"工程,到2019年初,麻城圆通就实现了乡镇一级快递网点的全覆盖。

刘旺泉是在2009年5月进入快递业的,最初加盟天天快递,后来连同圆通一起做。因为离武汉近,网点需要拉货送件一般去往武汉。"那个时候就在想,去一趟车是去,去两趟也是去,就那么一直干下去了。"基因从一开始就深埋,多品牌经营快递的方式让后来的共配之路走得顺理成章。

在进入快递业之前,刘旺泉在日企雅玛多做售后服务与零部件仓库管理,除此之外还从事过摩托车行业的维修与销售工作。2013年,他只身赴武汉从电商仓储做起,身后的事业交给他人打理。从当年7月到2015年,原来2000多平方米的仓库扩展到15000多平方米,地点也由武汉扩展到西安、成都等地。后来公司总部有相关政策,刘旺泉和团队开始研究共配。

2015年,他在麻城建了厂房,把场地租给当地的中通、百世等快递企业,这样几家快递企业有了共配雏形。

后来,员工请假、离职导致一些快件配送有了困难,几个网点老板聚在一起商量对策。因为关系较好,某家快递的人不够了,其他网点就会调配过来帮忙。从场地到人,他们渐渐抱团前行。

根据刘旺泉的回忆,他和伙伴们是在2018年8月正式启动共配模式的,并且继续深入推进"快递进村",在当地政府部门的主导下成立麻城电商仓储物流配送中心。麻城圆通以现有的20亩仓储基地为依托,在此基础上形成了市、乡、村三级联动机制,推进快递下乡、进村工程。

其实,阻碍还是有的,比如总部层面的反对声和下面乡镇网点的反对声。好在当地政府比较支持,慢慢地随着融合的发展,共配模式带来的社会和经济效果越来越好。

从运行来看,集中分拨到各乡镇,大大降低了场地、人工、设备的投入。共配中心在全市各乡镇设立镇级电商物流服务站,在中心村、口袋村设立村级物流服务点("中心村"即人口集中的重点村,"口袋村"即周边村民出村必经的村),由镇级物流站将全镇快递物流件分拣到村级物流服务点,采取由镇级物流站配送或者村级物流点自取的方式,将快递物流件配送到村级服务点,村民就能在家门口领取自己的快递了。这几年他们开发完成共配系统、自动化分拣系统、快递驿站系统、快递柜系统和商业系统，筑实进村底盘。

为了推进村级快递网点，刘旺泉多次到麻城最边远的山村考察调研，算细账，找难点，做宣传。针对乡村路远件少、居住分散、老弱居多等特点，他采取“植入”服务的办法，按照“一村一点”的方式在农村原有便利店的基础上选择进驻快递网点，并根据距离和单量分别给予每单0.5元到2元的补贴。

在积极推进快递进村的过程中，刘旺泉做了有心人，帮助像邹云杰、张其东这样的贫困人口、残疾人士改善生活，吸纳农村剩余劳动力，帮助贫困农民就业。截至2020年10月底，麻城圆通已建立195个村级快递服务点，实现了农村快递业务100%覆盖，其中贫困村快递网点共87个，直接吸纳就业贫困户23人，帮扶贫困户创业8人。

当收转运派的各个环节被重新梳理，当乡镇网点有一定的“造血”能力，原先的补贴开始取消。“我们的共配中心就相当于麻城的转运中心，当快件到达共配中心，村里的站点与城市的站点派送频次统一协调都是两次。”谈及是如何做到这样的程度时，刘旺泉自豪地说，“这得益于共配系统。”

在此之前，麻城的农村快递市场还处于各自为政、抢占市场的阶段：220个农村快递物流点相互竞争，没有完善的管理体系，农村居民要想拿到自己的快递，需要到镇上的物流网点领取，十分不便；同时，乡镇快递点还要每天到城区的上级快递物流公司仓库，将各自运营的快件拉回乡镇派送，有时候一个乡镇有四五辆物流车同时跑一条线路的快递业务，大量的人力物力被消耗在快递托运的路上。

无论是下行还是上行，连接城市与农村的路正在被拓宽，快递车拉动的爱和希望也正在助力农村和村里的人焕发活力，奔向美好生活。

游丰毓：花开新疆

3月的春风，踏着轻盈的脚步徐徐吹来，把新疆大地渐次吹绿，吹开了吐鲁番的杏花，吹化了结冰的湖水，一切都鲜活起来。一晃十几年，游丰毓自己也没意识到他已经在新疆待了这么久。如今，因为家人还在江苏老家，所以他干快递基本上是两地跑，用他的话来说就是“一半时间给了江苏，另一半时间给了新疆”。从最初的“黑快递”到从业身份合法化，从见证行业飞速发展到如今转型升级，在接受采访时，他用“一时半会儿也说不完”作了概括。

快递车拉出农产品大市场

1997年，游丰毓从江苏泰州来到新疆巴音郭楞蒙古自治州（简称“巴州”）。2004年，他开始在巴州库尔勒市从事邮政快递业。如今，他是库尔勒韵达速递服务有限公司总经理、巴州快递物流行业协会会长。2004年至今，这样的时间线里，他显然是一个“资深快递人”。

作为新疆地区的第一代快递人，起初当地百姓对快递这个新生事物充满“不信任”。“他们想，把东西和钱都给快递员了，万一被骗或者人拿着钱跑了怎么办？”而当时，公司的营业地点是在一个十几平方米的民房里。斗转星移，业务扩展基于信任。快递业务量从1天十几件到1天五六万件，经营面积从十几平方米到几万平方米，他也切实地感到了行业的一路疾行。

“很早之前，新疆本地的快递单价还是很高的。”游丰毓回忆着。在他的印象里，十几元、二十几元一公斤的价格，当地百姓选择快递发运的很少。当地的农产品要么当地消化，要么走大物流运至外地商超，都是以线下销售为主。

“农产品快递包裹件量的上升苗头最早出现在2013年，那时快递费用是6元左右。”快递费用的一路向下对从业者来说有着最直观的感受。但件量的上涨却是指数级的。在如今日发货量几万件的情况下，农产品包裹占到90%以上。“但是基于地域特征和季节特征，什么时候发什么样的农产品有着明显区别。”游丰毓说。

2020年，新冠肺炎疫情给新疆库尔勒香梨产业带来不小的挑战。彼时正值香梨的销售旺季，香梨虽然丰产却卖不出去，这就意味着果子可能会烂在地里。看着乡亲们着急的样子，他依托快递产业发起了助农公益行动。

“只要老百姓把香梨拿来让我们公司发运就给予优惠价，例如3公斤内每件5元、5公斤内每件10元、5公斤以上每件2.5元。”一个月下来，他自行承担了十几万元的损失，却帮乡亲们解了燃眉之急，合计发运10万箱香梨。后来韵达总部知道游丰毓公益助农的事迹后，也给他减免了部分费用。

除了减免快递费用外，他经营的一家销售农产品的电商平台去年也帮助农户销售香梨“十几万箱”。他还积极组织巴州快递物流行业协会会员捐款捐物，与当地共同应对疫情挑战，个人捐款1.5万元；疫情防控期间为所有在职员工发放全额工资；积极采购和硕村因疫情滞销的西瓜30余吨，并为82位贫困户送去75台电风扇、7台冷风机，捐助贫困户建房款2万元；在七个星镇霍拉山村了解到两名贫困学生的学费由国家承担但生活费成问题后，他自愿承担两名大学生4年的生活费……

新疆是一个农业大区，游丰毓希望可以通过快递更好地服务农产品出村进城。“以香梨为例，正常情况下当地运送一单是3元。但在本地，香梨的单价也就3元/斤。”显然，对于当地农民来说，快递费用基本与农产品的单价持平，这就意味着成本很高。“再加上生鲜农产品特有的属性，损耗率高于一般的电商件，除却支出费用后，香梨收入有限。”游丰毓说。

“我们是新疆第一个上自动化分拣机的网点。”谈及2019年10月下决心上马自动化分拣项目这件事，游丰毓很是自豪。

“在巴州当地，一家企业的快递业务量不足以支撑使用自动化分拣机，我们就联合圆通、申通、中通、百世等快递企业成立‘4+1’供应链管理有限公司，在此基础上共同分拣派送。”据他透露，他和合作伙伴已在巴州地区设立了200多个末端网点。共同的分拣场所、共同的分拣设备、共同的末端网点，这样的配置在他看来既是在提高资源使用率，也节省了成本，可以更好地服务当地百姓。

除此之外，错分率、破损率、安全性、人力成本以及指数级增长的快递业务量等也切切实实地让他感到了当初的选择是正确的。“从员工角度来说，业务员（快递员）的收入不低于中西部地区，好一点的一个月可以挣1.2万元左右，平常一些的一个月也会有七八千元。”快递不仅改变着人们的生活，也改变着快递从业者自身。

伸援手托起心与心的沟通

新疆当地的变化在他看来是显而易见的："我刚到新疆的时候，由于地广人稀，我这个从东部地区来的人感觉有些荒凉，而热闹的地方，满大街都是毛驴车。"

"从1997年到现在，我在新疆摸爬滚打24年多，从一个什么都不懂的毛孩子到有了自己的事业以及身后的朋友、员工，我很知足，干快递也给予了我很多。"以巴州人大代表的身份在地方两会分享发言时，他说："作为'习大大'所说的'小蜜蜂'能飞入两会会场，这本身就是对快递行业、快递从业者的认可。"

因此，他也将获得的人生财富分享给所需之人。

2000年，《扬子晚报》公布了一些贫困生考上大学而无力承担生活支出的信息，呼吁社会各界伸出援手，游丰毓二话不说就把电话打了过去，说愿意资助贫困生完成学业。"这是一种情怀吧，看到孩子们考上大学而没有钱去上，心里挺不是滋味的，所以这件事我一定要做。"最终，两个在青海上学的孩子在他的资助下顺利上了大学。捐助者与被捐助者相互没有联系方式，老师作为中间人负责沟通孩子的学习情况。"那时候其实我也没挣多少钱，但是这件事很值得去做。"

今年3月1日，游丰毓收到了一封信，是焉耆县七个星镇霍拉山村19岁女孩萨日娜写给他的："谢谢游叔叔对我的资助，今天是新学期第一天，我一定努力学习，不辜负您的期望，用知识改变命运！"信中朴实的话语和真挚的情感让游丰毓备受感动。

萨日娜的父母是霍拉山村的贫困户，日子过得紧紧巴巴。2020年8月，萨日娜考上了新疆财经大学，一家人来不及喜悦，又开始为学费犯了愁。游丰毓得知萨日娜一家的情况后，当即决定拿出1万元用于资助萨日娜和同村另外一名考入大学的蒙古族女孩，直至其大学毕业。

多年来，像这样的爱心资助游丰毓记不得做了多少，受到他帮助的人也不计其数。"我们国家本就是一个多民族的大家庭，只有各民族同胞紧密团结互帮互助，才会让我们的大家庭越来越好。"

2016年，他荣获"巴音郭楞蒙古自治州劳动模范"称号；2017年，获得库尔勒经济技术开发区"民族团结先进个人"称号。

吸收新疆本地的劳动力就业，让他们通过双手创造幸福生活，"网点现在六七十个员工中，少数民族同胞就有十几个"。在没到快递网点之前，这些员工大部分在农村务农，收入来源有限。走出农村，他们的视野变得开阔，也有了稳定的收入，生活条件自然有所提升。

多年来，游丰毓鼓励贫困户特别是结对亲戚中的困难群众到韵达培训，上岗就业，有了稳定收入。截至目前，库尔勒韵达快递有限公司共解决了180余名群众的就业问题，其中贫困劳动力30余名。

"游总这样的企业家实在是难得，他就像老哥一样关心帮助我，没有他的帮助就没有现在的我！"说起游丰毓对自己的帮助，库尔勒经济技术开发区新苑社区居民买买提·艾买提连连称赞。买买提家因病致贫，在自治州民族"团结一家亲"结对认亲活动中，游丰毓与他结成了亲戚。当了解到买买提因多年患病变得消极，也失去了乐观面对生活的勇气时，游丰毓多次上门鼓励他振作精神，走出家门天地宽，鼓励买买提到韵达就业。如今,买买提每个月有4000元收入,他脸上自信的笑容也回来了。

节假日和周末,游丰毓总会走访结对亲戚和帮扶对象,他的笔记本上密密麻麻地记录着贫困户家庭的基本情况、困难诉求和帮扶措施。在他的手机里,乡亲们发来的祝福问候和感谢短信也满满当当。

参与库尔勒经济技术开发区管委会扶贫帮困"爱心小书包"活动时,他为尉犁县墩阔坦乡塔特里克村小学捐赠书包文具读本120余套;捐资2万元帮库尔勒经济技术开发区东湖社区30多户贫困户圆梦"微心愿";2016年,他将获自治州劳动模范的5000元奖金悉数捐给库尔勒市恰尔巴格乡哈尔墩村,用于帮助当地群众发展生产。

在游丰毓看来,"民族团结之情要代代相传,民族团结之花要一代比一代开得艳"。

王　炜:"长大后,我就成了你"

为记录中国消除绝对贫困的伟大历程,介绍人类减贫的中国探索和实践,分享中国扶贫脱贫的经验做法,4月6日,国务院新闻办公室正式发布《人类减贫的中国实践》白皮书。白皮书中在关于"教育扶贫"方面写道:"脱贫攻坚以来,贫困地区办学条件明显改善,全国99.8%的义务教育学校(含教学点)办学条件达到基本要求;贫困地区学校网络普及率大幅提升……"除了产业扶贫之外,快递业参与扶贫的方式还有哪些?听听顺丰公益基金会秘书长王炜的故事。

从被资助到帮助他人

再次相遇的瞬间,朱小奇(化名)一眼就认出了站在接待处温柔地看着他的王炜,他高兴得快要蹦起来。"王老师,您怎么在这里?!"声音里带着哽咽,眼神里除了欣喜,更有感动。在此之前,他并不知道这场夏令营的组织者正是这个曾经在他的家乡当了3年支教老师的王炜。

多年后再见面,依然是那样亲切。在朱小奇眼里,王炜就是那个他想成为的人,而在王炜那里,她也很期待这一天。2020年9月,朱小奇回到了自己的家乡,成为一名小学老师。他发了一张站在三尺讲台上的照片给王炜并留言:"老师,这么多年过去了,我终于实现了对自己的承诺,成为了你。"

回忆起当时的情景,王炜感慨:"这让我觉得我所做的事是有价值的,它的价值在于让一个孩子想要成为你,而且会走回家乡的讲台上去影响和帮助更多的孩子。"

3月31日,在贵州黔东南榕江县,怎华普洛斯顺丰莲花小学正式竣工挂牌,这是顺丰援建的第10所莲花小学。王炜参加了挂牌仪式,并在会上表示,基金会将持续关注学校教学质量及相关配套提升。

启动于2013年的顺丰莲花小学项目,主要向经济落后、生源稳定、校舍破旧但当地教育经费有限,短期内不能予以改善的乡村学校提供整校援建支持，建设范围包括教学楼、学生宿舍楼、食堂、厕所、运动场地，根据学校实际条件和需求及当地教育部门能够提供的支持确定，顺丰公益基金会参与校园设计、预算、施工等全程管控。

甘肃省甘谷县张家山顺丰莲花小学是第一所莲花小学。最初，它其实可以被称为一个“教学点”，只有13个学生。当时，王炜和同事们在微博上看到了一张照片，照片里的孩子两只手被冻得通红。“教室非常破，也没有窗户……”王炜想，“我能为这些孩子做些什么？”通过信息的发布者了解到学校所在地，她给当地教育局写了封邮件后，便搭上火车直奔甘肃。在顺丰公益基金会的援助下，校园、操场、教室、老师的办公室、桌椅都有了……因为三年级以上的学生在山下读书，渐渐地这所学校完成了当时的使命，不再接收新学生。

2013年4月20日，王炜对这一天发生的事记得尤为清晰，她和同事们走访了甘肃8所乡村学校。因为在山里，手机信号不好，信号恢复时铺天盖地的消息传来，她才知道地震造成的地质灾害很严重。也是在这一天，她见到了第二所莲花小学。“虽然校园在偏僻的山乡，但校园本身却很美。”王炜回忆着初见时的画面，“正午过后，校园里的800多株月季花迎春绽放，松柏、柳树露出嫩绿的枝丫……”57岁的老校长对来访的王炜一行说：“我不一定能给孩子们一个新的校园，但是一定能给他们花园一样的小学。”老校长的办公桌上，一个学生的北京大学录取通知书复印件被摆在醒目的位置。“他特别骄傲。”王炜说，“当我们问他57岁了为什么还坚守在乡村时，老校长说：‘如果退休会觉得还有事情没做完’。”源于相互之间的感动，援建工作不久就开启了。历时不到一年，这所莲花小学便建好了。

老校长一生中有3个愿望：一是在退休之前把新学校建好，二是任教期间能有100个孩子考上大学（当时已经有88个孩子考上了大学），三是当面感谢顺丰人。在顺丰邀请老校长作发言的那一天，虽然站在众多顺丰人的面前，虽然提前准备的发言稿上满满当当全是字，但他却一个字也说不出来，激动得泣不成声。

2013年至今，7年时间，算不算长？王炜的回答是：“对于做教育的公益人来说，7年时间真的不算很长。”在她看来，“7年还不够去陪一个孩子长大，不够看到他从初中到大学毕业的成长轨迹，不够见证教育给人的命运带来的改变”。教育扶贫具有基础性、根本性作用，是拔掉“穷根”、稳定脱贫的关键，也是阻断贫困代际传递的重要方式。

从“本能”到积蓄力量

读书的时候，王炜每个月都去特殊教育学院陪一群聋哑孩子上缝纫课和理发课。有一段时间因为考试她没有去，两个只知道她名字不会说话的小孩，穿过半个城市来学校找她。“我下楼，看到代芮和二毛安静地站在草坪上冲着我笑，心里内疚而感动。很多事不是你不能做而是你没想做。”这是她最早做的公益。

大学毕业后，已经考取教师资格证的她选择回家乡甘肃支教，那时的她并没有把改变乡村教育环境作为己任，只是出于“本能”去做力所能及的事。“相比现在，那时候能做的事很少。我当时资助了4个孩子，有时也会通过互联网为学校募款，用来购置新的课桌椅、改善图书室、筹集校服，但也只能帮助这个学校或是一定区域内的孩子。”2012年，王炜入职顺丰公益，用她的话来说就是，“中国这么大的贫困面,还有更多需要帮助的孩子,以我自己的力量可以资助4个孩子,而以企业、以社会的力量来做这件事,那就有更多可能”。

加上学生时期做的教育公益项目,王炜在9年时间里见证了中国教育扶贫方面的改善,也深度参与其中,通过教育让更多的乡村儿童获得优质教育资源、促进教育公平。

“最初,我们帮助了200个孩子。如今,顺丰公益已有66个项目,有26283个上过高中的孩子,很多孩子毕业后走上了工作岗位。”从“200个”到“26283个”,尽管整日奔走,她却说:“我的人生很幸运,总是走在圆满自己的路上。”当记者问她,“做好事”这种习惯是被谁影响的?她只淡然道:“妈妈曾教我,别人给你一颗糖,你要给他两颗。”

为什么顺丰会以教育为切口做公益?王炜告诉记者:“首先,从企业领导人的初心出发,我们希望帮助更多的孩子接受教育。其次,只有教育才能让一个人、一个家庭、一个时代发生改变。”

“教育扶贫表面上看是通过教育支持贫困地区、贫困人口摆脱贫困,但实际上是通过教育扶贫让每个孩子享受公平、有质量的教育。”在她看来,如果能够在成长过程中给予孩子持续的支持和陪伴,那么远远比给予他一时的金钱支持要有意义。“因此,顺丰公益从经济和精神上双管齐下去见证一个孩子和一个家庭的改变。我们也希望看到受资助的孩子在顺丰公益的陪伴下成长为对社会有用、有担当的人,并且和我们一起去帮助更多需要帮助的人。”

在莲花助学项目的设计中,最后一个闭环环节是“反哺计划”,它是由顺丰莲花助学学生(升入大学后)联手顺丰公益基金会发起的一个公益平台,由基金会提供项目指导与资金支持。莲花助学学生自筹部分资金,并承担活动策划组织,持续发起包括顺丰莲花小学反哺奖学金、暑期支教等系列公益活动,通过公益活动策划组织及参与实施实现公益爱心棒的自然传承。

不定义贫穷,不比较贫穷,更不消费贫穷,这是她对贫穷的态度。她说:“我们都知道教育本身具有根本性、基础性的扶贫作用,但如何形成良性的社会循环,让一个孩子正确地认识贫困这个问题,并且不以贫困为耻,能够把过去的经验分享给跟他有一样背景的孩子,让彼此都成为积极向上的、乐观的、健康的、有担当的孩子,这是我们做教育公益最大的价值。”因此,“如何带去希望,从而发生改变”成了她从前、现在和将来都要做的事。

“只做好事,不做坏事。”顺丰董事长王卫对公益慈善的诉求深刻影响着王炜。

2014年第一届“反哺计划”22个孩子参与其中,每个人捐了一些钱,二三十元凑起来的2300元,加上王炜自己捐的1000元,他们把这笔钱作为奖学金发给了甘肃一所莲花小学的弟弟妹妹。如今,在“反哺计划”中的“反哺之星”组中,有顺丰公益支持的15个省(区)的毕业生将所学、所悟和成长分享给“曾经的自己”,他们在帮助别人的同时也在治愈自己。

反哺的种子在萌芽、壮大,他们共同构成了整个公益计划的“血与肉”,让组织本身也变得丰富多彩。“这让我们看到,做助学这件事的价值并不在于‘26283’这个数字,也不在于项目投入了多少钱,而在于每个个体在不同领域、行业持续发挥的价值。”王炜说。

郭　栋：唱支快递版的“康定情歌”给你听

康定位于四川省甘孜藏族自治州东部，是甘孜州州府。说起康定，你会忆起《康定情歌》，它让这座人口仅10余万人的小城红遍全球；说起甘孜，你会想起丁真，他的意外“出圈”，再次让这片热土成为游人如织的打卡地。“溜溜的山、洁白的云、奔腾的河、迅疾的风”之间，载着松茸、苹果、牛肉等农产品包裹的快递车和飞机，穿过山河，经过风云，奔向目的地。在这片土地上，郭栋已经耕耘近16年。16年间，发生了很多事，例如参军又退伍、加入申通快递，以及铆着劲儿要把快递生鲜干好……

扎根藏区，“康巴小伙”成长记

郭栋是康定申通的负责人。2005年12月，18岁的郭栋从老家甘肃来到康定当兵。5年的军旅生涯让郭栋不仅养成了敢打敢拼、敢于担当的军人作风，也让他深深地爱上了这里，爱上了热情质朴的藏族同胞。2010年12月退伍后，他没有选择回老家，而是谋划着在这里扎根。

彼时，随着电商的发展，人们逐渐在网络上购买商品。在2010年前后，康定的快递只有邮政（EMS）可以到，购买1件商品需要等7天以上才能收到。

看到康定快递业蹒跚起步背后所蕴含的商机，郭栋筹集了启动资金，租了一处40多平方米的办公场地，开着面包车干起了快递，沐浴着藏区的阳光雨露穿梭而行把自己晒得黝黑。

20世纪中叶，地处偏远的康定交通异常不便。70年代前，康定至省会成都300余公里需走两三天，而且车辆极少，康定运输公司每天发1～2班解放牌客车，每车只能坐20余人；春节能发四次车就是极限了，有时客车不够，还会用解放牌货车运送客人，叫“货代客”，几乎没有其他社会车辆，去一次内地相当不容易。

到州内其他县更困难，大多数县由康定运输公司每周发1～3次解放牌客车，个别县半月发一次车，两三个县共发一次车，甚至有不通客车的县，很多到其他县的人要在康定等车数日。

在郭栋刚开始干快递的2010年，康定的交通运输状况虽有改善，但还有很大提升空间。因为交通运营成本较高，第三方物流公司把“一口袋”20～25件的快递包裹从成都运往甘孜的运费定为60元，相当于1件包裹的成本光是运费就需要2元多。派件的成本高，收件量又少，两年过后，他生生亏了35万元。由于拿不出钱还物流公司，他险些被连人带货“扣押”。

欠债还钱，他自然懂。为此，他想卖掉网点，去邻近的成都打工。但是上级觉得郭栋做事踏实、值得信任，帮他剖析问题后，建议他继续做，同时为他争取了15万元的资金支持。

郭栋向亲戚朋友借款20万元，在还清之前所欠债务的前提下，重新洗牌布局。他做的第一件事，就是买了1辆4.2米的货车，把运输线把控在自己手里。“自己买车，可以控制物流成本。”他给记者算了一笔账，如果是自己的车，不仅“一口袋”的包裹量可以多一些，而且1辆车跑10年，车辆的成本、司机的成本都可以通过跑车再挣回来。2013 年至 2016 年,这些投入为郭栋挣了一辆 9.6 米货车的钱。

那时候,康定其他快递公司的老板都在怀疑他:“买了这么大货车,花费的成本能跑出来吗?”他的回答是:“跑不出来也要跑!”在干线物流成本控制上吃过亏的他,坚信买车是值得的,事实也证明他当时的决定是正确的。

从成都到康定,当时其他快递公司都是 2 天至 3 天往返一次,而康定申通将频率锁定在 2 天以内,运输时效高于市场平均水平,一段时间过后,他获得了更多用户的认可。

在康定,郭栋每天都要和藏族同胞打交道。能为藏族同胞服务,郭栋觉得很快乐。因为皮肤黑、力气大、为人和善、爱吃糌粑,还能时不时熟练地冒出两句藏语,这位年轻的汉族小老板被身边的藏族乡亲们亲切地称为“康巴小伙子”。

数年前,郭栋在接受记者采访时说:“每当自己抬起头,看见跑马山顶那座直入云霄的白塔,就觉得脚下的这片土地很神圣,甘愿为这神山下的土地贡献自己的一份力量。”如今,他的初心依旧没有变:“在这里生活了十几年,康定对于我来说基本上就是家了。”身边有亲人、战友、兄弟,他很知足。也有人邀请他到“外面的世界”闯一闯,但他更爱这里的蓝天、白云和神山。

抓住机遇,打造生鲜寄递品牌

新鲜的松茸、红彤彤的苹果、藏区独有的牦牛肉……越来越多的农产品通过互联网销售,郭栋又一次敏锐地看到了其中的商机。

2014 年开始,他和当地村民合作,帮村民们寄递新鲜菌类,其中松茸的保质期最短,24 小时内必须完成端到端的运送。那时候,他只接受省内相对短距离的松茸寄递业务。

当地村民也多会从 7 月开始将采摘的松茸运到康定松茸市场进行销售,经中间商收购包装,松茸才会被运往全国。雅康高速公路通车后,松茸运出去的速度大大提高,加上直播等新兴营销方式的助推,越来越多的松茸通过快递在 24 小时至 48 小时直抵消费者餐桌。

慢慢地,量越来越大,到营业点询问能否寄到大城市的人也越来越多,这让郭栋意识到在时效、运输方式上必须提升和优化。那时候,顺丰在康定的松茸寄递领域已成规模。最初,他的想法是加盟顺丰,但 80 万元的费用他认为实在太贵。“顺丰能做到的,我申通也一定能做到!”憋着这股劲,他又一次出发了。

2018 年,申通四川省公司正式成立。省区负责人路遥 36 岁,在省区一级中算是比较年轻的。于是他和路遥提出,想要把康定的生鲜寄递做好。

但真正要做好并不容易,新鲜松茸对快递的要求很高,主要是因为松茸对保鲜有着极高的要求,在运输过程中易损耗,对包装和时效要求高,稍有不慎,品质便无法保证。

要实现高效投运,必须打通从原产地到交易市场、经销商客户,再到零售 B 端和消费 C 端的通道。为此,航空全货机、航空仓位资源、全冷链车、固定冷库、移动冷库,以及专门为松茸设计的健康材质、保温性能突出的包装材料都很重要。

具体来看,快递企业除了具备全程冷链发运松茸的硬实力以及强大的航空运输资源外,还需具有产地直发以及末端快速派送的能力。

在四川申通的支持下,2019 年康定申通启动了松茸生鲜寄递项目,以 24 小时必达的承诺为客户提供优质高效的松茸寄递服务。郭栋透露,装运松茸的冷链车由申通公司配给，大大小小共计12辆。他坦言：“其实在松茸寄递方面，我们基本挣不到钱，目的是把申通生鲜的品牌打响。”

在收寄方面，郭栋把快递点开进田间地头。“最近挖菌子忙，很多村民没时间去县城，吃穿用都在网上买。再远的地方发货，不到一星期就送到村民手中。”理塘县亚火乡亚火村第一书记张川说。现在，每月有近1万件快递到达甘孜州内各乡村，村民足不出户就能享受到便利。目前，整个甘孜州快递网点从2012年的3家发展到了上百家，快递业务量逐年递增。

在陆运方面，康定申通可以为客户提供松茸包装服务，每一颗松茸都被工作人员用心包装，用泡沫纸隔开码放后，还会加上冰袋保温。贴上“申鲜到家”的专门标识，打包完毕的松茸会被运送到冷链车上保温运输，始终保持在0℃至5℃的环境中。

在空运方面，干线拉直之后，康定到成都的冷链车直达成都机场，严格按照时间要求，当天收回的松茸，当天搭载飞机飞抵目的地城市。“北、上、广等一线城市的居民对松茸的需求量大。”针对这些城市，对应城市的申通网点也会派专人专车在机场等候打“飞的”来的松茸包裹，第一时间接货、第一时间配送。

自松茸生鲜寄递项目启动以来，郭栋及其团队用最佳的服务和优质的时效在康定市场上打响了名气，24小时内到达率达到了99.9%。

当初给予郭栋大力支持的路遥曾公开表示，松茸生鲜项目的运营是对四川申通全链路时效的检验，随着硬件设施的升级和服务质量的提高，将会有更多的特色型快递产品推出。松茸生鲜项目的成功运营让他信心倍增，“未来会依托这一模式作更多的升级和探索，带动四川更多的生鲜产品走出去，让全国的客户都可以通过申通快递享受到更加新鲜的特色农产品”。

除了松茸，甘孜的糖心苹果、牦牛肉也是康定申通快递业务量的主力。截至目前，松茸的寄递量占全年收件量的10%，整个农产品件占45%。

从40多平方米的营业场所，到150多平方米的分拣场地、3辆面包车、2辆货车、11名员工，再到9.6米干线车3辆、7.8米车1辆和6.8米货车4辆，以及新的场地正在筹备中，郭栋用坚韧与执着给自己和康定申通带来了蜕变。

从山路弯弯到高速坦途，从人背马驮到飞机翱翔，从步班邮路到快递物流，这不仅促进了民族文化交流，连通了经济命脉，还让当地的特色产品走向世界，给当地人民提供了产业致富的机会，提升了当地人民生活的幸福指数。

王文彬：正道经营，追赶复兴

航天工程博士出身，从淘宝总架构师到阿里云总裁，再到菜鸟CTO……对于一年前阔别阿里巴巴、全职出任申通快递总裁的“选择”，王文彬用“有点意外”“颇为挑战”两个词为自己的“心路历程”作了简单注解。“这次投身最接地气的快递业，确实感到这个行业事无巨细，很不容易。”尽管在此之前，王文彬也并非快递“局外人”，但在过去一年里，他却是彻彻底底以“快递人”的新身份，带领申通——这家拥有近30年历史的老牌快递企业，瞄准复兴、重整旗鼓、直面竞争。

快递没有“一招鲜”，要尊重规律坚持走“正道”

“踏入‘快递江湖’并非偶然。”早在2009年负责阿里巴巴商家平台之时，“物流合作部”正是王文彬的下属部门之一。也就是在这个时候，他开始接触快递物流行业。

“2015年调任菜鸟网络CTO，推动菜鸟电子面单全面普及，创办菜鸟裹裹，这些如今看来都是一些前期的积累。”王文彬细数了自己和快递的渊源。即便如此，当真正入局快递时，他还是听到了诸如“跳进火坑”等一些同行们的打趣。“快递在一段时间内还会处于景气期，也面临从数量型向质量型转变的挑战，能够参与这个进程很有意义；申通是一张有底蕴的网络，前些年落下了一些课，不过还为时不晚，能够参与申通复兴的进程很有意义。”面对这样的声音，王文彬亦有自己的笃定。

令他欣慰的是，即将过去的2021年，申通快递取得了市场份额和网络总体稳定、运营降本显著、时效质量优化等结果，经历了史上产能项目交付最多的一年，打了还不错的“双11”战役以及首个真正意义上的“过年不打烊”。“让我最满意的其实是团队的变化——申通人的精气神开始回来，大家更加坚定：申通行！”王文彬说，把大家的信心找回来，把大家的协同和执行能力找回来，这一年的累，都值得。“对于管理者而言，团队是不是愿意、知道、有信心跟着你一起去打仗至关重要。网点愿不愿意跟着你一起做投资，一起做市场也是这个道理。”

2021年7月起，申通市占率实现了“四连升”，为什么？面对记者的提问，王文彬坦言，下半年的上扬来自于此前数月的努力——这与他就任申通总裁以来一直强调的“长期主义”“正道经营”密不可分。

“今天快递市场没有‘一招鲜’。长期主义就是不摇摆不折腾，持之以恒‘苦练内功’，把该做的做足做好，不做违背市场价值、商业规则和行业利益的事情，不做违背规律的事情。”王文彬解释道，目前投入所带来的产出未完全释放，申通才刚起步。

持之以恒“练内功”，打造有质量的单量

“我们关心件量，更多的是件量所带来的规模效应，给消费者提供更好的服务，给自身带来更好的发展空间。”9月，申通快递在网络大会上发布了全新的经营策略，浓缩为3个关键词：即聚焦经营、服务赋能、有质量的单量。

“聚焦经营，服务赋能”在王文彬看来主要是来自总部、省区、网点三个层面理念和执行力的转变。他希望，申通全网能够达成共识，目标一致——总部层面要强化经营理念和方式；省区层面要聚焦经营，精细化生产；网点要聚焦市场和服务，提升生存能力。将“总部服务好省区、省区服务好网点、网点服务好客户”的理念贯穿经营理念中，形成总部与网点共同投入、相互促进的良性循环。

在他看来，不要为了“复兴”“赶超”就去走捷径，尽管捷径在一定程度上或有一些存在于赛道中，企业也有可能有弯道超车的机会，但对于快递企业而言，更多的也许只是短期之内的

收获。“接下来几年，申通会聚焦高性价比的网络产品，并将其做大做强做深。”王文彬说，除此之外，申通还将围绕扩大全网产能、提升时效和服务质量，拓展传统业务及新业务领域，实现运营降本增效等，在多个方面持续强化经营能力，稳步提升市场份额。

2021 年，申通的单票运营成本比去年同期有明显下降，运营效率提升显著。这得益于 2021 年年中便开始制定的目标，将利润和单量目标设定得更加精细。“现在每一个省区能够更加精准地知道自己的目标是什么，并以此为依据规划市场，平衡利润和单量，实现自我驱动。”王文彬说。

“做有质量的单量，就是通过正道经营，对申通的网络产生正向效果的单量。”据王文彬介绍，去年下半年申通做了一些“挤水分”的动作，最大程度上将亏本件、低附加值件和刷单件排除出网络，转而将精力放在服务质量、时效以及用户体验的提升上。2021 年年初制定了“以产定量”的策略，不盲目追求单量，随着中心产能的快速提升，在降本成效比较明显，更具竞争力的同时，加之实施了更加精准灵活的市场政策。“这也让我们看到追求‘有质量的单量’有了一个比较不错的开始。”王文彬说。

有质量的单量离不开“练内功”。王文彬在采访中多次强调，诚如所见基础建设能够为申通积累竞争力，能够带给申通整个网络一定的效益，能够给商家给消费者一定的感知。王文彬表示，随着中心规划更加优化、产能布局更加合理，申通还将发掘新赛道，加大在新兴城市发展的力度，把鸡蛋放在更多的篮子里。

用数字化推动网络“类直营”，是申通的方向

“我们希望总部、省区甚至是网管，能够跟加盟商重新建立一种关系，这种关系是合作伙伴的关系。”在王文彬眼里，和加盟商之间建立合作伙伴关系后，不仅能够集聚核心，强化力量，还能大大增加从单兵作战转向集体作战的协同作用。

如何服务好网点？王文彬认为，总部、省区要把网点当作自己的特殊客户，通过数字化的力量去赋能，形成一种全新的“类直营”的加盟体系。网点具备了竞争力，才能更好地去服务商家客户，从而创造价值。

自接任申通快递总裁以来，王文彬密集走访基层网点，2021 年 5 月至今，他已到访全国 20 多个省的申通网点。“只要能够让申通品牌和整张网络变得更好，为加盟商创造更大价值，共同进步，总部和加盟商的合作就会更加紧密。我们非常重视新老加盟商等基层一线的反馈，他们也经常通过钉钉发问题和建议，我每一条都会认真阅看，这也让我更直接地了解到网点经营的真实情况。申通今天要想复兴，需要全网人的努力，而不只是总部、省区。”王文彬清醒地认识到，长期以来，“加而不盟、连而不锁”问题的存在，让全网的效率和竞争力面临市场严峻的考验。

“2021 年，我们有相当一部分资源。投入一线，也收获了网络稳定的回报，这也验证了‘一荣俱荣，一损俱损’的道理。明年，申通的网络管理会向网格化精细服务升级，将全国划分为数百个网格，由片区网管通过智能、主动、定量、系统的管理模式，专门为网点服务。一方面推进总部、省区策略能精准投放，另一方面也帮助网点更好地经营管理，充分应用现代化、数字化、标准化的前置服务和管理方法。”在面临对整个管理手段的挑战和赋能网点的主题中，王文彬一直强调数字化渗透的力量。

王文彬举了一个例子。几年前，要在1000万单包裹上降本增效，可以凭借经验通过改进转运中心、升级车辆等方式来实现，而如今一天三四千万单包裹，在运营上要降本，经验主义显然不能等同之前一般行之有效。“海量数字背后，是植入数字化基因的势在必行。尽管申通在这方面是后来者，但却是我们要坚持下去的一个方向，把数字化落到各个环节，去衡量人效，去衡量装载率，甚至是去衡量使用钉钉办公软件平台进行的沟通效率。最后，我们会发现数字化链接，会让一切变得更加高效，更具价值。”

“如果说用这一年来评判申通所发生的变化，我觉得为时尚早。眼下，我们将以全网协同的力量加速变革，提升核心竞争力，跟上市场竞争节奏。”王文彬如是说。

赖建法：“宁可货量少一点，服务一定要上去”

《快递》杂志：您曾在2016年6月和2018年6月接受本刊专访。距上次采访已经3年，您觉得中通快运成立5年来特别是近3年最大的变化是什么？这种变化对企业发展有什么影响？

赖建法：我们最大的变化应该是“去快递化”。得益于中通过去多年沉淀的快递网络，中通快运从布局开始便是全国网络，并且仅用10个月时间就完成全国网络搭建。起网早期，中通快运与中通快递两张网络的加盟商重合度高达90%。在摸索的过程中，我们意识到“快递”和“快运”是两个概念，快运服务需求比快递更高。快递基本是电商件，快运则是市场件、工厂件，服务对象、服务需求、服务标准都不一样。这种情况下，以快递的做法做快运显然是不适用的。

因此，在公司成立一周年时，我们开始“去快递化”。明确自己的定位后，我们不断打造独立团队，寻找志同道合的伙伴，建立不同的运输网络。如今，我们已经将2张网络的加盟商重合度降低到20%以下。这种网络结构的优化也在一定程度上让公司持续保持高增速。我们仅用2年的时间，就完成单日货量破万吨。5年来，在规模方面，共完成业务量1580万吨，年复合增长率达52%；营业收入82亿元；在质量方面，菜鸟指数进入第一梯队。可以说，中通快运圆满实现了第一个五年工作目标。

《快递》杂志：在担任中通快运董事长的同时，您还专注于推动中通快递业务保持战略性增长。5年来，您如何利用自己的跨行业工作经验帮助中通拓展快运市场？

赖建法：首先，我们在布局节奏上不做对标，始终坚持做自己。快运盈利空间较小，远没有快递的规模效应大。在我看来，快运更像是一场马拉松，比拼的是综合体质。

随着快运市场头部集中度越来越高，市场已经逐渐陷入价格战内卷。但对于快运企业而言，未来不仅看重货量的增长，更看重利润和服务。所以，在战略布局上，不管别人打不打价格战，我们肯定不参与，就坚持做好自己。

物流是重资产行业，在运营管理上，我们在加强成本管控的前提下，将资本更多地投入基础设施建设，不断提升管理运营效率；推动自动化设备在快运领域落地，提高卸车、分拣效率；集中精力把服务做深、做透，努力实现产品分层。

《快递》杂志：做好成本控制是中通的主要竞争优势和经营特点之一。中通快运主要采取哪些成本控制措施以提升市场竞争力？您如何看待成本控制对快运业务的影响？

赖建法：成本管控能力可以说是后入局的中通实现市场领先的核心之处，我们在运营中一直重资产、重运营。

中通快运采取“中心直营＋加盟网点”的管理模式，而加盟的核心就是解决转运问题。“转”的核心是场地，“运”的核心就是车。市面上这两种核心资产最大的问题是价格高、利用率低。因此，无论是在场地上还是在车辆上，中通集团都是“下重注”，做自营。

我们自建自营，根据所处阶段和需求对资产进行调整。租用资产是被动接受，自营则是根据需求作合理配置。比如，2015年以前，快运主要是以9.6米车型为主，我们场地的道路基本是20多米长；2015年以后，车型扩大，库与库之间的距离从原来的45米扩大到60米，场地的道路也随之延长至35米，可以非常高效地利用土地资源提高快运业务的市场竞争力。

《快递》杂志：新冠肺炎疫情正在冲击国内外物流市场。中通快运如何应对由此产生的风险和变化？在您看来，疫情结束后，国内快运市场将发生哪些变化？

赖建法：当前全球经济发展疲软，特别是在新冠肺炎疫情冲击下，中国经济社会发展发生了前所未有的变化，快运行业面临诸多不确定性。作为国民经济发展的基础性、战略性、先导性产业，快运行业只有知变、应变、适变，才能瞬时感知变化，积极应对。当前快运行业面对的变化主要在需求应对、发展路径和经营策略3个方面。而应对变化，响应国家号召打造“物流强国”的一条必经之路就是发展数字物流。

5年来，中通快运一直秉承“科技引领、数据支撑、人才保证、智慧运营”的战略指导，着眼打造“数字快运”，在数字化方面进行了一系列有益探索，通过积极运用智慧化手段和数字技术提升运营管控，构建了集沟通、运营、服务于一体的智慧生态圈，进一步提高物流效率，降低物流成本，提升客户体验。

《快递》杂志：根据您的判断，未来5年，快运市场将呈现怎样的发展趋势？

赖建法：未来5年，自动化设备一定会在快运领域落地，但它不能100%解决问题。目前，在中通快运货物结构中，票均重量在100公斤左右，其中约有20%为电商件。在这种情况下，自动化设备会大幅提升效率。过去，一辆17.5米的车卸车要3个多小时，关键是卸完后分拣还要1～2个小时。现在，通过采取自动化技术，不到1小时就能完成卸车、分拣，效率明显提升。明年，中通快运预计一半以上的分拨中心会配置自动化设备。

另一个趋势是服务为王。客户离开你一定是因为服务（不到位），而不是价格（不满意）。物流就是一场马拉松，比谁的耐力强。我们宁可货量少一点，服务也一定要上去。前几年，头部快运企业的发展增速遇到瓶颈，大家开始将产品向左右两端公斤段渗透，谋求货量增速、配置空间。货量增速放缓是对的。接下来，企业应该集中精力把服务做深、做透。今年，我们成立了航空时效件、对承诺服务的“放心寄”。

《快递》杂志：您在中通拥有近20年的工作经验，横跨快递和快运两个专业市场。能否与读者分享一下您受益最多的工作经验，特别是企业管理经验？

赖建法：在起网初期，中通快运作为跨界选手，首先需要解决的一大问题是如何让管理团队静下心来做事，要让我们的团队有目标、有信心。因此，在成立早期，对于管理团队中的优秀员工，中通给予一定的原始股权。心中有目标，行动有力量。股权激励机制的实行可以增强员工的主人翁意识。同时，在成立不到2年的时间里，中通快运完成一轮由红杉、鼎晖、云锋三大投资机构与中通快递的联合投资，总额超1亿美元。对于公司而言，此轮融资在很大程度上振奋了全网的信心。

同时，公平是我们企业的“定海神针”。加盟政策的公平性对于快运企业而言十分重要。在中通快运这个大平台上，加盟商作为平台的共同建设者，需要感受到政策的公开、透明。然而，我们在制定加盟商政策时，也要考虑公司产品、市场环境等因素的不同，按市场去定价格、定政策，做到差异化的公平，否则加盟商容易荒废业务，陷入内耗。

何嘉美（Michelle Ho）：推动中国、亚太市场与全球市场紧密互联

2021年8月30日，UPS宣布任命何嘉美（Michelle Ho）为亚太区总裁。由此，她成为UPS亚太区首位女性总裁。何嘉美1993年加入UPS，先后在亚太区担任多个要职，2019年11月1日开始担任中国区总裁。她在履新之际畅谈UPS在中国和亚太市场的发展与未来。

《快递》杂志：中国今年有望成为首个快递业务量突破千亿件的国家。您如何看待中国快递市场的持续高速增长？

何嘉美：国家邮政局数据显示，2021年以来，中国快递业持续保持强劲增长态势，业务量突破500亿件用时仅6个月。这显示了中国快递市场的发展韧性、蓬勃活力和增长潜力，也彰显了快递业在促进消费和畅通经济循环中的重要作用。

快递业务量高速增长得益于中国经济持续向好，也得益于消费促进活动不断升级。其中，跨境电商扮演了重要角色。近两年，受疫情影响全球消费需求向线上转移，数字化正在重构国际贸易运营模式。这使跨境电商成为中国外贸新亮点。在电商强劲增长推动下，中国物流业依然具备高质量发展的潜力，国际物流将在其中发挥关键作用。

中国是我们非常重要的市场。过去30多年，UPS不断发展基础设施，加强物流服务，以满足各种规模的中国企业的不同需求，更好地帮助他们融入全球市场。例如，今年，我们强化了中国服务网络覆盖范围，在10个省（区、市）优化服务，使货物进出口转运时间最多可以缩短2天。

我们不断将技术创新应用到业务运营中，持续加大对智能物流网络的投资，并推出更多智能解决方案，帮助中国企业特别是中小企业促进数字化转型，从而以更方便、更灵活和低成本的优势参与市场竞争。

《快递》杂志：您在担任UPS中国区总裁期间，专注于推动中国市场业务战略性增长。您将如何利用自己的工作经验，帮助UPS继续拓展包括中国在内的亚太市场？

何嘉美：我在UPS工作近30年，并有幸在亚太地区的不同市场和职能部门工作。这些地区的客户需求和商业环境都不尽相同。我认为，要想帮助客户实现业务增长，最重要的一点是理解并尊重客户的多元性。

同时，我也观察到亚太地区正处于飞速发展阶段。疫情推动电子商务、医疗保健和国际贸

易蓬勃发展。我们将持续升级服务网络,为亚太市场提供更快的响应速度,并推动亚洲市场与全球市场紧密互联。比如,7月,我们新增一周5趟往返中国深圳与日本大阪的直达航班,帮助华南地区客户以更快速度和更大灵活性响应亚洲区内贸易需求。同时,我们还延长当天出口服务取件截单时间,使华南地区工厂有更充裕的生产时间。

面对不断变化的全球商业和贸易环境,我们还举办多场网络直播活动,为企业提供市场洞察和指导,帮助他们抓住政策更新带来的新机会。活动主题多种多样,包括优化供应链的建议与指导,以及最新政策讲解及洞察(如RCEP动态解读)等。

未来,我们会一如既往地与亚太区域内客户保持紧密联系,制定快速灵活的解决方案以满足其不断增长的需求,帮助他们提升供应链效率。

《快递》杂志:您如何看待碳达峰、碳中和对快递和供应链市场的影响?

何嘉美:UPS将可持续发展和企业社会责任作为首要任务,致力于回馈我们服务的群体,共同推动世界进步。最近,我们公布了全球ESG(环境、社会及公司治理)目标——到2035年,在全球小包裹业务中,每个包裹运输所产生的碳排放量减少50%(以2020年为基准);公司设施100%由可再生能源发电;可替代燃料在航空燃料总量占比中达30%;到2050年,计划在全球业务运营中实现碳中和。

在中国,我们实行“在中国、为中国”的ESG战略,与客户、合作伙伴和员工合作以实现一系列目标,继续在环保包装、新能源汽车和智慧能源等多个领域取得进展。9月,凭借在可持续发展方面的努力,我们在中国国际服务贸易交易会上获得“绿色发展服务示范案例”奖项。

值得一提的是,2019年至2021年,我们在中国组织了超过225个聚焦可持续发展的志愿者项目,贡献近3.4万小时志愿服务。其中,我们在“地球一小时”倡议项目中贡献超过1万小时志愿服务。

《快递》杂志:疫情全球大流行持续冲击快递和供应链市场。UPS如何应对由此产生的风险?在您看来,疫情防控常态化之下,快递和供应链市场正在发生哪些变化?

何嘉美:我们积极发挥自身优势,帮助维护全球供应链稳定性,始终和客户站在一起,共同抗击疫情,促进全球贸易。

首先,我们始终致力于保障网络和运营安全平稳运行。疫情防控期间,我们被多国政府指定为关键基础设施企业。我们有责任在这个充满挑战的时期继续安全工作。在遵守各国政府防疫要求的前提下,我们继续按照客户需求维持运营,通过全方位物流运输解决方案和专业跨境贸易知识帮助企业冲破阻碍、逆势上扬,并安全有效地应对任何潜在或持续的供应链中断情况。

其次,我们不断升级、优化服务以助力客户数字化转型。例如,今年,微信寄件服务再次升级,优化多项功能,以提升客户体验。尤其是跨境运输,客户可以直接在微信上传文件以处理清关相关事宜。

最后,我们一直竭尽所能地帮助各国抗击疫情。在全球疫情蔓延期间,我们与各国企业、机构合作,共同优先运输全球抗疫所需的大量物资,如检测试剂盒、个人防护装备(PPE)和医疗设备等,以保障公共卫生安全。目前,我们已在100多个国家运输超过6亿剂疫苗。最近,UPS基金会向印度提供总价值100万美元的资金、运输服务与技术支持等形式的紧急援助,向越南胡志明市卫生部捐赠一批个人防护装备。

正如我们为应对疫情作出的一系列反应,疫情防控常态化之下,快递和供应链市场需要持续增强应对危机的能力和灵活性,数字化改革将继续塑造市场运行方式,而快递和供应链市场将在支撑人道主义救援、促进资源公平分配等领域发挥更加重要的作用。

《快递》杂志:接下来,UPS将在亚太地区进行哪些部署?

又将如何在亚太地区更好地发挥中国经济的领先优势?

何嘉美:据不完全数据统计,亚洲中小企业数量占所有不同规模企业的97%,是推动区域经济发展的重要力量。因此,我们一直致力于帮助中小企业赢得更多业务增长机会,在复杂多变的全球贸易环境中取得长期成功。

我们持续推进亚洲市场和国际市场互联互通。比如,去年9月,首次开通中国至越南直航服务,使中国深圳递送至越南胡志明的货物可以在1个工作日内送达。

我们在运营上不断转型,以满足客户日益变化的需求。凭借各种数字化工具,我们进一步帮助亚太区域内企业降本增效。比如,UPS My Choice®不仅可以同时追踪多个货件递送,获取递送状态实时更新提醒,还可以更改递送地址或时间。今年,我们还推出 UPS My Choice®企业版,帮助中小企业在一个集成界面追踪所有货件状态,并供公司内部多人使用,以提高工作效率。

此外,我们还在亚太地区推出 DAP(Digital Access Program)项目。该项目与电商平台合作,将运输流程无缝融入客户采购过程,使中小企业可以更专注于商品销售。大部分中小企业发货频率低、体量小。因此,高额跨境运输费用是其拓展国际市场的巨大障碍。通过 DAP 项目,中小企业可以利用我们的全球物流网络和具有竞争力的运输成本更高效地运营。

《快递》杂志:作为 UPS“女性领导力发展计划”委员会成员,您积极参与公共宣传项目,推动女性职业领域权益发展,能否分享一下您在这方面的经历?

何嘉美:作为一家全球化企业,平等和包容是 UPS 的核心价值观。长期以来,UPS 都非常关注女性领导力培养。在中国,我们超过半数的管理层是女性。我们鼓励每一位女性自由分享她们的观点并积极参与公司建设,因为我们相信拥有不同的背景和经验的女性员工都有助于公司成长,从而促进物流行业创新发展。

“女性领导力发展计划”委员会由 UPS 美国总部于2006年设立,2012年推广至中国区,目前在上海、北京和广州等城市拥有66名成员,多年来开展一系列活动,帮助女性员工提升职业发展。

我认为,女性在商业中应被赋予更多信任和成长空间。平时,我也积极参与相关公共活动。6月,我作为圆桌嘉宾,参与 House of Rose Professional 举办的2021年大中华区 Break the ceiling touch the sky®女性成功与领导力线上峰会,就女性领导力、物流行业女性职业发展等话题发表了自己的观点。今后,我还会继续参加这类活动,持续发声,强调女性在当今经济中发挥的关键作用。

夏慧玲:当好护“镖”人

偌大的操作场地,几百个不知疲倦的 AGV 快递“小黄人”托着快递包裹有序穿行,它们准确地将包裹“倒”进指定分拣口。聚光灯下,“小黄人”爆红网络,成为2017年快递业当之无愧的“明星产品”,甚至被邀请到北京参加“砥砺奋进的五年”大型成就展。

几年过去,如今的 AGV 快递“小黄人”怎么样了?又有哪些新动向?听立镖创始人兼总经理夏慧玲说如何当好护“镖”人。

快递分拣机器人形似扫地机器人，椭圆底座，长48厘米，下方装有万向轮，上面置有黄色托盘用来盛放包裹，被形象地称为“小黄人”。与其他工业机器人一样，“小黄人”是一种可以接收、执行指令的自动化装置。

除了“萌萌哒”的赞叹之声外，人们更多地为快递业的“黑科技”竖起了大拇指。科技不仅快速深刻地改变了中国人的生活方式，更为行业插上了腾飞的翅膀。越来越多的科技范儿、创新范儿在行业展示，掀起一波又一波发展高潮。

曾经，它风靡全国。如今，它把浓浓的“中国风”带向世界。

“小黄人”的进化

“干快递就像是古代专门为人保护财物或人身安全的机构镖行一样。”谈及为什么将企业起名为“立镖”时，夏慧玲说：“我们是2014年开始关注快递业的机会的。那时，行业自动化程度相对较低，很多环节还是以人工为主。而在当时的针织行业，自动化程度已经很高，例如生产一只袜子只需要几秒钟。”

偶然的机会去快递网点取包裹的她，感叹于当时的“人海战术”，决定和一起创业的小伙伴做点什么。

因为做丝袜生产企业的缘故，她认为做包裹分拣和做丝袜提花很像：“都是重复劳动，都是到一个点把‘花’勾上来，而快递的‘花’就是包裹，到一个格口把包裹分出去就好了。”

于是，他们四处调研，充分准备。

2014年底，原本做针织自动化机械的团队着手研发物流分拣自动化仪器，只用了一个星期，第一台分拣小车就能跑了。但是从一台到两台，从两台到20台，再到上百台，足足花了一年时间。

2015年3月至2016年2月，长达一年时间，除夏慧玲以外的5人研发团队被“关”在金华一个仓库里，除了吃饭睡觉外，所有时间都投入研发中。这样做的初衷是为了避免干扰，提高工作效率。夏慧玲也不知道要经历这么久的攻关，原以为只要闭关两三个月，没想到做的过程中发现的问题越来越多。

“我们有无数理由可以放弃，但是都没有提出来，终于熬出了头。”夏慧玲说。一次次推翻重来，他们研发的自动分拣系统终于走上了轨道。2016年2月，“小黄人”达到300台。整个项目一直处于对外保密状态，直到2016年3月申通义乌公司首次投入使用。

后面一个阶段的故事，众所周知，“小黄人”彻底火了，媒体铺天盖地地宣传，参观考察者络绎不绝。

“为什么当初研发的是‘小黄人’，而不是当下流行的交叉带或是其他什么？”

所有的选择都是当时最好的选择。面对记者的疑问，夏慧玲说：“其实最初交叉带我们也看过，但是一方面交叉带是重机械，对场地的要求很高；另一方面，2014年时企业使用的交叉带以进口为主，价格极其昂贵，引进一套需要几千万元，甚至近亿元；再者，分拣过程中如果某一个环节出问题，整条线都需要停止工作，或是无论件量多少，整条线都需要运作起来。”

“小黄人”的好处就是通过自动识别快递电子面单上的二维码找到目的地，平台上每个格口代表不同目的地，系统会自动算好路径，让机器人前往精准投递。机器人各自并联，如果其中一个出现故障，只需要停下很小一块区域用以维修，并不会影响其他机器人工作。

大型电商平台的货架机器人给了夏慧玲更多灵感。“在选取产品时，工作人员可能只需要货架上的某一个产品，但整个货架却需要移过来。”在她看来，这种思路是可行的，只不过快递的机器人可以做得很小，每次只驮一个包裹，这样也会更省电，更符合国家实现“双碳”的目标。

“当时，我们到义乌调研，看到很多网点用的是自动化交叉带。看到我们的机器人比较小，其实很多网点是打退堂鼓的，认为大件‘小黄人’运起来会比较费劲，而一代又一代改进下来，我们现在的技术已经达到55公斤以内都可以运送的水平。”

目前，“小黄人”已经进化到了第5代，全球共计2万多套设备，既有可以运送珠宝首饰和化妆品的小“小黄人”，亦有可以运送大包裹的大“小黄人”。

快递全自动化还远吗

“快递量不断增长是一种长期趋势。”在夏慧玲看来，这是毋庸置疑的。“就线上消费而言，同城速递、即时配送都将更加频繁，其中也蕴含着更多的机会。”她认为快递业在中国几十年的发展堪称奇迹，她也坚定地看好中国快递业的未来。

每次参加海外展会，立镖机器人都会引起轰动，颠覆了西方同行对中国“有制造没创造”的观念。美国两大连锁超市沃尔玛和Target都已成为立镖的客户，将“小黄人”引入拣货环节。

按照收入来说，立镖在海外市场的业务占了营业收入的大部分。2017年，立镖成功将中国经验输出国外；2020年，受新冠肺炎疫情影响，部分业务回归国内。

国外的网点一天2万件至3万件就算是比较大的网点了，而在国内，可能这样的体量只能算是末端网点。因此，对方也不能理解中国境内如何会有一天100万件的快递网点存在。

回过头来，看看入行以来快递业的一路发展，身处其中并为之努力的夏慧玲又有了新的感慨：“从现在来说，中国快递业的自动化进程已经可以‘秒杀’很多国际同行了。”

快递体量的庞大倒逼企业使用自动化设备，进而拉动相关自动化装备制造业的发展，在此背景下，快递业与关联行业相互促进也相互成就。

当记者问夏慧玲“快递装备制造是一片‘红海’，还是一片‘蓝海’”时，她直言“我们一般不会刻意评价，但从行动来说，都会在‘蓝海’里面找机会”。在她的认知中，“红海”里的玩家们都活得“很辛苦”，通过资本的力量去烧钱、抢市场对一个以技术背景起家的创业者来说有违本意。“更多时候，我们想通过‘啃硬骨头’给一些领域带来不同。例如快递末端，它虽然覆盖面很广，但其中小的创业者林立，有很多痛点。让小网点投入几十万搭建自动化分拣设备可能不现实。但如果是可以自由调拨的‘小黄人’机器人，那就可能具有很多灵活性，也可以快速地把分拣成本降下来。”

在后来的运营中，立镖尝试将“小黄人”机器人租给快递网点，同时在场地搭建方面提供帮助。这样，网点也不必一次性多投入几十万元，还可以提升分拣效率，而立镖只以计件方式收取费用。“其实这样的运营方式，我们是先在日本进行的。目前日本的雅玛多集团有十几个网点采用这种方式，我国境内亦有十几个网点采用。”

除此之外，立镖还转变思维方式，网点可以以3～5年的时间周期以按揭的方式购买设备。

在接受记者采访的后一日，位于北京朝阳区的一家网点也用上了立镖机器人。“只要有搭桌子的能力，就可以搭这个平台。”夏慧玲笑言机器人运行平台的搭建如同宜家组装桌椅那样简单。

因为受疫情影响，国内的立镖技术人员无法亲临一线跨国安装，境外业务多是通过接单、发货、远程指导安装的模式开展的，即使这样，订单依旧不断。

目前，“小黄人”在全国部署超过10000台，为申通快递义乌、郑州、天津分拣中心，京东华南、济南分拣中心，邮政、顺丰、京东、申通、中通等快递企业，安踏、九牧王、快鱼、Shein、伊藤忠等客户提供分拣系统解决方案。

从创业之初的6个人到现在拥有100多人的科技型企业，夏慧玲坦言一路走来并不容易：“‘小黄人’刚出来的时候在国内引起巨大反响，跟风者一拥而上，外表相似但实质有区别的产品涌现出来，一时间，原创者难以招架。”出海闯市场的立镖迎来了新的春天，在国外使用者的高要求之下，也把自己打磨得更加优秀。

谈及未来企业的发展目标时，夏慧玲说：“还是当初进快递业时设下的目标：快递物流应该跟信息流一样，像一个路由器一样，只需要做好传输、交换、存储3件事。”简而言之，就是用技术手段使快递业务全流程自动化。

或许，不久的将来，作为行业的记录者，我们也将见证这一时刻的到来。

王成元：“‘最后一公里’不是距离，是方向”

“‘最后一公里’不是距离，是方向。在快递末端创业不容易，但是很有价值。脚下的路坚持走下去，行好事莫问前程。”

白色衬衫，蓝色牛仔裤，熊猫快收创始人王成元身上自带一种年轻又深沉的气质。

“新的转机点正在出现”

2015年，王成元看上了快递业的红红火火。

那一年，李克强总理亲自为快递和电商“代言”，申通快递率先喊出借壳上市口号，中通快递亦启动上市计划，圆通速递收到了阿里20亿元战略投资，顺丰、申通、中通、韵达、普洛斯宣布共同投资创建丰巢……

资本看上了这个行业，创业者纷纷扎进来。

这一年，熊猫快收创立，定位于物流末端分发及社区连锁微仓服务平台，主要通过向社区小店输出包裹管理SaaS软件，向用户提供快递代收、电商代购、导购、代退货、第三方O2O生活服务的落地体验，以及票务缴费、社区金融等便民服务。当时，熊猫快收代表了快递末端配送的创新模式，这种创新改变了传统的快递末端收派模式，并赋予了快递末端更多的服务内容。

“上游电商在创造，中游快递体系在传递，下游末端在打造服务。”在王成元眼里，快递业分为这样的三段式，三个主体协同或制约，影响着行业未来的发展。在末端，相比电商体系、快递企业，第三方的优势体现在多个方面，可以较好地解决品牌互斥性问题，优化成本与效率，以更公平的标准化规则服务消费者,并在社区挖掘更多流量价值。

派费下调、人工成本增加、管理成本居高不下、硬件迭代成本增加……谈到末端存在的问题,王成元坦言,快递企业从末端挣钱是有难度的,熊猫快收可以帮助企业挖掘末端更多空间和价值。

“优化末端人、车、场是核心。”近年来,王成元一直在思考和布局集中分拣公共配送。他介绍,目前,熊猫快收的同仓共配业务支持通达、极兔、百世、邮政、丰网八大快递的到、派、签,实现到派合一、发派合一等功能,可对包裹进行混合扫描并回传至各快递公司;目前在全国已有近百座仓库,服务300多家快递企业网点及加盟商,日单量过百万单,通过近百座仓库的运营管理,对成本效率整体优化20%至50%。

其中,对人、车、场,熊猫快收规划了系列战略:共用人员,对共配仓库内原本多家快递体系的分拣人员、客服人员,以及仓库到门店的配送人员进行统一合理优化配置,解决快递从业人员招聘难的问题;共用车辆,在人员共用优化的基础上,优化车辆体系,淘汰残破车辆,减少单个车辆配送路程,优化配送路线;共用仓库,通过仓库的共用,为仓库的租赁和软硬件投入大幅降低初期成本和后续维护管理成本。驿站共建,基于共配,更容易统一输出包裹到末端门店,为门店的统一和高效管理提供稳定的基础。

“离消费者再近一些,我们对末端驿站门店做统一规划和深度优化。”王成元介绍,熊猫快收的末端驿站分为两种模式。一种为专业门店,以品牌化、专业化和综合化服务为目标,汇聚线下高密度人流量,小区用户月度触达率在95%以上,多业态聚合满足用户需求,目前已在50个城市布局超4000家专业化、高延展性门店。另一种为兼营门店,以规模化、便利化和高密度化为特点,以低成本快速扩张,实现网点规模化,使得单位区域网点和用户的密度得以提高。

牵一发而动全身。7年的摸索并非一帆风顺,王成元谈到创业中两次印象深刻的转折点:一次是与上游体系的合作一波三折,早期双方在规则体系、服务标准等方面在共建合作的基础上,因不允许联合品牌出现,王成元毅然选择“断臂”,以更加纯粹的身份进行创业。另一次是上中游出现制衡点,新业态百家争鸣释放部分话语权,价格战导致的竞争压力使得更多末端模式被开发与接受,传统快递末端效率面临挑战,共享、多元代收成明显趋势。

“在夹缝中斡旋求生存,历经4轮融资,新的转机点正在出现。”王成元很坦诚,每周有三五天思考和追问“是不是错失了什么东西”“自己的价值究竟是什么”。

“潜心做好事情,希望上下游合作多开放、多包容一些。”当下,熊猫快收正在各地快递末端进行备案,王成元说,末端越来越规范化标准化,这正是一次很好的修身过程。

靠什么赢取市场

“晚上想想千条路,早上醒来走原路。”王成元说,当下,他要把这条末端的路走得更好一些,不违背良心、不损人利己,坚持走下去,总会有结果的。

国家邮政局监测数据显示,11月1日至11日,全国邮政、快递企业共处理快件47.76亿件,同比增长超过两成。其中,11月11日当天共处理快件6.96亿件,稳中有升,再创历史新高。对末端来说,不断攀升的业务量，是机遇更是挑战。

王成元介绍，今年"双11"旺季期间，熊猫快收160个共配仓与2万家门店的日单量近800万票，最高门店单日突破6000票，无人门店已实现24小时取件服务。

每年，数百亿件快递涌向末端，抢食这块大蛋糕的人自然不少，熊猫快收靠什么赢取市场？

王成元介绍，在驿站核心部分，熊猫快收以近乎"全免费"的模式笼络人心。零费用入驻，短信通知取件费用行业低价，微信通知后无须短信通知；多个重要功能均免费使用；硬件设备，出库仪、巴枪等一应俱全，且远低于市场价格。同时，在驿站增收业务、流量变现上进行诸多尝试和探索，提供多种盈利方式，如彩票站免费接入、社区拼团接入等。

探索与创新无极限。王成元表示，科技和创新的运营模式将会降低物流的人力成本，而且不断重塑物流企业各要素，创造新的生产力和竞争力。同时物流人要树立信息共享的理念，只有物流资源互联互通，才能可持续发展。谁能从末端流量中抓到商机进行流量变现，谁就能在市场竞争中存活下来。

今年熊猫快收在保障驿站业务的前提下推出了"驿站+超市""无人驿站+无人商超""快递柜+私域流量"等多维度解决方案。如针对"快递代收+商超便利"模式推出的熊猫优品，专为快递末端打造的社区新零售品牌，平台与合伙人共同出资共建供应链，业务覆盖快递代收代寄、社区商超、社区生鲜、社群团购等多种业务，打造24小时全天候的经营门店，有人无人模式随时切换，可自助完成快递出库、商品结算等功能，24小时线上导购人员指引选购操作。

电子信息工程专业出身的王成元，对软硬件效率提升和科技应用有着极致的追求。以熊猫快递柜为例，其在硬件和软件上都有所提升：柜身采用镀锌钢板，延长使用寿命；单柜22格口提升柜子使用率；从选址、投放到安装，专业团队全程跟踪指导；支持8家快递品牌，客户享有收入的自主定价权；除代收、代寄、包裹滞留费外，全程托管广告业务，私域流量变现。再以末端黑科技应用为例，王成元认为，美团、小米等机器人硬件及算法都已足够成熟，只待成本降低、物业交付等环节打通，末端配送压力会进一步缓解。

王成元认为，科技和创新的运营模式将会降低物流的人力成本，不断重塑物流企业各要素，创造新的生产力和竞争力；只有信息共享理念和框架搭建起来，物流资源实现互联互通，才能实现可持续发展。

"从纯人力苦力到基于5G的智能末端，从'最后100米'到最快3分钟到家，从快递驿站和快递柜到送上门，从简单送快递到跑腿买东西、外卖二派、团购等，我们正在开发更接近消费者的增值服务。"王成元认为，消费者的代收需求是在收取快递成为高频行为后产生的，随着消费者需求的变化，越来越多的末端模式创新开始显现。到店管理、到家体系、自动分拣系统、县乡村物流系统……这些是他正在末端领域探索的新方向。

末端市场布局的竞争逐渐从城市走向农村，从国内走向国外，从人工走向无人化。王成元认为，末端融合将成为未来发展趋势，"驿站+柜机""末端网点+商超便利店""末端+更多商流"叠加等形式将会颠覆传统末端运营方式，进一步提升效率，降低成本，获取更多收益。

"快递员、门店老板都挺辛苦，希望大家都能活得有尊严一点。在优化整合好的区域，我看到快递员有时间停下来打一局手游，那一刻觉得，这一切都值得。"王成元常常走在一线，他喜欢在一线观察来来往往的从业者，也正在尽力为末端创造更多价值。王成元相信，未来3~5年，熊猫快收将联动3000个区域合作伙伴打造30万门店服务末端业态，单店日均单量达到3000万单，服务覆盖3亿用户。

王　巍：寻找一个时代的精神侧影

对于清华大学美术学院教授王巍来说，春节有着一段特殊的回忆。4 年前，在回河北张家口老家过年期间他干了半个月快递，体验了收、转、派当中的每个岗位。

在他的记忆中，那个春节冷暖交织。2019 年 9 月 26 日至 11 月 2 日，在文化和旅游部主办，文化和旅游部艺术司、中国美术馆承办的“伟大历程壮丽画卷——庆祝中华人民共和国成立 70 周年美术作品展”上，王巍承担的国家主体性美术创作《时代节奏》和其他作品一起向新中国 70 华诞献礼。

这是一幅快递小哥装卸、分拣、搬运、装车的日常繁忙影像，不是写实与写意的场景再现与复写，而是剧情中人物表情、动作与体态的具体刻画，他们和观众一起对话，敲击出时代的迅猛节奏。就在 2019 年的新年贺词中，习近平总书记给快递小哥点赞，赞扬他们是美好生活的创造者、守护者。2 月 1 日，总书记再次点赞快递小哥是“勤劳的小蜜蜂，是最辛勤的劳动者，为大家生活带来了便利”。

此刻站在这幅 4 米 ×2 米的画作前，观众感受着时光流转、时代变迁和人与物的快速流动。你可以在里面看到时代的张力，看到生命的节奏，看到普通人每一个平凡的日升日落、春夏秋冬。

而时代就蕴含在这张弛有度的节奏之中。

表达扎根于现实的渴望

“你说快递是什么？我觉得快递就是我们的日常生活。因为它太熟悉，所以更难表现。”2016 年底，在接到创作主题后，王巍要做的第一件事，就是深入生活。“创作的关键在于你如何观察并融入他们的世界，只有从生活中收集回来的灵感才有实感。”

用适合的艺术语言关注当代人的生存状态，这是王巍长期以来的学术主张。必须深入生活，也必须远离生活，这中间就是一个提纯的过程。去哪里寻找典型人物？从日常琐碎中择取人物，组织故事情节，处理场景搭配，协调安放人物关系，妥善解决艺术表达和现实语言的冲突，在向上的理想与硬邦邦的现实之间、在色与墨之间找到最好的平衡。

于是，王巍用了一年时间辗转于北京的大小快递网点，春节回到河北老家，他第一件事就是找一个快递站点体验生活。“必须自己干。看与干感觉不一样，置身之外和身在其中是两个概念。”忙忙碌碌的半个月，在和快递小哥相处的每一刻，王巍感受到每个人真挚的内在，辛苦而欢乐，张扬而坚韧，但毫无例外，对生活都充满渴望。

王巍找到了表达方向，就是快递小哥对美好生活的渴望。“每个人都有梦想，但现实不会一一照耀。生活真正让我们动容的，就是每个人在现实中的努力和渴望。”快递小哥来自四面八方，他们在陌生的城市跑出熟悉的方格棋盘。他们的渴望是飞速变迁的时代赋予每个人的命题，快递业用“速度”给予一个表达的出口。

如何表达这种渴望？王巍给出了表达式—让人物落地，生根到泥土里。“美术作品是让人欣赏的，如何用视觉艺术去打动观众，不仅要看到生活的华彩处，还要关注到隐秘处，尽可能地让更多的人在其中看到自己，看到自己的影子。”王巍把自己当成一个导演，从生活的场景片段中汲取最打动人心的力量，用肢体、表情、动作等视觉语言传递情感，用中国写实人物画的技法来表达细节，让业内人士和普通观众都可以接受。

“情是一幅作品当中最难体现也最动人的部分，最好的方式是将创作者的生命经验融入其中。美术创作没有文字语言，表达的情感能不能被观察者捕捉到，取决于你是否投入真情。”摸爬滚打的这个春节，王巍收获的岂止真情。

画面中的每个人都有故事

“走进画面，身临其境，和他们对话。”这是王巍想要的结果。创作不是平铺直叙，一定要有情节，有细节，有力量。他把观察和体验生活的圈子放大再缩小，步骤式的岗位体验逐渐场景化，直至聚焦在几个人身上。如何牵住主线形成一个完整的画面，那段时间，不管在哪里看到快递员，王巍都会驻足思忖画面安排，如演员如何排兵布阵，主角和配角怎么分配，故事情节如何讲述，人物动态如何描摹，布景道具怎么强化和弱化。

中国美术家协会主席范迪安启发了王巍：“这些人是快乐的，迎着阳光，顶着晚霞，你就按照这个都市的快乐符号来创作。”“确实如范先生所言，他们很辛苦，但很阳光。你只有了解他们，才能有血有肉地表达情感。画面中的每个人都有自己的故事。当时我就和所观察的小哥们说，你们每个人的形象都会在我的画面当中出现。”王巍开始了下一步。

画面中左下角这个小伙子，面带笑容一看就很亲切，感觉你可以和他聊天，听他讲述，他负责王巍所在小区的派送，每天都能碰见；旁边的那个男孩是湖南人，舞蹈学院毕业，供养家里的妹妹上学，王巍有观看舞蹈类的演出机会就叫上他一起去，偶尔还带他去学校食堂吃饭，鼓励他考研究生，给他介绍导师；中间那个刚刚结婚的小伙子放弃婚假春节值班……

只有真实才可以拉近距离，艺术和现实在这里得到呼应。一点一滴，一个动作，一个眼神，通过艺术的处理手法穿插在一起，与观众直接对白。时代向前，一代又一代人在此完成交接，每一个人都汇集成为历史的一分子，那些我们惊叹的速度背后，永远都是一个又一个普通的名字，他们是努力向上的青年的缩影，很努力，很务实。他们用劳动凝结着时间，沟通着需求，连接着时代，在历史的通道中留下痕迹。

王巍说他有一个心愿，展览的时候，邀请这些快递员来到中国美术馆，在这幅画前拍一张照片。这真的是特别有意义的一件事，可惜错过了。但下一次，或许就能成真。

作为一个创作者，王巍经常会被人问及灵感的问题，他说：“对一个艺术家来说，灵感确实有，有时候一觉醒来觉得哪个地方要修改，立马着手。艺术创作来源于灵感，没有灵感的画面是僵硬的，但灵感来自对生活的体悟。”

创作《时代节奏》的时候，王巍写过一段话：“从国家领导人到平民百姓，我们每个人都离不开快递。从发文件到送东西，他们把温暖送到千家万户，送到每个人手中。”正是有着这样深厚的情感，他才能如此温和而不失刚毅地讲述时代当中每个人的故事。

时代正在给予最好的回馈

“艺术作品没有终结，艺术也是遗憾的作品。当你收笔的那一瞬间，与其说是你完成了创作，不如说是创作成就了你。”《时代节奏》展出之后赞誉良多，作品被中国美术馆永久收藏。

“这就是你每天看到的‘最熟悉的陌生人’，他们在你身边忙碌，眼神中有急躁，有追求，如同我们循环往复的日常，置身于这个节奏之中，被时代裹挟向前。”一个朋友这样表达自己的感想。另外一个同事的感受更加细腻。他说这幅画营造出热闹之外的内心宁静，像是一场雨，滴滴答答，敲在窗外，有声与无声间，留在你的心里。

与王巍谈到这些感受，他是欣喜的。

3年的创作过程，数次的修改，上百张的草图，一个个鲜活人物跃然纸上，如同孕育一个新生命。当成品终于呈现，王巍用了一个词“百感交集”。其中有自己的酸甜苦辣，有小哥们的起早贪黑，有互相理解支持的内心映照，还有更多支持者、帮助者的关心爱护。

“快递业的发展日新月异，我们楼下的快递网点，分拣工具又有新变化，一扫码直接发信息，速度真是快。”对于这个行业，王巍同样赋予深情。电影《一点就到家》一上映他就跑去看，“农村正在成为快递发展的沃土，时代改变着行业面貌，给予行业更多机会，而快递业也以高效和高质回馈时代。快递员的身影代表着时代的速度，体现着当代中国的高效能发展节奏，是这个时代节奏的缩影。”

他们默默无闻，但每一个角落都不能失去。他们是400万从业者的真实缩影，单纯热血朴素，只要有一点可能，就要努力到最后一刻。“习近平总书记在全国抗击新冠肺炎疫情表彰大会上强调‘数百万快递员冒疫奔忙’，为什么这个行业可以涌现出英雄人物，因为他们是大无畏的，是无私的。他们把自己家庭的幸福和千家万户的幸福紧密捆绑，他们不用言语表达，直接用行动表示。”

王巍也希望，努力的他们同样被温柔以待。“希望快递小哥的收入更高，交通工具可以更安全，住宿条件改善一些。希望他们不但为时间拼命，更可以为自己的梦想加油。”

第十篇　行业展望

2022年中国快递市场发展趋势

趋势一：稳中求进，发力"两进一出"

2022年，中国经济发展坚持稳字当头、稳中求进，经济结构加快调整转型，总体仍将持续稳定、中速、高质量发展。按已有数据测算，2021年中国GDP同比增幅为8.2%，进而测算2022年增幅为5.0%；人均消费支出方面，2022年同比增幅为3.4%。受人均可支配收入和人均消费支出增幅收窄影响，测算电商实物网购规模增幅收窄至10.5%左右。同时，中国外贸进出口仍呈现繁荣态势。

按数字演变逻辑和对2022年中国经济的展望，测算2022年中国快递行业业务量同比增长18.6%，达到1284亿件；行业收入规模同比增长12.6%，达到11634亿元；行业件均单价9.06元/件，同比下降5.0%，降幅大幅低于2021年的9.5%和2020年的10.6%。

快递进村将加快推进。随着国内经济双循环不断推进，乡村振兴成效将显著呈现，推动共同富裕加快实现。增速原高于城镇的农村人均可支配收入和人均消费支出的增速将加快提升，农村市场消费能力和农产品销售能力提升进而加速农村电商实物网购，快递推进畅通的规模将不断扩大，支撑生产、交换和消费；同时，在政府相关部门的努力下，快递进村的效率、服务水平将不断提升和更加稳定。预测2022年快递支撑农业增加值约2.8万亿元，增幅为23.5%。

中国正处在供应链物流市场规模快速发展的阶段。中国21世纪10、20年代10年GDP复合增速10.0%、6.8%，与美国20世纪70、80年代的10.3%、7.7%基本一致。20世纪90年代是美国制造业聚焦质量和集约化发展时期，供应链物流蓬勃发展，则对应"中国制造2025"的20年代前后10年。展望未来，核心制造业及其供应链的畅通对中国经济至关重要。总体判断，2021年至2025年是中国快递企业进厂、通过收购等方式快速提高供应链物流营收规模的高峰期，支撑制造、品牌、电商平台和实体销售4类供应链，"十五五""十六五"期间则是企业提高利润、进行海外拓展的时段。

快递出海潜力巨大。当前，中国进出口贸易额居世界首位，对外往来愈加频繁。"一带一路"倡议为快递企业出海带来机遇，2022年的重点在RCEP小循环，东盟是中国外贸的首选方向。国际综合快递物流供应商的国际业务存量约4000亿元，海外华裔中企待挖掘需求潜力约1000亿元，海外电商快递市场增量约5000亿元，万亿规模的国际业务亟待中资快递企业挺进蓝海。展望2022

年，各家主流快递企业均将低调、但加快推进快递出海，海外加盟网络加快建设将推动海外中资快递品牌逐步树立。

2022 年，中国快递行业主流企业所竞争的主要赛道将由时效件、电商件 2 个赛道逐步过渡到时效、电商、供应链物流和国际 4 个赛道。其中，时效赛道将在以邮政、顺丰 2 家为主的格局基础上逐步加入中通，韵达、圆通的件量规模或将在 2023 年之后显现；电商赛道 CR8 格局不变；供应链物流赛道将是邮政、顺丰、京东物流和中通为主；国际赛道中资企业将是顺丰、邮政、菜鸟、极兔百世 4 家为主，中通也会全力加速。

趋势二：业绩回升，价格竞争放缓

从行业历史数据看出，2014 年至 2016 年，行业量同比增幅在 50% 左右，件均单价降幅在 5.2% 至 8.5% 之间，此为上市前的价格竞争上量阶段；2017 年至 2019 年，行业量增幅降至 25% 至 28% 之间，件均单价降幅收窄至 0.9% 至 3.8% 之间，企业利润持续上升，此为利润承诺兑现的稳定发展阶段；2021 年至 2022 年，行业量增幅在高基数情况下增至 30% 以上，件均单价降幅提高到 10% 左右，企业利润逐年下滑，此为价格战高峰阶段，同时受疫情影响加码。展望 2022 年，如无大的外部国际环境影响，行业业务量增幅将降至 20% 以内，件均单价降幅在 5% 左右，企业利润比 2020 年、2021 年有所上升，分析认为快递行业将在 2022 年逐步进入高质量竞争阶段。

2022 年是快递企业管理提升年。 2021 年，中国快递业务量前八名的企业均超过 UPS（联合包裹），但企业市值综合却不及 UPS 一家，归根结底是企业运营能力不足。基于业绩考虑，预测 2022 年顺丰将边融合嘉里边降本增效提升利润，中通将稳定利润规模加快拓展物流、国际、时效赛道，圆通将推动加盟商管理标准化加快增效，韵达仍将跟随战略提升管理降本增效，极兔百世将理顺架构、夯实管理以加速融合、消除冗余。叠加按国家要求分业经营的邮政，2022 年“管理提升”或将是关键词之一。

主流快递企业业务量区分两个集团展开竞争。 极兔收购百世后，按 2021 年预测数据，中通、韵达、极兔百世、圆通的件量将在 170 亿件至 223 亿件之间，4 家快递形成件量第一梯队。而其后的邮政、顺丰、京东物流和申通，测算 2021 年总件量均在 110 亿件以内，形成第二梯队。综合分析后判断，2022 年价格战仍将小规模持续，中通的动力或来自加快出清以彻底稳固件量第一的优势，韵达、圆通的动力或来自竞争行业件量次席，极兔百世的动力或来自其“迅猛进击”的风格以尽早争取件量居首实现国内电商快递部分盈利，申通的动力应来自生存压力。在 CR8 之后的电商快递企业，通过价格战也无法快速赶上，大概率是寻求优势互补的兼并。

总体价格竞争趋缓。 受企业与加盟商利润修复影响，受上游电商平台影响力减弱影响，同时受成本分区、服务分层、产品分类，受差异定价、优质优价等一系列政策因素影响，展望 2022 年，中国快递行业总体价格竞争将趋缓，低价竞争将受打击。总体看，“量本利”仍为电商快递企业经营的基本逻辑，价格竞争仍将持续，价格竞争或将逐步在新价格洼地城市发生，快递企业总部的返点、补贴等将更多关注新价格洼地城市的加盟商。同时也判断，2021 年义乌行业监管政策或许在 2022 年推及更多城市。

“增效”带动经营成效。 展望 2022 年，价格竞争更多是通过降本增效来降低成本，由此形成“高质量价格战”。而在降本和增效方面，传统电商快递企业更多关注降本，多数电商快递企业将启动增效手段。一方面，不断健全加盟体制将成为各家电商快递企业的必由之路；另一方面，通过数据挖掘、标准化管理、财务能力提升、培训，以及分配方式优化等手段逐步推动通过增效来降低单件成本。

趋势三：收购兼并，快速提升实力

基于产品和运营网络优势互补、扩大业务量规模，主流企业通过收购上下游企业夯实核心竞争力的兼并收购，或成为主流快递企业提高实力的最佳实践。

顺丰进入收购兼并阶段，未来5年将继续收并购。DHL等企业均经历了10～20年时间较长、额度较大的收购高峰时期。而顺丰大规模兼并收购自2018年至今，其所收购企业的数量、所属行业的覆盖面均不足够，分析判断顺丰还会有5～10年收购高峰时期。

中通即将进入收购兼并阶段。与DHL、FedEx和顺丰相比，已具备资金实力的中通尚未启动大规模收购，但基于行业规律，如中通以综合快递物流服务商为目标，以丰富产品结构为措施夯实竞争力，兼并收购必不可少，且越早越好。

极兔还将不断收购。极兔在发展初期就多次成功采用兼并收购手段提升企业实力，并更多、也更成熟（对比快递企业）地借力资本市场。预计未来5～10年极兔将不断实施收购，但2022年大概率不会实施大额度的收购项目，上半年以极兔、百世的融合以及服务分层和产品分类为主，下半年后或会有小额收购以夯实基础，拓展赛道。

最后，2022年行业监管将愈加精准、全面、有效。一是更能及时反映国家意志，反垄断、共同富裕、和谐稳定、高质量发展是行业监管政策的出发基点。二是更能准确定位发力城市，新老价格洼地双管齐下，打击恶性竞争推进高质量发展；枢纽城市和重点区域联动建设，城市和区域间进行更快、更优、更多频的产品迭代。三是更能准确应用数据结果，对行业、企业发展数据的预测判断，对服务质量数据的全面掌控，对安全相关数据的实时监控，对末端派费调整承诺的落实，对绿色数据的广泛应用均将加快提升。四是更能掌控政策实施结果，施策者能够准确预测政策实施结果，尤其在市域治理，并根据结果细微变化不断强化过程管控，通过“计划＋市场”综合治理手段推动高效治理。五是更能触及行业逻辑根本，通过政策推动体制、经营机制优化创新，联合各方完善商流与物流的话语权生态，加快源头服务分层、产品分类，促进生产环节、基层网点的运营模式、商业模式和盈利模式迭代。

附　　录

相关文件(索引)

• 中共中央办公厅　国务院办公厅《建设高标准市场体系行动方案》
http://www.gov.cn/zhengce/2021-01/31/content_5583936.htm

• 中共中央办公厅　国务院办公厅印发《关于加快推进乡村人才振兴的意见》
http://www.gov.cn/xinwen/2021-02/23/content_5588496.htm

• 国务院关于加快建立健全绿色低碳循环发展经济体系的指导意见
http://www.gov.cn/zhengce/content/2021-02/22/content_5588274.htm

• 国务院关于印发2030年前碳达峰行动方案的通知
http://www.gov.cn/zhengce/content/2021-10/26/content_5644984.htm

• 国务院关于印发“十四五”现代综合交通运输体系发展规划的通知
http://www.gov.cn/zhengce/zhengceku/2022-01/18/content_5669049.htm

• 国务院办公厅印发《推进多式联运发展优化调整运输结构工作方案(2021—2025年)》
http://www.gov.cn/zhengce/zhengceku/2022-01/07/content_5666914.htm

• 国务院办公厅关于印发“十四五”冷链物流发展规划的通知
http://www.gov.cn/zhengce/content/2021-12/12/content_5660244.htm

• 国务院办公厅关于促进内外贸一体化发展的意见
http://www.gov.cn/zhengce/zhengceku/2022-01/19/content_5669289.htm

• 国务院办公厅转发国家发展改革委关于推动生活性服务业补短板上水平提高人民生活品质若干意见的通知

http://www.gov.cn/zhengce/content/2021-11/02/content_5648192.htm

• 商务部关于“十四五”时期促进药品流通行业高质量发展的指导意见

http://www.mofcom.gov.cn/article/ghjh/202110/20211003212444.shtml

• 国家发展改革委印发《国家骨干冷链物流基地建设实施方案》

https://baijiahao.baidu.com/s?id=1720701336768855372&wfr=spider&for=pc

• 国家发展改革委印发《国家物流枢纽网络建设实施方案(2021－2025年)》

https://baijiahao.baidu.com/s?id=1705074985688142943&wfr=spider&for=pc

• 国家发展改革委关于印发《“十四五”推进西部陆海新通道高质量建设实施方案》的通知

http://www.gov.cn/zhengce/zhengceku/2021-09/02/content_5634939.htm

• 国家发展改革委印发《关于做好“十四五”首批国家物流枢纽建设工作的通知》

https://baijiahao.baidu.com/s?id=1717804595268340523&wfr=spider&for=pc

• 国家发展改革委印发《粮食等重要农产品仓储物流设施建设中央预算内投资专项管理办法》

https://baijiahao.baidu.com/s?id=1701963782519717672&wfr=spider&for=pc

• 国家发展改革委办公厅　商务部办公厅　国家邮政局办公室关于组织开展可循环快递包装规模化应用试点的通知

https://baijiahao.baidu.com/s?id=1718548750382990613&wfr=spider&for=pc

• 商务部　中央网信办　发展改革委关于印发《“十四五”电子商务发展规划》的通知

http://dzsws.mofcom.gov.cn/article/zcfb/202110/20211003211545.shtml

• 商务部等9部门关于印发《商贸物流高质量发展专项行动计划(2021－2025年)》的通知

http://topic.mofcom.gov.cn/article/guihua/202108/20210803185463.shtml

• 商务部等22部门关于印发《“十四五”国内贸易发展规划》的通知

http://scjss.mofcom.gov.cn/article/zl/zlzc/202201/20220103236795.shtml

• 国家发展改革委　生态环境部关于印发“十四五”塑料污染治理行动方案的通知

http://www.gov.cn/zhengce/zhengceku/2021-09/16/content_5637606.htm

- 国家发展改革委等部门关于推动平台经济规范健康持续发展的若干意见

http://www.gov.cn/zhengce/zhengceku/2022-01/20/content_5669431.htm

- 关于做好标准化物流周转箱推广应用有关工作的通知

https://xxgk.mot.gov.cn/2020/jigou/ysfws/202104/t20210425_3581141.html

- 8 部门联合印发《物联网新型基础设施建设三年行动计划(2021－2023 年)》

http://www.cac.gov.cn/2021-09/29/c_1634507925423247.htm

- 交通运输部　国家标准化管理委员会　国家铁路局　中国民用航空局　国家邮政局关于印发《交通运输标准化“十四五”发展规划》的通知

http://www.gov.cn/zhengce/zhengceku/2021-11/16/content_5651177.htm

- 国家标准委、中央网信办等 10 部门联合印发《“十四五”推动高质量发展的国家标准体系建设规划》

https://m.thepaper.cn/newsDetail_forward_15881501